## SPC
### Calculations for Control Limits

| Notation: | | | | | |
|---|---|---|---|---|---|
| | UCL | Upper Control Limit | $\bar{x}$ | Average of Measurements |
| | LCL | Lower Control Limit | $\bar{\bar{x}}$ | Average of Averages |
| | CL | Center Line | $R$ | Range |
| | $n$ | Sample Size | $\bar{R}$ | Average of Ranges |
| | PCR | Process Capability Ratio | USL | Upper Specification Limit |
| | $\hat{\sigma}$ | Process Standard Deviation | LSL | Lower Specification Limit |

### Variables Data ($\bar{x}$ and $R$ Control Charts)

$\bar{x}$ Control Chart

$$UCL = \bar{\bar{x}} + A_2\bar{R}$$

$$LCL = \bar{\bar{x}} - A_2\bar{R}$$

$$CL = \bar{\bar{x}}$$

R Control Chart

$$UCL = \bar{R}\,D_4$$

$$LCL = \bar{R}\,D_3$$

$$CL = \bar{R}$$

Capability Study

$$C_p = (\text{USL} - \text{LSL})/(6\hat{\sigma});\ \text{where } \hat{\sigma} = \bar{R}/d_2$$

| $n$ | $A_2$ | $D_3$ | $D_4$ | $d_2$ |
|---|---|---|---|---|
| 2 | 1.880 | 0.000 | 3.267 | 1.128 |
| 3 | 1.023 | 0.000 | 2.574 | 1.693 |
| 4 | 0.729 | 0.000 | 2.282 | 2.059 |
| 5 | 0.577 | 0.000 | 2.114 | 2.326 |
| 6 | 0.483 | 0.000 | 2.004 | 2.534 |
| 7 | 0.419 | 0.076 | 1.924 | 2.704 |
| 8 | 0.373 | 0.136 | 1.864 | 2.847 |
| 9 | 0.337 | 0.184 | 1.816 | 2.970 |
| 10 | 0.308 | 0.223 | 1.777 | 3.078 |

### Attribute Data ($p$, $np$, $c$, and $u$ Control Charts)

**Control Chart Formulas**

| | ***p*** **(fraction)** | ***np*** **(number of nonconforming)** | ***c*** **(count of nonconformances)** | ***u*** **(count of nonconformances/unit)** |
|---|---|---|---|---|
| CL | $\bar{p}$ | $n\bar{p}$ | $\bar{c}$ | $\bar{u}$ |
| UCL | $\bar{p} + 3\sqrt{\frac{\bar{p}(1-\bar{p})}{n}}$ | $n\bar{p} + 3\sqrt{n\bar{p}(1-\bar{p})}$ | $\bar{c} + 3\sqrt{\bar{c}}$ | $\bar{u} + 3\sqrt{\frac{\bar{u}}{n}}$ |
| LCL | $\bar{p} - 3\sqrt{\frac{\bar{p}(1-\bar{p})}{n}}$ | $n\bar{p} - 3\sqrt{n\bar{p}(1-\bar{p})}$ | $\bar{c} - 3\sqrt{\bar{c}}$ | $\bar{u} - 3\sqrt{\frac{\bar{u}}{n}}$ |
| Notes | If $n$ varies, use $\bar{n}$ or individual $n_i$ | $n$ must be a constant | $n$ must be a constant | If $n$ varies, use $\bar{n}$ or individual $n_i$ |

Asia Edition | Abridged Version

EIGHTH EDITION

# Introduction to Statistical Quality Control

Douglas C. Montgomery

# 통계적 품질관리 제8판

박창순 · 이재헌 옮김

WILEY 자유아카데미

# 저자 서문

## 소개

이 책은 품질관리와 품질향상에 대한 최신 통계적 기법을 소개하기 위하여 집필되었다. 주목적은 독자로 하여금 통계적 방법을 다양한 환경에서 응용하기 위한 원리와 기초를 잘 이해할 수 있도록 하는 데 있으며, 통계적 방법을 전반적으로 강조하였지만 공학과 경영학적인 측면 또한 기술하고 있다. 광범위한 통계적 지식을 갖고 있지 않은 독자들도 공부할 수 있도록 집필하였지만, 기초 통계학에 대한 사전지식이 있는 독자들은 책의 내용을 더욱 쉽게 이해할 수 있을 것이다.

이 책은 40년 이상의 강의와 연구, 그리고 산업체에서 통계적 방법을 적용하는 자문을 통해 얻어진 결과이며, 대학에서 공학, 통계학, 경영, 그리고 관련된 학문분야에서 공부하는 학생들에게 통계적 품질관리의 기초를 제공하기 위해 집필되었다. 통계적 품질관리의 기초 강의는 일반적으로 대학교 3, 4학년 과정에 해당된다. 표준적인 주제는 매우 상세히 설명되어 있고 일부 심화된 내용도 포함되어 있다. 자기 스스로 공부하는 많은 전문가들에게도 이 책이 도움이 될 것이다.

## 책의 구성

이 책은 총 5부로 구성되었다. 1부는 소개 부분이다. 1장에서는 품질향상에 대한 철학과 기초 개념을 소개한다. 품질은 주된 비즈니스 전략으로, 품질을 성공적으로 개선하는 조직은 생산성을 향상시킬 수 있고, 시장 침투를 증대시키며, 큰 수익성과 강한 경쟁우위를 달성할 수 있다고 설명한다. 2장에서는 정의(Definition), 측정(Measurement), 분석(Analysis), 개선(Improvement), 관리(Control)를 의미하는 DMAIC에 관하여 설명한다. DMAIC 과정은 품질개선 프로젝트를 수행하는 데 사용되는 탁월한 체제이다. DMAIC은 종종 6시그마와 연관되어, 조직의 전략적 접근방법과는 무관하게 품질 전문가들이 사용하는 탁월한 전술적 도구이다.

2부에서는 품질향상에 유용하게 사용되는 통계적 방법인 샘플링, 기술통계학, 확률과 확률분포의 기본적 표현, 모수의 점추정 및 구간추정, 통계적 가설검정을 설명한다. 이 방법들은 일반적으로 통계학의 기초 강의에 포함되지만, 이 책에서는 품질공학적 관점에서 서술하였다.

3부에서는 통계적 공정관리(Statistical Process Control; SPC)의 기본 방법과 공정능력분석 방법에 관한 내용이다. 몇몇의 SPC 도구가 소개되지만, 주된 초점은 Shewhart 관리도이다. Shewhart 관리도는 분명히 새로운 것은 아니지만 최신 비즈니스와 산업에서의 사용은 막대한 가치를 가지고 있다.

4부에서는 더 진보된 SPC 방법을 설명한다. 즉, 누적합과 지수가중이동평균 관리도(9장), 몇몇 중요한 단변량 관리도(10장), 다변량 관리도(11장), 피드백 공정 조정 절차(12장) 등이다. 이 중 일부는 3부의 내용보다 더 발전된 것으로, 학부 고학년이나 대학원 첫해 학생들에게 적절한 내용이다. 이 내용들은 통계적 품질관리와 향상에서 두 번째 강의의 기초가 된다.

5부는 통계적 실험계획이 공정계획, 개발과 개선에 사용되는 방법을 설명한다. 13장에서는 실험계획의 기초와 함께 요인설계 및 부분실시 요인설계를 설명한다. 이때 2수준 요인에 특히 초점을 두고 있다. 이러한 계획은 요인 선별과 공정 특성화를 하는 산업에서 광범위하게 사용된다. 비록 내용이 포괄적이지 못하고 정식 실험계획 과정을 대체할 수는 없지만 실험계획의 다양한 예를 접할 수 있다. 또한 14장에서는 반응표면분석과 진화적 공정을 소개하고, 통계적 실험계획이 공정 로버스트 연구에 어떻게 사용될 수 있는가를 설명한다. 특히 통계적 공정관리와 공정향상을 위한 실험계획 간의 중요한 상호 관련성을 강조하고 있다.

이번 제8판에서는 품질 개선 구현, 비제조 환경에서 품질 도구 적용, 베르누이 프로세스 모니터링, 결함 수준이 낮은 프로세스 모니터링, 프로세스 및 제품 개선을 위한 실험 설계를 포함하여 여러 주제에 대한 새로운 내용이 추가되었다. 또한, 책의 많은 부분이 다시 작성되고 업데이트 되었으며, 새로운 문헌이 참고문헌에 추가되었다. 이러한 작업들이 여러 주제에 대해 보다 명확하고 최근의 경향에 맞는 설명을 이끌어냈다고 생각한다.

# 역자 서문

이 책은 국내외에서 통계적 품질관리의 교재로 널리 사용되는 책이다. 다만 국내에서는 영어로 된 원서보다 한글판에 대한 수요가 많아 저자들이 편역을 하게 되었다. 번역하는 과정에서 우리말 표현이 없거나, 있어도 부드럽지 못한 경우가 많았지만 나름대로 노력하여 가장 적절한 표현을 사용하기에 힘썼다. 아마도 통계적 품질관리에 대한 30여 년에 걸친 강의와 연구가 도움이 되리라 생각한다.

책의 소개 부분에 설명되어 있듯이 통계적 품질관리의 세 가지 주된 도구(통계적 공정관리, 실험계획, 샘플링 검사) 중 통계적 공정관리와 실험계획이 80% 이상의 역할을 담당하고 있으며, 이 두 가지가 잘 운영되면 샘플링 검사의 필요성은 미미하다고 할 수 있다. 이러한 이유 때문에 편역 작업에서 샘플링 검사는 제외하였다. 또한 대부분의 대학에서 통계적 품질관리 과목은 한 학기에 강의하기 때문에, 책의 분량을 축소하고자 하였다.

2장의 DMAIC에 관한 내용은 6시그마와 밀접한 관계가 있다. 최근 국내 산업체에서는 6시그마의 열풍이 이미 휩쓸고 지나간 상태이지만, 과거나 지금이나 또 미래에도 통계적 품질관리에 대한 방법의 기본 틀이 바뀔 것이라고는 보지 않는다. 결국 기존의 통계적 품질관리 방법의 중요성을 감안할 때 DMAIC 부분은 여전히 필요하다고 생각하여 편역 작업에 그대로 포함시켰다.

이 책에서는 미니탭을 이용하여 통계적 품질관리 기법을 구현하는 방법을 설명하고 있으며, 이러한 설명은 독자들이 내용을 이해하는 데 많은 도움을 줄 것으로 확신한다.

이 책에는 샘플링 검사 부분이 빠져 있으나 여전히 분량은 많은 편이라, 한 학기 강의 내용으로는 다소 부담스러운 면이 있다. 그러나 일부 소개되는 부분(1, 2장)이나 기초통계학에 해당하는 부분(3, 4장), 또는 심화된 내용(10, 12장)을 전부 또는 부분적으로 발췌하면 한 학기 강의로 적당한 분량이 되리라고 판단된다.

편역 작업을 마무리를 하면서, 이 책을 통해 독자들이 영문 원서에 대한 어려움을 떨쳐 버리고 통계적 품질관리를 공부하는 데 조금이라도 도움이 된다면 더는 바랄 것이 없다. 출간 후 나올 수 있는 수정사항 등은 자유아카데미 홈페이지(www.freeaca.com) 자료실에 제공할 예정이니 참고하기를 바라며, 끝으로 이 편역 작업에 도움을 준 중앙대학교 통계학과의 대학원생들에게 고마움을 표하고, 특히 지난 40여 년간 우리나라의 통계학 교재 발간에 큰 도움을 주고 또 이 작업을 가능하게 한 자유아카데미 출판사 관계자들께도 깊은 감사의 말씀을 전한다.

2022년 1월

편역자

# 차례

## 제1부 서론



## 제2부 품질관리와 향상에 유용한 통계적 방법

## 7장: 계수형 관리도



## 8장: 공정 및 측정 시스템의 능력분석

## 제4부 기타 통계적 공정 모니터링 및 관리 절차

### 9장: 누적합 및 지수가동이동평균 관리도



### 10장: 기타 일변량 통계적 공정 모니터링 및 관리 절차

**11장: 다변량 공정 모니터링 및 관리**



**12장: 공학적 공정관리와 통계적 공정관리**



## 제5부 실험계획을 이용한 공정설계와 향상

**13장: 공정설계와 향상을 위한 요인 및 부분요인실험**



**14장: 실험계획을 이용한 공정 최적화**

## 부록



참고문헌은 자유아카데미 홈페이지(www.freeaca.com) 자료실에서 다운로드받을 수 있습니다.

# 1부
# 서론

품질을 관리하고 향상시키는 것은 많은 조직, 즉 제조자, 배급자, 운송회사, 재무 서비스 회사, 건강 관리 설비자, 정부기관 등에서 매우 중요한 비즈니스 전략이다. 높은 수준의 제품과 서비스 품질을 유지하는 것은 아주 경쟁력 있는 장점이다. 품질을 향상시키고 관리함으로써 소비자를 즐겁게 하는 것은 다른 경쟁자를 압도할 것이다. 이 책은 품질관리와 향상에서 성공할 수 있는 기술적 방법에 관한 것으로서 이러한 방법들을 어떻게 하면 성공적으로 적용할 수 있는가를 소개한다.

1부는 두 개의 장으로 구성되어 있다. 1장에서는 품질과 품질향상에 대한 기초 정의를 포함하며, 이 책의 후속 부분에서 아주 자세히 설명되는 도구와 방법에 대한 간략한 개관을 설명하고 또 품질향상에 대한 경영 시스템에 대해 설명할 것이다. 2장은 DMAIC 문제 해결과정에 집중되어 있다. 이것은 품질과 공정 향상을 적용하는 데 탁월한 구조이다. 또한 이 책에서 설명된 방법들이 DMAIC에 어떻게 사용되는지를 보여준다.

# 1장

# 최근 비즈니스 환경에서의 품질향상

## 요약 및 학습 목표

이 책은 우리 사회에서 사용되는 제품의 품질을 향상시키기 위한 통계적 방법과 다른 문제 해결 기술의 사용에 관한 것이다. 이러한 제품은 자동차, 컴퓨터, 의복과 같은 제조된 상품뿐만 아니라 전기의 생산과 공급, 공공 교통, 은행, 소매업, 건강관리 같은 서비스업을 포함하고 있다. 품질향상 기법은 회사나 조직 내에서 어떤 분야에도 적용될 수 있는데, 예를 들면 제조, 공정개발, 공학 설계, 재무와 회계, 마케팅, 분배와 물류, 소비자 서비스, 제품의 현장 서비스 등을 들 수 있다. 이 책은 이러한 조직에서 품질향상을 이루는 데 필요한 기술적 도구를 제공한다.

이 장에서는 품질, 품질향상, 다른 품질 공학 용어에 대한 기초 정의를 제공하며, 품질향상 방법의 역사적 발전을 설명하고 현대의 전문업무에 필요한 통계적 도구에 대하여 개략적으로 설명한다. 또한 품질향상을 적용하는 경영과 비즈니스 관점에서의 간단한 논의도 제공된다.

이 장을 학습하고 나면, 다음 내용들을 수행할 수 있어야 한다.

1. 품질과 품질향상을 정의하고 논의한다.
2. 품질의 여러 가지 요소를 논의한다.
3. 현대 품질향상 기법의 발전을 논의한다.
4. 품질관리에 대한 변동과 통계적 방법의 역할을 논의한다.
5. Edwarsd Deming, Joseph Juran, Armand Feigenbaum의 품질경영철학을 설명한다.
6. Total quality management, Malcolm Baldrige 국가 품질상, 6시그마, 품질 시스템과 표준을 논의한다.
7. 품질과 생산성, 품질과 비용 간의 연결 관계를 설명한다.
8. 제품 책임에 대해 논의한다.
9. 품질계획, 품질보증, 품질관리 및 향상의 기능에 대해 논의한다.

## 1.1 품질의 의미와 품질향상

**품질**(quality)은 여러 가지로 정의할 수 있다. 대부분의 사람들은 품질의 개념적 이해로서 어떤 제품이 가져야 하는 하나 또는 그 이상의 바람직한 특성을 관련지어 생각한다. 이러한 개념적 이해는 유용한 시작임에 분명하지만 우리는 좀 더 명확하고 유용한 정의가 필요하다.

품질은 경쟁 제품이나 서비스 중에서 선택하는 경우에 가장 중요한 소비자의 결정요인이 된다. 이 현상은 소비자가 개인, 산업체, 소매상, 은행, 금융기관, 또는 국방 프로그램이든지 관계없이 널리 퍼져 있다. 궁극적으로 품질에 대한 이해와 향상은 비즈니스의 성공, 성장, 경쟁력을 유발하는 주된 요인이다. 총체적 비즈니스 전략으로서의 향상된 품질과 품질의 성공적 사용은 투자에 대해 상당한 보상을 제공한다. 이 절에서는 품질과 품질향상의 기능적 정의를 제공한다. 먼저 **품질의 요소**(dimension of quality)와 기초 용어를 간단히 설명한다.

### 1.1.1 품질의 요소

제품의 품질은 여러 가지로 설명되고 평가될 수 있다. 품질의 서로 다른 요소를 구분하는 것은 매우 중요하다. Garvin(1987)은 품질의 8가지 요소를 잘 설명하였다. 품질의 요소의 핵심은 다음과 같이 요약된다.

1. **성능**(performance): 제품이 의도된 작업을 수행할 것인가?
2. **신뢰성**(reliability): 제품이 얼마나 자주 고장 날 것인가?
3. **내구성**(durability): 제품이 얼마나 오래 유지될 것인가?
4. **서비스**(serviceability): 제품 수리가 얼마나 쉬운가?
5. **심미성**(aesthetics): 제품이 얼마나 보기 좋은가?
6. **기능**(features): 제품이 무엇을 하는가?
7. **인지 품질**(perceived quality): 제조회사나 제품의 명성이 어떤가?
8. **표준에의 적합성**(conformance to standards): 제품이 설계자가 의도한 대로 만들어졌는가?

이 8가지 요소는 대부분의 산업체나 비즈니스 환경에서 품질을 설명하는 데 적절하다. 하지만 서비스나 상거래 기구(은행, 금융, 헬스케어, 소비자 서비스 기구 등)에서는 다음의 세 가지를 추가할 수 있다.

1. **반응성**(responsiveness): 서비스 제공자가 당신의 서비스 요청에 대답하는 데 얼마나 걸렸는가? 서비스 제공자가 얼마나 도우려고 하였는가? 당신의 요청이 얼마나 적시에 다루어 졌는가?
2. **전문성**(professionalism): 이것은 서비스 제공자의 지식과 기술을 의미하고, 또한 서비스를 제공하는 조직의 능력과 관련되어 있다.

3. **친절성**(attentiveness): 소비자는 일반적으로 서비스 제공자가 돌봐주기를 원하고, 또한 개별적 배려를 희망한다.

이러한 설명으로부터 품질은 실제로 다면성을 지닌 실체임을 알 수 있다. 궁극적으로 "품질은 무엇인가?" 또는 "품질향상은 무엇인가?"라는 질문에 대한 단순한 답을 찾는 것은 쉽지 않다. 품질의 **전통적** 정의는 제품과 서비스가 그것을 사용하는 사람들의 요구를 충족시켜야 한다는 관점에 기초하고 있다.

**정의**

**품질**은 사용에의 적합성을 의미한다.

사용에의 적합성에는 **설계품질**(quality of design)과 **적합품질**(quality of conformance)이라는 두 가지 관점이 있다. 모든 상품과 서비스는 다양한 등급과 품질수준으로 생산된다. 등급 또는 품질수준의 변동은 의도적이며 이를 설계품질이라고 한다. 예를 들면, 모든 자동차는 안전운행을 제공하기 위한 기본 목표를 가지고 있다. 그러나 자동차는 크기, 설비, 외양과 성능에서 다르다. 이러한 차이는 자동차의 형태 중에서 의도적 설계의 차이에 기인한다. 이러한 설계의 차이는 제조에 사용된 재료, 설비 규격, 엔진, 주행 개발공정을 통한 신뢰성, 다른 부속품 또는 장비 등을 포함하고 있다.

적합품질은 제품이 요구되는 설계 규격에 얼마나 잘 일치하는지를 의미한다. 적합품질은 여러 요인에 영향을 받게 되는데, 제조공정의 선택, 인력의 훈련과 감독, 공정관리, 검사와 조사활동의 형태, 이러한 절차의 적용 범위, 품질달성을 위한 열의 등이다.

불행히도 이 정의는 설계보다는 적합과 더 많이 관련되어 있다. 이것은 부분적으로 대부분의 설계사와 엔지니어들이 품질공학 교육에서 받는 교육이 부족하기 때문이다. 이것은 비록 표준규격으로 생산된 제품도 실제로는 소비자에 의한 '사용에의 적합성'이라는 점에 상관없이 소비자에 대한 관심을 약화시키고 품질에 대한 '규격에의 적합성'에 관심을 더 크게 한다. 그리고 품질은 오로지 제조를 통한 문제라든지 또는 제품에 '금도금'을 함으로써 개선될 수 있다는 믿음이 널리 퍼져 있다.

다음은 품질의 **현대적** 정의이다.

**정의**

**품질**은 변동성에 반비례한다.

이 정의는 제품의 주요 특성에 변동이 감소하면 그 제품의 품질이 향상된다는 것을 의미한다.

이 정의의 적용효과의 예를 들어 보자. 미국 내 어떤 자동차 회사가 국내와 일본에서 생산한 변속기의 비교연구를 수행하였다. 보증요청과 보수비용에 대한 분석결과 두 제조공정에 큰 차이가 있다는 것이 발견되었다. 그림 1.1은 일본제 변속기가 훨씬 더 적은 비용임을 나타내고 있다. 비용과 성능에서의 차이의 원인을 발견하기 위해 두 공정으로부터 변속기의 확률표본을 추출하여 해체한 다음 몇 가지 주된 품질특성치를 측정하였다.

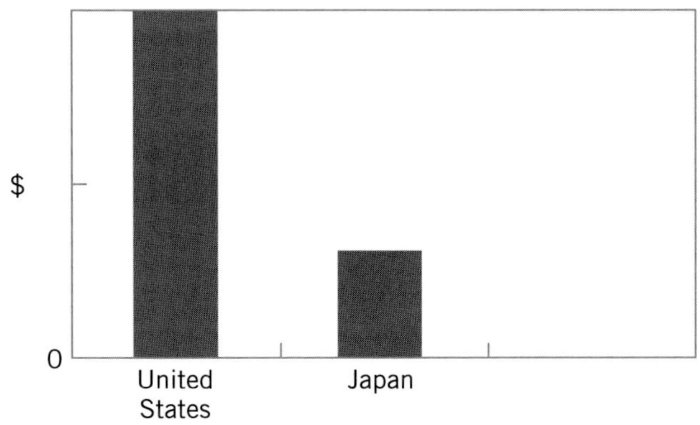


**그림 1.1** 변속기의 보증비용

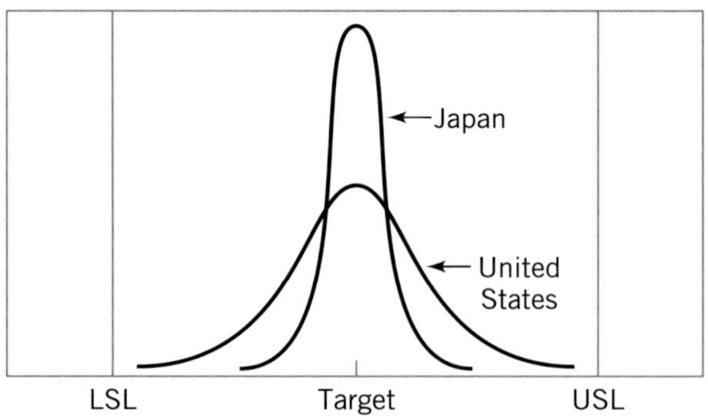


**그림 1.2** 변속기 주요소의 크기분포

그림 1.2는 이 연구의 결과를 종합적으로 나타내고 있으며 주요소에 대한 두 종류의 분포는 모두 목표값을 중심으로 하고 있다. 하지만 미국제 변속기의 주요소는 규격한계 범위의 75% 정도로 퍼져 있는데, 이는 극소수의 규격미달품만 생산되는 것을 의미한다. 실제로 이 공정은 회사 내 품질인증 수준에 기초하면 양호한 품질상태에서 생산하고 있다. 반면에, 일본 공정은 동일 품질특성치가 규격한계 범위의 단지 25% 내에만 있는 변속기를 생산한다. 이러한 결과로 일본 공정은 미국 내 공정에 비해 변속기 품질특성치의 변동이 훨씬 작음을 알 수 있다.

이것은 매우 중요한 발견이다. General Electric의 Jack Welch는 소비자는 공정의 평균을 보지 않고, 다만 공정에 남아 있는 목표값 주변의 변동만을 본다는 것을 지적하였다. 거의 대부분의 경우에 변동은 소비자에게 중요한 영향을 준다.

여기에 두 가지 명백한 질문이 있다. 일본은 왜 이렇게 하였는가? 그들은 이것을 어떻게 하였는가? "왜"에 대한 대답은 그림 1.1을 검토해 보면 분명히 알 수 있다. 변동의 감소는 바로 비용감소로 나타난다(일본은 Jack Welch가 지적한 것을 온전히 이해하였다). 뿐만 아니라, 일제 변속기는 더 부드럽게 기어 변환이 되고, 더 조용히 운행되어, 일반적으로 소비자들에게 미제보다 더 월등한 것으로 인식되었다. 더 적은 정비와 보증요청은 더 적은 **재작업**과 시간 소비, 노력과 돈의 절약을 의미한다. 따라서 품질은 실제로 변동에 반비례한다. 게다가 모든 사람(관리자나 간부들)들이 이해하는 언어로 소통될 수 있다. 즉 돈이다.

일본은 이것을 어떻게 하였는가? 그 대답은 이 책에서 설명하는 방법을 구조적이고 효과적으로 사용하는 데 있다. 이것은 다음의 **품질향상**(quality improvement)에 대한 정의를 유도한다.

**정의**

**품질향상**은 공정과 제품에서 변동을 줄이는 것이다.

공정수행에서 과도한 변동은 종종 **낭비**(waste)를 발생시킨다. 예를 들어, 정비와 연관된 돈, 시간과 노력의 낭비는 그림 1.1에 나타나 있다. 그러므로 품질향상에 대한 또 다른 유용한 정의는 **낭비의 감소**를 의미한다. 이 정의는 변속기의 품질특성치처럼 직접 측정할 수 있는 것이 많지 않은 **서비스 산업**에서 특히 유용하다. 서비스 산업에서 품질문제는 노력과 지출을 요구하는 수정 활동, 즉 오류나 실수일 수 있다. 서비스공정을 개선하면 이렇게 낭비되는 노력과 비용을 피할 수 있다.

이제 이 책에서 사용되는 품질공학 용어를 설명하기로 한다.

### 1.1.2 품질공학 용어

모든 제품에는 사용자나 소비자가 품질이라고 생각하는 것에 대해 공통적으로 설명하는 몇 가지 요소가 있다. 이 모수들을 종종 **품질특성치**(quality characteristic)라고 하고 때때로 **critical-to-quality**(CTQ)라고 하기도 한다. 품질특성치는 몇 가지 형태로 구분된다.

1. **물리적**(physical): 길이, 무게, 볼트, 점도
2. **감각적**(sensory): 기호, 외양, 색
3. **시간적**(time orientation): 신뢰성, 내구성, 서비스

품질특성치의 서로 다른 형태는 앞 절에서 설명한 품질의 요소에 직접적 또는 간접적으로 연관된다.

**품질공학**(quality engineering)은 제품의 품질특성치가 공칭치수(nominal value) 또는 원하는 수준에 있는지, 그리고 변동이 최소화되어 있는지 확인하는 데 사용하는 운영상, 관리상, 기술적 활동의 집합이다. 이 책에서는 엔지니어와 기술자들이 이러한 목표를 달성하기 위해 사용하는 기초방법론 중 많은 부분을 설명하고 있다.

대부분의 조직에서는 항상 동일한 품질특성치를 가지는 제품이나, 소비자가 원하는 수준을 맞추는 제품을 제공하는 것이 매우 어렵고 또 비용이 많이 든다는 것을 알고 있다. 이것의 주된 이유는 **변동**(variation)이다. 모든 제품에는 일정량의 변동이 있기 마련이다. 그래서 어떤 두 제품도 동일할 수 없다. 예를 들어, 제트터빈엔진 추진체의 날개의 두께는 동일한 추진체 내에서도 동일하지 않다. 만일 이 날개 두께의 변동이 적으면 소비자에게 아무런 영향을 주지 않는다. 그러나 이 변동이 크면 소비자는 이 추진체를 바람직하지 못하다고 생각하여 받아들이지 않는다. 이 변동의 원인은 재료의 차, 성능과 제조장비의 운영의 차, 그리고 기술자의 수행 방법의 차에 기인한다. 이러한 연속된 사고는 이미 정의된 품질향상의 의미를 이끌어 낸다.

변동은 통계 용어로만 설명될 수 있기 때문에 품질향상 노력에서 **통계적 방법**은 주된 역할을 한다. 품질공학에 통계적 방법을 적용시키는 데에는 품질특성치를 나타내는 데이터를 **속성**(attribute) 데이터와 **변량**(variable) 데이터로 분류하는 것이 아주 일반적이다. 변량 데이터는 일반적으로 길이, 볼트, 또는 점도 같은 연속적 측정값이다. 반면에 속성 데이터는 일반적으로 수를 세는(counting) 형태의 이산형 데이터인데, 필수 정보의 기재 누락 때문에 승인받을 수 없는 대출 지원의 수 또는 응급처치를 받기 위해 30분 이상 기다려야 하는 응급환자의 수 등이 있다. 이 두 종류의 데이터를 취급하는 통계학에 기초한 품질공학 도구가 설명될 것이다.

품질특성치는 종종 **규격**(specification)과 비교되어 평가된다. 제조제품에서 규격은 제품

을 만드는 부품의 품질특성치와 함께 최종 제품의 바람직한 치수를 말한다. 예를 들면, 자동차의 변속기에 사용되는 샤프트(shaft)의 지름은 연결베어링에 들어가지 않을 정도로 너무 커도 안 되고, 헐거울 정도로 너무 작아도 안 된다. 서비스 산업에서 규격은 전형적으로 주문을 수행하는 데 또는 특정 서비스를 제공하는 데 걸리는 최대소요시간으로 표현된다.

품질특성치의 바람직한 값에 해당되는 측정값을 **공칭치수**(nominal value) 또는 **목표값**(target value)이라고 한다. 이 목표값은 일반적으로 어떤 값의 범위로 제한되어 있다. 전형적으로 품질특성치가 그 범위 내에 있으면, 제품의 기능이나 수행능력에 영향을 주지 않을 정도로 그 품질특성치의 목표값에 충분히 가깝다는 믿음을 주게 된다. 품질특성치의 최대허용치를 **규격상한**(upper specification limit, USL)이라고 하고 최소허용치를 **규격하한**(lower specification limit, LSL)이라고 한다. 어떤 품질특성치는 목표값의 한쪽으로만 주어진다. 예를 들면, 자동차 범퍼에 사용된 부품의 압축력(compressive strength)에는 목표값과 규격하한은 있지만 규격상한은 없다.

**비적합**(nonconforming) 제품은 그 제품의 규격을 만족하지 못하는 제품을 의미한다. 비적합 제품은 반드시 사용에 부적합하다고 할 수 없다. 예를 들어, 세제에 들어 있는 주원료의 농도가 규격하한보다 낮으면 비적합이지만 더 많은 양을 사용하면 세제로서 원래의 목적을 달성한다고 받아들일 수 있다. 비적합 제품은 그 제품의 안전한 사용이나 효율적 사용이 심각하게 영향을 받을 수 있는 **결점**(defect)을 가지고 있으며 **불량품**(defective)이라고도 한다.

## 1.2 품질관리와 향상의 역사

품질은 사실상 모든 제품과 서비스에서 필수 요인이다. 그렇지만 품질관리와 향상의 중요성 인식과 공식적 방법의 소개는 진화하면서 발전해 왔다. 표 1.1은 이러한 진화과정 중에서 이정표가 될 만한 주된 활동을 기록하였다.

이 표에서 기록된 연표 중 일부를 다음과 같이 소개한다.

품질향상에서 통계적 방법과 응용은 오랜 역사를 가지고 있다. 벨 전화연구소(Bell Telephone Laboratories)의 Shewhart가 1924년에 개발한 통계적 관리도의 개념은 통계적 품질관리의 공식적 시작으로 여겨지고 있다. 1920년대 말경에 벨 전화연구소의 Dodge와 Romig는 전수조사의 대안으로 샘플링 검사(acceptance sampling)를 제안하였다. 1930년대 중반, 통계적 품질관리 방법은 Western Electric 사에서 널리 사용되었지만 통계적 품질관리의 가치는 산업에서 널리 인식되지 못하였다.

제2차 세계대전 동안 제조산업에서 통계적 품질관리의 개념이 사용되고 받아들여졌다. 전쟁을 통한 경험을 통하여 통계적 기술이 제품품질을 관리하고 향상시키는 데 필요하다는 것이 명확해졌다. 미국에서 처음으로 제품과 공정향상을 위해 실험계획이 소개되었으며 화학산업에서 최초로 응용되었다. 이후 이 실험계획법은 화학산업에서 널리 사용되었으며, 이것이 미국 화학산업이 세계에서 가장 경쟁력이 있을 뿐만 아니라 외국기업에 사업

영역을 거의 빼앗기지 않게 된 주된 이유라고 언급된다.

1980년부터는 미국에서 품질과 총체적 비즈니스 향상을 위한 통계적 방법이 괄목할 만한 성장을 이루었다. 이것은 부분적으로 1970년대에 시작된 많은 미국 내 기업의 사업영역과 시장의 잠식에서 동기가 유발되었기 때문이다. 예를 들면, 미국 자동차 산업은 이 기간 동안 외국회사에 의해 거의 파괴되었다. 1980년에 미국 내 한 자동차 회사는 시간당 백만 달러의 손실을 보았다고 추정하였다. 통계적 방법의 채택과 사용은 미국 산업이 다시 재탄생하는 데 중대한 역할을 하였다.

표 1.1의 연표에서 특이한 사항은 일본에 관한 내용이 많이 언급되고 있다는 점이다. 일본은 1945년 패전 이후 시설, 인력과 자원의 부족으로 고통받았기 때문에 좋은 품질의 제품을 생산할 수 없었다. 그러나 일본의 기업체는 일 년 뒤 JUSE(Union of Japanese Scientists and Engineers)를 창립하고 미국학자인 Deming과 Juran을 초청하여 통계적 품질관리 세미나를 열어서 통계적 방법으로 산업의 품질을 향상시키기 위한 노력에 매진하였다. 뿐만 아니라 Deming 상(Deming Prize)까지 신설하여 통계적 품질관리 방법의 응용을 독려하였다. 여기서 우리가 짚고 넘어가야 할 사실은 패전국인 일본의 기업인들은 전쟁 상대국이었던 미국의 학자를 전쟁 직후에 초청하면서까지 품질향상에 집념을 보였다는 점이다. 일본은 이렇게 미국에게서 통계적 방법을 배웠지만 1980년에 이르러서는 Taguchi의 실험계획법이 미국에 소개되었고 일본학자에 의해 개발된 방법을 오히려 미국이 배우게 되는 상황이 되었다. 이러한 일본 기업인들과 학자들의 품질향상 노력이 오늘날 세계적으로 우수하다고 정평이 난 일본 제품이 만들어질 수 있었던 주된 이유이다.

**표 1.1**
품질관리의 연표

| | |
|---|---|
| 1920년대 | AT&T Bell 연구소는 품질부서를 설치하여 품질, 검사 및 시험, 그리고 제품 신뢰도를 강조. |
| 1922–1923 | R.A. Fisher는 실험계획과 농업분야의 응용에 관한 주요 논문을 연속적으로 발간. |
| 1924 | W.A. Shewhart는 Bell 연구소 기술 비망록에 관리도의 개념을 소개. |
| 1928 | Bell 연구소의 H.F. Dodge와 H.G.Romig가 샘플링 검사법을 개발하고 정리. |
| 1931 | W.A.Shewhart는 생산과 관리도방법에서 사용하는 통계적 방법의 개요로서 '*Economic Control of Quality and Manufactured Product*'를 출판. |
| 1932 | W.A.Shewhart가 런던대학에서 생산과 관리도에 대한 통계적 방법을 강의. |
| 1938 | W.E.Deming이 W.A.Shewhart를 초청하여 미국 농무성 대학원에서 관리도에 대한 세미나를 개최. |
| 1940 | 미국 전쟁부서에서 고정데이터 분석을 위한 관리도의 사용지침을 발간. |
| 1942–1946 | 통계적 품질관리에 대한 기초강좌가 산업체에 개설되었고 15개 이상의 품질협회가 북미에서 결성. |
| 1944 | *Industrial Quality Control* 출판 시작 |
| 1946 | The American Society for Quality Control (ASQC) 결성.<br>The International Standards Organization (ISO) 결성.<br>Deming이 일본 산업을 재건하는 직업교육을 돕기 위해 일본 방문.<br>The Japanese Union of Scientists and Engineers (JUSE) 결성. |

| | |
|---|---|
| 1946-1949 | Deming이 일본 산업체에 통계적 품질관리 세미나를 발표하기 위해 일본 방문. |
| 1948 | G. Taguchi가 실험계획의 연구와 응용 시작. |
| 1950 | Deming이 일본 산업 경영진에게 교육 시작; 통계적 품질관리 방법이 일본에서 널리 교육됨. |
| 1950-1975 | 적시(just-in-time) 생산과 도구 및 장비의 신속 세트업을 정의하고 개발하는 통합기술 시스템인 도요다 생산시스템의 개발.<br>K. Ishkawa가 특성요인도(cause-and-effect diagram) 개발. |
| 1951 | A.V. Feigenbaum이 *Total Quality Control* 첫판 발행.<br>JUSE가 품질관리와 품질방법에서 탁월한 업적에 대한 Deming 상 창립 |
| 1951+ | *G.E.P. Box*와 *K.B. Wilson*이 공정최적을 위한 실험계획과 반응표면분석에 대한 연구발표. 화학산업에 초점을 두었고 이후 화학산업에서 실험계획의 응용이 급격히 증가함. |
| 1954 | J.M. Juran 이 품질경영과 향상에 대한 강의를 위해 일본에 초청됨.<br>영국 통계학자 E.S. Page가 누적합 관리도 개발. |
| 1957 | J.M. Juran과 *F.M. Gryna*의 *Quality Control Handbook* 첫판 발행. |
| 1959 | Technometrics 창립.<br>S. Robert가 지수가중이동평균 관리도 개발. |
| 1960 | G.E.P. Box와 J.S. Hunter가 $2^{k-p}$ 부분실시 요인설계에 관한 논문발표.<br>*K.ishkawa*가 일본에서 품질관리순환에 대한 개념 소개. |
| 1960년대 | 무결점(zero defects) 프로그램이 미국의 일보 산업에서 소개됨. |
| 1969 | *Industrial Quality Control* 단종하고 *Quality Progress*와 *journal of Quality Control*로 대체(초대 편집 위원장에 L.S. Nelson). |
| 1975-1980 | 엔지니어와 과학자를 위한 실험계획 교재가 출판되기 시작함.<br>북미에서 품질순환에 대한 관심이 시작되고 이는 *total quality management*(TQM) 운동으로 전파. |
| 1980년대 | 실험계획이 소개되고 광범위한 분야에서 채택됨. *Taguchi*의 연구가 미국에서 소개되기 시작함. |
| 1984 | *American Statistical Association*(ASA)가 *Quality and Productivity*위원회를 창립하고 이 후 하나의 분과로 발전함.<br>학회지 *Quality and reliability Engineering International* 발간. |
| 1987 | *ISO*가 품질시스템표준 첫판을 발표.<br>*Motorola*의 6시그마 시작. |
| 1988 | 미국 의회에서 *Malcolm Baldridge* 국가품질상 제정.<br>*European Foundation of Quality Management*이 창립되어 유럽 품질상을 주관. |
| 1989 | 학회지 *Quality Engineering* 발간 |
| 1997 | *Motorola*의 6시그마 방법이 다른 산업에 전파됨. |
| 1998 | *American Society for Quality Control*이 더 광범위한 품질개선분야를 표현하기 위해 *American Society for Quality*로 변경됨. |
| 2000년대 | ISO 9000:2000 표준 발간. |

## 1.3 품질관리와 향상에 대한 통계적 방법

이 책은 세 가지 주된 영역에 초점을 맞추고 있다. **통계적 공정관리**(statistical process control), **실험계획**(design of experiments), 그리고 조금 약하지만 **샘플링 검사**(acceptance sampling)이다(단 이 편역본에서는 샘플링 검사를 취급하지 않는다). 이 세 가지 외에 여러 가지 다른 통계적이고 분석적인 도구들도 품질 문제와 공정수행능력을 향상시키는 데 유용하게 사용된다. 이러한 도구들의 역할은 그림 1.3에 나타난 입력과 출력이 있는 시스템으로서의 **공정**(process)을 표현하는 데 설명된다. 제조공정의 경우, 통제가능(controllable) 입력요인, $x_1, x_2, ..., x_p$는 온도, 압력, 공급비율과 같은 공정변수이다. 통제불능(uncontrollable) 입력요인 $z_1, z_2, ..., z_q$는 환경요인이나 외부 제공자에 의해 공급되는 원재료의 특성 같은 것이다. 제조공정은 입력 원자재, 부품 성분과 조립 부품을 여러 가지 품질특성치를 가진 완성품으로 변환시키는 것이다. 출력변수 $y$는 공정과 제품의 품질을 측정하는 품질특성치이다. 이 모형은 **비제조공정**이나 **서비스공정**을 나타내는 데에도 역시 사용될 수 있다. 예를 들어, 자동차 대출신청을 취급하는 금융기관에서의 과정을 생각해 보자. 입력은 소비자와 그 신용 이력에 관한 정보, 구입하고자 하는 차의 종류, 가격, 대출금액 등을 포함한 대출신청이다. 통제가능요인은 대출담당자가 받은 훈련의 종류, 이 대출에 지정된 은행의 규칙과 정책, 대출담당자의 수가 된다. 통제불능요인은 일반 대출이율, 이 대출형태에 대한 가능한 자산규모, 접수된 대출신청 건수 등이 된다. 출력품질 특성치는 대출의 승인 여부, 승인된 대출 건수, 대출승인까지의 소요시간 등이다. 서비스 시스템에서 소요시간은 매우 중요한 CTQ이다.

**관리도**(control chart)는 **통계적 공정관리**(statistical process control)의 주된 기술이다. 전형적인 관리도는 그림 1.4에 나타나 있다. 이 관리도는 공정으로부터 추출한 표본의 품질특성치의 평균을 시간(또는 표본 번호)에 따라 타점한 것이다. 관리도에는 중심선(center line, CL), 관리 상한과 하한(upper control limit and lower control limit, UCL and LCL)이 있다. 중심선은 비정상적 변동의 원인이 존재하지 않는 경우에 공정특성치가 가져야 하는 값을 나타낸다. 관리한계(관리 상한과 하한)는 단순한 통계적 원리로부터 결정

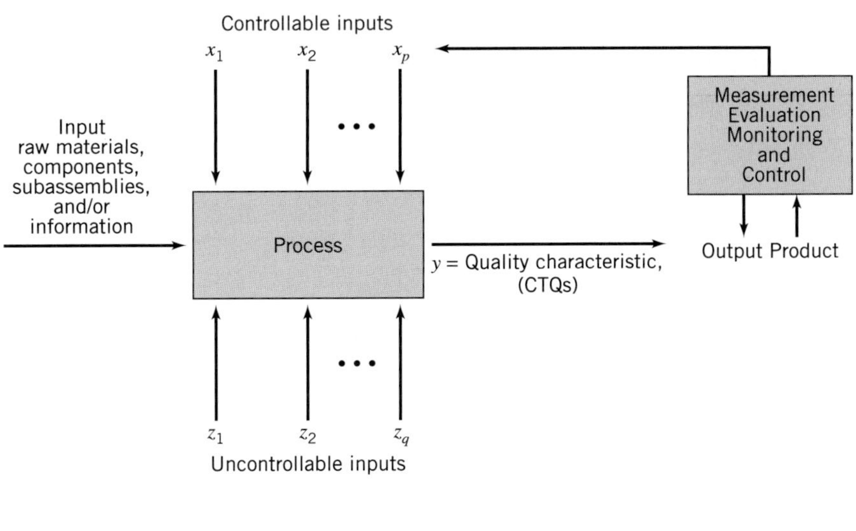


그림 1.3
입력과 출력이 있는 생산 공정

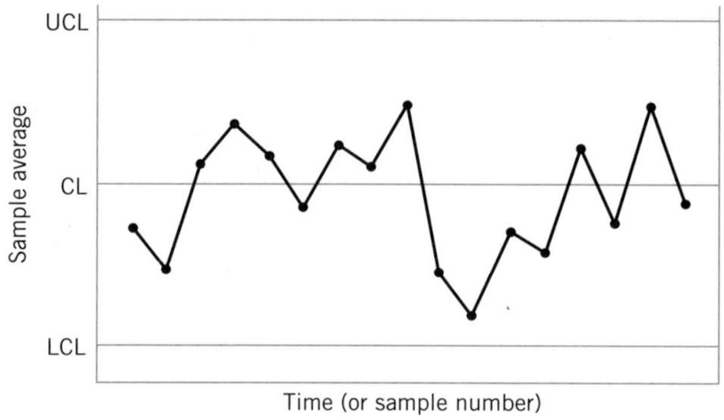


**그림 1.4**
일반적인 관리도

되는데, 이는 5, 6, 7장에서 다룰 예정이다. 통상적으로 관리도는 그림 1.3 같은 시스템의 출력변수에 적용되지만 어떤 경우에는 입력변수에도 유용하게 적용될 수 있다.

관리도는 아주 유용한 **공정 모니터링 기술**(process monitoring technique)이다. 비정상적 변동의 원인이 발생하면 표본평균은 관리한계 밖에 타점될 것이다. 이것은 공정조사가 이루어져서 이 비정상적 변동의 원인을 제거하는 수정 활동이 필요하다는 신호이다. 관리도의 체계적 사용은 변동을 줄이는 아주 좋은 방법이다.

**실험계획**(design of experiments)은 공정에서 관심 품질특성치에 영향을 주는 주변수를 찾아내는 데 매우 도움이 되는 방법이다. 실험계획은 공정에서 통제가능 입력요인의 값을 달리함으로써 출력 제품의 모수값에 대한 이 요인들의 영향을 결정하고자 하는 시도이다. 통계적으로 설계된 실험은 품질특성치의 변동을 줄이는 데에, 그리고 공정수행을 최적화하는 통제가능요인의 수준을 결정하는 데에 아주 가치 있는 방법이다. 가끔씩 공정수행과 제품품질의 획기적 발전 역시 실험계획에서 비롯된다.

실험계획의 한 가지 주된 형태는 **요인설계**(factorial design)이다. 이 설계에서는 모든 가능한 요인의 수준조합들이 검사되는 방식으로 요인의 값들이 달라진다. 그림 1.5는 공정에서 $p=2$와 $p=3$인 두 경우의 요인설계를 보여 주고 있다. 그림 1.5*a*는 요인들이 '상'(high)과 '하'(low)의 두 수준을 가지고 있어 정사각형의 모서리에 4가지 가능한 검사조합을 형성한다. 그림 1.5*b*에는 각각 두 수준을 가진 세 요인이 있어 정육면체의 모서리에 8가지 검사조합을 가진 실험이다. 정육면체의 모서리에서의 분포는 통제가능요인 $x_1$, $x_2$, $x_3$의 각 수준조합에서의 공정수행을 보여 주고 있다. 어떤 요인수준의 조합은 다른 수준의 조합들보다 더 좋은 결과를 나타내는 것이 분명하다. 예를 들면, $x_1$의 수준을 '하'에서 '상'으로 증가시키면 공정출력을 증가시켜 목표값($T$)으로부터 벗어나게 한다. 뿐만 아니라 $x_2$, $x_3$의 수준을 '상'으로 하는 정육면체의 뒷면을 따라 공정을 수행하면 공정분산이 상당히 줄어드는 것을 알 수 있다.

실험계획은 주된 **오프라인**(off-line) 품질관리 도구이다. 왜냐하면 통상적으로 **온라인**(on-line) 절차가 아닌 제조과정의 개발단계와 시작 부분에서 종종 사용되기 때문이다. 이 실험계획은 변동을 줄이는 데 주된 역할을 한다.

공정출력값에 영향을 주는 중요 변수가 인식되면 영향을 주는 입력변수와 출력 품질특성치 간의 관계를 모형화하는 것이 필요하다. 이러한 모형을 설정하는 데 유용한 통계적

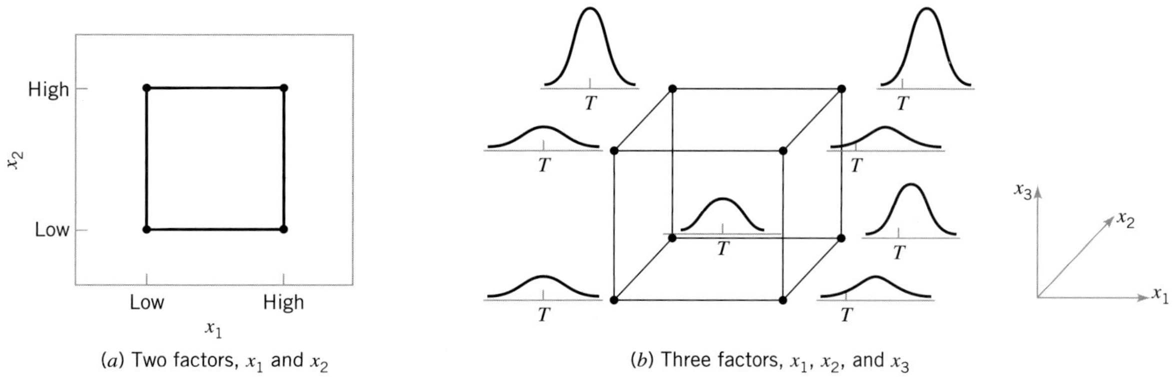


**그림 1.5** 그림 1.3의 공정에 대한 요인설계

기술은 회귀분석과 시계열분석이 있다.

중요 변수가 인식되고 공정출력값과의 관계속성이 수량화되면, 공정을 감시하는 온라인 통계적 공정관리기술을 사용하여 적절한 효과를 얻을 수 있다. 관리도와 같은 기술은 공정출력을 탐지하고, 공정을 관리상태로 되돌리기 위해 언제 입력요인에 변화를 주어야 하는지를 찾아낸다. 영향을 주는 입력요인을 출력값에 관련시키는 모형은 필요한 수정의 본성과 양을 결정하는 데 도움을 준다. 많은 공정에서 입력과 출력 관계에 대한 역학적 본성이 알려지면, 앞으로의 제품특성치가 근사적으로 목표값과 일치하도록 공정을 수정하는 것이 가능하다. 이러한 통상적 수정을 **공학적 관리**(engineering control), **자동관리**(automatic control), 또는 **피드백 관리**(feedback control)라고 한다. 이러한 형태의 공정관리는 12장에서 간단히 다루고, 공학적 관리가 사용되는 제조시스템에서 통계적 공정관리가 어떻게 성공적으로 융합되는지를 설명한다.

품질관리와 향상의 세 번째 분야는 **샘플링 검사**(acceptance sampling)이다. 이것은 제품의 검사 및 시험과 아주 깊은 관련이 있으며 품질관리를 위한 통계적 방법이 개발되기 오래전인 아주 초창기에 사용된 품질관리 개념이다. 검사는 공정 중 여러 시점에서 시행할 수 있다. 샘플링 검사는 배치(batch) 또는 로트(lot)로부터 얻은 확률표본의 검사와 분류, 그리고 그 로트의 출하 여부에 대한 최종 결정으로 정의되는데, 이는 재료와 원자재의 입고 시와 최종 생산 시의 두 시점에서 일어난다.

그림 1.6에 샘플링 검사의 몇 가지 다른 형태를 나타내었다. 그림 1.6*a*에서는 검사가 생산 바로 다음, 제품이 소비자에게 보내지기 전에 이루어진다. 이것을 일반적으로 **출고검사**(outgoing inspection)라고 한다. 그림 1.6*b*는 **입고검사**(incoming inspection)를 설명한다. 즉, 공급자로부터받은 제품으로부터 배치를 추출하는 경우를 의미한다. 여러 가지 불합격 로트에 대한 처리과정이 그림 1.6*c*에 나타나 있다. 추출된 로트는 채택(accept) 또는 기각(reject)된다. 기각된 로트의 제품들은 폐기 또는 재활용되거나, 아니면 재작업되거나 또는 양호품으로 교환되기도 한다. 이때 재작업하거나 양호품으로 교환하는 활동을 **수정검사**(rectifying inspection)라고 한다.

현대의 품질보장(quality assurance) 시스템에서는 일반적으로 샘플링 검사는 강조하지 않고 통계적 공정관리와 실험계획에 초점을 두고 있다. 샘플링 검사는 품질규격에 대

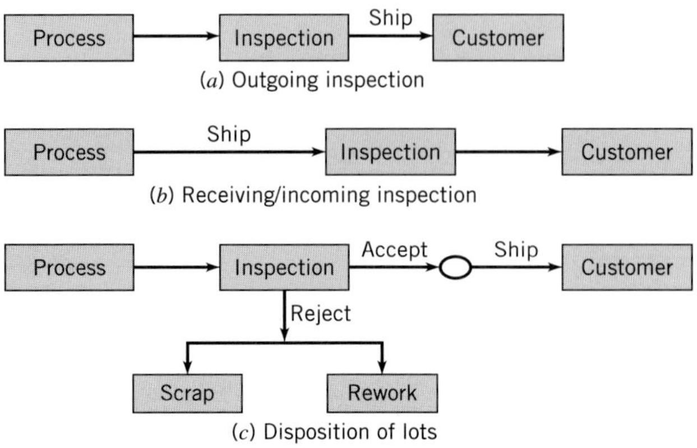


**그림 1.6**
샘플링 검사의 몇 가지 형태

한 일치의 관점을 강화하는 경향이 있으며, 제조공정이나 품질향상으로 이어지는 엔지니어링 설계 또는 개발에는 피드백이 이루어지지 않는다.

그림 1.7은 대부분의 조직에서 품질관리에 사용되는 기술들의 사용빈도의 시간의 흐름에 따른 전형적인 전개 모습을 보여 준다. 가장 초기에는 품질문제를 전혀 인식하지 못하여 품질향상에 대한 효과적인 노력이 전무할 것이다. 종종 입고되는 부품이나 재료에 대해 적정 규모의 샘플링 검사가 이루어지게 된다. 시간이 흐르면서 최초의 활동은 샘플링 검사를 강화하는 것이다. 품질은 검사와 시험을 통해서 제품에 반영되지 않는다는 사실을 인식할 때까지 이러한 샘플링 검사는 증가하게 된다.

그 시점에서는 공정향상에 대한 관심이 집중된다. 통계적 공정관리와 실험계획은 제조, 제품설계활동과 공정향상에 대한 주된 영향이 잠재되어 있다. 이러한 방법들의 체계적 사용은 품질, 비용, 생산성 향상의 시작이 된다. 가장 성숙한 단계에서는 실험계획과 통계적 공정관리가 집중적으로 사용되고 샘플링 검사는 상대적으로 적게 사용된다.

품질공학의 주된 **목표**는 제품의 주품질특성치에서 **변동의 체계적 감소**에 있다. 그림 1.8은 이 과정이 시간에 따라 어떻게 이루어지는가를 보여 준다. 샘플링 검사가 주된 기술인 초기단계에서 규격미달이 공정 출력의 상당 부분을 차지할 것이다. 통계적 공정관리의 도입은 공정을 안정시키고 변동을 감소시킨다. 하지만 요구조건을 만족시키기에는 부족하다. 더 많은 변동의 감소는 앞부분에서 설명한 자동차 변속기의 예와 같이 제품수행과 경

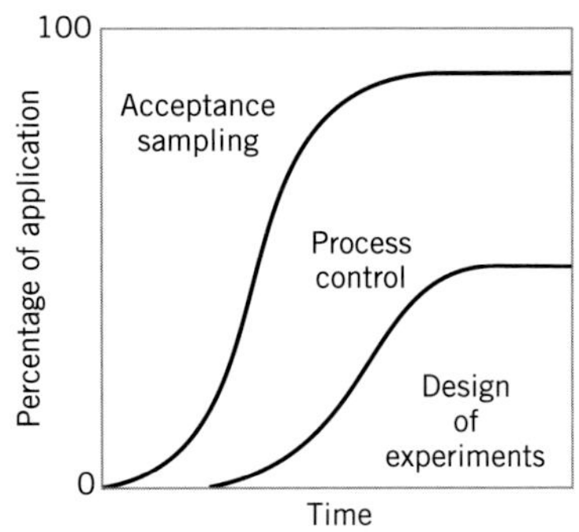


**그림 1.7** 품질 공학에 사용되는 방법들의 상태도

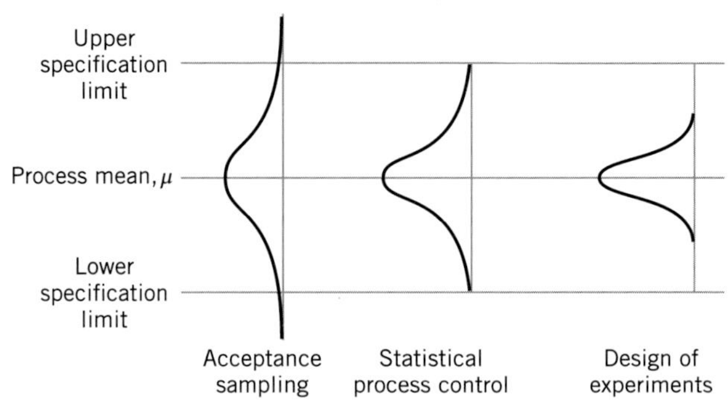


**그림 1.8** 품질 공학 기술의 목표와 변동의 체계적 감소

쟁력을 향상시킨다. 통계적 실험계획과 통계적 공정관리가 함께 사용되면 대부분의 산업구조에서 공정변동을 최소화할 수 있을 것이다.

## 1.4 품질향상의 경영적 관점

통계적 공정관리와 실험계획 같은 통계적 기술은 다른 문제해결도구와 함께 품질관리와 향상을 위한 기술적 기초가 된다. 그러나 좀 더 효과적으로 사용되기 위해서는 품질향상에 초점을 둔 경영시스템의 한 부분으로 적용되어야 한다. 한 조직의 경영시스템은 종합적 품질향상의 철학을 적절히 지시하고 그것이 비즈니스의 모든 관점에 배치되어야 한다. 품질의 효과적인 경영은 다음 세 가지 활동의 성공적 실행을 포함한다: **품질계획**(quality planning), **품질보증**(quality assurance), **품질관리와 향상**(quality control and improvement).

**품질계획**은 전략적 활동으로서 조직의 장기 비즈니스 성공에 필수적이다. 이것은 제품개발계획, 재무계획, 마케팅계획, 그리고 인력의 사용계획이다. 전략적 품질계획이 없으면, 잘못된 설계, 제조결점, 현장실패, 소비자 불만 등을 다루느라 많은 시간, 돈, 노력이 소모될 것이다. 품질계획은 외부와 내부의 소비자를 인식하고 그들의 요구(이것은 때때로 **소비자의 목소리**(voice of customer, VOC)를 듣는 것이라고 한다)를 포함한다. 그러면 소비자의 기대를 충족하는 제품이나 서비스가 개발될 것이다. 1.1.1절에서 설명한 여덟 가지 품질의 요소는 이러한 노력의 주된 부분이 된다. 조직은 이런 제품과 서비스가 어떻게 실현될 것인지를 결정해야 한다. 품질향상을 구체적이고 체계적인 기초하에 설계하는 것은 이 과정의 필수 부분이다.

**품질보증**은 제품과 서비스의 품질수준이 적절히 유지되고 있고 공급자와 소비자의 품질에 관한 관점이 적절히 해결되고 있다는 것을 확신하는 활동들의 집합이다. 품질시스템의 문서화는 중요한 요소이다. 이는 네 가지 구성 요소(정책, 절차, 작업지시와 규격, 기록)를 가진다. 정책은 무엇이 왜 수행되어야 하는지를 다루는 반면에 절차는 정책을 적용하는 방법과 인력에 초점을 두고 있다. 작업지시와 규격은 제품, 부서, 도구 또는 기계에 대한 내용이다. 기록은 정책, 절차, 작업지시를 서류화하는 방법이다. 기록은 특정 제품 개체나 뱃치(batch)를 추적하여 어떻게 생산되었는지를 파악하는 데 사용될 수 있다. 기록은 고객 불만, 수정활동, 그리고 필요하면 제품 리콜에 대한 데이터를 제공하는 데 필수적이다. 서류작업의 개발, 유지, 그리고 조정은 중요한 품질보증기능이다. 서류조정의 한 가지 예는 작업요원을 위해 개발된 규격과 작업지시가 최근의 설계와 공정변화를 확신하는 것이다.

**품질관리와 향상**은 제품과 서비스가 요구조건을 만족하고 연속적으로 개선되고 있는가를 확인하는 데 사용되는 활동들이다. 변동은 종종 낮은 품질의 주원인이기 때문에, 통계적 공정관리(statistical process control; SPC)와 실험계획 같은 통계적 기술은 품질관리와 향상을 위한 주된 도구이다. 품질향상은 종종 프로젝트별로 이루어지고 통계적 방법에 대한 특별한 지식과 경험을 가진 사람에 의해 주도된다. 프로젝트는 유의한 비즈니스 효과를 가지고, 공정계획 당시에 인식된 품질에 대한 종합적 목표와 연관성을 가지도록 설정되어야 한다. 이 책에서 기술하는 내용은 성공적 품질관리와 향상에 필수적인 것들이다.

### 1.4.1 품질철학과 경영전략

많은 사람들이 품질향상을 위한 통계적 방법에 공헌하였다. 그러나 적용과 경영에 관한 측면에서 거론되는 세 사람의 선도자는 Deming, Juran, Feigenbaum이다. 이 세 선도자에 의한 품질경영의 방법과 철학을 간단히 설명한다.

**W. Edwards Deming.** Deming은 관리도의 창시자인 Shewhart에 영향을 받았으며, 제2차 세계대전 동안에는 War Department와 Census Bureau에서 근무하였다. 전쟁 직후에 그는 일본 산업계의 자문가로서 통계적 방법의 힘과 품질의 중요성을 최고 경영자들에게 인식시켰다. 이러한 통계적 방법의 수행과 사용은 일본의 산업과 경제를 확장시키는 데 주된 요소가 되었다. Japanese Union of Scientists and Engineers(JUSE)는 그의 업적을 기리기 위해 품질향상에 대한 Deming 상을 창설하였다. Deming의 철학은 품질과 생산성 향상을 적용하는 데 중요한 골격이 되었다. 이 철학은 경영에 대한 14가지 관점으로 요약된다. **Deming의 14가지 관점**은 다음과 같다.

1. **제품과 서비스 향상에 초점을 맞춘 목적의 불변성을 창조하라.** Deming은 기업이 장기이익에 맞춘 전략을 등한시하고 분기별 비즈니스 결과를 추구하는 미국식 경영의 단기적 사고에 대해 비판적이었다. 경영은 제품설계와 성능을 꾸준히 향상시키도록 노력해야 한다. 연구, 개발, 혁신에 대한 투자는 회사에 장기간에 걸친 보상으로 이루어진다.
2. **새로운 경제적 시기에 살고 있다는 인식의 개념을 수용하라.** 저질 기술, 불량제품, 또는 질 나쁜 서비스를 거부하라. 불량제품을 생산하는 데 드는 비용은 양호품의 생산비용만큼(때때로 더 많이) 든다. 불량으로 인한 제품의 폐기, 재작업, 기타 손실은 회사 자원의 막대한 누수를 가져온다.
3. **품질관리를 위해 대량의 검사에 의존하지 마라.** 전수조사가 할 수 있는 것은 불량품을 걸러내는 것이고 그 시점에는 이미 너무 늦었다–이미 회사는 불량품을 생산하는 데 비용을 지출하였다. 검사는 전형적으로 너무 늦게 실시되고, 비용이 많이 지출되고, 종종 비효율적이다. 품질은 검사가 아닌 공정향상에 의한 불량품의 방지로부터 얻어진다.
4. **가격만으로 공급자의 비즈니스를 포상하지 말고 품질을 함께 고려하라.** 가격은 품질측정과 연관될 때에만 공급자의 제품의 의미 있는 측도가 된다. 다른 말로 하면, 구입 가격뿐 아니 라 제품의 총비용까지 고려되어야 한다. 품질을 고려할 때 최저 입찰자, 즉 최저 비용의 공급자가 아니라 비즈니스에서 최신 품질향상 기법을 사용하고 공정관리 능력을 보여 줄 수 있는 공급자를 선호하라. 공급자와 반대적 관계는 해가 된다. 장기간에 걸친 효과적인 관계를 형성하는 것이 중요하다.

5. **지속적 향상에 초점을 두라.** 제조와 서비스 시스템을 꾸준히 향상시키도록 노력하라. 이러한 활동에 인력을 투입하고 통계적 방법, 특히 이 책에서 논의되는 통계에 기초한 문제 해결형 도구를 사용하라.
6. **최신 훈련방법을 연습하고 모든 사원들을 위한 현장연수에 투자하라.** 각 개인은 자신의 일을 기술적 측면에서 훈련받아야 하고, 이는 품질과 생산성 향상 방법에서도 마찬가지이다. 모든 사원들이 매일 이 방법을 실행할 수 있도록 훈련을 격려해야 한다. 그러나 사원들이 훈련의 결과를 사용하도록 독려하지 않는 경우가 너무 자주 발생한다. 경영진은 사원들에게는 훈련이 필요하지 않다고 믿거나, 또는 이미 사원들이 이 방법을 사용할 수 있다고 생각한다. 많은 조직이 훈련에 작은 노력만 기울이거나, 또는 전혀 노력을 기울이지 않는다.
7. **지도력을 개선하고 최신 지휘 방법을 연마하라.** 지휘는 단순히 근로자의 수동적 감독뿐만 아니라 근로자들이 그들의 작업 시스템을 돕는 데 초점을 두어야 한다. 지휘의 첫째 목표는 근로 시스템과 제품을 향상시키는 것이다.
8. **두려움을 떨쳐 버려라.** 많은 근로자들이 질문하거나 또는 품질 좋고 효과적인 제조에 장애물이 되는 상황을 보고하거나 지적하는 것을 두려워한다. 많은 조직에서 두려움과 연관된 경제적 손실이 큰데, 오직 경영진만이 이 두려움을 제거할 수 있다.
9. **비즈니스의 기능적 분야 간 장애물을 제거하라.** 조직 내의 서로 다른 부서 간 팀워크는 효과적인 품질과 생산성 향상에 필수적이다.
10. **인력에 따른 표적, 슬로건, 수량화된 목표를 제거하라.** '무결점' 같은 목표는 이 목적을 달성하기 위한 계획 없이는 쓸모없는 것이다. 실제로 이러한 슬로건과 프로그램은 서로 상반되는 경우가 일반적이다. 시스템을 향상시키기 위해 노력하고 그것에 대한 정보를 제공하라.
11. **양적 할당량과 작업표준을 제거하라.** 이러한 표준은 역사적으로 품질을 고려하지 않고 설정되었다. 작업표준(work standards)은 종종 작업과정에 대한 이해 부족과 공정 개선에 초점을 둔 효과적 경영시스템을 제공하지 못하는 경영적 무능력의 징후이다.
12. **근로 의욕을 떨어뜨리는 장벽을 제거하라.** 경영진은 근로자들의 제안, 의견과 불만을 경청해야 한다. 일을 하는 사람은 그 일에 대해 가장 잘 아는 사람이고 어떻게 하면 공정작업을 효과적으로 하는지에 대해 쓸 만한 아이디어를 가지고 있다. 근로자들은 집단교섭의 반대측만이 아니라 비즈니스에 중요한 참여자이기도 하다.
13. **모든 근로자를 위한 교육 진행 프로그램을 만들어라.** 단순하면서도 강력한 통계적 방법의 교육은 모든 근로자에게 필수적이다. 기본적인 통계적 공정관리를 위한 문제 풀이식 도구, 특히 관리도가 비즈니스에서 널리 사용되어야 한다. 이러한 도구는 널리 사용되고 근로자들이 사용법을 이해할수록 불량품질의 원인을 찾고 품질향상 공정을 인지할 가능성이 높아진다.
14. **최고 경영진에서 앞의 13가지 관점을 강력하게 주장할 수 있는 조직을 만들어라.** 이 조직은 최고 경영진으로부터 시작되어야 한다. 이것은 또한 협력적 교육/훈련 활동을 포함하고 개선된 비즈니스 결과를 달성하기 위한 훈련을 촉진해야 한다. 조직에 있는 모든 사람은 지속적인 개선이 공통의 목표라는 것을 알아야 한다.

Deming의 14가지 관점에서는 **조직상의 변화**를 강하게 강조하는 것을 알 수 있다. 또한 이 변화 과정을 지도하는 데 경영진의 역할은 압도적으로 중요하다. 그러나 무엇이 변화해야 하고, 이 변화 과정은 어떻게 시작되어야 하는가? 예를 들어, 반도체 제조공정의 수율을 개선하고자 하면, 우리는 무엇을 해야 하는가? 통계적 방법이 가장 빈번하게 사용되는 영역이 바로 이 부분이다. 반도체 공정을 개선하기 위해서는 공정 내에서 어떤 조절가능 요인이 불량품을 생산하는 데 영향을 주는가를 결정해야 한다. 이 문제의 해답은 공정에서 데이터를 수집하고 공정변수의 변화에 시스템이 어떻게 반응하는가를 보아야 한다는 것이다. 그러면 공정개선 활동이 계획되고 적용될 것이다. 실험계획과 관리도 같은 통계적 방법은 이러한 활동에 기여할 수 있다.

Deming은 표 1.2에 나타된 경영에 있어 7가지 치명적 문제점에 대해 종종 언급하였다. 그는 각각의 문제점이 그의 철학을 효과적으로 적용하는 데 장애가 된다고 믿었다.

**표 1.2**
경영에 대한 Deming의 일곱 가지 치명적 질병

| | |
|---|---|
| 1 | 목표에 대한 불변성의 결여 |
| 2 | 단기간 이익의 강조 |
| 3 | 성과에 대한 평가, 공적의 등급화, 연도별 성과 검토 |
| 4 | 경영의 변동성 |
| 5 | 시각적 자료만을 사용한 회사 운영 |
| 6 | 과도한 의료비용 |
| 7 | 과도한 책임 손실 보상 |

첫째, 목표에 대한 불변성의 결여는 Deming의 14가지 관점 중 첫 번째와 관련이 있다. 제품, 공정과 서비스의 지속적 개선은 기업의 모든 출자자들에게 배당금과 기업가치가 성장할 것이라는 확신을 심어준다.

둘째, 단기간 이익에 큰 비중을 두면 지표는 좋아 보일 수 있다. 하지만 이것이 연구 개발 투자의 감소, 근로자의 훈련 축소, 또는 품질이나 다른 비즈니스 개선활동의 후퇴에 의해 얻어진 것이라면 궁극적으로는 치료될 수 없는 잠재적인 손실을 기업에 끼치게 된다.

셋째, 성과에 대한 평가는 단기간의 성과, 경쟁심과 두려움을 극복하는 용기를 주지만 효율적인 팀워크를 저해한다. 성과에 대한 비평은 근로자의 의욕을 떨어뜨리고 그들이 불공정하게 대우받고 있다고 느끼게 된다. 특히 그들의 성과에 문제가 있는 것은 관리되지 않는 시스템에 의해 충돌되는 조직에서 일하기 때문이라는 느낌을 가지게 된다.

넷째, 경영의 변동성, 즉 실제로 빈번하게 직무가 바뀌는 것이다. 이로 인해 매니저들은 현재 자신이 맡고 있는 직무에 시간을 거의 할애하지 않는다. 이것은 종종 해당 사업에 대한 핵심 결정이 그 사업을 실제로 이해하지 못하는 사람에 의해 이루어지는 결과를 초래한다. 매니저들은 현재의 업무 또는 그 업무를 향상시키는 일보다 다음 경력 이동에 대한 생각을 더 많이 하게 된다. 빈번한 조직의 재편과 경영책임의 이동은 목적의 일관성을 가로막는 장벽이 되고 제품과 서비스 향상에 투여되어야 할 자원의 낭비를 초래한다. 분기별 이익을 향상시키기 위한 새로운 최고경영자의 출현은 사업의 실패로 귀결되는 경우가 많다.

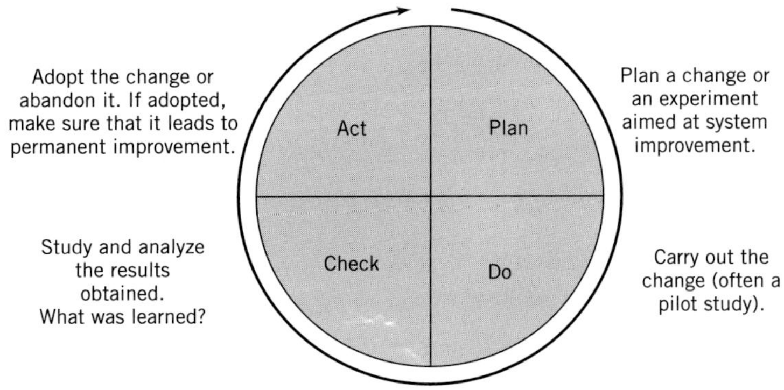


그림 1.9
Shewhart cycle

다섯째, 시각적 자료(결점 수, 고객 불만, 분기별 이익)만으로 경영하는 것은 장기적 조직의 성공을 결정하는 실제 주요 요인을 알 수 없도록 한다. 이것에 대한 증거로서, 1900년대의 100개 대기업 중에서 오늘까지 남아 있는 기업은 16개에 불과하고, 25개 대기업 중에서는 단 두 개의 기업만 25개 대기업에 포함되어 있다. 분명히 가시적 자료는 중요하다. 예를 들면, 공급자와 근로자에게는 제때에 돈이 지급되어야 하고 은행 계좌는 잘 유지되어야 한다. 하지만 가시적 자료만이 성공의 주된 결정요소라면 1900년대의 기업 중 훨씬 더 많은 기업이 아직까지 살아남아 있어야 한다.

Deming의 여섯째 문제점인 과도한 의료비용은 확실히 예언적인 측면이 있다. 의료비용은 오늘날 미국 내 기업이 당면하고 있는 가장 중요한 이슈이다. 일곱째 문제인 책임보험과 과도한 피해보상도 많은 기업이 당면하고 있는 중요 이슈이다. Deming은 미국이 다른 어떤 나라보다 일인당 변호사 수가 많다고 관측하였으며, 의료비용과 과도한 책임보상 문제에 대한 정부의 개입이 장기적 해결책을 제시할 수 있을 것이라고 기대하였다.

Deming은 향상을 유도하는 모델로 그림 1.9에 있는 Shewhart cycle을 추천하였다. 네 단계의 Plan-Do-Check-Act는 PDCA cycle이라고 하는데, Check 단계를 Study로 바꿔서 PDSA cycle이라고도 한다. Plan에서는 향상시키고자 하는 시스템의 변화를 제안한다. Do에서는 변화를 실행하는데, 이때 얻어지는 결과를 확신하기 위해 일반적으로 소규모나 실험적 규모로 실행한다. Check에서는 변화의 결과를 분석하는데, 이것은 수행된 변화에 대해 습득되는 내용을 결정하기 위해서이다. Act에서는 변화를 받아들이거나 만일 그것이 실패였다면 포기한다. 이 과정은 대부분 반복적이며, 복잡한 문제를 해결하기 위해서는 여러 번의 사이클이 필요할 수 있다.

Deming은 14가지 관점과 경영에 대한 7가지 치명적 문제점 이외에도 성공에 대한 장벽을 이야기하였다. 그중 일부는 다음과 같다.

1. 자동화, 컴퓨터, 새로운 장비들이 문제점을 해결할 것이라는 믿음.
2. 실제 예를 찾기-기존의해결책을 따르려고 한다.
3. “우리 문제는 다르다”라는 말은 핑계이며, 문제를 해결하기 위한 원리가 세계적으로 공통됨을 인식하지 못하는 것이다.
4. 시대에 뒤처진 학교, 특히 비즈니스 스쿨의 졸업생들은 비즈니스를 성공적으로 운영하는 방법을 배우지 못한다.

5. 산업체에서 통계적 방법에 대한 빈약한 교육: 계획 없는 학습도구는 성공적일 수 없다.
6. 품질을 확보하기 위해 검사에 의존한다.
7. 모든 품질 문제를 해결하기 위해 품질관리부서에 의존한다.
8. 문제에 대해 인력을 비판하는 것
9. 시작 오류–그 예로서 사용계획이 없는 광범위한 통계교육, 품질분임조, 근로자 건의 시스템, 다른 종류의 즉각적 보상 형태 등
10. 무결점의 오류: 결점 없는 제품과 서비스를 생산하는 회사도 종종 실패한다. 규격만족은 어떤 사업에서도 완전하지 않다.
11. 표준에 대한 부적절한 점검: 표준은 좋은 제원이지만 변동에 대한 정보가 없는 하나의 제품이기 때문에, 표준의 점검에서 얻을 수 있는 정보는 매우 제한적이다. 표준에 대한 부적절한 점검은 제품 설계와 개발, 기술 산업화의 총체적 활동에 대한 부적절한 이해의 징조이다.
12. "우리를 도우려고 오는 모든 사람은 우리의 비즈니스를 모두 이해해야 한다." 이것은 잘못된 생각이다. 비즈니스에 대해 모든 것(어떻게 개선할 것인가를 제외하고)을 알고 있는 사람은 조직에 이미 충분히 있다. 새로운 지식과 생각은 주로 외부에서 오는 것으로서 기존의 비즈니스 전문가와 융합하여 변화와 개선을 가져온다.

**Joseph M. Juran** Juran은 1904년에 태어나서 2008년에 사망하였다. 그는 품질 관리 및 향상 분야의 창시자 중 한 사람이다. Juran의 품질경영 철학은 설계, 관리, 향상의 세 가지 분야에 초점을 두고 있다. 이 세 가지는 Juran의 3부작으로 알려져 있다.

**Armand V. Feigenbaum** Feigenbaum은 1922년에 태어났다. 그는 자신의 역사적 저서인 "Total Quality Control"(1951년 초판 발행)에서 전사적 품질관리의 개념을 최초로 소개하였다. 이 책은 1950년대 초의 일본에서 초기의 품질경영 철학에 많은 영향을 끼쳤다. 실제로, 많은 일본 기업들이 그들의 노력을 설명하기 위해 'total quality control'이라는 용어를 사용하였다. 그는 품질향상을 위해 품질 리더십, 품질기술, 조직의 참여의 세 가지 단계를 제안하였다. Feigenbaum의 품질기술은 이 책에서 설명하는 통계적 방법과 다른 기술적 공학적 방법을 의미한다.

**Total Quality Management** Total quality management(TQM)는 전사적 차원에서 품질향상 활동을 적용하고 경영하는 전략이다. TQM은 1980년대 초기에 Deming과 Juran의 철학으로 시작되었다. TQM을 적용한 조직들은 품질위원회 또는 전략적 품질우선권을 다루는 고위급 팀, 통상적 제조 또는 비즈니스 활동에 초점을 둔 근로자급 팀, 특별한 품질향상 문제점을 취급하는 교차기능 팀을 보유하였다.

TQM은 여러 가지 이유로 보통 정도의 성공에 그쳤는데, 주로 변동감소를 위한 기술적 도구를 널리 사용하려는 노력이 충분하지 못하였기 때문이다. 많은 조직들은 TQM의 임무가 교육이라는 시각을 가지고 있었다. 결과적으로, 많은 TQM의 노력들은 품질향상의 철학에서 다양한 인력의 교육에 투입되었으나 아주 기초적 방법에는 극소수만 투입되었다. 이러한 교육은 인사담당부서의 관할하에 있었고 대부분은 비효율적이었다. 강사들은

종종 어떤 방법을 가르칠 것이며 그 방법이 어떻게 사용되어야 하는지에 대한 구체적인 생각이 없었다. 그 프로그램의 성공 여부는 측정할 수 있는 효과나 비즈니스의 결과에 의해 평가되지 못했고, 단지 교육받은 인력의 비율에 의해서만 평가되었다.

TQM이 확실하게 성공하는 데에 부족했던 몇 가지 이유는 (1) 고위층의 하향식 경영참여 부족, (2) 부적절한 통계적 방법의 사용 및 주목적으로서 변동감소에 대한 미비한 인식, (3) 특정하지 않은 일반적 사업 결과에 맞춰진 목표, (4) 기술적 교육에 초점이 맞춰지지 않은 광범위한 교육의 지나친 강조이다.

TQM의 성과가 미비하였던 또 하나의 이유는 많은 매니저와 경영진이 TQM을 단지 품질향상을 위한 하나의 프로그램 정도로 인식하였기 때문이다.

**품질시스템과 표준** 1946년 스위스 제네바에서 설립된 국제표준기구(international Standards Organization; ISO)는 품질시스템에 대한 표준을 개발하였다. 최초의 표준은 1987년에 발행되었다. 현재의 표준은 ISO 9000 시리즈로 알려져 있다. 이것은 포괄적 표준이고 어떤 형태의 조직에도 적용될 수 있으며, 공급자가 자기의 공정 조정 능력을 보여주는 데에 종종 사용되고 있다. ISO 9000의 세 가지 표준은 다음과 같다.

ISO 9000: 2005 품질경영시스템-기초와 용어
ISO 9001: 2008 품질경영시스템-요구조건
ISO 9004: 2009 품질경영시스템-성과 향상의 지침

ISO 9000은 미국 국가 표준 연구소와 ASQ 표준이기도 하다.

ISO 9000 시리즈는 다음과 같은 표준을 가지고 있다.

ISO 9001: 2015 품질경영시스템-요구조건
ISO 9000: 2015 품질경영시스템-기초와 정의
ISO 9004: 2009 품질경영시스템-조직의 지속적인 성공(지속적인 개선)을 위한 관리
ISO 19011:2011 경영시스템 감시를 위한 지침

ISO 9000:2015와 ISO 9001:2015는 다음과 같은 7가지 원칙을 가지고 있다. 즉, (1) 소비자 중심, (2) 리더십, (3) 사람들의 참여, (4) 공정 중심, (5) 향상, (6) 현상에 기반한 의사결정, (7) 관계 관리이다.

**Malcolm Baldrige 국가품질상** Malcolm Bardrige 국가품질상(Malcolm Baldgride National Quality Awards, MBNQA)은 1987년 미국 의회에서 제정되었다. 이 상은 탁월한 성과를 낸 미국의 단체를 인정하기 위해 매년 수여된다. 이 상의 수여는 제조, 서비스, 소규모 비즈니스, 건강관리, 교육의 다섯 가지 범주에서 주어진다. 매년 각 범주에서 세 개의 상이 수여된다. 많은 단체들이 이 상을 수상하기 위해 경합을 하고 있으며, 또 많은 회사들이 자가 평가를 위해 수행우수기준을 사용한다. 이 상은 미국 표준원(National Institute of Standards and Technology, NIST)에 의해 운영되고 있다.

수행우수기준과 서로 간의 상관관계는 그림 1.10에 나타나 있다. MBNQA에 있는 기준들의 값은 표 1.3에 나타나 있다. 이 기준들은 결과에 주목하는데, 결과는 소비자의 만족

과 유지의 혼합, 시장점유 및 새로운 시장 개발, 제조/서비스 품질, 생산성과 운용의 효율, 인적자원 개발, 공급자의 성과, 공공의 시민의식 등이다. 이 기준들은 규정되지 않은 것이다. 즉, 초점은 결과에 있지 특별한 절차나 도구를 사용하는 데 있는 것이 아니다.

MBNQA 과정은 그림 1.11에 나타나 있다. 응모자는 응모원서를 NIST에 보내야 한다. Baldridge 심사팀에서는 이 원서로 일차 심사를 한다. Baldridge 심사위원단은 다양한 분야의 권위자들로 구성된다. 평가자들은 점수를 부여하는데, 이는 지원자가 합의절차(consensus) 단계로 넘어갈지를 결정하기 위한 것이다. 합의절차 단계에서는 원래의 지원에 점수를 부여했던 심사자들이 각 평가 항목에 합의점수를 결정한다. 합의절차가 끝나고 합의 보고서가 작성되면 심사자들은 현장 방문 결정을 내리게 된다. 현장 방문은 현장 방문 보고서를 작성했던 4명에서 6명의 심사팀에 의해 통상적으로 일주일간 방문하게 된다. 최종 MBNQA 수상자를 결정하는 데에 기초로서 현장방문 보고서가 심사자들에 의해 사용된다.

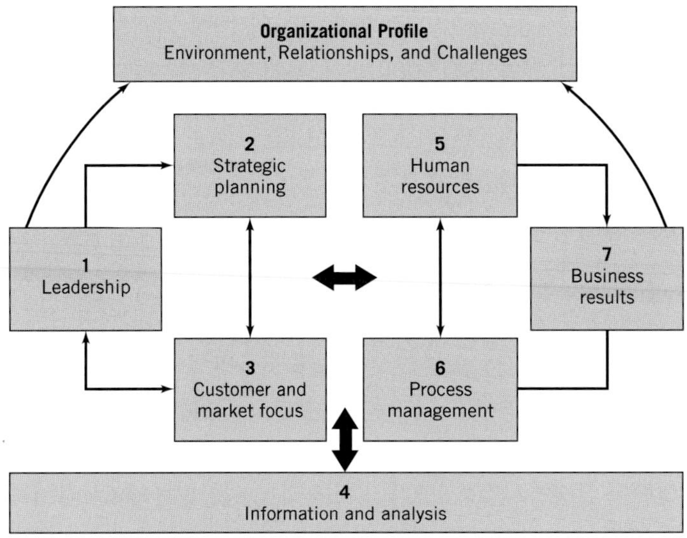


**그림 1.10**
MBNQA의 구조 수행우수기준(출처: Foundation for the Malcolm Baldrige National Quality Award, 2002 Criteria for Performance Excellence. National Institute of Standards and Technology, U.S. Department of Commerce.)

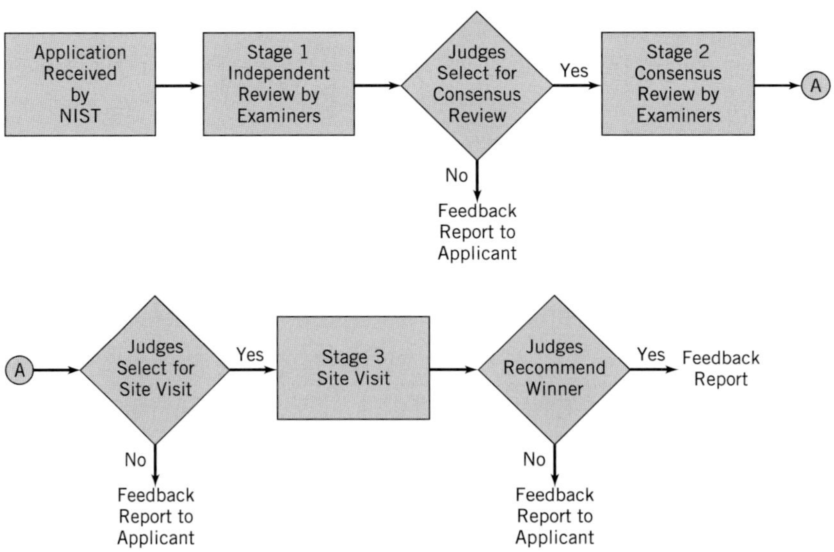


**그림 1.11**
MBNQA 과정(출처: Foundation for the Malcolm Baldrige National Quality Award, 2002 Criteria for Performance Excellence. National Institute of Standards and Technology, U.S. Department of Commerce.)

표 1.3
수행우수기준과 배점

| | | | |
|---|---|---|---|
| 1 | **리더십** | | 120 |
| | 1.1 리더십 시스템 | 80 | |
| | 1.2 회사의 책임과 시민의식 | 40 | |
| 2 | **전략적 계획** | | 85 |
| | 2.1 전략개발공정 | 40 | |
| | 2.2 회사전략 | 45 | |
| 3 | **소비자와 시장의 초점** | | 85 |
| | 3.1 소비자와 시장의 인식 | 40 | |
| | 3.2 소비자 만족과 관계증진 | 45 | |
| 4 | **정보와 분석** | | 90 |
| | 4.1 측정과 수행분석 | 50 | |
| | 4.2 정보관리 | 40 | |
| 5 | **인력 초점** | | 85 |
| | 5.1 작업 시스템 | 35 | |
| | 5.2 직원 교육, 훈련, 개발 | 25 | |
| | 5.3 직원의 삶의 질과 만족도 | 25 | |
| 6 | **공정관리** | | 85 |
| | 6.1 제품과 서비스 공정의 관리 | 45 | |
| | 6.2 비즈니스 공정의 관리 | 25 | |
| | 6.3 지원 공정의 관리 | 15 | |
| 7 | **비즈니스 성과** | | 450 |
| | 7.1 소비자 성과 | 125 | |
| | 7.2 회계와 시장 성과 | 125 | |
| | 7.3 인력 성과 | 80 | |
| | 7.4 조직 성과 | 120 | |
| | **총 점수** | | 1,000 |

그림 1.10에 나타난 것처럼, MBNQA 심사과정의 3단계까지 피드백 보고서가 지원자에게 제공된다. 많은 단체들은 이 보고서가 유용하다는 것을 알고 자기 단체의 총체적 향상과 사업성 향상을 도모하기 위한 기초계획안으로 사용한다.

**Six-Sigma** 많은 부품으로 구성된 제품은 전형적으로 고장이나 결점이 생길 가능성이 많다. Motorola 사는 1980년대 후반에 제품에 대한 요구에 부응하기 위해 6시그마 프로그램을 개발하였다. 6시그마의 초점은 제품의 주된 품질특성치에 고장이나 결점이 일어날 가능성이 매우 낮은 수준까지 변동을 줄이는 것이다.

그림 1.12*a*는 품질특성치의 모델로서 정규분포를 보여 주고 있는데 평균의 양쪽에 3배의 표준편차에 해당하는 규격한계를 설정하였다. 이때 이 규격한계 내의 제품을 생산할 확률은 0.9973이며, 이는 백만 개의 부품 중(parts per million, ppm) 2700개가 불량품임을 의미한다. 이것은 **3시그마 품질 성과**에 해당하고, 이 성과는 제법 좋은 것처럼 보인다. 그러나 어떤 제품이 100개의 독립된 부품으로 조립되며, 이 100개의 부품이 반드시 모두 정상일 때에만 이 제품이 기능을 제대로 수행할 수 있다고 가정해 보자. 어떤 하나의 제품

이 양호품일 확률은

$$0.9973 \times 0.9973 \times \ldots \times 0.9973 = (0.9973)^{100} = 0.7631$$

즉, 3시그마 품질하에서 생산되는 제품의 23.7%는 불량이다. 이 결과는 받아들일 수 없는 결과인데, 요즘 시대에 사용되는 많은 제품은 많은 부품들로 만들어지기 때문이다. 비교적 단순한 서비스 활동에서도, 예를 들면 패스트푸드 레스토랑에 4인 가족이 방문하는 경우, 수십 개의 구성 요소의 조합을 포함하고 있다. 일반적인 자동차는 약 10만 개의 부품으로 이루어져 있고, 비행기는 1~2백만 개의 부품으로 이루어져 있다.

Motorola의 6시그마 개념은 공정에의 분산을 줄여서 규격한계가 평균으로부터 적어도 6 표준편차만큼은 벌어져 있도록 하는 것이다. 그러면 그림 1.12*a*에 나타나듯이 10억 개당 2개 정도의 불량이 발생한다. **6시그마 품질**하에서는 위에서 가정한 어떤 특정 제품이 양호할 확률이 0.9999998(0.2 ppm)이 되어 상태가 훨씬 호전된다.

6시그마 개념이 최초에 개발되었을 때에는, 공정은 6시그마 수준에 도달하고 평균에는 편차가 발생하여 목표값에서 최대 1.5배의 표준편차만큼 이동이 있다고 가정하였다. 이 경우는 그림 1.12*b*에 나타나 있다. 이런 가정하에서 6시그마 공정은 3.4 ppm의 불량이 발생한다.

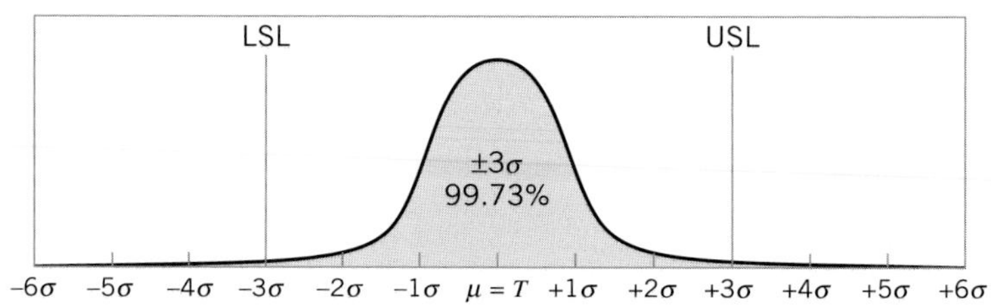


| Spec. Limit | Percentage Inside Specs | ppm Defective |
|---|---|---|
| ±1 Sigma | 68.27 | 317300 |
| ±2 Sigma | 95.45 | 45500 |
| ±3 Sigma | 99.73 | 2700 |
| ±4 Sigma | 99.9937 | 63 |
| ±5 Sigma | 99.999943 | 0.57 |
| ±6 Sigma | 99.9999998 | 0.002 |

(*a*) Normal distribution centered at the target (*T*)

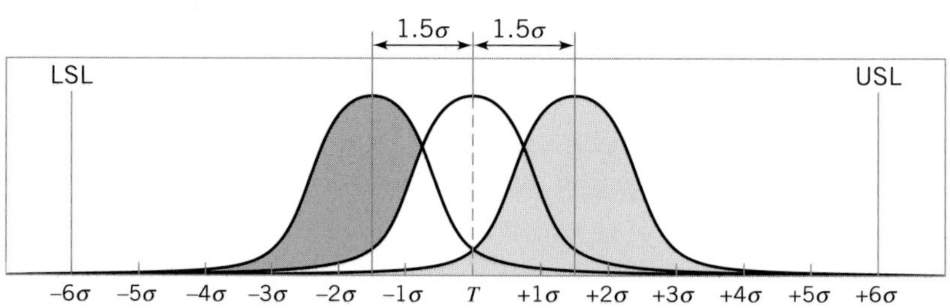


| Spec. Limit | Percentage inside specs | ppm Defective |
|---|---|---|
| ±1 Sigma | 30.23 | 697700 |
| ±2 Sigma | 69.13 | 608700 |
| ±3 Sigma | 93.32 | 66810 |
| ±4 Sigma | 99.3790 | 6210 |
| ±5 Sigma | 99.97670 | 233 |
| ±6 Sigma | 99.999660 | 3.4 |

(*b*) Normal distribution with the mean shifted by ±1.5σ from the target

**그림 1.12**
Motorola의 6시그마 개념

여기에는 명백한 불일치가 존재한다. 8장에서 공정능력에 대해 배우겠지만, 공정수행에 대한 예측은 공정이 안정적일 때에만 할 수 있다. 즉, 평균(과 표준편차 역시)이 상수일 때를 말한다. 만약 평균이 일정하지 않아 목표값에서 표준편차의 1.5배만큼 차이가 나면 3.4 ppm이라는 예측은 크게 신뢰할 수 없는데, 그 이유는 평균이 허용된 표준편차의 1.5배 이상으로 이동할 수 있기 때문이다. 공징수행능력은 공정의 행동이 안정되지 않으면 예측되어서는 안 된다.

그러나 어떤 공정이나 시스템도 진정으로 안정된 것은 없고 가장 최적의 상황에서도 혼란은 발생한다. 이러한 혼란은 공정평균의 목표값에서 이동이나 공정표준편차의 증가, 아니면 두 현상이 동시에 발생하기 때문이다. 6시그마 공정의 개념은 이러한 현상을 모형화하는 하나의 방법이다. 모든 모형과 마찬가지로 이 방법이 정확하게 옳다고는 할 수 없지만, 공정수행능력에 대해 생각할 수 있는 유용한 방법으로 알려져 있다.

Motorola는 6시그마를 협동의 목표로, 그리고 공정과 제품의 품질향상 노력을 초점으로 설립하였다. 최근에는 6시그마가 Motorola를 넘어 훨씬 더 많은 영역에 전파되어 적용되고 있다. 그것은 품질을 향상시키고 비용을 감소시키는 데 주의를 기울여 **비즈니스 수행**을 도와주는 프로그램이 되고 있다. 6시그마 활동을 적용하는 회사들은 특별히 훈련된 인적자원을 사용하는데 그들을 그린벨트(green belt, GB), 블랙벨트(black belt, BB), 마스터 블랙벨트(master black belt, MBB)라고 한다. 이러한 인적자원들은 조직에 품질과 경제적 영향을 주는 프로젝트에 초점을 맞춘 팀을 이끌게 된다. 이 자원들은 이 책에 있는 통계적 방법과 품질 및 공정 향상 도구에 대한 특별한 훈련과 교육을 받아 팀 리더와 문제 해결자로서의 기능을 갖춘 사람들이다. 일반적으로 6시그마 프로젝트의 기간은 사업체에 잠재적 영향을 줄 수 있도록 4개월에서 6개월 사이로 선정한다. Hoerl(2001)의 논문에서는 전형적 블랙벨트 프로그램의 요소를 설명하고 있다. 6시그마는 특정한 5단계 문제 해결형 시도를 하고 있다. 그것은 정의(define), 측정(measure), 분석(analyze), 개선(improve), 관리(control)이며 DMAIC이라고 표현한다. DMAIC 구조는 관리도, 실험계획, 공정능력분석, 측정시스템의 능력연구, 그리고 많은 다른 기초 통계 도구를 사용한다. 이 DMAIC 방법은 공정을 향상시키는 데 아주 효과적인 구조이다.

6시그마의 목표, 즉 3.4 ppm 결점 수준은 인위적이고 너무 과도하게 느낄 수 있다. 하지만 비교적 단순한 제품이나 서비스를 제공하는 데에서조차 고품질을 위해서는 6시그마가 필요하다는 점을 보여 줄 수 있다. 앞에서 예로 든 패스트푸드 식당을 생각해 보자. 고객이 주문하는 일반적인 음식은 햄버거(빵, 고기, 소스, 치즈, 피클, 양파, 상추, 토마토), 감자프라이, 음료수의 10가지 요소로 구분된다. 그러면 99% 품질 수준은 만족할 만한가? 각 요소가 서로 독립이라고 가정할 때 좋은 음식이 될 확률은

$$P\{\text{좋은 음식}\} = (0.99)^{10} = 0.9044$$

이 되어 상당히 좋은 것으로 보인다. 즉, 고객이 만족하는 수준은 90%를 상회한다. 이제 고객이 4인 가족이라고 생각해 보자. 역시 독립이라고 가정할 때 4개의 음식이 좋은 품질일 확률은

$$P\{\text{모두 좋은 음식}\} = (0.9044)^{4} = 0.6690$$

이 되어 크게 좋아 보이지 않는다. 전 가족의 식사가 좋을 가능성은 2/3일 뿐이기 때문이다. 이제 이 네 명의 가족이 한 달에 한 번 찾는다고 하면 일 년 동안 매번 모든 가족에게 좋은 음식이 될 확률은

$$P\{\text{일 년 동안 모든 가족에게 항상 좋은 음식}\} = (0.6690)^{12} = 0.0080$$

이 되는데, 이런 값의 만족도 확률은 받아들이기 어렵다. 이와 같이 비교적 단순한 제품이 포함된 단순 서비스 시스템에서조차 고객에게 원하는 수준의 고품질 경험을 제공하기 위해서는 상당히 높은 수준의 품질과 서비스가 필요하게 된다.

비즈니스 조직에서는 6시그마의 잠재적 혜택을 매우 빨리 이해하여 그 원리와 방법을 수용하였다. 1987년과 1993년 사이에 Motorola는 자사 제품의 불량률을 1300% 감소시켰다. 이러한 성공은 다른 회사들로 하여금 6시그마를 수용하게 하였다. 6시그마의 시초부터 그 적용까지를 3세대로 구분할 수 있다. **1세대** 6시그마에서는 불량제거와 기초적 변동의 감소에 초점을 두었다. Motorola는 1세대 6시그마의 본보기로 인식된다. **2세대** 6시그마에서는 변동과 불량의 감소는 유지하면서 비즈니스 성과를 비용감소를 통해 향상시키는 프로젝트와 활동에 많은 노력을 하였다. General Electric은 2세대 6시그마의 선도자로 종종 인용된다.

**3세대** 6시그마에서는 조직과 그 이해당사자(소유주, 고용인, 고객, 공급자, 크게는 사회)를 통해 가치를 창출하는 데 추가적인 노력을 기울였다. 가치창출은 여러 가지 형태로 나타난다. 주가와 배당금의 증가, 직무 유지 및 확장, 회사 제품과 서비스를 위한 시장 확대, 신제품과 서비스의 개발, 고객 만족 수준의 향상 등이다.

6시그마 조직의 구조를 그림 1.13에 나타냈다. 이 그림에서 선은 기능 단위들 간의 주 연결고리를 의미한다. **선도자팀**(leadership team)은 비즈니스 단위와 자기 참모들 간의 연결과 직접적 보고에 책임이 있는 중역이다. 이 사람은 6시그마에 의해 수행된 개선 프로젝트를 승인하는 총체적 책임을 가지고 있다. 각 프로젝트에는 **챔피언**(champion)이 있는데, 이 챔피언은 비즈니스의 리더이며 그 임무는 프로젝트의 식별과 선택을 촉진하고, 블랙벨트와 다른 팀 구성원들을 구별하고, 프로젝트 완성에 방해가 되는 장애물을 제거하고, 프로젝트 완성에 필요한 자원을 사용할 수 있는지를 확인하고, 팀 또는 블랙벨트와 프로젝트 계획에 따른 진행을 점검하기 위해 정기적 미팅을 가진다. 챔피언은 프로젝트별로 전임은 아니지만 종종 자기 감독하에 여러 개의 프로젝트를 맡고 있다. 블랙벨트는 프로젝트 수행을 위한 팀의 리더이다. 팀 멤버는 프로젝트의 요구에 따라 비즈니스의 다른 분야에서 선발되며 각자는 자기 업무의 25% 정도의 시간을 프로젝트에 사용한다. 그린벨트는 일반적으로 블랙벨트보다 6시그마의 도구나 방법에 덜 훈련받은 사람으로서 자신의 프로젝트를 챔피언이나 블랙벨트의 지도를 받아 이끌어 나가거나, 블랙벨트가 수행하는 팀의 일원이 되기도 한다. 마스터 블랙벨트는 기술적 지도자이고 챔피언 또는 선도자팀과 같이 프로젝트의 식별과 선택, 프로젝트 검토, 기술적 문제에 있어 블랙벨트에 상담, 그린벨트와 블랙벨트의 훈련 업무를 같이 수행한다. 일반적으로 블랙벨트와 마스터 블랙벨트는 전임 업무이다.

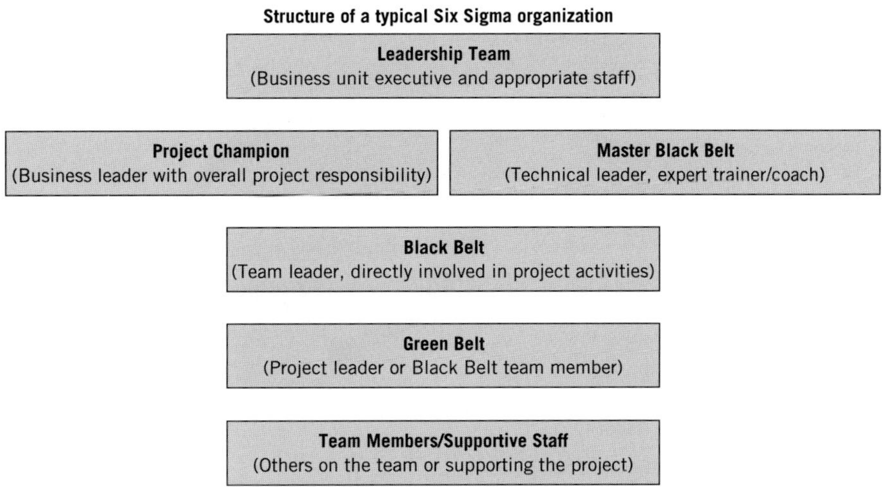


그림 1.13
6시그마 조직의 구조

최근에는 두 개의 다른 도구들, 즉 **lean 시스템**과 **6시그마 설계**(design for six sigma, DFSS)가 6시그마와 동일시되고 있다. 여러 조직에서 정기적으로 둘 중 하나 또는 둘 다를 6시그마 활용의 필수 요소로서 사용하고 있다.

6시그마 설계는 제조와 생산 단계에서 새 제품이 설계되고 개발되는 설계공정으로 갈 때 6시그마의 변동감소와 공정향상 철학을 적용하는 접근 방법이다. DFSS는 새 제품, 서비스 또는 공정으로 귀착되는 효율적인 상업화 기술에 대한 체계적이고 훈련된 방법이다. 제품은 소비자에게 판매되는 모든 것을 의미한다. 서비스는 소비자에게 가치나 효용을 제공하는 활동을 의미한다. DFSS는 소비자 수요의 식별로부터 새 제품이나 서비스의 최종 출시까지의 전체 개발공정을 포함한다.

DFSS에서 모든 설계 결정은 상업적 설계이고 비용, 제조성, 제품의 수행능력은 설계 중에 결정된다는 특별한 인식을 하게 한다. 일단 제품이 설계되고 제조과정으로 전달되면, 제조조직에서는 이를 더 개선시킬 수 있는 방법이 없다. 게다가 총체적 비즈니스 개선은 제조과정의 변동감소에만 치중한다고 해서 얻어질 수 없다. DFSS는 공정능력을 염두에 두어야 하는 동시에 소비자의 요구에 집중하도록 되어 있다. 특히 제조 시스템의 능력과 설계 단계의 요구조건(그림 1.14 참조)을 일치시켜야 하는 것이 필수적이다. 만일 공정능력과 설계 조건 사이에 불일치가 발견되면 이 충돌을 해결하기 위해 설계 변경이나 다른 제품으로의 대체가 고려되어야 한다. DFSS 과정 중에는 다음의 사항을 유념하는 것이 중요하다.

- 제품의 개념이 잘 식별되고 있는가?
- 소비자가 실제로 존재하는가?
- 소비자는 이 제품을 살 것인가?
- 이 회사의 제품의 제조비용은 경쟁력이 있는가?
- 재무관계가 수용할 만한가?
- 이 제품은 총체적 비즈니스 전략과 일치하는가?
- 위험도 평가는 허용할 만한가?

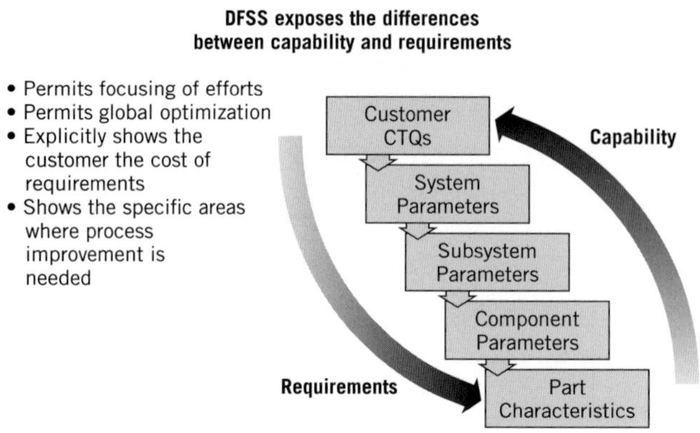


**그림 1.14**
DFSS에서 공정능력과 설계 조건의 일치

- 이 회사는 경쟁사보다 더 좋은 제품을 만들 수 있는가?
- 제품의 신뢰도나 보존성은 목표를 만족시키는가?
- 제조과정으로의 전달계획은 개발되고 입증되었는가?

Lean 원칙은 낭비를 제거하고 불필요하게 긴 순환시간을 축소하기 위해 설계되었다. 전통적으로 다음과 같은 7가지 유형의 낭비가 있다. 즉, (1) 불필요한 교통, (2) 재고(미완성 또는 완제품), (3) 이동(재료의 이동), (4) 대기, (5) 과잉 생산, (6) 과도한 진행시간, (7) 결점이다.

재작업이나 폐기물은 종종 과도한 변동의 결과이다. 따라서 이것에는 6시그마와 lean 간의 명백한 연결이 있다. Lean에 있어 한 가지 중요한 측도는 아래와 같이 정의된 공정주기 효율(process cycle efficiency, PCE)이다.

$$\text{Process cycle efficiency} = \frac{\text{Value-add time}}{\text{Process cycle time}}$$

여기서 value-add time은 공정에서 소비자가 구매욕을 자극하는 제품이나 서비스의 형태, 모양, 기능으로 변환시키는 데 소요한 시간을 의미한다. PCE는 공정이 작업 중인 일을 완전한 제품이나 서비스로 전환시킬 때 얼마나 효율적으로 하였는가를 직접 측량하는 것이다. 공정주기시간(process cycle time)은 역시 작업 중인 일의 양에 관련된 것이며, **Little의 법칙**에 따르면

$$\text{Process cycle time} = \frac{\text{Work-in-process}}{\text{Average completion rate}}$$

평균완성비율(average completion rate)은 능력의 측도이다. 즉, 일정시간 동안 공정의 생산량을 의미한다. 예를 들어 은행에서 담보자금 재조달작업(mortgage refinance operation)을 고려해 보자. 만일 제출된 신청에 대한 평균완성비율이 하루 100건이고, 대기 중인 신청이 1,500건 있다면 공정주기시간은 다음과 같다.

$$\text{Process cycle time} = \frac{1500}{100} = 15 \text{ days}$$

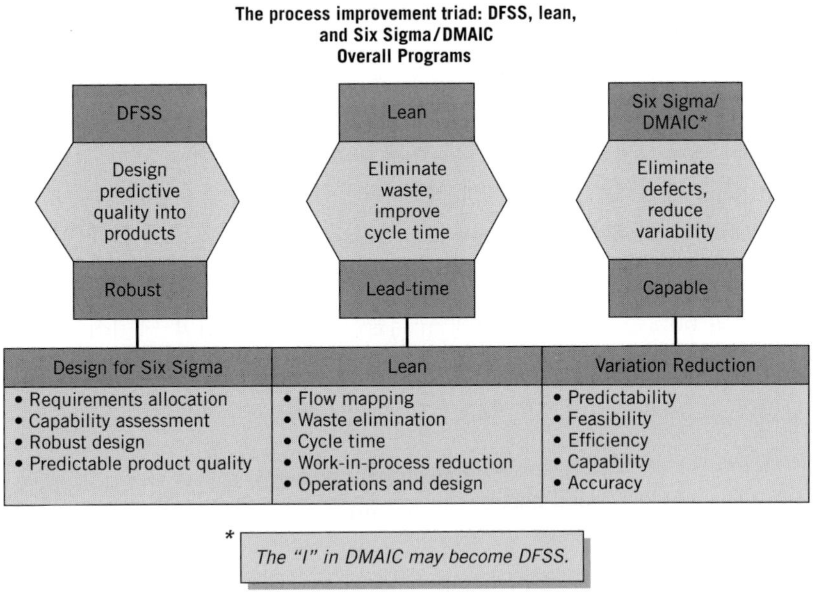


**그림 1.15**
6시그마/DMAIC, lean, DFSS는 어떻게 서로 적합하는가?

종종 주기시간은 낭비와 비효율을 제거함으로써 감소될 수 있고, 결과적으로 완성비율이 증가하게 된다.

Lean은 역시 산업공학과 operation research 분야의 많은 도구들을 사용한다. 이 도구들 중 가장 중요한 **이산사건 모의실험**(discrete-event simulation)은 시스템의 컴퓨터 모형을 수립한 다음 그 시스템의 수행능력을 향상시키기 위한 변화의 영향을 수량화하는 데 사용되었다. 모의실험 모형은 새로운 또는 재설계된 시스템을 잘 예측할 수 있는 도구이다. 제조와 서비스 조직은 공정의 수행능력을 연구하는 데 모의실험 모형을 사용함으로써 크게 혜택을 받을 수 있다.

이상적으로는 6시그마/DMAIC, DFSS, lean 도구들이 조직 내에서 같이 조화롭게 사용되면 고도의 공정수행능력과 유의한 비즈니스 향상을 달성할 수 있다. 그림 1.15는 이 세 가지 도구의 상호보완적인 면을 강조하고 있다.

6시그마(종종 DFSS와 lean과 통합된)는 이전의 TQM보다 훨씬 더 성공적이었다. 프로젝트별 접근과 하부 비즈니스의 결과에 대한 향상을 추구하는 데 초점을 두는 것은 6시그마로 경영적 책임을 얻는 데 도움이 된다. 성공을 쟁취하는 또 하나의 요소는 조직 내 적재적소에 적절한 통계적 방법의 적용을 유도하는 것이다. DMAIC 문제 해결 구조는 이것의 주된 한 부분이다.

## 1.4.2 품질과 생산성의 연관성

현대 산업 환경에서 고품질의 제품을 만드는 것은 쉽지 않다. 문제의 주된 관점은 기술의 급속한 진화이다. 지난 20년간 다양한 분야에서 기술의 폭발적 진화가 있었다. 그 예로 전자, 야금, 세라믹, 복합 재료, 생명기술, 화학과 약학 분야를 들 수 있고, 이로 인해 많은 새로운 제품과 서비스가 생겨났다. 예를 들면, 전자 분야에서 집적회로의 개발은 컴퓨터와 전자 사무제품의 설계와 제조의 혁신을 가져왔다. 기초 집적회로 기술은 대용량(large-scale) 집적회로와 초대용량(very large-scale) 집적회로 기술로 대체되었다.

종종 최적공정의 모든 양상(경제성, 효율성, 생산성, 품질)을 성취하기 위한 투자에 지나치게 소극적인 모습이 보인다. 효율적인 품질향상은 생산성의 증가와 비용감소에 좋은 수단이 될 수 있다. 예를 들면, 복사기에 사용되는 기계 부품을 고려해 보자. 제조공정을 통해 하루에 100개씩 이 부품을 생산한다고 하자. 여러 가지 이유로 인해 이 공정은 75% 정도의 최초 합격품을 생산한다(즉, 75%는 규격을 만족하고 나머지 25%는 규격미달이다). 규격미달품의 60%는 재작업을 통해 규격품으로 만들어지고 나머지는 폐기된다. 이러한 제조공정에서 부품당 직접제조비용은 20달러 정도이다. 재작업하는 부품에는 추가적으로 4달러가 소요된다. 그러므로 양호품의 생산 비용은

$$\text{Cost/good part} = \frac{\$20(100) + \$4(15)}{90} = \$22.89$$

이 된다. 재작업 후에 이 공정으로부터 하루에 90개의 규격품이 생산되는 것을 알 수 있다.

이 공정에 대한 공학적 연구에 의하면 과도한 공정변동이 매우 높은 규격미달품을 생산하는 것으로 판단하였다. 이에 공정변동을 줄이기 위해 새로운 통계적 공정관리 프로그램을 적용한 결과, 규격미달률이 25%에서 5%로 감소하였다. 5%의 규격미달품 중에 60%는 재작업을 할 수 있고 나머지 40%는 폐기된다. 이렇게 공정관리 프로그램이 적용된 후에는 양호품의 생산 비용이

$$\text{Cost/good part} = \frac{\$20(100) + \$4(3)}{98} = \$20.53$$

으로 감소한다.

통계적 공정관리와 변동감소 프로그램은 생산비용을 10.3% 감소시키는 것으로 나타났다. 뿐만 아니라 생산성도 10% 가까이 증가하였다. 그전에 하루 90개의 양호품에 반해 98개의 양호품을 생산한다. 이것은 장비, 인력 또는 간접비에 대한 추가적인 투자 없이 생산능력을 거의 10% 향상시킬 수 있다는 것이다. 이 공정을 다른 노력으로 개선하고자 하는 것은 공정의 과도한 변동 문제가 해결되기 전까지는 비효율적이다.

### 1.4.3 품질비용

재무조정은 비즈니스 경영의 중요한 부분이다. 재무조정은 실제비용과 예산 비용의 차에 대한 분석과 조치와 함께 비교를 포함한다. 이러한 재무조정은 부서나 기능적 수준에서 관습적으로 사용되어 왔다. 오랫동안 품질기능에 대한 비용을 측정하거나 설명하는 직접적인 노력은 없었지만 이제 많은 기업들이 품질에 연관된 비용을 공식적으로 평가하기 시작하였다. 조직에서 품질비용을 고려해야 하는 몇 가지 이유는 다음과 같다.

1. 기술발전에 연관된 제품의 복잡성의 심화로 인한 품질비용의 증가
2. 유지, 여유 부품, 현장에서의 고장을 포함한 수명주기(life-cycle) 비용의 인식 확대

표 1.4
품질비용

| 예방비용 | 내부 실패 비용 |
|---|---|
| 품질계획과 엔지니어링 | 폐기 |
| 신제품 검사 | 재작업 |
| 제품 및 공정설계 | 재시험 |
| 공정관리 | 실패분석 |
| Burn-in | 중단시간 |
| 훈련 | 수율손실 |
| 품질 데이터 취득 및 분석 | 다운그레이딩 |
| **평가비용** | **외부 실패 비용** |
| 도입재료의 검사와 시험 | 불안조정 |
| 제품 검사 및 시험 | 반품 |
| 사용된 재료와 서비스 | 보증비용 |
| 시험 장비의 정확성의 유지 | 책임비용 |
| | 간접비용 |

3. 품질 엔지니어와 경영자 간에 경영자들이 이해할 수 있는 방법으로 품질에 대해 효과적인 의견교환을 할 수 있다.

결과적으로 품질비용은 경영을 위한 재무조정도구로, 또한 품질비용을 삭감할 수 있는 기회를 식별하는 데 도움을 주는 것으로 부상하였다.

일반적으로, 품질비용은 규격미달 제품의 제조, 식별, 회피 또는 보수와 연관된 비용의 범주에 속한다. 많은 제조와 서비스 조직에서는 품질비용을 4가지 범주로 나누어 사용한다. 4가지 범주는 예방비용, 평가비용, 내부실패비용과 외부실패비용이다. 이 비용 범주는 표 1.4에 나타나 있다. 이제 이 범주들을 좀 더 자세히 알아보자.

**예방비용** 예방비용은 비규격품의 예방을 위해 집행된 설계와 제조에 투자한 노력과 관련된 비용이다. 넓게는 '초기에 옳은 제품 만들기'를 위한 노력에 수반되는 모든 비용을 말한다. 예방비용의 하위 범주는 다음과 같다.

- **품질계획과 엔지니어링** 총체적 품질계획, 검사계획, 신뢰성계획, 데이터 시스템, 모든 품질보증의 특화된 기능과 활동들의 창설에 연관된 비용, 품질계획의 소통에 필요한 사용지침서와 절차의 준비에 필요한 비용, 품질감사에 소요되는 비용
- **신제품 검사** 입찰제안서의 준비, 품질측면의 새 디자인 평가, 신제품 성능평가를 위한 시험과 실험 프로그램의 준비, 신제품 또는 설계의 개발과 생산준비 단계 동안의 다른 품질활동
- **제품 및 공정 설계** 제품설계 또는 제품의 총품질향상을 위한 제조공정의 선택에 수반되는 비용. 예를 들어, 어떤 회사에서는 평균 실패시간을 증가시켜 제품의 신뢰성을 증가시키기 위해 특정 회로 부품의 여분을 생산하기로 결정할 수 있다. 다른 방법으로는, 공정 B보다 공정 A를 사용하여 부품을 생산하기로 결정할 수 있다. 이것은 공정 A가 더 엄격한 공차한계를 만족하는 제품을 생산할 수 있기 때문이며, 그로 인해 조립과 제조에서 발생하는 문제를 줄일 수 있게 된다. 이것은 생산자의 공정문제에 해당하는 것으로서, 최저입찰자가 아닌 다른 입찰자와 거래를 하는 비용도 예방비용에 해당한다.

- **공정관리** 변동을 줄이고 품질을 높인 제품을 만들려는 노력으로서 제조공정을 탐지하는 관리도 같은 공정관리기술에 소요되는 비용
- **burn-in** 현장에서의 초기실패를 예방하기 위한 제품의 선적이전 시험비용
- **훈련** 품질을 위한 공식훈련 프로그램의 개발, 준비, 적용, 유지에 소요되는 비용
- **품질 데이터 취득 및 분석** 제품 및 공정수행능력에 대한 데이터 취득을 위한 품질 데이터 시스템의 운영비용, 문제 식별을 위한 데이터 분석비용. 이것은 경영에 필요한 품질 정보의 요약과 출간 작업비용을 포함한다.

**평가비용** 평가비용은 측정, 평가, 또는 제안된 표준의 적합성을 확인하기 위한 제품, 부품, 물건을 구입하는 비용이다. 평가비용의 주된 하위 범주는 다음과 같다.

- **도입재료의 검사와 시험** 모든 재료의 검사와 시험에 관련된 비용. 이 범주에는 검사와 시험의 수행, 즉 검사, 시험, 공급자의 시설평가 등이 포함된다. 품질보증 시스템의 정기적 감사도 포함한다.
- **제품 검사 및 시험** 제조과정의 여러 단계에서 제품의 일치성 검토비용으로서 최종 승인 검사, 포장 및 선적 검사, 제품이 고객에게 인도되기 전 고객의 시설을 사용한 검사가 포함된다. 수명시험, 환경시험, 신뢰도 검사 등이 여기에 포함된다.
- **사용된 재료와 서비스** 파괴 검사나 신뢰도 검사에서 사용된 재료와 제품의 비용
- **시험 장비의 정확성의 유지** 측정 방비나 도구의 정확성을 유지하는 데 소요되는 비용

**내부실패비용** 내부실패비용은 제품, 부품, 재료와 서비스가 품질요구조건을 달성하지 못할 때 발생하는 비용이다. 이 실패는 제품이 소비자에게 배달되기 전에 발견된 것이다. 이 비용들은 제품에 결점이 없는 경우에는 발생하지 않는다. 주된 하위 범주는 다음과 같다.

- **폐기** 경제적으로 보수되거나 사용될 수 없는 결함 제품으로 인한 노동, 재료, 간접비 등의 순손실
- **재작업** 불량품을 규격에 만족하도록 수정하는 비용. 어떤 제조공정에서는 재작업 비용은 만성적이고 산발적인 결점 문제를 해결하는 제조공정에서의 추가적 작업이나 단계를 포함한다.
- **재시험** 재작업이나 다른 수정작업을 거친 제품의 재검사 또는 재시험에 대한 비용
- **실패분석** 제품실패의 원인을 판단하는 데 소요되는 비용
- **중단시간** 규격의 불일치로 인한 제조시설의 가동 중단 비용. 인수검사 때는 공급자가 공급한 불량 원자재가 발견되지 않았으나 이 때문에 생산라인이 중단될 수 있다.
- **수율(yield) 손실** 향상된 관리를 통해서 얻어질 수 있었던 것보다 낮은 공정수율의 비용(예를 들면, 충진 장비의 과도한 변동 때문에 과다 보충되는 음료수 용기)
- **다운그레이딩(downgrading)** 정상 판매가격과 소비자의 요구에 미달하는 제품의 판매가격 간의 가격 차. 섬유, 의복, 전자제품에서 흔히 발생한다.

**외부실패비용** 외부실패비용은 제품이 소비자에게 배달된 후에 만족스럽게 수행되지 않을 때 발생한다. 제품의 각 요소가 규격을 만족하면 이 비용은 사라진다. 외부실패비용의

하위 범주는 다음과 같다.

- **불만조정** 불량품으로 인한 정당한 항의의 조사와 조정에 소요되는 비용
- **반품** 현장에서 반품된 불량품과 불량재료의 수령, 취급과 대체로 인한 비용
- **보증비용** 보증계약에 따른 소비자에 대한 서비스에 소용되는 비용
- **책임비용** 제품 책임소송에서 발생하는 비용
- **간접비용** 외부실패에 대한 직접비용 이외에도 여러 가지 간접비용이 있다. 이것은 배달된 제품의 품질수준에 대한 소비자의 불만 때문에 발생한다. 간접비용은 회사에 대한 소비자의 태도를 반영한다. 회사 이미지의 손실, 미래 비즈니스의 손실, 사용의 적합성에 관한 소비자의 기대에 부응하지 못하는 제품과 서비스를 제공함에 따라 발생하는 시장 점유율의 손실 등을 반영한다.

**품질비용의 분석 및 사용** 품질비용은 얼마나 큰가? 물론 이에 대한 대답은 조직의 형태와 품질향상 노력의 성공에 따라 다르다. 어떤 조직은 품질비용이 매출의 4~5%를 차지하는 반면에, 다른 조직에서는 많게는 35~40%까지 차지한다. 분명한 것은 품질비용은 백화점이나 호텔 같은 전형적인 서비스 산업에서보다 첨단기술의 컴퓨터 제조업에서 많이 다르다는 것이다. 그러나 대부분의 조직에서 품질비용이 필요 이상으로 높아서 이 비용을 평가하고, 분석하고, 감소시키려는 경영진의 노력이 계속되어야 한다.

품질비용의 유용성은 **지렛대 효과**(leverage effect)로부터 기인한다. 즉, 예방과 평가에 투자된 금액은 초기투자를 초과하는 내부/외부 실패비용에 포함되는 비용을 감소시키는 이익으로 돌아오는 효과가 있다. 예를 들면, 예방에 투자된 1달러는 감소된 내부/외부 실패비용으로부터 10달러 또는 100달러(또는 그 이상)의 절약으로 돌아온다.

품질비용의 분석은 개선할 수 있는 기회를 판단함으로써 비용감소를 이루는 것을 주된 목표로 하고 있다. 이것은 종종 파레토 그림(Pareto chart)으로 분석할 수 있다. **파레토 분석**은 품질비용을 범주별, 제품별, 또는 결점이나 불량원인별로 구분한다. 예를 들면, 표 1.5에는 인쇄회로기판(printed circuit board)의 전자부품 조립에서 발생하는 결점이나 불량이 나타나 있는데, 이 표에 있는 품질비용 정보를 검토하면 불충분 납땜(insufficient solder)이 공정에서 가장 고비용임을 알 수 있다. 불충분 납땜은 특정기판에서 총결점의 42%에 해당하고 총폐기 또는 재작업의 52%에 해당한다. 만일 곡선(wave) 납땜공정이 개선될 수 있다면 품질비용이 극적으로 줄어들게 된다.

품질비용이 얼마나 많이 감소될 수 있는가? 많은 조직에서 품질비용이 심각하게 감소

표 1.5
인쇄회로기판의 조립에 대한 월별 품질비용 정보

| Type of Defect | Percentage of Total Defects | Scrap and Rework Costs |
|---|---|---|
| Insufficient solder | 42% | $37,500.00 (52%) |
| Misaligned components | 21 | 12,000.00 |
| Defective components | 15 | 8,000.00 |
| Missing components | 10 | 5,100.00 |
| Cold solder joints | 7 | 5,000.00 |
| All other causes | 5 | 4,600.00 |
| Totals | 100% | $72,200.00 |

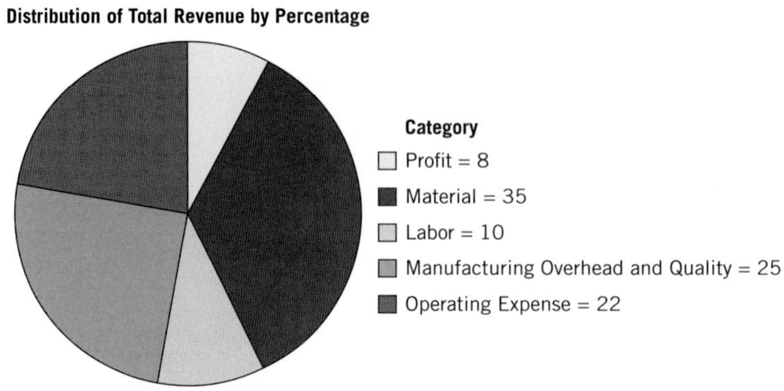


**그림 1.16**
대표적 제조산업에서 퍼센트로 표시한 총 수익의 분포

될 수 있어도 0으로까지 줄일 수 있다는 것은 현실적이지 못하다. 제품의 수행능력이 만족할 만한 수준까지 도달하기 전에 예방과 평가 비용은 품질비용의 노력에 의한 비용감소량보다 더 급격히 증가할 것이다. 그러나 변동감소에 대한 집중과 함께 품질비용에 대한 집중은 그동안 조직 차원의 노력이 없었다면 50%에서 60%까지 품질비용을 줄이는 것이 가능하다. 이 비용감소는 파레토 원칙을 따른다. 즉, 비용감소의 대부분은 품질비용 대다수의 원인이 되는 몇 개의 문제를 해결함으로써 얻어진다.

품질비용을 분석하고 품질비용 감소계획을 수립하는 데에는 예방과 평가의 역할을 인식하는 것이 중요하다. 많은 조직에서 평가에는 지나치게 많은 노력을 기울이지만 예방에는 그렇지 않다. 이것은 조직이 범하기 쉬운 실수이다. 왜냐하면 평가비용은 제조에 있어 예산편성에 포함되는 비용이다. 반면에, 예방비용은 통상적으로 예산편성에 포함되지 않는다. 품질비용 프로그램의 초기 단계에서 평가비용이 예방비용의 8배에서 10배로 책정되는 것은 흔히 있는 일이다. 이것은 예방에 투자된 비용은 평가에 투자된 비용보다 훨씬 큰 보상으로 돌아오는 것을 생각할 때 타당하지 못한 비율이다.

6시그마와 lean이 같이 적용되었을 때 일반적으로 품질비용의 감소와 공정주기효율의 증가가 동시에 발생한다. 품질비용은 폐기, 재작업, 재고, 지연, 또는 사업의 비효율성 등을 다루는 비즈니스의 한 부분인 **숨겨진 공장**(hidden factory)의 직접적 결과이다. 그림 1.16은 대표적 제조업에서 비용의 분포를 수입의 비율로서 보여 주고 있다. 6시그마와 lean 같은 품질향상 도구를 사용하면 제조에서 간접비용과 품질비용을 1~2년 이내에 20%까지 줄일 수 있다. 이것은 경영 이익에서 5~10%의 수입 증가를 가져온다. 이 수치들은 비즈니스에 따라 다를 수 있지만 이러한 기술은 어디에서나 적용될 수 있다.

### 1.4.4 품질의 법률적 견해

소비자 중심주의와 제품 책임은 품질보증이 왜 중요한 비즈니스 전략이 되는지에 대한 중요한 이유이다. 소비자 중심주의는 소비자 제품에서 발생하는 표면적으로 많은 실패와 서비스 품질의 하락에 대한 인식에 일부 기인한다. 사용 중 발생하는 많은 실패는 현재의 제품이 그 전의 제품만큼 좋은가 그리고 생산자는 품질에 관심이 있는가에 대한 질문을 유발한다. 이 두 가지 질문에 대한 대답은 "그렇다"이다. 생산자들은 과중한 외부실패비용과 경쟁적 위치에 대한 위협 때문에 현장에서의 실패에 아주 민감하다. 결과적으로 대부분의 제조자들은 현장 실패를 감소시키는 방향으로 품질향상을 추구하였다.

소비자의 불만과 현재의 제품이 그전만 못하다는 일반적 느낌은 다른 환경에 기인한다. 이들 중 하나는 제품수의 폭발적 증가에 있다. 예를 들면, 연간 50,000 단위의 소비자 제품 생산에서 1%의 실패율은 500개의 현장 실패를 의미한다. 그러나 연간 생산단위가 500,000이고 실패율이 동일하면 5,000 단위가 현장 실패이다. 이것은 불만족스러운 소비자의 전체 수가 연간 50,000 단위일 때의 10%에 해당한다. 제조단위의 증가는 제조자에게 **책임의 노출** 위험이 있다. 실패율이 감소하는 상황에서도 제조단위의 수가 실패율의 감소보다 급격히 증가한다면 현장 실패를 경험하는 소비자의 수는 여전히 증가할 것이다.

문제의 두 번째 양상은 작은 결점과 심미적 문제에 대한 소비자의 인내심이 상당히 낮아졌다는 것이다. 그래서 흠, 외장의 결점, 잡음과 같은 외형의 문제들은 그 전에는 참을 수 있는 문제였지만 이제는 주의를 환기시키고 반대급부적인 반응을 불러일으킨다. 마지막으로, 시장의 심각한 경쟁 문제는 많은 제조자들로 하여금 새로운 디자인을 경쟁력 있게 충분히 평가하거나 검정하지 못한 상태로 출시하도록 내몰고 있다. 이러한 검정되지 않은 디자인의 '조기출시' 문제는 신제품의 품질실패의 주원인이 되고 있다. 궁극적으로 디자인 문제는 수정되지만 신제품에 대한 높은 실패율은 오늘의 품질이 어제보다 못하다는 믿음을 갖게 한다.

제품의 책임 문제는 주된 사회적, 시장, 경제적 힘이다. 불량품에 의해 발생하는 부상과 손실을 보상해야 하는 제조자와 판매자의 법적 의무는 최근의 현상이 아니다. 제품의 손해보상 문제는 오래전부터 있어 왔지만 주요 쟁점이 최근에 바뀌었다. 첫 번째 주된 제품 책임의 실제 예는 1916년에 발생하였으며 이 사건은 뉴욕 법원에서 재판이 이루어졌다. 이 재판부는 판결문에서 자동차 판매계약이 구매자와 제3자, 즉 자동차 딜러 사이에 이루어졌어도 제조자는 구입자에게 제품 책임을 가진다고 판단하였다. 제조자 또는 판매자는 그들이 설계한 것, 생산한 것 또는 제조한 방법에 대해 타당하지 못한 부주의 또는 태만에 대해 책임을 질 의무가 있다고 법에 명시되어 있다는 것이다. 최근에는 법원이 더 엄중한 책임을 지우고 있다. 이 **엄중한 책임**에는 두 가지 원칙이 있다. 첫째는 제소자와 판매자는 만족스럽지 못한 품질에 대해 제품 서비스, 수리, 또는 불량품의 교환을 통한 즉각적인 응답을 해야 한다는 것이다. 이것은 소비자가 실제 사용하는 기간 동안에 적용된다. 제조자와 판매자는 제품을 생산할 때 그 제품의 성능뿐만 아니라 환경에 의한 효과, 사용상 안전문제 등 제품의 궁극적인 사용에 대한 책임이 있다는 사실을 받아들여야 한다. 둘째는, 광고와 판매 촉진에 있다. 엄중한 제품 책임하에서 모든 광고문구는 유효한 회사 품질 또는 인증된 데이터에 의해 지지받을 수 있어야 한다.

이러한 두 가지 엄중한 책임 원칙은 제조자, 공급자, 판매자로 하여금 그들 제품의 성능과 안전에 관한 확신을 줄 수 있는 고품질 제품을 개발하고 유지하도록 강한 압력을 주게 된다. 이 확신은 소비자에게 배송되는 제품의 품질뿐만 아니라 내구성, 신뢰성, 있을 수 있는 부작용이나 환경적 위험으로부터의 보호, 실제 사용에서의 안전 문제를 보장해야 한다. 강력한 품질보증 프로그램은 필요한 경우 이 정보가 유효하다는 것을 경영진이 확신하는 데 도움이 된다.

### 1.4.5 품질향상의 적용

앞의 몇 개 절에서 품질향상의 철학, 품질과 생산성의 결합, 그리고 품질의 경제적이고 법적인 연관을 논의하였다. 이러한 것들은 조직 내에서 품질경영의 중요한 양상들이다. 이러한 양상들 외에도 주의를 기울여야 하는 총체적 품질경영의 다른 양상들이 있다.

경영진은 품질을 우리가 1.1.1절에서 논의했던 8가지 요소를 혼합시키는 여러 면을 가진 존재라고 인식해야 한다. 참고를 위해 표 1.6에 이러한 품질의 요소를 요약하였다.

어떤 비즈니스 내에서 **품질의 전략적 경영**의 주된 부분은 경영진에 의한 이들 요소의 인식과 그 비즈니스가 경쟁해야 하는 요소의 선택에 있다. 이러한 전략적 부분을 성공적으로 수행하는 회사에 대항하여 경쟁한다는 것은 매우 힘든 일이다.

한 가지 좋은 예는 일본의 비디오 카세트 녹화기(VCR) 시장의 독점이다. 일본은 VCR을 처음 만들지는 않았다. 참고로 VCR은 유럽과 북아메리카에서 처음 설계되고 생산되었다. 하지만 이 회사들에 의해 만들어진 초기 제품은 신뢰성이 떨어지고 높은 수준의 제조 결함이 있었다. 일본인들이 시장에 참여했을 때 신뢰성과 표준(무결점)의 적합성이란 두 가지 관점에서 경쟁하기 시작하였다. 이 전략은 시장을 신속하게 지배하였다. 그 후에는 품질요소에 기능, 향상된 성능, 손쉬운 서비스, 향상된 심미성 등을 추가하였다. 그들은 경쟁적인 무기로서 총체적 품질(total quality)을 사용하여, 즉 너무 높은 장벽으로 인해 새 경쟁자가 이 시장에 들어오는 것을 실질적으로 불가능하게 하였다.

경영자들은 품질에 대해 이런 형태의 전략적 사고를 해야 한다. 제품이 모든 품질의 요소에서 월등할 필요는 없지만, 경영자는 회사가 성공적으로 경쟁할 수 있는 품질요소들을 선택하고 개발해야 한다. 일반적으로 이러한 요소들은 경쟁에서 잊혀지거나 무시된 것들이다. 미국의 자동차회사들은 이 전략을 탁월하게 사용한 외국의 경쟁자들에게 크게 영향을 받았다.

품질경영에서 공급자의 중요한 역할이 잊혀져서는 안 된다. 실제로, 공급자의 선택과 **공급망 관리**(supply chain management)는 자동차, 항공, 전자와 같이 최종단계에서 사용되는 부품의 많은 부분이 외부 공급자에 의해 생산되는 산업에서 성공적 품질경영 측면에서 가장 중요한 개념이다. 많은 회사들은 그들 자신의 내부 품질경영 노력의 일환으로 공식적인 공급자 품질경영 프로그램을 구축하고 있다. 비용 하나만 고려하는 것보다 **품질**, **일정**, **비용**에 기초한 공급자의 선택은 총체적 경쟁력에 장기적으로 중대한 영향을 줄 수 있는 중요한 전략적 경영 판단이다.

품질향상을 위해서는 총체적이고 전사적인 활동이 필요하고, 모든 조직 내의 단위가 능동적으로 참여해야 한다는 사실을 경영진이 인식하는 것이 매우 중요하다. 이러한 참여를 얻는 것은 상급 경영진의 책무이자 중요한 도전이다. 이러한 관점에서 품질보증팀의 역할은 무엇인가? 품질보증팀의 책무는 경영진이 회사제품에 대한 품질보증을 제공하는 데에 도움을 줄 수 있어야 한다. 특히, 품질보증팀은 시장에서 인증받는 품질의 제품을 생산하는 데 필요한 기술과 자원을 보유하는 기술창고의 기능을 한다. 품질경영팀 역시 시스템을 향상시킬 수 있는 기회를 식별하도록 평가하고 품질비용 정보를 사용하는 책무를 가지고 있다. 또한 이 기회를 고위급 경영진에게 알릴 의무가 있다. 그러나 품질기능(quality

| | |
|---|---|
| 1. Performance(성능) | 5. Aesthetics(심미성) |
| 2. Reliability(신뢰성) | 6. Features(기능) |
| 3. Durability(내구성) | 7. Perceived quality(인지 품질) |
| 4. Serviceability(서비스) | 8. Conformance to standards(표준에의 적합성) |

표 1.6
품질의 8가지 요소(1.1.1절)

function)은 품질을 책임지지 않는다는 것을 알아야 한다. 품질조직은 제품을 설계하거나 제조, 공급, 또는 서비스를 하지 않기 때문에, 품질에 대한 책임은 조직 전체에 나누어져 있다.

Deming, Juran, Feigenbaum의 철학은 품질에 대한 책임이 전체 조직에 걸쳐 있다는 것을 의미한다. 그러나, "품질은 모든 사람 각자의 책무이다"라는 철학을 받아들이면 품질은 누구의 책무도 아니라고 여길 위험이 있다. 이것은 품질계획과 분석이 중요한 이유이다. 품질향상 활동은 매우 광범위하여 성공적인 노력의 시작은 최초의 한 걸음으로서 최고 경영진의 실행이 필요하다. 이 실행은 품질 중요성의 강조, 여러 조직 내 단위에서 해당 품질의무의 식별, 회사 내의 모든 경영진과 근로자들의 품질향상에 대한 확고한 책무를 포함하고 있다.

마지막으로, 조직 내에서 전략적 경영은 이미 논의한 세 가지 요소, 즉 **품질계획**(quality planning), **품질보증**(quality assurance), **품질관리 및 향상**(quality control and improvement)을 포함해야 한다. 뿐만 아니라 조직 내의 모든 구성원은 품질향상의 기본 도구를 이해해야 한다. 이 도구들의 중심은 공정관리의 기초를 형성하고 공정 데이터를 분석하는 데 사용하는 기초 통계학적 개념들이다. 조직 내의 각 구성원들, 즉 최고 경영자에서 현장 인력까지, 기초 통계적 방법을 인식하고, 또한 이러한 방법들이 일반 비즈니스 환경에서 제조, 공학적 설계, 그리고 개발에 어떻게 유용하게 사용되는가를 인식하는 것이 점점 더 중요해지고 있다. 특정 인력은 고도의 기술을 보유해야 한다. 예를 들면, 품질보증 기능에 종사하는 엔지니어들과 경영자들은 일반적으로 공정관리, 신뢰성 공학, 실험계획, 엔지니어링 데이터 분석 중 하나 또는 그 이상의 영역에서 전문가이다. 그러나 주안점은 통계적 방법이 문제점에 관한 소통의 언어라고 생각하는 철학이다. 이 소통은 경영진들로 하여금 자원을 신속하게 활성화하고, 문제에 대한 해결책을 효과적으로 개발하게 한다. 6시그마는 이 책에서 지적한 대부분의 성공 요소를 조합하고 있기 때문에 품질향상을 적용시키는 데에 매우 유용한 구조로 알려져 있다.

## 연습문제

**1.1** 품질을 정의하기 힘든 이유는 무엇인가?

**1.2** 품질의 8차원에 대하여 간단하게 논하라.이것이 품질 개념의 이해를 향상시키는 데 도움이 되는가?

**1.3** 특정한 물품이나 서비스를 선택하여, 품질의 8차원이 소비자들의 전반적인 수용에 미치는 영향을 토의하라.

**1.4** 품질의 다차원 특성에 대한 이해가 물품디자인의 개선과 서비스 향상에 도움을 주는가?

**1.5** 품질관리와 개선을 위해 사용되는 세 가지 주요 기술도구는 무엇인가?

**1.6** 다수의 품질관리 문헌에 따르면 최고 경영진의 리더십 없이, 품질은 개선되지 않는다. 이 의견에 동의하는가? 이유에 대하여 토의하라.

**1.7** 품질의 척도로서 평균 주변의 변동이나 명목 차원을 고려하는 것이 왜 필수적인지 설명하라.

**1.8** 이 장에서 제시되었던 패스트푸드점의 방문에 대하여 재논의하라. 매년 방문할 때마다 4인 가족이 수용할 만한 수준이 어느 정도라고 생각하는가? 이 같은 목표를 달성하기 위해 구성품이 양질로 주어질 확률은 어떻게 되는가?

# 2장

# DMAIC 절차

## 요약 및 학습 목표

품질과 공정의 향상은 프로젝트별 기초(project-by-project basis)에 의해 가장 효과적으로 발생된다. DMAIC은 과제를 성공적으로 수행하는 데 사용되는 5단계 문제 해결 절차이다. 이것은 품질과 공정 문제의 근본 문제점을 해결하고, 다른 적절한 비즈니스 운영에도 반복될 수 있는 최고의 사례(best practice)을 구축하도록 설계된 해결책을 온전히 수행하고 적용함으로써 가능하다. 이 장에서는 DMAIC 절차를 설명하고 각 단계에서 사용되는 많은 도구들을 소개한다. 많은 DMAIC 도구들은 다음 장들과 참고문헌에서 아주 자세히 설명되어 있다. DMAIC을 사용하는 프로젝트들의 예도 제공되어 있다.

이 장을 학습하고 나면, 다음 내용들을 수행할 수 있어야 한다.

1. 개선활동을 위한 좋은 프로젝트 선택의 중요성을 이해한다.
2. DMAIC의 5단계(정의, 측정, 분석, 개선, 관리)를 설명한다.
3. 톨게이트(tollgate) 검토의 목적을 설명한다.
4. 각 DMAIC 단계를 위한 톨게이트 검토의 의사결정 요건을 이해한다.
5. DMAIC을 언제 사용하고 사용하지 않을지를 안다.
6. DMAIC 절차가 6시그마 원리의 구조에 어떻게 적합되는지 이해한다.

## 2.1 DMAIC의 개요

DMAIC은 품질과 공정의 개선에 널리 사용되는 문제 해결 절차이다. 이것은 종종 6시그마와 연관되어 있는데, 6시그마의 거의 대부분의 적용에서 과제의 관리와 완수를 위해 **DMAIC 절차**를 사용한다. 그러나 DMAIC이 6시그마와 공식적으로 필연적으로 연결되어 있지는 않으며, 조직에서 6시그마의 사용에 관계없이 사용될 수 있다. 이것은 매우 일반적인 절차이다. 예를 들어, 주기시간 단축을 위한 lean 프로젝트나 처리량의 개선, 폐기물 제거와 같은 분야에서 DMAIC을 사용하여 간단하고 효율적으로 수행할 수 있다.

DMAIC이라는 글자는 5단계의 머리글자이다: **정의**(Define), **측정**(Measure), **분석**(Analyze), **개선**(Improve), **관리**(Control). 이 단계들은 그림 2.1에 도식적으로 나타나 있다. DMAIC의 각 주요 단계 사이에는 톨게이트(tollgate)가 있다. 프로젝트팀은 톨게이트에서 관리자와 공정의 책임자에게 업무를 보고한다. 6시그마 조직에서 톨게이트 종사자로는 프로젝트 챔피언(champion), 마스터 블랙벨트(master black belt)와 이 프로젝트에 직접적으로 종사하지 않는 다른 블랙벨트들을 포함하고 있다. 톨게이트는 프로젝트가 제대로 잘 진행되고 있는지 확인하고, 팀이 프로젝트를 계획대로 성공적으로 수행할 수 있는지 평가하는 곳이다. 또한 문제에 대한 구체적 기술 도구의 사용과 다른 정보에 관한 안내를 제공한다. 조직의 문제점과 성공을 막는 장벽, 그리고 그런 문제를 다루는 전략 등도 톨게이트 검토에 의해 종종 식별된다. 톨게이트는 총체적 문제해결 과정에 결정적 역할을 한다. 이러한 검토는 팀이 각 단계를 수행한 직후에 하는 것이 매우 중요하다.

DMAIC 구조는 원 제품, 공정과 서비스의 정의 내에서 문제 해결 방법에 대한 창조적 사고를 권장한다. 공정이 아주 불량하게 운영되어 원 공정을 포기하고 새로 시작해야 하는 경우이지만, 새로운 제품이나 서비스가 필요하다고 결정하게 되면, DMAIC의 개선 단계는 실제로 **설계**(Design) 단계가 된다. 6시그마 조직에서, 이것은 6시그마를 위한 설계(Design for six sigma; DFSS)가 필요하다는 것을 의미한다(1장의 DFSS에 대한 논의 참고).

DMAIC이 성공적인 이유 중 하나는 상대적으로 작은 도구들의 집합의 효율적인 사용에 초점을 두기 때문이다. 표 2.1에서는 이 책에서 다루는 DMAIC 단계에 사용되는 도구들 중 빈번하게 사용되는 것들을 보여 주고 있다.

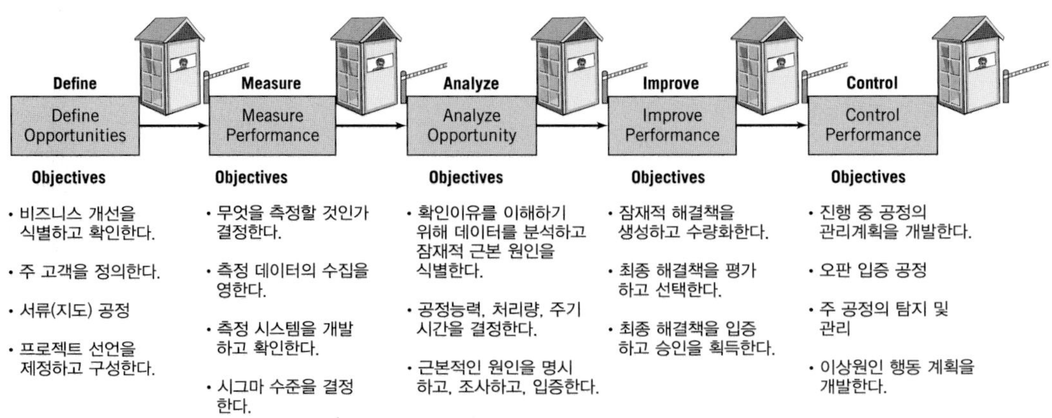


**그림 2.1** DMAIC 단계

표 2.1
Tools Used in DMAIC

| 도구 | 정의 | 측정 | 분석 | 개선 | 관리 |
|---|---|---|---|---|---|
| 프로젝트 선언 | 2장 | | | | |
| 공정 지도와 흐름도 | 2장 | 5장 | | | |
| 특성요인도 | | 5장 | | | |
| 공정능력분석 | | 6, 8장 | | | |
| 가설검정, 신뢰구간 | | | 4장 | | |
| 회귀분석, 다른 다변량 방법 | | | 4장 | | |
| 게이지 R&R | | 8장 | | | |
| 실패형식과 효과분석 | | | 2장 | | |
| 실험계획 | | | 13, 14장 | 13, 14장 | |
| SPC와 공정관리계획 | | 5, 6, 7, 9, 10 11, 12장 | 5, 6, 7, 9, 10 11, 12장 | | 5, 6, 7, 9, 10 11, 12장 |

프로젝트는 품질과 공정의 향상에 있어 필수적인 관점이다. 프로젝트는 6시그마의 구성요소이지만, 프로젝트를 통한 품질과 비즈니스 향상은 품질향상에 대한 프로젝트별 접근을 권장했던 Juran으로부터 시작되었다. 선택, 운영, 성공적 프로젝트 완수는 6시그마뿐만 아니라 어떤 구조적인 비즈니스 향상을 도모하는 데에도 꼭 필요한 것이다.

하나의 프로젝트는 제품이나 서비스에서 주된 향상을 도모할 수 있다는 관점에서 잠재적인 **돌파구**를 의미한다. 프로젝트 영향은 재정과 회계 부서에 의해 측정되어 비즈니스에 대한 재정적 이득의 관점에서 평가되어야 한다. 이는 보다 객관적인 프로젝트 평가를 보장한다. 높은 잠재적 영향을 가진 프로젝트는 무엇보다 바람직하다. 이 **재정 시스템의 통합**은 6시그마의 표준 사례이며, 조직이 현재 6시그마를 적용하지 않더라도 DMAIC 프로젝트의 한 부분이 되어야 한다.

기업이 일반적으로 취하는 프로젝트의 첫 형태는 향상을 위한 총체적 노력이 잠재적 성공을 거둘 수 있도록 설계된다. 이 프로젝트들은 기회가 풍부한 비즈니스의 분야에 초점을 두지만, 종종 현재의 문제점에 의해 유도되는 경향이 있다. 소비자 만족이나 소비자 불만 해소 활동으로부터 식별되는 문제점들, 예를 들면 현장의 실패사례와 소비자에 의한 반품들은 가끔씩 이러한 프로젝트의 출처가 되곤 한다.

그런 초기의 기회적 프로젝트들은 종종 성공적이지만, 장기간의 성공에 대한 기초가 되지는 않는다. 대부분의 쉬운 기회들은 금방 사라진다. 따라서 프로젝트의 정의와 선택에 대하여 다르게 접근할 필요가 있다. 널리 사용되는 한 가지 접근 방법은 프로젝트를 전략적 비즈니스 목적에 기초를 두는 것이다. 이 방법에서 핵심이 되는 비즈니스 과정을 정의하는 것이 성공적 프로젝트의 개발의 첫 걸음이다. 비즈니스의 통합된 관점을 형성하기 위해 이러한 과정들을 연결하는 작업이 뒤따라야 한다. 핵심 비즈니스 전략 목적뿐만 아니라 주된 비즈니스 과정에 초점을 두는 프로젝트는 회사에 매우 유의한 가치를 가지게 된다. 유일한 위험 요소는 프로젝트들이 매우 커져도 여전히 비즈니스의 어떤 좁은 관점에만 초점을 둘 가능성이 있다는 점이다. 좋은 프로젝트의 선택과 경영 시스템은 그러한 문제가 발생하는 것을 막아준다. 어떤 회사들은 프로젝트 선택과 경영 시스템을 효과적으로 촉진시키기 위해 추세와 결과를 그래프로 나타내어 추적하는 **계기판**(dashboard) 시스템을 운영하기도 한다.

프로젝트 선택은 비즈니스 개선 과정에서 가장 중요한 부분이라고 할 수 있다. 프로젝트는 타당성 있는 시간계획 내에서 완수될 수 있어야 하고, 주요 비즈니스 목적에 실질적인 영향을 줄 수 있어야 한다. 이것은 조직의 핵심 비즈니스 과정을 정의하고, 그들의 상호관련성을 이해하고, 적절한 수행 능력 측도를 개발하는 데 많은 생각이 필요하다는 것을 의미한다.

제안된 프로젝트를 평가하는 데 무엇이 고려되어야 하는가? 어떤 회사가 4σ 수준에서 운영되고 있다고 하자(즉, 6시그마 관점에서 평균이 1.5σ 변화하여 불량률이 6,210 ppm). 이것은 실제로 적절히 양호한 상태이고 많은 오늘날의 조직들은 그들의 핵심 비즈니스 과정에서 4~4.5σ 수준을 유지하고 있다. 목표는 6σ 수준을 달성하는 것이다(3.4 ppm). 이는 프로젝트 선택의 기준에 있어서 무엇을 암시하는가? 예를 들어 기존의 품질 수준에서 연간 개선율이 25%인 경우, 6시그마 수준을 달성하기 위해서 $x$년이 필요하다고 하자. 이때 $x$는 아래 식의 해가 된다.

$$3.4 = 6120(1 - 0.25)^x$$

이 식에서 $x$는 약 26년이 된다. 따라서 연간 25%의 개선율로 수행능력을 개선하고자 하는 목표는 적절하지 못함을 분명히 알 수 있다. 어떤 회사도 이 목적을 달성하기 위해 26년을 기다리지는 않을 것이기 때문이다. 품질 개선은 끝나지 않는 과정이라고는 하지만, 위의 계산을 이해하는 어떤 회사의 경영팀도 그런 프로그램을 지원하지는 않을 것이다.

연도별 프로젝트 목표가 50%이면, $x$가 11년으로 줄어들고 훨씬 현실적인 시간계획이 되어 많은 도움이 될 것이다. 만약 비즈니스 목표가 6시그마를 5년 내에 달성하는 것이라면, 연간 개선율의 목표는 약 75%가 된다.

이러한 계산으로 인해 많은 품질개선 담당자들이 실제로 영향력이 있고 높은 보상이 따르는 프로젝트에 노력을 집중할 것을 요구하게 된다. 그 결과 프로젝트는 품질개선 측면에서 적어도 50%의 연간 개선율을 달성할 수 있는 것을 의미한다.

이러한 개선이 가능한가? 그 대답은 "그렇다"이다. 많은 회사들이 이 개선비율을 달성하였다. 예를 들면, Motorola의 연간 개선율은 6시그마 시행 첫 몇 년간 65%를 초과하였다. 그러나, 이것을 꾸준히 하기 위해서 회사는 프로젝트 정의, 경영, 실행, 적용에 적지 않은 노력을 기울여야 한다. 이것이 조직에서 가장 적절한 인력을 이러한 활동에 배치해야 하는 이유이다.

## 2.2 정의 단계

DMAIC에서 정의 단계의 목적은 프로젝트 기회를 식별하고 그 프로젝트가 합법적인 약진의 잠재력을 가지고 있다는 것을 인준하는 것이다. 프로젝트는 소비자에게 중요해야 하고(소비자의 목소리) 비즈니스에도 중요해야 한다. 이 과정에 참여하는 이해관계자(stakeholder)와 그를 이용하는 소비자들이 프로젝트의 잠재적 유용성에 동의할 필요가 있다.

정의 단계에서 수행되어야 하는 첫째 항목 중 하나는 **프로젝트 선언**(project charter)이다. 이것은 일반적으로 2페이지 이내의 짧은 문서이다. 이것이 포함하는 내용은 프로젝트의 설명, 범위, 시작과 기대 종료시점, 성공을 측정하는 데 사용될 1차와 2차적 성과, 이 성과가 비즈니스 단위와 목적에 어떻게 부합하는가, 프로젝트 기간 중 달성되어야 하는 이정표(milestone), 팀 구성원과 그들의 역할, 프로젝트를 수행하는 데 필요할 것으로 예상되는 추가적인 자원 등이다. 그림 2.2는 소비자의 제품 반환 과정에 관한 프로젝트 선언문이다. 일반적으로 프로젝트 후원자(6시그마 응용에서는 챔피언)는 프로젝트 선언문을 개발하는 데 중요한 역할을 하며, 팀을 조직하고 책임을 할당하는 토대를 위해 선언문 초안을 활용한다. 일반적으로 한 팀은 프로젝트 선언문을 2~4일 내에 완성할 수 있어야 한다. 만약 시간이 더 걸린다면 프로젝트의 범위가 너무 큰 것일 수 있다. 선언문은 프로젝트에 의해 영향을 받게 되는 소비자의 주품질(critical-to-quality; CTQ) 특성치를 명시해야 한다.

정의 단계에서는 그래프를 사용하여 도움을 받을 수 있다. 가장 널리 사용되는 그래프는 공정과정 그림과 흐름도, 가치흐름지도(value stream map), SIPOC 도표이다. 흐름도와 가치흐름지도는 공정에서 무엇이 바뀌어야 하는지를 시각적으로 자세히 보여 주며 이해를 촉진한다. **SIPOC 도표**는 공정의 고차원 도표이다. SIPOC는 공급자(Supplier), 입력(Input), 과정(Process), 출력(Output), 소비자(Customer)의 머리글자이다. 이는 공정의 단순한 개요를 보여 주는 도표로서 기본 공정의 요소를 이해하고 시각화하는 데 도움이 된다.

그림 2.3은 어떤 회사 내부의 커피 서비스 공정을 위해 개발한 SIPOC 도표이다. 이 팀은 이 과정에서 결점과 오류, 커피 준비 시간을 감소시키고자 한다. 첫 번째 단계는 그 팀

| | |
|---|---|
| Business Case<br>• This project supports the business quality goals, namely (a) reduce customer resolution cycle time by x% and (b) improve customer satisfaction by y%. | Opportunity Statement<br>• An opportunity exists to close the gap between our customer expectations and our actual performance by reducing the cycle time of the customer return process. |
| Goal Statement<br>• Reduce the overall response cycle time for returned product from our customers by x% year to year. | Project Scope<br>• Overall response cycle time is measured from the receipt of a product return to the time that either the customer has the product replaced or the customer is reimbursed. |
| Project Plan<br>• Activity — Start — End<br>Define — 6/04 — 6/30<br>Measure — 6/18 — 7/30<br>Analyze — 7/15 — 8/30<br>Improve — 8/15 — 9/30<br>Control — 9/15 — 10/30<br>Track Benefits — 11/01 | Team<br>• Team Sponsor<br>• Team Leader<br>• Team Members |

**그림 2.2**
소비자의 제품 반환 과정에 관한 프로젝트 선언문

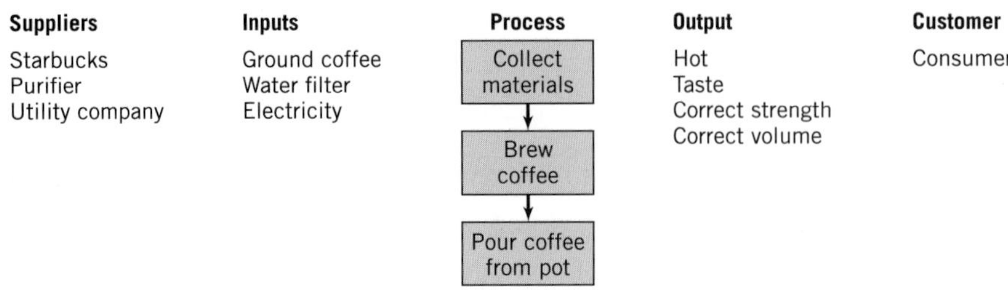


그림 2.3
SIPOC 도표

이 개선하려는 공정의 기본 요소를 식별하기 위해 SIPOC 도표를 만드는 것이다.

이 팀은 다른 DMAIC 단계로 나아가기 위한 행동계획을 짜게 된다. 이것은 개인의 업무 배당과 잠재적 완료시기를 포함하고 있다. 특별히 주의해야 하는 것은 바로 다음 단계인 측정 단계이다.

최종적으로 정의 단계 톨게이트 검토에 대비해야 하는데, 다음과 같은 것들이 있다.

1. 문제의 정의가 가능한 원인이나 해결책에 의한 것이 아니고 증상에 초점을 둔 것인가?
2. 모든 주된 이해 관계자들이 식별되었는가?
3. 이 프로젝트에 의해 제시된 기회의 가치를 확인하기 위한 증거가 있는가?
4. 이 프로젝트의 범위가 너무 좁거나 너무 크지 않다는 확증이 있는가?
5. SIPOC 도표나 다른 고차원 도표가 작성되었는가?
6. 이 프로젝트를 성공적으로 수행하는 데 명백한 장애물이 무시되었는가?
7. DMAIC의 측정 단계를 위한 팀의 행동계획은 타당한가?

## 2.3 측정 단계

측정 단계의 목적은 현 공정상태를 평가하고 이해하는 것이다. 품질측정과 시간당 처리량에 대한 데이터를 수집하는 것을 포함한다. **핵심 공정 입력변수**(key process input variables, KPIV)와 **핵심 공정 출력변수**(key process output variables, KPOV)를 찾아내는 것은 매우 중요하다. KPIV와 KPOV는 적어도 정의 단계에서 시험적으로 지정되어 있었지만, 측정 단계에서 완전히 정의되고 측정되어야 한다. 주된 요인들은 다양한 활동을 수행하는 데 소요되는 시간과 추가적 공정의 대기시간이다. 어떤 그리고 얼마나 많은 데이터를 수집하는 것이 주된 임무인지를 결정하라. 현 공정수행능력의 온전한 분석과 이해를 하는 데에는 충분한 데이터가 있어야 한다.

데이터는 과거의 기록을 검토하면서 수집될 수 있지만, 항상 만족스러울 수는 없다. 과거의 역사는 온전하지 못하고, 기록 방법은 시간이 흐름에 따라 바뀌기 때문에, 원하는 정보를 절대로 얻을 수 없다. 결과적으로 관측 연구를 통해 현 데이터를 수집할 필요가 있다. 이것은 연속된 시간 간격으로(예를 들어 2주에 1시간씩) 공정 데이터를 수집하거나 또는 적절한 데이터 흐름으로부터 표본을 추출하여 수집할 수 있다. 공정에 많은 인력자원이 있다면 표본조사가 유용하다. 이 형태의 표본추출은 임의의 시간에 작업자를 관찰하여 그들의 활동을 적절히 분류하게 된다. 거래(transactional)나 서비스 비즈니스에서는 조직에 특정한 정보를 기록하는 측정 시스템을 개발할 필요가 있다. 이것은 제조업과 서비스업 간의 차이를 다시 한 번 지적하는 것이다: 시스템수행능력에 대한 측정 시스템과 데이터는 제조업에서는 이미 존재하는 경우가 많고 그 필요성이 서비스업보다 일반적으로 더 명확하다.

수집된 데이터는 현 상태 또는 공정의 **기준수행능력**(baseline performance)을 결정하는 근거로 삼는다. 추가적으로, 측정 시스템의 **능력**(capability)이 평가되어야 한다. 이는 공식적인 게이지 능력연구(게이지 반복성(repeatability)과 재현성(reproducibility), 또는 게이지 *R&R*이라고 한다. 8장 참조)에 의해 이루어질 수 있다. 이 시점에서 공정주기를 가치활동과 비가치활동으로 구분하고 공정 주기효과와 주기시간을 추정하는 것도 좋은 시도이다.

측정 단계에서 수집된 데이터는 히스토그램, 줄기-잎 그림, 런 차트, 산점도, 파레토 차트 같은 다양한 방법으로 표현할 수 있다. 이 같은 방법에 대해서는 3장과 4장에서 설명할 것이다.

측정 단계의 마지막에는 프로젝트 목적(필요한 경우)을 갱신하고, 프로젝트의 목표와 범위를 재검토하고, 팀구성을 재평가한다.

마지막으로 측정 단계의 톨게이트 검토에 대비할 필요가 있다. 톨게이트 검토에서 거론될 항목과 예상은 다음과 같다.

1. 포괄적인 공정흐름도나 가치흐름지도가 있어야 한다. 모든 주된 공정 단계와 행동들이 공급자와 소비자와 함께 명시되어야 한다. 적절하다면, 대기행렬과 진행공정 작업의 누적상황이 명시되어야 하고, 대기행렬의 길이, 대기시간, 진행공정 작업의 수준 등이 기록되어야 한다.
2. KPIV와 KPOV의 리스트가 제공되어야 하는데, KPOV가 소비자 만족이나 소비자 CTQ와 어떻게 연관되는지를 명시한다.
3. 측정 시스템의 능력이 기록되어야 한다.
4. 데이터 수집 과정에서 사용된 가정들이 기록되어야 한다.
5. 팀은 다음과 같은 질문들에 대답할 준비가 되어 있어야 한다: "데이터가 어디에서 나온 것인가?", "무슨 데이터를 수집할 것인지 어떻게 결정했나?", "측정 시스템이 얼마나 유효한가?", "공정수행능력을 타당성 있게 설명할 만큼 데이터를 충분히 수집했는가?".

## 2.4 분석 단계

분석 단계에서 목적은 공정에서 특성과 요인 관계를 규명하고 다양한 종류의 변동을 이해하기 위해 측정 단계에서 얻은 데이터를 사용하는 것이다. 다른 말로 표현하면, 분석 단계에서는 결점의 잠재적 원인, 품질 문제, 소비자의 관심 사항, 주기시간, 투입 문제, 처리량 문제, 프로젝트의 동기가 된 소모와 비효율을 결정하고자 하는 것이다. 변동의 종류는 **우연원인**(common cause)과 **이상원인**(assignable cause)으로 구분하는 것이 중요하다. 이 문제는 4장에서 다루겠지만, 일반적으로 우연원인은 시스템이나 공정 자체에 내재되어 있는 변동인 반면, 이상원인은 일반적으로 외부요인에 의해 발생한다. 변동의 우연원인을 제거한다는 것은 공정을 변화시킨다는 것이고, 이상원인을 제거한다는 것은 특정 문제를 제거하는 것을 의미한다. 우연원인은 보험 청구 처리 담당 설계사의 부적절한 교육일 수 있고, 이상원인은 기계에서 도구의 고장일 수 있다.

분석 단계에서는 잠재적으로 유용한 많은 도구들이 있다. 이들 중에는 **관리도**(control chart), **가설검정**(hypothesis testing)과 **신뢰구간**(confidence interval), **회귀분석**(regression analysis)이 있다. 관리도는 우연원인을 이상원인과 구분하는 데 유용하고, 가설검정과 신뢰구간은 공정운영조건이 다르면 통계적으로 유의한 결과를 유발하고 관심 모수추정의 정밀성에 대한 정보를 얻는 데 사용되고, 회귀분석은 출력값을 입력값으로 관련짓는 모형을 구축하는 데 사용된다. (4장에서는 가설검정, 신뢰구간과 회귀분석에 대해 설명하고, 5장에서는 많은 응용분야에서 강력한 도구가 되는 관리도에 대한 설명할 것이다. 3부와 4부의 여러 장에서 관리도의 여러 형태와 응용에 대해 설명하고 있다.)

이산적 사건(discrete-event) 컴퓨터 시뮬레이션은 분석 단계에서 또 다른 유용한 도구이다. 이것은 서비스나 거래 비즈니스에 특히 유용하지만, 이런 형태에만 국한된 것은 아니다. 예를 들면, 공장에서 주기시간과 투입량 성과를 개선하기 위해 시간계획 문제를 연구하는 이산적 사건 시뮬레이션은 매우 성공적으로 널리 사용되어 왔다. 이산적 사건 시뮬레이션 모형에서 컴퓨터 모형은 조직에서의 공정에 대해 모의실험을 한다. 예를 들면, 주택담보 융자를 은행에서 적용하면 어떤 일이 발생할지에 대해 모의실험을 할 수 있다. 이때 각각의 융자 프로그램은 이산적 사건에 해당한다.

많은 융자 프로그램에 대해 시뮬레이션 모형을 적용함으로써 신뢰성 있는 주기시간, 투입량, 다른 관심 수량을 알 수 있다.

**실패형식과 효과분석**(failure mode and effect analysis, FMEA)은 분석 단계에서 또 다른 유용한 도구이다. FMEA는 제품과 공정에서 변동, 실패, 오류, 결점의 잠재적 원인을 순서화하는데, 다음의 기준에 따라 사용된다.

1. 뭔가가 잘못될 가능성(1~10, 1 = 그럴 것 같지 않다, 10 = 거의 확실하다)
2. 실패, 결점, 오류를 발견할 능력(1~10, 1 = 매우 그럴 것 같다, 10 = 매우 그럴 것 같지 않다)
3. 실패, 결점, 오류의 심각성(1~10, 1 = 영향이 거의 없다, 10 = 극심한 영향이 있다)

이 세 가지 점수를 곱해서 **위험 우선수**(risk priority number, RPN)를 계산한다. 높은 RPN을 가진 변동이나 실패의 원인은 주가적 공정개선이나 효과의 재설계의 초점이 된다.

분석도구들은 과거의 데이터나 측정 단계에서 수집한 데이터를 사용한다. 대부분의 경우에서 분석 단계의 목적은 공정변수들 간의 시험적 관련성을 개발하고 이해하는 것이고, 잠재적 공정개선에 관해 통찰하고자 하는 것이다. 따라서 개선 단계에서의 활용을 목표로 특별한 기회나 근본 원인의 목록이 개발되어야 한다. 그러면 개선 단계에서 개선 전략이 개발 및 시험될 것이다.

팀은 아래의 항목과 잠재적 질문들을 고려하여 분석 톨게이트 검토를 준비해야 한다.

1. 개선 단계에서 어떤 기회를 탐색할 것을 목표로 하는가?
2. 목표화된 기회를 연구하고 개선 또는 제거함으로써 프로젝트의 원래 목적인 원하는 KPOV의 출력과 소비자 CTQ를 얻을 수 있다. 이를 위해서 어떤 데이터와 분석이 도움이 되는가?
3. 더 이상 평가하지 않을 다른 기회들이 있는가? 그렇다면 그 이유는 무엇인가?
4. 프로젝트는 시간과 기대 출력에 대해서 여전히 진행 중인가? 이 시점에서 추가적인 자원이 필요하지는 않는가?

## 2.5 개선 단계

측정과 분석 단계에서 팀은 여러 가지를 결정하는 초점을 두었는데, 그 내용은 어떤 KPIV와 KPOV를 연구하고, 어떤 데이터를 수집하고, 데이터를 어떻게 분석하고 전시할 것이며, 어떤 잠재적 변동 요인을 결정하고, 수집된 데이터를 어떻게 해석하는가 등이다. 개선 단계에서 이러한 내용들은 공정에서 취할 수 있는 변화와 공정수행능력에 원하는 효과를 나타낼 수 있는 다른 조치들에 대한 창조적 사고로 변하게 된다.

개선 단계에서는 사용되는 도구들의 폭이 넓다. 작업 흐름을 개선하고, 병목현상과 진행 중 공정을 감소시키기 위해 공정을 재설계할 때에는 광범위한 흐름도와 가치흐름지도를 사용하게 된다. 실험계획은 개선 단계에서 가장 중요한 통계적 도구일 것이다. 실험계획은 실제 물리적 공정이나 공정의 컴퓨터 시뮬레이션에 적용될 수 있는데, 이것은 공정의 출력에 영향을 주는 요인을 결정하고 최적의 요인 설정을 결정하는 데 사용된다. (실험계획은 5부에서 설명한다.)

개선 단계의 목적은 문제에 대한 해결책을 개발하고 그 해결책에 대한 **예비검사**(pilot test)를 하는 데 있다. 예비검사는 **확인실험**(confirmation experiment)의 형태로 해결책을 평가하고 문서화하며, 해결책이 프로젝트 목표를 달성할 수 있다는 것을 확인한다. 이것은 예비검사의 결과에 따라 수 차례에 걸쳐 원 해결책이 재정의되고, 수정되고, 개선되는 반복적 활동이다.

개선 단계의 톨게이트 검토는 다음을 포함해야 한다.

1. 문제의 해결책이 어떻게 얻어졌나를 적절히 설명하는 문서
2. 고려된 다른 해결책에 관한 문서
3. 데이터 시각화, 분석, 실험, 그리고 시뮬레이션 분석을 포함하는 예비검사의 결과
4. 전체 규모에서 예비검사의 결과를 적용할 계획(제반 규정을 준수하는 것, 추가적 훈련을 요구하는 인력에 대한 사항, 다른 비즈니스 표준 실행 등을 포함해야 한다.)
5. 해결책을 수행하는 데 따르는 위험요소의 분석과 적절한 위험 취급 계획

## 2.6 관리 단계

관리 단계의 목적은 프로젝트의 모든 남아 있는 작업을 마치고 개선된 공정을 **공정관리계획**(process control plan)과 다른 필요 사항을 공정 책임자에게 넘겨주는 것이다. 즉, 목표는 프로젝트의 결과는 공정에 도움이 된다는 것과, 가능하다면 개선 내용은 비즈니스의 다른 유사한 공정에서 적용될 수 있다는 것을 확신시키는 것이다.

공정의 책임자에게는 핵심 공정 활동의 전후 데이터, 운영과 훈련 문서, 최신화된 현 공정 상태에 대한 내용이 제공되어야 한다. 공정관리계획은 주기적인 검사에 대한 방법과 활동을 포함하는 적용된 해결책을 감독하는 시스템이어야 한다. 관리도는 DMAIC의 관리 단계에서 사용되는 매우 중요한 도구이다: 많은 공정관리계획은 주된 공정 활동에 관리도를 포함하고 있다.

공정 책임자를 위한 전환(transition) 계획에는 프로젝트 완수 후 몇 개월 뒤에 실시하는 타당성 검토가 포함되어 있어야 한다. 애초의 결과들이 여전히 안정적이어서 재정에 긍정적 영향이 유지되는가를 확인하는 것이 중요하다. 개선된 공정으로의 전환에서 잘못되는 부분이 생기는 경우가 드물지 않다. 예상치 못한 잘못에 신속히 대응하는 능력은 이 계획에 꼭 포함되어야 한다.

관리 단계의 톨게이트 검토는 일반적으로 다음 사항을 포함한다.

1. 프로젝트 전후의 결과를 설명하는 데이터가 준비되어 있어야 한다. (애초의 목적이 달성되었는가?)
2. 공정관리계획이 완수되었는가? 관리도와 같은 공정감시절차가 사용되고 있는가?
3. 공정책임자를 위한 모든 문서들이 준비되었는가?
4. 프로젝트로부터 습득한 교훈적 내용들이 요약 준비되었는가?
5. 프로젝트에서 추구되지 않았던 가능성들이 준비되어야 한다. 이것은 미래의 프로젝트를 개발하는 데 사용된다. 좋은 잠재적 프로젝트에 대한 목록은 공정을 계속적으로 개선하는 데 매우 중요하다.
6. 프로젝트의 결과로서 사용하는 가능성들이 다른 비즈니스에 사용될 수 있게 준비되어야 한다.

## 2.7 DMAIC의 예

### 2.7.1 소송 문서

소송은 일반적으로 매우 많은 양의 문서를 포함한다. 이들은 내부작업서류, 컨설컨트 보고서, 선서문, 법원 서류, 소환장 관련 서류, 여러 가지 기타 서류 등이다. 어떤 경우에는 수십만 개의 서류에 수백만 장의 문서가 있다. DuPont의 법률사무소에는 DMAIC이 적용되었다. 이 경우는 Snee와 Hoerl(2005)에서도 거론되었다. 최소한의 오류를 범하는 범위 내에서 필요한 구비서류를 주어진 시간 내에 준비할 수 있는 효과적인 공정을 개발하는 것이 목적이다. 소송에서 서류준비는 지극히 중요한 사항인데, 시간이 많이 소요되고 비용이 비싸기도 하다. 그 공정은 일반적으로 수작업이기 때문에 서류를 분실하거나 잘못된 서류를 구비하는 실수가 반드시 생기기 마련이다. 이 법률사무소의 경우에는 모든 서류를 기록하고 분류하는 데이터베이스가 있지만, 서류 자체는 인쇄된 형태로 보관되어 있다.

**정의** 신속하고도 오류가 없는 필요서류의 준비는 매우 근본적인 문제이다. 만약 필요서류를 30일 이내에 준비되지 못하면 법률팀은 법원에 연기신청서를 제출해야 한다. 그런 신청에는 추가적인 비용과 시간이 소요되고 그 법률팀에 대한 신뢰가 손상된다. 프로젝트팀은 공정 책임자, 법률 주제 전문가, 서기, 정보 시스템 전문가, DuPont 6시그마의 블랙벨트이기도 한 Mazza로 구성되었다. 이 팀은 CTQ로서 준비시간 단축, 오류감소, 비가치적(non-value-added) 공정활동의 제거, 비용감소를 설정하고 초점을 맞추었다. 그들은 수행해야 할 모든 단계를 정의하여 전체 서류준비 과정을 도표화하였다. 이 공정 지도가 비가치적 공정활동을 식별하는 데 도움이 되었다.

**측정** 측정 단계에서는 CTQ가 만족되는 정도를 측정하기 위해 데이터베이스의 데이터를 검토하고, 실제 청구서를 획득하고, 복사비용, 인건비, 데이터 입력비용, 발송비용, 연기신청서에 대한 법원 비용을 검토하고, 데이터베이스에 있는 개인 서류가 얼마나 자주 취급되는가를 검토하였다. 데이터 취급의 빈도를 정확하게 측정하는 것은 어려운 문제였다. 비용에 관한 항목 중 많은 항목은 비가치적 비용에 관한 항목이 많이 포함되어 있는데, 예를 들면 엉뚱한 서류가 복사되어 다시 복사해야 하는 오류 등이다. 또 다른 오류는 기밀문서를 복사할 수 있도록 허용하는 것이다.

**분석** 프로젝트팀은 측정 단계에서 취득한 데이터를 사용하여 근원적 문제와 비용누수에 대한 많은 원인을 확인할 수 있었다. 실패형식과 효과 분석을 통해 시스템을 개선하는 데 필요한 중요한 항목들을 두드러지게 할 수 있었다. 프로젝트팀은 업무 종사자들이 실제로 어떻게 일하고, 직면한 문제를 어떻게 해결하는지를 더 잘 이해하기 위해 많은 사람을 인터뷰하였다. 이것은 비제조 분야나 서비스 분야에서는 인간적 요인이 훨씬 많이 작용하기 때문에 특히 중요하다. 그 팀이 발견한 문제의 근본 원인들은 다음과 같다.

1. 계약직 서기(clerk)의 잦은 교체
2. 부적절한 교육 훈련
3. 서기들의 주인의식 없는 사고로 인한 일에 대한 부주의
4. 대용량의 서류

이 프로젝트팀은 이 시스템의 많은 문제들이 수작업을 하는 시스템 때문이라고 결론 내렸다.

**개선** 공정을 개선시키기 위해 서류작업에는 디지털 스캔 시스템(digital scan system)을 사용할 것을 제안하였다. 이 해결책은 이전에도 고려되었지만, 비용 문제 때문에 번번이

기각되었다. 그러나 이 팀은 상황을 전혀 개선할 수 없는 수작업 시스템의 실제 비용에 대해 매우 자세한 연구를 하였다. 측정과 분석 단계에서 생산된 더 나은 정보들은 이 팀으로 하여금 디지털 스캔 시스템을 성공적으로 제안할 수 있게 하였다.

이 팀은 DuPont 정보기술 그룹과 함께 적절한 시스템을 확인하고, 시스템을 적재적소에 사용하고, 모든 서류를 스캔하였다. 그들은 시험검사에 기초하여 새 공정을 설계하고, 서류 한 페이지를 처리하는 단위 비용이 약 50% 정도 감소된다는 것을 추정하였다. 이것은 약 $1,130,000에 해당한다. 비가치 활동의 70% 정도가 공정에서 제거되었다. 새 시스템이 적용된 후에 이 시스템은 DuPont사의 모든 법률직무에서 사용하도록 추천되었다. 총 절약 금액은 약 $10,000,000 정도이다.

**관리** 관리계획에는 서류당 예상 비용을 자동적으로 추적하고 보고하도록 하는 새 시스템을 구축하는 것이 포함된다. 이 시스템은 또한 다른 주요 CTQ에 대한 수행능력을 추적하고 공정의 사용자에게 보고한다. 계약자에 대한 청구서도 공정 책임자에게 진행 중인 경비 감시를 위한 장치로서 전달된다. 새 시스템의 작동 상황과 필요한 훈련이 이 시스템을 사용하는 모든 사람들에게 제공된다. 새 시스템은 유의한 비용 절감, 준비시간의 절약, 오류 발생 횟수의 감소를 보여 매우 성공적이었다.

## 2.7.2 정시 납품의 개선

어떤 주 고객이 기계도구 제작자를 만나 제품이 제때 납품되지 않는 문제를 제기하였다. 정시 납품은 희망 목표 비율이 100%인데 반해 실제로는 85%이어서, 이 고객은 각 도구의 가격을 15% 삭감하는 벌칙(생산자에게는 $60,000에 해당)을 시험하기로 하였다. 이 고객은 제조자의 공장 수용 능력과 미래의 제조계획을 만족시킬 수 있는 능력에 대해 우려하고 있었다. 이 고객은 가까운 장래에 약 $8,000,000의 주문량을 제시하면서 제조자가 문제점을 해결하기 위한 개선된 비즈니스 공정을 구축하거나, 아니면 이 기계도구에 대한 제2의 공급자를 찾을 수 있다고 하였다.

납품 문제의 근본 원인을 결정하고 그에 따른 해결책을 적용하기 위해 프로젝트팀이 결성되었다. 팀 멤버 중 한 사람은 공장에 파견되어 기술자들과 같이 작업을 하면서 도구 제조에 사용되는 모든 공정들을 검토하고 납품에 영향을 미친 공정들에서 결함을 발견하고자 하였다. 공급자의 몇몇 공정들에서 개선이 필요하였다.

**정의** 이 프로젝트의 목적은 100% 정시 납품이다. 고객은 정시 납품에 관심을 가지고 현재와 미래의 선적에 대해 납품 지연에 따른 벌칙을 적용하기로 하였다. 납품 지연은 고객의 제조계획을 위태롭게 하여, 정시 납품 문제를 해결하는 개선된 공정이 구축되지 않으면 다른 공급자를 찾게 된다. 이 제조자는 그 고객으로부터 비즈니스의 절반에 해당되는 손실을 입을 가능성이 있고, 추가적으로 15%의 벌칙 비용이 발생한다. 제조자는 선적에 따른 80%의 장비 비용에 대한 대금도 늦게 지급받을 수 있다.

정시 납품을 만족시킬 경우 발생하는 이익은 분기당 $300,000로 예상한다. 고객만족을 유지하는 것은 매우 중요하다.

**측정** 그 도구 구입에 대한 계약에서 납품시간(발주부터 납품까지의 시간, lead time)은 8주이다. 즉, 주문을 받은 후 8주 내에 선적이 준비되어야 한다. 이 공정에서의 CTQ는 목표 납품시간을 만족시키는 것이다. 계약상 납품시간은 공정에 이탈이나 변동이 없을 때에만 달성될 수 있다. 이 공정에 대한 과거의 부분적 데이터가 사용되고, 추가적인 데이터는 약 2개월에 걸쳐 수집된다.

**분석** 측정 단계에서 수집된 데이터에 의하면, 프로젝트팀은 문제가 발생하는 이유를 다음과 같이 결정하였다.

1. 공급자의 품질 문제: 부품이 일찍 고장 난다. 이 때문에 고장수리나 대체부품 대기를 하게 되어 최종검사가 연기된다.
2. 구입 주문 공정 지체: 구입 주문이 적시에 진행되지 않아 내부 프로젝트 시작시기가 늦어진다.
3. 고객 확인의 지체: 고객에 의한 최종 장비 구성(configuration)의 확인에 최대 3일까지 소요된다. 이것이 대부분의 초기 제조 단계와 복잡한 제작계획을 지연시킨다.
4. 잘못된 도구 구성 주문: 고객이 주문을 넣을 때에 자주 혼동하여 잘못된 주문 구성이 되는 공정이 많이 있다. 이것이 제조과정 중에 재작업을 하게 되어 납품 지연 문제를 발생시키는 큰 이유가 된다.

**개선** 8주의 납품 시간을 만족시키기 위해 구입 주문부터 선적까지 모든 가능한 공정변동을 제거할 필요가 있다고 인식했다. 주된 세 가지 조치는 다음과 같다.

1. 공급자 품질관리 및 개선: 공급자를 위한 검토 리스트(선적 이전에 실행되는 모든 부품과 부시스템의 검사를 포함한)가 적용되었다. 이 행동은 제조과정과 최종 검사는 물론 현장에서 발생하는 부품 고장을 최소화한다. 공급자는 핵심 예비 부품을 제조자에게 제공하기로 하였으며, 이는 제조 과정이나 최종 검사 중 부품 고장이 발생하였을 때 대체 부품을 보내는 시간을 절약하게 된다.
2. 내부 구입 주문 과정의 개선: 모든 구매 주문 통보를 받기 위해 e-mail 주소가 작성되었다. 세 명(판매 지원 엔지니어, 프로젝트 엔지니어, 계정 엔지니어)이 작성된 e-mail 계정에 접근할 수 있도록 하였다. 그 전에는 한 사람만이 구매 주문 상태를 점검하였다. 이 단계로 인해 구매 주문 도착이 투명해지고 새 주문이 도착하면 신속하게 대응할 수 있게 되었다.
3. 고객과의 주문과정 개선: 지난 수년간에 걸쳐 고객으로부터 새 공정 요구 사항으로 다양한 도구 구성이 이루어졌다는 것을 인지하였다. 구매 주문에서 도구 구성을 정확히 하기 위해 고객과 함께 맞춤형 스프레드시트(spreadsheet)를 작성하여 주문된 도구에 대한 핵심 데이터를 확인하였다. 스프레드시트는 미리 작성된 웹(web)에 구매 주문 번호로 저장되었다. 도구의 소유자는 자기가 주문한 것에 대한 주인의식을 가지고 고객과 함께 확인 단계를 생략하고 최종 주문의 정확성을 확보한다.

**관리** 새로운 공정이 관리상태에 있다는 것을 확인하기 위해, 프로젝트팀은 생산 추적 스프레드시트에 확실한 이정표 일자를 추가하여 개조하고 더 시각적인 형식을 구비하였다. 갱신 절차는 2주 간격으로 최신의 정보를 반영할 수 있게 제공하였다. 프로젝트 엔지니어는 각 도구의 주문 진행사항을 감시할 수 있고 계획되지 않은 일탈이 일어날 경우 적절히 대처할 수 있게 되었다.

새로운 생산 추적 절차를 포함한 새로운 공정이 적용된 후, 제조자는 도구를 100% 정시에 납품할 수 있었다. 절감된 비용은 분기에 $300,000 이상이 되었다. 고객은 만족하게 되었고 제조자의 능력을 신뢰하게 되었다.

### 2.7.3 은행의 서비스 품질향상

Kovach(2007)는 DMAIC 절차가 은행업무에서 서비스 품질을 개선시키는 데 어떻게 사용되는지 설명하였다. 이 프로젝트의 정의와 측정 단계에서 개선되어야 할 몇 가지 CTQ를 다음과 같이 확인하였다.

1. 서비스 속도
2. 꾸준한 서비스
3. 사용하기 편리한 서비스
4. 쾌적한 환경
5. 전문지식을 겸비한 직원

CTQ를 개선하기 위해 연구해야 할 요인들은 많이 있었다. 프로젝트팀은 두 가지 부분에 초점을 두기로 결정하였다: 창구직원(teller)과 고객의 업무 장소(work station)의 개선, 간부들의 새로운 훈련. 개선 단계에서 팀은 CTQ에 대한 이 두 가지 요인의 효과를 연구하기 위해 실험계획을 사용하기로 하였다. 이 실험을 하기 위해 4개의 지점이 선택되었다. 이 실험은 컴퓨터 시뮬레이션 실험이 아닌 실제 **물리적 실험**(physical experiment)이다. 창구직원과 고객의 업무 장소의 개선은 2개의 지점에서 적용되었다. 새로운 훈련 프로그램도 2개의 지점에서 적용되었는데 하나는 창구직원과 고객의 업무 장소의 개선과 함께하고 다른 하나는 함께하지 않았다. (이것은 2요인 요인설계이며 각 요인은 2개의 수준을 가진다. 이러한 실험 형태는 이 책에서 광범위하게 다룰 것이다.)

프로젝트팀은 이 실험을 30일 동안 실시하기로 하였다. 각 날짜는 블록으로 간주된다. (블록은 실험결과에서 장애모수(nuisance parameter)의 효과를 제거하기 위한 설계기술이다. 여기서 장애모수는 거래형태, 양, 4개의 지점에서 서로 다른 고객이다.) 반응 데이터는 고객들을 대상으로 설문조사를 하여 얻어졌다. 설문에는 사전에 설정된 CTQ에 대한 만족도를 표시하도록 되었다.

실험결과에 의하면, CTQ는 새로운 업무장소와 새로운 훈련에 의해 통계적으로 심각한 차이가 있음을 알 수 있었다. 최선의 조건은 새로운 업무장소를 마련하고 새로운 훈련을 실시하는 것이었다. 새로운 업무장소와 훈련의 적용은 은행지점에서 업무에 대한 고객만족도를 뚜렷이 개선할 것이라고 기대되었다.

### 2.7.4 추가적인 사례 연구

Lean 6시그마 구현을 보여주는 좋은 사례 연구에 대해 여러 가지 소스가 있다. 저널 Quality Engineering, Quality and Reliability Engineering International, Journal of Quality Technology는 사례 연구를 자주 게재하는 아주 좋은 저널이며, International Journal of Lean Six Sigma와 같은 저널에서도 사례 연구를 찾을 수 있다. 또한 ASQ 웹사이트(asq.org)와 Lean Enterprise Institute 웹사이트(lean.org)를 참조할 수 있다. 세 가지 추가적인 사례 연구를 간략하게 살펴보면 다음과 같다.

Wijma 등(2009)은 병원 내 간호 부서의 효율성을 개선하기 위해 구조화된 Lean 6시그마 접근 방식의 구현을 제시하였다. 이 사례 연구는 SIPOC 다이어그램, Pareto 그림, 순서도를 포함하여 이 책에서 논의된 여러 도구를 사용하였다.

Nepal 등(2013)은 심혈관 와이어 드로잉 공정에 Six Sigma에 기반한 품질 개선 체계를 사용하였다. 와이어 드로잉은 세부 사항에 세심한 주의가 필요하며, 고품질의 최종 결과가 매우 중요하다. 이 사례 연구에서 DMAIC 절차가 논의되었고, DMAIC의 분석 단계에서 ANOVA 및 회귀분석이 사용되었다. 저자들은 이 사례 연구에서 품질 개선에 대한 프로세스 중심 접근 방식이 큰 기여를 했다고 언급했다.

Zwetsloot와 Does(2015)는 네덜란드에서 교육과 훈련을 제공하는 컨설팅 회사의 매출을 개선하기 위해 DMAIC 접근 방식을 사용하는 사례 연구를 제시하였다. Lean 6시그마의 사용은 회사 웹사이트를 통해 추가 고객을 유치하여(약 10% 증가) 매출을 개선하는 데 도움이 되었다고 한다. 구조화된 DMAIC 접근 방식과 데이터에 기반한 결정이 사례 연구에서 논의되었다.

Lean 6시그마와 관련된 추가적인 사례 연구에 대해서는 Garrett와 Lee(2011), Schall(2012), Schoonhoven 등(2013), Anderson과 Kovach(2014), Filho 등(2015)을 참고할 수 있으며, 이 모든 사례 연구는 저널 Quality Engineering에 게재되었다.

## 연습문제

**2.1** DMAIC 공정에서 톨게이트의 중요성을 설명하라.

**2.2** 프로젝트의 중요한 부분은 프로세스의 주요 입력 변수(KPIV)와 주요 출력 변수(KPOV)를 식별하는 것이다. 만일 본인이 병원 응급실을 담당하고 있다고 가정해보자. 이 상황에 대한 KPIV와 KPOV에 대해 논의하라. 이것들이 고객의 CTQ와 어떤 관련이 있는지 설명하라.

**2.3** 어떤 비즈니스가 4.5시그마 수준에서 운영되고 있다고 하자. 프로젝트가 연간 50%의 평균 개선율을 보일 수 있다면 6시그마를 달성하는 데 몇 년이나 걸리겠는가?

**2.4** 안전한 항공기 착륙과정은 5시그마 수준에서 운영된다고 추정되었다. 이것은 어떤 수준의 ppm을 의미하는가?

# 2부

# 품질관리와 향상에 유용한 통계적 방법

통계학은 모집단으로부터 얻은 표본에 포함된 정보의 분석을 바탕으로, 공정이나 모집단에 대한 의사결정을 내리는 데 유용한 기술의 집합이다. 통계적 방법은 품질관리와 향상에 매우 중요한 역할을 한다. 이 통계적 방법은 제품을 추출하고, 검사하고, 평가하는 주된 방법을 제공하며, 그 데이터에 있는 정보들은 공정과 제품을 관리하고 개선시키는 데 사용된다. 뿐만 아니라, 통계학은 개발 엔지니어, 제조, 조달, 경영, 그리고 비즈니스의 다른 기능적 구성원들이 품질에 대해 소통하는 언어이다.

2부는 2개의 장으로 구성되어 있다. 3장에서는 단순한 그래프와 숫자를 사용한 기술이 표본 데이터에 있는 정보를 요약하는 데 어떻게 사용되는가를 보여 주는 기술통계학에 대해 간단히 소개한다. 그런 다음, 공정이나 로트(lot)에서 제품모수의 형태를 모형화하는 확률분포의 사용에 대해 설명한다. 4장에서는 통계적 추론에 대해 설명한다. 즉, 표본에 있는 정보가 표본이 추출된 모집단에 대한 결론을 이끌어 내는 데 어떻게 사용되는가를 설명한다.

3장

# 공정 품질의 모형화

## 요약 및 학습 목표

이 책은 품질관리 및 향상을 위한 통계적 방법의 사용에 관해 설명한다. 이 장의 목적은 두 가지가 있다. 첫째는 기술통계학의 간단한 도구들이 데이터 **표본**을 사용하여 어떻게 품질특성치의 변동을 양적으로 표현하는가를 보여 주는 것이다. 일반적으로, 표본은 어떤 큰 모집단 또는 공정에서 취한 단순한 데이터의 한 부분이다. 둘째는 **확률분포**를 소개하고 이 분포들이 어떻게 품질특성치를 모형화하고 설명하는 도구를 제공하는가를 보여 주는 것이다.

이 장을 학습하고 나면, 다음 내용들을 수행할 수 있어야 한다.

1. 줄기-잎 그림, 히스토그램, 상자그림 같은 시각적 데이터 표현을 구성하고 해석한다.
2. 표본평균, 표본분산, 표본표준편차, 표본범위를 계산하고 해석한다.
3. 확률변수와 확률분포의 개념을 설명한다.
4. 확률분포의 평균, 분산, 표준편차를 이해하고 해석한다.
5. 확률분포로부터 확률을 결정한다.
6. 제시된 이산확률분포 각각에 대한 가정을 이해한다.
7. 제시된 연속확률분포 각각에 대한 가정을 이해한다.
8. 특정한 적용에서 사용할 적절한 확률분포를 선택한다.
9. 확률플롯을 사용한다.

## 3.1 변동의 설명

### 3.1.1 줄기-잎 그림

같은 공정에서 생산된 개체라도 완전히 동일하지는 않다. 약간의 **변동**은 필연적이다. 예를 들면, 음료수 캔의 순수 내용물의 양이 서로 약간씩 다르고, 전원장치의 출력 전압도 서로 동일하지 않다. 이와 마찬가지로 어떤 두 종류의 서비스 활동도 동일하지 않다. 고객과 고객 간의 수행에 있어 차이가 있고, 시간이 흐름에 따라 고객에게 중요한 특성에서 변동이 발생한다. **통계학**은 데이터의 변동을 고려하여 데이터를 분석하고 결론을 도출하는 과학이다.

데이터를 요약하고 표현하는 데 매우 유용한 그래프 방법 중 가장 유용한 그래프 기술의 하나가 **줄기-잎 그림**이다.

데이터가 $x_1, x_2, ..., x_n$으로 표현되고 개개의 값 $x_i$는 적어도 두 자리 수로 표현된다고 하자. 줄기-잎 그림을 그리기 위해 개개의 값 $x_i$를 하나 또는 그 이상의 앞자리 수로 구성된 줄기와 나머지 자릿수로 구성된 잎의 두 부분으로 나눈다. 예를 들어 반도체 웨이퍼의 로트(lot)에 대한 불량률의 정보를 0에서 100으로 나타내는 데이터가 있다면, 숫자 76은 줄기 7과 잎 6으로 구분할 수 있다. 일반적으로 관측값의 수와 비교하여 상대적으로 적은 개수의 줄기를 선택한다. 보통은 5에서 20개의 줄기를 선택하는 것이 좋다. 줄기가 결정되면 그것들이 그림의 왼쪽 여백에 표기되고, 각 줄기 옆에 관측 데이터 값에 해당하는 모든 잎들이 데이터 세트에서 나타나는 순서대로 표기된다.

미니탭에 의해 생성되는 줄기-잎 그림의 형태를 **순서 줄기-잎 그림**(ordered stem-and-leaf plot)이라고 하는데, 이것은 잎들이 크기순으로 나열되기 때문이다. 이러한 형태의 표현은 데이터의 **백분위수**를 찾는 데 유용하다. 일반적으로 제100$k$ 백분위수(100 $k$th percentile)는 적어도 100 $k$%의 데이터 값들이 이 값보다 작거나 같아야 하고, 또한 적어도 100(1 − $k$)%의 데이터 값이 이 값보다 크거나 같아야 한다는 것을 의미한다.

데이터 분포의 **제50백분위수**(the fiftieth percentile)를 **표본중앙값**(sample median) $\tilde{x}$라고 한다. 중앙값은 표본을 정확하게 반으로 나누는 값을 말한다. 이때 관측값의 반은 중앙값보다 작고 나머지 반은 중앙값보다 크다.

관측값의 수 $n$이 홀수이면 중앙값을 찾는 것이 쉽다. 먼저, 관측값을 오름차순으로 나열한다(또는 가장 작은 값에서 가장 큰 값으로 순위를 매긴다). 나열된 값 중 순위가 $[(n + 1)/2]$에 해당하는 관측값이 중앙값이 된다. 만약 $n$이 짝수이면 중앙값은 $(n/2)$번째와 $(n/2 + 1)$번째 작은 값의 평균이 된다. 예에서는 $n = 40$으로 짝수이므로, 중앙값은 순위가 20과 21인 두 수의 평균, 즉

$$\tilde{x} = \frac{33 + 34}{2} = 33.5$$

가 된다.

**예 3.1** **건강보험료 청구**

표 3.1의 데이터는 어떤 큰 회사에서 직원들의 건강보험료 청구에 대한 처리와 지급에 소요된 주기 시간을 날짜수로 표현하고 있다. 줄기-잎 그림을 그려 보라.

**풀이**

줄기-잎 그림을 그리기 위해 1, 2, 3, 4, 5를 줄기의 값으로 선택한다. 그러나 이것은 40개의 데이터 전부를 단지 5개(일반적으로 추천하는 최소의 줄기 수)의 줄기에 밀집시키는 결과를 초래하게 된다. 다른 방법은 각 줄기를 상반(upper half)과 하반(lower half)으로 나누어, 잎이 0~4이면 줄기의 하반에 할당하고 잎이 5~9이면 상반에 할당한다. 그림 3.1은 미니탭에 의해 생성된 줄기-잎 그림이다. 줄기의 왼쪽에 있는 열에서, 작은 줄기들에서는 그 줄기보다 작거나 같은 관측값의 누적 수를 나타내고 큰 줄기들은 그 줄기보다 크거나 같은 관측값의 누적 수를 나타낸다. 가운데 줄기의 괄호 속 숫자는 그 줄기에 포함되는 관측값의 수를 나타낸다. 이 그림을 살펴보면 고용인의 건강보험료 청구를 처리하고 지급하는 데 걸리는 날짜 수의 분포는 하나의 봉우리를 가진 대칭 형태에 가깝다는 것을 알 수 있다. 줄기-잎 그림은 데이터 표에서는 명확하지 않은 중요한 특징을 빨리 결정할 수 있게 한다. 예를 들면, 그림 3.1은 형태, 퍼짐 또는 변동, 중심위치(35에 가까운)에 대한 시각적 느낌을 제공한다.

표 3.1 건강보험료 청구에 대한 주기 시간 데이터

| Claim | Days | Claim | Days | Claim | Days | Claim | Days |
|---|---|---|---|---|---|---|---|
| 1 | 48 | 11 | 35 | 21 | 37 | 31 | 16 |
| 2 | 41 | 12 | 34 | 22 | 43 | 32 | 22 |
| 3 | 35 | 13 | 36 | 23 | 17 | 33 | 33 |
| 4 | 36 | 14 | 42 | 24 | 26 | 34 | 30 |
| 5 | 37 | 15 | 43 | 25 | 28 | 35 | 24 |
| 6 | 26 | 16 | 36 | 26 | 27 | 36 | 23 |
| 7 | 36 | 17 | 56 | 27 | 45 | 37 | 22 |
| 8 | 46 | 18 | 32 | 28 | 33 | 38 | 30 |
| 9 | 35 | 19 | 46 | 29 | 22 | 39 | 31 |
| 10 | 47 | 20 | 30 | 30 | 27 | 40 | 17 |

Stem-and-Leaf Display: Days

```
Stem-and-leaf of Days
N = 40
Leaf  Unit = 1.0
  3    1  677
  8    2  22234
 13    2  66778
 (8)   3  00012334
 19    3  555666677
 10    4  1233
  6    4  56678
  1    5
  1    5  6
```

**그림 3.1** 건강보험료 청구에 대한 줄기-잎 그림

**제10백분위수**는 순위가 (0.1)(40) + 0.5 = 4.5(4번째와 5번째 값의 중간)인 관측값, 즉 (22 + 22)/2 = 22이다. **제1사분위수**(the first quartile)는 순위가 (0.25)(40) + 0.5 = 10.5(10번째와 11번째 값의 중간)인 값, 즉 Q1 = (26 + 27)/2 = 26.5이고, **제3사분위수**(the third quartile)는 순위가 (0.75)(40) + 0.5 = 30.5(30번째와 31번째 값의 중간)인 값, 즉 Q3 = (37 + 41)/2 = 39이다. 제1사분위수와 제3사분위수는 기호 Q1과 Q3으로 표시하고, **사분위수 범위**(interquartile range) IQR = Q3 − Q1은 종종 변동의 척도로 사용된다. 보험료 청구 데이터에서 사분위수 범위는 IQR = Q3 − Q1 = 39 − 26.5 = 12.5이다.

마지막으로, 줄기-잎 그림은 데이터의 변동을 시각적으로 보여 주는 좋은 방법이지만, 관측값의 **시간 순서**를 고려하지 못한다. 시간은 품질향상 문제에서 변동에 기여하는 매우 중요한 요인이다. 물론, 시간에 대한 데이터 값을 표시할 수 있는데 그런 그래프를 **시계열 플롯**(time series plot) 또는 **런 차트**(run chart)라고 한다.

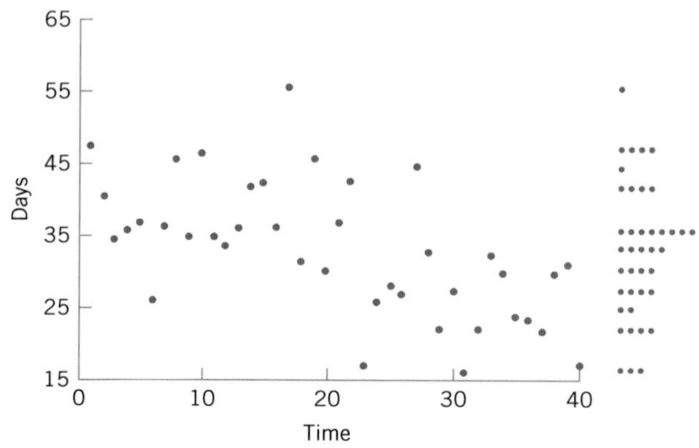


**그림 3.2**
표 3.1의 건강보험 데이터에 대한 시계열 플롯

표 3.1에 있는 고용인의 건강보험료 청구의 처리와 지급에 대한 주기 시간이 시간 순서로 주어져 있다고 생각해 보자. 그림 3.2는 이 데이터의 시계열 플롯이다. 이 플롯은 미니탭에서 marginal plot을 통해 작성된 것이며 $y$축 여백에 dot plot을 사용하여 작성하였다. 이 그림은 이러한 과정에서 시간이 중요한 변동 원인이 된다는 것을 분명히 보여 주고 있다. 구체적으로 말하면, 처음 20번째까지 청구에 대한 처리 주기 시간은 마지막 20번째까지 청구에 대한 주기 시간보다 상당히 길다. 처리 과정에서 어떤 변화가 발생하여(또는 실무자에 의해 의도적으로 변화가 발생하여) 주기 시간이 뚜렷이 향상된 것이다. 이 책의 뒷부분에서는 이와 같은 공정탐색을 위한 그래프 도구로서, 공정에 변화가 발생할 때 통계에 기초한 이상신호를 제공하는 관리도에 대해 자세히 설명한다.

### 3.1.2 히스토그램

**히스토그램**(histogram)은 줄기-잎 그림보다 더 간결한 데이터의 요약이다. 연속적 데이터에 대한 히스토그램을 그리기 위해서는 데이터의 범위를 **계급구간**(class interval), **셀**(cell) 또는 **빈**(bin)이라고 하는 구간으로 나누어야 한다. 히스토그램에 시각적 정보를 향상시키기 위해 빈은 가능한 한 간격이 동일해야 한다. 빈의 수를 선택할 때는 적절한 표시를 위한 판단이 필요하다. 빈의 수는 데이터에 있는 관측값의 수와 변동의 양에 영향을 받는다. 너무 적거나 너무 많은 빈의 수를 사용하는 히스토그램은 많은 정보를 주지 못한다. 일반적으로 5에서 20개의 빈이 적당하지만 빈의 수는 관측값의 수가 증가하면 같이 커지게 된다. 관측값의 수의 제곱근과 근사적으로 동일한 값으로 빈의 수를 선택하면 종종 잘 적용되는 것으로 알려져 있다.[1]

빈의 수와 각 빈의 상한, 하한이 결정되면, 데이터는 해당되는 빈에 분류되고 각 빈에 포함되는 관측값의 수가 세어진다. 히스토그램을 작성하기 위해서 수평축은 데이터의 값을

1 히스토그램의 빈의 수를 결정하는 국제적으로 통일된 방법은 없다. 일부 통계학 교재에서는 Sturges의 규칙, 즉 빈의 수를 $h = 1 + \log_2 n$($n$은 표본크기)으로 추천한다. 컴퓨터 프로그램은 빈의 수와 폭을 결정하는 데 서로 다른 프로그램을 사용하고 있으며, 일부는 Sturges의 규칙에 기초하지 않은 것도 있다.

나타내고 수직축은 **빈도**(frequency)를 나타내도록 한다. 때때로 각 빈의 빈도는 총 관측값의 수로 나누어져 수직축이 **상대빈도**(relative frequency)를 나타내기도 한다. 각 빈에 직사각형이 그려지고 각 직사각형의 높이는 빈도(또는 상대빈도)에 비례하게 된다. 대부분의 통계 패키지에서는 히스토그램을 그릴 수 있다.

### 예 3.2 실리콘 웨이퍼의 금속 두께

표 3.2는 화학증기 침전공정(chemical vapor deposition process)에서 생산된 100개의 실리콘 웨이퍼의 금속 두께를 나타내고 있다. 이 데이터의 히스토그램을 작성하라.

**표 3.2** 실리콘 웨이퍼의 금속 두께(Å)

| | | | | | | | | | |
|---|---|---|---|---|---|---|---|---|---|
| 438 | 450 | 487 | 451 | 452 | 441 | 444 | 461 | 432 | 471 |
| 413 | 450 | 430 | 437 | 465 | 444 | 471 | 453 | 431 | 458 |
| 444 | 450 | 446 | 444 | 466 | 458 | 471 | 452 | 455 | 445 |
| 468 | 459 | 450 | 453 | 473 | 454 | 458 | 438 | 447 | 463 |
| 445 | 466 | 456 | 434 | 471 | 437 | 459 | 445 | 454 | 423 |
| 472 | 470 | 433 | 454 | 464 | 443 | 449 | 435 | 435 | 451 |
| 474 | 457 | 455 | 448 | 478 | 465 | 462 | 454 | 425 | 440 |
| 454 | 441 | 459 | 435 | 446 | 435 | 460 | 428 | 449 | 442 |
| 455 | 450 | 423 | 432 | 459 | 444 | 445 | 454 | 449 | 441 |
| 449 | 445 | 455 | 441 | 464 | 457 | 437 | 434 | 452 | 439 |

**풀이**

이 데이터는 100개의 관측값을 가지고 있고 $\sqrt{100} = 10$이므로 히스토그램에 10개의 빈을 사용하는 것이 타당하다고 판단된다. 미니탭에서 빈의 수를 지정하는 옵션(option)을 사용하여 히스토그램을 작성하였다. 히스토그램의 결과는 그림 3.3과 같다. 첫 번째 빈의 중앙값은 415 Å이고 빈도가 0보다 큰 8개의 빈으로 구성되어 있다. 줄기-잎 그림과 같이 히스토그램은 측정값의 분포형태에 대한 시각적 느낌뿐만 아니라 데이터에 내재하는 변동 정보도 제공함을 알 수 있다. 금속 두께 데이터의 분포가 종 모양이고 상당히 대칭인 분포임에 주목할 필요가 있다.

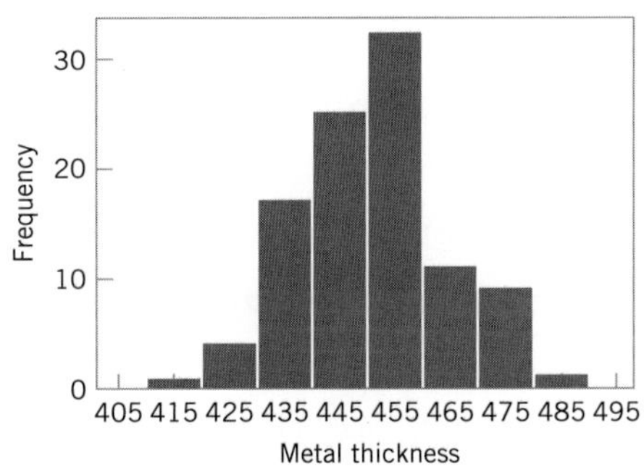


**그림 3.3** 미니탭을 사용하여 표 3.2의 자료에 대한 히스토그램 작성

대부분의 패키지에서는 빈의 수에 대한 기본 설정(default setting)이 있다. 그림 3.4는 미니탭에서 기존 설정에 의해 15개의 빈을 사용한 히스토그램 결과이다. 히스토그램은 빈의 수와 폭의 선택에 상대적으로 민감하다. 작은 크기의 데이터에 대해서는 빈의 수 또는 폭이 변하면 모양이 극적으로 바뀔 수 있다. 이런 이유 때문에 히스토그램은 75개에서 100개 또는 그 이상의 관측값이 있는 **큰 데이터 세트**에 가장 적절한 기법이라고 생각한

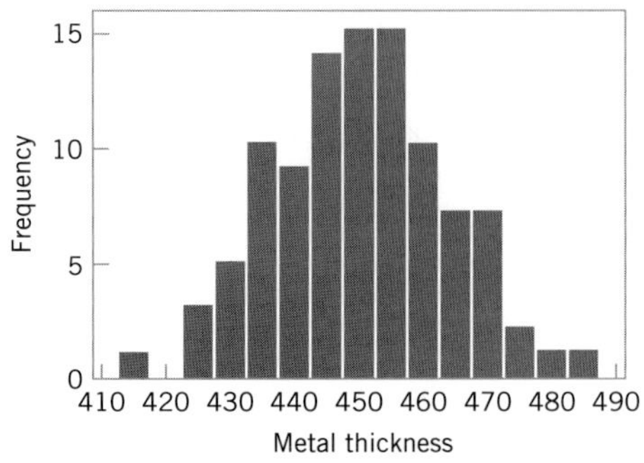


**그림 3.4** 금속층 두께에 대해 15개 빈을 사용한 미니탭 히스토그램

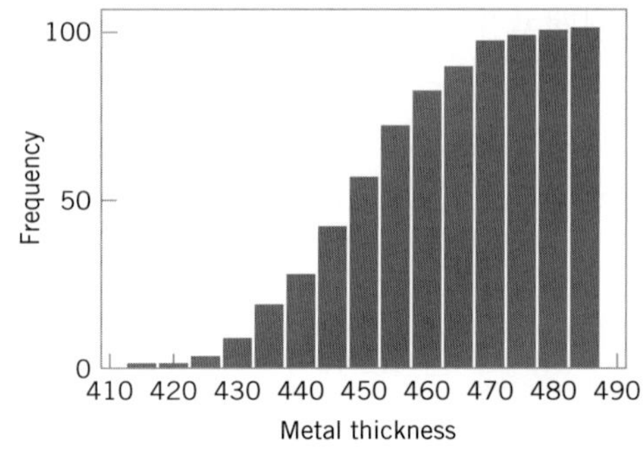


**그림 3.5** 금속층 두께의 누적 분포 플롯(미니탭)

다. 금속층 두께에 대한 데이터는 상당히 크기 때문에($n$ = 100), 빈의 수의 선택은 그렇게 중요하지 않다. 따라서 그림 3.3과 3.4의 두 히스토그램은 매우 비슷한 정보를 전달해 주는 것을 알 수 있다.

줄기-잎 그림으로부터 히스토그램으로 전환할 때 그림에서 원래의 데이터가 표시되지 않기 때문에 어느 정도의 정보 손실이 있다는 느낌을 받는다. 그러나 대표본에서 히스토그램이 주는 간결성과 손쉬운 해석에 비교하면 이 정보의 손실은 크지 않다.

히스토그램은 모든 빈들이 동일한 폭을 가지면 해석하기가 수월하다. 만약 빈의 폭이 다르다면 직사각형의 면적이 (높이에 반해) 빈에 포함되는 관측값의 수에 비례하도록 그리는 것이 관례이다.

그림 3.5는 미니탭에서 그릴 수 있는 다른 종류의 히스토그램으로서 **누적빈도플롯**(cumulative frequency plot)이다. 이 플롯에서 막대는 빈의 상한보다 작거나 같은 관측값의 수를 나타낸다. 누적빈도는 데이터를 해석하는 데 매우 유용하다. 예를 들면, 그림 3.5에서 100개의 웨이퍼 중 약 75개의 금속층 두께가 460 Å보다 작다는 것을 직접 읽을 수 있다.

빈도분포와 히스토그램은 양적, 범주형, 계수(count), 이산형(discrete) 데이터에 사용될 수 있다. 범주의 순서화가 자연스러운 경우(1학년, 2학년, 3학년, 4학년과 같이)가 있는 반면에, 그렇지 못한 경우(예를 들면, 남자와 여자)도 있다. 범주형 데이터를 사용할 때에는 동일한 폭의 막대를 사용해야 한다.

이산형 또는 계수 데이터에 대한 히스토그램을 그리기 위해서는 먼저 개개의 $x$값에 대한 빈도(또는 상대빈도)를 결정해야 한다. 개개의 $x$값은 하나의 빈에 해당한다. 히스토그램은 수평축에 $x$값을, 수직축에 빈도(또는 상대빈도)를 놓고 그린다. 그러면 각 $x$값에서 막대의 높이가 그 값에 해당하는 빈도(또는 상대빈도)가 된다.

**예 3.3** **자동차 엔진 후드의 결점**

새로운 실험적 페인트 공정으로 자동차 후드에 페인트 칠을 하였다. 이때 표면마감(surface finish)에 사용된 초벌 페인트에 대해 시각 검사로 발견한 결점의 수가 표 3.3에 나타나 있다. 이 데이터를 사용하여 히스토그램을 작성하라.

표 3.3 자동차 후드 페인트의 표면 마감 결점

| | | | | | | | | | |
|---|---|---|---|---|---|---|---|---|---|
| 6 | 1 | 5 | 7 | 8 | 6 | 0 | 2 | 4 | 2 |
| 5 | 2 | 4 | 4 | 1 | 4 | 1 | 7 | 2 | 3 |
| 4 | 3 | 3 | 3 | 6 | 3 | 2 | 3 | 4 | 5 |
| 5 | 2 | 3 | 4 | 4 | 4 | 2 | 3 | 5 | 7 |
| 5 | 4 | 5 | 5 | 4 | 5 | 3 | 3 | 3 | 12 |

**풀이**

그림 3.6은 결점의 히스토그램이다. 결점의 수는 이산형 데이터이다. 히스토그램이나 데이터 표로부터 다음을 알 수 있다.

(적어도 3개의 결점이 있는 엔진 후드의 비율) =

$$\frac{39}{50} = 0.78$$

(0~2개의 결점이 있는 엔진 후드의 비율) =

$$\frac{11}{50} = 0.22$$

이렇게 계산된 비율은 상대빈도의 예이다.

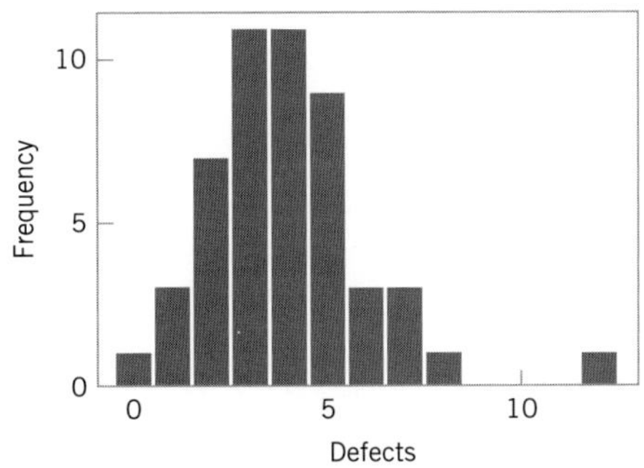


**그림 3.6** 자동차 후드 페인트에서 결점수의 히스토그램 (표 3.3)

## 3.1.3 데이터의 산술적 요약

줄기-잎 그림과 히스토그램은 표본 데이터의 데이터 분포의 형태, 데이터의 중심위치, 데이터의 변동성의 세 가지 특성을 시각적으로 표현하고 있다. 중심 위치와 변동성에 대한 산술적 측도를 사용하는 것도 도움이 된다.

예를 들어, 표본 관측값을 $x_1, x_2, ..., x_n$이라고 하자. 표본에서 중심위치에 대한 가장 중요한 측도는 **표본평균**(sample average)이다.

$$\bar{x} = \frac{x_1 + x_2 + \cdots + x_n}{n} = \frac{\sum_{i=1}^{n} x_i}{n} \tag{3.1}$$

표본평균 $\bar{x}$는 단순히 $n$개의 관측값에 대한 산술평균(arithmetic mean)이다. 표 3.2의 금속 두께 데이터의 표본평균은

$$\bar{x} = \frac{\sum_{i=1}^{100} x_i}{100} = \frac{45.001}{100} = 450.01 \text{ Å}$$

이다. 그림 3.3을 보면 표본평균의 위치는 히스토그램에서 정확히 균형을 이루는 점인 것에 주목할 필요가 있다. 따라서 표본평균은 표본 데이터의 무게중심을 나타내고 있다.

표본 데이터의 변동은 **표본분산**(sample variance)으로 측정된다.

$$s^2 = \frac{\sum_{i=1}^{n}(x_i - \bar{x})^2}{n-1} \tag{3.2}$$

표본분산은 각 관측값의 표본평균으로부터의 편차의 제곱을 더한 다음 표본크기에서 1을 뺀 값으로 나눈 것이다. 만일 표본에 변동이 없다면 각 표본 관측값은 $x_i = \bar{x}$이 되어 표본분산은 $s^2 = 0$이 된다. 일반적으로 표본분산이 클수록 표본 데이터의 변동이 커지게 된다.

표본분산의 단위는 데이터의 원 단위의 제곱이다. 이것은 종종 해석하기가 불편하고 어색하다.

따라서 변동의 측도로서 표본분산의 제곱근, 즉 **표본표준편차**(sample standard deviation)를 선호하게 된다. 표본표준편차는 다음과 같다.

$$s = \sqrt{\frac{\sum_{i=1}^{n}(x_i - \bar{x})^2}{n-1}} \tag{3.3}$$

표본표준편차의 주된 장점은 측정값의 원래 단위로 표현된다는 것이다. 금속 두께 데이터에서

$$s^2 = 180.2928\,\text{Å}^2$$

이 되어 표본표준편차는

$$s = 13.43\,\text{Å}$$

가 된다. 표준편차가 변동을 어떻게 나타내는가를 알아보기 위해 다음의 두 표본을 고려해 보자.

| Sample 1 | Sample 2 |
|---|---|
| $x_1 = 1$ | $x_1 = 1$ |
| $x_2 = 3$ | $x_2 = 5$ |
| $x_3 = 5$ | $x_3 = 9$ |
| $\bar{x} = 3$ | $\bar{x} = 5$ |

분명히 표본 2가 표본 1보다 더 큰 변동을 가진다. 이것이 표준편차에서 반영된다. 표본 1에서

$$s = \sqrt{\frac{\sum_{i=1}^{3}(x_i - \bar{x})^2}{2}} = \sqrt{\frac{(1-3)^2 + (3-3)^2 + (5-3)^2}{2}} = \sqrt{4} = 2$$

표본 2에서

$$s = \sqrt{\frac{\sum_{i=1}^{3}(x_i - \bar{x})^2}{2}} = \sqrt{\frac{(1-5)^2 + (5-5)^2 + (9-5)^2}{2}} = \sqrt{16} = 4$$

이 되어 표본 2의 큰 변동이 큰 표준편차로 반영됨을 알 수 있다. 이제 세 번째 예를 보자.

| Sample 3 |
| --- |
| $x_1 = 101$ |
| $x_2 = 103$ |
| $x_3 = 105$ |
| $\bar{x} = 103$ |

표본 3은 표본 1의 각 데이터에 100을 더하여 만들어진 값이다. 표본 3의 표준편차 $s = 2$이고 이것은 표본 1의 표준편차와 같다. 두 표본을 비교하면 둘 다 평균으로부터 동일한 변동 혹은 흩어짐을 가지는 것을 알 수 있다. 이것이 동일한 표본표준편차를 가지는 이유이다. 이로부터 중요한 관점을 얻을 수 있다. **표본표준편차는 데이터의 크기를 반영하지는 않으며, 단지 평균으로부터의 변동만을 나타낸다는 것이다**. 표본평균이나 표본표준편차를 계산할 때에 계산기를 자주 사용하게 되는데

$$s = \sqrt{\frac{\sum_{i=1}^{n} x_i^2 - \frac{\left(\sum_{i=1}^{n} x_i\right)^2}{n}}{n-1}} \tag{3.4}$$

을 사용하면 계산상 좀 더 효율적이다.

### 3.1.4 상자그림

줄기-잎 그림과 히스토그램은 데이터 세트에 대한 시각적 느낌을 제공하는 데 반해 표본평균과 표본표준편차는 데이터의 특정 면에 대한 양적 정보를 제공한다. **상자그림**(box plot)은 데이터의 여러 가지 중요한 면, 예를 들어 중심 위치, 변동, 대칭성, 데이터 모임과 비정상적으로 멀리 떨어진 관측값(이것을 이상치(outlier)라고 한다)을 동시에 보여 주는 그래프 도구이다.

상자그림은 데이터에서 세 가지 분위수, 최솟값, 최댓값을 수평(또는 수직)으로 세운 직사각형 상자에 표현한다. 상자는 왼쪽(또는 아래쪽)에 제1사분위수 Q1, 오른쪽(또는 위쪽)에 제3사분위수를 표현하여 사분위수 범위를 포함하게 된다. 상자 내에 선을 그어 제2사분위수(제50백분위수 또는 중앙값) Q2 = $\tilde{x}$를 나타낸다. 양쪽 끝에는 선을 이어 극단값을 표시한다. 이 선을 **수염**(whisker)이라고 하며, 상자그림을 종종 **상자-수염 그림**(box and whisker plot)이라고도 한다. 이 수염은 상자의 양쪽 끝으로부터 사분위수 범위의 1.5배까지 확장된다. 이 한계의 바깥쪽에 위치하는 관측값은 잠재적 이상치로 간주한다.

## 예 3.4 구멍의 지름

표 3.4의 데이터는 어떤 상업용 여객기의 날개 가장자리에 있는 12개의 구멍에 대한 지름이다. 이 데이터에 대한 상자그림을 그려라.

**표 3.4** 날개 가장자리의 구멍의 지름

(단위: mm)

| | | | | | |
|---|---|---|---|---|---|
| 120.5 | 120.4 | 120.7 | 120.3 | 120.1 | 120.9 |
| 120.9 | 120.2 | 121.1 | 121.3 | 120.5 | 120.8 |

**풀이**

상자그림은 그림 3.7에 나타나 있다. 표본의 중앙값은 6번째와 7번째 관측값의 중간에 위치하여 (120.5 + 120.7)/2 = 120.6이 되고 사분위수는 Q1 = 120.35, Q3 = 120.90이다. 상자그림에서 구경의 분포는 중심에서 정확한 대칭분포를 따르지 않고 있음을 알게 된다. 이것은 왼쪽과 오른쪽의 수염과 중앙값 주위의 왼쪽과 오른쪽의 상자의 길이가 동일하지 않기 때문이다.

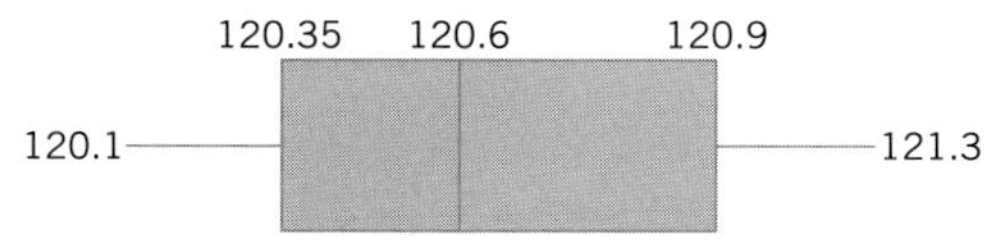


**그림 3.7** 표 3.4의 항공기 날개 가장자리 구멍 지름에 대한 박스플롯

상자그림은 데이터 간의 도형 비교에 매우 유용한데 이것은 상자그림이 시각적 효과가 있고 쉽게 이해되기 때문이다. 예를 들면, 그림 3.8은 세 제조설비공정에서 생산된 제품의 제조품질지수에 대한 비교상자그림(comparative box plot)이다. 이 도형을 살펴보면 설비 2에서는 변동이 크고 설비 2와 3은 품질성과지수를 향상시킬 필요가 있음을 알게 된다.

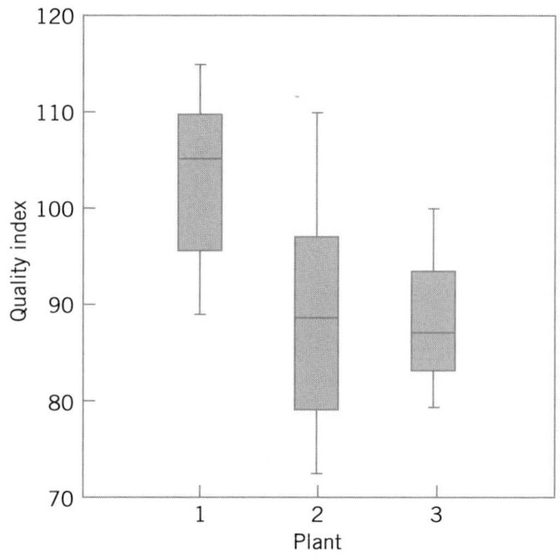


**그림 3.8**
세 공정에서 생산된 제품의 품질지수에 대한 비교상자그림

### 3.1.5 확률분포

히스토그램(또는 줄기-잎 그림 또는 상자그림)은 표본 데이터를 설명하기 위해 사용된다. **표본**은 좀 더 큰 자원 또는 **모집단**(population)으로부터 선택된 측정값의 집합이다. 예를 들어, 표 3.2의 층 두께에 대한 측정값은 제조공정에서 선택된 웨이퍼의 표본에서 얻어진 것이다. 이 경우에 모집단은 그 공정에서 생산된 모든 층 두께의 집합이다. 통계적 방법을 사용하면, 층 두께의 표본 데이터를 분석하여 웨이퍼를 제조하는 공정에 대한 결론을 이끌어 낼 수 있게 된다.

**확률분포**(probability distributions)는 변수의 값을 모집단에서 그 변수값이 발생할 확률과 연관시키는 수학적 모형이다. 다시 말하자면, 확률변수가 모집단에서 임의의 메커니즘에 의해 다른 값을 갖기 때문에 층 두께를 하나의 **확률변수**로서 시각화할 수 있다. 따라서 층 두께의 확률분포는 모집단에서 층 두께의 모든 값의 발생 확률을 설명하게 된다. 확률분포에는 두 종류가 있다.

**정의**

---

1. **연속분포**(continuous distribution). 측정변수가 연속된 값으로 표현될 때, 그 변수의 확률분포를 연속분포라고 한다. 금속층 두께의 확률분포는 연속분포이다.
2. **이산분포**(discrete distribution). 측정하려는 모수가 정수 0, 1, 2, …과 같이 제한된 값만을 가질 때, 그 변수의 확률분포를 이산분포라고 한다. 예를 들면, 인쇄회로기판(printed circuit board)에서 발생하는 결점 수의 분포는 이산분포이다.

---

그림 3.9*a*와 3.9*b*에 이산과 연속 확률분포의 예를 나타냈다. 이산분포의 모양은 수직선의 연속으로 보이는데 각 수직선의 높이는 확률에 비례한다. 확률변수 $x$가 특정값 $x_i$를 가질 확률을

$$P\{x = x_i\} = p(x_i)$$

로 표현한다. 이때 $p(x_i)$를 확률(질량)함수(probability (mass) function)라고 한다.

연속분포의 모양은 부드러운 곡선의 형태이고 곡선 아래의 면적은 확률에 해당한다. 이 부드러운 곡선은 확률밀도함수(probability density function) $f(x)$라고 하고, 확률변수 $x$가 구간 $(a, b)$ 사이에 있을 확률은

$$P\{a \le x \le b\} = \int_a^b f(x)dx$$

로 표현된다.

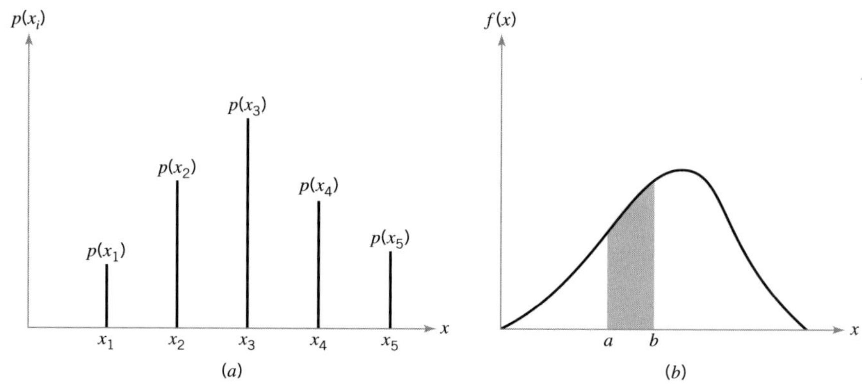


그림 3.9
확률분포 (a) 이산 경우 (b) 연속 경우

**예 3.5** **이산분포**

반도체 제조 공정에서는 하루에 수천 개의 반도체 칩을 생산한다. 평균적으로 이 칩의 1% 정도가 규격(specifi-cation)을 만족하지 못한다. 매시간 검사자가 25개 칩으로 된 표본을 추출해서 각 칩을 양품와 불량품으로 분류한다. 표본에서 불량품 개수 $x$를 확률변수로 정의하면 불량품 개수의 확률함수는

$$p(x) = \binom{25}{x}(0.01)^x(0.99)^{25-x} \qquad x = 0, 1, 2, \ldots, 25$$

가 된다. 관측된 불량품 개수는 $x = 0, 1, 2, \cdots, 25$이므로 이산분포로서 **이항분포**(binomial distribution)라고 한다. 표본에서 불량품 개수가 하나 이하가 될 확률은

$$\begin{aligned} P(x \le 1) &= P(x=0) + P(x=1) \\ &= p(0) + p(1) \\ &= \sum_{x=0}^{1} \binom{25}{x}(0.01)^x(0.99)^{25-x} \\ &= \frac{25!}{0!25!}(0.99)^{25}(0.01)^0 + \frac{25!}{1!24!}(0.99)^{24}(0.01)^1 \\ &= 0.7778 + 0.1964 = 0.9742 \end{aligned}$$

**예 3.6** **연속분포**

커피콩 1파운드 봉투에 든 실제 함유량을 온스로 나타낸 값을 확률변수라고 하면, 확률밀도함수는

$$f(x) = \frac{1}{1.5} \qquad 15.5 \le x \le 17.0$$

으로 가정할 수 있다. 확률변수 $x$가 취할 수 있는 범위가 [15.0, 17.0]이므로 연속분포에 해당되고, 이를 **균일분포**(uniform distribution)라고 한다(그림 3.10). 확률밀도함수 $f(x)$ 아래의 면적은 확률에 해당하므로 16온스 이하일 확률은

$$P\{x \le 16.0\} = \int_{15.5}^{16.0} f(x)dx = \int_{15.5}^{16.0} \frac{1}{1.5}dx$$

$$= \frac{x}{1.5}\Bigg|_{15.5}^{16.0} = \frac{16.0 - 15.5}{1.5} = 0.3333$$

으로 계산한다.

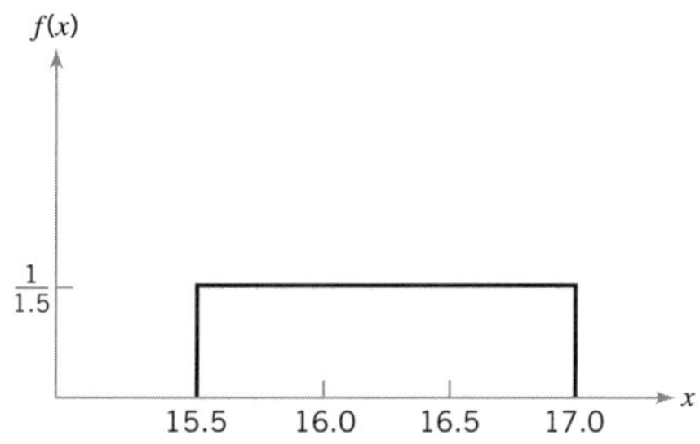


**그림 3.10** 예 3.6의 균일분포

확률분포의 **평균** $\mu$는 분포의 **중심위치**(central tendency, location)의 측도이고, 다음과 같이 정의된다.

$$\mu = \begin{cases} \int_{-\infty}^{\infty} xf(x)\, dx, x \text{ continuous} & (3.5a) \\ \sum_{i=1}^{\infty} x_i p(x_i), x \text{ discrete} & (3.5b) \end{cases}$$

이산분포의 경우에 $N$개의 동일한 가능성을 가진 값들이 있으면[즉, $p(x_i) = 1/N$] 식 3.5*b*는 다음과 같다.

$$\mu = \frac{\sum_{i=1}^{N} x_i}{N}$$

이 식과 식 3.1에서 정의한 표본평균 $\bar{x}$와의 유사성을 주의할 필요가 있다. 평균은 분포가 정확하게 균형을 유지하는 점이다(그림 3.11 참조). 따라서 평균은 확률분포의 질량의 중심을 의미한다. 평균은 그림 3.11*b*에서와 같이 제50백분위수(**중앙값**)가 아니어도 되며, 그림 3.11*c*에서와 같이 가장 가능성이 높은 값(**최빈수**)일 필요도 없다. 평균은 그림 3.12에서처럼 단순히 분포의 **위치**를 결정한다.

분포에서 흩어짐 또는 변동은 **분산** $\sigma^2$으로 표현된다. 분산의 정의는 다음과 같다.

$$\sigma^2 = \begin{cases} \int_{-\infty}^{\infty} (x-\mu)^2 f(x)dx, x \text{ continuous} & (3.6a) \\ \sum_{i=1}^{\infty} (x_i-\mu)^2 p(x_i), x \text{ discrete} & (3.6b) \end{cases}$$

확률변수가 $N$개의 일어날 가능성이 동일한 값을 가지는 이산형일 때 식 3.6*b*는

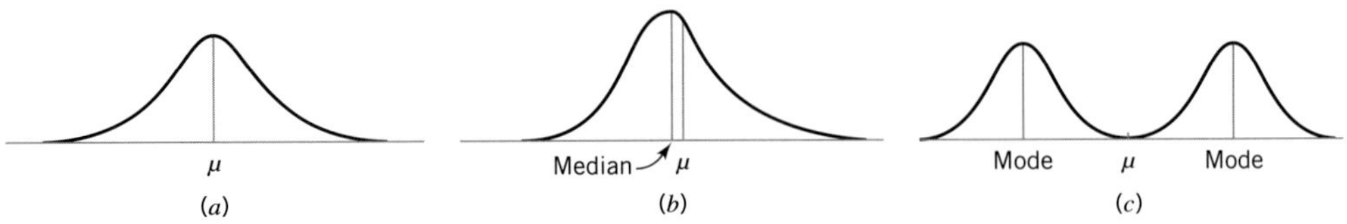


**그림 3.11** 분포의 평균

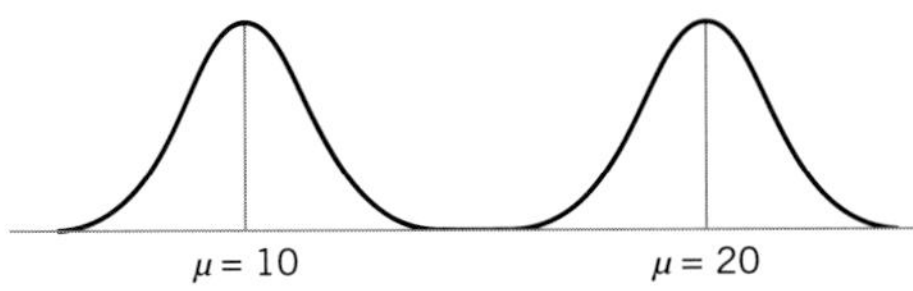


**그림 3.12** 서로 다른 평균을 가진 두 확률분포

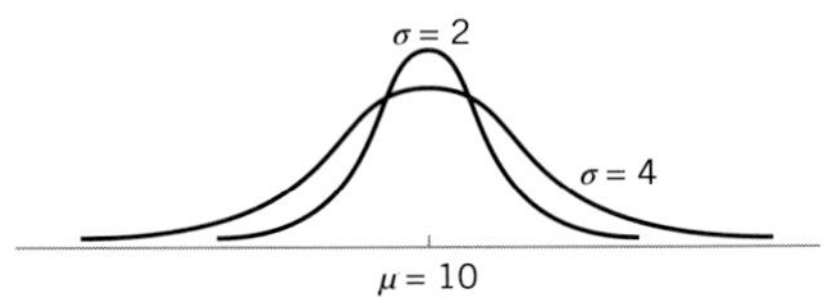


**그림 3.13** 동일 평균과 다른 분산을 가진 두 확률분포

$$\sigma^2 = \frac{\sum_{i=1}^{N}(x_i - \mu)^2}{N}$$

이 되고, 이 경우에 분산은 모집단의 개개의 값이 평균으로부터의 거리의 제곱을 평균한 값이 된다. 식 3.2에서 정의한 표본분산 $s^2$과 표현이 유사하다. 만약 $\sigma^2 = 0$이면 모집단에서 변동이 없다.

변동성이 증가하면 분산 $\sigma^2$은 증가한다. 분산은 원 변수 단위의 제곱이다. 예를 들면, 볼트를 측정할 때 분산의 단위는 (볼트)$^2$이다. 따라서 분산의 제곱근, 즉 **표준편차**(standard deviation, $\sigma$)를 사용하는 것이 일반적이다. 표준편차는 다음과 같이 표현된다.

$$\sigma = \sqrt{\sigma^2} = \sqrt{\frac{\sum_{i=1}^{N}(x_i - \mu)^2}{N}} \tag{3.7}$$

표준편차는 모집단에서 퍼짐의 정도를 원래의 단위로 측정한 것이다. 평균은 동일하지만 표준편차가 다른 경우를 그림 3.13에서 볼 수 있다.

## 3.2 중요한 이산분포

이 가지 이산분포는 통계적 품질관리에서 자주 발생한다.

### 3.2.1 초기하분포

$N$개의 개체를 가진 유한한 모집단이 중 $D(\leq N)$개의 개체가 관심 집단이라고 하자. 모집단으로부터 $n$개의 개체를 **비복원추출**(sampling without replacement)한 확률표본에서 관심 집단에 속하는 개체의 수($x$)를 관측하게 되면, $x$는 초기하분포를 따른다고 한다. 확률함수는 다음과 같다.

### 정의

**초기하분포**(hypergeometric distribution)는

$$p(x) = \frac{\binom{D}{x}\binom{N-D}{n-x}}{\binom{N}{n}} \qquad x = 0, 1, 2, \ldots, \min(n, D) \tag{3.8}$$

평균과 분산은

$$\mu = \frac{nD}{N} \tag{3.9}$$

$$\sigma^2 = \frac{nD}{N}\left(1-\frac{D}{N}\right)\left(\frac{N-n}{N-1}\right) \tag{3.10}$$

---

초기하분포는 총 $N$개의 개체 중 $D$개가 불량품인 로트에서 비복원추출로 $n$개의 확률표본을 추출할 때 적절한 확률모형이다. 확률표본이란 모집단 내의 모든 개체가 선택될 가능성을 동일하게 하여 뽑은 표본을 의미한다. 여기에서 $x$는 표본에서 발견된 불량품의 개수에 해당한다. 예를 들어, 100개의 개체가 들어 있는 로트에서 5개가 불량품이라고 하자. 비복원으로 10개의 개체가 추출되었다면 표본에 한 개 이하의 불량품이 뽑힐 확률은

$$\begin{aligned} P\{x \le 1\} &= P\{x = 0\} + P\{x = 1\} \\ &= \frac{\binom{5}{0}\binom{95}{10}}{\binom{100}{10}} + \frac{\binom{5}{1}\binom{95}{9}}{\binom{100}{10}} = 0.92314 \end{aligned}$$

이런 계산은 컴퓨터 프로그램으로 할 수 있다. 다음은 미니탭에서 초기하분포의 누적분포함수(cumulative distribution function)를 계산한 것이다. 이때 $N = 100$, $D = 5$(미니탭에서는 기호 $D$ 대신 $M$을 사용하며, $n = 10$이다). 미니탭은 각 $x$값에 대한 개별 확률도 계산해 준다.

**Cumulative Distribution Function**

```
Hypergeometric with N=100, M=5, and n=10
 x   P(X<=x)        x   P(X<=x)
 0    0.58375       6    1.00000
 1    0.92314       7    1.00000
 2    0.99336       8    1.00000
 3    0.99975       9    1.00000
 4    1.00000      10    1.00000
 5    1.00000
```

### 3.2.2 이항분포

연속된 $n$번의 독립시행을 하는 과정을 고려해 보자. 독립시행이란 각 시행 결과가 그 전의 시행 결과에 영향을 받지 않는 것을 의미한다. 각 시행 결과가 성공 또는 실패일 때 그 시행을 **베르누이 시행**(Bernoulli trial)이라고 한다. 각 시행에서 성공 확률이 $p$라면, $n$번의 베르누이 시행에서 성공 개수 $x$는 모수가 $n$과 $p$인 **이항분포**(binomial distribution)를 따르며 아래와 같이 정의된다.

**정의**

모수 $n \leq 0$, $0 < p < 1$인 **이항분포**의 확률함수는

$$p(x) = \binom{n}{x} p^x (1-p)^{n-x} \qquad x = 0, 1, \ldots, n \tag{3.11}$$

이항분포의 평균과 분산은

$$\mu = np \tag{3.12}$$

$$\sigma^2 = np(1-p) \tag{3.13}$$

---

이항분포는 품질공학에서 자주 사용된다. 불량률이 $p$인 무한대의 모집단에서 표본을 추출할 때 적절한 확률모형이다. 여기에서 $x$는 크기 $n$인 확률표본에서 발견하는 불량품의 개수를 나타낸다. 예를 들어, $p = 0.1$, $n = 15$일 때 $x$개의 불량품을 추출할 확률은 식 3.11을 사용하여 다음과 같이 계산된다.

**Probability Density Function**

```
Binomial with n = 15 and p = 0.1

 x   P(X = x)        x   P(X = x)
 0   0.205891        6   0.001939
 1   0.343152        7   0.000277
 2   0.266896        8   0.000031
 3   0.128505        9   0.000003
 4   0.042835       10   0.000000
 5   0.010471
```

이 계산에는 미니탭이 사용되었고, $10 \leq x \leq 15$에 있는 모든 $x$값에 대해 15개 중 $x$개의 성공(불량품)이 있을 확률은 0임을 알 수 있다.

몇 가지 이항분포가 그림 3.14에 그려져 있다. 이 예의 형태는 모든 이항분포의 전형적인 형태이다. 표본크기 $n$이 고정되어 있을 때, $p$가 0에서 0.5로 커지거나, 1에서 0.5로 작아지면 분포가 점점 대칭이 된다. 또한 $p$가 고정되어 있을 때, $n$이 커지면 분포가 점점 대칭된다.

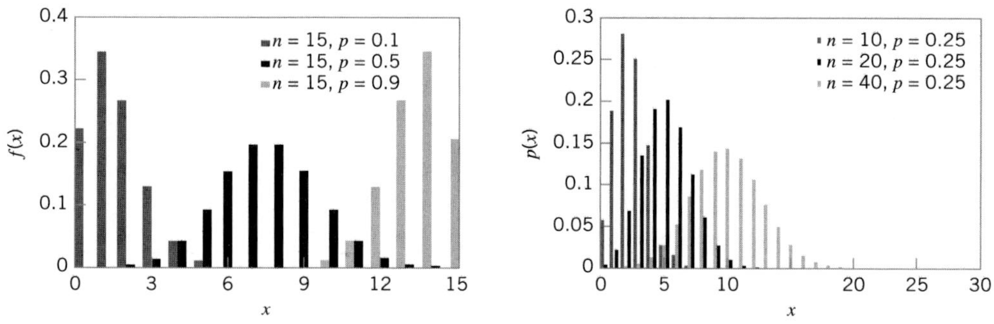


(*a*) Binomial distributions for different values of $p$ with $n = 15$.

(*b*) Binomial distributions for different values of $n$ with $p = 0.25$.

**그림 3.14**
몇 개의 $n$과 $p$ 값에 대한 이항분

품질관리에서 자주 발생하는 확률변수는

$$\hat{p} = \frac{x}{n} \tag{3.14}$$

이다. 단, $x$는 모수가 $n$, $p$인 이항분포를 따른다. 이때 $\hat{p}$은 전체 표본크기($n$)에 대한 표본에 있는 불량품의 수($x$)의 비를 의미한다. 이것을 **표본불량비**(sample fraction defective, sample fraction nonconformating)라고 한다. 기호 '^'은 $\hat{p}$이 알려지지 않은 참 이항모수 $p$값의 추정치(estimate)를 의미한다. 추정치 $\hat{p}$의 분포함수는 이항분포로부터

$$P\{\hat{p} \le a\} = P\left\{\frac{x}{n} \le a\right\} = p\{x \le na\} = \sum_{x=0}^{[na]} \binom{n}{x} p^x (1-p)^{n-x}$$

이다. 단, $[na]$는 $na$보다 작거나 같은 가장 큰 정수를 의미한다. 추정치 $\hat{p}$의 평균은 $p$이고 분산은

$$\sigma_{\hat{p}}^2 = \frac{p(1-p)}{n}$$

이다.

### 3.2.3 포아송 분포

통계적 품질관리에서 유용한 이산 분포로 포아송 분포가 있고 아래와 같이 정의된다.

**정의**

**포아송 분포**(Poisson distribution)는

$$p(x) = \frac{e^{-\lambda}\lambda^x}{x!} \qquad x = 0, 1, \ldots \tag{3.15}$$

단, 모수 $\lambda > 0$. 포아송 분포의 **평균**과 **분산**은

$$\mu = \lambda \tag{3.16}$$

$$\sigma^2 = \lambda \tag{3.17}$$

포아송 분포의 평균과 분산은 모수 λ와 동일하다.

품질관리에 포아송 분포의 대표적인 응용은 단위 제품에서 발생하는 결점(defect, noncon-formity)의 수에 대한 모형이다. 실제로, 단위당(단위 면적, 단위 부피, 단위 시간 등) 발생하는 확률현상은 포아송 분포에 의해 잘 근사된다. 예를 들면, 반도체 장비에서 발생하는 유선연결 부위의 결점의 수가 모수 λ = 4인 포아송 분포를 따른다고 하자. 임의로 선택된 반도체 장비가 2개 이하의 유선연결 결점을 가질 확률은

$$P\{x \le 2\} = \sum_{x=0}^{2} \frac{e^{-4}4^x}{x!} = 0.018316 + 0.073263 + 0.146525 = 0.238104$$

이다. 미니탭으로 이 계산을 할 수 있으며 평균이 4인 포아송 분포를 사용하면 다음과 같다.

**Probability Density Function**

```
Poisson with mean = 4
x     P(X = x)
0     0.018316
1     0.073263
2     0.146525
```

몇 가지 포아송 분포는 그림 3.15와 같다. 분포가 오른쪽으로 긴 꼬리를 가져 왜곡되어 있음을 알 수 있다. 모수 λ가 커질수록 포아송 분포의 모양이 점점 대칭에 가까워진다.

### 3.2.4 음이항분포와 기하분포

음이항분포는 이항분포처럼 베르누이 시행에 기초를 두고 있다. 성공 확률이 $p$인 연속된 독립시행을 생각해 보자. 이때 $x$는 $r$번째 성공이 일어날 때까지의 시행의 수를 나타낸다고 하자. 그러면 $x$는 음이항분포를 따르고 확률분포는 아래와 같다.

**정의**

**음이항분포**(negative binomial distribution)의 확률함수는 다음과 같다.

$$p(x) = \binom{x-1}{r-1} p^r (1-p)^{x-r} \qquad x = r, r+1, r+2, \ldots \tag{3.18}$$

단, $r \ge 1$은 정수이고, 음이항분포의 **평균**과 **분산**은 다음과 같다.

$$\mu = \frac{r}{p} \tag{3.19}$$

$$\sigma^2 = \frac{r(1-p)}{p^2} \tag{3.20}$$

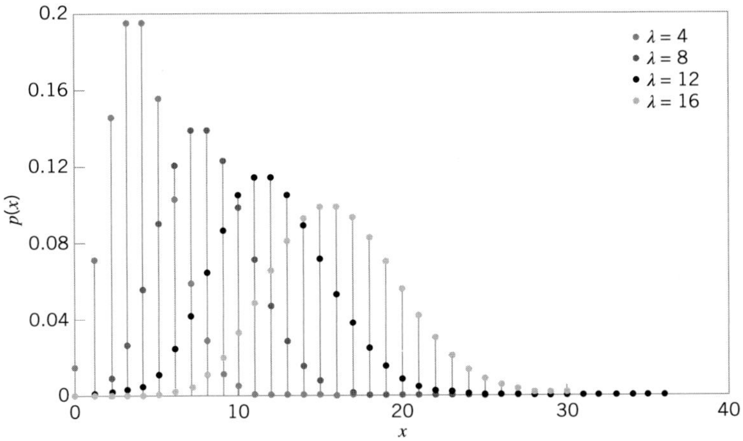


**그림 3.15**
몇 개의 λ값에 대한 포아송 확률분포

포아송 분포와 같이 음이항분포는 여러 형태의 계수 데이터(예를 들면, 단위 제품에서의 결점 수)에 대한 통계적 모형으로서 유용하게 사용된다. 이항분포와 음이항분포는 중요한 이원성(duality)이 있다. 이항분포에서는 표본크기(베르누이 시행의 수)를 정해 놓고 성공의 수를 관측한다. 그런데 음이항분포에서는 성공의 수를 정해 놓고 그것을 달성하는 데 필요한 표본크기(베르누이 시행의 수)를 관측한다. 이러한 개념은 여러 종류의 표본추출 문제에서 매우 중요하다. 음이항분포는 **파스칼 분포**(Pascal distribution)라고도 한다.

음이항분포에서 $r = 1$인 특별한 경우를 들 수 있는데, 이를 **기하분포**(geometric distribution)라고 한다. 이것은 최초의 성공에 필요한 시행의 수가 된다. 기하분포의 확률함수는

$$p(x) = (1-p)^{x-1}p, \quad x = 1, 2, \ldots$$

기하분포의 평균과 분산은

$$\mu = \frac{1}{p} \text{ 와 } \sigma^2 = \frac{1-p}{p^2}$$

이다. 연속된 베르누이 시행은 독립이기 때문에 다음 성공까지의 시행의 수에 대한 계수는 확률분포를 변화시키지 않고 어디에서나 시작할 수 있다. 예를 들어, 연속된 의료기록을 검토하는 경우를 생각해 보자. 이때 100개의 기록이 이미 검토되었고 105번째에 처음 오류가 발생할 확률은 다음 5개의 기록이 GGGGB(G:good, B:error)일 확률과 동일하다. 만약, 오류의 확률이 0.05이면 5번째 기록에서 오류를 발견할 확률은 $P\{x = 5\} = (0.95)^4(0.05) = 0.0407$이다. 이것은 첫 번째 오류가 5번째 기록에서 발생하는 것과 동일하다. 이것을 기하분포의 **무기억성**(lack of memory property)이라고 한다. 이 특성은 기하분포의 모형을 가진 시스템은 피로나 누적된 스트레스에 의해 고장 나는 것은 아니라는 의미이다.

음이항확률변수는 기하확률변수의 합으로 정의될 수 있다. 즉, 각각의 성공 확률 $p$인 $r$개의 기하확률변수의 합은 모수 $p$와 $r$을 가진 음이항분포가 된다는 것이다.

## 3.3 중요한 연속분포

이 절에서는 통계적 품질관리에서 유용하게 사용되는 여러 가지 연속분포에 대해 설명한다. 그 분포는 정규분포, 로그 정규분포, 지수분포, 감마분포, 와이블 분포이다.

### 3.3.1 정규분포

정규분포(normal distribution)는 통계학의 이론과 응용에 있어 가장 중요한 분포이다. 만일 $x$가 정규확률변수라면 확률밀도함수는 다음과 같다.

**정의**

정규분포의 확률밀도함수는

$$f(x) = \frac{1}{\sigma\sqrt{2\pi}} e^{-\frac{1}{2}\left(\frac{x-\mu}{\sigma}\right)^2} \qquad -\infty < x < \infty \tag{3.21}$$

이다. 정규분포의 평균은 $\mu(-\infty < \mu < \infty)$이고 분산은 $\sigma^2 > 0$이다.

---

정규분포는 자주 사용되기 때문에 $X \sim N(\mu, \sigma^2)$이라고 표기하고 확률변수 $X$가 평균 $\mu$와 분산 $\sigma^2$을 가진 정규분포임을 나타낸다. 대칭이고 하나의 최빈수(**종 모양**)를 가지는 정규분포의 시각적 모양이 그림 3.16에 나타나 있다.

정규분포의 표준편차 $\sigma$에 대해서는 그림 3.17과 같이 해석한다. 모집단의 68.26%가 평균에서 1배의 표준편차만큼 작거나 큰 값들 사이($\mu \pm 1\sigma$)에 있다. 95.46%는 평균에서 2배의 표준편차만큼 작거나 큰 값들 사이($\mu \pm 2\sigma$)에 있고, 99.73%는 평균에서 3배의 표준편차만큼 작거나 큰 값들 사이($\mu \pm 3\sigma$)에 있다. 따라서 표준편차는 68.26%, 95.46%, 99.73%를 포함하는 한계와 관련된 수평축의 거리를 측정하고 있다.

**누적정규분포**(cumulative normal distribution)는 정규확률변수 $x$가 어떤 값 $a$보다 작거나 같을 확률을 다음과 같이 정의한다.

$$P\{x \le a\} = F(a) = \int_{-\infty}^{a} \frac{1}{\sigma\sqrt{2\pi}} e^{-\frac{1}{2}\left(\frac{x-\mu}{\sigma}\right)^2} dx \tag{3.22}$$

이 적분은 닫힌 형태로 풀리지 않지만, 변수변환

$$z = \frac{x-\mu}{\sigma} \tag{3.23}$$

을 사용하여 $\mu, \sigma^2$과 독립적으로 계산될 수 있다. 즉,

$$P\{x \le a\} = P\left\{z \le \frac{a-\mu}{\sigma}\right\} \equiv \Phi\left(\frac{a-\mu}{\sigma}\right)$$

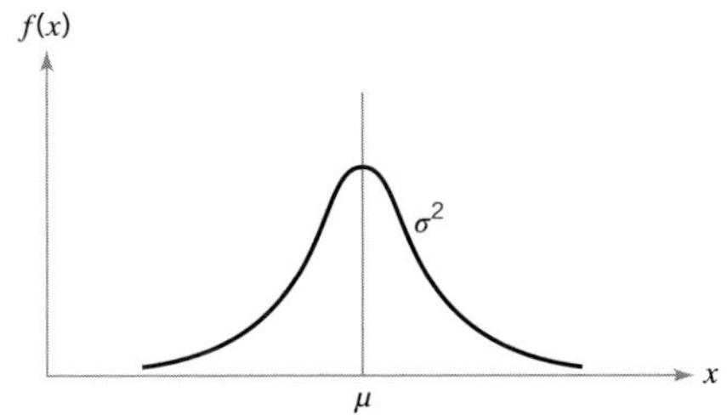


**그림 3.16** 정규분포

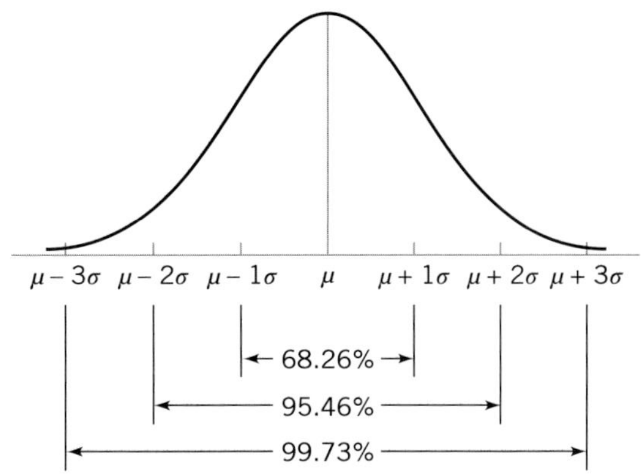


**그림 3.17** 정규분포의 면적

여기서 $\Phi(\cdot)$은 표준정규분포(standard normal distribution)(평균 0, 분산 1)의 누적분포함수이다. 누적표준정규분포의 표(표준정규분포표)는 부록 표 2에 주어져 있다. 식 3.23의 변환은 흔히 **표준화**(standardization)라고 하는데 이는 $N(\mu, \sigma^2)$ 확률변수를 $N(0, 1)$ 확률변수로 변환시키기 때문이다.

## 예 3.7 종이의 인장강도

많은 조직에서 고객의 불만을 해소하는 데 걸리는 시간은 주된 품질특성이다. 어떤 금융회사에서 이 시간 $x$가 평균 $\mu = 40$시간, 표준편차 $\sigma = 2$시간인 정규분포 $X \sim N(40, 2^2)$를 따른다고 하자. 이때 고객의 불만이 35시간 이내에 해소될 수 있는 확률은 얼마인가?

**풀이**

이 확률은 $P\{x \le 35\}$이다. 이 확률을 표준정규분포표를 사용하여 계산하기 위해 표준화하면

$$P\{x \le 35\} = P\left\{z \le \frac{35-40}{2}\right\} = P\{z \le -2.5\} = \Phi(-2.5) = 0.0062$$

따라서 구하고자 하는 확률은

$$p\{x \ge 35\} = 0.0062$$

이다. 그림 3.18은 $N(40, 2^2)$ 분포와 표준정규분포의 확률을 보여 주고 있다. 그림 3.18에서 35시간의 좌측 음영 면적은 35시간보다 작거나 같은 고객불만 해소의 부분을 의미한다.

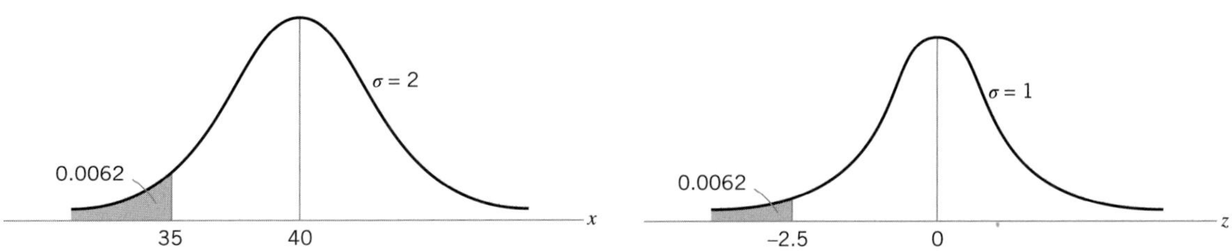


**그림 3.18** 예 3.7에서 $P\{x \le 35\}$의 계산

부록의 표 이외에도 미니탭을 포함한 많은 컴퓨터 프로그램으로 정규분포의 확률을 계산할 수 있다.

부록 표 2는 $z$의 왼쪽 확률만 제공하지만, 확률을 계산하기 위해서는 정규분포의 대칭성을 이용할 필요가 있다.

$$P\{x \ge a\} = 1 - P\{x \le a\} \tag{3.24}$$

$$P\{x \le -a\} = P\{x \le a\} \tag{3.25}$$

$$P\{x \ge -a\} = P\{x \le a\} \tag{3.26}$$

그림 3.18처럼 분포의 그래프를 그리는 것은 문제를 해결하는 데 큰 도움이 된다.

**예 3.8** **축의 지름**

디스크 드라이브에 사용되는 금속축의 지름은 평균 0.2508, 표준편차 0.0005인 정규분포를 따른다. 축의 규격(specification)은 0.2500 ± 0.0015인치로 설정되어 있다. 규격을 만족하는 축의 비율은 얼마인가?

**풀이**

이 문제에 해당하는 정규분포는 그림 3.19에 나타나 있다.

$$\begin{aligned}P\{0.2485 \le x \le 0.2515\} &= P\{x \le 0.2515\} - P\{x \le 0.2485\}\\ &= \Phi\left(\frac{0.2515-0.2508}{0.0005}\right) - \Phi\left(\frac{0.2485-0.2508}{0.0005}\right)\\ &= \Phi(1.40) - \Phi(-4.60)\\ &= 0.9192 - 0.0000\\ &= 0.9192\end{aligned}$$

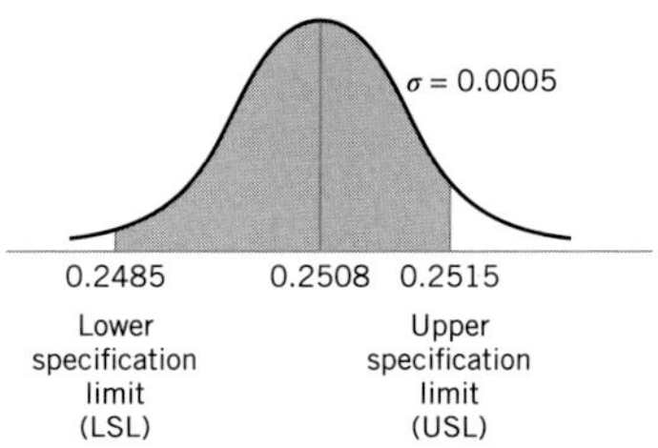


**그림 3.19** 축 지름의 분포, 예 3.8

위 결과로부터 공정의 수율(yield)은 91.92%임을 알 수 있다. 즉, 생산된 축의 91.92%는 규격을 만족하게 된다.

공정평균이 규격상한에 가깝기 때문에 대부분의 불량 축의 크기가 너무 크다는 점을 주의해야 한다. 제조 공정에서 기계를 조정하여 중심위치를 공칭값(nominal value)인 0.2500이 되도록 **재설정**할 수 있다고 가정하면 다음 확률을 얻는다.

$$\begin{aligned}P\{0.2485 \le x \le 0.2515\} &= P\{x \le 0.2515\} - P\{x \le 0.2485\}\\ &= \Phi\left(\frac{0.2515-0.2500}{0.0005}\right) - \Phi\left(\frac{0.2485-0.2500}{0.0005}\right)\\ &= \Phi(3.00) - \Phi(-3.00)\\ &= 0.99865 - 0.00135\\ &= 0.9973\end{aligned}$$

즉, 중심위치를 조정함으로써 수율을 99.73%까지 증가시킬 수 있다.

**예 3.9** **표준정규분포표의 사용**

가끔은 정규확률변수의 특정값과 관련된 확률을 계산하는 대신 주어진 확률을 만족하는 정규확률변수의 값을 찾아야 하는 경우가 있다. 예를 들어 $X \sim N(10, 9)$일 때 $P\{X > a\} = 0.05$를 만족하는 $a$를 찾아보자.

**풀이**

위의 확률식으로부터

$$P\{x > a\} = P\left\{z > \frac{a-10}{3}\right\} = 0.05$$

또는

$$P\left\{z \le \frac{a-10}{3}\right\} = 0.95$$

부록 표 2에서 $P\{z \le 1.645\} = 0.95$이다. 따라서

$$\frac{a-10}{3} = 1.645 \text{ 또는 } a = 10 + 3(1.645) = 14.935$$

정규분포는 매우 유용한 특성을 가지고 있다. 이 중 하나는 서로 독립인 정규확률변수들의 **선형결합**(linear combination)이다. 변수 $x_1, x_2, \dots, x_n$이 서로 독립이고 각각 평균이 $\mu_1, \mu_2, \dots, \mu_n$이고 분산이 $\sigma_1^2, \sigma_2^2, \dots, \sigma_n^2$인 정규분포를 따르면, 주어진 상수 $a_1, a_2, \dots, a_n$에 대한 다음의 선형결합

$$y = a_1x_1 + a_2x_2 + \cdots + a_nx_n$$

은 평균이

$$\mu_y = a_1\mu_1 + a_2\mu_2 + \cdots + a_n\mu_n \tag{3.27}$$

이고, 분산이

$$\sigma_y^2 = a_1^2\sigma_1^2 + a_2^2\sigma_2^2 + \cdots + a_n^2\sigma_n^2 \tag{3.28}$$

인 정규분포를 따른다.

**중심극한정리** 정규분포는 종종 확률변수의 확률모형으로 적당하다고 여겨진다. 나중에 이 가정의 타당성을 점검하는 방법을 공부하겠지만, 중심극한정리는 근사적 정규성에 대한 당위성을 제공한다.

중심극한정리는 서로 독립인 확률변수의 합은 개개 변수의 분포와 관계없이 근사적으로 정규분포를 따른다는 것을 의미한다. $n$이 커질수록 근사성이 향상된다. 작은 $n < 10$인 경우에도 근사성은 좋으나 또 어떤 경우에는 만족할 만한 근사성을 위해 큰 $n > 100$이 필요한 경우도 있다. 많은 경우에 일반적으로, 분포가 독립이고 정규분포와 극단적으로 다르지 않다면 중심극한정리는 $n \ge 3$ 또는 4인 경우에도 잘 적용된다. 이와 같은 조건은 품질공학 문제에서 흔히 나타난다.

**정의**

**중심극한정리**(Central Limit Theorem)

$x_1, x_2, \ldots, x_n$이 각각 평균 $\mu_i$분산 $\sigma_i^2$을 가진 독립 확률변수이고, 그 합을 $y = x_1 + x_2 + \cdots + x_n$이라고 하면, 다음의 식

$$\frac{y - \sum_{i=1}^{n} \mu_i}{\sqrt{\sum_{i=1}^{n} \sigma_i^2}}$$

은 $n$이 무한대로 갈 때 근사적으로 $N(0, 1)$을 따른다.

## 3.3.2 로그 정규분포

시스템 변수는 가끔씩 $x = \exp(w)$와 같은 지수관계를 따를 때가 있다. 만일 지수 $w$가 확률변수이면 $x = \exp(w)$도 확률변수이고 그 확률분포에 대한 관심이 생기게 된다. 변수 $w$가 정규분포를 따를 때에 중요한 특별한 경우가 발생한다. 이때 $x$의 분포를 **로그 정규분포**(lognormal distribution)라고 한다. 이 이름은 변수변환 $\ln(x) = w$가 정규분포를 따르는 데서 기인한다.

$x$에 대한 확률은 $w$에 대한 변환을 통해 얻을 수 있다. 이로 인해 $x$의 범위는 $(0, \infty)$가 된다. 변수 $w$가 평균 $\theta$ 분산 $\omega^2$인 정규분포를 따른다고 하면, $x$의 누적분포함수는

$$\begin{aligned} F(a) &= P[x \le a] = P[\exp(w) \le a] = P[w \le \ln(a)] \\ &= P\left[z \le \frac{\ln(a) - \theta}{\omega}\right] = \Phi\left[\frac{\ln(a) - \theta}{\omega}\right] \end{aligned}$$

이다. 단, $x > 0$이고 $z$는 표준정규확률변수이다. 따라서 부록 표 2를 사용하여 확률을 계산할 수 있다. 또한 $x \le 0$이면 $f(x) = 0$이다. 로그 정규확률변수는 항상 0보다 큰 값을 가진다.

로그 정규분포는 다음과 같이 정의된다.

**정의**

변수 $w$가 평균이 $\theta$이고 분산이 $\omega^2$인 정규분포를 따른다고 하면, $x = \exp(w)$는 로그 정규분포를 따르고, 확률밀도함수는

$$f(x) = \frac{1}{x\omega\sqrt{2\pi}} \exp\left[-\frac{(\ln(x) - \theta)^2}{2\omega^2}\right] \quad 0 < x < \infty \tag{3.29}$$

이고, $x$의 평균과 분산은

$$\mu = e^{\theta + \omega^2/2} \text{ 이고 } \sigma^2 = e^{2\theta + \omega^2}\left(e^{\omega^2} - 1\right) \tag{3.30}$$

이 된다.

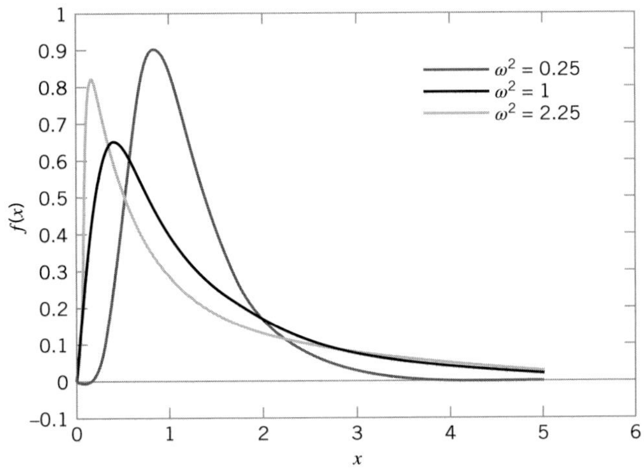


그림 3.20
몇 개의 $\omega^2$값에서 $\theta$ = 0에 대한 로그 정규확률밀도함수

로그 정규분포의 모수는 $\theta$와 $\omega^2$이지만, 이것은 정규확률변수 $w$의 평균과 분산으로 해석해야 한다. 변수 $x$의 평균과 분산은 식 3.30에 있는 모수의 함수이다. 그림 3.20은 몇 가지 모수값에 대한 로그 정규분포의 예를 보여 주고 있다.

시간이 흐름에 따라 품질이 떨어지는 제품의 수명은 종종 로그 정규분포에 의해 모형이 설정된다. 예를 들어 이 분포는 반도체 레이저의 수명에 흔히 쓰이는 분포이다. 다른 연속분포도 이런 형태의 응용에 사용될 수 있다. 하지만 로그 정규분포는 정규확률변수에 대한 단순지수함수로부터 얻어지기 때문에 이해하기 쉽고, 확률을 계산하기 쉽다.

### 예 3.10 의료용 레이저의 수명

안과 수술에 사용되는 의료용 레이저의 수명은 $\theta = 6$, $\omega = 1.2$ 시간인 로그 정규분포를 따른다. 수명이 500시간을 초과할 확률은 얼마인가?

**풀이**

로그 확률변수의 누적분포함수로부터

$$P(x > 500) = 1 - P[\exp(w) \le 500] = 1 - P[w \le \ln(500)]$$
$$= \Phi\left(\frac{\ln(500) - 6}{1.2}\right) = 1 - \Phi(0.1788)$$
$$= 1 - 0.5710 = 0.4290$$

이다. 어떤 수명이 레이저의 99%에 의해 초과하는가? 이 문제는 $P(X > a) = 0.99$를 만족하는 $a$를 찾는 문제이다. 그러므로

$$P(x > a) = P[\exp(w) > a] = P[w > \ln(a)]$$
$$= 1 - \Phi\left(\frac{\ln(a) - 6}{1.2}\right) = 0.99$$

부록 표 2에서 $a = -2.33$일 때 $1 - \Phi(a) = 0.99$이므로,

$$\frac{\ln(a)-6}{1.2} = -2.33\text{이고 } a = \exp(3.204) = 24.63$$

이다. 수명의 평균과 표준편차를 결정하라. 이제

$$\mu = e^{\theta+\omega^2/2} = \exp(6+0.72) = 828.82 \text{ hours}$$

$$\sigma^2 = e^{2\theta+\omega^2}\left(e^{\omega^2}-1\right) = \exp(12+1.44)[\exp(1.44)-1]$$
$$= 2,212,419.85$$

위 식에서 수명의 표준편차는 1487.42시간임을 알게 된다. 수명의 표준편차가 평균에 비해 크다는 것을 주의할 필요가 있다.

### 3.3.3 지수분포

지수분포의 확률분포는 다음과 같이 정의된다.

**정의**

**지수분포**(exponential distribution)는

$$f(x) = \lambda e^{-\lambda x} \qquad x \geq 0 \tag{3.31}$$

단, $\lambda > 0$는 상수이다. 지수분포의 **평균**과 **분산**은

$$\mu = \frac{1}{\lambda} \tag{3.32}$$

$$\sigma^2 = \frac{1}{\lambda^2} \tag{3.33}$$

지수분포의 몇 가지 예가 그림 3.21에 나타나 있다.

지수분포의 누적분포함수는

$$\begin{aligned} F(a) &= P\{x \leq a\} \\ &= \int_0^a \lambda e^{-\lambda t} dt \\ &= 1 - e^{-\lambda a} \qquad a \geq 0 \end{aligned} \tag{3.34}$$

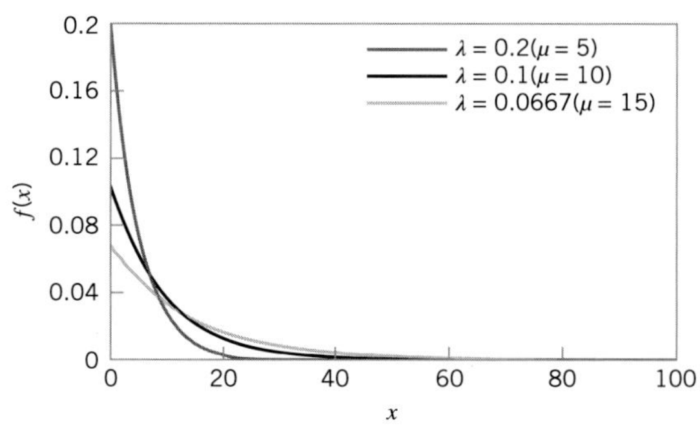


그림 3.21 몇 개의 λ값에 대한 지수분포

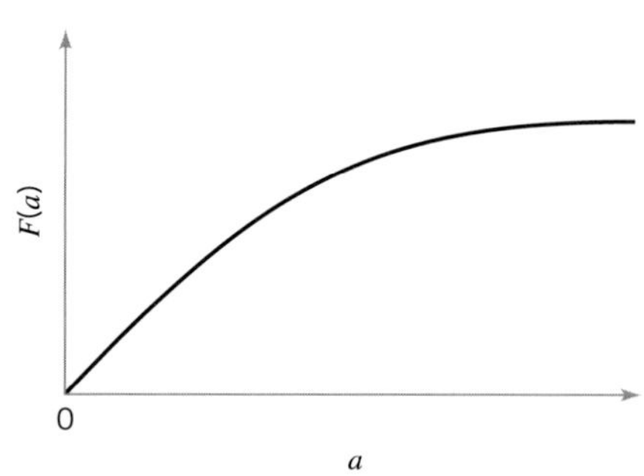


그림 3.22 누적지수 분포함수

그림 3.22는 지수분포의 누적분포함수를 나타낸다.

지수분포는 **신뢰성 공학** 분야에서 시스템이나 부품의 고장시간에 대한 모형으로 광범위하게 사용되고 있다. 이때 모수 λ는 시스템의 **고장률**(failure rate)이라고 하고 분포의 평균 1/λ는 **평균고장시간**(mean time to failure)이라고 한다. 예를 들어 공군 레이더 시스템의 전자부품은 고장률이 $10^{-4}$시간, 즉 $\lambda = 10^{-4}$인 지수분포로서 수명이 설명된다고 하자. 이 부품의 평균고장시간은 $1/\lambda = 10^4$시간이다. 이 부품이 평균수명보다 빨리 고장 날 확률은

$$P\left\{x \le \frac{1}{\lambda}\right\} = \int_0^{1/\lambda} \lambda e^{-\lambda t} dt = 1 - e^{-1} = 0.63212$$

와 같이 계산된다. 이 결과는 λ의 값에 관계없이 동일하다. 즉, 지수확률변수가 자기의 평균보다 작을 확률은 0.63212이다. 물론 이것은 분포가 대칭이 아니기 때문에 발생한다.

지수분포와 포아송 분포 간에는 중요한 연관성이 있다. 구간 (0, t] 사이에서 어떤 사건이 일어나는 횟수에 대한 모형으로 포아송 분포를 사용하게 되면, 식 3.15로부터 다음의 표현을 얻는다.

$$p(x) = \frac{e^{-\lambda t}(\lambda t)^x}{x!}$$

이제 $x = 0$이라는 것은 시간 구간 $(0, t]$에서 아무런 사건도 일어나지 않는 것을 의미한다. 따라서 $P\{x = 0\} = p(0) = e^{-\lambda t}$이다. 확률 $p(0)$는 첫 번째 사건의 발생구간이 $t$보다 클 확률을 의미하여, $y$를 첫 번째 사건의 발생까지 걸리는 시간이라고 하면

$$P\{y > t\} = p(0) = e^{-\lambda t}$$

이제

$$F(t) = P\{y \le t\} = 1 - e^{-\lambda t}$$

과 $f(y) = dF(y)/dy$를 사용하여

$$f(y) = \lambda e^{-\lambda y} \tag{3.35}$$

를 얻고 이것은 첫 번째 사건의 발생까지의 시간에 대한 분포를 나타내게 된다. 식 3.35의 표현은 모수가 λ인 지수분포임을 알고 있다. 따라서 사건의 발생 횟수가 모수 λ인 포아송 분포를 따를 때 사건 발생 간의 시간 구간은 모수 λ인 지수분포를 따른다.

지수분포는 **무기억성**(lack of memory property)을 가지고 있다. 어떤 사건 발생시간에 대한 모형으로 지수확률변수 $x$가 사용된다고 하자. 두 가지의 시간, $t_1$과 $t_2(> t_1)$에 대해, 어떤 사건이 시간 $t_2$이후에 그러나 $t_1 + t_2$ 이전에 발생할 확률은 단순히 그 사건이 시간 $t_1$ 이전에 발생할 확률이다. 이것은 기하분포에서 관측했던 동일한 무기억성에 해당한다. 지수분포는 이 특성을 가진 연속분포이다.

### 3.3.4 감마분포

감마분포의 확률밀도함수는 다음과 같다.

**정의**

**감마분포**(gamma distribution)의 확률밀도함수는

$$f(x)=\frac{\lambda}{\Gamma(r)}(\lambda x)^{r-1}e^{-\lambda x} \qquad x \geq 0 \tag{3.36}$$

이다. 여기서 $r > 0$은 **형태모수**(shape parameter)이고 $\lambda > 0$은 **척도모수**(scale parameter)이다. 감마분포의 **평균**과 **분산**은 각각 다음과 같다.

$$\mu=\frac{r}{\lambda} \tag{3.37}$$

$$\sigma^2=\frac{r}{\lambda^2} \tag{3.38}$$

몇몇의 지수분포들이 그림 3.24에 그려져 있다. 만약 $r = 1$이면, 감마분포는 모수가 $\lambda$인 지수분포가 된다. 감마분포는 모수 $r$과 $\lambda$에 따라 여러 가지 다른 형태를 가정할 수 있다. 이것이 여러 다양한 연속확률변수의 모형으로 유용하게 한다.

모수 $r$이 정수이면 감마분포는 $r$개의 **동일독립**(independently and identically)인 지수분포의 합이 된다. 즉, $x_1, x_2, \ldots, x_n$이 모수 $\lambda$인 지수분포를 따르며 서로 독립이면

$$y=x_1+x_2+\cdots+x_r$$

은 모수가 $r$과 $\lambda$인 감마분포를 따르게 된다. 이 결과를 적용하는 몇 개의 중요한 사례들이 있다.

**예 3.11 대기중복시스템**

그림 3.23과 같은 시스템을 생각해 보자. 부품 1이 켜지면 부품 2는 꺼지고, 부품 1이 고장나면 자동으로 부품 2가 켜지게 되어 있기 때문에 이것을 **대기중복시스템**(standby redundant system)이라고 한다. 각 부품이 모수 $\lambda = 10^{-4}$시간인 지수분포를 따른다면 시스템의 수명은 모수가 $r = 2$와 $\lambda = 10^{-4}$ 감마분포를 따른다. 따라서 평균고장시간은 $\mu = r/\lambda = 2/10^{-4} = 2 \times 10^4$시간이 된다.

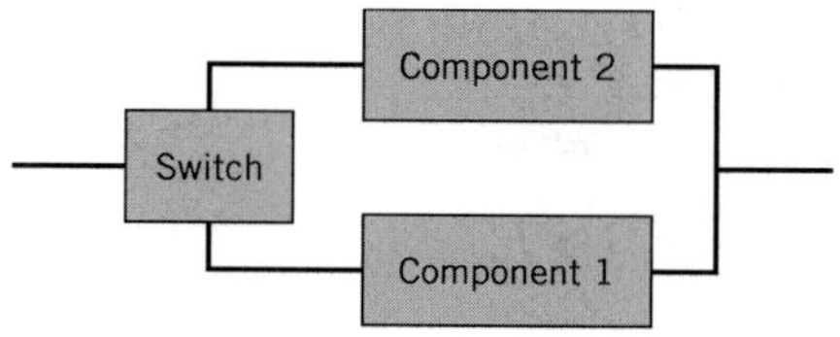


그림 3.23 예 3.11의 대기중복시스템

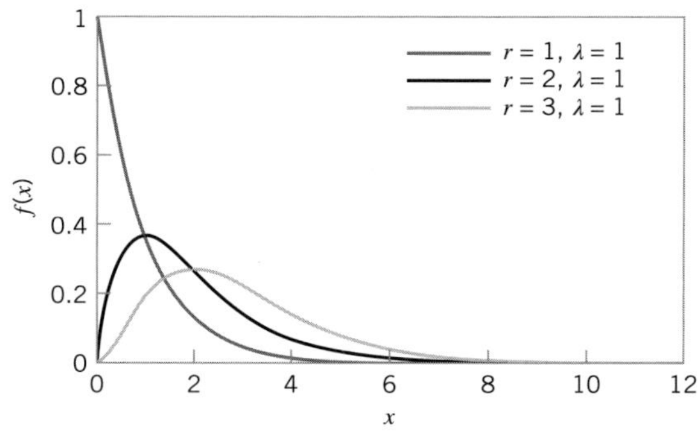


**그림 3.24**
몇 개의 $r$과 $\lambda = 1$인 감마분포

감마분포의 누적분포함수는

$$F(a) = 1 - \int_a^\infty \frac{\lambda}{\Gamma(r)} (\lambda t)^{r-1} e^{-\lambda t} dt \tag{3.39}$$

이다. 만일 $r$이 정수이면 식 3.39는

$$F(a) = 1 - \sum_{k=0}^{r-1} e^{-\lambda a} \frac{(\lambda a)^k}{k!} \tag{3.40}$$

와 같다. 결과적으로 누적감마분포는 모수가 $\lambda a$인 $r$개의 포아송 분포 항의 합으로 구하게 된다. 이 결과는 포아송 분포를 주어진 구간 내에서 발생하는 사건의 수에 대한 모형으로 생각하고, 감마분포를 특정수의 사건 발생에 필요한 구간에 대한 모형으로 생각한다면 이해하기 쉽다.

### 3.3.5 와이블 분포

와이블 분포는 다음과 같이 정의한다.

**정의**

**와이블 분포**(Weibull distribution)의 확률밀도함수는

$$f(x) = \frac{\beta}{\theta}\left(\frac{x}{\theta}\right)^{\beta-1} \exp\left[-\left(\frac{x}{\theta}\right)^{\beta}\right] \qquad x \geq 0 \tag{3.41}$$

단, $\theta > 0$은 **척도모수**이고 $\beta > 0$은 **형태모수**이다. 와이블 분포의 **평균**과 **분산**은

$$\mu = \theta\Gamma\left(1 + \frac{1}{\beta}\right) \tag{3.42}$$

$$\sigma^2 = \theta^2\left[\Gamma\left(1 + \frac{2}{\beta}\right) - \left\{\Gamma\left(1 + \frac{1}{\beta}\right)\right\}^2\right] \tag{3.43}$$

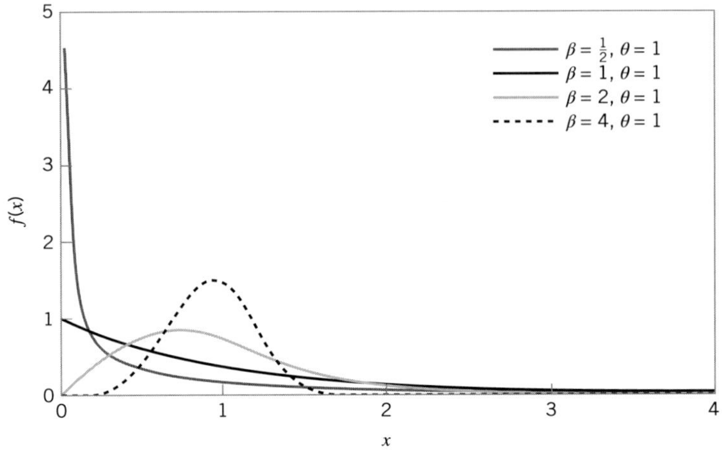


**그림 3.25**
몇 개의 형태모수와 척도모수 θ = 1인 와이블 분포

와이블 분포는 매우 유연성이 있어서 모수 $\theta$와 $\beta$를 적절히 선택하면 아주 다양한 형태의 분포를 표현할 수 있다. 몇 가지 와이블 분포가 그림 3.25에 그려져 있다. 와이블 분포에서 $\beta = 1$이면 평균이 $1/\theta$인 지수분포가 된다. 와이블 분포의 누적분포함수는 다음과 같다.

$$F(a) = 1 - \exp\left[-\left(\frac{a}{\theta}\right)^{\beta}\right] \tag{3.44}$$

와이블 분포는 신뢰성공학 분야에서 전기나 기계 부품과 시스템에서 고장시간에 대한 모형으로 광범위하게 사용된다. 와이블 분포가 사용되는 예는 메모리 부품 같은 전자기기, 베어링 같은 기계부품, 비행기나 자동차의 구조부품 등이 있다.

### 예 3.12 전기부품의 고장시간

평면 패널 디스플레이(flat panel display)에 사용되는 전기부품의 고장시간은 모수 $\beta = \frac{1}{2}$, $\theta = 5000$인 와이블 분포로 모형이 잘 설명된다. 평균고장시간과 20,000시간 이상 고장이 나지 않을 부품의 비율을 계산하라.

**풀이**

평균고장시간은

$$\mu = \theta\Gamma\left(1 + \frac{1}{\beta}\right) = 5000\Gamma\left(1 + \frac{1}{\frac{1}{2}}\right)$$
$$= 5000\Gamma(3) = 10,000 \text{ hours}$$

$a$ = 20,000시간 이상 고장이 나지 않을 것으로 기대되는 비율은

$$1 - F(a) = \exp\left[-\left(\frac{a}{\theta}\right)^{\beta}\right]$$

$$1 - F(20,000) = \exp\left[-\left(\frac{20,000}{5,000}\right)^{\frac{1}{2}}\right]$$
$$= e^{-2}$$
$$= 0.1353$$

즉, 전체에서 13.53%를 제외한 나머지 부품은 20,000시간 이상 고장이 나지 않는다.

## 3.4 확률플롯

### 3.4.1 정규확률플롯

어떤 특정 확률분포가 데이터에 대한 적절한 모형이 되는지를 어떻게 알 수 있는가? **확률플롯**(probability plot)은 표본 데이터가 어떤 가정된 분포와 일치하는가를 데이터에 대한 주관적인 시각적 검토를 통해 결정하는 도형적 방법이다. 일반적인 절차는 매우 간단하고 신속하게 이루어질 수 있다. 확률플롯은 가정된 분포를 위해 설계된 **확률지**(probability paper)라는 특수한 도형지를 사용한다. 확률지는 정규분포, 로그 정규분포, 와이블 분포, 그리고 카이제곱과 감마 분포에 대해 쓸 수 있다. 이 절에서는 **정규확률플롯**(normal probability plot)에 대해 설명한다. 3.4.2절에서는 몇몇 다른 연속분포에 대한 확률플롯을 설명한다.

확률플롯을 작성하기 위해서는 먼저 표본관측값을 작은 값에서 큰 값으로 순위를 부여한다. 즉, 표본 $x_1, x_2, \ldots, x_n$을 순서통계량(order statistic) $x_{(1)}, x_{(2)}, \ldots, x_{(n)}$으로 나열한다. 그런 다음 해당 확률지에 순서통계량 $x_{(j)}$를 관측된 누적빈도 $(j-0.5)/n$ [또는 $100(j-0.5)/n$]에 대해 플롯한다. 만일 가정된 분포가 데이터를 적절히 설명한다면, 점들은 직선을 따라 근사적으로 표시될 것이다. 만일 플롯된 점들이 직선으로부터 심하게 벗어나거나 구조적으로 벗어나면 가정된 분포가 적절하지 못함을 나타낸다. 일반적으로 데이터가 직선 주위에 형성되는지 여부는 주관적이다. 확률플롯의 절차는 다음 예에서 설명한다.

**예 3.13 정규확률그림**

가솔린 혼합물 10개의 주행 중 옥탄가(octane number)에 대한 관측값은 다음과 같다.

88.9, 87.0, 90.0, 88.2, 87.2, 87.4, 87.8, 89.7, 86.0, 89.6

옥탄가가 정규분포에 의해 잘 설명된다는 가정은 타당한가?

**풀이**

이 가정을 규명하기 위해 확률플롯을 사용하려면 먼저 관측값을 작은 순서대로 나열한 다음 각각의 누적빈도 $(j-0.5)/10$를 다음과 같이 계산한다.

| $j$ | $X_{(j)}$ | $(j-0.5)/10$ | $j$ | $X_{(j)}$ | $(j-0.5)/10$ |
|---|---|---|---|---|---|
| 1 | 86.0 | 0.05 | 6 | 88.2 | 0.55 |
| 2 | 87.0 | 0.15 | 7 | 88.9 | 0.65 |
| 3 | 87.2 | 0.25 | 8 | 89.6 | 0.75 |
| 4 | 87.4 | 0.35 | 9 | 89.7 | 0.85 |
| 5 | 87.8 | 0.45 | 10 | 90.0 | 0.95 |

각 쌍의 값 $x_{(j)}$와 $(j - 0.5)/10$을 정규확률지에 도시하면 그림 3.26과 같다. 수평축에 표시된 관측값에 대해 대부분의 정규확률지는 $100(j - 0.5)/n$을 왼쪽의 수직축(일부는 $100[1 - (j - 0.5)/n]$을 오른쪽의 수직축에)에 플롯한다. 주관적으로 가장 잘 적합되었다고 생각하는 직선이 플롯되어 있는 점들을 통과하여 그어진다. 직선을 그을 때에는 가운데 있는 점들보다 양쪽 끝의 극단적인 값들에 의해 더 많은 영향을 받게 된다. 경험에 의한 일반적인 법칙은 제25백분위수와 제75백분위수를 연결하는 직선을 그으면 무난하다. 이것이 그림 3.26에서 직선이 그어진 방식이다. 직선으로부터 점들의 구조적 이탈을 평가하기 위해서 직선을 따라 그어진 아주 두꺼운 연필선을 상상해 보자. 만일 모든 점들이 상상한 연필선 내에 있다면 정규분포가 그 데이터를 잘 설명한다고 할 수 있다. 그림 3.26에 있는 점들은 두꺼운 연필선 내에 있다고 판단되므로, 정규분포는 옥탄가 데이터에 대한 적절한 모형이라고 할 수 있다.

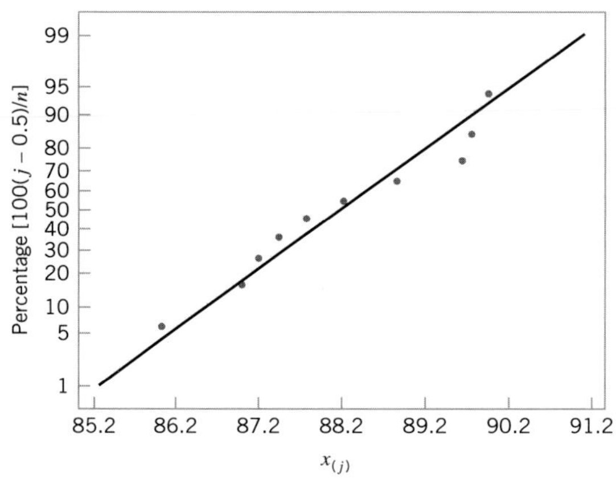


**그림 3.26** 주행 중 옥탄가에 대한 정규확률플롯

정규확률플롯은 일반 도형지에서 표준화정규점수(standardized normal score) $z_j$를 $x_{(j)}$에 대해 플롯하여 그릴 수 있다. 표준화정규점수는 다음과 같다.

$$\frac{j-0.5}{n} = P\left(Z \le z_j\right) = \Phi\left(z_j\right)$$

예를 들어, $(j - 0.5)/n = 0.05$이면 $\Phi(z_j) = 0.05$이고 $z_j = -1.64$가 된다. 이전 예의 데이터를 사용하여 설명해 보자. 다음 표에서 가장 오른쪽 행에 표준화정규점수가 계산되어 있다.

그림 3.27은 $x_{(j)}$에 대해 $z_j$를 플롯한 그림이다. 이 정규확률플롯은 그림 3.26에 있는 것과 동일하다. 평균은 제50백분위수로 추정되는데 그림 3.26에서 평균옥탄가는 88.2로 추정된다. 표준편차는 확률플롯에서 직선의 기울기에 비례하고 표준편차는 제84백분위수와 제50백분위수의 차에 해당한다. 그림 3.26에서 제84백분위수는 근사적으로 90이므로

| $j$ | $x_{(j)}$ | $(j-0.5)/10$ | $z_j$ |
|---|---|---|---|
| 1 | 86.0 | 0.05 | −1.64 |
| 2 | 87.0 | 0.15 | −1.04 |
| 3 | 87.2 | 0.25 | −0.67 |
| 4 | 87.4 | 0.35 | −0.39 |
| 5 | 87.8 | 0.45 | −0.13 |
| 6 | 88.2 | 0.55 | 0.13 |
| 7 | 88.9 | 0.65 | 0.39 |
| 8 | 89.6 | 0.75 | 0.67 |
| 9 | 89.7 | 0.85 | 1.04 |
| 10 | 90.0 | 0.95 | 1.64 |

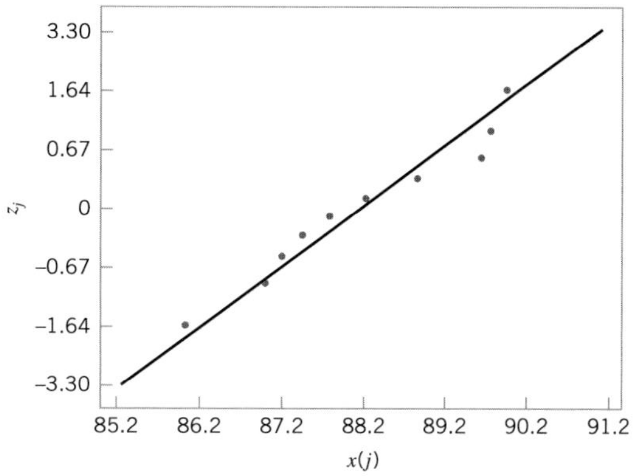


**그림 3.27**
표준화 점수를 사용한 주행 중 옥탄가에 대한 정규확률플롯

표준편차는 90 − 88.2 = 1.8로 추정된다.

정규확률플롯의 매우 중요한 응용은 정규분포를 가정하는 통계적 추론 절차에서 **정규성의 입증**에 있다.

## 3.4.2 다른 확률플롯

확률플롯은 데이터에 대한 적절한 모형으로서 어떤 확률분포를 결정할 때에 가장 먼저 사용되는 아주 유용한 기술이다. 확률플롯을 사용할 때 분포는 확률플롯의 주관적 평가에 의해 선택된다. 확률플롯과 더불어 더 공식적인 통계인 **적합도검정**(goodness-of-fit test)도 사용될 수 있다.

데이터의 적절한 분포를 결정하는 데 확률플롯이 어떻게 사용되는가를 설명하기 위해 표 3.5의 플라스틱의 알루미늄 오염에 대한 데이터(단위: ppm)를 사용해 보자. 그림 3.28은 미니탭을 사용하여 작성된 이 데이터에 대한 여러 가지 확률플롯을 보여 주고 있다. 그림 3.28*a*는 정규확률플롯이다. 꼬리 부분의 데이터가 직선으로부터 휘어져 있는가를 주목할 필요가 있다. 이것은 정규분포가 이 데이터에 대한 좋은 모형이 아니라는 것을 의미한다. 그림 3.28*b*는 이 데이터의 로그 정규확률플롯이다. 그림에서 데이터가 직선에 훨씬 더 가까이 나타나고, 특히 꼬리 부분에서 가까이 나타나 로그 정규분포가 정규분포보다 데이터에 대한 분포로서 훨씬 더 적절하다고 할 수 있다.

마지막으로, 그림 3.28*c*와 그림 3.28*d*는 이 데이터에 대한 와이블과 지수확률플롯이다. 관측값들이 직선에 크게 가깝지 않아 와이블이나 지수 분포가 이 데이터에 좋은 모형이 아니라는 것을 보여 준다. 그러므로 작성된 네 가지 확률플롯을 통해 알루미늄 오염 데이터에 대한 모형으로서 로그 정규분포가 가장 적절한 모형이라는 것을 알게 된다.

**표 3.5**
알루미늄 오염(ppm)

| | | | | | | |
|---|---|---|---|---|---|---|
| 30 | 30 | 60 | 63 | 70 | 79 | 87 |
| 90 | 101 | 102 | 115 | 118 | 119 | 119 |
| 120 | 125 | 140 | 145 | 172 | 182 | |
| 183 | 191 | 222 | 244 | 291 | 511 | |

Data from "The Lognormal Distribution for Modeling Quality Data When the Mean Is Near Zero," *Journal of Quality Technology*, 1990, pp. 105–110.

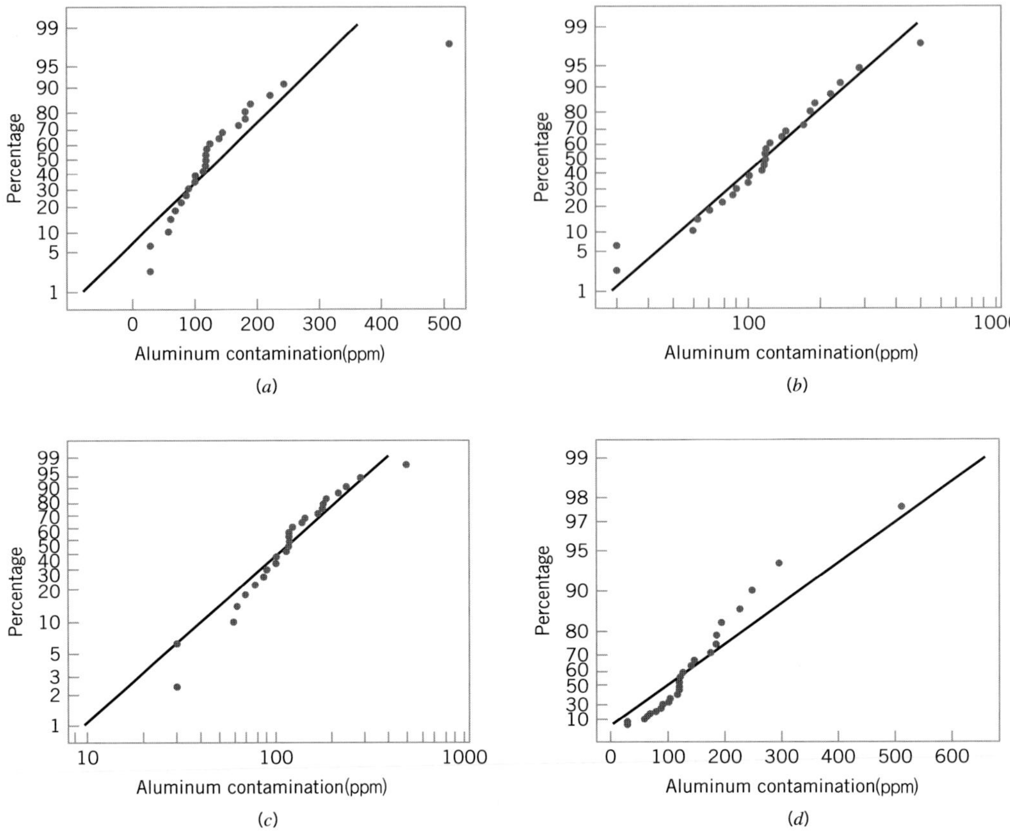


**그림 3.28**
표 3.5의 알루미늄 오염 데이터에 대한 확률플롯. (a) 정규, (b) 로그정규, (C) 와이블, (d) 지수

## 연습문제

**3.1** 병에 담긴 액체세제의 내용물이 분석된다고 가정하자. 공정으로부터 12병의 액체세제가 무작위로 추출됐을 때, 측정한 결과는 아래와 같다(단위 : fluid ounces).

16.05, 16.03, 16.02, 16.04, 16.05, 16.01, 16.02, 16.02, 16.03, 16.01, 16.00, 16.07

(a) 표본평균을 계산하라.
(b) 표본표준편차를 계산하라.

**3.2** 어떤 병원의 응급실에서 진료를 받은 10명의 환자가 있고, 입원에서부터 퇴원까지 소요된 서비스 시간이 21, 136, 185, 156, 3, 16, 48, 28, 100, 12이다. 서비스 시간의 평균과 표준편차를 계산하라.

**3.3** 다음 9개의 측정값은 반도체 제조공정에서 연속적 뱃치에 기록된 용광로의 온도이다(단위 : °F).

953, 955, 948, 951, 957, 949, 954, 950, 959

(a) 표본평균을 계산하라.
(b) 표본표준편차를 계산하라.

**3.4** 가속수명시험을 받은 전자 부품의 고장까지의 시간은 표 3E.1과 같다. 고장까지의 시간을 가속화하기 위해, 부품은 높은 온도에서 시험되었다(데이터는 가로, 세로의 순이다).

(a) 표본평균과 표본표준편차를 계산하라.

(b) 히스토그램을 그려라.

(c) 줄기-잎 그림을 그려라.

(d) 표본 중앙값과 하위 분위수, 상위 분위수를 구하라.

**표 3E.1 전자부품의 고장시간**

| | | | |
|---|---|---|---|
| 127 | 124 | 121 | 118 |
| 125 | 123 | 136 | 131 |
| 131 | 120 | 140 | 125 |
| 124 | 119 | 137 | 133 |
| 129 | 128 | 125 | 141 |
| 121 | 133 | 124 | 125 |
| 142 | 137 | 128 | 140 |
| 151 | 124 | 129 | 131 |
| 160 | 142 | 130 | 129 |
| 125 | 123 | 122 | 126 |

**3.5** 표 3E.2의 데이터는 어떠한 화학공정에서연속적인일자 동안 측정된 산출량을 나타낸다(데이터는 가로, 세로의 순이다). 이 데이터를 통해 히스토그램을 그리고, 그 형태에 대하여 말하라. 이 장에서 논의한 분포 중 어떤 것과 비슷한가?

**표 3E.2 공정 산출량**

| | | | | | |
|---|---|---|---|---|---|
| 94.1 | 87.3 | 94.1 | 92.4 | 84.6 | 85.4 |
| 93.2 | 84.1 | 92.1 | 90.6 | 83.6 | 86.6 |
| 90.6 | 90.1 | 96.4 | 89.1 | 85.4 | 91.7 |
| 91.4 | 95.2 | 88.2 | 88.8 | 89.7 | 87.5 |
| 88.2 | 86.1 | 86.4 | 86.4 | 87.6 | 84.2 |
| 86.1 | 94.3 | 85.0 | 85.1 | 85.1 | 85.1 |
| 95.1 | 93.2 | 84.9 | 84.0 | 89.6 | 90.5 |
| 90.0 | 86.7 | 87.3 | 93.7 | 90.0 | 95.6 |
| 92.4 | 83.0 | 89.6 | 87.7 | 90.1 | 88.3 |
| 87.3 | 95.3 | 90.3 | 90.6 | 94.3 | 84.1 |
| 86.6 | 94.1 | 93.1 | 89.4 | 97.3 | 83.7 |
| 91.2 | 97.8 | 94.6 | 88.6 | 96.8 | 82.9 |
| 86.1 | 93.1 | 96.3 | 84.1 | 94.4 | 87.3 |
| 90.4 | 86.4 | 94.7 | 82.6 | 96.1 | 86.4 |
| 89.1 | 87.6 | 91.1 | 83.1 | 98.0 | 84.5 |

**3.6** 문제 3.3에서의 9개 용광로 온도 측정값의 정규확률플롯을 그리고 해석하라.

**3.7** 문제 3.4에서의 전자부품 고장시간에 대한 정규확률플롯을 그려라. 고장시간이 정규분포에 의해 적절히 모형화되었다는 가정이 타당하다고 생각하는가?

**3.8** 문제 3.2에서의 외래진료시간 데이터를 활용하여 정규확률플롯, 지수확률플롯, 와이블 확률플롯을 그려라. 이 분포 중 외래진료시간 데이터에 적절한 확률모형이라고 생각하는 분포가 있는가? 위에서 그린 플롯을 참고하여, 외래진료시간을 가장 잘 설명하는 분포가 무엇인지 판단하라.

**3.9** 문제 3.5에서의 화학물질 산출량 데이터를 이용하여 줄기-잎 그림을 그리고, 문제 3.5에서 그린 히스토그램을 비교하라. 어떤 도표가 이 공정에 대해 더 많은 정보를 주는가?

**3.10** 외래환자 진료소에 방문하는 환자들은 매번 사전에 고혈압 검사를 받는다. 이때 인구의 약 15%에서 고혈압이 발견된다고 가정하자.

(a) 하루 진료 환자의 삼분의 일이 고혈압을 갖고 있을 확률을 구하라.

(b) 고혈압을 갖고 있는 첫 환자를 발견하기 위해 진찰해야 하는 평균 환자의 수를 구하라.

(c) 진료소에서 매일 50명의 환자를 진찰한다고 가정했을 때, 10명의 환자가 고혈압일 확률을 구하라.

**3.11** 한 주식 중개인은 뉴욕 증권거래소에서 거래하는 데 사용되는 컴퓨터를 네 대 가지고 있다. 컴퓨터가 하루에 고장날 확률은 0.005이다. 고장은 독립적으로 발생한다. 고장난 컴퓨터는 거래 종료 후 수리되므로, 매일이 독립적인 시험으로 간주될 수 있다.

(a) 하루에 네 대의 컴퓨터가 고장날 확률은 얼마인가?

(b) 하루에 최소 한 대의 컴퓨터가 고장날 확률은 얼마인가?

(c) 특정한 컴퓨터가 고장날 때까지의 평균 일수를 구하라.

**3.12** 의료용 $X$-ray에 사용되는 전자 부품은 크기 $N = 25$인 로트로 생산된다. 구매자는 지나치게 많은 규격미달품으로 구성된 기기를 구매하지 않기 위해서 수용 검사 절차를 이용한다. 절차는 품목에서 무작위로 5개의 부품을 선택하고 그것을 검사하는 것으로 진행된다. 만약 부품 중 어느것도 규격미달품이 아니면, 그 품목은 선택된다.

(a) 규격 미달품 두 개를 포함하는 품목이 있다면, 품목의 수용 확률은 얼마인가?

(b) 이항근사를 사용하여 (a)의 확률을 계산하라. 근사가 만족스러운지 답하고 그 이유를 설명하라.

(c) 로트의 크기가 $N = 150$이라고 한다면, 이항근사가 만족스러운지 답하라.

(d) 구매자는 크기 $n$인 표본에서 하나 이상의 규격 미달품이 발견될 경우 구매를 거부하고, 로트에 5개 이상의 규격 미달품이 포함된 경우 최소 0.95의 확률로 구매를 거부하기를 원한다고 가정하자. 이때 표본크기 $n$은 얼마나 커야 하는지 계산하라.

**3.13** 검사관이 Phoenix와 Tucson 사이 가솔린 파이프 라인에서의 부적합 용접을 찾고 있다. 특정 용접부에 결함이 생길 확률은 0.01이고, 검사관은 결함이 있는 용접이 세 개 발견될 때까지 계속 조사를 시행한다. 용접부가 100피트 떨어져 있을 경우, 검사관이 5000피트를 걸어야하는 확률이 얼마인가? 검사관이 5000피트 이상 걸어야 할 확률은 얼마인가?

**3.14** 전원공급 장치의 출력전압은 평균이 5 V, 표준편차가 0.02 V인 정규분포를 따른다. 전압의 규격 하한과 상한이 각각 4.95 V, 5.05 V일 때, 랜덤하게 뽑힌 전원공급 장치가 전압 사양을 만족할 확률은 얼마인가?

**3.15** 문제 3.14에서 고려된 전원공급 장치의 제조 과정을 재검토하자. 또한, 공정을 향상시키길 원한다고 가정해 보자. 평균을 이동시킬 때 규격미달품이 줄어들 수 있는가? 1000단위 중 1단위를 제외한 모든 단위가 규격을 만족하도록 하기 위해서는 변동성이 얼마나 줄어들어야 하는가?

**3.16** 이항분포의 평균과 분산을 구하라.

**3.17** 포아송 분포의 평균과 분산을 구하라.

**3.18** 지수분포의 평균과 분산을 구하라.

**3.19** 기하분포의 평균과 분산을 구하라.

# 4장

# 공정 품질에 대한 추론

## 요약 및 학습 목표

앞 장에서는 공정의 출력값을 모형화하고 설명하는 데 확률분포의 사용에 대해 설명하였다. 제시된 모든 예에서 확률분포의 모수, 즉 공정의 모수가 알려진 것으로 가정하였다. 이것은 매우 비현실적인 가정이다. 예를 들면, 제조공정의 표본으로부터 규격미달품의 수를 모형화하기 위해 이항분포를 사용할 때 이항분포의 모수 $p$가 알려진 것으로 가정하였다. 확률 $p$의 물리적 해석은 공정에서 생산되는 규격미달품의 참 비율을 의미한다. 실제 제조공정에서 이 비율을 정확하게 안다는 것은 불가능하다. 뿐만 아니라, 실제로 이 비율의 참값을 알고 시간이 흐름에 따라 비교적 동일한 값을 가진다면, 이 비율이 수용될 만큼 작은 값을 가질 때에는 공식적인 공정 모니터링과 관리절차가 불필요하다고 주장할 수 있다.

일반적으로, 공정의 모수는 알려져 있지 않다. 심지어 시간에 따라 변하기도 한다. 그러므로 확률분포의 모수를 추정하는 절차를 개발할 필요가 있고 이와 관련된 추론이나 의사결정 관련 문제를 해결할 필요가 있다. 이에 대해서는 모수추정과 가설검정에 대한 표준통계적 방법이 유용하게 사용된다. 이러한 기법들은 많은 통계적 품질관리의 방법에서 기초적인 것들이다. 이 장에서는 통계적 추론에 관한 몇 가지 기초적인 내용을 설명하고 품질향상 문제에 있어 유용성을 보여 준다. 주된 내용은 평균, 분산, 이항모수의 점추정과 신뢰구간 추정, 평균, 분산, 이항모수의 가설검정, 그리고 정규확률플롯을 포함한다.

이 장을 학습하고 나면, 다음 내용들을 수행할 수 있어야 한다.

1. 확률표본을 설명한다.
2. 표본분포의 개념을 설명한다.
3. 모집단 또는 확률분포의 모수를 추정하는 일반적인 개념을 설명한다.
4. 모수추정의 정밀도에 대해 설명한다.
5. 단일 평균과 두 평균의 차에 대한 신뢰구간을 추정하고 해석한다.
6. 단일 분산 또는 두 분산의 비에 대한 신뢰구간을 추정하고 해석한다.

7. 단일 비율 또는 두 비율의 차에 대한 신뢰구간을 추정하고 해석한다.
8. 단일 평균과 두 평균의 차에 대한 가설을 검정한다.
9. 단일 분산과 두 분산의 비에 대한 가설을 검정한다.
10. 단일 비율과 두 비율의 차에 대한 가설을 검정한다.
11. 가설검정에서 유의확률 방법을 사용한다.
12. 분산분석이 두 개 이상의 평균의 동일성에 대한 가설을 검정하는 데 어떻게 사용되는가를 이해한다.
13. 선형회귀모형을 적합하고 해석하는 방법을 이해한다.

## 4.1 통계학과 표본분포

통계적 추론의 목적은 모집단으로부터 얻은 표본에 근거하여 모집단에 대한 결론이나 결정을 내리는 데 있다. 이러한 분석에서는 확률표본을 가정한다. 표본 $x_1, x_2, ..., x_n$에서 개개의 관측값 $x_i$가 동일독립분포를 따를 수 있도록 선택되면 이를 **확률표본**(random sample)이라고 한다. 이 정의는 무한모집단으로부터 표본이 선택되거나 유한모집단에서 복원추출로 표본이 선택될 때 적절하다. 개체수가 $N$인 유한모집단에서 비복원추출로 크기 $n$인 표본이 선택되고 $\binom{N}{n}$개의 가능한 표본이 선택될 확률이 모두 동일하면 이 표본은 확률표본이라고 한다. 그림 4.1은 모집단과 표본의 관계를 나타내고 있다.

비록 대부분의 통계적 방법은 확률표본을 사용하지만 품질관리에서는 몇 가지 다른 표본추출 방법이 가끔 유용할 때가 있다. 따라서 표본설계와 일치하는 분석 방법을 사용하도록 주의하여야 한다. 확률표본을 가정한 통계적 추론을 다른 표본추출 방법으로 얻어진 데이터에 대해 사용하면 심각한 오류를 일으킨다.

통계적 추론은 표본에 있는 관측값으로부터 계산된 값을 사용한다. **통계량**(statistic)은 알려지지 않은 모수를 포함하지 않는 표본 데이터의 함수이다. 표본을 $x_1, x_2, ..., x_n$라고 하면 표본평균은

$$\bar{x} = \frac{\sum_{i=1}^{n} x_i}{n} \tag{4.1}$$

표본분산은

$$s^2 = \frac{\sum_{i=1}^{n} \left(x_i - \bar{x}\right)^2}{n-1} \tag{4.2}$$

그리고 표본표준편차는

$$s = \sqrt{\frac{\sum_{i=1}^{n} \left(x_i - \bar{x}\right)^2}{n-1}} \tag{4.3}$$

로 표현하고 이들 모두가 통계량이다.

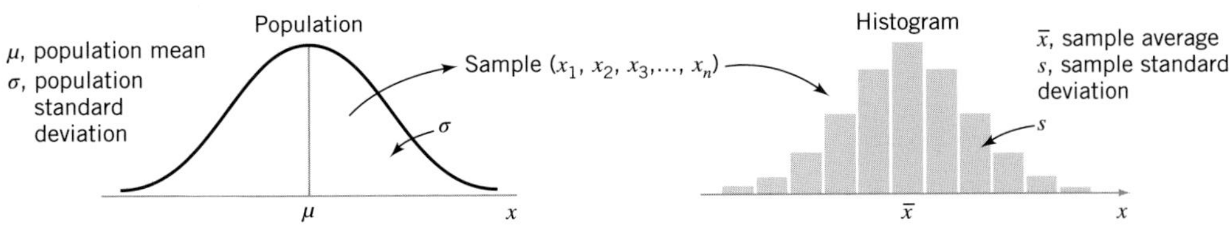


그림 4.1
모집단과 표본의 관계

표본이 추출된 모집단의 확률분포를 안다면, 표본 데이터로부터 계산된 여러 가지 통계량에 대한 확률분포를 결정할 수 있다. 통계량의 확률분포를 **표본분포**(sampling distribution)라고 한다. 이제 세 가지 일반적인 표본추출과 관련된 표본분포에 대해 알아보자.

### 4.1.1 정규분포의 표본추출

확률변수 $x$가 평균이 $\mu$이고 분산이 $\sigma^2$인 정규분포를 따른다고 하고 $x_1, x_2, \ldots, x_n$을 크기 $n$인 확률표본이라고 하자. 그러면 표본평균은

$$\bar{x} \sim N\left(\mu, \frac{\sigma^2}{n}\right)$$

을 따른다. 이 특성은 모집단의 분포에 관계없이 중심극한정리에 의해 근사적으로 성립한다.

정규분포와 관련하여 정의된 중요한 분포는 **카이제곱분포**(chi-square distribution)이다. 자유도가 $n$인 카이제곱분포의 확률밀도함수는

$$f(y) = \frac{1}{2^{n/2}\Gamma\left(\frac{n}{2}\right)} y^{(n/2)-1} e^{-y/2} \qquad y > 0 \tag{4.4}$$

이다.

몇 가지 카이제곱분포가 그림 4.2에 나타나 있다. 이 분포는 평균 $\mu = n$, 분산 $\sigma^2 = 2n$이고 비대칭이다. 카이제곱분포의 확률은 부록 표 3에 있다.

정규분포로부터 얻은 표본에서 변수

$$y = \frac{(n-1)s^2}{\sigma^2} \tag{4.5}$$

는 자유도 $n-1$인 카이제곱분포를 따르게 되며 $\chi^2_{n-1}$로 표시한다.

다른 유용한 분포는 $t$분포이다. 정규분포로부터 얻은 표본에서

$$\frac{\bar{x} - \mu}{s/\sqrt{n}} \tag{4.6}$$

은 자유도 $n-1$인 $t$분포를 따르며 $t_{n-1}$로 표시한다. 자유도가 $k$인 $t$분포의 확률밀도함수는

$$f(t) = \frac{\Gamma\left[(k+1)/2\right]}{\sqrt{k\pi}\,\Gamma(k/2)}\left(\frac{t^2}{k} + 1\right)^{-(k+1)/2} \qquad -\infty < t < \infty \tag{4.7}$$

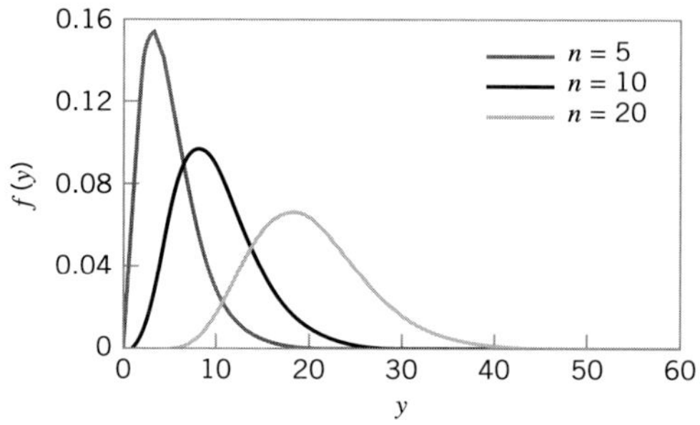


**그림 4.2** 자유도 $n$의 선택된 값에 따른 카이제곱분포

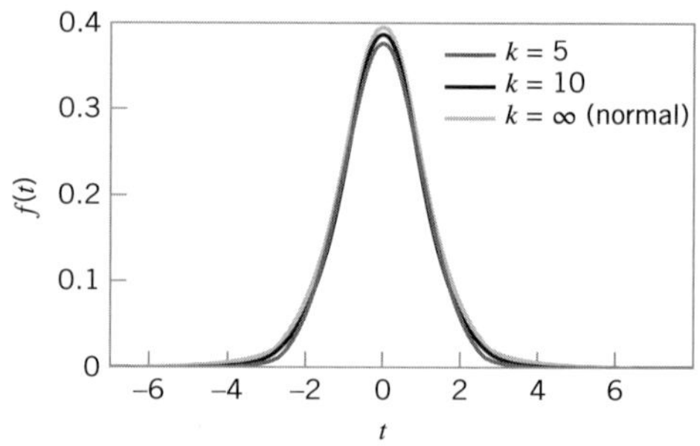


**그림 4.3** 자유도 $k$의 선택된 값에 따른 $t$분포

이다. 몇 가지 $t$분포의 예는 그림 4.3에 나타나 있고 $t$분포의 확률은 부록 표 4에 있다.

정규분포와 관련된 마지막 분포는 ***F*분포**이다. 만일 $w$와 $y$가 서로 독립인 카이제곱분포를 따르고 자유도를 각각 $u$와 $v$라고 하면 다음의 비

$$F_{u,v} = \frac{w/u}{y/v} \tag{4.8}$$

는 분자의 자유도가 $u$, 분모의 자유도가 $v$인 $F$분포를 따른다.

두 정규모집단이 $x_1 \sim N(\mu_1, \sigma_1^2)$와 $x_2 \sim N(\mu_2, \sigma_2^2)$를 따르고, 각 모집단으로 얻은 확률표본을 $x_{11}, x_{12}, \ldots, x_{1n_1}$과 $x_{21}, x_{22}, \ldots, x_{2n_2}$라고 하자. 각 표본에서 표본분산을 $s_1^2, s_2^2$라고 하면 식 4.8에 의해

$$\frac{s_1^2/\sigma_1^2}{s_2^2/\sigma_2^2} \sim F_{n_1-1,\, n_2-1} \tag{4.9}$$

은 분자의 자유도 $n_1 - 1$, 분모의 자유도 $n_2 - 1$인 $F$분포를 따르며 $F_{n_1-1, n_2-1}$로 표시한다. 분자의 자유도가 $u$, 분모의 자유도가 $v$인 $F$분포의 확률밀도함수는

$$f(x) = \frac{\Gamma\left(\frac{u+v}{2}\right)\left(\frac{u}{v}\right)^{u/2}}{\Gamma\left(\frac{u}{2}\right)\Gamma\left(\frac{v}{2}\right)} \frac{x^{(u/2)-1}}{\left[\left(\frac{u}{v}\right)x+1\right]^{(u+v)/2}} \qquad 0 < x < \infty \tag{4.10}$$

이다. 몇 가지 $F$분포의 예는 그림 4.4에 있고 $F$분포의 확률은 부록 표 5에 있다.

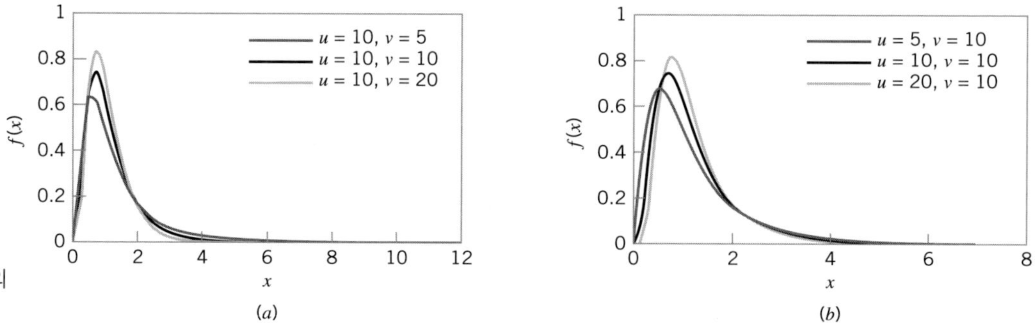


**그림 4.4**
몇 가지 분자의 자유도 $u$와 분모의 자유도 $v$에 따른 $F$분포

### 4.1.2 베르누이 분포의 표본

베르누이 분포의 확률함수는

$$p(x) = \begin{cases} p & x = 1 \\ (1-p) = q & x = 0 \end{cases}$$

베르누이 분포의 실현은 **베르누이 시행**(Bernoulli trial)이라고 한다. 결과 $x = 1$은 성공, $x = 0$은 실패라고 한다. 성공의 확률이 $p$인 베르누이 분포로부터 얻은 확률표본을 $x_1$, $x_2$, ..., $x_n$이라고 하자. 그러면 표본의 합은

$$x = x_1 + x_2 + \cdots + x_n \tag{4.11}$$

모수가 $n, p$인 이항분포를 따른다. 또 각 관측값 $x_i$가 이산확률변수이므로 표본평균

$$\bar{x} = \frac{1}{n}\sum_{i=1}^{n} x_i \tag{4.12}$$

는 취하는 값의 범위가 $\{0, 1/n, 2/n, \ldots, (n-1)/n, 1\}$인 이산확률변수가 된다. 표본평균 $\bar{x}$의 분포함수는

$$P\{\bar{x} \le a\} = P\{x \le an\} = \sum_{k=0}^{[an]} \binom{n}{k} p^k (1-p)^{n-k}$$

단, $[an]$은 $an$보다 작거나 같은 값 중 가장 큰 정수이다. 표본평균의 평균과 분산은

$$\mu_{\bar{x}} = p$$

$$\sigma_{\bar{x}}^2 = \frac{p(1-p)}{n}$$

이다.

3.2.2절에서 불량률 $\hat{p}$은 여기서의 $\bar{x}$와 동일하다.

### 4.1.3 포아송 분포의 표본

모수가 $\lambda$인 포아송 분포의 확률표본을 $x_1$, $x_2$, ..., $x_n$ 라고 하면 그 합인

$$x = x_1 + x_2 + \cdots + x_n \tag{4.13}$$

도 모수가 $n\lambda$인 포아송 분포를 따른다. 더 일반적으로는 $n$개의 서로 독립인 포아송 확률변수의 합은 역시 포아송 분포를 따른다. 이때의 모수는 개별모수들의 합이 된다.

이제 표본평균

$$\bar{x} = \frac{1}{n}\sum_{i=1}^{n} x_i \tag{4.14}$$

의 분포를 생각해 보자.

이 변수가 취하는 값은 $\{0, 1/n, 2/n, \ldots\}$인 이산확률변수이고 누적분포함수는

$$P\{\bar{x} \le a\} = P\{x \le an\} = \sum_{k=0}^{[an]} \frac{e^{-n\lambda}(n\lambda)^k}{k!} \tag{4.15}$$

단, $[an]$은 $an$보다 작거나 같은 값 중 가장 큰 정수이다. 표본평균의 평균과 분산은 각각

$$\mu_{\bar{x}} = \lambda$$
$$\sigma_{\bar{x}}^2 = \frac{\lambda}{n}$$

이다.

품질공학분야에서 때때로 포아송 분포에 대한 더 일반적인 선형결합이 사용된다. 예를 들면, $\{x_i\}$는 모수가 $\{\lambda_i\}$이고 서로 독립인 포아송 분포를 따를 때 상수 $\{a_i\}$에 대해 이러한 형태의 선형결합

$$L = a_1x_1 + a_2x_2 + \cdots + a_mx_m = \sum_{i=1}^{m} a_ix_i \tag{4.16}$$

을 생각해 보자. 이러한 형태는 한 제품 단위가 $m$개의 서로 다른 형태의 결점을 가질 수 있을 때 발생한다(각각은 모수 $\lambda_i$인 포아송 분포를 따를 때). 그리고 각 형태별로 관측된 결점 수의 선형결합은 품질탐지 목적으로 사용된다. 식 4.16의 상수 $\{a_i\}$는 어떤 형태의 결점에 더 많은 가중치를 부여하기 위해 사용된다. 예를 들면, 기능적 결점은 외형적 결점보다 더 많은 비중을 받게 된다. 이러한 설계는 **결점설계**(demerit procedure)라고 한다. 일반적으로 식 4.16의 $L$은 모든 $a_i = 1$이 아니면 더 이상 포아송 분포를 따르지 않는다. 즉, 서로 독립인 포아송 확률변수의 합은 포아송 분포를 따르지만 일반적인 선형결합은 포아송 분포가 아니다.

## 4.2 공정모수의 점추정

알려지지 않은 모수의 추정량(estimator)을 통계량(statistic)이라고 정의하며, 표본 데이터로부터 계산된 추정량의 특정한 수치를 **추정값**(estimate)이라고 한다. **점추정량**(point estimator)은 알려지지 않은 모수의 추정치로서 하나의 수치를 나타내는 통계량을 뜻한다. 그림 4.11에서 확률밀도함수 $f(x)$를 가진 확률변수 $x$를 고려해 보자. 평균 $\mu$와 분산 $\sigma^2$이 알려지지 않았다면, $n$개의 관측값을 가진 확률표본에서 **표본평균**(sample mean) $\bar{x}$와 **표본분산**(sample variance) $s^2$이 각각 **모평균**(population mean) $\mu$와 **모분산**(population variance) $\sigma^2$의 점추정량이 된다. 예를 들어, 어떤 확률변수가 베어링의 안쪽지름(inside diameter)을 나타낸다면 생산되는 베어링의 안쪽지름의 평균과 분산의 점추정량을 계산해 보자. 이를 위해 크기 $n = 20$인 확률표본으로부터 안쪽지름을 측정하고 표본평균과 분산을 계산하게 된다. 만약 $\bar{x} = 1.495$이고 $s^2 = 0.001$이면 모평균의 점추정치는 $\hat{\mu} = \bar{x} = 1.495$이고 모분산의 점추정치는 $\hat{\sigma}^2 = s^2 = 0.001$이다. 기호 '^'은 모수의 추정치를 나타내는 데 사용된다.

어떤 분포의 평균과 분산이 항상 분포의 모수가 되는 것은 아니다. 예로서, 포아송 분포의 모수는 λ인데 평균과 분산은 $\mu = \lambda$, $\sigma^2 = \lambda$이고, 이항분포의 모수는 $n$과 $p$이지만 그 평균과 분산은 $\mu = np$, $\sigma^2 = np(1 - p)$이다. 포아송 분포의 모수 λ의 점추정량은

$$\hat{\lambda} = \frac{1}{n}\sum_{i=1}^{n} x_i = \bar{x}$$

이고 이항분포의 모수 $p$의 점추정량은 고정된 $n$에 대해

$$\hat{p} = \frac{1}{n}\sum_{i=1}^{n} x_i = \bar{x}$$

이다.

점추정량이 좋은 추정량이 되기 위해서는 다음 두 가지 조건을 만족해야 한다.

1. 점추정량은 **불편추정량**(unbiased estimator)이어야 한다. 즉, 점추정량의 평균은 추정하고자 하는 모수가 되어야 한다.
2. 점추정량은 **최소분산**(minimum variance)을 가져야 한다. 최소분산 점추정량은 어떤 다른 점추정량보다 작은 분산을 가져야 한다.

표본평균과 표본분산은 모평균과 모분산의 불편추정량이다. 즉,

$$E(\bar{x}) = \mu \text{ 이고 } \quad E(s^2) = \sigma^2$$

표본표준편차 $s$는 모표준편차 σ의 불편추정량이 아니다. 이것은 다음 식을 만족한다.

$$\begin{aligned} E(s) &= \left(\frac{2}{n-1}\right)^{1/2} \frac{\Gamma(n/2)}{\Gamma[(n-1)/2]}\sigma \\ &= c_4\sigma \end{aligned} \tag{4.17}$$

**부록 표 6**에서 표본크기 $2 \leq n \leq 25$에 대한 $c_4$값이 나타나 있다. 표준편차의 불편추정량은

$$\hat{\sigma} = \frac{s}{c_4} \tag{4.18}$$

이다.

품질과 공정향상 문제에서 통계학을 응용할 때는 주로 **범위**(range)를 사용하여 표준편차를 추정한다. 표본의 범위는

$$\begin{aligned} R &= \max(x_i) - \min(x_i) \\ &= x_{\max} - x_{\min} \end{aligned} \tag{4.19}$$

로 정의되는데 이것은 단순히 표본관측값 중 가장 큰 값과 가장 작은 값의 차가 된다. 확률변수 $W = R/\sigma$를 **상대범위**(relative range)라고 한다. 정규분포에서 확률변수 $W$의 분포는 많이 연구가 되어 평균은 $d_2$로 나타내고 이것은 표본크기에 따라 달라진다. 즉 $E(W) = d_2$이므로 표준편차 σ의 불편추정량은

$$\hat{\sigma} = \frac{R}{d_2} \tag{4.20}$$

이 된다. 표본크기 $2 \le n \le 25$에 대한 $d_2$의 값은 부록 표 6에 나타나 있다.

통계적 품질관리의 초기부터 표준편차 $\sigma$를 추정하는 데 범위가 사용되었는데, 이는 범위가 계산하기 매우 간편하기 때문이다. 요즘과 같은 현대적 계산기나 컴퓨터의 시대에는 이러한 것이 더 이상 고려 대상이 되진 않는다. 일반적으로는 표본표준편차 $s$에 기초한 추정이 바람직하다. 그러나 표본크기 $n$이 상대적으로 작을 때에는 범위를 사용하는 방법도 좋다. 범위의 방법을 표준편차 방법에 대비한 상대효율(relative efficiency)은 여러 가지 표본크기에 대해 다음 표와 같다.

| 표본크기 $n$ | 상대효율 |
|---|---|
| 2 | 1.000 |
| 3 | 0.992 |
| 4 | 0.975 |
| 5 | 0.955 |
| 6 | 0.930 |
| 10 | 0.850 |

표본크기가 $n \ge 10$인 웬만한 크기에서는 극단값들 사이의 모든 정보를 무시하기 때문에 효율이 급격히 떨어진다. 그러나, 작은 표본크기 $n \le 6$에서는 아주 만족스럽게 작용한다. 6장에서는 특정 종류의 관리도를 사용할 때에 표준편차를 추정하기 위해 범위를 쓰게 된다.

## 4.3 일표본에 대한 통계적 추론

통계적 추론은 크게 **모수추정**(parameter estimation)과 **가설검정**(hypothesis testing)으로 구분된다. 모수추정은 이미 간단히 설명한 바 있다

**통계적 가설**은 확률분포에서 모수의 값에 대한 표현이다. 예를 들어, 베어링의 안쪽지름에 대한 평균이 1.5인치라고 생각되면 이에 대한 정식 표현은

$$\begin{aligned} H_0&: \ \mu = 1.500 \\ H_1&: \ \mu \ne 1.500 \end{aligned} \tag{4.21}$$

과 같이 표현될 수 있다. 이때 $H_0$: $\mu$ = 1.500은 **귀무가설**(null hypothesis)이라고 하고 $H_0$: $\mu$ ≠ 1.500을 **대립가설**(alternative hypothesis)이라고 한다. 이 대립가설에서 평균 안쪽지름이 1.500인치보다 작은 경우와 큰 경우를 포함하는데 이런 경우를 양쪽대립가설(two-sided alternative hypothesis)이라고 하고, 그렇지 않고 한 쪽만 나타내는 경우를 한쪽대립가설(one-sided alternative hypothesis)이라고 한다. 문제에 따라 한쪽대립가설이 적당할 수가 있다.

가설을 검정하기 위해서 관심이 있는 모집단으로부터 확률표본을 취하고 적절한 검정통계량(test statistic)을 계산한다. 그 다음 귀무가설을 기각(reject) 또는 기각하지 않는(fail to reject) 결정을 내린다. 귀무가설을 기각하도록 하는 검정통계량의 값의 범위를 **기각역**(critical region, rejection region)이라고 한다.

가설검정에는 두 종류의 오류가 있다. 귀무가설이 사실일 때 귀무가설을 기각하면 **제1종 오류**를 범하고, 귀무가설이 사실이 아닐 때 귀무가설을 기각하지 못하면 **제2종 오류**를 범하게 된다. 이에 대한 확률은 다음과 같이 표현할 수 있다.

$$\alpha = \mathrm{P}\{\text{type I error}\} = \mathrm{P}\{\text{reject } H_0 \mid H_0 \text{ is true}\}$$
$$\beta = \mathrm{P}\{\text{type II error}\} = \mathrm{P}\{\text{fail to reject } H_0 \mid H_0 \text{ is false}\}$$

통계적 검정에서 **검정력**(power)을 사용하면 편리하다. 검정력은

$$\text{Power} = 1 - \beta = \mathrm{P}\{\text{reject } H_0 \mid H_0 \text{ is false}\}$$

으로 표현된다.

즉, 검정력은 귀무가설을 올바르게 기각하는 확률을 의미한다. 품질관리 분야에서는 $\alpha$를 **생산자위험**(producer's risk)이라고 하는데, 이것은 양호한 로트가 기각되거나 만족할 만한 품질특성치를 생산하는 공정이 그렇지 않다고 기각되는 확률을 의미하기 때문이다. 또한 $\beta$를 **소비자위험**(consumer's risk)이라고 하는데, 이것은 불량 로트를 채택하거나 만족스럽지 못한 품질특성치를 생산하는 공정이 계속되도록 허용할 확률을 의미하기 때문이다.

가설검정의 일반적인 절차는 제1종 오류 $\alpha$를 지정하고 제2종 오류 $\beta$가 작은 값을 가질 수 있도록 검정절차를 설계하는 것이다. 제1종 오류를 범할 확률은 조정할 수 있기 때문에 귀무가설을 기각하는 것은 **강한 결정**(strong conclusion)으로 간주한다. 제2종 오류는 일반적으로 표본크기와 모수의 참값이 귀무가설에서 지정된 값과의 차에 영향을 받는 함수이다. 이것은 간접적으로 조정되는 값이다. 표본크기가 클수록 제2종 오류는 작아진다. 제2종 오류는 표본크기의 선택이 자유롭지 않고 또한 모수의 참값과 가정된 값의 차가 대부분의 경우에는 알려지지 않기 때문에 조정이 쉽지 않다. 따라서 귀무가설을 기각하지 못하는 결정은 **약한 결정**(weak conclusion)이다.

### 4.3.1 모평균의 추론(분산이 알려진 경우)

**가설검정** 평균 $\mu$가 알려지지 않고 분산 $\sigma^2$을 가진 확률변수 $x$를 가정하자. 이때 평균이 어떤 값 $\mu_0$라는 가정을 검정하고자 하면 가설은 다음과 같이 설정된다.

$$\begin{aligned} H_0&: \quad \mu = \mu_0 \\ H_1&: \quad \mu \neq \mu_0 \end{aligned} \tag{4.22}$$

이 가설을 검정하는 절차는 변수 $x$로부터 $n$개의 관측값을 얻고 검정통계량

$$Z_0 = \frac{\bar{x} - \mu_0}{\sigma/\sqrt{n}} \tag{4.23}$$

을 계산한다. 그리고 $|Z_0| > Z_{\alpha/2}$이면 귀무가설 $H_0$를 기각한다. 이때 $Z_{\alpha/2}$는 표준정규분포의 상위 $\alpha/2$ 분위수에 해당한다. 이 검정을 일표본 $Z$-검정이라고 한다.

어떤 경우에는 참평균이 $\mu_0$보다 클 때만 귀무가설 $H_0$를 기각하고자 할 때가 있다. 이 경우 한쪽 대립가설은 $H_1$: $\mu > \mu_0$가 되고 $Z_0 > Z_\alpha$일 때만 귀무가설 $H_0$를 기각한다. 만약 참평균이 $\mu_0$보다 작을 때에만 귀무가설 $H_0$를 기각하고자 한다면 한쪽대립가설은 $H_1$: $\mu < \mu_0$가 되고 $Z_0 < -Z_\alpha$일 때만 귀무가설 $H_0$를 기각한다.

### 예 4.1 컴퓨터 반응시간

컴퓨터 시스템의 반응시간은 중요한 품질특성치이다. 시스템 운영자는 어떤 특정 명령에 대한 평균반응시간이 75 milisec(백만분의 일초)를 초과하는지 알고 싶어한다. 과거의 경험에 의하면 반응시간의 표준편차는 8 milisec로 알려져 있다. 제1종 오류가 $\alpha = 0.05$인 검정을 실시하라.

**풀이**

적절한 가설은 아래와 같다.

$$H_0:\quad \mu = 75$$
$$H_1:\quad \mu > 75$$

이 특정 명령은 25번 실시되어 그 때의 반응시간이 기록되었다. 이 관측값들은 반응시간의 확률표본으로 가정한다. 표본평균 반응시간은 $\bar{x} = 79.25$ milisec이고 검정통계량은

$$Z_0 = \frac{\bar{x} - \mu_0}{\sigma/\sqrt{n}} = \frac{79.25 - 75}{8/\sqrt{25}} = 2.66$$

이다. 제1종 오류는 $\alpha = 0.05$이고 검정은 한쪽검정이므로 $Z_\alpha = Z_{0.05} = 1.645$를 얻는다. 따라서 귀무가설 $H_0$: $\mu = 75$를 기각하고 평균반응시간이 75 milisec을 초과한다고 결론을 내리게 된다.

미니탭은 일표본 $Z$-검정을 시행할 수 있다. 예 4.1에 대한 미니탭 결과는 다음과 같다.

**One Sample Z**

```
Test of mu = 75 vs > 75
The assumed standard deviation = 8

                              95% Lower
 N     Mean    SE Mean        Bound       Z         P
25    79.25       1.60        76.62    2.66     0.004
```

**신뢰구간** 모수의 구간추정값은 어떤 확률로 모수의 참값을 포함하는 두 통계량 사이의 구간을 의미한다. 예를 들면, 평균 $\mu$에 대한 구간추정량을 작성할 때 확률식

$$P\{L \le \mu \le U\} = 1 - \alpha \tag{4.24}$$

를 만족하는 두 통계량 $L$과 $U$를 찾아야 한다. 결과로 얻어지는 구간

$$L \le \mu \le U$$

을 알려지지 않은 평균 $\mu$에 대한 $100(1-\alpha)\%$ **신뢰구간**(confidence interval, CI)이라고 한다. $L$과 $U$는 각각 신뢰하한(lower confidence limit)과 신뢰상한(upper confidence limit)이라고 하고, $1-\alpha$는 **신뢰계수**(confidence coefficient)라고 한다. 신뢰구간의 해석은 "확률표본을 수없이 많이 추출하여 각 확률표본으로부터 그런 신뢰구간을 작성하면 그 중 $100(1-\alpha)\%$의 구간은 참 평균 $\mu$를 포함하게 된다"는 의미로 해석한다. 따라서 신뢰구간은 빈도에 관한 의미를 가진다.

신뢰구간 식 4.24는 평균에 대한 하한과 상한을 지정하기 때문에 좀 더 정확히 말하면 **양쪽신뢰구간**(two-sided confidence interval)이라고 한다. 품질관리 분야에서는 종종 **한쪽신뢰구간**(one-sided confidence interval)이 더 적절한 경우가 있다. 평균에 대한 $100(1-\alpha)\%$ 한쪽신뢰하한은

$$L \le \mu \tag{4.25}$$

단, 신뢰하한 $L$은

$$P\{L \le \mu\} = 1-\alpha \tag{4.26}$$

을 만족한다.

평균에 대한 $100(1-\alpha)\%$ 한쪽신뢰상한은

$$\mu \le U \tag{4.27}$$

이때 신뢰상한 $U$는

$$P\{\mu \le U\} = 1-\alpha \tag{4.28}$$

을 만족한다.

**평균에 대한 신뢰구간(분산이 알려진 경우)** 분산 $\sigma^2$의 값이 알려지고 알려지지 않은 평균 $\mu$를 가진 확률변수를 고려해 보자. 이 분포로부터 크기 $n$인 확률표본 $x_1, x_2, \ldots, x_n$을 얻으면 평균 $\mu$에 대한 $100(1-\alpha)\%$ 양쪽신뢰구간을 다음과 같이 구할 수 있다.

$$\bar{x} - Z_{\alpha/2}\frac{\sigma}{\sqrt{n}} \le \mu \le \bar{x} + Z_{\alpha/2}\frac{\sigma}{\sqrt{n}} \tag{4.29}$$

표본평균 $\bar{x}$는 중심극한정리에 의해 확률변수 $x$의 분포에 관계없이 근사적으로 $N(\mu, \sigma^2/n)$을 따르게 된다. 결과적으로 식 4.29는 확률변수 $x$의 분포에 관계없이 근사적 $100(1-\alpha)\%$ 신뢰구간이 된다. 만일 확률변수 $x$가 $N(\mu, \sigma^2)$을 따르면 식 4.29는 정확한 $100(1-\alpha)\%$ 신뢰구간이 된다. 또한 $100(1-\alpha)\%$ 신뢰상한은

$$\mu \le \bar{x} + Z_{\alpha}\frac{\sigma}{\sqrt{n}} \tag{4.30}$$

이고 100(1 − $\alpha$)% 신뢰하한은

$$\bar{x} - Z_{\alpha}\frac{\sigma}{\sqrt{n}} \le \mu \qquad (4.31)$$

이다.

**예 4.2 컴퓨터 반응시간**

예 4.1의 컴퓨터 반응시간에 대한 경우를 생각해 보자. 표본평균 $\bar{x}$ = 79.25이므로 평균반응시간에 대한 타당한 점추정값은 $\hat{\mu}$ = 79.25 millisec이다. 이때 95% 신뢰구간을 구해 보라.

**풀이**

식 4.29로부터

$$\bar{x} - Z_{\alpha/2}\frac{\sigma}{\sqrt{n}} \le \mu \le \bar{x} + Z_{\alpha/2}\frac{\sigma}{\sqrt{n}}$$

$$79.25 - 1.96\frac{8}{\sqrt{25}} \le \mu \le 79.25 + 1.96\frac{8}{\sqrt{25}}$$

$$76.114 \le \mu \le 82.386$$

이 결과를 표현하는 또 다른 방법은 "평균반응시간의 추정치는 95% 신뢰수준에서 79.25 millisec ± 3.136 millisec"이다.

예 4.1에서 원래의 대립가설은 한쪽가설이었다. 이러한 경우에는 한쪽신뢰구간을 계산하는 것을 선호한다. 예 4.1에 대한 미니탭 결과는 95% 신뢰하한을 제공하여 식 4.31에 의해 76.62로 나타난다.

미니탭 결과에서 신뢰하한만 있는 한쪽신뢰구간 (76.62, ∞)은 평균값 $\mu$ = 75는 포함하지 않는다. 즉, 신뢰구간이 귀무가설의 평균값을 포함하지 않기 때문에 귀무가설을 기각하게 된다. 일반적으로 모수에 대한 유의수준 $\alpha$인 가설검정에서 귀무가설의 모수값(null parameter value)이 그 모수의 100(1 − $\alpha$)% 신뢰구간에 포함되지 않으면 귀무가설을 기각하게 된다.

### 4.3.2 가설검정에서 유의확률의 사용

가설검정 결과를 보고하는 일반적인 방법은 지정된 **유의수준**(level of significance)에서 귀무가설이 기각된다 또는 기각되지 않는다는 것을 명시하는 것이다. 컴퓨터 반응시간의 예에서 5% 유의수준에서 귀무가설 $H_0$: $\mu$ = 75가 기각된다고 표현한다. 이러한 결론은 계산된 검정통계량의 값이 기각역에 간신히 포함된 것인지 아니면 충분히 포함된 것인지를 알려주지 않기 때문에 종종 부적절하다. 뿐만 아니라 이런 식의 판단은 이 정보의 다른 사용자에게 유의수준을 미리 정하도록 강요하게 된다. 이런 접근은 $\alpha$ = 0.05와 같은 특정한 제1종 오류값에 의한 위험이 불편할 수 있어 만족스럽지 못하다.

이런 어려움을 피하는 방법으로는 **유의확률 방식**(P-value approach)이 실제로 널리 사용되고 있다. 유의확률은 귀무가설이 사실일 때 검정통계량의 분포가 계산된 검정통계량의 값보다 더 극단적이거나 동일할 확률을 의미한다. (여기서 극단적이라고 함은 귀무가설에 반하여 대립가설을 지지하는 방향으로) 따라서 유의확률은 귀무가설에 반하는 증거의 가중치에 대해 알려주고 있고 판단을 하는 사람은 어떤 유의수준의 값에 대해서도 결론을 내릴 수 있게 된다. 따라서 유의확률의 정식 정의는 다음과 같다.

**정의**

유의확률은 귀무가설 $H_0$를 기각하게 하는 최소의 유의수준이다

일반적으로 귀무가설이 기각될 때 검정통계량 또는 데이터를 유의(significant)하다고 한다. 그러므로 유의확률은 데이터가 유의하게 되는 최소 유의수준이라고 생각할 수 있다. 유의확률이 알려지면 사전 지정된 유의수준 없이 데이터가 어느 정도 유의한지를 결정할 수 있게 된다.

정규분포의 검정에서는 유의확률을 계산하는 것이 비교적 용이하다. 만약 $Z_0$를 계산된 검정통계량의 값이라고 하면 유의확률은 다음과 같이 표현된다.

$$P = \begin{cases} 2\left[1-\Phi\left(\left|Z_0\right|\right)\right] & \text{for a two-tailed test:} \quad H_0:\ \mu=\mu_0 \quad H_1:\ \mu \neq \mu_0 \\ 1-\Phi\left(Z_0\right) & \text{for an upper-tailed test:} \quad H_0:\ \mu=\mu_0 \quad H_1:\ \mu > \mu_0 \\ \Phi\left(Z_0\right) & \text{for a lower-tailed test:} \quad H_0:\ \mu=\mu_0 \quad H_1:\ \mu < \mu_0 \end{cases}$$

단, $\Phi(\cdot)$은 표준정규 누적분포함수이다. 예제 4.1의 컴퓨터 반응시간을 통해 이 유의확률을 설명해 보자. 계산된 검정통계량은 $Z_0 = 2.66$이고 한쪽대립가설이기 때문에 유의확률은

$$P = 1 - \Phi(2.66) = 0.0039$$

이다. 즉 귀무가설 $H_0: \mu = 75$는 유의수준 $\alpha \geq P = 0.0039$에서 기각된다. 예를 들면, $\alpha = 0.01$에서는 기각되지만 $\alpha = 0.001$에서는 기각되지 않는다.

정확한 유의확률을 계산하는 것이 항상 쉽지는 않지만 대부분의 통계분석을 위한 현대적 컴퓨터 프로그램에서는 유의확률을 계산해 준다. 미니탭에서도 예 4.1의 유의확률을 계산해 주고 있다. 경우에 따라서는 부록의 통계 확률표를 사용하여 유의확률을 계산하는 것도 가능하다.

### 4.3.3 정규분포 평균의 추론(분산이 알려지지 않은 경우)

**가설검정** 알려지지 않은 평균 $\mu$와 분산 $\sigma^2$을 가진 확률변수 $x$를 가정하자. 이때 평균이 어떤 값 $\mu_0$라는 가정을 검정하고자 하면 가설은 다음과 같이 설정된다.

$$\begin{aligned} H_0&:\ \mu = \mu_0 \\ H_1&:\ \mu \neq \mu_0 \end{aligned} \tag{4.32}$$

이 문제는 4.3.1절에서 분산이 알려지지 않은 것만 제외하면 동일하다. 분산이 알려지지 않기 때문에 확률변수가 정규분포를 따른다는 추가적인 가정이 필요하다. 공식적인 통계적 검정을 정의하기 위해서는 정규성 가정이 필요하지만 정규성이 크게 위배되지만 않으면 결과에 큰 영향을 주지는 않는다. 분산이 알려지지 않았으므로 표본분산 $s^2$를 추정한

다음 식 4.23에서 $\sigma$를 $s$로 대체하여 아래의 **검정통계량**을 얻는다.

$$t_0 = \frac{\bar{x} - \mu_0}{s/\sqrt{n}} \tag{4.33}$$

이 검정통계량에 대한 **참고분포**(reference distribution)는 자유도 $n-1$인 $t$분포이다. 지정된 유의수준에 대해 $|t_0| > t_{\alpha/2, n-1}$이면 귀무가설 $H_0$: $\mu = \mu_0$를 기각한다. 이때 $t_{\alpha/2, n-1}$은 자유도 $n-1$인 $t$분포의 상위 $\alpha/2$ 분위수에 해당한다. 이 검정을 일표본 $t$-검정이라고 한다. 한쪽대립가설에서 $H_1$: $\mu > \mu_0$일 때는 $t_0 > t_{\alpha, n-1}$이면 귀무가설 $H_0$를 기각하고 $H_1$: $\mu < \mu_0$일 때는 $t_0 < -t_{\alpha, n-1}$이면 귀무가설 $H_0$를 기각한다. 이러한 $t$검정에서도 유의확률을 계산할 수 있으며 대부분의 통계소프트웨어에서도 $t_0$의 계산과 함께 유의확률을 제공한다.

### 예 4.3 고무 처리된 아스팔트

고무는 아스팔트가 도로 포장에 사용될 때 소음을 줄이기 위해 사용된다. 표 4.1은 아스팔트 포장 재료의 15개 시료에 대한 점성계수(stabilized viscosity, cP)이다. 도로 포장에 적합하기 위해서는 평균점성계수가 3,200 cP여야 한다. 이 검정을 유의수준 0.05에서 실시하라. 경험에 의하면 점성계수는 정규분포를 따른다고 알려져 있다.

**표 4.1** 고무 처리된 아스팔트의 점성계수

| 시료 | 점성계수 | 시료 | 점성계수 | 시료 | 점성계수 |
|---|---|---|---|---|---|
| 1 | 3,193 | 6 | 3,466 | 11 | 3,256 |
| 2 | 3,124 | 7 | 3,355 | 12 | 3,332 |
| 3 | 3,153 | 8 | 2,979 | 13 | 3,204 |
| 4 | 3,145 | 9 | 3,182 | 14 | 3,282 |
| 5 | 3,093 | 10 | 3,227 | 15 | 3,170 |

**풀이**

적절한 가설은

$$H_0: \mu = 3{,}200$$
$$H_1: \mu \neq 3{,}200$$

이고, 데이터의 표본평균과 표본표준편차는

$$\bar{x} = \frac{1}{15}\sum_{i=1}^{15} x_i = \frac{48{,}161}{15} = 3{,}210.73$$

$$s = \sqrt{\frac{\sum_{i=1}^{15} x_i^2 - \frac{\left(\sum_{i=1}^{15} x_i\right)^2}{15}}{15-1}} = \sqrt{\frac{154{,}825{,}783 - \frac{(48{,}161)^2}{15}}{14}} = 117.61$$

이고 검정통계량은

$$t_0 = \frac{\bar{x} - \mu_0}{s/\sqrt{n}} = \frac{3{,}210.73 - 3{,}200}{117.61/\sqrt{15}} = 0.35$$

이다. 계산된 검정통계량의 값은 $-t_{0.025,14} = -2.145 < 0.35 < t_{0.025,14} = 2.145$이므로 귀무가설을 기각하지 못한다. 즉, 평균점성계수가 3,200 cP가 아니라고 할 충분한 근거가 없다.

점성계수에 대한 정규성의 가정은 정규확률플롯을 작성하여 검토할 수 있다. 그림 4.5는 이 데이터에 대한 정규확률플롯이다. 모든 점들이 직선의 주위에 잘 나타나므로 정규성의 가정에 아무런 문제가 없다고 판단된다.

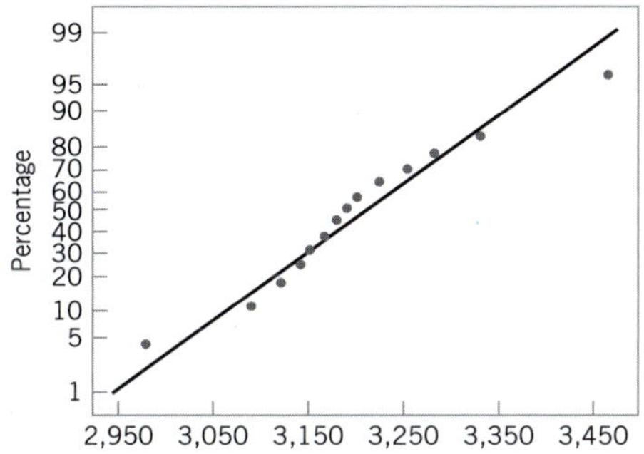


**그림 4.5** 점성계수 데이터에 대한 정규확률분포

일표본 $t$-검정에 대한 미니탭의 결과는 아래와 같다.

**One-Sample T: 예제 4.3**

```
Test of mu = 3,200 vs mu not = 3,200

Variable              N      Mean     StDev   SE Mean
Example 4.3          15   3,210.7     117.6      30.4

Variable                   95.0% CI         T         P
Example 4.3    (3,145.6, 3,275.9)        0.35     0.729
```

미니탭 결과에서 95% 신뢰구간이 3,200을 포함하고 있기 때문에 귀무가설 $H_0$: $\mu = 3{,}200$을 기각하지 못한다는 것을 알 수 있고, 또한 유의확률은 $P = 0.729(>0.05)$이므로 귀무가설을 기각하지 못하는 충분한 근거가 있다는 것을 알게 된다.

**정규분포의 평균에 대한 신뢰구간(분산이 알려지지 않은 경우)** 분산 $\sigma^2$의 값이 알려지지 않은 경우 평균 $\mu$를 가진 정규확률변수를 고려해 보자. 이 분포로부터 크기 $n$인 확률표본 $x_1, x_2, \ldots, x_n$을 얻고 표본평균 $\bar{x}$와 표본표준편차 $s^2$을 사용하면 평균 $\mu$에 대한 $100(1-\alpha)$% 신뢰구간은 다음과 같이 구한다.

$$\bar{x} - t_{\alpha/2,\, n-1}\frac{s}{\sqrt{n}} \le \mu \le \bar{x} + t_{\alpha/2,\, n-1}\frac{s}{\sqrt{n}} \tag{4.34}$$

또한 $100(1-\alpha)$% 신뢰상한은

$$\mu \le \bar{x} + t_{\alpha,n-1}\frac{s}{\sqrt{n}} \tag{4.35}$$

이고 100(1 − $\alpha$)% 신뢰하한은

$$\bar{x} - t_{\alpha,n-1}\frac{s}{\sqrt{n}} \le \mu \tag{4.36}$$

이다.

**예 4.4 고무처리된 점성계수**

예 4.3의 점성계수 데이터를 이용하여 평균점성계수에 대한 95% 신뢰구간을 구하라.

**풀이**

식 4.34를 이용하여 평균점성계수에 대한 95% 신뢰구간을 다음과 같이 계산한다.

$$\bar{x} - t_{\alpha/2,n-1}\frac{s}{\sqrt{n}} \le \mu \le \bar{x} + t_{\alpha/2,n-1}\frac{s}{\sqrt{n}}$$

$$3{,}210.73 - 2.145\frac{117.61}{\sqrt{15}} \le \mu \le 3{,}210.73 + 2.145\frac{117.61}{\sqrt{15}}$$

$$3{,}145.59 \le \mu \le 3{,}275.87$$

이 결과를 표현하는 또 다른 방법은 평균점성계수에 대한 추정치는 95% 신뢰수준에서 3,210.73 ± 65.14 cP이다. 이 신뢰구간은 위의 미니탭 결과에 나와 있다.
생산자는 점성계수가 너무 낮아지는 것에 대해 우려하기 때문에 한쪽신뢰구간에만 관심이 있게 된다. 따라서 평균점성계수의 95% 신뢰하한은 식 4.36으로부터 ($t_{0.05,14}$ = 1.761을 사용) 다음과 같이 계산된다.

$$3{,}210.73 - 1.761\frac{117.61}{\sqrt{15}} \le \mu$$

$$3{,}157.25 \le \mu$$

## 4.3.4 정규분포의 분산에 관한 추론

**가설검정** 정규분포의 분산이 어떤 상수값 $\sigma_0^2$과 동일하다는 가설을 검정하는 문제를 생각해 보자. 이 가설은

$$\begin{aligned} H_0&: \ \sigma^2 = \sigma_0^2 \\ H_1&: \ \sigma^2 \ne \sigma_0^2 \end{aligned} \tag{4.37}$$

이고 이 가설에 대한 검정통계량은 아래와 같다.

$$\chi_0^2 = \frac{(n-1)s^2}{\sigma_0^2} \tag{4.38}$$

주어진 유의수준 $\alpha$에서 $\chi^2_0 > \chi^2_{\alpha/2,n-1}$이거나 $\chi^2_0 < \chi^2_{1-\alpha/2,n-1}$이면 귀무가설을 기각한다. 단, $\chi^2_{\alpha/2,n-1}$와 $\chi^2_{1-\alpha/2,n-1}$는 각각 자유도 $n$ − 1인 카이제곱분포의 상위 $\alpha/2$ 분위수와 하위 $\alpha/2$ 분위수를 나타낸다. 만일 한쪽대립가설이 $H_1$: $\sigma^2 < \sigma^2_0$이면 $\chi^2_0 < \chi^2_{1-\alpha,n-1}$일 때 귀무가설을 기각하고, 한쪽대립가설이 $H_1$: $\sigma^2 > \sigma^2_0$이면 $\chi^2_0 > \chi^2_{\alpha,n-1}$일 때 귀무가설을 기각한다.

예 4.3의 점성계수 데이터를 사용하여 설명해 보자. 점성계수의 분산에 대한 다음 가설

$$H_0: \quad \sigma^2 = 100^2$$
$$H_1: \quad \sigma^2 > 100^2$$

을 검정하려면 식 4.38로부터 검정통계량을 다음과 같이 계산한다.

$$\chi_0^2 = \frac{(n-1)s^2}{\sigma_0^2} = \frac{(14)(117.61)^2}{100^2} = 19.36$$

부록 표 3에서 자유도 14인 카이제곱분포의 상위 5% 분위수는 $\chi^2_{0.05,14}$ = 23.68을 얻고 계산된 검정통계량의 값이 19.36 < 23.68이므로 귀무가설을 기각하지 못한다. 즉 $H_0$: $\sigma^2$ = $100^2$을 기각할 근거가 없다고 판단한다.

미니탭 결과는 아래에 나와 있다. 미니탭에서는 분산과 표준편차에 대한 한쪽신뢰구간도 보여 주고 있다. 이 검정의 유의확률은 $P$ = 0.151이다.

```
Statistics

Variable     N   StDev   Variance
Viscosity   15     118     13,832

95% One-Sided Confidence Intervals

               Lower
               Bound
                 for      Lower Bound
Variable       StDev     for Variance
Viscosity        90          8,176

Tests

Variable     Chi-Square      DF     P-Value
Viscosity       19.37      14.00      0.151
```

이 검정은 많은 품질과 공정의 향상 문제에 유용하게 적용된다. 예를 들면, 정규분포에서 분산이 어떤 값 $\sigma^2_0$ 이하이면 공정에 내재하는 분산이 설계기준을 만족하여 결과적으로 대부분의 생산품이 규격을 만족하게 된다고 판단하는 경우이다. 그러나 분산이 어떤 값 $\sigma^2_0$보다 크면 공정에 내재하는 변동이 규격을 만족시키지 못해 결과적으로 높은 비율의 불량품을 생산하게 된다. 바꾸어 말하면, **공정능력**(process capability)은 **공정변동**(process variability)과 직접 관련이 있다. 식 4.37과 식 4.38은 유사한 다른 상황에서 분석하는 데 사용될 수 있다. 이들은 공정변동을 탐지하고 관리하는 절차에 대한 기초가 된다.

**정규분포의 분산에 대한 신뢰구간** 분산 $\sigma^2$의 값이 알려지지 않은 경우 평균 $\mu$를 가진 정규확률변수를 고려해 보자. 이 분포로부터 크기 $n$인 확률표본 $x_1, x_2, \ldots, x_n$을 얻고 표본 표준편차 $S^2$을 사용하면 분산 $\sigma^2$에 대한 100(1 − $\alpha$)% 신뢰구간은 다음과 같이 구한다.

$$\frac{(n-1)s^2}{\chi^2_{\alpha/2,n-1}} \le \sigma^2 \le \frac{(n-1)s^2}{\chi^2_{1-\alpha/2,n-1}} \tag{4.39}$$

표준편차에 대한 신뢰구간은 식 4.39에서 제곱근을 계산하면 된다.

한쪽신뢰구간은 신뢰상한이

$$\sigma^2 \le \frac{(n-1)s^2}{\chi^2_{1-\alpha,n-1}} \tag{4.40}$$

신뢰하한이

$$\frac{(n-1)s^2}{\chi^2_{\alpha,n-1}} \le \sigma^2 \tag{4.41}$$

로 표현된다.

예 4.3의 점성계수에 대해서 분산에 대한 신뢰구간을 구해 보자. 먼저 95% 양쪽신뢰구간은

$$\frac{(14)13,832.11}{26.12} \le \sigma^2 \le \frac{(14)13,832.11}{5.63}$$

으로부터 $7,413.84 \le \sigma^2 \le 34,396.01$을 얻고, 표준편차에 대한 신뢰구간은 $86.10 \le \sigma \le 185.46$이 된다.

### 4.3.5 모비율에 대한 추론

**가설검정** 모집단의 비율 $p$가 어떤 값 $p_0$와 동일한지를 검정하는 방법에 대해 생각해 보자. 이 검정은 이항분포를 정규분포에 근사시키는 과정을 포함하고 있다. 성공의 확률이 $p$인 어떤 모집단으로부터 $n$개의 개체를 추출하고 그 중 성공의 개수가 $x$라고 하자. 그러면 가설

$$\begin{aligned} H_0&: \quad p = p_0 \\ H_1&: \quad p \ne p_0 \end{aligned} \tag{4.42}$$

의 검정을 위해 다음 검정통계량을 사용한다.

**예 4.5 용광로 공정**

어떤 주물(foundry) 공정은 자동차 제조에 사용되는 철 단조(steel forging)를 생산한다. 이 공정에서 불량률이 10%라는 가설을 검정하고자 한다. 크기 250인 철 단조의 표본에서 41개가 불량으로 나타났다면 유의수준 $\alpha = 0.05$에서 어떤 결론을 얻는가?

**풀이**

가설

$$\begin{aligned} H_0&: \quad p = 0.1 \\ H_1&: \quad p \ne 0.1 \end{aligned}$$

을 검정하기 위해 검정통계량

$$Z_0 = \frac{(x-0.5)-np_0}{\sqrt{np_0(1-p_0)}} = \frac{(41-0.5)-(250)(0.1)}{\sqrt{250(0.1)(1-0.1)}} = 3.27$$

을 계산한다. 계산된 검정통계량은 $Z_0 = 3.27 > z_{0.025} = 1.96$이므로 유의수준 0.00108에서 귀무가설을 기각한다. 즉, 공정의 불량률이 0.1이 아니라고 판단한다.

$$Z_0 = \begin{cases} \dfrac{(x+0.5)-np_0}{\sqrt{np_0(1-p_0)}} & \text{if } x < np_0 \\ \dfrac{(x-0.5)-np_0}{\sqrt{np_0(1-p_0)}} & \text{if } x > np_0 \end{cases} \tag{4.43}$$

주어진 유의수준 $\alpha$에 대해 $|Z_0| > Z_{\alpha/2}$이면 귀무가설 $H_0$: $p = p_0$을 기각한다. 한쪽가설검정도 유사하게 처리된다. 유의확률을 사용하는 방법도 평균에 대한 $Z$-검정과 동일하게 사용된다.

위에서 언급한 것처럼 이 검정은 이항분포에 대한 정규근사를 사용한다. 이 근사방법이 부적절한 경우에 사용하는 정확한 검정방법이 있지만 여기서는 생략한다.

**모비율의 신뢰구간** 비율 $p$는 로트나 공정의 불량률에 해당하기 때문에 이 모수에 대한 신뢰구간은 자주 그 필요성이 있다. 모집단으로부터 크기 $n$인 확률표본을 취하고 그 중 $x$개의 불량품을 관측하게 되면 불량률 $p$의 불편추정량은 $\hat{p} = x/n$이다.

모비율 $p$에 대한 신뢰구간은 크게 두 가지로 나눈다. 먼저 $n$이 크고 $p \geq 0.1$이면 이항분포에 대한 정규근사를 이용하여 신뢰구간을 다음과 같이 구한다.

$$\hat{p} - Z_{\alpha/2}\sqrt{\frac{\hat{p}(1-\hat{p})}{n}} \leq p \leq \hat{p} + Z_{\alpha/2}\sqrt{\frac{\hat{p}(1-\hat{p})}{n}} \tag{4.44}$$

만일 $n$이 작거나 $n$은 크지만 $p$가 작으면 이항분포를 사용하여 정확한 신뢰구간을 구하여야 한다. 대부분의 통계 프로그램에서는 이항분포를 사용한 정확한 신뢰구간을 제공한다.

### 예 4.6 대출금 지원

주택 융자금 지원을 자동으로 결정하는 시스템에서 80 경우의 확률표본 중 15 경우가 거절되었다. 거절된 비율의 점추정치는

$$\hat{p} = \frac{15}{80} = 0.1875$$

이 된다. 이항분포에 대한 정규근사가 적절하다고 가정할 때 대출금 지원이 거절될 확률에 대한 95% 신뢰구간을 구하라.

**풀이**

식 4.44로부터 원하는 신뢰구간은

$$0.1875 - 1.96\sqrt{\frac{0.1875(0.8125)}{80}} \leq p \leq 0.1875 + 1.96\sqrt{\frac{0.1875(0.8125)}{80}}$$

으로 구하고 결과는

$$0.1020 \leq p \leq 0.2730$$

이 된다.

## 4.4 두 표본에 대한 통계적 추론

이 절에서는 두 개의 독립인 모집단에 대한 통계적 추론에 대해 설명하는데 이는 앞 절의 일표본에 대한 통계적 추론을 확장한 것이다. 따라서 세세한 과정에 대한 설명은 생략하기로 한다.

두 모집단의 분포에 대한 일반적인 상황은 그림 4.6을 통해 알아볼 수 있다. 그림에서 모집단 1은 평균 $\mu_1$, 분산 $\alpha_1^2$인 분포를 따르고 모집단 2는 평균 $\mu_2$, 분산 $\alpha_2^2$인 분포를 따른다. 통계적 추론은 각 모집단으로부터 추출한 두 표본에 기초하게 된다. 표본 1은 모집단 1로부터 추출한 크기 $n_1$인 확률표본 $x_{11}, x_{12}, ..., x_{1n_1}$으로 표시하고 표본 2는 모집단 2로부터 추출한 크기 $n_2$인 확률표본 $x_{21}, x_{22}, ..., x_{2n_2}$로 표시한다.

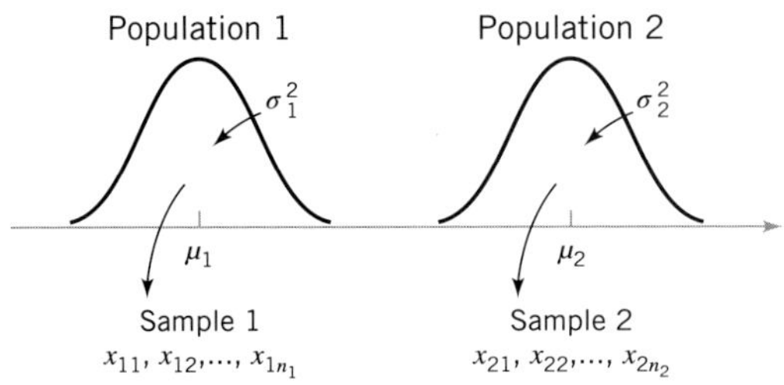


그림 4.6
두 개의 독립인 모집단

### 4.4.1 평균의 차에 대한 추론(분산이 알려진 경우)

그림 4.6에 나타난 두 모집단의 평균의 차 $\mu_1 - \mu_2$에 대한 통계적 추론은 다음 가정들하에서 이루어진다.

**가정**

1. $x_{11}, x_{12}, ..., x_{1n_1}$는 모집단 1의 확률표본이다.
2. $x_{21}, x_{22}, ..., x_{2n_2}$는 모집단 2의 확률표본이다.
3. 두 모집단은 서로 독립이다.
4. 두 모집단은 정규분포를 따른다. 정규분포를 따르지 않으면 중심극한정리의 조건이 성립한다.

위 가정으로부터 다음 결과를 얻는다.

$$Z = \frac{\bar{x}_1 - \bar{x}_2 - (\mu_1 - \mu_2)}{\sqrt{\dfrac{\sigma_1^2}{n_1} + \dfrac{\sigma_2^2}{n_2}}} \tag{4.45}$$

은 표준정규분포를 따른다.

두 평균의 차에 대한 검정에서 $\mu_1 - \mu_2$가 특정한 값 $\Delta_0$와 동일한지에 관심이 있다고 가정해 보자. 이 값 $\Delta_0$는 많은 경우에 0이 되어 두 평균이 동일하다는 가설이 된다.

두 평균의 차의 검정에 대한 내용은 다음과 같다.

### $\mu_1 - \mu_2$에 대한 가설검정(분산이 알려진 경우)

$$\text{귀무가설: } H_0: \mu_1 - \mu_2 = \Delta_0$$

$$\text{검정통계량: } Z_0 = \frac{\bar{x}_1 - \bar{x}_2 - \Delta_0}{\sqrt{\dfrac{\sigma_1^2}{n_1} + \dfrac{\sigma_2^2}{n_2}}} \quad (4.46)$$

| 대립가설 | 유의수준 $\alpha$ 기각역 | 유의확률 |
|---|---|---|
| $H_1: \mu_1 - \mu_2 \neq \Delta_0$ | $Z_0 < -Z_{\alpha/2}$ or $Z_0 > Z_{\alpha/2}$ | $P = Z[1 - (\Phi\|Z_0\|)]$ |
| $H_1: \mu_1 - \mu_2 > \Delta_0$ | $Z_0 > Z_\alpha$ | $P = 1 - \Phi(Z_0)$ |
| $H_1: \mu_1 - \mu_2 < \Delta_0$ | $Z_0 < -Z_\alpha$ | $P = \Phi(Z_0)$ |

### 예 4.7 페인트 방식 비교

초벌 페인트의 건조시간을 비교하기 위해 두 가지 페인트 방식이 검사되었다. 방식 1은 표준 방법이고 방식 2는 건조시간을 감소시키는 새로운 첨가물이 사용된 방법이다. 경험에 따르면 건조시간의 표준편차는 8분이고 이 내재하는 변동은 새로운 첨가물이 첨가되어도 변하지 않는다고 알려져 있다. 방식 1과 방식 2가 각각 서로 다른 10개의 시료에 임의의 순서대로 페인트칠을 하였다. 조사된 두 표본의 평균 건조시간은 $\bar{x}_1 = 121$과 $\bar{x}_2 = 112$이다. 새로운 페인트 방식(방식 2)의 효과에 대해 $\alpha = 0.05$에서 어떤 결론을 내릴 수 있는가?

**풀이**

이 문제에 해당하는 가설은

$$H_0: \ \mu_1 - \mu_2 = 0$$
$$H_1: \ \mu_1 - \mu_2 > 0$$

또는

$$H_0: \ \mu_1 = \mu_2$$
$$H_1: \ \mu_1 > \mu_2$$

으로 표현할 수 있다. 이제 $\bar{x}_1 = 121$, $\bar{x}_2 = 112$이므로 검정통계량은

$$Z_0 = \frac{121 - 112}{\sqrt{\dfrac{(8)^2}{10} + \dfrac{(8)^2}{10}}} = 2.52$$

와 같이 계산된다. 검정통계량 $Z_0 = 2.52 > z_{0.05} = 1.645$이므로 귀무가설을 $\alpha = 0.05$에서 기각하여 페인트에 새로운 첨가물을 사용하면 건조시간을 심각하게 줄일 수 있다고 판단한다. 다른 방법으로는 유의확률을

$$P\text{-value} = 1 - \Phi(2.52) = 0.0059$$

와 같이 계산하고 $P = 0.0059 < \alpha = 0.05$이므로 귀무가설을 기각한다.

**평균의 차에 대한 신뢰구간(알려진 분산)** 분산이 알려진 경우 평균의 차 $\mu_1 - \mu_2$에 대한 신뢰구간은 다음 식과 같다.

$$\bar{x}_1 - \bar{x}_2 - Z_{\alpha/2}\sqrt{\frac{\sigma_1^2}{n_1} + \frac{\sigma_2^2}{n_2}} \le \mu_1 - \mu_2 \le \bar{x}_1 - \bar{x}_2 + Z_{\alpha/2}\sqrt{\frac{\sigma_1^2}{n_1} + \frac{\sigma_2^2}{n_2}} \tag{4.47}$$

### 4.4.2 두 정규분포의 평균의 차에 대한 추론(분산이 알려지지 않은 경우)

두 평균의 차의 검정에 대한 내용은 아래와 같다.

분산이 알려지지 않은 경우는 두 가지 경우로 나누어 생각한다. 경우 1은 $\sigma_1^2 = \sigma_2^2 = \sigma^2$인 경우 이고 경우 2는 $\sigma_1^2 \neq \sigma_2^2$인 경우이다.

**경우 1**: 두 분산이 알려지지 않았지만 동일하다고 가정하므로 분산은 두 표본을 합쳐서 다음과 같이 추정한다.

**통합 표본분산**(pooled sample variance)은 다음과 같이 정의한다.

$$s_p^2 = \frac{(n_1 - 1)s_1^2 + (n_2 - 1)s_2^2}{n_1 + n_2 - 2} \tag{4.48}$$

통합 표본표준편차를 사용하면 다음 통계량

$$t = \frac{\bar{x}_1 - \bar{x}_2 - (\mu_1 - \mu_2)}{s_p\sqrt{\frac{1}{n_1} + \frac{1}{n_2}}} \tag{4.49}$$

는 자유도 $n_1 + n_2 - 2$인 $t$분포를 따르게 된다. 식 4.49를 사용하여 경우 1의 두 평균의 차의 검정에 대한 내용은 아래와 같다.

**$\mu_1 - \mu_2$에 대한 가설검정($\sigma_1^2 = \sigma_2^2 = \sigma^2$)**

귀무가설: $H_0$: $\mu_1 - \mu_2 = \Delta_0$

검정통계량: $t_0 = \dfrac{\bar{x}_1 - \bar{x}_2 - \Delta_0}{s_p\sqrt{\frac{1}{n_1} + \frac{1}{n_2}}}$ (4.50)

| 대립가설 | 유의수준 $\alpha$ 기각역 | 유의확률 |
|---|---|---|
| $H_1$: $\mu_1 - \mu_2 \neq \Delta_0$ | $t_0 > t_{\alpha/2, n_1+n_2} - 2$ or<br>$t_0 < -t_{\alpha/2, n_1+n_2} - 2$ | $P = P(t_{n_1+n_2-2} > \lvert t_0 \rvert) + P(t_{n_1+n_2-2} < -\lvert t_0 \rvert)$ |
| $H_1$: $\mu_1 - \mu_2 > \Delta_0$ | $t_0 > t_{\alpha, n_1+n_2} - 2$ | $P = P(t_{n_1+n_2-2} > t_0)$ |
| $H_1$: $\mu_1 - \mu_2 < \Delta_0$ | $t_0 < -t_{\alpha, n_1+n_2} - 2$ | $P = P(t_{n_1+n_2-2} < t_0)$ |

### 예 4.8 평균 수율의 비교

화학 공정에서 두 가지 촉매가 평균 수율에 어떻게 영향을 미치는가를 알아보고자 한다. 촉매 1은 현재 사용하고 있는 촉매이고 촉매 2는 허용되는 촉매이다. 촉매 2는 촉매 1보다 저렴하기 때문에 수율에 변화를 주지 않으면 사용될 수 있다. 두 촉매를 사용할 때의 실험 결과는 표 4.2에 나타나 있다. 평균 수율에 어떤 차이가 있는가? 동일한 분산을 가정하고 $\alpha = 0.05$를 사용하라.

표 4.2 예 4.8의 촉매 수율 데이터

| Observation Number | Catalyst 1 | Catalyst 2 |
|---|---|---|
| 1 | 91.50 | 89.19 |
| 2 | 94.18 | 90.95 |
| 3 | 92.18 | 90.46 |
| 4 | 95.39 | 93.21 |
| 5 | 91.79 | 97.19 |
| 6 | 89.07 | 97.04 |
| 7 | 94.72 | 91.07 |
| 8 | 89.21 | 92.75 |
| | $\bar{x}_1 = 92.255$ | $\bar{x}_2 = 92.733$ |
| | $s_1 = 2.39$ | $s_2 = 2.98$ |

**풀이**

가설은 다음과 같다.

$$H_0:\ \mu_1 = \mu_2$$
$$H_1:\ \mu_1 \neq \mu_2$$

표 4.2로부터 $\bar{x}_1 = 92.255$, $s_1 = 2.39$, $n_1 = 8$, $\bar{x}_2 = 92.733$, $s_2 = 2.98$, $n_2 = 8$이다. 따라서

$$s_p^2 = \frac{(n_1-1)s_1^2 + (n_2-1)s_2^2}{n_1+n_2-2} = \frac{(7)(2.39)^2 + (7)(2.98)^2}{8+8-2} = 7.30$$
$$s_p = \sqrt{7.30} = 2.70$$

을 계산하고 검정통계량은

$$t_0 = \frac{\bar{x}_1 - \bar{x}_2}{2.70\sqrt{\dfrac{1}{n_1}+\dfrac{1}{n_2}}} = \frac{92.255 - 92.733}{2.70\sqrt{\dfrac{1}{8}+\dfrac{1}{8}}} = -0.35$$

가 된다. 검정통계량은 $-t_{0.025,14} = -2.145 < -0.35 < t_{0.025,14} = 2.145$이므로 귀무가설을 기각하지 않는다. 즉 $\alpha = 0.05$에서 촉매 2가 수율에서 촉매 1과 다르다는 증거가 없다고 판단한다. 그림 4.7은 두 종류의 촉매에 따른 수율 데이터를 비교 상자그림으로 보여 주고 있다. 이 비교 상자그림에서 비록 촉매 2의 표본분산이 약간 더 크지만 두 표본의 중앙값에 차이가 없다는 것을 알 수 있다. 상자그림에서는 두 표본을 비교하는 정확한 규칙은 없지만 가설검정의 결과를 설명하고 가정을 입증하는 도구로서 시각적 느낌을 주는 것에 주된 가치를 가지고 있다. 그림 4.8은 미니탭을 사용한 두 수율 데이터에 대한 정규확률플롯이다. 두 표본 모두 직선에 잘 위치하고 있고 두 직선이 비슷한 기울기를 가지고 있음을 유의해야 한다. 따라서 정규성과 등분산성(equal variance)의 가정이 성립된다고 할 수 있다.

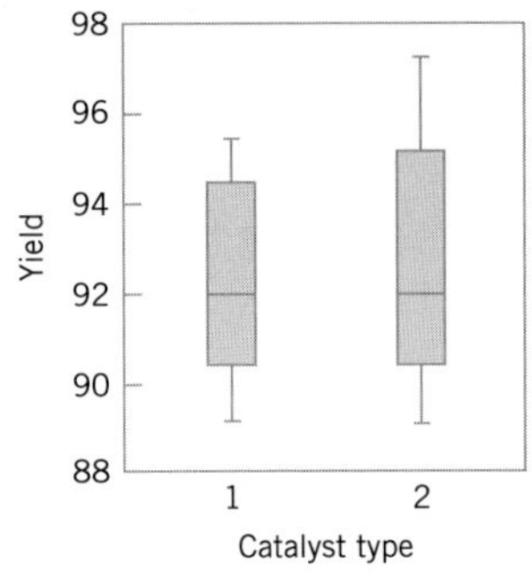


**그림 4.7** 촉매 수율 데이터 비교 상자그림

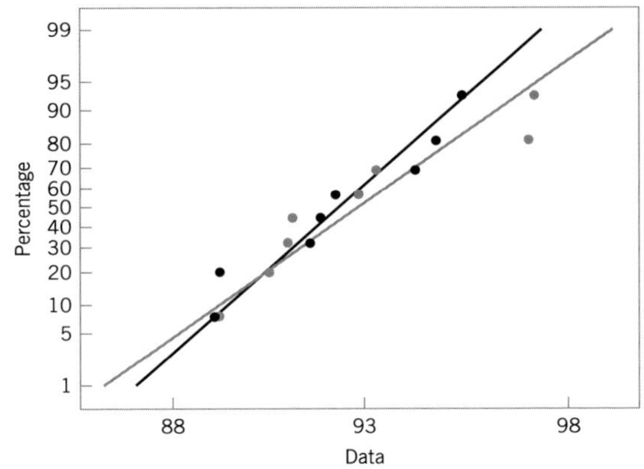


**그림 4.8** 촉매 수율 데이터의 정규확률플롯(미니탭 사용)

이 예에서 가설검정은 유의확률을 사용할 수도 있다. 이때 유의확률은 $P = 0.7289(>0.05)$이고 따라서 귀무가설을 기각하지 않는다.

**경우 2:** 두 분산이 알려지지 않고 또한 동일하지 않다고 가정하므로 아래 검정통계량을 사용한다.

$$t_0^* = \frac{\bar{x}_1 - \bar{x}_2 - \Delta_0}{\sqrt{\dfrac{s_1^2}{n_1} + \dfrac{s_2^2}{n_2}}} \tag{4.51}$$

식 4.54의 검정통계량은 근사적으로 $t$분포를 따르게 되고 이때의 자유도는

$$v = \frac{\left(\dfrac{s_1^2}{n_1} + \dfrac{s_2^2}{n_2}\right)^2}{\dfrac{\left(s_1^2/n_1\right)^2}{n_1 - 1} + \dfrac{\left(s_2^2/n_2\right)^2}{n_2 - 1}} \tag{4.52}$$

이다. 이 검정통계량을 사용하면 두 분산이 동일한 경우와 유사하게 검정할 수 있다.

**평균의 차에 대한 신뢰구간(분산이 알려지지 않은 경우)**

**경우 1**($\sigma_1^2 = \sigma_2^2 = \sigma^2$): 두 표본에서 $\bar{x}_1, \bar{x}_2, s_1^2, s_2^2$를 각각 크기 $n_1, n_2$인 확률표본의 표본평균과 표본분산이라고 한다. 그러면 두 평균의 차 $\mu_1 - \mu_2$에 대한 신뢰구간은 다음과 같이 설정된다.

$$\begin{aligned} &\bar{x}_1 - \bar{x}_2 - t_{\alpha/2,\, n_1+n_2-2}\, s_p \sqrt{\frac{1}{n_1} + \frac{1}{n_2}} \\ &\qquad \le \mu_1 - \mu_2 \le \bar{x}_1 - \bar{x}_2 + t_{\alpha/2,\, n_1+n_2-2}\, s_p \sqrt{\frac{1}{n_1} + \frac{1}{n_2}} \end{aligned} \tag{4.53}$$

단, $s_p = \sqrt{[(n_1 - 1)s_1^2 + (n_2 - 1)s_2^2]/(n_1 + n_2 - 2)}$는 통합 표준편차이다.

**경우 2**($\sigma^2_1 \neq \sigma^2_2$): 두 표본에서 $\bar{x}_1$, $\bar{x}_2$, $s^2_1$, $s^2_2$를 각각 크기 $n_1$, $n_2$인 확률표본의 표본평균과 표본분산이라고 다. 그러면 두 평균의 차 $\mu_1 - \mu_2$에 대한 신뢰구간은 다음과 같이 설정한다.

$$\bar{x}_1 - \bar{x}_2 - t_{\alpha/2,\,v}\sqrt{\frac{s_1^2}{n_1}+\frac{s_2^2}{n_2}} \le \mu_1 - \mu_2 \le \bar{x}_1 - \bar{x}_2 + t_{\alpha/2,v}\sqrt{\frac{s_1^2}{n_1}+\frac{s_2^2}{n_2}} \tag{4.54}$$

단, 자유도 $\nu$는 식 4.52에서 정의되어 있다.

**예 4.9 배합 시멘트와 무배합 시멘트의 비교**

어떤 연구에서 표준 시멘트와 납으로 배합 처리된 시멘트의 칼슘의 무게에 대한 분석 결과를 보고하였다. 칼슘의 수준이 낮아지면 시멘트의 수화(hydration) 시스템이 차단되어 시멘트 구조에 물이 침투한다고 한다. 표준 시멘트의 10개의 데이터에서 평균 칼슘 무게 퍼센트는 $\bar{x}_1 = 90.0$, 표준편차는 $s_1 = 5.0$을 얻고 납 배합 처리된 시멘트의 15개 데이터에서 $\bar{x}_2 = 87.0$, 표준편차는 $s_2 = 4.0$을 얻었다. 납 배합 시멘트가 시멘트의 평균 칼슘 무게에 변화를 준다고 할 수 있는가?

**풀이**

칼슘 무게 퍼센트는 정규분포를 따른다고 가정하고 평균의 차 $\mu_1 - \mu_2$에 대한 95% 신뢰구간을 구해 보자. 또한 두 정규분포가 동일한 표준편차를 가진다고 가정한다. 식 4.48에 정의한 통합 표본분산은

$$s_p^2 = \frac{(n_1-1)s_1^2+(n_2-1)s_2^2}{n_1+n_2-2} = \frac{(9)(5.0)^2+14(4.0)^2}{10+15-2} = 19.52$$

으로 계산되고 따라서 통합 표본표준편차는 $s_p = \sqrt{19.52} = 4.4$이다. 식 4.56을 사용하여 95% 신뢰구간을 구하면

$$\bar{x}_1 - \bar{x}_2 - t_{0.025,23}s_p\sqrt{\frac{1}{n_1}+\frac{1}{n_2}} \le \mu_1 - \mu_2 \le \bar{x}_1 - \bar{x}_2 + t_{0.025,23}s_p\sqrt{\frac{1}{n_1}+\frac{1}{n_2}}$$

을 얻고 $t_{0.025,23} = 2.069$를 사용하여

$$90.0 - 87.0 - 2.069(4.4)\sqrt{\frac{1}{10}+\frac{1}{15}} \le \mu_1 - \mu_2 \le 90.0 - 87.0 + 2.069(4.4)\sqrt{\frac{1}{10}+\frac{1}{15}}$$

에서

$$-0.72 \le \mu_1 - \mu_2 \le 6.72$$

을 얻게 된다.

여기서 95% 신뢰구간은 0을 포함하고 있다. 이것은 이 신뢰수준에서 두 평균 간에 차이가 있다고 판단할 수 없음을 나타낸다. 다른 말로 표현하면 납 배합 시멘트가 평균 칼슘 무게 퍼센트에 영향을 준다는 근거가 없으므로 납이 배합되어도 수화 시스템에 영향을 준다고 주장할 수 없다는 의미이다.

다음 결과는 미니탭에서 예 4.8의 촉매 수율 데이터를 사용하여 이표본 $t$-검정을 실시한 결과이다.

**이표본 t-검정과 신뢰구간: 촉매 1, 촉매 2**

```
Two-sample T for Catalyst 1 vs Catalyst 2
              N    Mean   StDev   SE Mean
Catalyst 1    8   92.26    2.39      0.84
Catalyst 2    8   92.73    2.98       1.1
Difference = mu Catalyst 1 - mu Catalyst 2
Estimate for difference: -0.48
95% CI for difference: -(3.39, 2.44)
t-test of difference = 0 (vs not = ): T-value = -0.35
  P-Value = 0.729 DF = 14
```

이 결과는 각 표본에 대한 요약통계량(summary statistic)과 함께 신뢰구간과 가설검정의 결과를 보여 준다. 이 결과는 동일한 분산을 가정한 것이지만 미니탭에서는 분산이 서로 다른 경우도 선택할 수 있다.

**대응표본(paired data)** 지금까지 이표본 문제에서 표본은 서로 독립이라는 가정을 하였으나 어떤 경우에는 서로 독립이 아닌 대응표본이 사용되는 경우가 있다. 이것은 관측값들을 짝을 짓게 하여 실험에서 분산이 과다 추정되게 하는 추가적인 요인을 방지하기 위해서이다. 이 방법은 두 평균의 비교에서 정밀성(precision)을 향상시키는 데 사용된다. 다음 예를 통해 이러한 경우를 설명한다.

### 예 4.10 대응 $t$-검정

합성섬유의 인장강도를 측정하기 위해 두 종류의 기계가 사용되었다. 두 기계가 평균 인장강도를 동일하게 계산하는지를 판단하고자 한다. 섬유 시료 8개가 랜덤하게 추출되어 각 시료의 인장강도가 두 기계에서 각각 측정되었다. 그 결과는 표 4.3에 있다.

이 실험에서의 데이터는 섬유 시료의 차가 기계 간의 차의 검정에 영향을 주지 않도록 서로 짝을 짓게 하였다. 검정에서는 먼저 n개 쌍의 데이터의 차를 계산하게 된다. 즉,

$$t_0 = \frac{\bar{d}}{s_d/\sqrt{n}}$$

그 다음 차의 평균이 $\mu_d = \mu_1 - \mu_2 = 0$인가를 검정하게 된다. 이것은 단순히 4.3.3절에서 설명한 일표본 $t$-검정에 해당된다. 검정통계량은 아래와 같다.

$$\bar{d} = \frac{1}{n}\sum_{j=1}^{n} d_j$$

단,

$$s_d^2 = \frac{\sum_{j=1}^{n}\left(d_j - \bar{d}\right)^2}{n-1} = \frac{\sum_{j=1}^{n} d_j^2 - \frac{\left(\sum_{j=1}^{n} d_j\right)^2}{n}}{n-1}$$

여기서 만일 $|t_0| > t_{\alpha/2,n-1}$이면 귀무가설 $H_0$: $\mu_d = 0$를 기각하게 된다.
이 예에서는

$$\bar{d} = \frac{1}{n}\sum_{j=1}^{n} d_j = \frac{1}{8}(-11) = -1.38$$

$$s_d^2 = \frac{\sum_{j=1}^{n} d_j^2 - \frac{\left(\sum_{j=1}^{n} d_j\right)^2}{n}}{n-1} = \frac{65 - \frac{(-11)^2}{8}}{7} = 7.13$$

으로부터 검정통계량은

$$t_0 = \frac{\bar{d}}{s_d/\sqrt{n}} = \frac{-1.38}{2.67/\sqrt{8}} = -1.46$$

이 된다.
유의수준 $\alpha = 0.05$에서 $t_{0.025,7} = 2.365$이므로 두 기계가 서로 다른 평균 인장강도를 측정한다는 근거가 없다고 판단한다.

표 4.3 예 4.10의 짝지은 인장강도 데이터

| Specimen | Machine 1 | Machine 2 | Difference |
|---|---|---|---|
| 1 | 74 | 78 | −4 |
| 2 | 76 | 79 | −3 |
| 3 | 74 | 75 | −1 |
| 4 | 69 | 66 | 3 |
| 5 | 58 | 63 | −5 |
| 6 | 71 | 70 | 1 |
| 7 | 66 | 66 | 0 |
| 8 | 65 | 67 | −2 |

### 4.4.3 두 정규분포의 분산의 비교

**가설검정** 서로 독립인 두 모집단의 분산이 동일하다는 가설을 검정하는 절차를 생각해 보자. 이에 대한 가설은

$$H_0:\ \sigma_1^2 = \sigma_2^2$$
$$H_1:\ \sigma_1^2 \neq \sigma_2^2$$

이 되고 검정통계량은 두 표본분산의 비, 즉

$$F_0 = \frac{s_1^2}{s_2^2} \tag{4.55}$$

이다. 이 검정에 대한 내용은 아래와 같다.

**$\sigma_1^2 = \sigma_2^2$에 대한 가설검정**

귀무가설: $H_0$: $\sigma_1^2 = \sigma_2^2$

| 대립가설 | 검정통계량 | 기각역 |
|---|---|---|
| $H_1$: $\sigma_1^2 \neq \sigma_2^2$ | $F_0 = \dfrac{s_1^2}{s_2^2}$ | $F_0 > F_{\alpha/2,n_1-1,n_2-1}$ or $F_0 > F_{1-\alpha/2,n_1-1,n_2-1}$ |
| $H_1$: $\sigma_1^2 < \sigma_2^2$ | $F_0 = \dfrac{s_2^2}{s_1^2}$ | $F_0 > F_{\alpha,n_2-1,n_1-1}$ |
| $H_1$: $\sigma_1^2 > \sigma_2^2$ | $F_0 = \dfrac{s_1^2}{s_2^2}$ | $F_0 > F_{\alpha,n_1-1,n_2-1}$ |

단, $F_{\alpha/2,u,v}$는 자유도가 $u$와 $v$인 $F$분포의 상위 $\alpha/2$ 분위수이다.

**두 정규분포의 분산의 비에 대한 신뢰구간** 두 정규분포의 분산의 비에 대한 신뢰구간은 다음 식과 같다.

$$\frac{s_1^2}{s_2^2}F_{1-\alpha/2,n_2-1,n_1-1} \leq \frac{\sigma_1^2}{\sigma_2^2} \leq \frac{s_1^2}{s_2^2}F_{\alpha/2,n_2-1,n_1-1} \tag{4.56}$$

이에 대한 한쪽신뢰구간에서

신뢰상한은

$$\frac{\sigma_1^2}{\sigma_2^2} \leq \frac{s_1^2}{s_2^2}F_{\alpha,n_2-1,n_1-1} \tag{4.57}$$

신뢰하한은

$$\frac{s_1^2}{s_2^2}F_{1-\alpha,n_2-1,n_1-1} \leq \frac{\sigma_1^2}{\sigma_2^2} \tag{4.58}$$

### 4.4.4 두 모집단의 비율에 대한 추론

두 이항분포의 모수 $p_1$과 $p_2$를 비교하는 문제를 생각해 보자. 여기서는 이항분포를 정규분포에 근사시킬 수 있는 대표본의 가설검정과 신뢰구간에 대해 알아 본다.

**$H_0$: $p_1 = p_2$에 대한 대표본 검정** 두 모집단으로부터 각각 크기가 $n_1$, $n_2$인 확률표본(표본 1과 표본 2)을 얻고 각 표본에서 성공의 수가 $x_1$, $x_2$로 관측되었다고 하자. 이때 모집단 비율(성공의 확률)의 추정치는 각각 $\hat{p}_1 = x_1/n_1$, $\hat{p}_2 = x_2/n_2$로 추정하면 각각 근사적으로 정규분포를 따르게 된다. 검정하고자 하는 가설은

$$H_0:\quad p_1 = p_2$$
$$H_1:\quad p_1 \neq p_2$$

이 된다. 다음 통계량

$$Z = \frac{\hat{p}_1 - \hat{p}_2 - (p_1 - p_2)}{\sqrt{\dfrac{p_1(1-p_1)}{n_1} + \dfrac{p_2(1-p_2)}{n_2}}} \tag{4.59}$$

은 근사적으로 표준 정규분포를 따르고 가설검정의 기초가 된다. 특히, 귀무가설이 사실이면 $p_1 = p_2 = p$가 되어 통계량

$$Z = \frac{\hat{p}_1 - \hat{p}_2}{\sqrt{p(1-p)\left(\dfrac{1}{n_1} + \dfrac{1}{n_2}\right)}}$$

은 근사적으로 표준 정규분포를 따르고, $p$의 추정량은

$$\hat{p} = \frac{x_1 + x_2}{n_1 + n_2}$$

으로 사용한다.

통계량 식 4.59에 기초한 검정에 대한 내용은 다음 표에 요약되어 있다.

**$\mu_1 - \mu_2$의 두 모집단 비율 $p_1 = p_2$에 대한 가설검정**

귀무가설: $H_0$: $p_1 = p_2$

검정통계량: $Z_0 = \dfrac{\hat{p}_1 - \hat{p}_2}{\sqrt{\hat{p}(1-\hat{p})\left(\dfrac{1}{n_1} + \dfrac{1}{n_2}\right)}}$ (4.60)

$\hat{p} = (x_1 + x_2)/(n_1 + n_2)$

| 대립가설 | 유의수준 $\alpha$ 기각역 | $P$값 |
|---|---|---|
| $H_1: p_1 \neq p_2$ | $Z_0 > Z_{\alpha/2}$ or $Z_0 < -Z_{\alpha/2}$ | $P = 2[1 - \Phi(\lvert Z_0\rvert)]$ |
| $H_1: p_1 > p_2$ | $Z_0 > Z_\alpha$ | $P = 1 - \Phi(Z_0)$ |
| $H_1: p_1 < p_2$ | $Z_0 < -Z_\alpha$ | $P = \Phi(Z_0)$ |

**두 모집단 비율의 차에 대한 신뢰구간** 두 모비율의 차에 대한 신뢰구간은 다음과 같다.

$$\hat{p}_1 - \hat{p}_2 - Z_{\alpha/2}\sqrt{\frac{\hat{p}_1(1-\hat{p}_1)}{n_1} + \frac{\hat{p}_2(1-\hat{p}_2)}{n_2}} \le p_1 - p_2 \le \hat{p}_1 - \hat{p}_2 + Z_{\alpha/2}\sqrt{\frac{\hat{p}_1(1-\hat{p}_1)}{n_1} + \frac{\hat{p}_2(1-\hat{p}_2)}{n_2}} \tag{4.61}$$

이 결과는 **이항분포**에 대한 정규근사에 기초한 것이다.

## 4.5 둘 이상의 모집단: 분산분석

검정과 실험은 공학적 분석의 자연스러운 부분으로서 품질의 관리와 향상 문제에서 종종 발생한다. 강철합금의 평균강도에 대한 열처리 방법의 효과를 연구하는 문제를 예로 들어보자. 이 실험에서는 제시된 열처리 방법을 사용하여 생산된 몇 개의 합금시료에서 시료의 강도를 측정한다. 이 데이터는 어떤 열처리 방법이 최대평균강도를 가지게 되는지를 결정하는 데 사용된다.

만일 두 가지 방법만 있다면 이 실험은 이표본 $t$-검정에 해당된다. 즉 이 실험은 하나의 **요인**(factor) (열처리 방법)에서 두 가지 **수준**(level)이 있는 경우에 해당한다.

많은 단일요인실험은 둘 또는 그 이상의 수준을 고려하고 있다. 예를 들면 엔지니어는 다섯 가지 열처리 방법을 비교하고자 하는 경우가 있다. 이 절에서는 둘보다 많은 수준이 있는 경우에 **분산분석**(analysis of variance; ANOVA)이 어떻게 사용되는지를 설명한다. 또한 실험 순서의 **확률화**(randomization)와 이 개념이 전체적인 실험의 전략에서 의미하는 중요성에 대해도 설명한다.

### 4.5.1 예

종이 장바구니 제조업자는 제품의 인장강도를 향상시키는 데 관심이 있다. 제품공학적으로 인장강도는 펄프에 포함된 재목 농도(hardwood concentration)의 함수일 것으로 판단하고 있다. 실제로 관심이 있는 재목농도는 5%에서 20% 사이이다. 이 연구에 책임을 진 기술팀이 4종류의 재목농도(5%, 10%, 15%, 20%)를 조사하기로 결정하여 시험 시설을 사용하여 각 재목농도에서 6개씩의 시험 시료를 측정하였다. 총 24개의 시료가 인장강도 측정기에서 랜덤하게 측정되었으며 그 결과는 표 4.4에 있다.

이것은 4개의 수준이 있는 완전확률화(completely randomized) 단일요인실험(single-factor experiment)의 예이다. 요인의 수준은 종종 **처리**(treatment)라고도 하고, 여기서는 각 처리가 6개의 관측값 또는 **반복값**(replicates)을 가지게 된다. 실험에서 **확률화**의 역할은 매우 중요하다. 총 24개의 측정의 순서를 확률화함으로써 인장강도에 영향을 줄지도

표 4.4
종이의 인장강도(단위: psi)

| Hardwood Concentration (%) | Observations | | | | | | Totals | Averages |
|---|---|---|---|---|---|---|---|---|
| | 1 | 2 | 3 | 4 | 5 | 6 | | |
| 5 | 7 | 8 | 15 | 11 | 9 | 10 | 60 | 10.00 |
| 10 | 12 | 17 | 13 | 18 | 19 | 15 | 94 | 15.67 |
| 15 | 14 | 18 | 19 | 17 | 16 | 18 | 102 | 17.00 |
| 20 | 19 | 25 | 22 | 23 | 18 | 20 | 127 | 21.17 |
| | | | | | | | 383 | 15.96 |

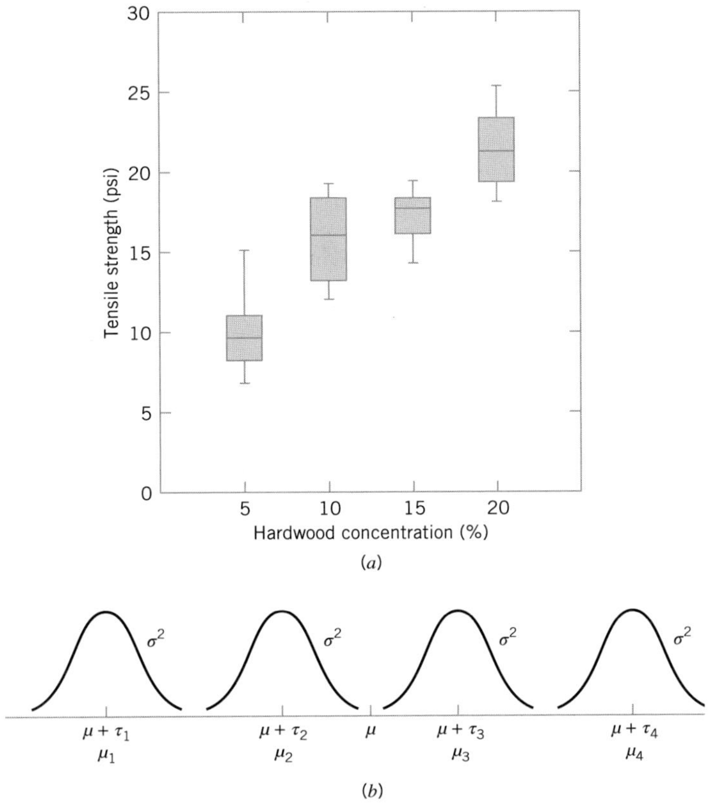


**그림 4.9**
(a) 재목농도 데이터의 상자그림.
(b) 완전확률화 단일요인실험에 대한 식 4.62의 모형

모르는 장애변수(nuisance variable)의 영향이 균형 있게 제거될 수 있다. 예를 들면, 인장강도 측정기에 준비효과(warm-up effect)가 있다고 가정해 보자. 즉, 측정기가 오래 켜져 있으면 인장강도가 더 크게 측정된다. 만약 모든 24개의 측정이 재목농도의 크기순으로 측정되었다면(즉, 6개의 5% 농도시료가 먼저 측정되고, 다음에 6개의 10% 농도시료가 측정되고, …) 관측값에서 나타나는 인장강도의 차는 준비효과 때문일 수도 있다.

실험계획으로부터 얻은 데이터를 도형적으로 분석하는 것도 중요하다. 그림 4.9*a*는 4개의 재목농도 수준에서 측정한 인장강도에 대한 상자그림이다. 이 그림은 재목농도의 변화는 인장강도에 영향을 준다는 것을 보여 주고 있다. 특별히 재목농도가 클수록 큰 인장강도를 가지는 모습을 보여 주고 있다. 더 나아가 그림 4.9*b*에서는 인장강도의 분포가 각각의 재목농도에서 대칭이고 분산은 재목농도가 변해도 크게 변하지 않음을 알 수 있다.

그래프를 사용한 분석은 항상 유용하다. 상자그림은 주어진 처리(수준)내의 변동과 처리간의 변동을 보여 주고 있다. 이제 단일요인 확률화실험에서 데이터가 어떻게 분석되는지를 알아보자.

### 4.5.2 분산분석

단일요인에서 비교하고자 하는 수준이 $a$개가 있다고 하자. 각각의 처리에서 얻어지는 관측값은 확률변수에 해당한다. 관측 데이터는 표 4.5처럼 표시된다.

**선형 통계 모형**에 의해 표 4.5의 데이터를 다음과 같은 모형으로 설명한다.

$$y_{ij} = \mu + \tau_i + \varepsilon_{ij} \begin{cases} i = 1,2,\ldots,a \\ j = 1,2,\ldots,n \end{cases} \tag{4.62}$$

단, $y_{ij}$는 $i$번째 처리에서 $j$번째 관측값을 의미하고, $\mu$는 **총평균**(overall mean), $\tau_i$는 $i$번째 처리효과, $\varepsilon_{ij}$는 관측값 $y_{ij}$에서 나타나는 확률오차이다.

이 모형은 다음 식으로도 표현된다.

$$y_{ij} = \mu_i + \varepsilon_{ij} \begin{cases} i = 1,2,\ldots,a \\ j = 1,2,\ldots,n \end{cases}$$

단, $\mu_i = \mu + \tau_i$는 $i$번째 처리의 평균을 나타낸다. 이 모형에서 각 모집단의 평균은 $\mu_i$이고 이는 총평균 $\mu$에 처리효과 $\tau_i$가 더해진 결과임을 알게 된다. 오차항 $\varepsilon_{ij}$는 서로 독립이고 평균이 0이고 분산이 $\sigma^2$인 정규분포를 따른다고 가정한다. 그러므로 각 처리는 평균 $\mu_i$, 분산 $\sigma^2$인 정규분포를 따른다고 가정한다.

이 절에서는 $a$개의 모집단의 평균이 동일하다는 가설을 검정하기 위해 분산분석을 사용하는 것을 설명한다. 처리효과(treatment effect) $\tau_i$는 총평균에서의 편차를 나타내므로

$$\sum_{i=1}^{a} \tau_i = 0 \tag{4.63}$$

이 성립한다.

이제 $y_{i\cdot}$는 $i$번째 처리의 관측값의 합을 나타내고 $\bar{y}_{i\cdot}$는 $i$번째 처리의 관측값의 평균을 나타낸다고 가정하자. 또한 $y_{\cdot\cdot}$은 관측값의 총합계, $\bar{y}_{\cdot\cdot}$는 관측값의 총평균을 나타낸다. 이를 식으로 표현하면 다음과 같다.

$$\begin{aligned} y_{i\cdot} &= \sum_{j=1}^{n} y_{ij} \qquad \bar{y}_{i\cdot} = y_{i\cdot}/n \quad i = 1,2,\ldots,a \\ y_{\cdot\cdot} &= \sum_{i=1}^{a}\sum_{j=1}^{n} y_{ij} \quad \bar{y}_{\cdot\cdot} = y_{\cdot\cdot}/N \end{aligned} \tag{4.64}$$

단, $N = an$, 즉 총 관측값의 수이다. 그러므로 "·" 기호는 그 점의 위치에 해당하는 모든 첨자값의 합을 의미한다.

표 4.5
단일요인실험에 대한 일반적인 자료

| Treatment | Observations | | | | Totals | Averages |
|---|---|---|---|---|---|---|
| 1 | $y_{11}$ | $y_{12}$ | ⋯ | $y_{1n}$ | $y_{1\cdot}$ | $\bar{y}_{1\cdot}$ |
| 2 | $y_{21}$ | $y_{22}$ | ⋯ | $y_{2n}$ | $y_{2\cdot}$ | $\bar{y}_{2\cdot}$ |
| . | . | . | ⋯ | . | . | . |
| . | . | . | ⋯ | . | . | . |
| . | . | . | ⋯ | . | . | . |
| $a$ | $y_{a1}$ | $y_{a2}$ | ⋯ | $y_{an}$ | $y_{a\cdot}$ | $\bar{y}_{a\cdot}$ |
| | | | | | $y_{\cdot\cdot}$ | $\bar{y}_{\cdot\cdot}$ |

이제 $a$개의 처리의 평균 $\mu_1, \mu_2, ..., \mu_a$이 모두 동일하다는 사실을 검정하는 것에 대해 알아보자. 이것은 식 4.63을 사용하면 아래 가설과 동일하다.

$$H_0: \quad \tau_1 = \tau_2 = \cdots = \tau_a = 0$$
$$H_1: \quad \tau_i \neq 0 \text{ (최소한 하나의 } i\text{에 대해)} \tag{4.65}$$

따라서 귀무가설이 사실이라면 각 관측값은 총평균 $\mu$에 확률오차 $\varepsilon_{ij}$의 실현치(realization)가 더해진 값이 된다. 이것은 모든 $N$개의 관측값이 평균 $\mu$, 분산 $\sigma^2$인 정규분포를 따른다는 것과 동일하다. 따라서 귀무가설이 사실이라면 요인의 수준을 바꾸는 것은 평균에 아무런 영향도 끼치지 못함을 의미한다.

분산분석(ANOVA)은 표본 데이터의 총변동을 아래와 같이 두 종류의 성분으로 분할한다.

$$\sum_{i=1}^{a}\sum_{j=1}^{n}\left(y_{ij} - \bar{y}_{..}\right)^2 = n\sum_{i=1}^{a}\left(\bar{y}_{i\cdot} - \bar{y}_{..}\right)^2 + \sum_{i=1}^{a}\sum_{j=1}^{n}\left(y_{ij} - \bar{y}_{i\cdot}\right)^2 \tag{4.66}$$

식 4.66을 기호로 표현하면

$$SS_T = SS_{\text{Treatments}} + SS_E$$

단,

$$SS_T = \sum_{i=1}^{a}\sum_{j=1}^{n}\left(y_{ij} - \bar{y}_{..}\right)^2 = \text{총제곱합(total sum of squares)}$$
$$SS_{\text{Treatments}} = n\sum_{i=1}^{a}\left(\bar{y}_{i\cdot} - \bar{y}_{..}\right)^2 = \text{처리제곱합(treatment sum of squares)}$$
$$SS_E = \sum_{i=1}^{a}\sum_{j=1}^{n}\left(y_{ij} - \bar{y}_{i\cdot}\right)^2 = \text{오차제곱합(error sum of squares)}$$

분산분석이 어떻게 작용하는지는 $SS_{treatments}$와 $SS_E$의 기댓값을 검토하면 어느 정도 간파할 수 있다. 이것은 처리평균간 차이가 없다는 가설을 검정하는 데 적절한 통계량을 유도해 준다.

$$E\left(SS_{\text{Treatments}}\right) = (a-1)\sigma^2 + n\sum_{i=1}^{a}\tau_i^2$$

이제 식 4.65의 귀무가설이 사실이면 각 $\tau_i = 0$이 되어

$$E\left(\frac{SS_{\text{Treatments}}}{a-1}\right) = \sigma^2$$

이 된다. 대립가설이 사실이면

$$E\left(\frac{SS_{\text{Treatments}}}{a-1}\right) = \sigma^2 + \frac{n\sum_{i=1}^{a}\tau_i^2}{a-1}$$

이 된다. 이때 이 비율 $MS_{treatments} = SS_{treatments}/(\alpha - 1)$을 **평균처리제곱**(mean square for treatments)이라고 한다. 만일 귀무가설이 사실이면 $MS_{treatments}$는 $\sigma^2$의 불편추정량이 되지만, 대립가설이 사실이면 $MS_{treatments}$는 $\sigma^2$에 처리평균의 구조적 차이 때문에 발생하는 변동이 더해진 값을 추정하는 것이 된다.

오차제곱합(error sum of squares)의 기댓값은 $E(SS_E) = a(n-1)\sigma^2$이 되어 **오차제곱평균**(error mean square) $MS_E = SS_E/[a(n-1)]$은 귀무가설의 사실 여부와 관계없이 $\sigma^2$의 불편추정량이 된다.

통계량의 자유도에도 식 4.66에 나타난 제곱합의 등식에 일치하는 분할식이 있다. 이 식은

$$an - 1 = a - 1 + a(n-1)$$

이다.

이제 모든 $a$개의 모집단이 정규분포를 따른다면 귀무가설이 사실일 때 비율

$$F_0 = \frac{SS_{\text{Treatments}}/(a-1)}{SS_E/[a(n-1)]} = \frac{MS_{\text{Treatments}}}{MS_E} \tag{4.67}$$

은 자유도 $a-1$과 $a(n-1)$을 가진 $F$분포를 따르게 된다. 만일 귀무가설이 사실이면 식 4.67의 분자와 분모는 각각 분산 $\sigma^2$의 불편추정량이 되지만, 대립가설이 사실이면 $MS_{treatments}$의 기댓값은 $\sigma^2$보다 큰 값을 가지게 된다. 이 사실로 인해 식 4.67의 통계량 $F_0$의 값이 크면 귀무가설을 기각하게 된다. 즉, $F_0 > F_{a,a-1,a(n-1)}$이면 귀무가설을 기각한다. 유의확률을 사용하는 방법도 적용될 수 있는데 유의확률은 $F_{a-1,a(n-1)}$분포가 $F_0$보다 클 확률이다. 부록 표 5에서 $F$분포의 분위수는 제한된 확률값에서만 나와 있어 유의확률을 계산하기 어렵지만 대부분의 컴퓨터 프로그램은 유의확률을 제공한다.

제곱합을 위한 효율적인 계산공식은 다음 정의에 요약되어 있다.

**정의**

$$SS_T = \sum_{i=1}^{a}\sum_{j=1}^{n} y_{ij}^2 - \frac{y_{..}^2}{N} \tag{4.68}$$

$$SS_{\text{Treatments}} = \sum_{i=1}^{a} \frac{y_{i.}^2}{n} - \frac{y_{..}^2}{N} \tag{4.66}$$

$$SS_E = SS_T - SS_{\text{Treatments}} \tag{4.70}$$

이 검정 절차에 필요한 계산은 표 4.6의 **분산분석표**(ANOVA table)에 요약되어 있다.

표 4.6
단일요인실험의 분산분석표

| Source of Variation | Sum of Squares | Degrees of Freedom | Mean Square | $F_0$ |
|---|---|---|---|---|
| Treatments | $SS_{\text{Treatments}}$ | $a-1$ | $MS_{\text{Treatments}}$ | $\frac{MS_{\text{Treatments}}}{MS_E}$ |
| Error | $SS_E$ | $a(n-1)$ | $MS_E$ | |
| Total | $SS_T$ | $an-1$ | | |

## 예 4.11 종이 인장강도 실험

4.5.1절에서 설명한 종이 인장강도 실험을 고려해 보자. 서로 다른 재목농도가 종이의 평균 인장강도에 영향을 주지 않는다는 가설을 검정하기 위해 분산분석을 실시하라.

**풀이**

이 문제에 대한 가설은

$$H_0:\ \tau_1 = \tau_2 = \tau_3 = \tau_4 = 0$$
$$H_1:\ \tau_i \neq 0 \text{ (최소한 하나의 } i\text{에 대해)}$$

유의수준은 $\alpha = 0.01$을 사용한다. 분산분석을 위한 제곱합은 다음과 같이 계산된다.

$$\begin{aligned} SS_T &= \sum_{i=1}^{4}\sum_{j=1}^{6} y_{ij}^2 - \frac{y_{..}^2}{N} \\ &= (7)^2 + (8)^2 + \cdots + (20)^2 - \frac{(383)^2}{24} = 512.96 \end{aligned}$$

$$\begin{aligned} SS_{\text{Treatments}} &= \sum_{i=1}^{4} \frac{y_{i\cdot}^2}{n} - \frac{y_{..}^2}{N} \\ &= \frac{(60)^2 + (94)^2 + (102)^2 + (127)^2}{6} - \frac{(383)^2}{24} = 382.79 \end{aligned}$$

$$\begin{aligned} SS_E &= SS_T - SS_{\text{Treatments}} \\ &= 512.96 - 382.79 = 130.17 \end{aligned}$$

이런 계산은 일반적으로 손으로 하지 않는다. 미니탭에 의한 분산분석 결과는 표 4.7에 나와 있다. 표 4.7에서 유의확률은 $p = 0.000 < 0.01$이므로 귀무가설이 사실이 아니라는 강한 증거가 있다고 판단한다.

**표 4.7 미니탭을 이용한 종이 인장강도 실험의 분산분석 결과**

```
                     One-Way Analysis of Variance

Analysis of Variance
Source     DF       SS        MS         F         P
Factor      3   382.79    127.60     19.61     0.000
Error      20   130.17      6.51
Total      23   512.96
                                    Individual 95% CIs For Mean
                                    Based on Pooled StDev
Level       N     Mean     StDev    __+_____+_____+_____+
5           6   10.000     2.828    (__*__)
10          6   15.667     2.805          (__*__)
15          6   17.000     1.789            (__*__)
20          6   21.167     2.639                (__*__)
                                    __+______+______+______+
Pooled StDev = 2.551                10.0    15.0  20.0    25.0
```

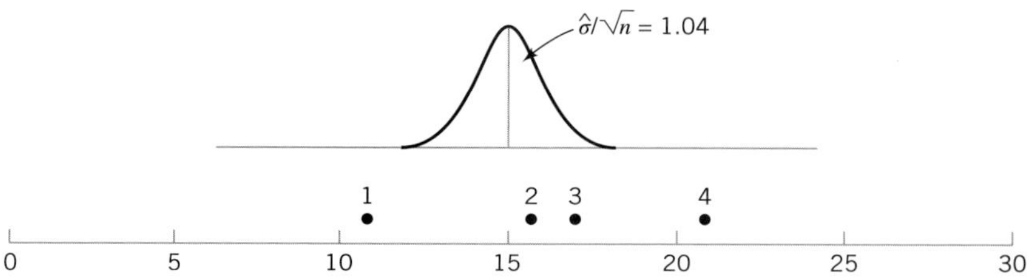


**그림 4.10**
재목농도 실험에서 평균 인장강도가 표준편차 $\sqrt{MS_E/n} = \sqrt{6.51/6} = 1.04$인 정규분포를 따르는 경우

분산분석에서는 평균값들 사이에 차가 있는지 여부를 알려주지만 어느 평균이 서로 다른지에 대해서는 알려주지 않는다. 만일 분산분석에서 평균들이 통계적으로 유의하게 다르다면 특정한 평균들의 차를 보여줄 수 있는 도형 방법이 있다. 각 요인수준의 관측평균을 $\bar{y}_1$, $\bar{y}_2$, ..., $\bar{y}_a$라고 하면 각 처리평균의 표준편차는 $\sigma/\sqrt{n}$이 된다. 만일 모든 처리평균이 동일하다면 관측평균 $\bar{y}_i$은 평균 $\mu$, 표준편차 $\sigma/\sqrt{n}$인 정규분포에서 추출된 하나의 관측값처럼 분포하게 된다. 이때 $\mu$와 $\sigma$가 알려지지 않기 때문에 평균의 추정값은 총 표본평균으로 표준편차의 추정값은 $\sqrt{MS_E}$로 대체한다.

그림 4.10에서처럼 평균 $\hat{\mu} = 15.96$, 표준편차 $\hat{\sigma}/\sqrt{n} = 1.04$인 정규분포의 확률밀도함수를 그리고 그 밑에 각 처리의 평균값을 수평축에 타점하면, 이 점들이 위쪽에 그려진 정규분포에서 랜덤하게 얻어진 값인지 아닌지를 시각적으로 구분할 수 있다. 그림 4.10에서 처리평균 간에 유의한 차이가 있다는 것을 시각적으로 확인할 수 있다.

또한 미니탭 결과 표 4.7의 하단에 각 처리평균에 대한 95% 신뢰구간이 나타나 있는데 어떤 특정한 두 처리의 신뢰구간이 서로 겹치지 않으면 그 두 처리평균은 서로 다르다고 판단한다. 예를 들어 수준 5와 10의 경우는 신뢰구간이 서로 겹치지 않아 서로 평균이 다르다고 판단하지만, 수준 15와 20은 신뢰구간이 서로 겹쳐 있어 두 평균이 서로 다르다고 할 수 없다.

### 4.5.3 가정의 검토: 잔차분석

분산분석에서는 모형의 오차(결과적으로 관측값)가 서로 독립인 정규분포를 따르며 요인의 각 수준에서 동일한 분산을 가지고 있다고 가정하고 있다. 이러한 가정은 잔차(residual)를 조사하여 검토할 수 있다. 잔차는 실제 관측값 $y_{ij}$와 표본 데이터에 대한 분산분석모형의 최소제곱추정치(least squares estimate) $\hat{y}_{ij}$의 차를 의미한다. 이런 실험계획의 형태에서 $\hat{y}_{ij}$는 요인수준의 평균 $\bar{y}_{i\cdot}$가 된다. 그러므로 잔차는 $e_{ij} = \hat{y}_{ij} - \bar{y}_{i\cdot}$, 즉 관측값과 해당하는 요인수준의 평균의 차이다. 재목농도 실험에서의 잔차는 표 4.8에 계산되어 있다.

정규성은 잔차의 정규확률플롯을 작성하여 검사할 수 있다. 각 요인수준의 동일 분산은 요인 수준에 대한 잔차를 플롯하고 잔차의 퍼짐 상태를 비교하여 검토할 수 있다. 잔차를 $\bar{y}_{i\cdot}$ **(적합값)**에 대해 플롯하는 것도 유용하다. 잔차들의 변동은 어떤 형태로든 $y_i$에 영향을 받아서는 안 된다. 이런 플롯에서 어떤 특정 경향이 발생하면 데이터 **변환**(transformation)이 필요하게 된다. 예를 들어, 잔차의 분산이 $\bar{y}_{i\cdot}$가 클수록 증가하면 $\log y$나 $\sqrt{y}$ 같은 데이터 변환이 고려될 수 있다. 어떤 문제에서 잔차의 변동이 $\bar{y}_{i\cdot}$에 따라 달라지는 현상은 매우 중요한 정보가 되기도 한다.

표 4.8
재목농도 실험에서의 잔차

| Hardwood Concentration | Residuals | | | | | |
|---|---|---|---|---|---|---|
| 5% | −3.00 | −2.00 | 5.00 | 1.00 | −1.00 | 0.00 |
| 10% | −3.67 | 1.33 | −2.67 | 2.33 | +3.33 | −0.67 |
| 15% | −3.00 | 1.00 | 2.00 | 0.00 | −1.00 | 1.00 |
| 20% | −2.17 | 3.83 | 0.83 | 1.83 | −3.17 | −1.17 |

독립성의 가정은 잔차를 실험 순서에 따라 플롯하여 검사할 수 있다. 이 플롯에서 나타나는 어떤 경향(예를 들면, 연속적인 양의 값들 또는 음의 값들)은 관측값들이 독립이 아니라는 것을 보여 준다. 이 사실은 실험의 순서가 중요하다는 것을 제시하고 또는 시간에 따라 변하는 변수가 중요하지만 실험계획에서 포함되지 않았다는 것을 제시한다.

재목농도 실험에서 잔차에 대한 정규확률플롯은 그림 4.11에 나타나 있다. 그림 4.12와 4.13은 요인수준과 적합값 $\bar{y}_{i\cdot}$에 대한 잔차의 플롯을 보여 준다.

## 4.6 선형회귀모형

많은 경우에 둘 또는 그 이상의 변수들이 서로 연관되어 있을 때 이 연관성을 모형으로 개발하는 것에 관심이 있는 경우가 있다. 예를 들면 화학공정에서는 제품의 수율이 공정온도에 연관되어 있다. 이 공정의 엔지니어는 수율을 온도에 연관시키는 모형을 수립하고 예측, 공정 최적화 또는 공정관리에 사용하고자 한다.

일반적으로 하나의 **종속변수**(dependent variable) 또는 **반응값**(response) $y$가 있고 이 종속변수가 영향을 받는 $k$개의 **독립변수**(independent variable) 또는 **회귀변수**(regressor variable) $x_1, x_2, \ldots, x_k$가 있다. 이러한 변수들 간의 연관성을 수학적 모형으로 나타낸 것을 **회귀모형**(regression model)이라고 한다. 회귀모형은 표본 데이터를 적합시키는 것이다. 어떤 경우에는 실험자가 y와 $x_1, x_2, \ldots, x_k$ 간의 참 함수적 관계에 대한 정확한 형태를 알고 있는 경우가 있다. 그러나 대부분의 경우에는 참 함수적 관계는 알려져 있지 않아서 실험자가 참모형을 근사시킬 수 있는 적절한 함수를 선택하게 된다.

품질과 공정 향상에서는 회귀모형을 많이 적용한다. 이 절에서는 이러한 모형의 적합에 관하여 설명한다.

선형회귀모형의 예로서 폴리머(polymer)의 점성(viscosity)을 온도와 촉매 공급비율(catalyst feed rate)에 연관시키는 경험적 모형을 개발하고자 하는 경우를 생각해 보자.

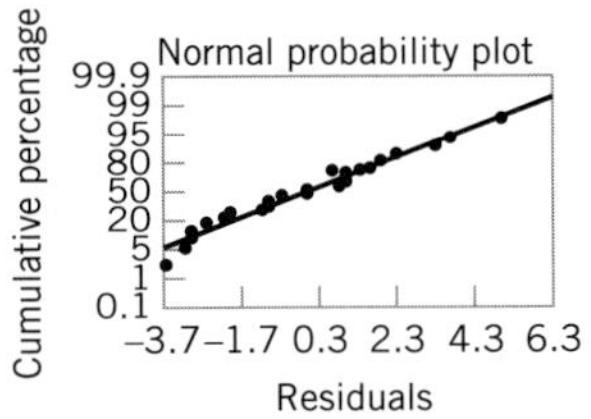


**그림 4.11** 재목농도 실험에서 잔차의 정규확률플롯

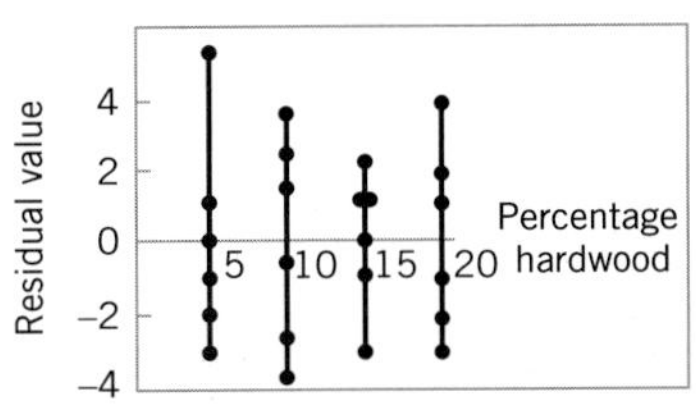


**그림 4.12** 요인수준과 잔차의 그림

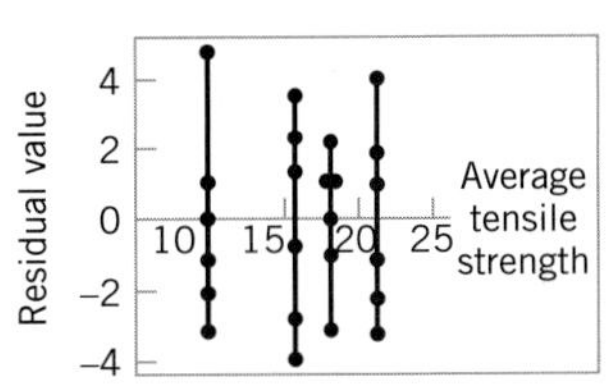


**그림 4.13** $\bar{y}_{i\cdot}$와 잔차의 그림

이런 관계를 설명할 수 있는 모형은 다음과 같다.

$$y = \beta_0 + \beta_1 x_1 + \beta_2 x_2 + \varepsilon \tag{4.71}$$

단, $y$는 점성, $x_1$은 온도, $x_2$는 촉매 공급비율을 나타낸다. 이것은 두 개의 독립변수를 가진 **다중선형회귀모형**(multiple linear regression model)이다. 독립변수는 종종 **예측변수**(predictor variable) 또는 **회귀변수**(regressor variable)라고 한다. 여기서 '선형'이란 말은 식 4.71이 알려지지 않은 모수 $\beta_0, \beta_1, \beta_2$의 선형함수로 표현되기 때문이다. 이 모형은 변수 $x_1$, $x_2$의 2차 공간상에서의 직선을 설명하고 있다. 모수 $\beta_0$는 그 직선의 절편(intercept)을 정의한다. 모수 $\beta_1$과 $\beta_2$는 종종 부분회귀계수(partial regression coefficient)라고 한다. 이것은 $\beta_1$은 변수 $x_2$가 고정되어 있을 때 변수 $x_1$의 한 단위변화에 대한 $y$의 기대변화를 측정하고, $\beta_2$은 변수 $x_1$이 고정되어 있을 때 변수 $x_2$의 한 단위변화에 대한 $y$의 기대변화를 측정하기 때문이다.

일반적으로 반응변수 $y$가 $k$개의 회귀변수와 연관되어 있으면 모형은

$$y = \beta_0 + \beta_1 x_1 + \beta_2 x_2 + \cdots + \beta_k x_k + \varepsilon \tag{4.72}$$

과 같이 정의하고 $k$개의 회귀변수를 가진 다중선형회귀모형이라고 한다. 모수 $\beta_j$, $j = 0, 1, \ldots, k$는 **회귀계수**(regression coefficient)라고 한다. 이 모형은 회귀변수의 $k$차 평면상에서 초평면(hyper plane)을 설명한다. 모수 $\beta_j$은 모든 다른 변수 $x_i (i \neq j)$가 고정되어 있을 때 변수 $x_j$의 한 단위 변화에 대한 $y$의 기대변화를 나타낸다.

식 4.72보다 더 복잡한 모형도 다중선형회귀모형에 의해 분석되기도 한다. 예를 들면, 두 변수를 가진 일차모형에 교호작용(interaction) 항을 추가하는 모형을 고려해 보자. 즉,

$$y = \beta_0 + \beta_1 x_1 + \beta_2 x_2 + \beta_{12} x_1 x_2 + \varepsilon \tag{4.73}$$

만일 $x_3 = x_1 x_2$, $\beta_3 = \beta_{12}$라고 하면 식 4.73은

$$y = \beta_0 + \beta_1 x_1 + \beta_2 x_2 + \beta_3 x_3 + \varepsilon \tag{4.74}$$

와 같이 표현되고 이는 3개의 회귀변수를 가진 다중선형회귀모형이다. 또 다른 예는 2개의 회귀변수를 가진 2차(second order) **반응표면분석모형**(response surface model)

$$y = \beta_0 + \beta_1 x_1 + \beta_2 x_x + \beta_{11} x_1^2 + \beta_{22} x_2^2 + \beta_{12} x_1 x_2 + \varepsilon \tag{4.75}$$

이다. 이 모형에서 $x_3 = x_1^2$, $x_4 = x_2^2$, $x_5 = x_1 x_2$이고 $\beta_3 = \beta_{11}$, $\beta_4 = \beta_{22}$, $\beta_5 = \beta_{12}$라고 하면

$$y = \beta_0 + \beta_1 x_1 + \beta_2 x_2 + \beta_3 x_3 + \beta_4 x_4 + \beta_5 x_5 = \varepsilon \tag{4.76}$$

이 되어 역시 선형회귀모형이 된다. 일반적으로 어떤 회귀모형도 모수의 선형함수로 표현되면 그 모형이 생성하는 반응표면의 형태와 관계없이 선형회귀모형이다.

이 절에서는 다중선형회귀모형에서 모수를 추정하는 방법에 대해 설명한다. 이것을 **모형**

**적합**(model fitting)이라고 한다. 또한 이 모형에 대한 가설검정과 신뢰구간의 추정에 대해 설명하고 모형 적합의 적절성에 대해서도 설명한다.

### 4.6.1 선형회귀모형에서 모수의 추정

**최소제곱법**(method of least squares)은 다중선형회귀모형에서 회귀계수를 추정하는 데 일반적으로 사용된다. 반응변수에 $n > k$개의 관측값, $y_1, y_2, ..., y_n$이 있고 각 관측값 $y_i$에 대한 회귀변수값이 $x_{i1}, x_{i2}, ..., x_{ik}$라고 하자. 이 데이터는 표 4.9에 정리되어 있다. 모형에 있는 오차항 $\varepsilon$은 평균이 0이고 분산은 $\sigma^2$인 서로 독립인 확률변수라고 하자.

이제 식 4.72의 모형을 표 4.9의 관측값에 대해 표현하면

$$\begin{aligned} y_i &= \beta_0 + \beta_1 x_{i1} + \beta_2 x_{i2} + \cdots + \beta_k x_{ik} + \varepsilon_i \\ &= \beta_0 + \sum_{j=1}^{k} \beta_j x_{ij} + \varepsilon_i \quad i = 1, 2, \ldots, n \end{aligned} \tag{4.77}$$

가 된다.

식 4.77의 모형을 행렬로 표현하면 다음과 같이 표현할 수 있다.

$$\mathbf{y} = \mathbf{X}\boldsymbol{\beta} + \boldsymbol{\varepsilon}$$

단,

$$\mathbf{y} = \begin{bmatrix} y_1 \\ y_2 \\ \vdots \\ y_n \end{bmatrix}, \quad \mathbf{X} = \begin{bmatrix} 1 & x_{11} & x_{12} & \ldots & x_{1k} \\ 1 & x_{21} & x_{22} & \ldots & x_{2k} \\ \vdots & \vdots & \vdots & & \vdots \\ 1 & x_{n1} & x_{n2} & \ldots & x_{nk} \end{bmatrix}, \quad \boldsymbol{\beta} = \begin{bmatrix} \beta_0 \\ \beta_1 \\ \vdots \\ \beta_k \end{bmatrix}, \quad \boldsymbol{\varepsilon} = \begin{bmatrix} \varepsilon_1 \\ \varepsilon_2 \\ \vdots \\ \varepsilon_n \end{bmatrix}$$

일반적으로 $\mathbf{y}$는 $(n \times 1)$ 관측 벡터, $\mathbf{X}$는 $(n \times p)$ 독립변수의 수준을 나타내는 행렬($p = k + 1$), $\boldsymbol{\beta}$는 $(p \times 1)$ 회귀계수 벡터, 그리고 $\varepsilon$은 $(n \times 1)$확률오차 벡터이다.

최소제곱추정량 벡터 $\hat{\boldsymbol{\beta}}$은 아래 잔차제곱합

$$L = \sum_{i=1}^{n} \varepsilon_i^2 = \boldsymbol{\varepsilon}'\boldsymbol{\varepsilon} = (\mathbf{y} - \mathbf{X}\boldsymbol{\beta})'(\mathbf{y} - \mathbf{X}\boldsymbol{\beta})$$

을 최소로 하는 값으로서 다음과 같이 표현된다.

$$\hat{\boldsymbol{\beta}} = (\mathbf{X}'\mathbf{X})^{-1}\mathbf{X}'\mathbf{y} \tag{4.78}$$

표 4.9
다중선형회귀의 데이터

| $y$ | $x_1$ | $x_2$ | $\cdots$ | $x_k$ |
|---|---|---|---|---|
| $y_1$ | $x_{11}$ | $x_{12}$ | $\cdots$ | $x_{1k}$ |
| $y_2$ | $x_{21}$ | $x_{22}$ | $\cdots$ | $x_{2k}$ |
| $\vdots$ | $\vdots$ | $\vdots$ | | $\vdots$ |
| $y_n$ | $x_{n1}$ | $x_{n2}$ | $\cdots$ | $x_{nk}$ |

그러면 적합된 회귀모형은

$$\hat{\mathbf{y}} = \mathbf{X}\hat{\boldsymbol{\beta}} \tag{4.79}$$

로 표현되고 개개의 변수와 모수로 표현하면

$$\hat{y}_i = \hat{\beta}_0 + \sum_{j=1}^{k} \hat{\beta}_j x_{ij} \quad i = 1, 2, \ldots, n$$

으로 표현할 수 있다.

실제 관측값 $y_i$와 그 적합된 값 $\hat{y}_i$의 차는 **잔차**(residual) $e_i = y_i - \hat{y}_i$가 되고 $(n \times 1)$ 잔차 벡터는

$$\mathbf{e} = \mathbf{y} - \hat{\mathbf{y}} \tag{4.80}$$

으로 표현된다.

**$\sigma^2$의 추정** 일반적으로 분산 $\sigma^2$을 추정하는 것이 필요하다. 이 모수의 추정량을 계산하기 위해서는 잔차제곱합(sum of squares for residuals), 즉

$$\begin{aligned} SS_E &= (\mathbf{y} - \mathbf{X}\hat{\boldsymbol{\beta}})'(\mathbf{y} - \mathbf{X}\hat{\boldsymbol{\beta}}) \\ &= \mathbf{y}'\mathbf{y} - \hat{\boldsymbol{\beta}}'\mathbf{X}'\mathbf{y} - \mathbf{y}'\mathbf{X}\hat{\boldsymbol{\beta}} + \hat{\boldsymbol{\beta}}'\mathbf{X}'\mathbf{X}\hat{\boldsymbol{\beta}} \\ &= \mathbf{y}'\mathbf{y} - 2\hat{\boldsymbol{\beta}}'\mathbf{X}'\mathbf{y} + \hat{\boldsymbol{\beta}}'\mathbf{X}'\mathbf{X}\hat{\boldsymbol{\beta}} \end{aligned}$$

을 사용한다. 위의 마지막 식에서 $\mathbf{X}'\mathbf{X}\hat{\boldsymbol{\beta}} = \mathbf{X}'\mathbf{y}$에 의해 잔차제곱합은

$$SS_E = \mathbf{y}'\mathbf{y} - \hat{\boldsymbol{\beta}}'\mathbf{X}'\mathbf{y} \tag{4.81}$$

로 표현되고 이것은 자유도 $n - p$를 가지게 된다. 따라서 $\sigma^2$의 **불편추정량**은

$$\hat{\sigma}^2 = \frac{SS_E}{n - p} \tag{4.82}$$

이다.

**추정치의 특성** 최소제곱추정치는 선형회귀모형에서 모수 $\boldsymbol{\beta}$의 불편추정치가 된다. 즉,

$$E(\hat{\boldsymbol{\beta}}) = \boldsymbol{\beta}$$

이 성립한다. 추정치 $\hat{\boldsymbol{\beta}}$의 분산은 **공분산행렬**(covariance matrix)이라고 하고

$$\text{Cov}(\hat{\boldsymbol{\beta}}) = \sigma^2(\mathbf{X}'\mathbf{X})^{-1} \tag{4.83}$$

로 표현된다.

**예 4.12** **선형회귀모형의 적합**

어떤 금융회사의 지점의 운영경비($y$)와 2개의 예측변수, 신규융자신청 건수($x_1$)와 대출 발행 건수($x_2$)에 대한 6개의 관측값이 표 4.10에 있다. 이 데이터에 다중선형회귀모형

$$y = \beta_0 + \beta_1 x_1 + \beta_2 x_2 + \varepsilon$$

을 적합하라.

표 4.10 예 4.12에 대한 소비자 금융 데이터

| Observation | New Applications ($x_1$) | Number of Loans Outstanding ($x_2$) | Cost ($) |
|---|---|---|---|
| 1 | 80 | 8 | 2,256 |
| 2 | 93 | 9 | 2,340 |
| 3 | 100 | 10 | 2,426 |
| 4 | 82 | 12 | 2,293 |
| 5 | 90 | 11 | 2,330 |
| 6 | 99 | 8 | 2,368 |
| 7 | 81 | 8 | 2,250 |
| 8 | 96 | 10 | 2,409 |
| 9 | 94 | 12 | 2,364 |
| 10 | 93 | 11 | 2,379 |
| 11 | 97 | 13 | 2,440 |
| 12 | 95 | 11 | 2,364 |
| 13 | 100 | 8 | 2,404 |
| 14 | 85 | 12 | 2,317 |
| 15 | 86 | 9 | 2,309 |
| 16 | 87 | 12 | 2,328 |

**풀이**

행렬 **X**와 벡터 **y**는 아래와 같다.

$$\mathbf{X} = \begin{bmatrix} 1 & 80 & 8 \\ 1 & 93 & 9 \\ 1 & 100 & 10 \\ 1 & 82 & 12 \\ 1 & 90 & 11 \\ 1 & 99 & 8 \\ 1 & 81 & 8 \\ 1 & 96 & 10 \\ 1 & 94 & 12 \\ 1 & 93 & 11 \\ 1 & 97 & 13 \\ 1 & 95 & 11 \\ 1 & 100 & 8 \\ 1 & 85 & 12 \\ 1 & 86 & 9 \\ 1 & 87 & 12 \end{bmatrix} \qquad \mathbf{y} = \begin{bmatrix} 2{,}256 \\ 2{,}340 \\ 2{,}426 \\ 2{,}293 \\ 2{,}330 \\ 2{,}368 \\ 2{,}250 \\ 2{,}409 \\ 2{,}364 \\ 2{,}379 \\ 2{,}440 \\ 2{,}364 \\ 2{,}404 \\ 2{,}317 \\ 2{,}309 \\ 2{,}328 \end{bmatrix}$$

행렬 **X′X**는

$$\mathbf{X}'\mathbf{X} = \begin{bmatrix} 1 & 1 & \dots & 1 \\ 80 & 93 & \dots & 87 \\ 8 & 9 & \dots & 12 \end{bmatrix} \begin{bmatrix} 1 & 80 & 8 \\ 1 & 93 & 9 \\ \vdots & \vdots & \vdots \\ 1 & 87 & 12 \end{bmatrix} = \begin{bmatrix} 16 & 1{,}458 & 164 \\ 1{,}458 & 133{,}560 & 14{,}946 \\ 164 & 14{,}946 & 1{,}726 \end{bmatrix}$$

이고 벡터 $\mathbf{X}'\mathbf{y}$는

$$\mathbf{X}'\mathbf{y} = \begin{bmatrix} 1 & 1 & \dots & 1 \\ 80 & 93 & \dots & 87 \\ 8 & 9 & \dots & 12 \end{bmatrix} \begin{bmatrix} 2{,}256 \\ 2{,}340 \\ \vdots \\ 2{,}328 \end{bmatrix} = \begin{bmatrix} 37{,}577 \\ 3{,}429{,}550 \\ 385{,}562 \end{bmatrix}$$

이므로 모수 $\boldsymbol{\beta}$의 최소제곱추정치는 아래와 같이 계산된다.

$$\hat{\boldsymbol{\beta}} = (\mathbf{X}'\mathbf{X})^{-1}\mathbf{X}'\mathbf{y}$$

표 4.11 예 4.12에서 예측값, 잔차 및 다른 진단값

| Observation $i$ | $y_i$ | Predicted Value $\hat{y}_i$ | Residual $e_i$ | $h_{ii}$ | Studentized Residual | $D_i$ | $R$-Student |
|---|---|---|---|---|---|---|---|
| 1 | 2,256 | 2,244.5 | 11.5 | 0.350 | 0.87 | 0.137 | 0.87 |
| 2 | 2,340 | 2,352.1 | −12.1 | 0.102 | −0.78 | 0.023 | −0.77 |
| 3 | 2,426 | 2,414.1 | 11.9 | 0.177 | 0.80 | 0.046 | 0.79 |
| 4 | 2,293 | 2,294.0 | −1.0 | 0.251 | −0.07 | 0.001 | −0.07 |
| 5 | 2,330 | 2,346.4 | −16.4 | 0.077 | −1.05 | 0.030 | −1.05 |
| 6 | 2,368 | 2,389.3 | −21.3 | 0.265 | −1.52 | 0.277 | −1.61 |
| 7 | 2,250 | 2,252.1 | −2.1 | 0.319 | −0.15 | 0.004 | −0.15 |
| 8 | 2,409 | 2,383.6 | 25.4 | 0.098 | 1.64 | 0.097 | 1.76 |
| 9 | 2,364 | 2,385.5 | −21.5 | 0.142 | −1.42 | 0.111 | −1.48 |
| 10 | 2,379 | 2,369.3 | 9.7 | 0.080 | 0.62 | 0.011 | 0.60 |
| 11 | 2,440 | 2,416.9 | 23.1 | 0.278 | 1.66 | 0.354 | 1.80 |
| 12 | 2,364 | 2,384.5 | −20.5 | 0.096 | −1.32 | 0.062 | −1.36 |
| 13 | 2,404 | 2,396.9 | 7.1 | 0.289 | 0.52 | 0.036 | 0.50 |
| 14 | 2,317 | 2,316.9 | 0.1 | 0.185 | 0.01 | 0.000 | < 0.01 |
| 15 | 2,309 | 2,298.8 | 10.2 | 0.134 | 0.67 | 0.023 | 0.66 |
| 16 | 2,328 | 2,332.1 | −4.1 | 0.156 | −0.28 | 0.005 | −0.27 |

$$\hat{\boldsymbol{\beta}} = \begin{bmatrix} 14.176004 & -0.129746 & -0.223453 \\ -0.129746 & 1.429184 \times 10^{-3} & -4.763947 \times 10^{-5} \\ -0.223453 & -4{,}763947 \times 10^{-5} & 2.222381 \times 10^{-2} \end{bmatrix} \begin{bmatrix} 37{,}577 \\ 3{,}429{,}550 \\ 385{,}562 \end{bmatrix}$$

$$= \begin{bmatrix} 1{,}566.07777 \\ 7.62129 \\ 8.58485 \end{bmatrix}$$

따라서 최소제곱추정식은 다음과 같이 표현할 수 있다.

$$\hat{y} = 1{,}566.08 + 7.62x_1 + 8.58x_2$$

표 4.11의 첫 3개 열은 실제 관측값 $y_i$, 적합값 $\hat{y}$, 잔차를 표시한다. 그림 4.14는 잔차에 대한 정규확률플롯이다. 예측값 $\hat{y}_i$에 대한 잔차그림은 그림 4.15에, 그리고 두 변수 $x_1$, $x_2$에 대한 잔차그림은 그림 4.16과 4.17에 각각 나타나 있다. 분산분석에서처럼 잔차그림은 회귀모형작업의 한 부분이다. 그림 4.15에서 비용이 커질수록 관측비용의 분산이 커지는 것을 보여 주고, 그림 4.16에서 신규융자 건수가 증가하면 비용의 분산이 커지는 경향이 있음을 보여 주고 있다.

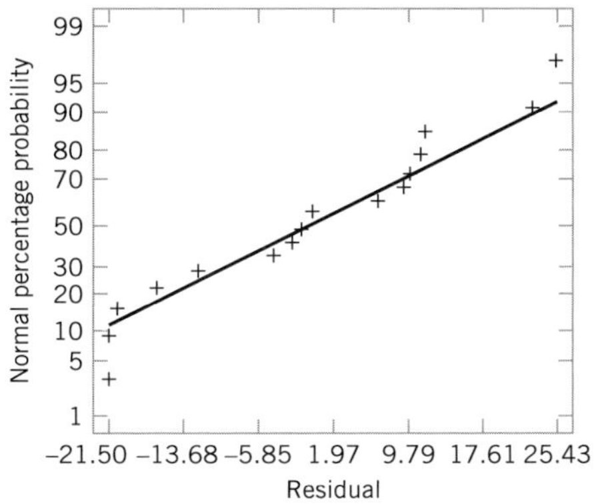


그림 4.14 잔차의 정규확률플롯

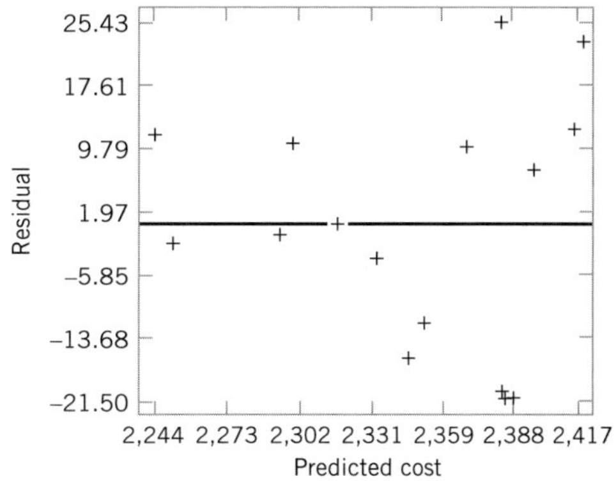


그림 4.15 잔차와 예측값의 그림

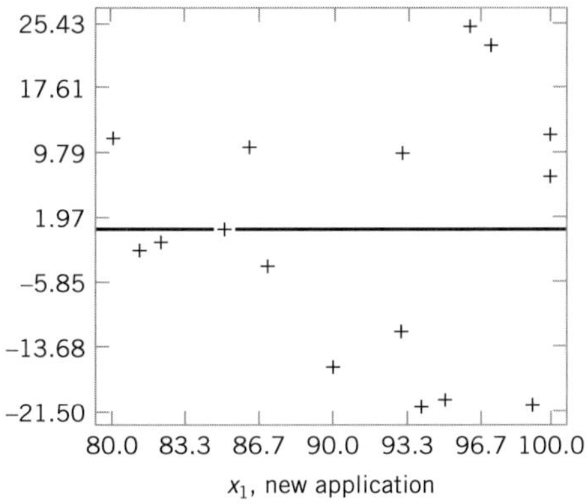


그림 4.16 $x_1$과 잔차의 그림(new applications)

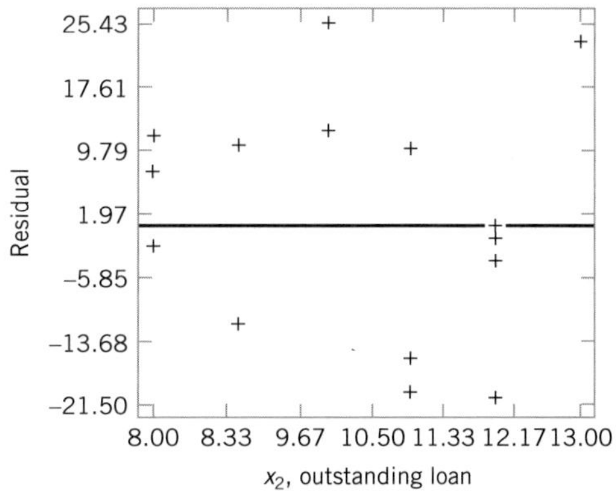


그림 4.17 $x_2$와 잔차의 그림(outstanding loan)

**컴퓨터의 사용** 회귀모형의 적합은 주로 컴퓨터 프로그램을 사용하게 되며 표 4.12는 예 4.12의 다중회귀모형에 대해 미니탭을 사용한 결과이다.

## 4.6.2 다중회귀에서 가설의 검정

다중선형회귀 문제에서 모형의 모수에 대한 어떤 가설검정은 모형의 유용성을 측정하는 데 도움이 된다. 이 절에서는 몇 가지 중요한 가설검정절차에 대해 설명한다. 이 절차에서는 오차 $\varepsilon_i$가 서로 독립이며 평균 0, 분산 $\sigma^2$인 정규분포($\varepsilon \sim N(0, \sigma^2)$)를 따른다는 가정을 필요로 한다. 이 가정으로 인해 관측값 $y_i$는 서로 독립이고 평균 $\beta_0 + \Sigma_{j=1}^{k}\beta_j x_{ij}$, 분산 $\sigma^2$인 정규분포를 따르게 된다.

**회귀식의 유의성에 대한 검정** 회귀식의 유의성에 대한 검정은 반응변수 $y$와 회귀변수 $x_1, x_2, ..., x_k$ 사이에 선형적 관계가 존재하는지에 대한 판단이다. 이에 해당하는 가설은

$$\begin{aligned} &H_0: \beta_1 = \beta_2 = \cdots = \beta_k = 0 \\ &H_1: \beta_j \neq 0 \text{ (최소한 하나의 } j\text{에 대해)} \end{aligned} \tag{4.84}$$

표 4.12
예 4.12의 소비자 금융에 대한 미니탭 결과

**Regression Analysis: Cost versus New Applications, Outstanding Loans**

```
The regression equation is
Cost = 1,566 + 7.62 New Applications  + 8.58 Outstanding Loans

Predictor                  Coef        SE Coef          T          P
Constant               1,566.08          61.59      25.43      0.000
New Applications         7.6213         0.6184      12.32      0.000
Outstanding Loans         8.585          2.439       3.52      0.004

S = 16.3586        R-Sq = 92.7%         R-Sq(adj) = 91.6%

Analysis of Variance
Source              DF          SS          MS          F          P
Regression           2      44,157      22,079      82.50      0.000
Residual Error      13       3,479         268
Total               15      47,636

Source               DF          Seq SS
New Applications      1          40,841
Outstanding Loans     1           3,316
```

이다. 식 4.84의 귀무가설을 기각한다는 것은 회귀변수 중 적어도 하나는 모형에 유의하게 기여한다는 의미이다. 이 검정절차는 분산분석을 사용하는데 총제곱합(total sum of squares) $SS_T$를 회귀제곱합(regression sum of squares) $SS_R$과 오차제곱합(error sum of squares) $SS_E$으로 분할한다.

$$SS_T = SS_R + SS_E \tag{4.85}$$

만일 귀무가설 $H_0$: $\beta_1 = \beta_2 = \ldots = \beta_k = 0$이 사실이면 $SS_R/\sigma^2$은 자유도 $k$(모형에서 회귀변수의 개수)인 카이제곱분포를 따른다. 또한 $SS_E/\sigma^2$는 자유도 $n - k - 1$인 카이제곱분포를 따르고 $SS_E$와 $SS_R$은 독립이다. 따라서 가설 식 4.84의 검정통계량은

$$F_0 = \frac{SS_R/k}{SS_E/(n-k-1)} = \frac{MS_R}{MS_E} \tag{4.86}$$

이고 $F_0 > F_{\alpha,k,n-k-1}$이면 귀무가설을 기각한다. 유의확률 방법을 사용할 수 있으며 유의확률이 $P < \alpha$이면 귀무가설을 기각한다. 분산분석을 사용한 검정은 표 4.13에 분산분석표로 정리되어 있다.

제곱합을 계산하는 공식은 다음과 같다.

$$SS_R = \hat{\boldsymbol{\beta}}'\mathbf{X}'\mathbf{y} - \frac{\left(\sum_{i=1}^{n} y_i\right)^2}{n} \tag{4.87}$$

$$SS_E = \mathbf{y}'\mathbf{y} - \hat{\boldsymbol{\beta}}'\mathbf{X}'\mathbf{y} \tag{4.88}$$

$$SS_T = \mathbf{y}'\mathbf{y} - \frac{\left(\sum_{i=1}^{n} y_i\right)^2}{n} \tag{4.89}$$

| Source of Variation | Sum of Squares | Degrees of Freedom | Mean Square | $F_0$ |
|---|---|---|---|---|
| Regression | $SS_R$ | $k$ | $MS_R$ | $MS_R/MS_E$ |
| Error or residual | $SS_E$ | $n-k-1$ | $MS_E$ | |
| Total | $SS_T$ | $n-1$ | | |

표 4.13
다중회귀의 유의성에 대한 분산분석

예 4.12에 대한 미니탭 결과인 표 4.12를 보면 아랫부분에 분산분석표가 나타나 있다. 이 예제에서 가설검정은

$$H_0: \beta_1 = \beta_2 = 0$$
$$H_1: \beta_j \neq 0 \text{ (최소한 하나의 } j\text{에 대해)}$$

을 검정하는 것이고 유의확률이 $P = 0.000$으로 매우 작으므로 귀무가설을 기각하게 된다. 즉, 적어도 두 개의 회귀변수 중 하나는 0이 아닌 회귀계수를 가지게 된다고 판단한다.

표 4.12에서 결정계수(coefficient of determination) $R^2$은

$$R^2 = \frac{SS_R}{SS_T} = 1 - \frac{SS_E}{SS_T} \tag{4.90}$$

로 계산된다.

결정계수 $R^2$은 모형에서 회귀변수를 사용함으로써 감소하는 관측값 $y$의 변동을 측정한다. 하지만 $R^2$이 크다고 해서 항상 회귀모형이 잘 적합한다는 것을 의미하지는 않는다. 회귀모형에 어떤 회귀변수라도 추가적으로 포함시키면 이 변수의 유의성과 관계없이 $R^2$이 증가한다. 따라서 아주 큰 $R^2$ 값을 가지더라도 새로운 관측값의 예측이나 평균반응값의 추정이 나쁠 수 있다.

결정계수 $R^2$은 새 변수가 회귀모형에 추가되면 항상 커지기 때문에 아래와 같은 **수정결정계수**(adjusted $R^2$ statistic)를 정의하여 사용한다.

$$R^2_{\text{adj}} = 1 - \frac{SS_E/(n-p)}{SS_T/(n-1)} = 1 - \left(\frac{n-1}{n-p}\right)(1 - R^2) \tag{4.91}$$

일반적으로 수정결정계수 $R^2_{\text{adj}}$은 모형에 변수가 추가된다고 항상 증가하지는 않는다. 실제로 불필요한 변수가 추가되면 $R^2_{\text{adj}}$의 값은 줄어든다.

예를 들어, 예 4.12의 회귀모형을 생각해 보자. 여기서 표 4.12에 나타난 수정결정계수는 다음과 같이 계산되고

$$\begin{aligned} R^2_{\text{adj}} &= 1 - \left(\frac{n-1}{n-p}\right)(1 - R^2) \\ &= 1 - \left(\frac{15}{13}\right)(1 - 0.92697) = 0.915735 \end{aligned}$$

이 값은 $R^2$값과 유사하다. 만일 $R^2$과 $R^2_{\text{adj}}$이 서로 많이 다르다면 모형에 유의하지 않은 변수가 포함되어 있을 가능성이 많다.

**개별 회귀계수와 계수 그룹의 검정** 개별 회귀계수에 대한 가설검정 문제는 종종 관심의 대상이된다. 이런 검정은 회귀모형에서 개별 회귀변수의 가치를 결정하는 데 유용하다. 예를 들어 모형은 추가적인 변수를 포함함으로써 더 효율적일 수 있거나 아니면 이미 모형에 포함된 변수를 제거하는 것이 더 효율적일 수 있기 때문이다.

회귀모형에 어떤 변수를 추가하는 것은 회귀제곱합을 항상 증가시키고 오차제곱합을 감소시키게 된다. 따라서 회귀제곱합의 증가가 모형에 변수를 추가하는 것을 보장하는지를 결정해야 한다. 더 나아가 모형에 불필요한 변수가 추가되면 실제로는 평균오차제곱(mean square error)을 증가시켜 모형의 유용성을 감소시킬 수 있다.

개별 회귀계수 $\beta_j$의 검정에서 가설은 다음과 같이 표현한다.

$$H_0\colon \beta_j = 0$$
$$H_1\colon \beta_j \neq 0$$

만일 귀무가설이 기각되면 이것은 모형에서 변수 $x_j$가 삭제될 수 있다는 것을 의미한다. 이때의 검정통계량은

$$t_0 = \frac{\hat{\beta}_j}{\sqrt{\hat{\sigma}^2 C_{jj}}} \tag{4.92}$$

이고, $C_{jj}$는 행렬 $(\mathbf{X}'\mathbf{X})^{-1}$에서 $\hat{\beta}_j$에 해당하는 대각요소(diagonal element)이다. 검정절차는 $|t_0| > t_{\alpha/2,n-k-1}$이면 귀무가설을 기각한다. 이 검정은 모형에 포함된 다른 모든 변수 $x_i (i \neq j)$에 영향을 받는다는 의미에서 부분검정(partial test 또는 marginal test)이다.

식 4.92의 분모 $\sqrt{\hat{\sigma}^2 C_{jj}}$는 회귀계수 $\hat{\beta}_j$의 **표준오차**에 해당한다. 즉,

$$se(\hat{\beta}_j) = \sqrt{\hat{\sigma}^2 C_{jj}} \tag{4.93}$$

따라서 식 4.92는 다음과 같이 표현할 수도 있다.

$$t_0 = \frac{\hat{\beta}_j}{se(\hat{\beta}_j)} \tag{4.94}$$

대부분의 컴퓨터 프로그램에서는 각 모수에 대한 $t$검정을 제공한다. 예 4.12의 미니탭 결과인 표 4.12에서 윗부분에는 각 모수에 대한 최소제곱추정치, 표준오차, $t$통계량, 해당 유의확률이 나와 있다. 이 표로부터 두 변수 신규융자신청 건수와 대출발행 건수는 모형에 유의하게 기여한다고 판단된다.

어떤 특정한 회귀변수 $x_j$가 회귀제곱합에 미치는 기여도는 다른 모든 회귀변수들이 이미 모형에 포함되어 있는 조건하에서도 검토할 수 있다. 이런 형태의 절차는 **부분제곱합**(partial sum of squares, extra sum of squares) 방법이라고 한다. 이 절차는 회귀변수들의 부분집합의 기여도를 조사할 때에도 사용될 수 있다.

회귀계수들이 다음과 같이 분할되는 경우를 생각해 보자.

$$\boldsymbol{\beta} = \begin{bmatrix} \boldsymbol{\beta}_1 \\ \boldsymbol{\beta}_2 \end{bmatrix}$$

단, $\boldsymbol{\beta}_1$은 $(r \times 1)$ 벡터이고 $\boldsymbol{\beta}_2$는 $[(p-r) \times 1]$ 벡터이다. 이제 가설

$$\begin{aligned} H_0&: \boldsymbol{\beta}_1 = \mathbf{0} \\ H_1&: \boldsymbol{\beta}_1 \neq \mathbf{0} \end{aligned} \tag{4.95}$$

을 검정하기 위해 다음과 같이 회귀식을 표현한다.

$$\mathbf{y} = \mathbf{X}\boldsymbol{\beta} + \varepsilon = \mathbf{X}_1\boldsymbol{\beta}_1 + \mathbf{X}_2\boldsymbol{\beta}_2 + \varepsilon \tag{4.96}$$

단, $\mathbf{X}_1$은 $\boldsymbol{\beta}_1$과 연관된 행렬 $\mathbf{X}$의 열을 나타내고, $\mathbf{X}_2$은 $\boldsymbol{\beta}_2$와 연관된 행렬 $\mathbf{X}$의 열을 나타낸다.

모든 회귀변수가 포함된 **완전모형**에서는

$$SS_R(\boldsymbol{\beta}) = \hat{\boldsymbol{\beta}}'\mathbf{X}'\mathbf{y} \quad (\text{자유도 } p)$$

이고

$$MS_E = \frac{\mathbf{y}'\mathbf{y} - \hat{\boldsymbol{\beta}}\mathbf{X}'\mathbf{y}}{n-p}$$

이다. 여기서 $SS_R(\boldsymbol{\beta})$는 $\boldsymbol{\beta}$에 의한 회귀제곱합이라고 한다. 이제 $\boldsymbol{\beta}_1$에 의한 회귀식에 대한 기여도를 알기 위해 귀무가설 $H_0$: $\boldsymbol{\beta}_1 = 0$이 사실이라면, 축소모형(reduced model)은

$$\mathbf{y} = \mathbf{X}_2\boldsymbol{\beta}_2 + \varepsilon \tag{4.97}$$

이 된다.

위 식에서 $\boldsymbol{\beta}_2$의 최소제곱추정치는 $\boldsymbol{\beta}_2 = (\mathbf{X}_2'\mathbf{X}_2)^{-1}\mathbf{X}_2'\mathbf{y}$이 되고

$$SS_R(\boldsymbol{\beta}_2) = \hat{\boldsymbol{\beta}}_2'\mathbf{X}_2'\mathbf{y} \qquad (p - r \text{ degrees of freedom}) \tag{4.98}$$

를 얻는다. 모수 $\boldsymbol{\beta}_2$가 이미 모형에 포함된 상태에서 $\boldsymbol{\beta}_1$에 의한 회귀제곱합은

$$SS_R(\boldsymbol{\beta}_1 | \boldsymbol{\beta}_2) = SS_R(\boldsymbol{\beta}) - SS_R(\boldsymbol{\beta}_2) \tag{4.99}$$

이다. 이 제곱합은 자유도 $r$을 가진다. 이것이 $\boldsymbol{\beta}_1$에 의한 부분제곱합이다. 제곱합 $SS_R(\boldsymbol{\beta}_1|\boldsymbol{\beta}_2)$은 모형에 회귀변수 $x_1, x_2, \ldots, x_r$을 포함함으로써 발생하는 회귀제곱합이다.

이제 $SS_R(\boldsymbol{\beta}_1|\boldsymbol{\beta}_2)$는 $MS_E$와 독립이므로 귀무가설 $H_0$: $\boldsymbol{\beta}_1 = 0$는 통계량

$$F_0 = \frac{SS_R(\boldsymbol{\beta}_1 | \boldsymbol{\beta}_2)/r}{MS_E} \tag{4.100}$$

을 사용하여 검정한다. 만일 $F_0 > F_{\alpha,r,n-p}$이면 귀무가설을 기각하고 모수 $\boldsymbol{\beta}_1$ 중 적어도 하나의 모수는 0이 아니라고 판단한다. 결론적으로 회귀변수 $x_1, x_2, \ldots, x_r$ 중 적어도 하나는 회귀모형에 유의하게 기여하고 있다고 판단한다. 식 4.100을 사용한 검정을 **부분 *F*검정**이라고도 한다.

부분 $F$검정은 매우 유용하다. 회귀변수 $x_j$의 기여도는 이 변수가 모형에 마지막으로 추가되는 것을 가정하고 다음 식

$$SS_R(\beta_j | \beta_0, \beta_1, \ldots, \beta_{j-1}, \beta_{j+1}, \ldots, \beta_k)$$

을 계산하여 기여도를 측정한다. 이것은 다른 모든 회귀변수 $x_1, \ldots, x_{j-1}, x_{j-1}, \ldots, x_k$가 이미 모형에 포함되어 있을 때 변수 $x_j$가 모형에 추가됨으로써 발생하는 회귀제곱합의 증가에 해당한다. 단일변수 $x_j$에 대한 부분 $F$검정은 식 4.92에 있는 $t$검정과 동일함을 주목할 필요가 있다. 그러나 부분 $F$검정은 변수들의 집합에 대해서도 그 효과를 측정할 수 있는 보다 일반적인 절차이다.

### 예 4.13 부분제곱합 방법

예 4.12의 소비자 금융 데이터를 고려하여 모형에 변수의 기여도를 평가하라.

**풀이**

이 검정하고자 하는 가설은

$$H_0: \beta_2 = 0$$
$$H_1: \beta_2 \neq 0$$

이므로 $\beta_2$에 의한 부분제곱합을 계산해야 한다. 즉

$$SS_R(\beta_2|\beta_1, \beta_0) = SS_R(\beta_0, \beta_1, \beta_2) - SS_R(\beta_0, \beta_1) = SS_R(\beta_1, \beta_2|\beta_0) - SS_R(\beta_2|\beta_0)$$

이제 회귀모형의 유의성을 검정했던 표 4.12에 의하면

$$SS_R(\beta_1, \beta_2|\beta_0) = 44{,}157.1$$

은 표에서 회귀제곱합(regression sum of squares)으로 표현되었으며 자유도는 2이다. 축소모형은

$$y = \beta_0 + \beta_1 x_1 + \varepsilon$$

이 된다. 이 모형에 대한 최소제곱추정의 모형은

$$\hat{y} = 1{,}652.3955 + 7.6397x_1$$

이고 회귀제곱합(자유도는 1)은

$$SS_R(\beta_1|\beta_0) = 40{,}840.8$$

제곱합 $SS_R(\beta_1|\beta_0)$는 표 4.12의 아랫부분에 "Seq SS"로 표현되어 있다. 따라서

$$SS_R(\beta_2|\beta_0, \beta_1) = 44{,}157.1 - 40{,}840.8 = 3{,}316.3$$

이고 자유도는 $2 - 1 = 1$이다. 이것은 변수 $x_2$를 모형에 추가함으로써 발생하는 회귀제곱합의 증가량이고 미니탭 결과 표 4.12의 가장 아랫부분에 나타나 있다. 가설 $H_0$: $\beta_2 = 0$를 검정하기 위해 검정통계량을

$$F_0 = \frac{SS_R(\beta_2|\beta_0, \beta_1)/1}{MS_E} = \frac{3{,}316.3/1}{267.604} = 12.3926$$

로 계산한다. 위 계산에서 표 4.12의 완전모형(full model)으로부터 $MS_E$가 $F_0$의 분자에 사용되었다. 이제 $F_{0.05,1,13} = 4.67$이므로 귀무가설 $H_0$: $\beta_2 = 0$를 기각하고 변수 $x_2$는 모형에 유의하게 기여한다고 판단한다.

위의 $F$검정에서는 하나의 회귀변수만을 포함하므로 $t$검정과 동치(equivalent)이다. 왜냐하면 자유도 $v$인 $t$ 확률변수의 제곱은 자유도 1, $v$인 $F$ 확률변수이기 때문이다. 이것은 표 4.12에서 $t$-검정통계량은 $t_0 = 3.5203$이고 $t_0^2 = (3.5203)^2 = 12.3925 \simeq F_0$를 통해 확인할 수 있다.

### 4.6.3 회귀모형진단

분산분석에서 강조한 바와 같이 **모형의 적합성에 대한 검사**는 데이터 분석절차에서 중요한 부분이다. 이것은 회귀모형을 구축하는 것과 동일하게 중요하며 예 4.12에서 설명한 바와 같이 **잔차그림**은 회귀모형에 대해 항상 검토되어야 한다. 일반적으로 두 가지 사항이 항상 검토되어야 하는데 이는 (1) 적합된 모형이 참모형에 대한 적절한 근사인가, (2) 최소제곱회귀 가정 중 어떤 것도 위반되는 것이 없는가이다. 만일 회귀모형이 적절한 적합이 아니면 잘못된 결과를 초래하게 된다.

잔차그림 외에도 다른 모형진단 방법이 종종 사용되는데 이 절에서는 이 방법에 대해서도 간단하게 설명한다.

**잔차의 척도화** 잔차의 척도화(scaled residuals)는 보통의 최소제곱잔차보다 더 많은 정보를 제공한다.

척도화의 한 종류로는 **표준화잔차**(standardized residual)가 있고 아래와 같이 정의한다.

$$d_i = \frac{e_i}{\hat{\sigma}} \qquad i = 1, 2, \ldots, n \tag{4.101}$$

단, $e_i = y_i - \hat{y}_i$, $\hat{\sigma} = \sqrt{MS_E}$. 이 표준화잔차는 평균이 0이고 분산은 근사적으로 1이다. 따라서 **이상치**(outlier)를 찾는 데 유용하다. 대부분의 표준화잔차는 구간 $-3 \le d_i \le 3$에 있어야 하며 이 구간 밖에 있는 어떤 관측값도 반응값에 비해 잠재적으로 이상한 값으로 간주한다. 이런 이상치는 신중하게 검토되어야 하는데 그 이유는 이 값들이 단순한 데이터 입력 오류일 수도 있고 아니면 뭔가 심각한 이유 때문일 수도 있기 때문이다.

식 4.101의 표준화 과정은 잔차를 해당 근사평균 표준편차로 나누게 된다. 어떤 데이터의 경우에는 잔차의 표준편차가 심각하게 다를 수도 있다. 이것을 고려한 표준화 절차를 알아보자.

관측값 $y_i$에 해당하는 적합된 값 $\hat{y}_i$의 벡터는

$$\begin{aligned} \hat{\mathbf{y}} &= \mathbf{X}\hat{\boldsymbol{\beta}} \\ &= \mathbf{X}(\mathbf{X}'\mathbf{X})^{-1}\mathbf{X}'\mathbf{y} \\ &= \mathbf{H}\mathbf{y} \end{aligned} \tag{4.102}$$

이다. 위 식의 $(n \times n)$ 행렬 $\mathbf{H} = \mathbf{X}(\mathbf{X}'\mathbf{X})^{-1}\mathbf{X}'$은 관측값을 적합된 값으로 변환시켜주는 역할을 하고 이 행렬의 특성은 회귀분석에서 중심적인 역할을 한다.

적합된 모형에서 계산되는 잔차는 행렬

$$\mathbf{e} = \mathbf{y} - \hat{\mathbf{y}}$$

으로 표현되고 잔차의 공분산은 다음과 같다.

$$\text{Cov}(\mathbf{e}) = \sigma^2(\mathbf{I} - \mathbf{H}) \tag{4.103}$$

행렬 $(\mathbf{I} - \mathbf{H})$는 일반적으로 대각행렬이 아니므로 잔차는 서로 다른 분산을 가지고 서로

상관관계를 가진다.

따라서 $i$번째 잔차의 분산은

$$V(e_i) = \sigma^2(1 - h_{ii}) \tag{4.104}$$

이다. 단, $h_{ii}$는 행렬 $\mathbf{H}$의 $i$번째 대각요소의 값을 나타낸다. 이때 $0 \le h_{ii} \le 1$이므로 잔차분산을 추정하기 위해 잔차제곱평균(residual mean square)을 사용하는 것은 실제로는 $V(e_i)$를 과대추정하게 된다. 더 나아가 $h_{ii}$는 독립변수 공간에서 $i$번째 점 $x_i$의 위치를 측정하기 때문에 잔차 $e_i$의 분산은 점 $x_i$의 위치에 의해 달라지게 된다. 일반적으로 $x$점들의 중앙에 위치한 잔차는 멀리 떨어져 있는 점들의 잔차보다 큰 분산을 가진다. 모형에 대한 가정의 위배는 멀리 떨어진 점에서 일어날 가능성이 크고 이러한 위배는 그 점들의 잔차가 일반적으로 작기 때문에 잔차를 검사하여 찾아내기가 어렵다.

이와 같은 이분산성(inequality of variance)을 고려하여 잔차를 척도화하는 방법으로 **스튜던트화 잔차**(studentized residual)를 사용할 것을 권장한다.

$$r_i = \frac{e_i}{\sqrt{\hat{\sigma}^2(1 - h_{ii})}} \qquad i = 1, 2, \ldots, n \tag{4.105}$$

단, $\hat{\sigma}^2 = MS_E$. 스튜던트화 잔차는 모형이 올바르다면 관측값 $\mathbf{x}_i$의 위치에 관계없이 동일한 분산 $V(r_i) = 1$을 가지게 된다. 많은 경우에 특히 대용량의 데이터에서 잔차의 분산이 안정화된다. 이러한 경우에 표준화잔차와 스튜던트화 잔차는 약간의 차이가 있으나 대등한 정보를 전달한다. 그러나, 큰 잔차와 큰 $h_{ii}$ 값은 최소제곱적합에 잠재적으로 큰 영향을 가지기 때문에 스튜던트화 잔차를 검토하는 것을 추천한다. 표 4.11은 예제 4.12의 소비자 금융 회귀모형에서 행렬 $\mathbf{H}$의 대각요소 값 $h_{ii}$과 스튜던트화 잔차를 나타내고 있다.

예측제곱합(prediction error sum of squares, PRESS)은 잔차 척도를 판단하는 데 유용하게 사용된다. PRESS를 계산하기 위해서 먼저 $i$번째 관측값 $y_i$를 선택한다. 그리고 나머지 $n - 1$개의 관측값을 사용하여 회귀모형을 적합하고 관측값 $y_i$를 예측하기 위해 이 모형을 사용한다. 이렇게 예측된 값을 $\hat{y}_{(i)}$로 놓고 관측값 $y_i$에 대한 예측오차 $e_{(i)} = y_i - \hat{y}_{(i)}$를 계산한다. 이 예측오차를 $i$번째 PRESS 잔차라고 한다. 이 절차는 모든 값 $i = 1, 2, \ldots,$ $n$에 대해 반복하여 $n$개의 PRESS 잔차 $e_{(1)}, e_{(2)}, \ldots, e_{(n)}$를 계산한다. 그러면 PRESS 통계량은 다음과 같이 계산된다.

$$\text{PRESS} = \sum_{i=1}^{n} e_{(i)}^2 = \sum_{i=1}^{n} [y_i - \hat{y}_{(i)}]^2 \tag{4.106}$$

즉, PRESS는 모든 가능한 $n - 1$개의 관측값을 사용하여 하나의 추정 데이터 세트를 만들고 각 관측 값은 예측 데이터 세트를 형성하는 데 사용된다.

PRESS를 계산하기 위해서는 $n$개의 서로 다른 회귀식을 사용해야 하는 것처럼 보이지만, 모든 $n$개의 관측값을 사용한 하나의 회귀적합으로 계산이 가능하다. $i$번째 PRESS 잔차는

$$e_{(\mathrm{i})} = \frac{e_{\mathrm{i}}}{1 - h_{\mathrm{ii}}} \tag{4.107}$$

이고 PRESS는 단순히 PRESS 잔차의 제곱합이 되어 다음과 같은 계산식을 얻는다.

$$\text{PRESS} = \sum_{i=1}^{n} \left( \frac{e_i}{1 - h_{ii}} \right)^2 \tag{4.108}$$

PRESS 잔차와 구분하기 위해 모든 관측값을 사용하여 계산한 잔차를 정상잔차(ordinary residual)라고 한다. 식 4.106으로부터 PRESS 잔차는 행렬 **H**의 대각요소 $h_{ii}$에 따른 가중(weighted) 정상잔차임을 알 수 있다. 이때 $h_{ii}$가 큰 데이터는 큰 PRESS 값을 가지게 된다. 이런 관측값은 일반적으로 높은 영향점(influential point)이 된다. 일반적으로 정상잔차와 PRESS 잔차의 차이가 큰 어떤 점이 있다면, 이것은 정상모형은 그 점을 잘 적합시키지만 그 점을 빼고 적합한 모형은 그 점을 잘 적합시키지 못한다는 것을 의미한다.

마지막으로 PRESS는 예측을 위한 근사적 $R^2$을 계산하는 데 사용될 수 있다. 즉

$$R^2_{\text{Prediction}} = 1 - \frac{\text{PRESS}}{SS_T} \tag{4.109}$$

이 통계량은 회귀모형의 예측능력을 보여 주고 있다. 예 4.12의 소비자 금융 회귀모형에서 정상잔차와 표 4.11의 $h_{ii}$ 값을 사용하여 PRESS 잔차를 계산할 수 있다. 이 예제의 PRESS 값은 PRESS = 5,207.7이다. 따라서

$$\begin{aligned} R^2_{\text{Prediction}} &= 1 - \frac{\text{PRESS}}{SS_T} \\ &= 1 - \frac{5{,}207.7}{47{,}635.9} = 0.8907 \end{aligned}$$

이것은 이 모형에서 최소제곱적합이 원래 데이터의 변동의 93%를 설명하는 반해 새로운 관측값을 예측하는 데 있어 변동의 89%를 설명할 수 있다고 예상한다. 이런 기준에서 본 모형의 총체적 예측능력은 매우 만족스럽다고 할 수 있다.

스튜던트화 잔차는 종종 이상치 탐지에 사용된다. 잔차를 계산하는 데에는 $\sigma^2$의 추정치로 $MS_E$를 일반적으로 사용한다. 이것은 잔차의 내부 척도화(internal scaling)라고 한다. 왜냐하면 $MS_E$는 모든 $n$개의 관측값을 모형에 적합시켜 얻어지는 $\sigma^2$의 내부에서 생성되는 추정치이기 때문이다. 다른 방법으로는 $i$번째 관측값을 제외한 데이터 세트를 사용하여 추정된 $\sigma^2$을 사용하는 것이다. 이것을 $S^2_{(i)}$이라고 하면

$$S^2_{(i)} = \frac{(n-p)MS_E - e_i^2/(1-h_{ii})}{n-p-1} \tag{4.110}$$

식 4.110의 $\sigma^2$의 추정치는 외부 스튜던트화 잔차(external studentized residual)를 생성하기 위해 $MS_E$대신 사용된다. 이는 통상 $R$-스튜던트라고 하며 다음과 같다.

$$t_i = \frac{e_i}{\sqrt{S^2_{(i)}(1-h_{ii})}} \qquad i = 1, 2, \ldots, n \tag{4.111}$$

많은 경우에 $t_i$는 스튜던트화 잔차 $r_i$와 별반 다르지 않다. 그러나 만약 $i$번째 관측값이 영향점(influential point)이라면 $S^2_{(i)}$은 $MS_E$와 심각하게 다를 것이고, 따라서 $R$-스튜던트는 이 점에 더 민감하게 된다. 뿐만 아니라 표준 가정하에서 $t_i$는 $t_{n-p-1}$ 분포를 따르기 때문에 $R$-스튜던트는 가설검정을 통한 이상치의 탐지에 대한 보다 공식적인 절차를 제공한다. 표 4.11

은 예 4.12의 소비자 금융 회귀모형에 대한 $R$-스튜던트 값을 표시하고 있다. 어떤 값도 비정상적으로 크지는 않다.

**영향점 진단(Influence Diagnostic)** 회귀모형의 적합에서 데이터의 일부가 불균형적인 영향을 주는 것을 종종 볼 수 있다. 즉, 모수추정이나 예측이 대다수의 데이터보다 일부분에 의한 영향을 더 많이 받는 경우가 있다. 이제 이 영향점들을 찾아내고 그 영향을 평가하고자 한다. 만약 이 점들이 나쁜 영향을 주게 되면 제거되어야 한다. 반면에 별다른 나쁜 영향이 없을 수도 있다. 그러나 그 점들이 주된 모형특성을 조절하는 경우에는 모형의 사용에 영향을 주기 때문에 그 점들을 알아야 한다. 이제 이 절에서 몇 가지 유용한 영향점 측도를 설명한다.

독립변수의 공간에서 관측값의 배치는 모형의 특성을 규명하는 데 중요하다. 특히 멀리 떨어진 점들은 잠재적으로 모수추정, 예측값, 통상적인 요약통계량(summary statistic)에 불균형적인 지렛대 역할을 한다.

행렬 $\mathbf{H} = \mathbf{X}(\mathbf{X}'\mathbf{X})^{-1}\mathbf{X}'$은 영향점을 식별하는 데 매우 유용하다. 이전에 언급한 것처럼 $\mathbf{H}$는 $\hat{\mathbf{y}}$과 $\mathbf{e}$의 분산과 공분산을 결정하는데, $V(\hat{\mathbf{y}}) = \sigma^2\mathbf{H}$이고 $V(\mathbf{e}) = \sigma^2(\mathbf{I} - \mathbf{H})$이기 때문이다. 행렬 $\mathbf{H}$의 요소 $h_{ij}$는 $\hat{y}_j$에 대한 $y_j$의 영향력의 양으로 해석된다. 따라서 $\mathbf{H}$의 요소에 대한 검토는 독립변수 공간상의 위치 때문에 잠재적 영향이 있는 점들을 들추어 내는 것이다. 이런 경우에는 일반적으로 대각요소 $h_{ij}$에 관심을 가진다. $\Sigma^n_{i=1}h_{ii} = \text{rank}(\mathbf{H}) = \text{rank}(\mathbf{X}) = p$이므로 $\mathbf{H}$의 대각요소의 평균크기는 $p/n$이 된다. 대략적인 지침으로는 대각요소 $h_{ii} > 2p/n$이면 $i$번째 관측값은 높은 영향점이 된다. 예 4.12의 소비자 금융 회귀모형에서 이를 적용하기 위해서 $2p/n = 2(3)/16 = 0.375$임을 사용한다. 표 4.11에서는 어느 값도 0.375보다 큰 값이 없기 때문에 이 데이터에는 영향점이 없다고 판단한다.

행렬 $\mathbf{H}$의 대각요소는 그들의 독립변수 공간상에서의 위치 때문에 잠재적 영향력이 있는 점들을 식별할 수 있다. 영향력을 판단할 때에는 점의 위치와 반응변수값을 같이 고려하는 것이 바람직하다. Cook(1977, 1979)은 모든 관측값을 다 사용한 최소제곱추정치 $\hat{\boldsymbol{\beta}}$와 $i$번째 점을 제외하고 추정한 값 $\hat{\boldsymbol{\beta}}_{(i)}$ 간의 제곱거리(Cook's distance)를 사용할 것을 추천하였다. 이 거리는 다음과 같이 표현된다.

$$D_1 = \frac{(\hat{\boldsymbol{\beta}}_{(i)} - \hat{\boldsymbol{\beta}})'\mathbf{X}'\mathbf{X}(\hat{\boldsymbol{\beta}}_{(i)} - \hat{\boldsymbol{\beta}})}{pMS_E} \qquad i = 1, 2, \ldots, n \tag{4.112}$$

이 거리 $D_i$의 컷오프는 일반적으로 1이다. 즉, $D_i > 1$인 관측값은 영향점으로 판단한다.

통계량 $D_i$는 실제로는 다음과 같이 계산된다.

$$D_i = \frac{r_i^2}{P}\frac{V[\hat{y}(x_i)]}{V(e_i)} = \frac{r_i^2}{p}\frac{h_{ii}}{(1 - h_{ii})} \qquad i = 1, 2, \ldots, n \tag{4.113}$$

위 식에서 $p$를 제외하면 $D_i$는 $i$번째 스튜던트화 잔차제곱과 $h_{ii}/(1 - h_{ii})$의 곱이다. 이 비율은 벡터 $x_i$에서 나머지 데이터의 중심(centeroid)까지의 거리임을 보일 수 있다. 따라서 $D_i$는 모형이 $i$번째 관측값을 얼마나 잘 적합시키는지와 이 점이 나머지 데이터로부터 얼마나 떨어져 있는가를 측정하는 요소로 구성되어 있다. 이 두 요소는 각각 $D_i$ 값을 크게 하는 데 기여할 수 있다.

표 4.11은 예 4.12의 소비자 금융 데이터에 회귀모형을 적합시킬 때의 $D_i$ 값을 나타내고 있다. 이 값들은 모두 1보다 작으므로 이 데이터에는 영향점이 있다는 증거가 없다고 판단한다.

## 연습문제

**4.1** 다음의 가설을 검정한다고 가정해 보자. (단, 분산은 알려져 있다.)

$$H_0: \mu = 100$$
$$H_1: \mu \neq 100$$

다음 검정통계량의 유의확률을 구하라.

(a) $Z_0 = 2.75$ (b) $Z_0 = 1.86$
(c) $Z_0 = -2.05$ (d) $Z_0 = -1.86$

**4.2** 다음의 가설을 검정한다고 가정해 보자. (단, 분산은 알려져 있다.)

$$H_0: \mu = 100$$
$$H_1: \mu > 100$$

다음 검정통계량의 유의확률을 구하라.

(a) $Z_0 = 2.50$ (b) $Z_0 = 1.95$
(c) $Z_0 = 2.05$ (d) $Z_0 = 2.36$

**4.3** 다음의 가설을 검정한다고 가정해 보자. (단, 분산은 알려져 있다.)

$$H_0: \mu = 100$$
$$H_1: \mu \neq 100$$

표본크기 $n = 20$이다. 다음 검정통계량의 유의확률 범위를 구하여라.

(a) $t_0 = 2.75$ (b) $t_0 = 1.86$
(c) $t_0 = -2.05$ (d) $t_0 = -1.86$

**4.4** 집적회로의 제조에 사용되는 125 mm 실리콘 웨이퍼에 포토 레지스트를 도포하기 위한 새로운 공정이 개발되었다. 10장의 웨이퍼를 테스트한 결과, 포토 레지스트 두께의 측정값(단위: angstroms × 1000)은 다음과 같다: 13.3987, 13.3957, 13.3902, 13.4015, 13.4001, 13.3918, 13.3965, 13.3925, 13.3946, 13.4002.

(a) 평균 두께가 13.4 × 1000 Å이라는 가설을 검정하라. 단, $\alpha = 0.05$이고 양쪽검정을 가정하라.

(b) 포토 레지스트의 평균 두께의 99% 양쪽신뢰구간을 구하라. 두께가 정규분포를 따른다고 가정하라.

(c) 이 데이터에 정규성 가정이 적절한가?

**4.5** 두 명의 품질관리 기술자가 금속 부품의 표면 조도를 측정하여, 표 4E.1의 데이터를 얻었다. 단, 측정값이 정규분포를 따른다고 가정한다.

**표 4E.1** 문제 4.5의 표면 조도 데이터

| 기술자 1 | 기술자 2 |
|---|---|
| 1.45 | 1.54 |
| 1.37 | 1.41 |
| 1.21 | 1.56 |
| 1.54 | 1.37 |
| 1.48 | 1.20 |
| 1.29 | 1.31 |
| 1.34 | 1.27 |
| | 1.35 |

(a) 두 기술자의 평균 표면조도 측정값이 같다는 가설을 검정하라. $\alpha = 0.05$를 사용하고, 분산이 같다고 가정한다.

(b) 문제 (a)의 검정은 실질적으로 무엇을 의미하는가? 만약 귀무가설이 기각되었다면 어떤 현실적인 결론이 도출되는가?

(c) 분산이 동일하다고 가정하고, 표면상태의 평균 차에 대한 95% 신뢰구간을 구하라.

(d) 두 기술자에 의해 측정된 분산의 측정값이 같다는 가설을 검정하라. 단, $\alpha = 0.05$이다. 귀무가설이 기각된 경우 실제적인 영향이 무엇인가?

(e) 기술자 측정오차의 분산비율에 대한 95% 신뢰구간의 추정치를 구하라.

(f) 기술자 2의 측정오차 분산의 95% 신뢰구간을 구하라.

(g) 이 데이터에 정규성 가정이 적절한가?

**4.6** 금속 막대의 지름이 12명의 조사관에 의해 측정되고, 각각 조사관들은 마이크로미터 캘리퍼와 버니어 캘리퍼를 모두 사용하여 측정한다. 측정 결과는 표 4E.2과 같다. 두 종류의 캘리퍼를 사용하였을 때, 각각의 측정값의 평균 사이에 차이가 있는가? 단, $\alpha = 0.01$이다.

**표 4E.2** 문제 4.6의 조사관의 측정값

| 조사관 | 마이크로미터 캘리퍼 | 버니어 캘리퍼 |
|---|---|---|
| 1 | 0.150 | 0.151 |
| 2 | 0.151 | 0.150 |
| 3 | 0.151 | 0.151 |
| 4 | 0.152 | 0.150 |
| 5 | 0.151 | 0.151 |
| 6 | 0.150 | 0.151 |
| 7 | 0.151 | 0.153 |
| 8 | 0.153 | 0.155 |
| 9 | 0.152 | 0.154 |
| 10 | 0.151 | 0.151 |
| 11 | 0.151 | 0.150 |
| 12 | 0.151 | 0.152 |

**4.7** $\sigma_1^2$, $\sigma_2^2$가 알려져 있는 경우, 아래의 가설에 대한 검정을 설정하라.

$$H_0: \mu_1 = \mu_2$$
$$H_1: \mu_1 \neq \mu_2$$

**4.8** 유리병의 규격미달품은 포아송 분포를 따라 발생한다. 100병의 무작위 표본이 11개의 비적합품을 포함하고 있다.

(a) 포아송 분포의 평균 $\lambda$가 $\lambda_0$와 같다는 가설검정의 절차를 제시하라. 포아송 분포의 정규근사를 이용하라.

(b) (a)에서의 결과를 이용하여 비적합품의 평균 발생률이 $\lambda = 0.15$이라는 가설을 검정하라. 단, $\alpha = 0.01$이다.

**4.9** 집적회로 제조에 사용되는 실리콘 웨이퍼의 균일성과 $C_2F_6$ 유동률의 영향에 대한 실험이 실행되었다. 세 수준의 유동률과 6개의 관측값으로부터 얻어진 균일성(%)의 결과는 다음의 표 4E.3과 같다.

**표 4E.3 문제 4.9의 균일성 데이터**

| $C_2F_6$ 유동률 | 관측값 | | | | | |
|---|---|---|---|---|---|---|
| (SCCM) | 1 | 2 | 3 | 4 | 5 | 6 |
| 125 | 2.7 | 2.6 | 4.6 | 3.2 | 3.0 | 3.8 |
| 160 | 4.6 | 4.9 | 5.0 | 4.2 | 3.6 | 4.2 |
| 200 | 4.6 | 2.9 | 3.4 | 3.5 | 4.1 | 5.1 |

(a) $C_2F_6$의 유동률이 각각의 균일성에 영향을 끼치는가? 분산분석을 통해 질문에 답하라. 단, $\alpha = 0.05$이다.

(b) 아래 데이터를 활용하여 상자그림을 그려라. 이 그림을 분산분석 결과와 함께 사용하여 균일성의 측면에서 최선의 가스 유동률을 결정하라. (유동률이 낮을 수록 좋은 것이다.)

(c) $C_2F_6$ 유동률의 잔차 대 예측의 플롯을 그려라. 또한 이 플롯을 해석하라.

(d) 이 문제에서 정규성 가정이 타당한가?

**4.10** 한 알루미늄 제작자는 탄소 양극을 제조하고, 제련 공정에서 사용하기전에 원형 노에서 굽는다. 구워진 양극의 밀도는 양극의 수명에 지대한 영향을 끼치는 주요 품질특성이다. 한 공정 기술자는 원형 노의 소성 온도가 양극의 밀도에 영향을 끼친다고 가정하고 있다. 실험이 네 가지의 다른 온도 수준에서 실행되었고, 그 결과는 표 4E.4와 같다.

**표 4E.4** 문제 4.10의 굽기 밀도 데이터

| 온도(℃) | 밀도 | | | | | |
|---|---|---|---|---|---|---|
| 500 | 41.8 | 41.9 | 41.7 | 41.6 | 41.5 | 41.7 |
| 525 | 41.4 | 41.3 | 41.7 | 41.6 | 41.7 | 41.8 |
| 550 | 41.2 | 41.0 | 41.6 | 41.9 | 41.7 | 41.3 |
| 575 | 41.0 | 40.6 | 41.8 | 41.2 | 41.9 | 41.5 |

(a) 원형 노의 소성 온도가 평균 양극 밀도에 영향을 끼친다고 할 수 있는가?

(b) 이 실험에서의 잔차를 구하고, 정규확률 플롯을 그려라. 또한, 이 도표에 대한 의견을 제시하라.

(c) 소성 온도는 몇 도가 좋겠는가?

**4.11** 표 4E.5에는 어떤 병원에서 무작위로 선택된 25명의 환자에 의해 수행된 환자만족도 조사자료가 수록되어 있다. 만족도뿐만 아니라, 환자의 연령, 질병의 심각성 변수가 함께 수집되었다.

**표 4E.5** 환자 만족도 데이터

| 관측값 | 나이($x_1$) | 심각성($x_2$) | 만족도($y$) |
|---|---|---|---|
| 1 | 55 | 50 | 68 |
| 2 | 46 | 24 | 77 |
| 3 | 30 | 46 | 96 |
| 4 | 35 | 48 | 80 |
| 5 | 59 | 58 | 43 |
| 6 | 61 | 60 | 44 |
| 7 | 74 | 65 | 26 |
| 8 | 38 | 42 | 88 |
| 9 | 27 | 42 | 75 |
| 10 | 51 | 50 | 57 |
| 11 | 53 | 38 | 56 |
| 12 | 41 | 30 | 88 |
| 13 | 37 | 31 | 88 |
| 14 | 24 | 34 | 102 |
| 15 | 42 | 30 | 88 |
| 16 | 50 | 48 | 70 |
| 17 | 58 | 61 | 52 |
| 18 | 60 | 71 | 43 |
| 19 | 62 | 62 | 46 |
| 20 | 68 | 38 | 56 |
| 21 | 70 | 41 | 59 |
| 22 | 79 | 66 | 26 |
| 23 | 63 | 31 | 52 |
| 24 | 39 | 42 | 83 |
| 25 | 49 | 40 | 75 |

(a) 만족도에 대한 선형회귀모형을 환자의 연령에 적합시켜라.

(b) 회귀의 유의성을 검정하라.

(c) 전체 변동 중 연령 변수가 설명하는 부분은 어느 정도인가?

**4.12** 문제 4.11의 환자만족도 데이터 회귀모형의 잔차를 분석하라. 회귀모형의 적절성을 논의하라.

**4.13** 표 4E.5의 환자만족도 데이터를 고려하자. 환자의 나이(age)와 질병 심각성(severity)을 사용하여 다중회귀모형을 적합시켜라.

(a) 회귀의 유의성을 검정하라.

(b) 두 회귀변수의 개별 기여도를 검정하라. 모형에 두 변수가 모두 필요하다고 생각하는가?

(c) 모형에 심각성(severity)을 추가하면 모형적합성이 향상되는가? 그렇게 생각한 이유는 무엇인가.

**4.14** 아래 미니탭 결과를 고려하라.

(a) 결과창의 빈 값을 채워라.

(b) 귀무가설을 0.05 수준에서 기각할 수 있는가? 이유는 무엇인가?

(c) 결과값과 $t$-table을 이용하여 평균차이의 99% 신뢰구간을 구하라.

(d) 가설 $H_0$: $\mu_1 = \mu_2$, $H_1$: $\mu_1 > \mu_2$를 고려하라. 유의확률은 얼마인가? 어떤 결론을 이끌어 낼 수 있는가?

**Two-Sample T-Test and CI**

```
Sample  N      Mean    stDev    SE mean
1    15   50.20   1.75     0.45
2    15   51.98   2.15     0.56

Difference = mu (1) - mu (2)
Estimate for difference: ?
95% CI for difference: (-3.246, -0.314)
T-Test of difference = 0 (vs not =) :
T-Value =-2.49  P-Value = 0.019  DF = ?
Both use pooled StDev = 1.9602
```

# 3부

# 통계적 공정관리와 공정능력 분석의 기본적인 절차

제품이 올바르게 만들어지려면 생산 공정이 안정되어야 하고 공정과 관련된 모든 사람들(운영자, 기술자, 품질보증 담당자, 그리고 관리자 등)이 지속적으로 품질 향상과 주요 모수에서 변동을 줄이려는 노력을 수행해야 한다. **온라인 통계적 공정관리**(on-line statistical process control)는 이러한 목적을 달성하게 하는 중요한 절차이며, 관리도는 온라인 통계적 공정관리의 가장 기본적인 도구이다. 5장에서 8장까지는 기본적인 통계적 공정관리 절차를 소개할 것이며, 특히 Walter A. Shewhart가 제안한 **Shewhart 관리도**에 대해 상세하게 설명할 것이다.

5장은 통계적 공정관리의 기본적인 개념에 대해 소개하며, 또한 Shewhart 관리도를 포함하여 기본적인 7가지 통계적 공정관리 도구를 소개할 것이다. 6장은 **계량형 관리도**(variables control chart)라고도 표현하는, 측정 데이터(measurement data)에 대한 Shewhart 관리도를 소개하고 있는데, 특히 $\bar{x}$-$R$ 관리도에 대해 상세하게 설명할 것이다. 7장은 불량품의 수, 결점수, 단위당 결점수 등과 같은 **계수형 데이터**(attribute data)에 대한 Shewhart 관리도를 소개할 것이다. 8장은 **공정능력 분석**(process capability analysis)을 소개하는데, 이는 관리도 및 다른 통계적 절차가 공정의 능력을 추정하는 데 어떻게 사용되며 제품의 규격과 관련하여 이를 어떻게 평가하는지에 대한 내용이다.

5장에서 8장까지는 관리도 사용의 다음 3가지 기본적인 목적에 대해 초점을 맞출 것이다.

1. 공정의 변동을 줄임
2. 공정의 탐지(monitoring) 및 감시(surveillance)
3. 제품 또는 공정의 모수추정

5장

# 통계적 공정관리의 방법과 기본 개념

## 요약 및 학습 목표

이 단원에서는 세 가지 목표가 있다. 첫 번째는 기본적인 7가지 도구라고 하는 통계적 공정관리 도구를 제안하고, 이들 도구를 통하여 품질 개선을 어떻게 이루어갈 수 있는지를 설명하고 있다. 이들 도구는 공정의 변동을 감소시키고 성능을 탐지하는 중요한 기본적인 도구이며, DMAIC의 분석(Analyze) 및 관리(Control) 단계에 널리 사용되고 있다. 두 번째 목표는 Shewhart 관리도의 기본적인 통계적 개념을 설명하는 것이다. 독자들은 표본크기, 추출간격, 관리한계의 설정이 관리도의 성능에 어떠한 영향을 미치는지 확인할 수 있을 것이다. 다른 핵심 개념은 합리적인 부분군, 관리도의 신호 및 패턴의 해석, 그리고 관리도 성능의 측정 기준인 평균 런 길이에 대한 것이다. 세 번째 목표는 SPC의 구현에 대한 몇 가지 구체적인 문제를 논의하고 설명하는 것이다.

이 장을 학습하고 나면, 다음 내용들을 수행할 수 있어야 한다.

1. 공정변동에 대해 우연원인과 이상원인을 이해한다.
2. 표본크기, 관리한계, 추출간격의 설정을 포함한 Shewhart 관리도의 통계적 개념을 설명한다.
3. 합리적인 부분군의 개념에 대해 이해한다.
4. 통계적 공정관리의 기본 도구에 대해 이해한다: 히스토그램(histogram) 또는 줄기-잎 그림(stem-and-leaf plot), 체크시트(check sheet), 파레토 그림(Pareto chart), 특성요인도(cause-and-effect diagram), 결점집중도(defect concentration diagram), 산점도(scatter diagram), 관리도(control chart).
5. 관리도 사용의 제1국면과 제2국면을 이해한다.
6. 관리도의 성능 측정 기준으로 평균 런 길이를 어떻게 사용하는지 설명한다.
7. 관리도와 관련하여 어떻게 부가적인 규칙(sensitizing rule) 및 패턴 분석을 사용하는지 설명한다.

## 5.1 서론

제품이 고객의 기대를 충족시키기 위해서는 안정적이고 지속적인 공정에서 생산되어야 한다. 더 상세하게 말하면, 공정은 제품의 품질특성치의 목표값에서 변동이 거의 없도록 운영되어야 한다. **통계적 공정관리**(statistical process control, SPC)는 공정의 안정성을 달성하고 변동의 감소를 통해 공정능력을 향상시키는 데 유용한 도구들을 모아놓은 집합체라고 할 수 있다.

20세기의 가장 위대한 기술 발전 중 하나로 여겨지는 통계적 공정관리는 확실한 기본 원리에 근거하기 때문에 사용하기 쉽고, 큰 영향력이 있으며, 모든 공정에 적용할 수 있다는 장점을 가지고 있다. 통계적 공정관리의 **기본적인 7가지 도구**는 다음과 같다.

1. 히스토그램 또는 줄기-잎 그림
2. 체크시트
3. 파레토 그림
4. 특성요인도
5. 결점집중도
6. 산점도
7. 관리도

기본적인 7가지 도구는 통계적 공정관리에서 중요한 부분이지만 주로 기술적인 측면이 강조되고 있다. 통계적 공정관리의 사용은 조직의 모든 사람들이 품질과 생산성의 지속적인 향상을 추구하는 환경을 만드는 데 도움을 준다. 이 환경이 한번 설정되면, 기본적인 7가지 도구의 적용은 비즈니스를 수행하는 일상적인 방법이며, 품질향상이라는 목표를 달성하는 데 큰 도움이 될 것이다.

7가지 도구 중에서, Shewhart 관리도는 가장 기술적으로 정교하게 구성된 도구이다. Shewhart 관리도는 Bell 전화연구소의 Walter A. Shewhart에 의해 1920년대에 개발되었다. 통계적 공정관리의 기본적인 통계적 개념을 이해하기 위해, 먼저 변동에 대한 Shewhart의 이론을 알아야 한다.

## 5.2 품질 변동의 우연원인과 이상원인

제조 공정이 아무리 잘 설계되고 주의 깊게 유지가 되더라도, 일정량의 고유적이거나 자연적인 변동은 항상 존재한다. 이러한 자연적인 변동(natural variability) 또는 "배경잡음(background noise)"은 작지만 본질적으로 불가피한 많은 원인들의 누적된 효과이다. 통계적 품질관리의 기본적인 틀에서 이 자연적인 변동은 종종 "**우연원인**(chance cause)들에 의한 안정적인 시스템"이라고 불리기도 한다. 즉, 변동의 우연원인만이 존재하는 공정은 **통계적으로 관리상태**(in statistical control)에 있다고 말하며, 우연원인은 공정의 고

유한 한 부분으로 간주한다.

변동의 다른 종류는 품질특성치의 큰 변화로부터 발견할 수 있다. 품질특성치의 변동은 주로 부적절하게 수정 또는 관리된 기계, 운영자의 실수, 결함이 있는 원자재 등의 3가지 원인으로부터 발생한다. 이러한 변동은 배경잡음에 비해 일반적으로 크고, 수용할 수 없는 공정 성능의 수준을 나타낸다. 이러한 변동은 우연원인 패턴이 아니라고 판단하여 이를 변동의 **이상원인**(assignable cause)이라고 간주하고, 이상원인이 존재하는 공정은 **이상상태**(out-of-control)에 있다고 한다. (참고: 우연원인과 이상원인은 Shewhart가 사용한 용어이며, 최근 우연원인 대신 common cause, 이상원인 대신 special cause라는 용어가 사용되기도 한다.)

변화의 우연원인과 이상원인을 그림 5.1에 나타내었다. 그림에서 시점 $t_1$까지 공정은 관리상태(in-control), 즉 변동의 우연원인만 존재한다고 볼 수 있다. 결과적으로 공정의 평균과 표준편차가 관리상태일 때의 값($\mu_0$와 $\sigma_0$)을 유지하고 있다. 시점 $t_1$에서 이상원인이 발생했는데, 그림 5.1에서 볼 수 있듯이 이상원인의 효과는 공정평균이 새로운 값 $\mu_1(>\mu_0)$으로 변화한 것이다. 시점 $t_2$에서 다른 이상원인이 존재하는 것을 알 수 있는데, 공정평균은 $\mu = \mu_0$이지만 공정의 표준편차가 $\sigma_1(>\sigma_0)$으로 변화하였다. 또한 시점 $t_3$에서 다른 이상원인이 존재하는데, 이때는 공정의 평균과 표준편차 모두가 이상상태의 값을 가짐을 알 수 있다. 따라서 시점 $t_1$ 이후부터 이상원인이 존재하여 공정이 이상상태에 있다는 것을 확인할 수 있다.

대부분 공정은 오랜 시간동안 관리상태에서 운영되지만, 영원히 안정된 공정은 존재할 수 없으며 결국 이상원인이 발생해서 제품의 많은 부분이 규격을 벗어나는 이상상태로 변화하게 된다. 예를 들어, 그림 5.1에서 공정이 관리상태에 있을 때 제품의 대부분은 규격하한(LSL)과 규격상한(USL)의 사이에 위치하지만, 공정이 이상상태에 있을 때에는 제품의 많은 부분이 규격을 벗어나게 됨을 알 수 있다.

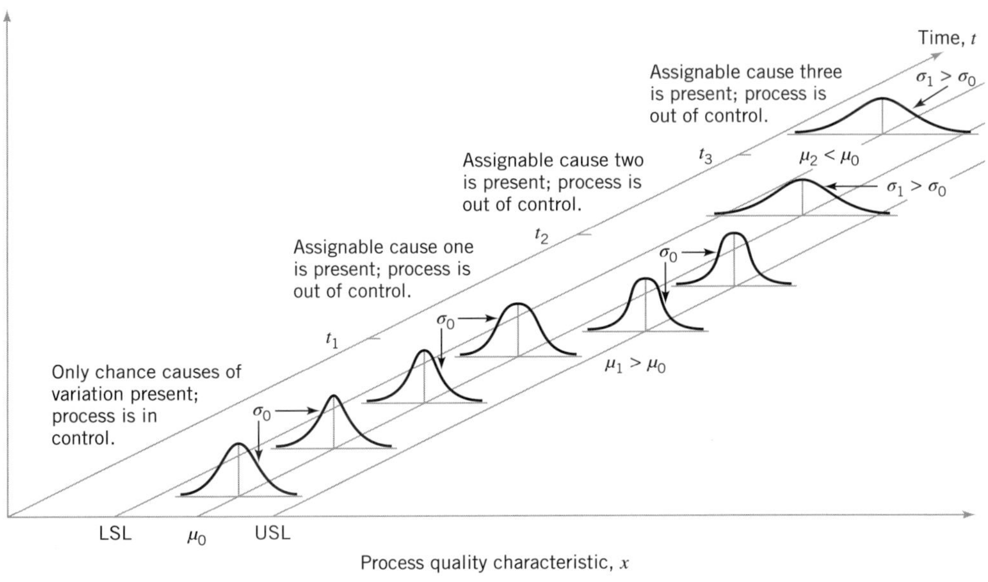


그림 5.1
변동의 우연원인과 이상원인

통계적 공정관리의 주된 목적은 공정에서 이상원인의 발생을 재빨리 탐지하여 불량품이 많이 생산되기 전에 공정을 조사하고 이를 수정할 수 있도록 하는 것이다. **관리도**는 이러한 목적으로 널리 사용되는 온라인 공정 모니터링의 한 방법이다. 뿐만 아니라 관리도는 제조공정의 모수를 추정하고 이러한 정보를 통해 공정능력을 결정할 때 사용될 수 있으며, 공정개선에 유용한 정보를 제공하기도 한다. 마지막으로, 통계적 공정관리의 최종 목표는 **공정의 변동을 제거**하는 것임을 반드시 기억하기 바란다. 변동을 완전하게 제거하는 것이 가능하지 않을 수도 있지만, 관리도는 변동을 가능한 한 많이 감소시키는 효과적인 수단이다.

이제 관리도의 기초적인 통계적 개념을 제시할 것이다. 6장과 7장에서 관리도의 구성 및 기본적인 사용에 대해 보다 상세하게 설명하겠다.

## 5.3 관리도의 통계적 개념

### 5.3.1 기본 원칙

그림 5.2는 전형적인 관리도의 한 형태를 보여 주고 있다. 관리도는 표본추출 시점에 대해 표본으로부터 측정된 품질특성치를 시각적으로 표현한 그래프이다. 관리도에는 관리상태에서의(즉, 우연원인만 존재할 때의) 품질특성치의 평균을 나타내는 **중심선**(center line)이 있으며, **관리상한**(upper control limit, UCL)과 **관리하한**(lower control limit, LCL)이라는 두 개의 선이 있다. 이 관리한계는 공정이 관리상태인 경우 거의 모든 표본의 점들이 관리한계 내에 타점되도록 설정된다. 표본의 점이 관리한계 내에 타점될 경우 공정은 관리상태에 있다고 해석할 수 있고 아무런 조치를 취하지 않아도 되지만, 관리한계 밖에 타점될 경우 공정은 이상상태에 있다고 해석하고 이상원인을 발견하여 이를 제거하기 위한 검사 및 조치가 필요하다. 연속적인 점들이 시간이 지남에 따라 어떻게 변화하는지 쉽게 시각화할 수 있도록, 일반적으로 이 점들을 직선으로 연결하여 표현한다.

모든 점들이 관리한계 내에 타점되더라도, 랜덤하지 않은 패턴을 보인다면 공정은 이상

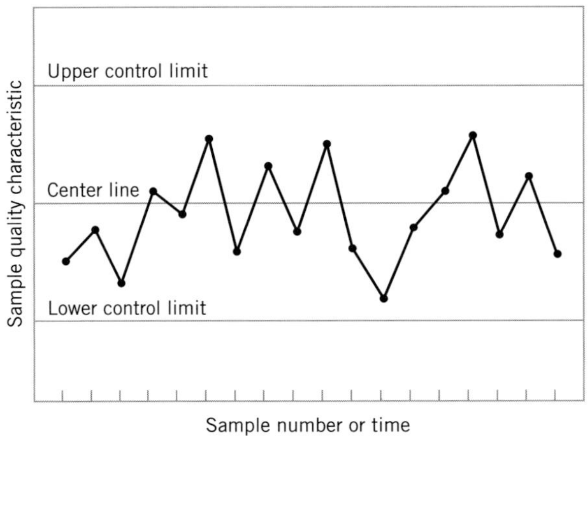


**그림 5.2**
전형적인 관리도

상태에 있다고 판단할 수 있다. 예를 들어, 마지막 20개의 점 중에 18개의 점이 중심선과 관리상한 사이에 있고 단지 2개의 점만 중심선과 관리하한 사이에 있다면, 무언가 잘못된 상태라고 의심할 수 있다. 만약 공정이 관리상태이라면, 모든 점들이 랜덤하게 분포되어 있어야 한다. 따라서 랜덤하지 않은 패턴을 찾는 방법은 관리도에서 이상상태를 판단하는 보조적인 절차로 사용될 수 있다. 일반적으로 관리도에 랜덤하지 않은 패턴이 나타나는 원인이 있기 때문에 이를 발견하고 제거할 경우 공정성능이 향상될 것이다. 이에 대해서는 5.3.5절과 6.2.4절에서 다룰 것이다.

**가설검정**과 관리도 사이에는 밀접한 관련이 있다. 이 관계를 이해하기 위해 그림 5.2의 수직축은 표본평균 $\bar{x}$를 나타낸다고 가정하자. 만일 $\bar{x}$ 값이 관리한계 내에 있다면 공정평균이 관리상태에 있다(즉, 공정평균이 $\mu_0$와 같다)고 판단한다. 그렇지 않은 경우, 즉 $\bar{x}$ 값이 관리한계를 벗어날 경우 공정평균이 이상상태에 있다(즉, 공정평균이 $\mu_0$가 아닌 $\mu_1$과 같다)고 판단한다. 따라서 관리도는 공정이 통계적 관리상태에 있다는 가설에 대한 검정이라고 생각할 수 있다. 즉, 점들이 관리한계 내에 있는 것은 공정이 통계적 관리상태에 있다는 가설을 기각하지 못한다는 것을 의미하고, 관리한계를 벗어날 경우 이 가설을 기각한다는 것을 의미한다.

그러나 관리도와 가설검정 사이에는 관점에 따라 약간의 차이도 있다. 예를 들어, 통계적 가설검정을 수행할 경우 우리는 일반적으로 가정의 타당성을 확인하지만, 관리도는 가정한 통계적 관리상태에서 벗어나는지에 초점을 맞추고 있다. 이는 공정의 변동을 줄이고 관리상태를 유지하기 위해 관리도를 적용할 때, 분포의 가정이나 독립성 가정을 많이 우려할 필요가 없기 때문이다. 또한 이상원인은 공정모수의 다양한 변화를 초래할 수 있음을 유념해야 한다. 예를 들어, 평균이 순간적으로 새로운 값으로 이동하여 그 값으로 계속 지속될 수 있는데 이를 **지속적인 변화**(sustained shift)라고 한다. 또는 평균의 변화가 순간적으로 일어나지만 일정기간만 지속되다가 다시 관리값으로 돌아갈 수도 있다. 또는 이상원인이 어떠한 경향을 가지고 평균을 변화하도록 하는 경우도 있다. 이 중 지속적인 변화만이 일반적인 가설검정 모형에 잘 적합하다고 알려져 있다.

가설검정 모형은 관리도의 **성능**을 분석할 때 유용하게 사용할 수 있다. 예를 들어, 관리도에서 제1종 오류(관리상태인데 이상상태라고 판단)의 확률과 제2종 오류(이상상태인데

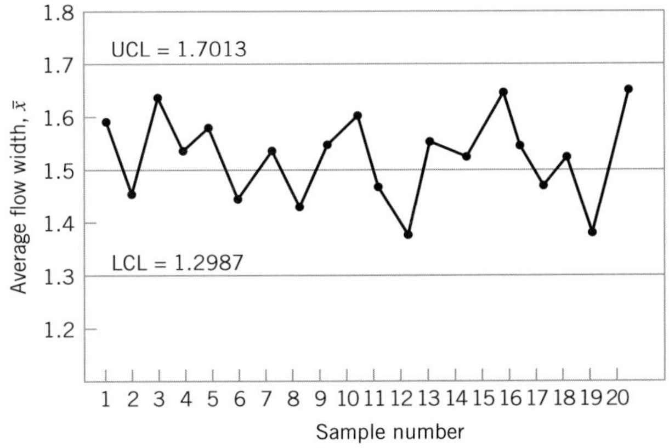


**그림 5.3**
유동 폭에 대한 $\bar{x}$ 관리도

관리상태라고 판단)의 확률을 고려할 수 있다. 제2종 오류의 확률을 나타내는 관리도의 검사특성곡선(operating-characteristic curve)을 사용하는 것은 많은 도움이 되는데, 검사특성곡선은 서로 다른 크기의 공정 변화를 검출하는 관리도의 능력을 나타낸다. 이것은 특정 상황에 적용할 관리도의 유형을 결정하는 척도가 될 수 있다. 이에 대한 더 많은 내용을 살펴보고 싶다면 Woodall(2000)을 참고하기 바란다.

앞에서 언급한 개념을 설명하기 위해 관리도의 한 예를 들겠다. 반도체 제조공정에서 사진석판술(photolithography)은 중요한 제조 단계 중 하나인데, 이를 위해 하드베이크(hard-bake) 공정이 필요하다. 하드베이크에서 중요한 품질특성치는 저항(resist)의 유동폭(flow width)인데, 이는 베이킹 공정으로 인하여 얼마나 팽창하는지를 나타내는 척도이다. 유동폭의 평균은 1.5마이크론으로 유지되고, 이때 표준편차는 0.15마이크론으로 알려져 있다고 가정하자. 그림 5.3은 유동폭의 평균에 대한 관리도를 나타내고 있다. 매시간마다 5개의 웨이퍼를 추출해서 유동폭의 평균($\bar{x}$)을 계산하여 관리도에 타점하였다. 이 관리도는 공정평균의 변화를 탐지하기 위해 표본평균 $\bar{x}$를 사용하기 때문에 일반적으로 $\bar{x}$ 관리도라고 한다. 모든 점들이 관리한계 내에 있으므로 공정은 관리상태에 있다고 판단한다.

관리도의 통계적 개념을 이해하기 위해 $\bar{x}$ 관리도의 관리한계를 어떻게 결정하는지 살펴보고자 한다. 공정의 평균은 1.5마이크론이고 표준편차는 $\sigma = 0.15$마이크론이다. 표본의 크기가 $n = 5$ 인 경우 표본표준편차는 다음과 같다.

$$\sigma_{\bar{x}} = \frac{\sigma}{\sqrt{n}} = \frac{0.15}{\sqrt{5}} = 0.0671$$

따라서 유동폭의 평균이 1.5마이크론으로 공정이 관리상태에 있을 경우, 중심극한정리에 의하여 $\bar{x}$는 정규분포를 따른다고 가정할 수 있으며 표본평균 $\bar{x}$의 $100(1-\alpha)\%$가 $1.5 + Z_{\alpha/2}(0.0671)$과 $1.5 - Z_{\alpha/2}(0.0671)$ 사이에 존재한다고 생각할 수 있다. $Z_{\alpha/2}$로 3을 선택하면 관리도의 관리상한과 관리하한은 다음과 같다.

$$\text{관리상한} = 1.5 + 3(0.0671) = 1.7013$$
$$\text{관리하한} = 1.5 - 3(0.0671) = 1.2987$$

이것을 **3시그마 관리한계**(three-sigma control limits)라고 하는데, 관리한계의 폭은 표본크기 $n$에 반비례하게 된다. 관리한계를 선택하는 것은 $\sigma = 0.15$로 알려진 값이라고 할 때 다음과 같은 가설검정의 기각역을 설정하는 것과 동일하다.

$$H_0: \quad \mu = 1.5$$
$$H_1: \quad \mu \neq 1.5$$

관리도는 매 시점마다 이 가설검정을 반복하는 것으로, 이와 같은 상황은 그림 5.4에 나타나 있다.

다음은 관리도의 일반적인 모형을 제시하고자 한다. 우리가 관심이 있는 품질특성치를 측정하는 통계량은 $w$, $w$의 평균은 $\mu_w$, $w$의 표준편차는 $\sigma_w$라고 할 때 중심선과 관리한계

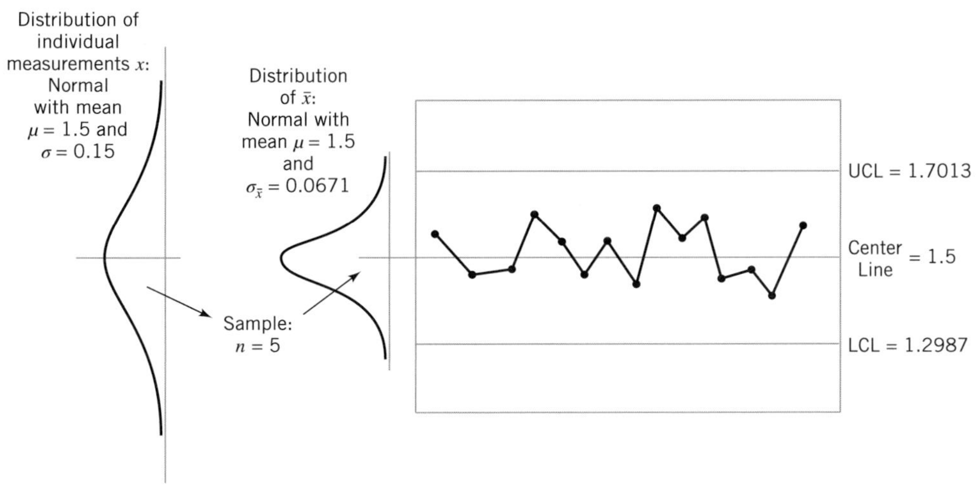


그림 5.4
관리도가 작동하는 방법

는 다음과 같다.

$$
\begin{aligned}
\text{관리상한} &= \mu_w + L\sigma_w \\
\text{중심선} &= \mu_w \\
\text{관리하한} &= \mu_w - L\sigma_w
\end{aligned}
\tag{5.1}
$$

여기서 $L$은 표준편차 단위로 표현되는 중심선과의 '거리'를 나타낸다. 이러한 관리도의 이론은 Walter A. Shewhart에 의해 처음 제안되었고, 이러한 원칙에 따라 개발된 관리도를 **Shewhart 관리도**라고 한다.

관리도는 통계적 관리의 의미를 정확하게 설명하기 위한 도구이기 때문에 다방면에서 사용된다. 많은 실제적인 적용에 있어서, 관리도는 온라인 **공정관리** 또는 **감시**에 사용된다. 즉, 표본 데이터를 수집하여 관리도를 구성하고, 이때 통계량(예를 들어 $\bar{x}$)의 값들이 관리한계 내에서 랜덤한 패턴을 나타내는 경우에 이 공정은 관리상태라고 한다. 우리는 과거의 데이터가 관리상태의 공정에서 추출된 것인지 뿐만 아니라 향후의 데이터가 통계적 관리상태를 나타내는지를 판단하는 것에 관심이 있을 수 있음을 유념하기 바란다.

관리도의 사용에 있어 가장 중요한 목적은 공정을 **개선**시키는 것이다. 이제까지 발견한 사항은 다음과 같다.

1. 많은 공정들은 관리상태에서 운영되지 않는다.
2. 관리도의 규칙적이고 세심한 사용은 이상원인을 식별하는 데 도움을 준다. 이 이상원인들이 공정에서 제거될 수 있다면 변동은 감소하고 공정은 개선될 것이다.

이와 같은 관리도를 사용한 공정개선 활동이 그림 5.5에 나와 있다. 또한

3. 관리도는 이상원인을 **탐지**하는 역할만 하기 때문에, 이상원인을 제거하는 데 관리자, 운영자, 기술자의 **역할**이 중요하다.

이상원인을 식별하고 이를 제거하려면, 문제의 **근본적인 원인**을 찾아내는 것이 중요하다. 허울뿐인 해결책으로는 실질적이고 장기적인 공정개선이 이루어지지 않는다. 시정 조

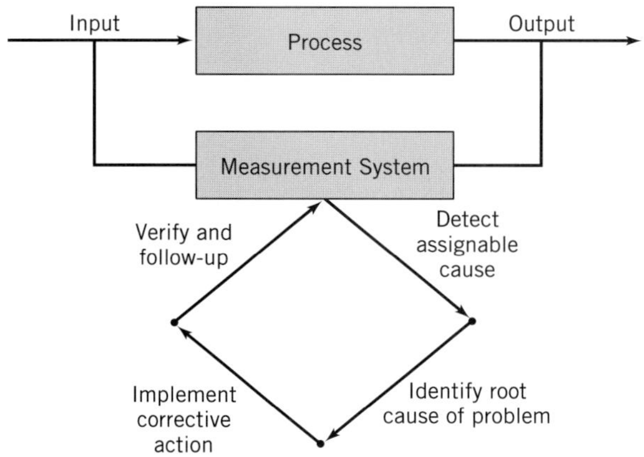


**그림 5.5**
관리도를 이용한 공정개선

치를 위한 효과적인 시스템을 개발하는 것은 효과적인 SPC 구현에 필수적이다.

관리도의 사용과 관련된 수정조치 과정의 매우 중요한 부분은 **이상상태 조치계획**(out-of-control-action plan: OCAP)이다. OCAP는 이상신호가 발생한 후 수행해야 할 활동의 순서도 또는 텍스트를 기반으로 지침서를 나타낸다. OCAP는 이상원인을 확인하는 **체크포인트**(checkpoint)와 이상원인을 제거하여 이상상태를 해결할 수 있는 **터미네이터**(terminator)로 구성되어 있다.

OCAP에서는 가능한 체크포인트와 터미네이터의 세트를 선정하고 공정진단이 가능하도록 배열하는 것이 중요하며, 이전의 공정이나 제품의 고장 방식에 대한 분석은 OCAP의 설계에 도움이 될 수 있다. 또한 공정에 대한 지식이 쌓이고 공정을 이해할수록 OCAP는 수정될 것이라는 측면에서 **살아있는 문서**(living document)라고 할 수 있다. 결론적으로 관리도를 적용할 때 OCAP도 같이 사용해야 하며, OCAP를 수반하지 않은 관리도는 공정개선의 도구로 효과가 없을 수도 있다.

하드베이크 공정에 대한 OCAP가 그림 5.6에 나타나 있다. 이 공정은 온도와 시간이라는 두 가지 조절 가능한 변수가 있다. 이 공정에서 유동폭의 평균의 변화는 $\bar{x}$ 관리도로 탐지하며, 공정 산포의 변화는 $R$ 관리도로 탐지하고 있다. 만약 $R$ 관리도에서 이상신호를 나타내면 공정 운영자는 즉시 공정 기술자에게 연락을 해야 한다. 만일 $\bar{x}$ 관리도에서 이상신호를 나타내면, 운영자는 공정 세팅을 확인하고 관리상태로 돌리기 위해 온도를 조정해야 한다. 온도를 조정해도 관리상태로 돌아오지 않는다면, 공정 기술자에게 연락을 해야 한다.

우리는 관리도를 **추정하는 도구**로 사용할 수도 있다. 관리도로부터 공정이 통계적으로 관리상태에 있다고 판단되면, 우리는 공정모수들, 예를 들어 평균, 표준편차, 불량률 등을 추정할 수 있다. 이 추정값들은 채택 가능한 제품을 만들 수 있는 **공정능력**을 측정하는 데 사용될 수 있다. 이러한 **공정능력에 대한 연구결과**는 공정 주기 동안 발생하는 결정 문제, 예를 들면 생산과 판매 결정, 공정변동을 줄이는 공정 개선책, 제품의 품질과 관련한 고객과의 계약 등에 유용한 판단 자료가 될 것이다.

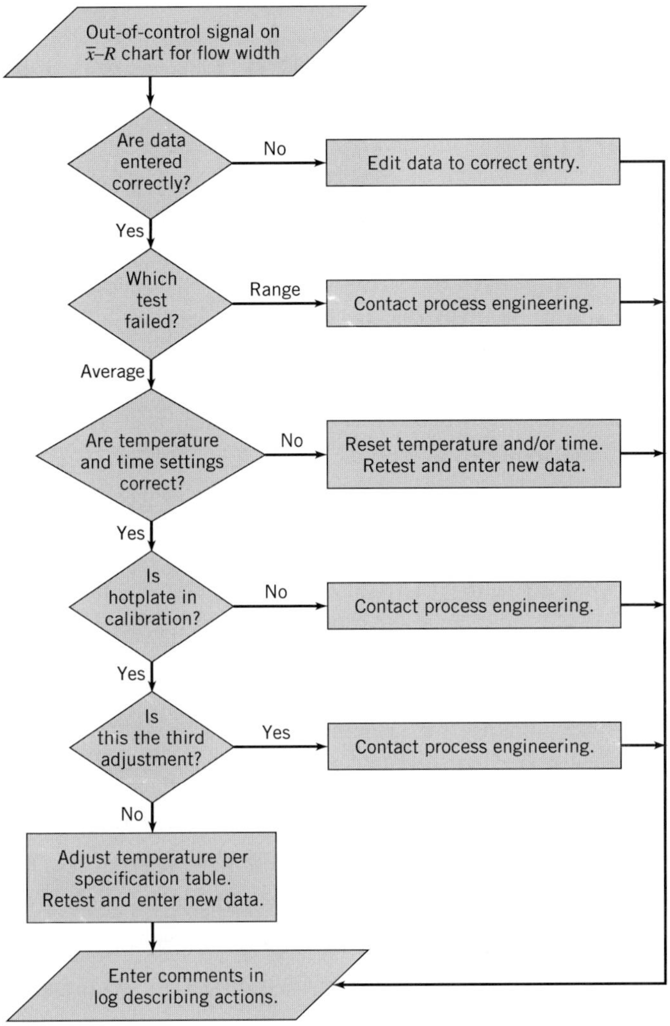


그림 5.6
하드베이크 공정의 OCAP

관리도는 크게 두 가지 유형으로 구분할 수 있다. 품질특성치가 측정되어 연속적인 스케일의 숫자로 표현할 수 있는 경우 이를 **계량형**(variable)이라고 한다. 이러한 경우 품질특성치를 중심경향의 측도와 산포의 측도로 나타내는 것이 편리하다. 중심경향과 산포에 대한 관리도를 **계량형 관리도**(variables control chart)라고 한다. $\bar{x}$ 관리도는 중심경향을 관리하는 데 많이 사용되고, 표본범위 또는 표본표준편차에 기초한 관리도는 공정의 산포를 관리할 때 사용된다. 계량형 관리도는 6장에 설명될 것이다. 그러나 품질특성치는 연속적인 스케일이나 양적인 스케일로 측정되지 않는 경우도 있다. 이런 경우에는 각 제품의 단위가 불량인지 아닌지를 판단하거나 제품 단위의 결점수를 셀 수 있다. 이러한 품질특성치에 대한 관리도는 **계수형 관리도**(attributes control chart)라고 한다. 이는 7장에서 자세히 다룰 것이다.

관리도 사용의 중요한 요인은 **관리도의 설계**인데, 이는 표본크기, 관리한계, 추출간격을 설정하는 것이다. 예를 들어, 그림 5.3의 $\bar{x}$ 관리도에서 표본크기는 5이고, 3시그마 관리한계로 매시간마다 추출하는 것으로 결정했다. 대부분의 품질관리 문제에서 통계적인 관

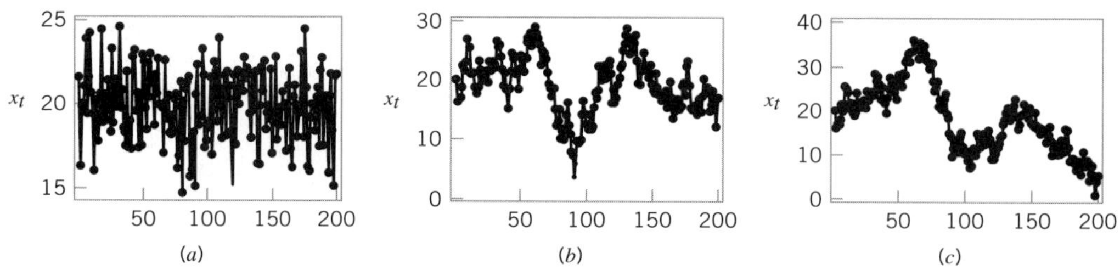


그림 5.7
세 가지 공정 유형의 데이터.
(a) 정상상태이고 자기상관은 존재하지 않음(백색잡음).
(b) 정상상태이고 자기상관이 존재.
(c) 비정상상태.

점에서 관리도를 설계하는 것이 일반적이다. 예를 들어, 표본크기를 증가시키면 제2종 오류의 확률은 감소하고 따라서 이상상태를 탐지하는 능력은 증가한다. 산업체 경험을 바탕으로 이러한 통계적 기준의 사용은 관리도를 설계하기 위한 일반적인 지침과 절차를 제공해 준다. 이러한 절차에서 비용 요인은 일반적으로 내재된 요인으로만 고려하는데, 최근 표본추출 비용, 불량품 생산에 따른 손실, 오경보를 조사하는 비용 등을 포함하는 관리도의 경제적 설계를 고려하기 시작하였다.

관리도의 사용에서 또 다른 중요한 고려 사항은 공정에서 나타나는 **산포의 유형**이다. 그림 5.7은 3가지의 다른 공정에서 추출한 데이터를 나타내고 있다. 그림 5.7*a*와 그림 5.7*b*는 **정상상태의 행태**(stationary behavior)를 나타낸다. 이러한 공정의 데이터는 안정적 또는 예측 가능한 방식으로 고정된 평균 주위에서 변동하는 것을 의미한다.

한편 그림 5.7*a*와 그림 5.7*b*는 몇 가지 중요한 차이점을 발견할 수 있다. 그림 5.7*a*의 데이터는 상관관계가 존재하지 않는다. 즉, 정규분포처럼 안정된 모집단에서 무작위로 추출된 것처럼 보이는데, 시계열 분석자들은 이런 데이터를 **백색잡음**(white noise)이라고 한다. 이와 같은 유형의 공정에서 데이터의 추출 순서는 공정을 분석할 때 도움이 되지 않는다. 쉽게 말하면, 과거의 값들은 미래를 예측할 때 영향을 주지 않는다는 것이다.

그림 5.7*b*는 정상상태를 보이지만 **자기상관**이 있는 공정의 데이터를 나타낸다. 이러한 데이터는 서로 종속되어 있는데, 즉 평균 위쪽의 값 이후에는 계속 평균 위의 값이 이어지고 평균 아래쪽의 값 이후에는 계속 평균 아래의 값이 이어지는 경향이 있다. 이러한 공정에서 데이터는 평균의 양쪽에서 비교적 긴 '런(run)'을 가지고 변동하게 된다.

그림 5.7*c*는 **비정상상태의 변동**(nonstationary variation)을 나타내는데, 이러한 데이터는 화학 및 장치 산업에서 자주 발생한다. 이러한 유형의 공정은 안정적이거나 고정된 평균을 가지지 않고 아주 불안정하게 변동한다. 대부분의 산업 현장에서 이러한 행태는 **피드백 관리**(feedback control)와 같은 **공학적 공정관리**(engineering process control)를 이용하여 공정을 안정시킨다. 이러한 접근 방식은 안정화시킬 수 없는 공정에 환경적 변수 또는 원자재의 특성과 같이 영향을 미치는 요인이 있는 경우에 필요하다. 관리 절차가 효과적이라면, 공정의 데이터는 그림 5.7*c*보다 그림 5.7*a* 또는 그림 5.7*b*와 같이 나타날 것이다.

관리상태에서의 공정 데이터의 형태가 그림 5.7*a*와 같이 나타난다면 Shewhart 관리도를 적용하는 것이 가장 효율적이다. 이는 관리도의 성능이 사용자에게 예측가능하고 합리적이며 이상상태를 탐지하는 데 효율적으로 설계할 수 있기 때문이다. 이번 장, 6장, 7장에서 소개하는 대부분의 관리도는 관리상태에서의 공정 데이터가 정상상태이고 자기상관이 없음을 가정하고 있다.

일부 수정을 통하여 Shewhart 관리도 및 다른 유형의 관리도는 자기상관이 있는 데이터에 적용시킬 수 있다. 이것은 4부에서 설명할 것이며, 피드백 관리 및 피드백 관리가 적용되는 시스템에서 통계적 품질관리의 사용에 대한 내용 또한 4부에서 설명할 것이다.

관리도는 미국의 산업체를 비롯하여 많은 해외 산업체에서 오랜 기간 동안 사용되어 왔다. 관리도가 많이 사용되는 이유로 다음과 같은 5가지를 들 수 있다.

1. **관리도는 생산성을 향상시키는 입증된 도구이다.** 성공적인 관리도 절차는 생산을 다시 하거나 버려야 하는 불량품의 수를 줄일 수 있으며, 이를 통하여 생산량을 증가시키고 비용을 줄이며 생산능력(시간당 양호품의 개수)을 향상시킬 수 있다.
2. **관리도는 불량품 방지에 효율적이다.** 관리도는 공정이 관리상태를 유지하는 데 도움이 된다. 양호품과 불량품을 구분하는 것은 처음부터 양호품만을 만드는 것에 비해 더 많은 비용이 든다. 따라서 효율적인 공정관리를 수행하지 않는다면, 불량품 때문에 더 많은 비용이 들게 될 것이다.
3. **관리도는 불필요한 수정을 방지한다.** 관리도를 통하여 배경잡음과 비정상적인 변동을 구분할 수 있는데, 어떠한 장치나 운영자들도 이것만큼 효율적이지 못하다. 공정 운영자가 관리도를 사용하지 않고 다른 검사에 기초하여 공정을 수정할 경우, 대부분 배경잡음에 과잉반응하여 불필요한 수정을 할 수 있다. 이러한 불필요한 수정은 공정의 성능을 악화시킬 수 있음을 유념해야 한다.
4. **관리도는 진단에 대한 정보를 제공한다.** 관리도에서 점들의 패턴은 숙련된 운영자와 기술자들에게 진단에 대한 정보를 제공하는데, 이 정보를 통하여 공정의 성능을 향상시킬 수 있는 변화를 시도할 수 있다.
5. **관리도는 공정능력에 관한 정보를 제공한다.** 관리도는 중요한 공정모수의 값과 시간이 지남에 따른 안정성에 대한 정보를 제공하여 공정능력을 추정할 수 있게 한다. 이러한 정보는 생산 및 공정 설계자에게 큰 도움이 될 것이다.

관리도는 가장 중요한 관리 도구 중 하나로서 비용 관리와 재료 관리만큼 중요하다. 현대 컴퓨터 기술로 인하여 어떠한 공정 유형에도 관리도를 쉽게 적용할 수 있을 뿐만 아니라, 데이터의 수집이나 분석도 마이크로컴퓨터 또는 네트워크 터미널을 통하여 실시간으로 수행할 수 있다.

### 5.3.2 관리한계의 설정

관리도를 설계할 때 가장 중요한 선택 중에 하나가 **관리한계**를 설정하는 것이다. 관리한계가 중심선에서부터 멀어질수록 제1종 오류의 확률, 즉 이상원인이 존재하지 않을 때 점이 관리한계 밖에 타점되는 위험은 감소한다. 반면에 이 경우 제2종 오류의 확률, 즉 공정이 이상상태일 때 점들이 관리한계 내에 타점되는 위험은 증가할 것이다. 반대로 관리한계가 중심선에 가까워질수록, 제1종 오류의 확률은 증가하고 제2종 오류의 확률은 감소하게 된다.

3시그마 관리한계를 사용한 $\bar{x}$ 관리도인 그림 5.3에서 유동폭이 정규분포를 따른다고 가정하면, 표준정규분포표를 사용하여 제1종 오류의 확률은 0.0027임을 알 수 있다. 즉, 확률적으로 10,000개의 점 중에 27개가 잘못된 이상상태 신호, 즉 오경보를 생성할 수 있다는 것이다. 공정이 관리상태일 때 3시그마 관리한계의 한쪽 방향을 벗어날 확률은 0.00135가 되는 것이다. 관리한계를 $\bar{x}$의 표준편차의 배수로 지정하는 방법 대신 제1종 오류의 확률을 지정하고 해당되는 관리한계를 계산할 수도 있다. 예를 들어, 한 방향에서의 제1종 오류의 확률을 0.001로 지정한다면, 이를 만족하는 표준편차의 배수는 3.09가 되므로 $\bar{x}$ 관리도의 관리한계는 다음과 같다.

$$\text{관리상한} = 1.5 + 3.09(0.0671) = 1.7073$$
$$\text{관리하한} = 1.5 - 3.09(0.0671) = 1.2927$$

이 관리한계는 제1종 오류의 확률이 0.002이기 때문에 0.002 확률한계이지만, 일반적으로 한쪽 확률을 고려하여 **0.001 확률한계**(probability limits)라고 한다. 3시그마 관리한계와 비교할 때 약간의 차이가 있는 것을 알 수 있다.

품질특성치의 분포를 고려하지 않는다면, 미국에서는 통계량의 표준편차의 배수로 관리한계를 결정하는 것이 일반적이다. 보통 배수로 3을 사용하기 때문에, 사용하는 관리도의 유형에 관계없이 관례적으로 3시그마 관리한계를 사용한다. 영국과 서유럽에서는 한 방향에서의 제1종 오류의 확률이 0.001인 확률한계가 주로 사용되고 있다.

3시그마 관리한계의 사용은 실제적으로 좋은 결과를 주며, 많은 상황에서 품질특성치의 실제 분포가 잘 알려지지 않아 정확한 확률한계를 찾기 힘든 경우가 많다. 만약 품질특성치의 분포를 정규분포로 근사시킬 수 있다면, 3시그마 관리한계와 0.001 확률한계에는 큰 차이가 없을 것이다.

**관리도의 2가지 한계** 몇몇 연구자들은 그림 5.8에 나타난 바와 같이 2가지의 한계를 사용하는 것을 제안하였다. 바깥쪽에 있는 3시그마 한계를 **행동한계**(action limits)라고도 하는데, 즉 한 개의 점이 이 한계의 밖에 타점된다면 이상원인을 찾고 필요한 경우 이를 수정하는 행동을 취하게 된다. 안쪽에 있는 한계(보통 2시그마)는 **경고한계**(warning limits)라고 한다. 그림 5.8에 나타난 유동 폭의 $\bar{x}$ 관리도에서 3시그마 관리상한과 관리하한은 이미 계산하였고, 경고상한과 경고하한은 다음과 같이 계산할 수 있다.

$$\text{경고상한} = 1.5 + 2(0.0671) = 1.6342$$
$$\text{경고하한} = 1.5 - 2(0.0671) = 1.3658$$

확률한계를 사용하는 경우 일반적으로 행동한계는 0.001 한계를 사용하고, 경고한계는 0.025 한계를 사용한다.

한 개 이상의 점이 경고한계와 관리한계 사이에 타점되거나 경고한계에 가깝게 타점된다면, 공정이 올바르게 운영되지 않을 수 있다고 의심해야 한다. 이때 취할 수 있는 하나의 방안은 추출빈도나 표본크기를 증가시켜 공정에 대한 더 많은 정보를 수집하는 것이다. 현재의 표본값에 기초하여 추출빈도와 표본크기를 변화시키는 공정관리 기법을 **적응적**

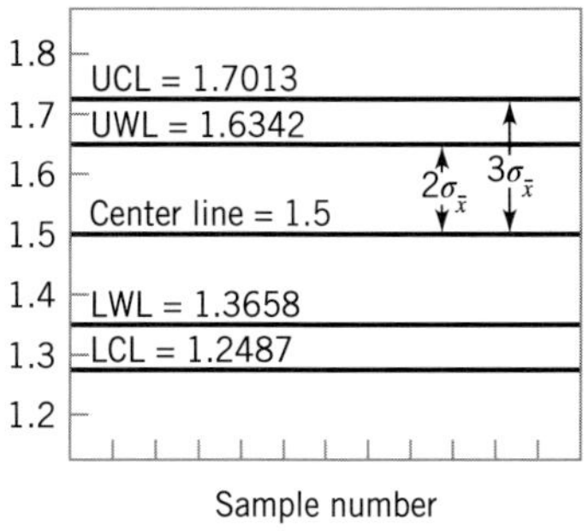


그림 5.8 $2\sigma$와 $3\sigma$ 경고한계의 $\bar{x}$ 관리도

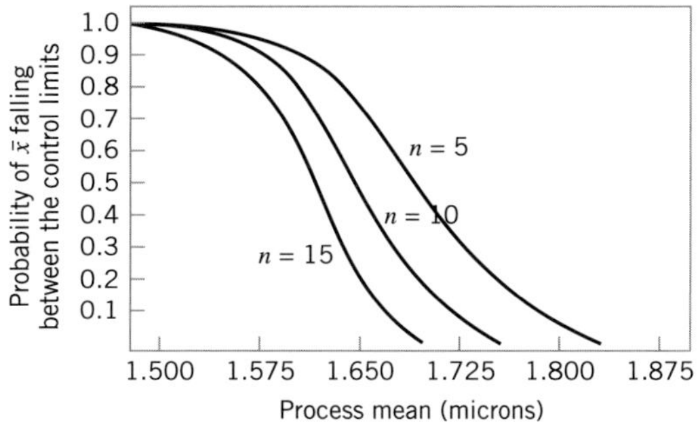


그림 5.9 $\bar{x}$ 관리도의 검사특성곡선

또는 **변량추출간격**(adaptive or variable sampling interval)과 **변량표본크기**(variable sample size) 기법이라고 한다. 이 방법은 수년 동안 실제 공정에서 사용되고 있으며, 최근 많은 연구가 진행되어 왔다. 4부에서 이 방법에 대해 설명할 것이다.

경고한계를 사용하는 것은 관리도의 **민감도**를 증가시켜 공정의 변화를 더 빨리 찾을 수 있게 한다. 그러나 경고한계 사용의 단점은 운영자에서 혼란을 줄 수 있다는 것이다. 또한 더 심각한 문제는 경고한계를 사용하면 관리도의 민감도는 향상되지만 오경보가 발생할 위험이 더 높아진다는 것이다. 5.3.6절에서 부가적인 규칙에 관하여 설명할 것이다.

### 5.3.3 표본크기와 추출빈도

관리도를 설계할 때, **표본크기**와 **추출빈도**를 설정해야 한다. 일반적으로 큰 표본은 공정의 작은 변화를 좀 더 쉽게 탐지할 수 있다. 그림 5.9는 그림 5.3의 $\bar{x}$ 관리도에 대해 다양한 표본크기에 대한 검사특성곡선을 나타내고 있다. 그림에서 볼 수 있듯이 표본크기가 커질수록 변화를 잘 탐지하는 것을 알 수 있다. 예를 들어 1.500마이크론에서 1.650마이크론으로 변화하는 것을 탐지할 확률은 표본의 크기가 커짐에 따라 증가한다. 표본크기를 선택할 때, 탐지하고자 하는 변화의 크기를 고려해야 한다. 즉, 공정변화의 크기가 상대적으로 크다면 작은 크기를 탐지하는 경우에 비해 더 작은 표본크기를 사용해도 될 것이다.

또한 추출빈도도 설정해야 한다. 변화를 탐지하기에 가장 바람직한 상황은 큰 표본크기를 자주 추출하는 것이지만, 이는 경제적으로 불가능할 수 있다. 이러한 문제는 **표본의 할당**(allocating sampling)과 관련되어 있다. 즉, 작은 크기의 표본을 짧은 시간마다 추출할 것인지 큰 크기의 표본을 긴 시간마다 추출할 것인지 결정하는 것이다. 최근 산업 현장에서는 짧은 시간마다 작은 크기의 표본을 추출하는 것을 더 선호하고 있으며, 특히 대량생산 제조 공정이나 많은 유형의 이상원인이 발생할 수 있는 공정에서 이 방식을 사용하고 있다. 또한 자동센서 및 측정 기술이 발달함에 따라 추출빈도를 증가시킬 수 있게 되었고, 모든 단위들이 제조되자마자 검사할 수 있게 되었다. 자동측정 시스템과 통계적 공정관리 소프트웨어가 있는 마이크로컴퓨터를 이용한 실시간 온라인 공정관리는 통계적 공정관리를 수행하는 효율적인 방법이 될 것이다.

표본크기와 추출빈도를 설정하는 또 다른 방법은 관리도의 **평균 런 길이**(average run

length, ARL)를 사용하는 것이다. 평균 런 길이는 이상상태의 신호를 줄 때까지 타점한 점의 수의 평균이다. 만약 공정 관측값이 서로 상관관계가 없다면, Shewhart 관리도에서 평균 런 길이인 ARL은 다음과 같이 계산할 수 있다.

$$\text{ARL} = \frac{1}{p} \tag{5.2}$$

이때 $p$는 점이 관리한계를 벗어날 확률을 나타낸다. 이 식은 관리도의 성능을 평가할 때 사용될 수 있다.

예를 들어 3시그마 관리한계를 사용한 $\bar{x}$ 관리도에서, 공정이 관리상태일 때 1개의 점이 한계 밖으로 벗어날 확률은 $p = 0.0027$이다. 따라서 공정이 관리상태일 때 평균 런 길이 ($\text{ARL}_0$)는 다음과 같다.

$$\text{ARL}_0 = \frac{1}{p} = \frac{1}{0.0027} = 370$$

즉, 공정이 관리상태일 때에도 평균적으로 370개의 표본 중 1개는 이상신호를 준다는 것이다.

최근에는 평균 런 길이를 사용하여 관리도의 성능을 나타내는 것에 대한 비판도 있다. 그 이유는 Shewhart 관리도의 런 길이의 분포가 기하분포이기 때문인데, (1) 런 길이의 표준편차가 매우 크고, (2) 기하분포는 심하게 치우쳐 있는 비대칭 분포이므로 분포의 평균이 런 길이를 대표하는 값이 아닐 수 있다는 것이다.

예를 들어 Shewhart $\bar{x}$ 관리도를 고려해 보면, 공정이 관리상태일 때 $p = 0.0027$이며, 관리상태의 평균 런 길이는 $\text{ARL}_0 = 1/p = 1/0.0027 = 370$이다. 이것은 기하분포의 평균이다. 기하분포의 표준편차는

$$\sqrt{(1-p)}\big/p = \sqrt{(1-0.0027)}\big/0.0027 \cong 370$$

이 된다. 즉, 기하분포의 표준편차는 평균과 근사적으로 유사하다는 것을 알 수 있다. 그러므로 실제 공정에서 Shewhart $\bar{x}$ 관리도의 런 길이의 값은 심각하게 다를 수도 있다. 또한 $p = 0.0027$인 기하분포에서 10%와 50% 분위수(percentile)는 각각 38과 256이다. 이것은 근사적으로 관리상태의 런 길이의 10%가 38 이하이고 50%가 256 이하인 것을 의미하는 것이다. $p = 0.0027$인 기하분포가 오른쪽으로 기울어졌기 때문에 이와 같은 상황이 발생한다. 따라서 몇몇 연구자들은 평균 런 길이뿐만 아니라 런 길이 분포의 분위수도 함께 제시하는 것을 권장한다.

또한 관리도의 성능은 **평균신호시간**(average time to signal, ATS)으로 나타내는 것이 편리한 경우도 있다. 표본들이 매 $h$시간마다 추출된다면, 다음과 같은 식이 성립한다.

$$\text{ATS} = \text{ARL}h \tag{5.3}$$

매시간마다 표본을 추출하는 하드베이크 공정을 고려하면, 식 5.3에 의해 평균적으로 매 370시간마다 **오경보**(false alarm)가 발생하는 것을 알 수 있다.

이제 평균의 변화를 탐지하기 위한 관리도의 수행 방법을 고려해 보자. 표본크기는 $n = 5$라고 하고, 공정의 평균이 1.725마이크론으로 변화하여 이상상태가 되었음을 가정하자. 그림 5.9의 검사특성곡선에 의해 공정평균이 1.725마이크론이면, 관리한계 내에 포함될 확률은 대략 0.35임을 알 수 있다. 따라서 식 5.2의 $p$는 0.65이고, 이상상태의 평균 런 길이인 $ARL_1$은

$$ARL_1 = \frac{1}{p} = \frac{1}{0.65} = 1.54$$

가 된다. 즉, 공정 변화를 탐지하기 위해 평균적으로 1.54개의 표본이 필요할 것이다. 또한 표본간의 시간간격이 $h = 1$시간이므로 변화를 탐지하기 위한 평균시간은 다음과 같다.

$$ATS = ARL_1 h = 1.54\,(1) = 1.54 \text{ hours}$$

그러나 웨이퍼의 평균 유동폭이 1.725마이크론에서 생산될 때, 이는 많은 불량품을 발생시키기 때문에 위의 상황을 받아들일 수 없다고 가정해 보자. 그렇다면 이상상태를 탐지하기 위한 시간을 줄이기 위해 어떻게 해야 할까? 한 가지 방법은 표본을 더 자주 추출하는 것이다. 예를 들어, 30분마다 표본을 추출한다면 평균신호시간은 $ATS = ARL_1 h = 1.54\left(\frac{1}{2}\right) = 0.77$이 된다. 즉, 변화한 후 이를 탐지하는 평균시간은 0.77시간이 되는 것이다. 또 다른 방법은 표본크기를 증가시키는 것이다. 예를 들어, $n = 10$을 사용한다면 그림 5.9에서 공정평균이 1.725마이크론일 때 $\bar{x}$가 관리한계 내에 포함될 확률은 0.1이고 $p = 0.9$이므로, 식 5.2로부터 이상상태의 평균 런 길이 $ARL_1$은

$$ARL_1 = \frac{1}{p} = \frac{1}{0.9} = 1.11$$

이 된다. 따라서 만일 표본을 매시간마다 추출한다면, 평균신호시간은 다음과 같다.

$$ATS = ARL_1 h = 1.11(1) = 1.11 \text{ hours}$$

따라서 표본크기가 크면 그렇지 않은 경우보다 변화를 더 빠르게 탐지할 수 있다.

추출빈도를 더 정확하게 설정하려면 표본추출비용, 공정이 이상상태일 때 발생하는 손실, 생산율, 그리고 공정 변화의 유형에 따른 확률 등의 요인을 고려해야 한다. 다음 4개의 장에서 관리도의 설계에 필요한 표본크기와 추출빈도를 설정하는 여러 가지 방법에 대해 설명할 것이다.

### 5.3.4 합리적인 부분군

관리도를 사용할 때 기본적으로 Shewhart가 제안한 **합리적인 부분군**(rational subgroup) 개념에 따라 표본 데이터를 수집하는 것을 가정한다. 이 개념을 설명하기 위해, 공정평균의 변화를 탐지하기 위한 $\bar{x}$ 관리도를 사용하고 있음을 가정해 보자. 합리적인 부분군의 개념은 이상원인이 존재할 경우 부분군 간의 차이는 극대화되고 부분군 내의 차이는 극소화되도록 부분군을 선택하는 것을 말한다.

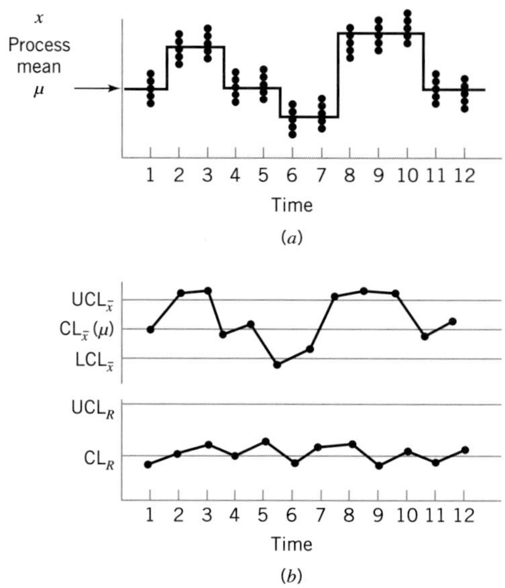


**그림 5.10** 합리적인 부분군을 위한 스냅샷 방법
(a) 공정평균의 형태, (b) $\bar{x}$-$R$ 관리도

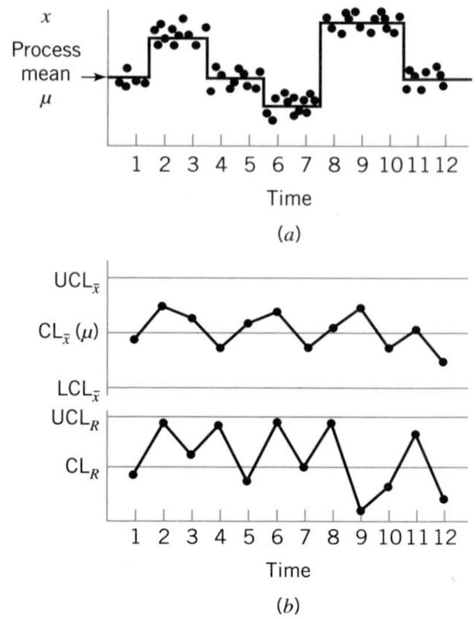


**그림 5.11** 합리적인 부분군을 위한 랜덤표본 방법
(a) 공정평균의 형태, (b) $\bar{x}$-$R$ 관리도

관리도가 생산공정에서 사용될 때 생산 시간순서는 합리적인 부분군에 대한 합리적인 근거가 된다. 시간순서가 잘 유지되어도 부분군이 잘못 형성될 수도 있는데, 표본의 일부 관측값은 어떤 변화가 존재하는 상태에서 추출되고 나머지 관측값은 다른 변화가 발생한 상태에서 추출된다면 변화에 따른 차이를 탐지하지 못할 수도 있다. 시간이 흐름에 따라 발생하는 이상원인을 탐지할 수 있기 때문에 시간순서는 부분군을 형성하는 좋은 기초가 된다.

합리적인 부분군의 설정에는 다음의 두 가지 방법이 있다. 첫 번째 방법에서는 각 표본을 동시에(또는 가능한 근접한 시간 내에) 생산된 단위로 형성하는 것이다. 일반적으로 우리는 연속적인 단위로 표본을 구성하기를 원한다. 이 방법은 관리도의 주된 목적이 공정 변화의 탐지인 경우 사용되며, 이상원인으로 인한 표본 내의 변동 가능성을 최소화하고 표본 간의 변동 가능성을 최대화하게 된다. 또한 이 방법은 계량형 관리도에서 공정의 표준편차에 대한 보다 나은 추정값을 제공한다. 합리적인 부분군에 대한 이러한 방법은 본질적으로 표본이 수집되는 각 시점에서의 스냅샷(snapshot)을 제공한다.

그림 5.10은 위의 샘플링 방법을 보여 준다. 그림 5.10$a$에는 평균이 지속적인 변화를 갖는 것을 나타내며, $x$축의 시간에 따라 정해진 시점에서 연속적으로 5개의 관측값이 얻어졌음을 나타내고 있다. 그림 5.10$b$는 이러한 데이터에 대해 $\bar{x}$ **관리도**와 $R$ **관리도**를 작성한 것이다. $R$ 관리도의 중심선과 관리한계는 그림의 상단에 있는 각 표본의 범위를 사용하여 설정되었다(상세한 내용은 6장을 참조). 이때 주의할 점은 공정의 평균은 변하고 있지만 공정의 산포는 안정적이라는 것이며, 또한 표본 내 산포의 측도는 $\bar{x}$ 관리도에서 관리한계를 설정할 때 사용되었다는 것이다. 그림 5.10$b$의 $\bar{x}$ 관리도에서 공정의 평균이 변화함에 따라 이상상태를 나타내는 많은 점이 있음을 알 수 있다.

두 번째 방법에서 각 표본은 마지막 표본이 얻어진 이후 생산된 모든 단위를 대표하는 단위로 이루어진다. 기본적으로, 각 부분군은 **표본간격 내에 생산된 공정제품의 랜덤표본**이 되는 것이다. 이 방법은 관리도가 마지막 표본 이후 생산된 제품의 모든 단위의 수용 여부를 결정하는 경우에 종종 사용된다. 만일 공정의 이상상태로의 변화가 표본 내에 관리상태로 돌아온다면 합리적인 부분군의 스냅샷 방법은 이러한 변화의 유형에 비효율적이기 때문에 랜덤표본 방법을 사용해야 한다.

합리적인 부분군이 표본추출간격 내에 생산된 모든 단위의 랜덤표본인 경우 관리도의 해석에 주의해야 한다. 표본 간의 구간 내에서 공정평균이 여러 수준으로 변화한다면, 표본 내의 범위가 상대적으로 커지므로 $\bar{x}$ 관리도의 관리한계는 넓어질 것이다. 그림 5.11에서 이러한 결과를 살펴볼 수 있다. 사실, **표본 내 관측값 사이의 간격이 커짐에 따라 공정이 통계적 관리상태로 보이는 경우**가 종종 있다. 또한 공정산포에 변화가 없었음에도 불구하고 공정의 평균 변화는 범위 또는 표준편차 관리도의 점이 이상상태로 타점되는 것을 야기할 수도 있다.

합리적인 부분군을 형성하기 위한 또 다른 기준도 있다. 예를 들어, 공정이 동일한 제품을 생산하는 여러 가지의 기계로 구성되어 있는 경우를 가정하자. 기계를 고려하지 않고 표본을 추출할 경우, 어떤 기계가 이상상태인지를 탐지하는 것은 매우 어려울 것이다. 이때 합리적인 부분군을 형성하는 논리적인 방법은 각 기계에서 생산된 제품에 대해 관리도 기법을 적용하는 것이다. 때로 이러한 개념은 동일한 기계의 다른 헤드, 다른 워크스테이션, 다른 운영자 등에게 적용할 수도 있다. 제품의 품질특성치가 상대적으로 천천히 변화하거나 근접한 시간에서 추출된 표본이 거의 동일한 경우가 많이 발생하는 화학이나 장치산업 공정에서 합리적인 부분군은 단일 관측값으로 이루어져 있는 경우가 많다.

합리적인 부분군 개념은 매우 중요하며, 관리도 분석에서 가능한 많은 정보를 얻기 위해 표본의 적절한 선택에 많은 주의를 기울여야 한다.

### 5.3.5 관리도의 패턴 분석

**관리도에서의 패턴**은 분석할 필요가 있다. 관리도에서 하나 이상의 점이 관리한계를 벗어날 경우 또는 점들이 랜덤하지 않은 패턴을 보이는 경우 이상상태라고 간주한다. 예를 들어, 그림 5.12의 $\bar{x}$ 관리도를 살펴보자. 25개의 점 모두 이 관리한계 내에 있지만 점들의 패턴이 랜덤하지 않기 때문에 관리상태라고 판단되지 않는다. 구체적으로 말하면 25개의 점 중에 19개의 점이 중심선 아래에 있는 반면에 6개의 점만이 중심선 위쪽에 위치하고 있다. 만일 점들이 랜덤하다면 중심선의 위와 아래에 유사하게 타점됨을 예상할 수 있다. 또한 4번째 점부터 시작하여 5개의 점들이 증가함을 알 수 있다. 이런 점들의 배열을 **런**(run)이라고 하는데, 관찰값이 증가하는 배열을 **증가 런**(run up)이라 칭한다. 이와 유사하게 점들이 감소하는 배열은 **감소 런**(run down)이라고 한다. 이 관리도는 비정상적으로 긴 증가 런(4번째 점부터)을 가지고 있으며, 긴 감소 런(18번째 점부터) 또한 가지고 있다.

일반적으로 같은 유형의 관측값의 배열을 런으로 정의한다. 증가 런과 감소 런 이외에도 중심선 위쪽과 아래쪽의 관측값 유형에 따라 정의하기도 하는데, 예를 들어 중심선 위쪽의 연속적인 두 점은 길이 2인 런이라고 한다.

랜덤한 표본에서 길이가 8 또는 그 이상인 런은 발생하기가 힘들기 때문에 이러한 런은 이상상태로 간주하게 된다. 예를 들어, 중심선의 한쪽에 연속적으로 8개의 점이 타점되면

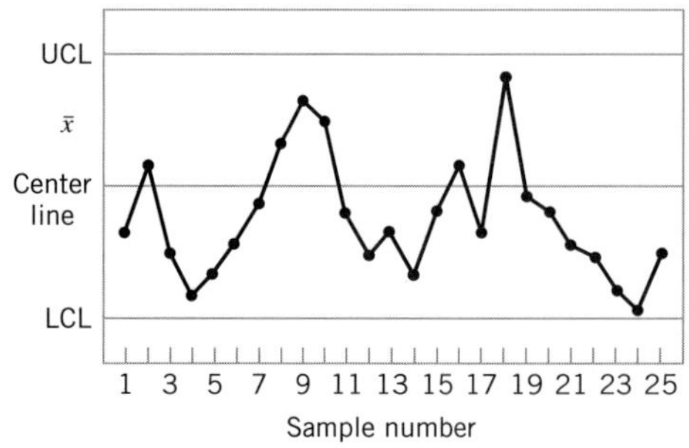


**그림 5.12** $\bar{x}$ 관리도

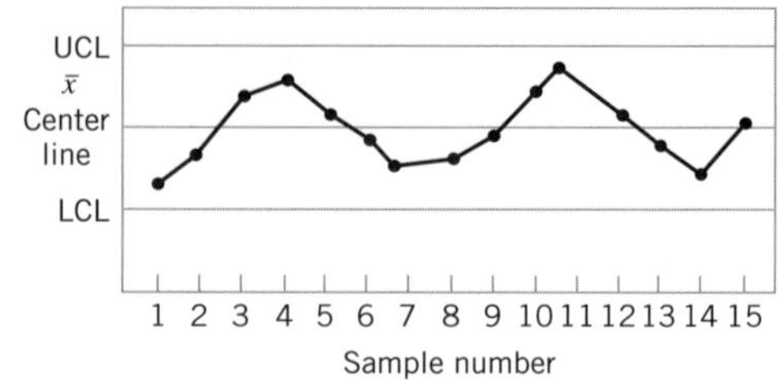


**그림 5.13** 순환패턴의 $\bar{x}$ 관리도

공정은 이상상태라고 간주하는 것이다.

랜덤하지 않은 것을 확인하기 위해 런은 매우 중요한 측도이지만, 이상상태를 나타내는 다른 유형의 패턴도 있다. 예를 들어, 그림 5.13의 $\bar{x}$ 관리도를 살펴보자. 표본평균이 관리한계 내에서 순환형태(cyclic behavior)로 나타남을 알 수 있다. 이러한 패턴은 작업자의 피로, 원자재 공급, 열이나 스트레스의 축적 등의 문제가 있는 경우에 발생한다. 공정이 실제로 이상상태가 아닌 경우에도 순환형태를 야기하는 변동성의 원인을 제거 또는 줄임으로써 생산성을 향상시킬 수 있다(그림 5.14 참고).

이러한 문제는 관리도에서 랜덤하지 않은 패턴을 인식하고 이러한 형태의 이유를 찾아내는 **패턴인식**(pattern recognition) 중 하나이다. 이상원인이란 관점에서 특정한 패턴을 해석하기 위해서는 공정에 대한 경험과 지식이 필요하다. 즉, 관리도의 통계적 원리를 알고 있어야 할 뿐만 아니라 공정을 잘 이해하고 있어야 한다는 것이다. 관리도의 패턴에 대한 해석은 6장에서 보다 상세하게 다룰 것이다.

Western Electric의 **『통계적 품질관리 지침서』**(1956)는 랜덤하지 않은 패턴을 탐지하는 규칙을 제안하고 있는데, 다음 중 한 가지 경우에 해당하면 공정을 이상상태라고 판단하는 것이다.

1. 한 점이 3시그마 관리한계 밖에 위치하는 경우

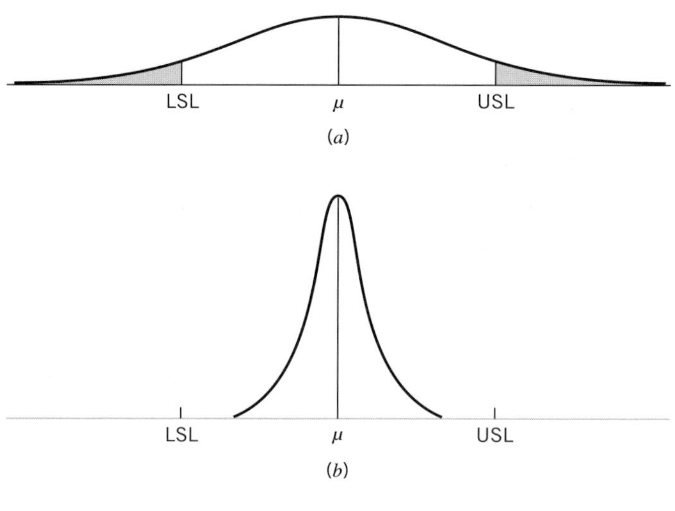


**그림 5.14**
(a) 순환패턴이 있을 때의 산포,
(b) 순환패턴을 제거한 후의 산포

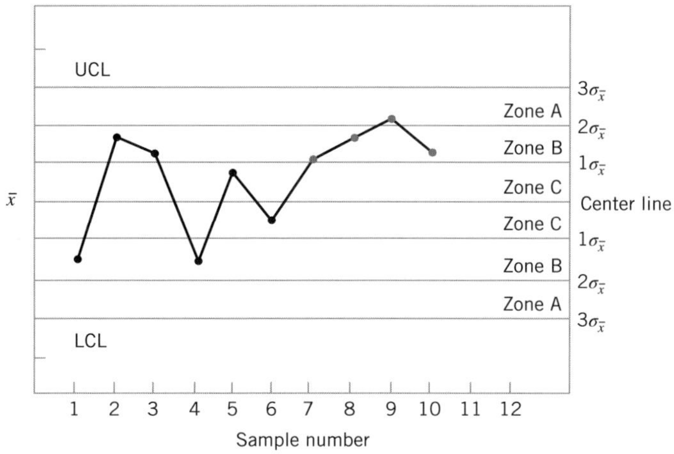


**그림 5.15**
Western Electric 또는 영역 규칙 (마지막 4개의 점이 3번째 규칙 위반)

2. 연속적인 3개의 점 중 2개의 점이 2시그마 경고한계 밖에 위치하는 경우
3. 연속적인 5개의 점 중 4개의 점이 중심선에서 1시그마 거리 밖에 위치하는 경우
4. 연속적인 8개의 점이 중심선의 한쪽에 위치하는 경우

위의 규칙은 중심선의 한쪽에만 적용되는데, 예를 들어 한 점이 경고하한 아래에 위치한 이후 한 점이 경고상한 위에 위치하는 것은 이상신호에 해당하지 않는다. 이러한 규칙은 관리도의 민감도를 향상시키기 위해 사용된다. 즉, 이 규칙을 사용하면 3시그마 관리한계만을 사용하는 경우보다 공정의 작은 변화도 빠르게 탐지할 수 있게 된다.

그림 5.15는 Western Electric 절차를 위해 사용하는 1시그마, 2시그마, 3시그마를 표시한 $\bar{x}$ 관리도를 나타내고 있다. 이들 선은 관리한계 내 중심선의 한 측면을 3개의 영역(A, B, C)으로 분할하기 때문에, Western Electric 규칙을 **영역 규칙**(zone rule)이라고도 한다. 그림에서 마지막의 연속적인 5개 점 중 4개 점이 1시그마를 벗어나기 때문에 Western Electric 절차는 이러한 패턴을 랜덤하지 않은 패턴으로 보고 공정이 이상상태라고 판단한다.

## 5.3.6 관리도의 부가적 규칙

이전 절에서 설명하였듯이 공정의 이상상태 여부를 판단하기 위해 여러 가지 기준을 관리도에 동시에 적용할 수 있다. 기본적인 판단 기준은 관리한계 밖에 1개 이상의 점이 위치하는가이다. 추가적인 기준은 공정의 작은 변화를 잘 탐지할 수 있도록 **민감도**를 증가시켜 이상원인을 보다 신속하게 탐지하기 위해 사용된다. 표 5.1의 관리도의 **부가적 규칙**(sensitizing rule)은 실무에서 널리 사용되는데, 이 규칙에 대한 보다 상세한 내용은 Nelson(1984)을 참고할 수 있다. 즉, 표 5.1의 기준 중 하나 이상을 충족하는 경우 공정은 이상상태인 것으로 결론을 내리는 것이다.

이 부가적 규칙의 몇 가지를 동시에 적용할 때, 우리는 이상신호에 대해 다양한 대응을 수행할 수 있다. 예를 들어 어떤 점이 관리한계를 벗어날 경우 우리는 이상원인을 찾기 시작하지만, 1개 또는 연속적인 2개의 점이 2시그마 경고한계를 초과하는 경우에 표본추출빈도

표 5.1
Shewhart 관리도의 부가적 규칙들

| | | |
|---|---|---|
| Standard Action Signal: | 1. One or more points outside of the control limits | Western Electric Rules |
| | 2. Two of three consecutive points outside the two-sigma warning limits but still inside the control limits | Western Electric Rules |
| | 3. Four of five consecutive points beyond the one-sigma limits | Western Electric Rules |
| | 4. A run of eight consecutive points on one side of the center line | Western Electric Rules |
| | 5. Six points in a row steadily increasing or decreasing | |
| | 6. Fifteen points in a row in zone C (both above and below the center line) | |
| | 7. Fourteen points in a row alternating up and down | |
| | 8. Eight points in a row on both sides of the center line with none in zone C | |
| | 9. An unusual or nonrandom pattern in the data | |
| | 10. One or more points near a warning or control limit | |

를 매시간마다에서 매 10분마다로 증가시킬 수 있다. 이 **적응적**(adaptive) **표본추출**은 공정이 실제로 이상상태인 경우 표본추출간격을 길게 유지하는 것보다 이상상태를 좀 더 빠르게 탐지할 확률을 높여줄 것이다.

동시에 여러 규칙을 사용하는 경우 주의가 필요하다. 만약 $k$개의 결정규칙을 사용하고, 기준 $i$에 따른 제1종 오류의 확률은 $\alpha_i$라고 가정하자. 따라서 $k$번의 검정을 기반으로 한 결정의 전체적인 제1종 오류 또는 오경보의 확률은 다음과 같다.

$$\alpha = 1 - \prod_{i=1}^{k}(1-\alpha_i) \tag{5.4}$$

이때 $k$개의 결정규칙은 서로 독립이라는 가정이 있어야 한다. 그러나 독립성 가정은 일반적인 부가적 규칙에서 성립하지 않으며, $\alpha_i$ 값이 항상 명확하게 정의되지 않는다.

Champ와 Woodall(1987)은 다양한 부가적 규칙을 사용한 Shewhart 관리도의 평균 런 길이 성능을 조사했다. 그들은 이러한 규칙을 사용함으로써 작은 변화를 탐지하는 관리도의 성능은 향상되었지만, 관리상태의 평균 런 길이는 감소한다는 것을 발견했다. 예를 들어, 독립인 공정 데이터에 대해 Shewhart 관리도만 사용하였을 때 관리상태의 평균 런 길이는 370인 것에 반해 부가적 규칙을 사용한 Shewhart 관리도의 평균 런 길이는 91.25가 된다.

Western Electric 규칙 중 적용하기 까다로운 것도 있는데, 예를 들면 연속적인 점(보통 7개 혹은 8개)이 증가하거나 감소하는 규칙이다. 이 규칙은 경향을 탐지하는 데 매우 효과적이지만 오경보율이 매우 증가한다는 문제가 있다. 보다 상세한 내용은 Davis와 Woodall(1988)을 참고할 수 있다.

### 5.3.7 관리도 적용에서 제1국면과 제2국면

일반적으로 관리도의 사용은 서로 다른 목적을 가진 **제1국면**(phase I)과 **제2국면**(phase II)**의 응용**을 포함하고 있다. 제1국면에서는 공정의 데이터를 수집하고 이를 통해 공정을 소급하여 분석하고, 데이터가 수집되는 동안 공정이 관리상태인지 확인하기 위한

**시험적 관리한계**(trial control limits)를 설정한 후 이 관리한계가 미래의 생산을 감시하기 위해 사용될 수 있는지 여부를 판단한다. 이것이 관리도를 공정에 적용할 때 일반적으로 수행하는 첫 번째 행동이다. 제1국면의 관리도는 운영자가 공정을 통계적 관리상태로 가져올 수 있도록 지원한다. 제2국면은 공정의 데이터가 안정된 상태에서 수집되고 공정의 성능이 관리상태임을 확인한 후 시작하게 된다. 제2국면에서서는 연속적인 각 표본에 대한 표본 통계량을 관리한계와 비교함으로써 공정의 변화를 탐지하는 목적으로 관리도를 사용하고 있다.

따라서 제1국면에서서는 수집되어 계산된 $m$개의 점을 이 점들로부터 계산된 관리한계와 비교한다. 제1국면에서 일반적으로 $m$은 20개 혹은 25개의 부분군으로 사용하고 있다. 일반적으로 공정이 초기에 이상상태에 있을 수 있음을 가정하기 때문에, 제1국면에서 분석자의 목적은 이러한 공정을 안정상태로 돌려놓는 것이다. 관리한계는 $m$개의 부분군에 기초하여 계산되어 관리도에 그려지는데, 관리한계를 벗어나는 점들은 잠재적인 이상원인을 찾기 위해 조사된다. 규명된 이상원인은 기술자와 운영자가 이를 제거하는 작업을 수행한다. 일반적으로 관리한계를 벗어난 점은 제외하고 수정된 관리한계를 계산하는데, 새로운 데이터를 수집하여 수정된 관리한계와 비교하게 된다. 때때로 이러한 분석은 관리도 적용, 이상원인의 탐지 및 수정, 관리한계의 재계산, 이상상태 조치계획의 업데이트 및 확장 등의 주기를 여러 번 반복해서 수행할 수도 있다. 이와 같은 작업을 반복할 경우 결국 공정은 안정화될 것이고, 제2국면에서 사용할 관리한계를 위한 관리상태에서의 데이터 집합을 얻을 수 있게 된다.

일반적으로 Shewhart 관리도는 구축하고 해석하는 것이 용이하고 공정모수의 크고 지속적인 변화, 특이값, 측정오차, 데이터의 기록 및 전송오류 등을 탐지하는 데 효과적이기 때문에 제1국면에서 매우 효과적이다. 또한 Shewhart 관리도의 패턴은 해석하기 쉽고 그 의미를 찾기도 쉬우며, 이전의 절에서 논의된 부가적 규칙을 적용하기가 용이하다. (대부분의 통계적 공정관리 소프트웨어의 옵션 선택으로 적용할 수 있다.) 제1국면에서 발생하는 이상원인은 보통 공정의 큰 변화를 야기하기 때문에 Shewhart 관리도가 효과적인 도구가 된다. 일반적으로 평균 런 길이는 제1국면에서 성능의 합리적인 측도가 아니며, 오경보의 발생보다 이상원인을 탐지할 확률에 더 관심을 갖게 된다. 제1국면에서의 관리도 사용과 이와 관련된 내용은 Woodall(2000), Borror와 Champ(2001), Boyles(2000), Champ와 Chou(2003), the standard ANSI/ASQC B1-133-1996Quality Control Chart Methodologies를 참고할 수 있다.

제2국면에서서는 일반적으로 공정이 안정상태임을 가정한다. 대부분의 좋지 않은 산포 요인은 제1국면을 통하여 제거되었기 때문에, 제2국면에서 발생하는 이상원인은 종종 공정의 작은 변화를 발생시킨다. 제2국면에서 평균 런 길이는 관리도의 성능을 평가하는 데 유용한 측도가 된다. Shewhart 관리도는 공정의 작은 변화에 민감하지 않기 때문에, 즉 평균 런 길이 성능이 좋지 않기 때문에 제2국면에서 효율이 떨어진다. 이전 절에서 언급한 바와 같이 Shewhart 관리도에서 부가적 규칙을 사용하여 이러한 문제를 해결하는 것은 오경보율을 증가시키기 때문에 바람직하지 않을 수 있다[이전 절의 Champ와 Woodall(1987)의 논문 참조]. 제2국면에서 작은 변화를 탐지하고 이상원인에 빠르게 반응하기 위해 부가적 규칙을 사용하는 것은 세심한 주의가 필요하며, 9장에서 논의될 CUSUM 관리도와 EWMA 관리도가 제2국면에서 더 효과적일 것이다.

## 5.4 나머지 7가지 도구

관리도는 매우 강력한 문제 해결 및 공정 개선 도구이지만, 다른 통계적 공정관리 프로그램과 통합되었을 때 가장 효과적이다. 7가지의 주요 통계적 공정관리 문제 해결 도구가 공정 개선의 기회가 되고 산포를 줄이는 데 도움이 되도록 사용되어야 한다. 이것은 DMAIC 문제 해결 과정에서 다양하게 사용될 수 있는데, 5.1절에서 소개된 기본적인 7가지 도구는 다음과 같다.

1. 히스토그램 또는 줄기-잎 그림
2. 체크시트
3. 파레토 그림
4. 특성요인도
5. 결점집중도
6. 산점도
7. 관리도

히스토그램과 줄기-잎 그림은 3장에서 설명했고, 5.3절에서 관리도를 설명하였으므로 이 절에서는 나머지 도구에 대해 설명하겠다.

**체크시트** 공정 개선의 초기단계에서 공정에 대한 과거 또는 현재 운영 중의 데이터를 수집하는 것은 중요한데, 이것은 DMAIC의 측정 단계에서의 일상적인 활동이다. **체크시트**(check sheet)는 데이터 수집 과정에서 매우 유용하게 사용될 수 있다. 그림 5.16의 체크시트는 회사의 연료통 중 하나에서 발생한 결함을 조사하고 있던 우주 항공 회사의 기술자에 의해 개발되었다. 그 기술자는 연료통에 대한 과거의 모든 결함 데이터를 정리하기 위해 체크시트를 설계했는데, 매월 일정한 개수의 연료통이 제작되었기 때문에 월별 데이터를 요약하고 가능한 결함의 다양한 종류를 식별할 수 있었다. **시간을 중심으로 요약**하는 것은 **경향** 또는 다른 의미 있는 패턴을 찾기 위해서 특별히 가치가 있을 것이다. 예를 들어, 여름 동안 많은 결함이 발생했다면, 여름휴가 기간 동안 임시 근로자를 많이 사용한 것이 원인일 수도 있다.

체크시트를 설계할 때, 수집된 데이터의 유형, 부품 혹은 작업번호, 날짜, 분석자, 성능 저하의 원인을 진단하는 데 유용한 정보 등을 명확하게 지정하는 것이 중요하다. 체크시트가 계산을 위한 기초 자료이거나 컴퓨터에 데이터를 입력하기 위한 워크시트로 사용되는 경우, 체크시트가 이러한 목적에 적절한지를 확인하는 것이 중요하다. 어떤 경우에는 체크시트의 레이아웃 및 설계를 검정하기 위한 사전 점검이 도움이 될 수 있다.

**파레토 그림** **파레토 그림**(Pareto chart)은 단순히 범주별로 배열된 이산형 데이터의 빈

CHECK SHEET
DEFECT DATA FOR 2002–2003 YTD

Part No.: TAX-41
Location: Bellevue
Study Date: 6/5/03
Analyst: TCB

| | 2002 | | | | | | | | | | | | 2003 | | | | | |
|---|---|---|---|---|---|---|---|---|---|---|---|---|---|---|---|---|---|---|
| Defect | 1 | 2 | 3 | 4 | 5 | 6 | 7 | 8 | 9 | 10 | 11 | 12 | 1 | 2 | 3 | 4 | 5 | Total |
| Parts damaged | | 1 | | 3 | 1 | 2 | | 1 | | 10 | 3 | | 2 | 2 | 7 | 2 | | 34 |
| Machining problems | | | 3 | 3 | | | | 1 | 8 | | 3 | | 8 | 3 | | | | 29 |
| Supplied parts rusted | | | 1 | 1 | | 2 | 9 | | | | | | | | | | | 13 |
| Masking insufficient | | 3 | 6 | 4 | 3 | 1 | | | | | | | | | | | | 17 |
| Misaligned weld | 2 | | | | | | | | | | | | | | | | | 2 |
| Processing out of order | 2 | | | | | | | | | | | | | | | 2 | | 4 |
| Wrong part issued | | 1 | | | | | | 2 | | | | | | | | | | 3 |
| Unfinished fairing | | | 3 | | | | | | | | | | | | | | | 3 |
| Adhesive failure | | | | 1 | | | | | | | 1 | | 2 | | | 1 | 1 | 6 |
| Powdery alodine | | | | | 1 | | | | | | | | | | | | | 1 |
| Paint out of limits | | | | | | 1 | | | | | | | | 1 | | | | 2 |
| Paint damaged by etching | | | 1 | | | | | | | | | | | | | | | 1 |
| Film on parts | | | | | | 3 | | 1 | 1 | | | | | | | | | 5 |
| Primer cans damaged | | | | | | | | 1 | | | | | | | | | | 1 |
| Voids in casting | | | | | | | | | 1 | 1 | | | | | | | | 2 |
| Delaminated composite | | | | | | | | | | 2 | | | | | | | | 2 |
| Incorrect dimensions | | | | | | | | | | | 13 | 7 | 13 | 1 | | 1 | 1 | 36 |
| Improper test procedure | | | | | | | | | | 1 | | | | | | | | 1 |
| Salt-spray failure | | | | | | | | | | | | | 4 | | | 2 | | 4 |
| TOTAL | 4 | 5 | 14 | 12 | 5 | 9 | 9 | 6 | 10 | 14 | 20 | 7 | 29 | 7 | 7 | 6 | 2 | 166 |

**그림 5.16**
우주 항공에 사용되는 연료통의 결함을 기록한 체크시트

도 분포(또는 히스토그램)이다. 파레토 그림은 DMAIC 단계의 분석 및 측정 단계에서 종종 사용된다. 파레토 그림을 설명하기 위해, 그림 5.16의 연료통 결함 데이터를 생각해 보자. 각 결함 유형 발생의 총 빈도(그림 5.16의 마지막 열)를 그림 5.17에 나타내었는데, 이것을 파레토 그림이라고 한다. 이 그림을 통해 사용자는 자주 발생하는 결함 유형을 신속하고 시각적으로 식별할 수 있다. 예를 들어 그림 5.17은 잘못된 치수, 부품 손상, 기계 가공이 가장 흔한 결점인 것을 알 수 있다. 따라서 이러한 결함 유형의 원인을 찾아내고 제거해야 한다.

파레토 그림은 가장 중요한 결함을 자동으로 식별하지는 않지만 가장 빈번한 결함은 식별할 수 있다. 예를 들어 그림 5.17에서 주물의 빈 공간(casting voids)은 빈번하지 않게(166 결함 중 2번, 1.2%) 발생하지만, 이것은 연료통을 폐기하는 결과를 야기할 수 있기 때문에 잠재적으로 큰 비용이 발생할 수 있다. 따라서 이 결함은 중요한 결함의 범주로 고려해야 할 것이다. 심각한 결과를 초래하는 결함을 고려하기 위해 다음의 2가지 방법을 사용할 수 있다.

1. 빈도수를 조정하기 위해 가중 방법을 사용한다. 결함에 대한 가중 방법은 7장에서 논의할 것이다.

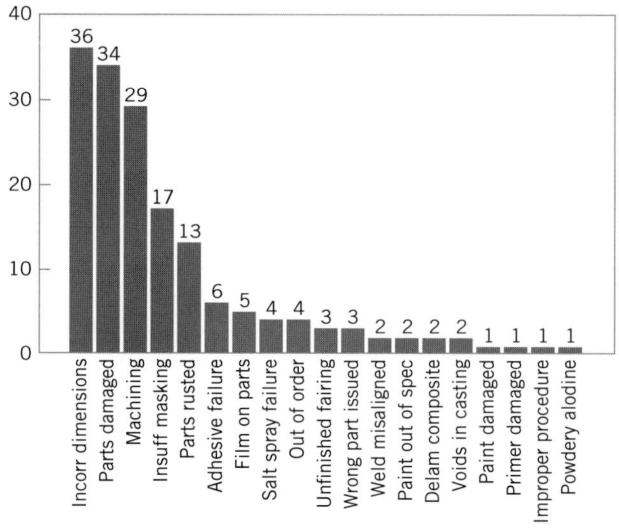


**그림 5.17**
연료통 결함 데이터의 파레토 그림

2. 비용과 결과의 심각성에 대한 파레토 그림을 빈도에 대한 파레토 그림과 병행하여 작성한다.

기본 파레토 그림을 변형한 많은 파레토 그림이 있다. 그림 5.18*a*는 파레토 그림을 표면 실장(surface-mount) 부품을 사용한 전자기기의 조립 공정에 적용한 것이다. 세로축은 부정확하게 위치한 부품의 비율이며, 가로축은 인쇄회로기판 장치의 코드인 부품 번호를 나타낸다. 위치 27과 39에 70%의 오류가 있음을 알 수 있다. 그림 5.18*b*는 전자 산업에서 사용되는 또 다른 파레토 그림을 보여 준다. 세로축은 불량 부품의 수이고, 가로축은 부품의 번호를 나타낸다. 각 수직 막대가 생산 업체로 구분된 **누적 파레토 그림**으로 구성되어 있어, 공급 업체 A는 불량 부품 발생에 크게 영향을 주는 것을 확인할 수 있다.

파레토 그림은 품질개선 방법에서 있어서 **비제조업적인 적용**에도 널리 사용된다. 그림 5.18*c*의 파레토 그림은 조달 부서의 품질개선팀에 사용된 것이다. 이 팀은 구매 주문 변경의 수를 줄이기 위해 구매 주문의 오류를 조사했다. (변경으로 인한 비용은 $100에서 $500이며, 매달 수백 개의 주문이 변경되었다.) 이 파레토 그림은 실제 오류 빈도와 오류 비율이라는 두 가지 스케일이 있다. 그림 5.18*d*는 병원의 품질개선팀에 의해 외래 수술 일정 취소의 이유를 나타낸 파레토 그림이다.

일반적으로 파레토 그림은 기본적인 7가지 도구 중 가장 유용한 도구 중 하나이다. 이것은 품질개선에 있어서 분석가의 재능에 따라 다양하게 응용될 수 있다.

**특성요인도** 결함과 오류 등이 확인되면, 바람직하지 않은 효과에 대한 잠재적인 원인을 분석해야 한다. 원인이 명확하지 않은 상황에서 **특성요인도**(cause-and-effect diagram)는 잠재적인 원인을 분석하는 유용한 도구이다. 특성요인도는 DMAIC의 분석 및 개선 단계에 유용하다. 그림 5.19는 앞에서 언급한 연료통의 제조 공정에 대하여 품질개선팀이 작성한 특성요인도이다. 특성요인도는 다음과 같은 절차에 의해 작성할 수 있다.

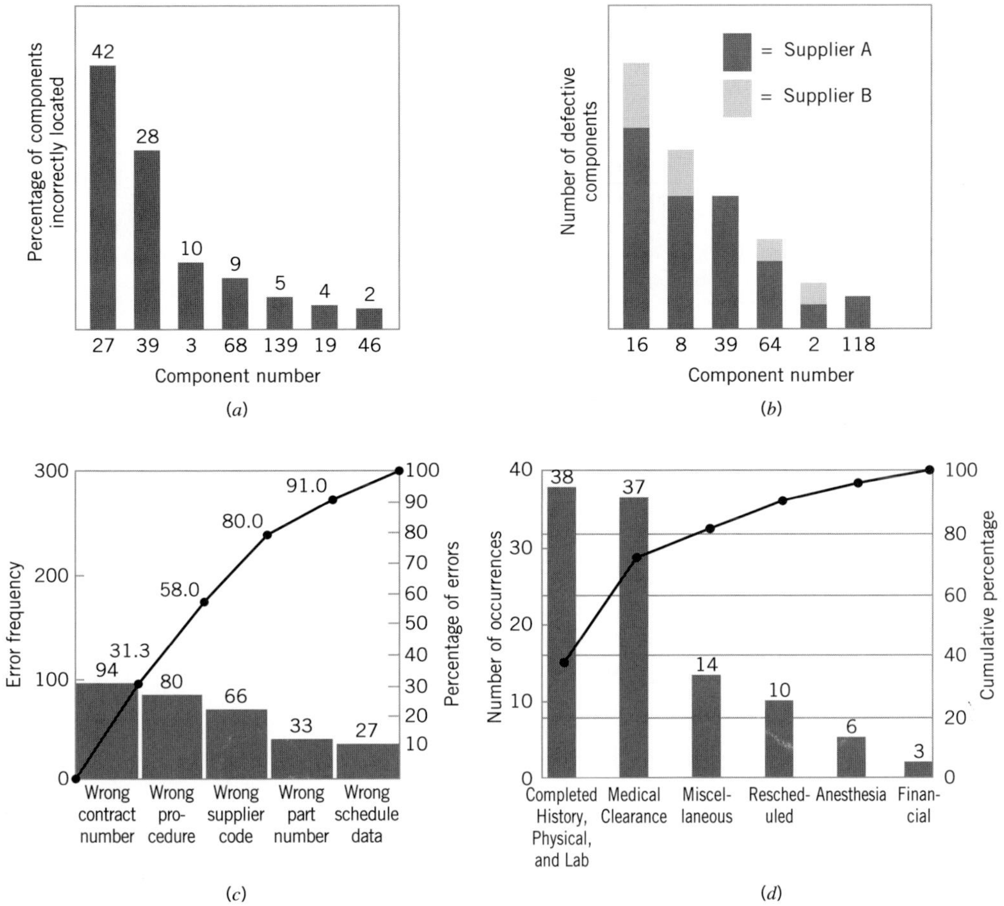


그림 5.18
파레토 그림의 예

## 특성요인도를 작성하는 방법

1. 분석할 문제나 효과를 정의한다.
2. 분석을 수행하기 위한 팀을 구성한다. 팀은 종종 브레인스토밍을 통해 잠재적인 원인을 발견할 것이다.
3. 효과 상자(effect box)와 중심선을 그린다.
4. 주요 잠재적 원인의 범주를 중심선에 연결된 상자에 표기한다.
5. 가능한 원인들을 정의하고 단계 4의 범주로 그들을 분류한다. 필요한 경우 새로운 범주를 생성한다.
6. 문제에 영향을 미칠 가능성을 식별하기 위해 원인의 순위를 매긴다.
7. 수정 조치를 한다.

연료통 결함 문제를 분석하는 데 있어서 기계, 재료, 방법, 사람, 측정, 환경 등의 주요 범주를 결정하고 팀을 구성한다. 주요 범주에 대한 다양한 세부 원인을 파악하고 그림 5.19와 같은 특성요인도를 작성하기 위해 브레인스토밍을 실행한다. 그 후, 논의 및 제거 과정을 통해 재료와 방법이 가장 큰 원인 범주임을 결정하였다.

원인과 영향에 대한 분석은 아주 강력한 도구가 될 수 있는데, 보다 상세한 특성요인도

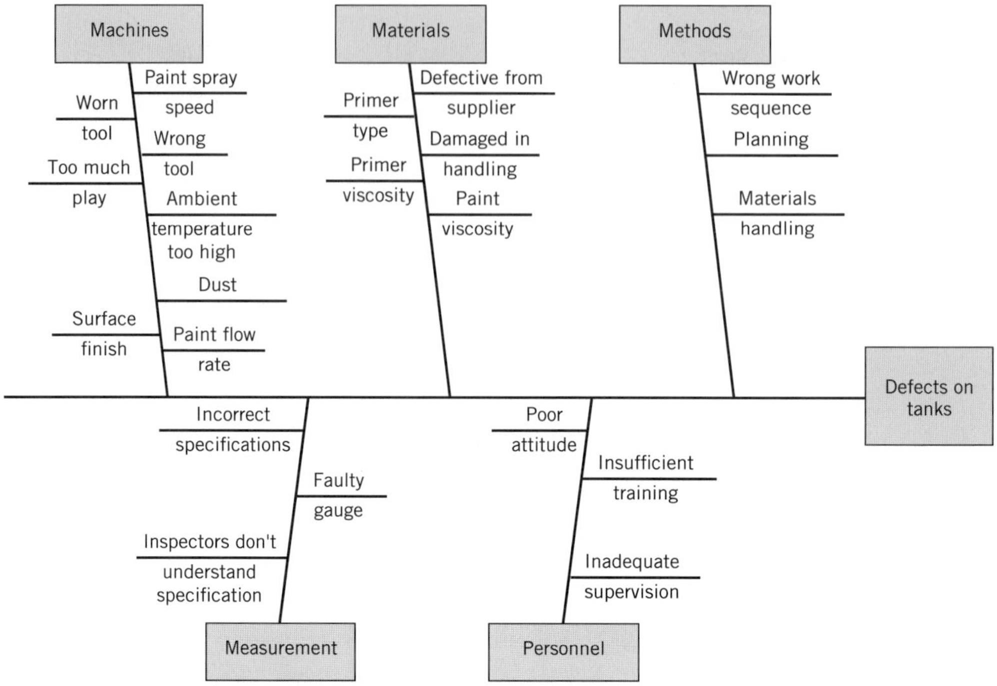


그림 5.19
연료통 결함 문제에 대한 특성요인도

는 효과적으로 문제를 해결하는 데 큰 도움을 줄 것이다.

**결점집중도** **결점집중도**(defect concentration diagram)는 관련된 모든 형상을 보여 주는 제품의 그림이다. 다양한 유형의 결함을 이 그림 위에 표시하고, 결함의 **위치**가 결함의 잠재적인 원인에 대한 유용한 정보를 제공하는지 여부를 분석한다. 결점집중도는 DMAIC의 분석 단계에서 매우 유용하게 사용된다.

그림 5.20은 냉장고 제조 공정의 최종 조립 단계에 대한 결점집중도이다. 표면 마무리 결함은 검은 영역으로 표시하였는데, 결점집중도를 조사하여 대부분의 결함 원인이 재료의 취급 때문임을 알 수 있다. 각 단위는 중앙 부분에 벨트를 고정하여 이동되기 때문에, 벨트의 느슨함 또는 타이트함, 마모, 면이 거침, 너무 좁음 등이 그 원인이 될 수 있다. 또한 단위가 이동될 때 모서리 부분이 손상될 수 있는데, 작업자의 피로가 그 원인이 될 수 있다. 그 어떤 경우라도 적절한 작업 방법과 개선된 재료의 처리는 공정을 매우 개선시킬 것이다.

그림 5.21은 앞에서 언급한 연료통 문제에 대한 결점집중도이다. 이 그림은 각각 특정한 코드로 식별된 결함의 여러 가지 범주를 나타내고 있는데, 종종 여러 가지 색상을 이용하여 다양한 유형의 결점을 표현하기도 한다.

많은 수의 제품과 자주 발생하는 패턴에 대한 결함 데이터를 결점집중도에 나타낸 경우, 패턴의 위치는 결함의 원인에 대한 많은 정보를 포함하고 있다. 결점집중도는 도금, 도장 및 코팅, 주조 작업, 가공, 그리고 전자 조립을 포함한 많은 산업에서 중요한 문제 해결 도구로 사용되고 있다.

**산점도** **산점도**(scatter diagram)는 두 변수 사이의 잠재적인 관계를 식별하는 유용한 그림이다. 두 변수를 $(x_i, y_i)$, $i = 1, 2, ..., n$의 쌍으로 데이터를 수집하면, $y_i$는 $x_i$에 대응되어 그

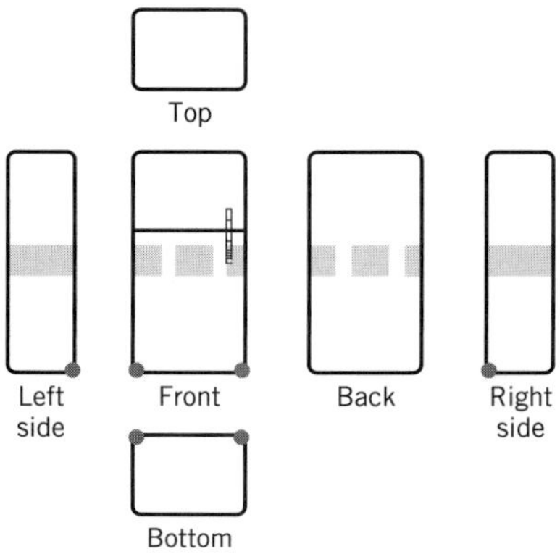


**그림 5.20** 냉장고의 표면 마무리 결함

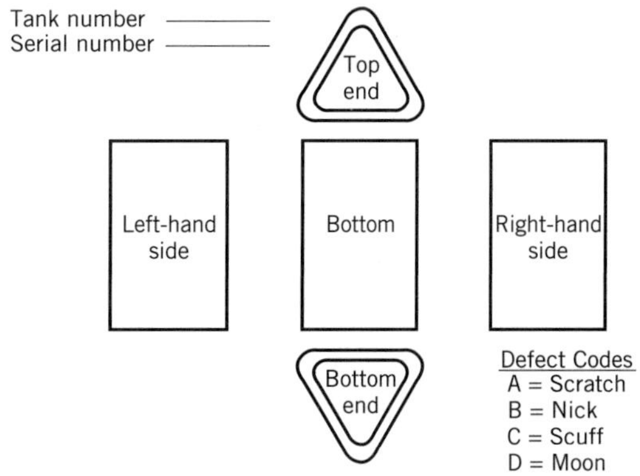


**그림 5.21** 연료통의 결점 집중도

려질 수 있다. 산점도의 형태는 두 변수 사이에 존재할 수 있는 관계의 유형을 나타낸다. 산점도는 3장에서 소개된 **회귀모형 설정**에 유용하게 사용된다. 회귀분석은 DMAIC의 분석 단계에서 매우 유용한 기법이다.

그림 5.22는 도가니에 추가되는 물질의 양에 대한 마그네슘 제련 공정에서의 금속 복원력(%)에 관한 산점도이다. 산점도는 물질의 양과 금속 복원력 사이에 강한 **양의 상관관계**가 있음을 보여 준다. 즉, 추가되는 물질의 양이 증가함에 따라 금속 복원력도 증가하게 된다. 원인과 영향에 근거하면, 사용된 물질의 양을 증가시키면 높은 금속 복원력을 갖는다는 결론을 내릴 수 있다. 하지만 **상관관계**는 반드시 **인과관계**에 적용되는 것이 아니기 때문에 이러한 생각은 위험할 수 있다. 이 관계는 전혀 다른 것에 의한 것일 수 있다. 예를 들면 이 두 변수가 작업할 때 사용된 온도와 같은 다른 변수와 관련이 있을 수 있고 그런 관계가 그림 5.22와 같은 산점도의 원인이 될 수 있다. 만일 높은 온도가 높은 금속 복원력을 갖게 한다면, 온도에 비례해서 물질을 추가하는 것이 좋으며 낮은 온도일 때 물질을 추가하는 것은 별 효과가 없을 것이다. 산점도는 **잠재적인 관계**를 식별하는 데 유용하며, 인과관계를 검증하기 위해 실험계획법[Montgomery(2020) 참조]이 사용되어야 한다.

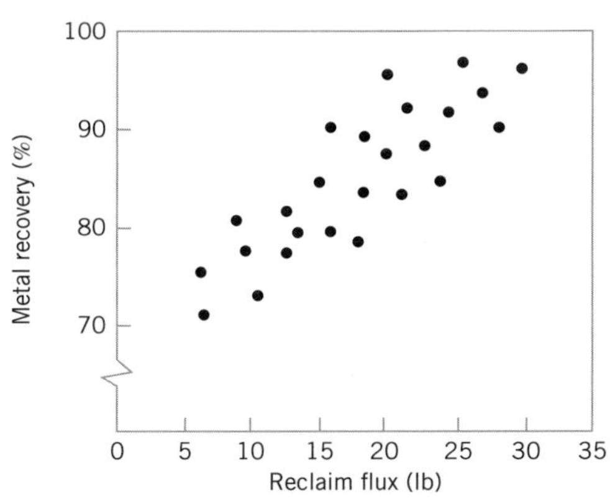


**그림 5.22**
산점도

## 연습문제

**5.1** 변동의 우연원인과 이상원인은 무엇인가? 우연원인과 이상원인이 Shewhart 관리도의 운영 및 해석에 어떤 역할을 하는지 설명하라.

**5.2** 관리도와 가설검정 간의 관계를 설명하라.

**5.3** 관리도의 제1종 오류와 제2종 오류를 설명하라. 제1종 오류와 제2종 오류가 공정운영의 측면에서 어떤 의미가 있는가?

**5.4** 공정이 관리상태라는 것은 무엇을 의미하는지 설명하라.

**5.5** 공정이 관리상태일 때 제품의 거의 모든 단위가 규격한계 내에서 생산된다고 할 수 있는지 설명하라.

**5.6** Shewhart 관리도에서 3시그마 관리한계를 사용하는 이론적 근거를 설명하라. 더 좁은 관리한계를 사용하는 것과 더 넓은 관리한계를 사용하는 것은 관리도에 어떠한 영향을 미치는지 설명하라.

**5.7** 관리도의 경고한계는 무엇인가? 이 경고한계는 어떻게 사용되는지 설명하라.

**5.8** 합리적인 부분군의 개념은 무엇인가? 합리적인 부분군은 관리도 적용에서 어떤 역할을 하는지 설명하라.

**5.9** 표본 혹은 부분군을 추출할 때, 부분군 내 또는 부분군 간에 이상원인이 발생하기를 원하는가? 이에 대하여 상세하게 설명하라.

**5.10** 매시간마다 500개의 부품을 생산하는 제조 공정에서 표본으로 매 30분마다 5개씩의 부품을 추출하고, 이 5개의 관측값의 평균을 $\bar{x}$ 관리도에 타점한다.

(a) 이상원인에 의해 평균이 짧은 기간 동안만 순간적으로 상향 이동하는 경우 이 표본 전략이 적절한지 판단하라.

(b) 그렇지 않다면, 적절한 절차를 제안하라.

**5.11** 다음 관리도의 패턴이 랜덤하다고 할 수 있는지 판단하라.

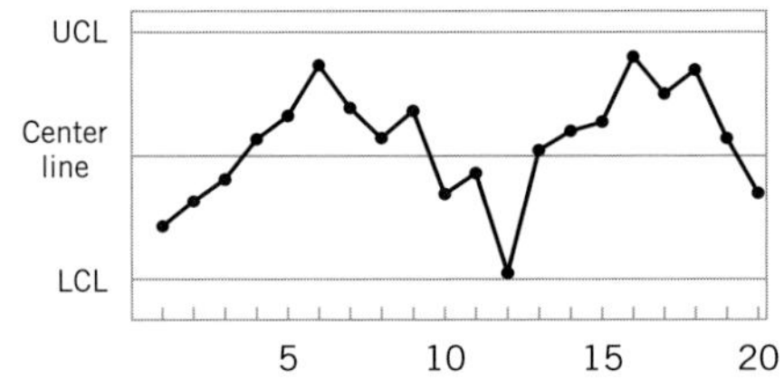


**5.12** 다음 관리도의 패턴이 랜덤하다고 할 수 있는지 판단하라.

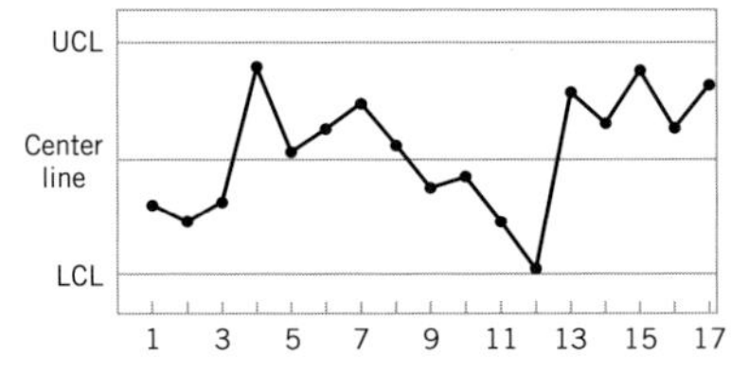

**5.13** 연습문제 5.11의 관리도에서 경고한계를 사용하면 잠재적인 이상상태임을 확인할 수 있는지 판단하라.

**5.14** 연습문제 5.11의 관리도에 Western Electric 규칙을 적용하라. 이상상태라고 판단할 수 있는 규칙이 있는지 설명하라.

**5.15** 다음은 시간에 따라 변화하는 공정을 나타내고 있다. ($a$)부터 ($e$)까지의 패턴에 해당하는 (1)부터 (5)까지의 $\bar{x}$–$R$ 관리도를 서로 대응시켜라.

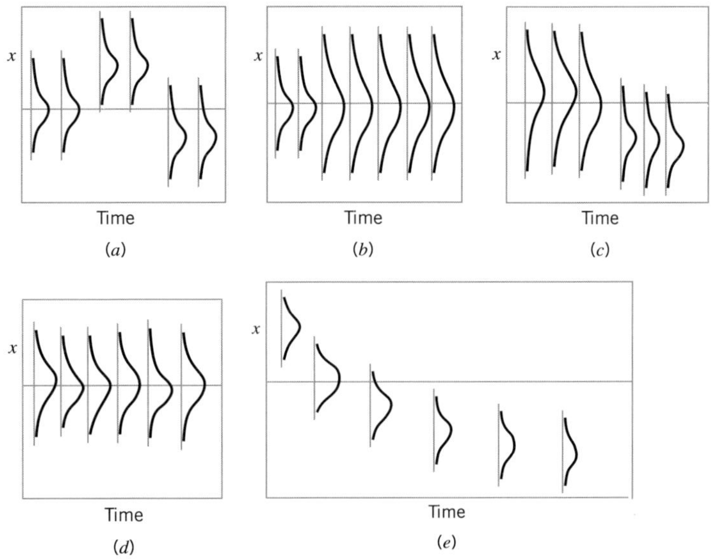


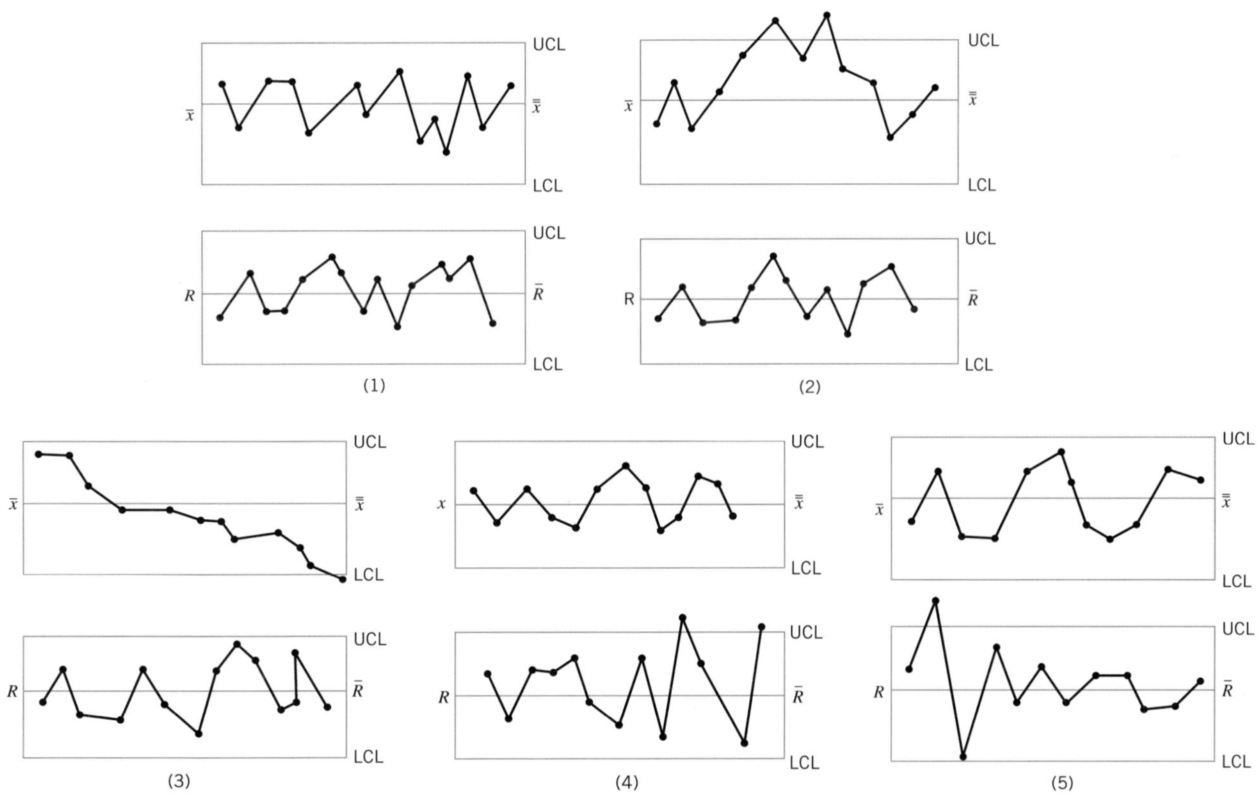

**5.16** 눈보라가 치는 동안 자동차가 이상상태가 되어 나무와 부딪혔다. 사고의 가능한 원인을 식별하고 설명하는 특성요인도를 작성하라.

# 6장

# 계량형 관리도

## 요약 및 학습 목표

수치척도로 측정되는 품질특성치를 **계량형**(variable)이라고 한다. 예를 들면, 길이나 폭, 온도, 부피 등의 치수를 말한다. 이번 장에서는 계량형 품질특성치의 Shewhart 관리도에 대해 다룬다. $\bar{x}$-$R$ 관리도는 변수의 평균과 분산의 변화를 탐지할 때 널리 사용된다. 개별 관측값에 적용하기 위한 절차를 포함하여 $\bar{x}$-$R$ 관리도의 다양한 변화에 대한 내용이 소개되며, 계량형 관리도의 다양한 적용에 대한 내용 또한 소개될 것이다.

이 장을 학습하고 나면, 다음 내용들을 수행할 수 있어야 한다.

1. 계량형 Shewhart 관리도의 통계적 기초 지식을 이해한다.
2. 계량형 관리도의 설계 방법을 이해한다.
3. $\bar{x}$-$R$ 관리도를 설정하고 사용하는 방법을 이해한다.
4. 관리도의 정보로부터 공정능력을 추정한다.
5. $\bar{x}$-$R$ 관리도의 패턴을 이해한다.
6. $\bar{x}$-$s$ 관리도와 $\bar{x}$-$s^2$ 관리도를 설정하고 사용하는 방법을 이해한다.
7. 개별 관측값에 대해 관리도를 설정하고 사용하는 방법을 이해한다.
8. 개별 관측값에 대한 관리도에서 정규성 가정의 중요성을 이해하고, 이 가정을 확인하는 방법을 이해한다.
9. 계량형 관리도에서 합리적인 부분군의 개념을 이해한다.
10. 계량형 관리도의 평균 런 길이를 계산한다.

## 6.1 서론

많은 품질특성치는 **수치척도**로 표현될 수 있다. 예를 들어 베어링(bearing)의 지름은 마이크로미터로 측정이 되고 밀리미터로 표현할 수 있으며, 보험금 청구가 진행되는 과정은 시간으로 측정될 수 있다. 차원, 무게, 부피 등과 단일 측정 품질특성치를 **계량형**(variable)이라고 한다. 계량형 변수에 대한 관리도는 널리 사용된다. 이러한 관리도는 DMAIC의 분석 및 관리 단계에서 사용하는 기본 도구 중 하나이다.

계량형의 품질특성치를 다룰 때 일반적으로 품질특성치의 평균과 분산의 변화를 모두 탐지하게 된다. 공정의 평균품질수준을 관리하기 위해 평균에 대한 관리도인 **$\bar{x}$ 관리도**를 주로 사용한다. 공정분산의 변화는 표준편차에 대한 관리도인 **$s$ 관리도**나 범위에 대한 관리도인 **$R$ 관리도**로 탐지하는데, 이전에는 계산의 편리성 때문에 $R$ 관리도가 많이 사용되어 왔다. $\bar{x}$ 관리도와 $R$ 관리도를 병행하는 $\bar{x}$−$R$ 관리도와 $\bar{x}$ 관리도와 $s$ 관리도를 병행하는 $\bar{x}$−$s$ 관리도는 가장 중요하고 유용한 온라인 공정 모니터링 및 관리 기법들 중 하나이다.

공정의 평균과 분산의 관리를 일정하게 유지하는 것은 중요한 일이다. 그림 6.1에 생산 공정의 생산품의 분포가 나타나 있다. 그림 6.1$a$에서는 평균 $\mu$와 표준편차 $\sigma$가 각각 관리값인 $\mu_0$와 $\sigma_0$와 같으므로 관리상태에 있으며, 결과적으로 공정의 생산품의 대부분이 규격한계 내에 있음을 알 수 있다. 그러나 그림 6.1$b$에서는 평균이 $\mu_1(>\mu_0)$으로 이동하여 제품의 불량률이 높아졌다. 또한 그림 6.1$c$에서는 공정의 표준편차가 $\sigma_1(>\sigma_0)$로 이동하여 공정평균이 변화하지 않았음에도 불구하고 좋지 못한 결과를 갖게 됨을 알 수 있다.

## 6.2 $\bar{x}$−$R$ 관리도

### 6.2.1 관리도의 통계적 개념

품질특성치는 평균이 $\mu$이고, 표준편차가 $\sigma$인 정규분포를 따른다고 가정하자. 이때 $\mu$와 $\sigma$는 알려져 있음을 가정한다. $x_1, x_2, \ldots, x_n$이 크기 $n$인 표본일 때 표본평균은 다음과 같다.

$$\bar{x} = \frac{x_1 + x_2 + \cdots + x_n}{n}$$

따라서 $\bar{x}$는 평균이 $\mu$이고, 표준편차가 $\sigma_{\bar{x}} = \sigma/\sqrt{n}$인 정규분포를 따르고, $1-\alpha$의 확률로 표본평균은

$$\mu + Z_{\alpha/2}\sigma_{\bar{x}} = \mu + Z_{\alpha/2}\frac{\sigma}{\sqrt{n}} \quad \text{와} \quad \mu - Z_{\alpha/2}\sigma_{\bar{x}} = \mu - Z_{\alpha/2}\frac{\sigma}{\sqrt{n}} \tag{6.1}$$

의 사이에 있게 된다. 따라서 만일 $\mu$와 $\sigma$가 알려져 있다면, 표본평균에 대한 관리도의 관리상한과 관리하한은 식 6.1이 된다. 5장에서 언급한 바와 같이, $Z_{\alpha/2}$를 3으로 대체하여 3시그마 한계를 주로 사용한다. 표본평균이 이 한계 밖으로 넘어가면, 공정의 평균은 더 이상 $\mu$와 같다고 생각할 수 없다.

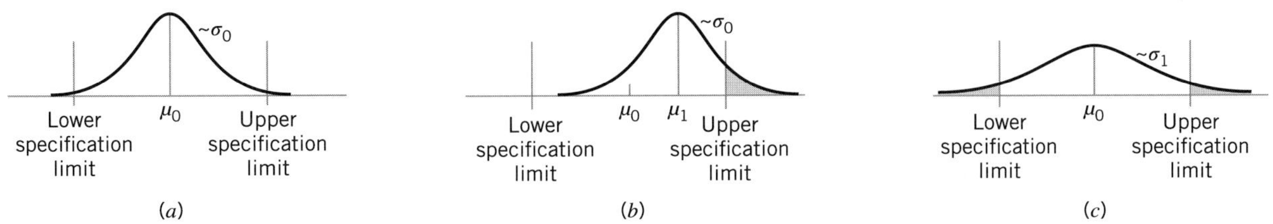


**그림 6.1** 공정의 평균과 산포 관리의 필요성. (a) 관리상태의 공정평균과 표준편차. (b) 공정평균의 변화($\mu_1 > \mu_0$). (c) 공정표준편차의 변화($\sigma_1 > \sigma_0$)

일반적으로 품질특성치가 정규분포를 따른다고 가정하지만, 그렇지 않은 경우에도 중심극한정리에 의해 위의 결과는 근사적으로 성립한다. 계량형 관리도에서의 정규성 가정의 영향에 대해 6.2.5절에서 논의할 예정이다.

실제로는 $\mu$와 $\sigma$가 알려져 있지 않은 경우가 많이 있다. 따라서 공정이 관리상태일 때의 표본이나 부분군에 의해 $\mu$와 $\sigma$를 추정해야 한다. 이러한 추정은 적어도 20개에서 25개 표본을 기반으로 해야 한다. 표본크기가 $n$인 $m$개의 표본이 있다고 가정하자. 일반적으로 $n$은 4, 5, 6 정도로 작은 값을 사용한다. 이 작은 표본크기는 합리적인 부분군을 구성해야 하고 계량형 측정값의 샘플링 비용과 검사 비용이 상대적으로 크다는 것에 기인한 것이다. $\bar{x}_1, \bar{x}_2, \ldots, \bar{x}_m$을 각각의 표본평균이라고 할 때, $\mu$의 최적의 추정량은 이들 전체의 평균으로 다음과 같다.

$$\bar{\bar{x}} = \frac{\bar{x}_1 + \bar{x}_2 + \cdots + \bar{x}_m}{m} \tag{6.2}$$

따라서 $\bar{\bar{x}}$는 $\bar{x}$ 관리도의 중심선이 된다.

관리한계를 설정하기 위해서는 표준편차 $\sigma$도 추정해야 하는데, $m$개 표본의 표준편차 또는 범위로부터 $\sigma$를 추정할 수 있다. 먼저 범위를 이용해서 추정하는 방법을 사용해 보자. 크기가 $n$인 표본 $x_1, x_2, \ldots, x_n$에서 표본의 범위는 관측값의 최댓값과 최솟값의 차이이다. 즉,

$$R = x_{\max} - x_{\min}$$

으로 표현할 수 있다. $R_1, R_2, \ldots, R_m$을 $m$개 표본의 범위라고 하면, 범위의 평균은 다음과 같다.

$$\bar{R} = \frac{R_1 + R_2 + \cdots + R_m}{m} \tag{6.3}$$

따라서 $\bar{x}$ 관리도의 관리한계는 다음과 같다.

**$\bar{x}$ 관리도의 관리한계**

$$\begin{aligned} \text{관리상한} &= \bar{\bar{x}} + A_2\bar{R} \\ \text{중심선} &= \bar{\bar{x}} \\ \text{관리하한} &= \bar{\bar{x}} - A_2\bar{R} \end{aligned} \tag{6.4}$$

다양한 표본크기에 대한 상수 $A_2$ 값은 부록 표 6에 나타나 있다.

공정분산의 변화는 관리도에서 표본범위 $R$ 값을 타점해서 탐지할 수 있다. $R$ 관리도의 중심선과 관리한계는 다음과 같다.

**R 관리도의 관리한계**

$$\begin{aligned} \text{관리상한} &= D_4\overline{R} \\ \text{중심선} &= \overline{R} \\ \text{관리하한} &= D_3\overline{R} \end{aligned} \tag{6.5}$$

다양한 표본크기에 대한 상수 $D_3$와 $D_4$ 값은 부록 표 6에 나타나 있다.

**식 6.4와 6.5의 유도** $\bar{x}$-$R$ 관리도에서 관리한계를 유도하는 것은 비교적 간단하다. 정규분포에서 추출한 표본범위와 표준편차는 밀접한 관련이 있다고 알려져 있다. 확률변수 $W = R/\sigma$는 **상대범위**(relative range)라고 하는데, $W$ 분포의 모수들은 표본크기 $n$의 함수이다. $W$의 평균은 $d_2$이기 때문에, $\sigma$의 추정량은 $\hat{\sigma} = R/d_2$가 된다. 다양한 표본크기에 대한 $d_2$의 값은 부록 표 6에 나타나 있다. 따라서 $\overline{R}$가 $m$개 표본의 평균범위라고 하면, 추정량은 다음과 같고, 이것은 $\sigma$의 불편추정량이 된다.

$$\hat{\sigma} = \frac{\overline{R}}{d_2} \tag{6.6}$$

$\mu$의 추정량으로 $\bar{\bar{x}}$를 사용하고, $\sigma$의 추정량으로 $\overline{R}/d_2$를 사용하면 $\bar{x}$ 관리도의 관리한계는 다음과 같다.

$$\begin{aligned} \text{관리상한} &= \bar{\bar{x}} + \frac{3}{d_2\sqrt{n}}\overline{R} \\ \text{중심선} &= \bar{\bar{x}} \\ \text{관리하한} &= \bar{\bar{x}} - \frac{3}{d_2\sqrt{n}}\overline{R} \end{aligned} \tag{6.7}$$

여기서

$$A_2 = \frac{3}{d_2\sqrt{n}} \tag{6.8}$$

으로 정의하면 식 6.7은 식 6.4와 같이 표현된다.

$R$ 관리도를 고려해 보자. 중심선은 $\overline{R}$가 되고 관리한계를 결정하기 위해 $\sigma_R$의 추정량이 필요하다. 품질특성치가 정규분포를 따른다고 가정하면, $\hat{\sigma}_R$은 상대범위 $W = R/\sigma$의 분포로부터 찾을 수 있다. $W$의 표준편차는 $d_3$로 $n$에 대한 함수이다. 따라서

$$R = W\sigma$$

로부터 $R$의 표준편차는 다음과 같다.

$$\sigma_R = d_3\sigma$$

$\sigma$가 알려지지 않았기 때문에 $\sigma_R$은 다음과 같이 추정한다.

$$\hat{\sigma}_R = d_3 \frac{\overline{R}}{d_2} \tag{6.9}$$

결과적으로, $R$ 관리도의 3시그마 관리한계는 다음과 같다.

$$\begin{aligned} \text{관리상한} &= \overline{R} + 3\hat{\sigma}_R = \overline{R} + 3d_3 \frac{\overline{R}}{d_2} \\ \text{중심선} &= \overline{R} \\ \text{관리하한} &= \overline{R} - 3\hat{\sigma}_R = \overline{R} - 3d_3 \frac{\overline{R}}{d_2} \end{aligned} \tag{6.10}$$

여기서

$$D_3 = 1 - 3\frac{d_3}{d_2}, \quad D_4 = 1 + 3\frac{d_3}{d_2}$$

로 정의하면 식 6.10은 식 6.5와 같이 표현된다.

**$\bar{x}$-$R$ 관리도의 제1국면 적용** **제1국면의 관리도 사용**에서 이전의 표본으로 $\bar{x}$-$R$ 관리도를 구성할 때 식 6.4와 6.5에서 얻어진 관리한계를 **시험적 관리한계**(trial control limits)라고 한다. 이 관리한계를 이용하여 $m$개의 초기 표본으로부터 공정이 관리상태인지를 판단할 수 있다. 공정이 관리상태인지를 판단하기 위해서 초기 표본에 대해 $\bar{x}$-$R$ 관리도 값을 타점하고 그 결과를 분석한다. 모든 점이 관리한계 내에 있고 특별한 경향이 없다면, 초기 표본을 추출한 공정은 관리상태에 있으며 시험적 관리한계는 현재 또는 미래의 생산을 관리하는 데 적합하다고 결론 내릴 수 있다. 크기가 $n$인 20~25개의 부분군(보통 $n$은 3에서 5 사이의 값)을 사용하는 것이 시험적 관리한계를 계산할 때 바람직하다. 물론 이보다 적은 데이터로도 계산할 수 있지만 그럴 경우 관리한계의 신뢰성이 떨어질 수 있다.

하나 이상의 값이 $\bar{x}$ 관리도나 $R$ 관리도의 시험적 관리한계를 벗어난 경우를 가정해 보자. 현재 또는 미래의 제품에 대해 관리한계를 적용하려면 공정이 관리상태일 때의 데이터에 기초해야만 한다. 따라서 공정이 관리상태가 아니라고 판단된다면 시험적 관리한계를 수정할 필요가 있는데, 이때 이상상태의 값을 분석하여 이상원인을 찾아 제거하는 것이 필요하다. 이상원인을 발견하여 제거하면, 남은 값들을 이용하여 시험적 관리한계를 다시 계산하게 된다. 그 후 남은 값들을 이용하여 다시 관리도 절차를 적용한다. (다시 계산된 시험적 관리한계는 기존의 것보다 한계의 폭이 더 좁아지기 때문에 초기에 관리상태에 있었던 값이 이상상태가 될 수 있다.) 모든 값이 관리상태가 될 때까지 이 절차를 반복하고, 마지막 단계에서 계산된 시험적 관리한계를 채택하여 향후 사용에 적용하는 것이다.

경우에 따라서는 이상상태를 나타내는 값에 대한 이상원인을 찾을 수 없는 경우도 있다. 이럴 경우에 수행할 수 있는 두 가지 절차가 있다. 첫 번째는 이상원인을 발견했다고 생각하고 이 값을 제거하는 것이다. 이 절차는 관리한계를 벗어난 값이 이상상태의 확률분포로부터 추출되었다고 판단하는 것 이외에 다른 이론적인 정당성은 없다. 또 다른 절차는 시험적 관리한계가 현재 공정을 관리하기에 적합하다고 판단하여 이 값을 그대로 포함시키는 것이다. 물론 이 값이 실제로 이상상태를 나타내는 값이라면, 관리한계는 넓어질 것이다. 그러나 한 두 개의 값이 이러한 경우, 이로 인해 관리도가 크게 왜곡되지는 않을 것이다. 일반적으로 두 관리도 모두에서 이상상태의 값이 발견된 경우 가능한 한 $R$ 관리도에 대한 처리를 먼저 하는 것이 좋다. 그 이유는 $R$ 관리도에서 이상상태인 경우 이것은 공정산포가 불안정하다는 것을 의미하기 때문에, 공정산포의 추정값이 요구되는 $\bar{x}$ 관리도의 관리한계의 신뢰성이 떨어진다는 것이다.

때때로 초기 표본에 대해 $\bar{x}$-$R$ 관리도를 작성할 때 많은 값들이 시험적 관리한계를 벗어날 수도 있다. 이때 이상상태의 값들을 단순히 제거한다면, 관리한계를 다시 계산하는데 사용할 수 있는 데이터가 많지 않을 수도 있을 것이다. 이 방법은 데이터의 많은 유용한 정보를 무시하는 것이 될 수도 있다. 반면에 각각의 이상상태의 값에 대해 이상원인을 찾는 것은 성공하기가 쉽지 않다. 따라서 초기 표본에서 시험적 관리한계를 벗어나는 값이 많을 경우 이 값들에 의해 작성된 **관리도의 패턴**에 대해 집중적으로 분석하는 것이 필요한데, 대부분의 경우 이러한 패턴과 관련된 이상원인은 규명하기 쉬운 편이다. 일반적으로 이와 같은 공정문제의 해결은 중요한 공정개선을 가져올 것이다.

### 6.2.2 $\bar{x}$-$R$ 관리도의 구성 및 운영

앞의 절에서 $\bar{x}$-$R$ 관리도의 기초적인 통계적 이론을 소개하였다. 이 절에서는 $\bar{x}$-$R$ 관리도의 구성과 적용, 그리고 이 관리도를 사용하기 위한 지침들에 대해 설명하고자 한다.

**예 6.1 제조 공정에 대한 $\bar{x}$-$R$ 관리도**

반도체 제조에서 하드베이크(hard-bake) 공정(5.3.1절 참조)은 사진석판술(photolithography)과 관련되어 사용된다. 이 공정에서 $\bar{x}$-$R$ 관리도를 사용하여 저항(resist)의 유동폭(flow width)을 관리하고자 한다. 공정이 관리상태라고 판단되는 상황에서 5개씩의 웨이퍼(wafer)로 구성된 표본을 매시간마다 측정하여, 표 6.1에 25개 표본에 대한 유동폭의 측정 데이터(단위: 마이크론)를 나타내었다.

**풀이**

$\bar{x}$-$R$ 관리도를 구성할 때, $R$ 관리도를 먼저 구성하는 것이 좋다. $\bar{x}$ 관리도의 관리한계는 공정산포에 의존하기 때문에 공정산포가 관리상태에 있지 않는 한, 이 한계는 유용하지 않게 된다. 표 6.1의 데이터를 이용해 $R$ 관리도의 중심선을 계산하면

$$\bar{R} = \frac{\sum_{i=1}^{25} R_i}{25} = \frac{8.1302}{25} = 0.32521$$

이 된다. $n = 5$인 표본에 대해 부록 표 6을 참고하면 $D_3 = 0$과 $D_4 = 2.114$이기 때문에 식 6.5를 이용한 $R$ 관리도의 관리한계는 다음과 같다.

표 6.1 하드베이크 공정의 유동폭 측정 데이터(마이크론)

| Sample Number | Wafers 1 | 2 | 3 | 4 | 5 | $\bar{x}_i$ | $R_i$ |
|---|---|---|---|---|---|---|---|
| 1 | 1.3235 | 1.4128 | 1.6744 | 1.4573 | 1.6914 | 1.5119 | 0.3679 |
| 2 | 1.4314 | 1.3592 | 1.6075 | 1.4666 | 1.6109 | 1.4951 | 0.2517 |
| 3 | 1.4284 | 1.4871 | 1.4932 | 1.4324 | 1.5674 | 1.4817 | 0.1390 |
| 4 | 1.5028 | 1.6352 | 1.3841 | 1.2831 | 1.5507 | 1.4712 | 0.3521 |
| 5 | 1.5604 | 1.2735 | 1.5265 | 1.4363 | 1.6441 | 1.4882 | 0.3706 |
| 6 | 1.5955 | 1.5451 | 1.3574 | 1.3281 | 1.4198 | 1.4492 | 0.2674 |
| 7 | 1.6274 | 1.5064 | 1.8366 | 1.4177 | 1.5144 | 1.5805 | 0.4189 |
| 8 | 1.4190 | 1.4303 | 1.6637 | 1.6067 | 1.5519 | 1.5343 | 0.2447 |
| 9 | 1.3884 | 1.7277 | 1.5355 | 1.5176 | 1.3688 | 1.5076 | 0.3589 |
| 10 | 1.4039 | 1.6697 | 1.5089 | 1.4627 | 1.5220 | 1.5134 | 0.2658 |
| 11 | 1.4158 | 1.7667 | 1.4278 | 1.5928 | 1.4181 | 1.5242 | 0.3509 |
| 12 | 1.5821 | 1.3355 | 1.5777 | 1.3908 | 1.7559 | 1.5284 | 0.4204 |
| 13 | 1.2856 | 1.4106 | 1.4447 | 1.6398 | 1.1928 | 1.3947 | 0.4470 |
| 14 | 1.4951 | 1.4036 | 1.5893 | 1.6458 | 1.4969 | 1.5261 | 0.2422 |
| 15 | 1.3589 | 1.2863 | 1.5996 | 1.2497 | 1.5471 | 1.4083 | 0.3499 |
| 16 | 1.5747 | 1.5301 | 1.5171 | 1.1839 | 1.8662 | 1.5344 | 0.6823 |
| 17 | 1.3680 | 1.7269 | 1.3957 | 1.5014 | 1.4449 | 1.4874 | 0.3589 |
| 18 | 1.4163 | 1.3864 | 1.3057 | 1.6210 | 1.5573 | 1.4573 | 0.3153 |
| 19 | 1.5796 | 1.4185 | 1.6541 | 1.5116 | 1.7247 | 1.5777 | 0.3062 |
| 20 | 1.7106 | 1.4412 | 1.2361 | 1.3820 | 1.7601 | 1.5060 | 0.5240 |
| 21 | 1.4371 | 1.5051 | 1.3485 | 1.5670 | 1.4880 | 1.4691 | 0.2185 |
| 22 | 1.4738 | 1.5936 | 1.6583 | 1.4973 | 1.4720 | 1.5390 | 0.1863 |
| 23 | 1.5917 | 1.4333 | 1.5551 | 1.5295 | 1.6866 | 1.5592 | 0.2533 |
| 24 | 1.6399 | 1.5243 | 1.5705 | 1.5563 | 1.5530 | 1.5688 | 0.1156 |
| 25 | 1.5797 | 1.3663 | 1.6240 | 1.3732 | 1.6887 | 1.5264 | 0.3224 |
| | | | | | | $\sum\bar{x}_i$ = 37.6400 | $\sum R_i$ = 8.1302 |
| | | | | | | $\bar{\bar{x}}$ = 1.5056 | $\bar{R}$ = 0.32521 |

$$\text{관리하한} = \bar{R}D_3 = 0.32521(0) = 0$$
$$\text{관리상한} = \bar{R}D_4 = 0.32521(2.114) = 0.68749$$

$R$ 관리도는 그림 6.2$b$에 나타나 있는데, 그림 6.2는 모두 Minitab을 이용한 결과이다. Minitab은 위의 계산보다 더 많은 소수점 자리를 사용하기 때문에 Minitab에서 $R$ 관리도의 관리상한은 0.6876이 되었다. 그림 6.2$b$에서 25개의 표본범위에 대한 $R$ 관리도를 보면 이상상태의 징후는 보이지 않는다.

$R$ 관리도에서 공정산포가 관리상태로 판단되었기 때문에 이제 $\bar{x}$ 관리도를 구성할 수 있다. 이 관리도의 중심선은

$$\bar{\bar{x}} = \frac{\sum_{i=1}^{25} \bar{x}_i}{25} = \frac{37.6400}{25} = 1.5056$$

이 되고, 크기 $n$ = 5인 표본에 대해 부록 표 6을 참고하면 $A_2$ = 0.577이기 때문에 식 6.4에 의한 $\bar{x}$ 관리도의 관리한계는 다음과 같다.

$$\text{관리상한} = \bar{\bar{x}} + A_2\bar{R} = 1.5056 + (0.577)(0.32521) = 1.69325$$
$$\text{관리하한} = \bar{\bar{x}} - A_2\bar{R} = 1.5056 - (0.577)(0.32521) = 1.31795$$

$\bar{x}$ 관리도는 그림 6.2$a$에 나타나 있는데, 표본의 평균에 대한 관리도를 살펴보면 이상상태의 징후는 보이지 않는다. 따라서 두 관리도 모두 관리상태임을 나타내기 때문에, 공정이 명시된 수준에서 관리되고 있다고 판단되고 시험적 관리한계를 향후 생산을 탐지하기 위한 제2국면에서 사용하게 된다.

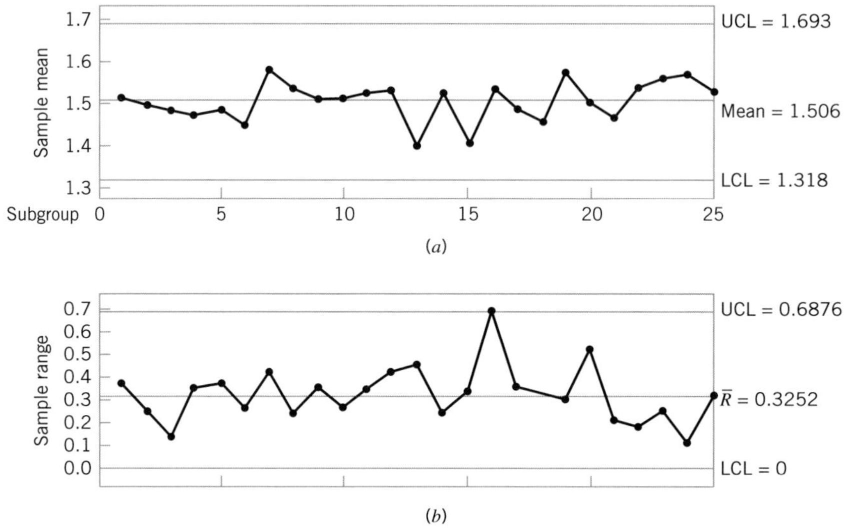


**그림 6.2** 하드베이크 공정의 유동폭에 대한 $\bar{x}$−$R$ 관리도(Minitab)

**공정능력의 추정** $\bar{x}$−$R$ 관리도는 공정의 성능과 **공정능력**에 대한 정보를 제공한다. $\bar{x}$ 관리도로부터 하드베이크 공정에 대한 저항의 유동폭의 평균을 $\bar{\bar{x}} = 1.5056$ 마이크론으로 추정할 수 있다. 또한 공정의 표준편차는 식 6.6을 사용하면 다음과 같이 추정할 수 있다.

$$\hat{\sigma} = \frac{\bar{R}}{d_2} = \frac{0.32521}{2.326} = 0.1398 \text{ microns}$$

여기서 $d_2$는 크기 $n = 5$인 경우 부록 표 6을 참고하면 그 값을 찾을 수 있다. 이때 유동폭의 규격한계는 1.50 ± 0.50 마이크론이다. 관리도의 데이터는 이 규격한계에 대해 웨이퍼를 제조하는 공정의 능력을 설명하기 위해 사용될 수 있다. 유동폭이 평균 1.5056이고 표준편차 0.1398인 정규분포를 따르는 확률변수라고 가정하면, 웨이퍼의 불량률은 다음과 같이 추정할 수 있다.

$$\begin{aligned} p &= P\{x < 1.00\} + P\{x > 2.00\} \\ &= \Phi\left(\frac{1.00 - 1.5056}{0.1398}\right) + 1 - \Phi\left(\frac{2.00 - 1.5056}{0.1398}\right) \\ &= \Phi(-3.61660) + 1 - \Phi(3.53648) \\ &\simeq 0.00015 + 1 - 0.99980 \\ &\simeq 0.00035 \end{aligned}$$

즉, 생산된 웨이퍼의 약 0.035퍼센트(350 ppm)가 규격한계의 밖으로 나간다고 볼 수 있다.

공정능력에 대한 다른 표현은 **공정능력비**(process capability ratio, PCR) $C_p$로서, 품질특성치의 규격상한(USL)과 규격하한(LSL)에 대해 다음과 같이 표현된다.

$$C_p = \frac{\text{USL} - \text{LSL}}{6\sigma} \tag{6.11}$$

6σ의 공정폭이 공정능력의 기본적인 정의임을 참고하기 바란다. σ가 알려져 있지 않은 경우에는 이를 추정량으로 대체해야 한다. 일반적으로 $\hat{\sigma} = \overline{R}/d_2$를 사용하며, 이때 $C_p$의 추정량은 $\hat{C}_p$으로 표현한다. 하드베이크 공정에서 $\overline{R}/d_2 = \hat{\sigma} = 0.1398$이므로

$$\hat{C}_p = \frac{2.00 - 1.00}{6(0.1398)} = \frac{1.00}{0.8388} = 1.192$$

로 계산된다. 이것은 공정의 '자연적(natural)' 공차한계(평균의 위아래로 3시그마)가 규격하한과 규격상한 내에 있다는 것을 의미하며, 적은 수의 불량품이 생산된다는 것을 나타낸다. 공정능력비 $C_p$는 다음과 같이 표현할 수도 있다.

$$P = \left(\frac{1}{C_p}\right)100\%$$

이것은 규격폭에 대해 공정이 변동하는 영역의 백분율을 나타낸다. 하드베이크 공정에서 $P$의 추정값은 다음과 같다.

$$\hat{P} = \left(\frac{1}{\hat{C}_p}\right)100\% = \left(\frac{1}{1.192}\right)100\% = 83.89$$

이것은 공정의 변동이 규격폭의 84% 정도를 차지한다는 것을 의미한다.

그림 6.3은 공정능력비 $C_p$와 공정규격에 관련된 세 가지 사례를 보여 준다. 그림 6.3*a*의 공정능력비 $C_p$는 1보다 큰 값으로 공정의 변동이 규격폭의 100% 미만인 것을 의미하고, 따라서 비교적 적은 수의 불량품이 생산될 것이다. 그림 6.3*b*는 공정능력비 $C_p = 1$로 공정의 변동이 규격폭과 거의 유사함을 의미한다. 마지막으로 그림 6.3*c*는 공정능력비 $C_p < 1$로 공정의 변동이 규격폭의 100% 이상인 것을 의미하고, 이 경우 많은 수의 불량품이 생산될 것이다.

그림 6.3의 모든 경우는 공정의 평균이 규격폭의 중심에 위치한다는 것을 가정한다. 대부분의 경우에는 이와 같은 가정이 성립하지 않기 때문에 공정능력비 $C_p$의 수정이 필요하다. 이에 대해서는 8장에서 다시 다룰 것이다,

**관리한계와 중심선의 개정** 관리도를 효과적으로 사용하기 위해 관리한계와 중심선의 **주기적인 개정**이 필요하다. 실무자들은 관리한계의 검토 및 개정을 위하여 규칙적인 기간을 설정한다. 예를 들어 그 기간은 매주, 매달, 또는 25개, 50개, 100개의 표본마다가 될 수 있다. 관리한계를 개정할 경우 적어도 25개의 표본 또는 부분군을 사용함에 유념해야 한다(다른 연구자들은 200~300개의 관측값을 사용할 것을 추천하였다).

사용자는 때때로 $\bar{x}$ 관리도의 중심선을 $\bar{\bar{x}}_0$라는 **목표값**으로 대체하기도 한다. 만일 $R$ 관리도가 관리상태라면, 이것은 공정평균을 원하는 값으로 이동시키는 데 도움이 될 수 있다. 특히 조정 가능한 변수의 간단한 수정으로 평균을 변화시킬 수 있는 공정이 이에 해당

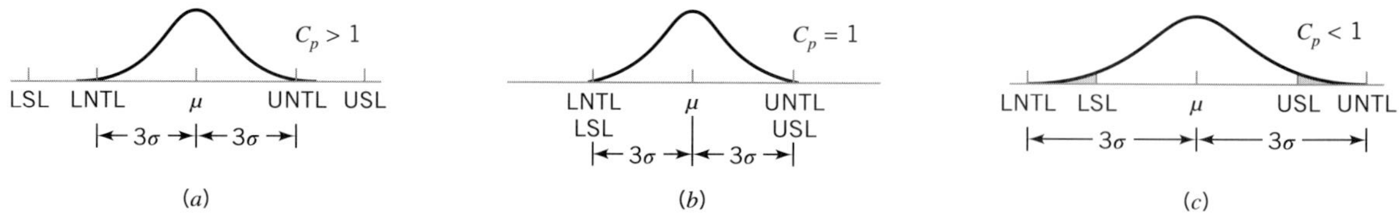


**그림 6.3** 공정의 상태와 공정능력비 $C_p$

된다. 평균이 간단한 수정에 의해 영향을 받지 않으면, 목표값 $\bar{x}_0$는 도움이 되지 않으며 이 값의 사용은 많은 점들이 관리한계를 벗어나는 결과를 초래할 수 있다. 이러한 경우 그 점이 이상원인과 관계가 있는지 중심선을 잘못 선택해서 관리한계를 벗어난 것인지 판단하기가 쉽지 않다.

$R$ 관리도가 이상상태일 경우 이상점을 제거하고 $\bar{R}$의 값을 다시 계산하고, 이 값을 이용해서 $R$ 관리도의 중심선과 관리한계, 그리고 $\bar{x}$ 관리도의 관리한계를 다시 결정한다. 일반적으로 변경된 $\bar{R}$와 $\bar{R}/d_2$를 사용한 이 두 관리도의 관리한계의 폭은 좁아지게 된다. σ의 추정값은 공정능력의 예비 분석의 기초로 사용될 수 있다.

**$\bar{x}$-$R$ 관리도의 제2국면 운영** 합리적인 관리한계가 설정되면 향후의 생산을 모니터링하기 위해 관리도를 사용하는데, 이를 **제2국면의 관리도 사용**이라고 한다.

하드베이크 공정에서 관리도를 구축한 후 웨이퍼의 추가적인 20개 표본에 대한 $\bar{x}$와 $R$ 값을 관리도에 타점하였다. 이 새로운 표본 데이터는 표 6.2에 나타나 있고, 계속된 $\bar{x}$-$R$ 관리도는 그림 6.4에 나타나 있다. 관리도에서 공정이 43번째 표본 전까지 관리상태임을 알 수 있고, 43번째 점(45번째 점도 해당)이 관리상한을 벗어나기 때문에 이상원인이 그 시간 혹은 그 시간 이전에 발생한 것으로 예상할 수 있다. $\bar{x}$ 관리도에서 38번째 표본 이후의 점들은 평균이 증가한 패턴을 보이므로 이 또한 공정평균의 변화를 의심할 수 있다.

관리도를 사용하여 온라인 공정관리를 시행할 때, 공정 변화를 빠르게 탐지하기 위해 5장(5.3.6절)에서 논의된 부가적 규칙(또는 Western Electric 규칙)의 사용을 시도할 수 있다. 위의 예에서 이러한 규칙을 사용한다면 40번째 표본 근처에서 변화를 탐지할 수도 있다. 그러나 5.3.3절에서 언급한 바와 같이 이 방법은 오경보의 발생을 매우 증가시키기 때문에, 안정적인 공정에 대한 온라인 탐지에서 부가적인 규칙을 정례적으로 사용하는 것은 권장할 수 없다.

관리도 데이터를 점검할 때, 각 표본의 개별 관측값에 대한 런그림(run chart)를 구성하는 것이 도움이 된다. 런그림은 **층그림**(tier chart) 또는 **공차그림**(tolerance diagram)이라고 한다. 런그림에서 데이터의 패턴이 나타날 수 있고, $\bar{x}$ 또는 $R$ 값의 특이값을 살펴볼 수 있다. 상자그림(box plot)은 일반적으로 층그림을 구성하는 가장 간단한 방법이다.

그림 6.5는 유동폭 데이터의 층그림을 보여 주고 있다. 이 그림은 일반적이지 않은 관측값에 의해 이상원인이 생성되는 것을 직접적으로 보여 주진 않지만, 38번째 표본이 추출된 시간 주위에서 평균에 변화가 있었을 가능성을 보여 준다. 표본 38부터 45까지의 표본평균의 평균이 1.6633마이크론이다. 공정평균이 관리값과 같은 1.5056마이크론일 때 정규분포 그림과 규격한계인 1.50 ± 0.50마이크론의 선을 그림 6.5에 나타내었고, 새로운 평균

표 6.2
예 6.1의 추가 표본

| Sample Number | Wafers 1 | 2 | 3 | 4 | 5 | $\bar{x}_i$ | $R_i$ |
|---|---|---|---|---|---|---|---|
| 26 | 1.4483 | 1.5458 | 1.4538 | 1.4303 | 1.6206 | 1.4998 | 0.1903 |
| 27 | 1.5435 | 1.6899 | 1.5830 | 1.3358 | 1.4187 | 1.5142 | 0.3541 |
| 28 | 1.5175 | 1.3446 | 1.4723 | 1.6657 | 1.6661 | 1.5332 | 0.3215 |
| 29 | 1.5454 | 1.0931 | 1.4072 | 1.5039 | 1.5264 | 1.4152 | 0.4523 |
| 30 | 1.4418 | 1.5059 | 1.5124 | 1.4620 | 1.6263 | 1.5097 | 0.1845 |
| 31 | 1.4301 | 1.2725 | 1.5945 | 1.5397 | 1.5252 | 1.4724 | 0.3220 |
| 32 | 1.4981 | 1.4506 | 1.6174 | 1.5837 | 1.4962 | 1.5292 | 0.1668 |
| 33 | 1.3009 | 1.5060 | 1.6231 | 1.5831 | 1.6454 | 1.5317 | 0.3445 |
| 34 | 1.4132 | 1.4603 | 1.5808 | 1.7111 | 1.7313 | 1.5793 | 0.3181 |
| 35 | 1.3817 | 1.3135 | 1.4953 | 1.4894 | 1.4596 | 1.4279 | 0.1818 |
| 36 | 1.5765 | 1.7014 | 1.4026 | 1.2773 | 1.4541 | 1.4824 | 0.4241 |
| 37 | 1.4936 | 1.4373 | 1.5139 | 1.4808 | 1.5293 | 1.4910 | 0.0920 |
| 38 | 1.5729 | 1.6738 | 1.5048 | 1.5651 | 1.7473 | 1.6128 | 0.2425 |
| 39 | 1.8089 | 1.5513 | 1.8250 | 1.4389 | 1.6558 | 1.6560 | 0.3861 |
| 40 | 1.6236 | 1.5393 | 1.6738 | 1.8698 | 1.5036 | 1.6420 | 0.3662 |
| 41 | 1.4120 | 1.7931 | 1.7345 | 1.6391 | 1.7791 | 1.6716 | 0.3811 |
| 42 | 1.7372 | 1.5663 | 1.4910 | 1.7809 | 1.5504 | 1.6252 | 0.2899 |
| 43 | 1.5971 | 1.7394 | 1.6832 | 1.6677 | 1.7974 | 1.6970 | 0.2003 |
| 44 | 1.4295 | 1.6536 | 1.9134 | 1.7272 | 1.4370 | 1.6321 | 0.4839 |
| 45 | 1.6217 | 1.8220 | 1.7915 | 1.6744 | 1.9404 | 1.7700 | 0.3187 |

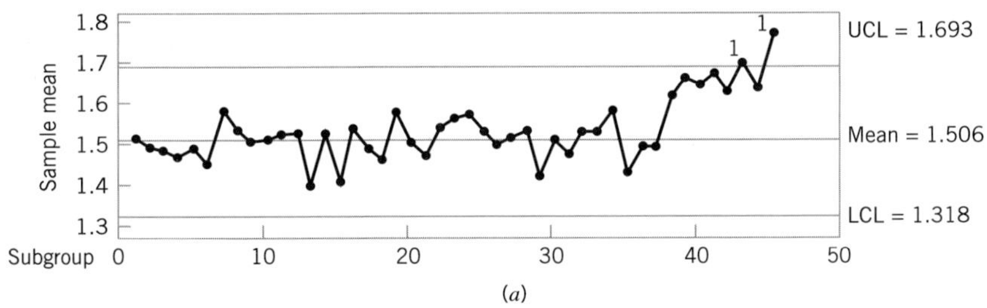


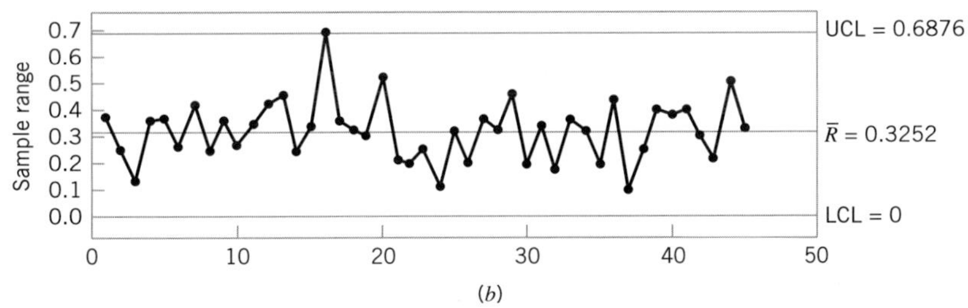


그림 6.3
예 6.1에 대한 $\bar{x}$-$R$ 관리도의 계속

인 1.6633마이크론에 대한 정규분포그림도 그림 6.5에 나타나 있다. 평균의 이동으로 인하여 웨이퍼의 불량품 비율이 더 높아지는 것은 자명한 일이고, 공정이 이상상태이기 때문에 평균 변화의 원인을 찾아야 한다. 그림 5.6에 나와 있는 바와 같이 이 관리도에 대한 이상상태 조치계획은 순차적인 과정을 통해 이상원인을 찾는 데 중요한 역할을 할 것이다. 또한 이상원인을 찾아 제거하기 위해 기술자, 경영자, 품질공학 담당자의 추가적인 노력이 필요할 것이다.

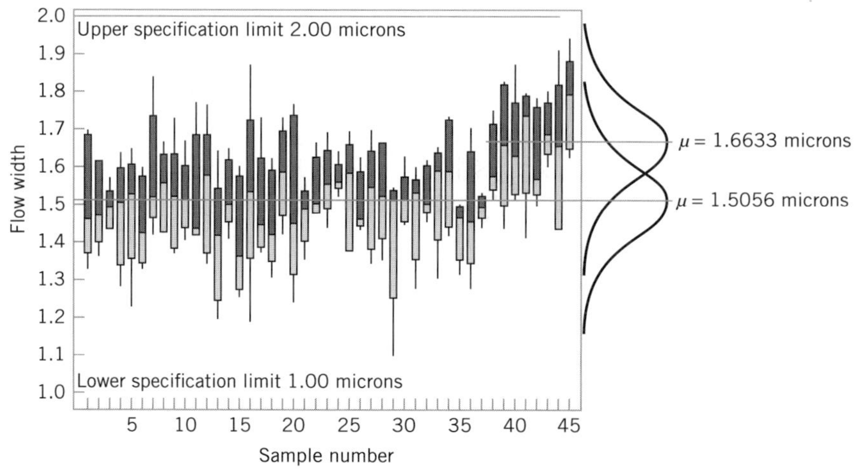


그림 6.5
Minitab 상자그림 절차를 이용한 유동폭 데이터의 층그림

**관리한계, 규격한계, 자연공차한계** $\bar{x}$-$R$ 관리도의 **관리한계**와 공정의 **규격한계**는 서로 아무런 관계가 없음에 유의해야 한다. 관리한계는 공정의 자연적인 변동성(공정표준편차 $\sigma$의 배수로 표현), 즉 공정의 **자연공차한계**(natural tolerance limits)에서 유도된 것이다. 관례적으로 자연공차한계의 상한과 하한(upper and lower natural tolerance limits, UNTL과 LNTL)은 공정평균의 $3\sigma$ 위아래에서 정의된다. 반면에 규격한계는 외부적으로 결정된다. 규격한계는 경영자, 제조 기술자, 고객, 또는 제품 개발자/설계자에 의해 설정될 수 있다. 규격한계를 설정할 때 공정의 고유 변화에 대한 지식이 있어야 하지만, **관리한계와 규격한계 사이에 수학적 또는 통계적 관계는 없다**는 것을 반드시 기억해야 한다. 이 내용은 그림 6.6에 요약되어 있다. 관리도에 규격한계를 사용하는 실무자를 만난 적이 있는데, 이 절차는 완전히 잘못된 것이고 이와 같이 사용해서는 안된다. 그러나 그림 6.5와 같이 (평균이 아닌) 개별 관찰값을 타점하는 경우 관리도에 규격한계를 그리는 것이 도움이 될 수 있다.

**합리적인 부분군** $\bar{x}$-$R$ 관리도 사용에서 중요한 역할을 한다. 실무자들이 두 종류의 관리도의 역할을 올바르게 이해한다면, 합리적인 부분군을 정의하기 쉬울 것이다. 먼저 $\bar{x}$ 관리도는 공정의 평균 수준의 변화를 탐지한다. 따라서 표본들 간에 공정평균의 변화가 발생할 가능성을 최대화하여 이것이 $\bar{x}$ 관리도에 이상상태의 점으로 나타날 수 있도록 표본을 설정해야 한다. 반면에 $R$ 관리도는 표본 내 변동을 측정한다. 따라서 표본 내 변동으로 우연원인을 측정할 수 있도록 표본을 설정해야 한다. 다시 말하자면, $\bar{x}$ 관리도는 **표본 간 변동**(오랜 시간 동안에서 공정의 변동)을 탐지하고, $R$ 관리도는 **표본 내 변동**(주어진 시점에서 순간적인 공정의 변동)을 측정한다.

이와 같은 측면은 과거의 데이터로부터 $\bar{x}$-$R$ 관리도의 관리한계를 설정하는 방법을 주의 깊게 살펴보면 더 명확해진다. 관리한계를 구성하는 데 사용되는 공정표준편차 $\sigma$의 추정값은 각각의 표본 내 변동(즉, 각각의 표본범위)으로부터 계산된다. 따라서 $\sigma$의 추정값은 **표본 내 변동**을 반영한다. 따라서 이차형태의 일반적인 추정량인

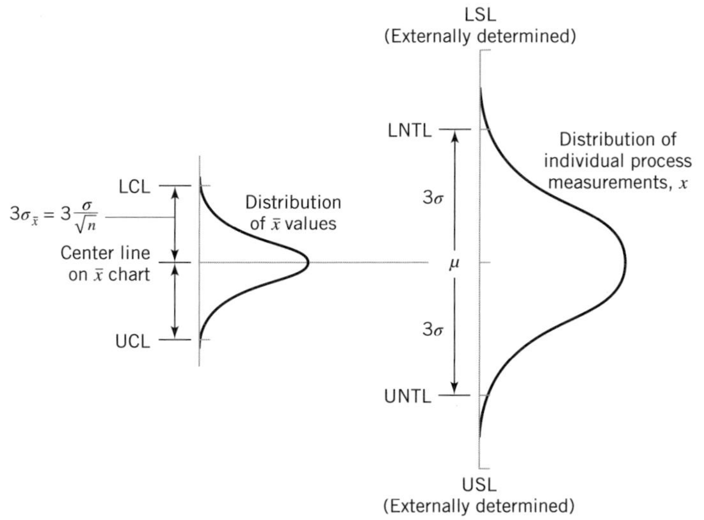


그림 6.6
자연공차한계, 관리한계, 규격한계의 관계

$$s = \sqrt{\frac{\sum_{i=1}^{m}\sum_{j=1}^{n}\left(x_{ij} - \bar{\bar{x}}\right)^2}{mn-1}}$$

을 사용하는 것은 올바르지 않다. 여기서 $x_{ij}$는 $i$번째 표본의 $j$번째 관측값이다. 표본평균이 서로 다를 경우 $s$의 값이 매우 커지기 때문에 결과적으로 σ가 과추정될 것이다. 표본 간 변동과 표본 내 변동이 서로 혼합될 수 있기 때문에, σ를 추정하기 위해 이런 방식으로 모든 데이터를 통합하는 것은 좋은 방법이 아니다. 관리한계는 **표본 내 변동**에만 기초하여 구성되어야 한다. 좀 더 상세한 내용은 다른 문헌을 참조하기 바란다.

**관리도 설계에 대한 지침** $\bar{x}$-$R$ 관리도를 설계하기 위하여 표본크기, 관리한계의 폭, 표본추출빈도를 지정해야 한다. 분석자가 관리도의 통계적 특성과 문제에 영향을 주는 경제적 요인 모두에 대한 상세한 정보를 갖고 있지 않다면 관리도 설계 문제에 대한 정확한 해법을 찾을 수 없다. 문제의 정확한 해법은 표본추출 비용, 이상신호에 대한 검사 및 수정 비용, 규격에서 벗어나는 제품을 생산함으로써 발생하는 비용에 대한 지식을 요구한다. 이런 종류의 정보가 주어지면, 경제적으로 최적인 관리도 설계를 하도록 경제적 결정모형을 구성할 수 있다. 10장(10.6절)에서 이러한 접근법에 대해 논의할 것이다. 이제 관리도 설계에 도움이 되는 몇 가지 일반적인 지침을 제공하고자 한다.

공정의 보통 또는 큰 변화(2σ 이상)를 탐지하는 데 $\bar{x}$ 관리도를 사용한다면, 이론상 상대적으로 작은 표본크기 $n$ = 4, 5, 6이 효율적이다. 반면에 공정의 작은 변화를 탐지하려면 가능한 한 큰 표본크기 $n$ = 15~25가 필요하다. 작은 크기의 표본을 사용할 때에는 표본을 추출하는 동안 공정변화가 발생할 가능성은 크지 않은데, 만일 표본을 추출하는 동안 변화가 발생할 경우 표본평균이 이를 잘 반영하지 못할 수 있다. 결론적으로 이것은 탐지하고자 하는 공정변화의 크기를 고려하여 가능한 한 작은 크기의 표본을 사용하는 것에 대한 근거가 될 수 있다. 표본크기를 증가시키는 효과를 줄 수 있는 다른 방법은 작은 변화를 탐지하는 관리도 성능을 향상시키기 위해 경고한계 및 다른 부가적 규칙을 사용하는 것이다. 그러나 5장에서 논의된 바와 같이 부가적 규칙의 일상적인 사용은 그리 바람직하지 않다. 작은 공정의 변화를 탐지하려면 9장을 참조하여 CUSUM 관리도 또는 EWMA 관리도를 사용하는 것을 권장한다.

$R$ 관리도는 작은 크기의 표본으로 공정표준편차의 변화를 탐지하는 데 상대적으로 효율적이지 못하다. 예를 들어, 크기 $n = 5$인 표본으로 공정표준편차가 $\sigma$에서 $2\sigma$로 변화하는 것을 첫 번째 표본에서 탐지할 가능성은 약 40%에 불과하다. 더 큰 크기의 표본을 사용하는 것이 효율적일 수 있지만, $n$이 증가함에 따라 표준편차의 추정에 범위를 사용하면 효율이 급격히 떨어진다고 알려져 있다. 따라서 $n$이 큰 경우($n > 10$ 또는 12) $R$ 관리도보다는 $s$ 관리도나 $s^2$ 관리도를 사용하는 것이 더 좋다. $s$ 관리도와 $s^2$ 관리도의 구성에 대한 자세한 내용은 6.3.1절과 6.3.2절을 참고할 수 있다.

통계적 관점에서 볼 때, $\bar{x}$-$R$ 관리도의 검사특성곡선은 표본크기를 결정할 때 유용하다. 그것은 주어진 표본크기 $n$에 대하여 공정변화를 탐지할 확률을 제공하기 때문이다. 검사특성곡선에 대한 내용은 6.2.6절에 소개되어 있다.

표본크기와 표본추출빈도를 선택하는 것은 **표본할당 문제**(allocating sampling effort)에 해당한다. 일반적으로 의사결정자가 공정의 검사에 할당할 수 있는 자원은 제한적일 것이다. 가능한 전략은 작은 크기의 표본을 자주 추출하거나 크기가 큰 표본을 가끔씩 추출하는 것이다. 예를 들어, 표본크기 5로 30분마다 추출하는 방법 또는 표본크기 20으로 2시간마다 추출하는 방법 중에 선택할 수 있을 것이다. 모든 경우에 가장 좋은 결과를 주는 전략은 없지만 최근 산업 현장에서는 작은 크기의 표본을 자주 추출하는 방법을 선호하고 있다. 이는 표본들 사이의 간격이 너무 크면, 공정 변화를 탐지할 수 있는 기회를 얻기 전에 너무 많은 불량품이 생산되기 때문이다. 경제적인 관점에서 불량품 생산과 관련된 비용이 높을수록, 작은 크기의 표본을 자주 추출하는 것이 큰 크기의 표본을 가끔씩 추출하는 것보다 더 좋다. 물론 변량추출간격과 변량표본크기의 방법도 사용할 수 있는데, 이것은 10장에서 논의될 것이다.

생산율 또한 표본크기와 표본추출빈도의 선택에 영향을 미친다. 생산율이 높으면(예를 들어, 시간당 50,000단위) 그렇지 않은 경우보다 더 빈번하게 표본을 추출해야 한다. 생산율이 높은 경우, 공정 변화가 일어날 때 짧은 시간에 많은 불량품이 생산된다. 또한 높은 생산율에서는 경제적으로 상당히 큰 크기의 표본을 추출할 수 있다. 예를 들어, 매시간마다 50,000단위를 생산할 때 크기 20인 표본을 추출하는 것은 크기 5인 표본을 추출하는 것에 비해 시간적인 측면에서 큰 차이가 없다. 단위당 검사 및 테스트 비용이 과도하지 않은 경우, 고속 제조 공정은 상대적으로 큰 크기의 표본을 사용하는 것이 일반적이다.

$\bar{x}$-$R$ 관리도에서 3시그마 관리한계는 실제 공정에서 많이 사용된다. 그러나 다른 관리한계를 사용하는 것이 유용한 상황도 많다. 예를 들어, 오경보나 제1종 오류(공정이 관리상태일 때 이상신호를 주는 것)로 인한 비용이 클 경우 3시그마보다 더 넓은(예를 들어 3.5시그마) 관리한계를 사용하는 것이 좋으며, 적은 손실 시간과 비용으로 이상신호를 빠르고 쉽게 조사할 수 있는 공정이라면 관리한계를 좁게(예를 들어, 2.5시그마나 2.75시그마) 잡는 것이 더 적합할 것이다.

**$\bar{x}$-$R$ 관리도에서 표본크기의 변경** 이제까지 각 표본마다 표본크기 $n$은 일정하다고 가정하고 $\bar{x}$-$R$ 관리도의 구성을 제안하였다. 그러나 표본크기 $n$이 일정하지 않을 경우도 있다. 그중 한 가지 상황은 **변량표본크기**(variable sample size)인데, 이것은 각 표본이 다양한 크기의 관측값으로 구성되어 있는 경우이다. 이런 경우에 일반적으로 $\bar{x}$-$R$ 관리도를 사용하지 않는 이유는 $R$ 관리도의 중심선이 변하여 이를 해석하기가 어렵기 때문이다. 이런 경우에는 6.3.2절에서 소개되는 $\bar{x}$-$s$ 관리도를 사용하는 것이 더 바람직하다.

또 다른 상황은 표본크기의 **영구적(또는 반영구적)인 변화**인데, 이는 비용 문제 또는 공정이 양호해서 적은 자원을 할당하는 상황에서 발생할 수 있다. 이런 경우 새로운 표본크기에 따라 추가적인 표본을 추출하지 않고 예전의 표본으로 새로운 관리한계를 계산할 수 있다.

$$
\begin{aligned}
\bar{R}_{\text{old}} &= \text{예전 표본크기에 대한 평균 범위} \\
\bar{R}_{\text{new}} &= \text{새로운 표본크기에 대한 평균 범위} \\
n_{\text{old}} &= \text{예전 표본크기} \\
n_{\text{new}} &= \text{새로운 표본크기} \\
d_2(\text{old}) &= \text{예전 표본크기에 대한 } d_2 \\
d_2(\text{new}) &= \text{새로운 표본크기에 대한 } d_2
\end{aligned}
$$

라고 하면, $\bar{x}$ 관리도의 새로운 관리한계는 다음과 같다.

$$
\text{관리상한} = \bar{\bar{x}} + A_2\left[\frac{d_2(\text{new})}{d_2(\text{old})}\right]\bar{R}_{\text{old}} \tag{6.12}
$$

$$
\text{관리하한} = \bar{\bar{x}} - A_2\left[\frac{d_2(\text{new})}{d_2(\text{old})}\right]\bar{R}_{\text{old}}
$$

이때 중심선 $\bar{\bar{x}}$는 변하지 않고, $A_2$는 새로운 표본크기에 의해 설정된다. 또한 $R$ 관리도의 관리한계는 다음과 같다.

$$
\begin{aligned}
\text{관리상한} &= D_4\left[\frac{d_2(\text{new})}{d_2(\text{old})}\right]\bar{R}_{\text{old}} \\
\text{중심선} &= \bar{R}_{\text{new}} = \left[\frac{d_2(\text{new})}{d_2(\text{old})}\right]\bar{R}_{\text{old}} \\
\text{관리하한} &= \max\left\{0, D_3\left[\frac{d_2(\text{new})}{d_2(\text{old})}\right]\bar{R}_{\text{old}}\right\}
\end{aligned} \tag{6.13}
$$

이때 $D_3$와 $D_4$는 새로운 표본크기에 의해 설정된다.

## 예 6.2 표본크기 변동

위의 과정을 설명하기 위해, 예 6.1의 하드베이크 공정에 대해 $\bar{x}-R$ 관리도를 적용해 보자. 이때 관리도는 표본크기가 5인 웨이퍼에 기초하여 작성한다. 공정이 잘 관리되는 것으로 판단되기 때문에 공정 기술자는 표본크기를 3으로 줄이려고 한다. 이러한 상황에서 관리도를 구성해 보자.

### 풀이

예 6.1에서 $n_{\text{old}} = 5$, $\bar{R}_{\text{old}} = 0.32521$이고, 부록 표 4에서 $d_2\,(\text{old}) = 2.326$, $d_2\,(\text{new}) = 1.693$임을 알 수 있다. 따라서 $\bar{x}$ 관리도의 새로운 관리한계는 식 6.12로부터 다음과 같이 유도할 수 있다.

$$\begin{aligned}\text{관리상한} &= \bar{\bar{x}} + A_2\left[\frac{d_2(\text{new})}{d_2(\text{old})}\right]\bar{R}_{\text{old}} \\ &= 1.5056 + (1.023)\left[\frac{1.693}{2.326}\right](0.32521) \\ &= 1.5056 + 0.2422 = 1.7478\end{aligned}$$

$$\begin{aligned}\text{관리하한} &= \bar{\bar{x}} - A_2\left[\frac{d_2(\text{new})}{d_2(\text{old})}\right]\bar{R}_{\text{old}} \\ &= 1.5056 - (1.023)\left[\frac{1.693}{2.326}\right](0.32521) \\ &= 1.5056 - 0.2422 = 1.2634\end{aligned}$$

식 6.13으로부터 $R$ 관리도의 관리한계는 다음과 같다.

$$\begin{aligned}\text{관리상한} &= D_4\left[\frac{d_2(\text{new})}{d_2(\text{old})}\right]\bar{R}_{\text{old}} \\ &= (2.574)\left[\frac{1.693}{2.326}\right](0.32521) \\ &= 0.6093\end{aligned}$$

$$\begin{aligned}\text{중심선} = \bar{R}_{\text{new}} &= \left[\frac{d_2(\text{new})}{d_2(\text{old})}\right]\bar{R}_{\text{old}} \\ &= \left[\frac{1.693}{2.326}\right](0.32521) \\ &= 0.2367\end{aligned}$$

$$\begin{aligned}\text{관리하한} &= \max\left\{0, D_3\left[\frac{d_2(\text{new})}{d_2(\text{old})}\right]\bar{R}_{\text{old}}\right\} \\ &= 0\end{aligned}$$

그림 6.7은 새로운 관리한계를 나타내고 있다. 표본크기를 줄임으로서 $\bar{x}$ 관리도 관리한계의 폭을 증가시키는 효과($n = 3$일 때 $\sigma/\sqrt{n}$의 값이 $n = 5$일 때보다 더 크기 때문)와 $R$ 관리도의 중심선과 관리상한을 낮추는 효과($n = 3$일 때 기대되는 범위가 $n = 5$일 때 기대되는 범위보다 더 작기 때문)가 발생한다.

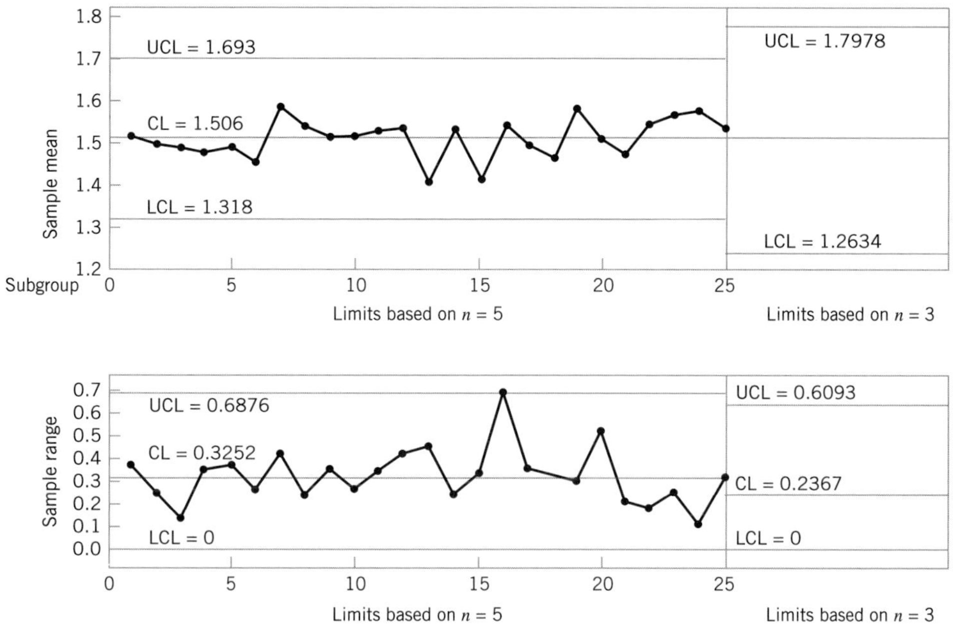


그림 6.7 표본크기가 $n$ = 5에서 $n$ = 3으로 변경된 것을 반영하여 예 6.1의 하드베이크 공정에 대한 관리한계의 재계산

**$\bar{x}$–$R$ 관리도의 확률한계** 일반적으로 $\bar{x}$–$R$ 관리도의 관리한계는 관리도에 타점하는 통계량의 표준편차의 배수로 표현한다. 선택된 배수값을 $k$라고 하면, 이때 관리한계를 $k$시그마 관리한계라고 하고 보통 $k = 3$을 많이 사용한다. 그러나 5장에 언급한 바와 같이 검정에 대한 제1종 오류의 수준을 지정하여 관리한계를 정의하는 것도 가능하다. 이것을 관리도의 **확률한계**(probability limits)라고 하고, 영국과 서부 유럽의 일부 나라에서 광범위하게 사용하고 있다.

$\bar{x}$ 관리도의 확률한계를 설정하는 것은 쉽다. 이는 $\bar{x}$가 근사적으로 정규분포를 따르기 때문인데, 관리한계의 표준편차 배수를 $k = Z_{\alpha/2}$로 설정함으로써 희망하는 제1종 오류를 $\alpha$로 맞출 수 있다. 여기서 $Z_{\alpha/2}$는 표준정규분포의 상위 $\alpha/2$ 퍼센트 점을 나타낸다. 일반적으로 사용하는 3시그마 관리한계의 제1종 오류의 확률은 $\alpha = 0.0027$임을 기억하라. 확률한계의 사용을 추천하는 많은 연구자들이 사용하는 $\alpha = 0.002$를 선택한다면 $Z_{\alpha/2} = Z_{0.001} = 3.09$가 되고, 이 관리한계는 3시그마 관리한계와 큰 차이가 없음을 알 수 있다.

마찬가지로 확률한계를 이용하여 $R$ 관리도를 구성할 수 있다. 만일 $\alpha = 0.002$라면 상대범위 $W = R/\sigma$의 분포에 대한 0.001퍼센트와 0.999퍼센트의 점이 필요한데, 이 점들은 부분군 크기 $n$에 따라 달라진다. 이 점들을 $W_{0.001}(n)$과 $W_{0.999}(n)$으로 나타내고 $\sigma$를 $\bar{R}/d_2$로 추정할 경우, $R$에 대한 0.001과 0.999 한계인 $W_{0.001}(n)(\bar{R}/d_2)$와 $W_{0.999}(n)(\bar{R}/d_2)$를 계산할 수 있다. $D_{0.001} = W_{0.001}(n)/d_2$와 $D_{0.999} = W_{0.999}(n)/d_2$라고 놓으면, $R$ 관리도의 확률한계는 다음과 같다.

$$\text{관리상한} = D_{0.999}R$$
$$\text{관리하한} = D_{0.001}\bar{R}$$

$2 \le n \le 10$에 대해 $(D_{0.001}, D_{0.999})$, $(D_{0.005}, D_{0.995})$, $(D_{0.025}, D_{0.975})$ 값에 대한 표는 Grant와 Leavenworth(1980)에 나와 있다. 이 관리한계는 일반적으로 사용하는 3시그마 관리한계와 실질적으로 차이가 있다. 그러나 표본크기가 $3 \le n \le 6$인 경우, 위의 한계는 일반적으로 사용하는 3시그마 관리하한과 비교할 때 양수의 관리하한을 제공한다.

### 6.2.3 표준값에 기초한 관리도

공정의 평균 및 표준편차의 표준값(standard value)을 지정할 수 있다면, 과거 데이터를 분석하지 않고 이 표준값들을 사용하여 $\bar{x}$-$R$ 관리도를 구성할 수 있다. 표준값을 $\mu$와 $\sigma$라고 하면 $\bar{x}$ 관리도는 다음과 같이 구성된다.

$$\begin{aligned} \text{관리상한} &= \mu + 3\frac{\sigma}{\sqrt{n}} \\ \text{중심선} &= \mu \\ \text{관리하한} &= \mu - 3\frac{\sigma}{\sqrt{n}} \end{aligned} \tag{6.14}$$

여기서 $3/\sqrt{n} = A$라고 하면, 이 값은 $n$에 의존하는 상수로 부록 표 6에 나와 있다. 따라서 $\bar{x}$ 관리도는 다음과 같이 구성할 수 있다.

$$\begin{aligned} \text{관리상한} &= \mu + A\sigma \\ \text{중심선} &= \mu \\ \text{관리하한} &= \mu - A\sigma \end{aligned} \tag{6.15}$$

$\sigma$의 표준값을 사용하여 $R$ 관리도를 구성하기 위해, $R$의 평균은 $\mu_R = d_2\sigma$이고 표준편차는 $\sigma_R = d_3\sigma$임을 이용하자. 여기서 $d_2$와 $d_3$는 각각 상대범위 분포의 평균과 표준편차이다. 따라서 $R$ 관리도는 다음과 같이 구성된다.

$$\begin{aligned} \text{관리상한} &= d_2\sigma + 3d_3\sigma \\ \text{중심선} &= d_2\sigma \\ \text{관리하한} &= d_2\sigma - 3d_3\sigma \end{aligned} \tag{6.16}$$

여기서

$$\begin{aligned} D_1 &= d_2 - 3d_3 \\ D_2 &= d_2 + 3d_3 \end{aligned}$$

라고 놓으면 이 값은 부록 표 6에 나와 있다. 따라서 $R$ 관리도는 다음과 같이 구성할 수 있다.

$$\begin{aligned} \text{관리상한} &= D_2\sigma \\ \text{중심선} &= d_2\sigma \\ \text{관리하한} &= D_1\sigma \end{aligned} \tag{6.17}$$

$\mu$와 $\sigma$의 표준값이 주어진 경우 많은 주의를 기울여야 한다. 왜냐하면, 이들 표준값이 공정에 실제로 적합하지 않을 수 있으며, 그 결과 $\bar{x}$-$R$ 관리도는 많은 이상신호를 생성할 수 있기

때문이다. 실제 공정의 평균과 표준편차가 다른 값이라면, 분석자는 존재하지 않는 이상원인을 찾기 위해 상당한 노력을 할 수도 있다. $\sigma$의 표준값이 $\mu$의 표준값보다 더 많은 문제를 발생시킨다고 알려져 있다. 품질특성치의 평균을 기계의 조정을 통하여 관리할 수 있다면, $\mu$의 표준값 또는 목표값은 공정성능에 대한 목표를 달성하는 데 도움이 될 것이다.

### 6.2.4 $\bar{x}$–$R$ 관리도의 해석

앞에서 언급한 바와 같이, 관리도에서 어떠한 점도 관리한계 밖으로 나가지 않았지만 랜덤하지 않은 패턴을 보여 이상상태로 간주되는 경우가 있다. 많은 경우에, 점의 패턴은 공정에 대해 유용한 진단 정보를 제공하고, 이러한 정보는 통계적 공정관리의 목표인 산포 감소를 위해 공정을 수정하는 데 사용될 수 있다. 또한, 이러한 패턴은 제1국면(과거 데이터의 소급적 연구)에서 상당히 자주 발생되고, 공정을 관리상태로 만들기 위해 이 패턴을 제거하는 것이 중요하다.

이 절에서는 $\bar{x}$–$R$ 관리도에 흔히 나타나는 패턴과 이 패턴을 만들어내는 공정특성에 초점을 맞춰 **관리도를 해석하는 방법**에 대해 설명하겠다. $\bar{x}$–$R$ 관리도를 효과적으로 해석하기 위해서 분석자는 관리도 및 공정 자체의 기초가 되는 통계적 원칙을 잘 알고 있어야 한다. 관리도 패턴 해석에 대한 추가적인 내용은 Western Electric의 Statistical Quality Control Handbook(1956, 149~183쪽)을 참고할 수 있다.

$\bar{x}$ 관리도의 패턴을 해석하는 데 있어서 먼저 $R$ 관리도가 관리상태인지 여부를 판단해야 한다. 일부의 이상원인은 $\bar{x}$ 관리도와 $R$ 관리도 모두에 나타난다. $\bar{x}$ 관리도와 $R$ 관리도에 랜덤하지 않은 패턴이 있는 경우, 먼저 $R$ 관리도의 이상원인을 제거하는 것이 바람직하다. 대부분의 경우 이를 통하여 $\bar{x}$ 관리도의 랜덤하지 않은 패턴 또한 자동적으로 제거될 것이다. $R$ 관리도가 이상상태임을 보이면 $\bar{x}$ 관리도는 해석하지 않아야 한다.

**주기적 패턴**(cyclic patterns)이 관리도에 종종 나타날 수 있는데, 그림 6.8은 주기적 패턴의 하나의 예이다. $\bar{x}$ 관리도에서 이러한 패턴은 온도와 같은 환경의 주기적인 변화, 운영자의 피로, 운영자와 기계의 정기적인 교체, 생산 장비에서 전압, 압력, 또는 다른 변수의 변동 등에 의해 발생할 수 있다. $R$ 관리도에서는 유지보수계획, 운영자의 피로, 과도한 변동성을 초래하는 공구의 마모 때문에 이러한 패턴을 보인다. 저자가 참여한 연구에서 금속 용기의 충전 부피의 주기적 변화는 충전 기계의 압축기의 개폐 주기에 의해 야기되었다.

**혼합**(mixture)은 그림 6.9에서 볼 수 있듯이 중심선 근처에 점들이 거의 없고 관리한계의 근처에 많은 점들이 타점되는 형태인데, 이 패턴은 2개의(또는 그 이상의) 분포가 공정 출력에 영향을 주기 때문에 나타난다. 그림 6.9는 혼합 패턴과 이와 연관된 확률분포가 그림의 오른쪽에 나타나 있다. 혼합 패턴의 심각성은 분포가 겹치는 정도에 따라 달라진다. 때때로 혼합은 운영자가 출력의 특별한 이상원인이 아닌 랜덤한 변동에 대해 너무 자주 공정을 조정하는 '과잉통제(overcontrol)'때문에 발생한다. 또한 혼합 패턴은 여러 가지 원인(예를 들어 병렬적으로 배치된 기계)에서 생산된 공정의 출력물이 공정 모니터링을 목적으로 추출된 경우 발생할 수 있다.

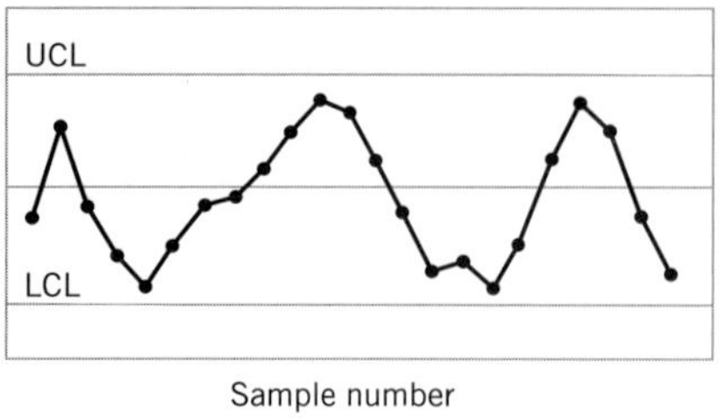


**그림 6.8** 관리도의 주기적 패턴

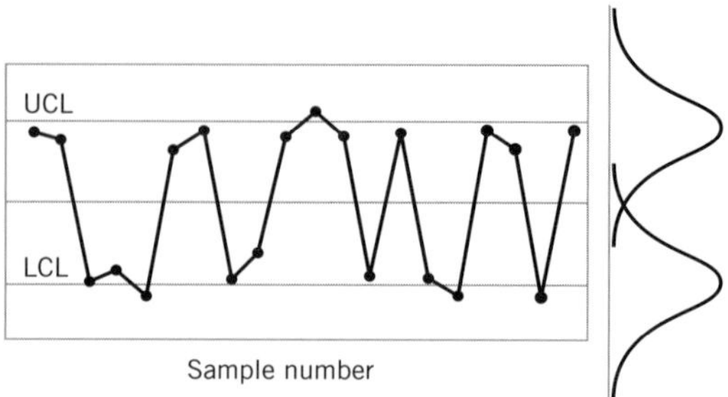


**그림 6.9** 혼합 패턴

**공정 수준의 변화**(shift in process level)는 그림 6.10에 나타나 있다. 이 변화는 새로운 작업자의 투입; 방법, 원자재, 또는 기계의 변화; 검사 방법이나 기준의 변화; 운영자의 기술, 조심성, 또는 동기의 변화 등으로 발생한다. 때로는 관리도 프로그램의 도입이 작업자의 동기부여에 영향을 주어서 공정성능의 개선을 가져올 수도 있다.

**경향**(trend) 또는 한 방향으로의 지속적인 움직임은 그림 6.11에 나타나 있다. 경향은 도구 또는 중요한 공정의 요소가 마모되거나 악화되는 것으로 인해 발생하고, 화학 공정에서 혼합물의 침전 또는 분리 때문에 종종 발생한다. 또한 작업자의 피로나 통제와 같은 인간적 요인 때문에 발생할 수 있으며, 온도와 같은 계절의 영향으로 발생할 수 있다. 도구가 마모되거나 악화되는 것으로 인해 경향이 발생할 때, 이를 직접 관리도 모형에 포함시켜 처리할 수 있다. 경향이 있는 공정을 분석하거나 탐지하는 절차로 **회귀 관리도**가 있다(Mandel(1969) 참조). 또한 10장에서 다뤄질 **수정된 관리도**(modified control chart)도 공구 마모가 존재하는 공정에 사용된다.

**층화**(stratification) 또는 중심선 주위로 점들이 모이는 현상이 그림 6.12에 나타나 있다. 층화는 관찰된 패턴에 자연 변동성이 결여되어 있는 것으로 판단되는데, 층화의 잠재적 원인 중 하나는 관리한계의 잘못된 계산이다. 또한 이러한 패턴은 서로 다른 분포를 따르는 공정들로부터 하나 이상의 단위를 수집하여 표본을 구성할 때 발생한다. 예를 들어, 크기 5인 표본을 5개의 병렬적 공정에서 각각 하나씩 관측값을 측정하여 구성하였다고 가정하자. 표본의 가장 큰 단위와 가장 작은 단위는 서로 다른 분포로부터 추출되었기 때문에 차이가 클 수 있고, 따라서 표본범위 $R$은 큰 값으로 계산되어 $\bar{x}$ 관리도의 폭이 넓어지게 된다. 이 경우 $R$은 우연원인에 의한 변동 이외에 서로 다른 분포들 간의 변동을 잘못 측정한 것이 된다.

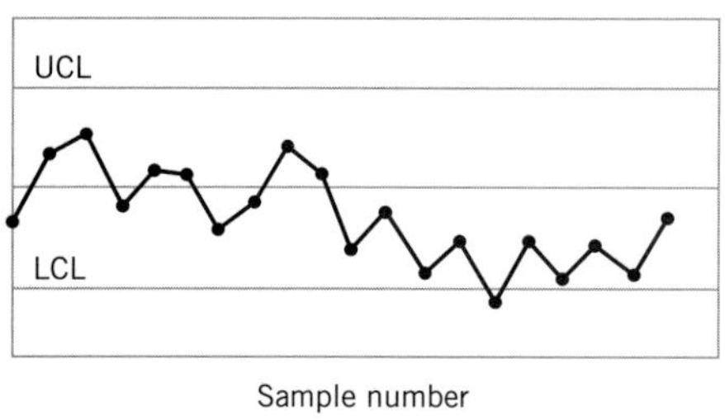


**그림 6.10** 공정 수준의 변화

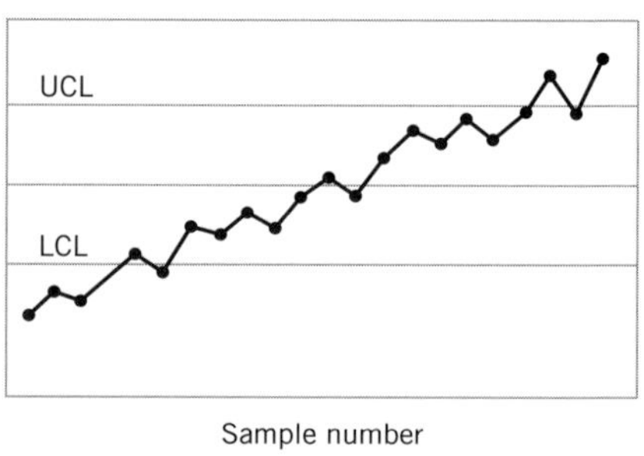


**그림 6.11** 공정 수준의 경향

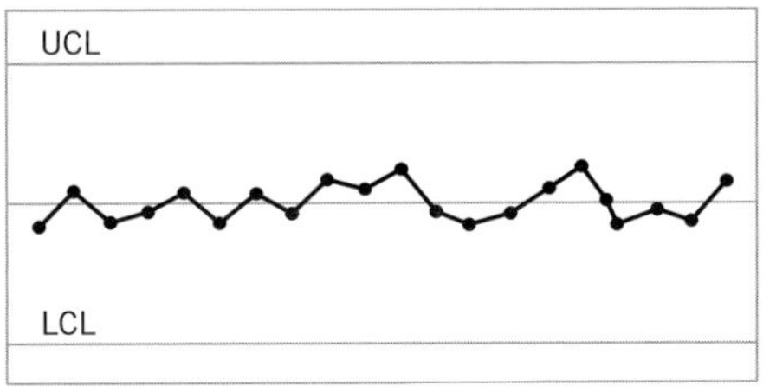


그림 6.12
층화 패턴

$\bar{x}$-$R$ 관리도의 패턴을 해석하는 데 있어서, 두 개의 관리도를 함께 고려해야 한다. 정규분포 가정하에서 동일한 표본으로부터 계산된 확률변수 $\bar{x}$와 $R$은 통계적으로 독립이기 때문에, 관리도에서 독립적으로 작동한다. $\bar{x}$와 $R$에 상관관계가 존재하면 분포가 대칭이 아니라 기울어져 있는 경우가 많기 때문에, 정규분포 가정하에서 이루어지는 분석은 상당한 오류가 존재할 수 있다.

### 6.2.5 $\bar{x}$-$R$ 관리도에서 비정규성의 영향

$\bar{x}$-$R$ 관리도의 성능 특성을 논의할 때, 일반적으로 품질특성치가 **정규분포**를 따른다는 것을 가정한다. 그러나 많은 경우, 이 가정의 유효성을 의심할 만한 이유가 발생할 수 있다. 예를 들어, 정규성 가정에 적절하지 않은 데이터를 수집했을 때 품질특성치는 정규분포를 따르지 않을 수 있다. 품질특성치의 분포를 알고 있다면 $\bar{x}$와 $R$(또는 공정의 산포를 나타내는 다른 통계량)의 표본분포를 유도할 수 있고, 따라서 정확한 관리도의 확률한계를 계산할 수 있다. 이러한 접근은 어떤 경우에는 어려울 수 있으며, 대부분의 분석가들은 정규성 가정에 심각한 무리가 없다면 이 가정에 기초한 표준적인 접근 방법을 사용하는 것을 선호한다. 또한 품질특성치 분포의 형태에 대해 전혀 알지 못하는 경우도 있지만, 단지 다른 대안이 없기 때문에 정규성을 가정한 이론의 결과를 사용하는 경우도 있다. 어느 경우에나, $\bar{x}$-$R$ 관리도에서 정규성 가정이 만족되지 않을 경우 이에 대한 효과를 알아보는 것은 의미 있는 일이다.

몇몇 연구자는 관리도에서 정규성 가정이 만족되지 않을 때 이에 대한 효과를 조사하였다. Burr(1967)는 일반적인 정규성 이론하에서 구한 관리한계 상수가 정규성 가정에 매우 로버스트하며 모집단이 극단적인 비정규성을 보이지 않는다면 이 상수를 사용할 수 있다고 하였다. 또한 Schilling과 Nelson(1976), Chan, Hapuarachchi와 Macpherson(1988), Yourstone과 Zimmer(1992)는 $\bar{x}$ 관리도의 관리한계에 대해 비정규성 효과를 연구하였다. Schilling과 Nelson은 균등, 우삼각, 감마, 두 정규분포가 혼합된 이봉분포 등에 대하여 그 효과를 조사하였다. 이들의 연구는 대부분의 경우에 크기 4 또는 5인 표본이 정규성 가정에 합리적인 로버스트성을 보장하기에 충분하다는 것을 입증하였다.

최악의 경우는 감마분포의 $r$값이 작은 경우(예를 들어, $r = 1/2$ 또는 $r = 1$(지수분포)인 경우)이다. 예를 들어, 정규분포하에서 제1종 오류가 0.0027인데 반하여 $r = 1/2$인 감마분포의 경우 $n \geq 4$에 대하여 0.014 이하라고 언급하였다.

$\bar{x}$ 관리도에서 3시그마 관리한계의 사용은 정규분포를 가정할 때 제1종 오류가 0.0027로 계산되지만, $R$ 관리도는 그렇지 않다. 정규분포로부터 표본을 추출해도 $R$의 표본분포는 대칭이 아니며, 오른쪽으로 긴 꼬리를 갖는 분포가 된다. 따라서 대칭인 3시그마 관리한계는 단지 근사적인 값이며 $R$ 관리도의 제1종 오류는 0.0027이 아니다. (실제로, $n = 4$일 때 $\alpha = 0.00461$이 된다.) 또한 $R$ 관리도는 $\bar{x}$ 관리도보다 정규성 가정에 좀 더 민감하다고 알려져 있다.

다시 한 번 언급하지만, 정규성과 독립성의 이론 및 가정은 중요하다. 특히 이들 가정은 제1국면보다 제2국면에서 관리도의 성능을 연구할 때 더 중요한 역할을 하게 된다.

### 6.2.6 검사특성함수

$\bar{x}$-$R$ 관리도에서 공정 품질의 변화를 탐지하는 능력은 검사특성곡선에 의해 설명할 수 있다. 이 절에서는 제2국면에서 사용하는 관리도의 검사특성곡선을 제안하고자 한다.

**$\bar{x}$ 관리도의 검사특성곡선**을 고려해 보자. 표준편차 $\sigma$는 알려진 상수이고 변하지 않는다고 가정하자. 공정의 평균이 관리상태의 평균값인 $\mu_0$에서 다른 값 $\mu_1 = \mu_0 + k\sigma$로 변화할 경우, 표본에서 이를 탐지하지 못할 확률, 즉 제2종 오류 $\beta$는 다음과 같다.

$$\beta = P\left\{\text{LCL} \le \bar{x} \le \text{UCL} \middle| \mu = \mu_1 = \mu_0 + k\sigma\right\} \tag{6.18}$$

$\bar{x} \sim N(\mu, \sigma^2/n)$이고, 관리상한은 $\text{UCL} = \mu_0 + L\sigma/\sqrt{n}$, 관리하한은 $\text{LCL} = \mu_0 - L\sigma/\sqrt{n}$이기 때문에 식 6.18은 다음과 같이 표현할 수 있다.

$$\begin{aligned}\beta &= \Phi\left[\frac{\text{UCL} - (\mu_0 + k\sigma)}{\sigma/\sqrt{n}}\right] - \Phi\left[\frac{\text{LCL} - (\mu_0 + k\sigma)}{\sigma/\sqrt{n}}\right] \\ &= \Phi\left[\frac{\mu_0 + L\sigma/\sqrt{n} - (\mu_0 + k\sigma)}{\sigma/\sqrt{n}}\right] - \Phi\left[\frac{\mu_0 - L\sigma/\sqrt{n} - (\mu_0 + k\sigma)}{\sigma/\sqrt{n}}\right]\end{aligned}$$

이때 $\Phi$는 표준정규분포의 누적분포함수를 나타낸다. 위의 식은 다음과 같이 간략하게 표현된다.

$$\beta = \Phi\left(L - k\sqrt{n}\right) - \Phi\left(-L - k\sqrt{n}\right) \tag{6.19}$$

식 6.19의 사용을 설명하기 위해, $L = 3$(일반적인 3시그마 관리한계)이고 표본크기가 5인 $\bar{x}$ 관리도를 사용한다고 가정하고, 첫 번째 표본에서 $\mu_1 = \mu_0 + 2\sigma$로 변화하는 것을 탐지할 확률을 계산해 보자. $L = 3$, $k = 2$, $n = 5$이므로 제2종 오류(또는 변화를 탐지하지 못하는 확률)는 다음과 같다.

$$\begin{aligned}\beta &= \Phi\left[3 - 2\sqrt{5}\right] - \Phi\left[-3 - 2\sqrt{5}\right] \\ &= \Phi(-1.47) - \Phi(-7.37) \\ &\cong 0.0708\end{aligned}$$

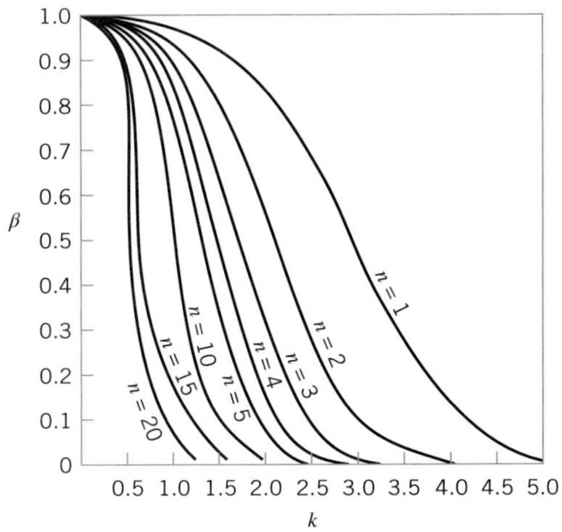


**그림 6.13**
$\bar{x}$ 관리도에서 3시그마 관리한계일 때 검사특성곡선.
여기서 $\beta = P$(변화 이후 첫 번째 표본에서 $k\sigma$의 평균 변화를 탐지하지 못함).

즉, 변화 후 첫 번째 표본에서 이러한 변화를 탐지할 확률은 $1 - \beta = 1 - 0.0708 = 0.9292$가 된다.

$\bar{x}$ 관리도의 검사특성곡선을 구성하기 위하여 여러 가지 표본크기 $n$에서 표준편차의 배수로 표현되는 변화에 대한 제2종 오류를 타점한다. 이 제2종 오류는 식 6.19를 이용하여 계산할 수 있고, 3시그마 관리한계($L = 3$)일 때 검사특성곡선이 그림 6.13에 나타나 있다.

그림 6.13에서 표본크기가 4, 5, 6일 때 $\bar{x}$ 관리도는 작은 변화(1.5$\sigma$ 이하)를 첫 번째 표본에서 잘 탐지하지 못하는 것으로 나타났다. 예를 들어, 변화가 1.0$\sigma$이고 $n = 5$인 경우, 그림 6.13에서 $\beta$는 약 0.75이기 때문에 첫 번째 표본에서 변화가 탐지될 확률은 $1 - \beta = 0.25$가 된다. 두 번째 표본에서 변화가 탐지될 확률은 $\beta(1 - \beta) = 0.75(0.25) = 0.19$가 되고, 세 번째 표본에서 변화가 탐지될 확률은 $\beta^2(1 - \beta) = (0.75^2)0.25 = 0.14$가 된다. 따라서 $r$번째 표본에서 변화가 탐지될 확률은 $r - 1$개의 표본에서 변화를 탐지하지 못할 확률에 $1 - \beta$를 곱하면 된다. 즉, $\beta^{r-1}(1 - \beta)$가 된다. 일반적으로, 변화가 탐지되기 전에 추출한 평균표본수를 **평균 런 길이**(average run length)라고 하며 다음과 같이 계산할 수 있다.

$$\text{ARL} = \sum_{r=1}^{\infty} r\beta^{r-1}(1-\beta) = \frac{1}{1-\beta}$$

따라서 위의 예에서 평균 런 길이는 다음과 같다.

$$\text{ARL} = \frac{1}{1-\beta} = \frac{1}{0.25} = 4$$

다시 말하면, $n = 5$인 표본을 사용하여 1.0$\sigma$의 변화를 탐지하기 위한 평균표본수는 4가 되는 것이다.

위의 논의는 작은 표본크기에서 $\bar{x}$ 관리도를 사용하는 것에 대한 타당성을 제공한다. 비록 작은 표본크기에서 상대적으로 큰 제2종 오류를 갖지만, 표본을 주기적으로 추출하고 이를 검사할 경우 첫 번째 표본에서는 아니지만 변화를 빠르게 탐지할 수 있게 된다.

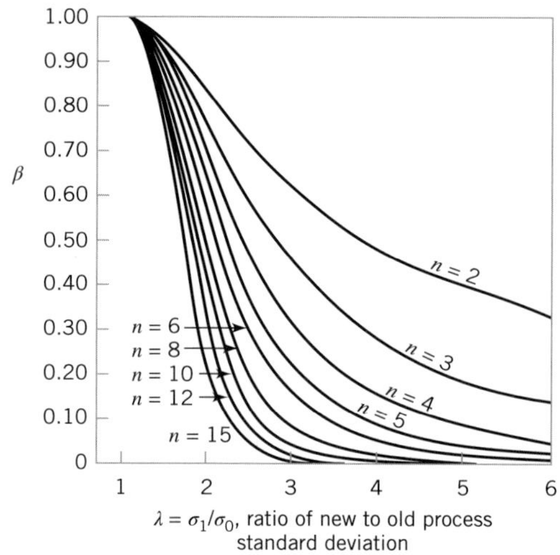


**그림 6.14**
*R* 관리도에서 3시그마 관리한계일 때 검사특성곡선.(Adapted from A. J. Duncan, "Operating Characteristics of R Charts," *Industrial Quality Control*, vol. 7, no. 5, pp. 40-41, 1951, with permission of the American Society for Quality Control.)

*R* 관리도에서의 검사특성곡선을 구성하기 위해, 상대범위 $W = R/\sigma$의 분포가 사용된다. 관리상태의 표준편차를 $\sigma_0$라고 하면, 검사특성곡선은 새로운 값 $\sigma(\sigma_1 > \sigma_0)$으로 변화하는 것을 변화 후 첫 번째 표본에서 이를 탐지하지 못할 확률을 나타낸다. 그림 6.14에는 다양한 $n$에서 $\lambda = \sigma_1/\sigma_0$(이전 공정표준편차에 대한 새로운 표준편차의 비율)에 대해 $\beta$를 표현한 검사특성곡선이 나타나 있다.

그림 6.14를 살펴볼 때, *R* 관리도는 작은 표본크기에서 공정의 변화를 탐지하는 데 전혀 효과적이지 않다는 것을 알 수 있다. 예를 들어, 공정의 표준편차가 두 배(즉, $\lambda = \sigma_1/\sigma_0 = 2$)가 되면, 이것은 아주 큰 변화로 볼 수 있지만 크기 5인 표본에서 변화 이후의 각 표본마다 이 변화를 탐지하는 확률이 약 40% 밖에 되지 않는다. 대부분의 품질 기술자들은 *R* 관리도에서 부분군 크기가 $n = 4, 5, 6$인 경우 작거나 보통 정도의 변화에 민감하지 않다고 생각한다. 만일 $n > 10$ 또는 $n > 12$인 경우에는 *R* 관리도보다 *s* 관리도를 사용하는데, *s* 관리도는 6.3.1절에서 설명할 것이다.

그림 6.13과 그림 6.14의 검사특성곡선은 $\bar{x}$-*R* 관리도가 온라인 공정관리, 즉 제2국면의 공정관리를 위해 사용하는 것을 가정하고 있다. 검사특성곡선은 과거 데이터(제1국면)를 분석하는 데 사용되는 관리도의 통계적 성능을 연구할 때에도 유용하다. 이것은 관리도를 구성할 때 사용하는 사전 부분군의 수가 데이터 수집할 때 존재하는 이상상태를 탐지하는 관리도의 성능에 어떠한 영향을 주는지에 대한 기초 자료를 제공할 수 있다. 분석적 연구와 실제적 경험을 바탕으로 볼 때 $\bar{x}$-*R* 관리도에 최소한 20~25개의 사전 부분군을 사용하는 것을 추천한다.

### 6.2.7 $\bar{x}$-*R* 관리도의 평균 런 길이

Shewhart 관리도의 경우, 앞에서 언급한 바와 같이 평균 런 길이 ARL은 다음과 같이 표현될 수 있다.

$$\text{ARL} = \frac{1}{P(\text{한 점이 관리한계를 벗어남})}$$

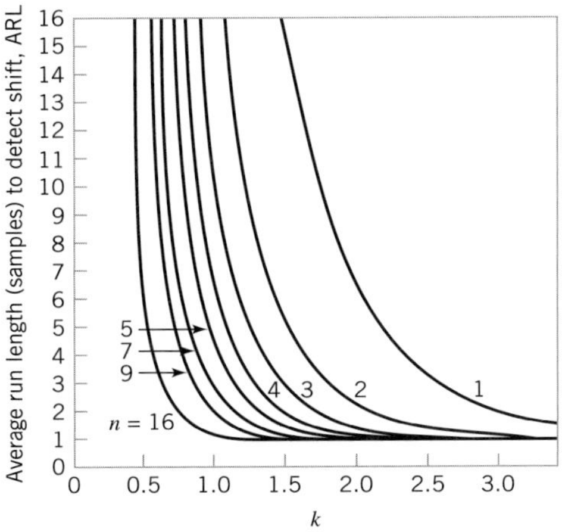


**그림 6.15**
평균 변화가 $k\sigma$일 때 3시그마 관리한계의 $\bar{x}$ 관리도에서 (표본의) 평균 런 길이. (Adapted from *Modern Methods for Quality Control and Improvement*, by H. M. Wadsworth, K. S. Stephens, and A. B. Godfrey, 2nd edition, John Wiley & Sons, 2002.)

관리상태일 때의 평균 런 길이는

$$ARL_0 = \frac{1}{\alpha} \tag{6.20}$$

이 되고, 이상상태일 때의 평균 런 길이는

$$ARL_1 = \frac{1}{1-\beta} \tag{6.21}$$

이 된다. 관리도의 관측값이 서로 독립이면, 관리한계를 처음 벗어날 때까지 타점한 점의 개수는 모수가 $p$인 기하분포를 따르게 되고, 따라서 평균 런 길이는 기하분포의 평균인 $1/p$이 된다.

평균의 $k\sigma$ 만큼의 변화를 탐지하기 위한 $\bar{x}$ 관리도에서 $\beta$의 일반적 표현식은 비교적 쉽게 유도할 수 있기 때문에(식 6.19 참조), $\bar{x}$ 관리도의 평균 런 길이 곡선을 작성하는 것은 어렵지 않다. 그림 6.15은 표본크기가 $n$ = 1, 2, 3, 4, 5, 7, 9, 16에 대한 평균 런 길이 곡선인데, 이때 평균 런 길이는 변화를 탐지하기 위해 필요한 평균표본수를 나타낸다. 그림 6.15의 사용을 설명하자면, 표본크기가 $n$ = 3일 때 1.5$\sigma$의 변화를 탐지하기 위해 필요한 평균표본수는 ARL1 5 3이 된다는 것이다. 표본크기를 $n$ = 16으로 증가시키면 $ARL_1$을 대략 1로 줄일 수 있다.

5장(5.3.3절)에서 언급한 바에 따르면 평균 런 길이로 관리도의 성능을 측정하는 것에 대해 일부 비판이 있다. 즉, Shewhart 관리도에서 런 길이는 기하분포를 따르며 이 분포는 비대칭분포이기 때문에, 평균으로 런 길이를 대표하는 것에 문제가 있을 수 있다는 것이다. 평균 런 길이에 관한 또 다른 문제는 특정한 관리도에서 평균 런 길이의 계산은 일반적으로 공정모수의 **추정**에 기초한다는 것이다. 이것은 $ARL_0$과 $ARL_1$에 영향을 줄 수 있다. 예를 들어, 관리도의 중심선은 정확하게 추정되었지만 공정표준편차가 10% 과대추정될 경우 $ARL_0$ = 517이 되어 이론적 값인 370보다 더 큰 값이 된다. 정규분포를 따르는 공정에서, 공정표준편차를 10% 과소추정할 경우 $ARL_0$ = 268이 되어 이론적 값인 370보다 더 작은 값이 된다. 이 주제에 대한 포괄적인 문헌 검토 및 토론은 Jensen 등(2006)을 참고할 수 있다.

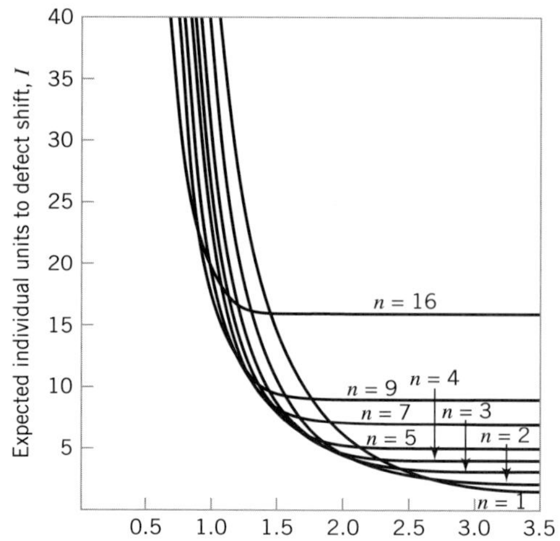


**그림 6.16**
평균 변화가 $k\sigma$일 때 3시그마 관리한계의 $\bar{x}$ 관리도에서 (개별 관측값의) 평균 런 길이.(Adapted from Modern Methods *for Quality Control and Improvement*, by H. M. Wadsworth, K. S. Stephens, and A. B. Godfrey, 2nd edition, John Wiley & Sons, 2002.)

평균 런 길이에 기초한 다른 두 가지의 측도에 대해 설명하고자 한다. **평균신호시간**(average time to signal, ATS)은 관리도에서 신호가 발생할 때까지의 평균시간을 나타낸다. 표본이 동일한 시간 $h$의 간격으로 추출된다면 평균신호시간 ATS는 다음과 같다.

$$\text{ATS} = \text{ARL}\, h \tag{6.22}$$

또한, 변화를 탐지하기 위해 추출한 표본의 수보다 추출한 각 단위의 평균수(expected number of individual units) $I$가 더 유용한 측도가 되는 경우도 있다. 표본크기가 $n$인 경우, 추출한 각 단위의 평균수 $I$와 평균 런 길이 ARL의 관계는 다음과 같다.

$$I = n\, \text{ARL} \tag{6.23}$$

그림 6.16은 $k\sigma$의 변화를 탐지하는 $\bar{x}$ 관리도에서 추출한 각 단위의 평균수 $I$에 대한 곡선이다. 예를 들어, 1.5$\sigma$의 변화를 탐지하기 위해 $n$ = 16인 $\bar{x}$ 관리도는 평균적으로 대략 16개 단위가 필요하고, $n$ = 3인 경우에는 평균적으로 9개 단위가 필요하다.

## 6.3 $\bar{x}$–$s$ 관리도

$\bar{x}$–$R$ 관리도가 널리 사용되지만, 때때로 공정표준편차를 추정할 때 범위 $R$ 대신 표본표준편차를 사용하기도 한다. $s$를 표본표준편차라고 할 때, 이것은 $\bar{x}$–$s$ 관리도 사용으로 이어진다. ($s$ 관리도를 $\sigma$ 관리도라고 부르는 연구자도 있다.) 일반적으로 $\bar{x}$–$s$ 관리도는 다음의 경우에 $\bar{x}$–$R$ 관리도보다 더 선호된다.

1. 표본크기가 어느 정도, 예를 들면 $n > 10$ 또는 $n > 12$ 정도로 크다. (이 경우 범위를 이용하여 $\sigma$를 추정하는 방법은 통계적 효율이 나쁘다.)
2. 표본크기 $n$이 일정하지 않다.

이 절에서는 $\bar{x}$-$s$ 관리도의 구성과 운영에 대해 설명할 것이다. 또한 표본크기가 일정하지 않은 경우 운영하는 방법과 $s$ 관리도의 대안에 대해 논의하고자 한다.

### 6.3.1 $\bar{x}$-$s$ 관리도의 구성과 운영

$\bar{x}$-$s$ 관리도의 설정과 운영은 각 표본에서 표본평균 $\bar{x}$와 표본표준편차 $s$를 계산하는 것을 제외하고 $\bar{x}$-$R$ 관리도와 동일한 단계를 거쳐야 한다. 표 6.3은 자동차 엔진 피스톤링의 내부 지름을 측정한 데이터이다. 각 표본 또는 부분군은 5개의 피스톤링으로 구성되어 있는데, 25개 각 표본의 평균과 표준편차를 계산하였다. 이를 이용하여 $\bar{x}$-$s$ 관리도의 구성과 운영을 설명해 보자.

분산 $\sigma^2$이 알려져 있지 않은 경우, $\sigma^2$의 불편추정량인 표본분산은 다음과 같다.

$$s^2 = \frac{\sum_{i=1}^{n}(x_i - \bar{x})^2}{n-1}$$

그러나 표본표준편차 $s$는 $\sigma$의 불편추정량이 아니다. 4장(4.2절)에서 정규분포를 가정할 때 $s$는 $c_4\sigma$의 추정량이 되는 것을 기술했으며, 이때 $c_4$는 표본크기 $n$에 의존하는 값이다. 또한 $s$의 표준편차는 $\sigma\sqrt{1-c_4^2}$이 되는데, 이를 이용하면 $\bar{x}$-$s$ 관리도를 구성할 수 있다.

$\sigma$에 대한 표준값이 주어진 경우를 고려하자. $E(s) = c_4\sigma$이기 때문에 중심선은 $c_4\sigma$가 되며, 3시그마 관리한계는 다음과 같다.

$$\text{관리상한} = c_4\sigma + 3\sigma\sqrt{1-c_4^2}$$
$$\text{관리하한} = c_4\sigma - 3\sigma\sqrt{1-c_4^2}$$

관례적으로 다음 두 개의 상수를

$$B_5 = c_4 - 3\sqrt{1-c_4^2}, \; B_6 = c_4 + 3\sqrt{1-c_4^2} \tag{6.24}$$

와 같이 정의하면, $\sigma$에 대한 표준값이 주어진 $s$ 관리도의 관리한계는 다음과 같다.

$$\begin{aligned} \text{관리상한} &= B_6\,\sigma \\ \text{중심선} &= c_4\,\sigma \\ \text{관리하한} &= B_5\,\sigma \end{aligned} \tag{6.25}$$

여기서 $B_5$와 $B_6$의 값은 다양한 표본크기에 대해 부록 6에 나타나 있다. $\bar{x}$ 관리도의 관리한계는 6.2.3절의 식 6.15와 같다.

$\sigma$에 대한 표준값이 주어지지 않는다면 과거의 데이터를 분석하여 추정해야 한다. 크기 $n$인 $m$개의 이전 표본이 있고 $s_i$를 $i$번째 표본의 표준편차라고 하자. $m$개의 표준편차의 평균은

표 6.3
자동차 엔진 피스톤링의 내부 지름 측정값(mm)

| Sample Number | Observations | | | | | $\bar{x}_i$ | $s_i$ |
|---|---|---|---|---|---|---|---|
| 1 | 74.030 | 74.002 | 74.019 | 73.992 | 74.008 | 74.010 | 0.0148 |
| 2 | 73.995 | 73.992 | 74.001 | 74.011 | 74.004 | 74.001 | 0.0075 |
| 3 | 73.988 | 74.024 | 74.021 | 74.005 | 74.002 | 74.008 | 0.0147 |
| 4 | 74.002 | 73.996 | 73.993 | 74.015 | 74.009 | 74.003 | 0.0091 |
| 5 | 73.992 | 74.007 | 74.015 | 73.989 | 74.014 | 74.003 | 0.0122 |
| 6 | 74.009 | 73.994 | 73.997 | 73.985 | 73.993 | 73.996 | 0.0087 |
| 7 | 73.995 | 74.006 | 73.994 | 74.000 | 74.005 | 74.000 | 0.0055 |
| 8 | 73.985 | 74.003 | 73.993 | 74.015 | 73.988 | 73.997 | 0.0123 |
| 9 | 74.008 | 73.995 | 74.009 | 74.005 | 74.004 | 74.004 | 0.0055 |
| 10 | 73.998 | 74.000 | 73.990 | 74.007 | 73.995 | 73.998 | 0.0063 |
| 11 | 73.994 | 73.998 | 73.994 | 73.995 | 73.990 | 73.994 | 0.0029 |
| 12 | 74.004 | 74.000 | 74.007 | 74.000 | 73.996 | 74.001 | 0.0042 |
| 13 | 73.983 | 74.002 | 73.998 | 73.997 | 74.012 | 73.998 | 0.0105 |
| 14 | 74.006 | 73.967 | 73.994 | 74.000 | 73.984 | 73.990 | 0.0153 |
| 15 | 74.012 | 74.014 | 73.998 | 73.999 | 74.007 | 74.006 | 0.0073 |
| 16 | 74.000 | 73.984 | 74.005 | 73.998 | 73.996 | 73.997 | 0.0078 |
| 17 | 73.994 | 74.012 | 73.986 | 74.005 | 74.007 | 74.001 | 0.0106 |
| 18 | 74.006 | 74.010 | 74.018 | 74.003 | 74.000 | 74.007 | 0.0070 |
| 19 | 73.984 | 74.002 | 74.003 | 74.005 | 73.997 | 73.998 | 0.0085 |
| 20 | 74.000 | 74.010 | 74.013 | 74.020 | 74.003 | 74.009 | 0.0080 |
| 21 | 73.982 | 74.001 | 74.015 | 74.005 | 73.996 | 74.000 | 0.0122 |
| 22 | 74.004 | 73.999 | 73.990 | 74.006 | 74.009 | 74.002 | 0.0074 |
| 23 | 74.010 | 73.989 | 73.990 | 74.009 | 74.014 | 74.002 | 0.0119 |
| 24 | 74.015 | 74.008 | 73.993 | 74.000 | 74.010 | 74.005 | 0.0087 |
| 25 | 73.982 | 73.984 | 73.995 | 74.017 | 74.013 | 73.998 | 0.0162 |
| | | | | | | $\Sigma$ = 1,850.028 | 0.2351 |
| | | | | | | $\bar{\bar{x}}$ = 74.001 | $\bar{s}$ = 0.0094 |

$$\bar{s} = \frac{1}{m}\sum_{i=1}^{m} s_i$$

가 되고, 통계량 $\bar{s}/c_4$는 $\sigma$의 불편추정량이므로 $s$ 관리도의 관리한계는 다음과 같다.

$$\begin{aligned} \text{관리상한} &= \bar{s} + 3\frac{\bar{s}}{c_4}\sqrt{1-c_4^2} \\ \text{중심선} &= \bar{s} \\ \text{관리하한} &= \bar{s} - 3\frac{\bar{s}}{c_4}\sqrt{1-c_4^2} \end{aligned}$$

만일 상수를

$$B_3 = 1 - \frac{3}{c_4}\sqrt{1-c_4^2}, \quad B_4 = 1 + \frac{3}{c_4}\sqrt{1-c_4^2} \tag{6.26}$$

와 같이 정의하면, $s$ 관리도의 관리한계는 다음과 같다.

$$
\begin{aligned}
\text{관리상한} &= B_4\bar{s} \\
\text{중심선} &= \bar{s} \\
\text{관리하한} &= B_3\bar{s}
\end{aligned}
\tag{6.27}
$$

이때 $B_4 = B_6/c_4$와 $B_3 = B_5/c_4$의 관계가 있다.

$\sigma$를 추정하기 위해 $\bar{s}/c_4$를 사용할 때 $\bar{x}$ 관리도의 관리한계는 다음과 같이 정의할 수 있다.

$$
\begin{aligned}
\text{관리상한} &= \bar{\bar{x}} + \frac{3\bar{s}}{c_4\sqrt{n}} \\
\text{중심선} &= \bar{\bar{x}} \\
\text{관리하한} &= \bar{\bar{x}} - \frac{3\bar{s}}{c_4\sqrt{n}}
\end{aligned}
$$

상수를 $A_3 = 3/(c_4\sqrt{n})$으로 정의하면, $\bar{x}$ 관리도의 관리한계는 다음과 같다.

$$
\begin{aligned}
\text{관리상한} &= \bar{\bar{x}} + A_3\bar{s} \\
\text{중심선} &= \bar{\bar{x}} \\
\text{관리하한} &= \bar{\bar{x}} - A_3\bar{s}
\end{aligned}
\tag{6.28}
$$

과거의 데이터로부터 $\bar{x}$-$s$ 관리도를 구성하기 위한 $B_3$, $B_4$, $A_3$의 값은 다양한 표본크기에 대해 부록 표 6에 나타나 있다.

표본표준편차를

$$
s = \sqrt{\frac{\sum_{i=1}^{n}(x_i - \bar{x})^2}{n-1}}
\tag{6.29}
$$

로 정의했는데, 몇몇 연구자는 식 6.29의 $n - 1$ 대신 $n$을 사용하기도 한다. 이 경우 상수 $c_4$, $B_3$, $B_4$, $A_3$는 $c_2$, $B_1$, $B_2$, $A_1$으로 각각 변경하면 된다. 이에 대해서는 Bowker와 Lieberman (1972)을 참고할 수 있다.

품질 기술자들은 계산의 간편성 때문에 관습적으로 $s$ 관리도보다 $R$ 관리도를 선호한다. 그러나 $s$를 자동적으로 계산할 수 있는 휴대용 계산기와 관리도를 구현할 수 있는 컴퓨터의 사용으로 계산의 어려움은 더 이상 문제가 되지 않는다.

## 예 6.3 피스톤링 데이터에 대한 $\bar{x}$-$s$ 관리도

표 6.3의 피스톤링의 내부 지름 측정값에 대해 $\bar{x}$-$s$ 관리도를 구성하고 이를 해석하라.

**풀이**

총평균과 표준편차의 평균은 각각 다음과 같다.

$$\bar{\bar{x}} = \frac{1}{25}\sum_{i=1}^{25}\bar{x}_i = \frac{1}{25}(1{,}850.028) = 74.001$$
$$\bar{s} = \frac{1}{25}\sum_{i=1}^{25}s_i = \frac{1}{25}(0.2351) = 0.0094$$

결과적으로 $\bar{x}$ 관리도의 관리한계는

$$\text{관리상한} = \bar{\bar{x}} + A_3\bar{s} = 74.001 + (1.427)(0.0094) = 74.014$$
$$\text{중심선} = \bar{\bar{x}} = 74.001$$
$$\text{관리하한} = \bar{\bar{x}} - A_3\bar{s} = 74.001 - (1.427)(0.0094) = 73.988$$

이 되고, $s$ 관리도의 관리한계는

$$\text{관리상한} = B_4\bar{s} = (2.089)(0.0094) = 0.0196$$
$$\text{중심선} = \bar{s} = 0.0094$$
$$\text{관리하한} = B_3\bar{s} = (0)(0.0094) = 0$$

이 된다. $\bar{x}$-$s$ 관리도가 그림 6.17에 나타나 있는데, 공정이 이상상태를 보이지 않으므로 위의 관리한계를 제2국면에 적용할 수 있다.

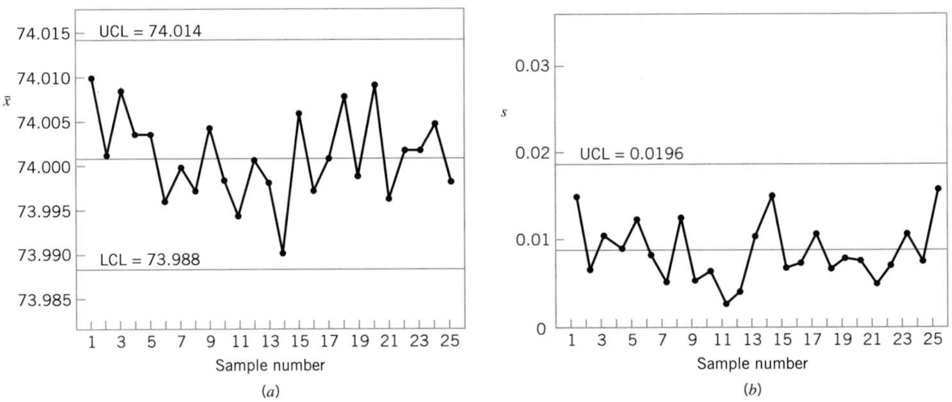


그림 6.17 예 6.3에 대한 $\bar{x}$-$s$ 관리도. (a) $\bar{s}$에 기초한 관리한계를 사용한 $\bar{x}$ 관리도. (b) $s$ 관리도.

**σ의 추정값** $s/c_4$가 σ의 불편추정량이라는 사실을 이용하여 공정의 표준편차를 추정할 수 있다. 표본크기가 5일 때 $c_4 = 0.9400$이므로 공정의 표준편차는 다음과 같이 추정된다.

$$\hat{\sigma} = \frac{\bar{s}}{c_4} = \frac{0.0094}{0.9400} = 0.01$$

## 6.3.2 표본크기가 다를 때 $\bar{x}$–$s$ 관리도

$\bar{x}$–$s$ 관리도 표본크기가 서로 다를 때 비교적 쉽게 적용할 수 있다. 이 경우 $\bar{\bar{x}}$와 $\bar{s}$를 계산하는 과정에서 가중평균 방법을 사용한다. $i$번째 표본크기를 $n_i$라고 할 때, $\bar{x}$–$s$ 관리도의 중심선으로 각각 다음 식을 이용한다.

$$\bar{\bar{x}} = \frac{\sum_{i=1}^{m} n_i \bar{x}_i}{\sum_{i=1}^{m} n_i} \tag{6.30}$$

$$\bar{s} = \left[ \frac{\sum_{i=1}^{m} (n_i - 1) s_i^2}{\sum_{i=1}^{m} n_i - m} \right]^{1/2} \tag{6.31}$$

관리한계는 식 6.27과 6.28을 이용하여 계산할 수 있는데, 이때 $A_3$, $B_3$, $B_4$는 각각 부분군에서 사용된 표본크기에 따라 달라진다.

**예 6.4 피스톤링에 대한 $\bar{x}$–$s$ 관리도, 변량표본크기**

표 6.4는 예 6.3에 사용된 피스톤링 데이터를 수정한 것이다. 표본크기는 $n$ = 3에서 $n$ = 5까지이다. 앞에서 언급한 내용에 기초하여 $\bar{x}$–$s$ 관리도를 설정하라.

**풀이**

가중총평균과 표준편차의 가중평균은 식 6.30과 6.31로부터 다음과 같이 계산된다.

$$\bar{\bar{x}} = \frac{\sum_{i=1}^{25} n_i \bar{x}_i}{\sum_{i=1}^{25} n_i} = \frac{5(74.010) + 3(73.996) + \cdots + 5(73.998)}{5 + 3 + \cdots + 5}$$

$$= \frac{8{,}362.075}{113} = 74.001$$

$$\bar{s} = \left[ \frac{\sum_{i=1}^{25} (n_i - 1) s_i^2}{\sum_{i=1}^{25} n_i - 25} \right]^{1/2} = \left[ \frac{4(0.0148)^2 + 2(0.0046)^2 + \cdots + 4(0.0162)^2}{5 + 3 + \cdots + 5 - 25} \right]^{1/2}$$

$$= \left[ \frac{0.009324}{88} \right]^{1/2} = 0.0103$$

따라서 $\bar{x}$ 관리도의 중심선은 $\bar{\bar{x}}$ = 74.001이고, $s$ 관리도의 중심선은 $\bar{s}$ = 0.0103이 된다. 이제 관리한계를 계산해 보면, 첫 번째 표본에 대한 $\bar{x}$ 관리도의 관리한계는

관리상한 = 74.001 + 1.427 × 0.0103 = 74.016

중심선 = 74.001

관리하한 = 74.001 − 1.427 × 0.0103 = 73.986

이 되고, $s$ 관리도의 관리한계는

$$관리상한 = (2.089)(0.0103) = 0.022$$
$$중심선 = 0.0103$$
$$관리하한 = 0(0.0103) = 0$$

이 된다. 이때 $A_3$, $B_3$, $B_4$는 $n_1 = 5$에 대한 값이다. 두 번째 표본에 대한 관리한계는 $n_2 = 3$에 대한 값으로 계산한다. 25개의 표본에 대한 관리한계의 계산은 표 6.5에 제시되어 있으며, 관리도는 그림 6.18에 나타나 있다.

**표 6.4** 자동차 엔진 피스토링의 내부 지름 측정값(mm)

| Sample Number | Observations | | | | | $\bar{x}_i$ | $s_i$ |
|---|---|---|---|---|---|---|---|
| 1 | 74.030 | 74.002 | 74.019 | 73.992 | 74.008 | 74.010 | 0.0148 |
| 2 | 73.995 | 73.992 | 74.001 | | | 73.996 | 0.0046 |
| 3 | 73.988 | 74.024 | 74.021 | 74.005 | 74.002 | 74.008 | 0.0147 |
| 4 | 74.002 | 73.996 | 73.993 | 74.015 | 74.009 | 74.003 | 0.0091 |
| 5 | 73.992 | 74.007 | 74.015 | 73.989 | 74.014 | 74.003 | 0.0122 |
| 6 | 74.009 | 73.994 | 73.997 | 73.985 | | 73.996 | 0.0099 |
| 7 | 73.995 | 74.006 | 73.994 | 74.000 | | 73.999 | 0.0055 |
| 8 | 73.985 | 74.003 | 73.993 | 74.015 | 73.988 | 73.997 | 0.0123 |
| 9 | 74.008 | 73.995 | 74.009 | 74.005 | | 74.004 | 0.0064 |
| 10 | 73.998 | 74.000 | 73.990 | 74.007 | 73.995 | 73.998 | 0.0063 |
| 11 | 73.994 | 73.998 | 73.994 | 73.995 | 73.990 | 73.994 | 0.0029 |
| 12 | 74.004 | 74.000 | 74.007 | 74.000 | 73.996 | 74.001 | 0.0042 |
| 13 | 73.983 | 74.002 | 73.998 | | | 73.994 | 0.0100 |
| 14 | 74.006 | 73.967 | 73.994 | 74.000 | 73.984 | 73.990 | 0.0153 |
| 15 | 74.012 | 74.014 | 73.998 | | | 74.008 | 0.0087 |
| 16 | 74.000 | 73.984 | 74.005 | 73.998 | 73.996 | 73.997 | 0.0078 |
| 17 | 73.994 | 74.012 | 73.986 | 74.005 | | 73.999 | 0.0115 |
| 18 | 74.006 | 74.010 | 74.018 | 74.003 | 74.000 | 74.007 | 0.0070 |
| 19 | 73.984 | 74.002 | 74.003 | 74.005 | 73.997 | 73.998 | 0.0085 |
| 20 | 74.000 | 74.010 | 74.013 | | | 74.008 | 0.0068 |
| 21 | 73.982 | 74.001 | 74.015 | 74.005 | 73.996 | 74.000 | 0.0122 |
| 22 | 74.004 | 73.999 | 73.990 | 74.006 | 74.009 | 74.002 | 0.0074 |
| 23 | 74.010 | 73.989 | 73.990 | 74.009 | 74.014 | 74.002 | 0.0119 |
| 24 | 74.015 | 74.008 | 73.993 | 74.000 | 74.010 | 74.005 | 0.0087 |
| 25 | 73.982 | 73.984 | 73.995 | 74.017 | 74.013 | 73.998 | 0.0162 |

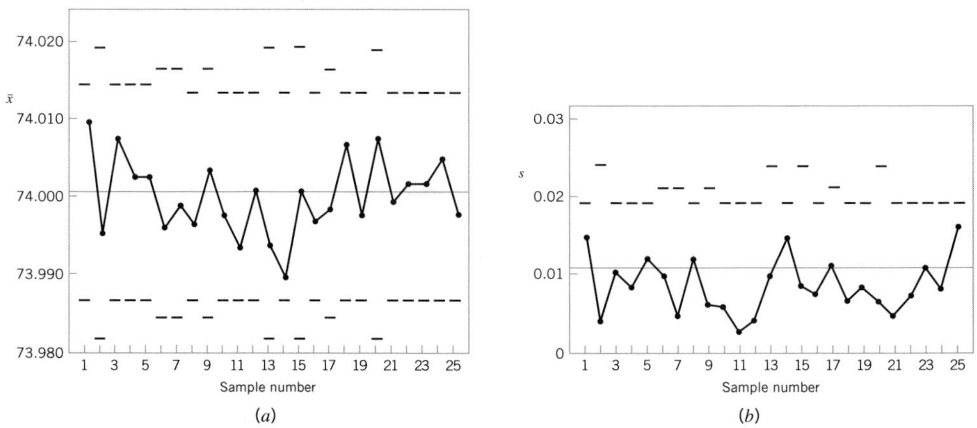


**그림 6.18** 예 6.4에 변량표본크기 피스토링 데이터에 대한 (a) $\bar{x}$ 관리도와 (b) $s$ 관리도.

표 6.5 다양한 표본크기에 대한 $\bar{x}$–$s$ 관리도의 관리한계 계산

| | | | | | $\bar{x}$ Chart | | | | s Chart | |
|---|---|---|---|---|---|---|---|---|---|---|
| Sample | $n$ | $\bar{x}$ | $s$ | $A_3$ | LCL | UCL | $B_3$ | $B_4$ | LCL | UCL |
| 1 | 5 | 74.010 | 0.0148 | 1.427 | 73.986 | 74.016 | 0 | 2.089 | 0 | 0.022 |
| 2 | 3 | 73.996 | 0.0046 | 1.954 | 73.981 | 74.021 | 0 | 2.568 | 0 | 0.026 |
| 3 | 5 | 74.008 | 0.0147 | 1.427 | 73.986 | 74.016 | 0 | 2.089 | 0 | 0.022 |
| 4 | 5 | 74.003 | 0.0091 | 1.427 | 73.986 | 74.016 | 0 | 2.089 | 0 | 0.022 |
| 5 | 5 | 74.003 | 0.0122 | 1.427 | 73.986 | 74.016 | 0 | 2.089 | 0 | 0.022 |
| 6 | 4 | 73.996 | 0.0099 | 1.628 | 73.984 | 74.018 | 0 | 2.266 | 0 | 0.023 |
| 7 | 4 | 73.999 | 0.0055 | 1.628 | 73.984 | 74.018 | 0 | 2.266 | 0 | 0.023 |
| 8 | 5 | 73.997 | 0.0123 | 1.427 | 73.986 | 74.016 | 0 | 2.089 | 0 | 0.022 |
| 9 | 4 | 74.004 | 0.0064 | 1.628 | 73.984 | 74.018 | 0 | 2.266 | 0 | 0.023 |
| 10 | 5 | 73.998 | 0.0063 | 1.427 | 73.986 | 74.016 | 0 | 2.089 | 0 | 0.022 |
| 11 | 5 | 73.994 | 0.0029 | 1.427 | 73.986 | 74.016 | 0 | 2.089 | 0 | 0.022 |
| 12 | 5 | 74.001 | 0.0042 | 1.427 | 73.986 | 74.016 | 0 | 2.089 | 0 | 0.022 |
| 13 | 3 | 73.994 | 0.0100 | 1.954 | 73.981 | 74.021 | 0 | 2.568 | 0 | 0.026 |
| 14 | 5 | 73.990 | 0.0153 | 1.427 | 73.986 | 74.016 | 0 | 2.089 | 0 | 0.022 |
| 15 | 3 | 74.008 | 0.0087 | 1.954 | 73.981 | 74.021 | 0 | 2.568 | 0 | 0.026 |
| 16 | 5 | 73.997 | 0.0078 | 1.427 | 73.986 | 74.016 | 0 | 2.089 | 0 | 0.022 |
| 17 | 4 | 73.999 | 0.0115 | 1.628 | 73.984 | 74.018 | 0 | 2.226 | 0 | 0.023 |
| 18 | 5 | 74.007 | 0.0070 | 1.427 | 73.986 | 74.016 | 0 | 2.089 | 0 | 0.022 |
| 19 | 5 | 73.998 | 0.0085 | 1.427 | 73.986 | 74.016 | 0 | 2.089 | 0 | 0.022 |
| 20 | 3 | 74.008 | 0.0068 | 1.954 | 73.981 | 74.021 | 0 | 2.568 | 0 | 0.026 |
| 21 | 5 | 74.000 | 0.0122 | 1.427 | 73.986 | 74.016 | 0 | 2.089 | 0 | 0.022 |
| 22 | 5 | 74.002 | 0.0074 | 1.427 | 73.986 | 74.016 | 0 | 2.089 | 0 | 0.022 |
| 23 | 5 | 74.002 | 0.0119 | 1.427 | 73.986 | 74.016 | 0 | 2.089 | 0 | 0.022 |
| 24 | 5 | 74.005 | 0.0087 | 1.427 | 73.986 | 74.016 | 0 | 2.089 | 0 | 0.022 |
| 25 | 5 | 73.998 | 0.0162 | 1.427 | 73.986 | 74.016 | 0 | 2.089 | 0 | 0.022 |

$\bar{x}$–$s$ 관리도에서 다양한 폭의 관리한계를 사용하는 것 대신에 표본크기의 평균 $\bar{n}$를 이용해서 관리한계를 계산하는 방법이 있는데, $n_i$가 크게 다르지 않다면 이 방법이 유용할 수 있다. 표본크기 $n_i$의 평균이 정수가 아닌 경우도 있으므로 가장 빈도수가 많은 표본크기를 사용하여 관리한계를 계산하는 것도 하나의 대안이 될 수 있다.

**σ의 추정값** 각각의 표본값인 $s_i$로부터 공정의 표준편차 $\sigma$를 추정해 보자. 먼저, $n_i = 5$(가장 빈도수가 많은 $n_i$의 값)인 표본의 $s_i$값의 평균은

$$\bar{s} = \frac{0.1715}{17} = 0.0101$$

이 되기 때문에, $\sigma$의 추정값은 다음과 같이 계산할 수 있다.

$$\hat{\sigma} = \frac{\bar{s}}{c_4} = \frac{0.0101}{0.9400} = 0.01$$

이때 $c_4$는 표본크기 $n = 5$에 해당하는 값이다.

### 6.3.3 $s^2$ 관리도

대부분의 품질 기술자는 공정산포의 변화를 탐지하기 위해 $R$ 관리도나 $s$ 관리도를 사용하지만, 표본크기가 적당히 큰 경우에는 $s$ 관리도의 사용을 선호한다. 그러나 몇몇 실무자는 표본분산 $s^2$을 사용한 $s^2$ **관리도**를 사용하는 것을 추천하기도 한다. $s^2$ 관리도의 관리한계는 다음과 같다.

$$\begin{aligned} \text{관리상한} &= \frac{\bar{s}^2}{n-1}\chi^2_{\alpha/2,n-1} \\ \text{중심선} &= \bar{s}^2 \\ \text{관리하한} &= \frac{\bar{s}^2}{n-1}\chi^2_{1-(\alpha/2),n-1} \end{aligned} \tag{6.32}$$

여기서 $\chi^2_{\alpha/2,n-1}$과 $\chi^2_{1-(\alpha/2),n-1}$은 자유도 $n-1$인 카이제곱분포에서 각각 상위 및 하위 $\alpha/2$ 확률에 해당하는 값이고, $\bar{s}^2$은 이전 데이터의 분석에서 계산한 표본분산의 평균이다. $\sigma^2$의 표준값이 주어진 경우, 이를 식 6.32의 $\bar{s}^2$ 대신에 사용할 수 있다. 식 6.32의 관리한계는 확률한계에 기초하여 설정한 것임을 참고하기 바란다.

## 6.4 개별 관측값에 대한 Shewhart 관리도

공정관리에서 $n = 1$인 표본을 사용하는 경우, 즉 표본이 개별 단위로 이루어진 경우가 종종 있다. 이런 상황에 대한 몇 가지 예를 살펴보자.

1. 자동검사 및 자동측정 기술을 사용하여 모든 생산 단위를 분석하는 경우 합리적인 부분군의 개념을 사용할 필요가 없다.
2. 데이터 측정에 상대적으로 많은 시간이 소요되기 때문에, 분석 전에 표본크기가 $n > 1$이 되도록 데이터를 수집하기가 어렵다. 관측값 사이의 간격이 길어 합리적인 부분군에 문제가 발생할 수 있는데, 이런 상황은 제조업과 비제조업 모두에서 자주 발생할 수 있다.
3. 공정에서의 반복측정은 많은 화학 공정에서 실험실 또는 분석 오차 때문에 다르게 나타난다.
4. 하나의 단위에 대해 다수의 측정이 이루어지는데, 예를 들어 반도체 제조에서 하나의 웨이퍼에 대해 여러 위치에서 산화물 두께를 측정한다.
5. 제지 공장에서의 공정에서 하나의 종이 두루마기에 대한 코팅 두께와 같은 측정은 두루마기 내에서 거의 차이가 없으며 표준편차가 아주 작은 값을 갖는다.
6. 많은 거래, 비즈니스, 서비스 공정에서는 합리적인 부분군의 개념을 적용하기가 어렵기 때문에 개별 관측값이 매우 흔하다. 이런 상황은 서비스 활동 간의 시간적 간격이 매우 크기 때문에 종종 발생한다.

이와 같은 상황에서 **개별 관측값에 대한 관리도**(control chart for individual units)를

사용할 수 있다. (9장의 CUSUM 관리도와 EWMA 관리도는 제2국면 또는 공정평균 변화의 크기가 작은 경우에 더 좋은 대안이 될 것이다.) 개별 관리도의 적용에서 공정의 산포를 추정하기 위해 두 개의 연속적인 관찰값의 이동범위(moving range)를 이용한다. 이동범위는 다음과 같이 정의된다.

$$\mathrm{MR}_i = |x_i - x_{i-1}|$$

이를 이용하여 우리는 **이동범위 관리도**(moving range control chart)를 구성할 수 있다. 다음의 예로 그 절차를 설명해 보자.

## 예 6.5 대출신청 처리비용

은행의 주택담보대출에서 처리 단위는 대출신청을 처리하는 비용으로, 총 주간별 비용을 대출처리건수로 나눈 평균 주간 처리비용이다. 표 6.6은 최근 20주의 처리비용을 나타내고 있다. 이 데이터에 대한 개별 및 이동범위 관리도를 구성해 보자.

**풀이**

개별 관측값에 대한 관리도를 설정하기 위해서 20개 관측값에 대한 표본평균비용 $\bar{x}$ = 300.5와 2개 관측값에 대한 이동범위의 평균 $\overline{\mathrm{MR}}$ = 7.79를 계산하였다. 이동범위 관리도를 설정하기 위해 $n$ = 2에 대한 $D_3$ = 0과 $D_4$ = 3.267을 이용한다. 따라서 이동범위 관리도의 중심선은 $\overline{\mathrm{MR}}$ = 7.79, 관리하한은 0, 관리상한은 $D_4\overline{\mathrm{MR}}$ = (3.267)7.79 = 25.45가 된다. 그림 6.19*b*은 Minitab으로 작성한 관리도이며, 이상상태로 보이는 점이 없다.

개별 관측값에 대한 관리도의 관리한계는 다음과 같다.

$$\begin{aligned} \text{관리상한} &= \bar{x} + 3\frac{\overline{\mathrm{MR}}}{d_2} \\ \text{중심선} &= \bar{x} \\ \text{관리하한} &= \bar{x} - 3\frac{\overline{\mathrm{MR}}}{d_2} \end{aligned} \tag{6.33}$$

$n$ = 2인 관측값의 이동범위가 사용되기 때문에 $d_2$ = 1.128이고, 표 6.6의 데이터로부터

$$\begin{aligned} \text{관리상한} &= \bar{x} + 3\frac{\overline{\mathrm{MR}}}{d_2} = 300.5 + 3\frac{7.79}{1.128} = 321.22 \\ \text{중심선} &= \bar{x} = 34.088 \\ \text{관리하한} &= \bar{x} - 3\frac{\overline{\mathrm{MR}}}{d_2} = 300.5 - 3\frac{7.79}{1.128} = 279.78 \end{aligned}$$

이 된다. 그림 6.19a는 개별 비용값의 대한 관리도이다. 이동범위 관리도와 마찬가지로 이 관리도에서도 이상상태로 보이는 점은 없다.

개별 관측값에 대한 관리도의 해석은 일반적인 $\bar{x}$ 관리도의 해석과 비슷하다. 공정평균의 변화가 생기면 한 점 또는 일련의 점들이 개별 관측값 관리도의 관리한계를 벗어나게 된다. 때때로 한 점이 개별 관측값 관리도와 이동범위 관리도의 관리한계를 동시에 벗어나는 경우도 있다. 큰 $x$ 값이 이동범위의 값도 크게 만들기 때문에 이런 경우가 발생한다. 이것은 개별 관측값 관리도와 이동범위 관리도에서 매우 전형적인 형태이다. 이런 경우의 대부분은 평균이 이상상태임을 나타내고, 평균과 분산이 모두 이상상태라는 것을 나타내지는 않는다.

표 6.6 주택담보대출신청 처리비용

| Weeks | Cost $x$ | Moving Range MR |
|---|---|---|
| 1 | 310 | |
| 2 | 288 | 22 |
| 3 | 297 | 9 |
| 4 | 298 | 1 |
| 5 | 307 | 9 |
| 6 | 303 | 4 |
| 7 | 294 | 9 |
| 8 | 297 | 3 |
| 9 | 308 | 11 |
| 10 | 306 | 2 |
| 11 | 294 | 12 |
| 12 | 299 | 5 |
| 13 | 297 | 2 |
| 14 | 299 | 2 |
| 15 | 314 | 15 |
| 16 | 295 | 19 |
| 17 | 293 | 2 |
| 18 | 306 | 13 |
| 19 | 301 | 5 |
| 20 | 304 | 3 |
| | $\bar{x} = 300.5$ | $\overline{MR} = 7.79$ |

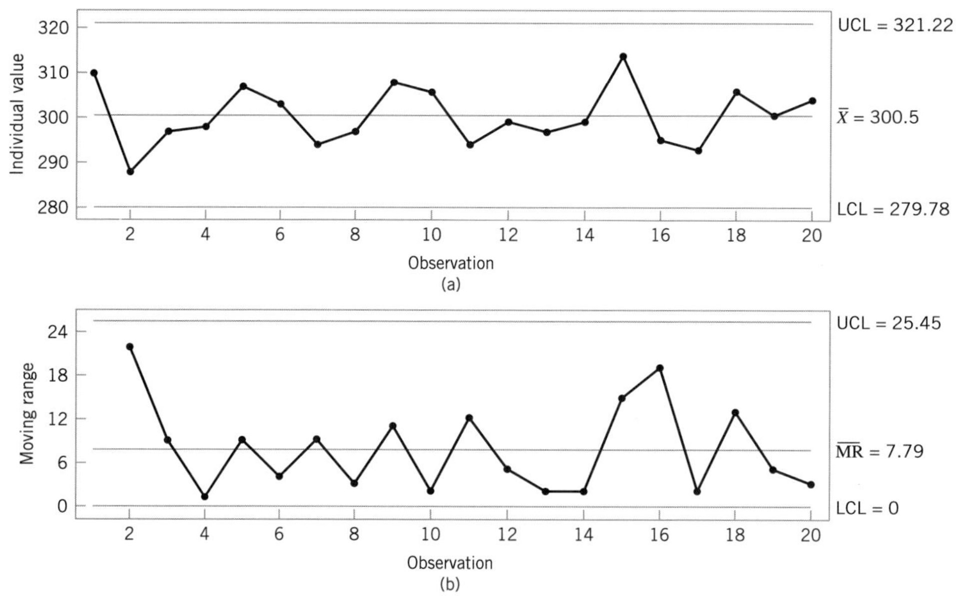


그림 6.19 (a) 개별 비용 관측값에 대한 관리도 (b) 이동범위 관리도.

| Week | Cost $x$ | Week | Cost $x$ |
|---|---|---|---|
| 21 | 305 | 31 | 310 |
| 22 | 282 | 32 | 292 |
| 23 | 305 | 33 | 305 |
| 24 | 296 | 34 | 299 |
| 25 | 314 | 35 | 304 |
| 26 | 295 | 36 | 310 |
| 27 | 287 | 37 | 304 |
| 28 | 301 | 38 | 305 |
| 29 | 298 | 39 | 333 |
| 30 | 311 | 40 | 328 |

표 6.7
주택담보대출신청 처리비용 (21~40주)

**제2국면에서 관리도의 운영과 해석** 표 6.7은 21~40주의 대출신청 처리비용 데이터이다. 그림 6.20은 이 데이터를 예 6.5의 개별 관측값 관리도와 이동범위 관리도에 이어서 나타낸 것이다. 이 그림에서 볼 수 있듯이 39주와 40주에 연속적으로 이상신호를 주는 것으로 보아 명백한 '공정 수준의 변화'가 있는 것으로 판단되기 때문에, 39주 주변에서 비용이 상승하는 변화가 발생했다고 할 수 있다. 이동범위 관리도에서도 39주에 이 수준 변화에 반응하여 급증하는 점(spike)이 있는 것을 알 수 있다. 이동범위 관리도에서 급증하는 점은 때때로 공정평균의 변화가 발생한 시점을 정확하게 판단하는 데 유용하다. 따라서 39주 주변의 시점에서 가능한 이상원인을 찾아야 한다.

이동범위 관리도의 패턴을 해석하는 데 있어 몇 가지 주의할 점이 있다. 이동범위 간에는 상관관계가 있으며, 이 상관관계는 런의 패턴이나 주기적인 패턴을 유도할 수 있다. 이런 패턴은 그림 6.20에서도 명벽하게 나타난다. 그러나 $x$ 관리도의 개별 측정값은 상관관계가 없다고 가정했기 때문에, 이 관리도에 나타난 패턴은 신중하게 조사해야 한다.

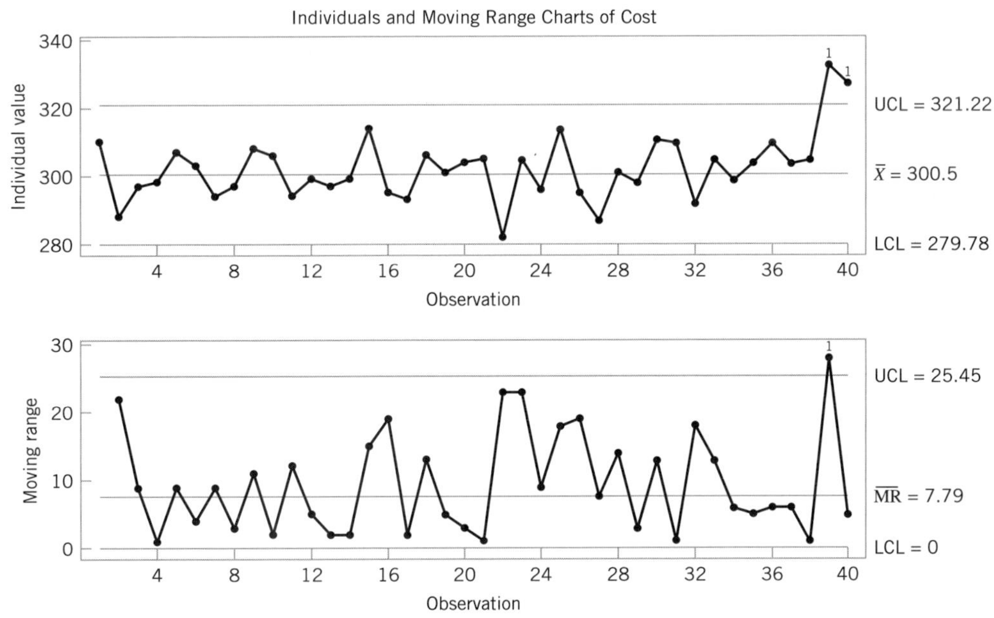


그림 6.20
표 6.7의 추가 데이터를 사용한 개별 관측값 관리도와 이동범위 관리도의 계속.

일부 연구자들은 이동범위 관리도를 작성하지 않을 것을 권고한다. 그들은 이동범위 관리도가 실제 공정산포의 변화에 대한 유용한 정보를 제공하지 못함을 지적한다. 이에 관하여 Rigdon, Cruthis와 Champ(1994)를 참고할 수 있다. 사실 공정평균의 변화는 이동범위 관리도에도 나타난다. 따라서 분석가들이 개별 관측값 관리도를 분석하고 이를 주의 깊게 해석한다면, 두 관리도를 동시에 작성하는 것에 큰 문제는 없을 것이라고 생각된다.

**평균 런 길이** 개별 관측값 관리도와 이동범위 관리도를 병행하는 경우 이에 대한 평균 런 길이는 Crowder(1987b)에 의해 연구되었다. 그는 다양한 관리한계와 공정평균 및 공정 표준편차의 변화에 대해 평균 런 길이를 계산했다. 그의 연구에서 3시그마 관리한계를 사용하고 관리상태일 때 병행하는 절차의 $ARL_0$는 표준적인 Shewhart 관리도의 $ARL_0$(370개의 표본)보다 일반적으로 작게 된다는 것을 보여 주었다. 결론적으로 개별 관측값 관리도에서 3시그마 관리한계를 사용하고 이동범위 관리도의 관리상한을 다음과 같이 계산하면 $ARL_0$는 Shewhart 관리도의 $ARL_0$에 가까운 값을 얻을 수 있다고 언급하였다.

$$\text{관리상한} = D\,\overline{MR}$$

여기서 상수 $D$는 $4 \le D \le 5$에서 선택해야 한다.

그림 6.13의 검사특성곡선 또는 그림 6.15의 평균 런 길이 곡선을 살펴보면 공정변화를 탐지하기 위한 개별 관측값 관리도의 능력에 대해 매우 좋은 아이디어를 얻을 수 있다. 3시그마 관리한계를 사용한 개별 관측값 관리도에서 다음을 계산할 수 있다.

| Size of Shift | $\beta$ | $ARL_1$ |
|---|---|---|
| $1\sigma$ | 0.9772 | 43.96 |
| $2\sigma$ | 0.8413 | 6.30 |
| $3\sigma$ | 0.5000 | 2.00 |

개별 관측값 관리도에서 작은 변화를 탐지하는 능력은 매우 빈약하다고 할 수 있다. 예를 들어, 표본을 매시간 추출하는 연속적인 화학 공정을 고려해 보자. 공정평균의 변화가 $1\sigma$인 경우, 위의 정보에서 평균적으로 약 44개의 표본을 추출하여 평균 변화를 탐지하는 것을 알 수 있다. 이것은 거의 이틀 동안 이상상태에서 생산하는 것으로 경제적으로 치명적인 결과를 가져올 수 있다. 이와 같은 사실은 제2국면 공정 모니터링에서 개별 관측값 관리도의 유용성을 제한하고 있다.

일부 실무자는 개별 관측값 관리도에서 작은 공정의 변화를 탐지하는 능력을 향상시키기 위해 3시그마 관리한계보다 더 좁은 관리한계를 사용할 것을 제안하기도 한다. 대신 좁은 관리한계를 사용하면 $ARL_0$ 값이 급격하게 감소하고 오경보가 증가하기 때문에 좋은 방법이 아니다. 제2국면에서 작은 변화를 탐지하기를 원한다면, 9장의 CUSUM 관리도나 EWMA 관리도를 사용하는 것이 좋다.

**정규성** 이 절에서의 논의는 관측값이 정규분포를 따른다는 가정하에서 이루어진 것이

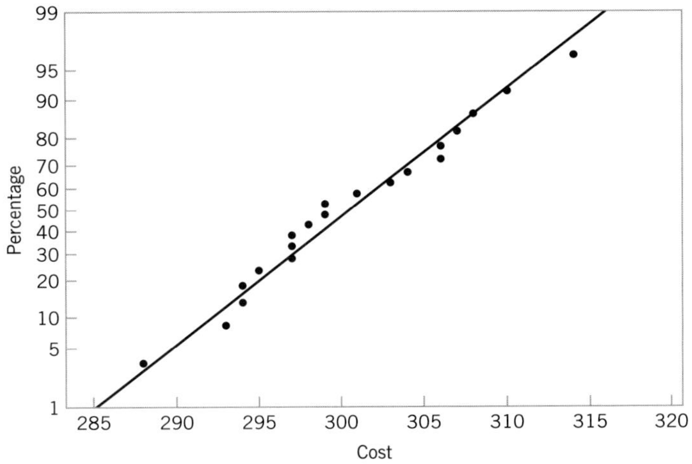


그림 6.21
예 6.5의 표 6.6에 대한 주택담보 대출신청 처리비용 데이터의 정규 확률플롯

다. Borror, Montgomery와 Runger(1999)는 공정 데이터가 정규성을 따르지 않을 때 개별 관측값에 대한 Shewhart 관리도의 제2국면 성능을 연구하였다. 그들은 비대칭 공정 데이터를 나타내기 위한 감마분포와 대칭인 정규분포와 유사한 데이터를 나타내기 위한 $t$분포에 대해 연구하였는데, 비정규 데이터의 경우 관리상태에서의 평균 런 길이가 급격하게 영향을 받는다는 것을 발견했다. 예를 들어, 3시그마 관리한계를 사용한 개별 관측값 관리도에서 정규 데이터의 경우 $ARL_0 = 370$이지만, 감마분포 데이터에서 $ARL_0$는 감마분포의 모양에 따라 45와 97 사이의 값을 갖는다(비대칭이 심해질수록 값이 더 작아짐). $t$분포에서는 자유도가 4에서 50까지의 증가함(즉, $t$분포가 정규분포에 더 가까워짐)에 따라 $ARL_0$는 76과 283 사이의 값이 된다.

이러한 결과로부터 공정이 정규성에서 이탈한다면, 이전에 제시했던 관리한계는 제2국면 공정 모니터링에 부적절할 수 있다는 결론을 얻는다. 비정규성 문제를 해결하기 위한 하나의 방법은 개별 관측값 관리도에서 관리한계를 데이터에 맞는 분포의 백분위수에 기초하여 결정하는 것이다. 백분위수는 표본의 수가 많을 때(최소 100개, 또는 200개) 히스토그램으로부터 또는 데이터에 적합된 확률분포로부터 얻을 수 있다. 경험적인 분포에 기초한 관리도의 설계에 대해서는 Willemain과 Runger(1996)를 참고할 수 있다. 또 다른 방법은 기존의 변수를 근사적으로 정규분포를 따르는 새로운 변수로 변환하여 관리도를 적용하는 것이다. 또한 Borror, Montgomery와 Runger(1999)는 적절하게 설계된 EWMA 관리도가 정규성 가정에 크게 민감하지 않다는 것을 보였다. 이에 대해서는 9장에서 다시 논의할 것이다.

개별 관측값 관리도를 사용할 때 정규성 가정을 확인하는 것은 중요하다. 정규확률플롯(normal probability plot)으로 정규성 가정을 간단하게 확인할 수 있다. 그림 6.21은 표 6.6의 대출신청 처리비용 데이터에 대한 정규확률플롯인데, 이 데이터의 정규성 가정에는 큰 문제가 없음을 알 수 있다. 그러나 정규확률그림은 정규성 가정에 대한 **대략적인 검사**에 불과하고, 개별 관측값 관리도는 비정규성에 매우 민감하다는 것에 유의해야 한다. 더 나아가 평균의 변화는 정규확률플롯에서 정규성 가정에 문제가 있는 것처럼 나타날 수 있다. 공정의 안정성을 위해 정규확률플롯을 신중하게 해석할 필요가 있으며, Shewhart

의 개별 관측값 관리도는 특히 제2국면 공정 모니터링에서 세심한 주의를 기울여 사용할 것을 제안한다.

### 예 6.6 변환의 사용

표 6.8은 에피택시얼층(epitaxial layer)이 단일 웨이퍼 증착 공정에서 증착된 후 25개의 실리콘 웨이퍼에 대한 저항의 측정 데이터이다. 개별 관측값 관리도를 구성하라.

**풀이**

그림 6.22는 저항 측정값의 정규확률플롯이다. 이 그림은 최소제곱법을 사용하여 점들에 적합하게 직선을 그린 것으로, 미니탭으로 작성되었다. 정규확률플롯을 살펴본 결과 저항의 정규성 가정에 의문이 들기 때문에, 개별 관측값 관리도에 이 공정 데이터를 바로 적용하는 것은 문제가 될 수 있다.

그림 6.22로부터 저항의 분포가 오른쪽 꼬리가 긴 분포임을 알 수 있으므로, 정규분포에 가까워지도록 로그변환을 고려하였다. 저항의 자연로그는 표 6.8의 3번째 열에서 확인할 수 있으며, 이에 대한 정규확률플롯은 그림 6.23에 나타나 있다. 로그변환을 한 새로운 변수는 원래의 저항 측정값보다 정규분포에 더 근사됨을 알 수 있다.

표 6.8 예 6.6의 저항 데이터

| Sample, $i$ | Resistivity ($x_i$) | ln ($x_i$) | MR |
|---|---|---|---|
| 1 | 216 | 5.37528 | |
| 2 | 290 | 5.66988 | 0.29460 |
| 3 | 236 | 5.46383 | 0.20605 |
| 4 | 228 | 5.42935 | 0.03448 |
| 5 | 244 | 5.49717 | 0.06782 |
| 6 | 210 | 5.34711 | 0.15006 |
| 7 | 139 | 4.93447 | 0.41264 |
| 8 | 310 | 5.73657 | 0.80210 |
| 9 | 240 | 5.48064 | 0.25593 |
| 10 | 211 | 5.35186 | 0.12878 |
| 11 | 175 | 5.16479 | 0.18707 |
| 12 | 447 | 6.10256 | 0.93777 |
| 13 | 307 | 5.72685 | 0.37571 |
| 14 | 242 | 5.48894 | 0.23791 |
| 15 | 168 | 5.12396 | 0.36498 |
| 16 | 360 | 5.88610 | 0.76214 |
| 17 | 226 | 5.42053 | 0.46557 |
| 18 | 253 | 5.53339 | 0.11286 |
| 19 | 380 | 5.94017 | 0.40678 |
| 20 | 131 | 4.87520 | 1.06497 |
| 21 | 173 | 5.15329 | 0.27809 |
| 22 | 224 | 5.41165 | 0.25836 |
| 23 | 195 | 5.27300 | 0.13865 |
| 24 | 199 | 5.29330 | 0.02030 |
| 25 | 226 | 5.42053 | 0.12723 |
| | | $\overline{\ln(x_i)} = 5.44402$ | $\overline{MR} = 0.33712$ |

표 6.8의 마지막 열은 저항의 자연로그에 대한 이동범위이다. 그림 6.24는 저항의 자연로그에 대한 개별 관측값 관리도와 이동범위 관리도를 나타내고 있는데, 공정에 이상이 없는 것으로 판단된다.

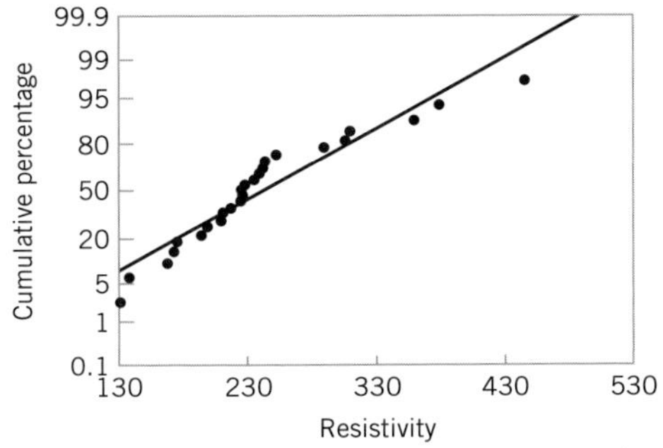


**그림 6.22** 저항의 정규확률플롯

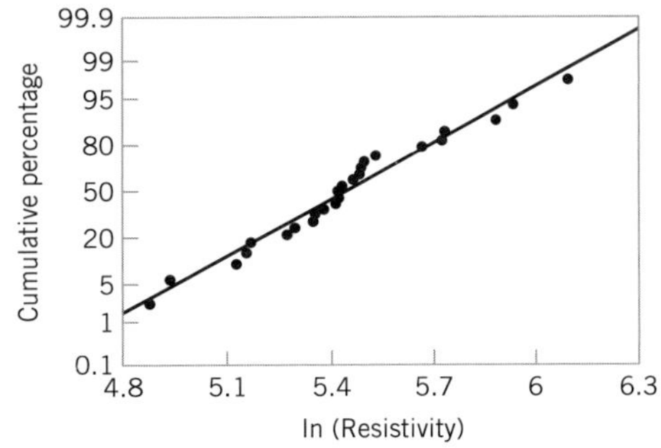


**그림 6.23** ln(저항)의 정규확률플롯

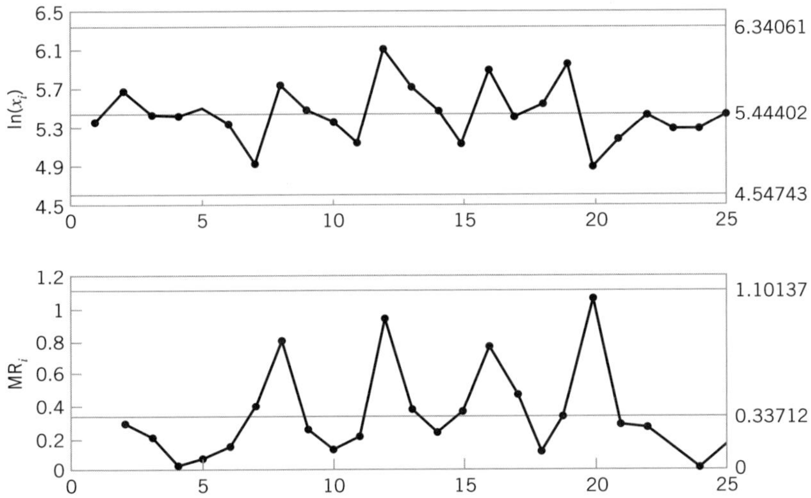


**그림 6.24** 예 6.6의 ln(저항)에 대한 개별 관측값 관리도와 이동범위 관리도

**σ의 추정** 개별 관측값 관리도의 $\sigma$ 추정에 있어서 우리는 종종 이동범위를 사용한다. 이동범위는 $MR_i = |x_i - x_{i-1}|, i = 2, 3, ..., m$으로 정의되었다. 더 정확하게 말하자면 이 통계량은 이동범위를 계산하는 데 사용되는 관측값의 수를 증가시킬 수 있기 때문에 **두 관측값**의 이동범위라고 해야 할 것이다. **평균이동범위**(average moving range) $\overline{MR} = \sum_{i=2}^{m} MR_i/(m-1)$에 기초하여 예 6.5에서 사용된 추정량은 다음과 같이 나타낼 수 있다.

$$\hat{\sigma}_1 = 0.8865\overline{\text{MR}}$$

이때 상수 0.8865는 표본크기가 2인 것에 대한 $d_2$의 역수이다. 다른 연구자들 중에서도 Cryer와 Ryan(1990)은 관리상태의 공정에서 보다 효율적인 추정량은 다음과 같이 표본표준편차를 토대로 한 것이라고 언급했다.

$$\hat{\sigma}_2 = \frac{s}{c_4}$$

두 추정량은 모두 불편추정량이고, $m$개의 관측값에 이상원인이 존재하지 않음을 가정한다. 이상원인이 존재할 경우에는 $\hat{\sigma}_1$과 $\hat{\sigma}_2$은 공정표준편차의 편향된 추정량이 된다. 이를 설명하기 위해, 개별적인 관측값이

$$x_1, x_2, \ldots, x_t, x_{t+1}, \ldots, x_m$$

이고, 처음 $t$개의 관측값은 평균 $\mu_0$, 표준편차 $\sigma$로 관리상태이고, $x_t$와 $x_{t+1}$ 사이에서 이상원인이 발생해서 공정의 평균이 새로운 수준 $\mu = \mu_0 + \delta\sigma$로 변화하고 $x_{t+1}, \ldots, x_m$은 이 새로운 수준에서 유지된다고 가정하자. 이런 가정하에서 Woodall과 Montgomery(2000~2001)는 다음을 보였다.

$$E\left(s^2\right) = \sigma^2 + \frac{t(m-1)}{m(m-1)}(\delta\sigma)^2$$

사실, 이 결과는 $s^2$을 계산하는 데 관측값의 순서가 관련이 없기 때문에 $t$개의 관측값의 평균은 $\mu_0$ 이고 나머지 관측값의 평균은 $\mu_0 + \delta\sigma$으로 유지되는 어느 경우에서나 동일하다. 따라서 $s^2$이 큰 값으로 편향되었고, 결과적으로 $\hat{\sigma}_2 = s/c_4$는 $\sigma$를 과추정하게 된다. $\hat{\sigma}_2$의 편향범위는 평균 변화의 크기($\delta\sigma$), 변화 발생시점($t$), 관측값의 수($m$)에 의존한다. 이동범위는 $(t + 1)$의 한 시점 동안만 평균 변화에 의해서만 영향을 받기 때문에, 따라서 $\hat{\sigma}_1$의 편향은 단지 변화의 크기와 $m$에 영향을 받는다. $1 < t < m - 1$이면, $\hat{\sigma}_1$의 편향은 $\hat{\sigma}_2$의 편향보다 항상 작을 것이다. Cruthis와 Rigdon(1992~1993)은 다음의 비율

$$F^* = \left(\frac{\hat{\sigma}_1}{\hat{\sigma}_2}\right)^2$$

을 사용하여 공정의 관리상태 여부를 판단할 수 있는 방법을 제안하였다. 그들은 공정이 관리상태임을 가정하고, 표본크기가 $m = 10(5)100$일 때 $F^*$분포의 근사적인 90, 95, 99, 99.9번째 백분위수를 구하기 위해 모의실험을 진행하였다. 이것은 경험적인 분포이기 때문에 $F^*$의 관측값이 이들 백분위수들 중 하나를 초과하는 경우 $m$개 관측값을 추출하는 기간 동안 공정이 관리상태가 아님을 나타낸다는 것이다.

$\sigma$ 추정에서 편향을 줄이거나 제거하기 위한 방법으로 Clifford(1959)와 Bryce, Gaudard와 Joiner(1997~1998)가 제안한 바와 같이 두 관측값의 이동범위의 **중앙값**을 이용할 수 있다. 이 추정량은

$$\hat{\sigma}_3 = 1.047\overline{\text{MR}}$$

인데, 이때 $\overline{MR}$은 두 관측값의 이동범위들의 중앙값이고, 1.047은 $E(\tilde{R}) = d_4\sigma$($\tilde{R}$는 범위의 중앙값)과 같이 정의된 부분군의 크기 2에 대한 관리도 상수 $d_4$의 역수이다. $d_4$ 값의 표는 Wadsworth, Stephens와 Godfrey(2002)에 나타나 있다. 본질적으로 두 관측값의 이동범위들 중에서 지속적인 변화에 의해 하나의 이동범위만 영향을 받기 때문에, 하나의 큰 이동범위는 이동범위의 중앙값에 거의 영향을 미치지 않으며 평균이동범위에 비해 영향을 적게 줄 것이다. $\sigma$를 추정하기 위해 이동범위의 중앙값을 이용하여 개별 관측값 관리도를 구축하는 것은 Minitab에서 하나의 옵션이다.

이제 이상원인이 평균의 지속적인 변화를 일으키는 것이 아니라 하나의 관측값에만 영향을 미친다고 가정하자. 하나의 관측값의 평균이 $\mu_0 + \delta\sigma$일 경우

$$E\left(s^2\right) = \sigma^2 + \frac{1}{m}(\delta\sigma)^2$$

이 되며, 이 관측값은 두 관측값의 이동범위에 영향을 미칠 것이다. 만일 연속한 두 개의 관측값의 평균이 변화한 경우에는

$$E\left(s^2\right) = \sigma^2 + \frac{2(m-2)}{m(m-1)}(\delta\sigma)^2$$

이 되고, 2개의 이동범위는 이상상태 관측값에 의해 영향을 받을 것이다. 따라서 이상원인이 하나 또는 몇 개의 인접한 관측값에 영향을 미칠 때, $s^2$의 편향은 지속적인 변화가 일어날 때에 비해 더 작을 것이라고 예상할 수 있다. 그러나 평균의 지속적인 변화를 생성하는 이상원인이 관찰값의 순서에서 매우 일찍 발생하거나 매우 늦게 발생하는 경우에는, 하나 또는 몇 개의 인접한 관측값에 영향을 주는 이상원인과 유사한 효과를 만들 것이다.

몇몇 연구자는 2개 이상의 인접한 관측값의 이동범위를 이용하여 $\sigma$를 추정할 것을 제안하였고, 관리도에 대한 일부 컴퓨터 프로그램은 옵션으로 이를 제공한다. 그러나 이것은 이상원인이 존재하는 경우 $\sigma$ 추정의 편향을 증가시킨다는 사실을 쉽게 알 수 있다. 인접한 3개 관측값의 이동범위를 사용하고 평균의 이상원인에 영향을 받는 단일 관측값이 있는 경우, 이 단일 관측값은 3개의 이동범위에 영향을 미칠 것이다. 따라서 인접한 3개 관측값의 이동범위를 사용하는 것은 2개 관측값의 이동범위를 사용하는 것에 비해 더 많은 $\sigma$ 추정의 편향을 초래한다. 더구나 지속적인 변화의 경우 인접한 3개 관측값의 이동범위들 중 2개의 이동범위가 영향을 받을 것이다. 일반적으로 인접한 $w$개 관측값의 이동범위를 사용하고 평균의 이상원인에 영향을 받는 단일 관측값이 있는 경우 $w$개의 이동범위가 이 관측값에 의해 영향을 받으며, 평균의 지속적인 변화가 있는 경우 $w-1$개의 이동범위가 평균 변화에 의해 영향을 받을 것이다. 결론적으로 이동범위를 계산할 때 인접한 관측값의 개수를 증가시키는 것은 이상원인이 발생하는 경우 더 많은 $\sigma$ 추정의 편향을 초래할 것이다. 실제로, Wetherill과 Brown(1991)은 추정량을 얻기 위해 이동범위에 사용한 인접한 관측값의 개수에 대해 $\sigma$의 추정량을 타점해 보는 것을 제안하였다. 급격하게 상승하는 곡선은 이상원인이 존재하는 것을 나타낸다. 공정산포를 추정하기 위해 범위를 사용하는 것은 Woodall과 Montgomery(2000~2001)를 참고할 수 있다.

### 6.4.1 Levey-Jennings 관리도

Levey-Jennings 관리도는 실험실의 측정값을 모니터링하는 절차로서, 개별 관측값에 대한 Shewhart 관리도가 변형된 관리도이다. 관리도의 중심선은 개별 관측값의 평균을 사용하거나 표준값이 알려진 경우 이 값을 사용한다. 1950년에 제안한 S. Levey와 E. R. Jennings의 이름을 따서 관리도 이름을 명명하였다[Levey와 Jennings(1950) 참조]. Levey-Jennings 관리도는 공정의 표준편차를 추정하는 방식에서 개별 관측값에 대한

Shewhart 관리도와 차이가 있다. Shewhart 관리도는 이동범위에 기반한 단기적인 추정치를 사용하는 반면, Levey-Jennings 관리도는 표본표준편차 에 기반한 장기적인 추정치를 사용한다. 종종 이 관리도는 Westgard, Barry와 Hunt(1981)가 제안한 부가적 규칙과 함께 사용되는데, Westgard 규칙은 이전에 설명한 Western Electric 및 Nelson 규칙이 변형된 것이다.

일부 소프트웨어 패키지(예를 들면, JMP)에서 Levey-Jennings 관리도의 작성이 가능하다. 그러나 만일 이상원인으로 인하여 표본표준편차 ($s$ 또는 $s/c_4$)가 위쪽으로 치우치는 경우 관리한계가 너무 넓어져 관리도의 탐지 능력이 나빠지기 때문에 이 관리도의 사용을 권장하지는 않는다.

## 6.5 $\bar{x}$, $R$, $s$ 관리도 절차의 요약

이 장에서 소개한 여러 유형의 계량형 관리도의 관리한계를 한 곳에 정리하면 편리할 것이다. 표 6.9는 $\mu$와 $\sigma$의 표준값이 주어진 경우 $\bar{x}$, $R$, $s$ 관리도에 대한 관리한계의 요약이고, 표 6.10은 표준값이 주어지지 않고 과거 데이터의 분석으로부터 시험적 관리한계를 설정하는 경우 $\bar{x}$, $R$, $s$ 관리도에 대한 관리한계의 요약이다. $s$ 관리도에 주어진 상수는 $n-1$이 $s$의 분모에 사용됨을 가정한다. 모든 상수는 부록 표 6에서 찾을 수 있다.

표 6.9
표준값이 주어진 경우 관리도의 관리한계

| Chart | Center Line | Control Limits |
|---|---|---|
| $\bar{x}$ ($\mu$ and $\sigma$ given) | $\mu$ | $\mu \pm A\sigma$ |
| $R$ ($\sigma$ given) | $d_2\sigma$ | $\text{UCL} = D_2\sigma$, $\text{LCL} = D_1\sigma$ |
| $s$ ($\sigma$ given) | $c_4\sigma$ | $\text{UCL} = B_6\sigma$, $\text{LCL} = B_5\sigma$ |

표 6.10
표준값이 주어지지 않은 경우 과거 데이터에 기초한 관리도의 관리한계

| Chart | Center Line | Control Limits |
|---|---|---|
| $\bar{x}$ (using $R$) | $\bar{\bar{x}}$ | $\bar{\bar{x}} \pm A_2\bar{R}$ |
| $\bar{x}$ (using $s$) | $\bar{\bar{x}}$ | $\bar{\bar{x}} \pm A_3S$ |
| $R$ | $\bar{R}$ | $\text{UCL} = D_4\bar{R}$, $\text{LCL} = D_3\bar{R}$ |
| $s$ | $\bar{s}$ | $\text{UCL} = B_4\bar{s}$, $\text{LCL} = B_3\bar{s}$ |

## 연습문제

**6.1** 자동차 변속기 부품 제조업자는 샤프트(shaft)를 생산하는 공정을 관리도를 사용하여 모니터링하고자 한다. 이 샤프트 지름에 대해 크기 4인 20개의 표본에 대한 데이터가 다음과 같다.

$$\sum_{i=1}^{20} \bar{x}_i = 10.275, \qquad \sum_{i=1}^{20} R_i = 1.012$$

(a) $\bar{x}$-$R$ 관리도에서의 관리한계를 설정하라.

(b) 20개의 사전 표본이 두 관리도에서 관리상태를 보인다고 가정할 때, 공정의 평균과 표준편차를 추정하라.

**6.2** 표 6E.1의 데이터는 베어링의 생산 공정에서 추출한 크기 5인 24개의 표본에 대한 와 값이다. 측정값은 베어링의 내부 지름이고 마지막 소수점 세 자리만 기록한 것이다(즉, 34.5는 0.50345를 나타냄).

(a) 이 공정에 대한 $\bar{x}$-$R$ 관리도를 구성하고, 관리상태 여부를 판단하라. 필요한 경우 관리한계를 수정하라.

(b) 지름에 대한 규격이 0.5030±0.0010인 경우, 이 공정에서 생산되는 불량품의 비율을 구하라. 이때 지름은 정규분포를 따른다고 가정한다.

**표 6E.1** 베어링 지름 데이터

| Sample Number | $\bar{x}$ | $R$ | Sample Number | $\bar{x}$ | $R$ |
|---|---|---|---|---|---|
| 1 | 34.5 | 3 | 13 | 35.4 | 8 |
| 2 | 34.2 | 4 | 14 | 34.0 | 6 |
| 3 | 31.6 | 4 | 15 | 37.1 | 5 |
| 4 | 31.5 | 4 | 16 | 34.9 | 7 |
| 5 | 35.0 | 5 | 17 | 33.5 | 4 |
| 6 | 34.1 | 6 | 18 | 31.7 | 3 |
| 7 | 32.6 | 4 | 19 | 34.0 | 8 |
| 8 | 33.8 | 3 | 20 | 35.1 | 4 |
| 9 | 34.8 | 7 | 21 | 33.7 | 2 |
| 10 | 33.6 | 8 | 22 | 32.8 | 1 |
| 11 | 31.9 | 3 | 23 | 33.5 | 3 |
| 12 | 38.6 | 9 | 24 | 34.2 | 2 |

**6.3** 표 6E.2의 데이터는 항공기 제조에 사용되는 탄소 섬유 복합 재료의 구멍의 공칭 지름에 대한 편차이다. 기록된 값은 1인치의 10000분의 1인 공칭 편차이다.

(a) 이 공정의 $\bar{x}$-$R$ 관리도를 작성하고, 공정이 관리상태인지 판단하라.

(b) 범위 방법을 이용하여 공정의 표준편차를 추정하라.

(c) 규격한계가 ±100인 경우, 공정능력은 어떠한지 기술하라. PCR $C_p$의 값도 계산하라.

표 6E.2 연습문제 6.3의 구멍 지름 데이터

| Sample Number | $x_1$ | $x_2$ | $x_3$ | $x_4$ | $x_5$ |
|---|---|---|---|---|---|
| 1 | −30 | +50 | −20 | +10 | +30 |
| 2 | 0 | +50 | −60 | −20 | +30 |
| 3 | −50 | +10 | +20 | +30 | +20 |
| 4 | −10 | −10 | +30 | −20 | +50 |
| 5 | +20 | −40 | +50 | +20 | +10 |
| 6 | 0 | 0 | +40 | −40 | +20 |
| 7 | 0 | 0 | +20 | −20 | −10 |
| 8 | +70 | −30 | +30 | −10 | 0 |
| 9 | 0 | 0 | +20 | −20 | +10 |
| 10 | +10 | +20 | +30 | +10 | +50 |
| 11 | +40 | 0 | +20 | 0 | +20 |
| 12 | +30 | +20 | +30 | +10 | +40 |
| 13 | +30 | −30 | 0 | +10 | +10 |
| 14 | +30 | −10 | +50 | −10 | −30 |
| 15 | +10 | −10 | +50 | +40 | 0 |
| 16 | 0 | 0 | +30 | −10 | 0 |
| 17 | +20 | +20 | +30 | +30 | −20 |
| 18 | +10 | −20 | +50 | +30 | +10 |
| 19 | +50 | −10 | +40 | +20 | 0 |
| 20 | +50 | 0 | 0 | +30 | +10 |

**6.4** 연습문제 6.3를 $s$ 관리도를 사용하여 다시 풀이하라.

**6.5** 공정에서 일정한 간격으로 $n = 6$인 표본이 추출된다. 50개의 표본에 대한 품질특성치를 측정하여 다음을 계산하였다.

$$\sum_{i=1}^{50} \bar{x}_i = 2{,}000, \quad \sum_{i=1}^{50} R_i = 200$$

이때 품질특성치는 정규분포를 따른다고 가정하자.

(a) $\bar{x}$–$R$ 관리도의 관리한계를 계산하라.

(b) 모든 점이 (a)에서 계산된 관리한계 내에 있다. 자연공차한계는 얼마인가?

(c) 규격한계가 $41 \pm 4.5$일 때 이러한 규격한계의 범위 내에서 제품을 생산하기 위한 공정능력에 대해 기술하라.

(d) 규제품이 규격상한을 벗어날 경우 재작업을 수행해야 하고, 규격하한을 벗어날 경우 폐기해야 한다고 가정하자. 공정 생산에서 폐기하거나 재작업을 하는 비율은 얼마인지 계산하라.

(e) 공정 성능을 개선시키기 위한 제안을 기술하라.

**6.6** 표 6E.3은 가공 공정에서 생산된 부품의 중요 치수에 대한 크기 5인 20개 부그룹 데이터이다.

(a) 이 공정에 대한 $\bar{x}$–$R$ 관리도를 구성하고, 공정이 관리상태인지 판단하라.

(b) (a)에서 관리도를 구성한 후 새롭게 수집한 10개 부그룹 데이터가 표 6E.4에 나타나 있다. 이 $\bar{x}$와 $R$ 값을 (a)의 관리도에 타점하고 결론을 도출하라.

(c) (b)에서 발생한 이상신호에 대한 이상원인이 식별되었고 이를 수정하는 조정이 이루어졌다고 가정하자. 조정 후에 새롭게 추출한 부그룹 데이터인 표 6E.5 데이터에 대해 $\bar{x}-R$ 관리도를 구성하고 결론을 도출하라.

**표 6E.3** 연습문제 6.6 데이터

| Sample Number | $x_1$ | $x_2$ | $x_3$ | $x_4$ | $x_5$ | $\bar{x}$ | $R$ |
|---|---|---|---|---|---|---|---|
| 1 | 138.1 | 110.8 | 138.7 | 137.4 | 125.4 | 130.1 | 27.9 |
| 2 | 149.3 | 142.1 | 105.0 | 134.0 | 92.3 | 124.5 | 57.0 |
| 3 | 115.9 | 135.6 | 124.2 | 155.0 | 117.4 | 129.6 | 39.1 |
| 4 | 118.5 | 116.5 | 130.2 | 122.6 | 100.2 | 117.6 | 30.0 |
| 5 | 108.2 | 123.8 | 117.1 | 142.4 | 150.9 | 128.5 | 42.7 |
| 6 | 102.8 | 112.0 | 135.0 | 135.0 | 145.8 | 126.1 | 43.0 |
| 7 | 120.4 | 84.3 | 112.8 | 118.5 | 119.3 | 111.0 | 36.1 |
| 8 | 132.7 | 151.1 | 124.0 | 123.9 | 105.1 | 127.4 | 46.0 |
| 9 | 136.4 | 126.2 | 154.7 | 127.1 | 173.2 | 143.5 | 46.9 |
| 10 | 135.0 | 115.4 | 149.1 | 138.3 | 130.4 | 133.6 | 33.7 |
| 11 | 139.6 | 127.9 | 151.1 | 143.7 | 110.5 | 134.6 | 40.6 |
| 12 | 125.3 | 160.2 | 130.4 | 152.4 | 165.1 | 146.7 | 39.8 |
| 13 | 145.7 | 101.8 | 149.5 | 113.3 | 151.8 | 132.4 | 50.0 |
| 14 | 138.6 | 139.0 | 131.9 | 140.2 | 141.1 | 138.1 | 9.2 |
| 15 | 110.1 | 114.6 | 165.1 | 113.8 | 139.6 | 128.7 | 54.8 |
| 16 | 145.2 | 101.0 | 154.6 | 120.2 | 117.3 | 127.6 | 53.3 |
| 17 | 125.9 | 135.3 | 121.5 | 147.9 | 105.0 | 127.1 | 42.9 |
| 18 | 129.7 | 97.3 | 130.5 | 109.0 | 150.5 | 123.4 | 53.2 |
| 19 | 123.4 | 150.0 | 161.6 | 148.4 | 154.2 | 147.5 | 38.3 |
| 20 | 144.8 | 138.3 | 119.6 | 151.8 | 142.7 | 139.4 | 32.2 |

**표 6E.4** 연습문제 6.6(b) 데이터

| Sample Number | $x_1$ | $x_2$ | $x_3$ | $x_4$ | $x_5$ | $\bar{x}$ | $R$ |
|---|---|---|---|---|---|---|---|
| 1 | 131.0 | 184.8 | 182.2 | 143.3 | 212.8 | 170.8 | 81.8 |
| 2 | 181.3 | 193.2 | 180.7 | 169.1 | 174.3 | 179.7 | 24.0 |
| 3 | 154.8 | 170.2 | 168.4 | 202.7 | 174.4 | 174.1 | 48.0 |
| 4 | 157.5 | 154.2 | 169.1 | 142.2 | 161.9 | 157.0 | 26.9 |
| 5 | 216.3 | 174.3 | 166.2 | 155.5 | 184.3 | 179.3 | 60.8 |
| 6 | 186.9 | 180.2 | 149.2 | 175.2 | 185.0 | 175.3 | 37.8 |
| 7 | 167.8 | 143.9 | 157.5 | 171.8 | 194.9 | 167.2 | 51.0 |
| 8 | 178.2 | 186.7 | 142.4 | 159.4 | 167.6 | 166.9 | 44.2 |
| 9 | 162.6 | 143.6 | 132.8 | 168.9 | 177.2 | 157.0 | 44.5 |
| 10 | 172.1 | 191.7 | 203.4 | 150.4 | 196.3 | 182.8 | 53.0 |

표 6E.5 연습문제 6.6(c) 데이터

| Sample Number | $x_1$ | $x_2$ | $x_3$ | $x_4$ | $x_5$ | $\bar{x}$ | $R$ |
|---|---|---|---|---|---|---|---|
| 1 | 131.5 | 143.1 | 118.5 | 103.2 | 121.6 | 123.6 | 39.8 |
| 2 | 111.0 | 127.3 | 110.4 | 91.0 | 143.9 | 116.7 | 52.8 |
| 3 | 129.8 | 98.3 | 134.0 | 105.1 | 133.1 | 120.1 | 35.7 |
| 4 | 145.2 | 132.8 | 106.1 | 131.0 | 99.2 | 122.8 | 46.0 |
| 5 | 114.6 | 111.0 | 108.8 | 177.5 | 121.6 | 126.7 | 68.7 |
| 6 | 125.2 | 86.4 | 64.4 | 137.1 | 117.5 | 106.1 | 72.6 |
| 7 | 145.9 | 109.5 | 84.9 | 129.8 | 110.6 | 116.1 | 61.0 |
| 8 | 123.6 | 114.0 | 135.4 | 83.2 | 107.6 | 112.8 | 52.2 |
| 9 | 85.8 | 156.3 | 119.7 | 96.2 | 153.0 | 122.2 | 70.6 |
| 10 | 107.4 | 148.7 | 127.4 | 125.0 | 127.5 | 127.2 | 41.3 |

**6.7** 공정 관리를 위해 $\bar{x}$–$R$ 관리도를 사용하고 있다. 이때 크기 3인 20개의 초기 부분군으로부터 다음을 계산하였다.

$$\sum_{i=1}^{20} \bar{x}_i = 5{,}502 \quad \sum_{i=1}^{20} R_i = 60$$

(a) 이 데이터를 이용하여 관리도를 구성하라.

(b) 공정이 관리상태라고 가정하고 공정의 평균과 표준편차를 추정하라.

(c) 품질특성치의 규격한계가 275 ± 6이고, 정규분포를 따른다고 가정하자. 불량률을 추정하라.

(d) 6시그마 공정을 만들기 위해 공정분산의 감소가 얼마나 필요한가?

**6.8** 금속 부품의 인장 강도를 관리하기 위해 $\bar{x}$–$R$ 관리도를 사용하고자 한다. 표면 마감은 정규분포를 따른다고 가정하고, 일정 기간 동안 크기 4인 30개의 표본을 수집하여 다음을 계산하였다.

$$\sum_{i=1}^{30} \bar{x}_i = 6{,}000, \quad \sum_{i=1}^{30} R_i = 150$$

(a) $\bar{x}$–$s$ 관리도의 관리한계를 계산하라.

(b) 두 관리도가 관리상태이고, 규격한계는 200 ± 5이다. 공정능력에 대해 기술하라.

(c) 위의 $\bar{x}$ 관리도에서 실제 공정평균이 199일 때 제2종 오류를 계산하라.

**6.9** 시가 라이터 걸쇠(cigar lighter detent)의 규격한계는 0.3220과 0.3200인치이다. 45분마다 크기 5인 표본을 측정한 결과가 표 6E.6에 나타나 있다. (0.3210인치에서의 편차를 0.0001인치 단위로 측정)

**표 6E.6** 연습문제 6.9의 데이터

| Sample Number | $x_1$ | $x_2$ | $x_3$ | $x_4$ | $x_5$ |
|---|---|---|---|---|---|
| 1 | 1 | 9 | 6 | 9 | 6 |
| 2 | 9 | 4 | 3 | 0 | 3 |
| 3 | 0 | 9 | 0 | 3 | 2 |
| 4 | 1 | 1 | 0 | 2 | 1 |
| 5 | −3 | 0 | −1 | 0 | −4 |
| 6 | −7 | 2 | 0 | 0 | 2 |
| 7 | −3 | −1 | −1 | 0 | −2 |
| 8 | 0 | −2 | −3 | −3 | −2 |
| 9 | 2 | 0 | −1 | −3 | −1 |
| 10 | 0 | 2 | −1 | −1 | 2 |
| 11 | −3 | −2 | −1 | −1 | 2 |
| 12 | −16 | 2 | 0 | −4 | −1 |
| 13 | −6 | −3 | 0 | 0 | −8 |
| 14 | −3 | −5 | 5 | 0 | 5 |
| 15 | −1 | −1 | −1 | −2 | −1 |

(a) $R$ 관리도를 구성하고 공정이 관리상태인지 판단하라.

(b) 공정의 표준편차를 추정하라.

(c) 공정능력은 어떠한지 기술하라.

**6.10 연습문제 6.9 계속** 연습문제 6.9의 데이터에 대해 적절한 시험적 관리한계를 설정하여 $\bar{x}$–$R$ 관리도를 구성하라. 필요한 경우 향후 생산을 모니터링하기 위한 관리도를 위해 이 시험적 관리한계를 수정하라. 표 6E.7의 새로운 데이터가 측정되었다고 가정하자.

(a) 새로운 측정값을 관리도에 타점하라. 그리고 공정의 안정성 대한 결론을 도출하라.

(b) 25개 표본의 모든 데이터를 사용하여 $\bar{x}$–$R$ 관리도에 대한 관리한계를 수정하라. 이 공정에 대해 도출된 결론에 대해 설명하라.

**표 6E.7** 연습문제 6.9의 새로운 데이터

| Sample Number | $x_1$ | $x_2$ | $x_3$ | $x_4$ | $x_5$ |
|---|---|---|---|---|---|
| 16 | 2 | 10 | 9 | 6 | 5 |
| 17 | 1 | 9 | 5 | 9 | 4 |
| 18 | 0 | 9 | 8 | 2 | 5 |
| 19 | −3 | 0 | 5 | 1 | 4 |
| 20 | 2 | 10 | 9 | 3 | 1 |
| 21 | −5 | 4 | 0 | 6 | −1 |
| 22 | 0 | 2 | −5 | 4 | 6 |
| 23 | 10 | 0 | 3 | 1 | 5 |
| 24 | −1 | 2 | 5 | 6 | −3 |
| 25 | 0 | −1 | 2 | 5 | −2 |

**6.11** 3시그마 관리한계의 $\bar{x}$ 관리도가 다음과 같은 값을 가진다고 하자.

$$관리상한 = 104, 중심선 = 100,$$
$$관리하한 = 96, n = 5$$

공정의 품질특성치는 평균이 98이고 표준편차가 8인 정규분포를 따른다고 가정하자. 적어도 3번째 점에서 이상상태라고 판단될 확률을 계산하라.

**6.12** 연습문제 6.11에서 정의된 $\bar{x}$ 관리도에서 $ARL_1$을 계산하라.

**6.13** $n = 4$인 $\bar{x}$-$R$ 관리도를 이용하여 정규분포를 따르는 품질특성치를 관리하고 있다. 이때 관리도의 모수는 다음과 같다.

| $\bar{x}$ **Chart** | $R$ **Chart** |
|---|---|
| UCL = 815 | UCL = 46.98 |
| Center line = 800 | Center line = 20.59 |
| LCL = 785 | LCL = 0 |

두 개의 관리도는 관리상태라고 할 때, 평균이 790으로 변화하는 경우 변화 후 첫 번째 표본에서 이를 탐지할 확률을 계산하라.

**6.14** 연습문제 6.13에서 정의된 $\bar{x}$ 관리도에서 평균 런 길이를 계산하라.

**6.15** $\bar{x}$-$R$ 관리도가 다음과 같이 구성되어 있다. 이때 표본크기 $n = 9$이며, 관리도는 모두 관리상태이고 품질특성치는 정규분포를 따른다고 가정하자.

| $\bar{x}$ **Chart** | $R$ **Chart** |
|---|---|
| UCL = 363.0 | UCL = 16.18 |
| Center line = 360.0 | Center line = 8.91 |
| LCL = 357.0 | LCL = 1.64 |

(a) $\bar{x}$ 관리도의 제1종 오류를 계산하라.

(b) 규격한계가 358 ± 6일 때 이러한 규격한계의 범위 내에서 제품을 생산하기 위한 공정능력에 대해 기술하라.

(c) 평균이 357로 변화했다고 가정하자. 변화 후 첫 번째 표본에서 변화를 탐지하지 못할 확률을 계산하라.

(d) 제1종 오류의 확률이 0.01일 경우 $\bar{x}$ 관리도의 관리한계를 계산하라.

**6.16** $\bar{x}$-$R$ 관리도가 다음과 같이 구성되어 있다. 이때 표본크기 $n = 4$이며, 관리도는 모두 관리상태이고 품질특성치는 정규분포를 따른다고 가정하자.

| $\bar{x}$ **Chart** | $R$ **Chart** |
|---|---|
| UCL = 626.0 | UCL = 18.795 |
| Center line = 620.0 | Center line = 8.236 |
| LCL = 614.0 | LCL = 0 |

(a) 공정의 표준편차를 추정하라.

(b) $R$ 관리도 대신 $s$ 관리도를 사용한다고 할 때, $s$ 관리도의 관리모수를 계산하라.

(c) 규격한계가 610 ± 15일 때 불량률을 추정하라.

(d) 불량률을 줄이기 위해 어떠한 조치를 취할 수 있는지 기술하라.

(e) 공정평균이 610으로 변화했을 때 변화 후 첫 번째 표본에서 이를 탐지할 확률을 계산하라($\sigma$는 변하지 않음을 가정한다).

(f) 변화가 (e)에서와 같이 발생한 후 적어도 세 번째 표본에서 이를 탐지할 확률을 계산하라.

**6.17** 중합체(polymer)의 점도를 매시간마다 측정하고 있다. 표 6E.8은 20시간 동안 측정한 데이터이다.

(a) 점도는 정규분포를 따른다고 할 수 있는지 판단하라.

(b) 점도에 대한 관리도와 이동범위 관리도를 구성하라.

(c) 공정의 평균과 표준편차를 추정하라.

**표 6E.8** 연습문제 6.17의 점도 데이터

| Test | Viscosity | Test | Viscosity |
|---|---|---|---|
| 1 | 2,838 | 11 | 3,174 |
| 2 | 2,785 | 12 | 3,102 |
| 3 | 3,058 | 13 | 2,762 |
| 4 | 3,064 | 14 | 2,975 |
| 5 | 2,996 | 15 | 2,719 |
| 6 | 2,882 | 16 | 2,861 |
| 7 | 2,878 | 17 | 2,797 |
| 8 | 2,920 | 18 | 3,078 |
| 9 | 3,050 | 19 | 2,964 |
| 10 | 2,870 | 20 | 2,805 |

**6.18** 1879년 A. A. Michelson은 프랑스 물리학자 Foucault가 제안한 방법을 수정하여 공기에서의 광속을 측정하였다. 표 6E.9는 20개의 측정값이다. (단위는 초당 킬로미터를 사용하고 측정값으로부터 299,000을 뺀 결과이다.) 이 데이터를 이용하여 개별 관측값에 대한 관리도와 이동범위 관리도를 구성하라. 광속 측정값이 정규분포를 따른다고 할 수 있는지와 관리상태 여부를 판단하라. 필요한 경우 관리한계를 수정하라.

**6.19** **연습문제 6.18 계속** Michelson은 20개의 관찰값을 5번 시행하여 100개의 측정치를 만들었다. 표 6E.10은 10개 측정치의 두 번째 그룹이다.

(a) 연습문제 6.18의 관리도에 새로운 측정값을 타점하라. 새로운 측정값으로부터 관리상태 여부를 판단하고, 이를 해석하라.

(b) 첫 번째 그룹과 두 번째 그룹 사이에 측정값의 분산이 감소했는지 판단하라.

표 6E.9 연습문제 6.18의 광속 데이터

| Measurement | Velocity | Measurement | Velocity |
|---|---|---|---|
| 1 | 850 | 11 | 850 |
| 2 | 1,000 | 12 | 810 |
| 3 | 740 | 13 | 950 |
| 4 | 980 | 14 | 1,000 |
| 5 | 900 | 15 | 980 |
| 6 | 930 | 16 | 1,000 |
| 7 | 1,070 | 17 | 980 |
| 8 | 650 | 18 | 960 |
| 9 | 930 | 19 | 880 |
| 10 | 760 | 20 | 960 |

표 6E.10 연습문제 6.19의 추가적인 광속 데이터

| Measurement | Velocity | Measurement | Velocity |
|---|---|---|---|
| 21 | 960 | 31 | 800 |
| 22 | 830 | 32 | 830 |
| 23 | 940 | 33 | 850 |
| 24 | 790 | 34 | 800 |
| 25 | 960 | 35 | 880 |
| 26 | 810 | 36 | 790 |
| 27 | 940 | 37 | 900 |
| 28 | 880 | 38 | 760 |
| 29 | 880 | 39 | 840 |
| 30 | 880 | 40 | 800 |

**6.20** 식각 공정(etching process) 공정에서 실리콘 웨이퍼의 균일성은 여러 위치에서 층의 두께를 측정하고 두께의 범위의 균일성을 표현함으로써 결정된다. 표 6E.11은 식각 도구를 통해 처리된 연속적인 30개의 웨이퍼의 균일성에 대한 데이터이다.

(a) 균일성은 정규분포를 따르는가? 그렇지 않다면, 데이터의 적절한 변환을 찾아라.

(b) 개별 관측값에 대한 관리도와 이동범위 관리도를 구성하고 관리상태인지 판단하라.

표 6E.11 연습문제 6.20의 균일성 데이터

| Wafer | Uniformity | Wafer | Uniformity |
|---|---|---|---|
| 1 | 11 | 16 | 15 |
| 2 | 16 | 17 | 16 |
| 3 | 22 | 18 | 12 |
| 4 | 14 | 19 | 11 |
| 5 | 34 | 20 | 18 |
| 6 | 22 | 21 | 14 |
| 7 | 13 | 22 | 13 |
| 8 | 11 | 23 | 18 |
| 9 | 6 | 24 | 12 |
| 10 | 11 | 25 | 13 |
| 11 | 11 | 26 | 12 |
| 12 | 23 | 27 | 15 |
| 13 | 14 | 28 | 21 |
| 14 | 12 | 29 | 21 |
| 15 | 7 | 30 | 14 |

**6.21** 화학제품의 순도를 각 배치(batch)에서 측정하고 있다. 표 6E.12는 20개의 배치에서 측정한 순도 데이터이다.

(a) 순도는 정규분포를 따르는지 판단하라.

(b) 개별 관측값 관리도와 이동 범위 관리도를 구성하고, 공정의 관리 상태 여부를 판단하라.

(c) 공정의 평균과 표준편차를 추정하라.

표 6E.12 연습문제 6.21의 순도 데이터

| Batch | Purity | Batch | Purity |
|---|---|---|---|
| 1 | 0.81 | 11 | 0.81 |
| 2 | 0.82 | 12 | 0.83 |
| 3 | 0.81 | 13 | 0.81 |
| 4 | 0.82 | 14 | 0.82 |
| 5 | 0.82 | 15 | 0.81 |
| 6 | 0.83 | 16 | 0.85 |
| 7 | 0.81 | 17 | 0.83 |
| 8 | 0.80 | 18 | 0.87 |
| 9 | 0.81 | 19 | 0.86 |
| 10 | 0.82 | 20 | 0.84 |

**6.22** 약국에서 처방을 위해 기다리는 시간을 개별 관측값과 이동범위 관리도를 사용하여 모니터링하고자 한다. 표 6E.13은 기다리는 시간에 대한 30개의 관측값을 나타낸다.

(a) 이 데이터에 위한 개별 관측값과 이동범위 관리도를 설정하라.

(b) 관리도에 관측값을 타점하고 그 결과를 해석하라. 공정은 통계적 관리상태라고 할 수 있는지 판단하라.

(c) 대기 시간 데이터에 대해 정규확률플롯을 작성하고, 이 데이터에 대해 정규분포를 가정하는 것이 타당한지 판단하라.

**표 6E.13 연습문제 6.22의 처방 대기 시간**

| Observation | Waiting Time | Observation | Waiting Time | Observation | Waiting Time |
|---|---|---|---|---|---|
| 1 | 2.49 | 11 | 1.34 | 21 | 1.14 |
| 2 | 3.39 | 12 | 0.50 | 22 | 2.66 |
| 3 | 7.41 | 13 | 4.35 | 23 | 4.67 |
| 4 | 2.88 | 14 | 1.67 | 24 | 1.54 |
| 5 | 0.76 | 15 | 1.63 | 25 | 5.06 |
| 6 | 1.32 | 16 | 4.88 | 26 | 3.40 |
| 7 | 7.05 | 17 | 15.19 | 27 | 1.39 |
| 8 | 1.37 | 18 | 0.67 | 28 | 1.11 |
| 9 | 6.17 | 19 | 4.14 | 29 | 6.92 |
| 10 | 5.12 | 20 | 2.16 | 30 | 36.99 |

**6.23** **연습문제 6.22 계속** 연습문제 6.22의 대기 시간 데이터는 정규분포를 따르지 않는 것으로 판단된다. 자연 로그를 취하여 이 데이터를 변환하라. 변환된 데이터에 대해 정규확률플롯을 작성하고 정규분포 가정에 대해 논의하라. 또한 변환된 데이터에 대한 개별 관측값과 이동범위 관리도를 설정하여, 변환된 데이터를 타점하고 그 결과를 논의하라.

**6.24** 연속적인 화학 공정에서 생산되는 액체 세제에서 30개의 유효성분(active ingredient)의 농도(단위: g/l) 관측값이 표 6E.14에 나타나 있다.

(a) 그림 6.25는 농도 데이터에 대한 정규확률플롯을 나타낸다. 정규분포 가정이 타당한가?

(b) 농도 데이터에 대한 개별 관측값과 이동범위 관리도를 작성하고, 결과를 해석하라.

(c) 자연 로그 변환된 데이터에 대해 정규확률플롯을 작성하고, 정규분포 가정에 대해 논의하라.

(d) 자연 로그 변환된 데이터에 대해 문제 (b)를 반복하고, 결과를 서로 비교하여 논의하라.

표 6E.14 연습문제 6.24의 농도 데이터

| Observation | Concentration | Observation | Concentration |
|---|---|---|---|
| 1 | 60.4 | 16 | 99.9 |
| 2 | 69.5 | 17 | 59.3 |
| 3 | 78.4 | 18 | 60.0 |
| 4 | 72.8 | 19 | 74.7 |
| 5 | 78.2 | 20 | 75.8 |
| 6 | 78.7 | 21 | 76.6 |
| 7 | 56.9 | 22 | 68.4 |
| 8 | 78.4 | 23 | 83.1 |
| 9 | 79.6 | 24 | 61.1 |
| 10 | 100.8 | 25 | 54.9 |
| 11 | 99.6 | 26 | 69.1 |
| 12 | 64.9 | 27 | 67.5 |
| 13 | 75.5 | 28 | 69.2 |
| 14 | 70.4 | 29 | 87.2 |
| 15 | 68.1 | 30 | 73.0 |

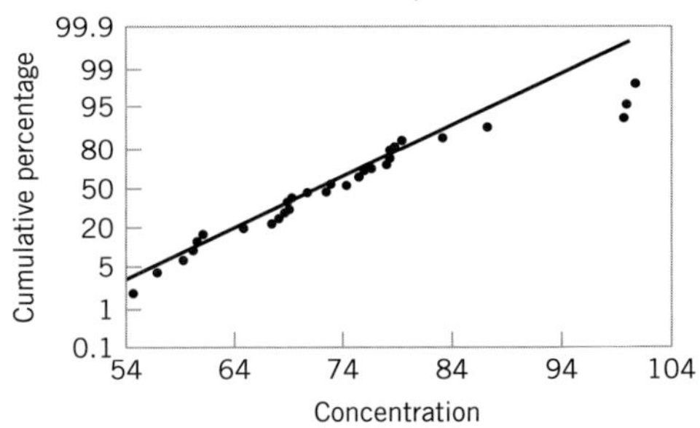


그림 6.25 연습문제 6.24의 농도 데이터에 대한 정규확률플롯

# 7장

# 계수형 관리도

## 요약 및 학습 목표

어떤 품질특성치는 수치적으로 측정하기 힘든 경우가 있다. 이러한 경우, 일반적으로 각 항목 중 그 품질특성의 규격에 따라 규격만족과 규격미달로 분류한다. 또한 **불량**(defective) 또는 **양호**(nondefective)라는 용어가 제품의 이러한 두 분류를 식별하는 데 사용된다. 최근에는 **규격만족**(conforming)과 **규격미달**(nonconforming)이라는 용어를 더 일반적으로 사용한다(그러나 이후에는 양호품과 불량품으로 통일해서 사용하겠다). 이런 형태의 품질특성치를 **계수형**(attributes)이라고 한다. 계수형의 몇 가지 예로는 하루에 생산된 휘어진 자동차 엔진 연결 막대의 비율, 웨이퍼에서 작동하지 않는 반도체 칩의 수, 대출 신청에서 일어나는 오류나 실수의 횟수, 병원에서 발생한 의료사고의 수 등이 있다.

이 단원은 크게 세 가지 계수형 관리도(attribute control chart)에 대해 다루고 있다. 첫 번째로 제조과정에서 생긴 불량품의 비율에 관한 것으로, 이를 **불량률 관리도**(control chart for fraction nonconforming) 또는 $p$ 관리도라고 한다. 어떤 경우에는 불량률을 다루는 것보다 관측된 불량품의 개수 또는 결점수를 다루는 것이 더 편리하다. 관리도의 두 번째 유형은 **결점수 관리도**(control chart for nonconformities) 또는 $c$ 관리도라고 한다. 마지막으로 **단위당 결점수 관리도**(control chart for nonconformities per unit) 또는 $u$ 관리도에 대해 학습한다. 이 관리도는 공정을 관리할 때 단위당 평균 결점수가 더 유용한 상황에서 사용된다. Woodall(1997)은 계수형 관리도에 대한 250개 이상의 논문을 정리하고 요약했고, 계수형 관리도에 대해 많은 참고문헌을 제공하고 있다.

이 장을 학습하고 나면, 다음 내용들을 수행할 수 있어야 한다.

1. 계수형 관리도의 통계적 기초에 대해 이해한다.
2. 계수형 관리도의 설계에 대해 이해한다.
3. 불량률에 대한 $p$ 관리도를 설정하고 사용하는 방법을 이해한다.
4. 불량개수에 대한 $np$ 관리도를 설정하고 사용하는 방법을 이해한다.
5. 결점수에 대한 $c$ 관리도를 설정하고 사용하는 방법을 이해한다.

6. 단위당 결점수에 대한 $u$ 관리도를 설정하고 사용하는 방법을 이해한다.
7. 변량표본크기(variable sample size)에 대한 계수형 관리도를 사용한다.
8. 계량형 관리도와 계수형 관리도의 장점과 단점을 이해한다.
9. 계수형 관리도에서 합리적인 부분군의 개념을 이해한다.
10. 계수형 관리도에서 평균 런 길이를 결정한다.

## 7.1 서론

6장에서는 계량형으로 표현되는 품질특성치에 대한 관리도를 소개했다. 이들 관리도는 많은 공정에서 응용되지만, 모든 품질특성치를 계량형으로 표현할 수는 없기 때문에 이들 관리도를 모든 공정에 적용하기에는 어려움이 있다. 예를 들어, 용기에 담겨 있는 액체 제품을 고려해 보자. 우리는 각 용기를 검사해서 해당 용기에 대해 한 개 또는 여러 개의 품질특성치의 요구사항을 충족하는지를 판단하여 양호품과 불량품으로 분류할 수 있다. 이것은 **계수형 데이터**에 대한 예이며, 용기의 불량률에 대해 관리도를 적용할 수 있다. 또한 대안으로 불량품의 개수와 결점수, 또는 단위당 결점수를 고려할 수 있다. 이런 유형의 데이터는 반도체 산업에서 흔하게 관측된다. 7.3절에서는 결점수와 단위당 평균 결점수에 대한 관리도를 어떻게 설정하는지에 대해 소개할 것이다.

계수형 관리도는 불량인지 불량이 아닌지에 대한 정보만 제공하므로, 수량적인 측정을 하는 계량형 관리도에 비해 더 많은 정보를 제공하지는 않는다. 그러나 계수형 관리도는 품질특성치를 수치적으로 측정하기 어려운 서비스업과 같은 비제조업 분야 또는 트랜잭션 비즈니스 과정과 품질향상 분야에서 유용하게 사용된다.

## 7.2 불량률에 대한 관리도

**불량률**은 전체 모집단의 제품 개수에 대한 불량품 개수의 비율로 정의된다. 이때 제품은 검사자에 의해 동시에 검사할 수 있는 여러 가지 품질특성치를 가지는 경우가 대부분이다. 만약 한 개 이상의 제품의 품질특성치가 표준규격을 만족하지 못한다면 이를 불량품으로 분류한다. 가끔 불량률을 퍼센트로 사용하기도 하지만, 일반적으로는 0에서 1 사이의 값으로 표현한다. 공정 관리자에게 관리도를 제시하거나 경영진에 관리 결과를 설명할 때, 불량률을 퍼센트로 나타내기도 한다. 불량률을 관리하는 것이 일반적인 상황이지만, **공정수율**(process yields)에 관리도를 적용할 때에는 양호품률을 관리하는 경우도 있다.

불량률에 대한 관리도의 통계적 원리는 이항분포를 기반으로 한다. 생산 공정은 안정적인 상태로 운영되며, 생산된 연속적인 제품들은 서로 독립임을 가정한다. 어떤 제품이 규격을 만족하지 않는 확률을 $p$라고 할 때, 생산된 제품은 모수가 $p$인 베르누이(Bernoulli)

확률변수를 적용할 수 있다. 만약 $n$개의 단위로 구성된 확률표본에서 불량품의 개수를 $D$라고 한다면, $D$는 모수가 $n$과 $p$인 이항분포(binomial distribution)를 따르게 된다. 이때 확률밀도함수는 다음과 같다.

$$P\{D=x\}=\binom{n}{x}p^x(1-p)^{n-x} \qquad x=0,\ 1,\ \ldots,\ n \tag{7.1}$$

여기서 우리는 확률변수 $D$의 평균과 분산이 각각 $np$와 $np(1-p)$임을 잘 알고 있다.

**표본불량률**은 확률표본의 크기 $n$에 대한 $D$의 비율로 정의된다. 즉,

$$\hat{p}=\frac{D}{n} \tag{7.2}$$

확률변수 $\hat{p}$의 분포는 이항분포로부터 얻을 수 있는데, 평균과 분산은 각각

$$\mu_{\hat{p}}=p \tag{7.3}$$

$$\sigma_{\hat{p}}^2=\frac{p(1-p)}{n} \tag{7.4}$$

가 된다. 관리도가 공정 불량률 $p$를 모니터링하기 때문에 $p$ 관리도라고 하며, 앞에서 설명한 이론에 근거하여 관리도 절차를 개발하는 것에 대해 설명할 것이다.

### 7.2.1 관리도의 개발과 운영

5장에서 Shewhart 관리도에 적용되는 일반적인 통계적 원리에 대해서 설명하였다. 만일 $w$가 품질특성치를 측정한 통계량이고, $w$의 평균과 분산을 각각 $\mu_w$와 $\sigma_w{}^2$라고 할 경우, Shewhart 관리도의 일반적인 모형은 다음과 같다.

$$\begin{aligned}\text{관리상한} &= \mu_w + L\sigma_w\\ \text{중심선} &= \mu_w\\ \text{관리하한} &= \mu_w - L\sigma_w\end{aligned} \tag{7.5}$$

여기서 $L$은 $w$의 표준편차의 배수로 나타나는 중심선에서부터 관리한계의 거리를 의미하는데, 관례적으로 $L=3$을 많이 사용한다.

생산 공정에서 실제 불량률 $p$는 알려져 있거나 또는 특정한 **표준값**을 갖는다고 가정할 경우, 식 7.5로부터 불량률 관리도에 대한 중심선과 관리한계는 다음과 같다.

$$\begin{aligned}\text{관리상한} &= p+3\sqrt{\frac{p(1-p)}{n}}\\ \text{중심선} &= p\\ \text{관리하한} &= p-3\sqrt{\frac{p(1-p)}{n}}\end{aligned} \tag{7.6}$$

관리한계는 $p$와 $n$ 값에 의존하는데, 때로는 관리하한이 음수가 되는 경우가 있다. 이러한 경우에 일반적으로 관리하한은 0으로 설정하여 관리도에 관리상한만 있다고 가정한다.

이 관리도의 실제 운영은 제품 $n$개로 구성된 연속적인 표본을 추출하여 표본불량률 $\hat{p}$을 계산하고, 관리도에 통계량 $\hat{p}$을 타점하는 것이다. $\hat{p}$이 관리한계 내에 타점되고 타점된 점들이 특이한 패턴을 보이지 않는다면, 공정의 불량률이 $p$ 수준에서 유지되며 관리상태라고 결론 내리게 된다. 만일 통계량 $\hat{p}$이 관리한계 밖에 타점되거나 타점된 점들에서 특이한 패턴이 발견된다면, 공정 불량률이 새로운 수준으로 이동했고 공정은 이상상태라고 결론 내릴 수 있다.

공정의 불량률 $p$를 모르는 경우에는 관찰한 표본으로부터 이를 추정해야 한다. 일반적인 과정은 표본크기가 $n$인 예비표본(preliminary sample)을 $m$개 추출한다. 보통 $m$은 적어도 20개나 25개 이상을 사용한다. 만약 표본 $i$에서 불량품의 개수가 $D_i$라고 한다면, $i$번째 표본의 불량률은

$$\hat{p}_i = \frac{D_i}{n} \qquad i = 1,\ 2,\ \ldots,\ m$$

이고, 이러한 개별 불량률의 평균은

$$\overline{p} = \frac{\sum_{i=1}^{m} D_i}{mn} = \frac{\sum_{i=1}^{m} \hat{p}_i}{m} \tag{7.7}$$

이 된다. 통계량 $\overline{p}$는 알려지지 않은 불량률 $p$의 추정량이 되며, 이때 불량률에 대한 관리도의 중심선과 관리한계는 다음과 같이 설정할 수 있다.

$$\begin{aligned} \text{관리상한} &= \overline{p} + 3\sqrt{\frac{\overline{p}(1-\overline{p})}{n}} \\ \text{중심선} &= \overline{p} \\ \text{관리하한} &= \overline{p} - 3\sqrt{\frac{\overline{p}(1-\overline{p})}{n}} \end{aligned} \tag{7.8}$$

앞에서 언급한 바와 같이, 이 관리도 또한 $p$ 관리도라고 한다.

식 7.8에 정의된 관리한계는 **시험적 관리한계**(trial control limits)로 간주할 수 있다. 예비표본을 추출할 때 공정이 관리상태인지 판단하기 위해서, 예비표본으로부터 계산된 $\hat{p}_i$를 시험적 관리한계에 대해 타점해야 한다. 이것이 일반적인 제1국면에서의 관리도 사용과정이다. 이때 관리한계를 벗어난 점들은 면밀하게 분석해야 한다. 만일 이러한 점들에서 이상원인이 발견된다면, 이러한 점들은 제거하고 새롭게 관리한계를 결정해야 한다. $\overline{x}$-$R$ 관리도에 대한 시험적 관리한계에 대해서는 이미 6장에서 언급했다.

관리도의 불량률 $p$가 알려져 있거나 표준값이 있는 경우에는 일반적으로 시험적 관리한계의 계산이 필요 없다. 그러나 $p$의 표준값을 사용할 경우에는 주의가 필요하다. 실제 공정에서 $p$의 참값이 정확하게 알려진 경우가 없기 때문에, 일반적으로 공정의 불량률에 대한 목표값을 $p$의 표준값으로 사용한다. 이때 미래의 표본이 이상상태를 나타내면, 공정이 목표값 $p$에 대해 이상상태이지만 다른 $p$ 값에 대해 관리상태인지를 결정해야 한다. 예를 들어 $p$의 목표값을 0.01로 설정했는데, 실제 더 큰 불량률, 예를 들어 $p = 0.05$가 관리

상태의 값이라고 가정하자. 이때 $p = 0.01$에 기초한 관리도에서는 많은 점들이 관리상한을 벗어나게 될 것이다. 그러나 이 공정은 목표값 $p = 0.01$에 대해서만 이상상태라고 볼 수 있다. 때로는 목표값을 사용하여 품질의 수준을 향상시키거나, 품질 성능을 특정값으로 유지되도록 공정을 관리할 수 있다. 공정에서 불량률을 상대적으로 간단한 공정 조정으로 관리할 수 있다면, $p$의 목표값은 유용하게 사용될 수 있다.

### 예 7.1 불량률 관리도의 구조와 운

오렌지 쥬스가 6온스 판지(cardboard) 캔으로 포장되어 있다. 캔은 판지로 측면을 두르고 금속 바닥 패널이 부착되어 만들어진다. 캔에 내용물이 가득 차 있을 때 측면이나 밑바닥 주변이 새는지 검사해서, 측변이나 바닥 쪽의 밀봉이 불량한 것은 불량품으로 간주하게 된다. 기계로부터 생산된 캔의 불량률을 개선하기 위해 관리도를 작성해라.

**풀이**

관리도를 작성하기 위해 $n = 50$인 30개의 표본을 30분 간격으로 추출하였다. 3교대 근무로 기계는 계속적으로 작동한다고 하자. 추출한 데이터가 표 7.1에 나타나 있다.

먼저 이들 예비표본을 추출할 때 공정이 관리상태인지 판단하기 위해 이 데이터를 이용하여 제1국면의 관리도를 구성하였다. 30개의 표본은 $\Sigma_{i=1}^{30} D_i = 347$개의 불량 캔을 포함하기 때문에, 식 7.7을 이용하면

$$\bar{p} = \frac{\sum_{i=1}^{m} D_i}{mn} = \frac{347}{(30)(50)} = 0.2313$$

이 된다. 실제 공정 불량률의 추정치로 $\bar{p}$를 이용하여 관리상한과 하한을 다음과 같이 계산할 수 있다.

표 7.1 예 7.1에서 시험적 관리한계를 작성하기 위한 표본크기 $n = 50$인 데이터

| Sample Number | Number of Nonconforming Cans, $D_i$ | Sample Fraction Nonconforming, $\hat{p}_i$ | Sample Number | Number of Nonconforming Cans, $D_i$ | Sample Fraction Nonconforming, $\hat{p}_i$ |
|---|---|---|---|---|---|
| 1 | 12 | 0.24 | 17 | 10 | 0.20 |
| 2 | 15 | 0.30 | 18 | 5 | 0.10 |
| 3 | 8 | 0.16 | 19 | 13 | 0.26 |
| 4 | 10 | 0.20 | 20 | 11 | 0.22 |
| 5 | 4 | 0.08 | 21 | 20 | 0.40 |
| 6 | 7 | 0.14 | 22 | 18 | 0.36 |
| 7 | 16 | 0.32 | 23 | 24 | 0.48 |
| 8 | 9 | 0.18 | 24 | 15 | 0.30 |
| 9 | 14 | 0.28 | 25 | 9 | 0.18 |
| 10 | 10 | 0.20 | 26 | 12 | 0.24 |
| 11 | 5 | 0.10 | 27 | 7 | 0.14 |
| 12 | 6 | 0.12 | 28 | 13 | 0.26 |
| 13 | 17 | 0.34 | 29 | 9 | 0.18 |
| 14 | 12 | 0.24 | 30 | 6 | 0.12 |
| 15 | 22 | 0.44 | | 347 | $\bar{p} = 0.2313$ |
| 16 | 8 | 0.16 | | | |

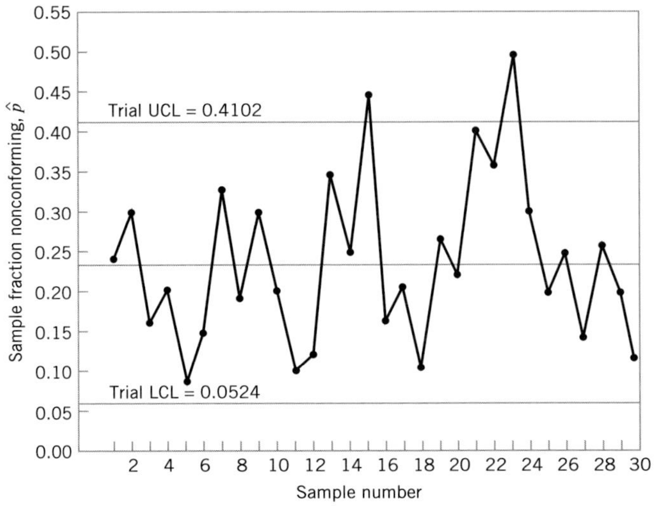


**그림 7.1** 표 7.1의 데이터에 대해 작성한 제1국면 불량률 관리도

$$\bar{p} \pm 3\sqrt{\frac{\bar{p}(1-\bar{p})}{n}} = 0.2313 \pm 3\sqrt{\frac{0.2313(0.7687)}{50}}$$
$$= 0.2313 \pm 3(0.0596)$$
$$= 0.2313 \pm 0.1789$$

$$\text{관리상한} = \bar{p} + 3\sqrt{\frac{\bar{p}(1-\bar{p})}{n}} = 0.2313 + 0.1789 = 0.4102$$

$$\text{관리하한} = \bar{p} - 3\sqrt{\frac{\bar{p}(1-\bar{p})}{n}} = 0.2313 - 0.1789 = 0.0524$$

중심선 $\bar{p}$ = 0.2313과 관리상한과 하한을 표시한 관리도는 그림 7.1과 같다. 예비표본에서 계산된 표본불량률을 관리도에 타점하였다. 표본 15와 23의 표본불량률이 관리상한을 벗어났기 때문에 공정은 관리상태가 아니라고 판단할 수 있다. 이상원인을 규명할 수 있는지 판단하기 위해 이 점들을 분석해야 한다.

15번째 표본이 얻어진 30분 동안의 데이터를 분석한 결과, 이때 캔 제작의 새로운 배치 공정이 시작된 것으로 밝혀졌다. 새로운 배치 공정이 시작되면, 종종 일반적이지 않은 성능의 생산품이 나오기도 한다. 15번째 표본의 불량 역시 이러한 원인이라고 판단된다. 또한 23번째 표본이 얻어지는 30분 동안 상대적으로 미숙한 운영자가 기계를 작동함으로 인해 표본의 불량률이 높았던 것으로 분석되었다. 결론적으로 표본 15와 23은 제거되었고, 새로운 중심선과 관리한계는 다음과 같이 계산된다.

$$\text{중심선} = \frac{301}{(28)(50)} = 0.2150$$

$$\text{관리상한} = \bar{p} + 3\sqrt{\frac{\bar{p}(1-\bar{p})}{n}} = 0.2150 + 3\sqrt{\frac{0.2150(0.7850)}{50}} = 0.3893$$

$$\text{관리하한} = \bar{p} - 3\sqrt{\frac{\bar{p}(1-\bar{p})}{n}} = 0.2150 - 3\sqrt{\frac{0.2150(0.7850)}{50}} = 0.0407$$

그림 7.2는 수정된 중심선과 관리한계를 보여 준다. 관리도에 표본 15와 23을 제외시키지는 않았지만, 관리한계를 계산할 때에는 이들을 제거했다.

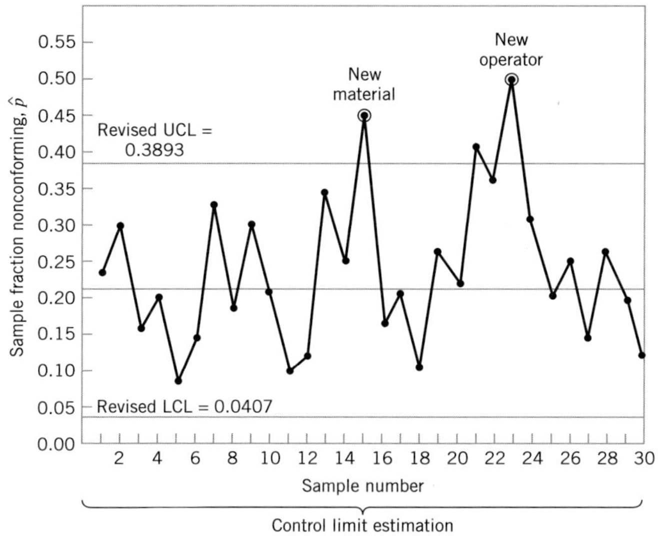


**그림 7.2** 표 7.1의 데이터로부터 수정된 관리한계

이제 표본 21으로부터 얻어진 표본불량률이 관리상한을 초과함을 알 수 있다. 그러나 이 표본의 데이터를 분석한 결과 합리적인 이상원인이 규명되지 않아서 해당 표본을 그대로 유지하도록 결정하였다. 최종적으로 그림 7.2의 새로운 관리한계가 이후의 표본에 사용할 관리한계라고 결론지었다.

관리도의 데이터를 분석할 때, 분석된 결과가 관리한계를 벗어나지 않은 점들에까지 영향을 미친다는 사실을 발견하기도 한다. 예를 들어, 표본 23이 얻어질 때 작업한 운영자가 표본 21에서 24를 추출한 2시간 동안 작업을 했다면, 실제로는 표본 21만 관리한계를 초과했더라도 이 미숙한 운영자가 해당 기간 동안 관측된 불량률에 좋지 않은 영향을 끼쳤을 수 있다. 따라서 네 개의 표본을 모두 버려야 한다.

공정이 관리상태라고 결론 내리기 전에, 나머지 28개 표본에 대해 런 또는 다른 랜덤하지 않은 패턴이 있는지 살펴보아야 한다. 현재 중심선 위로 최장 런 길이는 5이며, 다른 특별한 패턴은 없는 것으로 나타났다. 중심선을 기준으로 랜덤한 패턴 이외에 다른 특이한 패턴이 있다는 증거는 없는 것으로 판단된다.

우리는 공정이 $p = 0.2150$ 수준에서 관리상태에 있으며, 현재 공정의 모니터링을 위해 수정된 관리한계를 사용하는 것으로 결론지었다. 그러나 비록 공정이 관리상태라고 하더라도 현재의 불량률이 매우 높다는 것에 주목해야 한다. 공정은 안정되어 있고, **운영자 관리**에 특별한 문제는 없다. 따라서 공정을 분석하고 기계에 여러 가지의 조정을 수행하여 공정능력을 향상시킬 수 있다.

다음 3교대 동안 기계 조정을 수행하고, $n = 50$인 24개 표본을 추가적으로 관측하였다. 이 데이터들은 표 7.2에 나타나 있고, 표본불량률은 그림 7.3과 같이 관리도에 타점되었다.

그림 7.3을 살펴보면, 공정이 중심선인 $\bar{p} = 0.2150$ 보다 더 좋은 수준에서 운영됨을 알 수 있다. 표본 41에서 얻어진 통계량이 관리하한 아래에 타점되어 있는데, 이상상태라고 판단할 만한 이상원인은 발견되지 않았다.

최근 3교대 동안 공정의 불량률이 개선되었는지 알아보기 위해서 가설검정을 수행하였다. 가설은 다음과 같다.

$$H_0: \quad p_1 = p_2$$
$$H_1: \quad p_1 > p_2$$

여기서 $p_1$은 예비표본의 데이터에서 얻어진 공정 불량률이고, $p_2$는 현재의 공정 불량률이다. $p_1$은 $\hat{p}_1 = \bar{p} = 0.2150$으로 추정하였고, $p_2$는

표 7.2 $n$ = 50인 추가적인 오렌지 쥬스의 캔 표본

| Sample Number | Number of Nonconforming Cans, $D_i$ | Sample Fraction Nonconforming, $\hat{p}_i$ | Sample Number | Number of Nonconforming Cans, $D_i$ | Sample Fraction Nonconforming, $\hat{p}_i$ |
|---|---|---|---|---|---|
| 31 | 9 | 0.18 | 44 | 6 | 0.12 |
| 32 | 6 | 0.12 | 45 | 5 | 0.10 |
| 33 | 12 | 0.24 | 46 | 4 | 0.08 |
| 34 | 5 | 0.10 | 47 | 8 | 0.16 |
| 35 | 6 | 0.12 | 48 | 5 | 0.10 |
| 36 | 4 | 0.08 | 49 | 6 | 0.12 |
| 37 | 6 | 0.12 | 50 | 7 | 0.14 |
| 38 | 3 | 0.06 | 51 | 5 | 0.10 |
| 39 | 7 | 0.14 | 52 | 6 | 0.12 |
| 40 | 6 | 0.12 | 53 | 3 | 0.06 |
| 41 | 2 | 0.04 | 54 | 5 | 0.10 |
| 42 | 4 | 0.08 | | 133 | $\bar{p} = 0.1108$ |
| 43 | 3 | 0.06 | | | |

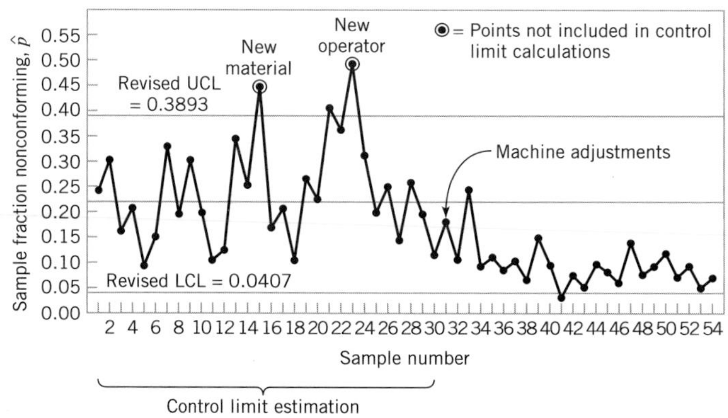


그림 7.3 예 7.1에서 불량률 관리도의 계속

$$\hat{p}_2 = \frac{\sum_{i=31}^{54} D_i}{(50)(24)} = \frac{133}{1,200} = 0.1108$$

로 추정할 수 있다. 가설에 대한 검정통계량은

$$Z_0 = \frac{\hat{p}_1 - \hat{p}_2}{\sqrt{\hat{p}(1-\hat{p})\left(\frac{1}{n_1} + \frac{1}{n_2}\right)}}$$

이고,

$$\hat{p} = \frac{n_1\hat{p}_1 + n_2\hat{p}_2}{n_1 + n_2}$$

$$\hat{p} = \frac{(1,400)(0.2150) + (1,200)(0.1108)}{1,400 + 1,200} = 0.1669$$

를 검정통계량 식에 대입하면

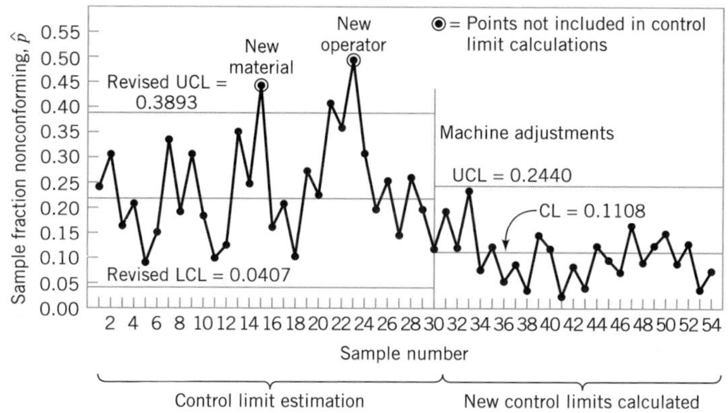


**그림 7.4** 예 7.1에 대한 불량률 관리도의 새로운 관리한계

$$Z_0 = \frac{0.2150 - 0.1108}{\sqrt{(0.1669)(0.8331)\left(\frac{1}{1{,}400} + \frac{1}{1{,}200}\right)}} = 7.10$$

이 된다. 이 값을 표준정규분포에서 상위 0.05의 값과 비교하면, $Z_0 = 7.10 > Z_{0.05} = 1.645$가 된다. 따라서 귀무가설 $H_0$를 기각하고 공정 불량률에 유의한 감소가 있었다고 결론지을 수 있다.

성공적인 공정 수정에 기초하여, 최근 표본들(표본 31~54)만을 이용하여 관리한계를 수정한 결과는 다음과 같다.

$$\text{중심선} = \bar{p} = 0.1108$$

$$\text{관리상한} = \bar{p} + 3\sqrt{\frac{\bar{p}(1-\bar{p})}{n}} = 0.1108 + 3\sqrt{\frac{(0.1108)(0.8892)}{50}} = 0.2440$$

$$\text{관리하한} = \bar{p} - 3\sqrt{\frac{\bar{p}(1-\bar{p})}{n}} = 0.1108 - 3\sqrt{\frac{(0.1108)(0.8892)}{50}} = -0.0224 = 0$$

그림 7.4는 새로운 관리모수에 대한 관리도를 나타낸다. 관리하한이 0보다 작은 값으로 계산되기 때문에 관리하한을 0으로 설정하였다. 즉, 새로운 관리도는 관리한계로 관리상한만을 설정한다. 그림 7.4를 살펴볼 때, 모든 점들이 수정된 관리상한 안에 타점되기 때문에 새로운 수준에서 공정이 관리되고 있음을 알 수 있다.

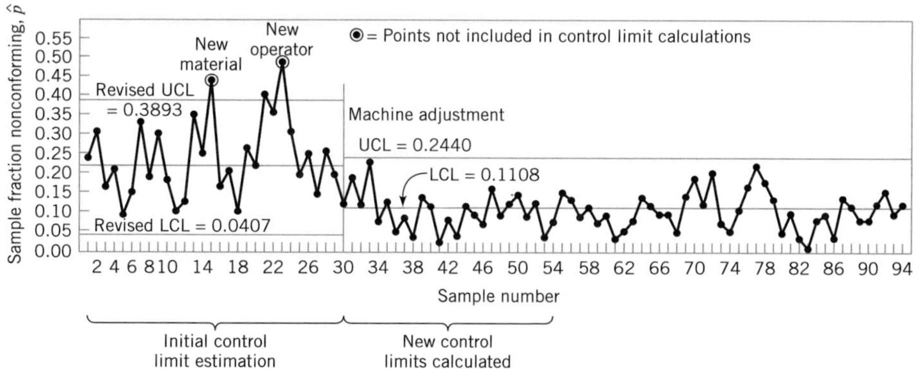


**그림 7.5** 예 7.1에서 완성된 불량률 관리도

다음 5교대의 공정에서 추출한 데이터는 표 7.3에 나타나 있고, 이에 대한 관리도는 그림 7.5와 같다. 이 관리도는 공정이 관리상태에 있음을 나타내고 있다. 공정의 조정과 관리도의 적용으로 공정 성능이 향상되었지만, 공정의 불량률은 $\bar{p} = 0.1108$로 여전히 높은 수준임을 알 수 있다. 이때 대한 대책으로 기계에 대한 조정을 고려할 수 있다. 이때 **통계적 실험계획**(statistical designed experiments)은 공정의 향상을 위해 기계 조정의 필요 여부, 조정의 크기 및 방향을 결정하는 데 유용한 방법을 제공할 수 있다.

표 7.3 그림 7.5의 불량률 관리도에 사용된 $n$ = 50인 새로운 데이터

| Sample Number | Number of Nonconforming Cans, $D_i$ | Sample Fraction Nonconforming, $\hat{p}_i$ | Sample Number | Number of Nonconforming Cans, $D_i$ | Sample Fraction Nonconforming, $\hat{p}_i$ |
|---|---|---|---|---|---|
| 55 | 8 | 0.16 | 75 | 5 | 0.10 |
| 56 | 7 | 0.14 | 76 | 8 | 0.16 |
| 57 | 5 | 0.10 | 77 | 11 | 0.22 |
| 58 | 6 | 0.12 | 78 | 9 | 0.18 |
| 59 | 4 | 0.08 | 79 | 7 | 0.14 |
| 60 | 5 | 0.10 | 80 | 3 | 0.06 |
| 61 | 2 | 0.04 | 81 | 5 | 0.10 |
| 62 | 3 | 0.06 | 82 | 2 | 0.04 |
| 63 | 4 | 0.08 | 83 | 1 | 0.02 |
| 64 | 7 | 0.14 | 84 | 4 | 0.08 |
| 65 | 6 | 0.12 | 85 | 5 | 0.10 |
| 66 | 5 | 0.10 | 86 | 3 | 0.06 |
| 67 | 5 | 0.10 | 87 | 7 | 0.14 |
| 68 | 3 | 0.06 | 88 | 6 | 0.12 |
| 69 | 7 | 0.14 | 89 | 4 | 0.08 |
| 70 | 9 | 0.18 | 90 | 4 | 0.08 |
| 71 | 6 | 0.12 | 91 | 6 | 0.12 |
| 72 | 10 | 0.20 | 92 | 8 | 0.16 |
| 73 | 4 | 0.08 | 93 | 5 | 0.10 |
| 74 | 3 | 0.06 | 94 | 6 | 0.12 |

**불량률 관리도의 설계** 불량률 관리도는 3가지의 모수(표본크기, 표본추출간격, 관리한계의 폭)를 결정해야만 한다. 따라서 이러한 모수들을 선택하기 위한 가이드라인이 있다면 유용할 것이다.

어떠한 시간 기준을 정하여 이 시간 동안 생산된 모든 공정의 산출물의 불량률에 대한 관리도를 작성하는 것이 일반적이다. 이러한 경우, 표본크기와 표본추출간격은 상호관련이 있다. 우리는 일반적으로 생산 속도에 적합한 표본추출간격을 선택하고 표본크기를 고정시킨다. 합리적인 부분군 형성(rational subgrouping) 또한 표본추출간격을 결정하는 역할을 할 수 있다. 예를 들어, 3교대가 있다면 각 교대에 따라 품질 수준이 달라질 수 있기 때문에, 하루 단위의 불량률을 얻기 위해 3교대조의 결과를 통합하기보다 각 교대조의 결과를 하나의 부분군으로 이용해야 한다.

표본추출간격을 선택했다면 다음으로 표본크기 $n$을 선택해야 한다. 이에 대해서는 여러 가지 방법이 제안되어 있다. $p$가 매우 작은 경우, 표본에 적어도 하나의 불량품이 발견

될 확률이 높아지도록 $n$을 충분히 크게 선택해야 한다. 그렇지 않을 경우, 표본에 하나의 불량품이 발견될 경우 이상상태라는 신호를 주는 관리한계를 설정할 수도 있다. 예를 들어 $p = 0.01$이고 $n = 8$인 경우, 관리상한은 다음과 같이 계산된다.

$$\text{UCL} = p + 3\sqrt{\frac{p(1-p)}{n}} = 0.01 + 3\sqrt{\frac{(0.01)(0.99)}{8}} = 0.1155$$

이때 표본에서 하나의 불량품이 발견되면 $\hat{p} = \frac{1}{8} = 0.1250$이 되고, 공정이 이상상태라고 결론 내린다. 그러나 $p > 0$인 경우 불량품이 생산될 가능성이 존재하기 때문에, 하나의 불량품이 발견되었다고 해서 공정이 이상상태라고 결론 내리는 것은 합리적이지 못하다.

이러한 문제점을 해결하기 위해, 표본마다 적어도 하나의 불량품이 발견될 확률이 적어도 $\gamma$가 되도록 표본크기 $n$을 선택할 수 있다. 예를 들어 $p = 0.01$인 경우 표본에서 적어도 하나의 불량품이 발견될 확률이 0.95가 되기를 희망한다고 가정하자. $D$가 표본에서 불량품의 개수라고 정의하면, $P\{D \geq 1\} \geq 0.95$ 혹은 $P\{D = 0\} = 0.05$를 만족하는 $n$을 찾을 수 있다. 이항분포로부터

$$\begin{aligned} P\{D = x\} &= \frac{n!}{x!(n-x)!} p^x (1-p)^{n-x} \\ P\{D = 0\} &= \frac{n!}{0!(n-0)!} (0.01)^0 (1-0.01)^{n-0} \\ 0.05 &= 0.99^n \end{aligned}$$

마지막 식을 풀면 표본크기는 $n = 298$이 된다. 이항분포에 대한 포아송 근사를 이용하여 표본크기를 계산할 수도 있다. 이 방법을 이용하면, 누적 포아송 분포표로부터 $\lambda = np$가 3을 초과해야 한다는 것을 알 수 있고, 따라서 $p = 0.01$이기 때문에 표본크기는 300이 되어야 함을 알 수 있다.

Duncan(1986)은 미리 지정한 변화량의 공정변화를 탐지할 확률이 약 50%가 될 정도로 표본크기가 충분히 커야 한다고 제안했다. 예를 들어, $p = 0.01$일 경우 $p = 0.05$로 변화하는 것을 탐지할 확률이 0.5가 되기를 바란다고 가정하자. 이항분포의 정규근사를 적용할 때, 이상상태의 불량률에서 표본불량률이 관리상한을 벗어날 확률이 0.5가 되도록 $n$을 선택할 수 있다. 만약 $\delta$가 공정 변화량이라고 하면, $n$은 다음을 만족해야 한다.

$$\delta = L\sqrt{\frac{p(1-p)}{n}} \tag{7.9}$$

따라서

$$n = \left(\frac{L}{\delta}\right)^2 p(1-p) \tag{7.10}$$

예제에서 $p = 0.01$, $\delta = 0.05 - 0.01 = 0.04$, 3시그마 관리한계를 사용한다면 식 7.10에 의해

$$n = \left(\frac{3}{0.04}\right)^2 (0.01)(0.99) = 56$$

이 된다.

관리상태에서 불량률이 작은 경우, 또 다른 유용한 기준은 관리도가 양수의 관리하한을 가질 만큼 충분하게 큰 $n$을 선택하는 것이다. 이것은 비정상적으로 작은 수의 불량품이 포함되어 있는 표본을 조사할 때 유용한 방법이 될 것이다. 식 7.11이 만족하기를 바라기 때문에

$$\text{LCL} = p - L\sqrt{\frac{p(1-p)}{n}} > 0 \tag{7.11}$$

식 7.12의 결과를 얻을 수 있다.

$$n > \frac{(1-p)}{p}L^2 \tag{7.12}$$

예를 들어, $p = 0.05$이고 3시그마 관리한계를 사용할 때, 표본크기는 다음을 만족해야 한다.

$$n > \frac{0.95}{0.05}(3)^2 = 171$$

즉, $n \geq 172$이라면, 관리도는 양의 관리하한을 가지게 될 것이다.

만일 관리하한이 0인 경우에 공정 향상을 모니터링하는 또 다른 방법은 Lucas, Davis와 Saniga(2006)에 의해 제안된 방법을 사용하는 것이다. 이 방법은 불량품이 전혀 발견되지 않은 연속적인 표본의 수를 세어서 그 수가 $k$개가 되거나, 또는 불량품이 없는 $t$개 표본 중 그 수가 2가 되는 경우 공정이 향상되었다고 신호를 주는 방법이다. 이 방법은 평균 런 길이의 특성이 CUSUM 관리도(9장에서 다룸)와 비교할 만하고 큰 변화에 대해서는 CUSUM 관리도와 동일하기 때문에, 일반적으로 사용하는 표준 불량률 관리도에 비해 그 성능이 좋다고 할 수 있다. 표준 불량률 관리도에 대한 평균 런 길이의 계산은 7.2.4절에서 논의할 것이다. Lucas 등에서 주어진 표와 그래프를 사용하여 $k$ 또는 $t$를 찾을 수 있다. 이 방법은 불량품에 대한 관리도에서 관리하한이 0이 되는 경우 관리하한을 설계할 때 응용할 수도 있다. 이 방법을 CUSUM 관리도와 $np$ 관리도에 적용하는 사례 연구가 Saniga, David와 Lucas(2009)에 주어져 있다.

3시그마 관리한계는 좋은 성능을 보이는 경우가 많기 때문에, 일반적으로 불량률에 대한 관리도에서 많이 사용된다. 5.3.2절에서 논의된 바와 같이, 좁은 관리한계는 $p$의 작은 변화에 더 민감하게 반응하지만 오경보가 보다 빈번하게 발생한다. 너무 많은 오경보는 관리도 운영의 신뢰도를 떨어 뜨리기 때문에 세심한 주의가 필요하다.

불량률 관리도가 이항확률모형에 기초한다는 사실을 기억해야 한다. 즉, 불량품이 발생할 확률이 상수이고 연속적인 생산품은 서로 독립임을 가정한다. 공정에서 불량품들이 집락을 이루거나 불량품이 될 확률이 이전 제품의 불량 여부에 의존할 경우 지금까지 논의했던 불량률 관리도는 적용할 수 없으며, 상황에 맞는 올바른 확률모형에 기초한 관리도의 개발이 필요할 것이다.

**불량률 관리도에서 타점된 점들의 해석** 예 7.1은 관리도 작성 및 운영 동안 관리한계를 벗

어난 점들을 어떻게 처리해야 하는지에 대해 설명하고 있다. 관리하한 아래에 타점된 점들에 대해서는 해석하는 데 주의해야 한다. 이러한 점들은 공정 품질의 향상을 나타내지 않는 경우가 종종 있다. 이러한 점들은 훈련되지 않거나 비숙련된 관측자로부터, 또는 적절하지 못한 검사 장비로 인한 오류가 그 원인일 수 있다. 따라서 분석자들은 관리하한을 벗어나는 점이 타점되어 이상원인을 발견하고자 할 때 이와 같은 사항을 염두에 두어야 한다. 즉, 불량률 $p$의 하향 변화가 항상 향상된 품질을 의미하는 것은 아닐 수 있다.

***np* 관리도** 불량률 대신 불량개수에 기초한 관리도 또한 고려할 수 있다. 이 관리도는 종종 **불량개수 (*np*) 관리도**라고 한다. 이 관리도의 모수는 다음과 같다.

$$\begin{aligned} \text{관리상한} &= np + 3\sqrt{np(1-p)} \\ \text{중심선} &= np \\ \text{관리하한} &= np - 3\sqrt{np(1-p)} \end{aligned} \tag{7.13}$$

$p$의 표준값이 없는 경우, $\bar{p}$가 $p$의 추정치로 사용될 수 있다. 통계학이 익숙하지 않은 관리자들은 $np$ 관리도의 해석이 일반적인 불량률 관리도보다 쉽게 느껴질 것이다.

### 예 7.2 *np* 관리도

예 7.1의 오렌지 쥬스 포장에 대한 공정의 $np$ 관리도를 구성해 보자. 단, 표 7.1의 데이터로부터 $\bar{p} = 0.2313$, $n = 50$임을 알고 있다.

**풀이**

$np$ 관리도의 모수는 다음과 같다.

$$\begin{aligned} \text{관리상한} &= n\bar{p} + 3\sqrt{n\bar{p}(1-\bar{p})} \\ &= 50(0.2313) + 3\sqrt{(50)(0.2313)(0.7687)} \\ &= 20.510 \\ \text{중심선} &= n\bar{p} = 50(0.2313) = 11.565 \\ \text{관리하한} &= n\bar{p} - 3\sqrt{n\bar{p}(1-\bar{p})} \\ &= 50(0.2313) - 3\sqrt{(50)(0.2313)(0.7687)} \\ &= 2.620 \end{aligned}$$

실제 공정에서 각 표본에서 불량개수를 $np$ 관리도에 타점할 수 있고, 이때 불량개수는 정수이다. 따라서 각 표본에서 불량개수가 20개 이하는 관리상태이고, 21개 이상은 이상상태라고 판단할 수 있다. 유사하게, 각 표본에서 불량개수 3개 이상은 관리상태이고, 2개 이하는 이상상태라고 판단할 수 있다. 일부 실무자는 관리도에서 관리한계를 소수점 단위보다 정수를 사용하는 것을 더 선호하기도 한다. 즉, 이 예제에서 관리하한과 관리상한으로 각각 2와 21을 사용할 수 있으며, 불량개수가 관리한계를 벗어나서 타점될 경우 이상상태라고 판단하는 것이다.

### 7.2.2 변량표본크기

불량률 관리도의 응용에서, 표본은 일정 기간 동안 생산된 공정의 모든 생산품으로 구성될 수 있다. 각 기간에서 생산되는 생산품의 개수가 다를 수 있기 때문에, 이 경우 관리도는 변량표본크기를 가지게 된다. 변량표본크기(variable sample size)를 갖는 관리도를 설계하고 운영하는 데 다음과 같은 세 가지 접근법이 있다.

**변량폭 관리한계(Variable-Width Control Limits)** 가장 간편하게 사용할 수 있는 접근법은 각 표본크기에 기초하여 각 표본에 대한 관리한계를 결정하는 것이다. 즉, $i$번째 표본의 표본크기가 $n_i$라면, 관리상한과 관리하한을 $\bar{p} \pm 3\sqrt{\bar{p}(1-\bar{p})/n_i}$로 설정하는 것이다. 이때 관리한계의 폭은 표본크기의 제곱근에 반비례하게 된다.

이 접근법을 설명하기 위해, 표 7.4의 데이터를 고려해 보자. 이 데이터는 한 항공우주 기업의 구매부로부터 얻은 자료이다. 이 부서는 기업의 공급자들에게 구매발주서를 발행하고 있는데, 표 7.4의 표본크기는 매주 발행된 구매발주서의 전체 개수이다. 명백하게, 이

표 7.4
변량표본크기를 갖는 불량률 관리도에 대한 구매발주 데이터

| Sample Number, $i$ | Sample Size, $n_i$ | Number of Nonconforming Units, $D_i$ | Sample Fraction Nonconforming, $\hat{p}_i = D_i/n_i$ | Standard Deviation $\hat{\sigma}_{\hat{p}} = \sqrt{\frac{(0.096)(0.904)}{n_i}}$ | Control Limits | |
|---|---|---|---|---|---|---|
| | | | | | LCL | UCL |
| 1 | 100 | 12 | 0.120 | 0.029 | 0.009 | 0.183 |
| 2 | 80 | 8 | 0.100 | 0.033 | 0 | 0.195 |
| 3 | 80 | 6 | 0.075 | 0.033 | 0 | 0.195 |
| 4 | 100 | 9 | 0.090 | 0.029 | 0.009 | 0.183 |
| 5 | 110 | 10 | 0.091 | 0.028 | 0.012 | 0.180 |
| 6 | 110 | 12 | 0.109 | 0.028 | 0.012 | 0.180 |
| 7 | 100 | 11 | 0.110 | 0.029 | 0.009 | 0.183 |
| 8 | 100 | 16 | 0.160 | 0.029 | 0.009 | 0.183 |
| 9 | 90 | 10 | 0.110 | 0.031 | 0.003 | 0.189 |
| 10 | 90 | 6 | 0.067 | 0.031 | 0.003 | 0.189 |
| 11 | 110 | 20 | 0.182 | 0.028 | 0.012 | 0.180 |
| 12 | 120 | 15 | 0.125 | 0.027 | 0.015 | 0.177 |
| 13 | 120 | 9 | 0.075 | 0.027 | 0.015 | 0.177 |
| 14 | 120 | 8 | 0.067 | 0.027 | 0.015 | 0.177 |
| 15 | 110 | 6 | 0.055 | 0.028 | 0.012 | 0.180 |
| 16 | 80 | 8 | 0.100 | 0.033 | 0 | 0.195 |
| 17 | 80 | 10 | 0.125 | 0.033 | 0 | 0.195 |
| 18 | 80 | 7 | 0.088 | 0.033 | 0 | 0.195 |
| 19 | 90 | 5 | 0.056 | 0.031 | 0.003 | 0.189 |
| 20 | 100 | 8 | 0.080 | 0.029 | 0.009 | 0.183 |
| 21 | 100 | 5 | 0.050 | 0.029 | 0.009 | 0.183 |
| 22 | 100 | 8 | 0.080 | 0.029 | 0.009 | 0.183 |
| 23 | 100 | 10 | 0.100 | 0.029 | 0.009 | 0.183 |
| 24 | 90 | 6 | 0.067 | 0.031 | 0.003 | 0.189 |
| 25 | 90 | 9 | 0.100 | 0.031 | 0.003 | 0.189 |
| | 2,450 | 234 | 2.383 | | | |

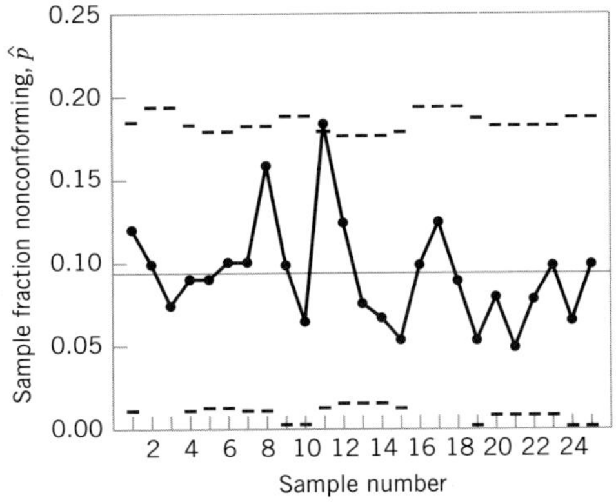


**그림 7.6** 변량표본크기 불량률 관리도

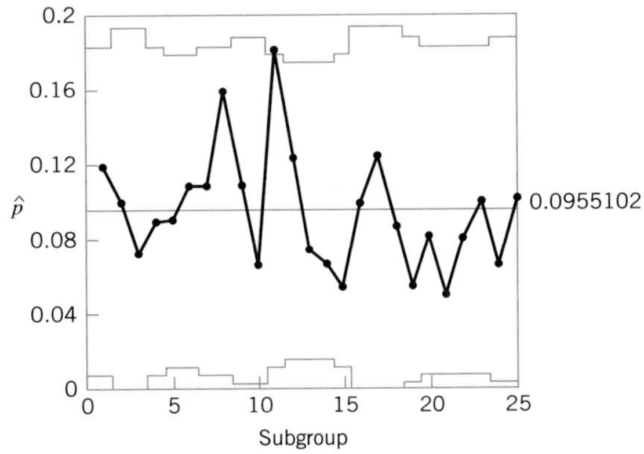


**그림 7.7** Minitab을 사용하여 작성한 변량표본크기 불량률 관리도

것은 일정한 상수가 아니다. 불량단위는 구매발주서의 오류인데, 대부분 이러한 오류는 잘못된 수량, 잘못된 배달 날짜, 잘못된 구매자 정보 등에 기인한다. 이러한 실수는 시간 및 자원을 소요하고 물품의 배달이 지연되거나, 구매발주 취소를 초래할 수 있다.

25개의 표본에 대해서

$$\overline{p} = \frac{\sum_{i=1}^{25} D_i}{\sum_{i=1}^{25} n_i} = \frac{234}{2,450} = 0.096$$

로 계산되기 때문에, 중심선은 0.096이고 관리한계는 다음과 같다.

$$\text{UCL} = \overline{p} + 3\hat{\sigma}_{\hat{p}} = 0.096 + 3\sqrt{\frac{(0.096)(0.904)}{n_i}}$$

$$\text{LCL} = \overline{p} - 3\hat{\sigma}_{\hat{p}} = 0.096 - 3\sqrt{\frac{(0.096)(0.904)}{n_i}}$$

여기서 $\hat{\sigma}_{\hat{p}}$는 표본불량률 $\hat{p}$의 표준편차에 대한 추정치이다. 관리한계를 결정하기 위한 계산은 표 7.4의 마지막 3열에 있고, 작성한 관리도가 그림 7.6에 나타나 있다.

많은 계수형 관리도 컴퓨터 프로그램은 변량표본크기의 경우를 해결할 수 있는데, 그림 7.7은 Minitab을 사용하여 작성한 관리도이다.

**평균표본크기에 기초한 관리한계** 두 번째 접근법인 **평균표본크기**에 기초한 관리한계는 **근사적인 관리한계**를 제공한다. 이 방법은 미래의 표본크기가 이전에 관측한 표본크기와 크게 다르지 않을 것임을 가정한다. 이 접근법을 사용할 경우 관리한계는 일정한 상수가 되고, 따라서 작성된 관리도는 변량관리한계를 사용하는 관리도에 비해 운영자에게 어렵게 느껴지지는 않을 것이다. 그러나 특정한 표본의 표본크기가 크게 다른 경우, 또는 근사적인 관리한계 가까이에 점이 타점될 경우, 그 표본에 대한 정확한 관리한계를 계산하여 해당 점에 대해 판단해야 한다. 표 7.4에 있는 구매발주 데이터에 대해 다음과 같이

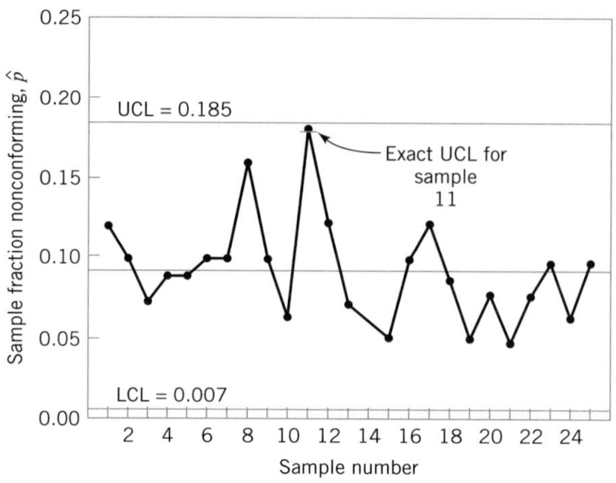


**그림 7.8**
평균표본크기에 기초한 불량률 관리도

평균표본크기를 계산할 수 있다.

$$\bar{n} = \frac{\sum_{i=1}^{25} n_i}{25} = \frac{2{,}450}{25} = 98$$

따라서 근사적인 관리한계는 다음과 같다.

$$\text{UCL} = \bar{p} + 3\sqrt{\frac{\bar{p}(1-\bar{p})}{\bar{n}}} = 0.096 + 3\sqrt{\frac{(0.096)(0.904)}{98}} = 0.185$$

$$\text{LCL} = \bar{p} - \sqrt{\frac{\bar{p}(1-\bar{p})}{\bar{n}}} = 0.096 - 3\sqrt{\frac{(0.096)(0.904)}{98}} = 0.007$$

그림 7.8은 평균표본크기에 기초한 불량률 관리도를 나타내고 있다. 표본 11의 $\hat{p}$은 근사적 관리한계 근처에 있지만, 여전히 관리상태라고 볼 수 있다. 그러나 정확한 관리상한(표 7.4로부터 0.180)을 기준으로 판단하면 해당 표본은 이상상태임을 나타낸다. 이와 유사하게, 근사적인 관리한계 바깥의 점들도 정확한 관리한계에서는 안쪽에 타점될 수 있다. 따라서 근사적인 관리한계에 가까이 있는 점들을 해석할 때에는 반드시 주의해야 한다.

또한 변량표본크기를 사용한 관리도에서 런 또는 그 밖의 비정상적 패턴을 분석할 때에도 주의해야 한다. 문제는 표본불량률 $\hat{p}$이 반드시 표본크기에 기초하여 해석되어야 한다는 것이다. 예를 들어, $p$ = 0.20이고, 연속적인 두 개의 표본불량률이 $\hat{p}_i$ = 0.28과 $\hat{p}_{i+1}$ = 0.24라고 하자. $\hat{p}_i > \hat{p}_{i+1}$이기 때문에, 첫 번째 표본은 두 번째에 비해 품질이 나쁜 것으로 보인다. 그러나 표본의 크기가 $n_i$ = 50이고 $n_{i+1}$ = 250이라고 하면, 처음 표본의 표본불량률은 평균에서 표준편차의 1.41배 초과하지만, 두 번째 표본의 표본불량률은 평균에서 표준편차의 1.58배 초과한다. 즉, 두 번째 표본이 첫 번째에 비해 표본불량률은 더 작지만, 표준값 $p$ = 0.20을 기준으로 할 때 더 큰 편차를 보이는 것을 알 수 있다. 따라서 런 또는 비정상적 패턴을 분석하는 것이 의미가 없을 수 있음에 유념해야 한다.

**표준화 관리도** 변량표본크기를 사용할 때 세 번째 접근법은 표준편차 단위를 타점하는 **표준화 관리도**(standardized control chart)를 사용하는 것이다. 이 관리도의 중심선은 0이고 관리상한과 관리하한은 각각 +3과 −3이다. 관리도에 타점하는 변수는 다음과 같다.

$$Z_i = \frac{\hat{p}_i - p}{\sqrt{\dfrac{p(1-p)}{n_i}}} \tag{7.14}$$

여기서 $p$(또는 표준값이 없는 경우 $\bar{p}$)는 관리상태에서 공정 불량률을 나타낸다. 그림 7.9는 표 7.4의 구매발주서에 대한 표준화 관리도이고, 관리도와 관련된 계산은 표 7.5에 나타나 있다. 한 점에서 다른 점으로의 상대적 변화는 동일한 측정단위로 표현되기 때문에, 이 관리도에서 런과 패턴인식에 대한 분석은 무리 없이 적용할 수 있다.

표준화 관리도는 앞에서 소개한 다른 두 가지 접근법에 비해 구성이나 운영이 더 어렵지 않다. 사실 많은 품질관리 소프트웨어 패키지는 자동적으로 표준화 관리도를 제공하거나 표준화 관리도를 작성하도록 선택할 수 있다. 예를 들어, 그림 7.10에 나타난 관리도는 그림 7.9의 관리도를 Minitab을 사용하여 구현한 것이다.

그러나 표준화 관리도는 공정 불량률에 대한 정보가 '손실'되기 때문에 운영자가 관리도를 이해하고 해석하는 것이 더 어려울 수 있다. 표본크기에 큰 변동이 있을 경우 런과 패턴인식 방법이 표준화 관리도에 유용하게 적용될 수 있다. 이러한 경우, 각 표본에 대한 개개의 관리한계를 갖는 관리도(그림 7.6)와 표준화 관리도를 동시에 운영하는 것도 바람직하다.

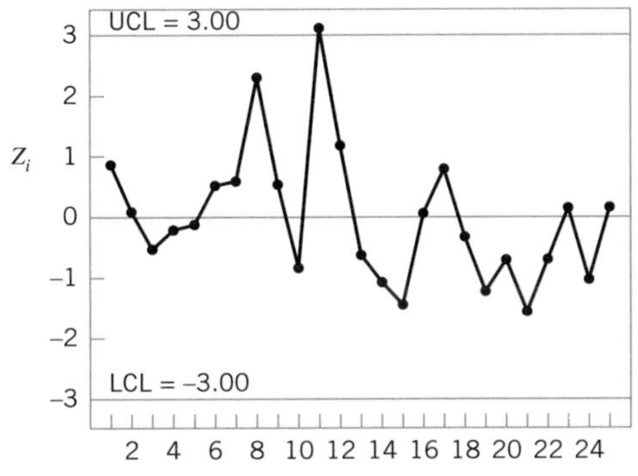


그림 7.9 표준화 불량률 관리도

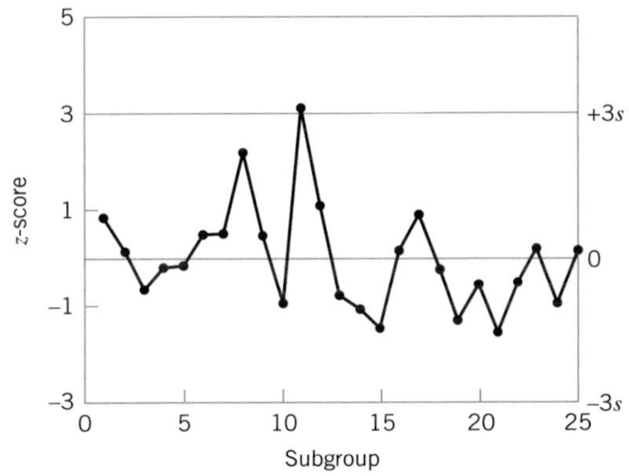


그림 7.10 표 7.4에 대해 Minitab으로 작성한 표준화 불량률 관리도

표 7.5
그림 7.9의 표준화 관리도에 대한 계산($\hat{p} = 0.096$)

| Sample Number, $i$ | Sample Size, $n_i$ | Number of Nonconforming Units, $D_i$ | Sample Fraction Nonconforming, $\hat{p}_i = D_i / n_i$ | Standard Deviation $\hat{\sigma}_p = \sqrt{\frac{(0.096)(0.904)}{n_i}}$ | $z_i = \frac{\hat{p}_i - \bar{p}}{\sqrt{\frac{(0.096)(0.904)}{n_i}}}$ |
|---|---|---|---|---|---|
| 1 | 100 | 12 | 0.120 | 0.029 | 0.83 |
| 2 | 80 | 8 | 0.100 | 0.033 | 0.12 |
| 3 | 80 | 6 | 0.075 | 0.033 | −0.64 |
| 4 | 100 | 9 | 0.090 | 0.029 | −0.21 |
| 5 | 110 | 10 | 0.091 | 0.028 | −0.18 |
| 6 | 110 | 12 | 0.109 | 0.028 | 0.46 |
| 7 | 100 | 11 | 0.110 | 0.029 | 0.48 |
| 8 | 100 | 16 | 0.160 | 0.029 | 2.21 |
| 9 | 90 | 10 | 0.110 | 0.031 | 0.45 |
| 10 | 90 | 6 | 0.067 | 0.031 | −0.94 |
| 11 | 110 | 20 | 0.182 | 0.028 | 3.07 |
| 12 | 120 | 15 | 0.125 | 0.027 | 1.07 |
| 13 | 120 | 9 | 0.075 | 0.027 | −0.78 |
| 14 | 120 | 8 | 0.067 | 0.027 | −1.07 |
| 15 | 110 | 6 | 0.055 | 0.028 | −1.46 |
| 16 | 80 | 8 | 0.100 | 0.033 | 0.12 |
| 17 | 80 | 10 | 0.125 | 0.033 | 0.88 |
| 18 | 80 | 7 | 0.088 | 0.033 | −0.24 |
| 19 | 90 | 5 | 0.056 | 0.031 | −1.29 |
| 20 | 100 | 8 | 0.080 | 0.029 | −0.55 |
| 21 | 100 | 5 | 0.050 | 0.029 | −1.59 |
| 22 | 100 | 8 | 0.080 | 0.029 | −0.55 |
| 23 | 100 | 10 | 0.100 | 0.029 | 0.14 |
| 24 | 90 | 6 | 0.067 | 0.031 | −0.94 |
| 25 | 90 | 9 | 0.100 | 0.031 | 0.13 |

### 7.2.3 거래 및 서비스 비즈니스에서의 응용

불량률 관리도는 거래 비즈니스(transactional business)와 서비스 비즈니스(service business)에 널리 응용된다. 비제조 환경에서도 많은 품질특성치는 양호품 혹은 불량품의 개념을 적용시킬 수 있다.

다수의 불량률 관리도의 비제조적 환경에 응용은 변량표본크기 케이스를 포함할 것이다. 예를 들어, 회계주기 동안 확인 요청된 수표의 총 개수는 대부분 일정한 상수가 아니다. 일정 기간 동안 확인 요청된 수표의 총 수에 대해 처리가 제대로 되지 않은 수표의 비율을 $\hat{p}$로 계산할 수 있다.

표 7.4에는 구매발주서 데이터가 나타나 있다. 표 7.4의 표본크기는 매주 발행된 구매발주서의 실제 개수를 의미한다. 매주 이 개수가 정확하게 일치하는 경우는 흔하지 않기 때문에, 이 경우 변량표본크기 불량률 관리도가 유용하게 사용될 수 있다. 이 관리도의 사용은 구매발주서에 대한 오류의 근본 원인을 식별하여, 처리 공정을 개선하는 조치를 개발하는 데 중요한 초기 단계가 될 것이다.

### 7.2.4 검사특성함수와 평균 런 길이 계산

불량률 관리도의 검사특성함수(operating-characteristic fuction, OC)는 공정 불량률에 대해 공정이 관리상태라는 가설을 잘못 채택하는 확률(제2종 오류, 또는 $\beta$ 오류)을 그래프로 보여 준다. OC 곡선은 관리도의 **민감도**(sensitivity)의 척도를 제공하는데, 그것은 공정 불량률이 $\bar{p}$ 값에서 다른 값 $p$로 변화하는 것을 탐지하는 능력을 나타낸다. 불량률 관리도의 제2종 오류의 확률은 다음과 같이 계산된다.

$$\begin{aligned}\beta &= P\{\hat{p} < \text{UCL}|p\} - P\{\hat{p} \le \text{LCL}|p\} \\ &= P\{D < n\text{UCL}|p\} - P\{D \le n\text{LCL}|p\}\end{aligned} \tag{7.15}$$

여기서 $D$는 $n$과 $p$를 모수로 하는 이항확률변수이기 때문에, 식 7.15에서 정의된 $\beta$ 오류는 누적이항확률분포로 계산할 수 있다. LCL이 음수일 경우, 식 7.15의 오른쪽 두 번째 부분은 제거되어야 한다.

표 7.6은 $n = 50$, 관리하한 = 0.0303, 관리상한 = 0.3697인 불량률 관리도의 OC 곡선을 작성하기 위한 계산 결과이다.

$$\begin{aligned}\beta &= P\{D < (50)(0.3697)|p\} - P\{D \le (50)(0.0303)|p\} \\ &= P\{D < 18.49|p\} - P\{D \le 1.52|p\}\end{aligned}$$

그러나 $D$는 정수이기 때문에

$$\beta = P\{D \le 18|p\} - P\{D \le 1|p\}$$

가 되고, OC 곡선은 그림 7.11과 같이 작성된다.

불량률 관리도에 대한 평균 런 길이(ARL)는 다음과 같이 계산할 수 있다(5장 참조).

표 7.6
$n = 50$, 관리하한 = 0.0303, 관리상한 = 0.3697인 불량률 관리도의 OC 곡선을 작성하기 위한 계산[a]

| $p$ | $P\{D \le 18|p\}$ | $P\{D \le 1|p\}$ | $\beta = P\{D \le 18|p\} - P\{D \le 1|p\}$ |
|---|---|---|---|
| 0.01 | 1.0000 | 0.9106 | 0.0894 |
| 0.03 | 1.0000 | 0.5553 | 0.4447 |
| 0.05 | 1.0000 | 0.2794 | 0.7206 |
| 0.10 | 1.0000 | 0.0338 | 0.9662 |
| 0.15 | 0.9999 | 0.0029 | 0.9970 |
| 0.20 | 0.9975 | 0.0002 | 0.9973 |
| 0.25 | 0.9713 | 0.0000 | 0.9713 |
| 0.30 | 0.8594 | 0.0000 | 0.8594 |
| 0.35 | 0.6216 | 0.0000 | 0.6216 |
| 0.40 | 0.3356 | 0.0000 | 0.3356 |
| 0.45 | 0.1273 | 0.0000 | 0.1273 |
| 0.50 | 0.0325 | 0.0000 | 0.0325 |
| 0.55 | 0.0053 | 0.0000 | 0.0053 |

[a]이 표의 확률은 누적이항분포로부터 계산할 수 있다. $p$가 작은 경우($p < 0.1$) 포아송 근사를 사용할 수 있고, $p$가 큰 경우 정규 근사를 사용할 수 있다.

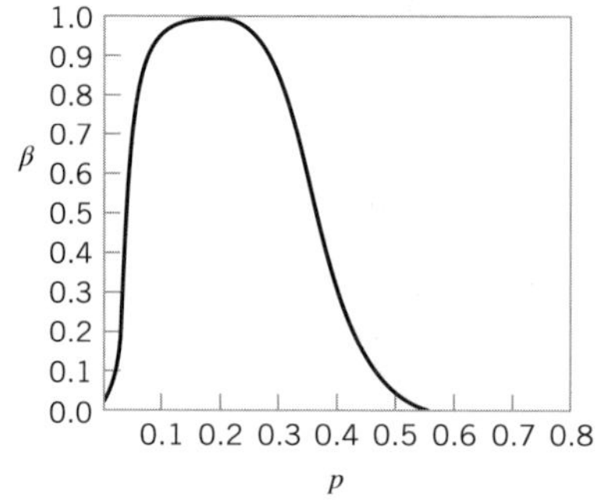


**그림 7.11**
$\overline{p}$ = 0.20, 관리하한 = 0.0303, 관리상한 = 0.3697인 불량률 관리도의 OC 곡선

$$\text{ARL} = \frac{1}{P(\text{표본 통계량이 관리한계 밖에 타점})}$$

즉, 공정이 관리상태인 경우 $\text{ARL}_0$는

$$\text{ARL}_0 = \frac{1}{\alpha}$$

이 되고, 공정이 이상상태라면

$$\text{ARL}_1 = \frac{1}{1-\beta}$$

이 된다. 확률 $(\alpha, \beta)$는 이항분포 또는 OC 곡선으로부터 바로 계산할 수 있다.

좀 더 상세하게 설명하기 위해, 표 7.6의 OC 곡선 계산에 사용된 불량률 관리도를 고려해 보자. 이 관리도는 $n = 50$, 관리하한 = 0.0303, 관리상한 = 0.3697이고 중심선은 $\overline{p}$ = 0.20이다. 표 7.6(또는 그림 7.11의 OC 곡선)으로부터 공정이 관리상태($p = \overline{p}$)인 경우, 통계량이 관리상태로 타점될 확률은 0.9973이다. 즉, $\alpha = 1 - \beta = 0.0027$이기 때문에 $\text{ARL}_0$의 값은 다음과 같다.

$$\text{ARL}_0 = \frac{1}{\alpha} = \frac{1}{0.0027} \simeq 370$$

그러므로 공정이 실제 관리상태인 경우에도 370개 표본마다 한 번의 잘못된 이상상태 신호가 발생한다는 것이다. (이것은 3-시그마 관리한계를 갖는 모든 Shewhart 관리도에서 근사적으로 성립하는 사실이다.) 관리상태의 $\text{ARL}_0$ 값은 만족할 만큼의 큰 값을 고려하는 것이 일반적이다. 만일 이상상태로서 공정 불량률이 $p = 0.3$으로 변화한 경우를 가정해 보자. 표 7.6로부터 $p = 0.3$일 경우 $\beta = 0.8594$임을 알 수 있기 때문에, $\text{ARL}_1$는 다음과 같다.

$$\text{ARL}_1 = \frac{1}{1-\beta} = \frac{1}{1-0.8594} \simeq 7$$

이는 관리한계 밖에 점이 타점되어 변화를 탐지하기 위해 평균적으로 7개 표본이 필요하다는 것을 의미한다. 만일 이 값이 만족스럽지 않다면, 이상상태의 $\text{ARL}_1$을 줄이기 위해 다른 조치를 취해야 한다. 표본크기를 증가시키면 $\beta$ 값이 보다 작아지고 이상상태의 $\text{ARL}_1$이 짧아지게 된다. 또 다른 접근법은 표본간의 추출 간격을 줄이는 것이다. 즉, 한 시간마다 표본을 추출한다면 평균적으로 7시간 만에 변화를 탐지하게 되는데, 만일 30분마다 표본을 추출한다면 평균적으로 3시간 30분 만에 변화를 탐지하게 되는 것이다. 또 다른 접근법으로는 작은 변화를 효율적으로 탐지하는 CUSUM 관리도가 있다. 이는 9장에서 설명하겠다.

### 7.2.5 Laney $p$(또는 $p'$) 관리도

불량률 관리도를 적용할 때 이에 영향을 미치는 문제로 과도한 산포의 문제가 있다. 표본크기와 데이터에 과도한 산포가 있는 경우 관리한계가 매우 좁아질 수 있으며, 이로 인해 이상상태를 나타내는 데이터 값이 많아질 수 있다. 과도한 산포는 날씨 변동, 서로 다른 운영자, 재료의 비정상적인 변동 등과 같은 일시적인 여러 요인으로 인해 발생한다. 그러나 이것들은 쉽게 식별할 수 있는 이상원인이 아니며, 식별 및 제거가 불가능하지는 않지만 어려운 공정의 일부이다.

이러한 문제를 해결하기 위해 제안된 한 가지 접근 방식은 개별 관리도를 불량률 데이터에 적용하는 것이다. 이러한 방법은 도움이 되지만, 불량률 데이터의 표본크기가 다를 수 있다는 사실은 절차에 고려되지 않는다.

Laney(2002)는 과도한 산포 문제를 해결하기 위해 전통적인 $p$ 관리도의 수정을 제안했다. 이 절차는 개별 $\hat{p}_i$ 값들의 표준편차로 측정되는 표본 내 변동을 표본 간 변동의 추정치와 결합시키는 것이다. 이 추정치는 먼저 식 (7.14)을 사용하여 개별 $\hat{p}_i$ 값을 표준화된 $Z_i$ 값으로 변환시킨 다음, 이동범위를 사용하여 sigma-$Z$라고 하는 $Z_i$ 의 표준편차 $\sigma_Z$의 추정치를 계산한다. 그러면 Laney $p$(또는 $p'$) 관리도에 대한 관리한계는 다음과 같이 표현된다.

$$\text{관리상한} = p + 3\sqrt{\frac{p(1-p)}{n_i}} \times \sigma_Z$$

$$\text{중심선} = p$$

$$\text{관리하한} = p - 3\sqrt{\frac{p(1-p)}{n_i}} \times \sigma_Z$$

$p$ 에 대한 표준값이 없는 경우 표본의 평균인 $\bar{p}$를 사용한다.

$\sigma_Z$의 값이 1에 가까우면 전통적인 $p$ 관리도와 Laney 관리도 간에 차이가 거의 없다.

설명을 위해 연속 20주 동안 병원 응급실의 데이터 기록에서 오류로 밝혀진 데이터 개수를 나타내는 표 7.7의 데이터를 고려해 보자. 이 데이터의 표본크기는 상대적으로 큰 값이며 이로 인해 과도한 산포가 발생할 수 있는데, 이에 대한 전통적인 $p$ 관리도는 그림 7.12과 같다. 관리한계가 상대적으로 좁아 관리한계를 벗어난 점이 많이 발생한 것을 알 수 있다.

그림 7.13은 표 7.7의 오류 데이터에 대한 개별 관측값과 이동범위 관리도이다. 관리한계를 벗어나는 점은 없지만, 관리한계는 데이터의 표본크기가 서로 다르다는 사실을 반영하지 못한다.

마지막으로 그림 7.14는 오류 데이터에 대해 Minitab을 사용하여 Laney $p$ 또는 $p'$ 관리도를 작성한 결과이다. 이상상태를 나타내는 점은 없는데, 평균 오류율은 여전히 너무 높으므로(약 9.5%) 공정을 개선하기 위한 수정 조치가 필요한 것을 알 수 있다. 여기서 $\sigma_Z = 3.87$은 1보다 상당히 큰 값이기 때문에 데이터에 과도한 산포가 있음을 나타낸다.

Laney $p$ 또는 $p'$ 관리도는 데이터에 산포가 아주 작은 경우에도 사용할 수 있다. 이것은 이항분포에서 예상되는 것보다 변동성이 작은 경우에 해당하며, 이 경우 $\sigma_Z < 1$이 된다. 또한 데이터가 자기상관이 존재하는 경우 아주 작은 산포가 발생할 수 있는데, 자기상관이 존재하는 공정 데이터에 대한 상세한 내용은 10장의 10.4를 참조하기 바란다.

표 7.7
연속 20주 동안 병원 응급실의 기록에서의 오류

| Sample Size | Errors | Fraction Nonconforming |
|---|---|---|
| 2500 | 187 | 0.0748 |
| 3000 | 345 | 0.115 |
| 2245 | 210 | 0.093541 |
| 2900 | 185 | 0.063793 |
| 3650 | 376 | 0.103014 |
| 3119 | 412 | 0.132094 |
| 2415 | 241 | 0.099793 |
| 1985 | 156 | 0.078589 |
| 2430 | 200 | 0.082305 |
| 3620 | 412 | 0.113812 |
| 2765 | 254 | 0.091863 |
| 3800 | 275 | 0.07268 |
| 2600 | 195 | 0.075 |
| 1875 | 210 | 0.112 |
| 3125 | 298 | 0.09536 |
| 3900 | 450 | 0.115385 |
| 3850 | 325 | 0.084416 |
| 2350 | 256 | 0.108936 |
| 2145 | 198 | 0.092308 |
| 3450 | 300 | 0.086957 |

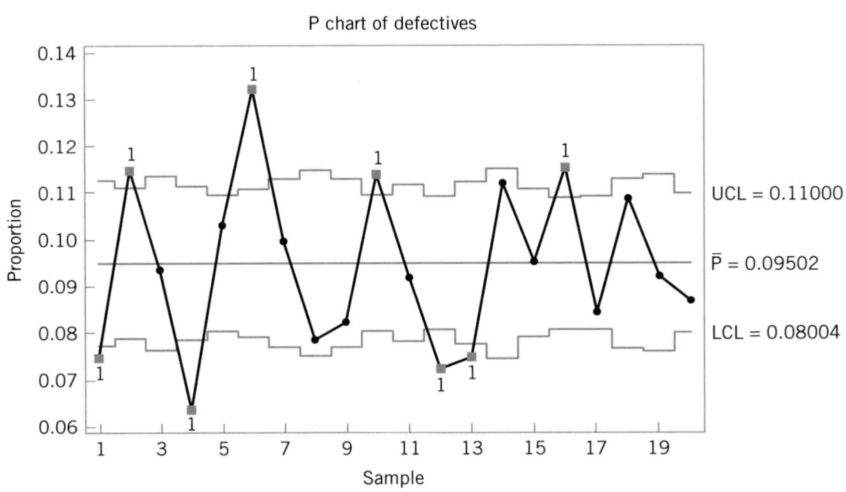


그림 7.12
표 7.7의 오류 데이터에 대한 Minitab의 $p$ 관리도

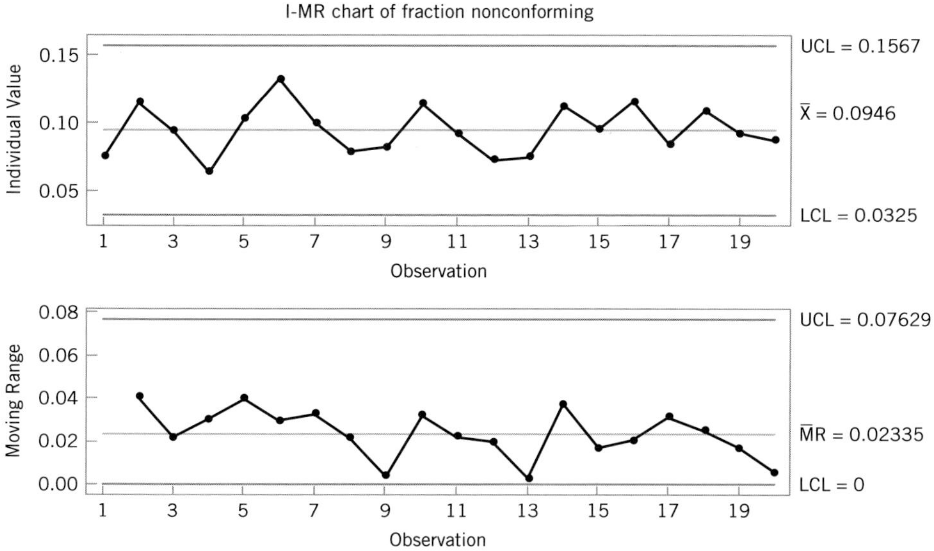


**그림 7.13**
표 7.7의 불량률에 대한 Minitab의 개별 관측값 및 이동범위 관리도

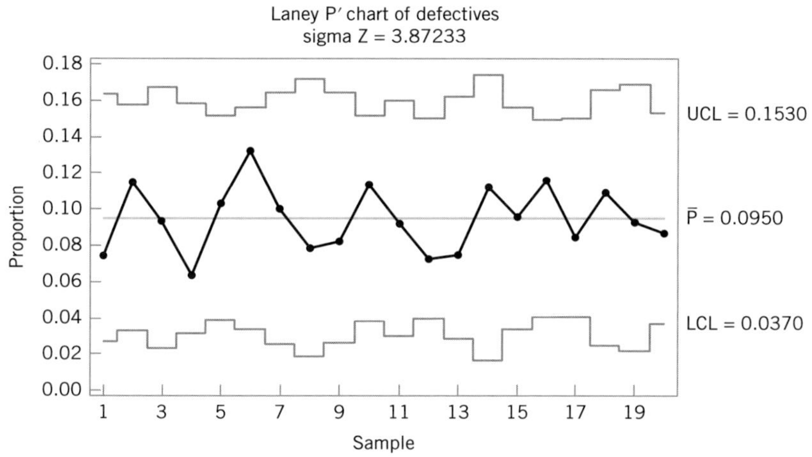


**그림 7.14**
표 7.7의 오류 데이터에 대한 Minitab의 Laney $p$ 또는 $p'$관리도

## 7.3 결점수에 대한 관리도

불량품은 규격을 하나 이상 만족하지 못한 생산품인데, 규격을 만족하지 못한 부분을 **결점**(nonconformity)이라고 한다. 즉, 불량품은 하나 이상의 결점을 포함하고 있다. 그러나 결점이 있다고 무조건 불량품으로 분류되는 것은 아니다. 예를 들어 컴퓨터를 제조한다고 가정하자. 각각의 단위에 한 개 이상의 사소한 결점이 있다고 해도 기능적으로 심각하게 영향을 미치지 않으면 양호품으로 분류된다. 그러나 너무 많은 사소한 결점이 있다면 고객이 이를 감지할 수 있고 기기의 판매에 영향을 줄 수 있기 때문에 불량품으로 분류한다. 공정관리의 많은 상황에서 불량률보다는 결점수로 직접 작업하는 것이 선호된다. 송유관 100 m에서 불량 용접의 수, 항공기 날개에서 깨진 리벳의 수, 전자 로직 기기에 기능적 결함의 수, 문서에서 오탈자의 수 등이 이에 해당한다.

하나의 생산단위에서 **결점의 총 개수** 또는 **단위당 평균 결점수**에 대해 관리도를 작성하는 것이 가능하다. 이러한 관리도는 일정한 크기의 표본에 대한 결점의 발생은 포아송 분포에 의해 잘 모형화된다고 가정한다. 이것은 결점이 발생할 수 있는 기회나 잠재적인 발생 위치의 수가 무한히 크고, 특정한 영역에서 결점의 발생 확률은 작고 일정하다는 것을 가정한다. 또한 각 표본에서 검사단위는 동일해야 한다. 즉, 각 **검사단위**는 항상 동일한 결점 발생의 가능 영역을 가져야 한다. 위의 조건이 만족되는 결점의 종류에 대해서는 하나의 검사단위에 여러 종류의 결점수를 세는 것이 가능하다.

대부분의 실제 공정에서는 이러한 가정들이 정확하게 만족되지 않는다. 결점 발생에 대한 기회의 수는 유한할 수 있으며, 결점의 발생 확률은 일정하지 않을 수 있다. 그러나 이러한 가정들로부터 심각하게 벗어나지 않는 한 포아송 모형은 합리적으로 잘 작동할 것이다. 포아송 모형이 적합되지 않는 상황에 대해서는 7.3.1절의 끝부분에서 보다 상세하게 다룰 예정이다

### 7.3.1 일정표본크기에 대한 절차

생산품의 검사단위에 결점이 발생하는 상황을 고려하자. 대부분의 경우 검사단위는 생산품의 단일 단위이지만, 기록의 편리성을 위해 생산품의 단위를 5개, 10개 등으로 묶을 수도 있다. 이런 검사단위에서 결점의 발생이 포아송 분포를 따른다고 가정하는 것은

$$p(x) = \frac{e^{-c}c^x}{x!} \qquad x = 0,\ 1,\ 2\ ,\ . . .$$

와 같은 확률분포를 가정하는 것이다. 여기서 $x$는 결점의 개수이고, $c > 0$는 포아송 분포의 모수이다. 3.2.3절으로부터 포아송 분포의 평균과 분산은 모두 모수 $c$임을 알고 있다. 따라서 $c$의 표준값이 주어진 경우 **결점수관리도 또는 $c$ 관리도**의 3시그마 관리한계는 다음과 같이 정의할 수 있다.

$$\begin{aligned} \text{관리상한} &= c + 3\sqrt{c} \\ \text{중심선} &= c \\ \text{관리하한} &= c - 3\sqrt{c} \end{aligned} \tag{7.16}$$

만일 계산된 관리하한의 값이 음수일 경우 관리하한은 0으로 간주한다. 포아송 분포는 대칭적이지 않기 때문에, 이러한 3시그마 관리한계에 대한 $\alpha$ 값은 관리상한을 벗어나는 확률과 관리하한을 벗어나는 확률로 동일하게 나누어지지 않는다. 따라서 여러 연구자들은 특히 $c$가 작은 경우에는 확률한계(probability limits)를 사용할 것을 권장하고 있다.

만약 $c$의 표준값이 주어지지 않은 경우, $c$는 예비표본에서 관측된 평균 결점수인 $\bar{c}$로 추정될 수 있다. 이러한 경우 관리도의 관리한계는 다음과 같이 정의된다.

$$\begin{aligned} \text{관리상한} &= \bar{c} + 3\sqrt{\bar{c}} \\ \text{중심선} &= \bar{c} \\ \text{관리하한} &= \bar{c} - 3\sqrt{\bar{c}} \end{aligned} \tag{7.17}$$

표준값이 주어지지 않은 경우 식 7.17의 관리한계는 시험적 관리한계(trial control limits)로 간주되어야 하고, 예비표본은 일반적인 제1국면 분석을 통하여 관리상태인지를 검사해야 한다. 결점수에 대한 관리도는 일반적으로 $c$ 관리도라고 부른다.

### 예 7.3 회로기판의 결점

표 7.8은 각각 100개의 회로기판으로 구성된 26개 표본에서의 결점수를 나타낸다. 편리성을 위하여 검사단위는 100개의 보드로 정의하였고, $c$ 관리도는 다음과 같이 구성할 수 있다.

표 7.8 100개 회로기판의 표본에서 결점수에 대한 데이터

| Sample Number | Number of Nonconformities | Sample Number | Number of Nonconformities |
|---|---|---|---|
| 1 | 21 | 14 | 19 |
| 2 | 24 | 15 | 10 |
| 3 | 16 | 16 | 17 |
| 4 | 12 | 17 | 13 |
| 5 | 15 | 18 | 22 |
| 6 | 5 | 19 | 18 |
| 7 | 28 | 20 | 39 |
| 8 | 20 | 21 | 30 |
| 9 | 31 | 22 | 24 |
| 10 | 25 | 23 | 16 |
| 11 | 20 | 24 | 19 |
| 12 | 24 | 25 | 17 |
| 13 | 16 | 26 | 15 |

**풀이**

26개의 표본은 총 516개의 결점을 포함하기 때문에 $c$는 다음과 같이 추정 가능하다.

$$\bar{c} = \frac{516}{26} = 19.85$$

그러므로 시험적 관리한계는 다음과 같이 계산할 수 있다.

$$\text{관리상한} = \bar{c} + 3\sqrt{\bar{c}} = 19.85 + 3\sqrt{19.85} = 33.22$$
$$\text{중심선} = \bar{c} = 19.85$$
$$\text{관리하한} = \bar{c} - 3\sqrt{\bar{c}} = 19.85 = 3\sqrt{19.85} = 6.48$$

관리한계가 그림 7.15에 나타나 있으며, 예비표본에서 관측된 결점수를 이 관리도에 타점하였다. 표본 6과 20의 통계량이 이 관리한계를 벗어났다. 표본 6을 조사한 결과, 이 표본의 보드를 조사한 새로운 관측자가 현재 발생할 수 있는 결점 유형 중 몇 가지를 고려하지 않은 것으로 나타났다. 또한 표본 20에서 결점수가 비정상적으로 많은 것은 이후에 복구된 납땜 기계의 온도 제어 문제 때문으로 판명되었다. 이들 두 개 표본을 제외하고 시험적 관리한계를 수정하는 것이 합리적이라고 판단된다. 따라서 $c$의 추정치는 다음과 같이 수정되었고

$$\bar{c} = \frac{472}{24} = 19.67$$

수정된 관리한계는 다음과 같이 다시 계산된다.

$$관리상한 = \bar{c} + 3\sqrt{\bar{c}} = 19.67 + 3\sqrt{19.67} = 32.97$$
$$중심선 = \bar{c} = 19.67$$
$$관리하한 = \bar{c} - 3\sqrt{\bar{c}} = 19.67 - 3\sqrt{19.67} = 6.36$$

이 값은 다음 주기의 생산품을 비교할 수 있는 표준값으로 간주할 수 있다.

동일한 검사단위로 구성된 새로운 20개 표본을 관측하였고, 각 표본의 결점수가 표 7.9에 기록되어 있다. 이 점들을 그림 7.16의 관리도에 타점하였다. 이상상태라고 판단되지는 않지만 각 보드에서 결점수는 여전히 많은 것으로 보이며, 공정의 향상을 위해 별도의 조치가 필요하다고 판단된다.

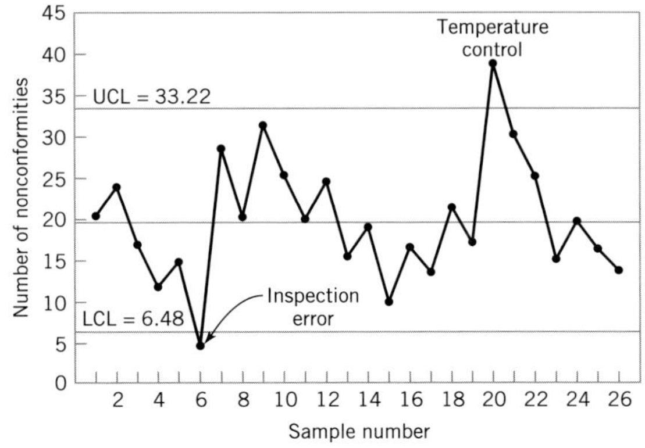


**그림 7.15** 예 7.3에 대한 결점수 관리도

**표 7.9** 예 7.3의 결점수 관리도의 계속

| Sample Number | Number of Nonconformities | Sample Number | Number of Nonconformities |
|---|---|---|---|
| 27 | 16 | 37 | 18 |
| 28 | 18 | 38 | 21 |
| 29 | 12 | 39 | 16 |
| 30 | 15 | 40 | 22 |
| 31 | 24 | 41 | 19 |
| 32 | 21 | 42 | 12 |
| 33 | 28 | 43 | 14 |
| 34 | 20 | 44 | 9 |
| 35 | 25 | 45 | 16 |
| 36 | 19 | 46 | 21 |

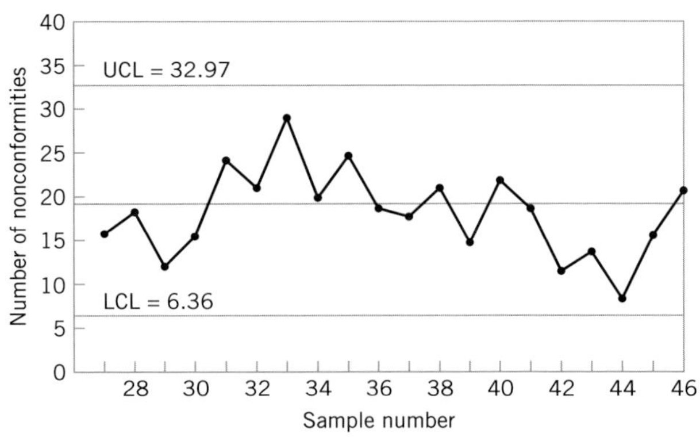


**그림 7.16** 예 7.3의 결점수 관리도의 계속

**결점에 대한 추가적인 분석** 결점의 유형은 일반적으로 다르기 때문에, 결점 데이터는 불량률에 비해 더 많은 정보를 포함하고 있다. 결점을 유형별로 분석함으로, 결점의 원인에 대한 상당한 정보를 얻을 수 있다. 이는 관리도의 사용에 필수적인 **이상상태 조치계획**(out-of-control-action plans, OCAPs)을 개발하는 데 상당한 도움을 줄 수 있다.

예를 들어, 회로기판 공정은 16가지 다른 유형의 결점이 있다. 500개 회로기판에 대한 결점 데이터가 그림 7.17에 파레토 그림으로 나타나 있다. 불충분한 땜납과 땜납 콜드 조인트가 전체 결점의 60% 이상이기 때문에, 이러한 문제점을 개별적으로 제거할 수 있다면 공정의 수율(process yield)은 급격하게 증가할 것이다.

결점의 추가적인 분석의 또 다른 유용한 방법은 5장에서 언급한 **특성요인도**(cause-and-effect diagram)이다. 특성요인도는 결점의 다양한 원인과 그들의 상호관계를 설명하는 데에 유용하다. 회로기판 조립 공정에 대한 특성요인도가 그림 7.18에 나타나 있다. 이 예제의 대부분의 결함은 땜납과 연관되어 있기 때문에, 특성요인도는 땜납 공정을 최적화하는 실험계획에 대한 변수를 선택하는 데 도움을 줄 수 있다. 특성요인도를 작성하는 데에는 여러 방법이 있는데, 일반적으로 세 가지 주요 요소(재료, 운영자, 장비)에 초점

| Defect code | | Freq. | Cum. freq. | Percentage | Cum. percentage |
|---|---|---|---|---|---|
| Sold. Insufficie | **************************************** | 40 | 40 | 40.82 | 40.82 |
| Sold.cold joint | ******************** | 20 | 60 | 20.41 | 61.23 |
| Sold. opens/dewe | ******* | 7 | 67 | 7.14 | 68.37 |
| Comp. improper 1 | ****** | 6 | 73 | 6.12 | 74.49 |
| Sold. splatter/w | ***** | 5 | 78 | 5.10 | 79.59 |
| Tst. mark ec mark | *** | 3 | 81 | 3.06 | 82.65 |
| Tst. mark white m | *** | 3 | 84 | 3.06 | 85.71 |
| Raw cd shroud re | *** | 3 | 87 | 3.06 | 88.78 |
| Comp. extra part | ** | 2 | 89 | 2.04 | 90.82 |
| Comp. damaged | ** | 2 | 91 | 2.04 | 92.86 |
| Comp. missing | ** | 2 | 93 | 2.04 | 94.90 |
| Wire incorrect s | * | 1 | 94 | 1.02 | 95.92 |
| Stamping oper id | * | 1 | 95 | 1.02 | 96.94 |
| Stamping missing | * | 1 | 96 | 1.02 | 97.96 |
| Sold. short | * | 1 | 97 | 1.02 | 98.98 |
| Raw cd damaged | * | 1 | 98 | 1.02 | 100.00 |

1 10 20 30 40

Number of defects

**그림 7.17**
회로기판 공정의 결점에 대한 파레토 분석

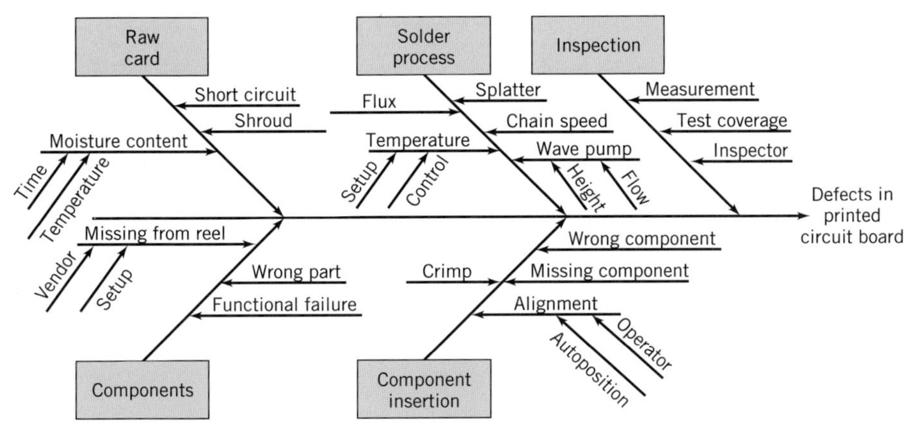


**그림 7.18** 특성요인도

을 맞추고 있다. 또 다른 유용한 방법은 공정에서 재료의 흐름에 따라 특성요인도를 작성하는 것이다.

**표본크기의 선택($u$ 관리도)** 예 7.3은 표본크기가 하나의 검사단위인 결점수에 대한 관리도의 설명이다. 검사단위는 운영과 데이터 수집을 간편하게 하도록 설정하지만, 표본크기를 반드시 하나의 검사단위와 동일하게 제한할 필요는 없다. 사실, 하나의 표본에 여러 검사단위를 사용하여 결점의 발생 가능 영역을 확대하는 것을 선호하는 경우도 있다. 표본크기는 양수의 관리하한을 갖도록 또는 어떤 공정 변화를 탐지할 확률을 특정한 값이 되도록 충분히 큰 표본크기를 지정하는 등의 통계적 고려사항에 따라 선택되어야 한다. 대안으로 표본크기를 결정하기 위해 경제적인 요소를 고려할 수도 있다.

표본크기가 $n$개인 검사단위의 관리도를 작성하는 경우를 고려해 보자. $n$이 반드시 정수일 필요는 없다. 이를 설명하기 위해 예 7.3에서 부분군의 크기는 $n = 2.5$라는 검사단위라고 가정해 보자. 그러면 표본크기는 (2.5)(100) = 250개의 보드가 된다. 새로운 표본크기가 선택되면 수정된 관리도를 작성하는 방법에는 일반적으로 두 가지가 있다. 한 가지 방법은 간단하게 이전의 검사단위에 $n$배하여 새로운 검사단위를 다시 정의하는 것이다. 이러한 경우에 새로운 관리도의 중심선은 $n\bar{c}$가 되고 관리한계는 $n\bar{c} \pm 3\sqrt{n\bar{c}}$가 되는데, 여기서 $\bar{c}$는 원래의 검사단위에서 발견된 평균 결점수이다. 예 7.3에서 시험적 관리한계를 수정한 후, $n = 2.5$인 검사단위의 표본크기를 사용하기로 결정했다고 가정하자. 이 경우 중심선은 $n\bar{c} = (2.5)(19.67) = 49.18$이 되고, 관리한계는 $49.18 \pm 3\sqrt{49.18}$, 즉 관리하한 = 28.14이고 관리상한 = 70.22가 된다.

두 번째 접근법은 검사단위당 평균 결점수에 기초하여 관리도를 구성하는 것이다. $n$개 검사단위의 표본에서 발견된 결점수가 $x$개라면, 검사단위당 평균 결점수는 다음과 같다.

$$u = \frac{x}{n} \tag{7.18}$$

$x$는 포아송 확률변수이고, 검사단위당 평균 결점수에 대한 관리도의 모수는 다음과 같다.

$$\begin{aligned} \text{관리상한} &= \bar{u} + 3\sqrt{\frac{\bar{u}}{n}} \\ \text{중심선} &= \bar{u} \\ \text{관리하한} &= \bar{u} - 3\sqrt{\frac{\bar{u}}{n}} \end{aligned} \tag{7.19}$$

여기에서 $\bar{u}$는 예비표본에서 검사단위당 관측된 평균 결점수를 나타내는데, 식 7.19로부터 얻어진 관리한계 역시 시험적 관리한계로 간주될 수 있다. 단위당 결점수 관리도는 ***u* 관리도**라고도 불린다.

## 예 7.4 공급망 운영의 관리도

공급망(supply chain) 엔지니어링 그룹은 회사 분배 네트워크를 통해 재료의 선적을 모니터링하는데, 배달 재료 또는 첨부 문서에 있는 오류가 일주일 단위로 추적된다. 매주 무작위로 선택된 50개의 선적을 검사하여 발견된 오류를 기록하고 있으며, 20주간의 데이터가 표 7.10에 나타나 있다. 이 공정을 모니터링하기 위한 $u$ 관리도를 작성하시오.

**풀이**

표 7.10로부터 얻어진 데이터에서 검사단위(선적)당 오류(결점)의 개수를 다음과 같이 추정할 수 있다.

$$\bar{u} = \frac{\sum_{i=1}^{20} u_i}{20} = \frac{1.48}{20} = 0.0740$$

그러므로 관리도의 모수는

$$\text{관리상한} = \bar{u} + 3\sqrt{\frac{\bar{u}}{n}} = 0.0740 + 3\sqrt{\frac{0.0740}{50}} = 0.1894$$

$$\text{중심선} = \bar{u} = 0.0740$$

$$\text{관리하한} = \bar{u} - 3\sqrt{\frac{\bar{u}}{n}} = 0.0740 - 3\sqrt{\frac{0.0740}{50}} = -0.0414$$

관리하한이 음수이기 때문에 $u$ 관리도에서 관리하한은 0으로 놓는다. 관리도는 그림 7.19에 나타나 있다. 예비표본의 데이터로부터 공정이 이상상태라고 판단되지 않기 때문에, 여기서 계산된 시험적 관리한계는 향후 제2국면의 모니터링을 위해 사용될 것이다. 비록 공정은 관리상태이지만, 선적당 평균 오류의 수는 많기 때문에 공급망 시스템을 향상시키기 위해서는 특별한 조치가 필요하다는 것을 알 수 있다.

표 7.10 공급망 네트워크의 선적 오류에 대한 데이터

| Sample Number (week), $i$ | Sample Size, $n$ | Total Number of Errors (Nonconformities), $x_i$ | Average Number of Errors (Nonconformities) per Unit, $u_i = x_i/n$ |
|---|---|---|---|
| 1 | 50 | 2 | 0.04 |
| 2 | 50 | 3 | 0.06 |
| 3 | 50 | 8 | 0.16 |
| 4 | 50 | 1 | 0.02 |
| 5 | 50 | 1 | 0.02 |
| 6 | 50 | 4 | 0.08 |
| 7 | 50 | 1 | 0.02 |
| 8 | 50 | 4 | 0.08 |
| 9 | 50 | 5 | 0.10 |
| 10 | 50 | 1 | 0.02 |
| 11 | 50 | 8 | 0.16 |
| 12 | 50 | 2 | 0.04 |
| 13 | 50 | 4 | 0.08 |
| 14 | 50 | 3 | 0.06 |
| 15 | 50 | 4 | 0.08 |
| 16 | 50 | 1 | 0.02 |
| 17 | 50 | 8 | 0.16 |
| 18 | 50 | 3 | 0.06 |
| 19 | 50 | 7 | 0.14 |
| 20 | 50 | 4 | 0.08 |
| | | 74 | 1.48 |

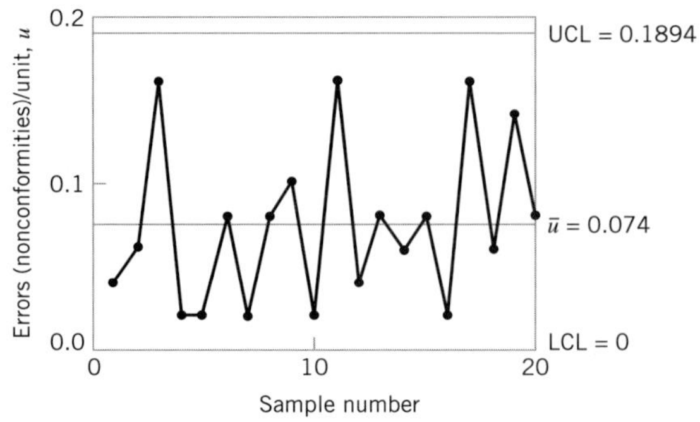


**그림 7.19** 예 7.4에 대해 Minitab을 사용하여 작성한 단위당 결점수 관리도

## 7.3.2 변량표본크기에 대한 절차

결점수에 대한 관리도는 때때로 생산품에 전수검사를 실시하여 작성된다. 이와 다르게 표본을 추출하는 경우 표본의 검사단위의 수는 항상 일정하지 않을 것이다. 예를 들어 천이나 종이 롤의 검사는 모든 롤의 길이와 폭이 같지 않기 때문에, 종종 표본크기가 변화하는 경우가 발생한다. 이때 결점수에 대한 관리도($c$ 관리도)를 사용한다면, 중심선과 관리한계 모두 표본크기에 따라 달라질 것이다. 이러한 관리도는 해석하는 데 어려움이 있을 수 있는데, 따라서 단위당 결점수 관리도($u$ 관리도)를 사용하는 것이 올바른 절차이다. 이 관리도는 일정한 중심선을 가지며, 관리한계는 표본크기 $n$의 제곱근에 반비례하게 된다.

### 예 7.5 $u$ 관리도 구성

섬유 가공 공장에서 염색 천은 50 $m^2$ 단위로 결점을 확인하고 있다. 표 7.11은 천 10개 롤의 결점수 데이터를 나타낸다. 이 데이터를 사용하여 단위당 결점수 관리도를 작성하라.

표 7.11 염색천 불량의 발생

| Roll Number | Number of Square Meters | Total Number of Nonconformities | Number of Inspection Units in Roll, $n$ | Number of Nonconformities per Inspection Unit |
|---|---|---|---|---|
| 1 | 500 | 14 | 10.0 | 1.40 |
| 2 | 400 | 12 | 8.0 | 1.50 |
| 3 | 650 | 20 | 13.0 | 1.54 |
| 4 | 500 | 11 | 10.0 | 1.10 |
| 5 | 475 | 7 | 9.5 | 0.74 |
| 6 | 500 | 10 | 10.0 | 1.00 |
| 7 | 600 | 21 | 12.0 | 1.75 |
| 8 | 525 | 16 | 10.5 | 1.52 |
| 9 | 600 | 19 | 12.0 | 1.58 |
| 10 | 625 | 23 | 12.5 | 1.84 |
| | | 153 | 107.50 | |

**풀이**

관리도의 중심선은 검사단위당 평균 결점수인데, 50 $m^2$ 당 평균 결점수는 다음과 같이 계산된다.

$$\bar{u} = \frac{153}{107.5} = 1.42$$

즉, $\bar{u}$는 전체 검사단위에 대한 총 결점수의 비율이다.

이 관리도의 관리한계는 식 7.19에 의해 $n$을 $n_i$로 대체하여 계산하는데, 관리도의 폭은 검사단위의 개수인 $n_i$에 반비례하여 변화하게 된다. 관리한계의 계산은 표 7.12에 나타나 있고, 그림 7.20의 관리도는 Minitab을 사용하여 작성한 것이다.

표 7.12 예 7.5에서 관리한계의 계산

| Roll Number, $i$ | $n_i$ | UCL $= \bar{u} + 3\sqrt{\bar{u}/n_i}$ | LCL $= \bar{u} - 3\sqrt{\bar{u}/n_i}$ |
|---|---|---|---|
| 1 | 10.0 | 2.55 | 0.29 |
| 2 | 8.0 | 2.68 | 0.16 |
| 3 | 13.0 | 2.41 | 0.43 |
| 4 | 10.0 | 2.55 | 0.29 |
| 5 | 9.5 | 2.58 | 0.26 |
| 6 | 10.0 | 2.55 | 0.29 |
| 7 | 12.0 | 2.45 | 0.39 |
| 8 | 10.5 | 2.52 | 0.32 |
| 9 | 12.0 | 2.45 | 0.39 |
| 10 | 12.5 | 2.43 | 0.41 |

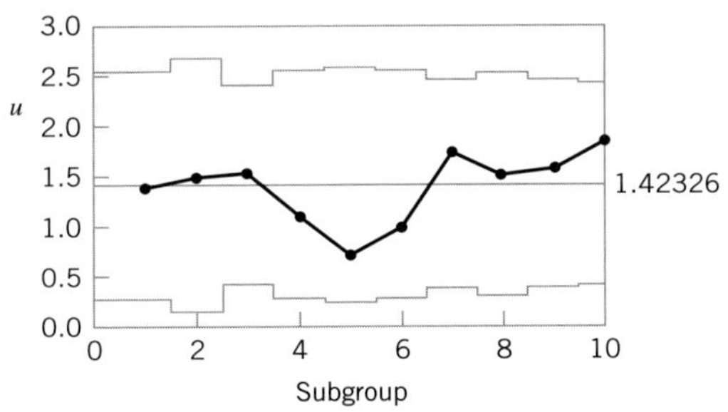


그림 7.20 예 7.5에서 Minitab을 사용하여 작성한 관리도

이전에 언급한 바와 같이, $u$ 관리도는 변량표본크기에 대해 사용할 수 있다. 그러나 이 외에 다음 두 가지의 접근법도 고려할 수 있다.

1. 다음과 같은 평균표본크기에 기초한 관리한계의 사용

$$\bar{n} = \sum_{i=1}^{m} n_i / m$$

2. 다음과 같은 표준화된 통계량을 사용하는 표준화 관리도의 사용

$$Z_i = \frac{u_i - \bar{u}}{\sqrt{\frac{\bar{u}}{n_i}}} \tag{7.26}$$

표준화 관리도의 경우 중심선은 0이 되고, 관리하한과 상한은 각각 −3과 3이 된다. 런

및 다른 패턴인식 방법에 대한 검정을 관리도와 함께 사용할 경우 이 관리도가 적절할 것이다. 그림 7.21은 예제 7.5에서 관리도의 표준화된 버전을 나타내고 있는데, 표준화 관리도는 짧은 생산 런 상황에 유용하게 사용될 수 있다(10.1절 참조).

**Laney $u$(또는 $u'$) 관리도** 이산형 데이터에서는 과도한 산포 또는 아주 작은 산포의 문제가 발생할 수 있는데, 이러한 문제는 전통적인 Shewhart 관리도에 오경보를 발생시킬 수 있다. 이전에 $p$ 관리도에 대해 제시된 Laney 수정을  관리도에 적용하여 Laney $u$(또는 $u'$) 관리도를 작성할 수 있다.

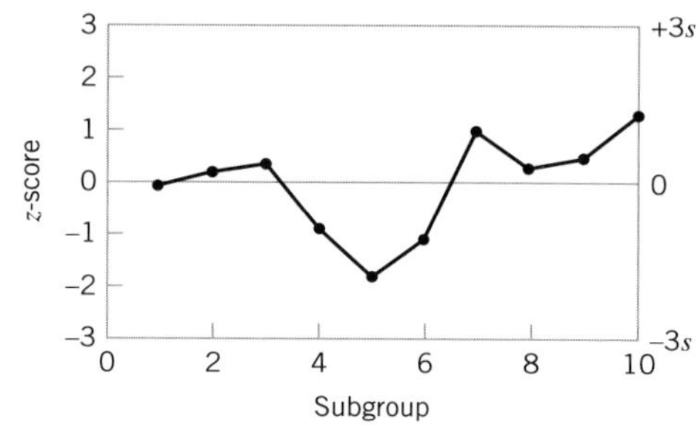


그림 7.21
예 7.5에서 단위당 결점수에 대한 표준화 관리도

### 7.3.3 벌점 시스템

자동차 또는 컴퓨터와 같은 복잡한 제품은 일반적으로 많은 유형의 결점을 정의할 수 있으며, 모든 유형의 결점이 동일한 중요도를 갖는 것은 아니다. 하나의 매우 심각한 결점을 가진 제품은 불량으로 분류되어야 하지만, 몇 가지 사소한 결점을 갖는 제품은 양호품으로 분류될 수도 있다. 이러한 상황에서 중요도에 따라 결점을 분류하고 적절한 방식으로 결점의 유형에 대해 가중을 주는 것이 필요하다. 계수형 데이터에 대한 **벌점 시스템**(demerit system)은 이러한 상항에서 유용하게 사용될 수 있다.

다음은 벌점 시스템의 예이다.

> **정A급 결점(매우 심각)**: 이 결점은 완전한 불량, 또는 현장에서 쉽게 해결할 수 없는 결점, 또는 부상이나 재산 피해가 발생할 수 있는 결점이다.
>
> **B급 결점(심각)**: A급 결점에 비해 다소 덜 심각한 운영 문제를 일으키는 결점, 또는 수명을 감소시키거나 유지보수 비용을 증가시키는 결점이다.
>
> **C급 결점(약간 심각)**: 운영에 문제를 일으키거나 수명 감소와 유지보수 비용을 증가시킬 수 있는 결점, 또는 제품의 마무리, 외관, 품질의 큰 결점이다.
>
> **D급 결점(심각하지 않음)**: 제품의 마무리, 외관, 품질의 사소한 결점이다.

$c_{iA}$, $c_{iB}$, $c_{iC}$, $c_{iD}$는 $i$번째 검사단위에서 A급, B급, C급, D급 결점의 수를 나타낸다고 하자. 결점의 각 유형은 서로 독립이며, 각 유형에서 결점의 발생은 포아송 분포에 의해 잘 모형화된다고 가정한다. 검사단위에서 **벌점**(demerits)을 다음과 같이 정의한다.

$$d_i = 100c_{iA} + 50c_{iB} + 10c_{iC} + c_{iD} \tag{7.21}$$

A급의 가중치는 100, B급의 가중치는 50, C급의 가중치는 10, D급의 가중치는 1로 주는 방식은 실제 공정에서 광범위하게 사용되고 있다. 그러나 각 상황에 따라 적절한 가중치를 사용할 수 있다.

$n$개의 검사단위의 표본이 사용된다고 가정할 경우, 단위당 벌점은 다음과 같다.

$$u_i = \frac{D}{n} \tag{7.22}$$

여기서 $D = \sum_{i=1}^{n} d_i$는 $n$개의 모든 검사단위에서 벌점의 총합을 나타낸다. $u_i$가 독립적인 포아송 확률변수의 선형결합이므로, 통계량 $u_i$는 다음의 모수를 갖는 관리도에 타점될 수 있다.

$$\begin{aligned} \text{관리상한} &= \bar{u} + 3\hat{\sigma}_u \\ \text{중심선} &= \bar{u} \\ \text{관리하한} &= \bar{u} - 3\hat{\sigma}_u \end{aligned} \tag{7.23}$$

여기서

$$\bar{u} = 100\bar{u}_{\text{A}} + 50\bar{u}_{\text{B}} + 10\bar{u}_{\text{C}} + \bar{u}_{\text{D}} \tag{7.24}$$

$$\hat{\sigma}_u = \left[ \frac{(100)^2\bar{u}_{\text{A}} + (50)^2\bar{u}_{\text{B}} + (10)^2\bar{u}_{\text{C}} + \bar{u}_{\text{D}}}{n} \right]^{1/2} \tag{7.25}$$

위의 식에서 $\bar{u}_{\text{A}}$, $\bar{u}_{\text{B}}$, $\bar{u}_{\text{C}}$, $\bar{u}_{\text{D}}$는 단위당 A급, B급, C급, D급의 평균 결점수를 나타낸다. 이 값들은 공정이 관리상태에서 운영된다고 가정하고 추출한 예비표본에서 계산될 수 있으며, 필요한 경우 $\bar{u}_{\text{A}}$, $\bar{u}_{\text{B}}$, $\bar{u}_{\text{C}}$, $\bar{u}_{\text{D}}$에 대한 표준값으로 사용될 수 있다,

Jones, Wodall과 Conerly(1999)는 벌점에 기초한 관리도에 대해 다양한 내용을 제공하고 있다. 그들은 위에서 설명한 기존의 3시그마 한계의 대안으로 확률기반 한계를 계산하는 방법을 제안하였고, 계산은 복잡하지만 더 좋은 성능을 나타냄을 보였다.

위에서 설명한 벌점 시스템에 대해 다양한 변형이 가능하다. 예를 들어 결점을 **기능적 결함**과 **외형적 결점**으로 분류할 수도 있다. 또한 유형을 고려하지 않고 통합하여 결점에 대한 관리도를 작성하는 것보다 각 유형에 대해 관리도를 작성하는 것이 더 바람직할 것이다.

### 7.3.4 검사특성함수

$c$ 관리도와 $u$ 관리도에 대한 검사특성곡선(OC 곡선)은 포아송 분포로부터 계산할 수 있다. $c$ 관리도에 대한 OC 곡선은 실제 평균 결점수 $c$에 대한 제2종 오류 $\beta$의 확률을 나타낸다. $\beta$의 식은 다음과 같다.

$$\beta = P\{x < \text{관리상한} | c\} - P\{x \le \text{관리하한} | c\} \tag{7.26}$$

여기서 $x$는 모수가 $c$인 포아송 확률변수이다. 만일 관리하한이 음수인 경우, 식 7.26의 오

른쪽 식에서 두 번째 항은 생략해야 한다.

예 7.3에서 c 관리도에 대한 OC 곡선을 유도해 보자. 관리하한 6.48과 관리상한 33.22를 가정할 경우, 식 7.26을 적용하면 다음과 같다.

$$\beta = P\{x < 33.22|c\} - P\{x \le 6.48|c\}$$

결점수는 정수이므로

$$\beta = P\{x \le 33|c\} - P\{x \le 6|c\}$$

도 동일한 식이다. 표 7.13에는 계산된 확률이 나타나 있으며, OC 곡선은 그림 7.22에 나타나 있다.

$u$ 관리도에 대한 OC 곡선은 다음과 같이 유도할 수 있다.

$$\begin{aligned}\beta &= P\{x < \text{관리상한}|u\} - P\{x \le \text{관리하한}|u\} \\ &= P\{c < n\text{관리상한}|u\} - P\{c \le n\text{관리하한}|u\} \\ &= P\{n\text{관리하한} < x \le n\text{관리상한}|u\} \\ &= \sum_{x=\langle n\text{관리하한}\rangle}^{[n\text{관리상한}]} \frac{e^{-nu}(nu)^x}{x!}\end{aligned} \tag{7.27}$$

여기서 <$n$관리하한>은 관리하한의 $n$배 값보다 같거나 큰 가장 작은 정수로 정의하고, [$n$관리상한] 은 관리상한의 $n$배 값보다 같거나 작은 가장 큰 정수로 정의한다. $n$은 정수일 필요가 없지만, $n$개 검사단위의 표본에서 발견된 결점수는 정수이기 때문에 식 7.27에서 합계의 하한과 상한은 정수이어야 한다.

**표 7.13** 관리상한 = 33.22이고 관리하한 = 6.48인 $c$ 관리도에 대한 OC 곡선 계산

| $c$ | $P\{x \le 33\|c\}$ | $P\{x \le 6\|c\}$ | $\beta = P\{x \le 33\|c\} - P\{x \le 6\|c\}$ |
|---|---|---|---|
| 1 | 1.000 | 0.999 | 0.001 |
| 3 | 1.000 | 0.966 | 0.034 |
| 5 | 1.000 | 0.762 | 0.238 |
| 7 | 1.000 | 0.450 | 0.550 |
| 10 | 1.000 | 0.130 | 0.870 |
| 15 | 0.999 | 0.008 | 0.991 |
| 20 | 0.997 | 0.000 | 0.997 |
| 25 | 0.950 | 0.000 | 0.950 |
| 30 | 0.744 | 0.000 | 0.744 |
| 33 | 0.546 | 0.000 | 0.546 |
| 35 | 0.410 | 0.000 | 0.410 |
| 40 | 0.151 | 0.000 | 0.151 |
| 45 | 0.038 | 0.000 | 0.038 |

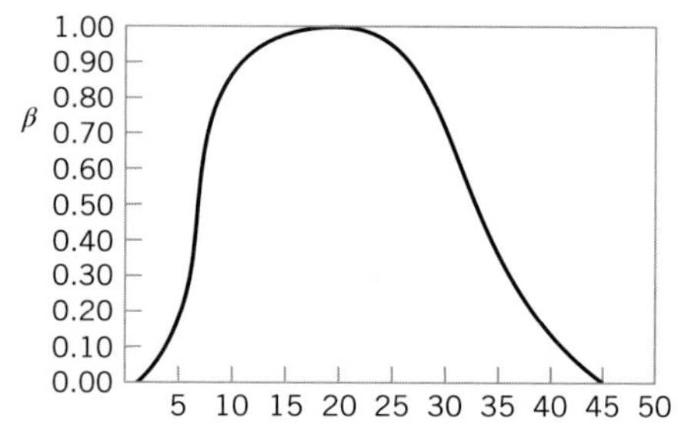


**그림 7.22**
관리상한 = 33.22이고 관리하한 = 6.48인 $c$ 관리도에 대한 OC 곡선

### 7.3.5 낮은 결점 수준의 처리

공정에서 불량이나 결점의 **발생률**이 아주 낮은 경우, 예를 들어 백만 개의 제품마다 1,000개 발생 이하인 경우, 불량이나 결점의 발생에는 아주 긴 시간이 소요될 것이다. 이 경우 많은 표본에서 결점은 0일 것이고, 관리도에 지속적으로 통계량이 0으로 타점된다면 이는 상대적으로 우리가 얻을 수 있는 정보가 없다고 할 수 있다. 즉, 기존의 $c$ 관리도와 $u$ 관리도는 효율적이지 않음을 알 수 있다.

이러한 문제를 해결하는 하나의 방법은 사건의 발생간 시간을 새로운 변수로 사용하는 **발생간 시간 관리도**(time between occurrence control chart)를 사용하는 것인데, 이 관리도는 결점의 발생률이 낮은 공정을 관리하는 데 매우 효과적이다.

관심 있는 결점이나 사건의 발생은 포아송 분포를 따른다고 가정할 경우, 발생간 시간은 지수분포(exponential distribution)를 따른다고 알려져 있다. 따라서 발생간 시간 관리도는 지수분포 확률변수에 대한 관리도가 되는 것이다. 그러나 지수분포는 매우 비대칭적이기 때문에 이와 대응하는 관리도 역시 매우 비대칭적일 것이고, 이러한 형태의 관리도는 일반적이지 않기 때문에 운영자가 해석하는 데에 어려움을 느낄 수도 있다.

Nelson(1994)은 지수분포 확률변수를 정규분포 확률변수로 변환함으로서 이러한 문제를 해결하는 방법을 제안하였다. $y$가 원래의 지수분포 확률변수인 경우, 해당 변환은 다음과 같다.

$$x = y^{1/3.6} = y^{0.2777} \tag{7.28}$$

이제 정규분포를 따른다고 가정할 수 있는 $x$에 대한 관리도를 구성할 수 있다.

**예 7.6**

어떤 화학공학자가 중요한 밸브의 고장 발생을 모니터링하기 위해 관리도를 구성하고자 한다. 운영자는 모니터하는 변수로 고장간 시간을 사용하기로 결정하였다. 표 7.14는 이 밸브의 지난 20개 고장에 대한 고장간 시간을 나타내며, 그림 7.23은 고장간 시간에 대한 정규확률플롯이다.

**풀이**

이 공정에 대해 발생간 시간 관리도를 작성해 보자. 고장간 시간은 정규분포를 따르지 않는 것이 명백하다고 판단된다. 따라서 식 7.28을 사용하여 변수변환을 하였고, 그 결과가 역시 표 7.14에 나타나 있다. 그림 7.24는 변환된 변수에 대한 정규확률플롯인데, 변환된 변수는 정규분포를 잘 따른다고 판단된다.

그림 7.25는 변환된 고장간 시간에 대한 개별 관측값과 이동범위 관리도를 나타낸다. 관리도로부터 공정이 관리상태임을 알 수 있고, 이는 밸브에 대한 고장 메커니즘이 일정하다는 것을 의미한다. 고장률을 향상시키는 공정 변화가 발생한다면, 고장간 시간이 길어짐을 의미하고 이는 그림 7.25의 개별 관측값 관리도에서 관리상한을 벗어난 점들을 발생시킬 것이다.

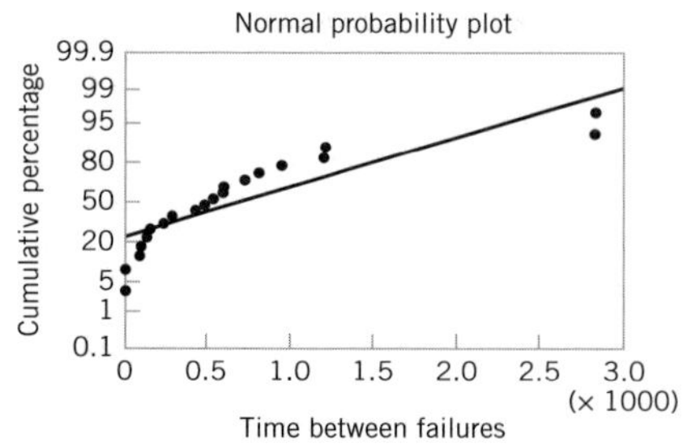


**그림 7.23** 예 7.6에서 고장간 시간에 대한 정규 확률플롯

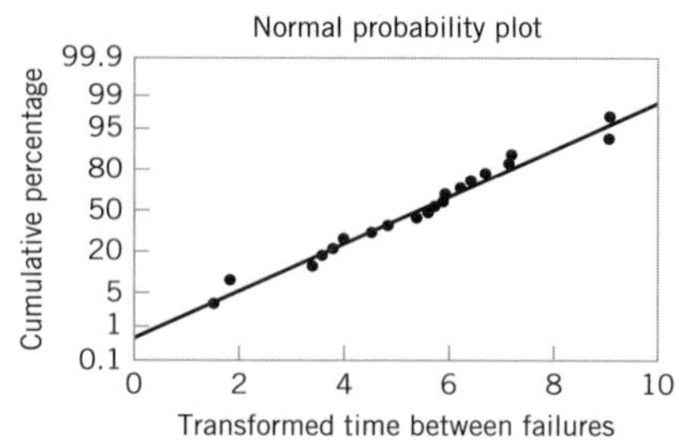


**그림 7.24** 변환된 고장 데이터에 대한 정규 확률플롯

**표 7.14** 예 7.6에서 고장간 시간 데이터

| Failure | Time Between Failures, $y$ (hr) | Transformed Value of Time Between Failures, $x = y^{0.2777}$ |
|---|---|---|
| 1 | 286 | 4.80986 |
| 2 | 948 | 6.70903 |
| 3 | 536 | 5.72650 |
| 4 | 124 | 3.81367 |
| 5 | 816 | 6.43541 |
| 6 | 729 | 6.23705 |
| 7 | 4 | 1.46958 |
| 8 | 143 | 3.96768 |
| 9 | 431 | 5.39007 |
| 10 | 8 | 1.78151 |
| 11 | 2,837 | 9.09619 |
| 12 | 596 | 5.89774 |
| 13 | 81 | 3.38833 |
| 14 | 227 | 4.51095 |
| 15 | 603 | 5.91690 |
| 16 | 492 | 5.59189 |
| 17 | 1,199 | 7.16124 |
| 18 | 1,214 | 7.18601 |
| 19 | 2,831 | 9.09083 |
| 20 | 96 | 3.55203 |

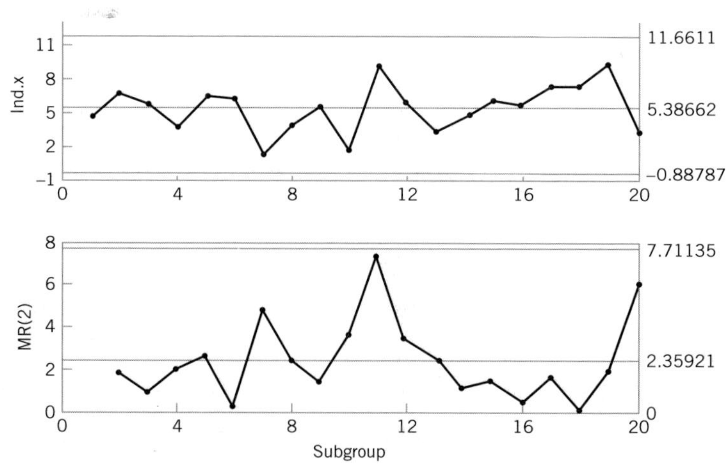


**그림 7.25** 예 7.6에서 변환된 고장간 시간에 대한 개별 관측값과 이동범위 관리도

앞의 예제에서 발생간 시간 데이터에 대해 개별 관측값 관리도를 사용하는 것을 설명하였다. 그러나 많은 경우에, 9장에서 설명할 CUSUM 관리도와 EWMA 관리도가 평균의 작은 변화를 보다 효율적으로 탐지하기 때문에 더 좋은 대안이 될 수 있다.

Kittlitz(1999) 역시 관리도 작성을 목적으로 지수분포의 변환에 대해 연구하였다. 로그 변환은 지수분포의 분산을 안정시키지만 음의 방향으로 꼬리가 긴 분포를 생성한다고 언급하며, 변환 $x = y^{0.25}$을 이용하는 것을 제안했는데 Nelson의 변환과 매우 유사하지만 계산이 매우 쉽다는 장점(계산기의 제곱근 키를 두 번 누름)을 가지고 있다.

### 7.3.6 비제조업에서의 응용

$c$ 관리도와 $u$ 관리도는 거래 및 서비스 비즈니스에서 통계적 공정관리의 응용으로 널리 사용된다. 이러한 환경에서의 **오류**는 제조업에서의 결점 또는 불량과 동일하게 취급할 수 있다. 몇 가지 예로서, 도면작성에서의 오류, 문서에서의 오류, 의료기록에서의 오류, 컴퓨터 소프트웨어의 오류 등을 $c$ 관리도 또는 $u$ 관리도에 타점할 수 있다. 제품을 개발할 때 컴퓨터 소프트웨어의 오류를 $u$ 관리도를 이용하여 모니터링한 예는 Gardiner와 Montgomery(1987)를 참고할 수 있다.

## 7.4 계수형 관리도와 계량형 관리도의 선택

많은 응용에서, 분석자는 $\bar{x}$ 관리도 및 $R$ 관리도와 같은 계량형 관리도와 $p$ 관리도와 같은 계수형 관리도 중에서 선택을 해야만 한다. 몇몇 경우에는 선택을 명백하게 할 수 있다. 예를 들어, 품질특성치가 카펫이나 직물 제품의 색채라면 색채를 수량화하는 것보다 계수형 검사가 더 선호될 것이다. 그러나 또 다른 경우에는 선택이 명백하지 않을 수 있기 때문에, 분석자는 계수형과 계량형 관리도 중 하나를 선택하기 위해 여러 요인을 고려해야 한다.

**계수형 관리도**는 여러 품질특성치를 동시에 고려하고 그중 하나의 특성치에 대한 규격을 충족하지 못하면 불량으로 분류할 수 있다는 장점이 있다. 반면에 여러 가지 품질특성치를 계량형으로 처리한다면, 각각 측정되어야 하며 $\bar{x}$-$R$ 관리도를 개별적으로 작성하거나 또는 모든 품질특성치를 동시에 고려하는 다변량 관리도 절차를 적용해야 한다. 이러한 경우의 계수형 관리도를 이용하는 것이 간편하며, 계량적 측정에 필요한 시간과 비용을 절감할 수 있다.

**계량형 관리도**는 이와는 대조적으로 공정성능에 대해서 계수형 관리도에 비해 보다 유용한 정보를 제공한다. 공정평균과 산포에 대한 정확한 정보를 얻을 수 있으며, 계량형 관리도에서 이상상태로 타점된 점들은 일반적으로 보다 많은 정보를 제공해 준다. 또한 공정능력에 대한 연구에서도 계량형 관리도가 계수형 관리도에 비해 선호된다. 이에 대한 예외로는 기계 또는 운영자에 의해 생성된 결점에 대한 연구와 공정수율에 관련된 연구 등이 있다.

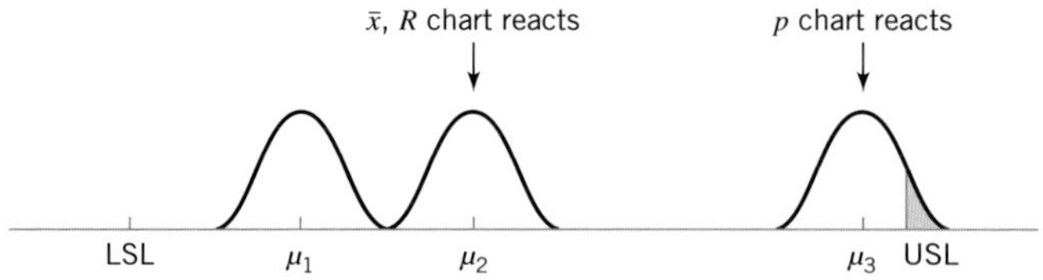


**그림 7.26**
$\bar{x}$-$R$ 관리도에서 나쁜 상황이 임박했다는 경고를 줄 수 있는 이유

아마 $\bar{x}$-$R$ 관리도의 가장 중요한 장점은 종종 나쁜 상황이 임박했다는 경고를 제공하고, 불량이 실제로 생성되기 전에 운영자가 수정 조치를 취할 수 있게 한다는 것이다. 즉, $\bar{x}$-$R$ 관리도는 나쁜 상황이 임박했다는 경고를 제공하지만, $p$ 관리도(또는 $c$와 $u$ 관리도)는 공정이 변화하여 많은 불량품이 생성되지 않는 한 제대로 반응하지 못할 수 있다. $p$가 작을 경우에 $\bar{x}$-$R$ 관리도의 효율은 더욱 증가하고, $p$가 0.5에 가까울 경우 효율이 감소할 수 있다.

그림 7.26은 $\bar{x}$-$R$ 관리도에서 나쁜 상황이 임박했다는 경고를 줄 수 있는지에 대한 이유를 나타내고 있다. 공정평균이 $\mu_1$일 경우 불량품은 거의 발생하지 않는다. 그러나 공정평균이 커져서 $\mu_2$로 변화할 경우 $\bar{x}$-$R$ 관리도는 비정상적 패턴 또는 이상상태의 점들이 발생하는 것으로 평균 변화에 대해 반응할 것이다. 그러나 $p$ 관리도는 평균이 $\mu_3$ 방향으로 변화하거나 불량품의 수가 급격하게 증가할 때까지 반응하지 않을 것이다. 즉, $\bar{x}$-$R$ 관리도가 $p$ 관리도에 비해 보다 강력한 관리 도구라고 할 수 있다.

공정 변화에 대한 특정한 수준의 탐지력을 얻기 위해, 계량형 관리도는 계수형 관리도에 비해 훨씬 작은 크기의 표본크기를 필요로 한다. 즉, 계량형 검사가 계수형 검사에 비해 제품당 검사 비용이 많이 들고 시간 소모가 더 크지만, 더 작은 표본을 검사함으로 동일한 효과를 거둘 수 있다는 장점이 있다. 특히 파괴 검사의 경우(예를 들어, 용기 내의 제품양을 측정하거나 제품의 화학적 특성을 검사하기 위해 캔을 따야 하는 경우 등)에는 표본크기가 아주 중요하게 고려되어야 하는 사항이다. 다음 예제에서 계량형 관리도의 경제적 이점을 알 수 있다.

### 예 7.7 계량형 관리도의 이점

품질특성치의 평균의 목표값은 50이고, 표준편차는 2이다. 공정은 $\bar{x}$ 관리도에 의해 관리된다고 가정하자. 공정에서 규격한계는 ±3시그마로 설정되어, 규격하한과 상한은 각각 44와 56이다. 공정이 관리상태인 목표값 50에서 유지될 경우, 품질특성치가 정규분포를 따른다고 가정할 때 공정의 불량률은 0.0027이다. 공정평균이 52로 변화했다고 가정하면, 불량률은 약 0.0228이 된다. 첫 번째 표본에서 이 변화를 탐지할 확률이 0.50이 되기를 원한다고 가정해 보자. $\bar{x}$ 관리도에서 필요한 표본크기를 계산하고, 동일한 확률을 갖게 하는 $p$ 관리도에서의 표본크기와 비교해 보자.

**풀이**

공정평균이 52로 변화한 것을 탐지할 확률이 0.50이 되기 위해서, $\bar{x}$ 관리도에서 3시그마 관리상한은 52가 되어야 한다한다. 이는

$$50 + \frac{3(2)}{\sqrt{n}} = 52$$

이며, 즉 $n = 9$가 된다. $p$ 관리도를 이용하여 표본크기를 구하기 위해서 식 7.10, 즉

$$n = \left(\frac{L}{\delta}\right)^2 p(1-p)$$

을 이용할 수 있다. 여기서 $L = 3$은 관리한계의 넓이를 의미하며, $p = 0.0027$은 관리상태에서의 불량률, 그리고 $\delta = 0.0228 - 0.0027 = 0.0201$은 변화의 크기를 나타낸다. 따라서

$$n = (3/0.0201)^2(0.0027)(0.9973) = 59.98$$

또는 $n \simeq 60$이 $p$ 관리도의 표본크기가 된다. 결론적으로 측정 검사의 비용이 계수형 검사에 비해 7배 이상 더 소요되지 않는다면, $\bar{x}$ 관리도를 운영하는 것이 더 저렴함을 알 수 있다.

## 연습문제

**7.1** 한 제조 서비스 회사에서 대출 신청에 대해 모니터링하고 있는데, 매일 50건의 신청에 대해 작성된 정보의 정확성에 대해 평가를 하였다. $D_i$를 적어도 하나 이상의 오류가 발견된 $i$번째 날의 대출 건수라고 할 때, 20일에 대한 결과는 $\Sigma_{i=1}^{20} D_i = 46$이었다. 불량률 관리도에서 중심선과 관리한계를 설정하라.

**7.2** 표 7E.1은 의료 보험금 청구에 대한 평가 데이터인데, 매일 50건의 청구를 평가한 것이다.

(a) 이 공정의 불량률 관리도를 작성하고, 공정이 통계적 관리상태인지 판단하라.

(b) 이 관리도의 이상상태 점에서 이상원인이 발견될 수 있다고 가정하자. 다음 시점에서 공정 모니터링을 위해 사용할 중심선과 관리한계를 제시하라.

**표 7E.1 의료 보험금 청구 데이터**

| Day | Number Nonconforming | Day | Number Nonconforming |
|---|---|---|---|
| 1 | 0 | 11 | 6 |
| 2 | 3 | 12 | 4 |
| 3 | 4 | 13 | 8 |
| 4 | 6 | 14 | 0 |
| 5 | 5 | 15 | 7 |
| 6 | 2 | 16 | 20 |
| 7 | 8 | 17 | 6 |
| 8 | 9 | 18 | 1 |
| 9 | 4 | 19 | 5 |
| 10 | 2 | 20 | 7 |

**7.3** 어떤 금융기관에서 상업 대출은 신청 후 24시간 내에 진행하게 되어 있다. 표 7E.2는 지난 20일 동안 신청한 건수와 진행이 완료되는 데 24시간 이상 소요된 건수가 나타나 있다.

(a) 이 공정에 변량폭 관리한계를 사용하여 불량률 관리도를 작성하고, 공정이 통계적 관리상태인지 판단하라.

(b) 이 관리도의 이상상태 점에서 이상원인이 발견될 수 있다고 가정하자. 다음 시점에서 공정 모니터링을 위해 사용할 중심선과 관리한계를 제시하라.

표 7E.2 대출 신청 데이터

| Day | Number of Applications | Number Late | Day | Number of Applications | Number Late |
|---|---|---|---|---|---|
| 1 | 200 | 3 | 11 | 219 | 0 |
| 2 | 250 | 4 | 12 | 238 | 10 |
| 3 | 240 | 2 | 13 | 250 | 4 |
| 4 | 300 | 5 | 14 | 302 | 6 |
| 5 | 200 | 2 | 15 | 219 | 20 |
| 6 | 250 | 4 | 16 | 246 | 3 |
| 7 | 246 | 3 | 17 | 251 | 6 |
| 8 | 258 | 5 | 18 | 273 | 7 |
| 9 | 275 | 2 | 19 | 245 | 3 |
| 10 | 274 | 1 | 20 | 260 | 1 |

**7.4** 표 7E.2의 대출 신청 데이터를 다시 고려해 보자. 이 공정에 평균표본크기에 기초한 관리한계를 사용하여 불량률 관리도를 작성하고, 공정이 통계적 관리상태인지 판단하라. 이 관리도를 연습문제 7.3에서 변량폭 관리한계를 사용하여 작성한 관리도와 비교하라.

**7.5** 표 7E.2의 대출 신청 데이터를 다시 고려해 보자. 이 공정에 표준화 관리도 기법을 사용하여 불량률 관리도를 작성하고, 공정이 통계적 관리상태인지 판단하라. 이 관리도를 연습문제 7.4에서 변량폭 관리한계를 사용하여 작성한 관리도와 비교하라.

**7.6** 크기가 150인 표본에서 불량 스위치의 개수가 표 7E.3에 나타나 있다. 이 데이터에 대해 불량률 관리도를 작성하고, 공정이 통계적 관리상태인지 판단하라. 만일 그렇지 않다면, 이 관리도의 이상상태 점에서 이상원인이 발견될 수 있다고 가정하고 수정된 관리한계를 계산하라.

표 7E.3 불량 스위치의 개수

| Sample Number | Number of Nonconforming Assemblies | Sample Number | Number of Nonconforming Assemblies |
|---|---|---|---|
| 1 | 8 | 11 | 6 |
| 2 | 1 | 12 | 0 |
| 3 | 3 | 13 | 4 |
| 4 | 0 | 14 | 0 |
| 5 | 2 | 15 | 3 |
| 6 | 4 | 16 | 1 |
| 7 | 0 | 17 | 15 |
| 8 | 1 | 18 | 2 |
| 9 | 10 | 19 | 3 |
| 10 | 6 | 20 | 0 |

**7.7** 어떤 공정이 크기 2,500인 로트(lot)에 고무벨트를 생산하고 있다. 최근 20개 로트를 검사한 데이터가 표 7E.4에 나타나 있다.

(a) 불량률 관리도의 시험적 관리한계(trial control limits)를 계산하라.

(b) 향후 생산을 관리하는 관리도를 작성한다면, 관리도의 중심선과 관리한계를 설정하기 위해 이 데이터를 어떻게 이용할 것인가?

표 7E.4 불량개수 데이터

| Lot Number | Number of Nonconforming Belts | Lot Number | Number of Nonconforming Belts |
|---|---|---|---|
| 1 | 230 | 11 | 456 |
| 2 | 435 | 12 | 394 |
| 3 | 221 | 13 | 285 |
| 4 | 346 | 14 | 331 |
| 5 | 230 | 15 | 198 |
| 6 | 327 | 16 | 414 |
| 7 | 285 | 17 | 131 |
| 8 | 311 | 18 | 269 |
| 9 | 342 | 19 | 221 |
| 10 | 308 | 20 | 407 |

**7.8** 인쇄 회로기판에 사용되는 다이오드가 크기 1,000인 로트에 생산되고 있다. 각 로트에서 크기 64인 표본을 추출하여 다이오드 생산 공정을 관리하고자 한다. 불량률의 명목값(nominal value)이 $p = 0.10$일 때, 관리도의 모수들을 결정하라. 만일 $\beta$-위험이 0.50이 되는 불량률은 얼마인가? 또한 관리하한을 양수로 만드는 최소한의 표본크기는 얼마인가?

**7.9** 중심선이 $p = 0.10$임을 사용하여 불량률 관리도를 설정하였다. 공정 불량률이 0.20으로 변화한 것을 확률 0.50으로 탐지하는 데 요구되는 표본크기를 계산하라.

**7.10** 어떤 공정이 3시그마 관리한계, $n = 100$, 관리상한 = 0.161, 중심선 = 0.080, 관리하한 = 0을 사용하는 불량률 관리도를 이용하여 관리되고 있다.

(a) 이 관리도와 동치가 되도록 불량개수 관리도를 설정하라.

(b) 이항분포에 대한 포아송 근사를 사용하여 제1종 오류의 확률을 계산하라.

(c) 공정 불량률이 0.2로 변화한 경우 적절한 근사를 사용하여 제2종 오류의 확률을 계산하라.

(d) 문제 (c)의 변화를 5번째 표본 이후에 발견할 확률은 얼마인가?

**7.11** 어떤 공정이 불량률 관리도에 의해 관리되고 있다. 공정평균은 0.07이고, 3시그마 관리한계가 사용되며 매일 크기 400의 표본을 추출하고 있다.

(a) 관리상한과 관리하한을 계산하라.

(b) 만일 공정평균이 0.10으로 변화했다면, 변화 후 첫 번째 표본에서 이를 탐지할 확률을 계산하라.

(c) 문제 (b)의 변화를 변화 후 첫 번째 또는 두 번째 표본에서 탐지할 확률은 얼마인가?

**7.12** 다음 물음에 답하라.

(a) 크기가 400인 표본에 기초하여 불량개수 관리도를 작성하고자 한다. 관리도를 시작하기 위해, 30개의 표본을 추출하여 조사한 결과 $\Sigma_{i=1}^{30} D_i = 1{,}200$을 얻었다. $np$ 관리도의 모수를 결정하라.

(b) 공정의 평균 불량률이 0.15로 변화했을 때, 변화 후 첫 번째 표본에서 이를 탐지할 확률을 계산하라.

**7.13** 연습문제 7.12에서 설계된 관리도를 고려하자. 공정 불량률이 0.15로 변화한 것을 탐지하는 평균 런길이를 계산하라.

**7.14** 어떤 보전 집단(maintenance group)에서는 수리를 위해 두 번의 방문이 요구되는 보전의 개수를 모니터링하고 있다. 20주의 데이터가 표 7E.5에 나타나 있다.

(a) 이 공정에 대한 시험적 관리한계를 설정하라.

(b) 향후 공정을 관리하는 관리도를 설계하라.

표 7E.5 연습문제 7.14의 데이터

| Week | Total Requests | Second Visit Required | Week | Total Requests | Second Visit Required |
|---|---|---|---|---|---|
| 1 | 200 | 6 | 11 | 100 | 1 |
| 2 | 250 | 8 | 12 | 100 | 0 |
| 3 | 250 | 9 | 13 | 100 | 1 |
| 4 | 250 | 7 | 14 | 200 | 4 |
| 5 | 200 | 3 | 15 | 200 | 5 |
| 6 | 200 | 4 | 16 | 200 | 3 |
| 7 | 150 | 2 | 17 | 200 | 10 |
| 8 | 150 | 1 | 18 | 200 | 4 |
| 9 | 150 | 0 | 19 | 250 | 7 |
| 10 | 150 | 2 | 20 | 250 | 6 |

**7.15** 평균표본크기를 사용하여 연습문제 7.14의 데이터를 분석하라.

**7.16** 연습문제 7.14의 데이터에 대해 표준화 관리도를 작성하라.

**7.17** 어떤 공정에서 관리상태에서의 불량률은 $p = 0.02$이다. 불량률 관리도에서 표본에 적어도 하나의 불량품이 발견될 확률을 최소한 0.95가 되도록 하는 표본크기는 얼마인가?

**7.18** 어떤 공정에서 관리상태에서의 불량률은 $p = 0.01$이다. 불량률 관리도에서 표본에 적어도 하나의 불량품이 발견될 확률을 최소한 0.9가 되도록 하는 표본크기는 얼마인가?

**7.19** 변량표본크기(variable sample size)인 경우 $np$ 관리도가 적절하지 않은 이유를 설명하라.

**7.20** $n = 400$인 불량률 관리도의 모수가 중심선은 0.0500, 관리상한 = 0.0962, 관리하한 = 0.0038이다.

(a) 관리한계의 폭을 표준편차의 단위로 구하라.

(b) 공정의 불량률이 0.15로 변화했을 때, 변화 후 첫 번째 표본에서 이를 탐지할 확률을 계산하라.

**7.21** 공정을 관리하기 위해 중심선은 0.0400, 관리상한 = 0.0750, 관리하한 = 0.0050이고, $n = 100$인 불량률 관리도를 사용하고 있다.

(a) 이항분포에 대한 포아송 근사를 사용하여 제1종 오류의 확률을 계산하라.

(b) 실제 공정 불량률이 0.0600으로 변화한 경우 이항분포에 대한 포아송 근사를 사용하여 제2종 오류의 확률을 계산하라.

(c) 이 관리도의 OC 곡선을 작성하라.

(d) 공정이 관리상태일 때 평균 런 길이와 공정 불량률이 0.0600일 때 평균 런 길이를 계산하라.

**7.22** $n = 100$이고 중심선이 $p = 0.02$인 불량률 관리도를 사용하여 베어링 하우징(bearing housing)을 생산하는 공정을 관리하고 있다.

(a) 이 관리도의 3시그마 관리한계를 구하라.

(b) 통계적 관리상태를 판단하기 위해 표 7E.6에 나타난 10개의 새로운 데이터를 분석하라. 이 공정에 대한 결론은 무엇인가?

**표 7E.6 데이터**

| Sample Number | Number Nonconforming | Sample Number | Number Nonconforming |
|---|---|---|---|
| 1 | 5 | 6 | 1 |
| 2 | 2 | 7 | 2 |
| 3 | 3 | 8 | 6 |
| 4 | 8 | 9 | 3 |
| 5 | 4 | 10 | 4 |

**7.23** 연습문제 7.7의 불량률 관리도와 동치인 $np$ 관리도를 설정하라.

**7.24** 제지 공장(paper mill)에서 완성된 종이 롤에 대한 결함을 모니터링하고 있다. 20일 동안 측정한 데이터가 표 7E.7에 나타나 있다. 이 데이터를 이용하여 종이 롤당 결점수에 대한 관리도를 작성하라. 이 공정은 통계적 관리상태인가? 현재 공정을 관리하기 위한 중심선과 관리한계를 추천하라.

**표 7E.7 종이 롤의 결점수 데이터**

| Day | Number of Rolls Produced | Total Number of Imper-fections | Day | Number of Rolls Produced | Total Number of Imper-fections |
|---|---|---|---|---|---|
| 1 | 18 | 12 | 11 | 18 | 18 |
| 2 | 18 | 14 | 12 | 18 | 14 |
| 3 | 24 | 20 | 13 | 18 | 9 |
| 4 | 22 | 18 | 14 | 20 | 10 |
| 5 | 22 | 15 | 15 | 20 | 14 |
| 6 | 22 | 12 | 16 | 20 | 13 |
| 7 | 20 | 11 | 17 | 24 | 16 |
| 8 | 20 | 15 | 18 | 24 | 18 |
| 9 | 20 | 12 | 19 | 22 | 20 |
| 10 | 20 | 10 | 20 | 21 | 17 |

**7.25 연습문제 7.24의 계속** 이 공정을 관리하기 위해 평균표본크기에 기초한 $u$ 관리도를 작성하라.

**7.26 연습문제 7.24의 계속** 이 공정에 대해 표준화 $u$ 관리도를 작성하라.

**7.27** 테이프 데크의 최종 검사에서 발견된 결점수가 표 7E.8에 나타나 있다. 이 공정은 통계적 관리상태라고 할 수 있는가? 향후 생산을 관리하기 위한 중심선과 관리한계를 추천하라.

**표 7E.8** 테이프 데크의 결점수 데이터

| Deck Number | Number of Nonconformities | Deck Number | Number of Nonconformities |
|---|---|---|---|
| 2412 | 0 | 2421 | 1 |
| 2413 | 1 | 2422 | 0 |
| 2414 | 1 | 2423 | 3 |
| 2415 | 0 | 2424 | 2 |
| 2416 | 2 | 2425 | 5 |
| 2417 | 1 | 2426 | 1 |
| 2418 | 1 | 2427 | 2 |
| 2419 | 3 | 2428 | 1 |
| 2420 | 2 | 2429 | 1 |

**7.28** 연습문제 7.27의 데이터를 고려해 보자. 이제 4개의 테이프 데크를 하나의 검사단위로 정의하고자 한다.

(a) 새로운 검사단위의 총결점수에 기초하여, 향후 생산을 모니터링하기 위한 중심선과 관리한계는 무엇인가?

(b) 향후 생산을 모니터링하기 위해 단위당 결점수에 대한 관리도의 중심선과 관리한계는 무엇인가?

**7.29** 어떤 자동차 제조업체는 수동 변속기를 생산하는 하위 부품 영역에서의 결점수를 관리하고자 한다. 검사단위는 4개의 변속기이고 16개 표본의 데이터가 표 7E.9에 나타나 있다.

(a) 단위당 결점수 관리도를 작성하라.

(b) 이 데이터는 관리된 공정에서 추출된 것이라고 할 수 있는가? 만일 그렇지 않다면, 이 관리도의 이상상태 점에서 이상원인이 발견될 수 있다고 가정하고 수정된 관리한계를 계산하라.

(c) 검사단위를 8개의 변속기로 다시 정의하였다. 향후 생산을 모니터링하기 위한 적절한 관리도를 설정하라.

**표 7E.9** 데이터

| Sample Number | Number of Nonconformities | Sample Number | Number of Nonconformities |
|---|---|---|---|
| 1 | 1 | 9 | 2 |
| 2 | 3 | 10 | 1 |
| 3 | 2 | 11 | 0 |
| 4 | 1 | 12 | 2 |
| 5 | 0 | 13 | 1 |
| 6 | 2 | 14 | 1 |
| 7 | 1 | 15 | 2 |
| 8 | 5 | 16 | 3 |

**7.30** 다음에 대해 3시그마 관리한계를 구하라.

(a) 공정의 평균 결점수가 4인 $c$ 관리도

(b) $c = 4$이고 $n = 4$인 $u$ 관리도

**7.31** 다음에 대해 3시그마 관리한계를 구하라.

(a) 공정의 평균 결점수가 9인 $c$ 관리도

(b) $c = 16$이고 $n = 4$인 $u$ 관리도

**7.32** $u = 6.0$이고 $n = 3$인 단위당 결점수 관리도의 0.980과 0.020 확률한계를 구하라.

**7.33** $c = 7.6$인 결점수 관리도의 0.975와 0.025 확률한계를 구하라.

**7.34** 디스크 드라이브 조립의 최종 검사에서 발견된 결점수가 표 7E.10에 나타나 있다. 이 공정은 관리상태에 있는가?

표 7E.10 연습문제 7.34의 데이터

| Day | Number of Assemblies Inspected | Total Number of Imper-fections | Day | Number of Assemblies Inspected | Total Number of Imper-fections |
|---|---|---|---|---|---|
| 1 | 2 | 10 | 6 | 4 | 24 |
| 2 | 4 | 30 | 7 | 2 | 15 |
| 3 | 2 | 18 | 8 | 4 | 26 |
| 4 | 1 | 10 | 9 | 3 | 21 |
| 5 | 3 | 20 | 10 | 1 | 8 |

**7.35** 제조업자가 가스 온수기에 대한 최종 검사를 위해 관리도를 설정하고자 한다. 과거 22일 동안 176개의 온수기를 검사한 결과 총 924개의 결점이 발견되었다.

(a) 어떤 관리도를 사용하는 것이 적당한지 제안하고, 어떻게 사용하는지 기술하라.

(b) 2개의 온수기가 검사단위라고 할 때, 22일 동안의 검사 데이터에 대한 중심선과 관리한계를 계산하라.

(c) 문제 (b)의 관리도에 대한 제1종 오류는 얼마인가?

**7.36** 이동식 TV의 표면 결함에 대해 최종 검사를 수행하고 있다. 절차는 단위당 평균 결점수가 4.0인 경우 공정이 관리상태라고 결론 내릴 확률이 0.99가 되도록 구성하고자 한다. 관리하한은 없다고 할 때, 적절한 관리도를 무엇이며 이때 요구되는 관리상한은 얼마인가?

# 8장

# 공정 및 측정 시스템의 능력분석

## 요약 및 학습 목표

6장에서 공정능력(process capability)의 개념을 소개하고, 또한 공정 내 고유변동과 제품의 규격을 어떻게 비교하는가에 대해 언급한 적이 있다. 공정능력분석은 분석(Analysis)과 향상(Improve)의 응용이라는 측면에서 DMAIC 공정에서 중요한 도구이다. 이번 8장에서는 공정의 능력을 다양한 방법으로 연구하고 분석할 수 있는 방법을 포함하여, 공정능력에 대한 더 많은 내용을 제공할 것이다. 우리는 관리도가 간단하면서 영향력 있는 공정능력분석 도구라고 생각한다. 또한 6장에서 설명했던 공정능력비에 대해 좀 더 폭넓게 설명할 것이고, 이러한 측도를 어떻게 해석하며 이들의 잠재적인 위험성에 대해서도 설명할 것이다. 또한 이번 장에서는 측정시스템 성능 평가, 그래프적 표현 방법, 그리고 분산분석에 기초한 절차 등에 대한 내용이 포함되어 있다. 측정시스템의 분석은 DMAIC에서 광범위하게 사용되는데, 주로 측정(Measure) 단계에서 사용된다.

이 장을 학습하고 나면, 다음 내용들을 수행할 수 있어야 한다.

1. 관리도, 히스토그램, 확률플롯을 이용하여 공정능력을 분석한다.
2. 공정능력과 공정가능성의 차이점을 이해한다.
3. 공정능력비를 계산하고 이를 해석한다.
4. 공정능력비를 해석하는 데 정규분포의 역할을 이해한다.
5. 공정능력비의 신뢰구간을 계산한다.
6. 측정시스템 능력(또는 게이지 R & R)의 실험을 진행하고 분석한다.
7. 측정시스템의 변동 요소를 추정한다.

## 8.1 서론

통계적 절차는 제조에 관련된 개발 활동, 공정산포의 수량화, 제품 규격에 대비한 공정산포 분석, 그리고 이 산포를 제거하거나 감소시키기 위한 작업들을 포함하여 생산 기간 내내 유용하게 적용될 수 있다. 이러한 일반적인 활동을 **공정능력분석**(process capability analysis)이라고 한다.

**공정능력**은 공정의 **균일성**(uniformity)을 나타낸다. 명확하게, 공정에서 중요한 품질특성치에 대한 산포는 생산품의 균일성으로 측정할 수 있다. 이 산포를 고려할 때, 다음 2가지 측면이 있다.

1. 중요한 품질특성치에 대한 특정 시간에서의 자연적 또는 고유적 산포, 즉 '순간적인' 산포
2. 중요한 품질특성치에 대한 오랜 시간 동안의 산포

이 장에서는 공정능력을 조사하고 평가하는 방법을 소개할 것이다. 공정능력을 결정하는 것은 DMAIC 과정에서 중요한 부분이다. 주로 분석(Analyze) 단계에서 많이 사용되었으나, 개선(Improve) 등 다른 단계에서도 유용하게 사용될 수 있다.

공정능력을 측정하는 측도로서 관례적으로 제품의 품질특성치 분포에 대한 6시그마를 사용한다. 그림 8.1은 품질특성치가 평균이 $\mu$이고 표준편차가 $\sigma$인 정규분포를 따르는 공정을 나타내고 있다. 공정의 **자연공차한계**(natural tolerance limits)의 상한과 하한은 각각 $\mu + 3\sigma$와 $\mu - 3\sigma$와 같다. 즉,

$$\text{UNTL} = \mu + 3\sigma$$
$$\text{LNTL} = \mu - 3\sigma$$

정규분포의 경우, 자연공차한계는 변수의 99.73%를 포함하고 있거나, 또는 공정 생산품의 0.27%만이 자연공차한계 범위 밖에 있음을 의미한다. 다음의 2가지 사항을 기억해야 한다.

1. 자연공차한계 범위를 벗어나는 비율은 0.27%로 작지만, 이 수치는 100만 개당 2,700개의 불량을 나타낸다.
2. 만약 공정 생산품의 분포가 정규분포가 아닐 경우, $\mu \pm 3\sigma$ 범위를 벗어나는 비율은 0.27%와 다를 수 있다.

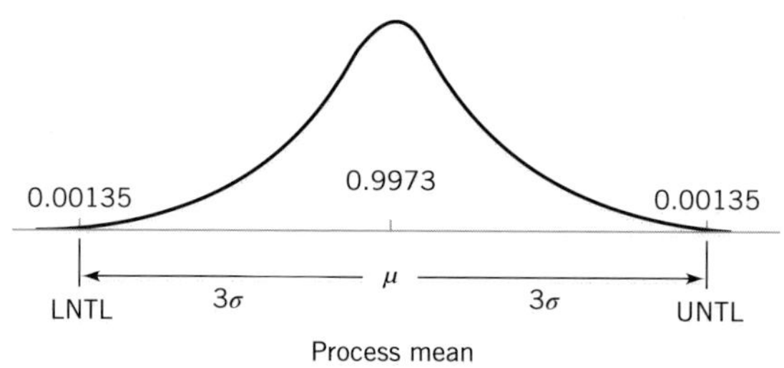


**그림 8.1**
정규분포의 자연공차한계의 상한과 하한

**공정능력**을 추정하기 위한 모든 연구를 **공정능력분석**(process capability analysis)이라고 정의한다. 공정능력의 추정은 분포의 형태, 중심(평균), 산포(표준편차) 등을 갖는 확률분포의 가정하에서 진행할 수 있다. 예를 들어, 공정 생산품이 평균 $\mu = 1.0$ cm와 표준편차 $\sigma = 0.001$ cm인 정규분포를 따른다고 가정하자. 이러한 경우에는 **품질특성치의 규격과 상관없이** 공정능력분석을 수행할 수 있다. 이에 대한 대안으로, 우리는 규격을 벗어나는 비율로 공정능력을 나타낼 수 있다. 그러나 규격은 공정능력분석에 있어서 필수는 아니다.

공정능력의 연구는 공정 자체에 대한 것이 아니라 주로 제품에 대한 기능적인 모수 또는 중요한 품질특성치를 측정한다. 분석가가 직접 공정을 관찰하고 데이터 수집 활동을 관리하거나 모니터 할 수 있을 때, 진정한 공정능력분석이 된다. 그 이유는 데이터 수집을 관리하고 데이터의 시간 순서를 파악함으로 공정 전반에 걸친 안정성을 추론할 수 있기 때문이다. 그러나 만약 공급자로부터 제공된 제품의 표본 단위만 사용 가능하고 공정에 대한 직접적인 관찰 또는 생산의 시간 이력이 없는 경우, 이 연구는 **제품 특성화**(product characterization)라고 하는 것이 더 정확한 표현이다. 제품 특성화의 연구에서는 제품의 품질특성치 또는 공정수율(규격에 대한 양호품률)의 분포만 추정할 수 있기 때문에, 공정의 동적인 특성 또는 통계적 관리상태에 대하여 언급할 내용이 없다. 다시 말해, 공정에 대한 예측적인 추론에는 심각한 오류가 발생할 수 있으며, 다른 시간대에서 관측한 표본으로부터 또 다른 결론이 유출될 수 있다.

공정능력분석은 전반적인 품질개선 프로그램에 있어서 가장 중요한 부분이다. 공정능력분석에서 데이터는 주로 다음과 같이 사용된다.

1. 공정의 자연공차를 예측
2. 공정을 선택하고 수정하는 데 제품 개발자/설계자를 지원
3. 공정 모니터링을 할 때 표본추출 주기를 결정하는 데 지원
4. 새로운 장비의 성능 요구사항을 규정
5. 공급자와 공급망 관리에서의 선택
6. 자연공차에 대해 공정의 상호작용 효과가 있을 경우 제품 공정의 순서를 계획
7. 공정에 대한 산포를 감소

따라서 공정능력분석은 제품 및 공정 설계, 공급망 관리, 생산 또는 제조 기획, 제조 등을 포함하는 공정의 많은 과정에 응용되는 기법이다.

공정능력분석에서는 다음 세 가지 방법이 주로 사용된다. 즉, **히스토그램** 또는 **확률플롯**, **관리도**, **실험계획**이다. 이러한 방법에 대해 개별적으로 논의하고 설명할 것이며, 6장에서 소개된 공정능력비(PCR)와 이에 대한 응용에 대하여 논의할 것이다.

## 8.2 히스토그램 또는 확률플롯을 이용한 공정능력분석

### 8.2.1 히스토그램 이용

히스토그램은 공정능력을 추정하는 데 도움을 준다. 히스토그램 대신 줄기-잎 그림이 사용될 수도 있다. 공정능력에 대한 신뢰성 있는 추정이 가능하려면 최소 100개 이상의 관측값을 사용해야 한다. 품질 공학자가 공정에 접근하고 데이터 수집을 관리할 수 있다면, 데이터를 수집하기 전에 다음과 같은 단계가 수행되어야 한다.

1. 사용할 기계를 선택한다. 만약 1개(또는 소수)의 기계에서 나온 결과를 더 큰 모집단의 기계들에게 확장하려면, 선택된 기계는 모집단의 기계들을 대표할 수 있어야 한다. 더구나, 기계에 다수의 워크스테이션과 헤드(head)가 있다면, 헤드 간의 산포를 분리할 수 있도록 데이터를 수집하는 것이 중요하고 이를 위해 실험계획을 수행할 수 있다.
2. 공정 운영 조건을 선택한다. 향후 참고를 위해 절삭속도, 공급률, 온도 등과 같은 조건을 신중하게 정의한다. 공정능력에 있어서 이러한 요인들이 변화할 때 미치는 영향을 연구하는 것은 중요하다.
3. 대표 운영자를 선정한다. 몇 가지 연구에 따르면 운영자의 산포를 예측하는 것은 중요하다. 이러한 경우 운영자는 운영자 모집단에서 무작위로 선정되어야 한다.
4. 데이터 수집 과정을 세심하게 관찰하고, 제품이 생산되는 시간 순서를 기록한다.

표본평균 $\bar{x}$와 표본평균편차 $s$와 함께 히스토그램은 공정능력에 대한 정보를 제공하는데, 히스토그램에 대해서는 3장의 내용을 참고할 수 있다.

**예 8.1 공정능력추정과 히스토그램**

그림 8.2는 100개의 유리잔 용기의 파열 강도를 나타내고, 표 8.1은 해당 데이터를 나타내고 있다. 공정의 능력은 어떠한지 분석하라.

**풀이**

100개의 데이터로부터

$$\bar{x} = 264.06 \qquad s = 32.02$$

를 얻었고, 공정능력은 $\bar{x} \pm 3s$, 즉 다음과 같이 추정된다.

$$264.06 \pm 3(32.02) \simeq 264 \pm 96 \text{ psi}$$

또한 히스토그램의 형태로부터 파열 강도의 분포가 근사적으로 정규분포를 따르는 것으로 판단되기 때문에, 이 공정에 의해 제조된 병의 약 99.73%가 168과 360 psi 사이에서 파열된다고 추정할 수 있다. 따라서 파열 강도의 규격과 독립적으로 공정능력을 추정할 수 있음을 알 수 있다.

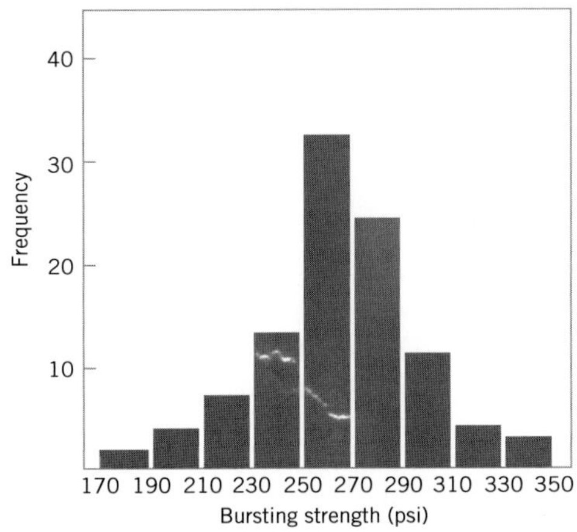


**그림 8.2** 파열 강도 데이터에 대한 히스토그램

**표 8.1** 100개 유리잔 용기에 대한 파열 강도

| | | | | | | | | | |
|---|---|---|---|---|---|---|---|---|---|
| 265 | 197 | 346 | 280 | 265 | 200 | 221 | 265 | 261 | 278 |
| 205 | 286 | 317 | 242 | 254 | 235 | 176 | 262 | 248 | 250 |
| 263 | 274 | 242 | 260 | 281 | 246 | 248 | 271 | 260 | 265 |
| 307 | 243 | 258 | 321 | 294 | 328 | 263 | 245 | 274 | 270 |
| 220 | 231 | 276 | 228 | 223 | 296 | 231 | 301 | 337 | 298 |
| 268 | 267 | 300 | 250 | 260 | 276 | 334 | 280 | 250 | 257 |
| 260 | 281 | 208 | 299 | 308 | 264 | 280 | 274 | 278 | 210 |
| 234 | 265 | 187 | 258 | 235 | 269 | 265 | 253 | 254 | 280 |
| 299 | 214 | 264 | 267 | 283 | 235 | 272 | 287 | 274 | 269 |
| 215 | 318 | 271 | 293 | 277 | 290 | 283 | 258 | 275 | 251 |

공정능력을 추정하기 위해 히스토그램을 사용하는 것의 장점은 공정 성능을 즉각적이고 시각적으로 보여 준다는 것이다. 이것은 또한 저조한 공정 성능의 원인을 보여 주기도 한다. 예를 들어 그림 8.3*a*는 공정의 잠재적인 역량을 보여 주지만 공정의 평균이 잘못 위치하고 있으며, 그림 8.3*b*는 과도한 산포로 인하여 저조한 공정능력을 보여 주고 있다.

## 8.2.2 확률플롯 작성

확률플롯은 분포의 형태, 중심, 퍼짐을 결정하는 데 사용할 수 있는 히스토그램의 대안으로 고려할 수 있다. 확률플롯은 변수의 범위를 구간으로 나눌 필요가 없으며, 비교적 작은 크기의 표본을 이용하여 합리적인 결과를 도출할 수 있다는 장점이 있다. 일반적으로, 확률플롯은 가정한 분포의 누적분포함수가 직선이 되도록 선택된 수직 스케일을 갖는 용지에, 순서화된 데이터에 대한 누적빈도를 타점한 그래프이다. 3장에서 **정규확률플롯**(normal probability plots)에 대해서 소개하였는데, 이들 플롯은 공정능력연구에 매우 유용하다.

공정능력 연구에 정규확률플롯 사용을 설명하기 위해서, 다음과 같은 20개의 유리잔 파열강도를 고려해 보자: 197, 200, 215, 221, 231, 242, 245, 258, 265, 265, 271, 275, 277, 278,

그림 8.3
저조한 공정능력에 대한 몇몇 이유. (a) 부족한 공정 중심화, (b) 과도한 공정산포

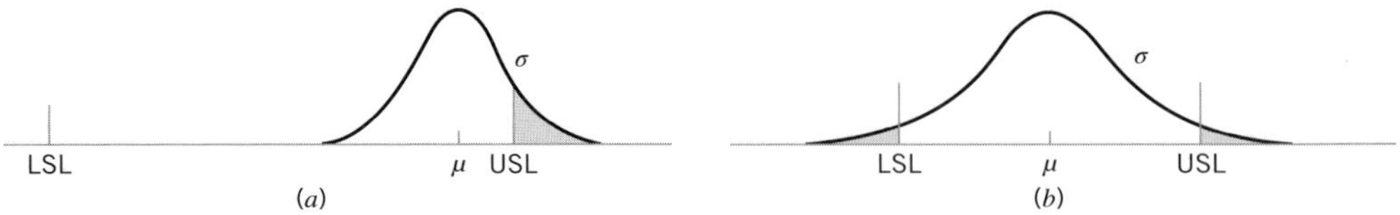


280, 283, 290, 301, 318, 346. 그림 8.4는 강도의 정규확률플롯인데, 데이터들이 일직선 근처에 위치하기 때문에 이 플롯은 파열 강도의 분포가 정규분포임을 나타낸다. 4장에서 설명했듯이, 정규분포의 평균은 50번째 백분위수이며 이것은 그림 8.4에서 대략 265 psi임을 알 수 있다. 분포의 표준편차는 직선의 기울기를 나타내는데, 이것은 84번째 백분위수와 50번째 백분위수의 차이로 추정하는 것이 편리하다. 위에 나타난 강도 데이터와 그림 8.4를 이용하면 표준편차는 다음과 같이 추정할 수 있다.

$$\hat{\sigma} = \text{84번째 백분위수} - \text{50번째 백분위수} = 298 - 265 \text{ psi} = 33 \text{ psi}$$

$\hat{\mu} = 265$ psi와 $\hat{\sigma} = 33$ psi는 표본평균인 $\bar{x} = 264.06$과 표준편차 $s = 32.02$와 크게 다르지 않다.

정규확률플롯은 또한 공정수율과 불량률을 추정하는 데 사용될 수 있다. 예를 들어 그림 8.4의 용기 강도의 규격의 규격하한이 200 psi라면, 이 공정에서 만들어진 5% 정도의 용기들이 이 관리한계 아래에서 파열된다고 추정할 것이다. 확률플롯은 통계적 관리상태에 대한 정보를 제공하지 않기 때문에, 결론을 유추할 때에는 주의해야 한다. 만일 공정이 관리상태에 있지 않다면, 이들 추정치는 신뢰할 수 없게 되는 것이다.

확률플롯을 사용할 때에는 주의를 기울여야 한다. 만약 데이터가 가정한 분포를 따르지 않는다면, 플롯에서 얻은 공정능력에 대한 추론에는 심각한 오류가 있을 수 있다. 그림 8.5는 화학 공정의 밸브의 고장시간(단위: 시간)에 대한 정규확률플롯을 나타내고 있다. 이 플롯을 살펴볼 때, 고장시간에 대한 분포는 정규분포를 따르지 않는다고 판단할 수 있다.

확률플롯의 단점은 절차가 객관적이지 않다는 것이다. 동일한 데이터를 이용하지만 두 분석가의 결론이 다를 수도 있다. 이러한 이유 때문에, 적합도검정(goodness-of-fit test)과 함께 확률플롯을 작성하는 것이 바람직할 수 있다. 이러한 검정들은 Shapiro(1980)에

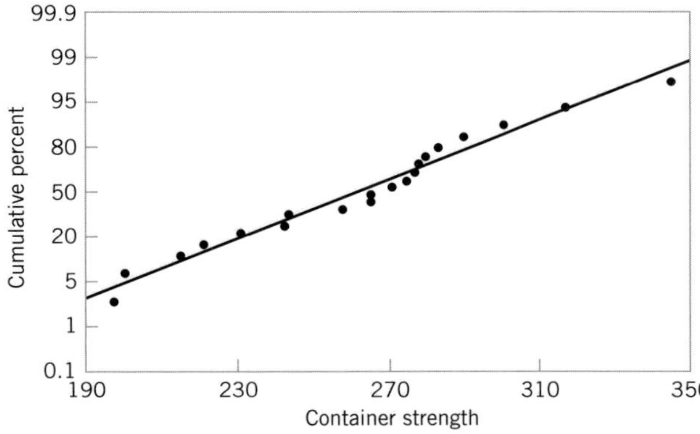


**그림 8.4** 용기 강도의 정규확률플롯

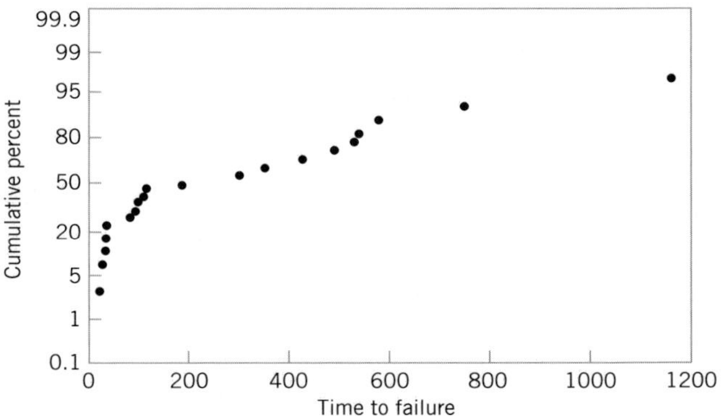


**그림 8.5** 밸브의 고장시간에 대한 정규확률플롯

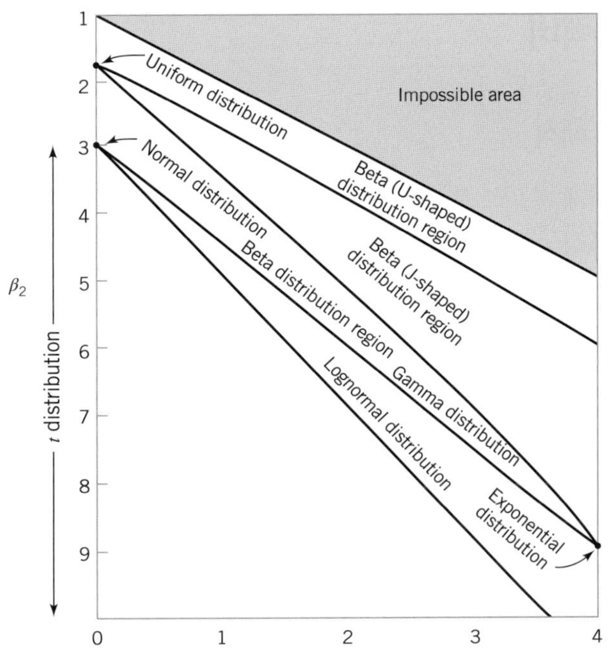


**그림 8.6**
다양한 분포에 대한 $\beta_1$과 $\beta_2$의 영역 (from 'Statistical Models in Engineering' by G. J. Hahn and S. S. Shapiro, John Wiley: New York, 1994.)

잘 소개되어 있다. 정규성을 검정하는 Shapiro-Wilk 검정과 함께 정규확률플롯을 설명한다면 절차를 보다 강력하고 객관적으로 만들 수 있다.

데이터에 적합시킬 분포를 선택하는 것은 확률플롯에서 중요한 단계이다. 때때로 물리적 현상에 대한 지식이나 과거 경험을 통해 데이터를 설명할 분포를 선택할 수 있다. 그 외 상황에서는 그림 8.6이 데이터를 설명할 분포를 선택할 때 도움이 될 수도 있다. 이 그림은 여러 가지 알려진 확률분포의 $\beta_1$과 $\beta_2$를 나타내는데, 여기서 $\beta_1$과 $\beta_2$는 각각 왜도(skewness)와 첨도(kurtosis)의 값이다. 그림 8.6을 사용하기 위해, 왜도와 첨도는 표본으로부터

$$\hat{\beta}_1 = \frac{M_3}{(M_2)^{3/2}} \tag{8.1}$$

$$\hat{\beta}_2 = \frac{M_4}{M_2^2} \tag{8.2}$$

와 같이 추정되며, 여기서

$$M_j = \frac{\sum_{i=1}^{n} (x_i - \bar{x})^j}{n} \qquad j = 1,\ 2,\ 3,\ 4 \tag{8.3}$$

이다. 플롯된 점 $(\hat{\beta}_1,\ \hat{\beta}_2)$이 그림에서 어떤 분포에 해당되는 점, 선, 또는 영역에 가깝게 위치한다면 이 분포를 데이터에 대한 모형으로 선택하게 된다. 만일 플롯된 점이 어떠한 분포에도 해당하지 않는 $\beta_1$, $\beta_2$의 영역에 위치한다면, Johnson 또는 Pearson 분포족과 같은 다른 확률분포를 고려해야 한다. 매우 큰 표본으로부터 계산되지 않은 왜도와 첨도 통계량은 신뢰할 수 없음에 주의해야 하고, 분포를 적합시키는 그림 8.6과 유사한 절차는 Hahn과 Shapiro(1967)를 참고할 수 있다.

## 8.3 공정능력비

### 8.3.1 $C_p$의 사용과 해석

공정능력을 간단하게 수량으로 표현할 수 있다면 편리하다. 이를 위한 한 가지 방법은 6장에서 소개했던 **공정능력비**(process capability ratio, PCR) $C_p$를 사용하는 것이다.

$$C_p = \frac{\text{USL} - \text{LSL}}{6\sigma} \tag{8.4}$$

여기서 USL과 LSL은 각각 규격상한과 규격하한을 나타낸다. $C_p$와 다른 공정능력비들은 산업체에서 광범위하게 사용되고 있는데, 잘못 사용되고 있는 경우가 종종 있다. 우리는 공정능력비가 잘못 사용되는 경우에 대해서도 설명할 것이다. 공정능력비에 대해 잘 설명된 책으로 Kotz와 Lovelace(1998)를 추천한다. Kotz와 Johnson(2002), Spiring, Leong, Cheng과 Yeung(2003), Yum과 Kim(2011) 또한 공정능력비를 잘 설명한 논문이다.

실제 적용에서 공정표준편차 $\sigma$는 거의 대부분 알려져 있지 않기 때문에, 추정량 $s$로 대체해야 한다. $\sigma$를 추정하기 위해 일반적으로 표본표준편차 $s$나 $\bar{R}/d_2$(공정능력연구에서 계량형 관리도를 사용한 경우)를 이용한다. $C_p$의 추정량은 다음과 같다.

$$\hat{C}_p = \frac{\text{USL} - \text{LSL}}{6\hat{\sigma}} \tag{8.5}$$

$C_p$의 계산을 설명하기 위해, 예 6.1에서 $\bar{x}$-$R$ 관리도를 이용하여 분석한 반도체의 하드베이크 공정(semiconductor hard-bake process)을 고려해 보자. 유동폭(flow width)의 규격은 LSL = 1.00과 USL = 2.00마이크론이고, $R$ 관리도로부터 $\hat{\sigma} = \bar{R}/d_2 = 0.1398$를 얻었다. 따라서 PCR $C_p$의 추정량은 다음과 같다.

$$\hat{C}_p = \frac{\text{USL} - \text{LSL}}{6\hat{\sigma}} = \frac{2.00 - 1.00}{6(0.1398)} = 1.192$$

6장에서 유동폭이 근사적으로 정규분포를 따른다고 가정(그림 8.7의 히스토그램에 기초한 합리적인 가정)하였고, 부록에 있는 누적정규분포표로부터 약 350 ppm의 불량품이 발생한다는 것을 알 수 있었다. 이 결론은 공정이 통계적 관리상태에 있다는 가정이 필요하다는 사실에 유의해야 한다.

식 8.4의 PCR $C_p$를 사용하여 다음과 같은 척도, 즉 규격폭에 대해 공정이 사용된 비율을 고려할 수도 있다.

$$P = \left(\frac{1}{C_p}\right)100 \tag{8.6}$$

하드베이크 공정에서

$$P = \left(\frac{1}{1.192}\right)100 = 83.89$$

이기 때문에, 이 공정은 규격폭의 약 83.89%를 사용한다고 할 수 있다.

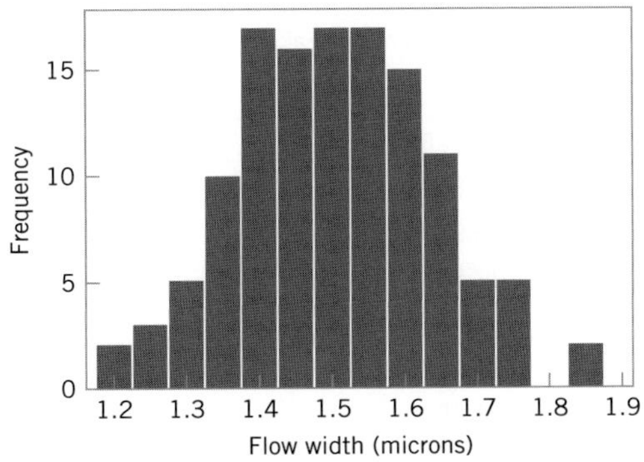


**그림 8.7**
예 6.1의 유동폭에 대한 히스토그램

식 8.4와 8.5는 공정이 규격상한과 규격하한 모두를 가지고 있다고 가정하고 있다. 만일 한쪽 규격한계에 대해서는, **한쪽 공정능력비**(one-sided process capability ratio)를 사용하는데, 한쪽 PCR에 대한 정의는 다음과 같다.

$$C_{pu} = \frac{\text{USL} - \mu}{3\sigma} \quad \text{(USL만 존재하는 경우)} \tag{8.7}$$

$$C_{pl} = \frac{\mu - \text{LSL}}{3\sigma} \quad \text{(LSL만 존재하는 경우)} \tag{8.8}$$

식 8.7과 8.8에서 $\mu$와 $\sigma$를 각각 추정량 $\hat{\mu}$와 $\hat{\sigma}$로 대체하여 추정량 $\hat{C}_{pu}$와 $\hat{C}_{pl}$을 계산할 수 있다.

공정능력비는 규격을 충족시킨 제품을 생산하는 공정의 능력에 대한 척도이다. 표 8.2는 PCR $C_p$의 여러 값에 대하여 이에 해당되는 백만 개당 불량품의 개수를 나타낸 것이다. 표 8.2를 이용하여 정규분포를 따르는 안정화된 공정에서 $C_p$ = 1.00의 PCR은 양쪽 규격에 대해 2,700 ppm의 불량률을 갖고, $C_p$ = 1.50의 PCR은 한쪽 규격에 대해 4 ppm의 불량률을 가짐을 알 수 있다.

표 8.2의 ppm 수치는 다음의 중요한 가정을 사용하여 계산되었다.

1. 품질특성치는 정규분포를 따른다.
2. 공정은 통계적 관리상태에 있다.
3. 양쪽 규격의 경우, 공정평균은 규격상한과 규격하한의 중간에 위치한다.

이러한 가정은 계산된 수치의 **정확성** 및 **타당성**에 절대적으로 중요하며, 이 가정이 유효하지 않은 경우 보고된 품질에 심각한 오류가 있을 수 있다. 예를 들어 Somerville과 Montgomery(1996)는 실제 공정이 정규분포가 아닌 경우, 공정의 ppm 수준에 대한 추론에서 정규성 가정을 사용하는 것에 관한 오류에 대해 광범위하게 연구하였다. 그들은 다양한 비정규분포에 대해 잘못된 정규성 가정을 사용할 경우 계산되는 ppm의 오류에 대해 관찰하였다. 자유도가 30 정도로 큰 $t$분포를 사용한 경우에도 상당한 오류가 발생하였다. 즉, 자유도가 30인 $t$분포는 대칭이며 시각적으로 정규분포와 유사한데, $t$분포의 더 길고 두꺼운 꼬리가 ppm을 추정할 때 심각한 차이를 유발시킨다. 결론적으로, 공정분포의 대칭성만으로 PCR이 신뢰할 만한 공정 ppm의 예측값을 제공한다고 확신하기에는 불충

표 8.2
공정능력비($C_p$)와 통계적 관리상태인 정규분포 공정의 불량률

| PCR | Process Fallout (in defective ppm) | |
|---|---|---|
| | One-Sided Specifications | Two-Sided Specifications |
| 0.25 | 226,628 | 453,255 |
| 0.50 | 66,807 | 133,614 |
| 0.60 | 35,931 | 71,861 |
| 0.70 | 17,865 | 35,729 |
| 0.80 | 8,198 | 16,395 |
| 0.90 | 3,467 | 6,934 |
| 1.00 | 1,350 | 2,700 |
| 1.10 | 484 | 967 |
| 1.20 | 159 | 318 |
| 1.30 | 48 | 96 |
| 1.40 | 14 | 27 |
| 1.50 | 4 | 7 |
| 1.60 | 1 | 2 |
| 1.70 | 0.17 | 0.34 |
| 1.80 | 0.03 | 0.06 |
| 2.00 | 0.0009 | 0.0018 |

분하다. 비정규성 문제에 대해서는 8.3.3절에서 다룰 예정이다.

### 예 8.2 한쪽 공정능력비

예 8.1의 용기 파열강도 데이터를 이용하여 한쪽 공정능력비를 계산하라. 파열 강도의 규격하한은 200 psi이라고 가정한다.

**풀이**

$\mu$와 $\sigma$의 추정량으로 각각 $\bar{x} = 264$와 $s = 32$를 사용할 때, 한쪽 하한 공정능력비의 추정량은 다음과 같다.

$$\hat{C}_{pl} = \frac{\hat{\mu} - \text{LSL}}{3\hat{\sigma}} = \frac{264 - 200}{3(32)} = 0.67$$

용기의 불량률은 표준정규분포 가정하에서 $Z = (\text{LSL} - \mu)/3\sigma = (200 - 264)/32 = -2$의 왼쪽 부분에 의해 계산된다. 따라서 불량률은 약 2.28%로 추정되며, 이 수치는 백만 개당 약 22,800개의 불량 용기를 생산한다는 것을 의미한다. 만일 정규분포가 강도에 대한 분포로 적합하지 않다면 적절한 확률모형을 사용하여 다시 계산해야 한다. 물론 이러한 계산은 관리상태의 공정을 가정하고 있다.

공정의 **통계적 관리상태**는 PCR의 올바른 해석에 필수적이다. 불행하게도 공정이 통계적 관리상태인지 여부를 고려하지 않고, 과거의 공정 데이터의 표본으로부터 PCR을 계산하는 것이 매우 일반적인 방법이다. 공정이 관리상태에 있지 않은 경우 모수가 불안정하며 향후 이 모수의 값은 불확실하다. 따라서 공정 ppm 성능에 대한 PCR의 예측적인 측면을 잃어버리게 된다.

표 8.3
권장되는 공정능력비의 최솟값

| | Two-Sided Specifications | One-Sided Specifications |
|---|---|---|
| Existing processes | 1.33 | 1.25 |
| New processes | 1.50 | 1.45 |
| Safety, strength, or critical parameter, existing process | 1.50 | 1.45 |
| Safety, strength, or critical parameter, new process | 1.67 | 1.60 |

마지막으로, 실제 공정에서 계산하는 것은 PCR의 **추정량**임에 유의해야 한다. 이 추정량은 표본 통계량에 의존하기 때문에, 추정할 때 오차가 발생한다. English와 Taylor(1993)는 표본데이터로부터 PCR을 추정할 때 큰 오차가 발생할 수 있고, 따라서 계산된 추정량이 신뢰할 수 없는 값일 수도 있다고 언급하였다. PCR 추정량을 **신뢰구간**을 이용하여 표현하는 것이 좋은 아이디어이고, 이와 관련해서 일반적으로 사용하는 PCR들의 신뢰구간에 대해 8.3.5절에서 소개할 것이다.

표 8.3은 PCR의 **최솟값에 대한 가이드라인**을 제공한다. 병의 강도 특성은 제품의 안전과 밀접한 관련이 있는 모수인데, 병의 불충분한 압력 강도로 인해 소비자가 다칠 수 있다. 이 경우 PCR은 적어도 1.45가 되어야 하는데, PCR을 향상시킬 수 있는 방법 중 하나는 몰드에 유리를 더 주입시켜 용기의 평균 강도를 증가시키는 것이다.

표 8.3의 값이 단지 **최솟값**인 것에 주목해야 한다. 최근 몇 년간 많은 회사들은 표 8.3보다 더 엄격한 공정능력 목표를 포함한 그들의 공정 평가 기준을 채택해왔다. 예를 들어, 6시그마 운동을 수행하는 회사는 공정평균이 관리상태에 있는 경우 공정평균이 가장 가까운 규격한계로부터 $6\sigma$ 보다 더 가까워지지 않도록 하고 있다. 이것은 사실상 공정능력비의 최소 허용값이 적어도 2.0이 될 것을 요구하는 것이다.

## 8.3.2 비중심화 공정에 대한 공정능력비

공정능력비 $C_p$는 공정평균이 규격에 대해 어디에 위치하고 있는지를 고려하지 않으며, $C_p$는 단순히 공정의 6시그마에 대한 규격의 폭을 측정하는 것이다. 예를 들어 그림 8.8의 처음 두 개의 정규분포는 둘 다 $C_p = 2.0$이지만, (*b*)의 공정은 공정이 규격의 중간 지점에서 운영되지 않기 때문에 (*a*)의 공정에 비해 낮은 공정능력을 가짐을 명백하게 알 수 있다.

이러한 상황을 더 정확하게 반영하기 위해, 새로운 공정능력비 $C_{pk}$를 다음과 같이 정의하여 공정의 중심화를 고려할 수 있다.

$$C_{pk} = \min\left(C_{pu}, C_{pl}\right) \tag{8.9}$$

$C_{pk}$는 단순히 공정평균에 가까운 규격한계에 대한 한쪽 PCR임을 알 수 있다. 그림 8.8(*b*)의 공정에 대해 $C_{pk}$는 다음과 같다.

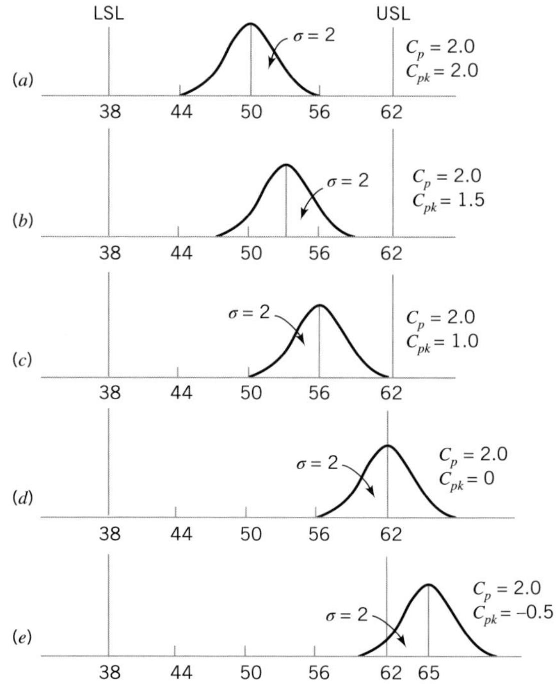


**그림 8.8**
$C_p$와 $C_{pk}$의 관계

$$\begin{aligned}
C_{pk} &= \min(C_{pu}, C_{pl}) \\
&= \min\left(C_{pu} = \frac{\text{USL} - \mu}{3\sigma}, C_{pl} = \frac{\mu - \text{LSL}}{3\sigma}\right) \\
&= \min\left(C_{pu} = \frac{62-53}{3(2)} = 1.5, C_{pl} = \frac{53-38}{3(2)} = 2.5\right) \\
&= 1.5
\end{aligned}$$

일반적으로 $C_p = C_{pk}$이면 공정평균이 규격의 중심점에 위치하여 공정이 중심화되어 있고, $C_{pk} < C_p$이면 공정이 비중심화되어 있음을 나타낸다.

$C_p$에 대한 $C_{pk}$의 크기는 공정이 얼마나 규격의 중심에서 벗어나 운영되는지에 대한 직접적인 척도이다. 일반적으로 발생하는 몇몇 경우를 그림 8.8에 나타내었다. 그림 8.8의 (*c*)에서 $C_p = 2.0$이지만 $C_{pk} = 1.0$이다. 표 8.2를 이용하면 공정의 중심화를 통해 가능한 잠재적인 향상을 추정할 수 있다. 표 8.2에서 $C_p = 1.0$이면 한쪽 규격 열에서 1,350 ppm으로 불량률을 추정할 수 있다. 그러나 공정을 중심화하면 $C_p = 2.0$에 도달할 수 있고 표 8.2($C_p = 2.00$과 양쪽 규격을 이용)로부터 잠재적인 불량률은 0.0018 ppm으로 수십 배의 공정 성능 향상이 가능함을 알 수 있다. 따라서 일반적으로 $C_{pk}$는 공정의 **실제적 능력**(actual capability)을 측정하고, $C_p$는 공정의 **잠재적 능력**(potential capability)을 측정한다.

그림 8.8의 (*d*)는 공정평균이 규격한계 중 하나와 정확하게 일치하며 이 경우 $C_{pk} = 0$으로 계산된다. (*e*)는 $C_{pk} < 0$인 경우 공정평균은 규격 바깥에 위치함을 나타낸다. 만일 $C_{pk} < -1$인 경우는 전체 공정이 규격한계 밖에 위치함을 나타낸다. 어떤 저자는 $C_{pk}$가 음수인 경우 0으로 정의하기도 한다.

많은 품질공학 관련 기관에서는 복잡한 현상을 지나치게 단순화한다는 이유 때문에 $C_p$와 $C_{pk}$(또는 이후에 제안하는 다른 측도)와 같은 공정능력비의 **일상적인 사용**(routine use)에 대해 주의할 것을 권고하고 있다. 위치(평균 및 공정 중심)와 산포 모두에 대한 정보를 사용하며 의미 있는 해석을 위해 정규성 가정이 필요한 어떤 통계량도 잘못 사용되거나 남용될 가능성이 있다. 또한 공정능력비의 점추정량이 작은 표본으로부터 계산되었다면 그 추정량은 거의 쓸모가 없다. 이러한 공정능력비는 매우 신중하게 사용되고 해석되어야 한다.

### 8.3.3 정규성과 공정능력비

공정능력과 공정능력비 $C_p$와 $C_{pk}$의 논의에서 중요한 가정은 공정의 생산품이 **정규분포**를 따른다는 것이다. 만일 가정하는 분포가 비정규분포인 경우, 앞에서 언급한 바와 같이 $C_p$ 또는 $C_{pk}$의 특정한 값에 해당하는 공정 불량률에는 오류가 발생할 수 있다.

이 점을 설명하기 위해서 그림 8.9의 데이터를 고려하겠는데, 이는 가공된 부품의 표면 거칠기(마이크로인치로 측정)에 대한 80개 데이터의 히스토그램이다. 규격상한은 USL = 32마이크로인치이다. 표본의 평균과 표준편차는 $\bar{x}$ = 10.44와 $s$ = 3.053이고 이때 $\hat{C}_{pu}$ =2.35가 되는데, 표 8.2로부터 불량률은 10억 개당 하나가 되지 않음을 알 수 있다. 그러나 히스토그램은 매우 비대칭이기 때문에, 분포가 정규분포가 아니라는 것을 확인할 수 있다. 따라서 공정능력에 대한 추정이 올바르지 않을 수 있다.

이러한 상황에 사용할 수 있는 방법은 변환된 데이터가 정규분포를 따를 수 있도록 **데이터를 변환**하는 것이다. 변환을 선택하는 방법으로 다양한 그래픽적 접근법과 분석적인 접근법이 있다. 예를 들기 위해, 역변환을 고려해 보자. 그림 8.10은 역수인 $x^* = 1/x$의 히스토그램을 나타낸다. 변환된 데이터에 대해 $\bar{x}^*$ = 0.1025이고 $s^*$ = 0.0244이며, 기존의 규격상한은 규격하한 1/32 = 0.03125가 된다. 이때 $\hat{C}_{pl}$ = 0.97이 되고 이 값은 불량률이 약 1,350 ppm임을 나타내는데, 이 공정성능에 대한 추정치가 좀 더 현실적인 것으로 판단된다.

비정규 데이터에 대한 다른 접근법도 고려할 수 있다. 비정규분포의 경우에까지 공정능력에 대한 정의를 확장시키기 위한 다양한 시도가 있었다. Luceño(1996)는 다음과 같이 정의되는 $C_{pc}$를 제안하였다.

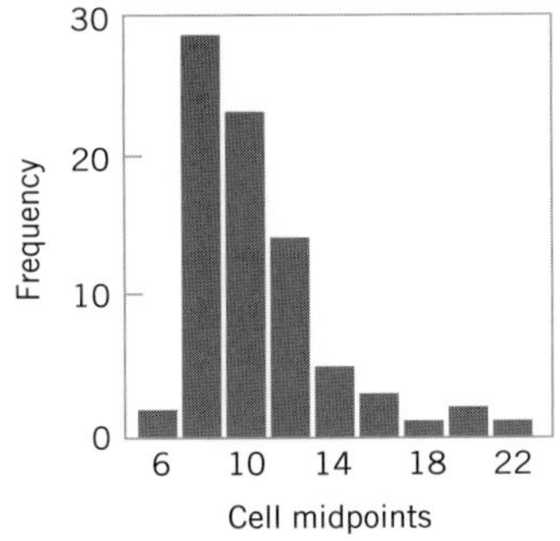

**그림 8.9** 가공된 부품에 대한 표면 거칠기 (단위: 마이크로인치)

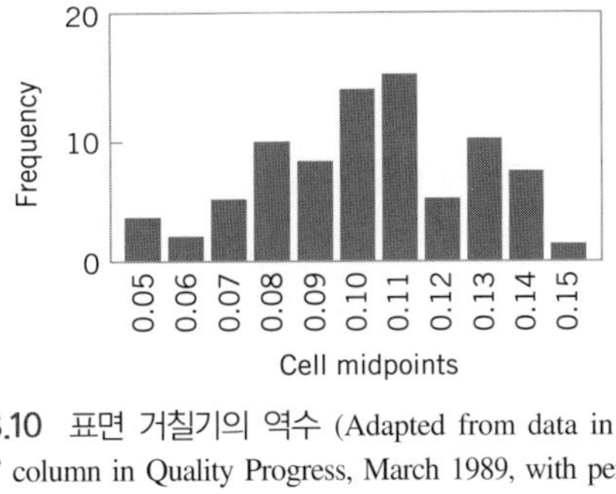

**그림 8.10** 표면 거칠기의 역수 (Adapted from data in the "Statistics Corner" column in Quality Progress, March 1989, with permission of the American Society for Quality Control.)

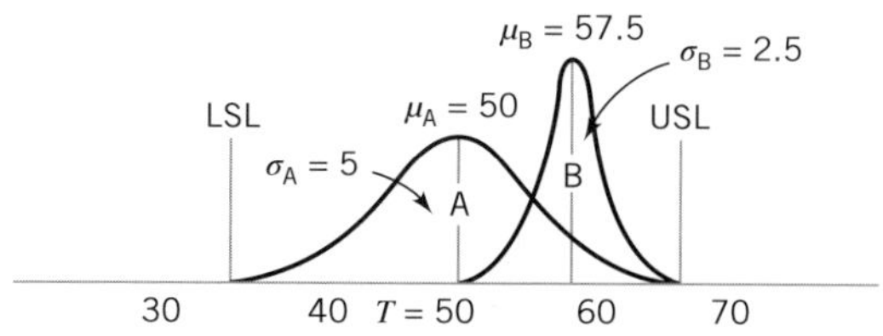


**그림 8.11**
$C_{pk}$ = 1.0인 두 공정

$$C_{pc} = \frac{\text{USL} - \text{LSL}}{6\sqrt{\frac{\pi}{2}}E|X - T|} \tag{8.10}$$

여기서 공정 목표값은 $T = \frac{1}{2}(\text{USL} + \text{LSL})$이다. Luceño는 신뢰(confidence)를 나타내기 위해 $C_{pc}$의 두 번째 첨자로 $c$를 사용했고, $C_{pc}$에 기초한 신뢰구간은 신뢰성이 있다고 강조했다. 물론, 이를 해석하는 데는 주의를 기울여야 한다. 그는 분모에 정규분포에서 $6\sigma$에 해당하는 상수 $6\sqrt{\pi/2} = 7.52$를 사용하고 있다. $C_{pc}$에 대한 신뢰구간은 8.3.5절에서 설명할 것이다.

또한 Pearson과 Johnson 분포족에 적합하도록 일반적인 공정능력 지수를 수정하려는 시도가 있었다. 이것은 PCR을 정규분포와 비정규분포 모두 광범위하게 적용할 수 있도록 하는데, 이러한 접근법에 대해서는 Rodriguez(1992)와 Kotz와 Lovelace(1998)를 참고할 수 있다.

일반적인 아이디어는 공정 분포의 적당한 **분위수**(quantile), 즉 $x_{0.00135}$와 $x_{0.99865}$를 사용하는 것으로 분위수에 기초한 PCR을 다음과 같이 정의할 수 있다.

$$C_p(q) = \frac{\text{USL} - \text{LSL}}{x_{0.99865} - x_{0.00135}} \tag{8.11}$$

정규분포에서 $x_{0.00135} = \mu - 3\sigma$이고 $x_{0.99865} = \mu + 3\sigma$이기 때문에 정규분포의 경우 $C_p(q)$는 $C_p$가 됨을 알 수 있다. Clements(1989)는 Pearson 분포족에 기초하여 분위수를 결정하는 방법을 제안하였다. 그러나 일반적으로 공정 데이터에 대해 어떤 분포도 적합시킬 수 있으며, $x_{0.00135}$와 $x_{0.99865}$를 결정하여 식 8.11을 적용할 수 있다. 자세한 내용은 Kotz와 Lovelace(1998)를 참조하기 바란다.

### 8.3.4 공정 중심화에 대한 추가 내용

공정능력비 $C_p$는 공정평균 $\mu$가 규격한계의 중심에 위치하지 않은 경우 적당한 척도가 아니기 때문에 $C_{pk}$가 제안되었다. 그러나 $C_{pk}$ 역시 공정의 중심화에 대한 아주 적절한 척도는 아니다. 예를 들어, 그림 8.11의 두 공정을 살펴보자. 두 공정 A와 B는 모두 $C_{pk} = 1.0$이지만, 중심은 확실히 다른 것을 알 수 있다. 공정 중심화를 만족스럽게 설명하기 위해서는 $C_p$와 $C_{pk}$를 서로 비교해야 한다. 공정 A는 $C_{pk} = C_p = 1.0$으로 공정이 중심에 있다고 해석되는 반면, 공정 B는 $C_p = 2.0 > C_{pk} = 1.0$이기 때문에 공정이 중심에서 벗어났다고 볼 수 있다. 규격하한에서 규격상한까지의 구간에서 $\mu$가 어떤 값을 가질 때, $C_{pk}$는 $\sigma$에 반비례하며 $\sigma$가 0에 접근함에 따라 커진다. 이 특성은 $C_{pk}$가 중심화의 척도로서 부적합함을 나타낸다. 즉, $C_{pk}$의 큰 값은 규격하한과 규격상한에서 평균의 위치에 대해 아무런 정보를 제공하지 못한다.

이러한 어려움을 해결하기 위한 한 가지 방법은 중심화를 좀 더 잘 설명할 수 있는 공정능력비를 사용하는 것이다. PCR $C_{pm}$은 이러한 공정능력비로서, 정의는 다음과 같다.

$$C_{pm} = \frac{\text{USL} - \text{LSL}}{6\tau} \tag{8.12}$$

여기서 $\tau$는 목표값 $T = (\text{USL} + \text{LSL})/2$으로부터의 기대제곱편차의 제곱근을 나타낸다. 즉,

$$\begin{aligned}\tau^2 &= E\left[(x-T)^2\right] \\ &= E\left[(x-\mu)^2\right] + (\mu - T)^2 \\ &= \sigma^2 + (\mu - T)^2\end{aligned}$$

이다. 따라서 식 8.12는 다음과 같다.

$$C_{pm} = \frac{\text{USL} - \text{LSL}}{6\sqrt{\sigma^2 + (\mu - T)^2}} = \frac{C_p}{\sqrt{1+\xi^2}} \tag{8.13}$$

여기서

$$\xi = \frac{\mu - T}{\sigma} \tag{8.14}$$

이다. 이때 $C_{pm}$의 추정량은 다음과 같다.

$$\hat{C}_{pm} = \frac{\hat{C}_p}{\sqrt{1+V^2}} \tag{8.15}$$

여기서

$$V = \frac{\bar{x} - T}{s} \tag{8.16}$$

이다.

Chan, Cheng과 Spiring(1997)은 $C_{pm}$의 다양한 추정량과 그들의 샘플링 특성에 대해 설명하였다. Boyles(1991)은 $C_{pm}$의 상세한 분석과 공정 중심화 측정의 유용함을 논의하였다. 그는 $\mu = T$일 때 $C_{pk}$와 $C_{pm}$는 모두 $C_p$와 일치하지만, $\mu$가 $T$에서 멀리 이동함에 따라 감소한다는 것을 강조하였다. 그러나 $\mu > \text{USL}$이거나 $\mu < \text{LSL}$인 경우 $C_{pk} < 0$인 반면에, $C_{pm}$은 $|(\mu - T)| \to \infty$에 따라 근사적으로 0 에 접근한다. Boyles는 또한 $|(\mu - T)| = \Delta > 0$인 공정의 $C_{pm}$은 $\sigma = \Delta$인 공정의 $C_p$ 값보다 작다는 것을 보였다. 즉,

$$C_{pm} < \frac{\text{USL} - \text{LSL}}{6|\mu - T|} \tag{8.17}$$

이다. 따라서 $C_{pm} \geq 1$이기 위한 필요조건은

$$|\mu - T| < \tfrac{1}{6}(\text{USL} - \text{LSL})$$

이 된다. 목표값 $T$가 규격의 중앙값인 경우, 1 이상의 $C_{pm}$값은 규격 범위를 3등분했을 때 $\mu$가 가운데 구간에 위치함을 의미한다. $C_{pm}$의 다른 값도 이와 비슷하게 설명할 수 있다. 예를 들어, $C_{pm} \geq \frac{4}{3}$는 $|\mu - T| < \frac{1}{8}(\text{USL} - \text{LSL})$를 의미한다. 즉, 주어진 $C_{pm}$의 값은 $\mu$와 목표값 $T$ 간의 차이에 제한을 주게 된다.

### 예 8.3 공정 중심화

$C_{pm}$의 사용을 설명하기 위해, 그림 8.11의 두 공정 A와 B를 고려하겠다. 공정 A는 목표값 $T = 50$에 중심화되어 있기 때문에

$$C_{pm} = \frac{C_p}{\sqrt{1+\xi^2}} = \frac{1.0}{\sqrt{1+0}} = 1.0$$

이 되고, $C_{pm} = C_{pk}$가 된다. 공정 B의 경우,

$$C_{pm} = \frac{C_p}{\sqrt{1+\xi^2}} = \frac{2}{\sqrt{1+(3)^2}} = 0.63$$

이 된다. 식 8.17을 이용한다면, 공정평균은 대략적으로 규격 범위를 4등분했을 때 2번째와 3번째 구간 내에 위치할 것이다. 그림 8.11은 이러한 경우를 시각적으로 나타내고 있다.

Pearn 등(1992)은 다음과 같은 공정능력비를 제안했다.

$$C_{pkm} = \frac{C_{pk}}{\sqrt{1+\left(\frac{\mu - T}{\sigma}\right)^2}} = \frac{C_{pk}}{\sqrt{1+\xi^2}} \tag{8.18}$$

이것은 공정능력비의 '1세대(first generation)'인 $C_p$로부터 수정된 '2세대(second generation)'인 $C_{pk}$와 $C_{pm}$으로부터 다시 수정되었기 때문에, 종종 '3세대(third generation)' 공정능력비라고 한다. 새로운 공정능력비의 제안 목적은 공정평균 $\mu$가 목표값 $T$에서 벗어나는 정도에 대한 민감성을 증가시키기 위함이다. 보다 상세한 내용은 Kotz와 Lovelace(1998)를 참고할 수 있다.

### 8.3.5 공정능력비의 신뢰구간과 검정

**공정능력비에 대한 신뢰구간** 대부분의 산업체에서 공정능력비를 이용할 때 **점추정량**(point estimate)을 계산하고 이를 해석하는 것에 초점을 두고 있다. 예를 들어 $\hat{C}_p$와 $\hat{C}_{pk}$는 단순한 점추정량이며, 통계적인 변동이 발생한다는 사실을 잊기 쉽다. 이에 대한 대안은 **공정능력비의 신뢰구간**을 계산하는 것이다.

'1세대'인 $C_p$의 신뢰구간을 구하는 것은 간단하다. $C_p$의 수식에서 $\sigma$를 $s$로 대체하면, 점추정량 $\hat{C}_p$를 얻을 수 있다. 품질특성치가 정규분포를 따른다면, $C_p$의 $100(1-\alpha)\%$ 신뢰구간은

$$\frac{\text{USL}-\text{LSL}}{6s}\sqrt{\frac{\chi^2_{1-\alpha/2,n-1}}{n-1}} \le C_p \le \frac{\text{USL}-\text{LSL}}{6s}\sqrt{\frac{\chi^2_{\alpha/2,n-1}}{n-1}} \tag{8.19}$$

또는

$$\hat{C}_p\sqrt{\frac{\chi^2_{1-\alpha/2,n-1}}{n-1}} \le C_p \le \hat{C}_p\sqrt{\frac{\chi^2_{\alpha/2,n-1}}{n-1}} \tag{8.20}$$

이 된다. 이때 $x^2_{1-\alpha/2,n-1}$와 $x^2_{\alpha/2,n-1}$는 자유도가 $n-1$인 카이제곱분포에서 하위 $\alpha/2$과 상위 $\alpha/2$ 백분위점이다. 이러한 백분위점은 부록 표 3에 작성되어 있다.

**예 8.4** $C_p$의 신뢰구간

어떤 안정적인 공정의 규격상한과 규격하한은 각각 USL = 62과 LSL= 38이라고 가정하자. 이 공정에서 추출한 표본크기 $n = 20$의 표본으로부터, 공정평균이 규격 범위의 거의 중앙에 위치하며 표준편차는 $s = 1.75$임을 알 수 있었다. 이때 $C_p$의 95% 신뢰구간을 구하라.

**풀이**

$C_p$의 점추정량은

$$\hat{C}_p = \frac{\text{USL}-\text{LSL}}{6s} = \frac{62-38}{6(1.75)} = 2.29$$

가 되고, 식 8.20에 의한 $C_p$의 95% 신뢰구간은 다음과 같다.

$$\hat{C}_p\sqrt{\frac{\chi^2_{1-0.025,n-1}}{n-1}} \le C_p \le \hat{C}_p\sqrt{\frac{\chi^2_{0.025,n-1}}{n-1}}$$
$$2.29\sqrt{\frac{8.91}{19}} \le C_p \le 2.29\sqrt{\frac{32.85}{19}}$$
$$1.57 \le C_p \le 3.01$$

이때 부록 표 3에 의해 $x^2_{0.975,19} = 8.91$이고, $x^2_{0.025,19} = 32.85$이다.

예 8.4에서 계산한 $C_p$의 신뢰구간은 비교적 넓은데, 이것은 작은 크기의 표본에서 계산되었기 때문이다.

신뢰구간에서 $\sigma$를 추정하기 위해 일반적으로 $\overline{R}/d_2$ 대신 $s$를 사용한다. 또한 PCR이 실제적인 의미를 갖기 위해서는 공정이 통계적 관리상태에 있어야 한다. 만일 공정이 관리상태에 있지 않는다면, $s$와 $\overline{R}/d_2$는 많이 달라지며 서로 다른 PCR 값을 제공할 것이다.

$C_{pk}$와 $C_{pm}$ 같이 좀 더 복잡한 공정능력비에 대해, 여러 연구자들이 근사적인 신뢰구간을 제안하였다. 예를 들어 Zhang, Stenback과 Wardrop(1990), Bissell(1990), Kushler와 Hurley(1992), Pearn 등(1992)이 그것이다. 만일 품질특성치가 정규분포를 따를 경우, $C_{pk}$의 근사적인 $100(1-\alpha)\%$ 신뢰구간은 다음과 같다.

$$\hat{C}_{pk}\left[1-Z_{\alpha/2}\sqrt{\frac{1}{9n\hat{C}_{pk}^2}+\frac{1}{2(n-1)}}\right] \le C_{pk} \le \hat{C}_{pk}\left[1+Z_{\alpha/2}\sqrt{\frac{1}{9n\hat{C}_{pk}^2}+\frac{1}{2(n-1)}}\right] \tag{8.21}$$

Kotz와 Lovelace(1998)는 여러 PCR의 신뢰구간에 대해 광범위하게 설명하였다.

**예 8.5** **$C_{pk}$의 신뢰구간**

$k$를 추정하기 위해 안정적인 공정에서 표본크기가 $n = 20$인 표본을 추출하여 $\hat{C}_{pk} = 1.33$을 얻었다. 이때 $C_{pk}$의 근사적인 95% 신뢰구간을 구하라.

**풀이**

식 8.21을 사용하여 $C_p$의 근사적인 95% 신뢰구간을 구하면 다음과 같다.

$$\hat{C}_{pk}\left[1-Z_{\alpha/2}\sqrt{\frac{1}{9n\hat{C}_{pk}^2}+\frac{1}{2(n-1)}}\right] \le C_{pk} \le \hat{C}_{pk}\left[1+Z_{\alpha/2}\sqrt{\frac{1}{9n\hat{C}_{pk}^2}+\frac{1}{2(n-1)}}\right]$$

$$1.33\left[1-1.96\sqrt{\frac{1}{9(20)(1.33)^2}+\frac{1}{2(19)}}\right] \le C_{pk} \le 1.33\left[1+1.96\sqrt{\frac{1}{9(20)(1.33)^2}+\frac{1}{2(19)}}\right]$$

$$0.88 \le C_{pk} \le 1.78$$

이는 매우 넓은 신뢰구간이다. 이에 근거하면 $C_{pk}$는 1보다 작거나(매우 나쁜 상황), 또는 1.78과 같이 큰 값(상대적으로 좋은 상황)이 될 수 있다. $C_{pk}$가 매우 부정확하게 구간으로 추정되었기 때문에, 실제 공정능력에 대해 알 수 있는 정보가 별로 없다. 이는 매우 작은 표본크기($n = 20$)가 사용되었기 때문이다.

정규분포를 따르지 않는 데이터에 대해, PCR $C_{pc}$가 Luceño(1996)에 의해 제안되었다. $C_{pc}$는 식 8.10에 정의되었는데, Luceño는 $C_{pc}$의 신뢰구간을 다음과 같이 구성하였다. 먼저, $|(x - \mathrm{T})|$의 기댓값을

$$\bar{c} = \frac{1}{n}\sum_{i=1}^{n}|x_i - T|$$

로 추정하여, $C_{pc}$의 추정량을 다음과 같이 제안하였다.

$$\hat{C}_{pc} = \frac{\text{USL} - \text{LSL}}{6\sqrt{\dfrac{\pi}{2}}c}$$

다음으로 $E|(x - T)|$의 $100(1 - \alpha)\%$ 신뢰구간은

$$\bar{c} \pm t_{\alpha/2,n-1}\frac{s_c}{\sqrt{n}}$$

가 되는데, 여기서

$$s_c^2 = \frac{1}{n-1}\sum_{i=1}^{n}\left(|x_i - T| - \bar{c}\right)^2 = \frac{1}{n-1}\left(\sum_{i=1}^{n}|x_i - T|^2 - n\bar{c}^2\right)$$

이다. 따라서 $C_{pc}$의 $100(1 - \alpha)\%$ 신뢰구간은 다음과 같다.

$$\frac{\hat{C}_{pc}}{1 + t_{\alpha/2,n-1}\left[s_c/\left(\bar{c}\sqrt{n}\right)\right]} \le C_{pc} \le \frac{\hat{C}_{pc}}{1 - t_{\alpha/2,n-1}\left[s_c/\left(\bar{c}\sqrt{n}\right)\right]} \tag{8.22}$$

**PCR에 대한 가설검정** 최근 계약 협정의 일부분으로써 공급자에게 공정능력을 **입증**(demonstrate)하는 것을 요구하는 사례가 증가하고 있다. 즉, 이것은 공정능력비 $C_p$가 특정한 목표값인 $C_{p0}$를 충족시키거나 초과하는 것을 입증하는 것이 필요하다. 이러한 문제는 가설검정 문제로 표현할 수 있다.

$$H_0:\quad C_p = C_{p0} \text{ (또는 공정능력이 좋지 않다)}$$
$$H_1:\quad C_p > C_{p0} \text{ (또는 공정능력이 좋다)}$$

여기서 $H_0$를 기각하여 공정능력이 좋음을 입증하고자 한다. 이때 $\hat{C}_p$를 이용하여 통계적 검정을 수행할 수 있으며, $\hat{C}_p$가 임계치인 $C$를 초과할 경우 $H_0$를 기각하는 것이다.

Kane(1986)은 이러한 검정에 대해 연구했으며, 공정능력의 검정을 위해 표본크기와 임계치 $C$에 대한 표를 제공하였다. $C_p$(High)는 확률 $1 - \alpha$로 채택하기를 원하는 공정능력이고, $C_p$(Low)는 확률 $1 - \beta$로 기각하기를 원하는 공정능력이라고 정의해 보자. 표 8.4는 다양한 표본크기와 $\alpha = \beta = 0.05$ 또는 $\alpha = \beta = 0.1$에서의 $C_p(\text{High})/C_p(\text{Low})$와 $C/C_p(\text{Low})$의 값을 제공하고 있다. 예 8.6에서 이 표를 이용할 수 있다.

**예 8.6** **공급자 자격 인증**

어떤 소비자가 공급자에게 거래를 위해서는 반드시 회사의 공정능력이 $C_p$ = 1.33을 초과함을 입증해야 한다고 요구했다. 따라서 공급자는 다음의 가설을 검정하기 위한 절차를 세우는 데 관심이 있다.

$$H_0:\quad C_p = 1.33$$
$$H_1:\quad C_p > 1.33$$

공급자는 공정능력이 1.33 미만일 경우 높은 확률(예를 들면, 0.90)로 이를 기각하고, 공정능력이 1.66을 초과할 경우 역시 높은 확률(예를 들면, 0.90)로 이를 채택하기를 원한다고 하자. 이는 $C_p$(Low) = 1.33, $C_p$(High) = 1.66, $\alpha = \beta$ = 0.10임을 의미한다. 표 8.4에서 표본크기와 임계치를 찾기 위해

$$\frac{C_p(\text{High})}{C_p(\text{Low})} = \frac{1.66}{1.33} = 1.25$$

를 계산했고, $\alpha = \beta$ = 0.10인 열 ($a$)에서

$$n = 70,\ C/C_p\,(\text{Low}) = 1.10$$

를 얻었으며 따라서 임계치는

$$C = C_p\,(\text{Low})1.10 = 1.33(1.10) = 1.46$$

임을 알 수 있다. 즉, 공정능력을 입증하기 위해서 공급자는 $n$ = 70인 표본을 추출해야 하며, 표본공정능력비 $\hat{C}_p$는 $C$ = 1.46을 초과해야 한다.

**표 8.4** $H_0: C_p = C_{p0}$를 검정하기 위한 표본크기와 임계치 결정

| | (a) $\alpha = \beta = 0.10$ | | (b) $\alpha = \beta = 0.05$ | |
|---|---|---|---|---|
| **Sample Size, $n$** | **$C_p$(High)/$C_p$(Low)** | **$C/C_p$(Low)** | **$C_p$(High)/$C_p$(Low)** | **$C/C_p$(Low)** |
| 10 | 1.88 | 1.27 | 2.26 | 1.37 |
| 20 | 1.53 | 1.20 | 1.73 | 1.26 |
| 30 | 1.41 | 1.16 | 1.55 | 1.21 |
| 40 | 1.34 | 1.14 | 1.46 | 1.18 |
| 50 | 1.30 | 1.13 | 1.40 | 1.16 |
| 60 | 1.27 | 1.11 | 1.36 | 1.15 |
| 70 | 1.25 | 1.10 | 1.33 | 1.14 |
| 80 | 1.23 | 1.10 | 1.30 | 1.13 |
| 90 | 1.21 | 1.10 | 1.28 | 1.12 |
| 100 | 1.20 | 1.09 | 1.26 | 1.11 |

*Source:* From “Process Capability Indices,” V.E. Kane. Journal of Quality Technology (1986), American Society for Quality. Reprinted by permission of the publisher (Taylor & Francis Ltd, http://www.tandfonline.com).

이 예제는 공정능력비가 최소한 1.33이 된다는 것을 입증하기 위해, 관찰된 표본공정능력비 $\hat{C}_p$는 1.33보다 훨씬 큰 값을 초과해야 됨을 보여 주고 있다. 이는 산업체에서 일상적

인 공정을 수행할 때, 의심스러워할 수 있는 일이다. 한 예로, 표본크기가 $30 \le n \le 50$인 표본에서 $\hat{C}_p \ge 1.33$일 때 공정에서 $C_p$가 최소한 1.33 수준이라는 것을 수용하는 것이 일반적인 관행이다. 그러나 이 절차는 $\sigma$의 추정에서의 표본 변동을 고려하고 있지 않으며, 따라서 실제 공정에서는 더 큰 $n$의 값 또는 더 큰 $\hat{C}_p$의 값이 필요할 수 있다.

**공정수행지수** 1991년에 Automotive Industry Action Group(AIAG)이 만들어졌다. 이 그룹은 'big three' 자동차 회사(포드, 제너럴 모터스, 크라이슬러)와 American Society for Quality Control(현재는 American Society for Quality)의 대표로 구성되어 있다. 그들의 목표 중 하나는 그들 산업체의 공급자에 대한 요구사항을 표준화하는 것이었다. AIAG는 공정이 관리상태일 때 공정능력지수 $C_p$와 $C_{pk}$를 사용할 것을 권장했는데, 이때 공정의 표준편차는 $\hat{\sigma} = \overline{R}/d_2$로 추정할 수 있다. 공정이 관리상태가 아닐 경우, AIAG는 **공정수행지수**(Process Performance Indices) $P_p$와 $P_{pk}$를 사용할 것을 권장했는데, 예를 들어

$$\hat{P}_p = \frac{\text{USL} - \text{LSL}}{6s}$$

이며, 여기서 s는 표본표준편차 $s = \sqrt{\sum_{i=1}^{n} (x_i - \overline{x})^2/(n-1)}$이다. 공정능력분석에서 ANSI Standard Z1의 American National Standards Institute(1996) 역시 $P_p$와 $P_{pk}$는 공정이 관리상태가 아닐 경우 사용되어야 한다고 설명했다.

공정이 정규분포를 따르고 관리상태에 있을 경우, $\hat{P}_p$는 $\hat{C}_p$와 거의 동일하며 $\hat{P}_{pk}$는 $\hat{C}_{pk}$와 거의 동일한데, 이는 안정적인 공정에서는 $s$와 $\hat{\sigma} = \overline{R}/d_2$의 차이는 크지 않기 때문이다. 그러나 공정이 관리상태에 있지 않을 경우, $P_p$와 $P_{pk}$의 지표들은 공정의 성능을 **예측**할 수 없기 때문에 공정능력과 관련된 어떠한 의미 있는 해석도 할 수 없음에 유의해야 한다. 더욱이, 이러한 지표들의 통계적 특성을 결정할 수 없으며, 실제값(또는 모집단의 값)에 대해 어떤 의미 있는 추론을 수행할 수 없다. 따라서 $P_p$와 $P_{pk}$는 공정을 관리하기 위해 그것들을 사용할 어떤 동기나 인센티브도 회사에 제공하지 않는다.

Kotz와 Lovelace(1998)는 $P_p$와 $P_{pk}$의 사용을 강하게 반대했는데, 이러한 지표는 공정능력을 수량화하는 데 실질적으로 **퇴보**한 것이라고 비판하였다. 그들은 품질표준 또는 산업 가이드라인을 통한 $P_p$와 $P_{pk}$의 규정된 사용을 희석되지 않은 '통계적 테러리즘'(즉, 비즈니스 목적을 달성하기 위한 통계적 방법의 사용 또는 오용)으로 비유했다.

이 책의 저자는 Kotz와 Lovelace의 주장에 전적으로 동의한다. 공정수행지표 $P_p$와 $P_{pk}$는 실제로 퇴보보다 더하다고 할 수 있다. **이것들은 엔지니어링과 관리 노력의 낭비이다-이것들은 아무것도 말해주지 않는다.** 공정이 안정적(관리상태)이지 않는 한, 어떠한 지표도 공정능력에 대해 유용한 예측적 정보를 제공하거나 미래 수행에 대한 정보를 알려주지 않는다. 무의미한 지표의 사용을 도입하는 대신, 회사는 효율적인 공정 특성화, 관리, 개선계획을 발전시키고 실시하는 데 노력해야 한다. 이것이 공정 개선을 위해 훨씬 합리적이고 유용한 접근법이 될 것이다.

## 8.4 관리도를 이용한 공정능력분석

히스토그램, 확률플롯, 공정능력비는 공정의 성능을 요약해 준다. 그러나 이들은 **통계적 관리상태**에 대한 내용을 나타내지 못하고, 제거할 경우 품질특성치의 변동을 감소시킬 수 있는 공정 생산품의 구조적 패턴을 보여주지도 못하기 때문에, 이들은 공정의 **잠재적 능력**에 대한 정보를 주지 않는다. 이러한 측면에서 관리도는 매우 효율적이다. 따라서 관리도는 공정능력분석에서 중요한 절차로 간주되어야 한다.

계수형과 계량형 관리도는 둘 다 공정능력분석에서 사용될 수 있다. $\bar{x}$-$R$ 관리도는 계수형 관리도에 비해 더 많은 정보를 제공하기 때문에 가능할 때마다 사용되어야 한다. 그러나 $p$ 관리도와 $c$ 관리도(또는 $u$ 관리도)도 공정능력을 분석하는 데 유용하다. 이러한 관리도를 구성하고 사용하는 절차는 6장과 7장에 나와 있다. $p$ 관리도를 이용하기 위해서는 제품의 품질특성치에 대한 규격이 있어야 함을 명심해야 한다. $\bar{x}$-$R$ 관리도는 이러한 규격과 관계없이 공정을 연구할 수 있다.

$\bar{x}$-$R$ 관리도는 순간적인 산포(단기적 공정능력)와 오랜 시간에 대한 산포(장기적 공정능력)를 분석할 수 있도록 한다. 만일 공정능력연구를 위한 데이터가 2번, 또는 3번의 서로 **다른 시간대**에서 수집되었을 경우(예를 들어 서로 다른 교대조 또는 서로 다른 날 등) 특히 유용하다.

표 8.5는 표본크기가 5인 20개의 표본에 대한 용기의 파열 강도 데이터이다. $\bar{x}$-$R$ 관리도를 위한 계산이 다음에 요약되어 있다.

**$\bar{x}$ 관리도**

$$\text{중심선} = \bar{\bar{x}} = 264.06$$
$$\text{관리상한} = \bar{\bar{x}} + A_2\bar{R} = 264.06 + (0.577)(77.3) = 308.66$$
$$\text{관리하한} = \bar{\bar{x}} - A_2\bar{R} = 264.06 - (0.577)(77.3) = 219.46$$

**$R$ 관리도**

$$\text{중심선} = \bar{R} = 77.3$$
$$\text{관리상한} = D_4\bar{R} = (2.115)(77.3) = 163.49$$
$$\text{관리하한} = D_3\bar{R} = (0)(77.3) = 0$$

그림 8.12는 표 8.5에서의 20개의 표본에 대한 $\bar{x}$-$R$ 관리도를 보여 주고 있다. 두 관리도 모두 통계적 관리상태임을 보여주고 있다. 관리도에서 추정된 공정모수는

$$\hat{\mu} = \bar{\bar{x}} = 264.06$$
$$\hat{\sigma} = \frac{\bar{R}}{d_2} = \frac{77.3}{2.326} = 33.23$$

이다. 따라서 한쪽 공정능력비는 다음과 같이 추정된다.

**표 8.3**
유리 용기 강도 데이터(psi)

| Sample | | | Data | | | $\bar{x}$ | $R$ |
|---|---|---|---|---|---|---|---|
| 1 | 265 | 205 | 263 | 307 | 220 | 252.0 | 102 |
| 2 | 268 | 260 | 234 | 299 | 215 | 255.2 | 84 |
| 3 | 197 | 286 | 274 | 243 | 231 | 246.2 | 89 |
| 4 | 267 | 281 | 265 | 214 | 318 | 269.0 | 104 |
| 5 | 346 | 317 | 242 | 258 | 276 | 287.8 | 104 |
| 6 | 300 | 208 | 187 | 264 | 271 | 246.0 | 113 |
| 7 | 280 | 242 | 260 | 321 | 228 | 266.2 | 93 |
| 8 | 250 | 299 | 258 | 267 | 293 | 273.4 | 49 |
| 9 | 265 | 254 | 281 | 294 | 223 | 263.4 | 71 |
| 10 | 260 | 308 | 235 | 283 | 277 | 272.6 | 73 |
| 11 | 200 | 235 | 246 | 328 | 296 | 261.0 | 128 |
| 12 | 276 | 264 | 269 | 235 | 290 | 266.8 | 55 |
| 13 | 221 | 176 | 248 | 263 | 231 | 227.8 | 87 |
| 14 | 334 | 280 | 265 | 272 | 283 | 286.8 | 69 |
| 15 | 265 | 262 | 271 | 245 | 301 | 268.8 | 56 |
| 16 | 280 | 274 | 253 | 287 | 258 | 270.4 | 34 |
| 17 | 261 | 248 | 260 | 274 | 337 | 276.0 | 89 |
| 18 | 250 | 278 | 254 | 274 | 275 | 266.2 | 28 |
| 19 | 278 | 250 | 265 | 270 | 298 | 272.2 | 48 |
| 20 | 257 | 210 | 280 | 269 | 251 | 253.4 | 70 |
| | | | | | | $\bar{\bar{x}} = 264.06$ | $\bar{R} = 77.3$ |

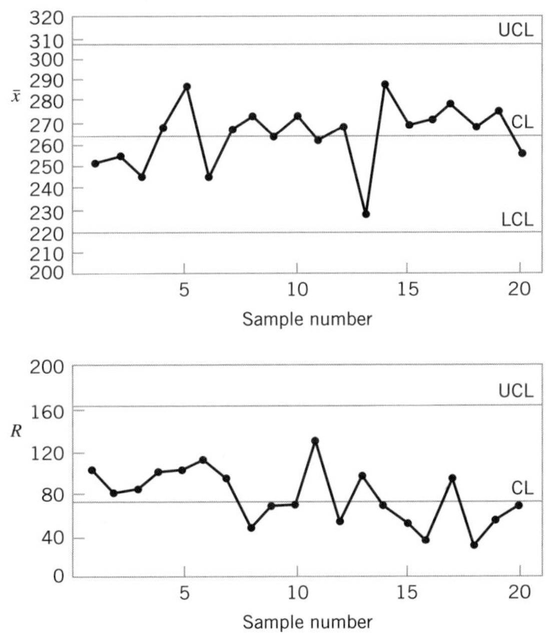


**그림 8.12**
용기 강도 데이터에 대한 $\bar{x}$-$R$ 관리도

$$\hat{C}_{pl} = \frac{\hat{\mu} - \text{LSL}}{3\hat{\sigma}} = \frac{264.06 - 200}{3(33.23)} = 0.64$$

즉, 강도는 안전과 관련된 변수이기 때문에 공정능력이 불충분함을 알 수 있다.

이 예제는 공정이 관리상태에 있지만 부적합한 수준에서 운영되고 있음을 보여 주고 있다. 불량품의 생산이 **운영자의 관리가능** 하에 있다는 근거는 없다. 공정을 향상시키거나 용기와 관련된 품질 문제를 해결하기 위해 필요조건을 변경시키려면 엔지니어링과 경영진의 개입이 필요할 것이다. 이러한 개입의 목적은 공정능력지수를 최소한의 만족할 수준까지 올리는 데에 있다. 이때 관리도는 공정의 변화가 공정 성능에 미치는 영향을 보여주는 모니터링 장치로 사용될 수 있다.

때때로 공정능력분석에서 공정이 이상상태임을 발견하기도 한다. 이러한 경우 공정능력을 추정하는 것은 안정적이지 못한데, 공정은 신뢰 가능한 공정능력을 추정하기 위해 안정적이어야 한다. 공정능력분석의 초기 단계에서 공정이 이상상태일 때 가장 먼저 수행해야 할 작업은 공정을 관리상태로 되돌리기 위해 이상원인을 찾아내고 제거하는 것이다.

## 8.5 실험계획을 이용한 공정능력분석

실험계획은 공정에서 통제 가능한 입력변수를 변경하고 이러한 공정변수가 생산품에 미치는 효과를 분석하기 위한 체계적 접근법이다. 실험계획은 또한 어떠한 공정변수가 생산품에 영향을 주는지, 그리고 이러한 변수들의 어떤 수준이 공정성능을 최적화하는지를 발견하는 데에도 유용하다. 일반적으로 실험계획은 공정능력을 추정할 때보다 일반적 문제를 해결하는 데 더 유용한 방법인데, 상세한 내용은 Montgomery(2009)의 저서를 참고할 수 있다. 이 책의 5부에서는 실험계획의 절차와 공정향상에 사용되는 방법에 대한 더 많은 내용을 제공하고 있다.

실험계획은 공정에서 **산포의 근원**(sources of variability)을 구분하고 이를 측정할 때 유용하다. 예를 들어 병에 탄산음료를 채우는 기계를 고려해 보자. 각 기계는 독립적으로 조정되는 많은 수의 주입 헤드(filling head)를 가지고 있는데, 측정되는 품질특성치는 완

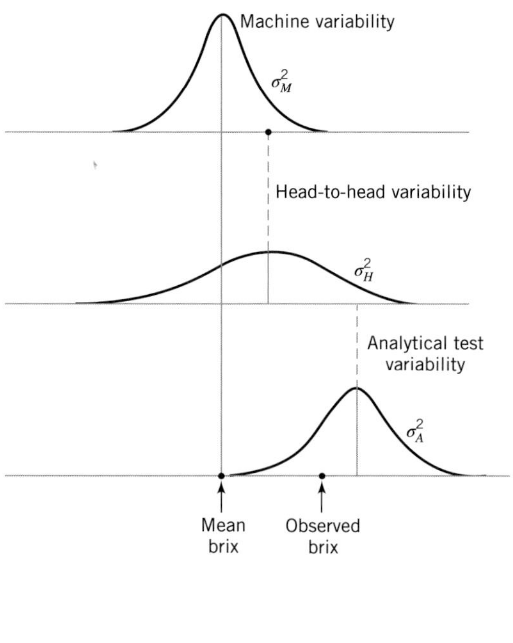


그림 8.13
병 라인 예제에서 산포의 근원

제품의 시럽 함유량(단위는 브릭스(brix))이다. 기계의 산포($\sigma_M^2$), 헤드의 산포($\sigma_H^2$), 분석적 시험의 산포($\sigma_A^2$) 때문에 관측된 브릭스에는 산포($\sigma_B^2$)가 있을 수 있다. 관측된 브릭스 값의 산포는 다음과 같다.

$$\sigma_B^2 = \sigma_M^2 + \sigma_H^2 + \sigma_A^2$$

각 분산인 ($\sigma^2{}_M$), ($\sigma^2{}_H$), ($\sigma^2{}_A$)의 추정을 위해 여러 대의 기계와 각 기계에 있는 여러 개의 주입 헤드에서 표본을 추출하고 각 병에 대해 여러 번의 분석을 수행하도록 실험이 설계될 수 있다. 그림 8.13에 나타난 결과를 살펴보자. 관측된 브릭스에 대한 산포에서 상당한 부분이 헤드의 산포에 의한 것이기 때문에, 헤드끼리의 변동을 감소시킴으로써 공정을 향상시킬 수 있을 것이다. 이것은 기계 운영의 보다 신중한 설정과 관리 등으로 가능할 것이다.

## 8.6 계수형 데이터에 대한 공정능력분석

공정성능은 종종 비적합품 또는 결점수 등의 계수형 데이터로 측정된다. 불량률이 공정성능의 측도일 때, 일반적으로 백만 개 중 불량품의 수(ppm)가 공정능력의 측정에 이용된다. 어떤 경우에는 이러한 ppm이 시그마의 수준으로 전환되기도 한다. 예를 들어, 2700 ppm 불량을 생산하는 공정은 3시그마 공정에 대응될 수 있다(이것은 6시그마를 수행할 때 평균이 1.5$\sigma$ 정도 변화할 수 있다는 가정을 고려하지 않은 값이다).

결점을 취급할 때, 다음과 같은 제품당 결함(defects per unit, DPU) 통계량이 공정능력의 측도로 종종 사용된다.

$$\text{DPU} = \frac{\text{결점의 총개수}}{\text{제품의 총개수}}$$

여기서 제품이란 소비자에게 전달되는 어떠한 것이라도 될 수 있으며, 그것의 적합성을 평가하거나 판단할 수 있다. 예를 들면, 다음과 같다.

1. 청구서
2. 수송
3. 고객 주문서
4. 문의 또는 요청

결점은 고객의 요구와 맞지 않는 어떠한 것이라도 될 수 있다. 예를 들면

1. 청구서에서의 오류
2. 잘못된 또는 완료되지 않은 수송
3. 잘못된 또는 완료되지 않은 고객 주문서
4. 만족스럽게 완료되지 않은 요청

명백하게 이들의 수량은 표본 데이터에서 추정할 수 있는데, 신뢰성 있는 추정을 위해 큰 수의 표본이 필요하다.

DPU 측도는 제품의 복잡성을 직접적으로 계산에 포함하지 않는다. 이를 포함하는 측도는 다음과 같이 정의되는 백만 가능성당 결점(defect per million opportunities, DPMO)이다.

$$\text{DPMO} = \frac{\text{전체 결점수}}{\text{제품의 개수} \times \text{가능성의 개수}}$$

가능성이란 한 제품에서 결점이 발생할 잠재적 가능성의 개수를 나타낸다. 예를 들어, 구입 주문에서 가능성의 개수는 정보가 기록되는 항목의 수의 2배가 되는데, 이는 각각의 항목이 잘못 작성되거나 비어져 있어 정보가 손실될 수 있기 때문이다. 공정은 시간에 따라 가능성의 개수가 증가할 수 있기 때문에, 가능성을 어떻게 정의하는가에 대한 일관성이 중요하다.

## 8.7 여러 공정에 대한 공정능력 표현

오늘날의 제조 및 비즈니스 환경에서 엔지니어와 관리자는 점점 더 많은 양의 데이터를 취급하고 있다. 최근 공정은 출력되는 품질특성치, 제품 성능의 특성, 중간 또는 공정 중 변수를 모두 측정하고 기록하는 능력이 향상됨에 따라 관측해야 할 것이 아주 많은 상황으로 빠르게 변화하고 있다. 예를 들어, 개별적으로 공정능력을 측정하는 대신에 여러 공정에 대한 공정능력을 평가하고자 할 때, 엔지니어는 과도한 변동성, 목표치를 벗어나는 성능, 그리고 규격을 충족하는 능력에 문제가 있는지 여부를 확인하기 위해 여러 공정을 신속하게 평가할 수 있는 도구가 필요하다. 히스토그램과 줄기-잎 그림과 같은 그래프는 유용하지만 한 번에 하나의 공정만 표현할 수 있다. Saul(2018)은 공정의 여러 변수에 대한 능력을 동시에 나타내기 위해 능력목표플롯(Capability Goal Plot)을 소개했다.

공정목표플롯은 다음과 같이 규격으로 척도화된 평균과 표준편차 버전을 나타낸다.

$$\ddot{x} = \frac{\bar{x} - \text{target}}{(\text{USL} - \text{LSL})}$$

$$\text{target} = (\text{USL} + \text{LSL})/2$$

$$\ddot{s} = \frac{s}{(\text{USL} - \text{LSL})}$$

공정목표플롯에서 한계선은

$$\ddot{s} = \text{Min}[(\ddot{x} + 0.5)/3C_{pk}, -(\ddot{x} - 0.5)/3C_{pk}]$$

이다.

이 선은 삼각형으로 표시된다. 만일 평균과 표준편차의 조합이 이 삼각형 내부에 표시되는 경우 $C_{pk}$(또는 $P_{pk}$) 값이 지정된 목표치를 초과하고 공정능력은 좋은 것으로 판단하는 것이다. 삼각형 외부에 타점된 점을 살펴보면, 공정능력은 좋지 않지만 그것이 공정 중심화의 문제인지, 또는 과도한 변동성의 문제인지, 아니면 둘 다의 문제인지를 판단할 수

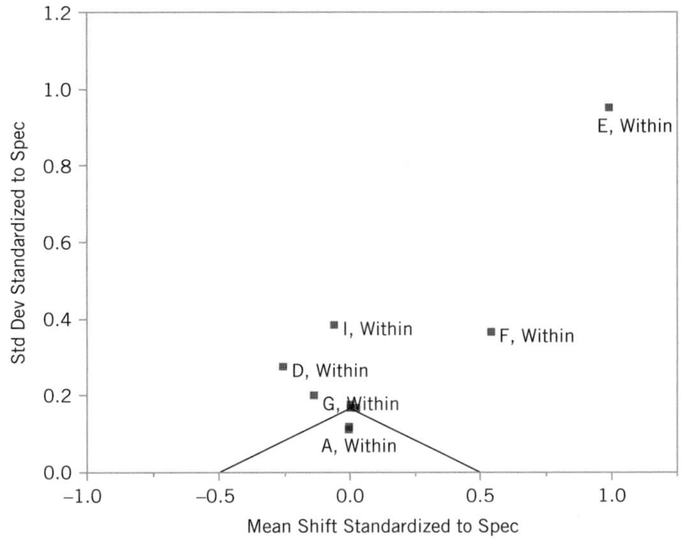


**그림 8.14**
$P_{pk}$ = 1인 공정능력목표플롯(JMP로 작성)

있다. 이것은 공정능력이 좋지 않은 공정을 개선하는 방법에 대한 정보를 제공한다. 즉, 평균을 공정 목표치에 더 가깝게 이동시키거나, 변동성을 줄이거나, 아니면 두 접근 방식을 일부 조합하여 사용한다. 목표플롯은 양쪽 규격이 있는 경우에 대해 설계되었다. 만일 한쪽 규격만 있는 경우나 비대칭적 규격을 갖는 경우에는 Saul(2018)을 참고하기 바란다.

그림 8.14는 $P_{pk}$ = 1인 10개의 공정의 예(JMP 소프트웨어 사용)이다. 여기서 표준편차의 추정에는 부분군 내의 추정치가 사용되었다. 이 그림에서 공정능력이 좋지 않은 공정이 많은 것으로 나타났고, 대부분의 공정에는 과도한 변동성의 문제가 있으며 평균을 이동시키면 몇 개의 공정이 개선될 수 있음을 알 수 있다.

공정 성능의 또 다른 측면은 **안정성**(stability)이다. Cruthis와 Rigdon(1992-1993)과 Ramirez와 Runger(2006)는 공정 안정성을 평가하기 위해 단기 변동성과 장기 변동성을 비교할 것을 제안하였다. Ramirez와 Runger(2006)가 제안한 안정성 비율(stability ratio)

$$SR = \frac{s^2_{\text{Long run}}}{s^2_{\text{Short run}}}$$

은 공정 안정성의 좋은 측도이다. 장기적 분산은 모든 데이터를 이용하여 일반적으로 계산되는 추정치를 사용하며, 단기적 분산은 부분군 내 추정치를 사용하거나 개별 관측치인 경우 이동범위를 기반으로 한 추정치를 사용한다. 가장 좋은 안정성 비율의 값은 명확하지 않지만, 일반적으로 1.5에서 2 사이의 값이 적당하다고 알려져 있다. 안정성 비율의 적절한 경계를 설정하기 위해 유의수준($P$ - 값) 접근 방법을 사용할 수 있지만 이는 표본크기가 큰 경우 결과가 왜곡될 수 있으며, 표본크기가 크면 공정이 항상 불안정하게 보일 수 있다.

JMP에는 다른 중요한 정보와 함께 안정성 비율 SR(stability ratio)을 제공하는 공정 스크리닝 절차가 있다. 그림 8.14에 표시된 10개 공정에 대한 결과물이 그림 8.15에 나타나 있다. 이 결과물에는 Western Electric-Nelson 규칙의 위반 내용과 안정성 비율 SR의 값에 기초한 통계적 관리 상태에 대한 정보가 포함되어 있다. Western Electric-Nelson의 규칙

**Process Screening**

| Column | Alarm Rate | Any Alarm | Western Electric - Nelson Rules Test1 | Test2 | Test3 | Test4 | Test5 | Test6 | Test7 | Test8 | Range Limit Exceeded | Latest Alarm | Within Sigma | Overall Sigma | Stability Ratio | Mean | Count | Subgroups |
|---|---|---|---|---|---|---|---|---|---|---|---|---|---|---|---|---|---|---|
| D | 0.12500 | 25 | 8 | 1 | 0 | 0 | 0 | 0 | 9 | 0 | 13 | 36 | 2.20578 | 2.78306 | 1.59 | 1.94634 | 200 | 200 |
| B | 0.06000 | 12 | 3 | 0 | 2 | 4 | 1 | 0 | 0 | 0 | 5 | 23 | 3.2098 | 3.23903 | 1.02 | 5.77298 | 200 | 200 |
| I | 0.05000 | 10 | 2 | 0 | 0 | 0 | 1 | 1 | 3 | 0 | 5 | 11 | 3.84521 | 3.99939 | 1.08 | 4.38154 | 200 | 200 |
| F | 0.04500 | 9 | 1 | 0 | 1 | 0 | 1 | 3 | 0 | 0 | 3 | 52 | 3.66003 | 3.94247 | 1.16 | 85.407 | 200 | 200 |
| C | 0.03500 | 7 | 1 | 0 | 1 | 1 | 0 | 1 | 0 | 0 | 4 | 19 | 1.11395 | 1.11854 | 1.01 | -0.0609 | 200 | 200 |
| G | 0.01500 | 3 | 0 | 0 | 0 | 1 | 0 | 1 | 0 | 0 | 1 | 56 | 2.01762 | 2.08542 | 1.07 | 50.0158 | 200 | 200 |
| H | 0.01500 | 3 | 0 | 0 | 0 | 0 | 1 | 1 | 0 | 0 | 1 | 55 | 1.05865 | 1.06087 | 1.00 | 0.00793 | 200 | 200 |
| A | 0.01000 | 2 | 0 | 0 | 0 | 0 | 0 | 0 | 0 | 0 | 2 | 125 | 0.94927 | 0.90894 | 0.92 | 9.96467 | 200 | 200 |
| E | 0.01000 | 2 | 0 | 0 | 0 | 0 | 0 | 2 | 0 | 0 | 0 | 90 | 19.016 | 18.3519 | 0.93 | 119.75 | 200 | 200 |
| J | 0.01000 | 2 | 1 | 0 | 0 | 0 | 1 | 0 | 0 | 0 | 2 | 3 | 6.71844 | 6.56633 | 0.96 | 20.9405 | 200 | 200 |

**그림 8.15** 그림 8.14의 10개 공정에 대한 JMP의 공정 스크리닝 안정성 결과물

1은 3시그마 관리한계를 벗어나는 점이 있는지에 대한 것인데, 공정 D, B와 I에 예상보다 많은 규칙 1의 위반이 있지만 특별히 문제가되는 SR의 값이 있는 공정은 없는 것으로 나타났다.

그림 8.16은 JMP의 분포 분석 결과물인데, 모든 공정은 어느 정도 오른쪽으로 치우쳐 있는 것으로 나타났다. 이것은 품질특성치의 자연적인 확률분포이거나 이상원인 때문일 수 있다. 그림 8.17은 이 세 가지 공정에 대한 개별 관측값 및 이동범위 관리도를 보여주는데, 개별 관측값 관리도는 세 가지 공정 모두 이상원인이 존재한다는 것을 나타내고 있다.

**Distributions**

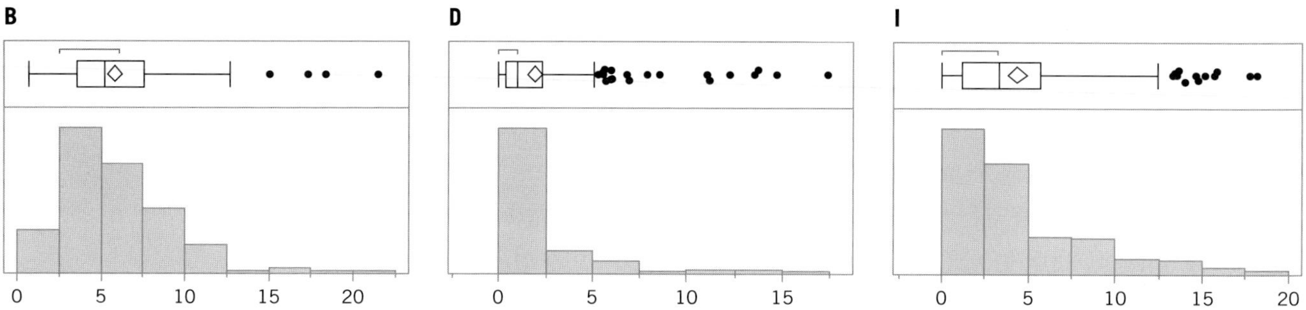


**B**

**Quantiles**

| | | |
|---|---|---|
| 100.0% | Maximum | 21.503104422 |
| 99.5% | | 21.487537947 |
| 97.5% | | 12.656027569 |
| 90.0% | | 9.8381864349 |
| 75.0% | Quartile | 7.5707673126 |
| 50.0% | Median | 5.1605996906 |
| 25.0% | Quartile | 3.5319769328 |
| 10.0% | | 2.3188015256 |
| 2.5% | | 0.8938248751 |
| 0.5% | | 0.6962121604 |
| 0.0% | Minimum | 0.6956030697 |

**Summary Statistics**

| | |
|---|---|
| Mean | 5.7729772 |
| Std Dev | 3.2390338 |
| Std Err Mean | 0.2290343 |
| Upper 95% Mean | 6.2246229 |
| Lower 95% Mean | 5.3213316 |
| *N* | 200 |

**D**

**Quantiles**

| | | |
|---|---|---|
| 100.0% | Maximum | 17.390689651 |
| 99.5% | | 17.377341369 |
| 97.5% | | 12.218924104 |
| 90.0% | | 5.0552153942 |
| 75.0% | Quartile | 2.3091313616 |
| 50.0% | Median | 1.0179905755 |
| 25.0% | Quartile | 0.3451462407 |
| 10.0% | | 0.1122253255 |
| 2.5% | | 0.0192770543 |
| 0.5% | | 0.0038627064 |
| 0.0% | Minimum | 0.0038455819 |

**Summary Statistics**

| | |
|---|---|
| Mean | 1.9463407 |
| Std Dev | 2.783064 |
| Std Err Mean | 0.1967923 |
| Upper 95% Mean | 2.3344067 |
| Lower 95% Mean | 1.5582748 |
| *N* | 200 |

**I**

**Quantiles**

| | | |
|---|---|---|
| 100.0% | Maximum | 18.184706702 |
| 99.5% | | 18.18259663 |
| 97.5% | | 15.157067417 |
| 90.0% | | 10.628681751 |
| 75.0% | Quartile | 5.7115081927 |
| 50.0% | Median | 3.2886810387 |
| 25.0% | Quartile | 1.1646774277 |
| 10.0% | | 0.4071346107 |
| 2.5% | | 0.0264997662 |
| 0.5% | | 0.0215748895 |
| 0.0% | Minimum | 0.0215744429 |

**Summary Statistics**

| | |
|---|---|
| Mean | 4.3815377 |
| Std Dev | 3.9993863 |
| Std Err Mean | 0.2827993 |
| Upper 95% Mean | 4.9392057 |
| Lower 95% Mean | 3.8238698 |
| *N* | 200 |

**그림 8.16** 그림 8.14의 10개 공정에 대한 JMP의 분포 분석 결과물

**B**

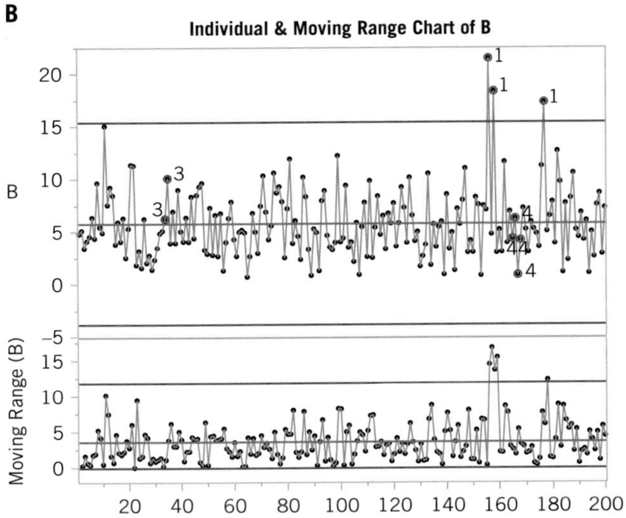


| B Limit Summaries | | | | | |
|---|---|---|---|---|---|
| Points Plotted | LCL | Avg | UCL | Limits Sigma | Sample Size |
| Individual | -3.85643 | 5.772977 | 15.40239 | Moving Range | 1 |
| Moving Range | 0 | 3.621876 | 11.83097 | Moving Range | 1 |

**D**

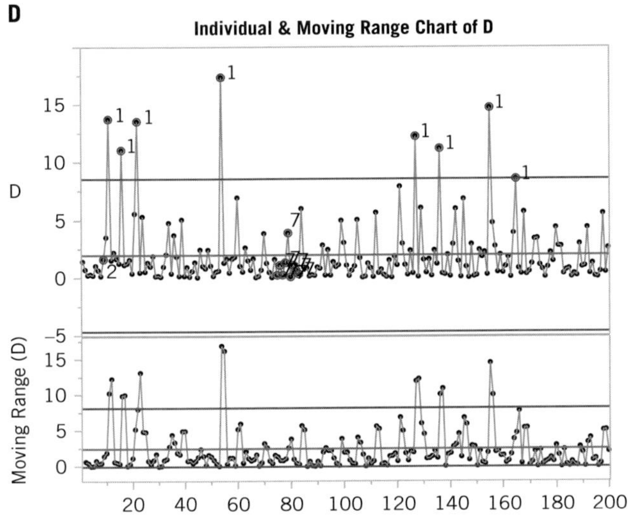


| D Limit Summaries | | | | | |
|---|---|---|---|---|---|
| Points Plotted | LCL | Avg | UCL | Limits Sigma | Sample Size |
| Individual | -4.67101 | 1.946341 | 8.563688 | Moving Range | 1 |
| Moving Range | 0 | 2.488959 | 8.130264 | Moving Range | 1 |

**I**

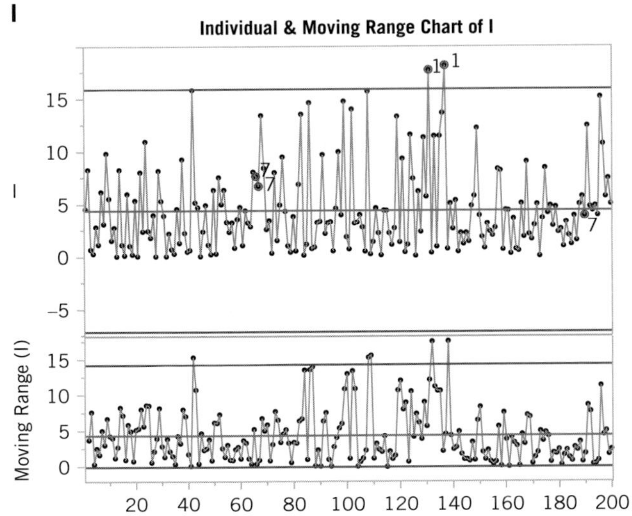


| I Limit Summaries | | | | | |
|---|---|---|---|---|---|
| Points Plotted | LCL | Avg | UCL | Limits Sigma | Sample Size |
| Individual | -7.1541 | 4.381538 | 15.91717 | Moving Range | 1 |
| Moving Range | 0 | 4.338857 | 14.17302 | Moving Range | 1 |

**그림 8.17** 그림 8.14의 10개 공정에 대한 JMP의 개별 관측값 및 이동범위 관리도

## 8.8 게이지와 측정시스템 능력분석

### 8.8.1 게이지 능력의 기본 개념

측정시스템의 능력을 결정하는 것은 품질 및 공정 개선 활동에서 중요한 내용이다. 일반적으로 측정과 관련된 활동에서 관측된 어떤 산포는 측정한 제품에 내재되어 있고, 또 어떤 산포는 사용한 측정시스템에 기인할 것이다. 측정시스템은 최소한 기구(instrument) 또는 게이지(gauge)로 구성되어 있고, 때로는 그것을 사용하는 운영자와 사용하는 동안의 조건 등과 같은 다른 요소를 포함하기도 한다. 설정(setup)과 눈금조정(calibration) 등과 같이 측정시스템에 영향을 주는 다른 요인들도 있을 수 있다. 대부분의 측정시스템 능력 연구의 목적은 다음과 같다.

1. 관측된 전체 산포에서 기구 또는 게이지 때문에 발생한 산포가 어느 정도인지 결정한다.
2. 측정시스템에서 산포의 요소를 분리시킨다.
3. 기구 또는 게이지가 수용 가능한지 평가한다(즉, 목표로 하는 측정에 적합한가를 평가한다).

측정은 품질시스템에서 중요한 요소이고, DMIAC 문제 해결 과정에서 매우 필수적인 요소이다. 비효율적인 측정시스템은 일반적으로 좋지 않은 결정을 도출하기 때문에 비즈니스 수행에 큰 영향을 줄 수 있다.

이번 절에서 우리는 R로 시작하는 두 개의 측정시스템 능력의 측도를 소개할 것이다. 즉, **반복성**(repeatability, 같은 제품을 동일한 조건에서 여러 번 반복하여 측정할 때 동일한 값으로 측정할 수 있는가?)과 **재현성**(reproducibility, 다른 운영자와 다른 시간 등과 같은 서로 다른 조건하에서 제품을 측정했을 때 얼마나 값이 달라지는가?)이다.

이러한 측도의 값은 기본적인 질문에 대해 단지 간접적인 답만을 제공한다. 시스템이 좋고 나쁜 제품을 구분할 수 있는가? 즉, 좋은 제품이 불량품으로 판단되는 확률과 반대로 나쁜 제품이 양호품으로 평가되어 소비자에게 전달될 확률은 얼마인가? 이러한 오분류의 확률은 기본적인 측정시스템 능력 연구의 결과로부터 쉽게 계산할 수 있으며, 측정시스템 수행에 대한 신뢰할 수 있고 유용하며 또한 이해하기 쉬운 정보를 제공한다.

반복성과 재현성에 추가하여, 측정시스템 능력에 있어 다른 중요한 측면이 있다. 측정시스템의 **선형성**(linearity)은 시스템에 의해 계산된 측정값의 범위로부터 정확도(accuracy)와 정밀도(precision)에서 차이가 나는 부분을 반영한다. 이러한 특성을 설명하기 위해 종종 단순선형회귀모형이 이용된다. 선형성에 관련된 문제는 종종 눈금조정(calibration)과 유지보수(maintenance) 문제의 결과로 발생한다. 다른 운영체제에서의 **안정성**(stability), 또는 다른 수준의 산포는 준비작업의 효과, 환경적 요인, 일관적이지 않은 운영자 성능, 부정확한 운영 절차로부터 발생할 수 있다. **편의**(bias)는 관찰된 측정값과 표준값 또는 정밀한 다른 측정도구로 측정한 값과의 차이를 나타낸다.

적합하지 않은 측정시스템으로 공정을 모니터하고, 관리하고, 개선하고, 효율적으로 다루는 것은 매우 어렵다. 이것은 안개 속에서 레이더 없이 배를 운행하는 것 유사하다—결국은 당신은 빙산과 부딪히게 될 것이다! 어떠한 참사가 일어나지 않더라도, 존재하지도 않는 문제점을 찾거나, 또는 불량품을 받고 기분이 상한 고객을 응대하느라 시간과 돈을 낭비하게 될 것이다. 과도한 측정의 산포는 전체적인 제품의 산포의 일부분이 되기 때문에, 비교 또는 관측 연구에서의 더 큰 표본크기, 공정개선을 위한 실험계획에서 더 많은 반복, 더 과다한 제품 테스트의 요구 등과 같이 다른 공정개선 활동에 부정적인 영향을 끼칠 것이다.

측정시스템 분석(measurement systems analysis, MSA)의 기본적 개념을 소개하기 위해, 측정시스템 능력 연구를 위한 다음과 같은 간단하지만 합리적인 모형을 고려해 보자.

$$y = x + \varepsilon \tag{8.23}$$

여기서 $y$는 관측된 측정값, $x$는 제품의 실제값, 그리고 $\epsilon$는 측정오차이다. $x$와 $\epsilon$은 정규분포를 따르고 독립이며, 평균은 각각 $\mu$와 0, 제품과 게이지의 분산은 각각 ($\sigma_P^2$)와 ($\sigma_{\text{Gauge}}^2$)임을 가정한다. 따라서 관측된 측정값 $y$의 분산은 다음과 같이 계산된다.

$$\sigma_{\text{Total}}^2 = \sigma_P^2 + \sigma_{\text{Gauge}}^2 \tag{8.24}$$

관리도와 다른 통계적 방법은 분산의 이러한 요소들을 분리하고 게이지 능력을 평가하는 데 사용될 수 있다.

### 예 8.7 게이지 능력 평가

어떤 측정 도구가 제안된 SPC를 수행하기 위해 사용되고 있다. SPC 시스템을 계획하는 데 참여한 품질향상팀은 게이지 능력을 평가하고자 한다. 20개의 제품을 추출하여, 관리도를 위해 실제로 측정을 수행할 공정 운영자가 측정 도구를 사용하여 각 제품을 두 번씩 측정하였다. 측정한 데이터가 표 8.6에 나타나 있다.

**풀이**

그림 8.18은 이 데이터들의 $\bar{x}$-$R$ 관리도를 보여주고 있다. $\bar{x}$ 관리도는 많은 이상상태의 점을 나타내고 있다. 이것은 예상한 것 그대로인데, 왜냐하면 이러한 상황에서 $\bar{x}$ 관리도에 대해서는 일반적인 해석과 다소 다른 해석을 해야 한다. 이 예제의 $\bar{x}$ 관리도는 측정도구의 **판별력**(discriminating power), 즉 제품들을 구별하는 게이지의 능력을 나타낸다. $R$ 관리도는 직접적으로 측정오차, 또는 게이지 능력의 크기를 나타낸다. 이때 $R$ 값은 같은 측정도구를 사용하여 같은 제품을 측정한 값의 차이를 나타낸다. 이 예제에서 $R$ 관리도는 관리상태에 있으며, 이것은 운영자가 일관적인 측정을 하는 데 어려움이 없다는 것을 보여준다. $R$ 관리도에서 이상상태의 점은 운영자가 도구를 사용하는 데 어려움을 있다는 것을 나타낸다.

측정오차의 표준편차, $\sigma_{\text{Gauge}}$는 다음과 같이 추정할 수 있다.

$$\hat{\sigma}_{\text{Gauge}} = \frac{\bar{R}}{d_2} = \frac{1.0}{1.128} = 0.887$$

측정오차의 분포는 일반적으로 정규분포에 잘 근사하기 때문에, $\hat{\sigma}_{\text{Gauge}}$는 게이지 능력의 좋은 추정량이 된다.

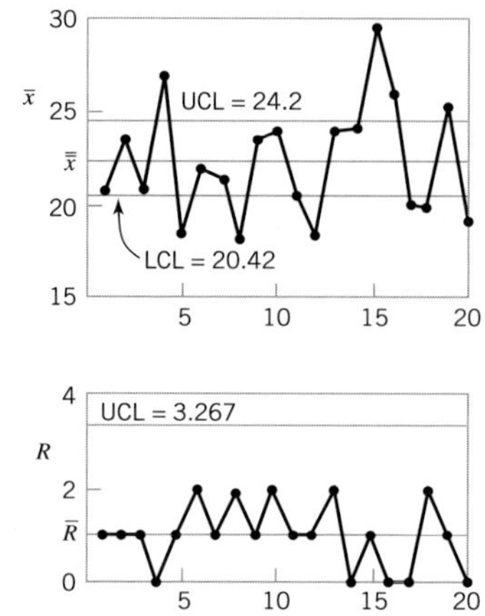


**그림 8.18** 예 8.7에서 게이지 능력 분석을 위한 관리도

**표 8.6** 제품 측정 대한 데이터

| | Measurements | | | |
|---|---|---|---|---|
| **Part Number** | **1** | **2** | $\bar{x}$ | $R$ |
| 1 | 21 | 20 | 20.5 | 1 |
| 2 | 24 | 23 | 23.5 | 1 |
| 3 | 20 | 21 | 20.5 | 1 |
| 4 | 27 | 27 | 27.0 | 0 |
| 5 | 19 | 18 | 18.5 | 1 |
| 6 | 23 | 21 | 22.0 | 2 |
| 7 | 22 | 21 | 21.5 | 1 |
| 8 | 19 | 17 | 18.0 | 2 |
| 9 | 24 | 23 | 23.5 | 1 |
| 10 | 25 | 23 | 24.0 | 2 |
| 11 | 21 | 20 | 20.5 | 1 |
| 12 | 18 | 19 | 18.5 | 1 |
| 13 | 23 | 25 | 24.0 | 2 |
| 14 | 24 | 24 | 24.0 | 0 |
| 15 | 29 | 30 | 29.5 | 1 |
| 16 | 26 | 26 | 26.0 | 0 |
| 17 | 20 | 20 | 20.0 | 0 |
| 18 | 19 | 21 | 20.0 | 2 |
| 19 | 25 | 26 | 25.5 | 1 |
| 20 | 19 | 19 | 19.0 | 0 |
| | | | $\bar{\bar{x}} = 22.3$ | $\bar{R} = 1.0$ |

게이지 성능의 추정량과 측정하는 제품에 대한 규격의 폭 또는 공차구간(규격상한－규격하한)을 비교하는 것은 일반적인 (그러나 반드시 좋지는 않은) 방법이다. 전체 공차구간에 대한 $k\hat{\sigma}_{\text{Gauge}}$의 비율을 종종 **정밀도 대 공차비**(precision-to-tolerance ratio, P/T)라고 한다. 즉,

$$P/T = \frac{k\hat{\sigma}_{\text{Guage}}}{\text{USL} - \text{LSL}} \tag{8.25}$$

로 정의한다. 식 8.25에서 상수 $k$는 일반적으로 $k = 5.15$와 $k = 6$을 사용한다. $k = 5.15$는 적어도 99%의 정규모집단을 포함하는 구간에 대한 표준편차의 배수에 해당되고, $k = 6$은 정규모집단에서 일반적인 자연공차한계에 대한 표준편차의 배수에 해당된다.

예 8.7에서 사용된 제품은 규격상한 = 60, 규격하한 = 5이다. 그러므로 식 8.25에서 $k = 6$을 사용하면, $P/T$의 추정치는

$$P/T = \frac{6(0.887)}{60-5} = \frac{5.32}{55} = 0.097$$

이 된다. $P/T$의 추정된 비율값이 0.1 또는 그보다 작은 경우에는 일반적으로 충분한 게이지 능력을 나타낸다고 한다. 그러나 모든 상황에 이러한 일반적인 규칙을 사용할 때에는 주의해야 한다. 게이지는 분석가가 올바른 판단을 내릴 수 있도록 충분히 정확하고 정밀해야 한다(반드시 $P/T \leq 0.1$이 요구되는 것은 아니다).

관찰된 전체 산포에 대한 식 8.24에서 분산 성분을 추정하기 위해 예 8.7에 있는 게이지 능력 실험 데이터를 사용해 보자. 표 8.6의 실제 표본 측정값으로부터 $s = 3.17$로 계산되었는데, 이것은 **전체 산포**(total variability)의 표준편차의 추정량으로 **제품 산포**(product variability)와 **게이지 산포**(gauge variability)를 포함하고 있다. 그러므로

$$\hat{\sigma}^2_{\text{Total}} = s^2 = (3.17)^2 = 10.05$$

이고, 다음의 식 8.24에서

$$\sigma^2_{\text{Total}} = \sigma^2_P + \sigma^2_{\text{Gauge}}$$

$\hat{\sigma}^2_{Gauge} = (0.887)^2 = 0.79$를 알고 있기 때문에, $\sigma^2_p$의 추정치는

$$\hat{\sigma}^2_P = \hat{\sigma}^2_{\text{Total}} - \hat{\sigma}^2_{\text{Gauge}} = 10.05 - 0.79 = 9.26$$

과 같이 계산된다. 따라서 제품 특성치의 표준편차의 추정치는

$$\hat{\sigma}_P = \sqrt{9.26} = 3.04$$

가 된다. 제안했던 측도 이외에 게이지 능력에 대한 다른 측도들도 있다. 이 중 하나는 다음과 같이 정의되는 전체 산포에 대한 공정(제품) 산포의 비이다.

$$\rho_P = \frac{\sigma^2_P}{\sigma^2_{\text{Total}}} \tag{8.26}$$

유사하게 다음과 같이 정의되는 전체 산포에 대한 측정시스템 산포의 비를 고려할 수 있다.

$$\rho_M = \frac{\sigma^2_{\text{Gauge}}}{\sigma^2_{\text{Total}}} \tag{8.27}$$

$\rho_P = 1 - \rho_M$임을 쉽게 알 수 있다. 예 8.7에서 $\rho_M$의 추정치는

$$\hat{\rho}_M = \frac{\hat{\sigma}^2_{\text{Gauge}}}{\hat{\sigma}^2_{\text{Total}}} = \frac{0.79}{10.05} = 0.0786$$

이 되고, 따라서 측정도구의 분산은 전체 관측된 측정의 분산의 약 7.86%를 차지함을 알 수 있다.

측정시스템에 대한 또 다른 측도는 AIAG(1995) 또는 AIAG(2002)에 다음과 같이 정의된 **신호 대잡음 비**(signal-to-noise ratio, *SNR*)이다.

$$SNR = \sqrt{\frac{2\rho_P}{1-\rho_P}} \tag{8.28}$$

AIAG는 *SNR*을 추정으로부터 얻을 수 있는 신뢰 가능한 확실한 수준 혹은 카테고리의 수라고 정의했다. 5 이상의 값이 요구되며, 2보다 작은 값은 부적합한 게이지 능력을 나타낸다. 예 8.7에서 $\hat{\rho}_M = 0.0786$ 로부터 $\hat{\rho}_P = 1 - \hat{\rho}_M = 1 - 0.0786 = 0.9214$이고, 따라서 식 8.28에서 SNR의 추정치는

$$\widehat{SNR} = \sqrt{\frac{2\hat{\rho}_P}{1-\hat{\rho}_P}} = \sqrt{\frac{2(0.9214)}{1-0.9214}} = 4.84$$

가 된다. 예 8.7에서의 게이지는 *SNR*에서 최솟값으로 요구하는 5에 미치지 못했다. 그러나 *SNR*에서 요구되는 값은 다소 유동적이다. 또 다른 게이지 능력에 대한 측도는 다음과 같이 정의된 **판별비**(discrimination ratio, *DR*)이다.

$$DR = \frac{1+\rho_P}{1-\rho_P} \tag{8.29}$$

몇몇 연구자들은 게이지에 대한 *DR*이 4를 넘어야 한다고 제안하였다. 그러나 이것은 굉장히 임의적인 요구값이다. 예 8.7의 상황에서 판별비의 추정치는 다음과 같다.

$$\widehat{DR} = \frac{1+\rho_P}{1-\rho_P} = \frac{1+0.9214}{1-0.9214} = 24.45$$

이 측도를 이용한다면, 게이지의 능력은 받아들일 만하다.

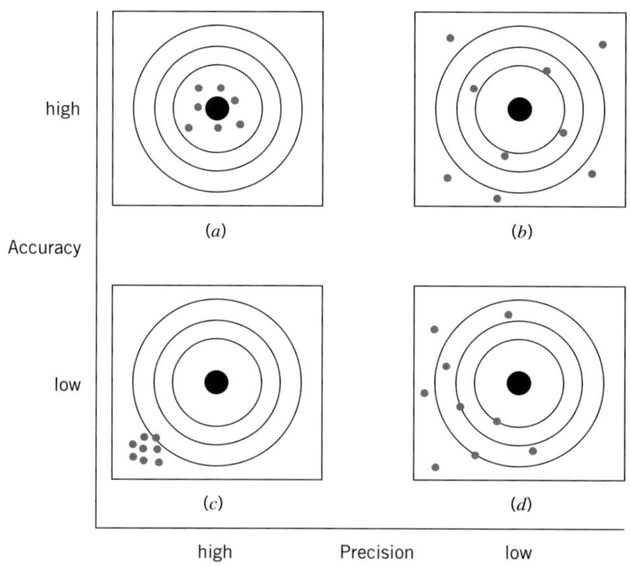


**그림 8.19**
정확도와 정밀도의 개념. (a) 게이지가 정확하고 정밀함. (b) 게이지가 정확하나 정밀하지 않음. (c) 게이지가 정확하지 않지만 정밀함. (d) 게이지가 정확하지 않고 정밀하지 않음.

이제까지 우리는 **게이지 정확도**(gauge accuracy)가 아니라 **게이지 정밀도**(gauge precision)에 주로 초점을 맞추어 논의를 해왔다. 이 두 개념은 그림 8.19에서 잘 묘사되어 있는데, 과녁의 정중앙이 측정된 품질특성치의 실제값 또는 식 8.23에서 $x$의 평균인 $\mu$로 간주한다. 정밀도는 측정시스템의 고유의 산포인 반면에, 정확도는 측정도구가 평균적으로 품질특성치를 실제값으로 측정하는 능력을 나타낸다. 측정된 품질특성치의 실제값이 알려져 있는 경우 게이지 또는 측정시스템을 평가하기 위해 종종 표준단위의 사용을 필요로 한다. 측정도구의 정확성 측면은 측정도구의 조정이나 적절하게 구성된 눈금매기기 곡선의 사용을 통해 수정될 수 있다.

측정오차의 두 요소, 즉 게이지의 **반복성**(repeatability)과 **재현성**(reproducibility)을 조사함으로 측정시스템 능력 연구를 계획하는 것도 가능하다. 재현성은 게이지를 사용할 때 다른 운영자(또는 다른 시간대, 또는 다른 환경, 또는 일반적으로 다른 조건)로 인한 산포라고 정의하고, 반복성은 게이지 그 자체에 기본적으로 내재된 정밀도를 반영하는 것으로 본다. 즉,

$$\sigma^2_{\text{Measurement Error}} = \sigma^2_{\text{Gauge}} = \sigma^2_{\text{Repeatability}} + \sigma^2_{\text{Reproducibility}} \tag{8.30}$$

이다.

$\sigma^2_{\text{Gauge}}$의 두 성분을 측정하기 위해 사용하는 실험을 보통 게이지 R & R 연구라고 부르는데, 이제 **게이지 R & R** 실험을 어떻게 분석하는지 소개할 것이다.

### 8.8.2 분산분석 방법

게이지 R & R 연구의 예로 Houf와 Berman(1988)에 있는 데이터를 고려하며, 이것은 표 8.7에 나와 있다. 이 데이터는 유도 전동기 스타터(induction motor starter)의 전원 모듈(power module)에 대한 열적 임피던스(thermal impedance)에 대한 측정값이다(단위: Watt당 섭씨온도 × 100). 제품 10개에 대해 세 명의 운영자가 각 제품마다 3번씩 측정한 결과이다. 게이지 R & R 연구는 실험계획이고, 특히 이것은 **요인실험**(factorial experiment)으로 불리는데 각 검사자 또는 운영자가 모든 제품을 측정하기 때문이다.

9장에서 소개할 분산분석은 게이지 R & R 실험에서의 데이터 분석과 측정 시스템 산포의 요소를 추정하는 데 적용할 수 있다. 여기서는 단지 절차에 대해 소개할 것이고, 좀 더 상세한 내용은 Montgomery(2020), Montgomery와 Runger(1993a, 1993b), Borror, Montgomery와 Runger(1997), Burdick과 Larson(1997), Burdick, Borror와 Montgomery(2003)의 리뷰 논문, Burdick, Borror와 Montgomery(2005)의 책 등을 참고할 수 있다.

랜덤하게 선택된 제품 $p$개와 운영자 $o$명이 있고, 각각의 운영자가 모든 제품을 $n$번씩 측정한다고 할 때, 측정값($i$ = 제품, $j$ = 운영자, $k$ = 측정)은 다음과 같은 모형으로 표현할 수 있다.

$$y_{ijk} = \mu + P_i + O_j + (PO)_{ij} + \varepsilon_{ijk} \qquad \begin{cases} i = 1, 2, \ldots, p \\ j = 1, 2, \ldots, o \\ k = 1, 2, \ldots, n \end{cases}$$

**표 8.7**
게이지 R & R 실험에서 열적 임피던스 데이터 (°C/W × 100°)

| | Inspector 1 | | | Inspector 2 | | | Inspector 3 | | |
|---|---|---|---|---|---|---|---|---|---|
| Part Number | Test 1 | Test 2 | Test 3 | Test 1 | Test 2 | Test 3 | Test 1 | Test 2 | Test 3 |
| 1 | 37 | 38 | 37 | 41 | 41 | 40 | 41 | 42 | 41 |
| 2 | 42 | 41 | 43 | 42 | 42 | 42 | 43 | 42 | 43 |
| 3 | 30 | 31 | 31 | 31 | 31 | 31 | 29 | 30 | 28 |
| 4 | 42 | 43 | 42 | 43 | 43 | 43 | 42 | 42 | 42 |
| 5 | 28 | 30 | 29 | 29 | 30 | 29 | 31 | 29 | 29 |
| 6 | 42 | 42 | 43 | 45 | 45 | 45 | 44 | 46 | 45 |
| 7 | 25 | 26 | 27 | 28 | 28 | 30 | 29 | 27 | 27 |
| 8 | 40 | 40 | 40 | 43 | 42 | 42 | 43 | 43 | 41 |
| 9 | 25 | 25 | 25 | 27 | 29 | 28 | 26 | 26 | 26 |
| 10 | 35 | 34 | 34 | 35 | 35 | 34 | 35 | 34 | 35 |

여기서 모형의 모수 $P_i$, $O_j$, $(PO)_{ij}$, $\epsilon_{ijk}$는 모두 독립적인 확률변수로서 각각 제품, 운영자, 제품과 운영자의 상호작용(interaction), 랜덤오차의 효과를 나타낸다. 이것은 **랜덤효과모형**(random effect model)의 **분산분석**(ANOVA)이다. 또한 게이지 R & R 실험의 표준 모형이라고도 한다. 변수 $P_i$, $O_j$, $(PO)_{ij}$, $\epsilon_{ijk}$는 평균이 0이고 분산이 각각 $V(P_i) = \sigma^2_P$, $V(O_j) = \sigma^2_O$, $V[((PO)_{ij}] = \sigma^2_{PO}$, $V(\epsilon_{ijk}) = \sigma^2$인 정규분포를 따른다고 가정한다. 그러므로 각 측정값의 분산은 다음과 같다.

$$V\left(y_{ijk}\right) = \sigma_P^2 + \sigma_O^2 + \sigma_{PO}^2 + \sigma^2 \tag{8.31}$$

여기서 $\sigma^2_P, \sigma^2_O, \sigma^2_{PO}, \sigma^2$은 **분산성분**(variance component)이다. 이제 이 분산성분을 추정하려고 한다.

분산분석 방법은 분산성분을 추정하는 데 사용될 수 있다. 이 절차는 측정 변동을 분할하여 다음과 같은 성분으로 나누고 있다.

$$SS_{\text{Total}} = SS_{\text{Parts}} + SS_{\text{Operators}} + SS_{P\times O} + SS_{\text{Error}} \tag{8.32}$$

여기서 기호 SS는 4장에서와 같이 제곱합을 나타낸다. 이러한 제곱합은 수작업으로 계산할 수도 있으나[1], 실제로는 컴퓨터 소프트웨어를 사용하여 계산한다. 식 8.32의 오른편에 위치한 각각의 제곱합은 제곱평균을 계산하기 위해 자유도로 나눈다.

$$MS_P = \frac{SS_{\text{Parts}}}{p-1}$$

$$MS_O = \frac{SS_{\text{Operators}}}{o-1}$$

$$MS_{PO} = \frac{SS_{P\times O}}{(p-1)(o-1)}$$

$$MS_E = \frac{SS_{\text{Error}}}{po(n-1)}$$

[1] 여기서의 실험 구조는 요인설계이다. 분산분석과 그 계산에 대한 자세한 내용은 13장을 참고할 수 있다.

표 8.8
열적 임피던스에 대한 분산분석

| Factor | Type | Levels | Values |
|---|---|---|---|
| Part Num | random | 10 | 1 2 3 4 5 6 7 8 9 10 |
| Operator | random | 3 | 1 2 3 |

Analysis of Variance for Thermal

| Source | *DF* | *SS* | *MS* | *F* | *P* |
|---|---|---|---|---|---|
| Part Num | 9 | 3,935.96 | 437.33 | 162.27 | 0.000 |
| Operator | 2 | 39.27 | 19.63 | 7.28 | 0.005 |
| Part Num*Operator | 18 | 48.51 | 2.70 | 5.27 | 0.000 |
| Error | 60 | 30.67 | 0.51 | | |
| Total | 89 | 4,054.40 | | | |

| Source | Variance component | Error term | Expected Mean Square for Each Term (using unrestricted model) |
|---|---|---|---|
| 1 Part Num | 48.2926 | 3 | (4) + 3(3) + 9(1) |
| 2 Operator | 0.5646 | 3 | (4) + 3(3) + 30(2) |
| 3 Part Num*Operator | 0.7280 | 4 | (4) + 3(3) |
| 4 Error | 0.5111 | | (4) |

또한 제곱평균의 기댓값은 다음과 같다.

$$E(MS_P) = \sigma^2 + n\sigma_{PO}^2 + on\sigma_P^2$$
$$E(MS_O) = \sigma^2 + n\sigma_{PO}^2 + pn\sigma_O^2$$
$$E(MS_{PO}) = \sigma^2 + n\sigma_{PO}^2$$
$$E(MS_E) = \sigma^2$$

분산성분은 제곱평균의 계산된 값을 기댓값과 같게 놓음으로 다음과 같이 추정할 수 있다.

$$\begin{aligned} \hat{\sigma}^2 &= MS_E \\ \hat{\sigma}_{PO}^2 &= \frac{MS_{PO} - MS_E}{n} \\ \hat{\sigma}_O^2 &= \frac{MS_O - MS_{PO}}{pn} \\ \hat{\sigma}_P^2 &= \frac{MS_P - MS_{PO}}{on} \end{aligned} \tag{8.33}$$

표 8.8은 이 실험에 대한 분산분석 결과를 나타낸다. 계산은 Minitab의 Balanced ANOVA를 사용하여 수행하였다. *P* 값에 의하면 제품, 운영자, 그리고 제품-운영자의 상호작용 모두 유의한 것을 알 수 있다. 식 8.33을 사용하여 분산성분을 추정한 결과는 다음과 같다.

$$\hat{\sigma}_P^2 = \frac{437.33 - 2.70}{(3)(3)} = 48.29$$
$$\hat{\sigma}_O^2 = \frac{19.63 - 2.70}{(10)(3)} = 0.56$$
$$\hat{\sigma}_{PO}^2 = \frac{2.70 - 0.51}{3} = 0.73$$
$$\hat{\sigma}^2 = 0.51$$

이 추정치들은 Minitab 결과물의 하단에 나타나 있다.

가끔 분산성분의 어떤 추정치는 음수가 되는 경우도 있다. 이것은 명백하게 잘못된 것인데, 분산은 음수가 아니라고 정의되어 있기 때문이다. 그러나 아쉽게도 분산분석 추정의 방법을 사용하는 경우 분산성분의 추정치가 음수로 계산될 수 있다(이것이 이 방법의 문제점으로 간주되기도 한다). 이를 해결하는 다양한 방법이 있다. 그중 한 방법은 음수인 추정치는 분산성분이 실제로 0임을 뜻한다고 가정하여 그것을 0으로 설정하고, 음수가 아닌 다른 추정치는 바꾸지 않는 것이다. 또 다른 방법은 추정치가 음수가 되지 않게 하는 방법을 사용하여 분산성분을 추정하는 것이다. 마지막으로, 분산의 추정치가 음수로 계산되는 경우 이것은 변동의 유의한 성분이 아니라고 판단하는 것이다. 예를 들어, 만일 $\hat{\sigma}^2_{PO}$가 음수인 경우 이것은 일반적으로 변동에서 상호작용 성분이 유의하지 않기 때문이다. 이 경우 $\sigma^2_{PO}$가 0이고 상호작용의 효과가 없다는 증거라고 판단하고, 상호작용을 포함하고 있지 않은 다음과 같은 **축소모형**(reduced model)을 적합시켜야 한다.

$$y_{ijk} = \mu + P_i + O_j + \varepsilon_{ijk}$$

이것은 비교적 간단한 접근법이지만, 좋은 결과를 얻을 수 있다.

일반적으로 $\sigma^2$을 **반복성**(repeatability) 분산성분으로 간주하고, **재현성**(reproducibility)을 운영자와 제품 × 운영자 분산성분의 합으로 간주한다. 즉,

$$\sigma^2_{\text{Reproducibility}} = \sigma^2_O + \sigma^2_{PO}$$

이고

$$\sigma^2_{\text{Gauge}} = \sigma^2_{\text{Reproducibility}} + \sigma^2_{\text{Repeatability}}$$

이며, 따라서 이 예의 추정치는 다음과 같다.

$$\begin{aligned}\hat{\sigma}^2_{\text{Gauge}} &= \hat{\sigma}^2 + \hat{\sigma}^2_O + \hat{\sigma}^2_{PO} \\ &= 0.51 + 0.56 + 0.73 \\ &= 1.80\end{aligned}$$

전원 모듈의 규격 하한과 상한은 각각 LSL = 18과 USL = 58이기 때문에, 게이지의 $P/T$ 비율은

$$P/T = \frac{6\hat{\sigma}_{\text{Gauge}}}{\text{USL} - \text{LSL}} = \frac{6(1.34)}{58 - 18} = 0.27$$

로 추정된다. 게이지 능력에 대한 표준적인 기준으로 볼 때, $P/T$ 비율의 추정치가 0.10을 넘기 때문에 이 게이지의 능력은 좋지 않은 것으로 판단된다.

### 8.8.3 게이지 R & R 연구에서의 신뢰구간

이전 장에서 설명한 게이지 R & R 연구와 ANOVA 절차는 모형의 분산성분과 $\sigma^2_{Gauge}$, $\sigma^2_{Repeatability}$와 $\sigma^2_{reproducibility}$의 점추정에 대한 것이었다. **게이지 R × R 연구에 신뢰구간**을 추가한다면 유용한 정보를 제공할 것이다. 측정시스템 능력에서 신뢰구간에 대한 연구는 Montgomery(2001), Montgomery와 Runger(1993a, 1993b), Borror, Montgomery와 Runger(1997), Burdick과 Larsen(1997), Burdick, Borror와 Montgomery(2003)의 리뷰, Burdick, Borror와 Montgomery(2005)의 책을 참고할 수 있다. 이러한 신뢰구간을 구성하는 방법들 중에서 수정된 대표본(modified large sample: MLS) 방법이 좋은 결과를 산출하며, 이 방법은 8.7.2절에서 설명한 표준 게이지 능력 실험에 상대적으로 쉽게 적용할 수 있다. 이는 제품과 운영자를 랜덤요인으로 간주하기 때문이다. 신뢰구간을 구성하는 다른 방법과 이 방법들을 수행하기 위한 컴퓨터 프로그램은 Burdick, Borror와 Montgomery(2005)를 참고하기 바란다.

표 8.9는 측정시스템 능력 연구에서 관심 있는 모수에 대한 MLS 신뢰구간을 나타내고 있다. 표 8.9에서 사용된 값들의 정의는 표 8.10에 나와 있고, 표 8.9의 모든 신뢰구간에 대해서는 Burdick, Borror와 Montgomery(2003)를 참고할 수 있다. $F$분포의 백분율점(percentage point)은 표 8.10에 $F_{a,df,\infty} = x^2_{a,df}$로 정의되어 있다.

표 8.9의 마지막 열에는 각 모수에 대한 95% 신뢰구간이 나타나 있는데, 표 8.10의 마지막 열에는 95% 신뢰구간을 계산하는 데 사용된 값들이 제시되어 있다. 표 8.9에 있는 모든 신뢰구간은 상당히 넓다. 이는 운영자가 세 명 밖에 없어서 운영자의 효과를 추정하는 데 자유도가 2밖에 안되기 때문이다. 또한 이것은 $\sigma^2_O$의 함수가 되는 모수의 신뢰구간 길이에도 영향을 미치게 된다. 이는 게이지 R & R 연구에서 좁은 신뢰구간을 얻기 위해서는 운영자의 수를 늘리는 것이 필요하다는 의미이다. 그러나 이와 같은 연구에서 2명 또는 3명의 운영자만을 이용하는 것이 일반적이기 때문에, 게이지 능력을 추정하기 위해서 표준적 설계를 수행한 결과를 받아들일 때에는 신중하게 생각해야 한다.

표 8.9
표준 게이지 R & R 실험에서 100(1 − α)% MLS 신뢰구간

| Parameter | Lower Bound | Upper Bound | Example 95% Interval |
|---|---|---|---|
| $\sigma^2_P$ | $\hat{\sigma}^2_P - \frac{\sqrt{V_{LP}}}{on}$ | $\hat{\sigma}^2_P + \frac{\sqrt{V_{UP}}}{on}$ | [22.69; 161.64] |
| $\sigma^2_{\text{Gauge}}$ | $\hat{\sigma}^2_{\text{Gauge}} - \frac{\sqrt{V_{LM}}}{pn}$ | $\hat{\sigma}^2_{\text{Gauge}} + \frac{\sqrt{V_{UM}}}{pn}$ | [1.20; 27.02] |
| $\sigma^2_{\text{Total}}$ | $\hat{\sigma}^2_{\text{Total}} - \frac{\sqrt{V_{LT}}}{pon}$ | $\hat{\sigma}^2_{\text{Total}} + \frac{\sqrt{V_{UT}}}{pon}$ | [24.48; 166.23] |
| $\rho_P$ | $L_P = \frac{pL^*}{pL^* + o}$ | $U_P = \frac{pU^*}{pU^* + o}$ | [0.628; 0.991] |
| $\rho_m$ | $1 - U_P$ | $1 - L_P$ | [0.009; 0.372] |

**표 8.10**
표 8.9에서 사용한 기호의 정의

| Term | Definition | Value in Example |
|---|---|---|
| $V_{LP}$ | $G_1^2MS_P^2 + H_3^2MS_{PO}^2 + G_{13}MS_P$ | 53,076.17 |
| $V_{UP}$ | $H_1^2MS_P^2 + G_3^2MS_{PO}^2 + H_{13}MS_P^2MS_{PO}$ | 1,040,643.4 |
| $V_{LM}$ | $G_2^2MS_O^2 + G_3^2(p-1)^2MS_{PO}^2 + G_4^2p^2(n-1)^2MS_E^2$ | 321.282 |
| $V_{UM}$ | $H_2^2MS_O^2 + H_3^2(p-1)^2MS_{PO}^2 + H_4^2p^2(n-1)^2MS_E^2$ | 572,150.12 |
| $V_{LT}$ | $G_1^2p^2MS_P^2 + G_2^2o^2MS_O^2 + G_3^2(po-p-o)^2MS_{PO}^2 + G_4^2(po)^2(n-1)^2MS_E^2$ | 5,311,676.7 |
| $V_{UT}$ | $H_1^2p^2MS_P^2 + H_2^2o^2MS_O^2 + H_3^2(po-p-o)^2MS_{PO}^2 + H_4^2(po)^2(n-1)^2MS_E^2$ | 109,230,276 |
| $G_1$ | $1 - 1/F_{1-\alpha/2:p-1,\infty}$ | 0.5269 |
| $G_2$ | $1 - 1/F_{1-\alpha/2:o-1,\infty}$ | 0.7289 |
| $G_3$ | $1 - 1/F_{1-\alpha/2:(p-1)(o-1),\infty}$ | 0.4290 |
| $G_4$ | $1 - 1/F_{1-\alpha/2:po(n-1),\infty}$ | 0.2797 |
| $H_1$ | $1/F_{\alpha/2:p-1,\infty} - 1$ | 2.3329 |
| $H_2$ | $1/F_{\alpha/2:o-1,\infty} - 1$ | 38.4979 |
| $H_3$ | $1/F_{\alpha/2:(p-1)(o-1),\infty} - 1$ | 1.1869 |
| $H_4$ | $1/F_{\alpha/2:po(n-1),\infty} - 1$ | 0.4821 |
| $G_{13}$ | $\dfrac{(F_{1-\alpha/2:p-1,(p-1)(o-1)} - 1)^2 - G_1^2F_{1-\alpha/2:p-1,(p-1)(o-1)}^2 - H_3^2}{F_{1-\alpha/2:p-1,(p-1)(o-1)}}$ | −0.0236 |
| $H_{13}$ | $\dfrac{(1 - F_{\alpha/2:p-1,(p-1)(o-1)})^2 - H_1^2F_{\alpha/2:p-1,(p-1)(o-1)}^2 - G_3^2}{F_{\alpha/2:p-1,(p-1)(o-1)}}$ | −0.1800 |
| $L^*$ | $\dfrac{MS_P - F_{1-\alpha/2:p-1,(p-1)(o-1)}MS_{PO}}{p(n-1)F_{1-\alpha/2:p-1,\infty}MS_E + F_{1-\alpha/2:p-1,o-1}MS_O + (p-1)F_{1-\alpha/2:p-1,\infty}MS_{PO}}$ | 0.5075 |
| $U^*$ | $\dfrac{MS_P - F_{\alpha/2:p-1,(p-1)(o-1)}MS_{PO}}{p(n-1)F_{\alpha/2:p-1,\infty}MS_E + F_{\alpha/2:p-1,o-1}MS_O + (p-1)F_{\alpha/2:p-1,\infty}MS_{PO}}$ | 31.6827 |

## 연습문제

**8.1** 공정이 $\bar{x} = 20$이고 $s = 1.2$이며 관리상태에 있고, LSL = 16이고 USL = 24이다.

(a) 적절한 공정능력비를 사용하여 공정능력을 추정하라.

(b) 규격하한을 벗어나는 제품은 폐기되고 규격상한을 벗어나는 제품은 재작업 된다고 할 때, 공정 출력에서 폐기되는 비율과 재작업되는 비율을 각각 구하라.

(c) 폐기는 재작업에 비해 4배의 비용이 더 든다고 한다. 공정의 중심을 이동시킬 경우 전반적인 비용이 감소되는지 판단하고, 이를 위한 공정 목표값을 추천하라.

**8.2** 연습문제 6.3의 구멍의 지름 데이터를 고려하자. $\bar{x}$-$R$관리도를 사용하여 공정능력을 추정하라. 만일 규격이 $0 \pm 0.01$이라고 할 때, $C_p$, $C_{pk}$, $C_{pkm}$을 계산하고 이를 해석하라.

**8.3** 공정이 $\bar{x} = 199$이고 $\bar{R} = 3.5$이며 통계적 관리상태에 있고, 표본크기는 $n = 4$를 사용하고 있다. 또한 규격은 $200 \pm 8$이고, 품질특성치는 정규분포를 따르고 있다.

(a) 공정의 잠재적 능력을 추정하라.

(b) 실제적 능력을 추정하라.

(c) 만일 공정의 중심을 목표값으로 조정할 경우 공정의 능력을 얼마나 향상시킬 수 있는가?

**8.4** 공정이 $\bar{x} = 75$이고 $\bar{s} = 2$이며 관리상태에 있다. 이때 규격은 $80 \pm 8$이고, 표본크기는 $n = 5$이다.

(a) 잠재적 능력을 추정하라.

(b) 실제적 능력을 추정하라.

(c) 만일 공정의 중심을 목표값으로 조정할 경우 공정의 불량을 얼마나 감소시킬 수 있는가? 품질특성치는 정규분포를 따른다고 가정한다.

**8.5** 표 8E.1은 병원 응급실에서 간호사 또는 의사를 만나기 위해 기다리는 시간(단위: 분)을 나타낸다. 병원에서는 환자가 도착한지 10분 이내에 진료를 시작한다는 지침을 가지고 있다.

(a) 이 데이터에 대해 정규확률플롯을 작성하고, 정규분포가 적절한 모형인지 판단하라.

(b) 이들 데이터에 자연로그를 취한 후 정규 확률플롯을 작성하고, 변환된 데이터에 대해 정규분포가 적절한 모형인지 판단하라.

(c) 표 8E.1의 데이터와 정규확률플롯에 기초할 때, 환자가 10분 이내에 간호사 또는 의사를 만나지 못하는 비율은 얼마인가?

**표 8E.1** 대기 시간 데이터

| | | | | |
|---|---|---|---|---|
| 9 | 1 | 4 | 1 | 2 |
| 8 | 8 | 11 | 2 | 4 |
| 6 | 2 | 2 | 2 | 1 |
| 3 | 3 | 7 | 3 | 6 |
| 2 | 5 | 10 | 1 | 3 |
| 5 | 7 | 3 | 2 | 7 |
| 8 | 8 | 3 | 3 | 5 |
| 1 | 8 | 4 | 5 | 7 |

**8.6** 10개의 LSI 메모리 장치의 수명(단위: 시간)은 다음과 같다: 1210, 1275, 1400, 1695, 1900, 2105, 2230, 2250, 2500, 2625. 이 데이터에 대해 정규확률플롯을 작성하고 공정능력을 추정하라.

**8.7** 정규분포를 따르는 공정 출력물의 규격이 LSL = 75이고 USL = 85이다. 25개 제품을 랜덤하게 추출한 결과, 공정의 중심은 규격의 중앙에 위치하며 표준편차는 $s = 1.5$로 계산되었다.

(a) $C_p$의 점추정값을 구하라.

(b) $C_p$의 95% 신뢰구간을 구하고, 이 구간의 폭에 대해 설명하라.

**8.8** 정규분포를 따르는 품질특성치의 규격이 USL = 100이고 LSL = 90이다. 30개 제품을 표본으로부터 $\bar{x} = 97$과 $s = 1.6$이 계산되었다.

(a) $C_{pk}$의 점추정값을 구하라.

(b) $C_{pk}$의 95% 신뢰구간을 구하라.

**8.9** 정규분포를 따르는 품질특성치의 규격이 LSL = 50이고 USL = 60이다. 35개 제품을 표본으로부터 $\bar{x} = 55.5$과 $s = 0.9$가 계산되었다.

(a) $C_{pk}$의 점추정값을 구하라.

(b) $C_{pk}$의 95% 신뢰구간을 구하라.

(c) 이 공정은 6시그마 공정이라고 할 수 있는지 판단하라.

**8.10** 다음과 같은 식 8.21의 단순화된 버전을 고려해 보자.

$$\hat{C}_{pk}\left[1 - Z_{\alpha/2}\sqrt{\frac{1}{2(n-1)}}\right] \le C_{pk} \le \hat{C}_{pk}\left[1 + Z_{\alpha/2}\sqrt{\frac{1}{2(n-1)}}\right]$$

이 식은 식 8.21에서 $9n$이 아주 크다는 가정하에서 얻을 수 있다. 이 식을 이용하여 연습문제 8.8을 다시 계산하고 그 결과를 비교하라. 이 근사식을 좋다고 할 수 있는지 판단하라.

**8.11** 예 8.7의 상황을 고려해 보자. 이 공정을 평가하기 위해 새로운 게이지가 사용되었는데, 동일한 운영자가 새로운 게이지를 사용하여 20개의 제품을 2번씩 측정한 데이터가 표 8E.2에 나타나 있다.

(a) 이전 게이지에 비해 새로운 게이지의 성능이 어떻다고 평가할 수 있는가?

(b) 만일 제품의 규격이 25 ± 15라면, 새로운 게이지의 *P/T* 비는 얼마인가?

표 8E.2 측정 데이터

| Part Number | Measurements 1 | Measurements 2 | Part Number | Measurements 1 | Measurements 2 |
|---|---|---|---|---|---|
| 1 | 19 | 23 | 11 | 20 | 25 |
| 2 | 22 | 28 | 12 | 16 | 15 |
| 3 | 19 | 24 | 13 | 25 | 24 |
| 4 | 28 | 23 | 14 | 24 | 22 |
| 5 | 16 | 19 | 15 | 31 | 27 |
| 6 | 20 | 19 | 16 | 24 | 23 |
| 7 | 21 | 24 | 17 | 20 | 24 |
| 8 | 17 | 15 | 18 | 17 | 19 |
| 9 | 24 | 26 | 19 | 25 | 23 |
| 10 | 25 | 23 | 20 | 17 | 16 |

**8.12** 게이지의 반복성(repeatability)과 재현성(reproducibility)을 분리하기 위해서, 2명의 운영자가 10개 제품을 3번씩 반복측정한 데이터가 표 8E.3에 나타나 있다.

(a) 게이지의 반복성과 재현성을 추정하라.

(b) 측정오차의 표준편차를 추정하라.

(c) 만일 규격이 50 ± 10이라면, 게이지 능력에 대해 어떻게 평가할 수 있는가?

표 8E.3 측정 데이터

| Part Number | Operator 1 Measurements | | | Operator 2 Measurements | | |
|---|---|---|---|---|---|---|
| | 1 | 2 | 3 | 1 | 2 | 3 |
| 1 | 50 | 49 | 50 | 50 | 48 | 51 |
| 2 | 52 | 52 | 51 | 51 | 51 | 51 |
| 3 | 53 | 50 | 50 | 54 | 52 | 51 |
| 4 | 49 | 51 | 50 | 48 | 50 | 51 |
| 5 | 48 | 49 | 48 | 48 | 49 | 48 |
| 6 | 52 | 50 | 50 | 52 | 50 | 50 |
| 7 | 51 | 51 | 51 | 51 | 50 | 50 |
| 8 | 52 | 50 | 49 | 53 | 48 | 50 |
| 9 | 50 | 51 | 50 | 51 | 48 | 49 |
| 10 | 47 | 46 | 49 | 46 | 47 | 48 |

**8.13** 표 8E.4는 게이지 능력 분석을 위해 한 운영자가 측정한 데이터이다.

(a) 게이지의 능력을 추정하라.

(b) 이 데이터에 대한 관리도 분석을 통해 게이지를 사용할 때 발생할 수 있는 잠재적 문제에 대해 논의하라.

**표 8E.4 측정 데이터**

| Part Number | Measurements 1 | Measurements 2 | Part Number | Measurements 1 | Measurements 2 |
|---|---|---|---|---|---|
| 1 | 20 | 20 | 9 | 20 | 20 |
| 2 | 19 | 20 | 10 | 23 | 22 |
| 3 | 21 | 21 | 11 | 28 | 22 |
| 4 | 24 | 20 | 12 | 19 | 25 |
| 5 | 21 | 21 | 13 | 21 | 20 |
| 6 | 25 | 26 | 14 | 20 | 21 |
| 7 | 18 | 17 | 15 | 18 | 18 |
| 8 | 16 | 15 | | | |

# 4부

# 기타 통계적 공정 모니터링 및 관리 절차

3부에서는 통계적 공정관리와 공정능력분석에 대한 기본적인 방법에 초점을 맞추었다. Shewhart 관리도와 같은 많은 절차들은 80년 이상 계속 사용되어 왔다. 그러나 산포 감소, 수율 증대, 공정개선의 중요성이 강조됨에 따라 통계적 공정 모니터링 및 관리에 대해 새로운 절차들이 계속 개발되었다. 4부는 이 절차들에 대한 내용으로 4개의 장으로 구성되어 있다. 9장은 누적합(cumulative sum, CUSUM) 관리도와 지수가중이동평균(exponentially weighted moving average, EWMA) 관리도를 설명하고 있다. 이들 관리도는 1950년 이후부터 사용되어 새로운 절차는 아니지만, Shewhart 관리도에 비해 한층 진일보된 절차들이다. 잘 알려진 바와 같이 CUSUM과 EWMA 관리도는 Shewhart 관리도에 비해 괄목할 만한 모니터링 성능의 향상을 가져오며, 제2국면의 공정 모니터링 상황에 유용하게 사용된다. 10장은 짧은 생산 런(short production runs)과 자기상관이 존재하는 데이터의 공정에 적합한 모니터링 절차 등을 포함한 여러 가지 일변량 공정관리 절차들을 소개하고 있다. 11장은 두 개 이상의 공정변수들에 대한 다변량 공정 모니터링 및 관리 절차들을 소개하고 있다. 12장은 피드백 수정(feedback adjustment)에 의한 공정관리 절차를 소개한다. 이 시스템에서 관심 있는 출력 품질특성치는 조정 가능한 공정변수에 의해 영향을 받으며, 다음 관측값이 목표값에 가깝게 위치하도록 얼마나 수정해야 하는지 결정하기 위해서 목표값과 현재 관측값의 편차를 사용한다. 이 피드백 수정 절차는 공학적 공정관리(engineering process control)라고 하며, 화학 및 장치 산업에서 많이 사용되고 있다.

4부에서 소개되는 일부 절차들은 3부의 절차들보다 좀 더 통계적이고 수학적 지식이 필요할 수 있다. 1997년 Journal of Quality Technology에 게재된 통계적 모니터링 및 공정에 대한 패널 토론(Montgomery와 Woodall(1997))과 1999년 같은 저널에 게재된 통계적 공정관리에 대한 논문(Woodall와 Montgomery(1999))은 아주 유용한 참고자료가 될 것이다.

9장

# 누적합 및 지수가동이동평균 관리도

## 요약 및 학습 목표

이전의 5, 6, 7장은 기본적인 SPC 방법에 대한 내용이었다. 5, 6, 7장에 소개된 관리도는 통상적으로 **Shewhart 관리도**로 분류된다. 이들 관리도는 제1국면에서 적용하는 것과 모수의 큰 변화를 모니터링하는 데 효율적이다. 또한 이들 관리도에 나타난 패턴은 이상원인의 특징을 제공할 수 있기 때문에 진단적인 측면에서 유용하게 활용된다.

반면에 Shewhart 관리도의 가장 큰 단점은 어떤 시점에서 그 시점에 얻어진 표본의 정보만을 이용하고, 그 이전 시점에 얻은 표본의 정보는 이용하지 않는다는 것이다. 이런 특징은 Shewhart 관리도가 작은 공정의 변화, 예를 들면 1.5$\sigma$ 이하의 변화를 모니터링하는 데 효율적이지 못한 결과를 가져온다. 이것은 Shewhart 관리도가 공정이 관리상태이고, 공정모수의 정확한 추정이 가능하고, 또한 이상원인이 공정의 큰 변화를 야기하지 않는 제2국면 모니터링에서는 유용하게 사용되지 못함을 의미한다. 물론 Shewhart 관리도에 경고선 및 다른 부가적인 규칙을 추가하여 제2국면에서 작은 변화를 모니터링하는 경우 그 효율을 향상시킬 수 있다. 그러나 이와 같은 절차의 사용은 Shewhart 관리도의 단순성과 사용 편리성을 나쁘게 만들며, 관리상태에서의 평균 런 길이를 단축시키는 결과를 초래한다. 즉, 오경보를 많이 발생시키게 되는 것이다. 이것은 제2국면에서 바람직하지 못한 내용이라고 할 수 있다.

모수의 작은 변화에 관심이 있는 경우 Shewhart 관리도를 대신할 수 있는 2가지 대안이 바로 **누적합**(cumulative sum, CUSUM) **관리도**와 **지수가중이동평균**(exponentially weighted moving average, EWMA) **관리도**이다. CUSUM 관리도와 EWMA 관리도는 제2국면의 모니터링 상황에서 Shewhart 관리도의 아주 훌륭한 대안이 될 수 있다. CUSUM 관리도와 EWMA 관리도는 때로 **시간에 따라 가중되는**(time-weighted) 관리도라고도 한다. 이 장에서는 이 두 관리도에 대해 소개하고자 한다.

이 장을 학습하고 나면, 다음 내용들을 수행할 수 있어야 한다.

1. 공정평균을 모니터링하는 CUSUM 관리도를 사용한다.
2. 관리상태일 때 특정한 평균 런 길이를 만족시키는 CUSUM 관리도를 설계한다.

3. 빠른 초기 반응(fast initial response)을 CUSUM 관리도에 적용한다.
4. Shewhart와 CUSUM 관리도를 병행하는 절차를 사용한다.
5. 공정평균을 모니터링하는 EWMA 관리도를 사용한다.
6. 관리상태일 때 특정한 평균 런 길이를 만족시키는 EWMA 관리도를 설계한다.
7. EWMA 관리도가 정규성 가정에 강건한(robust) 이유를 이해한다.
8. Shewhart 관리도에 대한 CUSUM과 EWMA 관리도의 장점을 파악한다.
9. 가중하지 않은 이동평균에 기반한 MA 관리도를 사용한다.

## 9.1 CUSUM 관리도

### 9.1.1 기본 개념: 공정평균을 모니터링하는 CUSUM 관리도

표 9.1의 열 (*a*)에 있는 데이터를 고려해 보자. 처음 20개의 데이터는 평균이 $\mu = 10$이고 표준편차가 $\sigma = 1$인 정규분포에서 추출한 것이다. 이 데이터를 Shewhart 관리도에 타점한 결과가 그림 9.1이다. 중심선과 3시그마 관리한계는

$$\text{관리상한} = 13$$
$$\text{중심선} = 10$$
$$\text{관리하한} = 7$$

이 된다. 20개 데이터 모두 관리상태로 타점됨을 알 수 있다.

표 9.1의 열 (*a*)의 마지막 10개 데이터는 평균이 $\mu = 11$이고 표준편차가 $\sigma = 1$인 정규분포에서 추출한 것이다. 이 10개의 데이터는 공정의 평균이 $1\sigma$만큼 이동한 이상상태에서 추출된 데이터로 간주할 수 있다. 이 마지막 10개의 데이터 또한 그림 9.1의 관리도에 타점되어 있다. 이들 데이터 중 어떤 것도 관리한계를 벗어나지 않기 때문에 이상상태라는 증거를 발견할 수 없다. 물론 이들 데이터 중 한 점을 제외하고는 모두 중심선의 위쪽에 타점되기 때문에 공정 수준의 변화가 있다는 것을 나타내고 있다. 그러나 전통적으로 한 점 이상의 데이터가 관리한계를 벗어나는 경우 이상상태라는 신호를 주기 때문에 Shewhart 관리도는 변화를 모니터링하지 못했다고 할 수 있다.

물론 변화를 모니터링하지 못한 것은 상대적으로 작은 크기의 변화가 발생하였기 때문이다. 일반적으로 Shewhart 관리도는 $1.5\sigma$ 또는 $2\sigma$보다 더 큰 변화의 모니터링에 효율적이며 작은 변화에는 비효율적이라고 알려져 있다. CUSUM 관리도는 작은 변화의 모니터링이 중요한 경우 Shewhart 관리도의 훌륭한 대안이 된다.

표 9.1
CUSUM 관리도 예제를 위한 데이터

| Sample, $i$ | (a) $x_i$ | (b) $x_i - 10$ | (c) $C_i = (x_i - 10) + C_{i-1}$ |
|---|---|---|---|
| 1 | 9.45 | −0.55 | −0.55 |
| 2 | 7.99 | −2.01 | −2.56 |
| 3 | 9.29 | −0.71 | −3.27 |
| 4 | 11.66 | 1.66 | −1.61 |
| 5 | 12.16 | 2.16 | 0.55 |
| 6 | 10.18 | 0.18 | 0.73 |
| 7 | 8.04 | −1.96 | −1.23 |
| 8 | 11.46 | 1.46 | 0.23 |
| 9 | 9.20 | −0.80 | −0.57 |
| 10 | 10.34 | 0.34 | −0.23 |
| 11 | 9.03 | −0.97 | −1.20 |
| 12 | 11.47 | 1.47 | 0.27 |
| 13 | 10.51 | 0.51 | 0.78 |
| 14 | 9.40 | −0.60 | 0.18 |
| 15 | 10.08 | 0.08 | 0.26 |
| 16 | 9.37 | −0.63 | −0.37 |
| 17 | 10.62 | 0.62 | 0.25 |
| 18 | 10.31 | 0.31 | 0.56 |
| 19 | 8.52 | −1.48 | −0.92 |
| 20 | 10.84 | 0.84 | −0.08 |
| 21 | 10.90 | 0.90 | 0.82 |
| 22 | 9.33 | −0.67 | 0.15 |
| 23 | 12.29 | 2.29 | 2.44 |
| 24 | 11.50 | 1.50 | 3.94 |
| 25 | 10.60 | 0.60 | 4.54 |
| 26 | 11.08 | 1.08 | 5.62 |
| 27 | 10.38 | 0.38 | 6.00 |
| 28 | 11.62 | 1.62 | 7.62 |
| 29 | 11.31 | 1.31 | 8.93 |
| 30 | 10.52 | 0.52 | 9.45 |

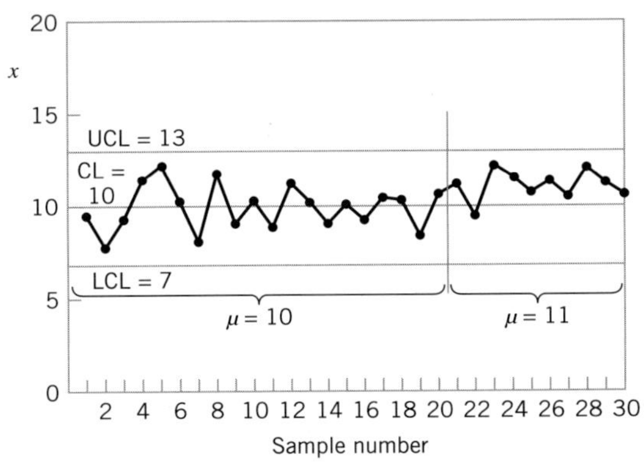


그림 9.1
표 9.1의 데이터에 대한 Shewhart 관리도

CUSUM 관리도는 목표값으로부터 표본통계량의 편차 누적합을 타점함으로써 이전 표본의 모든 정보를 이용하고 있다. 예를 들어, 크기 $n \ge 1$인 표본에서 $\bar{x}_j$는 $j$번째 표본의 평균이라고 가정하자. 이때 $\mu_0$가 공정평균의 목표값이라면, CUSUM 관리도는 $i$번째 표본에서

$$C_i = \sum_{j=1}^{i} \left( \bar{x}_j - \mu_0 \right) \tag{9.1}$$

를 타점함으로 수행할 수 있다. 즉, $C_i$는 $i$번째 표본을 포함하여 그 이전 표본의 정보를 누적합한 형태이다. CUSUM 관리도는 여러 표본으로부터 얻은 정보를 이용하기 때문에 작은 공정 변화를 모니터링하는 경우 Shewhart 관리도에 비하여 효율적이다. 또한 CUSUM 관리도는 크기 $n = 1$인 경우에도 매우 효율적이라고 알려져 있기 때문에, 합리적인 부분군을 형성하기가 어려운 화학과 장치 산업이나 자동화 또는 온라인 측정을 수행하는 부품제조공정에서 유용하게 사용될 수 있다.

CUSUM 관리도는 Page(1954)에 의해 처음 제안되었으며, 그 후 많은 학자들에 의해 연구되어졌다. 예를 들면 Ewan(1963), Page(1961), Gan(1991), Lucas(1976, 1982), Hawkins(1981, 1993a), Woodall과 Adams(1993) 등이 있다. Hawkins와 Olwell(1998)의 교재는 추천할 만한 책이라고 할 수 있다. 이 장에서는 공정평균의 변화를 모니터링하는 CUSUM 관리도에 초점을 맞출 것이다. 결점수나 불량률을 모형화할 수 있는 포아송과 이항 확률변수를 비롯하여 다른 확률변수에 대한 CUSUM 관리도 절차 또한 유사하게 유도할 수 있다. 마지막에 공정산포의 변화를 모니터링하는 CUSUM 관리도 절차에 대해 설명할 예정이다.

만일 공정이 목표값 $\mu_0$로 계속 관리되고 있다면 식 9.1에 정의된 누적합은 평균이 0인 임의보행(random walk)이라고 할 수 있다. 그러나 평균이 $\mu_1(> \mu_0)$으로 변화했다면 이 변화는 점차적으로 누적합을 큰 값으로 변화시킬 것이며, 유사하게 평균이 $\mu_1(< \mu_0)$으로 변화했다면 이 변화는 점차적으로 누적합을 작은 값으로 변화시킬 것이다. 따라서 타점되는 점들이 점점 커지거나 작아지게 될 것이고, 이 경우 공정평균이 변화했다는 상황이라고 판단하여 이상원인을 찾는 작업을 수행해야 한다.

위에서 언급한 내용은 표 9.1의 열 $(a)$의 데이터를 이용하여 살펴볼 수 있다. 이 데이터는 $n = 1$인 경우이기 때문에 $\bar{x}_j = x_j$, 목표값은 $\mu_0 = 10$으로 놓고 식 9.1에 정의된 누적합을 적용하면

$$\begin{aligned} C_i &= \sum_{j=1}^{i} \left( x_j - 10 \right) \\ &= \left( x_i - 10 \right) + \sum_{j=1}^{i-1} \left( x_j - 10 \right) \\ &= \left( x_i - 10 \right) + C_{i-1} \end{aligned}$$

이 된다. $x_i - 10$의 값이 표 9.1의 열 $(b)$에, 누적합의 값이 열 $(c)$에 계산되어 있다. CUSUM 관리도에서 초기값 $C_0$는 일반적으로 0을 사용한다. 표 9.1의 열 $(c)$의 값이 그림 9.2에 타점되어 있다. 평균이 $\mu = 10$인 처음 20개의 데이터는 0 근처에서 큰 변화 없이 타점되지

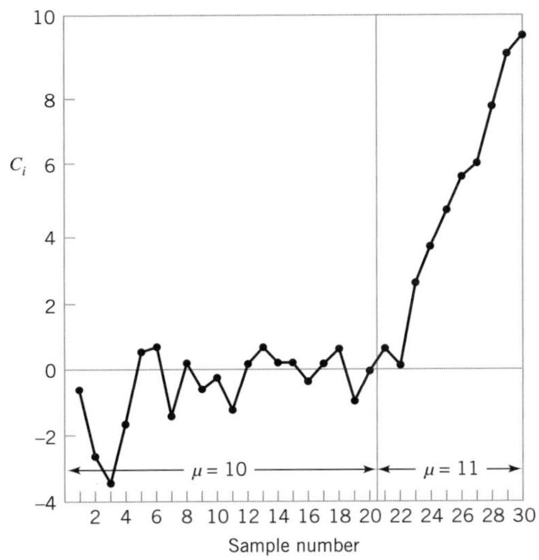


그림 9.2
표 9.1의 열 (c)에 대한 누적합 그림

만, 평균이 $\mu = 11$로 변화한 이후에서 계속 증가하는 추세임을 알 수 있다.

물론 그림 9.2는 관리한계를 설정하지 않았기 때문에 완전한 CUSUM 관리도라고 할 수는 없다. CUSUM 관리도를 표현하는 방법은 두 가지인데, **제표적**(tabular) 또는 **알고리즘적**(algorithmic) **CUSUM 관리도**와 **V-마스크 형태의 CUSUM 관리도**가 있다. 이 두 가지 표현 방법 중에서 최근에는 제표적 CUSUM 관리도의 형태를 사용하는 추세이다. (이후 제표적 또는 알고리즘적 CUSUM 관리도를 그냥 CUSUM 관리도라고 부르기로 한다.) 이제 CUSUM 관리도를 설계하고 사용하는 방법에 대해 소개하고자 한다. 물론 V-마스크 형태의 CUSUM 관리도에 대해서도 간략하게 소개하며, 이에 대한 단점에 대해서도 언급할 것이다.

## 9.1.2 공정평균을 모니터링하는 CUSUM 관리도

이제 공정평균을 모니터링하는 CUSUM 관리도를 어떻게 구성하는지 설명하고자 한다. CUSUM 관리도는 개별 관측값뿐만 아니라 합리적인 부분군의 평균으로도 구성할 수 있다. 개별 관측값은 실제 상황에서 많이 발생하기 때문에 이를 먼저 설명하고, 그 후에 합리적인 부분군에서 결과들을 어떻게 수정하면 되는지 설명하고자 한다.

먼저 $x_i$는 공정에서 추출한 $i$번째 관측값이라고 하자. 공정이 관리상태일 때 $x_i$는 평균이 $\mu_0$이고 표준편차가 $\sigma$인 정규분포를 따르고, 여기서 $\sigma$는 알고 있거나 또는 정확한 추정이 가능하다고 가정한다. 이 가정은 통계적 공정관리의 제2국면에서 일반적으로 하는 가정이다. 나중에 $\sigma$를 모니터링하는 CUSUM 관리도 절차에 대해 논의할 예정이다.

여기서 $\mu_0$는 품질특성치 $x$에 대한 **목표값**으로 생각할 수도 있다. 이와 같은 관점은 $x$(예를 들면, 점도)를 특별한 목표값(예를 들면, 100°C에서 2000센티스토크)으로 유지하는 것을 목표로 하는 화학과 장치 산업에서 주로 고려될 수 있다. 목표값으로부터 공정 변화가 발생할 경우 CUSUM 관리도에서 신호가 발생하고 조정 가능한 변수들(예를 들면 촉매 공급률)을 이용하여 공정이 목표값으로 돌아갈 수 있도록 수정 작업을 수행할 수 있다.

또한 많은 경우에 CUSUM 관리도에서의 신호는 Shewhart 관리도의 경우와 마찬가지로 그 원인을 규명해야 하는 이상원인의 존재를 나타낸다.

CUSUM 관리도는 목표값 $\mu_0$보다 큰 편차를 누적하는 통계량 $C^+$와 $\mu_0$보다 작은 편차를 누적하는 통계량 $C^-$를 이용하여 수행할 수 있다. 통계량 $C^+$와 $C^-$를 각각 **한쪽 위쪽**(one-sided upper)과 **한쪽 아래쪽**(one-sided lower) **누적합**이라고 한다. 이 통계량들은 다음과 같이 계산할 수 있다.

**제표적 CUSUM 관리도**

$$C_i^+ = \max[0, x_i - (\mu_0 + K) + C^+_{i-1}] \quad (9.2)$$

$$C_i^- = \max[0, (\mu_0 - K) - x_i + C^-_{i-1}] \quad (9.3)$$

여기서 초기값은

$$C^+_0 = C^-_0 = 0$$

이다.

식 9.2와 9.3에서 $K$는 일반적으로 **참고값**(reference value, 또는 allowance, 또는 slack value)이라고 부르며, 주로 목표값 $\mu_0$와 모니터링하고자 하는 이상상태의 값 $\mu_1$에 대한 차이의 반으로 선택한다.

따라서 변화량을 표준편차 단위, 즉 $\mu_1 = \mu_0 + \delta\sigma$(또는 $\delta = |\mu_1 - \mu_0|/\sigma$)로 표현할 경우 $K$는 변화량의 반, 즉

$$K = \frac{\delta}{2}\sigma = \frac{|\mu_1 - \mu_0|}{2} \quad (9.4)$$

가 된다. $C_i^+$와 $C_i^-$는 목표값 $\mu_0$로부터의 편차가 $K$보다 큰 양을 누적하며 이 누적한 값이 음수가 될 경우 0으로 재설정하는 것이다. 만일 $C_i^+$ 또는 $C_i^-$가 **결정구간**(decision interval) $H$보다 커질 경우, 공정이 이상상태라고 판단할 수 있다.

$K$ 값을 어떻게 설정하느냐에 대해서는 간략하게 설명했는데, $H$는 어떻게 설정할 수 있을까? 사실 이 두 모수의 선택은 매우 중요하며, 이것이 CUSUM 관리도의 성능에 중요한 영향을 미친다. 이것에 대해서 나중에 다시 설명할 것이고, $H$의 합리적인 값으로 공정표준편차 $\sigma$의 5배의 값을 고려할 수 있다.

**예 9.1 제도적 CUSUM 관리도**

표 9.1의 데이터에 대해 CUSUM 관리도를 적용해 보자.

**풀이**

목표값은 $\mu_0 = 10$, 부분군의 크기는 $n = 1$, 공정표준편차는 $\sigma = 1$이며, 모니터링하고자 하는 변화량은 $1.0\sigma = 1.0(1.0) = 1.0$이라고 가정하자. 즉, 모니터링하고자 하는 이상상태의 공정평균은 $\mu_1 = 10 + 1 = 11$이다. 변화량은 $1.0\sigma$이고 $\sigma = 1$이기 때문에 $K = 1/2$이고 결정구간의 추천값으로 $H = 5\sigma = 5(1) = 5$인 CUSUM 관리도를 사용할 수 있다.

표 9.2 예 9.1에 대한 누적합

| | | (a) | | | (b) | | |
|---|---|---|---|---|---|---|---|
| **Period $i$** | $x_i$ | $x_i - 10.5$ | $C_i^+$ | $N^+$ | $9.5 - x_i$ | $C_i^-$ | $N^-$ |
| 1 | 9.45 | −1.05 | 0 | 0 | 0.05 | 0.05 | 1 |
| 2 | 7.99 | −2.51 | 0 | 0 | 1.51 | 1.56 | 2 |
| 3 | 9.29 | −1.21 | 0 | 0 | 0.21 | 1.77 | 3 |
| 4 | 11.66 | 1.16 | 1.16 | 1 | −2.16 | 0 | 0 |
| 5 | 12.16 | 1.66 | 2.82 | 2 | −2.66 | 0 | 0 |
| 6 | 10.18 | −0.32 | 2.50 | 3 | −0.68 | 0 | 0 |
| 7 | 8.04 | −2.46 | 0.04 | 4 | 1.46 | 1.46 | 1 |
| 8 | 11.46 | 0.96 | 1.00 | 5 | −1.96 | 0 | 0 |
| 9 | 9.20 | −1.3 | 0 | 0 | 0.30 | 0.30 | 1 |
| 10 | 10.34 | −0.16 | 0 | 0 | −0.84 | 0 | 0 |
| 11 | 9.03 | −1.47 | 0 | 0 | 0.47 | 0.47 | 1 |
| 12 | 11.47 | 0.97 | 0.97 | 1 | −1.97 | 0 | 0 |
| 13 | 10.51 | 0.01 | 0.98 | 2 | −1.01 | 0 | 0 |
| 14 | 9.40 | −1.10 | 0 | 0 | 0.10 | 0.10 | 1 |
| 15 | 10.08 | −0.42 | 0 | 0 | −0.58 | 0 | 0 |
| 16 | 9.37 | −1.13 | 0 | 0 | 0.13 | 0.13 | 1 |
| 17 | 10.62 | 0.12 | 0.12 | 1 | −1.12 | 0 | 0 |
| 18 | 10.31 | −0.19 | 0 | 0 | −0.81 | 0 | 0 |
| 19 | 8.52 | −1.98 | 0 | 0 | 0.98 | 0.98 | 1 |
| 20 | 10.84 | 0.34 | 0.34 | 1 | −1.34 | 0 | 0 |
| 21 | 10.90 | 0.40 | 0.74 | 2 | −1.40 | 0 | 0 |
| 22 | 9.33 | −1.17 | 0 | 0 | 0.17 | 0.17 | 1 |
| 23 | 12.29 | 1.79 | 1.79 | 1 | −2.79 | 0 | 0 |
| 24 | 11.50 | 1.00 | 2.79 | 2 | −2.00 | 0 | 0 |
| 25 | 10.60 | 0.10 | 2.89 | 3 | −1.10 | 0 | 0 |
| 26 | 11.08 | 0.58 | 3.47 | 4 | −1.58 | 0 | 0 |
| 27 | 10.38 | −0.12 | 3.35 | 5 | −0.88 | 0 | 0 |
| 28 | 11.62 | 1.12 | 4.47 | 6 | −2.12 | 0 | 0 |
| 29 | 11.31 | 0.81 | 5.28 | 7 | −1.81 | 0 | 0 |
| 30 | 10.52 | 0.02 | 5.30 | 8 | −1.02 | 0 | 0 |

표 9.2에는 누적합 값들이 계산되어 있다. 이 계산을 살펴보기 위해 시점 1을 고려해 보자. $C_i^+$와 $C_i^-$의 계산식은 $K = 0.5$이고 $\mu_0 = 10$이기 때문에

$$C_1^+ = \max\left[0, x_1 - 10.5 + C_0^+\right]$$

$$C_1^- = \max\left[0, 9.5 - x_1 + C_0^-\right]$$

로 계산할 수 있다. 여기서 $C_0^+ = C_0^- = 0$이고 $x_1 = 9.45$이기 때문에

$$C_1^+ = \max[0, 9.45 - 10.5 + 0] = 0$$

$$C_1^- = \max[0, 9.5 - 9.45 + 0] = 0.05$$

가 된다.

시점 2에서는

$$\begin{aligned} C_2^+ &= \max\left[0, x_2 - 10.5 + C_1^+\right] \\ &= \max\left[0, x_2 - 10.5 + 0\right] \\ C_2^- &= \max\left[0, 9.5 - x_2 + C_1^-\right] \\ &= \max\left[0, 9.5 - x_2 + 0.05\right] \end{aligned}$$

로 계산할 수 있다. $x_2 = 7.99$이기 때문에

$$\begin{aligned} C_2^+ &= \max[0, 7.99 - 10.5 + 0] = 0 \\ C_2^- &= \max[0, 9.5 - 7.99 + 0.05] = 1.56 \end{aligned}$$

이 된다. 표 9.2의 $(a)$와 $(b)$에는 이외의 시점에서 계산된 값들이 나타나 있다. 이 표의 $N^+$와 $N^-$는 누적합 $C_i^+$와 $C_i^-$가 0이 아닌 시점으로부터 누적된 시점의 값을 나타낸다.

표 9.2의 누적합 계산에서 시점 29에서 위쪽 누적합은 $C_{29}^+ = 5.28$이다. 이것은 $C_i^+ > H = 5$가 되는 최초의 시점이기 때문에 이 시점에서 공정은 이상상태의 신호를 주게 된다. 이 누적합은 변화한 시점에 대한 정보도 제공해 준다. $N^+$는 위쪽 누적합 $C_i^+$가 0보다 큰 값이 된 누적한 시점의 값을 나타내는데, 시점 29에서 $N^+ = 7$이기 때문에 공정이 관리상태인 마지막 시점은 $29 - 7 = 22$라고 결정내릴 수 있고 변화는 시점 22와 23 사이에서 발생했다고 할 수 있다.

누적합에 대한 그래프적 표현은 유용할 경우가 많다. 이 관리도는 각 표본시점에 대해 $C_i^+$와 $C_i^-$를 타점한 것이다. 그림 9.3$a$는 예 9.1의 데이터에 대한 CUSUM 관리도를 작성한 것이다. 각 수직의 막대는 시점 $i$에서의 $C_i^+$와 $C_i^-$ 값을 나타낸다. 또한 각 시점에서 관측값 $x_i$를 점으로 함께 타점했는데, 이것은 관리도의 사용자가 실제 공정의 상태를 파악하는 데 도움을 줄 수 있다. 여러 통계 소프트웨어에서 이 CUSUM 관리도를 작성하는 절차를 제공하고 있고, 그림 9.3$b$는 Minitab을 사용하여 작성한 것이다. Minitab에서 아래쪽 누적합은

$$C_i^- = \min\left(0, x_i - \mu_0 + K + C_{i-1}^-\right)$$

로 정의하고 있다. 이렇게 정의할 경우 아래쪽 누적합은 항상 $C_i^- \le 0$이 되고(이것은 식 9.3의 아래쪽 누적합에 음수를 취한 것임), 따라서 아래쪽 누적합의 값은 0에서 $-5$ 사이의 값이 된다.

CUSUM 관리도에서 이상상태의 신호가 발생한 경우 그 이후에 취하는 절차는 다른 관리도와 동일하다. 즉, 이상원인을 찾고 그것을 제거하는 조치를 취한 후 누적합을 다시 0으로 설정하는 것이다. 누적합은 특히 언제 이상원인이 발생했는가를 결정할 때 도움이 된다. 이전 예에서 언급한 바와 같이, 공정 변화가 발생한 처음 시점을 찾기 위해서 이상신호가 발생한 시점에서 누적합이 처음 0보다 커진 시점을 거꾸로 찾아 계산한다. 이를 위하여 $N^+$와 $N^-$를 사용한다.

만일 조정 가능한 변수들을 통하여 공정을 목표값인 $\mu_0$로 다시 수정할 수 있는 상황이라면, 새로 변화한 공정평균을 추정하는 것은 유용한 정보를 제공할 것이다. 이 추정값

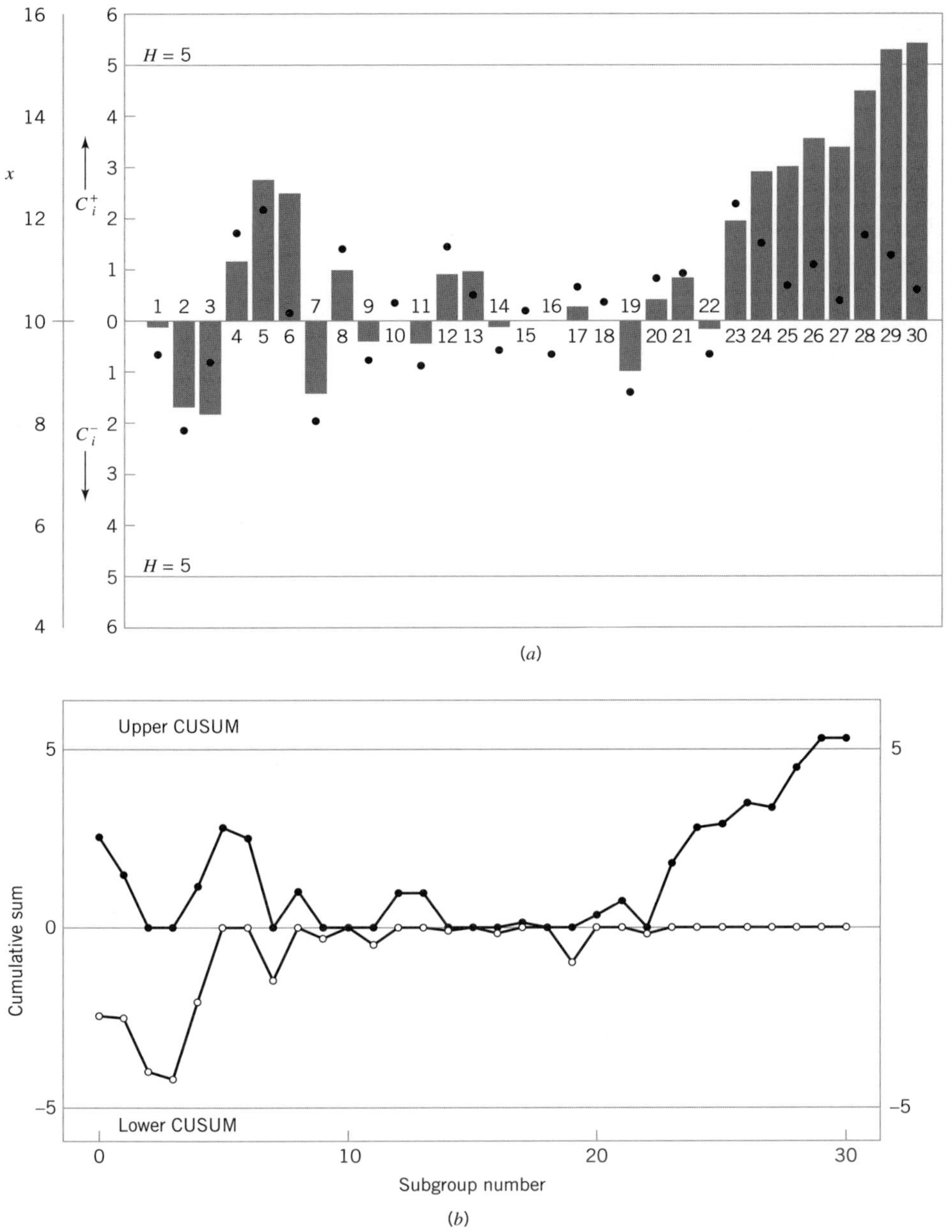


**그림 9.3**
예 9.1 데이터에 대한 CUSUM 관리도. (a) 직접 작성. (b) Minitab으로 작성

은 다음과 같이 계산할 수 있다.

$$\hat{\mu} = \begin{cases} \mu_0 + K + \dfrac{C_i^+}{N^+}, & \text{만일 } C_i^+ > H \text{ 인 경우} \\ \mu_0 - K - \dfrac{C_i^-}{N^-}, & \text{만일 } C_i^- > H \text{ 인 경우} \end{cases} \tag{9.5}$$

식 9.5의 사용을 예를 들기 위해, 처음 결정구간을 벗어난 시점 29에서의 $C_{29}^+ = 5.28$을 고려해 보자. 식 9.5로부터 새로 변화한 공정의 평균은

$$\begin{aligned}\hat{\mu} &= \mu_0 + K + \frac{C_{29}^+}{N^+} \\ &= 10.0 + 0.5 + \frac{5.28}{7} \\ &= 11.25\end{aligned}$$

로 계산할 수 있다.

따라서 공정의 특성치가 점도인 경우라면 점도의 평균이 10에서 11.25로 증가했다고 결론 내릴 수 있고, 조정가능한 변수인 촉매 공급률을 이용하여 점도를 1.25 단위만큼 낮아지도록 수정하는 것이 필요하다.

마지막으로 언급할 사항은 CUSUM 관리도에서 런 검정이나 경고지역 규칙 등의 다른 부가적인 규칙을 적용할 수 없다는 것이다. 이것은 $C_i^+$와 $C_i^-$ 값들이 서로 독립이 아니기 때문이다. 사실 누적합은 가중평균으로 생각할 수 있는데, 가중치는 확률적(stochastic) 또는 임의적(random)이다. 예를 들어 표 9.2의 CUSUM을 고려해 보자. 시점 30에서 누적합은 $C_{30}^+ = 5.30$인데, 이 값은 마지막 $N^+ = 8$개의 관측값에 동일한 가중을 주고 나머지 관측값들에게는 0의 가중을 준 것으로 생각할 수 있다.

### 9.1.3 CUSUM 관리도의 설계

CUSUM 관리도는 참고값 $K$와 결정구간 $H$를 결정함으로 설계되는데, 일반적으로 이들 모수값은 평균 런 길이의 성능이 좋아지도록 설정된다. CUSUM 관리도의 평균 런 길이에 대해서 많은 연구가 진행되어 왔는데, 이들 연구를 기반으로 $K$와 $H$를 선택하는 방법을 제안하고자 한다.

먼저 누적합을 구성하는 표본통계량의 표준편차를 $\sigma$라고 할 때, $H = h\sigma$이고 $K = k\sigma$라고 정의하자. 일반적으로 $h = 4$ 또는 5, $k = 1/2$을 사용하는 것이 약 $1\sigma$의 공정평균 변화에 대해 좋은 평균 런 길이 성능을 보인다고 알려져 있다.

$k = 1/2$이고 $h = 4$ 또는 5를 사용하는 것의 장점에 대해 설명하기 위해서 표 9.3에 나타난 양쪽(two-sided) 평균 런 길이에 대해 고려해 보자. $1\sigma$의 공정평균 변화에 $k = 1/2$, $h = 4$를 사용할 경우 평균적으로 8.38 표본만에, 그리고 $k = 1/2$, $h = 5$를 사용할 경우 평균적으로 10.4 표본만에 변화를 모니터링할 수 있다. 이를 Shewhart 관리도와 비교하면, Shewhart 관리도에서는 평균적으로 43.96 표본만에 이를 모니터링할 수 있다.

표 9.3에서 $h = 4$를 사용할 경우 관리상태에서의 평균 런 길이 $ARL_0 = 168$이고, $h = 5$를 사용할 경우 $ARL_0 = 465$가 됨을 알 수 있다. 만일 $h = 4.77$을 사용할 경우 $ARL_0 = 370$이 되며, 이 값은 Shewhart 관리도에서 $3\sigma$ 관리한계를 사용하는 경우와 동일한 결과이다.

일반적으로 $k$는 모니터링하기를 원하는 변화량과 관련해서 설정을 하는데, $\delta$를 표준편차 단위의 변화량이라고 할 때 $k = (1/2)\delta$를 사용한다. 이러한 절차는 고정된 $ARL_0$에 대해, 변화량 $\delta$를 모니터링하는 $ARL_1$ 값을 최소화하는 것과 밀접한 관련이 있다. 앞에서 언급한 바와 같이 실제 공정에서 널리 사용하는 값은 $k = 1/2$이다. 일단 $k$를 선택한 후에는,

| Shift in Mean (multiple of $\sigma$) | $h = 4$ | $h = 5$ |
|---|---|---|
| 0 | 168 | 465 |
| 0.25 | 74.2 | 139 |
| 0.50 | 26.6 | 38.0 |
| 0.75 | 13.3 | 17.0 |
| 1.00 | 8.38 | 10.4 |
| 1.50 | 4.75 | 5.75 |
| 2.00 | 3.34 | 4.01 |
| 2.50 | 2.62 | 3.11 |
| 3.00 | 2.19 | 2.57 |
| 4.00 | 1.71 | 2.01 |

표 9.3
$k = 1/2$이고 $h = 4$ 또는 5를 사용하는 CUSUM 관리도의 평균 런 길이

| $k$ | 0.25 | 0.5 | 0.75 | 1.0 | 1.25 | 1.5 |
|---|---|---|---|---|---|---|
| $h$ | 8.01 | 4.77 | 3.34 | 2.52 | 1.99 | 1.61 |

표 9.4
양쪽 CUSUM 관리도에서 $ARL_0 = 370$을 달성하는 $k$와 $h$값

원하는 $ARL_0$ 값을 만족하도록 $h$를 선택해야 한다. Hawkins(1993a)는 $ARL_0 = 370$을 달성하는 $k$와 $h$ 값에 대한 표를 제시하였다. 이 값들의 일부를 표 9.4에 나타내었다.

CUSUM 관리도의 평균 런 길이를 계산하기 위하여 여러 가지 방법들을 사용할 수 있다. Vance(1986)는 아주 정확한 값을 계산할 수 있는 컴퓨터 프로그램을 제시하였다. 많은 연구자들은 Markov 연쇄에서 관리상태에서 이상상태로의 전이에 기초한 Brook와 Evans(1972)의 방법에 기초하여 평균 런 길이를 계산하였다. Hawkins(1992)는 방정식의 근사에 기초하여 아주 간단하지만 매우 정확하게 평균 런 길이를 계산할 수 있는 절차를 제안하였다. 그의 근사 방법은 주어진 조건에 따라 사용할 상수가 필요하며, 실제 평균 런 길이 값과 1~3% 정도의 차이밖에 나지 않을 만큼 정확하다. Woodall과 Adams(1993)는 간편성 때문에 Siegmund(1985)가 제안한 평균 런 길이 근사 방법을 권장하였다. 모수가 $h$와 $k$인 **한쪽 누적합**($C_i^+$ 또는 $C_i^-$)에 대하여, Siegmund의 근사는 $\Delta \neq 0$인 경우

$$\text{ARL} = \frac{\exp(-2\Delta b) + 2\Delta b - 1}{2\Delta^2} \tag{9.6}$$

가 된다. 여기서 위쪽 누적합 $C_i^+$에 대해 $\Delta = \delta^* - k$, 아래쪽 누적합 $C_i^-$에 대해 $\Delta = \delta^* - k$, $b = h + 1.166$, $\delta^* = (\mu_1 - \mu_0)/\sigma$이다. $\Delta = 0$인 경우에는 $\text{ARL} = b^2$을 사용한다.

$\delta^*$는 $\sigma$의 단위로 평균의 변화량을 나타내는데, 식 9.6에서 $\delta^* = 0$으로 놓을 경우 $ARL_0$를 계산할 수 있고 $\delta^* \neq 0$인 경우 변화 크기 $\delta^*$에 따른 $ARL_1$을 계산할 수 있다. 두 개의 한쪽 평균 런 길이 $ARL^+$와 $ARL^-$로부터 양쪽 CUSUM 관리도의 평균 런 길이를 다음 식을 이용하여 계산할 수 있다.

$$\frac{1}{\text{ARL}} = \frac{1}{\text{ARL}^+} + \frac{1}{\text{ARL}^-} \tag{9.7}$$

예를 들어 $k = 1/2$이고 $h = 5$를 사용하는 양쪽 CUSUM 관리도를 고려해 보자. $ARL_0$를 계산하기 위해 먼저 $ARL_0^+$와 $ARL_0^-$를 계산한다. $\delta^* = 0$인 경우 $\Delta = \delta^* - k = 0 - 1/2 =$

$-1/2$, $b = h + 1.166 = 5 + 1.166 = 6.166$이기 때문에, 식 9.6으로부터

$$\text{ARL}_0^+ \simeq \frac{\exp\left[-2\left(-\frac{1}{2}\right)(6.166)\right]+2\left(-\frac{1}{2}\right)(6.166)-1}{2\left(-\frac{1}{2}\right)^2} = 938.2$$

가 된다. 대칭성에 의해 $\text{ARL}_0^- = \text{ARL}_0^+$가 되고, 식 9.7에 의해 양쪽 CUSUM 관리도의 관리상태에서 평균 런 길이는

$$\frac{1}{\text{ARL}_0} = \frac{1}{938.2} + \frac{1}{938.2}$$

즉, $\text{ARL}_0 = 469.1$로 계산된다. 이 값은 표 9.3에 있는 $\text{ARL}_0$의 참값인 465에 매우 가까운 값임을 알 수 있다. 평균의 변화량이 $2\sigma$인 경우 $\delta^* = 2$가 되고, 위쪽 누적합에 대해서는 $\Delta = 1.5$이고 아래쪽 누적합에 대해서는 $\Delta = -2.5$가 된다. 따라서 식 9.6과 9.7로부터 양쪽 CUSUM 관리도의 근사적인 평균 런 길이는 $\text{ARL}_1 = 3.89$로 계산된다. 표 9.3에 의하면 이 경우 참값은 4.01이다.

Siegmund(1985)의 근사 방법과 시행착오(trial-and-error) 방법을 사용하면 원하는 평균 런 길이를 달성하는 관리한계를 설정할 수 있을 것이다. 또한 근을 찾는 수치해석적인 방법을 이용할 수도 있다. Woodall과 Adams(1993)는 이에 대해 많은 논의를 진행하였다.

### 9.1.4 표준화 CUSUM 관리도

CUSUM 관리도의 대다수의 사용자들은 계산을 수행하기 전에 변수 $x_i$를 표준화하는 것을 선호한다.

$$y_i = \frac{x_i - \mu_0}{\sigma} \tag{9.8}$$

를 $x_i$의 표준화된 값이라고 할 때, 표준화 누적합은 다음과 같이 정의된다.

$$C_i^+ = \max\left[0, y_i - k + C_{i-1}^+\right] \tag{9.9}$$

$$C_i^- = \max\left[0, -k - y_i + C_{i-1}^-\right] \tag{9.10}$$

표준화 누적합에는 두 가지 장점이 있다. 첫째, 많은 CUSUM 관리도가 동일한 $k$와 $h$를 가질 수 있고, 이들 모수의 선택은 척도에 의존하지 않게 된다. 즉, $\sigma$에 의존하지 않는다. 둘째, 표준화 누적합은 9.1.8절에 언급할 산포를 관리하는 누적합을 유도할 수 있다.

### 9.1.5 큰 변화량에 대해 CUSUM 관리도의 성능 향상

CUSUM 관리도는 작은 변화의 모니터링에 매우 효율적이지만, 큰 변화의 모니터링에는 Shewhart 관리도에 비해 효율적이지 않다는 사실이 알려져 있다. 큰 공정 변화를 모니터

링하는 경우 CUSUM 관리도의 효율을 증대시킬 수 있는 방법으로 **CUSUM과 Shewhart 관리도를 병행**하는 것을 생각할 수 있다. Shewhart 관리도를 추가하는 것이 CUSUM 관리도 절차를 수정하는 가장 간단한 방법이다. 이때 Shewhart 관리도의 관리한계는 중심선 또는 목표값인 $\mu_0$에서 3.5배의 표준편차를 사용하는 것이 일반적이다. 두 관리도 중 어느 하나(또는 두 개 모두)에서 관리한계를 벗어날 경우 이상신호를 주게 된다. 표 9.5의 열 (a)는 $k = 1/2$이고 $h = 5$를 사용한 기본적인 CUSUM 관리도의 평균 런 길이를 나타내고, 열 (b)는 개별 관측값에 대해 Shewhart 관리도를 병행하는 경우의 평균 런 길이를 나타낸다. 위에서 언급한 바와 같이 Shewhart 관리도의 관리한계는 $3.5\sigma$를 사용하였다. 이 결과를 살펴보면, Shewhart 관리도를 병행하여 큰 변화에 대한 모니터링 능력이 향상되었고 관리상태의 평균 런 길이는 약간 감소함을 알 수 있다. 따라서 CUSUM과 Shewhart 관리도를 병행하는 절차는 큰 변화에 대한 CUSUM 관리도의 효율을 증대시키는 하나의 대안이 될 수 있다.

### 9.1.6 빠른 초기 반응 또는 빠른 출발점의 사용

Lucas와 Crosier(1982)는 공정의 시작 단계에서 CUSUM 관리도의 성능을 향상시키는 절차를 제안하였다. 공정의 시작 단계에 대한 모니터링 성능이 향상된 것은 수정 작업을 통해 공정평균이 목표값으로 제대로 조정되지 않은 경우 유용하게 적용될 수 있다. **빠른 초기 반응**(fast initial response; FIR) 또는 **빠른 출발점**(headstart)은 초기값인 $C_0^+$와 $C_0^-$를 0이 아닌 다른 값으로 설정하는 것으로, 일반적으로 $H/2$를 사용한다. 이것을 50% 빠른 출발점이라 부른다.

빠른 출발점을 사용하는 절차를 소개하기 위해, 표 9.6의 데이터를 고려해 보자. 이들 데이터의 목표값은 100이고, $K = 3$과 $H = 12$임을 가정하자. 50% 빠른 출발점을 사용한다면 $C_0^+ = C_0^- = H/2 = 6$이 된다. 이 처음 10개의 데이터는 평균이 목표값인 100에서 추출한 관리상태의 데이터이다. $x_1 = 102$이기 때문에, 처음 시점에서 누적합은

$$\begin{aligned} C_i^+ &= \max\left[0, x_1 - 103 + C_0^+\right] \\ &= \max[0, 102 - 103 + 6] = 5 \end{aligned}$$

$$\begin{aligned} C_i^- &= \max\left[0, 97 - x_1 + C_0^-\right] \\ &= \max[0, 97 - 102 + 6] = 1 \end{aligned}$$

이 된다. 이때 누적합의 초기값으로 $H/2 = 6$을 사용하였다. 표 9.6의 (a)와 (b)를 보면 두 누적합 모두 초기값으로부터 0으로 빠르게 감소함을 알 수 있다. 사실 시점 2 이후부터 $C_i^+$는 빠른 출발점에 영향을 받지 않으며, 시점 3 이후부터 $C_i^-$는 빠른 출발점에 영향을 받지 않는다. 이것은 공정이 목표값인 100에서 관리상태에 있으며, 관측값들이 목표값에 가까운 값으로 관측되었기 때문이다.

이제 공정이 시작 단계에서부터 이상상태인 경우, 즉 공정의 평균이 105인 경우를 고려해 보자. 표 9.7은 이 경우의 데이터와 계산된 누적합을 나타내고 있다. 3번째 표본에서

**표 9.5**
$k = 1/2$이고 $h = 5$를 사용한 기본적인 CUSUM 관리도를 변형한 절차의 평균 런 길이 (부분군의 크기가 $n > 1$인 경우, $\sigma = \sigma_{\bar{x}} = \sigma/\sqrt{n}$)이 된다.)

| Shift in Mean (multiple of $\sigma$) | (a) Basic CUSUM | (b) CUSUM–Shewhart (Shewhart limits at 3.5$\sigma$) | (c) CUSUM with FIR | (d) FIR CUSUM–Shewhart (Shewhart limits at 3.5$\sigma$) |
|---|---|---|---|---|
| 0 | 465 | 391 | 430 | 360 |
| 0.25 | 139 | 130.9 | 122 | 113.9 |
| 0.50 | 38.0 | 37.20 | 28.7 | 28.1 |
| 0.75 | 17.0 | 16.80 | 11.2 | 11.2 |
| 1.00 | 10.4 | 10.20 | 6.35 | 6.32 |
| 1.50 | 5.75 | 5.58 | 3.37 | 3.37 |
| 2.00 | 4.01 | 3.77 | 2.36 | 2.36 |
| 2.50 | 3.11 | 2.77 | 1.86 | 1.86 |
| 3.00 | 2.57 | 2.10 | 1.54 | 1.54 |
| 4.00 | 2.01 | 1.34 | 1.16 | 1.16 |

**표 9.6**
공정평균이 100이고 빠른 출발점을 사용한 CUSUM 관리도

| | | (a) | | | (b) | | |
|---|---|---|---|---|---|---|---|
| Period $i$ | $x_i$ | $x_i - 103$ | $C_i^+$ | $N^+$ | $97 - x_i$ | $C_i^-$ | $N^-$ |
| 1 | 102 | −1 | 5 | 1 | −5 | 1 | 1 |
| 2 | 97 | −6 | 0 | 0 | 0 | 1 | 2 |
| 3 | 104 | 1 | 1 | 1 | −7 | 0 | 0 |
| 4 | 93 | −6 | 0 | 0 | 4 | 4 | 1 |
| 5 | 100 | −3 | 0 | 0 | −3 | 1 | 2 |
| 6 | 105 | 2 | 2 | 1 | −8 | 0 | 0 |
| 7 | 96 | −7 | 0 | 0 | 1 | 1 | 1 |
| 8 | 98 | −5 | 0 | 0 | −1 | 0 | 0 |
| 9 | 105 | 2 | 2 | 1 | −8 | 0 | 0 |
| 10 | 99 | −4 | 0 | 0 | −2 | 0 | 0 |

**표 9.7**
공정평균이 105이고 빠른 출발점을 사용한 CUSUM 관리도

| | | (a) | | | (b) | | |
|---|---|---|---|---|---|---|---|
| Period $i$ | $x_i$ | $x_i - 103$ | $C_i^+$ | $N^+$ | $97 - x_i$ | $C_i^-$ | $N^-$ |
| 1 | 107 | 4 | 10 | 1 | −10 | 0 | 0 |
| 2 | 102 | −1 | 9 | 2 | −5 | 0 | 0 |
| 3 | 109 | 6 | 15 | 3 | −12 | 0 | 0 |
| 4 | 98 | −5 | 10 | 4 | −1 | 0 | 0 |
| 5 | 105 | 2 | 12 | 5 | −8 | 0 | 0 |
| 6 | 110 | 7 | 19 | 6 | −13 | 0 | 0 |
| 7 | 101 | −2 | 17 | 7 | −4 | 0 | 0 |
| 8 | 103 | 0 | 17 | 8 | −6 | 0 | 0 |
| 9 | 110 | 7 | 24 | 9 | −13 | 0 | 0 |
| 10 | 104 | 1 | 25 | 10 | −7 | 0 | 0 |

계산된 $C_3^+$가 한계인 $H = 12$를 벗어남을 알 수 있다. 빠른 출발점을 사용하지 않은 경우, 즉 $C_0^+ = 0$인 경우에는 6번째 표본까지 $H$를 벗어나지 않는다.

이 예제는 빠른 출발점을 사용하는 장점을 잘 나타내고 있다. 공정이 관리상태에서 시작될 경우 누적합은 빨리 0으로 되돌아가서 빠른 출발점의 영향이 거의 없게 된다. 그림 9.4

는 표 9.1의 데이터를 사용하여 빠른 출발점의 특성을 잘 나타낸다. 이 CUSUM 관리도는 Minitab을 사용하여 작성한 것이다. 그러나 공정이 목표값과 다른 수준에서 시작된 경우 빠른 출발점은 CUSUM 관리도가 빠르게 이를 모니터링할 수 있게 하는 역할을 한다. 즉, 이상상태에서의 평균 런 길이를 작게 만들어준다.

표 9.5의 열 (c)는 빠른 출발점을 사용한 기본적인 CUSUM 관리도의 평균 런 길이 성능을 나타내고 있다. 이는 50% 빠른 출발점을 사용한 경우의 평균 런 길이이다. 빠른 출발점을 사용한 CUSUM 관리도는 누적합을 재설정했을 때 공정이 이상상태인 경우 유용하다. 공정이 관리상태인 경우에는 빠른 출발점의 효과가 빠르게 사라진다. 따라서 누적합이 재설정되었을 때 공정이 관리상태이고 나중에 이상상태로 변화한 경우가 열 (a)에 나타나 있는데, 이 경우에는 빠른 출발점을 사용하지 않은 CUSUM 관리도의 평균 런 길이가 좀 더 적합한 측도가 될 것이다.

### 9.1.7 한쪽 CUSUM 관리도

이제까지 주로 양쪽 CUSUM 관리도에 초점을 맞추어 설명하였다. 양쪽의 경우 두 개의 한쪽 절차에서 각각 $C_i^+$와 $C_i^-$를 계산하여 수행한다. 그러나 때로는 오직 한 개의 한쪽 CUSUM 절차가 유용한 경우도 있다.

예를 들어, 중요한 품질특성치가 제품의 점도인 화학 공정을 고려해 보자. 만일 점도가 목표값(100°C에서 2000센티스토크)보다 감소한 경우에는 큰 문제가 되지 않지만, 증가한 경우에는 이를 빨리 모니터링해야 한다고 하자. 이 경우 위쪽 CUSUM 관리도가 적합한 절차가 될 것이다. Siegmund가 제안한 식 9.6을 이용하여 한쪽 절차의 평균 런 길이를 계산할 수 있다.

위쪽과 아래쪽 CUSUM 관리도가 서로 다른 성능을 갖도록 설계할 수도 있을 것이다. 이것은 양쪽 방향의 변화 모두에 관심이 있지만, 목표값보다 증가하는 것이 감소하는 것에 비해 더 심각한 영향을 미치는 상황에서 유용하게 사용될 수 있다.

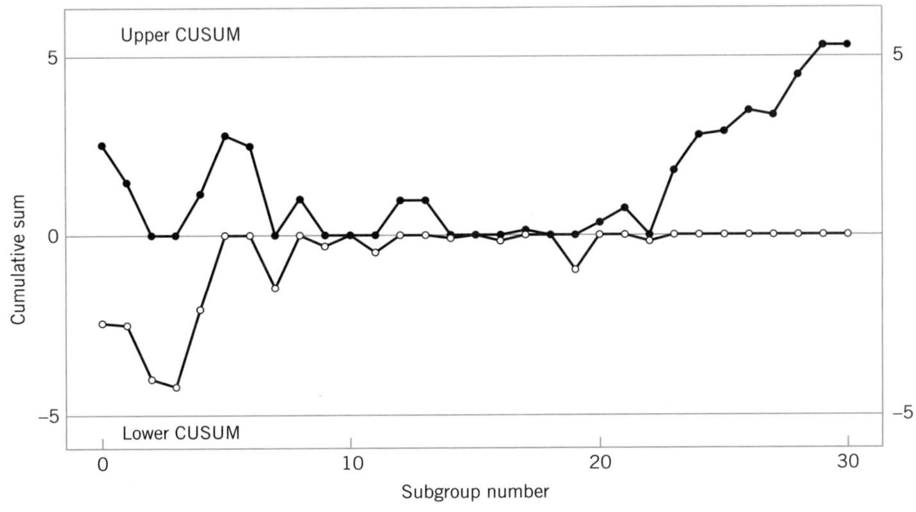


**그림 9.4**
표 9.1의 데이터에 대해 빠른 초기 반응 또는 빠른 출발점의 특성을 설명하는 Minitab CUSUM 관리도

### 9.1.8 공정 산포를 모니터링하는 CUSUM 관리도

공정의 산포를 관리하는 CUSUM 관리도를 구성할 수 있다. CUSUM 관리도는 개별 관측값을 추출하는 경우가 일반적이기 때문에 Hawkins(1981)가 제안한 절차를 유용하게 사용할 수 있다. 예전과 동일하게 $x_i$는 평균이 $\mu_0$이고 표준편차가 $\sigma$인 정규분포를 따르는 특성치라고 가정하자. $x_i$의 표준화값은 $y_i = (x_i - \mu_0)/\sigma$가 된다. Hawkins(1981, 1993a)는 다음과 같은 새로운 표준화 변수를 제안하였다.

$$v_i = \frac{\sqrt{|y_i|} - 0.822}{0.349} \tag{9.11}$$

그는 $v_i$가 평균의 변화보다는 산포의 변화에 더 민감하다고 설명하였는데, 사실 통계량 $v_i$는 평균과 산포의 변화 모두에 민감하다. 관리상태일 때 $v_i$는 근사적으로 $N(0, 1)$을 따르기 때문에, 두 개의 한쪽 표준화척도 누적합(one-sided standardized scale CUSUM)을 다음과 같이 설정할 수 있다.

$$S_i^+ = \max\left[0, v_i - k + S_{i-1}^+\right] \tag{9.12}$$

$$S_i^- = \max\left[0, -k - v_i + S_{i-1}^-\right] \tag{9.13}$$

여기서 초기값은 (빠른 출발점을 사용하지 않는다는 가정하에) $S_0^+ = S_0^- = 0$이고, $k$와 $h$는 공정평균을 모니터링하는 CUSUM 관리도의 경우와 유사하게 설정할 수 있다.

척도 누적합에 대한 해석은 평균을 모니터링하는 누적합의 경우와 유사하다고 할 수 있다. 만일 공정의 표준편차가 증가하는 경우에는 $S_i^+$가 증가하여 $h$를 초과하게 될 것이고, 표준편차가 감소하는 경우에는 $S_i^-$가 증가하여 $h$를 초과하게 될 것이다.

평균과 표준편차를 동시에 모니터링하기 위해서 개별의 CUSUM 관리도를 병행하여 운영할 수도 있지만, Hawkins(1993a)는 이들을 동일한 도표에 타점하는 것을 제안하였다. 그의 논문에 이에 대한 여러 가지 예와 상세한 설명이 나타나 있다. 또한 만일 척도 누적합에서 이상상태의 신호가 발생한 경우에는 분산의 변화가 의심되지만, 두 개의 누적합에서 모두 신호가 발생한 경우에는 평균의 변화를 의심하는 것이 더 적절하다고 언급되어 있다.

### 9.1.9 합리적인 부분군

앞에서는 주로 개별 관측값, 즉 $n = 1$인 경우에 대해 관리도를 구성하는 방법에 대해 설명했는데, $n > 1$인 합리적인 부분군의 경우에 대해 이를 쉽게 확장할 수 있다. 앞에서의 절차에 $x_i$는 $\bar{x}_i$로, $\sigma$는 $\sigma_{\bar{x}} = \sigma/\sqrt{n}$로 대체하면 된다.

Shewhart 관리도에서 합리적인 부분군의 평균값을 사용할 경우 관리도의 성능을 증대시킬 수 있다. 그러나 CUSUM 관리도에서는 항상 그런 것은 아니다. 예를 들어, 30분 간격으로 $n = 1$의 표본을 구성하는 것과 2시간 30분 간격으로 $n = 5$의 표본을 구성하는 것을 비교한다면, CUSUM 관리도에서는 30분 간격으로 $n = 1$으로 구성된 표본이 더 좋은 경우가 많다. 이에 대한 상세한 논의는 Hawkins와 Olwell(1998)을 참고할 수 있다. 물론 경제적인 이유나 다른 이유에서 1보다 더 큰 크기의 표본을 구성해야 하는 경우에는 CUSUM 관리도에서 $n > 1$의 사용을 고려해야 할 것이다.

$n > 1$의 합리적인 부분군이 필요한 또 다른 경우는 **표본분산**을 이용하여 **공정의 산포**를 관리하는 CUSUM 관리도를 사용하는 경우이다. 분산에 대한 CUSUM 관리도에 대해서는 Hawkins와Olwell(1998)에 상세하게 소개되어 있으며, Chang과 Gan(1995)도 이 절차를 추천하였다. 관측값들이 정규분포를 따르며, 관리상태와 이상상태에서의 분산은 각각 $\sigma_0^2$과 $\sigma_1^2$이라고 가정하자.

$S_i^2$을 $i$번째 부분군의 표본분산이라고 할 때, 정규분산에 대한 누적합은

$$C_i^- = \max\left(0, C_{i-1}^- + S_i^2 - k\right) \tag{9.14}$$

$$C_i^+ = \max\left(0, C_{i-1}^+ + S_i^2 + k\right) \tag{9.15}$$

로 표현되며, $k = [2\ln(\sigma_0/\sigma_1)\sigma_0^2\sigma_1^2/(\sigma_0^2 - \sigma_1^2)]$이고 $C_0^- = C_0^+ = 0$이다. 빠른 출발점 또한 이 CUSUM 절차에 사용할 수 있다. Hawkins와 Olwell(1998)은 미네소타대학 통계학과 홈페이지(www.stat.umn.edu) 내에 CUSUM에 관련된 웹사이트가 있음을 소개하고 있다. 이 웹사이트에 있는 소프트웨어를 이용하면 특정한 $\text{ARL}_0$를 달성할 수 있는 $H$를 설정할 수 있다.

### 9.1.10 다른 표본통계량을 사용한 CUSUM 관리도

주로 표본평균을 이용하여 누적합을 구성했지만, 합리적인 부분군의 범위(range)와 표준편차, 불량률과 결점수 등의 다른 표본통계량을 이용하여 누적합을 구성할 수도 있다. 이와 같은 통계량을 이용한 CUSUM 관리도는 각 모수의 계단 변화(step change)에 최적의 성질을 갖도록 구성할 수 있다. 이에 대한 연구로는 Lowry, Champ와 Woodall(1995), Gan(1993), Lucas(1985), White, Keats와 Stanley(1997) 등이 있다. 또한 Hawkins와 Olwell(1998)은 이에 대한 훌륭한 참고도서이다.

이산형 데이터를 사용하거나 이산형 데이터의 발생률이 매우 낮은 공정에서 CUSUM 관리도를 유용하게 사용할 수 있다. 이와 같은 경우 발생 간의 시간(time between events: TBE)에 대해 누적합을 구성하는 것이 매우 효율적이다. 실제 공정에서 가장 일반적인 상황은 발생률의 증가를 모니터링하는 TBE 누적합을 사용하는 것인데, 이것은 발생 간의 시간이 감소하는지를 모니터링하는 것과 동일하다. 발생하는 개수가 포아송 분포를 따른다고 가정하면, 발생 간의 시간은 지수분포를 따르게 된다. 따라서 TBE 누적합을

$$C_i^- = \max\left[0, K - T_i + C_{i-1}^-\right] \tag{9.16}$$

와 같이 구성할 수 있다. 여기서 $K$는 참고값이고, $T_i$는 $i-1$번째 관측값 이후 $i$번째 관측값을 측정할 때까지 소요된 시간을 나타낸다. Lucas(1985)와 Bourke(1991)는 이 절차의 $K$와 $H$를 설정하는 것에 대하여 연구하였다. Borror, Keats와 Montgomery(2003)는 TBE

CUSUM 관리도의 강건성(robustness)에 대해 연구하였는데, 지수분포에서 어느 정도 벗어나는 것은 관리도 절차의 성능에 큰 영향을 끼치지 못함을 보였다.

이에 대한 다른 절차로 7.3.5절에 언급한 바와 같이, 관측값들 사이의 시간을 근사적으로 정규분포를 따르는 변수로 변환하는 것을 생각할 수 있다. 따라서 이 경우에는 식 9.16 대신 9.1.2절에 제안된 정규분포의 평균 변화를 모니터링하는 CUSUM 관리도를 적용시킬 수 있다.

### 9.1.11 V-마스크 CUSUM 관리도

CUSUM 관리도를 표현하는 다른 절차는 Barnard(1959)가 제안한 V-마스크 절차이다. V-마스크는 누적합 통계량이

$$C_i = \sum_{j=1}^{i} y_j = y_i + C_{i-1}$$

로 표현되는 것을 응용한 것이다. 여기서 $y_i$는 $y_i = (x_i - \mu_0)/\sigma$로 표준화된 값을 나타낸다. 전형적인 V-마스크는 그림 9.5에 나타나 있다.

공정의 상태를 판단하는 절차는 $C_i$의 가장 마지막 점 $O$에서 수평축과 평행한 $OP$ 선을 그리고 이를 이용하여 CUSUM 관리도 위에 V-마스크를 위치시키는 것으로 구성된다. 만일 이전의 모든 누적합, 즉 $C_1, C_2, \ldots, C_i$가 V-마스크의 두 선 안쪽에 위치하면 공정은 관리상태라고 판단한다. 그러나 이는 누적합 중 어느 하나라도 두 선의 밖에 위치한다면 공정은 이상상태라고 판단하는 것이다. V-마스크는 새로운 점이 타점될 때마다 적용되며, 그림 9.5에 나타난 바와 같이 선분의 거리 $d$와 각도 $\theta$에 의해 결정된다.

앞에서 언급한 CUSUM 절차와 V-마스크 절차는

$$k = A \tan\theta \tag{9.17}$$

$$h = A\, d \tan(\theta) = dk \tag{9.18}$$

의 두 조건이 만족될 때 서로 동치인 절차가 된다. 이들 두 식에서 $A$는 수직축의 한 단위 눈금과 수평축의 한 단위 눈금의 비를 나타낸다. 이에 대해서 그림 9.5를 참고하기 바란다. 예를 들어 예 9.1의 CUSUM 관리도($k = 1/2$, $h = 5$)와 동일한 V-마스크 절차를 구성하기 위해서는, $A = 1$로 가정할 때 식 9.17과 9.18에 의해

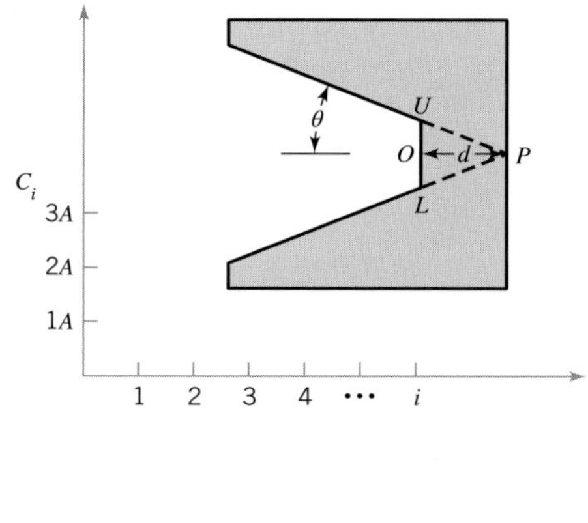


**그림 9.5**
전형적인 V-마스크

$$k = A\tan\theta$$
$$\frac{1}{2} = (1)\tan\theta$$
$$\theta = 26.57°$$
$$h = dk$$
$$5 = d\left(\frac{1}{2}\right)$$
$$d = 10$$

로부터 $\theta = 26.57°$와 $d = 10$을 얻을 수 있다. 이것은 V-마스크를 위해 10단위 거리의 선분과 26.57°의 각도를 사용하여 작성하는 것을 말한다.

Johnson(1961)(또한 Johnson과 Leone 1962a, 1962b, 1962c를 참조)은 V-마스크를 설계, 즉 $d$와 $\theta$를 선택하는 방법을 제안하였다. 그는 V-마스크의 모수를

$$\theta = \tan^{-1}\left(\frac{\delta}{2A}\right) \tag{9.19}$$

$$d = \left(\frac{2}{\delta^2}\right)\ln\left(\frac{1-\beta}{\alpha}\right) \tag{9.20}$$

로 설정하는 것을 권장하였다. 여기서 $2\alpha$는 공정이 관리상태일 때 이상상태의 신호를 주는, 즉 오경보의 최대허용확률이고 $\beta$는 크기 $\delta$를 모니터링하지 못하는 확률이다. 이는 자주 발생할 수 있는 상황인데, $\beta$가 작을 경우에는

$$d \simeq -2\frac{\ln(\alpha)}{\delta} \tag{9.21}$$

를 사용할 수 있다. 그런데 V-마스크 절차는 다음과 같은 단점이 있기 때문에 **사용하지 말 것**을 권고하고 싶다.

1. 실제 상황에서 매우 유용하게 사용할 수 있는 빠른 출발점을 V-마스크에서는 사용할 수 없다.
2. 때때로 V-마스크를 작성하는 것과 이를 해석하는 데 어려움이 있다.
3. Johnson의 설계에서 $\alpha$와 $\beta$를 설정하는 데 어려움이 있다.

Adams, Lowry와 Woodall(1992)은 $2\alpha$를 오경보의 확률로 정의하는 것은 잘못된 것이라고 지적했다. 이 확률은 누적합의 시점에 따라 변화하기 때문에 $2\alpha$는 어느 한 표본에서 오경보의 확률이 될 수 없으며, 한 표본에서 오경보가 발생할 장기적 측면에서의 확률이 된다. 따라서 관리상태에서의 평균 런 길이는 $ARL_0 = 1/(2\alpha)$가 되어야 하지만, Johnson의 설계를 사용할 경우 $1/(2\alpha)$보다 훨씬 큰 값이 된다.

표 9.8은 Johnson의 설계를 사용할 경우 V-마스크의 $ARL_0$ 값을 나타낸다. 실제 $ARL_0$ 값이 설계에서 설정한 값의 약 5배 정도가 됨에 유념해야 하는데, 이럴 경우 공정평균의 변화에 민감하지 못하게 된다. 아직까지 몇몇 통계적 공정관리 소프트웨어에서 V-마스크를 디폴트로 제공하고 있지만, V-마스크의 사용은 바람직하지 못하다고 할 수 있다.

표 9.8
Johnson의 방법을 사용하여 설계한 V-마스크 절차의 실제 $ARL_0$ 값(Woodall과 Adams (1993)의 표 2에서 발췌)

| | Values of $\alpha$ [Desired Value of $ARL_0 = 1/(2\alpha)$] | |
|---|---|---|
| Shift to Be Detected, $\delta$ | 0.00135 (370) | 0.001 (500) |
| 1.0 | 2,350.6 | 3,184.5 |
| 2.0 | 1,804.5 | 2,435.8 |
| 3.0 | 2,194.8 | 2,975.4 |

### 9.1.12 자기출발 CUSUM 관리도

CUSUM 관리도는 제2국면에서 주로 사용된다. 즉, 제1국면을 통하여 큰 이상원인이 제거된 공정을 모니터링하는 데 많이 사용된다. 일반적으로 제2국면에서 공정모수들은 정확하게 추정됨을 가정한다. 실제적으로 이것은 아주 중요한 가정인데, 참값 대신 모수들의 추정치를 사용하는 것은 관리도의 평균 런 길이 성능에 영향을 미친다. (이 내용은 4장에서 언급했으며, 또한 Jensen 등(2006)의 논문을 참고할 수 있다.) CUSUM 관리도를 포함하여 작은 변화를 모니터링하도록 설계된 관리도는 이 가정에 더 민감하며, Western Electric 규칙을 병행하는 Shewhart 관리도 또한 공정모수들의 추정치에 많은 영향을 받는다. 이에 대한 하나의 해법으로 모수들을 추정하기 위해 제1국면에서 많은 수의 표본을 사용하는 것이다.

CUSUM 관리도에서 또 다른 접근은 Hawkins(1987)가 제안한 **자기출발**(self-starting) **CUSUM 관리도** 절차이다. 정규분포를 따르는 변수의 평균을 모니터링하는 자기출발 CUSUM 관리도 절차는 아주 간단하게 구성할 수 있다. 이 절차는 공정모수들, 이 경우에는 평균 $\mu$와 분산 $\sigma^2$을 추정하기 위한 제1국면을 거치지 않고 바로 적용시킬 수 있다.

처음 $n$개 관측값들의 평균을 $\bar{x}_n$이라고 하고,

$$w_n = \sum_{i=1}^{n} (x_i - \bar{x}_n)^2$$

은 이들 관측값들의 평균으로부터 편차제곱의 합이라고 하자. 새로운 관측값에 대해 위의 값들의 간단한 갱신공식은

$$\bar{x}_n = \bar{x}_{n-1} + \frac{x_n - \bar{x}_{n-1}}{n}$$

$$w_n = w_{n-1} + \frac{(n-1)(x_n - \bar{x}_{n-1})^2}{n}$$

이다. 처음 $n$개 관측값들의 표본분산은 $s_n^2 = w_n/(n-1)$이다. $n$이 3 이상인 경우 새로운 관측값에 대해

$$T_n = \frac{x_n - \bar{x}_{n-1}}{s_{n-1}}$$

을 이용하여 표준화시킬 수 있다. 관측값들이 정규분포를 따를 경우 $\sqrt{\frac{n-1}{n}}T_n$은 자유도가 $n-1$인 $t$분포를 따르고, $T_n$의 누적분포함수는

$$P(T_n \le t) = F_{n-1}\left(t\sqrt{\frac{n-1}{n}}\right)$$

이 된다. 여기서 $F_{n-1}$은 자유도가 $n-1$인 $t$분포의 누적분포함수를 나타낸다. 만일 연속형 확률변수의 꼬리 영역이 정규분포의 좌표로 변환된다면, 표준정규분포를 따르는 새로운 확률변수를 생성할 수 있다는 것이 알려져 있다. 즉, $\Phi^{-1}$이 정규누적분포함수의 역함수이고 $a_n = \sqrt{(n-1)/n}$이라고 할 때, 변환 $U_n = \Phi^{-1}[F_{n-1}(a_n T_n)]$은 누적합 $T_n$을 표준정규분포로 변환시킨다. 이 $U_n$들은 서로 독립이라고 밝혀졌기 때문에(연속적인 $U_n$ 값들은 서로 동일한 데이터를 공유하므로 직관적으로 명백하지는 않다), $n \ge 3$인 경우 N(0, 1) CUSUM 관리도에 $U_n$을 타점할 수 있다. 이 절차는 전통적인 CUSUM 관리도에서 공정모수들을 추정하기 위해 제1국면에서 많은 수의 표본을 사용해야 하는 문제를 피할 수 있는 장점이 있다.

이 절차를 좀 더 상세히 설명하기 위해, 표 9.1의 데이터를 고려해 보자. 표 9.9에 처음 8개의 관측값이 나타나 있다. 관측값의 오른쪽 열에는 그 관측값까지 포함한 평균, 평균으로부터의 편차제곱합, 표준편차, 표준화된 값, 그 값에 해당되는 $t$분포의 값, $t$분포의 누적분포함수 값, 그리고 역함수로 변환된 정규분포 값이 계산되어 있다. 이 $U_n$ 값을 CUSUM 관리도를 위한 데이터로 이용할 수 있다.

이상상태의 상황에서 보편적인 CUSUM 관리도와 자기출발 CUSUM 관리도를 비교하면 사용에 차이가 있다. 전통적인 CUSUM 관리도에서는 평균이 큰 값으로 변화하는 경우 누적합이 계속 커지는 경향이 있다. 그러나 자기출발 CUSUM 관리도에서는 처음에는 변화에 따라 누적합이 커지지만 변화한 관측값들이 계속 계산에 포함되면서 관측값들의 평균이 새로 변화한 평균값에 가까워지며 표준편차는 커지게 된다. 결과적으로 공정이 조정되지 않고 누적합이 재설정되면, 자기출발 누적합은 작아지게 된다. 따라서 자기출발 CUSUM 관리도의 사용자는 이상상태의 신호 후 바로 조정하는 작업을 수행해야 한다. 재시작 이후에는 평균과 표준편차의 계산에서 이상상태의 데이터를 제거하는 것이 필요하다. 이상치(outlier) 또한 자기출발 누적합에 영향을 주는데, 주로 표준편차를 크게 만든다. 이때 관측값에 대한 Shewhart 관리도를 병행함으로 이와 같은 문제를 해결할 수 있다. 좀 더 상세한 논의는 Hawkins와 Olwell(1998)을 참조하기 바란다.

표 9.9
자기출발 CUSUM 관리도를 위한 계산

| $n$ | $x_n$ | $\bar{x}_n$ | $w_n$ | $S_n$ | $T_n$ | $a_n T_n$ | $F_{n-2}(a_n T_n)$ | $U_n$ |
|---|---|---|---|---|---|---|---|---|
| 1 | 9.45 | 9.45 | 0 | – | – | – | – | – |
| 2 | 7.99 | 8.72 | 1.07 | 1.03 | – | – | – | – |
| 3 | 9.29 | 8.91 | 1.25 | 0.80 | 0.55 | 0.45 | 0.6346 | 0.34406 |
| 4 | 11.66 | 9.60 | 6.92 | 1.52 | 3.44 | 2.98 | 0.9517 | 1.66157 |
| 5 | 12.16 | 10.11 | 12.16 | 1.75 | 1.68 | 1.50 | 0.8847 | 1.19881 |
| 6 | 10.18 | 10.12 | 12.16 | 1.56 | 0.04 | 0.04 | 0.5152 | 0.03811 |
| 7 | 8.04 | 9.82 | 15.87 | 1.63 | −1.33 | −1.23 | 0.1324 | −1.11512 |
| 8 | 11.46 | 10.03 | 18.22 | 1.62 | 1.01 | 0.94 | 0.8107 | 0.88048 |

## 9.2 EWMA 관리도

작은 변화의 모니터링에 관심이 있을 경우 EWMA 관리도는 Shewhart 관리도에 대한 또 다른 훌륭한 대안이 된다. EWMA 관리도의 성능은 CUSUM 관리도의 성능과 근사적으로 같으며, 좀 더 간편하게 구성하고 운영할 수 있다는 장점이 있다. CUSUM 관리도의 경우와 같이 EWMA 관리도도 일반적으로 개별 관측값을 사용하기 때문에 이에 대해 먼저 논의하고, 나중에 $n > 1$인 합리적인 부분군에 대해 논의할 예정이다.

### 9.2.1 공정평균을 모니터링하는 EWMA 관리도

EWMA 관리도는 Roberts(1959)에 의해 제안되었고, Crowder(1987a, 1989)와 Lucas와 Saccucci (1990)는 이 관리도에 대해 훌륭한 연구를 수행하였다. EWMA는

$$z_i = \lambda x_i + (1-\lambda)z_{i-1} \tag{9.22}$$

와 같이 정의되는데, 여기서 $\lambda$는 $0 < \lambda \leq 1$인 상수이고, $i = 1$일 때 필요한 초기값은 공정 목표값, 즉 $z_0 = \mu_0$로 놓는다. 때때로 초기값을 이전 데이터들의 평균값, 즉 $z_0 = \bar{x}$로 놓기도 한다.

EWMA $z_i$가 모든 이전 표본평균들의 가중평균임을 설명하기 위해서, 식 9.22의 우변에 있는 $z_{i-1}$을 변환시켜 대입하면

$$\begin{aligned} z_i &= \lambda x_i + (1-\lambda)\left[\lambda x_{i-1} + (1-\lambda)z_{i-2}\right] \\ &= \lambda x_i + \lambda(1-\lambda)x_{i-1} + (1-\lambda)^2 z_{i-2} \end{aligned}$$

이 된다. 이 작업을 $z_{i-j}, j = 2, 3, \ldots, t$에 대해 반복하면

$$z_i = \lambda \sum_{j=0}^{i-1} (1-\lambda)^j x_{i-j} + (1-\lambda)^i z_0 \tag{9.23}$$

를 얻을 수 있다. 가중치인 $\lambda(1-\lambda)^j$는 표본의 시점이 현재에서 멀어질수록 지수적으로 감소하며, 가중치의 전체합은

$$\lambda \sum_{j=0}^{i-1} (1-\lambda)^j = \lambda \left[ \frac{1-(1-\lambda)^i}{1-(1-\lambda)} \right] = 1-(1-\lambda)^i$$

이기 때문에 1이 된다. 만일 $\lambda = 0.2$라면, 현재의 표본평균의 가중치는 0.2이고 그 이전 평균들에 대한 가중치는 각각 0.16, 0.128, 0.1024 등이 된다. 이와 같은 지수가중치와 5시점의 이동평균의 가중치에 대한 비교가 그림 9.6에 나타나 있다. 이 지수가중치는 매끄러운 곡선에 따라 기하적으로 감소하기 때문에 EWMA를 때때로 **기하이동평균**(geometric moving average, GMA)이라고 부르기도 한다. EWMA는 시계열자료의 모형화와 예측에 널리 사용되는데, 이에 대해서는 Box, Jenkins와 Reinsel(1994)과 Montgomery, Jennings

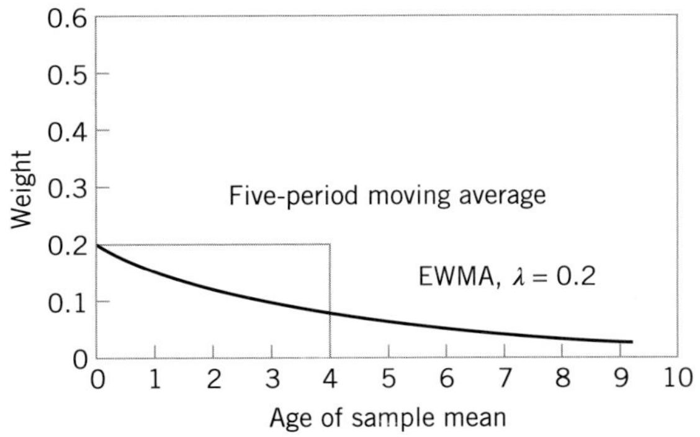


**그림 9.6**
이전의 표본평균에 대한 가중치

와 Kulachi(2008)를 참고할 수 있다. EWMA는 현재와 모든 과거 관측값들의 가중평균이기 때문에 정규분포 가정에 크게 민감하지 않다. 따라서 개별 관측값을 사용하는 데 있어서 이상적인 관리도라고 할 수 있다.

만일 관측값 $x_i$가 서로 독립이고 분산이 $\sigma^2$인 확률변수라면, $z_i$의 분산은

$$\sigma_{z_i}^2 = \sigma^2\left(\frac{\lambda}{2-\lambda}\right)\left[1-(1-\lambda)^{2i}\right] \tag{9.24}$$

이 된다. 따라서 EWMA 관리도는 표본시점 $i$에 대해 $z_i$를 타점하여 구성할 수 있으며, 중심선과 관리한계는 다음과 같다.

$$\text{관리상한} = \mu_0 + L\sigma\sqrt{\frac{\lambda}{(2-\lambda)}\left[1-(1-\lambda)^{2i}\right]} \tag{9.25}$$

$$\text{중심선} = \mu_0$$

$$\text{관리하한} = \mu_0 - L\sigma\sqrt{\frac{\lambda}{(2-\lambda)}\left[1-(1-\lambda)^{2i}\right]} \tag{9.26}$$

식 9.25와 9.26에서 $L$은 관리한계의 폭이다. 모수인 $L$과 λ를 선택하는 방법에 대해서는 이후에 간단하게 논의할 예정이다.

식 9.25와 9.26에 있는 $[1 - (1 - \lambda)^{2i}]$는 $i$가 커짐에 따라 1로 수렴해 간다. 이것은 EWMA 관리도가 여러 시점을 진행한 후 관리한계는 다음과 같은 안정적인 값에 도달함을 의미한다.

$$\text{관리상한} = \mu_0 + L\sigma\sqrt{\frac{\lambda}{(2-\lambda)}} \tag{9.27}$$

$$\text{관리하한} = \mu_0 - L\sigma\sqrt{\frac{\lambda}{(2-\lambda)}} \tag{9.28}$$

그러나 $i$가 크지 않을 경우에는 식 9.25와 9.26에 있는 정확한 관리한계를 사용할 것을 강력하게 권장한다. 정확한 관리한계의 사용은 EWMA 관리도를 수행한 후 바로 이상상태가 된 경우 이를 모니터링하는 능력을 크게 향상시켜 준다.

## 예 9.2 EWMA 관리도의 구성

표 9.1에 있는 데이터에 대해 $\lambda = 0.1$과 $L = 2.7$을 사용하는 EWMA 관리도를 구성해 보자.

**풀이**

평균의 목표값은 $\mu_0 = 10$이고 표준편차는 $\sigma = 1$이었다. EWMA 관리도에 대한 계산은 표 9.10에 요약되어 있고, Minitab으로 작성한 관리도는 그림 9.7에 나타나 있다.

표 9.10 예 9.2에 대한 EWMA 계산

| Subgroup, $i$ | * = Beyond Limits $x_i$ | EWMA, $z_i$ | Subgroup, $i$ | * = Beyond Limits $x_i$ | EWMA, $z_i$ |
|---|---|---|---|---|---|
| 1 | 9.45 | 9.945 | 16 | 9.37 | 9.98426 |
| 2 | 7.99 | 9.7495 | 17 | 10.62 | 10.0478 |
| 3 | 9.29 | 9.70355 | 18 | 10.31 | 10.074 |
| 4 | 11.66 | 9.8992 | 19 | 8.52 | 9.91864 |
| 5 | 12.16 | 10.1253 | 20 | 10.84 | 10.0108 |
| 6 | 10.18 | 10.1307 | 21 | 10.9 | 10.0997 |
| 7 | 8.04 | 9.92167 | 22 | 9.33 | 10.0227 |
| 8 | 11.46 | 10.0755 | 23 | 12.29 | 10.2495 |
| 9 | 9.2 | 9.98796 | 24 | 11.5 | 10.3745 |
| 10 | 10.34 | 10.0232 | 25 | 10.6 | 10.3971 |
| 11 | 9.03 | 9.92384 | 26 | 11.08 | 10.4654 |
| 12 | 11.47 | 10.0785 | 27 | 10.38 | 10.4568 |
| 13 | 10.51 | 10.1216 | 28 | 11.62 | 10.5731 |
| 14 | 9.4 | 10.0495 | 29 | 11.31 | 10.6468* |
| 15 | 10.08 | 10.0525 | 30 | 10.52 | 10.6341* |

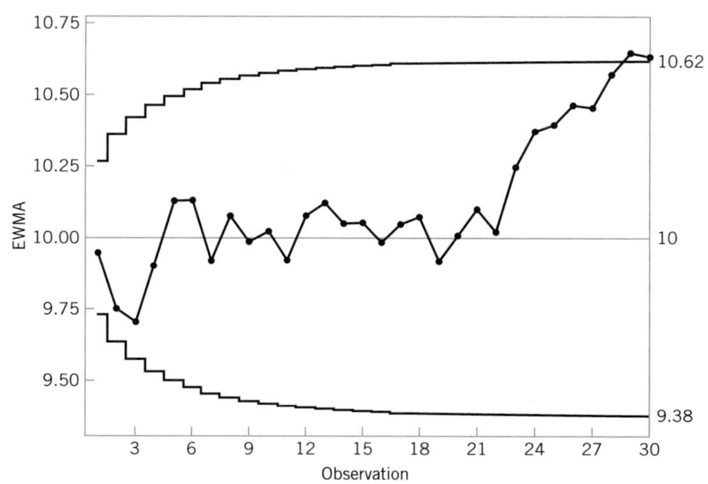


**그림 9.7** 예 9.2에 대한 EWMA 관리도

이 계산을 설명하기 위해, 처음 관측값 $x_1 = 9.45$를 고려해 보자. EWMA의 처음 값은

$$\begin{aligned} z_1 &= \lambda x_1 + (1-\lambda) z_0 \\ &= 0.1(9.45) + 0.9(10) \\ &= 9.945 \end{aligned}$$

가 된다. 따라서 $z_1 = 9.945$가 그림 9.7의 관리도에 처음 타점되는 값이다. EWMA의 두 번째 값은

$$
\begin{aligned}
z_2 &= \lambda x_2 + (1-\lambda) z_1 \\
&= 0.1(7.99) + 0.9(9.945) \\
&= 9.7495
\end{aligned}
$$

가 되며, 나머지 값들도 유사하게 계산할 수 있다.

그림 9.7의 관리한계는 식 9.25와 9.26을 이용하여 구할 수 있다. 시점 $i = 1$에서는

$$
\begin{aligned}
\text{관리상한} &= \mu_0 + L\sigma\sqrt{\frac{\lambda}{(2-\lambda)}\left[1-(1-\lambda)^{2i}\right]} \\
&= 10 + 2.7(1)\sqrt{\frac{0.1}{(2-0.1)}\left[1-(1-0.1)^{2(1)}\right]} \\
&= 10.27 \\
\text{관리하한} &= \mu_0 - L\sigma\sqrt{\frac{\lambda}{(2-\lambda)}\left[1-(1-\lambda)^{2i}\right]} \\
&= 10 - 2.7(1)\sqrt{\frac{0.1}{(2-0.1)}\left[1-(1-0.1)^{2(1)}\right]} \\
&= 9.73
\end{aligned}
$$

이 된다. 시점 2에서는

$$
\begin{aligned}
\text{관리상한} &= \mu_0 + L\sigma\sqrt{\frac{\lambda}{(2-\lambda)}\left[1-(1-\lambda)^{2i}\right]} \\
&= 10 + 2.7(1)\sqrt{\frac{0.1}{(2-0.1)}\left[1-(1-0.1)^{2(2)}\right]} \\
&= 10.36 \\
\text{관리하한} &= \mu_0 - L\sigma\sqrt{\frac{\lambda}{(2-\lambda)}\left[1-(1-\lambda)^{2i}\right]} \\
&= 10 - 2.7(1)\sqrt{\frac{0.1}{(2-0.1)}\left[1-(1-0.1)^{2(2)}\right]} \\
&= 9.64
\end{aligned}
$$

가 된다. 그림 9.7로부터 $i$가 증가함에 따라 관리한계의 폭은 점차 커지며, 식 9.27과 9.28에 의해 주어지는 다음의 값으로 수렴함을 알 수 있다.

$$
\begin{aligned}
\text{관리상한} &= \mu_0 + L\sigma\sqrt{\frac{\lambda}{(2-\lambda)}} \\
&= 10 + 2.7(1)\sqrt{\frac{0.1}{(2-0.1)}} \\
&= 10.62 \\
\text{관리하한} &= \mu_0 - L\sigma\sqrt{\frac{\lambda}{(2-\lambda)}} \\
&= 10 - 2.7(1)\sqrt{\frac{0.1}{(2-0.1)}} \\
&= 9.38
\end{aligned}
$$

그림 9.7에 나타난 EWMA 관리도는 시점 29에서 이상신호를 주며, 공정이 이상상태라고 결론 내릴 수 있다.

### 9.2.2 EWMA 관리도의 설계

EWMA 관리도는 공정의 작은 변화의 모니터링에 매우 효율적이다. 이 관리도의 설계모수는 관리한계에서 표준편차의 배수로 사용되는 $L$과 $\lambda$이다. 이 모수들은 작은 변화를 모니터링하는 CUSUM 관리도와 유사한 평균 런 길이의 성능을 주도록 선택할 수 있다. EWMA 관리도의 평균 런 길이의 특성에 대해서는 많은 연구가 진행되어 왔다. 그 중 Crowder(1987a, 1989)와 Lucas와 Saccucci(1990)를 예로 들 수 있다. 이들 연구는 $\lambda$와 $L$값의 범위에 대해 평균 런 길이의 표와 그래프를 제공하고 있다. 여러 EWMA 관리도에 대한 평균 런 길이의 성능이 표 9.11에 나타나 있다. 최적의 설계 절차는 희망하는 관리상태와 이상상태에서의 평균 런 길이와 예상되는 공정 변화의 크기를 결정하고, 그 후 희망하는 평균 런 길이를 제공하는 $\lambda$와 $L$ 값을 선택하는 것으로 진행된다.

일반적으로 $\lambda$는 $0.05 \le \lambda \le 0.25$의 범위 내에서 선택하는 것이 효율이 좋은 것으로 알려져 있으며, $\lambda = 0.05$, $\lambda = 0.1$, $\lambda = 0.2$를 많이 선택한다. 가장 좋은 규칙은 더 작은 변화를 모니터링하기를 원할 경우 더 작은 $\lambda$ 값을 사용하는 것이다. 큰 $\lambda$ 값을 사용할 경우 $L = 3$, 즉 3시그마 한계를 사용하는 것의 효율은 좋았지만, $\lambda \le 0.1$과 같은 작은 값을 사용할 경우에는 2.6과 2.8 사이의 $L$ 값을 사용하여 관리한계의 폭을 줄여주는 것이 좀 더 효율적이다. 예 9.2에서 $\lambda = 0.1$과 $L = 2.7$을 사용했음을 기억하기 바란다. 이와 같이 모수를 선택한 경우 관리상태에서의 평균 런 길이는 $ARL_0 \simeq 500$이 되며, 평균의 1배 표준편차 변화를 모니터링하는 평균 런 길이는 $ARL_1 = 10.3$이 된다. 따라서 이 설계는 $h = 5$와 $k = 1/2$를 사용한 CUSUM 관리도와 근사적으로 동일한 성능을 제공한다.

또한 Hunter(1989)는 Western Electric 규칙을 병행한 Shewhart 관리도를 사용할 때 관측값들에 대한 가중치와 EWMA 관리도에서 관측값들에 대한 가중치가 거의 유사하도록 $\lambda$를 선택하는 방법에 대해 연구하였다. 이 연구에서는 $\lambda = 0.4$의 사용을 권장하고 있는데, $L = 3.054$를 사용할 경우 표 9.11로부터 $ARL_0 = 500$이 되며, 공정평균의 1배 표준편차 변화를 모니터링하는 평균 런 길이는 $ARL_1 = 14.3$이 됨을 알 수 있다.

작은 $\lambda$ 값을 사용하는 경우 주의해야 할 점이 있다. EWMA가 중심선 기준으로 어느 한쪽에 있을 때 공정의 평균이 반대 방향으로 변화한 경우, 작은 $\lambda$ 값은 최근의 데이터

표 9.11
여러 EWMA 관리도에 대한 평균 런 길이[Lucas와 Saccucci(1990)에서 발췌]

| Shift in Mean (multiple of $\sigma$) | $L = 3.054$ $\lambda = 0.40$ | 2.998 0.25 | 2.962 0.20 | 2.814 0.10 | 2.615 0.05 |
|---|---|---|---|---|---|
| 0 | 500 | 500 | 500 | 500 | 500 |
| 0.25 | 224 | 170 | 150 | 106 | 84.1 |
| 0.50 | 71.2 | 48.2 | 41.8 | 31.3 | 28.8 |
| 0.75 | 28.4 | 20.1 | 18.2 | 15.9 | 16.4 |
| 1.00 | 14.3 | 11.1 | 10.5 | 10.3 | 11.4 |
| 1.50 | 5.9 | 5.5 | 5.5 | 6.1 | 7.1 |
| 2.00 | 3.5 | 3.6 | 3.7 | 4.4 | 5.2 |
| 2.50 | 2.5 | 2.7 | 2.9 | 3.4 | 4.2 |
| 3.00 | 2.0 | 2.3 | 2.4 | 2.9 | 3.5 |
| 4.00 | 1.4 | 1.7 | 1.9 | 2.2 | 2.7 |

에 많은 가중을 두지 않기 때문에 EWMA가 이 변화를 반영하는 데 시간이 소요된다. 이를 **관성 효과**(inertia effect)라고 부르는데, 이것은 EWMA 관리도의 효율성을 감소시킬 수 있다.

Woodall과 Mahmoud(2005)는 여러 종류의 관리도에 대한 관성 특성에 대해 연구하였다. 그들은 빠른 이상상태의 신호를 주지 못하는 목표값 또는 관리상태값으로부터의 표본평균의 최대 표준화 편차를 **관리도의 신호 저항**(signal resistance)이라고 정의했다. Shewhart $\bar{x}$ 관리도의 경우 신호 저항은 $SR(\bar{x}) = L$이 되는데, 여기서 $L$은 관리한계에서 표준편차의 배수로 사용되는 값이다. EWMA 관리도에서 신호 저항은

$$SR(EWMA) = \frac{L\sqrt{\dfrac{\lambda}{2-\lambda}} - (1-\lambda)w}{\lambda}$$

이 되는데, 여기서 $w$는 EWMA 값을 나타낸다. EWMA 관리도에서 EWMA의 모든 값에 대해 평균한 신호 저항의 최댓값은 점근 관리한계를 사용할 경우 $L\sqrt{(2-\lambda)/\lambda}$가 된다. 이 결과들은 표준오차의 배수로 표현된 변화량으로 주어지기 때문에 어떤 표본크기에도 적용할 수 있다.

EWMA의 관리도에서 λ의 작은 값은 최대 신호 저항을 크게 만들기 때문에, 신호 저항이 λ 값에 의존하는 것은 명백하다. 작은 변화를 탐지하는 경우 좋은 평균 런 길이 성능을 위해 작은 λ 값을 사용하기를 원하기 때문에, 위의 결과는 관리도를 사용할 때 주의해야 한다는 사실을 시사한다. 또한 9.2.3절에 언급하겠지만, 작은 λ 값의 사용은 EWMA 관리도가 정규분포 가정에 민감하지 않게 만들기 때문에 작은 λ 값의 사용이 유용한 경우가 많다. Woodall과 Mahmoud(2005)는 EWMA 관리도의 신호 저항 문제를 해결할 수 있는 방안으로 작은 λ 값을 사용할 경우 Shewhart 관리도와 병행할 것을 권장하고 있다.

CUSUM 관리도와 유사하게 EWMA 관리도는 작은 변화의 모니터링에 효율적이지만, 큰 변화의 모니터링에는 Shewhart 관리도처럼 빨리 반응하지 못한다. 작은 변화를 빨리 모니터링하는 능력의 훼손 없이 큰 변화에 대한 반응을 증진시키는 좋은 방법은 EWMA 관리도와 Shewhart 관리도를 병행하는 것이다. 이 병행하는 절차는 큰 변화와 작은 변화의 모니터링 모두에 효율적이며, 이 절차를 사용할 때에는 Shewhart 관리도의 일반적인 한계보다 조금 더 넓은 한계(예를 들면, 3.25시그마 또는 3.5시그마)를 사용하는 것이 더 도움이 된다. 또한 Shewhart 관리도와 EWMA 관리도 관리한계를 모두 표시한 하나의 관리도에 $x_i$(또는 $\bar{x}_i$)와 EWMA $z_i$를 함께 타점하는 것도 가능하다. 이와 같은 관리도는 운영자가 공정을 빠르게 해석할 수 있도록 만들어 준다. 컴퓨터를 사용하여 타점할 경우 두 종류의 관리한계와 통계량을 서로 다른 색상을 사용하여 표현할 수 있을 것이다.

### 9.2.3 비정규성에 대한 EWMA 관리도의 강건성

6장에서 개별 관측값에 대한 Shewhart 관리도를 설명할 때, 개별 관측값에 대한 관리도는 비정규성 가정에 매우 민감하다고 언급했다. 즉, 정규분포를 가정하고 설정한 값에

표 9.12
여러 가지 감마분포에 대한 EWMA와 개별 관측값 관리도의 관리상태 평균 런 길이

| | EWMA | | | Shewhart |
|---|---|---|---|---|
| $\lambda$ | **0.05** | **0.1** | **0.2** | **1** |
| $L$ | **2.492** | **2.703** | **2.86** | **3.00** |
| Normal | 370.4 | 370.8 | 370.5 | 370.4 |
| Gam(4, 1) | 372 | 341 | 259 | 97 |
| Gam(3, 1) | 372 | 332 | 238 | 85 |
| Gam(2, 1) | 372 | 315 | 208 | 71 |
| Gam(1, 1) | 369 | 274 | 163 | 55 |
| Gam(0.5, 1) | 357 | 229 | 131 | 45 |

비해 관리상태의 평균 런 길이가 심각할 정도로 작아진다는 것이다. Borror, Montgomery와 Runger(1999)는 비정규분포에 대해 Shewhart 개별 관측값 관리도와 EWMA 관리도의 평균 런 길이 성능을 비교하였다. 특히 그들은 기운 분포(skewed distribution)로서 감마분포를, 그리고 정규분포에 비해 두터운 꼬리를 갖는 대칭분포로서 $t$분포를 사용하였다.

비정규분포에 대한 Shewhart 개별 관리도와 EWMA 관리도의 $ARL_0$가 표 9.12와 표 9.13에 주어져 있다. 이 표들로부터 두 가지 중요한 사실을 알 수 있다. 첫째, 정규분포에서 조금 벗어나는 분포에서조차 Shewhart 개별 관측값 관리도의 관리상태의 평균 런 길이는 크게 감소함을 알 수 있다. 이것은 물론 오경보율이 크게 증가한다는 것이다. 둘째, $\lambda = 0.05$ 또는 $\lambda = 0.1$을 사용한 EWMA 관리도는 정규분포와 비정규분포 모두에 대해 좋은 성능을 보인다. $\lambda = 0.05$와 $L = 2.492$의 경우 아주 극단적인 경우를 제외하고는 $ARL_0$의 감소가 정규분포의 $ARL_0$인 370의 약 8% 이내임을 알 수 있다. 더구나 EWMA 관리도의 변화 모니터링 성능이 Shewhart 개별 관측값 관리도에 비해 월등하다고 알려져 있다.

위의 사실에 기초해서 볼 때, 제2국면의 모니터링을 비롯한 많은 응용분야에서 개별 관측값에 대해 잘 설계된 EWMA 관리도의 사용을 권장하고 싶다. 이 관리도는 거의 비모수적인 절차라고 볼 수 있다.

표 9.13
여러 가지 $t$분포에 대한 EWMA와 개별 관측값 관리도의 관리상태 평균 런 길이

| | EWMA | | | Shewhart |
|---|---|---|---|---|
| $\lambda$ | **0.05** | **0.1** | **0.2** | **1** |
| $L$ | **2.492** | **2.703** | **2.86** | **3.00** |
| Normal | 370.4 | 370.8 | 370.5 | 370.4 |
| $t_{50}$ | 369 | 365 | 353 | 283 |
| $t_{40}$ | 369 | 363 | 348 | 266 |
| $t_{30}$ | 368 | 361 | 341 | 242 |
| $t_{20}$ | 367 | 355 | 325 | 204 |
| $t_{15}$ | 365 | 349 | 310 | 176 |
| $t_{10}$ | 361 | 335 | 280 | 137 |
| $t_8$ | 358 | 324 | 259 | 117 |
| $t_6$ | 351 | 305 | 229 | 96 |
| $t_4$ | 343 | 274 | 188 | 76 |

### 9.2.4 합리적인 부분군

EWMA 관리도는 개별 관측값을 사용하는 경우가 많다. 그러나 $n > 1$인 합리적인 부분군을 관측하는 경우 앞에서 제시한 절차에서 $x_i$는 $\bar{x}_i$로, $\sigma$는 $\sigma_{\bar{x}} = \sigma/\sqrt{n}$으로 대체하면 된다.

### 9.2.5 EWMA 관리도의 확장

기본적인 EWMA 관리도는 여러 가지로 확장이 가능하다. 이번 절에서는 그 중 몇 가지를 소개하고자 한다.

**빠른 초기 반응 절차** EWMA 관리도에서도 빠른 초기 반응과 빠른 출발점 절차를 추가할 수 있다. CUSUM 관리도에서와 같이, 이 절차는 초기단계부터 이상상태인 경우 이를 빠르게 모니터링할 수 있다는 장점이 있다.

이에 대해 두 가지 방법이 제안되었다. Rhoads, Montgomery와 Mastrangelo(1996)는 초기값을 목표값과 관리한계의 중간의 값으로 설정하는 두 개의 한쪽 EWMA 관리도 절차를 제안하였다. 이 두 개의 한쪽 관리도들은 시간에 따라 변하는 관리한계를 갖는다는 것을 가정한다.

Steiner(1999)는 처음 몇 개의 관측값에 대해 좀 더 좁고 시간에 따라 변하는 관리한계를 사용한 하나의 관리도 사용을 제안하였다. 그는 관리한계의 폭을 줄이기 위해 다음과 같은 값을 사용하였다.

$$\pm L\sigma\left\{\left(1-(1-f)^{1+a(t-1)}\right)\sqrt{\frac{\lambda}{2-\lambda}\left[1-(1-\lambda)^{2t}\right]}\right\}$$

상수 $f$와 $a$는 미리 결정해야 하는데, Steiner는 시점 20이 지난 후에는 영향이 거의 없게 하도록 $a$를 $a = [-2/\log(1-f) - 1]/19$로 설정할 것을 제안하였다. 예를 들어, $f = 0.5$이면 $a = 0.3$이 된다. $f = 0.5$는 CUSUM 관리도에서 종종 사용하는 50% 빠른 출발점과 유사하기 때문에 많이 사용하는 값이다.

이 두 가지 절차는 초기단계부터 이상상태인 경우 이를 빠르게 모니터링할 수 있는데, Steiner의 절차가 실제 공정에 적용하기가 좀 더 간편하다.

**산포의 모니터링** MacGregor와 Harris(1993)는 공정표준편차를 모니터링하는 EWMA 관리도에 대해 논의하였다. $x_i$는 평균이 $\mu$이고 표준편차가 $\sigma$인 정규분포를 따른다고 가정할 때, **지수가중평균제곱오차**(exponentially weighted mean square error, EWMS)는

$$S_i^2 = \lambda(x_i - \mu)^2 + (1-\lambda)S_{i-1}^2 \tag{9.29}$$

으로 정의한다. $i$가 큰 경우 $E(S_i^2) = \sigma^2$임을 보일 수 있으며, 관측값들이 독립이고 정규분포를 따를 경우 $\nu S_i^2/\sigma^2$은 근사적으로 자유도가 $\nu = (2-\lambda)/\lambda$인 카이제곱분포를 따른다. 따라서 $\sigma_0$를 공정 표준편차의 관리상태의 값 또는 목표값이라고 할 때, 지수가중평균제

곱근(exponentially weighted root mean square, EWRMS) 관리도는 관리한계로

$$관리상한 = \sigma_0 \sqrt{\frac{\chi^2_{v,\alpha/2}}{v}} \tag{9.30}$$

$$관리하한 = \sigma_0 \sqrt{\frac{\chi^2_{v,1-(\alpha/2)}}{v}} \tag{9.31}$$

을 사용하며 $\sqrt{S_i^2}$을 타점하는 것이다.

MacGregor와 Harris(1993)는 지수가중평균제곱근은 공정평균과 표준편차의 변화 모두에 민감하다고 지적하였다. 그들은 식 9.27에서 각 시점에서 $\mu$ 대신 $\hat{\mu}_i$으로 대체하는 것을 제안하였다. $\mu$의 적절한 추정값으로 EWMA $z_i$를 고려할 수 있다. 그들은 다음과 같은 지수가중이동분산(exponentially weighted moving variance: EWMV)과 이에 대한 관리한계를 제안하였다.

$$S_i^2 = \lambda(x_i - z_i)^2 + (1-\lambda)S_{i-1}^2 \tag{9.32}$$

EWMA를 이용하여 공정표준편차를 모니터링하는 다른 절차로는 Crowder와 Hamilton (1992)이 있다.

**포아송 데이터에 대한 EWMA** CUSUM 관리도가 포아송 데이터에 대한 효율적인 관리도였던 것과 유사하게 이에 대한 EWMA 관리도도 적절하게 설계할 수 있다. Borror, Champ와 Rigdon(1998)은 EWMA 관리도 절차와 이를 설계하는 방법을 제안하고, 예를 제공하였다. $x_i$는 결점수라고 할 때, 기본적인 EWMA 형태는 다음과 같이 동일하다.

$$z_i = \lambda x_i + (1-\lambda)z_{i-1}$$

여기서 $z_0 = \mu_0$는 관리상태 또는 목표 평균 결점수이다. 이 관리도의 관리한계는 다음과 같이 설정할 수 있다.

$$\begin{aligned} 관리하한 &= \mu_0 + A_U \sqrt{\frac{\lambda\mu_0}{2-\lambda}\left[1-(1-\lambda)^{2i}\right]} \\ 중심선 &= \mu_0 \\ 관리상한 &= \mu_0 - A_L \sqrt{\frac{\lambda\mu_0}{2-\lambda}\left[1-(1-\lambda)^{2i}\right]} \end{aligned} \tag{9.33}$$

여기서 $A_U$와 $A_L$은 관리상한과 관리하한의 인자인데, 일반적으로 $A_U = A_L = A$로 사용한다. Borror, Champ와 Rigdon(1998)은 여러 가지 $\mu_0$에 대해 λ와 $A$의 함수로서 포아송 EWMA 관리도의 평균 런 길이의 성능을 그래프로 나타내었다. $\mu_0$와 λ가 정해지면, 특정한 $ARL_0$를 만족하는 $A$ 값을 선택할 때 이 그래프를 사용할 수 있다. 그들은 또한 이 관리도가 Shewhart $c$관리도보다 이상원인을 모니터링하는 능력이 더 우수함을 보였다. 따라서 실제 공정에서는 포아송 EWMA 관리도의 사용이 더 유용할 것으로 판단된다.

**공정 수준의 예측값으로서 EWMA** 이 장에서 EWMA는 통계적 공정관리의 도구로 사용하는 것에 대해 설명했는데, 그 외에 다른 많은 활용이 가능하다. 통계적 공정관리의 측면에서 EWMA는 공정을 모니터링하고 공정 변화를 가져오는 이상원인을 발견하는 능력이 CUSUM과 근사적으로 동일하다고 알려져 있다. 그러나 EWMA는 다음 시점의 공정평균에 대한 **예측값**을 제공한다. 즉, $z_i$는 시점 $i+1$의 공정평균 $\mu$에 대한 예측값이 된다. 따라서 EWMA는 역동적 공정관리 알고리즘(dynamic process control algorithm)에서 유용하게 사용된다.

모든 제조품을 센서로 측정하는 컴퓨터 통합 생산공정에서 이전의 데이터 형태에 기초한 공정평균의 추정치는 매우 유용하게 사용될 수 있다. 공정 운영자가 조정을 할 경우, 너무 자주 조정을 하는 것은 공정의 산포가 증가할 수 있기 때문에 이에 대해 주의를 해야 한다. 조정이 필요한 시기에 대한 신호를 주도록 EWMA 관리도의 관리한계를 이용할 수 있으며, 목표값과 평균 $\mu_{i+1}$의 예측값의 차이를 조정량을 결정하는 데 사용할 수 있다.

EWMA는 평균을 예측하는 능력을 향상시키기 위해 수정할 수 있다. 공정평균이 목표값으로부터 경향을 가지고 변하는 상황을 고려해 보자. 이 경우 EWMA의 예측 성능을 향상시킬 수 있다. 첫째로, EWMA는

$$\begin{aligned} z_i &= \lambda x_i + (1-\lambda) z_{i-1} \\ &= z_{i-1} + \lambda (x_i - z_{i-1}) \end{aligned}$$

로 표현할 수 있고 $z_{i-1}$은 시점 $i$의 공정평균의 예측값이기 때문에 $x_i - z_{i-1}$는 시점 $i$에서의 예측오차 $e_i$로 생각할 수 있다. 따라서

$$z_i = z_{i-1} + \lambda e_i \tag{9.34}$$

가 된다. 따라서 시점 $i$에서 EWMA는 시점 $i-1$의 EWMA에 시점 $i$에서의 예측오차의 $\lambda$배를 더한 값이 된다. 이제 위의 마지막 식에 다음과 같이 두 번째 항을 더해서

$$z_i = z_{i-1} + \lambda_1 e_i + \lambda_2 \sum_{j=1}^{i} e_j \tag{9.35}$$

와 같이 수정할 수 있다. 여기서 $\lambda_1$과 $\lambda_2$는 각각 시점 $i$에서의 오차와 시점 $i$까지의 오차합에 대한 가중치이다. 만일 $\nabla e_i = e_i - e_{i-1}$를 오차항에 대한 1차 차분이라고 할 때, 다음과 같이 수정할 수도 있다.

$$z_i = z_{i-1} + \lambda_1 e_i + \lambda_2 \sum_{j=1}^{i} e_j + \lambda_3 \nabla e_i \tag{9.36}$$

위의 식은 시점 $i$에서의 EWMA(시점 $i+1$에서의 공정평균의 예측값)는 평균의 현재 예측값($z_{i-1}$은 $\mu_i$의 예측값)에 오차에 비례하는 항, 오차합에 관련된 항, 그리고 오차들의 차분에 관련된 항을 더한 형태가 됨을 나타낸다. 이 세 가지 항은 각각 **비례**, **적분**, **미분** 수정으로 고려될 수 있으며, 모수 $\lambda_1$, $\lambda_2$, $\lambda_3$는 가장 좋은 예측 성능을 갖도록 선택할 수 있다.

EWMA 통계량 $z_i$는 시점 $i+1$에서의 공정평균에 대한 **예측값**이 되기 때문에, 종종 한

시점 이후의 EWMA 통계량을 타점한다. 즉, 관리도에서 시점 $i+1$에 $z_i$를 타점하는 것이다. 이것은 분석자가 실제 관측값과 공정평균의 예측값과의 차이가 얼마나 되는지 확인할 수 있게 해주기 때문에, 평균이 시간에 따라 변화하는 공정에서 이러한 접근은 매우 유용하게 활용될 수 있다.

## 9.3 MA 관리도

CUSUM과 EWMA 관리도는 **시간에 따라 가중**되는 관리도이다. EWMA 관리도는 관리 통계량으로 가중평균을 사용한다. 그러나 때때로 시간에 따라 가중하는 관리도의 다른 형태로 간단하고 가중되지 않은 **이동평균(moving average, MA)**에 기초한 관리도를 사용하는 경우가 있다.

개별 관측값을 얻는 경우를 가정하고, $x_1, x_2, \ldots$는 이들의 관측값이라고 하자. 시점 $i$에서 기간(span) $w$의 이동평균은

$$M_i = \frac{x_i + x_{i-1} + \cdots + x_{i-w+1}}{w} \tag{9.37}$$

로 정의된다. 즉, 시점 $i$에서 가장 예전의 관측값은 이동평균에서 제외되고 가장 새로운 관측값이 추가된다. 이동평균 $M_i$의 분산은

$$V(M_i) = \frac{1}{w^2}\sum_{j=i-w+1}^{i} V(x_j) = \frac{1}{w^2}\sum_{j=i-w+1}^{i}\sigma^2 = \frac{\sigma^2}{w} \tag{9.38}$$

이 된다. 따라서 $\mu_0$는 관리도의 중심선으로 사용되는 평균의 목표값이라면, $M_i$에 대한 3시그마 관리한계는

$$\text{관리상한} = \mu_0 + \frac{3\sigma}{\sqrt{w}} \tag{9.39}$$

$$\text{관리하한} = \mu_0 - \frac{3\sigma}{\sqrt{w}} \tag{9.40}$$

가 된다. 이 관리도의 절차는 $x_i$를 관측하여 새로운 이동평균 $M_i$를 계산하고, 식 9.39와 9.40으로 주어진 관리한계를 갖는 관리도에 $M_i$를 타점한 후, $M_i$가 관리한계를 벗어날 경우 이상상태의 신호를 주는 것이다. 일반적으로 관심이 있는 평균의 변화량과 $w$는 반비례하는 관계인데, 작은 변화에 대해서는 긴 기간의 이동평균을 사용하는 것이 효율적이고 큰 변화에 대해서는 짧은 기간의 이동평균을 사용하는 것이 효율적이다.

## 예 9.3 MA 관리도

표 9.1의 데이터에 대해 $w = 5$인 MA 관리도를 구성해 보자.

**풀이**

시점 $1 \le i \le 30$에서의 관측값 $x_i$가 표 9.14에 나타나 있다. MA 관리도에 타점되는 통계량은 시점 $i \ge 5$에 대해

$$M_i = \frac{x_i + x_{i-1} + \cdots + x_{i-4}}{5}$$

가 된다. 시점 $i < 5$에서는 각 시점까지의 평균이 타점된다. 계산된 이동평균값이 표 9.14에 나타나 있다. MA 관리도에 대한 관리한계는 식 9.39와 9.40으로부터 쉽게 계산할 수 있다. $\sigma = 1.0$이기 때문에

$$\text{관리상한} = \mu_0 + \frac{3\sigma}{\sqrt{w}} = 10 + \frac{3(1.0)}{\sqrt{5}} = 11.34$$

$$\text{관리하한} = \mu_0 - \frac{3\sigma}{\sqrt{w}} = 10 - \frac{3(1.0)}{\sqrt{5}} = 8.66$$

가 된다.

$M_i$에 대한 관리한계는 시점 $i \ge 5$에 대해서 적용되며, 시점 $0 < i < 5$에서 관리한계는 $\mu_0 \pm 3\sigma\sqrt{i}$로 주어진다. 개별적인 관리한계를 사용하는 것을 피하는 절차로, $i < w$인 경우 최소 $w$개의 표본평균이 얻어질 때까지 보편적인 Shewhart 관리도를 작성하는 방법도 있다.

MA 관리도는 그림 9.8에 작성되어 있는데, 관리한계를 벗어나는 점은 없음을 알 수 있다. 초기 시점인 $i < w$에서 관리한계는 안정상태의 관리한계에 비해 폭인 넓음을 주목할 필요가 있다. 그리고 $w$ 시점보다 가까운 이동평균들은 강하게 상관되어 있기 때문에 관리도의 해석을 어렵게 만들기도 한다.

**표 9.14** 예 9.3에 대한 MA 관리도

| Observation, $i$ | $x_i$ | $M_i$ | Observation, $i$ | $x_i$ | $M_i$ |
|---|---|---|---|---|---|
| 1 | 9.45 | 9.45 | 16 | 9.37 | 10.166 |
| 2 | 7.99 | 8.72 | 17 | 10.62 | 9.996 |
| 3 | 9.29 | 8.91 | 18 | 10.31 | 9.956 |
| 4 | 11.66 | 9.5975 | 19 | 8.52 | 9.78 |
| 5 | 12.16 | 10.11 | 20 | 10.84 | 9.932 |
| 6 | 10.18 | 10.256 | 21 | 10.9 | 10.238 |
| 7 | 8.04 | 10.266 | 22 | 9.33 | 9.98 |
| 8 | 11.46 | 10.7 | 23 | 12.29 | 10.376 |
| 9 | 9.2 | 10.208 | 24 | 11.5 | 10.972 |
| 10 | 10.34 | 9.844 | 25 | 10.6 | 10.924 |
| 11 | 9.03 | 9.614 | 26 | 11.08 | 10.96 |
| 12 | 11.47 | 10.3 | 27 | 10.38 | 11.17 |
| 13 | 10.51 | 10.11 | 28 | 11.62 | 11.036 |
| 14 | 9.4 | 10.15 | 29 | 11.31 | 10.998 |
| 15 | 10.08 | 10.098 | 30 | 10.52 | 10.982 |

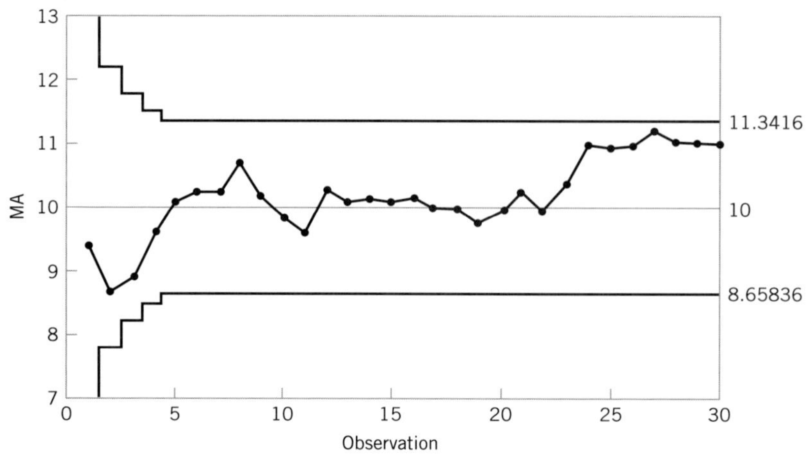


그림 9.8 예 9.3에서 $w$ = 5인 MA 관리도

MA 관리도는 작은 공정 변화를 모니터링하는 데 Shewhart 관리도에 비해 효율적이다. 그리나 일반적으로 CUSUM 또는 EWMA 관리도에 비해서는 효율적이지 않기 때문에, CUSUM 관리도를 사용하는 데 어려움을 느끼는 사람들이 사용을 고려할 수 있다. 이 책에서는 MA 관리도 대신 EWMA 관리도의 사용을 권장하고 싶다.

## 연습문제

**9.1** 표 9E.1의 데이터는 화학공정에서 1시간마다 측정한 분자 무게를 나타낸다. 분자 무게의 목표값은 1,050이고, 공정표준편차는 대략 $\sigma$ = 25라고 생각된다.

(a) 공정평균에 대한 CUSUM 관리도를 적용하라. 이때 1.0$\sigma$만큼의 공정평균 변화를 빠르게 모니터링하도록 설계하라.

(b) 문제 (a)에서 사용된 $\sigma$의 추정값은 합리적인지 판단하라.

**표 9E.1 분자 무게**

| Observation Number | $x$ | Observation Number | $x$ |
|---|---|---|---|
| 1 | 1,045 | 11 | 1,139 |
| 2 | 1,055 | 12 | 1,169 |
| 3 | 1,037 | 13 | 1,151 |
| 4 | 1,064 | 14 | 1,128 |
| 5 | 1,095 | 15 | 1,238 |
| 6 | 1,008 | 16 | 1,125 |
| 7 | 1,050 | 17 | 1,163 |
| 8 | 1,087 | 18 | 1,188 |
| 9 | 1,125 | 19 | 1,146 |
| 10 | 1,146 | 20 | 1,167 |

**9.2** 표준화 CUSUM 관리도를 사용하여 연습문제 9.1을 다시 풀이하라.

**9.3** (a) 연습문제 9.1의 CUSUM 관리도에 빠른 출발점 절차를 추가하라.

(b) 연습문제 9.1의 데이터에 Shewhart-CUSUM 절차를 적용하라. 그리고 이 두 관리도의 결과를 설명하라.

**9.4** 표 9E.2의 2분마다 °C 단위로 측정한 화학공정의 온도 데이터이다(왼쪽부터 아래쪽으로 읽을 것). 평균의 목표값은 $\mu_0 = 950$이다.

(a) 공정표준편차를 추정하라.

(b) 표준화된 값 $h = 5$와 $k = 1/2$를 사용하는 CUSUM 관리도를 구성하고 이를 적용하라. 그리고 이 관리도의 결과를 해석하라.

**표 9E.2 화학 공정 온도 데이터**

| | | | | | | | |
|---|---|---|---|---|---|---|---|
| 953 | 985 | 949 | 937 | 959 | 948 | 958 | 952 |
| 945 | 973 | 941 | 946 | 939 | 937 | 955 | 931 |
| 972 | 955 | 966 | 954 | 948 | 955 | 947 | 928 |
| 945 | 950 | 966 | 935 | 958 | 927 | 941 | 937 |
| 975 | 948 | 934 | 941 | 963 | 940 | 938 | 950 |
| 970 | 957 | 937 | 933 | 973 | 962 | 945 | 970 |
| 959 | 940 | 946 | 960 | 949 | 963 | 963 | 933 |
| 973 | 933 | 952 | 968 | 942 | 943 | 967 | 960 |
| 940 | 965 | 935 | 959 | 965 | 950 | 969 | 934 |
| 936 | 973 | 941 | 956 | 962 | 938 | 981 | 927 |

**9.5** 화학 공정에서 매시간 검사액 농도(bath concentration)를 측정하고 있다. ppm 단위의 최근 32시간의 데이터가 표 9E.3에 나타나 있다(왼쪽부터 아래쪽으로 읽을 것). 공정 목표값은 $\mu_0 = 175$ ppm이다.

(a) 공정표준편차를 추정하라.

(b) 표준화된 값 $h = 5$와 $k = 1/2$를 사용하는 CUSUM 관리도를 구성하고 이를 적용하라.

**표 9E.3 검사액 농도**

| | | | |
|---|---|---|---|
| 160 | 186 | 190 | 206 |
| 158 | 195 | 189 | 210 |
| 150 | 179 | 185 | 216 |
| 151 | 184 | 182 | 212 |
| 153 | 175 | 181 | 211 |
| 154 | 192 | 180 | 202 |
| 158 | 186 | 183 | 205 |
| 162 | 197 | 186 | 197 |

**9.6** 중합체(polymer)의 점도(viscosity)를 온라인 점도계(on-line viscometer)를 이용하여 10분마다 측정하고 있다. 36개의 관측값이 표 9E.4에 나타나 있다(왼쪽부터 아래쪽으로 읽을 것). 이 공정의 점도 목표값은 $\mu_0 = 3{,}200$이다.

(a) 공정표준편차를 추정하라.

(b) 표준화된 값 $h = 8.01$와 $k = 0.25$를 사용하는 CUSUM 관리도를 구성하고 이를 적용하라.

(c) CUSUM 관리도의 성능과 관련해서 문제 (b)의 $h$와 $k$의 선택에 대하여 논하라.

**표 9E.4 중합체 점도**

| | | | |
|---|---|---|---|
| 3,169 | 3,205 | 3,185 | 3,188 |
| 3,173 | 3,203 | 3,187 | 3,183 |
| 3,162 | 3,209 | 3,192 | 3,175 |
| 3,154 | 3,208 | 3,199 | 3,174 |
| 3,139 | 3,211 | 3,197 | 3,171 |
| 3,145 | 3,214 | 3,193 | 3,180 |
| 3,160 | 3,215 | 3,190 | 3,179 |
| 3,172 | 3,209 | 3,183 | 3,175 |
| 3,175 | 3,203 | 3,197 | 3,174 |

**9.7** 연습문제 6.22의 처방 대기 시간을 고려하자. 이 데이터는 정규분포를 따르지 않을 수도 있다. 이 공정을 모니터링하는 CUSUM 관리도를 구성하고, 공정이 관리상태인지를 판단하라.

**9.8** 연습문제 6.22의 처방 대기 시간을 고려하자. 이 데이터는 정규분포를 따르지 않을 수도 있다. 이 공정을 모니터링하는 $\lambda = 0.1$인 EWMA 관리도를 구성하고, 공정이 관리상태인지를 판단하라.

**9.9** 연습문제 6.22의 처방 대기 시간을 고려하자. 이 공정을 모니터링하는 $\lambda = 0.4$인 EWMA 관리도를 구성하고, 연습문제 9.8의 관리도와 비교하라.

**9.10** 연습문제 9.1의 데이터에 대해 9.1.8절에서 논의한 척도 CUSUM 관리도를 적용하라.

**9.11** 연습문제 9.5의 농도 데이터에 대해 9.1.8절에서 논의한 척도 CUSUM 관리도를 적용하라.

**9.12** 연습문제 9.6의 점도 데이터를 고려하자. 점도의 목표값은 $\mu_0 = 3{,}150$이고, 점도가 증가하는 변화만 중요하다고 가정하자. 이 공정에 대해 적절한 한쪽 CUSUM 관리도를 구성하고 이를 적용하라.

**9.13** $\lambda = 0.1$이고 $L = 2.7$인 EWMA 관리도를 사용하여 연습문제 9.1을 다시 풀이하라. 이 결과를 CUSUM 관리도의 결과와 비교하라.

**9.14** $\mu_0 = 10$이고 $\sigma = 1$인 공정에 대해 다음의 모수를 사용하는 EWMA 관리도를 구성하고, 관리한계에 대한 $\lambda$의 영향에 대해 논하라.

(a) $\lambda = 0.1, L = 3$

(b) $\lambda = 0.2, L = 3$

(c) $\lambda = 0.4, L = 3$

**9.15** 연습문제 9.4의 데이터를 다시 고려하자. 이 공정에 대해 $\lambda = 0.1$이고 $L = 2.7$인 EWMA 관리도를 구성하고, 그 결과를 해석하라.

**9.16** 연습문제 9.15에 대해 $\lambda = 0.4$이고 $L = 3$인 지수 EWMA 관리도를 구성하고, 연습문제 9.15에서 구성한 관리도와 비교하라.

**9.17** 연습문제 9.5의 데이터를 다시 고려하자. 이 공정에 대해 $\lambda = 0.05$이고 $L = 2.6$인 EWMA 관리도를 구성하고 이를 적용하라.

**9.18** 연습문제 9.6의 데이터를 다시 고려하자. 이 공정에 대해 $\lambda = 0.1$이고 $L = 2.7$인 EWMA 관리도를 구성하고 이를 적용하라.

**9.19** $w = 6$인 MA 관리도를 사용하여 연습문제 9.1의 데이터를 분석하라. 그리고 연습문제 9.1의 CUSUM 관리도의 결과와 비교하라.

**9.20** 만일 공정이 수준 $\mu$에서 관리상태에 있다면, EWMA는 공정평균의 불편추정량임을 보여라.

**9.21** EWMA $z_i$의 분산을 유도하라.

**9.22** **MA와 EWMA 관리도의 동치** EWMA 관리도에서 $\lambda = 2/(w + 1)$인 경우, 이 관리도는 $w$-기간 MA 관리도와 안정상태(steady stae)의 관리한계가 동일하다는 측면에서 동치임을 보여라.

**9.23** **연습문제 9.35의 계속** $\lambda = 2/(w + 1)$인 경우, 통계량 $z_i$와 $M_i$를 계산하는 데 사용된 데이터의 평균 시기(ages)는 동일함을 보여라.

**9.24** 매시점마다 $n > 1$인 합리적인 부분군을 관측할 경우, 평균의 변화를 탐지하는 MA 관리도의 관리한계를 유도하라.

**9.25** 예 7.6의 밸브 결함 자료를 고려하자. 결함 간의 변환된 시간 자료에 대해 CUSUM 관리도를 구성하라. 이때 표준화된 값 $h = 5$와 $k = 1/2$를 사용하라.

**9.26** 예 7.6의 밸브 결함 자료를 고려하자. 밸브의 결함 비율의 증가를 모니터링하는 한쪽 CUSUM 관리도를 구성하라. 이때 결함 간 평균 시간의 목표값은 700시간임을 가정한다.

**9.27** 예 7.6의 밸브 결함 자료에 대해 적절한 EWMA 관리도를 구성하라. 이때 결함 간의 변환된 시간 자료를 사용하라.

**9.28** 한쪽 EWMA 관리도를 어떻게 구성할 수 있는지 논하라.

# 10장

# 기타 일변량 통계적 공정 모니터링 및 관리 절차

## 요약 및 학습 목표

3부에서 설명한 기본적인 SPC 방법과 9장에서 소개한 CUSUM과 EWMA 관리도의 성공적인 사용은 지난 20년간 많은 새로운 절차들의 개발에 밑거름이 되었다. 이번 장에서는 최근에 개발된 절차들에 대한 개요를 소개하고자 한다. 먼저 짧은 생산주기(short production runs)에 대한 SPC 방법들에 대해 논의할 것이고, 어떻게 기존의 관리도를 이 상황에 맞게 수정하는지 소개할 것이다. 짧은 주기에 적용할 수 있는 다른 절차들이 있지만, 실제 상황에 가장 많이 사용되는 절차들을 소개할 것이다. 다음으로 수정된 관리도(modified control chart)와 채택 관리도(acceptance control chart)에 대해 논의할 것인데, 이들 관리도는 6시그마 제조 환경과 같은 공정능력이 아주 좋은 상황에 적용할 수 있다. 다중 스트림 공정(multiple-stream process)은 많은 산업체에서 접할 수 있는데, 예를 들면 다중 헤드(head)를 갖는 기계를 이용하여 용기를 채우는 공정이다. 이때 다중 스트림 공정에서 가장 일반적으로 사용하는 그룹 관리도(group control chart)와 이들 시스템에 관련된 이상원인을 모니터링하는 관리도에 기초한 절차들에 대해 소개할 것이다. 또한 화학과 장치 산업에서 가장 중요한 특징인 자기상관된 데이터(autocorrelated data) 공정을 모니터링하는 절차에 대해 논의할 것이다. 나머지 부분에는 현재의 표본 통계량에 기초하여 표본크기와 표본추출간격을 변화시키는 적응적 관리도(adaptive control chart)와 모니터링 절차에 대한 경제적 설계에 대해 설명할 것이다.

이 장을 학습하고 나면, 다음 내용들을 수행할 수 있어야 한다.

1. 확짧은 생산주기에 대해 $\bar{x}$-$R$ 관리도를 설계하고 이용한다.
2. Shewhart $\bar{x}$ 관리도에 대한 수정된 관리한계를 어떻게 계산하는지 숙지한다.
3. 채택 관리도를 어떻게 설계하고 사용하는지 숙지한다.
4. 다중 스트림 공정에서 그룹 관리도를 사용하고, 다른 가능한 절차를 이해한다.
5. 전통적인 관리도에서 자기상관의 원인과 영향을 이해한다.
6. 자기상관된 데이터에 대해 모형기반 잔차(model-based residuals) 관리도의 사용 방법을 숙지한다.

7. 자기상관된 데이터에 대해 배치 평균(batch means) 관리도의 사용 방법을 숙지한다.

## 10.1 짧은 생산주기에 대한 통계적 공정관리

통계적 공정관리 절차는 많은 유형의 비즈니스에 적용 가능하다. 가장 흥미로운 적용으로는 주문 생산 시스템(job-shop manufacturing system), 또는 일반적으로 **짧은 생산주기**(short production runs)로 특징지어지는 시스템에 대한 것이다. 이러한 상황에 적용하는 SPC 방법들은 새로운 방법론 없이 기존의 개념을 바로 적용할 수 있다. 사실 짧은 주기 환경에는 명목값으로부터의 편차를 관리도의 변수로 사용하는 기존의 관리도를 고려할 수 있다. 이번 절에는 짧은 생산주기 환경에 효율적이라고 알려진 여러 가지 절차들을 소개할 것이다.

### 10.1.1 짧은 생산주기에 대한 $\bar{x}$-$R$ 관리도

짧은 생산주기 상황에서 가장 간편하게 사용할 수 있는 절차는 측정한 계량형 데이터 대신 명목값으로부터의 편차를 사용하는 $\bar{x}$–$R$ 관리도이다. 이를 일반적으로 **명목값으로부터의 편차**(deviation from nominal, DNOM) **관리도**라고 한다. 절차를 설명하기 위해, 표 10.1의 데이터를 고려해 보자. 처음 4개의 표본은 어떤 부품(부품 A)의 구멍 지름을 측정한 것인데, 열 (a)는 밀리미터 단위의 지름 측정값을 나타낸다. 이 부품의 명목 지름은 $T_A$ = 50 mm이다. 따라서 $M_i$가 $i$번째 표본의 측정값이라고 하면,

$$x_i = M_i - T_{\mathrm{A}}$$

는 명목값에서의 편차가 된다. 표 10.1의 열 (b)에는 편차 $x_i$와 각 표본의 $\bar{x}$ 및 $R$이 나타나 있다. 표 10.1의 나머지 6개 표본은 다른 부품인 B의 구멍 지름인데, 이것의 명목 지름은 $T_B$ = 25 mm이다. 열 (b)에는 부품 B의 명목값에서의 편차와 $\bar{x}$ 및 $R$이 나타나 있다.

명목값으로부터의 편차를 이용한 $\bar{x}$–$R$ 관리도가 그림 10.1에 나타나 있다. 이때 관리한계는 10개의 모든 표본의 데이터를 이용하여 계산된 것임을 유념해야 한다. 실제 관리한계를 계산하려면 대략 20개 표본을 추출할 때까지 기다려야 한다고 권고하고 있다. 그러나 여기서는 관리도의 변수로 편차를 사용할 경우 각 부품에 대해 긴 생산주기를 가질 필요가 없다는 것을 설명하기 위해 10개의 표본만을 가지고 관리한계를 계산하였다. 일반적으로 그림 10.1과 같이 서로 다른 제품 또는 부품이고 이에 대한 관리도임을 구분하기 위해 점선을 사용한다.

DNOM 접근법과 관련하여 다음 세 가지 중요한 내용이 있다.

1. 공정의 표준편차는 모든 부품에 대해 근사적으로 동일하다는 가정이 필요하다. 만일 이 가정이 유효하지 않다면 다음 절에서 소개할 표준화 $\bar{x}$–$R$ 관리도를 사용해야 한다.
2. 이 절차는 모든 부품에 대해 표본크기가 동일할 때 가장 잘 작동된다.
3. 명목값으로부터의 편차 관리도는 명목값이 공정의 목표값일 때 직관적으로 더 유용하다.

| Sample Number | Part Number | (a) Measurements | | | (b) Deviation from Nominal | | | $\bar{x}$ | $R$ |
|---|---|---|---|---|---|---|---|---|---|
| | | $M_1$ | $M_2$ | $M_3$ | $x_1$ | $x_2$ | $x_3$ | | |
| 1 | A | 50 | 51 | 52 | 0 | 1 | 2 | 1.00 | 2 |
| 2 | A | 49 | 50 | 51 | −1 | 0 | 1 | 0.00 | 2 |
| 3 | A | 48 | 49 | 52 | −2 | −1 | 2 | −0.33 | 4 |
| 4 | A | 49 | 53 | 51 | −1 | 3 | 1 | 1.00 | 4 |
| 5 | B | 24 | 27 | 26 | −1 | 2 | 1 | 0.67 | 3 |
| 6 | B | 25 | 27 | 24 | 0 | 2 | −1 | 0.33 | 3 |
| 7 | B | 27 | 26 | 23 | 2 | 1 | −2 | 0.33 | 4 |
| 8 | B | 25 | 24 | 23 | 0 | −1 | −2 | −1.00 | 2 |
| 9 | B | 24 | 25 | 25 | −1 | 0 | 0 | −0.33 | 1 |
| 10 | B | 26 | 24 | 25 | 1 | −1 | 0 | 0.00 | 2 |
| | | | | | | | | $\bar{\bar{x}} = 0.17$ | $\bar{R} = 2.7$ |

표 10.1
짧은 주기의 $\bar{x}$–$R$ 관리도를 위한 데이터(명목값으로부터의 편차)

마지막 내용에 대해 추가적인 논의가 필요하다. 어떤 상황에서는 공정의 중심이 명목값에 위치하지 않을 수 있다. 예를 들어 어떤 부품이 한쪽 규격만 가진 경우 명목값을 정의할 수 없다(8장에 있는 용기 파열강도 데이터 참조). 이와 같이 명목값이 주어지지 않은 경우 또는 명목값이 공정의 목표값이 아닌 경우에는 과거 데이터의 공정평균($\bar{\bar{x}}$)을 이용할 수 있다. 어떤 경우에는 실제 공정평균이 희망하는 공정의 목표값과 차이가 나는지 판단하기 위해 과거 데이터의 평균과 목표값과 비교하는 것이 필요하다. 이것을 위해서 일반적인 가설검정 절차를 사용할 수 있다.

**표준화 $\bar{x}$–$R$ 관리도** 만일 공정표준편차가 부품별로 서로 다르다면 명목값으로부터의 편

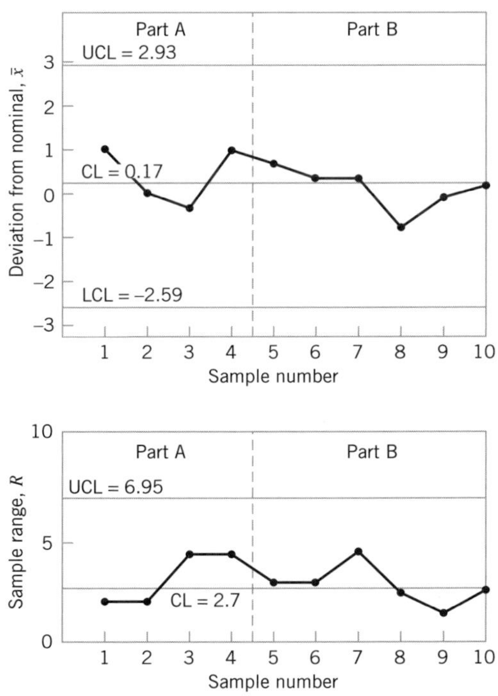


그림 10.1
명목값으로부터의 편차 $\bar{x}$–$R$ 관리도

차(또는 목표값으로부터의 편차) 관리도는 효율적이지 못하고, 이러한 경우 **표준화 $\bar{x}$-$R$ 관리도**를 사용할 수 있다. $j$번째 부품에 대해 $\bar{R}_j$와 $T_j$를 $x$의 평균 범위와 명목값이라고 하자. 그러면 이 부품의 모든 표본에 대해

$$R_i^s = \frac{R_i}{\bar{R}_j} \tag{10.1}$$

을 관리한계가 LCL = $D_3$와 UCL = $D_4$인 표준화 $R$ 관리도에 타점하고,

$$\bar{x}_i^s = \frac{\bar{M}_i - T_j}{\bar{R}_j} \tag{10.2}$$

을 관리한계가 LCL = $-A_2$와 UCL = $+A_2$인 표준화 $\bar{x}$ 관리도에 타점하는 것이다. 이때 $\bar{M}_i$는 부품 $j$에 대한 부분군의 원래 관측값의 평균이기 때문에, $\bar{x}$ 관리도의 중심선은 0이 된다. 이 관리도가 의미가 있기 위해서는 여러 종류의 부품을 하나의 관리도에 함께 작성하는 것에 대한 논리적 타당성이 있어야 한다.

각 부품에 대한 목표값 $\bar{R}_j$와 $T_j$는 $T_j$에 대한 규격과 $\bar{R}_j$의 사전 정보(예를 들면 $\bar{R}_j \simeq Sd_2/c_4$의 관계)를 이용하여 결정할 수 있다. 새로운 부품의 경우, 유사한 부품의 사전 경험으로부터 목표값을 설정하는 것이 일반적인 방법이다.

Farnum(1992)은 공정산포에 대한 다양한 가정들을 포함할 수 있는 DNOM 절차의 일반적인 접근법을 제안하였다. 위에서 설명한 표준화 관리도는 그가 제안한 방법의 특별한 경우이다. 그의 방법은 변동계수(coefficient of variation) $\sigma/\mu$가 근사적으로 일정한 경우에도 DNOM 관리도를 설계할 수 있도록 해준다.

### 10.1.2 짧은 생산주기에 대한 계수형 관리도

짧은 생산주기 환경에서 계수형 데이터에 대한 취급은 아주 단순한데, 관심 있는 계수형 데이터에 대해 표준화 관리도를 작성하는 것이다. 이 방법은 다른 부품을 하나의 관리도에 작성할 수 있게 하고, 변량표본크기의 경우도 가능하게 한다.

계수형 관리도에 대한 표준화 관리도는 7장에서 설명하였다. 편의를 위해, 관련된 규칙을 표 10.2에 제시하였다. 모든 표준화 관리도의 중심선은 0이고, 관리상한과 하한은 각각 +3과 −3이다.

### 10.1.3 다른 방법들

짧은 생산주기 환경에 적용할 수 있는 여러 가지 다른 접근법이 있다. 예를 들어 9장에서 설명한 CUSUM과 EWMA 관리도를 짧은 생산주기에 적용할 수 있는데, 이들 관리도는 작은 변화를 탐지하는데 Shewhart 관리도에 비해 더 좋은 평균 런 길이 성능을 갖는다. 짧은 주기 환경에서 대부분의 경우는 많은 구성단위를 형성할 수 없기 때문에, 변화의 빠른 탐지 능력은 아주 중요한 요소이다. 더구나 CUSUM과 EWMA 관리도는 표본크기가 1인 경우 매우 효율적이기 때문에 짧은 주기 상황에 여러 가지 잠재적인 이점이 있다.

| Attribute | Target Value | Standard Deviation | Statistic to Plot on the Control Chart |
|---|---|---|---|
| $\hat{p}_i$ | $\bar{p}$ | $\sqrt{\dfrac{\bar{p}(1-\bar{p})}{n}}$ | $Z_i = \dfrac{\hat{p}_i - \bar{p}}{\sqrt{\bar{p}(1-\bar{p})/n}}$ |
| $n\hat{p}_i$ | $n\bar{p}$ | $\sqrt{n\bar{p}(1-\bar{p})}$ | $Z_i = \dfrac{n\hat{p}_i - n\bar{p}}{\sqrt{n\bar{p}(1-\bar{p})}}$ |
| $c_i$ | $\bar{c}$ | $\sqrt{\bar{c}}$ | $Z_i = \dfrac{c_i - \bar{c}}{\sqrt{\bar{c}}}$ |
| $u_i$ | $\bar{u}$ | $\sqrt{\bar{u}/n}$ | $Z_i = \dfrac{u_i - \bar{u}}{\sqrt{\bar{u}/n}}$ |

표 10.2
짧은 주기에서 사용 가능한 표준화 계수형 관리도

CUSUM의 자기출발(self-starting) 형태(Hawkins와 Olwell(1998) 9장을 참고) 또한 짧은 주기 환경에서 유용한 절차이다. 자기출발 접근법은 CUSUM 관리도를 적용할 때 측정한 실제 관측값을 사용하며, 제1국면을 수행하지 않고 바로 절차를 적용할 수 있다.

Shewhart 관리도에서 시험적 관리한계를 계산할 때 사용된 부분군의 수는 관리도의 오경보율에 영향을 주는데, 특히 적은 수의 부분군을 사용할 경우 오경보율은 증가하게 된다. Hillier(1969)는 이와 같은 문제를 연구하였고, 표본크기 $n = 5$인 경우 적은 수의 부분군에 기초하여 $\bar{x}$-$R$ 관리도의 관리한계를 결정할 때 사용할 수 있는 인자(factor)를 표로 제시하였다(Wang과 Hillier(1970) 참고). Quesenberry(1993)는 $\bar{x}$ 관리도와 개별 관측값 관리도에 대해 유사한 문제를 연구하였다. 일반적으로 짧은 주기 환경에서 관리한계는 상대적으로 적은 수의 부분군을 이용하여 계산되기 때문에 앞에서 언급한 연구 결과들을 유용하게 활용할 수 있다.

Quesenberry(1991a, 1991b, 1991c)는 짧은 주기 SPC에서 위에서 언급한 표준화와는 다른 변환을 사용하는 절차를 제안하였다. 그는 이들을 $Q$ 관리도라고 명명하고, 짧은 주기뿐만 아니라 긴 주기에서도 사용할 수 있다고 강조했다. 사실 $Q$ 관리도의 아이디어는 Hawkins(1987)에 의해 처음 제안된 것이다. Del Castillo와 Montgomery(1994)는 계량형 데이터에 대한 $Q$ 관리도의 **평균 런 길이**(ARL) 성능에 대해 연구하였고, 어떤 경우에는 ARL 성능이 좋지 않음을 보였다. 그들은 $Q$ 관리도 절차를 수정한 방법, EWMA에 기초한 방법, 그리고 Kalman 필터를 이용한 방법 등을 제안하였고, 이들 방법들이 $Q$ 관리도보다 더 좋은 ARL 성능을 나타냄을 보였다. Crowder(1992)는 또한 Kalman 필터에 기초한 짧은 주기 절차를 소개하였다. 이 연구들에 뒤이어, Quesenberry(1995a, 1995b, 1995c)는 공정 변화를 탐지하는 성능을 향상시키기 위해 개선된 $Q$ 관리도 절차를 제안하였다. 그는 또한 짧은 주기 SPC 절차에 대한 측도로서 ARL 대신 정해진 표본수 이내에 변화를 탐지할 확률이 더 적합하다고 주장하였다. 관심이 있는 독자는 Journal of Quality Technology의 1995년 7월호와 10월호에 게재된 $Q$ 관리도에 대한 논문과 여러 학자들의 토론을 참고할 수 있다. 이 논문들에 추가적인 참고문헌들이 나타나 있다.

## 10.2 수정된 관리도와 채택 관리도

관리도를 사용하는 대부분의 경우, 주요 관심사는 공정에 대한 통계적 모니터링 또는 관리, 산포의 감소, 그리고 연속적인 공정의 향상이다. 만일 높은 수준의 공정 능력을 달성한 경우, 때로는 표준적인 관리도에 의한 감시 수준을 조금 완화하는 것이 유용한 경우도 있다. $\bar{x}$ 관리도로 이것을 수행하는 한 가지 방법은 **수정된(또는 기각) 관리한계**와 두 번째 방법은 **채택 관리도**이다.

### 10.2.1 $\bar{x}$ 관리도에서 수정된 관리한계

수정된 관리한계는 일반적으로 자연적인 변동 또는 공정의 산포가 규격의 폭에 비해 아주 작을 때, 즉 $C_p$ 또는 $C_{pk}$가 1보다 아주 큰 경우에 사용된다. 이와 같은 상황이 실제로 종종 발생할 수 있는데, 사실 이것은 성공적인 산포 감소 노력, 즉 공정산포의 감소와 이에 따른 공정능력비의 증가에 따른 자연스러운 결과이다. 산포 감소에 위한 6시그마 운동에서는 $C_{pk}$가 2.0이 될 때까지 공정을 향상시키는 것에 초점을 맞추고 있다.

예를 들어, 탄산음료 용기의 용량의 규격은 LSL = 10.00 oz와 USL = 10.20 oz이고, 공정 개선을 통하여 주입 기계는 대략 $\sigma = 0.01$ oz의 표준편차로 운영되고 있다고 가정하자. 그러면 USL-LSL은 대략 20시그마가 되기 때문에 공정의 6시그마 자연공차한계에 비해 아주 큰 값이고, 이때 공정능력비는 PCR = (USL − LSL)/$6\sigma$ = 0.20/[6(0.01)] = 3.33이 된다. 이것은 명백하게 6시그마 공정이라고 할 수 있다.

6시그마가 규격폭인 (USL − LSL)보다 많이 작은 경우, 때때로 공정평균은 공정의 전반적인 성능에 큰 영향을 미치지 않는 범위에서 변동하는 것이 허용될 수도 있다.[1] 예를 들어 그림 10.2를 살펴보자. 이와 같은 상황에서 일반적인 $\bar{x}$ 관리도 대신 $\bar{x}$의 **수정된 관리도**(modified control chart)를 사용할 수 있다. 수정된 $\bar{x}$ 관리도는 공정의 불량률이 사전에 지정한 값 $\delta$보다 커질 정도로 공정평균 $\mu$가 변화하는지를 탐지하는 것이 주목적이다. 즉, $\mu$는 구간 $\mu_L \le \mu \le \mu_U$에서 변화하는 것이 허용되는데, 여기서 $\mu_L$과 $\mu_U$는 각각 공정의 불량률이 최대 $\delta$를 넘지 않게 하는 $\mu$의 최솟값과 최댓값을 나타낸다. 여기서 공정산포 $\sigma$는 관리상태에 있다고 가정한다. 수정된 관리도에 대해서는 Hill(1956)과 Duncan(1986)을 참고할 수 있다. Duncan(1986)은 이 관리도가 도구 마모가 발생하는 공정에서도 사용될 수 있다고 언급했다.

수정된 $\bar{x}$ 관리도에 대한 관리한계를 정의하기 위해, 공정의 출력은 정규분포를 따른다고 가정한다. 공정의 불량률이 $\delta$보다 작기 위해서, 실제 공정평균은 어떤 구간 내에 위치해야 한다는 것을 지정할 수 있다. 그림 10.3$a$로부터

1 6시그마 공정에 대한 모토로라의 원래 정의를 보면, 공정평균은 목표값의 $1.5\sigma$ 정도 변화하는 것을 가정하고 있다. 이것이 공정의 일반적인 현상이고 이와 같은 행태가 받아들여질 수 있다면, 수정된 관리도는 표준적인 관리도의 유용한 대안이 될 수 있다. 물론 $C_p$ 또는 $C_{pk}$가 큰 경우일지라도 평균이 변동하는 것이 허용되지 않는 경우도 있다. 이런 상황에서는 전통적인 관리도가 사용되어야 할 것이다.

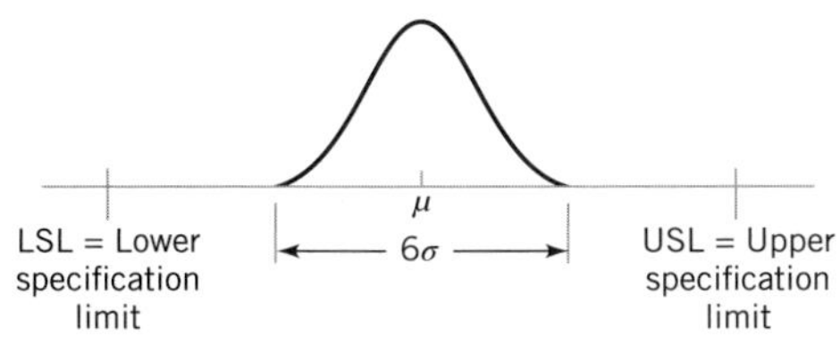


**그림 10.2** 자연공차한계의 폭이 규격의 폭에 비해 작은, 또는 $6\sigma <$ USL − LSL인 공정

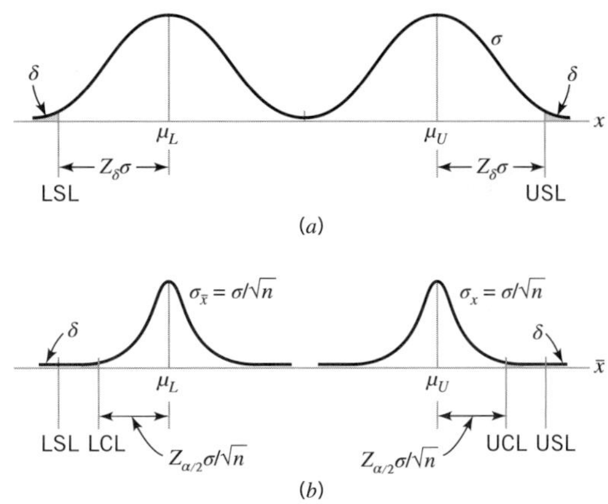


**그림 10.3** 수정된 관리도의 관리한계. (a) 공정 출력의 분포 (b) 표본평균 $\bar{x}$의 분포

$$\mu_L = \text{LSL} + Z_\delta \sigma, \ \mu_U = \text{USL} - Z_\delta \sigma$$

가 됨을 알 수 있다. 여기서, $Z_\delta$는 표준정규분포에서 상위 $100(1-\delta)$ 퍼센트점이다. 이제 제1종 오류를 $\alpha$라고 한다면, 관리상한과 관리하한은 각각

$$\begin{aligned} \text{UCL} &= \mu_U + \frac{Z_{\alpha/2}\sigma}{\sqrt{n}} \\ &= \text{USL} - Z_\delta \sigma + \frac{Z_{\alpha/2}\sigma}{\sqrt{n}} \\ &= \text{USL} - \left( Z_\delta - \frac{Z_{\alpha/2}}{\sqrt{n}} \right)\sigma \end{aligned} \tag{10.3a}$$

$$\begin{aligned} \text{LCL} &= \mu_L - \frac{Z_{\alpha/2}\sigma}{\sqrt{n}} \\ &= \text{LSL} + Z_\delta \sigma - \frac{Z_{\alpha/2}\sigma}{\sqrt{n}} \\ &= \text{LSL} + \left( Z_\delta - \frac{Z_{\alpha/2}}{\sqrt{n}} \right)\sigma \end{aligned} \tag{10.3b}$$

가 된다. 관리한계를 그림 10.3의 $\bar{x}$의 분포에 나타내었다. 제1종 오류를 지정하는 대신에 다음과 같은 관리한계를 사용할 수도 있다.

$$\text{UCL} = \text{USL} - \left( Z_\delta - \frac{3}{\sqrt{n}} \right)\sigma \tag{10.4a}$$

$$\text{LCL} = \text{LSL} + \left( Z_\delta - \frac{3}{\sqrt{n}} \right)\sigma \tag{10.4b}$$

수정된 관리도에서는 2시그마 한계가 종종 권장되는데, 이것은 좀 더 폭이 좁은 관리한계는 제1종 오류에서 손실은 있지만 심각한 평균 변화에 대한 빠른 탐지(작은 제2종 오류)를 제공한다는 논리에 기인한 것이다. 이런 내용에 대해서는 Freund(1957)을 참고할

수 있다. 수정된 관리도는 공정평균이 $\mu_L \le \mu \le \mu_U$에 위치한다는 가설을 검정하는 것과 동일하다.

### 예 10.1 6시그마 공정에 대한 관리도

목표값이 평균은 20이고 표준편차는 $\sigma = 2$인 정규분포 공정을 고려해 보자. 공정의 규격하한과 상한은 각각 LSL = 8과 USL = 32이고, 만일 공정의 중심이 목표값이라면 $C_p = C_{pk} = 2.0$이 된다. 따라서 이 공정은 6시그마 성능을 가진 공정이라고 할 수 있다. 6시그마 공정에서 평균은 목표값으로부터 $1.5\sigma$만큼 변화할 수 있다고 가정한다. 표본크기가 $n = 4$인 경우 이 공정의 평균을 모니터링하는 관리도를 구성하라.

**풀이**

그림 10.4*a*에는 이 예제의 6시그마 공정이 나타나 있고, 그림 10.4*b*에는 관리한계 계산이 나타나 있다. 식 10.4에서 $Z_\delta$를 4.5로 대체할 경우, 관리상한과 하한은 각각

$$\begin{aligned} UCL &= USL - \left(4.5 - \frac{3}{\sqrt{4}}\right)\sigma \\ &= 32 - (4.5 - 1.5)2 \\ &= 26 \\ LCL &= LSL + \left(4.5 - \frac{3}{\sqrt{4}}\right)\sigma \\ &= 8 + (4.5 - 1.5)2 \\ &= 14 \end{aligned}$$

가 된다.

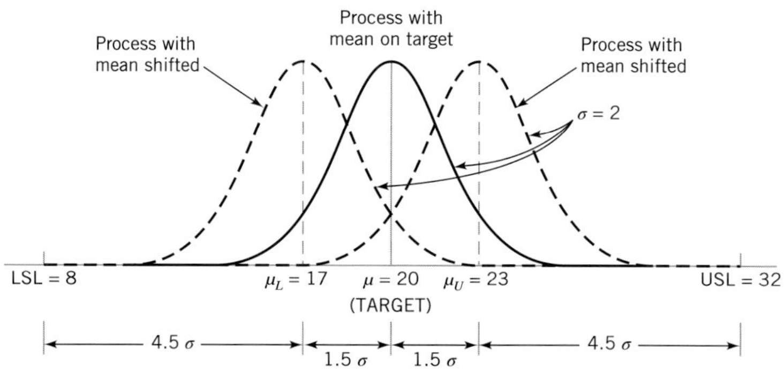


(*a*) 6시그마 공정

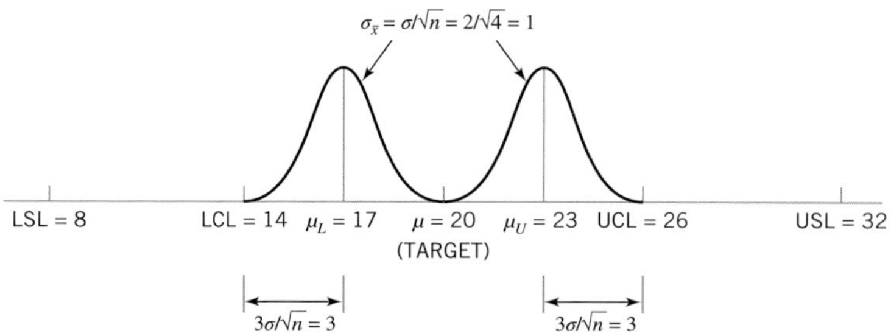


(*b*) 관리한계의 위치

**그림 10.4** 6시그마 공정에 대한 관리한계

수정된 관리도를 설계하기 위해 $\sigma$에 대한 좋은 추정치가 있어야 하는데, 만일 공정산포가 변화한다면 수정된 관리한계는 적절하지 않게 된다. 결론적으로 $R$ 또는 $s$ 관리도를 수정된 관리도와 병행해서 사용해야 한다는 것이다. 따라서 수정된 관리도를 적용하기 위해 필요한 $\sigma$의 초기 추정치는 일반적으로 $R$ 또는 $s$ 관리도로부터 얻을 수 있다.

### 10.2.2 채택 관리도

규격을 벗어나는 제품의 비율, 즉 불량률을 모니터링하기 위해 $\bar{x}$ 관리도를 사용하는 두 번째 접근법은 채택 관리도이다. 10.2.1절의 수정된 관리도 설계에서 관리도는 표본크기 $n$, 공정 불량률 $\delta$, 제1종 오류 $\alpha$에 의존한다. 여기서 $\delta$는 $1-\alpha$의 확률로 채택하는 불량률로 설명할 수 있다. Freund(1957)는 만족할 수준의 공정을 기각하는 위험(제1종 오류 또는 $\alpha$-위험)과 만족스럽지 않은 공정을 채택하는 위험(제2종 오류 또는 $\beta$-위험)을 모두 고려하는 **채택 관리도**(acceptance control chart)를 개발하였다.

관리도를 설계하기 위한 2가지 방법이 있다. 첫 번째 접근법은 사전에 정한 $n$과 $1-\beta$의 확률로 기각하기를 원하는 공정 불량률 $\gamma$에 기초하여 설계하는 것이다. 이 경우 관리한계는

$$\begin{aligned} \text{UCL} &= \mu_U - \frac{Z_\beta \sigma}{\sqrt{n}} \\ &= \text{USL} - Z_\gamma \sigma - \frac{Z_\beta \sigma}{\sqrt{n}} \\ &= \text{USL} - \left( Z_\gamma + \frac{Z_\beta}{\sqrt{n}} \right)\sigma \end{aligned} \tag{10.5a}$$

$$\begin{aligned} \text{LCL} &= \mu_L + \frac{Z_\beta \sigma}{\sqrt{n}} \\ &= \text{LSL} + Z_\gamma \sigma + \frac{Z_\beta \sigma}{\sqrt{n}} \\ &= \text{LSL} + \left( Z_\gamma + \frac{Z_\beta}{\sqrt{n}} \right)\sigma \end{aligned} \tag{10.5b}$$

가 된다. 여기서 $n$, $\gamma$, $1-\beta$(또는 $\beta$)를 지정한 경우 관리한계는 불량률 $\gamma$를 발생시키는 $\mu_L$과 $\mu_U$의 내부에 위치하며, $n$, $\delta$, $\alpha$를 지정한 경우 관리하한은 $\mu_L$과 LSL 사이에 위치하고 관리상한은 $\mu_U$와 USL 사이에 위치함을 유의하기 바란다.

또한 채택 관리도에서 사전에 설정한 $\delta$, $\alpha$, $\gamma$, $\beta$를 얻기 위한 표본크기를 선택하는 것이 가능하다. 특정한 $\delta$와 $\alpha$에 대한 관리상한(식 10.3$a$)과 특정한 $\gamma$와 $\beta$에 대한 관리상한(식 10.5$a$)을 다음과 같이 같게 놓을 수 있다.

$$\text{USL} - \left( Z_\delta - \frac{Z_\alpha}{\sqrt{n}} \right)\sigma = \text{USL} - \left( Z_\gamma + \frac{Z_\beta}{\sqrt{n}} \right)\sigma$$

따라서 사전에 설정한 $\delta$, $\alpha$, $\gamma$, $\beta$를 만족하는 표본크기는

$$n = \left( \frac{Z_\alpha + Z_\beta}{Z_\delta - Z_\gamma} \right)^2$$

이 된다. 예를 들어, $\delta = 0.01$, $\alpha = 0.00135$, $\gamma = 0.05$, $\beta = 0.2$인 경우 다음과 같은 표본크기를 사용해야 한다.

$$n = \left( \frac{Z_{0.00135} + Z_{0.20}}{Z_{0.01} - Z_{0.05}} \right)^2 = \left( \frac{3.00 + 0.84}{2.33 - 1.645} \right)^2 = 31.43 \simeq 32$$

## 10.3 다중 스트림 공정에 대한 관리도

### 10.3.1 다중 스트림 공정

**다중 스트림 공정**(multiple-stream process, MSP)은 어떤 한 시점에서 여러 개별적 공급원이나 스트림으로부터의 측정값으로 구성된 데이터를 갖는 공정이다. 공정이 관리상태일 때, 각 공급원이나 스트림은 동일하다고 가정한다. MSP의 또 다른 특징은 우리가 스트림을 개별적으로 또는 작은 그룹별로 조정할 수 있다는 것이다.

MSP는 실제로 많이 발생한다. 예를 들어, 어떤 기계가 여러 개의 헤드를 가지는데, 각 헤드는 동일한 제품을 생산하는 경우이다. 이와 같은 상황에 적용할 수 있는 여러 가지 관리 절차들이 있다. 하나의 가능한 방법은 각 스트림에 대해 개별적으로 관리도를 사용하는 것인데, 이 접근법은 일반적으로 아주 많은 수의 관리도를 사용해야 한다는 문제점이 있다. 만일 스트림들이 아주 강하게 상관되어 있다면, 즉 거의 완벽하게 상관되어 있다면, 스트림 하나를 선택하여 관리도를 적용하는 것이 적절할 수 있다. 그러나 대부분의 경우 스트림들은 단지 약하게 상관되어 있기 때문에 단지 하나의 스트림을 모니터링하는 것은 적절하지 않다. MSP에서 이상원인이 발생하는 상황은 최소한 다음 두 가지 경우이다.

1. 하나의 스트림(또는 아주 적은 스트림)의 출력물이 목표값으로부터 변화했다.
2. 모든 스트림의 출력물이 목표값으로부터 변화했다.

처음의 경우에는 오직 하나(또는 기껏해야 몇 개의 스트림)에 영향을 주는 이상원인을 탐지하려고 노력하는 반면에, 두 번째 경우에는 모든 스트림에 영향을 주는 이상원인(예를 들면 원자재의 변화)을 탐지하려고 노력하게 된다.

MSP에 적용하는 대표적인 관리도는 Boyd(1950)에 의해 제안된 그룹 관리도(group control chart)이다. 먼저 이를 설명하고, MSP에 적용하는 다른 절차에 대해서도 소개할 것이다. 이 절에서 공정은 $s$개의 스트림을 갖고 각 스트림으로부터의 품질특성치는 정규분포를 따른다고 가정한다.

### 10.3.2 그룹 관리도

**그룹 관리도**(group control chart, GCC)는 Boyd(1950)가 제안했으며, MSP를 모니터링하는 기본적인 절차이다. 이 관리도를 설계하고 사용하는 방법을 소개하기 위해, 공정이 $s = 6$ 스트림을 가지며 각 스트림은 동일한 목표값과 산포를 갖는다고 가정하자. 또한 생산된 제품에 계량형 측정을 수행했고, 측정값의 분포는 정규분포에 잘 근사된다고 가정한다. 그룹 관리도를 작성하기 위해, 각 스트림에 대해 개별적인 관리도를 작성하는 경우와 동일하게 표본을 추출한다. 예를 들어, 표본크기가 $n = 4$인 경우 이것은 $s = 6$의 각 스트림에서 유사한 시간대에 생산된 4개의 제품을 추출한다는 것이다. 이러한 추출을 20개 표본의 그룹을 구성할 때까지 수행한다면, $n = 4$인 개별값에 대한 $20 \times 6 = 120$개의 평균과 120개의 범위가 계산될 것이다. 이 평균과 범위들을 이용하면 총평균 $\bar{\bar{x}}$와 평균 범위 $\bar{R}$를 산출할 수 있다. 그룹 관리도의 관리한계는 $\bar{x}$ 관리도의 경우

$$\text{UCL} = \bar{\bar{x}} + A_2\bar{R}$$
$$\text{LCL} = \bar{\bar{x}} - A_2\bar{R}$$

이고, $R$ 관리도의 경우

$$\text{UCL} = D_4\bar{R}$$
$$\text{LCL} = D_3\bar{R}$$

가 된다. 여기서는 $n = 4$이기 때문에 $A_2 = 0.729$, $D_3 = 0$, $D_4 = 2.282$가 된다.

그룹 관리도를 사용하여 공정을 관리할 때, $\bar{x}$ 관리도에서 각 시간대에 관측한 $s = 6$의 평균에는 단지 최댓값과 최솟값만을 타점한다. 그 이유는 이들 값들이 관리한계 내에 있는 경우 모든 다른 평균도 관리한계 내에 위치하기 때문이다. 유사하게 범위 관리도에서는 범위의 최댓값만을 타점하고 있다. 하나의 점이 관리한계를 벗어날 경우 공정이 이상상태라고 판정한다. 이들 관리도에 런 검정은 적용할 수가 없는데, 이는 전통적인 런 검정으로 평균과 범위들 그룹의 극단값으로 타점된 평균과 범위들을 판정할 수 없기 때문이다.

관리도에 스트림의 번호를 표시하는 것도 유용하다. 일반적으로 어떤 스트림이 연달아 여러 번 최댓값(또는 최솟값)을 산출한다면, 이 스트림은 다른 것들과 다르다는 증거가 될 수 있다. 만일 공정에 $s$개의 스트림이 있고 어떤 스트림이 연속적으로 $r$개의 최댓값(또는 최솟값)을 산출한 경우, 모든 스트림이 동일하다고 가정하에 이러한 사건에 대한 한쪽 평균 런 길이는 Nelson(1986)에 의해

$$\text{ARL}(1)_0 = \frac{s^r - 1}{s - 1} \tag{10.6}$$

과 같이 계산된다. 예를 들어, $s = 6$이고 $r = 4$인 경우

$$\text{ARL}(1)_0 = \frac{6^4 - 1}{6 - 1} = 259$$

가 된다. 이것은 공정이 관리상태일 때 동일한 스트림에서 연속적으로 4번 그룹 관리도의 극단값으로 타점되는 것은 259 표본마다 한 번이라는 것을 의미한다.

어떤 스트림이 다른 것들과 다르다고 판단할 수 있는 $r$을 선택하는 한 가지 방법은 전통적인 관리도에서의 ARL과 거의 동일한 개념인 ARL을 계산하기 위해 식 10.6을 이용하는 것이다. 관리상태일 때, 한 점이 관리상한을 벗어나는 것에 대한 ARL은 740이다. 따라서 6개 스트림에서 $r = 4$를 사용하는 것은 ARL이 너무 작은 값이 되고 따라서 많은 오경보를 주게 된다. 좀 더 좋은 선택은 $r = 5$인데, 그 이유는

$$\text{ARL}(1)_0 = \frac{6^5 - 1}{6 - 1} = 1,555$$

이기 때문이다. 따라서 만일 6개의 스트림에 대해 동일한 스트림에서 5번 연속으로 관리도에 극단값으로 타점될 경우 이 스트림은 다른 것들과 다르다는 강력한 증거가 된다.

식 10.6을 이용하여, 스트림의 수가 $s$로 주어진 경우 $r$을 선택하는 가이드라인을 작성할 수 있는데, 적절한 $(s, r)$은 (3, 7), (4, 6), (5–6, 5), (7–10, 4)가 된다. 이들 $(s, r)$은 공정이 관리상태일 때, 합리적인 한쪽 ARL값을 제공해 준다.

관리상태에서의 양쪽 평균 런 길이 $\text{ARL}(2)_0$는 MSP가 관리상태에 있을 때 동일한 스트림에서 $r$개의 연속적인 평균의 최댓값 또는 $r$개의 연속적인 최솟값이 산출될 때까지 수행한 평균 시행횟수를 나타낸다. Mortell과 Runger(1995)와 Nelson과 Stephenson(1996)은 $\text{ARL}(2)_0$를 계산하기 위해 Brook과 Evans(1972)의 마르코프 연쇄(Markov chain) 접근법을 사용했다. $\text{ARL}(2)_0$에 대해 닫혀진 형태의 표현은 가능하지 않지만, Nelson과 Stephenson(1996)은 $\text{ARL}(2)_0$의 하한값이

$$\text{ARL}(2)_0 = \frac{s^r - 1}{2(r - 1)} \tag{10.7}$$

임을 제시하였다. 이 근사법은 마르코프 연쇄 접근법을 이용하여 계산한 결과와 크게 다르지 않다.

그룹 관리도에는 몇 가지 단점이 있는데, 이것은 다음과 같이 정리할 수 있다.

1. 표본이 추출되는 각 시점마다 $s$개의 모든 스트림에서 표본을 추출해야 한다. $s$가 작은 경우에는 만족할 만한 접근법이다. 그러나 고속의 주입 및 포장 기계는 $100 \le s \le 200$의 스트림을 가질 수 있는데, 이런 경우 그룹 관리도는 적절한 절차가 아니다.
2. 각 시점에서 최댓값과 최솟값을 제외한 스트림에 대한 정보가 없기 때문에, 그룹 관리도의 성능을 향상시키기 위해 EWMA 또는 CUSUM 통계량을 구성할 때 이전의 값들을 사용할 수 없다.
3. 하나 이상의 스트림이 동일한 이상상태의 수준으로 변화한 경우, 추가적인 런 검정은 수행할 수 없다. 그 이유는 변화한 스트림들이 번갈아 극단값을 가질 가능성이 많으므로 특정한 스트림의 변화를 규정할 수 없기 때문이다.
4. $s$개의 스트림을 갖는 공정에서 런의 길이 $r$의 선택은 이산적으로 결정되기 때문에, Mortell과 Runger(1995)에서 언급한 바와 같이 $r = r^*$와 $r = r^* + 1$일 때 $\text{ARL}_0$ 값의 차이는 클 수 있다. 이것은 최초로 Nelson(1986)이 제안한 런 검정의 문제점이기도 한데, Nelson과 Stephenson(1996)이 제안한 수정된 런 검정을 사용하면 어느 정도 해

결할 수 있다. 이것은 연속적인 $r$개에서 $r - 1$개의 극단값에 기초하는 것이다.

5. 연속적인 $r$개에서 $r - 1$개의 극단값을 사용하는 것은 최적값 $r - r^*$와 $ARL_0$를 결정할 때 좀 더 유연한 선택을 가능하게 해주지만, 계산하기가 좀 더 어렵다는 단점이 있다.

### 10.3.3 다른 접근법

Mortell과 Runger(1995)는 서로 종속적인(교차상관된) 스트림들을 포함시키기 위해 MSP의 다음과 같은 모형을 제안하였다.

$$x_{tjk} = \mu + A_t + \varepsilon_{tjk} \tag{10.8}$$

여기서 $x_{tjk}$는 시점 $t$에서 $j$번째 스트림의 $k$번째 관측값을 나타내고, $A_t \sim N(0, \sigma_a^2)$은 MSP의 목표값 $\mu$와 시점 $t$에서 모든 스트림의 평균과의 차이를 나타낸다. 또한 $\varepsilon_{tjk} \sim N(0, \sigma^2)$은 시점 $t$에서 모든 스트림의 평균과 $j$번째 스트림의 $k$번째 관측값과의 차이를 나타낸다. MSP 데이터에 대한 이 모형에서 전체 분산은 2개의 요소, 즉 모든 스트림에 대해 시간 변화에 따른 변동을 나타내는 $\sigma_a^2$와 주어진 시점 $t$에서 스트림 간의 변동을 나타내는 $\sigma^2$로 구성되어 있다. 이 모형에서 스트림의 각 짝에 대한 교차상관은 $\rho = \sigma_a^2/(\sigma_a^2 + \sigma^2)$이 된다.

Mortell과 Runger(1995)는 전반적인 이상원인(overall assignable cause)을 탐지하기 위해, 시점 $t$에서 개별 관리도를 이용하여 모든 스트림의 평균을 모니터링할 것을 제안하였다. 또한 그들은 하나 또는 몇 개의 스트림에 영향을 주는 상대적인 이상원인(relative assignable cause)을 탐지하기 위해, 시점 $t$에서 개별 관리도를 이용하여 각 스트림의 범위인 $R_t = \max(\bar{x}_{tj}) - \min(\bar{x}_{tj})$ 또는 최대 잔차(maximum residual)인 $\max(\bar{x}_{tj}) - \bar{x}_t$를 모니터링할 것을 제안하였다. 제안된 **잔차들에 대한 관리도**는 시간에 따른 공정평균에서의 변동이 스트림 간의 변동보다 더 클 때, 즉 $\sigma_a > \sigma$인 경우 그룹 관리도보다 성능이 좋다. Mortell과 Runger는 그들이 제안한 방법을 여러 MSP들에 대한 모의실험을 통하여 Nelson(1986)의 그룹 관리도의 런 검정과 비교했는데, 범위에 기초한 CUSUM 관리도는 범위 또는 최대 잔차에 기초한 Shewhart와 EWMA 관리도보다 성능이 좋다고 결론 내렸다. 또한 제안한 CUSUM 관리도와 Nelson(1986)의 런 검정의 성능에는 거의 차이가 없지만, 관리상태의 ARL을 다양하게 선택할 수 있다는 측면에서 제안한 방법이 더 선호될 수 있다고 언급하였다.

Runger, Alt와 Montgomery(1996a)는 서로 상관된 데이터에 갖는 MSP에 대한 관리도를 주성분분석(principal components analysis)과 연관하여 연구하였다. 처음 관리도는 시점 $t$에서 스트림들의 평균과 동일한 최대 주성분을 모니터링하고, 두 번째 관리도는 나머지 $p - 1$개의 주성분의 Hotelling $T^2$ 통계량(11장 참조)에 기초한 관리도이다. 두 번째 관리도는 $s^2$ 관리도와 동일한 절차인데, 스트림의 동일성에 영향을 주는 상대적인 이상원인에 민감한 관리도이다.

Lanning(1998)은 모든 스트림을 동시에 모니터링하는 것이 불가능한 MSP에서 많은 수의 동일하고 독립적인 스트림의 계승적(factorial)이고 적응적(adaptive)인 표본추출의 사용을 연구하였다. 그가 제안한 절차는 각 시점에서 단지 $s$개 스트림의 일정 비율이 추출되는데, 이상상태의 징후가 보일 경우 그 비율을 증가시키는 것이다(적응적 표본추출에 대해서는 10.5절에서 설명할 것이다). 그는 관리도의 성능을 비교하기 위해 신호까지 평균시간(average time to signal, ATS)을 사용하였고, 이상원인이 모든 또는 거의 모든 공정 스트림에 영향을 주는 상황에 초점을 맞추었다. 그는 적응적 비율 접근법이 고정된 비율을 사용하는 경우에 비해 더 좋은 ATS를 나타냈으며, 모든 스트림을 추출하는 경우와 비교해도 종종 만족할 만한 결과를 얻을 수 있다고 결론지었다. 많은 주입 밸브를 가진 다중 헤드 주입 기계에 대해 그의 방법론을 적용한 연구는 Lanning, Montgomery와 Runger(2002~2003)를 참조할 수 있다.

## 10.4 자기상관된 공정 데이터에 대한 SPC

### 10.4.1 공정 데이터에서 자기상관의 원인과 영향

관리도를 사용할 때 가장 일반적인 가정은 공정의 데이터가 관리상태일 때 서로 독립이고 평균은 $\mu$, 표준편차는 $\sigma$인 정규분포를 따른다는 것이다. $\mu$와 $\sigma$는 고정된 값이지만 알려지지 않았다고 가정하는데, 이상원인은 $\mu$ 또는 $\sigma$(또는 동시에)를 다른 값으로 변화시키게 된다. 따라서 공정이 관리상태일 때 시점 $t$에서의 품질특성치 $x_t$는 다음과 같은 모형으로 표현할 수 있다.

$$x_t = \mu + \varepsilon_t \quad t = 1, 2, \ldots \tag{10.9}$$

여기서 $\varepsilon_t$는 서로 독립이고 평균은 0, 표준편차는 $\sigma$인 정규분포를 따른다. 이 모형을 일반적으로 **Shewhart 공정모형**이라고 한다.

이 가정들이 만족될 경우에는 전통적인 관리도를 적용할 수 있고, 공정의 통계적 관리상태 여부에 대해 결론을 내릴 수 있다. 또한 3시그마 관리한계를 사용할 때 오경보율 또는 평균 런 길이와 같은 관리도의 통계적 특성들을 쉽게 결정할 수 있으며, 관리도 해석에 대한 가이드라인을 제공할 수 있다. 정규성 가정에서 아주 크게 벗어나지 않는다면, 이들 관리도는 여전히 잘 작동할 것이다.

품질특성치들이 시간에 따라 작은 수준의 상관성이라도 보이면 전통적인 관리도의 효율이 급격하게 떨어지기 때문에, 관리도에 관련된 제일 중요한 가정은 관측값들의 독립성이다. 특히 데이터가 양의 상관관계가 있을 경우 이들 관리도는 너무 많은 오경보가 발생하는 문제점이 있다. 이러한 문제에 대해 Berthouex, Hunter와 Pallesen(1978), Alwan과 Roberts(1988), Montgomery와 Friedman(1989), Alwan(1992), Harris와 Ross(1991), Montgomery와 Mastrangelo(1991), Maragah와 Woodall(1992) 등 많은 학자들의 연구가 있었다.

불행하게도 관측값들의 독립성 가정은 여러 제조 공정에서 근사적으로도 만족되지 않는 경우가 있다. 화학 공정과 같은 공정의 연속적인 측정값 또는 제품의 특성치들은 종종 아주 강하게 상관되어 있는데, 이들은 생산에서 매 시간 단위로 측정되고 있다. 상관된 공

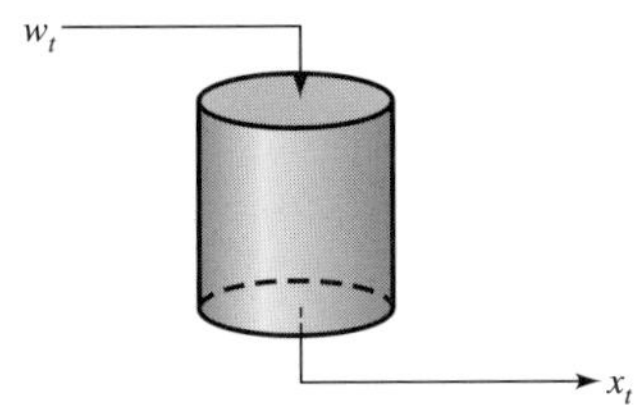


**그림 10.5**
부피가 V인 탱크에서 입력과 출력 스트림

정 데이터의 한 예가 그림 5.7*b*에 나타나 있다. 기본적으로 모든 제조 공정은 관성적인 요소(inertial element)들이 있는데, 표본 간의 간격이 관성의 힘보다 상대적으로 작을 경우 공정의 관측값들은 시간에 따라 서로 상관될 것이다.

이러한 현상에 대해 분석적인 설명을 하는 것은 어렵지 않다. 그림 10.5는 부피가 $V$이고 유속(flow rate)이 $f$인 입력과 출력 재료 스트림을 갖는 탱크에 대한 간단한 시스템을 나타낸다. $w_t$는 시간 $t$에서 입력 스트림의 어떤 재료의 농도이고, $w_t$는 출력 스트림에서 대응하는 재료의 농도라고 하자. 탱크 내의 동질성(homogeneity)을 가정할 때, $x_t$와 $w_t$의 관계는 다음과 같다.

$$x_t = w_t - T\frac{dx_t}{dt}$$

여기서, $T = V/f$는 시스템의 **시간 상수**(time constant)라고 한다. 만일 시점 $t = 0$에서 입력 스트림에 $w_0$만큼의 계단 변화(step change)가 발생한다면, 출력 농도는

$$x_t = w_0\left(1 - e^{-t/T}\right)$$

가 된다. 이제 좀 더 실제적으로, 우리가 계속적으로 $x_t$를 관측하지 못하고 동일한 시간 간격인 $\Delta t$마다 관측한다고 가정하자. 이 경우

$$\begin{aligned} x_t &= x_{t-1} + \left(w_t - x_{t-1}\right)\left(1 - e^{-\Delta t/T}\right) \\ &= aw_t + (1-a)x_{t-1} \end{aligned}$$

가 되고, 여기서 $a = 1 - e^{-\Delta t/T}$이다.

출력 스트림 농도 $x_t$의 특성은 입력 스트림 농도 $w_t$와 표본 간격 $\Delta t$의 특성에 의존한다. 만일 $w_t$가 상관되지 않은 확률변수라고 가정한다면, 연속적인 $x_t$들의 상관(또는 $x_t$와 $x_{t-1}$의 자기상관)은

$$\rho = 1 - a = e^{-\Delta t/T}$$

가 된다. $\Delta t$가 $T$보다 클 경우 $\rho \simeq 0$이 되는데, 이것은 출력 스트림에서 표본 간격 $\Delta t$가 길 경우(시간 상수 $T$보다 많이 클 경우) 출력 농도값들은 서로 상관되지 않는다는 것을 나타낸다. 그러나 $\Delta t \le T$인 경우에는 그렇지 않을 것이다. 예를 들어

$$\begin{aligned} &\Delta t/T = 1 & &\rho = 0.37 \\ &\Delta t/T = 0.5 & &\rho = 0.61 \\ &\Delta t/T = 0.25 & &\rho = 0.78 \\ &\Delta t/T = 0.10 & &\rho = 0.90 \end{aligned}$$

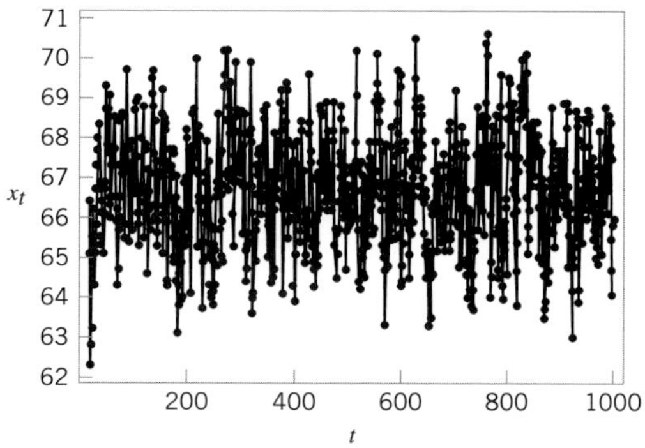

그림 10.6 자기상관이 있는 공정 변수

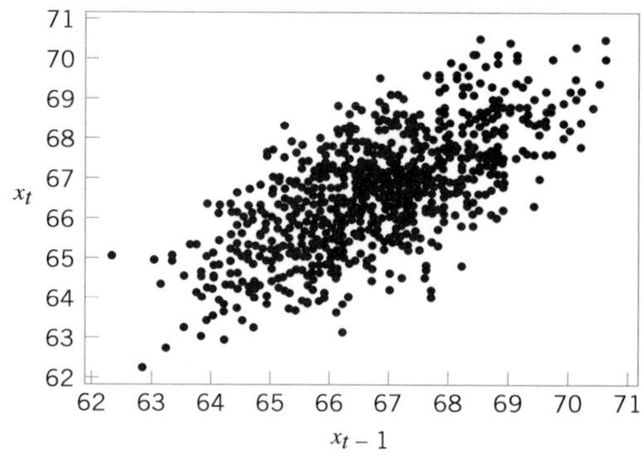

그림 10.7 $x_{t-1}$에 대한 $x_t$의 산점도

가 된다. 시간 상수마다 최소한 한 번씩 표본을 추출할 경우 관측값들 간에 심각한 자기상관이 발생한다. 만일 시간 상수마다 4번씩 표본을 추출($\Delta t/T = 0.25$)할 경우 $x_t$와 $x_{t-1}$의 자기상관은 $\rho = 0.78$이 된다. 0.25 정도의 자기상관도 관리도에서 많은 오경보를 발생시킬 수 있기 때문에, 자기상관은 관리도를 적용할 때 중요한 이슈가 된다.

이러한 현상에 대해 실증적인 설명을 해 보자. 그림 10.6은 공정의 1,000개의 품질특성치 $x_t$에 대한 플롯이다. 이 플롯에 대한 엄밀한 분석을 수행한 결과, $x_t$가 장기적인 평균(약 66) 위에 위치하면 다음 값도 평균 위에 위치하고, 아래에 위치하면 다음 값도 아래에 위치한다는 측면에서 랜덤하지 않은 패턴을 보임을 알 수 있다. 이 사실은 $x_t$($t$시점에서의 관측값)와 $x_{t-1}$(한 시점 이전의 관측값)의 산점도인 그림 10.7에서도 알 수 있다. 관측값들이 양의 기울기를 갖는 직선위에 군집을 이루는 것으로 나타났다. 이것은 $t-1$시점에서 상대적으로 작은 값이 관측된 경우 $t$시점에서도 작은 값이 관측되고, $t-1$시점에서 상대적으로 큰 값이 관측된 경우 $t$시점에서도 큰 값이 관측된다는 것이다. 이것은 관측값들 사이에 **양의 자기상관**(positive autocorrelation)이 있는 전형적인 형태이다.

자기상관의 수준을 측정하는 것 역시 가능하다. 시간적으로 관측되는 데이터에 대한 자기상관은 다음과 같이 정의되는 **자기상관함수**(autocorrelation function)로 측정할 수 있다.

$$\rho_k = \frac{\mathrm{Cov}(x_t, x_{t-k})}{V(x_t)} \quad k = 0, 1, \ldots$$

여기서 $\mathrm{Cov}(x_t, x_{t-k})$은 $k$시점 떨어진 관측값들의 공분산이고, 이때 관측값들은 $V(x_t)$인 고정된 분산을 갖는다고 가정한다. 보통 $\rho_k$는 다음과 같이 정의되는 **표본자기상관함수**(sample autocorrelation function)로 측정한다.

$$r_k = \frac{\sum_{t=k+1}^{n-k}(x_t - \bar{x})(x_{t-k} - \bar{x})}{\sum_{t=1}^{n}(x_t - \bar{x})^2} \quad k = 0, 1, \ldots, K \tag{10.10}$$

일반적으로 $k \le n/4$인 범위에서 $r_k$의 값들을 계산하는 것이 필요한데, 통계적 데이터 분석을 위한 많은 소프트웨어에서 이 계산들을 수행할 수 있다.

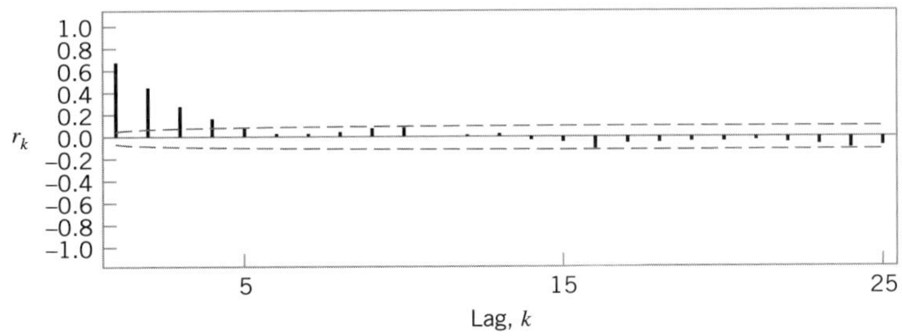


**그림 10.8**
그림 10.6의 데이터에 대한 표본자기상관함수

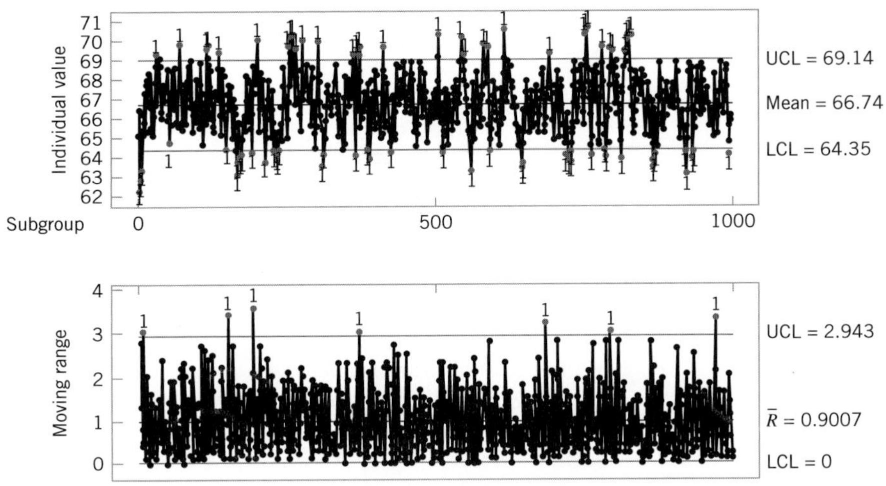


($a$) 개별 관측값과 이동범위 관리도

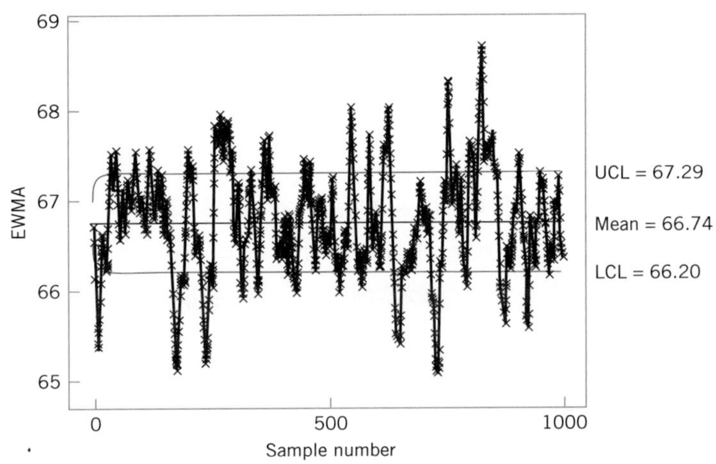


($b$) EWMA 관리도

**그림 10.9**
그림 10.6의 데이터에 대한 관리도 (Minitab)

그림 10.6에 있는 데이터에 대한 표본자기상관함수가 그림 10.8에 나타나 있다. 이것은 Minitab을 사용하여 작성한 것이다. 그래프의 점선은 시차 $k$에서 자기상관모수 $\rho_k$에 대한 2배의 표준편차 한계를 나타낸다. 만일 표본자기상관이 2배의 표준편차 한계를 벗어날 경우 해당되는 자기상관모수 $\rho_k$는 0이 아닐 가능성이 높기 때문에, 이 한계선은 자기상관이 0인지 아닌지를 판단하는 데 유용하게 사용될 수 있다. 시차 1에서 표본자기상관은 $r_1 \simeq 0.7$인데, 이 값은 관리도의 성능을 뒤틀리게 할 만큼 큰 값이다.

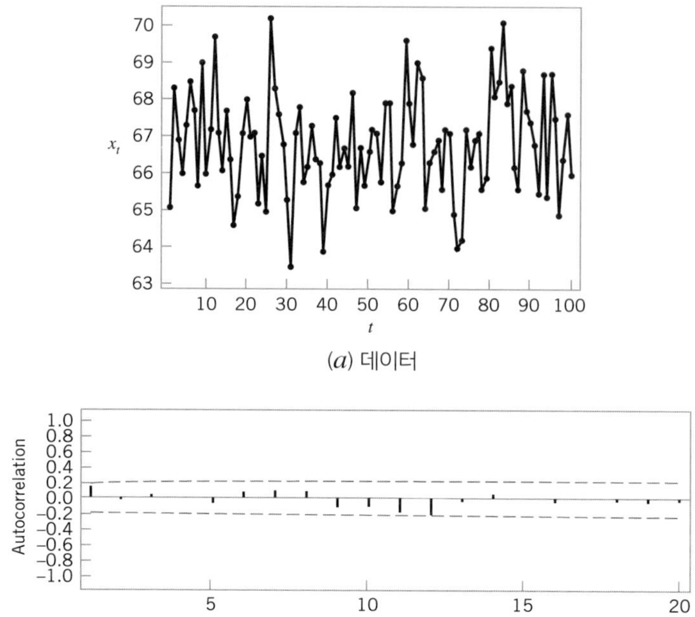

**그림 10.10**
그림 10.6의 매 10번째 관측값에 대한 플롯

(*a*) 데이터

(*b*) 표본자기상관함수

그림 10.9는 그림 10.6에 있는 데이터에 대해 Minitab으로 작성한 관리도를 나타내고 있다. 개별 관측값 관리도와 EWMA 관리도 모두 많은 이상상태의 점들을 나타내고 있다.

이전에 논의한 바에 따르면, 표본추출간격을 늘리는 것으로 공정 데이터의 자기상관을 어느 정도 해결할 수 있다. 이를 설명하기 위해, 그림 10.6의 데이터에서 매 10번째 관측값에 대한 플롯인 그림 10.10*a*를 고려해 보자. 그림 10.10*b*에 나타난 표본자기상관함수는 작은 시차에 대해 자기상관이 거의 없음을 나타내고 있다. 그림 10.11에 있는 관리도는 공정이 안정되어 있음을 나타낸다. 따라서 자기상관을 해결하는 하나의 접근법은 공정 데이터 스트림에서 표본을 덜 자주 추출하는 것이다. 이것은 쉬운 해결책이긴 하지만, 여러 가지 문제점을 발생시킨다. 예를 들어, 사용 가능한 데이터를 충분하게 사용하지 못한다는 것이다. 위의 예에서는 정보의 90%를 버린다고 할 수 있다. 또한 매 10번째 관측값을 이용하기 때문에, 모든 데이터를 사용하는 경우에 비해 실제 공정의 변화를 탐지하는 데 시간이 더 오래 걸리게 된다.

당연히 더 좋은 접근법이 필요하다. 다음 두 절에서 자기상관된 데이터를 모니터링하는 여러 가지 접근법에 대해 설명할 것이다.

### 10.4.2 모형 기반 접근법

**시계열 모형** 자기상관된 데이터를 모니터링할 때 유용하다고 입증된 접근법은 상관된 구조를 적절한 **시계열 모형**(time series model)으로 모형화하고, 그 모형을 사용하여 데이터에서 자기상관이 제거된 **잔차**(residual)에 대해 관리도를 적용하는 것이다. 예를 들어 품질특성치 $x_t$를 다음과 같이 모형화한다고 가정해 보자.

$$x_t = \xi + \phi x_{t-1} + \varepsilon_t \tag{10.11}$$

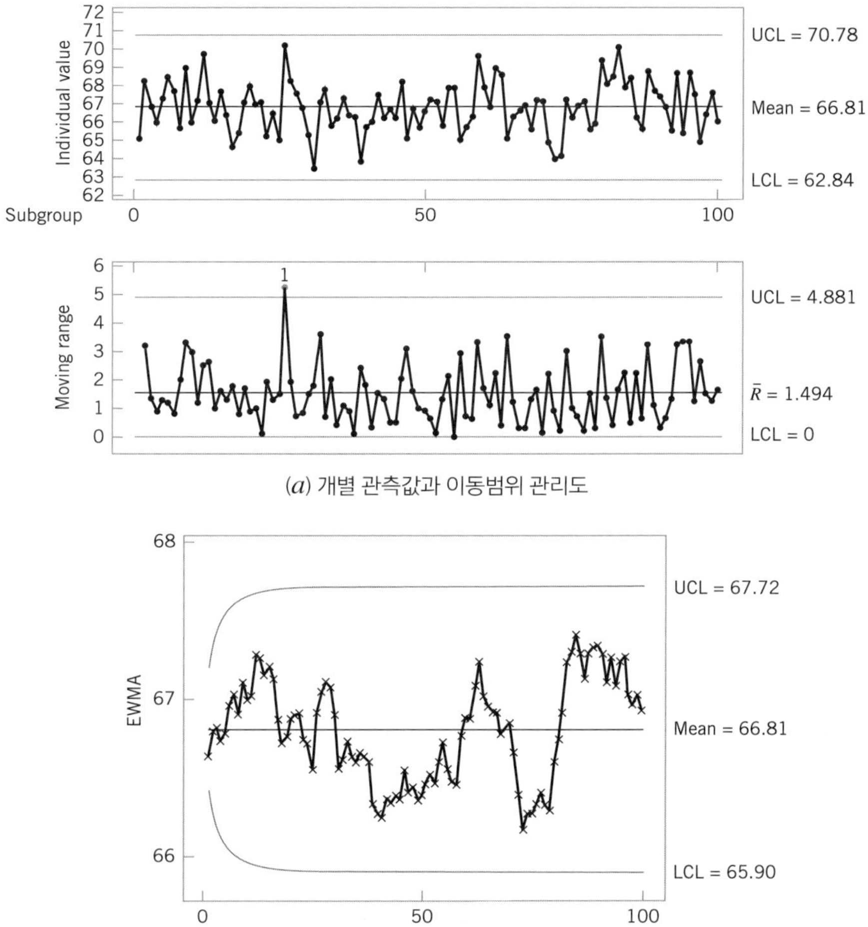


($a$) 개별 관측값과 이동범위 관리도

($b$) EWMA 관리도

**그림 10.11**
그림 10.10a의 데이터에 대한 관리도(Minitab)

여기서 $\xi$와 $\phi(-1 < \phi < 1)$는 알려져 있지 않은 상수이고, $\varepsilon_t$는 서로 독립이고 평균이 0, 표준편차가 $\sigma$인 정규분포를 따른다고 가정한다. 이것은 직관적으로 그림 10.6, 10.7, 10.8에 적절한 모형으로 판단된다. 식 10.11을 **1차 자기회귀모형**(first-order autoregressive model)이라고 하고, 이 모형에서 $x_t$는 평균 $\xi/(1-\phi)$, 표준편차 $\sigma/(1-\phi^2)^{1/2}$을 따르고, $k$시점 떨어진 관측값들($x_t$와 $x_{t-k}$)의 상관계수는 $\phi^k$이 된다. 즉, 자기상관함수가 그림 10.8에 나타난 표본자기상관함수와 같이 지수적으로 감소하는 형태이다. $\hat{\phi}$는 공정의 표본 데이터로부터 얻어진 $\phi$의 추정치이고 $\hat{x}_t$는 $x_t$의 적합된 값이라고 가정해 보자. 그러면 잔차

$$e_t = x_t - \hat{x}_t$$

는 근사적으로 서로 독립이고 평균 0과 고정된 표준편차를 갖는 정규분포를 따르게 된다. 따라서 이들 잔차에 대해 전통적인 관리도를 적용할 수 있다. 이들 관리도에서 이상상태의 신호는 모수 $\phi$ 또는 $\xi$가 변화했다는 것을 나타내고, 이것은 원래 변수인 $x_t$가 이상상태라는 것을 의미하게 된다. 시계열 모형을 판별하고 적합시키는 것에 대한 좀 더 상세한 내용은 Montgomery, Johnson과 Gardiner(1990), Montgomery, Jennings와 Kulahci(2008), Box, Jenkins와 Reinsel(1994)을 참고할 수 있다.

### 예 10.2 잔차에 대한 관리도

그림 10.12는 화학공정에서 매시간마다 측정된 점도 데이터에 적용한 개별 관측값 관리도를 나타내는데, 관리한계를 벗어난 점들이 많음을 알 수 있다. 그러나 생산 공정의 특성으로 인하여 그림 10.12의 점도 관측값들은 시간에 따라 천천히 표류(drift)하는 것으로 보이기 때문에 자기상관의 존재 여부가 의심된다. 이 공정에 대하여 적절한 시계열 모형을 적합시키고 잔차에 대해 관리도를 구성하라.

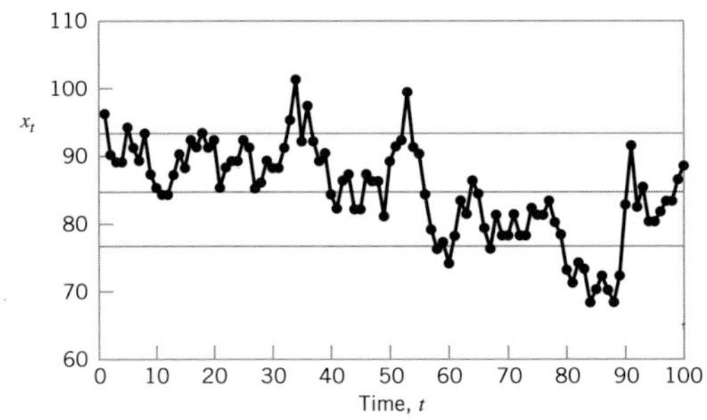


**그림 10.12** 점도에 적용한 개별 관측값 관리도

**풀이**

점도 데이터에 대한 표본자기상관함수가 그림 10.13에 나타나 있다. 시차 1의 자기상관이 강한 것을 알 수 있으며, 1차 자기상관은 $r_1 = 0.88$로 계산된다. 이 정도의 자기상관은 Shewhart 관리도의 성능을 크게 왜곡시킬 만큼 충분히 큰 값이다. 특히 양의 자기상관은 오경보의 빈도를 크게 증가시키기 때문에, 그림 10.12에 나타난 이상상태의 신호들에 대해 해석을 할 때 주의를 기울여야 한다. 표본자기상관함수의 형태에 기초하면, 이 공정을 모형화할 때에는 1차 자기회귀모형을 사용하는 것이 바람직하다고 판단된다.

식 10.11의 자기회귀모형의 모수들은 최소제곱 방법을 사용하여 추정할 수 있는데, 이것은 오차항 $\varepsilon_t$의 제곱합을 최소화하도록 $\xi$와 $\phi$를 선택하는 것이다. 많은 통계 소프트웨어에서 이들 시계열 모형을 적합시키는 절차를 제공하고 있다. 점도 데이터에 대해 적합된 모형은

$$x_t = 13.04 + 0.847x_{t-1}$$

이다. 우리는 이 공정에 대하여 위의 모형을 Shewhart 모형의 대안으로 고려할 것이다.

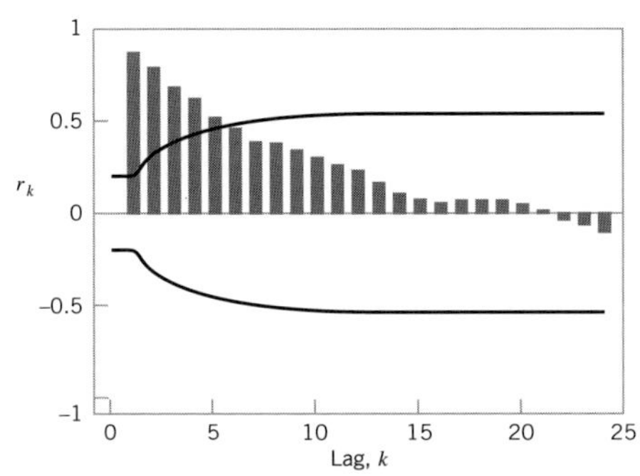


**그림 10.13** 점도 데이터에 대한 표본자기상관함수

그림 10.14는 적합된 1차 자기회귀모형으로부터 계산된 잔차에 대한 개별 관리도이다. 시점 90 주변에 2개의 점들이 관리상한에 가깝게 위치했지만, 어떠한 점도 관리한계를 벗어나지 않음을 알 수 있다. 그림 10.12의 개별 관측값에 대한 관리도의 결과와는 다르게, 이 공정은 통계적 관리상태에 있다고 결론지을 수 있다.

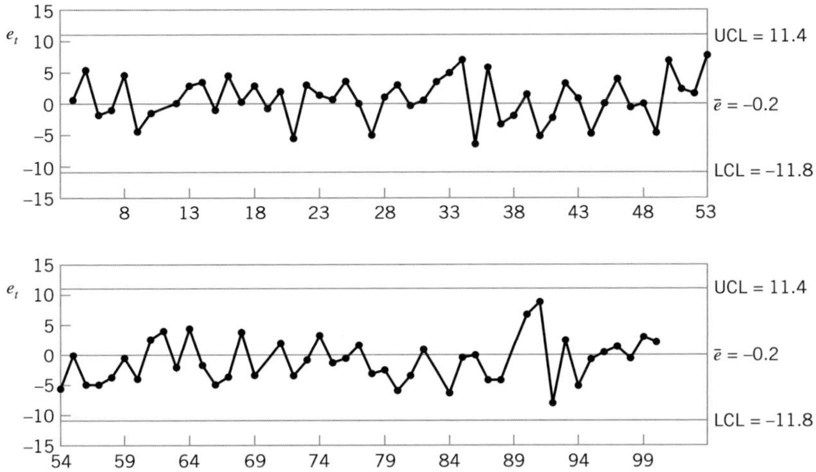


**그림 10.14** 모형 $x_t = 13.04 + 0.847x_{t-1}$로부터의 잔차에 적용한 개별 관측값 관리도

**다른 시계열 모형** 점도 예제에 사용된 1차 자기회귀모형은 자기상관된 데이터를 모형화하는 유일한 모형은 아니다. 식 10.11의 확장된 형태인

$$x_t = \xi + \phi_1 x_{t-1} + \phi_2 x_{t-2} + \varepsilon_t \tag{10.12}$$

는 **2차 자기회귀모형**이다. 일반적으로 자기회귀모형에서는 변수 $x_t$가 이전 관측값인 $x_{t-1}$, $x_{t-2}$, …에 직접적으로 종속되어 있다. 다른 접근법으로 오차항 $\varepsilon_t$를 사용하여 종속관계를 모형화할 수도 있는데, 가장 간단한 모형으로

$$x_t = \mu + \varepsilon_t - \theta\varepsilon_{t-1} \tag{10.13}$$

을 고려할 수 있으며 이를 **1차 이동평균모형**(first-order moving average model)이라고 한다. 이 모형에서 $x_t$와 $x_{t-1}$의 상관은 $\rho_1 = -\theta/(1+\theta^2)$이고 나머지 시차에 대해서는 0이 된다. 따라서 $x_t$에서 상관 구조는 한 시점 이전으로만 한정된다.

때로는 자기회귀와 이동평균을 결합시킨 모형이 유용한 경우도 있다. **1차 혼합모형**(first-order mixed model)은

$$x_t = \xi + \phi x_{t-1} + \varepsilon_t - \theta\varepsilon_{t-1} \tag{10.14}$$

인데, 이 모형은 화학과 장치 산업에서 유용하게 사용된다. 즉, 공정변수 $x_t$가 1차 자기회귀를 따르면서 랜덤오차 성분이 더해져서 식 10.14와 같이 혼합된 모형을 구성하는 것이다. 화학과 장치 산업에서 1차 자기회귀 공정 형태는 흔하게 발생하며, 일반적으로 품질 특성치가 랜덤 또는 서로 상관이 없는 측정오차가 존재하는 실험실에서(또는 온라인 계기에 의해) 측정된다. 따라서 측정된 관측값들은 자기회귀 성분과 랜덤 산포의 합으로 구성되고 식 10.14의 혼합모형으로 설명이 가능해진다.

또한 실제 응용에서 **1차 누적이동평균모형**(first-order integrated moving average model)

$$x_t = x_{t-1} + \varepsilon_t - \theta\varepsilon_{t-1} \tag{10.15}$$

이 유용한 경우도 있다. 이전 모형들은 정상적(stationary) 형태(즉, $x_t$가 고정된 평균 주변을 움직이는 것)를 표현하는 데 반해, 식 10.15의 모형은 비정상적(nonstationary) 형태(즉, $x_t$가 공정의 평균이 고정되지 않은 것처럼 표류하는 것)를 표현한다. 이 모형은 화학과 장치 산업에서 $x_t$가 조정되지 않은(uncontrolled) 공정 산출물인 경우, 즉 변수가 목표값에 가까워지도록 어떠한 관리 행동을 취하지 않은 경우 주로 적합되는 모형이다.

식 10.11에서 식 10.15까지 설명했던 모형들은 **자기회귀누적이동평균**(autoregressive integrated moving average, ARIMA) 모형으로 알려진 모형군에 속하는 것들이다. 이들 모형의 상세한 내용은 Montgomery, Johnon과 Gardiner(1990), Montgomery, Jennings와 Kulahci(2008), Box, Jenkins와 Reinsel(1994) 등을 참조할 수 있다. 이들 모형은 식 10.9의 Shewhart 모형과 많이 다르지만, Shewhart 모형을 하나의 특수한 경우로 포함하고 있다. 즉, 식 10.11에서 $\phi = 0$이거나 식 10.13에서 $\theta = 0$인 경우 Shewhart 모형으로 단순화된다.

**상관된 데이터에 대한 근사적 EWMA 절차** 점도 예제에서 설명한 시계열모형 접근법은 실제로 적용하기 어려울 수 있다. 이것은 여러 공정변수들에 대해 관리도를 사용할 때, 각 변수에 대해 적절한 시계열 모형을 적합시키는 것은 시간이 많이 소요되는 작업이기 때문이다. 일부 연구자들은 이러한 어려움을 해결하기 위해 자동적으로 시계열 모형에 적합시키는 절차를 제안하였다(Yourstone과 Montgomery(1989)와 이 논문의 참고문헌을 참조). 그러나 이러한 절차들도 실제 적용할 경우 예상한 것에 비해 더 많은 노력을 필요로 하는 경우가 많다.

Montgomery와 Mastrangelo(1991)는 EWMA에 기초한 근사적인 절차를 제안하였다. 그들은 데이터가 상관되어 있는 어떤 상황에서 EWMA가 사용될 수 있다는 사실을 이용하였다. 공정이 식 10.15의 누적이동평균모형에 의해 적합될 경우를 가정해 보자. 이때 $\lambda = 1 - \theta$인 EWMA는 이 공정에서 최적의 다음 시점 예측값이 된다고 알려져 있다. 즉, $\hat{x}_{t+1}(t)$가 시점 $t$에서 시점 $t + 1$의 관측값에 대한 예측값이라고 할 때,

$$\hat{x}_{t+1}(t) = z_t$$

가 된다. 여기서 $z_t = \lambda x_t + (1 - \lambda)z_{t-1}$인 EWMA이다. 한 시점 이후 예측오차

$$e_t = x_t - \hat{x}_t(t-1) \tag{10.16}$$

는 평균이 0이고 서로 독립이며 동일한 분포를 따르게 된다. 따라서 이들 한 시점 이후 예측오차들에 대해 관리도를 적용할 수 있다. 이때 모수 $\lambda$(또는 $\theta$)는 오차 $e_t$의 제곱합이 최소가 되도록 정하면 된다.

이제 공정이 식 10.15에 의해 모형화될 수 없는 경우를 가정해 보자. 일반적으로 공정의 관측값들이 양의 상관관계가 있고 공정평균이 빠르게 표류하지 않는 경우, 적절한 $\lambda$를 사용한 EWMA는 아주 정확한 한 시점 이후 예측값이 된다. 예측과 시계열 분석 분야에서 이 사실은 많이 이용되어 왔는데, 예를 들면 Montgomery, Jennings와 Kulahci(2008)를 참조할 수 있다. 결론적으로 1차 동적 과정(first-order dynamics)(즉, 아주 천천히 표류하는 과정)에 속하는 많은 공정은 EWMA로 잘 예측된다고 기대할 수 있다.

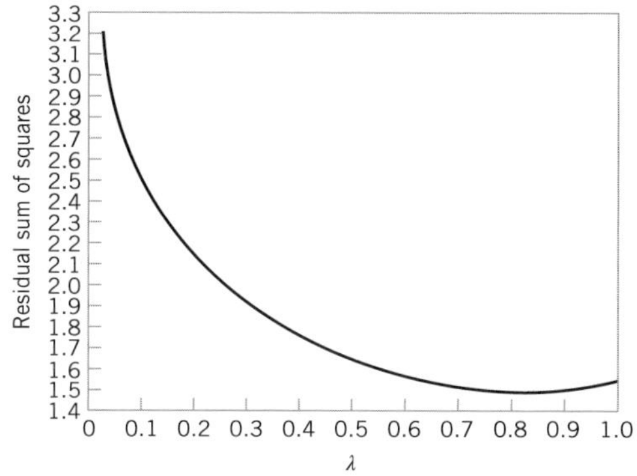


**그림 10.15**
λ에 대한 잔차제곱합

따라서 위에서 언급한 가정하에서 우리는 정확한 시계열 모형 접근법 대신 근사적인 통계적 공정 모니터링 절차에 EWMA를 사용하고자 한다. 이 절차는 한 시점 이후 예측오차(또는 모형 잔차)를 관리도에 타점하는 것이다. 이 관리도는 원래 관측값에 EWMA 예측값을 함께 타점한 런 관리도를 병행할 수도 있다. 일반적으로 두 관리도는 모두 유용하게 사용될 수 있는데, 이것은 관리자가 잔차에 대한 관리도는 공정에 대한 직접적인 정보를 제공하지 않는다고 생각할 수 있기 때문이다. 원래 관측값에 대한 런 관리도는 공정의 동적 과정을 직접적으로 표현해 준다.

그림 10.15는 점도 데이터에 대해 $\lambda$와 EWMA 예측오차의 제곱합을 타점한 그래프이다. 오차 제곱합이 최소가 되는 $\lambda$는 $\lambda = 0.825$이다. 그림 10.16은 EWMA 예측오차에 대한 개별 관측값 관리도를 나타낸다. 이 관리도는 그림 10.14에 나타난 정확한 자기회귀모형 잔차에 대한 관리도와 조금 다르지만, 크게 차이가 나지는 않는다. 두 관리도 모두 공정은 시점 90에서 이상원인이 발생한 가능성이 있지만 전반적으로 안정되어 있음을 나타내고 있다.

Montgomery와 Mastrangelo(1991)는 하나의 관리도에 통계적 관리 및 공정의 동적 상태에 대한 정보를 표현할 수 있음을 언급하였다. 한 시점 이후 예측오차 (또는 모형 잔차) $e_t$는 정규분포를 따름을 가정하자. 그러면 이들 오차에 대한 관리도의 3시그마 관리한계는

$$P\left[-3\sigma \le e_t \le 3\sigma\right] = 0.9973$$

를 만족한다. 여기서 $\sigma$는 오차 또는 잔차 $e_t$의 표준편차를 나타낸다. 위의 식은

$$P\left[-3\sigma \le x_t - \hat{x}_t(t-1) \le 3\sigma\right] = 0.9973$$

또는

$$P\left[\hat{x}_t(t-1) - 3\sigma \le x_t \le \hat{x}_t(t-1) + 3\sigma\right] = 0.9973 \qquad (10.17)$$

으로 다시 표현할 수 있다. 식 10.17은 EWMA가 적절한 한 시점 이후 예측값이라면, 시점 $t+1$에 대한 관리도의 중심선은 $z_t$이고 관리상한과 하한은 각각

$$\text{UCL}_{t+1} = z_t + 3\sigma \qquad (10.18a)$$

$$\text{LCL}_{t+1} = z_t - 3\sigma \qquad (10.18b)$$

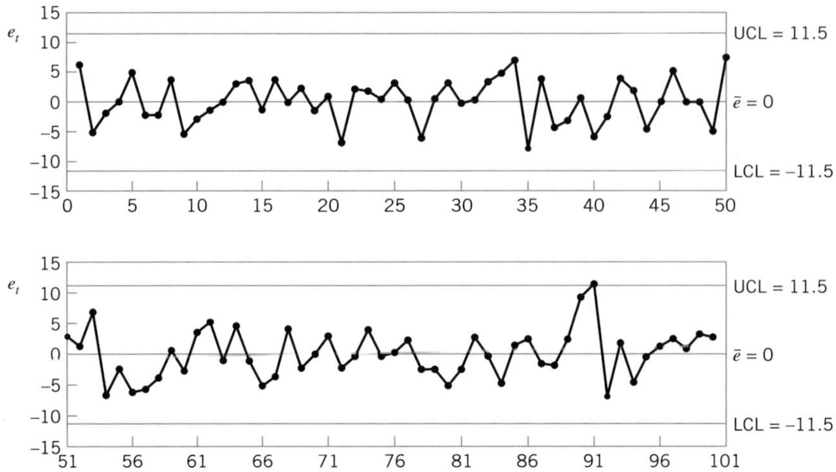


그림 10.16
λ = 0.825를 사용한 EWMA 예측오차와 Shewhart 관리한계

가 됨을 나타내고 있다. 따라서 관측값 $x_{t+1}$을 위의 관리한계와 비교하여 통계적 관리상태 여부를 판단하는 것이다. 이 관리도는 **이동 중심선 EWMA 관리도**(moving center-line EWMA control chart)라고 생각할 수 있다. 위에서 언급한 바와 같이 이 관리도는 잔차에 대한 관리도와 EWMA에 대한 관리도를 하나의 관리도에 표현할 수 있다는 점에서 아주 효율적이라고 할 수 있다.

그림 10.17은 점도 데이터에 대해 **λ** = 0.825를 사용한 이동 중심선 EWMA 관리도를 나타낸다. 이 관리도는 그림 10.16의 EWMA 예측오차 관리도와 통계적 관리상태 여부에 대해 동일한 정보를 제공하지만, 관리자는 이 관리도로부터 공정에 대해 좀 더 많은 정보를 얻을 수 있다.

**$\sigma$의 추정과 모니터링** 한 시점 이후 오차 또는 모형 잔차의 표준편차 $\sigma$는 여러 가지 방법을 이용하여 추정될 수 있다. 만일 관측값 $n$개에 기초하여 **λ**를 선택했다면, 최적의 **λ**에 대한 예측오차의 제곱합을 $n$으로 나누어 $\sigma^2$의 추정량을 만들 수 있다. 이것이 대다수의 시계열 모형 컴퓨터 프로그램에서 사용하고 있는 방법이다.

다른 접근법은 예측 시스템에서 많이 사용되고 있는 방법과 같이 $\sigma$를 추정하는 것이다. 평균절대편차(mean absolute deviation, MAD)가 사용되는데, MAD는 다음과 같이 예측오차의 절댓값에 EWMA를 적용하여 계산된다.

$$\Delta_t = \alpha|e_t| + (1-\alpha)\Delta_{t-1} \quad 0 < \alpha \le 1$$

정규분포의 MAD는 표준편차와 $\sigma = 1.25\Delta$라는 관계가 있기 때문에(Montgomery, Johnson과 Gardiner(1990) 참조), 시점 $t$에서 예측오차의 표준편차는

$$\hat{\sigma}_t \simeq 1.25\Delta_t \tag{10.19}$$

로 추정할 수 있다. 또 다른 접근법은

$$\hat{\sigma}_t^2 = \alpha e_t^2 + (1-\alpha)\hat{\sigma}_{t-1}^2 \quad 0 < \alpha \le 1 \tag{10.20}$$

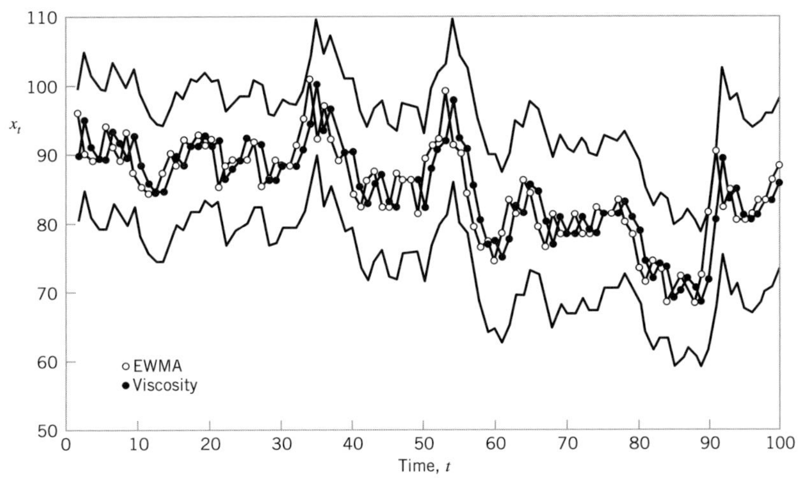

그림 10.17
점도 데이터에 적용한 이동 중심선 EWMA 관리도($\lambda$ = 0.825)

와 같이 평활분산(smoothed variance)을 직접 계산하는 것이다. MacGregor와 Harris(1993)는 공정의 산포를 모니터링할 때 지수가중이동분산(exponentially weighted moving variance) 추정치의 사용에 대해 논의하였다. 그들은 상관되거나 상관되지 않은 데이터 모두에 대해 이들 통계량의 관리한계를 설정하는 방법을 제안하였다.

**잔차 관리도의 민감도** 여러 연구자들이 잔차 관리도는 공정의 작은 변화에 민감하지 않다고 지적하였다(Wardell, Moskowitz와 Plante(1994) 참조). 민감도를 증진시키기 위해 Shewhart 관리도 대신 잔차에 CUSUM 또는 EWMA 관리도를 사용할 것을 추천한다. Tseng과 Adams(1994)는 EWMA는 대부분의 공정(식 10.15의 모형은 제외)에서 최적의 예측값이 아니기 때문에 자기상관을 완전하게 고려하지 못하며, 이 사실은 EWMA 잔차 또는 예측오차에 기초한 관리도의 통계적 성능에 영향을 준다고 언급하였다. Montgomery와 Mastrangelo(1991)는 **추적 신호**(tracking signals)라는 추가적이 절차를 잔차에 대한 관리도와 병행하여 사용할 것을 제안하였다. 이러한 추가적인 절차의 사용은 잔차 관리도의 성능을 향상시키는 것으로 나타났다. 또한 Mastrangelo와 Montgomery(1995)는 적절하게 설계된 추적 신호 절차를 이전에 설명한 EWMA에 기초한 관리도 절차와 병행할 경우, 좋은 관리상태의 성능과 충분한 변화 탐지 성능을 달성할 수 있음을 보였다.

**자기상관된 데이터에 대한 다른 EWMA 관리도** Lu와 Reynolds(1999a)는 자기상관된 공정의 평균을 모니터링하는 EWMA 관리도에 대해 다양한 연구를 진행하였다. 그들은 1차 자기회귀 공정에 백색잡음(상관되지 않은 오차)이 더해진 공정을 고려하였다. 이것은 식 10.14의 1차 혼합모형과 동일한 모형이다. 그들은 관리상태의 평균 런 길이가 $ARL_0$ = 370이면서 공정변수를 직접 모니터링하는 EWMA 관리도를 제안하였다. 그들은 데이터에 직접 EWMA를 적용하는 방법과 잔차에 EWMA를 적용하는 방법의 효율에 대해 비교를 진행하였다. 그들이 발견한 사실을 다음과 같이 요약할 수 있다.

1. 공정에 심각한 자기상관이 존재하거나 이러한 자기상관이 공정의 내재적인 부분일 경우, 공정 모수를 추정하고 관리도를 설정할 때 전통적인 방법을 사용하지 말아야 한다. 대신 자기상관을 모형화해야 하고 이를 이용해야 신뢰성 있는 관리도를 작성할 수 있다.
2. 공정 관측값으로부터 모형을 적합시키거나 이 모형의 모수를 추정할 때 큰 수의 데이터를 사용해야만 한다. 만일 적은 수의 데이터를 이용하여 관리도를 설정할 수밖에 없었다면 이 관리도에서 발생하는 이상상태 신호를 해석할 때 주의해야 하며, 추가적인 데이터 관측이 가능해질 경우 모형적합과 모수추정을 다시 반복해야 한다. 이것은 관리도의 관리한계가 공정 모수의 부정확한 추정에 상대적으로 민감하기 때문이다.
3. 작거나 크지 않은 상관관계의 수준에 대해, 관측값에 대한 Shewhart 관리도는 잔차에 대한 Shewhart 관리도에 비해 공정평균의 변화를 아주 잘 탐지한다. 그러나 아주 큰 변화가 아닌 경우 EWMA 관리도가 Shewhart 관리도에 비해 효율적이다. 큰 변화에 대해서는 잔차에 대한 EWMA 관리도가 관측값에 대한 EWMA 관리도에 비해 효율적이고, 작은 변화에 대해서는 관측값에 대한 EWMA 관리도가 더 효율적이다.

추가적인 논문으로, Lu와 Reynolds(1999b)는 자기상관된 공정의 평균과 분산의 변화를 모두 모니터링하는 관리도를 제안하였는데, 여러 종류의 관리도 절차와 관리도들을 병행하는 절차에 대해 그 효율을 연구하였다. 이들 중 일부는 원래 관측값에 대해 자기상관을 고려하여 조정된 관리한계를 사용하는 관리도이고, 나머지는 시계열 모형의 잔차에 대해 적용하는 관리도이다. 모든 경우에 가장 효율적인 관리도의 조합은 없었지만, 관측값에 대한 EWMA 관리도와 잔차에 대한 Shewhart 관리도를 병행하는 절차가 많은 경우에 효율적으로 나타났다.

**자신의 공정을 파악해라** 자기상관이 관측되었을 때, 자기상관이 공정의 내재적인 부분인지 어떤 이상원인의 결과인지 판단하는 데 주의해야 한다. 예를 들어, 그림 10.18*a*의 데이터를 고려해 보자. 이들 데이터의 표본자기상관함수는 그림 10.18*b*에 나타나 있는데, 명백하게 데이터에 양의 자기상관이 존재하는 것으로 보인다. 그러나 데이터를 좀 더 상세하게 살펴보면, 이상원인으로 인해 시점 50 주변에서 평균이 100에서 105로 변화했고 시점 100 주변에서 평균이 95로 변화했다고 판단할 수 있다.

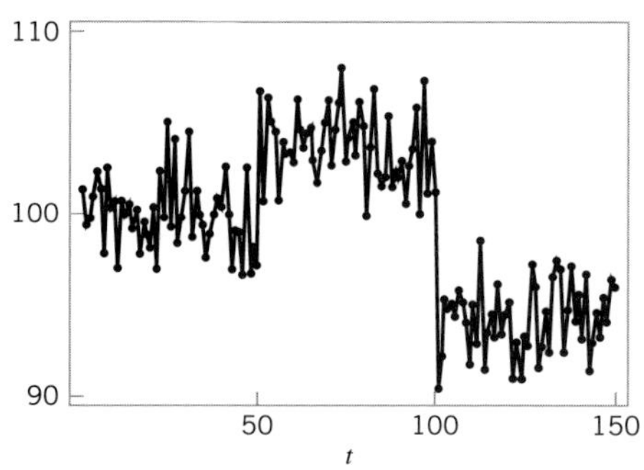

(*a*) 데이터

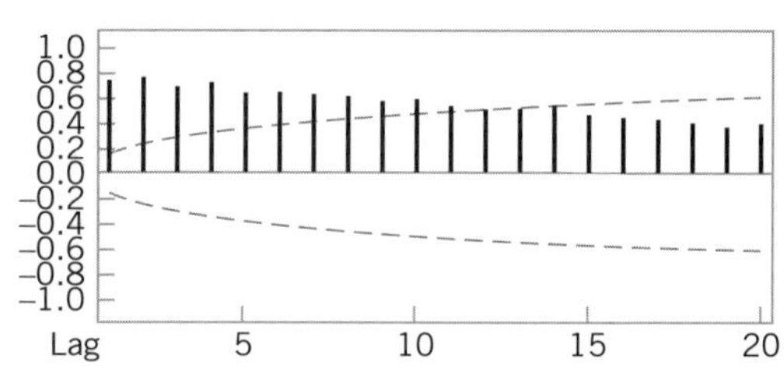

(*b*) 표본자기상관함수

**그림 10.18**
양의 자기상관이 존재하는 것처럼 보이는 데이터

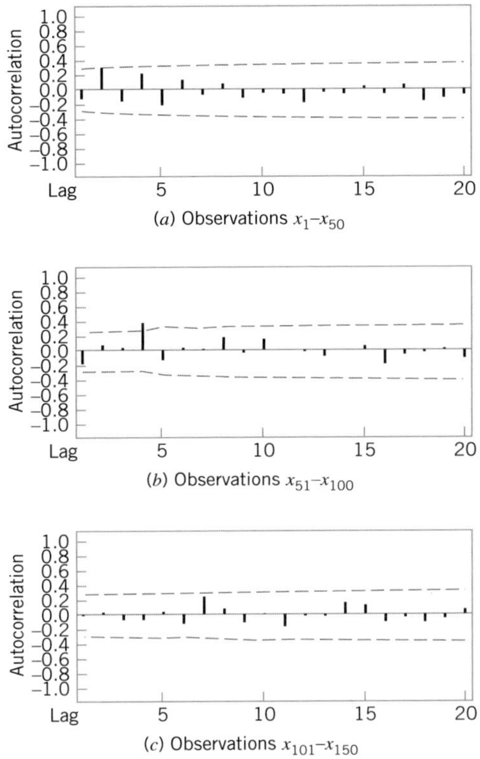


그림 10.19
공정 변화가 제거된 후의 표본자기상관함수

이런 잠재적인 평균 변화를 고려할 경우 외형적인 자기상관이 사라질 수도 있다. 예를 들어, 그림 10.19는 관측값 $x_1 - x_{50}$, $x_{51} - x_{100}$, $x_{101} - x_{150}$에 대한 표본자기상관함수이다. 이 세 그룹 어디에도 자기상관이 나타나지 않았다. 결론적으로 이 데이터의 경우 자기상관은 공정의 내재적인 특성이 아니라 이상원인으로 인한 것임을 알 수 있다.

### 10.4.3 모형 무관 접근법

**뱃치 평균 관리도**(batch means control chart) Runger와 Willemain(1996)은 자기상관된 공정 데이터에 대해 비가중(unweighted) 뱃치 평균에 기초한 관리도를 제안하였다. 뱃치 평균 접근법은 컴퓨터 모의실험 모형에서 아주 심하게 자기상관되어 있는 데이터가 종종 발생하는 결과물 분석에 광범위하게 사용되어 왔다. **비가중 뱃치 평균**(unweighted batch means, UBM) **관리도**는 축차적으로 얻어지는 관측값을 연속적인 그룹으로 구분하고, 각 뱃치에 동일한 가중치를 부여하는 것에 기초하고 있다. $j$번째 비가중 뱃치 평균을

$$\bar{x}_j = \frac{1}{b}\sum_{i=1}^{b} x_{(j-1)b+i} \quad j = 1, 2, \ldots \tag{10.21}$$

로 정의하자.

식 10.21에서 중요한 사실은 적절한 뱃치 크기 $b$를 결정해야 하지만, 데이터에 ARIMA 모형을 적합시킬 필요는 없다는 것이다. 이 접근법은 높은 자기상관이 존재하는 긴 시간의 시계열 데이터의 추론이 필수적인 모의실험 결과물 분석에서 많이 사용된다.

Runger와 Willemain(1996)은 기본적인 개별 관측값 관리도에 뱃치 평균을 타점하고 이를 분석하였다. 잔차 타점과는 다르게 비가중 뱃치 평균 관리도는 관측값들의 평균이 관리도에서 하나의 점을 구성한다는 기본적인 단순함을 가지고 있다. 비가중 뱃치 평균은 관리도에서 데이터의 자기상관을 희석시키는 역할을 하게 된다.

적절한 뱃치 크기를 결정하는 절차는 모의실험 분야에서 많은 연구자에 의해 개발되었다. 이들 절차는 실증적이고, 시계열 모형을 규명하고 추정하는 것에 의존하지 않는다. 물론 시계열 모형은 공정의 뱃치 크기를 선택하는 데 도움을 주고 분석적인 통찰력을 제공해 줄 수 있다.

Runger와 Willemain(1996)은 AR(1) 모형에 대한 뱃치 크기에 대해 상세한 분석을 수행하였다. 그들은 뱃치 평균의 시차 1의 자기상관을 근사적으로 0.1 정도로 줄일 수 있도록 뱃치 크기를 결정하는 것을 권장하였다. 그들은 $b = 1$에서 시작해서 뱃치 평균의 자기상관이 충분히 감소할 때까지 $b$를 2배씩 증가시키는 방법을 제안하였다. 이것은 Shewhart 관리도에서 큰 뱃치가 작은 변화를 탐지하는 데 효율적이고 작은 뱃치가 큰 변화에 더 빨리 반응한다는 사실과 유사한 관점이다.

### 예 10.3 뱃치 평균 관리도

그림 10.6의 데이터에 대해 뱃치 평균 관리도를 구성하라.

**풀이**

그림 10.20$a$는 $b = 10$을 사용하여 계산된 뱃치 평균을 타점한 것이다. 그림 10.20$b$에 나타난 표본자기상관함수로부터 뱃치 평균 접근법에 의해 자기상관이 많이 감소되었음을 알 수 있다. 그림 10.21은 뱃치 평균에 대한 관리도인데 공정이 안정적임을 나타내고 있다.

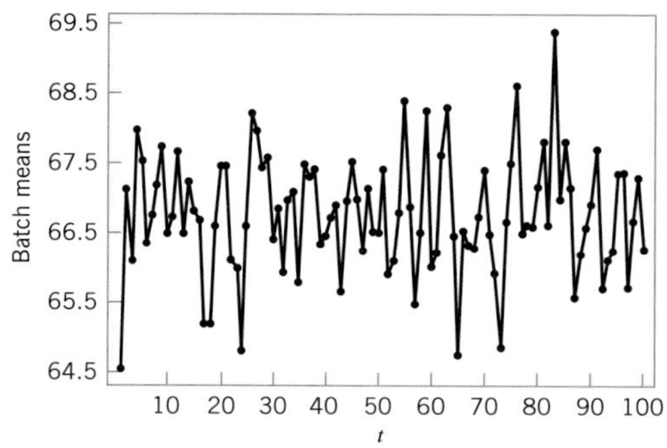


($a$) 뱃치 크기 $b = 10$을 사용한 뱃치 평균 플롯

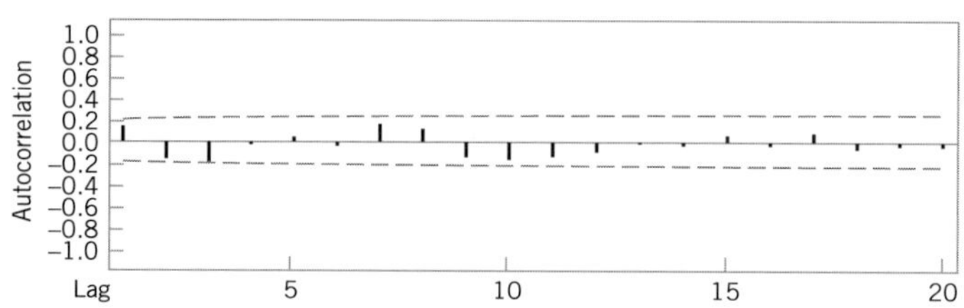


($b$) 표본자기상관함수

**그림 10.20** 그림 10.6의 데이터에 적용한 뱃치 평균 절차

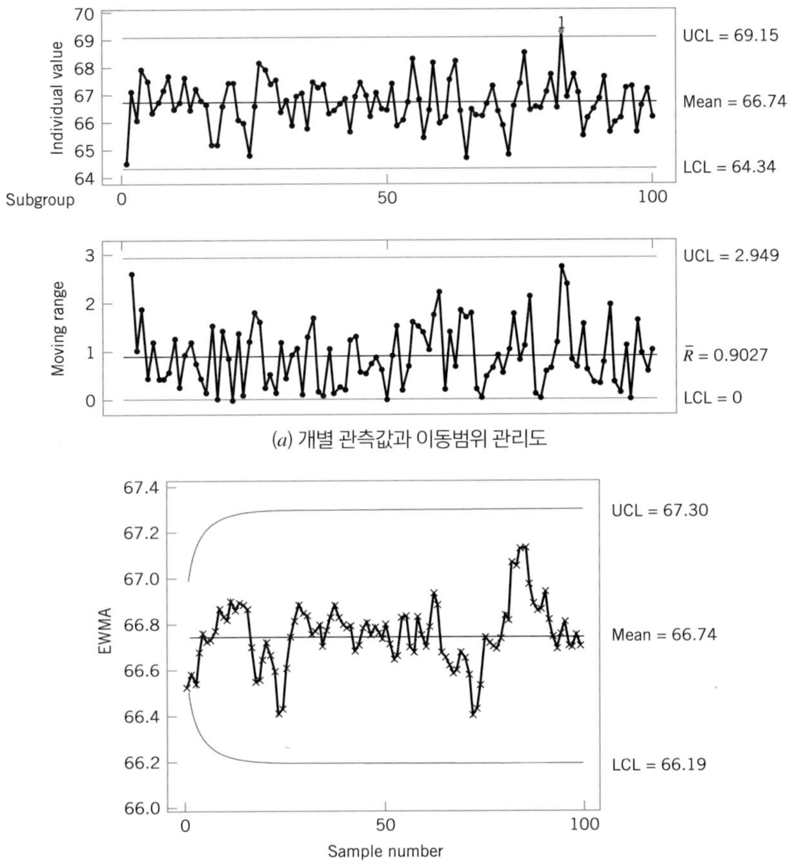


(*a*) 개별 관측값과 이동범위 관리도



(*b*) EWMA 관리도

**그림 10.21** 뱃치 평균 관리도

뱃치 평균 절차는 데이터를 자주 수집할 수 있는 경우에 많이 사용된다. 화학과 장치 산업에서 어떤 공정 데이터는 매초 단위로 관측할 수 있기 때문에, 이러한 상황에서 뱃치 평균은 응용할 수 있는 가능성이 매우 크다. 또한 뱃치 평균은 평균을 계산하는 절차를 이용하여 뱃치 내의 모든 관측값의 정보를 이용하기 때문에, 공정에서 주기적으로 표본을 추출하는 것과 동일하지 않다.

**요약** 그림 10.22는 상관된 데이터와 상관되지 않은 데이터의 공정을 모니터링하는 일변량 관리도를 사용하는 지침을 제시하고 있다. 흐름도에서 상관된 데이터에 대한 부분은 표본 크기가 $n = 1$을 가정하였다. 상관된 데이터를 모니터링하는 방법 중 하나는 공학적 제어(engineering controller)를 사용하여 자기상관을 제거하는 것이다. 이 방법은 모니터링하는 출력물이 조정 가능한 입력변수와 관련이 있으며 이 입력변수의 수정을 통하여 출력물이 목표값에 가깝게 유지하도록 하는 장치 산업에서 자주 사용된다. 이러한 수정은 여러 가지 형태의 공학적 공정관리 시스템(engineering process control system)에 의해서 주로 수행된다. 12장에서는 이러한 제어들에 대해 설명할 것이다. 이런 제어들이 성공적으로 수행된다면, 출력물이 희망하는 목표값에 유지되는 효과가 자기상관을 제거(또는 크게 감소)시키는 경우도 있다.

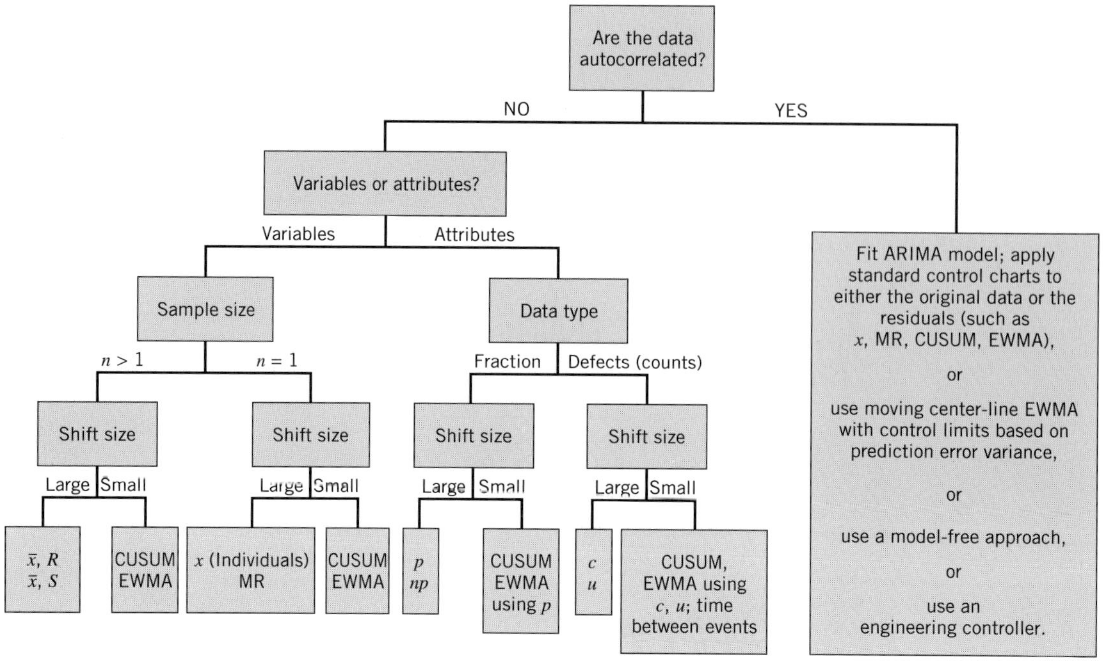


**그림 10.22**
단일변량 관리도 선택에 대한 지침

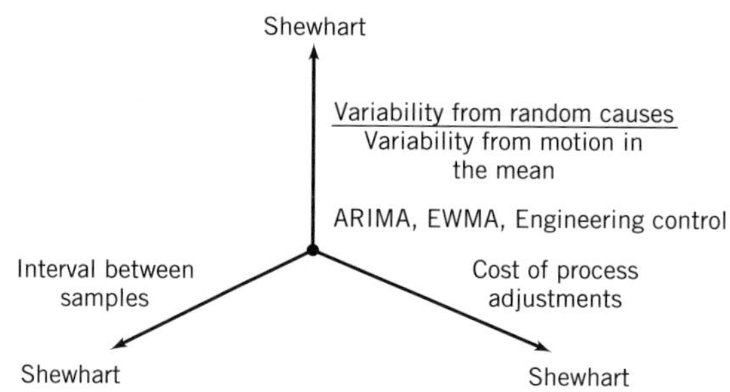


**그림 10.23**
여러 종류의 관리도가 유용한 상황

그림 10.23은 여러 가지 절차들이 공정을 모니터링하는 데 효율적인 상황을 요약하고 있다. 왼쪽 축을 살펴볼 때 좀 더 큰 표본추출간격은 일반적으로 자기상관의 효과를 감소시키기 때문에 표본간의 추출간격이 커질수록 Shewhart 관리도가 좀 더 적절하지만, 표본간의 추출간격이 작아질수록 자기상관은 좀 더 중요한 역할을 하며 따라서 ARIMA 또는 EWMA 접근법이 올바른 방법이 된다. 오른쪽 축을 살펴보면 공정 수정의 비용이 증가할수록 공정 모니터링에 Shewhart 관리도가 적절하지만, 수정 비용이 작은 경우 이후에 설명할 공학적 공정관리 시스템이 적절한 방법이 된다. 마지막으로, 수직축을 살펴보면 우연원인 또는 잡음의 변동이 평균의 움직임보다 훨씬 큰 경우 Shewhart 관리도가 좀 더 적절하지만, 평균의 움직임이 랜덤한 잡음에 비해 상대적으로 크다면 ARIMA, 또는 EWMA 접근법, 또는 공학적 제어 방법을 사용해야 한다.

## 10.5 적응적 표본추출 절차

전통적인 SPC 절차들은 일반적으로 고정된 표본추출간격에서 고정된 크기의 표본을 추출한다. 그러나 실제 상황에서 설계 모수들을 변경시키는 것은 흔하게 발생할 수 있다. 예를 들어 $\bar{x}$ 관리도에서 표본평균인 $\bar{x}_i$가 관리상한에 충분히 가깝게 타점되었다면, 관리도 운영자는 $\bar{x}_i$의 위치가 공정의 이상 가능성을 나타내기 때문에 다음 표본을 좀 더 일찍 추출하도록 결정할 수 있다. 사실 많은 현장에서 이와 같은 개념을 반영하기 위해 경고한계(warning limits)를 사용하고 있다.

표본추출간격 또는 표본크기(또는 모두)를 표본 통계량 값에 따라 변화시키는 관리도를 **적응적**(adaptive) **SPC 관리도**라고 한다. 이들 절차의 본격적인 연구는 비교적 최근에 시작되었다. 예를 들어, Reynolds 등(1988)과 Runger와 Pignatiello(1991)는 $\bar{x}$ 관리도에 변량(variable) 표본추출간격을 적용하였고, Prabhu, Montgomery와 Runger(1994)는 $\bar{x}$ 관리도에서 표본평균의 최근 값에 기초하여 표본추출간격과 표본크기를 모두 변화시키는 적응적 절차의 성능에 대해 연구하였다. 이들 논문의 참고문헌에는 이 분야의 다른 많은 논문들이 기술되어 있다.

이 연구자들이 사용한 일반적인 접근법은 관리상한과 관리하한 사이의 영역을 다음과 같이 나누는 것이다.

$$\text{LCL} \leq -w \leq \text{CL} \leq w \leq \text{UCL}$$

만일 표본 통계량이 $-w$와 $w$ 사이에 위치한다면, 다음 표본에서 일반적인 표본추출간격(또는 표본크기)을 사용한다. 그러나 만일 $w < \bar{x}_i < \text{UCL}$ 또는 $\text{LCL} < \bar{x}_i < -w_b$인 경우 다음 표본에서 좀 더 짧은 표본추출간격(또는 좀 더 큰 표본크기)을 사용하는 것이다. 이 절차는 관리상태일 때 적응적 관리도의 평균 표본추출간격과 평균 표본크기와 같은 표본추출간격과 표본크기를 갖는 일반적인 관리도와 비교할 때, 작은 공정 변화에 대해 평균신호시간(average time to signal, ATS) 측면에서 관리도의 성능을 크게 향상시킨다. Prabhu, Montgomery와 Runger(1995)는 $\bar{x}$ 관리도의 여러 적응적 절차에 대한 평균신호시간을 계산하는 FORTRAN 프로그램을 제시하였다.

### 예 10.4 변량 표본추출간격을 사용한 $\bar{x}$ 관리도

한 관리자는 표본크기가 5이고 매 시간마다 표본을 추출하며, $\bar{x}$ 관리도를 사용하여 공정을 모니터링하고 있다. 그는 평균에서 표준편차의 1배 정도의 변화를 탐지하는 데 관심이 있다. 이 변화를 탐지하기 위한 평균 런 길이는 4.5 표본임을 쉽게 알 수 있다. 즉, 1시간마다 표본을 추출하기 때문에 평균적으로 4.5시간만에 이 변화를 탐지하게 되는데, 적응적 관리도를 사용하여 성능을 향상시킬 수 있는지 판단하라.

**풀이**

적응적 관리도를 사용하여 관리도의 성능을 향상시키는 방법을 고려해 보자. 먼저 표본크기는 $n = 5$로 계속 유지하기를 원하지만, 표본추출간격은 경우에 따라 변화시키고자 한다. 짧은 표본추출간격은 분석과 작성에 필요한 시간인 0.25시간으로 정하지만, 공정이 관리상태일 때 평균적인 표본추출간격은 여전히 1시간을 유지하고 싶다고 가정하자. Prabhu, Montgomery와 Runger(1994)의 표 7을 참조하면, 경고선은 $w = 0.67\sigma_{\bar{x}}$로 하고 표본간의 짧은 추출간격과 긴 추출간격은 각각 $t_1 = 0.25$시간과 $t_2 = 1.75$시간으로 정하는 것이다. 이 경우 평균신호시간은 2.26시간으로 감소하게 된다. 이 절차는 만일 $-0.67\sigma_{\bar{x}} \le \bar{x} \le 0.67\sigma_{\bar{x}}$인 경우 다음 표본을 1.75시간 후에 추출하고, $0.67\sigma_{\bar{x}} < \bar{x} < \text{UCL} = 3\sigma_{\bar{x}}$ 또는 $\text{LCL} = -3\sigma_{\bar{x}} < \bar{x} < -0.67\sigma_{\bar{x}}$인 경우 다음 표본을 0.25시간 후에 추출하는 것이다. 이 절차를 이용하면 평균신호시간을 약 50% 줄일 수 있다.

물론 표본크기와 표본추출간격 모두를 적응적으로 변화시킬 수도 있다. 이 관리도는 표준화된 값

$$z_i = \frac{\bar{x}_i - \mu_0}{\sigma_0/\sqrt{n(i)}}$$

를 타점해야 하는데, 여기서 $\mu_0$와 $\sigma_0$는 각각 $\mu$와 $\sigma$의 관리상태에서의 값이고 $n(i)$는 $i$번째 표본에서의 표본크기를 나타낸다. 만일 공정이 관리상태일 때 평균 표본크기가 5이고 평균 표본추출간격이 1시간이 되기를 원한다면, Prabhu, Montgomery와 Runger(1994)의 결합 적응적(combined adaptive) $\bar{x}$ 관리도를 사용할 수 있다. 만일 $n_1 = 3$, $n_2 = 8$, $t_1 = 0.25$, $t_2 = 1.50$, $w = 0.84$를 사용한다면, 평균에서 1배의 표준편차의 변화를 탐지하는 평균신호시간은 1.72시간이 된다(Prabhu, Montgomery와 Runger(1994), 표 7). 이 절차는 $-0.84 \le z_i \le 0.84$인 경우 다음 표본에서 $n_1 = 3$, $t_2 = 1.5$시간을 사용하고 $0.84 < z_i < 3$ 또는 $-3 < z_i < -0.84$인 경우 $n_2 = 8$, $t_1 = 0.25$시간을 사용하는 것이다.

적응적 표본추출 절차는 표본추출간격과 표본크기의 조정이 가능한 경우 아주 유용하게 적용될 수 있는데, 만일 하나의 관리도 모수만 변화가 가능한 경우 표본추출간격의 변화보다 표본크기의 변화에서 성능이 좀 더 향상된 결과를 얻을 수 있다. 추가적인 다른 교재에서 적응적 관리도 절차에 대한 좀 더 많은 정보를 얻을 수 있을 것이다.

## 10.6 관리도의 경제적 설계

### 10.6.1 관리도의 설계

관리도는 공정의 통계적 관리를 설정하고 유지하기 위해 광범위하게 사용되고 있다. 관리도는 또한 공정모수 추정, 특히 공정능력 분석에 유용하게 사용된다. 관리도를 사용하기 위해서는 표본크기, 표본추출간격, 관리한계를 설정해야 하는데, 이 3가지 모수를 설정하는 것을 관리도의 **설계**(design)라고 한다.

전통적으로 관리도는 단지 통계적인 관점에서만 설계되어 왔다. 이것은 주로 품질특성치의 정해진 변화를 탐지하는 평균 런 길이와 관리상태에서의 평균 런 길이가 특정한 값을 만족하도록 표본크기와 관리한계를 설정하는 것이다. 표본추출간격은 분석적으로 결정되는 것보다, 일반적으로 생산율, 이상상태에서 변화의 기대 빈도, 그리고 공정 변화의 가능한 결과 등을 고려해서 결정된다. 많은 경우에 통계적 기준과 실제적인 경험의 사용이 관리도를 설계하는 일반적인 가이드라인이 되어 왔는데, 이들 가이드라인 중 많은 부분은 이전 장에서 이미 설명을 하였다.

관리도의 설계는 다음과 같은 경제적인 결과를 초래한다. 즉, 표본추출과 검사 비용, 이상상태의 신호를 조사하고 이상원인을 수정하는 데 관련된 비용, 불량품이 소비자에게 전달되어 발생하는 비용 등이 관리도 모수를 선택하는 것에 영향을 받는다. 따라서 경제적인 관점에서 관리도를 설계하는 것도 타당하다고 할 수 있다. 최근 **관리도의 경제적 모형**에 관한 의미 있는 연구들이 진행되었는데, 이번 절에서는 관리도의 최적의 경제적 설계를 위한 여러 가지 모형에 대해 설명할 것이다. 또한 이들 모형의 실제적인 적용에 대해서도 논의할 것이다.

### 10.6.2 공정 특성치

관리도의 설계를 위한 경제적 모형을 만들기 위해, 공정에 대한 몇 가지 가정이 필요하다. 다음에 요약하는 가정들은 대부분의 경제적 모형에 일반적으로 사용되는 것이다. 다음 절에 이 가정들이 특정한 모형을 구성하는 데 어떻게 사용되는지 알아보고, 이들의 중요성에 대해 논의할 것이다.

먼저 공정은 하나의 관리상태에 의해 특징지어짐을 가정한다. 예들 들어, 공정이 하나의 품질특성치를 측정하는 경우 이상원인이 없는 관리상태는 품질특성치의 평균에 의해 특징지어지고, 유사하게 품질특성치가 계수형인 경우 관리상태는 공정에서 생산되는 불량률에 의해 특징지어지는 경우이다. 공정은 일반적으로 $s \geq 1$개의 이상상태를 가질 수 있으며, 각 이상상태는 특정한 형태의 이상원인과 연관된다.

관리상태와 이상상태 간 전이(transition)의 특성을 결정할 때에도 가정을 필요로 한다. 일반적으로 이상원인이 포아송 과정을 따르며 하나의 시간 간격 사이에 발생한다고 가정한다. 이것은 공정이 관리상태로 있는 시간의 길이가 지수분포를 따르는 확률변수가 됨을 의미한다. 이 가정은 좀 더 간단하게 경제적 모형을 설정할 수 있게 하며, 마르코프 연쇄(Markov chain) 모형 구조로 귀결될 수 있게 한다. 공정 변화가 발생하는 특성을 종종 **공정-결점 메커니즘**(process-failure mechanism)이라고 한다. 이것은 아주 중요한 가정이 될 수 있다. 또한 이산형 상태(discrete states)의 가정과 결점 메커니즘의 특성은 상태의 전이가 순간적으로 발생함을 의미한다.

다음으로 일반적으로 공정은 자동으로 수정되지 않음을 가정한다. 즉, 일단 이상상태로의 전이가 발생했으면 공정은 관리도의 이상신호 후 관리적인 수정에 의해서만 관리상태로 돌아갈 수 있다. 그러나 전이가 항상 품질 악화를 가져온다는 가정하에, 다른 이상상태로의 전이는 허용된다.

### 10.6.3 비용 모수

관리도의 경제적 설계에게 고려하는 비용은 다음과 같이 3가지 범주로 구분된다. 표본추출과 검사 비용, 이상상태의 신호를 조사하고 발견된 이상원인을 수정하는 데 관련된 비용, 불량품의 생산과 관련된 비용이다.

표본추출과 검사 비용은 검사자와 기술자의 임금, 필요한 검사 장비의 비용, 파괴검사의 경우 표본추출하는 제품의 원가 등을 포함하고 있다. 일반적으로 표본추출과 검사 비용

은 고정 요소와 가변 요소로 구성되어 있다고 가정하는데, $a_1$과 $a_2$에 대해 전체 비용은

$$a_1 + a_2 n$$

으로 표현된다. 비용에 대한 정보를 얻고 평가하는 것이 쉽지 않기 때문에, 좀 더 복잡한 비용 관계식은 적절하지 않다고 판단된다.

이상신호에 따라 공정을 조사하고 수정하는 비용은 여러 가지 방법으로 다루어져 왔다. 일부 연구자들은 오경보를 검사하는 비용과 이상신호를 수정하는 비용은 다를 것이며, 따라서 두 상황이 서로 다른 비용 계수에 의한 모형으로 표현되어야 한다고 제안하였다. 더구나 공정을 수정하는 비용은 존재하는 이상원인의 유형에 의존한다. 따라서 $s$개의 이상상태를 갖는 모형에서는 이상상태 신호에 대해 탐색과 수정 절차를 모형화하는 데 $s + 1$개의 비용 계수가 필요하다. 일반적으로 이들 비용 계수는 큰 공정 변화에 대해서 더 큰 수정 비용이 소요되도록 결정된다. 일부 학자들은 큰 변화는 쉽게 발견하지만 수정이 어려운 반면에 작은 변화는 발견하기 어렵지만 수정이 쉽기 때문에, 모형에서 이런 상세한 구분은 불필요하다고 언급하기도 한다. 결론적으로 이상상태의 신호를 조사하고 수정하는 데 평균 비용을 비용 계수로 사용하는 것은 크게 문제가 되지 않는다.

불량품을 생산하는 것과 관련된 비용은 여러 가지 결함 비용들, 즉 내적 결함에 대한 재작업 또는 폐기 비용, 또는 외적 결함의 경우 보증에 의한 제품의 교체와 수리 비용 등으로 구성된다. 외적 결함의 경우, 만일 제품에 대한 소비자의 불만족이 동일한 회사에서 제조하는 동일 제품 또는 다른 제품의 구매에 영향을 준다면 불량품 생산으로 인한 2차적인 영향이 있을 수도 있다. 마지막으로 회사에 대한 제조물 책임 소송으로 인한 손실이 있을 수 있다. 대부분의 연구자들은 한 제품에 대해 하나의 평균 비용 계수로 이들 비용을 모형화하였다.

경제적 모형은 일반적으로 관리도의 설계 모수와 위에서 설명한 3가지 유형의 비용과의 관계식을 나타내는 전체 비용함수를 사용하여 정의하고 있다. 생산, 모니터링, 수정 공정은 시간에 따른 하나의 독립된 주기로 간주할 수 있다. 각 주기는 관리상태에서 생산 공정이 시작되고 관리도에 의한 공정 모니터링에서 이상상태의 신호를 줄 때까지 계속된다. 수정에 의해 공정이 관리상태로 되돌아가고, 새로운 주기가 다시 시작하게 된다. $E(T)$는 주기의 기대 길이(expected length), 즉 장기 평균 길이(long-term average length) 또는 평균 길이(mean length)이고, $E(C)$는 한 주기 동안 발생하는 기대 전체 비용(expected total cost)이라고 하면, 시간당 기대 비용은

$$E(A) = \frac{E(C)}{E(T)} \tag{10.22}$$

가 된다. 경제적으로 최적의 관리도 설계를 위해 최적화 기법이 식 10.22에 적용된다. 식 10.22에서 일부 사소하게 변화된 관계식이 사용되기도 한다. 예를 들면 일부 저자는 각 단위시간 대신 각 제품을 기반으로 기대 비용을 표현하기 위해 식 10.22에서 $E(T)$ 대신 한 주기 동안 생산되는 기대 제품의 수를 사용한다. 다른 연구에서는 이상상태 신호를 조사하는 동안 공정이 정지되어 있는지 운용을 계속하는지에 따라 주기에 대해 조금 다른 정의를 사용하였다.

식 10.22의 일반적인 모형 구조에서, $C$와 $T$는 서로 종속된 확률변수인데 그들의 비의 기댓값인 $E(A)$를 각각의 기댓값의 비인 $E(C)/E(T)$로 나타낸 것을 알 수 있다. 일반적으로 확률변수의 비의 기댓값은 각 기댓값의 비와 같지 않음(서로 독립인 확률변수인 경우에도)이 알려져 있기 때문에, 식 10.22의 구조에 대해서는 추가적인 설명이 필요하다. 생산-모니터링-수정의 일련의 과정은 주기에서 비용의 누적과 함께 갱신보상과정(renewal reward process)이라고 불리는 확률과정으로 표현된다. 이 형태의 확률과정은 식 10.22와 같이 시간당 평균 비용이 각 주기당 기대 보상과 기대 주기 길이의 비에 의해 주어지는 특성이 있다.

### 10.6.4 선행 연구와 준경제적 설계

관리도 시스템에서 비용 모형화에 대한 기본적인 연구는 Girshick과 Rubin(1592)에 의해 발표되었다. 그들은 생산된 제품의 품질특성치 $x$가 4가지 상태(state) 중 하나로 특징지어지는 공정모형을 고려하였다. 상태 1과 2는 생산 상태인데, 상태 $i$에서 품질특성치는 확률밀도함수 $f_i(x)$, $i = 1, 2$에 의해 설명된다. 상태 1은 관리상태인데, 상태 1에서 상태 2로 전이하는 고정된 확률이 존재한다. 또한 공정은 자동 수정되지 않기 때문에, 공정을 상태 1로 되돌리기 위해서는 수리가 필요하다. 만일 공정이 상태 $j - 2$에 있었다고 가정하면, 상태 $j = 3$과 $j = 4$는 수리 공정(repair states)이다. 단위시간이 제품 1개를 생산하는 시간으로 정의할 때, 상태 $j = 3, 4$에서 $n_j$개의 단위시간이 요구된다. Girshick과 Rubin은 100% 전수검사와 주기적인 검사 모두를 고려하였다. 경제적인 기준은 공정으로부터의 기대 수익을 최대화하는 것인데, 최적의 관리 규칙은 복잡한 적분 방정식을 풀어야 하기 때문에 유도하기가 쉽지 않다. 결론적으로 실제 상황에서 이 모형의 사용은 극히 한정되어 있다.

Girshick과 Rubin(1592)의 연구는 실제 적용하기가 쉽지 않지만 이론적으로 중요한 가치를 가지고 있다. 그들은 단위시간당 기대 비용(또는 수익) 기준(식 10.22)을 제시하고 이 방법의 유용함을 보인 최초의 연구자이다. 이후 이 기준(식 10.22)의 사용은 Girshick과 Rubin에 의한 방법에 기초하고 있다. Bather(1963), Ross(1971), Savage(1962), White(1974)를 비롯한 여러 연구자들이 Girshick-Rubin 모형의 일반화에 대해 연구하였다. 다시 한 번 언급하지만, Girshick과 Rubin의 결과는 실제 공정에 쉽게 적용되지는 못했지만 이론적인 가치를 가지고 있다.

전통적인 Shewhart 관리도의 경제적 설계는 이미 여러 연구자들에 의해 연구되었다. 그들의 대부분의 연구는 준경제적 설계 절차로 분류될 수 있는데, 그들의 모형에서는 비용함수에  관련 있는 모든 비용을 고려하지 않거나 정식적인 최적화 절차를 적용하지 않았다. Weiler(1952)는 $\bar{x}$ 관리도에서 주어진 변화량을 탐지하는 데 필요한 검사의 양을 최소화하는 최적의 표본크기를 제안하였다. 만일 관리상태 $\mu_0$로부터 이상상태 $\mu_1 = \mu_0 + \delta\sigma$로 변화하는 경우, Weiler는 최적의 표본크기가 다음과 같음을 보였다.

$$n = \frac{12.0}{\delta^2}, \quad \pm 3.09\text{-시그마를 사용하는 경우}$$

$$n = \frac{11.1}{\delta^2}, \quad \pm 3\text{-시그마를 사용하는 경우}$$

$$n = \frac{6.65}{\delta^2}, \quad \pm 2.58\text{-시그마를 사용하는 경우}$$

$$n = \frac{4.4}{\delta^2}, \quad \pm 2.33\text{-시그마를 사용하는 경우}$$

Weiler는 정식적으로 비용을 고려하지 않았지만, 전체 검사의 양을 최소화하는 것의 결과는 전체 비용을 최소화하는 것이 될 것이다.

Taylor(1965)는 고정된 시간 간격에 대해 고정된 표본크기를 사용하는 것은 최적이 될 수 없다는 사실을 보였다. 그는 각 시점에서 공정이 이상상태가 될 사후확률에 기초하여 표본크기와 표본추출간격을 결정해야 한다고 제언하였다. 이를 위해 동적(dynamic) 프로그래밍 형태의 방법이 사용되고 있다. 후속 연구로 Taylor(1967)는 정규분포를 따르는 품질특성치가 갖는 2가지 상태에 대해 최적 관리 규칙을 도출하였다. 그러나 Taylor의 연구에서 최적이 아니라고 지적했지만, 고정된 표본크기와 표본추출간격을 사용하는 관리 규칙은 사용의 간편성 때문에 널리 이용되고 있다. 결론적으로 대부분의 연구자들은 고정된 표본크기와 표본추출간격을 사용하는 최적의 경제적 설계에 대해 관심을 가지고 연구를 수행하여 왔다.

### 10.6.5 $\bar{x}$ 관리도의 경제적 모형

관리도의 경제적 모형 개발에 대한 많은 연구는 $\bar{x}$ 관리도에 관한 것이다. 이 절에서는 널리 사용되는 경제적 모형에 대해 설명하고자 한다.

1956년 Duncan은 $\bar{x}$ 관리도의 최적의 경제적 설계를 위한 경제적 모형을 제안하였다. 그의 논문은 Shewhart 형태 관리도의 경제적 모형을 다루며 관리도 모수를 최적화 방법으로 결정한 최초의 논문이며, 이 분야의 후속 연구에 많은 영향을 끼친 논문이다.

Duncan은 단위시간당 기대 수익을 최대화하는 설계 기준을 사용함으로 Girshick과 Rubin(1592)의 이전 연구를 발전시켰다. 비용 모형의 개발에서 Duncan은 관리상태 $\mu_0$이고 크기 $\delta$의 단일 이상원인이 랜덤하게 발생하여 평균이 $\mu_0 + \delta\sigma$ 또는 $\mu_0 - \delta\sigma$로 변화한다고 가정하였다. 공정은 중심선이 $\mu_0$이고 관리상한과 하한이 $\mu_0 \pm k(\sigma/\sqrt{n})$인 $\bar{x}$ 관리도에 의해 모니터링되며, 표본은 매 $h$시간마다 관측된다고 하자. 한 점이 관리한계를 벗어나면 이상원인을 찾기 시작하며, 이상원인을 찾는 동안 공정은 계속 작동된다고 가정한다. 또한 수정 비용은 공정으로부터의 순수익에서 고려하지 않았다. 모수 $\mu_0, \delta, \sigma$는 알고 있다고 가정하고, $n, k, h$를 결정해야 한다.

이상원인의 발생은 시간당 발생율이 $\lambda$인 포아송 과정을 따른다고 가정하는데, 이것은 공정이 관리상태에서 시작하여 관리상태로 머물러 있는 시간은 평균이 $1/\lambda$시간인 지수분포를 따른다고 가정하는 것이다. 따라서 이상원인이 $j$번째와 $j+1$번째 표본에서 발생한다고 가정할 때, 이 구간의 시작에서 발생까지의 기대 시간은

$$\tau = \frac{\int_{jh}^{(j+1)h} e^{-\lambda t}\lambda(t-jh)dt}{\int_{jh}^{(j+1)h} e^{-\lambda t}\lambda dt} = \frac{1-(1+\lambda h)e^{-\lambda h}}{\lambda\left(1-e^{-\lambda h}\right)} \tag{10.23}$$

가 된다. 이상원인이 발생했을 때, 이를 바로 다음 표본에서 탐지할 확률은

$$1-\beta=\int_{-\infty}^{-k-\delta\sqrt{n}}\phi(z)dz+\int_{k-\delta\sqrt{n}}^{\infty}\phi(z)dz \tag{10.24}$$

가 되는데, 여기서 $\phi(z) = (2\pi)^{-1/2}\exp(-z^2/2)$는 표준정규분포의 확률밀도함수를 나타낸다. $1-\beta$는 검정의 검정력(power)이고, $\beta$는 제2종 오류가 된다. 또한 오경보의 확률은

$$\alpha=2\int_{k}^{\infty}\phi(z)dz \tag{10.25}$$

로 나타낼 수 있다.

생산 주기는 생산의 시작(공정은 관리상태에서 시작됨을 가정)으로부터 이상원인의 탐지와 제거 등 수정까지의 시간 구간으로 정의된다. 주기는 다음의 4가지 기간으로 정의된다: (1) 관리상태, (2) 이상상태, (3) 표본을 추출하고 결과를 해석하는 시간, (4) 이상원인을 발견하는 시간. 관리상태 기간의 기대 길이(expected length)는 $1/\lambda$이다. 또한 공정이 실제 이상상태일 때 이상상태 신호를 줄 때까지 추출한 표본의 수는 평균이 $1/(1-\beta)$인 기하분포를 따르기 때문에, 이상상태 기간의 기대 길이는 $h/(1-\beta)-\tau$가 된다. 하나의 표본을 추출하고 결과를 해석하는 시간은 표본크기에 따라 비례하고 이 상수를 $g$라고 한다면, $gn$이 이 구간에 대한 길이가 된다. 이상상태 신호 후 이상원인을 발견하는 데 소요되는 시간은 상수 $D$이다. 따라서 하나의 주기의 기대 길이는

$$E(T)=\frac{1}{\lambda}+\frac{h}{1-\beta}-\tau+gn+D \tag{10.26}$$

가 된다.

관리상태에서 시간당 순수익은 $V_0$이고 이상상태에서 시간당 순수익은 $V_1$이다. 크기 $n$의 표본을 추출하는 비용은 $a_1+a_2n$ 형태임을 가정하는데, 여기서 $a_1$과 $a_2$는 각각 표본추출 비용의 고정된 요소와 크기에 비례하는 요소를 나타낸다. 한 주기에서 추출하는 표본의 기대 개수는 기대 주기 길이를 표본추출간격으로 나눈 값, 즉 $E(T)/h$가 된다. 이상원인을 발견하는 비용은 $a_3$이고 오경보를 검사하는 비용은 $a_3'$이다. 또한 한 주기 동안 발생하는 오경보의 기대 개수는 변화 이전에 추출하는 표본의 기대 개수에 $\alpha$배가 된다. 즉,

$$\alpha\sum_{j=0}^{\infty}\int_{jh}^{(j+1)h}je^{-\lambda t}\lambda dt=\frac{\alpha e^{-\lambda h}}{1-e^{-\lambda h}} \tag{10.27}$$

가 된다. 따라서 주기당 기대 순수익은

$$\begin{aligned}E(C)=V_0\frac{1}{\lambda}+V_1\left(\frac{h}{1-\beta}-\tau+gn+D\right)-a_3-\frac{a_3'\alpha e^{-\lambda h}}{1-e^{-\lambda h}}\\-(a_1+a_2n)\frac{E(T)}{h}\end{aligned} \tag{10.28}$$

가 된다. 시간당 기대 순수익은 주기당 기대 순수익(식 10.28)을 기대 주기 길이(식 10.26)로 나누어, 다음과 같이 표현된다.

$$E(A) = \frac{E(C)}{E(T)}$$

$$= \frac{V_0(1/\lambda) + V_1\left[h/(1-\beta) - \tau + gn + D\right] - a_3 - a_3'\alpha e^{-\lambda h}/\left(1-e^{-\lambda h}\right)}{1/\lambda + h/(1-\beta) - \tau + gn + D} - \frac{a_1 + a_2 n}{h} \tag{10.29}$$

이때 $a_4 = V_0 - V_1$이라고 하자. 여기서 $a_4$는 이상상태에서의 생산과 관련된 시간당 손해비용(penalty cost)을 나타낸다. 식 10.29는

$$E(A) = V_0 - \frac{a_1 + a_2 n}{h} - \frac{a_4\left[h/(1-\beta) - \tau + gn + D\right] + a_3 + a_3'\alpha e^{-\lambda h}/\left(1-e^{-\lambda h}\right)}{1/\lambda + h/(1-\beta) - \tau + gn + D} \tag{10.30}$$

또는

$$E(L) = \frac{a_1 + a_2 n}{h} + \frac{a_4\left[h/(1-\beta) - \tau + gn + D\right] + a_3 + a_3'\alpha e^{-\lambda h}/\left(1-e^{-\lambda h}\right)}{1/\lambda + h/(1-\beta) - \tau + gn + D} \tag{10.31}$$

일 때

$$E(A) = V_0 - E(L)$$

과 같이 표현할 수 있다. $E(L)$은 공정에서 발생하는 시간당 기대 손실이 되는데, $E(L)$은 관리도 모수인 $n, k, h$의 함수이다. 시간당 기대 순수익을 최대화하는 것과 $E(L)$을 최소화하는 것은 명백하게 동치가 된다.

Duncan은 이 모형에 대한 최적화 절차를 개발하기 위해 여러 근사를 소개했다.[2] 제안된 최적화 절차는 $n, k, h$에 대한 $E(L)$의 일차 편도함수를 수치적인 근사로 풀이한 것에 기초한다. 최적의 $n$과 $k$를 구하기 위해 반복적인 절차(iterative procedure)가 필요하고, $h$는 최적의 $n$과 $k$를 사용하여 닫혀진 형태의 해를 구할 수 있다.

여러 학자들은 Duncan 모형의 최적화 방법을 연구하였다. Chiu와 Wetherill(1974)는 Duncan 모형을 최적화하는 간단한 근사 절차를 개발하였다. 그들의 절차는 검정의 검정력인 $1-\beta$에 제약을 주는 것인데, $1-\beta = 0.90$ 또는 $1-\beta = 0.95$를 추천하였다. 또한 이 제약에 따른 최적 설계를 생성하는 표 또한 제공하였다. 이 절차는 실제 최적의 값과 거의 유사한 설계를 제공한다. $E(L)$은 제약이 없는 최적화 또는 비용함수의 반복적인 계산을 수행하는 탐색 절차를 이용하여 어렵지 않게 최소화할 수 있다. 이것이 가장 흔하게 사용되는 최적화 접근법이고, Montgomery(1982)는 Duncan 모형을 최적화하는 알고리즘과 FORTRAN 프로그램을 제시하였다.

2 이 모형에 대해 여러 가지 수치적인 근사 또한 도입하였다. 사용한 근사는 $\tau = h/2 - \lambda h^2/12$와 오경보의 기대 개수 $\alpha e^{-\lambda h}/(1-e^{-\lambda h}) = \alpha/\lambda h$이다.

## 예 10.5 경제적으로 최적인 $\bar{x}$ 관리도

어떤 생산자는 탄산음료를 담는 유리병을 생산하고 있다. 내벽의 두께가 중요한 품질특성치인데, 너무 얇을 경우 주입 시 생성되는 내부 압력으로 병이 터질 수 있다. 생산자는 공정의 관리를 위해 $\bar{x}$-$R$ 관리도를 사용했는데, 관리도는 통계적인 기준에서 설계되었다. 그러나 생산자는 비용 절감을 위해 경제적으로 최적인 $\bar{x}$ 관리도를 설계하기를 원하는데, 이 상황을 분석하여 관리도를 설정하라.

### 풀이

품질관리 기술자의 급여와 검사 장비 비용에 기초하여, 하나의 표본을 추출하는 고정 비용은 \$1, 표본크기에 비례하는 비용은 각 병당 \$0.10으로 추정되었다. 또한 병의 두께를 측정하고 기록하는 시간은 약 1분(0.0167시간)이 소요된다.

공정에는 여러 가지 종류의 이상원인이 발생할 수 있지만, 공정이 이상상태일 때 평균적으로 표준편차의 2배 정도의 변화가 발생한다고 한다. 공정 변화는 매 20시간 가동마다 대략 한 번 꼴로 랜덤하게 발생하는데, 관리상태의 길이는 모수가 $\lambda = 0.05$인 지수분포가 적절한 모형이다. 이상상태 신호를 조사하는 데 필요한 평균 시간은 1시간이고, 이상상태 신호를 조사하여 제거하는 비용은 \$25, 오경보를 조사하는 비용은 \$50이라고 한다.

병은 탄산음료 제조업체에 팔리는데, 내벽이 너무 얇을 경우 많은 병들이 탄산음료 주입 시 터져버리게 된다. 이런 경우 제조업체는 생산자에게 청소 및 생산 지체에 따른 손실 보상을 요구하게 된다. 이와 같은 사실에 기초하여 이상상태의 생산으로 발생하는 손실은 시간당 \$100로 추정된다.

이 공정에 $\bar{x}$ 관리도 사용과 관련된 시간당 기대 비용은 식 10.31에 주어져 있는데, 여기서 $a_1 = \$1$, $a_2 = \$0.10$, $a_3 = \$25$, $a_3' = \$50$, $a_4 = \$100$, $\lambda = 0.05$, $\delta = 2.0$, $g = 0.0167$, $D = 1.0$이다. 앞에서 언급한 Montgomery의 컴퓨터 프로그램을 이 문제의 최적화에 사용할 수 있다. 이와 같이 모형의 모수들이 주어진 경우 프로그램의 결과물이 그림 10.24에 나타나 있다. 이 프로그램은 여러 가지 $n$ 값에 대하여 최적의 관리한계 폭인 $k$와 최적의 표본추출간격 $h$를 계산하며, 식 10.31의 비용함수의 값도 계산한다. 각 $n$, $k$, $h$에 대해 $\alpha$위험과 검정력 또한 제공하고 있다. 그림 10.24로부터 시간당 최소 비용은 \$10.38이고, 경제적으로 최적인 $\bar{x}$ 관리도는 표본크기 $n = 5$, $k = 2.99$인 $\pm k\sigma$ 관리한계 사용, $h = 0.76$시간(대략 매 45분)마다 표본을 추출하는 것이다. 이때 이 관리도의 $\alpha$위험은 $\alpha = 0.0028$이고 검정의 검정력은 $1 - \beta = 0.9308$이 된다.

| n | Optimum k | Optimum h | Alpha | Power | Cost |
|---|---|---|---|---|---|
| 1 | 2.30 | .45 | .0214 | .3821 | 14.71 |
| 2 | 2.51 | .57 | .0117 | .6211 | 11.91 |
| 3 | 2.68 | .66 | .0074 | .7835 | 10.90 |
| 4 | 2.84 | .71 | .0045 | .8770 | 10.51 |
| 5 | 2.99 | .76 | .0028 | .9308 | 10.38 |
| 6 | 3.13 | .79 | .0017 | .9616 | 10.39 |
| 7 | 3.27 | .82 | .0011 | .9784 | 10.48 |
| 8 | 3.40 | .85 | .0007 | .9880 | 10.60 |
| 9 | 3.53 | .87 | .0004 | .9932 | 10.75 |
| 10 | 3.66 | .89 | .0003 | .9961 | 10.90 |
| 11 | 3.78 | .92 | .0002 | .9978 | 11.06 |
| 12 | 3.90 | .94 | .0001 | .9988 | 11.23 |
| 13 | 4.02 | .96 | .0001 | .9993 | 11.39 |
| 14 | 4.14 | .98 | .0000 | .9996 | 11.56 |
| 15 | 4.25 | 1.00 | .0000 | .9998 | 11.72 |

**그림 10.24** 예 10.5에 대한 최적 해

최적의 $\bar{x}$ 관리도를 설계한 후, 생산자는 이상상태에서의 손실 비용($a_4$)이 정확하게 추정되지 않을 수 있다고 의심하였다. 최악의 상황에서는 $a_4$가 50% 더 증가할 수도 있다고 생각했기 때문에, 모수의 잘못된 설정의 영향을 알아보기 위해서 $a_4$ = \$150으로 하여 프로그램을 다시 수행하였다. 그 결과가 그림 10.25에 나타나 있는데, 최적의 모수는 $n = 5$, $k = 2.99$, $h = 0.62$시간이며, 이때 시간당 비용은 \$13.88이 된다. 최적의 표본크기와 관리한계에는 변화가 없으며, $a_4$가 50% 증가한 것의 영향은 최적의 표본추출간격이 0.76시간에서 0.62시간(즉, 45분에서 37분)으로 감소한 것이다. 이 분석에 의거하여 생산자는 관리의 편리성을 고려하여 매 45분마다 표본을 추출하기로 결정하였다.

| n | Optimum k | Optimum h | Alpha | Power | Cost |
|---|---|---|---|---|---|
| 1 | 2.31 | .37 | .0209 | .3783 | 19.17 |
| 2 | 2.52 | .46 | .0117 | .6211 | 15.71 |
| 3 | 2.68 | .54 | .0074 | .7835 | 14.48 |
| 4 | 2.84 | .58 | .0045 | .8770 | 14.01 |
| 5 | 2.99 | .62 | .0028 | .9308 | 13.88 |
| 6 | 3.13 | .65 | .0017 | .9616 | 13.91 |
| 7 | 3.27 | .67 | .0011 | .9784 | 14.04 |
| 8 | 3.40 | .69 | .0007 | .9880 | 14.21 |
| 9 | 3.53 | .71 | .0004 | .9932 | 14.41 |
| 10 | 3.66 | .73 | .0003 | .9961 | 14.62 |
| 11 | 3.78 | .75 | .0002 | .9978 | 14.84 |
| 12 | 3.90 | .77 | .0001 | .9988 | 15.06 |
| 13 | 4.02 | .78 | .0001 | .9993 | 15.28 |
| 14 | 4.14 | .80 | .0000 | .9996 | 15.50 |

**그림 10.25** 예 10.5에서 $a_4$ = \$150일 때 최적의 $\bar{x}$ 관리도 설계

예 10.5와 같은 수치적인 분석으로부터 $\bar{x}$ 관리도의 최적의 경제적 설계에 대해 다음과 같은 몇 가지 일반적인 결론을 유도할 수 있다.

1. 최적의 표본크기는 변화량 $\delta$에 의해 주로 결정된다. 일반적으로 큰 변화, 예를 들면 $\delta \geq 2$인 경우 $2 \leq n \leq 10$의 상대적으로 작은 최적의 표본크기가 요구된다. 작은 변화는 더 큰 표본을 요구하는데, $1 \leq \delta \leq 2$인 경우 최적의 표본크기는 $10 \leq n \leq 20$이 된다. $\delta \leq 0.5$와 같은 아주 작은 변화의 경우 $n \geq 40$의 표본크기가 요구된다.
2. 이상상태에서 생산함으로 발생하는 시간당 손실인 $a_4$는 주로 표본추출간격 $h$에 영향을 준다. $a_4$의 큰 값은 작은 $h$(짧은 표본추출간격)를 갖게 하고, $a_4$의 작은 값은 좀 더 큰 $h$(긴 표본추출간격)를 갖게 한다. $a_4$를 증가하는 것의 영향은 예제 10.5의 그림 10.24와 그림 10.25에서 확인할 수 있다.
3. 이상원인을 찾는 것과 관련된 비용($a_3$와 $a_3'$)은 관리한계의 폭에 주로 영향을 주며, 표본크기 $n$에도 약간의 영향을 준다. 일반적으로 신호를 조사하는 비용이 증가하면 오경보의 발생은 감소(즉, $\alpha$ 감소)하게 된다.
4. 표본추출 비용의 변동은 3가지 설계 모수 모두에 영향을 준다. 예를 들어, 표본추출의 고정 비용의 증가하면 표본추출간격이 증가하게 된다.
5. 시간당 이상원인 발생의 평균 빈도의 변화는 주로 표본추출간격에 영향을 준다.
6. 최적의 경제적 설계는 비용 계수의 추정오차에 상대적으로 민감하지 않다. 즉, 비용 표면(cost surface)은 최적값 근처에서 평평하다. 그러나 최적의 경제적 설계는 변화

량 $\delta$, 관리상태의 값 $\mu_0$, 공정표준편차 $\sigma$의 추정오차에 상대적으로 더 민감하다.

7. 임의로 설계된 $\bar{x}$ 관리도를 사용할 때에는 주의를 기울여야 한다. Duncan(1956)은 최적의 경제적 설계와 임의로 설계된 $n = 5$, $k = 3.00$, $h = 1$의 경우를 여러 가지 시스템 모수의 경우에 대해 비교하였다. 시스템 모수의 값에 의존하기는 하지만, 임의로 설계된 관리도를 사용할 경우 매우 큰 경제적 손실이 발생할 수도 있다.

### 10.6.6 다른 연구

관리도의 경제적 설계는 관리도의 성능 측면에서 많은 연구가 진행된 영역이다. 특히 비용은 관리도의 성능을 평가하는 다른 측도인 것이다. 이 분야에 대해 많은 연구가 있는데, 주요 연구에 대한 리뷰 논문으로 Montgomery(1980), Svoboda(1991), Ho와 Case(1994), Keats 등(1997) 등이 있다. 특히 Lorenzen과 Vance(1986)는 Duncan의 모형을 많은 종류의 관리도에 적용할 수 있도록 일반화시키는 논문을 발표하였다.

Woodall(1986, 1987)은 많은 경제적 설계에서 관리도의 제1종 오류는 일반적으로 통계적 설계에서 사용한 것에 비해 매우 높으며 그로 인해 많은 오경보를 발생시킨다는 관점에서 관리도의 경제적 설계를 비판했다. 과다한 오경보의 발생은 항상 문제가 되며, 이전의 오경보로 인하여 관리자는 신호 후 공정의 중단을 꺼리게 될 것이다. 더구나 제1종 오류가 클 경우 과다한 공정 수정으로 이어질 수 있으며 그것은 종종 품질특성치의 산포를 증가시킨다. 또한 Woodall은 경제적 설계에서 불량품으로 인한 비용은 제조물 책임과 소비자 불만족 비용을 포함하는데, 이들 비용은 측정될 수 없고 비즈니스에 소비자 만족이 반드시 필요하다는 Deming의 철학에 반하는 것이라고 강조했다.

이 관점들 중 몇 가지는 극복될 수 있다. 경제적 설계는 항상 제1종과 제2종 오류 확률, 평균 런 길이 등과 같은 통계적 특성으로 평가되어야 한다. 만일 이들 특성이 바람직하지 않은 수준이라면, 이것은 부적절한 비용을 지정하거나 제약 조건이 필요하다는 것을 암시하는 것일 수도 있다. 제1종 오류, 제2종 오류, 평균 런 길이, 또는 다른 통계적 특성에 대한 적절한 제약과 함께 비용함수를 최적화하는 것을 권장한다. Saniga(1989)는 $\bar{x}$-$R$ 관리도의 경제적 통계적 설계와 관련된 연구를 수행하였다. Saniga는 제1종 오류, 검정력, 신호까지의 평균 시간에 제약 조건을 사용하였다. 그의 경제적 통계적 설계는 순수한 경제적 설계에 비해 비용은 더 들지만, 통계적인 특성이 전적으로 통계적인 측면만 고려하여 설계한 관리도와 유사할 정도로 좋게 나타났다. 그러므로 실제 공정에서 Saniga의 접근법을 사용할 것을 강력하게 추천한다.

Saniga와 Shirland(1977)와 Chiu와 Wetherill(1975)은 관리도의 설계에서 경제적 모형을 사용하는 실무자가 거의 없다고 언급하였다. 이것은 조금 의외인데, 대부분의 품질 공학자들이 통계적인 공정관리 절차를 사용하는 주된 목적은 비용 절감이라고 주장하기 때문이다. 경제적 설계의 방법론이 실제로 잘 사용되지 못하는 두 가지 원인은 다음과 같다. 첫째, 수학적 모형과 이와 관련된 최적화 절차가 상대적으로 복잡하기 때문에, 종종 실무자들이 이것을 이해하고 적용하기가 어렵다고 생각한다. 이들 모형에 대한 유용한 컴퓨터 프로그램과 제약 조건을 다루는 간편한 최적화 절차의 개발이 급증하고 있고, 유용한 마이크로 컴퓨터와 쉬운 적용으로 제기된 문제들을 극복할 수 있을 것이다. 두 번째 문제는 비용과 모형의 모수를 추정하는 데 어려움이 있다는 것이다. 다행히 비용은 아주 정확하게 추정하지 않아도 되지만, 변화의 크기 등의 다른 모수는 비교적 정확하게 결정되어야 한다. 모형에 대한 민감도 분석(sensitivity analysis)은 실무자들이 특정한 모수가 얼마나 중요한지를 결정하는 데 도움을 줄 것이다.

## 연습문제

**10.1** 표 10E.1의 데이터에 대해 DNOM 접근법을 사용하여 짧은 생산수기에 대한 $\bar{x}$–$R$ 관리도를 작성하라. 각 제품의 명목값은 $T_A = 100$, $T_B = 60$, $T_C = 75$, $T_D = 50$이다.

**표 10E.1** 연습문제 10.1의 데이터

| Sample Number | Part Type | $M_1$ | $M_2$ | $M_3$ |
|---|---|---|---|---|
| 1 | A | 105 | 102 | 103 |
| 2 | A | 101 | 98 | 100 |
| 3 | A | 103 | 100 | 99 |
| 4 | A | 101 | 104 | 97 |
| 5 | A | 106 | 102 | 100 |
| 6 | B | 57 | 60 | 59 |
| 7 | B | 61 | 64 | 63 |
| 8 | B | 60 | 58 | 62 |
| 9 | C | 73 | 75 | 77 |
| 10 | C | 78 | 75 | 76 |
| 11 | C | 77 | 75 | 74 |
| 12 | C | 75 | 72 | 79 |
| 13 | C | 74 | 75 | 77 |
| 14 | C | 73 | 76 | 75 |
| 15 | D | 50 | 51 | 49 |
| 16 | D | 46 | 50 | 50 |
| 17 | D | 51 | 46 | 50 |
| 18 | D | 49 | 50 | 53 |
| 19 | D | 50 | 52 | 51 |
| 20 | D | 53 | 51 | 50 |

**10.2** 짧은 생산주기 상황에서 CUSUM 관리도를 어떻게 사용할 수 있는지 제안하고, $\bar{x}$ 관리도의 DNOM 버전과 같은 Shewhart 관리도와 비교할 때 어떠한 장점이 있는지 설명하라.

**10.3** 4개의 헤드를 갖는 기계가 있다. 각 헤드에서 $n = 3$인 표본에 대해 중요한 품질특성치를 측정하여 $\bar{x}$와 $R$ 값을 계산한 데이터가 표 10E.2에 나타나 있다. 이 공정에 대해 그룹 관리도를 작성하라.

표 10E.2 연습문제 10.3의 데이터

| | Head | | | | | | | |
|---|---|---|---|---|---|---|---|---|
| Sample | 1 | | 2 | | 3 | | 4 | |
| Number | $\bar{x}$ | $R$ | $\bar{x}$ | $R$ | $\bar{x}$ | $R$ | $\bar{x}$ | $R$ |
| 1 | 53 | 2 | 54 | 1 | 56 | 2 | 55 | 3 |
| 2 | 51 | 1 | 55 | 2 | 54 | 4 | 54 | 4 |
| 3 | 54 | 2 | 52 | 5 | 53 | 3 | 57 | 2 |
| 4 | 55 | 3 | 54 | 3 | 52 | 1 | 51 | 5 |
| 5 | 54 | 1 | 50 | 2 | 51 | 2 | 53 | 1 |
| 6 | 53 | 2 | 51 | 1 | 54 | 2 | 52 | 2 |
| 7 | 51 | 1 | 53 | 2 | 58 | 5 | 54 | 1 |
| 8 | 52 | 2 | 54 | 4 | 51 | 2 | 55 | 2 |
| 9 | 50 | 2 | 52 | 3 | 52 | 1 | 51 | 3 |
| 10 | 51 | 1 | 55 | 1 | 53 | 3 | 53 | 5 |
| 11 | 52 | 3 | 57 | 2 | 52 | 4 | 55 | 1 |
| 12 | 51 | 2 | 55 | 1 | 54 | 2 | 58 | 2 |
| 13 | 54 | 4 | 58 | 2 | 51 | 1 | 53 | 1 |
| 14 | 53 | 1 | 54 | 4 | 50 | 3 | 54 | 2 |
| 15 | 55 | 2 | 52 | 3 | 54 | 2 | 52 | 6 |
| 16 | 54 | 4 | 51 | 1 | 53 | 2 | 58 | 5 |
| 17 | 53 | 3 | 50 | 2 | 57 | 1 | 53 | 1 |
| 18 | 52 | 1 | 49 | 1 | 52 | 1 | 49 | 2 |
| 19 | 51 | 2 | 53 | 3 | 51 | 2 | 50 | 3 |
| 20 | 52 | 4 | 52 | 2 | 50 | 3 | 52 | 2 |

**10.4** 연습문제 10.3에서 작성된 그룹 관리도를 고려해 보자. 다음 10개 표본에 대한 데이터가 표 10E.3과 같을 때, 관리도에 새로운 데이터를 타점하고 그 결과를 논의하라.

표 10E.3 연습문제 10.4의 데이터

| | Head | | | | | | | |
|---|---|---|---|---|---|---|---|---|
| Sample | 1 | | 2 | | 3 | | 4 | |
| Number | $\bar{x}$ | $R$ | $\bar{x}$ | $R$ | $\bar{x}$ | $R$ | $\bar{x}$ | $R$ |
| 21 | 50 | 3 | 54 | 1 | 57 | 2 | 55 | 5 |
| 22 | 51 | 1 | 53 | 2 | 54 | 4 | 54 | 3 |
| 23 | 53 | 2 | 52 | 4 | 55 | 3 | 57 | 1 |
| 24 | 54 | 4 | 54 | 3 | 53 | 1 | 56 | 2 |
| 25 | 50 | 2 | 51 | 1 | 52 | 2 | 58 | 4 |
| 26 | 51 | 2 | 55 | 5 | 54 | 5 | 54 | 3 |
| 27 | 53 | 1 | 50 | 2 | 51 | 4 | 60 | 1 |
| 28 | 54 | 3 | 51 | 4 | 54 | 3 | 61 | 4 |
| 29 | 52 | 2 | 52 | 1 | 53 | 2 | 62 | 3 |
| 30 | 52 | 1 | 53 | 3 | 50 | 4 | 60 | 1 |

**10.5** 공정에서 크기가 5인 표본을 매 30분 간격으로 추출하였다. 관리상태일 때 공정의 표준편차는 $\sigma = 2.0$이라고 알려져 있고, 지난 20개 표본에 대한 $\bar{x}$ 값이 표 10E.4에 나타나 있다. 제품의 규격은 $40 \pm 8$이다.

(a) 이 공정에 수정된 관리도를 작성하라. 이때 3시그마 관리한계를 사용하고, 제일 큰 불량률의 한계는 0.1%라고 가정한다.

(b) 2시그마 관리한계를 사용하여 문제 (a)의 관리도를 다시 작성하라. 데이터를 분석할 때 어떠한 차이가 있는가?

(c) 만일 실제 공정의 불량률이 5%라고 가정한다면, 0.95의 확률로 이를 탐지하는 채택 관리도를 작성하라.

**표 10E.4 연습문제 10.5의 데이터**

| Sample Number | $\bar{x}$ | Sample Number | $\bar{x}$ |
|---|---|---|---|
| 1 | 41.5 | 11 | 40.6 |
| 2 | 42.7 | 12 | 39.4 |
| 3 | 40.5 | 13 | 38.6 |
| 4 | 39.8 | 14 | 42.5 |
| 5 | 41.6 | 15 | 41.8 |
| 6 | 44.7 | 16 | 40.7 |
| 7 | 39.6 | 17 | 42.8 |
| 8 | 40.2 | 18 | 43.4 |
| 9 | 41.4 | 19 | 42.0 |
| 10 | 43.9 | 20 | 41.9 |

**10.6** $\mu = 0$에서 중심선을 갖는 수정된 관리도를 고려하자. 이때 $\sigma = 1.0$는 알려져 있다. $n = 5$, 한계 불량률은 $\delta = 0.00135$이고 3시그마 관리한계를 사용한다고 할 때, 이 관리도의 OC 곡선을 작성하라. 또한 2시그마 관리한계를 사용하는 관리도의 OC 곡선도 함께 작성하고 이를 비교하라.

**10.7** 정규분포를 따르고 표준편차는 4인 품질특성치에 대해 $\bar{x}$ 관리도를 설계하고자 한다. 품질특성치의 규격은 $50 \pm 20$이고, 불량률이 1%인 경우 관리한계 밖으로 점이 타점될 확률이 0.995가 되도록 설계하려 한다. 표본크기가 $n = 4$라면, 이 관리도의 중심선과 관리한계는 얼마인가?

**10.8** 정규분포를 따르는 품질특성치가 다음의 모수를 갖는 $\bar{x}$-$R$ 관리도에 의해 관리되고 있다(두 관리도 모두 $n = 4$).

| $R$관리도 | $\bar{x}$ 관리도 |
|---|---|
| UCL = 18.795 | UCL = 626.00 |
| 중심선 = 8.236 | 중심선 = 620.00 |
| LCL = 0 | LCL = 614.00 |

(a) 품질특성치 $x$의 표준편차의 추정값은 얼마인가?

(b) 규격은 610 ± 15이고 공정이 관리상태라고 할 때, 이 공정에 의해 생산되는 불량률은 얼마라고 추정되는가?

(c) 일반적인 $\bar{x}$ 관리도 대신 수정된 $\bar{x}$ 관리도로 대체하고자 한다. 공정평균은 불량률이 0.005를 초과하지 않도록 관리하며, 제1종 오류는 0.01로 하고자 한다. 관리한계를 제안하라.

**10.9** 표 10E.5는 화학 공정에서 매 30분마다 측정한 농도 데이터이다(먼저 아래로 데이터를 읽은 후 오른쪽 열로 이동하여 다시 아래로 데이터를 읽는다).

(a) 표본자기상관함수를 계산하고, 이를 해석하라.

(b) 이동범위 방법으로 추정된 표준편차를 사용하여 개별 관측값 관리도를 작성하고, 이를 해석하라.

(c) 이 데이터를 1차 자기회귀모형 $x_t = \xi + \phi x_{t-1} + \varepsilon_t$에 적합시킨 후, 잔차에 대해 개별 관측값 관리도를 작성하고 이를 해석하라.

(d) 문제 (c)에서 구한 잔차는 서로 상관되어 있지 않은지 판단하라. 이 사실은 문제 (c)에서 작성한 관리도의 해석에 어떤 영향을 주는가?

**표 10E.5 화학 공정 농도 관측값**

| | | | | |
|---|---|---|---|---|
| 204 | 190 | 208 | 207 | 200 |
| 202 | 196 | 209 | 204 | 202 |
| 201 | 199 | 209 | 201 | 202 |
| 202 | 203 | 206 | 197 | 207 |
| 197 | 199 | 200 | 189 | 206 |
| 201 | 207 | 203 | 189 | 211 |
| 198 | 204 | 202 | 196 | 205 |
| 188 | 207 | 195 | 193 | 210 |
| 195 | 209 | 196 | 193 | 210 |
| 189 | 205 | 203 | 198 | 198 |
| 195 | 202 | 196 | 194 | 194 |
| 192 | 200 | 197 | 198 | 192 |
| 196 | 208 | 197 | 199 | 189 |
| 194 | 214 | 203 | 204 | 188 |
| 196 | 205 | 205 | 200 | 189 |
| 199 | 211 | 194 | 203 | 194 |
| 197 | 212 | 199 | 200 | 194 |
| 197 | 214 | 201 | 197 | 198 |
| 192 | 210 | 198 | 196 | 196 |
| 195 | 208 | 202 | 202 | 200 |

**10.10** 연습문제 10.9의 농도 데이터를 고려하자. 연습문제 10.9의 문제 (c)에서 적합된 모형으로부터의 잔차에 대해 CUSUM 관리도를 작성하라.

**10.11** 연습문제 10.9의 농도 데이터를 고려하자. 연습문제 10.9의 문제 (c)에서 적합된 모형으로부터의 잔차에 대해 EWMA 관리도를 작성하라.

**10.12** 연습문제 10.9의 농도 데이터에 대해 이동 중심선 EWMA 관리도를 작성하라. 그 결과를 연습문제 10.9 문제 (c)의 잔차 관리도와 비교하라.

**10.13** 화학 제품의 온도가 2분마다 측정되고 있다. 이 공정의 데이터 일부가 표 10E.6에 나타나 있다(먼저 아래로 데이터를 읽은 후 오른쪽 열로 이동하여 다시 아래로 데이터를 읽는다).

(a) 이 데이터에 자기상관 문제가 있는지 판단하라.

(b) 이동범위 방법으로 공정의 산포를 추정하여 개별 관측값 관리도를 작성하고, 이를 해석하라.

(c) 이 데이터를 1차 자기회귀모형 $x_t = \xi + \phi_1 x_{t-1} + \varepsilon_t$에 적합 시킨 후, 잔차에 대해 개별 관측값 관리도를 작성하고, 이 관리도를 원 데이터에 대해 작성한 (b)의 관리도와 비교하라.

**표 10E.6** 화학 제품 온도

| | | | | |
|---|---|---|---|---|
| 491 | 526 | 489 | 502 | 528 |
| 482 | 533 | 496 | 494 | 513 |
| 490 | 533 | 489 | 492 | 511 |
| 495 | 527 | 494 | 490 | 512 |
| 499 | 520 | 496 | 489 | 522 |
| 499 | 514 | 514 | 495 | 523 |
| 507 | 517 | 505 | 498 | 517 |
| 503 | 508 | 511 | 501 | 522 |
| 510 | 515 | 513 | 518 | 518 |
| 509 | 501 | 508 | 521 | 505 |
| 510 | 497 | 498 | 535 | 510 |
| 510 | 483 | 500 | 533 | 508 |
| 515 | 491 | 502 | 524 | 510 |
| 513 | 489 | 506 | 515 | 487 |
| 520 | 496 | 500 | 529 | 481 |
| 518 | 501 | 495 | 525 | 483 |
| 517 | 496 | 489 | 526 | 473 |
| 526 | 495 | 509 | 528 | 479 |
| 525 | 488 | 511 | 534 | 475 |
| 519 | 491 | 508 | 530 | 484 |

**10.14** 10.13의 온도 데이터를 고려하자. (c)의 잔차 데이터에 대해 CUSUM 관리도를 작성하고, 이 관리도를 잔차에 대해 개별 관측값 관리도와 비교하라.

**10.15** 10.13의 온도 데이터를 고려하자. (c)의 잔차 데이터에 대해 EWMA 관리도를 작성하고, 이 관리도를 잔차에 대해 개별 관측값 관리도와 비교하라.

**10.16** 10.13의 온도 데이터에 대해 이동 중심선 EWMA 관리도를 작성하고, 이 관리도를 10.13 (c)의 잔차 관리도와 비교하라.

**10.17** 현재 $\bar{x}$ 관리도가 공정을 관리하기 위해 사용되고 있다. 크기가 $2\sigma$인 하나의 이상원인이 발생하며, 공정이 관리상태를 유지하는 시간은 평균이 100시간인 지수분포를 따른다. 표본추출 비용은 표본당 \$0.50, 개체당 \$0.10이며, 오경보를 검사하는 데 \$5, 이상원인을 발견하는 데 \$2.50의 비용이 들며, 그리고 이상상태에서 운영되면 시간당 \$100의 비용이 발생한다. 또한 하나의 표본을 추출하고 평가하는 데 0.05시간, 이상원인을 찾는 데 2시간이 걸린다. 공정은 이상원인을 찾는 동안 계속 가동된다고 가정하자.

(a) $n = 5$, $k = 3$, $h = 1$로 설계되는 관리도를 사용할 때 비용은 얼마인가?

(b) 식 10.31에 주어진 비용 함수를 최소화하는 관리도 설계를 제안하라.

**10.18** 연습문제 10.17의 비용 정보를 고려하자. 공정모형은 식 10.31이 적절하다고 가정한다. 오경보를 분석하는 데 2시간이 걸리며, 공정이 관리상태에서 운영되면 시간당 이익이 \$500이고 이상원인을 제거하는 데 \$25가 소요된다. $n = 5$, $k = 3$, $h = 1$로 설계되는 관리도를 사용할 때 비용을 계산하라.

**10.19** 현재 $\bar{x}$ 관리도가 공정을 관리하기 위해 사용되고 있다. 비용 모수는 $a_1 = \$2$, $a_2 = \$0.50$, $a_3 = \$50$, $a_3' = \$75$, $a_4 = \$200$이다. 크기 $\delta = 1$인 하나의 이상원인이 발생하며, 공정이 관리상태를 유지하는 시간은 평균이 100시간인 지수분포를 따른다. 표본추출과 검사에 0.05시간, 이상원인을 찾는 데 1시간이 걸린다.

(a) $n = 5$, $k = 3$, $h = 0.5$로 설계되는 $\bar{x}$ 관리도를 사용할 때 비용을 계산하라.

(b) 경제적으로 최적인 설계를 제안하라.

11장

# 다변량 공정 모니터링 및 관리

## 요약 및 학습 목표

이전 장에서 다룬 공정 모니터링과 관리도 기법은 모두 단일변량 데이터를 가정했는데, 즉 관심이 있는 품질특성치가 하나라고 가정한 것이다. 그러나 실제 대부분의 공정 모니터링과 관리에서 여러 변수들을 포함하여 진행하고 있다. 각 개별 변수마다 단일변량 관리도를 적용하는 것도 하나의 방법이지만, 이런 방법은 비효율적이며 잘못된 결론을 도출할 수 있다. 따라서 여러 변수들을 동시에 고려하는 다변량 방법이 요구된다.

이 장에서는 단일변량 관리도를 다변량으로 확장한 관리도를 소개한다. Hotelling $T^2$ 관리도는 Shewhart $\bar{x}$ 관리도를 확장한 것이고, EWMA 관리도의 다변량 버전과 다변량 데이터에서 산포를 모니터링하는 방법에 대해서도 논의할 것이다. 이들 다변량 관리도는 공정변수의 수가 너무 많지 않은 경우, 예를 들면 10개 이하인 경우에는 좋은 성능을 나타낸다. 그러나 변수의 수가 증가할수록 전통적인 다변량 관리도는 변화를 탐지하는 데 효율이 떨어진다. 이와 같은 상황에서 일반적인 접근법은 변수의 차원을 줄이는 것이다.

이 장을 학습하고 나면, 다음 내용들을 수행할 수 있어야 한다.

1. 관련된 품질특성치 집합에 개별적으로 단일변량 관리도를 적용하는 것은 바람직하지 않은 모니터링 절차인 이유를 이해한다.
2. 다변량정규분포가 다변량 공정 데이터의 모형으로 어떻게 이용되는지 이해한다.
3. 다변량 관측값 표본으로부터 평균벡터와 공분산행렬을 추정하는 방법을 숙지한다.
4. 카이제곱 관리도를 설정하고 사용하는 방법을 숙지한다.
5. Hotelling $T^2$ 관리도를 설정하고 사용하는 방법을 숙지한다.
6. 다변량 EWMA(MEWMA) 관리도를 설정하고 사용하는 방법을 숙지한다.
7. 개별 관측값에 다변량 관리도를 설정하고 사용하는 방법을 숙지한다.
8. 다변량 관리도에서 제1국면과 제2국면 관리한계를 설정하는 방법을 숙지한다.
9. 다변량 데이터의 산포를 모니터링하는 관리도를 사용한다.
10. 회귀 수정 절차의 기초를 이해하고 공정 모니터링에 회귀 수정을 적용한다.

## 11.1 다변량 관리도 문제

두 개 또는 그 이상의 품질특성치를 동시에 모니터링하는 것이 필요한 경우가 많다. 예를 들어, 베어링의 내부 지름($x_1$)과 외부 지름($x_2$) 모두가 부품의 유용성을 결정하는 품질특성치라고 가정하자. 이때 $x_1$과 $x_2$는 서로 독립인 정규분포를 따른다고 가정한다. 두 품질특성치는 계량형 데이터이기 때문에, 그림 11.1과 같이 각 특성치에 대해 일반적인 $\bar{x}$ 관리도를 적용하여 모니터링할 수 있다. 표본평균 $\bar{x}_1$와 $\bar{x}_2$가 모두 그들의 관리한계 내부에 타점되므로 공정은 관리상태라고 판단된다. 이것은 그림 11.2의 음영이 있는 영역에 ($\bar{x}_1$, $\bar{x}_2$)를 타점하는 것과 동일한 절차이다.

그러나 두 개의 품질특성치를 독립적으로 모니터링하는 것은 매우 잘못된 결론을 도출할 수 있다. 예를 들어, 그림 11.2을 살펴보면 한 관측값을 다른 값들과 비교할 때 약간 다른 경향이 나타난다. 이 점은 $x_1$과 $x_2$에 대한 두 개의 단일변량 $\bar{x}$ 관리도의 관리한계 내부에 타점되지만, 두 변수를 동시에 고려했을 때 다른 경향이 두드러짐을 알 수 있다. 더구나 $\bar{x}_1$ 또는 $\bar{x}_2$가 3시그마 관리한계를 벗어날 확률은 0.0027이지만, 두 변수가 관리상태일 때 동시에 관리한계를 벗어날 확률은 (0.0027)(0.0027) = 0.00000729로서 0.0027에 비해 현저하게 작아진다. 더구나 공정이 관리상태에 있을 때, $\bar{x}_1$와 $\bar{x}_2$가 동시에 관리한계 내에 타점될 확률은 (0.9973)(0.9973) = 0.99460729이다. 따라서 두 독립된 $\bar{x}$ 관리도를 사용하는 것은 제1종 오류와 관리상태로 올바르게 타점될 확률이 개별 관리도에서 알려진 수준과 동일하지 않게 된다는 측면에서 왜곡된 결과를 도출할 수 있다. 그러나 변수들이 독립인 경우 개별 관리도의 관리한계는 이러한 사실을 고려하여 수정될 수 있다.

공정 모니터링 절차의 왜곡은 품질특성치의 개수가 증가할수록 더 심해진다. 만일 어떤 제품에 $p$개의 통계적으로 서로 독립인 품질특성치가 있고 각각의 $\bar{x}$ 관리도에서 제1종 오류의 확률을 $\alpha$로 유지한다고 가정하면, 결합 관리 절차의 제1종 오류의 확률은

$$\alpha' = 1 - (1 - \alpha)^p \tag{11.1}$$

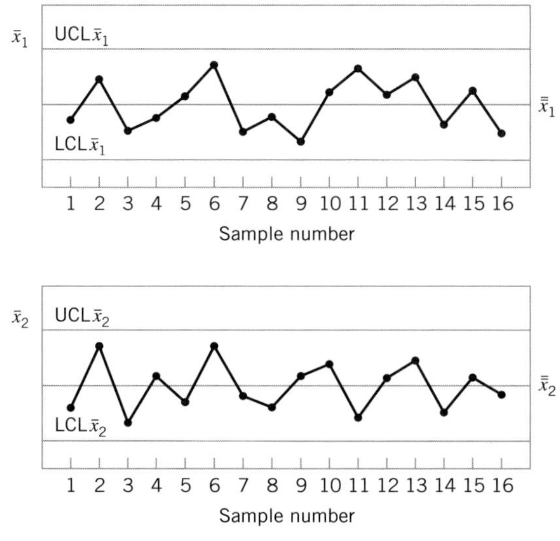


**그림 11.1**
베어링의 내부 지름($\bar{x}_1$)과 외부 지름($\bar{x}_2$)에 대한 관리도

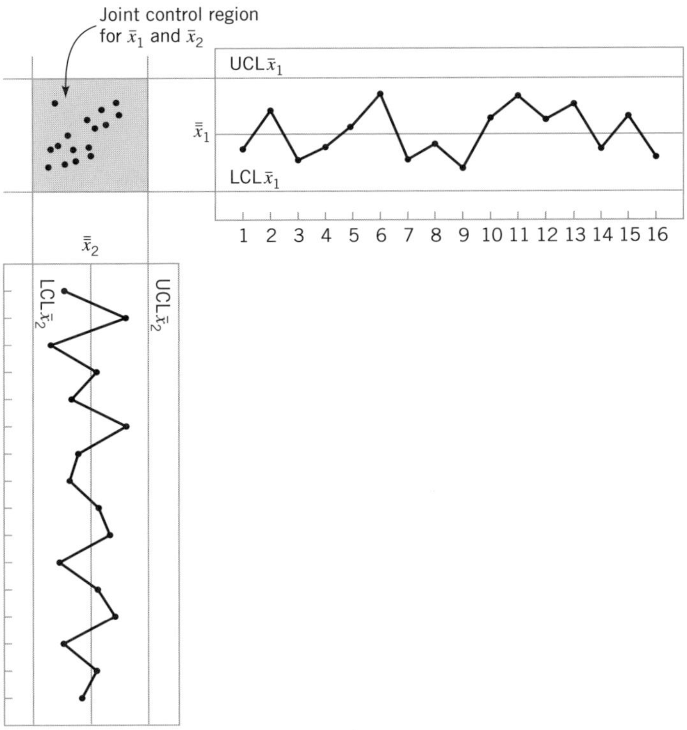


**그림 11.2**
$\bar{x}_1$와 $\bar{x}_2$에 대해 독립적인 관리한계를 사용한 관리 영역

가 되고, 관리상태일 때 모든 $p$개의 평균이 동시에 관리한계 내부에 타점될 확률은

$$P\{\text{모든 } p\text{개의 평균이 관리상태로 타점}\} = (1 - \alpha)^p \tag{11.2}$$

가 된다. $p$가 아주 크지 않더라도 결합 관리 절차의 왜곡은 심각할 수 있다. 더구나 $p$개의 품질특성치가 서로 독립이 아닌 경우(그것들이 동일한 제품에 관련되어 있는 경우 독립이 아닌 경우가 더 일반적임), 식 11.1과 11.2는 성립하지 않으며, 결합 관리 절차의 왜곡을 쉬운 방법으로 측정할 수 없다.

이와 같이 여러 관련된 변수들에 대한 공정 모니터링 문제를 일반적으로 **다변량품질관리**(또는 **공정 모니터링**) **문제**라고 부른다. 다변량 관리도의 연구는 Hotelling(1947)에 의해 처음으로 시작되었는데, 그는 제2차 세계대전 동안의 폭격 조준기 데이터에 이 절차를 적용하였다. 그 후 여러 관련된 변수들에 대한 관리도 절차에 대한 연구가 진행되었다. 이러한 연구로는 Hicks(1955), Jackson(1956, 1959, 1985), Crosier(1988), Hawkins(1991, 1993b), Lowry 등(1992), Lowry와 Montgomery(1995), Pignatiello와 Runger(1990), Tracy, Young과 Mason(1992), Montgomery와 Wadsworth(1972), Alt(1985) 등이 있다. 최근 들어 자동 검사 절차를 이용하여 하나의 제품의 많은 모수들을 측정하는 것이 용이해졌기 때문에, 이 분야는 더욱 중요하게 되었다. 예를 들어 많은 화학과 장치 산업, 그리고 반도체 생산자는 수백 개의 변수에 대한 공정 및 품질 데이터의 생산 데이터베이스를 보유하고 있다. 이 데이터베이스의 전체 용량은 수백만 개의 개별 기록으로 측정된다. 이들 데이터의 모니터링과 분석에 단일변량 SPC를 사용하는 것은 비효율적이기 때문에, 최근 다변량 방법의 사용이 크게 증가하고 있다.

## 11.2 다변량 데이터의 소개

### 11.2.1 다변량정규분포

단일변량 통계적 품질관리에서 연속형의 품질특성치에 대해 우리는 일반적으로 **정규분포**를 사용한다. 단일변량 정규 확률밀도함수는

$$f(x)=\frac{1}{\sqrt{2\pi\sigma^2}}e^{-\frac{1}{2}\left(\frac{x-\mu}{\sigma}\right)^2} \quad -\infty<x<\infty \tag{11.3}$$

이다. 이때 정규분포의 평균은 $\mu$이고 분산은 $\sigma^2$이다. 정규분포의 지수 부분에서 (−1/2)를 제외한 항은

$$(x-\mu)\left(\sigma^2\right)^{-1}(x-\mu) \tag{11.4}$$

와 같이 다시 쓸 수 있다. 이것은 $x$에서 평균 $\mu$까지 표준화 거리의 제곱으로, 표준화에 의해 거리를 표준편차 단위로 표현하였다.

**다변량정규분포**(multivariate normal distribution)에서도 유사한 접근을 할 수 있다. $p$개의 확률변수 $x_1, x_2, \cdots, x_p$가 있다고 가정하자. 이 변수들을 $p$차원 벡터인 $\mathbf{x}' = [x_1, x_2, \cdots, x_p]$, $x$들의 평균벡터를 $\boldsymbol{\mu}' = [\mu_1, \mu_2, \cdots, \mu_p]$로 나타내고, $x$에 속한 확률변수의 분산과 공분산을 $p \times p$ **공분산행렬**(covariance matrix) $\Sigma$로 나타내자. $\Sigma$의 대각원소는 $x$들의 분산이고 비대각원소는 공분산을 나타낸다. 이제 $\mathbf{x}$에서 $\boldsymbol{\mu}$까지 표준화된 (일반화) 거리의 제곱은

$$(\mathbf{x}-\boldsymbol{\mu})'\Sigma^{-1}(\mathbf{x}-\boldsymbol{\mu}) \tag{11.5}$$

가 된다. 다변량정규분포의 확률밀도함수는 식 11.4의 표준화 거리를 식 11.5의 다변량 일반화 거리로 대체하고, 확률밀도함수 아래 면적을 1로 만드는 상수항 $1/\sqrt{2\pi\sigma^2}$을 좀 더 일반화된 형태로 바꿈으로써 얻어진다. 따라서 **다변량정규** 확률밀도함수는

$$f(\mathbf{x})=\frac{1}{(2\pi)^{p/2}|\boldsymbol{\Sigma}|^{1/2}}e^{-\frac{1}{2}(\mathbf{x}-\boldsymbol{\mu})'\boldsymbol{\Sigma}^{-1}(\mathbf{x}-\boldsymbol{\mu})} \tag{11.6}$$

가 되는데, 여기서 $-\infty < x_j < \infty$, $j = 1, 2, \cdots, p$이다.

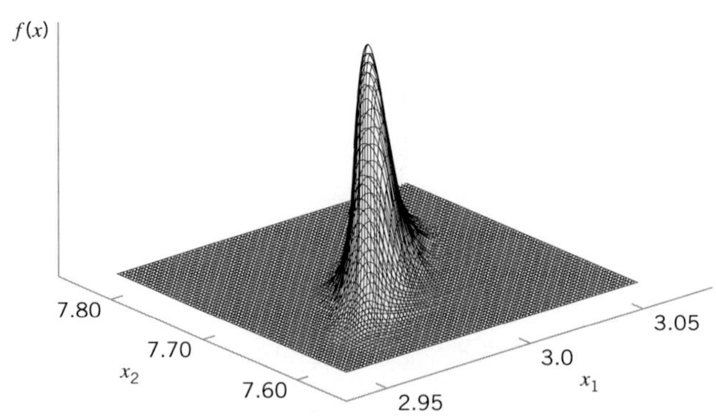


**그림 11.3**
$p$ = 2인 다변량정규분포(이변량 정규분포)

다변량정규분포에서 $p = 2$인 경우(**이변량정규**(bivariate normal)인 경우)가 그림 11.3 나타나 있다. 밀도함수가 표면(surface)임을 주목하라. 이 예제에서 두 변수의 상관계수는 0.8인데, 이것이 확률을 가운데로 집중되게 만들었다.

### 11.2.2 표본평균벡터와 공분산행렬

다변량정규분포로부터 확률표본

$$\mathbf{x}_1, \mathbf{x}_2, \ldots, \mathbf{x}_n$$

을 추출했는데, 여기서 $i$번째 표본벡터는 $p$개 변수의 관측값 $x_{i1}, x_{i2}, \cdots, x_{ip}$를 포함하고 있다. 이때 **표본평균벡터**(sample mean vector)는

$$\bar{\mathbf{x}} = \frac{1}{n}\sum_{i=1}^{n}\mathbf{x}_i \tag{11.7}$$

이고 **표본공분산행렬**(sample covariance matrix)은

$$\mathbf{S} = \frac{1}{n-1}\sum_{i=1}^{n}(\mathbf{x}_i - \bar{\mathbf{x}})(\mathbf{x}_i - \bar{\mathbf{x}})' \tag{11.8}$$

이 된다. 즉, 행렬 $S$의 주대각원소인 표본분산은

$$s_j^2 = \frac{1}{n-1}\sum_{i=1}^{n}\left(x_{ij} - \bar{x}_j\right)^2 \tag{11.9}$$

이고, 표본공분산은

$$s_{jk} = \frac{1}{n-1}\sum_{i=1}^{n}\left(x_{ij} - \bar{x}_j\right)\left(x_{ik} - \bar{x}_k\right) \tag{11.10}$$

이다. 표본평균벡터와 표본공분산행렬이 해당되는 모수의 불편추정량이라는 사실이 잘 알려져 있다. 즉, 다음이 성립한다.

$$E(\bar{\mathbf{x}}) = \boldsymbol{\mu} \text{ 와 } \quad E(\mathbf{S}) = \boldsymbol{\Sigma}$$

## 11.3 Hotelling $T^2$ 관리도

다변량 공정 모니터링 및 관리 절차에서 가장 잘 알려져 있는 것은 공정의 평균벡터에 대한 **Hotelling $T^2$ 관리도**이다. 이것은 Shewhart $\bar{x}$ 관리도의 다변량 버전이다. 이제 부분군 데이터와 개별 관측값에 대한 Hotelling $T^2$ 관리도의 2가지 버전에 대해 소개할 것이다.

### 11.3.1 부분군 데이터

두 개의 품질특성치 $x_1$과 $x_2$가 그림 11.3과 같이 이변량정규분포를 따른다고 가정하자. 또한 품질특성치 $x_1$과 $x_2$에 대해 평균은 $\mu_1$과 $\mu_2$, 표준편차는 $\sigma_1$과 $\sigma_2$, 공분산은 $\sigma_{12}$라고 하

자. 이때 $\sigma_1, \sigma_2, \sigma_{12}$는 알고 있다고 가정한다. 만일 $\bar{x}_1$와 $\bar{x}_2$가 크기 $n$인 표본으로부터 계산된 품질특성치의 표본평균이라면, 다음 통계량은

$$\chi_0^2 = \frac{n}{\sigma_1^2\sigma_2^2 - \sigma_{12}^2}\left[\sigma_2^2(\bar{x}_1 - \mu_1)^2 + \sigma_1^2(\bar{x}_2 - \mu_2)^2 - 2\sigma_{12}(\bar{x}_1 - \mu_1)(\bar{x}_2 - \mu_2)\right] \tag{11.11}$$

자유도가 2인 카이제곱분포를 따른다. 이 식은 공정평균 $\mu_1$과 $\mu_2$에 대한 관리도의 기초로 사용된다. 만일 공정평균이 $\mu_1$과 $\mu_2$를 유지한다면, $\chi_0^2$ 값은 UCL $= \chi_{\alpha,2}^2$보다 작을 것이다. 여기서 $\chi_{\alpha,2}^2$는 자유도가 2인 카이제곱분포의 상위 $\alpha$ 퍼센트점을 나타낸다. 만일 2개의 평균 중 적어도 하나가 새로운 값(이상상태)으로 변화했다면, 통계량 $\chi_0^2$이 관리상한을 벗어날 확률이 증가하게 된다.

공정 모니터링 절차는 시각적으로 표현할 수도 있다. 두 확률변수 $x_1$과 $x_2$가 서로 독립, 즉 $\sigma_{12} = 0$인 경우를 고려해 보자. 만일 $\sigma_{12} = 0$이라면, 식 11.11은 그림 11.4와 같이 $\bar{x}_1$와 $\bar{x}_2$ 축과 평행한 주축(principal axis)을 갖고 $(\mu_1, \mu_2)$가 중점인 타원을 정의할 수 있다. 식 11.11의 $\chi^2_0$ 값이 $\chi^2_{\alpha,2}$보다 작은 것은 $(\bar{x}_1, \bar{x}_2)$가 공정이 관리상태를 나타내는 타원의 내부에 타점되는 $\chi^2_0$를 산출한다는 것이고, 타원의 외부에 타점되는 $\chi^2_0$를 산출하는 $(\bar{x}_1, \bar{x}_2)$이 있는 경우 공정은 이상상태를 나타낸다는 것이다. 그림 11.4를 **관리 타원**(control ellipse)이라고 한다.

두 품질특성치가 독립이 아닌 경우, 즉 $\sigma_{12} \neq 0$인 경우 해당되는 관리 타원인 그림 11.5에 나타나 있다. 두 변수가 독립이 아닌 경우 타원의 주축은 $\bar{x}_1$와 $\bar{x}_2$ 축과 더 이상 평행하지 않는다. 또한 11번째 표본 값이 관리 타원을 벗어나서 타점되어 이상원인이 있는 것으로 판단되는데, 11번째 값은 $\bar{x}_1$와 $\bar{x}_2$에 대한 개별 관리도에서는 관리한계 내에 위치하고 있다.

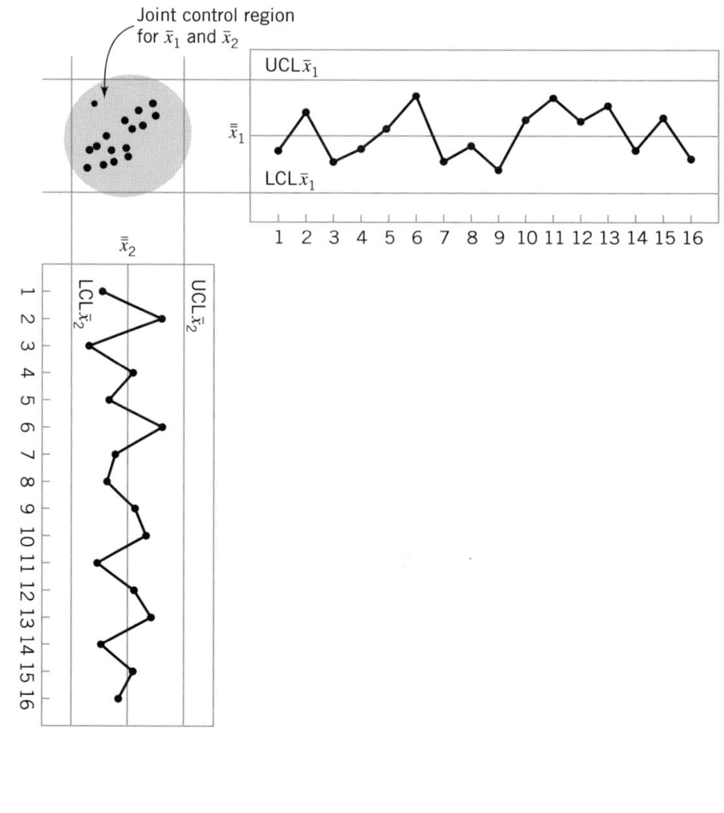


그림 11.4
서로 독립인 두 변수에 대한 관리 타원

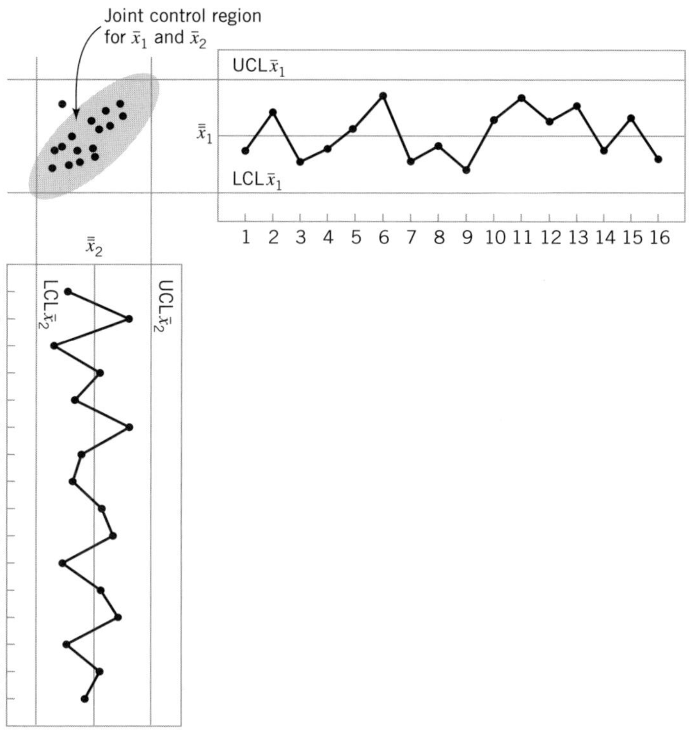


**그림 11.5**
서로 독립이 아닌 두 변수에 대한 관리 타원

따라서 11번째 값은 변수들을 개별적으로 보았을 때에는 아무런 문제가 없지만, 제품을 받는 소비자는 제품의 매우 다른 성능을 발견할 수도 있다. 개별적인 관리도를 이용할 경우 이와 같은 값에 대해 이상원인을 탐지하는 것은 거의 불가능한 일이다.

관리 타원에도 두 가지 단점이 있다. 첫 번째는 타점되는 점들의 시간 순서가 표시되지 않는다는 것이다. 이것은 타점되는 점에 숫자를 부여하거나 가장 최근 관측값을 표시하는 기호를 사용함으로 해결할 수 있다. 두 번째 좀 더 심각한 단점은 두 개보다 더 많은 품질특성치에 대한 타원을 구성하기가 어렵다는 점이다. 이와 같은 어려움을 피하기 위해, 그림 11.6과 같이 각 표본에서 식 11.11에 의해 계산된 $\chi_0^2$ 값을 관리상한 $\chi_{\alpha,2}^2$에 대해 타점하는 것이다. 이 관리도를 일반적으로 **카이제곱 관리도**(chi-square control chart)라고 한다. 이 관리도에는 시간 순서가 유지되기 때문에 런이나 기타 랜덤하지 않은 패턴을 관찰할 수 있다. 더구나 관리도의 상태가 하나의 숫자(통계량 $\chi_0^2$ 값)로 표현된다는 장점이 있는데, 이것은 두 개 또는 그 이상의 품질특성치에 관심이 있는 경우에 매우 유용하다.

위에서 소개한 결과들은 $p$개의 관련된 변수들을 동시에 관리하는 경우로 확장시킬 수 있다. $p$개의 품질특성치의 결합확률분포는 $p$변량 정규분포를 가정한다. 이러한 절차는 크기가 $n$인 표본으로부터 $p$개의 품질특성치 각각의 표본평균을 계산해야 한다. 이 품질특성치의 평균은 $p \times 1$ 벡터인

$$\bar{\mathbf{x}} = \begin{bmatrix} \bar{x}_1 \\ \bar{x}_2 \\ \vdots \\ \bar{x}_p \end{bmatrix}$$

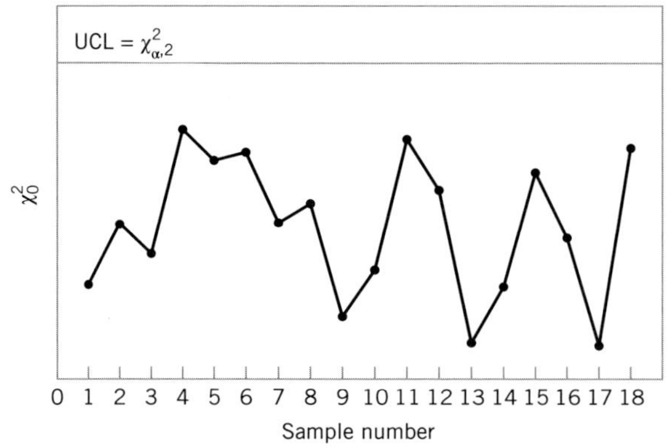


**그림 11.6**
$p$ = 2인 품질특성치에 대한 카이제곱 관리도

로 나타낼 수 있다. 각 표본에 대해 카이제곱 관리도에 타점하는 검정통계량은

$$\chi_0^2 = n(\bar{\mathbf{x}} - \boldsymbol{\mu})' \boldsymbol{\Sigma}^{-1} (\bar{\mathbf{x}} - \boldsymbol{\mu}) \tag{11.12}$$

이 된다. 여기서 $\boldsymbol{\mu}' = [\mu_1, \mu_2, \cdots, \mu_p]$는 각 품질특성치의 관리상태의 평균벡터이고, $\Sigma$는 공분산행렬이다. 이때 관리도의 관리상한은

$$\text{UCL} = \chi^2_{\alpha,p} \tag{11.13}$$

가 된다.

**$\boldsymbol{\mu}$와 $\Sigma$의 추정** 실제 공정에서는 공정이 관리상태일 때 크기 $n$으로 추출한 사전 표본들의 분석으로부터 $\boldsymbol{\mu}$와 $\Sigma$를 추정하는 것이 필요하다. $m$개의 표본이 가능하다고 가정하면, 각 표본에서 표본평균과 분산은

$$\bar{x}_{jk} = \frac{1}{n}\sum_{i=1}^{n} x_{ijk} \qquad \begin{cases} j = 1,2,\ldots,p \\ k = 1,2,\ldots,m \end{cases} \tag{11.14}$$

$$s_{jk}^2 = \frac{1}{n-1}\sum_{i=1}^{n}\left(x_{ijk} - \bar{x}_{jk}\right)^2 \qquad \begin{cases} j = 1,2,\ldots,p \\ k = 1,2,\ldots,m \end{cases} \tag{11.15}$$

과 같이 계산할 수 있다. 여기서 $x_{ijk}$는 $k$번째 표본에서 $j$번째 품질특성치의 $i$번째 관측값을 나타낸다. $k$번째 표본에서 품질특성치 $j$와 $h$의 공분산은

$$s_{jhk} = \frac{1}{n-1}\sum_{i=1}^{n}\left(x_{ijk} - \bar{x}_{jk}\right)\left(x_{ihk} - \bar{x}_{hk}\right) \qquad \begin{cases} k = 1,2,\ldots,m \\ j \neq h \end{cases} \tag{11.16}$$

가 된다. 통계량 $\bar{x}_{jk}$, $s^2_{jk}$, $s_{jhk}$를 모든 $m$개 표본들로 평균을 내어

$$\bar{\bar{x}}_j = \frac{1}{m}\sum_{k=1}^{m} \bar{x}_{jk} \qquad j = 1,2,\ldots,p \tag{11.17a}$$

$$\bar{s}_j^2 = \frac{1}{m}\sum_{k=1}^{m} s_{jk}^2 \qquad j = 1,2,\ldots,p \tag{11.17b}$$

$$\bar{s}_{jh} = \frac{1}{m}\sum_{k=1}^{m} s_{jhk} \qquad j \neq h \tag{11.17c}$$

를 계산할 수 있다. $\{\bar{\bar{x}}_i\}$는 벡터 $\bar{\bar{\mathbf{x}}}$의 원소들이고, $p \times p$ 표본공분산행렬은

$$\mathbf{S} = \begin{bmatrix} \bar{s}_1^2 & \bar{s}_{12} & \bar{s}_{13} & \cdots & \bar{s}_{1p} \\ & \bar{s}_2^2 & \bar{s}_{23} & \cdots & \bar{s}_{2p} \\ & & \bar{s}_3^2 & & \vdots \\ & & & \ddots & \bar{s}_p^2 \\ & & & & \end{bmatrix} \tag{11.18}$$

이 된다. 표본공분산행렬 S는 공정이 관리상태일 때 Σ의 불편추정량이 된다.

**$T^2$ 관리도** Σ를 추정하기 위해 식 11.18의 S를 사용하고 공정의 관리상태의 평균벡터로 $\bar{\bar{\mathbf{x}}}$를 사용한다고 가정하자. 만일 식 11.12에서 $\boldsymbol{\mu}$와 Σ를 각각 $\bar{\bar{\mathbf{x}}}$와 S로 대체할 경우 검정통계량은

$$T^2 = n\left(\bar{\mathbf{x}} - \bar{\bar{\mathbf{x}}}\right)' \mathbf{S}^{-1}\left(\bar{\mathbf{x}} - \bar{\bar{\mathbf{x}}}\right) \tag{11.19}$$

가 된다. 이 형태를 사용하는 관리도를 **Hotelling $T^2$ 관리도**라고 한다. 이 관리도는 방향적 불변(directionally invariant) 관리도인데, 이것은 평균벡터의 변화를 탐지하는 성능은 그것의 방향이 아니라 오직 변화의 크기에만 의존한다는 것이다.

Alt(1985)는 다변량품질관리의 적용에서 Hotelling $T^2$ 통계량(식 11.19)에 대한 관리한계를 선택할 때 주의해야 한다고 지적했다. 앞에서 관리도의 운용에는 두 가지 국면이 있다고 언급했었다. **제1국면**(phase I)은 관리도를 설정하기 위해 관리도를 사용하는 것이다. 즉, $m$개의 사전 표본을 추출하여 공정이 관리상태에 있는지 검정하고 표본통계량 $\bar{\bar{\mathbf{x}}}$와 S를 계산하게 된다. 제1국면의 목적은 관리상태의 관측값을 추출하여 향후 생산을 모니터링하는 제2국면(phase II)을 위한 관리한계를 설정하는 것이다. 제1국면 분석을 때때로 **후향적 분석**(retrospective analysis)이라고 한다.

$T^2$ 관리도에서 제1국면 관리한계는

$$\begin{aligned} \text{UCL} &= \frac{p(m-1)(n-1)}{mn-m-p+1} F_{\alpha,p,mn-m-p+1} \\ \text{LCL} &= 0 \end{aligned} \tag{11.20}$$

으로 주어진다.

**제2국면**(phase II)에서 향후 생산을 모니터링하는 관리도를 사용할 때, 관리한계는 다음과 같다.

$$\begin{aligned} \text{UCL} &= \frac{p(m+1)(n-1)}{mn-m-p+1} F_{\alpha,p,mn-m-p+1} \\ \text{LCL} &= 0 \end{aligned} \tag{11.21}$$

식 11.21의 UCL은 식 11.20의 UCL에 $(m+1)/(m-1)$을 곱한 것이다.

$\boldsymbol{\mu}$와 Σ가 아주 많은 수의 사전 표본들로부터 추정되었다면, 제1국면과 제2국면 모두 관리상한으로 UCL = $\chi^2_{\alpha,p}$을 사용하기도 한다. 사전 표본을 이용하여 통계적 관리상태를 검정하고 관리한계를 설정하는 후향적 분석은 단일변량 관리도 설정에서도 사용된다. $\bar{x}$ 관

리도에서 $m \geq 20$ 또는 25를 사용할 경우 제1국면과 제2국면의 한계는 거의 같기 때문에, 일반적으로 제1국면과 제2국면의 한계의 차이를 구분할 필요는 없다. 비교적 최근 리뷰 논문인 Jensen 등(2006)은 제2국면 **평균 런 길이**(average run length, ARL) 성능을 원하는 값과 유사하게 유지하려면 보다 큰 표본크기가 필요하다고 지적하였다. 그들은 제2국면 한계를 추정하기 위해 가능한 한 많은 제1국면 표본을 사용할 것을 권장하였다.

Lowry와 Montgomery(1995)는 제2국면의 관리한계가 카이제곱 관리한계에 잘 근사되기 위해서는 많은 수의 사전 표본이 필요하다는 것을 보였다. 그들은 표본크기 $n = 3, 5, 10$과 $p = 2, 3, 4, 5, 10, 20$에 대해 권장하는 최소의 $m$값에 대한 표를 제시하였다. 권장하는 $m$은 항상 20보다 큰 값이며 종종 50보다 큰 값을 나타냈다. Jensen 등(2006)은 이들 권장하는 표본의 수가 너무 작은 값이라고 언급하며, 제2국면의 관리한계를 추정할 때 최소한 200개의 표본이 바람직하다고 제안하였다.

### 예 11.1 $T^2$ 관리도

직물 섬유(textile fiber)의 인장강도(tensile strength)와 지름(diameter)은 동시에 관리해야 하는 두 개의 중요한 품질특성치이다. 품질관리자는 각 표본마다 $n = 10$의 섬유 견본을 사용하기로 하고, 20개의 사전 표본을 추출하여 $\bar{\bar{x}}_1 = 115.59$ psi, $\bar{\bar{x}}_2 = 1.06(\times 10^{-2})$ inch, $\bar{s}_1^2 = 1.23$, $\bar{s}_2^2 = 0.83$, $\bar{s}_{12} = 0.79$를 얻었다. $T^2$ 관리도를 구성하라.

**풀이**

공정관리를 위해 사용하는 통계량은

$$T^2 = \frac{10}{(1.23)(0.83)-(0.79)^2}\Big[0.83(\bar{x}_1 - 115.59)^2 + 1.23(\bar{x}_2 - 1.06)^2 \\ -2(0.79)(\bar{x}_1 - 115.59)(\bar{x}_2 - 1.06)\Big]$$

이 된다. 분석을 위해 사용된 데이터와 요약된 통계량은 표 11.1의 (a)와 (b)에 나타나 있다.

그림 11.7은 이 예제의 $T^2$ 관리도를 나타내고 있다. 우리는 이것이 통계적 관리상태를 판단하는 제1국면이기 때문에 식 11.20을 이용하여 관리상한을 계산하였다. $\alpha = 0.001$이라고 할 때, 관리상한은 다음과 같이 계산된다.

$$\begin{aligned} \text{UCL} &= \frac{p(m-1)(n-1)}{mn-m-p+1}F_{\alpha,p,mn-m-p+1} \\ &= \frac{2(19)(9)}{20(10)-20-2+1}F_{0.001,2,20(10)-20-2+1} \\ &= \frac{342}{179}F_{0.001,2,179} \\ &= (1.91)7.18 \\ &= 13.72 \end{aligned}$$

이 관리한계가 그림 11.7에 표시되어 있는데, 이 한계를 벗어나는 점이 없기 때문에 공정은 관리상태라고 할 수 있다. 제2국면의 관리한계는 식 11.21에 의해 계산할 수 있는데, $\alpha = 0.001$인 경우 관리상한은 UCL = 15.16이 된다. 근사적인 카이제곱 관리한계를 사용하면, $\chi^2_{0.001,2} = 13.816$이 되는데, 이 값은 제1국면의 관리한계와 유사한 값이지만 제2국면의 관리한계에 비하면 아주 작은 값이다. 그 이유는 제2국면의

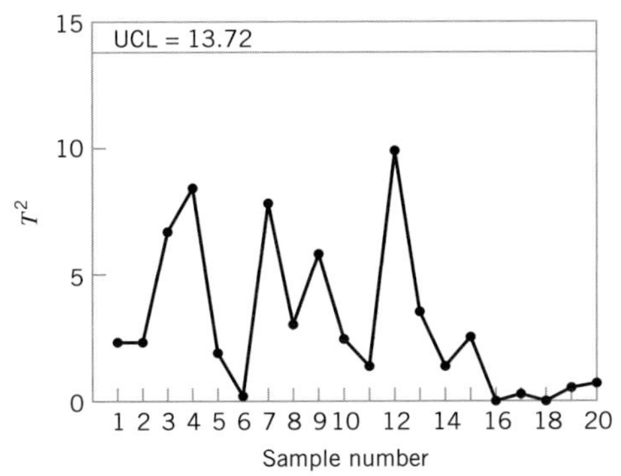


**그림 11.7** 예 11.1에서 인장강도와 지름에 대한 Hotelling $T^2$ 관리도

표 11.1 예 11.1의 데이터

| Sample Number $k$ | (a) Means | | (b) Variances and Covariances | | | (c) Control Chart Statistics | |
|---|---|---|---|---|---|---|---|
| | Tensile Strength ($\bar{x}_{1k}$) | Diameter ($\bar{x}_{2k}$) | $s^2_{1k}$ | $s^2_{2k}$ | $s_{12k}$ | $T^2_k$ | $\lvert S_k \rvert$ |
| 1 | 115.25 | 1.04 | 1.25 | 0.87 | 0.80 | 2.16 | 0.45 |
| 2 | 115.91 | 1.06 | 1.26 | 0.85 | 0.81 | 2.14 | 0.41 |
| 3 | 115.05 | 1.09 | 1.30 | 0.90 | 0.82 | 6.77 | 0.50 |
| 4 | 116.21 | 1.05 | 1.02 | 0.85 | 0.81 | 8.29 | 0.21 |
| 5 | 115.90 | 1.07 | 1.16 | 0.73 | 0.80 | 1.89 | 0.21 |
| 6 | 115.55 | 1.06 | 1.01 | 0.80 | 0.76 | 0.03 | 0.23 |
| 7 | 114.98 | 1.05 | 1.25 | 0.78 | 0.75 | 7.54 | 0.41 |
| 8 | 115.25 | 1.10 | 1.40 | 0.83 | 0.80 | 3.01 | 0.52 |
| 9 | 116.15 | 1.09 | 1.19 | 0.87 | 0.83 | 5.92 | 0.35 |
| 10 | 115.92 | 1.05 | 1.17 | 0.86 | 0.95 | 2.41 | 0.10 |
| 11 | 115.75 | 0.99 | 1.45 | 0.79 | 0.78 | 1.13 | 0.54 |
| 12 | 114.90 | 1.06 | 1.24 | 0.82 | 0.81 | 9.96 | 0.36 |
| 13 | 116.01 | 1.05 | 1.26 | 0.55 | 0.72 | 3.86 | 0.17 |
| 14 | 115.83 | 1.07 | 1.17 | 0.76 | 0.75 | 1.11 | 0.33 |
| 15 | 115.29 | 1.11 | 1.23 | 0.89 | 0.82 | 2.56 | 0.42 |
| 16 | 115.63 | 1.04 | 1.24 | 0.91 | 0.83 | 0.08 | 0.44 |
| 17 | 115.47 | 1.03 | 1.20 | 0.95 | 0.70 | 0.19 | 0.65 |
| 18 | 115.58 | 1.05 | 1.18 | 0.83 | 0.79 | 0.00 | 0.36 |
| 19 | 115.72 | 1.06 | 1.31 | 0.89 | 0.76 | 0.35 | 0.59 |
| 20 | 115.40 | 1.04 | 1.29 | 0.85 | 0.68 | 0.62 | 0.63 |
| Averages | $\bar{\bar{x}}_1 = 115.59$ | $\bar{\bar{x}}_2 = 1.06$ | $\bar{s}^2_1 = 1.23$ | $\bar{s}^2_2 = 0.83$ | $\bar{s}_{12} = 0.79$ | | |

관리한계를 추정하기 위해 사용한 데이터의 양이 너무 작기 때문이다. 만일 관측되는 표본이 관리상태에 있다면 이 데이터를 관리한계를 수정하는 데 사용해야 한다.

다변량품질관리에 대한 많은 관심으로 Hotelling $T^2$ 관리도는 많은 소프트웨어 패키지에 포함되어 있다. 이들 프로그램을 사용할 때에는 주의해야 하는데, 관리한계를 계산할 때 잘못된 공식을 사용하는 것도 있기 때문이다. 특히 어떤 소프트웨어 패키지는

$$\text{UCL} = \frac{p(m-1)}{m-p} F_{\alpha,p,m-p}$$

를 사용하는데, 이것은 명백하게 잘못된 것이다. 이 값은 $p$변량 정규분포에서 크기 $m$의 표본을 추출하여 평균벡터 $\boldsymbol{\mu}$에 대한 다변량 통계적 가설검정에서 사용하는 기각역 값이다. 그러나 이 값을 관리도의 제1국면과 제2국면에 직접 적용할 수는 없다.

**이상상태 신호의 해석** 다변량 관리도를 사용할 때 하나의 어려움은 이상상태 신호에 대한 실질적인 **해석**(interpretation)이다. 특별히 $p$개의 변수들 중 어떤 변수(또는 어떤 여러 개의 변수)가 그 신호를 유발했을까? 이 질문은 언제나 대답하기 어렵다. 보통의 방법은 각각의 변수 $x_1, x_2, \cdots, x_p$에 대해 **단일변량** $\bar{x}$ 관리도를 작성하는 것이다. 그러나 이 접근법은 이전에 설명한 이유 때문에 항상 성공적이지는 않다. Alt(1985)는 Bonferroni 형태의 관리한계를 갖는 $\bar{x}$ 관리도를 사용할 것을 제안하였다. 이 방법은 $\bar{x}$ 관리도의 관리한계에서 $Z_{\alpha/2}$ 대신 $Z_{\alpha/(2p)}$를 사용하는 것인데, 이것은 여러 단일변량 관리도를 동시에 사용할 때 오경보의 수를 줄여준다. Hayter와 Tsui(1994)는 정확한 동시신뢰구간(simultaneous confidence interval)을 구하여 이 아이디어를 확장했다. 그들의 절차는 정규성 가정이 만족되는 않는 상황에서도 사용할 수 있다. Jackson(1980)은 원래 변수들의 선형결합인 $p$개의 주성분에 기초한 관리도를 사용할 것을 권장하였다. 이 방법의 단점은 원래 변수들의 상황에 대해 항상 명료한 해석을 제공하지 못한다는 것이다. 그러나 종종 이상상태 신호의 진단에 효율적이며, 특히 원래 변수들로 주성분의 해석이 명확한 경우에도 효율적이라고 알려져 있다.

이상상태 신호를 진단하는 또 다른 유용한 접근법은 $T^2$ 통계량을 각 변수의 역할을 반영하는 요소로 분해하는 것이다. $T^2$은 통계량의 현재 값이고 $T^2_{(i)}$은 $i$번째 변수를 제외한 변수들에 대한 통계량 값이라고 할 때, Runger, Alt와 Montgomery(1996b)는

$$d_i = T^2 - T^2_{(i)} \tag{11.22}$$

가 전반적인 통계량에 대한 $i$번째 변수의 상대적인 기여를 나타내는 지표라는 것을 보였다. 이상상태 신호가 발생할 경우, $d_i(i = 1, 2, \cdots, p)$를 계산해서 $d_i$가 상대적으로 큰 변수를 유념해서 살펴보는 방법을 권장한다. 이 절차는 일반적인 소프트웨어 패키지를 이용하여 계산할 수 있다는 장점도 있다.

이 절차를 설명하기 위해, Runger, Alt와 Montgomery(1996a)를 고려해 보자. $p = 3$이고 공분산행렬은 알려져 있으며, 3개의 변수를 다음과 같이 변환하였다.

$$y_{ij} = \frac{x_{ij} - \mu_j}{\sqrt{(m-1)\sigma_j^2}}$$

각 공정변수에 대한 이와 같은 변환으로 평균은 0이고 분산이 1이 되었다. 따라서 공산분 행렬 $\boldsymbol{\Sigma}$는 **상관계수 형태**(correlation form)가 되는데, 주대각원소는 모두 1이고 비대각원소는 공정변수($x$들) 간의 상관계수를 나타낸다. 이 예제에서는

$$\Sigma = \begin{bmatrix} 1 & 0.9 & 0.9 \\ 0.9 & 1 & 0.9 \\ 0.9 & 0.9 & 1 \end{bmatrix}$$

이며, 공정평균의 관리상태 값은 $\boldsymbol{\mu}' = [0, 0, 0]$이다. 이때 다음에 계산된 값을 살펴보자.

| 관측 벡터 $\mathbf{y}'$ | 관리도 통계량 $T_0^2 (= \chi_0^2)$ | $d_i = T^2 - T_{(i)}^2$ $d_1$ | $d_2$ | $d_3$ |
|---|---|---|---|---|
| (2, 0, 0) | 27.14 | 27.14 | 6.09 | 6.09 |
| (1, 1, −1) | 26.79 | 6.79 | 6.79 | 25.73 |
| (1, −1, 0) | 20.00 | 14.74 | 14.74 | 0 |
| (0.5, 0.5, 1) | 15.00 | 3.69 | 3.68 | 14.74 |

Σ는 알려져 있기 때문에 카이제곱분포로부터 관리상한을 계산할 수 있는데, 이 예제에서 관리상한으로 $\chi^2_{0.005,3} = 12.84$를 선택하였다. 여기에서 4개의 관측 벡터는 모두 이상상태의 신호를 발생시킨다. Runger, Alt와 Montgomery(1996b)는 $d_i$ 크기에 대한 근사적인 경계값으로 $\chi^2_{\alpha,1}$을 제안하였다. $\alpha = 0.01$인 경우 $\chi^2_{0.01,1} = 6.63$이고, $d_i$가 이 경계값보다 클 경우 $i$번째 변수는 통계량에 큰 기여를 한다고 생각할 수 있다. 분해 통계량(decomposition statistic) $d_i$는 관측 벡터 중 어떤 변수가 변화에 기여했는지에 대한 지침을 제공해 준다.

다른 진단 방법에 대해서도 많이 제안되었다. 예를 들어 Murphy(1987)와 Chua와 Montgomery(1992)는 관측값들을 집단으로 분류하는 통계적 절차인 판별분석(discriminant analysis)에 기초한 절차를 제안하였다. Tracy, Mason과 Young(1996) 역시 $T^2$을 진단을 위해 분해했는데, 그들의 절차는 식 11.22보다 좀 더 정교한 분해를 사용했기 때문에 더 많은 계산을 필요로 한다.

### 11.3.2 개별 관측값

실제 공정에서 부분군의 크기를 $n = 1$로 하는 경우가 있다. 이런 상황은 화학과 장치 산업에서 많이 발생하는데, 이들 공장에는 일반적으로 모니터해야 하는 많은 품질특성치들이 있기 때문에 $n = 1$인 다변량 관리도가 필요하다.

각 표본에서 품질특성치의 개수가 $p$이고 크기가 $n = 1$인 $m$개의 표본을 가정하자. 이때 $\bar{\mathbf{x}}$와 $\mathbf{S}$는 각각 관측값의 표본평균벡터와 공분산행렬을 나타낸다. 식 11.19의 Hotelling $T^2$ 통계량은

$$T^2 = (\mathbf{x} - \bar{\mathbf{x}})' \mathbf{S}^{-1} (\mathbf{x} - \bar{\mathbf{x}}) \tag{11.23}$$

이 된다. 이 통계량의 제2국면 관리한계는

$$\begin{aligned} \text{UCL} &= \frac{p(m+1)(m-1)}{m^2 - mp} F_{\alpha,p,m-p} \\ \text{LCL} &= 0 \end{aligned} \tag{11.24}$$

이 된다. 만일 사전 표본의 수인 $m$이 큰 경우, 예를 들면 $m > 100$인 경우 많은 실무자들은 근사적인 관리한계인

$$\text{UCL} = \frac{p(m-1)}{m-p} F_{\alpha,p,m-p} \tag{11.25}$$

또는

$$\text{UCL} = \chi^2_{\alpha,p} \tag{11.26}$$

를 사용한다. $m > 100$인 경우 식 11.25는 합리적인 근사이고, 식 11.26의 카이제곱 관리한계는 공분산행렬이 알려진 경우에만 적절한 근사이지만 근사식으로 많이 사용되고 있다. Lowry와 Montgomery(1995)는 카이제곱 관리한계의 사용에 주의가 필요하다고 지적했다. $p \geq 10$과 같이 $p$가 큰 경우 카이제곱 관리상한이 합리적인 근사가 되기 위해서는 최소한 250개의 표본($m \geq 250$)을 추출해야 한다는 것을 보였다.

Tracy, Young과 Mason(1992)은 $n = 1$인 경우 제1국면 한계는 베타분포에 근거해야 한다고 지적했다. 그들은 제1국면의 한계를

$$\begin{aligned} \text{UCL} &= \frac{(m-1)^2}{m} \beta_{\alpha,p/2,(m-p-1)/2} \\ \text{LCL} &= 0 \end{aligned} \tag{11.27}$$

로 정의하였는데, 이때 $\beta_{\alpha,p/2,(m-p-1)/2}$는 $p/2$와 $(m - p - 1)/2$을 모수로 가지는 베타분포의 상위 $\alpha$ 퍼센트점이다. $F$와 카이제곱분포에 기초한 제1국면 한계의 근사는 정확하지 않다고 알려져 있다.

개별 관측값의 경우 중요한 이슈는 공분산행렬 $\boldsymbol{\Sigma}$를 추정하는 문제이다. Sullivan과 Woodall(1995)은 이 문제에 대한 훌륭한 논의 및 분석을 수행했고, 여러 추정량들을 비교했다. 또한 Vargas(2003)와 Williams, Woodall, Birch와 Sullivan(2006)을 참조할 수 있다. 이들 중 하나는 $m$개의 관측값을 단순하게 합동(pooling)시킨

$$\mathbf{S}_1 = \frac{1}{m-1} \sum_{i=1}^{m} (\mathbf{x}_i - \bar{\mathbf{x}})(\mathbf{x}_i - \bar{\mathbf{x}})'$$

을 사용하는 것이다. 그러나 이 경우 $\mathbf{S}_1$은 이상치에 민감할 수 있다. Holmes와 Mergen(1993)이 제안한 두 번째 추정량은 연속하는 관측값끼리의 차이인

$$\mathbf{v}_i = \mathbf{x}_{i+1} - \mathbf{x}_i \quad i = 1, 2, \ldots, m-1 \tag{11.28}$$

을 이용하는 것이다.

벡터들을 이용하여 행렬 $\mathbf{V}$를

$$\mathbf{V} = \begin{bmatrix} \mathbf{v}_1' \\ \mathbf{v}_2' \\ \vdots \\ \mathbf{v}_{m-1}' \end{bmatrix}$$

로 구성할 수 있다. $\boldsymbol{\Sigma}$에 대한 추정량은 이들 차이의 표본공분산행렬의 반이 된다. 즉,

$$\mathbf{S}_2 = \frac{1}{2} \frac{\mathbf{V}'\mathbf{V}}{(m-1)} \tag{11.29}$$

표 11.2
Holmes와 Mergen(1993)의 데이터를 사용한 Sullivan과 Woodall(1995)의 예제와 추정량 $S_1$과 $S_2$를 사용한 $T_2$ 통계량

| $i$ | $L = x_{i,1}$ | $M = x_{i,2}$ | $S = x_{i,3}$ | $T^2_{1,i}$ | $T^2_{2,i}$ | $i$ | $L = x_{i,1}$ | $M = x_{i,2}$ | $S = x_{i,3}$ | $T^2_{1,i}$ | $T^2_{2,i}$ |
|---|---|---|---|---|---|---|---|---|---|---|---|
| 1 | 5.4 | 93.6 | 1.0 | 4.496 | 6.439 | 29 | 7.4 | 83.6 | 9.0 | 1.594 | 3.261 |
| 2 | 3.2 | 92.6 | 4.2 | 1.739 | 4.227 | 30 | 6.8 | 84.8 | 8.4 | 0.912 | 1.743 |
| 3 | 5.2 | 91.7 | 3.1 | 1.460 | 2.200 | 31 | 6.3 | 87.1 | 6.6 | 0.110 | 0.266 |
| 4 | 3.5 | 86.9 | 9.6 | 4.933 | 7.643 | 32 | 6.1 | 87.2 | 6.7 | 0.077 | 0.166 |
| 5 | 2.9 | 90.4 | 6.7 | 2.690 | 5.565 | 33 | 6.6 | 87.3 | 6.1 | 0.255 | 0.564 |
| 6 | 4.6 | 92.1 | 3.3 | 1.272 | 2.258 | 34 | 6.2 | 84.8 | 9.0 | 1.358 | 2.069 |
| 7 | 4.4 | 91.5 | 4.1 | 0.797 | 1.676 | 35 | 6.5 | 87.4 | 6.1 | 0.203 | 0.448 |
| 8 | 5.0 | 90.3 | 4.7 | 0.337 | 0.645 | 36 | 6.0 | 86.8 | 7.2 | 0.193 | 0.317 |
| 9 | 8.4 | 85.1 | 6.5 | 2.088 | 4.797 | 37 | 4.8 | 88.8 | 6.4 | 0.297 | 0.590 |
| 10 | 4.2 | 89.7 | 6.1 | 0.666 | 1.471 | 38 | 4.9 | 89.8 | 5.3 | 0.197 | 0.464 |
| 11 | 3.8 | 92.5 | 3.7 | 1.368 | 3.057 | 39 | 5.8 | 86.9 | 7.3 | 0.242 | 0.353 |
| 12 | 4.3 | 91.8 | 3.9 | 0.951 | 1.986 | 40 | 7.2 | 83.8 | 9.0 | 1.494 | 2.928 |
| 13 | 3.7 | 91.7 | 4.6 | 1.105 | 2.688 | 41 | 5.6 | 89.2 | 5.2 | 0.136 | 0.198 |
| 14 | 3.8 | 90.3 | 5.9 | 1.019 | 2.317 | 42 | 6.9 | 84.5 | 8.6 | 1.079 | 2.062 |
| 15 | 2.6 | 94.5 | 2.9 | 3.099 | 7.262 | 43 | 7.4 | 84.4 | 8.2 | 1.096 | 2.477 |
| 16 | 2.7 | 94.5 | 2.8 | 3.036 | 7.025 | 44 | 8.9 | 84.3 | 6.8 | 2.854 | 6.666 |
| 17 | 7.9 | 88.7 | 3.4 | 3.803 | 6.189 | 45 | 10.9 | 82.2 | 6.9 | 7.677 | 17.666 |
| 18 | 6.6 | 84.6 | 8.8 | 1.167 | 1.997 | 46 | 8.2 | 89.8 | 2.0 | 6.677 | 10.321 |
| 19 | 4.0 | 90.7 | 5.3 | 0.751 | 1.824 | 47 | 6.7 | 90.4 | 2.9 | 2.708 | 3.869 |
| 20 | 2.5 | 90.2 | 7.3 | 3.966 | 7.811 | 48 | 5.9 | 90.1 | 4.0 | 0.888 | 1.235 |
| 21 | 3.8 | 92.7 | 3.5 | 1.486 | 3.247 | 49 | 8.7 | 83.6 | 7.7 | 2.424 | 5.914 |
| 22 | 2.8 | 91.5 | 5.7 | 2.357 | 5.403 | 50 | 6.4 | 88.0 | 5.6 | 0.261 | 0.470 |
| 23 | 2.9 | 91.8 | 5.3 | 2.094 | 4.959 | 51 | 8.4 | 84.7 | 6.9 | 1.995 | 4.731 |
| 24 | 3.3 | 90.6 | 6.1 | 1.721 | 3.800 | 52 | 9.6 | 80.6 | 9.8 | 4.732 | 11.259 |
| 25 | 7.2 | 87.3 | 5.5 | 0.914 | 1.791 | 53 | 5.1 | 93.0 | 1.9 | 2.891 | 4.303 |
| 26 | 7.3 | 79.0 | 13.7 | 9.226 | 14.372 | 54 | 5.0 | 91.4 | 3.6 | 0.989 | 1.609 |
| 27 | 7.0 | 82.6 | 10.4 | 2.940 | 4.904 | 55 | 5.0 | 86.2 | 8.8 | 1.770 | 2.495 |
| 28 | 6.0 | 83.5 | 10.5 | 3.310 | 4.771 | 56 | 5.9 | 87.2 | 6.9 | 0.102 | 0.166 |

이다. (Sullivan과 Woodall(1995)은 이 추정량을 $\mathbf{S}_5$라고 표시했다.)

표 11.2는 Sullivan과 Woodall(1995)에 있는 예제인데, 그들은 Holmes와 Mergen(1993)의 데이터에 대해 $T^2$ 관리도 절차를 적용하였다. 모래(grit)의 구성 요소에 대한 56개의 관측값이 있는데, 여기서 $L, M, S$는 각각 큰, 중간, 작은 것의 비율을 나타낸다. 모든 퍼센트를 더하면 100%가 되기 때문에, 단지 처음 두 개의 구성 요소만을 사용했다.

이들 데이터에서 평균벡터는 $\bar{\mathbf{x}}' = [5.682, 88.22]$이고, 두 개의 공분산행렬은

$$\mathbf{S}_1 = \begin{bmatrix} 3.770 & -5.495 \\ -5.495 & 13.53 \end{bmatrix} \text{과 } \mathbf{S}_2 = \begin{bmatrix} 1.562 & -2.093 \\ -2.093 & 6.721 \end{bmatrix}$$

이 된다. 그림 11.8은 이 예제에 대한 $T^2$ 관리도를 나타낸다. Sullivan과 Woodall(1995)은 이 데이터에 대한 정확한 관리한계(오경보의 확률은 0.155)를 찾기 위해 모의실험 방법을 사용했다. Williams 등(2006)은 $\mathbf{S}_2$을 사용한 $T^2$ 통계량의 근사적(대표본) 분포가 $\chi^2_p$임을 발견했다. 그러나 관리한계를 찾기 위해 모의실험을 사용하는 것이 좀 더 합리적이라고 결론 내렸다. $\mathbf{S}_2$에 기초한 그림 11.8$b$의 관리도에서만 이상상태 신호가 발생했다. 만일

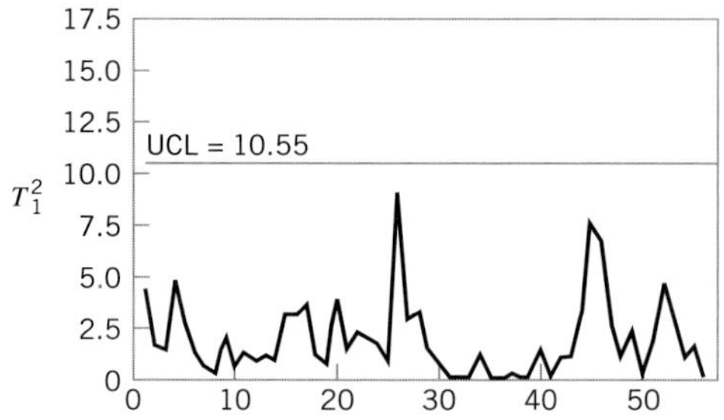


(a) $T^2$ control chart using $\mathbf{S}_1$

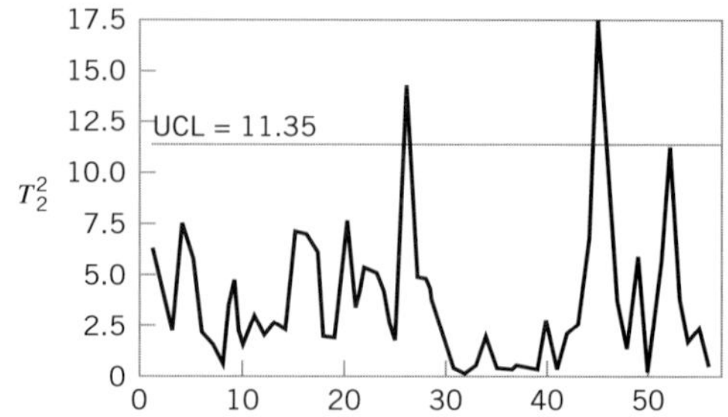


(b) $T^2$ control chart using $\mathbf{S}_2$

**그림 11.8**
표 11.2의 데이터에 대한 $T_2$ 관리도

1~24까지의 표본만을 고려할 경우 표본평균벡터는

$$\bar{\mathbf{x}}'_{1\text{-}24} = [4.23, 90.8]$$

이고, 나머지 32개의 표본만을 고려할 경우 표본평균벡터는

$$\bar{\mathbf{x}}'_{25-56} = [6.77, 86.3]$$

임을 참고할 수 있다. 이 값들은 통계적으로 유의한 차이가 있는데, 공분산행렬의 내부에는 유의한 차이가 없었다. 24번째 표본 이후 평균벡터에 명백한 변화가 있었고, 이것은 $\mathbf{S}_2$에 기초한 관리도에만 올바르게 반영이 되었다.

## 11.4 다변량 EWMA 관리도

앞 절에서 소개한 카이제곱과 $T^2$ 관리도는 Shewhart 형태의 관리도이다. 즉, 이 관리도들은 현재 표본의 정보만을 이용하기 때문에 평균벡터의 크지 않은 변화의 탐지에 상대적으로 비효율적이다. 이전에 언급한 바와 같이 $T^2$ 관리도는 제1국면과 제2국면 상황에 모두 사용될 수 있다. 단일변량인 경우 CUSUM과 EWMA 관리도는 작은 변화에 민감하도록 개발되었는데, 다변량품질관리 문제에 사용하도록 확장할 수 있다. 단일변량의 경우와 같이, 이들 관리도의 다변량 버전은 제2국면의 절차만 고려하기로 한다.

Crosier(1988)와 Pignatiello와 Runger(1990)는 여러 형태의 다변량 CUSUM 관리도를 제안하였다. Lowry 등(1992)은 다변량 EWMA(MEWMA) 관리도를 개발하였다. MEWMA는 단일변량 EWMA를 확장한 것으로 다음과 같이 정의된다.

$$\mathbf{Z}_i = \lambda \mathbf{x}_i + (1-\lambda)\mathbf{Z}_{i-1} \tag{11.30}$$

여기서 $0 < \lambda \le 1$이고 $\mathbf{Z}_0 = 0$이다. 관리도에 타점되는 값은

$$T_i^2 = \mathbf{Z}_i' \boldsymbol{\Sigma}_{\mathbf{Z}_i}^{-1} \mathbf{Z}_i \tag{11.31}$$

이고, 여기서 공분산행렬은

$$\boldsymbol{\Sigma}_{\mathbf{Z}_i} = \frac{\lambda}{2-\lambda}\left[1-(1-\lambda)^{2i}\right]\boldsymbol{\Sigma} \tag{11.32}$$

표 11.3
MEWMA 관리도의 평균 런 길이(Prabhu와 Runger(1997)에서 발췌)

| | | $\lambda$ | | | | | | | |
|---|---|---|---|---|---|---|---|---|---|
| ***p*** | $\delta$ | **0.05** | **0.10** | **0.20** | **0.30** | **0.40** | **0.50** | **0.60** | **0.80** |
| | | $H$ = 7.35 | 8.64 | 9.65 | 10.08 | 10.31 | 10.44 | 10.52 | 10.58 |
| 2 | 0.0 | 199.93 | 199.98 | 199.91 | 199.82 | 199.83 | 200.16 | 200.04 | 200.20 |
| | 0.5 | 26.61 | 28.07 | 35.17 | 44.10 | 53.82 | 64.07 | 74.50 | 95.88 |
| | 1.0 | 11.23 | 10.15 | 10.20 | 11.36 | 13.26 | 15.88 | 19.24 | 28.65 |
| | 1.5 | 7.14 | 6.11 | 5.49 | 5.48 | 5.78 | 6.36 | 7.25 | 10.28 |
| | 2.0 | 5.28 | 4.42 | 3.78 | 3.56 | 3.53 | 3.62 | 3.84 | 4.79 |
| | 3.0 | 3.56 | 2.93 | 2.42 | 2.20 | 2.05 | 1.95 | 1.90 | 1.91 |
| | | $H$ = 11.22 | 12.73 | 13.87 | 14.34 | 14.58 | 14.71 | 14.78 | 14.85 |
| 4 | 0.0 | 199.84 | 200.12 | 199.94 | 199.91 | 199.96 | 200.05 | 199.99 | 200.05 |
| | 0.5 | 32.29 | 35.11 | 46.30 | 59.28 | 72.43 | 85.28 | 97.56 | 120.27 |
| | 1.0 | 13.48 | 12.17 | 12.67 | 14.81 | 18.12 | 22.54 | 28.06 | 42.58 |
| | 1.5 | 8.54 | 7.22 | 6.53 | 6.68 | 7.31 | 8.40 | 10.03 | 15.40 |
| | 2.0 | 6.31 | 5.19 | 4.41 | 4.20 | 4.24 | 4.48 | 4.93 | 6.75 |
| | 3.0 | 4.23 | 3.41 | 2.77 | 2.50 | 2.36 | 2.27 | 2.24 | 2.37 |
| | | $H$ = 14.60 | 16.27 | 17.51 | 18.01 | 18.26 | 18.39 | 18.47 | 18.54 |
| 6 | 0.0 | 200.11 | 200.03 | 200.11 | 200.18 | 199.81 | 200.01 | 199.87 | 200.17 |
| | 0.5 | 36.39 | 40.38 | 54.71 | 70.30 | 85.10 | 99.01 | 111.65 | 133.91 |
| | 1.0 | 15.08 | 13.66 | 14.63 | 17.71 | 22.27 | 28.22 | 35.44 | 53.51 |
| | 1.5 | 9.54 | 8.01 | 7.32 | 7.65 | 8.60 | 10.20 | 12.53 | 20.05 |
| | 2.0 | 7.05 | 5.74 | 4.88 | 4.68 | 4.80 | 5.20 | 5.89 | 8.60 |
| | 3.0 | 4.72 | 3.76 | 3.03 | 2.72 | 2.58 | 2.51 | 2.51 | 2.77 |
| | | $H$ = 20.72 | 22.67 | 24.07 | 24.62 | 24.89 | 25.03 | 25.11 | 25.17 |
| 10 | 0.0 | 199.91 | 199.95 | 200.08 | 200.01 | 199.98 | 199.84 | 200.12 | 200.00 |
| | 0.5 | 42.49 | 48.52 | 67.25 | 85.68 | 102.05 | 116.25 | 128.82 | 148.96 |
| | 1.0 | 17.48 | 15.98 | 17.92 | 22.72 | 29.47 | 37.81 | 47.54 | 69.71 |
| | 1.5 | 11.04 | 9.23 | 8.58 | 9.28 | 10.91 | 13.49 | 17.17 | 28.33 |
| | 2.0 | 8.15 | 6.57 | 5.60 | 5.47 | 5.77 | 6.48 | 7.68 | 12.15 |
| | 3.0 | 5.45 | 4.28 | 3.43 | 3.07 | 2.93 | 2.90 | 2.97 | 3.54 |
| | | $H$ = 27.82 | 30.03 | 31.59 | 32.19 | 32.48 | 32.63 | 32.71 | 32.79 |
| 15 | 0.0 | 199.95 | 199.89 | 200.08 | 200.03 | 199.96 | 199.91 | 199.93 | 200.16 |
| | 0.5 | 48.20 | 56.19 | 78.41 | 98.54 | 115.36 | 129.36 | 141.10 | 159.55 |
| | 1.0 | 19.77 | 18.28 | 21.40 | 28.06 | 36.96 | 47.44 | 59.03 | 83.86 |
| | 1.5 | 12.46 | 10.41 | 9.89 | 11.08 | 13.53 | 17.26 | 22.38 | 37.07 |
| | 2.0 | 9.20 | 7.36 | 6.32 | 6.30 | 6.84 | 7.97 | 9.80 | 16.36 |
| | 3.0 | 6.16 | 4.78 | 3.80 | 3.43 | 3.29 | 3.31 | 3.49 | 4.49 |

가 되는데, 단일변량 EWMA의 분산과 유사한 형태이다.

Prabhu와 Runger(1997)는 Brook와 Evans(1972)의 마르코프 연쇄를 수정해서 MEWMA 관리도의 평균 런 길이 성능에 대해 폭넓은 분석을 수행하였다. 그들은 MEWMA에서 관리상한, 즉 UCL = $H$를 선정하는 표와 그림을 제시하였다. 표 11.3과 표 11.4에 이들의 정보가 나타나 있다. 표 11.3은 $p$ = 2, 4, 6, 10, 15인 경우 여러 가지 $\lambda$에 대한 MEWMA의 평균 런 길이 성능을 나타내고 있는데, 관리한계 $H$는 관리상태에서의 평균

표 11.4
최적의 MEWMA 관리도
(Prabhu와 Runger(1997)에서 발췌)

| | | $p = 4$ | | $p = 10$ | | $p = 20$ | |
|---|---|---|---|---|---|---|---|
| $\delta$ | $ARL_0 =$ | 500 | 1,000 | 500 | 1,000 | 500 | 1,000 |
| 0.5 | $\lambda$ | 0.04 | 0.03 | 0.03 | 0.025 | 0.03 | 0.025 |
| | $H$ | 13.37 | 14.68 | 22.69 | 24.70 | 37.09 | 39.63 |
| | $ARL_{min}$ | 42.22 | 49.86 | 55.94 | 66.15 | 70.20 | 83.77 |
| 1.0 | $\lambda$ | 0.105 | 0.09 | 0.085 | 0.075 | 0.075 | 0.065 |
| | $H$ | 15.26 | 16.79 | 25.42 | 27.38 | 40.09 | 42.47 |
| | $ARL_{min}$ | 14.60 | 16.52 | 19.29 | 21.74 | 24.51 | 27.65 |
| 1.5 | $\lambda$ | 0.18 | 0.18 | 0.16 | 0.14 | 0.14 | 0.12 |
| | $H$ | 16.03 | 17.71 | 26.58 | 28.46 | 41.54 | 43.80 |
| | $ARL_{min}$ | 7.65 | 8.50 | 10.01 | 11.07 | 12.70 | 14.01 |
| 2.0 | $\lambda$ | 0.28 | 0.26 | 0.24 | 0.22 | 0.20 | 0.18 |
| | $H$ | 16.49 | 18.06 | 27.11 | 29.02 | 42.15 | 44.45 |
| | $ARL_{min}$ | 4.82 | 5.30 | 6.25 | 6.84 | 7.88 | 8.60 |
| 3.0 | $\lambda$ | 0.52 | 0.46 | 0.42 | 0.40 | 0.36 | 0.34 |
| | $H$ | 16.84 | 18.37 | 27.55 | 29.45 | 42.80 | 45.08 |
| | $ARL_{min}$ | 2.55 | 2.77 | 3.24 | 3.50 | 4.04 | 4.35 |

*Note:* $ARL_0$ and $ARL_{min}$ are zero-state average run lengths.

런 길이가 $ARL_0 = 200$이 되도록 선택한 것이다. 이 표의 평균 런 길이는 모두 제로상태(zero-state) 평균 런 길이인데, 이것은 이상상태일 경우 공정은 관리도가 시작할 때부터 이상상태임을 가정한 것이다. 변화량은 **비중심 모수**(noncentrality parameter)라고 하는

$$\delta = \left(\boldsymbol{\mu}'\boldsymbol{\Sigma}^{-1}\boldsymbol{\mu}\right)^{1/2} \tag{11.33}$$

로 표현된다. 관리도는 표준화된 데이터를 사용하여 구성할 수 있기 때문에, $\delta = 0$인 경우가 관리상태가 된다. 주어진 변화 크기에 대해 $\delta$가 아주 큰 경우(큰 변화)를 제외하고는 $\lambda$가 커질수록 평균 런 길이는 증가하는 경향이 있다. $\lambda = 1$인 MEWMA는 $T^2$(또는 카이제곱) 관리도와 동일하기 때문에, 단일변량의 경우와 유사하게 MEWMA는 작은 변화에 좀 더 효율적이다. MEWMA는 방향적 불변 절차이기 때문에, 평균 변화에 대한 특성을 규명할 때 필요한 것은 $\delta$의 값이다.

표 11.4는 여러 가지 변화량($\delta$)과 관리상태의 $ARL_0$가 500 또는 1000인 경우 최적의 MEWMA 관리도 설계를 제시하고 있다. $ARL_{min}$은 설정한 $\lambda$에 대해 $ARL_1$의 최솟값을 나타낸다.

MEWMA 관리도의 설계를 설명하기 위해, $p = 6$이고 공분산행렬이

$$\boldsymbol{\Sigma} = \begin{bmatrix} 1 & 0.7 & 0.9 & 0.3 & 0.2 & 0.3 \\ 0.7 & 1 & 0.8 & 0.1 & 0.4 & 0.2 \\ 0.9 & 0.8 & 1 & 0.1 & 0.2 & 0.1 \\ 0.3 & 0.1 & 0.1 & 1 & 0.2 & 0.1 \\ 0.2 & 0.4 & 0.2 & 0.2 & 1 & 0.1 \\ 0.3 & 0.2 & 0.1 & 0.1 & 0.1 & 1 \end{bmatrix}$$

인 경우를 가정해 보자. 이때 $\boldsymbol{\Sigma}$는 상관계수 형태이다. 또한 공정평균이 $\boldsymbol{\mu}' = \mathbf{0}$에서

$$\boldsymbol{\mu}' = [1,1,1,1,1,1]$$

로 변화하는 것에 관심이 있다고 가정하자

이것은 $p = 6$인 모든 변수들의 평균에 1시그마만큼의 증가가 발생한 것이다. 이 경우 $\delta = (\boldsymbol{\mu}'\Sigma^{-1}\boldsymbol{\mu})^{1/2} = 1.86$이 되기 때문에, 표 11.3으로부터 $\lambda = 0.2$와 $H = 17.51$을 사용할 경우 $\text{ARL}_0 = 200$이고 $\text{ARL}_1$은 4.88과 7.32 사이의 값을 갖는다는 것을 알 수 있다. 만일 평균 변화가 원래 벡터 $\boldsymbol{\mu}$에서 상수인 $k$배 변화한 경우, $\delta$는 $k\delta$로 변화하기 때문에 평균 런 길이의 성능을 쉽게 평가할 수 있다. 예를 들어, $k = 1.5$인 경우 새로운 $\delta$는 $\delta = 1.5(1.86) = 2.79$이고 $\text{ARL}_1$은 3.03과 4.88 사이의 값을 갖는다.

MEWMA 관리도는 매우 유용한 절차를 제공한다. 이 관리도는 쉽게 적용할 수 있으며, 관리도에 대한 설계 절차가 잘 정리되어 있다. Molnau 등(2001)은 MEWMA의 평균 런 길이를 계산하는 컴퓨터 프로그램을 제시하였다. 이것은 Prabhu와 Runger(1997)의 논문에 제시된 설계에 대한 정보를 보충해주는 유용한 방법이다. Scranton 등(1996)은 관측된 변수들의 주성분에 MEWMA 관리도를 적용함으로 관리도의 평균 런 길이 성능이 많이 향상시킬 수 있음을 보였다. Reynolds와 Cho(2006)는 평균벡터와 공분산행렬을 동시에 모니터링하는 MEWMA 절차를 개발하였다. MEWMA의 경제적 모형에 대해서는 Linderman과 Love(2000a, 2000b)와 Molnau, Montgomery와 Runger(2001)에서 논의되었다. 단일변량의 경우와 같이, MEWMA 관리도는 적절하게 설계한다면 정규분포 가정에 로버스트하다고 알려져 있다. Stoumbos와 Sullivan(2002)과 Testik, Runger와 Borror(2003)는 모수 $\lambda$를 아주 작은 값으로 사용할 경우, MEWMA는 공정 데이터에 대해 가정한 다변량분포의 형태에 거의 영향을 받지 않는다는 사실을 발표했다. $\lambda$의 작은 값은 작은 변화를 탐지하는 데 매우 효율적이기 때문에, MEWMA에 대한 아주 좋은 일반적인 선택이 된다. MEWMA 관리도의 설계에 대한 좀 더 포괄적인 논의는 Testik과 Borror(2004)를 참조할 수 있다.

Hawkins, Choi와 Lee(2007)는 단일평활모수(smoothing parameter) $\lambda$를 0이 아닌 대각원소를 갖는 **평활행렬**(smoothing matrix)로 일반화시킨 수정된 MEWMA 관리도를 제안하였다. 이 경우 식 11.30의 MEWMA는

$$\mathbf{Z}_i = \mathbf{R}\mathbf{x}_i + (\mathbf{I} - \mathbf{R})\mathbf{Z}_{i-1}$$

가 된다. 저자들은 행렬 $\mathbf{R}$의 원소에 대해 대각원소는 모두 동일한 값을 사용하도록 제한했으며, 비대각원소($r_{off}$)는 모두 동일하고 대각원소($r_{on}$)보다 작은 값을 사용할 것을 제안하였다. 또한 그들은 $|c| < 1$에 대해 $r_{off} = cr_{on}$을 사용할 것을 제안하였다. 완전한 평활행렬(full smoothing matrix) MEWMA 또는 FEWMA는 모수 $\lambda$와 $c$에 의해 특징지어지는데, 여기서 대각원소와 비대각원소는

$$r_{on} = \frac{\lambda}{1 + (p+1)c} \quad \text{와} \quad r_{off} = \frac{c\lambda}{1 + (p-1)c}$$

로 정의된다. 그러나 FEWMA는 Hotelling $T^2$과 MEWMA 관리도와 같이 방향적 불변 절차가 아니다. 즉, 어떤 방향으로 변화가 발생했는지에 민감하게 된다. FEWMA의 정확한

성능은 공정 데이터의 공분산행렬과 평균벡터 변화의 방향에 의존하게 된다. 특정한 평균 런 길이 성능을 제공하는 FEWMA를 설계할 수 있는 컴퓨터 프로그램이 있으며(www.stat.umn.edu/hawkins 참조), 저자들은 공정이 이상상태로 시작하는 경우 FEWMA가 MEWMA의 성능을 향상시킬 수 있다는 사실을 보였다.

## 11.5 회귀 수정

Hotelling $T^2$(그리고 카이제곱) 관리도는 다변량정규분포의 평균벡터가 정해진 상수 벡터와 동일하다는 귀무가설과 동일하지 않다는 대립가설을 검정하는 절차를 기초로 하고 있다. 사실 관리도의 통계량은 가설에 대한 최적의 검정통계량이지만, 평균 변화를 탐지하는 최적의 관리도 절차는 아니다. MEWMA는 더 빠른 탐지 능력(더 작은 $ARL_1$)을 갖도록 설계될 수 있다. 더구나 Hotelling $T^2$ 관리도는 공정변수들 중 일부만 변화하는 경우 등과 같은 좀 더 구조화된 변화에는 최적이 아니다. 또한 Hotelling $T^2$ 이외에도 이와 유사하게 이차형태(quadratic form)를 사용하는 방법(예를 들면 MEWMA)은 평균의 변화뿐만 아니라 분산의 변화도 잘 탐지한다는 사실이 알려져 있다. 결론적으로 많은 연구자들은 Hotelling $T^2$ 통계량에 의존하지 않는 다변량 공정 모니터링 절차를 개발했다.

Hawkins(1991)는 아주 유용하게 사용할 수 있는 **회귀 수정**(regression adjustment)이라는 절차를 제안하였다. 이 절차는 한 변수가 다른 변수들의 회귀모형으로 설명될 때, 측정되는 그 변수의 잔차(residuals)를 단일변량 관리도에 타점하는 것이다. **잔차 관리도**(residual control chart)는 다변량 데이터에서 자주 발생하는 개별 관측값에 유용하게 적용할 수 있다. 관리도를 구성하기 이전에 공정 데이터에 대해 최소제곱 회귀분석의 컴퓨터 프로그램만 사용하면 되기 때문에 적용은 그다지 어렵지 않다. Hawkins는 이 절차의 평균 런 길이 성능은 잔차에 대한 관리도의 유형에 따라 차이가 있지만, 다른 절차들에 비해 경쟁력이 있다는 사실을 보였다.

회귀 수정은 입력변수들(예를 들면 $x$들)과 출력변수들($y$들)의 구분과 같이 공정이 뚜렷하게 계층적 특성이 있는 경우 아주 유용하게 적용할 수 있다. 때때로 이러한 상황을 **캐스케이드 공정**(cascade process)이라고 한다(Hawkins(1993b)). 표 11.5는 9개의 입력변수와 2개의 출력변수를 갖는 캐스케이드 공정으로부터의 40개 관측값을 나타내고 있다. 이 데이터에 대해 하나의 출력변수 $y_1$ 만을 이용하여 회귀 수정 접근법을 소개하려고 한다. 그림 11.9는 출력변수 $y_1$의 40개 관측값에 대한 개별 관측값과 이동범위 관리도이다. 개별 관측값 관리도에서 7개의 이상상태 점을 발견할 수 있다. 최소제곱 회귀분석을 이용하면 공정변수 $x_1, x_2, \cdots, x_9$에 대해 $y_1$을 다음과 같은 회귀모형으로 적합시킬 수 있다.

$$\hat{y}_1 = 826 + 0.474x_1 + 1.41x_2 - 0.117x_3 - 0.0824x_4 - 2.39x_5 - 1.30x_6 + 2.18x_7 + 2.98x_8 + 113x_9$$

잔차는 $y_1$의 각 관측값에서 위의 식으로 적합된 값을 빼는 것으로 쉽게 계산할 수 있다. 이렇게 계산된 잔차는 표 11.5의 마지막에서 2번째 열에 나타나 있다.

표 11.5
캐스케이드 공정 데이터

| Observation | $x_1$ | $x_2$ | $x_3$ | $x_4$ | $x_5$ | $x_6$ | $x_7$ | $x_8$ | $x_9$ | $y_1$ | Residuals | $y_2$ |
|---|---|---|---|---|---|---|---|---|---|---|---|---|
| 1 | 12.78 | 0.15 | 91 | 56 | 1.54 | 7.38 | 1.75 | 5.89 | 1.11 | 951.5 | 0.81498 | 87 |
| 2 | 14.97 | 0.1 | 90 | 49 | 1.54 | 7.14 | 1.71 | 5.91 | 1.109 | 952.2 | −0.31685 | 88 |
| 3 | 15.43 | 0.07 | 90 | 41 | 1.47 | 7.33 | 1.64 | 5.92 | 1.104 | 952.3 | −0.28369 | 86 |
| 4 | 14.95 | 0.12 | 89 | 43 | 1.54 | 7.21 | 1.93 | 5.71 | 1.103 | 951.8 | −0.45924 | 89 |
| 5 | 16.17 | 0.1 | 83 | 42 | 1.67 | 7.23 | 1.86 | 5.63 | 1.103 | 952.3 | −0.56512 | 86 |
| 6 | 17.25 | 0.07 | 84 | 54 | 1.49 | 7.15 | 1.68 | 5.8 | 1.099 | 952.2 | −0.22592 | 91 |
| 7 | 16.57 | 0.12 | 89 | 61 | 1.64 | 7.23 | 1.82 | 5.88 | 1.096 | 950.2 | −0.55431 | 99 |
| 8 | 19.31 | 0.08 | 99 | 60 | 1.46 | 7.74 | 1.69 | 6.13 | 1.092 | 950.5 | −0.18874 | 100 |
| 9 | 18.75 | 0.04 | 99 | 52 | 1.89 | 7.57 | 2.02 | 6.27 | 1.084 | 950.6 | 0.15245 | 103 |
| 10 | 16.99 | 0.09 | 98 | 57 | 1.66 | 7.51 | 1.82 | 6.38 | 1.086 | 949.8 | −0.33580 | 107 |
| 11 | 18.2 | 0.13 | 98 | 49 | 1.66 | 7.27 | 1.92 | 6.3 | 1.089 | 951.2 | −0.85525 | 98 |
| 12 | 16.2 | 0.16 | 97 | 52 | 2.16 | 7.21 | 2.34 | 6.07 | 1.089 | 950.6 | 0.47027 | 96 |
| 13 | 14.72 | 0.12 | 82 | 61 | 1.49 | 7.33 | 1.72 | 6.01 | 1.092 | 948.9 | −1.74107 | 93 |
| 14 | 14.42 | 0.13 | 81 | 63 | 1.16 | 7.5 | 1.5 | 6.11 | 1.094 | 951.7 | 0.62057 | 91 |
| 15 | 11.02 | 0.1 | 83 | 56 | 1.56 | 7.14 | 1.73 | 6.14 | 1.102 | 951.5 | 0.72583 | 91 |
| 16 | 9.82 | 0.1 | 86 | 53 | 1.26 | 7.32 | 1.54 | 6.15 | 1.112 | 951.3 | −0.03421 | 93 |
| 17 | 11.41 | 0.12 | 87 | 49 | 1.29 | 7.22 | 1.57 | 6.13 | 1.114 | 952.9 | 0.28093 | 91 |
| 18 | 14.74 | 0.1 | 81 | 42 | 1.55 | 7.17 | 1.77 | 6.28 | 1.114 | 953.9 | −1.87257 | 94 |
| 19 | 14.5 | 0.08 | 84 | 53 | 1.57 | 7.23 | 1.69 | 6.28 | 1.109 | 953.3 | −0.20805 | 96 |
| 20 | 14.71 | 0.09 | 89 | 46 | 1.45 | 7.23 | 1.67 | 6.12 | 1.108 | 952.6 | −0.66749 | 94 |
| 21 | 15.26 | 0.13 | 91 | 47 | 1.74 | 7.28 | 1.98 | 6.19 | 1.105 | 952.3 | −0.75390 | 99 |
| 22 | 17.3 | 0.12 | 95 | 47 | 1.57 | 7.18 | 1.86 | 6.06 | 1.098 | 952.6 | −0.03479 | 95 |
| 23 | 17.62 | 0.06 | 95 | 42 | 2.05 | 7.15 | 2.14 | 6.15 | 1.096 | 952.9 | 0.24439 | 92 |
| 24 | 18.21 | 0.06 | 93 | 41 | 1.46 | 7.28 | 1.61 | 6.11 | 1.096 | 953.9 | 0.67889 | 87 |
| 25 | 14.38 | 0.1 | 90 | 46 | 1.42 | 7.29 | 1.73 | 6.13 | 1.1 | 954.2 | 1.94313 | 89 |
| 26 | 12.13 | 0.14 | 87 | 50 | 1.76 | 7.21 | 1.9 | 6.31 | 1.112 | 951.9 | −0.92344 | 98 |
| 27 | 12.72 | 0.1 | 90 | 47 | 1.52 | 7.25 | 1.79 | 6.25 | 1.112 | 952.3 | −0.74707 | 95 |
| 28 | 17.42 | 0.1 | 89 | 51 | 1.33 | 7.38 | 1.51 | 6.01 | 1.111 | 953.7 | −0.21053 | 88 |
| 29 | 17.63 | 0.11 | 87 | 45 | 1.51 | 7.42 | 1.68 | 6.11 | 1.103 | 954.7 | 0.66802 | 86 |
| 30 | 16.17 | 0.05 | 83 | 57 | 1.41 | 7.35 | 1.62 | 6.14 | 1.105 | 954.6 | 1.35076 | 84 |
| 31 | 16.88 | 0.16 | 86 | 58 | 2.1 | 7.15 | 2.28 | 6.42 | 1.105 | 954.8 | 0.61137 | 91 |
| 32 | 13.87 | 0.16 | 85 | 46 | 2.1 | 7.11 | 2.16 | 6.44 | 1.106 | 954.4 | 0.56960 | 92 |
| 33 | 14.56 | 0.05 | 84 | 41 | 1.34 | 7.14 | 1.51 | 6.24 | 1.113 | 955 | −0.09131 | 88 |
| 34 | 15.35 | 0.12 | 83 | 40 | 1.52 | 7.08 | 1.81 | 6 | 1.114 | 956.5 | 1.03785 | 83 |
| 35 | 15.91 | 0.12 | 81 | 45 | 1.76 | 7.26 | 1.9 | 6.07 | 1.116 | 955.3 | −0.07282 | 83 |
| 36 | 14.32 | 0.11 | 85 | 47 | 1.58 | 7.15 | 1.72 | 6.02 | 1.113 | 954.2 | 0.53440 | 86 |
| 37 | 15.43 | 0.13 | 86 | 43 | 1.46 | 7.15 | 1.73 | 6.11 | 1.115 | 955.4 | 0.16379 | 85 |
| 38 | 14.47 | 0.08 | 85 | 54 | 1.62 | 7.1 | 1.78 | 6.15 | 1.118 | 953.8 | −0.37110 | 88 |
| 39 | 14.74 | 0.07 | 84 | 52 | 1.47 | 7.24 | 1.66 | 5.89 | 1.112 | 953.2 | 0.17177 | 83 |
| 40 | 16.28 | 0.13 | 86 | 49 | 1.72 | 7.05 | 1.89 | 5.91 | 1.109 | 954.2 | 0.47427 | 85 |

그림 11.10은 40개의 잔차에 대한 개별 관측값과 이동범위 관리도를 나타내고 있다. 이때 이동범위 관리도에서 오직 한 개의 이상상태 점이 있으며, 전반적인 공정의 안정성에 대해서는 다른 공정변수의 영향을 고려하지 않고 단지 $y_1$에 대해 작성한 관리도와는 다름을 알 수 있다.

회귀 수정은 또 다른 좋은 특성이 있다. 변수들이 회귀모형으로 설명될 경우, 원래 변수

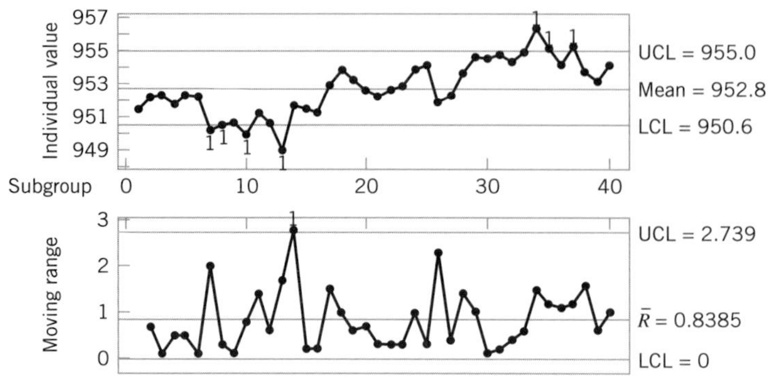


**그림 11.9**
표 11.5의 $y_1$에 대한 개별 관측값과 이동범위 관리도

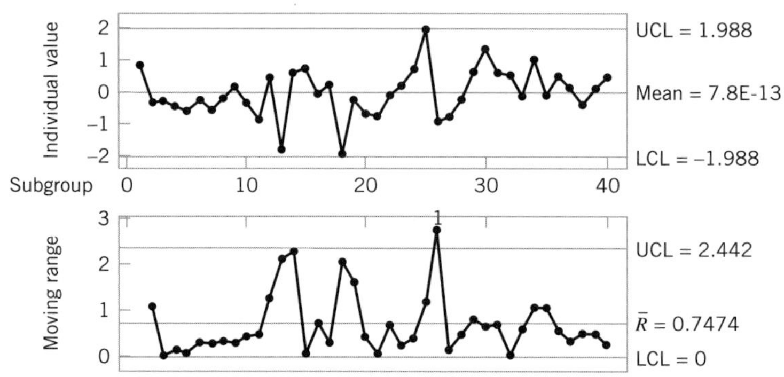


**그림 11.10**
표 11.5의 $y_1$의 회귀모형 잔차에 대한 개별 관측값과 이동범위 관리도

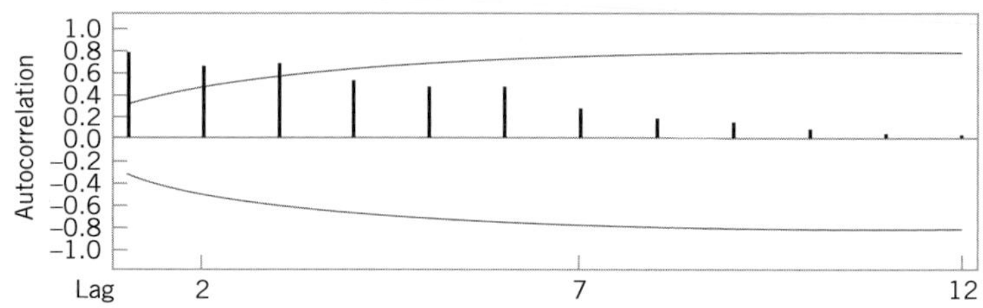


**그림 11.11**
표 11.5의 $y_1$에 대한 표본자기상관함수

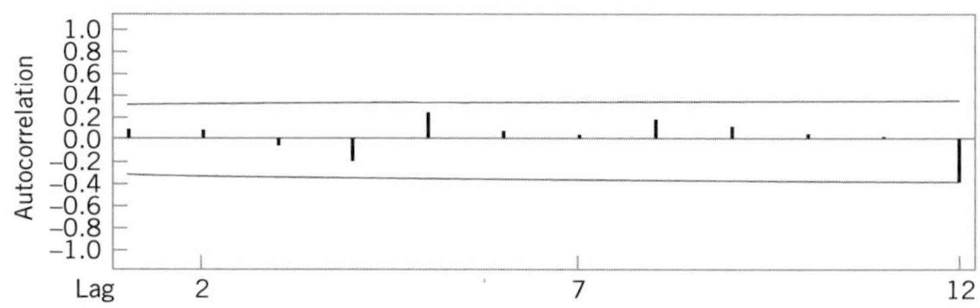


**그림 11.12**
표 11.5의 $y_1$의 회귀모형 잔차에 대한 대한 표본자기상관함수

$y_1$이 상관되어 있을 때에도 모형의 잔차들은 상관관계가 없게 된다. 이를 설명하기 위해 그림 11.11에 $y_1$의 표본자기상관함수를 나타내었는데, 이 변수에는 낮은 시차의 자기상관이 존재하는 것을 알 수 있다. 잔차에 대한 표본자기상관함수는 그림 11.12에 나타내었는데, 잔차에는 자기상관이 존재하지 않는 것으로 판단된다. 따라서 회귀 수정 절차는 여러 개의 입력변수와 적은 수의 출력변수가 있거나 변수들의 자기상관이 심한 화학과 장치 산업에 유용하게 응용될 수 있다.

## 11.6 공정산포에 대한 관리도

일반적으로 **다변량 공정 모니터링**은 2개의 수준에 대해 관심을 가지고 있다. 즉, 공정 평균벡터 $\boldsymbol{\mu}$를 모니터링하는 것도 중요하지만, 공정산포를 모니터링하는 것 또한 중요하다. 공정산포는 $p \times p$ 공분산행렬 $\Sigma$로 요약할 수 있다. 이 행렬의 주대각원소는 개별 공정변수들의 분산이고, 비대각원소는 공분산이다. Alt(1985)는 이 문제를 소개하고 두 가지 유용한 절차를 제안하였다.

처음 절차는 단일변량 $s^2$ 관리도의 단순한 확장이다. 이 절차는 공정의 공분산행렬이 특정한 행렬 $\Sigma$와 같다는 가설의 검정을 반복하는 것과 동치가 된다. 이 절차를 사용할 경우 i번째 표본에 대해 관리도에 타점되는 통계량은

$$W_i = -pn + pn\ln(n) - n\ln\left(|\mathbf{A}_i|/|\mathbf{\Sigma}|\right) + \mathrm{tr}\left(\mathbf{\Sigma}^{-1}\mathbf{A}_i\right) \tag{11.34}$$

인데, 여기서 $\mathbf{A}_i = (n-1)\,\mathbf{S}_i$, $\mathbf{S}_i$는 표본 $i$에 대한 표본공분산행렬, tr은 행렬의 주대각원소의 합인 대각합을 나타낸다. $W_i$의 값이 관리상한인 UCL $= \chi_{\alpha,p(p+1)/2}$을 초과하는 경우 공정은 이상상태 신호를 주게 된다.

두 번째 절차는 표본일반화분산 $|\mathbf{S}|$에 기초한 것이다. 표본공분산행렬의 행렬식인 이 통계량은 다변량 산포에 대해 많이 사용하는 측도이다. Montgomery와 Wadsworth(1972)는 $|\mathbf{S}|$에 대한 관리도를 개발하기 위해 점근적 정규근사를 이용하였다. 또한 $|\mathbf{S}|$의 평균과 분산은 $E(|\mathbf{S}|)$와 $V(|\mathbf{S}|)$이고, $|\mathbf{S}|$의 확률분포는 $E(|\mathbf{S}|) \pm 3\sqrt{V(|\mathbf{S}|)}$에 대부분 포함된다는 사실을 이용하였다.

$$\begin{aligned} E(|\,\mathbf{S}\,|) &= b_1|\,\mathbf{\Sigma}\,| \\ V(|\,\mathbf{S}\,|) &= b_2|\,\mathbf{\Sigma}\,|^2 \end{aligned} \tag{11.35}$$

라는 사실을 보일 수 있으며, 여기서

$$b_1 = \frac{1}{(n-1)^p}\prod_{i=1}^{p}(n-i)$$

$$b_2 = \frac{1}{(n-1)^{2p}}\prod_{i=1}^{p}(n-i)\left[\prod_{j=1}^{p}(n-j+2) - \prod_{j=1}^{p}(n-j)\right]$$

이다. 따라서 $|\mathbf{S}|$에 대한 관리도의 모수는

$$\begin{aligned} \mathrm{UCL} &= |\,\mathbf{\Sigma}\,|\left(b_1 + 3b_2^{1/2}\right) \\ \mathrm{CL} &= b_1|\,\mathbf{\Sigma}\,| \\ \mathrm{LCL} &= |\,\mathbf{\Sigma}\,|\left(b_1 - 3b_2^{1/2}\right) \end{aligned} \tag{11.36}$$

이 된다. 식 11.36에서 관리하한은 음수가 될 경우 0으로 대체한다.

실제 공정에서 $\Sigma$는 사전 표본의 분석에 기초하여 표본공분산행렬인 $\mathbf{S}$에 의해 추정될 것이다. 그러나 식 11.36의 경우 $|\Sigma|$는 $|\mathbf{S}|/b_1$에 의해 추정되는데, 이는 식 11.35로부터 $|\mathbf{S}|/b_1$는 $|\Sigma|$의 불편추정량이기 때문이다.

## 예 11.2 산포 모니터링

예 11.1의 데이터를 사용하여 일반화분산에 대한 관리도를 작성하라.

**풀이**

표 11.1의 20개의 사전 표본에 기초하여 표본공분산행렬은

$$\mathbf{S} = \begin{bmatrix} 1.23 & 0.79 \\ 0.79 & 0.83 \end{bmatrix}$$

으로 계산되었고, 따라서 $|\mathbf{S}| = 0.3968$이 된다. 상수 $b_1$과 $b_2$는

$$b_1 = \frac{1}{81}(9)(8) = 0.8889$$

$$b_2 = \frac{1}{6561}(9)(8)[(11)(10)-(9)(8)] = 0.4170$$

이 된다. 따라서 식 11.36의 $|\Sigma|$를 $|S|/b_1 = 0.3968/0.8889 = 0.4464$로 대체하면, 다음과 같은 관리도 모수들을 얻을 수 있다.

$$\text{UCL} = (|\mathbf{S}|/b_1)(b_1 + 3b_2^{1/2}) = 0.4464[0.8889 + 3(0.4170)^{1/2}] = 1.26$$

$$\text{CL} = |\mathbf{S}| = 0.3968$$

$$\text{LCL} = (|\mathbf{S}|/b_1)(b_1 - 3b_2^{1/2}) = 0.4464[0.8889 - 3(0.4170)^{1/2}] = -0.47 = 0$$

그림 11.13은 관리도를 나타내며, 각 표본에서의 $|\mathbf{S}_i|$ 값은 표 11.1의 열 (c)에 계산되어 있다.

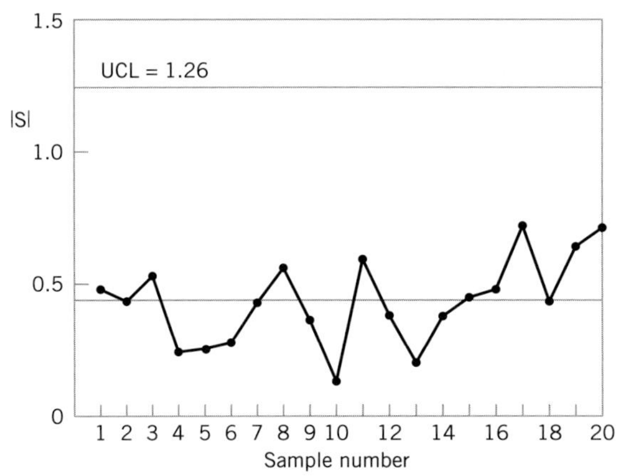


**그림 11.13** 예 11.2의 표본일반화분산에 대한 관리도

표본일반화분산은 다변량 산포에 대해 널리 사용하는 측도이지만, 복잡한 다변량 문제를 상대적으로 간단한 상수로 표현하기 때문에 $|\mathbf{S}|$로 모든 것을 판단하는 것은 좋지 않다는 것을 기억해야 한다. 예를 들어, 다음 3개의 공분산행렬을 고려해 보자.

$$\mathbf{S}_1 = \begin{bmatrix} 1 & 0 \\ 0 & 1 \end{bmatrix}, \mathbf{S}_2 = \begin{bmatrix} 2.32 & 0.40 \\ 0.40 & 0.50 \end{bmatrix}, \mathbf{S}_3 = \begin{bmatrix} 1.68 & -0.40 \\ -0.40 & 0.50 \end{bmatrix}$$

이 경우 $|\mathbf{S}_1| = |\mathbf{S}_2| = |\mathbf{S}_3| = 1$인데, 3개의 행렬은 공정분산과 두 변수 간의 상관에 대한 정보가 완전히 다르다. 따라서 $|\mathbf{S}|$에 대한 관리도와 함께 분산에 대한 단일변량 관리도들을 함께 사용하는 것도 좋은 방법이 될 것이다.

## 연습문제

**11.1** 표 11E.1은 생산 공정에서 관측한 2개의 품질특성치 $x_1$과 $x_2$의 데이터인데, 이 데이터는 크기 $n = 25$의 표본에 기초하여 계산한 표본평균이다. 50개의 사전 표본에서 계산한 품질특성치의 평균벡터와 공분산행렬은 다음과 같다.

$$\bar{\bar{\mathbf{x}}} = \begin{bmatrix} 55 \\ 30 \end{bmatrix} \quad \mathbf{S} = \begin{bmatrix} 200 & 130 \\ 130 & 120 \end{bmatrix}$$

제2국면 관리한계를 사용하여 $T^2$ 관리도를 작성하라.

표 11E.1 데이터

| Sample Number | $\bar{x}_1$ | $\bar{x}_2$ |
|---|---|---|
| 1 | 58 | 32 |
| 2 | 60 | 33 |
| 3 | 50 | 27 |
| 4 | 54 | 31 |
| 5 | 63 | 38 |
| 6 | 53 | 30 |
| 7 | 42 | 20 |
| 8 | 55 | 31 |
| 9 | 46 | 25 |
| 10 | 50 | 29 |
| 11 | 49 | 27 |
| 12 | 57 | 30 |
| 13 | 58 | 33 |
| 14 | 75 | 45 |
| 15 | 55 | 27 |

**11.2** 연습문제 11.1을 다시 고려하자. 표본평균벡터와 표본공분산행렬이 실제 모집단의 모수들이라고 가정하자. 제2국면을 위해 이 관리도의 적절한 관리한계는 얼마인가? 이 관리한계를 데이터에 적용하여, 원래 설정한 관리한계의 결과와 비교하고 그 결과를 논의하라.

**11.3** $p = 10$의 품질특성치를 모니터링하기 위해 $T^2$ 관리도를 고려하고 있다. 크기가 $n = 3$인 25개의 사전 표본에서 공분산행렬을 추정한다고 가정한다.

(a) $\alpha = 0.005$를 만족하는 제2국면 관리한계를 계산하라.

(b) 문제 (a)에서 계산한 관리한계를 카이제곱 관리한계와 비교하라. 두 관리한계의 차이는 얼마인가?

(c) 제2국면 관리한계가 카이제곱 관리한계의 1% 범위 내에 들게 하려면 몇 개의 사전 표본을 추출해야 하는지 제안하라.

**11.4** 품질특성부분군의 크기가 $n = 5$인 경우 연습문제 11.3을 다시 수행하라.

**11.5** $p = 4$의 품질특성치에 대해 4개 변수의 분산은 모두 1이고 2개 변수에 대한 상관계수는 모두 0.7이라고 가정하자. 관리상태에서 공정평균벡터는 $\boldsymbol{\mu}' = [0, 0, 0, 0]$이다.

(a) 공분산행렬 $\boldsymbol{\Sigma}$를 나타내라.

(b) $\alpha = 0.01$인 카이제곱 관리한계 얼마인가?

(c) 하나의 표본으로부터 표준화 벡터가 $y' = [3.5, 3.5, 3.5, 3.5]$로 관측되었다. $T^2$ 통계량을 계산하고, 이상상태의 신호가 발생하는지 판단하라.

(d) 식 11.22를 이용하여 진단값 $d_i$, $i = 1, 2, 3, 4$를 계산하라. 이 정보는 어떤 공정변수가 변화했는지를 판단하는 데 도움이 되는지 논의하라.

(e) 하나의 표본으로부터 표준화 벡터가 $y' = [2.5, 2, -1, 0]$으로 관측되었다. $T^2$ 통계량을 계산하고, 이상상태의 신호가 발생하는지 판단하라.

(f) 문제 (e)의 경우에 대해 식 11.22를 이용하여 진단값 $d_i$, $i = 1, 2, 3, 4$를 계산하라. 이 정보는 어떤 공정변수가 변화했는지를 판단하는 데 도움이 되는지 논의하라.

**11.6** 표 11.5에서 처음 2개의 공정변수를 고려하자. 11.3.2에 소개한 $\mathbf{S}_1$과 $\mathbf{S}_2$를 이용하여 표본공분산행렬을 추정하라.

**11.7** $p = 4$의 품질특성치에 대해 4개 변수의 분산은 모두 1이고 2개 변수에 대한 상관계수는 모두 0.9라고 가정하자. 관리상태에서 공정평균벡터는 $\boldsymbol{\mu}' = [0, 0, 0, 0]$이고, 새로운 평균벡터 $y' = [1, 1, 1, 1]$로의 변화를 잘 탐지하도록 MEWMA 관리도를 설계하고자 한다. 만일 관리상태의 $\text{ARL}_0$가 500이 되도록 하려면, $\lambda$와 관리상한을 어떤 값으로 사용해야 하는가? 또한 이 평균 변화를 탐지하기 위한 $\text{ARL}_1$은 근사적으로 얼마가 되는가?

**11.8** $p = 2$의 품질특성치에 대해 2개 변수의 분산은 모두 1이고 상관계수는 0.8이라고 가정하자. 관리상태에서 공정평균벡터는 $\boldsymbol{\mu}' = [0, 0]$이고, 새로운 평균벡터 $y' = [1, 1]$로의 변화를 잘 탐지하도록 MEWMA 관리도를 설계하고자 한다. 만일 관리상태의 $\text{ARL}_0$가 200이 되도록 하려면, $\lambda$와 관리상한을 어떤 값으로 사용해야 하는가? 또한 이 평균 변화를 탐지하기 위한 $\text{ARL}_1$은 근사적으로 얼마가 되는가?

**11.9** 표 11.5의 캐스케이드 공정 데이터를 고려하자. $y_1$에 회귀모형을 적합시키는 경우, 모든 공정변수가 만족할 만한 회귀모형을 구성하는 데 필요하지 않다는 사실을 발견할 수 있다. $y_1$에 대해 유의하지 않은 변수들을 제거한 후 회귀모형을 구성하고, 각 잔차들에 대해 개별 관측값 관리도를 작성하라. 이 결과를 그림 11.10의 잔차 관리도와 비교하라. 회귀모형에 적합시키는 두 가지 관리도에 차이가 있는지 논의하라.

**11.10** **연습문제 11.9의 계속** 연습문제 11.9의 회귀모형에서 계산된 잔차들에 대해 EWMA 관리도를 작성하고, 그 결과를 Shewhart의 개별 관측값 관리도와 비교하라. 이 상황에서 EWMA 관리도를 사용하는 것의 장점은 무엇인가?

12장

# 공학적 공정관리와 통계적 공정관리

## 요약 및 학습 목표

이 책에서는 현대 비즈니스 전략의 필수 요건으로 공정관리 및 산포 감소의 중요성을 강조하고 있다. 이 문제를 해결하기 위한 두 가지 통계적 기반의 절차가 있다. 첫 번째는 관리도를 사용한 통계적 공정 모니터링, 또는 통계적 공정관리(SPC)이다. SPC의 초점은 이상원인을 규명하고 이것을 제거함으로 지속적으로 공정을 향상시키고 산포를 감소시키는 데 있다. 두 번째 접근법은 최근 수준에 대한 정보와 목표값으로부터의 편차를 사용하여 공정을 수정하는 것을 기초로 한다. 이 접근법을 피드백 수정이라고 부르며, **공학적 공정관리**(engineering process control) 또는 EPC의 한 형태이다. 피드백 수정은 SPC 접근법으로 제거할 수 없는 산포의 근원을 고려하여 공정을 제어한다.

이 장은 피드백 수정의 기초적인 방법을 소개하며, 이들 방법이 공정 출력에 영향을 주는 조정가능 변수가 있는 공정에 어떻게 적용되는지 보일 것이다. 또한 SPC 절차가 EPC와 어떻게 병행될 수 있는지 소개할 것이다.

이 장을 학습하고 나면, 다음 내용들을 수행할 수 있어야 한다.

1. 공정 모니터링과 공정 수정의 기초를 설명한다.
2. SPC와 EPC의 서로 다른 통계적 체계를 설명한다.
3. 적분 제어(integral controller)가 어떻게 작동하는지 설명한다.
4. EPC가 산포를 공정 출력으로부터 조정가능 변수로 어떻게 전이시키는지 이해한다.
5. 수동 수정 도표(manual adjustment chart)를 설정하고 사용한다.
6. 경계선 수정 도표(bounded adjustment chart)의 기초를 이해한다.
7. 비례 적분(proportional integral, PI)과 비례 적분 미분(proportional integral derivative, PID) 제어를 이해한다.
8. 출력 품질특성치에 관리도를 적용함으로 SPC와 EPC를 병행하는 방법을 숙지한다.

## 12.1 공정 모니터링과 공정 규제

모든 산업에서 산포의 감소는 공정 성능 향상에 있어서 중요한 부분이다. 통계적 공정관리는 이상원인을 탐지하는 관리도를 사용하여 산포를 감소시키는 효율적인 절차이다. 이상원인이 제거된다면 공정산포는 감소하고 공정 성능은 향상될 것이다.

SPC는 **개별 부품 제조**(discrete parts manufacturing)에서 오랫동안 유용하게 사용되어 왔다. 화학과 장치 산업과 같은 연속적인 공정에서 산포를 감소시키기 위해 또 다른 접근법이 종종 사용된다. 이 접근법은 공정 출력이 목표값에 유지되도록 **조정 가능한 공정 변수**(manipulatable process variable)를 **수정**(adjust)하는 **공정 보정과 규제**(process compensation and regulation)에 기초하고 있다. 이와 같은 공정 보정 또는 규제는 수정의 형태에 따라서 **공학적 공정관리**(EPC), 확률적 관리(stochastic control), 피드백 또는 피드포워드 관리라고 한다.

SPC는 공정이 통계적 관리상태로 유지될 수 있다고 가정하는 상황에 항상 적용된다. 통계적 관리상태라는 것은 공정 목표값 주변에 단지 우연 변동만 관측된다는 것을 의미한다. 또한 SPC는 공정이 한 번 관리상태에 있으면 계속적인 수정 없이도 상대적으로 긴 시간 동안 머물러 있다는 것을 가정하고 있으며, 만일 운영자 간의 차이와 원재료의 변동과 같은 이상원인이 제거된다면 관리상태가 되는 것이 가능함을 가정하고 있다. 그러나 몇몇 생산 공정에서는 최선의 노력에도 불구하고 공정이 목표값으로부터 **표류**(drift or wander)하는 경향을 가지고 있을 수 있다. 이것은 입력 재료의 연속적인 변동 또는 환경과 공정변수의 영향과 같은 현상으로 인해 발생할 수 있으며, 공정에 영향을 주는 알려지지 않은 요소 때문일 수도 있다. EPC를 통한 공정 규제는 공정 출력의 표류를 보정하기 위한 다른 변수가 있으며, 이 조정 가능한 변수를 수정함으로 공정 출력이 목표값에 근접하도록 유지할 수 있음을 가정하고 있다.

이상원인과 같은 변동을 탐지할 수 있도록 EPC를 개선하기 위해 **SPC와 EPC를 병행**하는 연구가 많이 진행되었다. 이에 대한 예로서, Box와 Kramer(1992), MacGregor(1987), Vander Weil, Tucker, Faltin과 Doganaksoy(1992), MacGregor와 Harris(1990), Montgomery, Keats, Runger와 Messina(1994), Box, Jenkins와 Reinsel(1994), Box와 Luceno(1997), Del Castillo(2002)가 있다.

EPC와 SPC를 병행하는 것의 필요성에 대해 의문을 가질 수 있다. 이 두 가지 절차들은 역사적으로 서로 다른 환경에서 개발되었다. SPC는 품질을 향상시키기 위한 신뢰성 있는 조직의 전략이며, 주로 사람, 방법, 절차를 강조하는 하향식이고 관리자 주도이고 가시적인 활동이다. 반면에 EPC는 공정 공학적 조직의 본성에 좀 더 충실하며, 공정 그 자체에 초점을 맞추고 있다. 또한 SPC의 통계적 체계는 **가설검정**(hypothesis testing)과 유사하며, EPC의 통계적 체계는 **모수추정**(parameter estimation)과 유사하다. 모수추정과 유사하다는 것은 시스템에 공정이 목표값에서 벗어나게 하는 잡음(disturbance)이 얼마나 있는지를 추정하고 그 영향을 상쇄할 수 있는 수정을 수행한다는 측면을 고려한 것이다. SPC와 EPC의 공통적인 목적은 **산포의 감소**(reduction of variability)이다. EPC는 공정의 입력과 출력을 연결하는 특정한 동적 모형(dynamic model)이 있다는 것을 가정한다. 가정한 모형이 맞다면, EPC 공정 수정 규칙은 목표값 주변의 변동을 최소화시킬 것이다. 그러나 이 동적 모형을 벗어나게 하는 외부 잡음이나 이상원인이 발생할 때, 수정 규칙은 이러한 변동을 완전하게 반영할 수는 없다. 결론적으로 산포가 증가하게 되는데, 이때 SPC를 적용하여 이러한 이상원인을 탐지하는, 즉 EPC/SPC를 병행하는 절차가 EPC만을 사용하는 것에 비해 좀 더 효율적일 것이다.

## 12.2 피드백 수정에 의한 공정관리

### 12.2.1 간단한 수정계획: 적분 제어

이 절에서는 먼저 피드백 수정이 적절하고 효율적인 공정에 대한 간단한 상황을 고려해 보자. 시점 $t$에서 관심 있는 공정 출력 특성치를 $y_t$라고 하고, 가능한 한 $y_t$를 목표값 $T$에 가깝게 유지하기를 원한다고 가정하자. 이 공정에는 조정 가능한 변수 $x$가 있으며, $x$의 조정은 하나의 시점 이내의 $y$에 전적으로 영향을 주는데, 즉

$$y_{t+1} - T = gx_t \tag{12.1}$$

로 그 관계를 표현할 수 있다. 여기서 $g$는 **공정 취득**(process gain)이라고 불리는 상수인데, 이 상수는 $x_t$의 한 단위 변화가 주는 $y_t$ 변화의 크기와 관련된 회귀계수와 유사하다. 아무런 수정이 없는 경우 목표값 주변을 표류하는 공정은

$$y_{t+1} - T = N_{t+1} \tag{12.2}$$

로 표현하는데, 여기서 $N_{t+1}$은 **잡음**(disturbance)을 나타낸다. 식 12.2의 잡음은 서로 상관되어 있기 때문에, 일반적으로 10.4절에 소개한 ARIMA 모형과 같은 시계열 모형으로 표현될 수 있다.

잡음은 다음과 같이 EWMA를 사용하여 예측될 수 있다고 가정해 보자.

$$\begin{aligned}\hat{N}_{t+1} &= \hat{N}_t + \lambda\left(N_t - \hat{N}_t\right)\\ &= \hat{N}_t + \lambda e_t\end{aligned} \tag{12.3}$$

여기서 $e_t = N_t - \hat{N}_t$는 시점 $t$에서의 예측오차이고, $0 < \lambda \le 1$은 EWMA에 대한 가중치이다. 이 가정은 수정하지 않은 공정이 $\theta = 1 - \lambda$인 식 10.15의 누적이동평균모형을 따라 표류한다고 가정하는 것과 동일하다. 시점 $t$에서 수정한 공정은

$$y_{t+1} - T = N_{t+1} + gx_t$$

로 표현된다. 이 방정식은 시점 $t+1$에서 목표값으로부터의 출력 편차는 시점 $t+1$에서의 잡음과 시점 $t$에서 설정한 조정 가능한 변수 $x_t$의 수준을 더한 값에 의존한다는 것이다. 여기서 명백하게 $x_t$는 잡음을 상쇄하도록 설정되어야 한다. 그러나 시점 $t$에서는 $N_{t+1}$을 알 수 없기 때문에 그렇게 설정할 수 없지만, 식 12.3을 사용하여 $N_{t+1}$을 $\hat{N}_{t+1}$로 예측할 수 있다.

그러면, $e_{t+1} = N_{t+1} - \hat{N}_{t+1}$이기 때문에

$$y_{t+1} - T = e_{t+1} + \hat{N}_{t+1} + gx_t \tag{12.4}$$

가 된다.

식 12.4로부터 $gx_t = -\hat{N}_{t+1}$ 또는 설정값 $x_t = -(1/g)\hat{N}_{t+1}$으로 한다면 수정을 통하여 잡음을 제거할 수 있고 시점 $t+1$의 출력 편차는 $y_{t+1} - T = e_{t+1}$이 된다. 여기서 $e_{t+1}$은 시점 $t$에서의 예측오차, 즉 $e_{t+1} = N_{t+1} - \hat{N}_{t+1}$이다. 시점 $t$에서 수행된 조정 가능한 변수의 실제 수정은

$$x_t - x_{t-1} = -\frac{1}{g}\left(\hat{N}_{t+1} - \hat{N}_t\right) \tag{12.5}$$

이 된다. 이제 두 EWMA의 차이 $\hat{N}_{t+1} - \hat{N}_t$은

$$\begin{aligned}\hat{N}_{t+1} - \hat{N}_t &= \lambda N_t + (1-\lambda)\hat{N}_t - \hat{N}_t \\ &= \lambda N_t - \lambda \hat{N}_t \\ &= \lambda\left(N_t - \hat{N}_t\right) \\ &= \lambda e_t\end{aligned}$$

로 다시 표현할 수 있고, 시점 $t$에서의 실제 오차 $e_t$는 단순히 출력과 목표값의 차이이기 때문에

$$\hat{N}_{t+1} - \hat{N}_t = \lambda(y_t - T)$$

로 표현할 수 있다. 따라서 시점 $t$에서 조정 가능한 변수에 수행된 수정 식 12.5는

$$x_t - x_{t-1} = -\frac{\lambda}{g}(y_t - T) = -\frac{\lambda}{g} e_t \tag{12.6}$$

가 된다. 시점 $t$의 끝에 조정 가능한 변수의 **설정값**(setpoint)은 시점 $t$까지 수행된 모든 수정의 합이 되기 때문에

$$x_t = \sum_{j=1}^{t}\left(x_j - x_{j-1}\right) = -\frac{\lambda}{g}\sum_{j=1}^{t} e_j \tag{12.7}$$

로 나타낼 수 있다.

이런 형태의 수정 절차를 **적분 제어**(integral control)라고 한다. 이것은 조정 가능한 변수의 수준이 현재와 이전 모든 편차의 가중합이 되는 순수한 피드백 제어 절차이다. 식 12.1의 공정 모형의 결정적 부분(deterministic part)이 적합하고 잡음 $N_t$가 EWMA에 의해서 완벽하게 예측된다면, 이것은 목표값 $T$로부터의 공정 출력 편차의 평균제곱오차(mean-square error)를 최소화시키는 최적의 제어 규칙이다. 이 절차에 대해서는 Box(1991~1992)와 Box와 Luceno(1997)를 참조할 수 있다.

## 예12.1 적분 제어의 예

그림 12.1은 4시간마다 추출한 중합체(polymer)의 분자량(molecular weight) 100개를 나타내고 있다. 분자량은 가능한 한 목표값 $T = 2{,}000$에 가깝게 유지되기를 희망한다. 공정을 통계적 관리상태로 만들려는 최선의 노력에도 불구하고, 분자량이 목표값 주변을 표류하는 것을 알 수 있다. 그림 12.2는 개별 관측값과 이동범위 관리도를 나타내고 있는데, 공정에 통계적인 안정성이 부족한 것으로 판단된다. 공정의 관리자는 개별 관측값 관리도의 중심선으로 $T = 2{,}000$을 사용했는데, 실제 100개 분자량의 표본평균과 표준편차는 $\bar{x} = 2{,}008$과 $s = 19.4$이다.

이 공정에서 분자량의 표류하는 행태는 재료의 공급 원료와 다른 관성(inertial force)에 존재하는 미지의 조정 불가능한 잡음이 원인인 것으로 판단된다. 그러나 이것은 촉매 공급률(catalyst feed rate)의 설정값 $x$에 대한 수정으로 보정될 수 있다. 공급률 설정값의 변화는 한 시점 이내에 분자량에 모든 영향을 주기 때문에, 이전에 소개한 적분 제어 절차가 적절할 것으로 판단된다.

공정 취득(system gain)은 1.2 : 1이라고 가정한다. 즉, 공급률을 1단위 증가시키면 분자량은 1.2단위 증가한다는 것이다. 이제 이 예에서 조정한 공정은

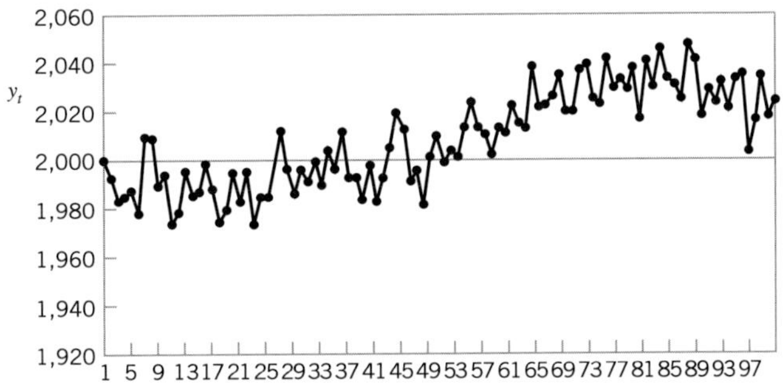


그림 12.1 $T = 2{,}000$인 중합체의 분자량(조정되지 않은 공정)

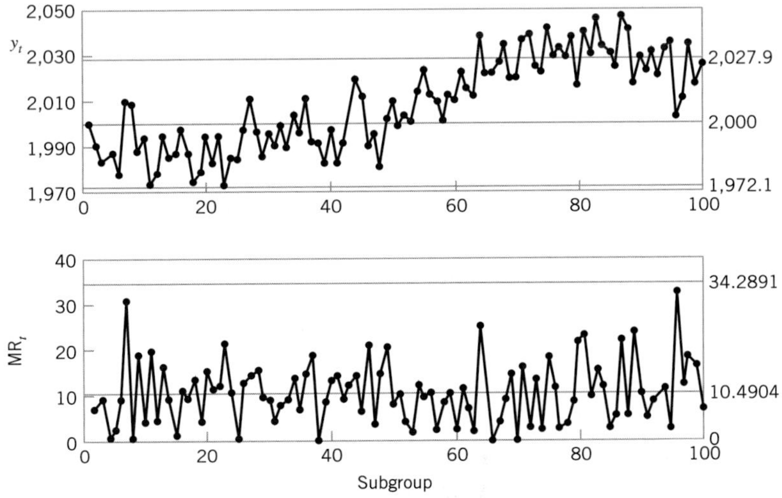


그림 12.2 중합체 분자량 데이터에 대한 개별 관측값과 이동범위 관리도

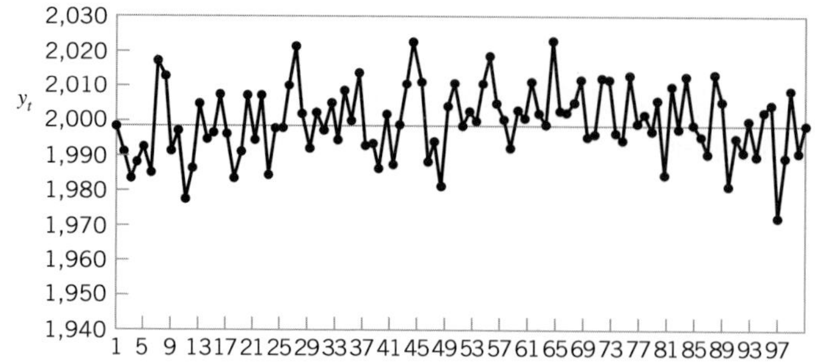

**그림 12.3** 수정 후 분자량의 값

$$y_t - 2{,}000 = N_{t+1} + 1.2x_t$$

이 된다. 이제 λ = 0.2를 갖는 EWMA를 사용하여 잡음을 예측하려고 한다. 최적의 λ를 추정하는 절차를 사용할 수도 있지만, 일반적으로 0.2와 0.4 사이의 λ가 좋은 결과를 준다고 알려져 있기 때문에 0.2를 사용해 보자. 그러면 잡음 $N_{t+1}$에 대한 한 시점 이후 예측값은

$$\begin{aligned}\hat{N}_{t+1} &= \hat{N}_t + \lambda e_t \\ &= \hat{N}_t + 0.2\left(N_t - \hat{N}_t\right) \\ &= 0.2N_t + 0.8\hat{N}_t \\ &= 0.2(y_t - 2{,}000) + 0.8\hat{N}\end{aligned}$$

가 된다. 결론적으로 시점 $t$의 마지막에 촉매 공급률의 설정값은

$$gx_t = -\hat{N}_{t+1}$$

또는

$$1.2x_t = -\left[0.2(y_t - 2{,}000) + 0.8\hat{N}_t\right]$$

이 된다. 촉매 공급률의 수정량은

$$\begin{aligned}x_t - x_{t-1} &= -\frac{\lambda}{g}(y_t - 2{,}000) \\ &= -\frac{0.2}{1.2}(y_t - 2{,}000) \\ &= -\frac{1}{6}(y_t - 2{,}000)\end{aligned}$$

만큼이다.

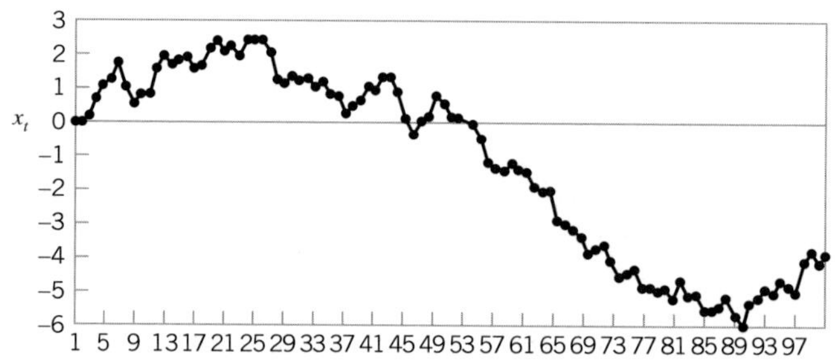

**그림 12.4** 촉매 공급률의 설정값

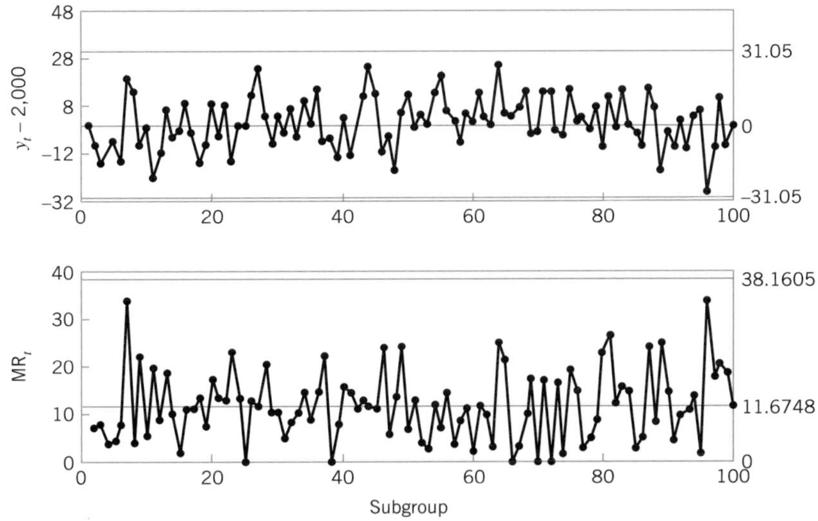


**그림 12.5** 적분 제어 후 분자량의 출력 편차에 대한 개별 관측값과 이동범위 관리도

그림 12.3은 촉매 공급량에 수정이 가해진 후 분자량의 값을 타점한 것인데, 공정이 목표값 2,000에 훨씬 가깝게 유지됨을 알 수 있다. 이때 100개 관측값의 표본평균은 2,001이고 표준편차는 10.35가 된다. 따라서 적분 제어를 사용함으로 공정산포가 거의 50% 감소됨을 알 수 있다. 그림 12.4는 각 시점에서 공정을 목표값 $T$ = 2,000에 가깝게 유지하고자 사용한 촉매 공급률의 설정값을 나타낸다.

그림 12.5는 분자량의 출력 편차에 대한 개별 관측값과 이동범위 관리도를 나타낸다. 이제 공정이 통계적 관리상태에 있음을 알 수 있다. 그림 12.6은 공정 수정량(공급률에 대한 설정값의 변화량)에 적용한 관리도를 나타낸다.

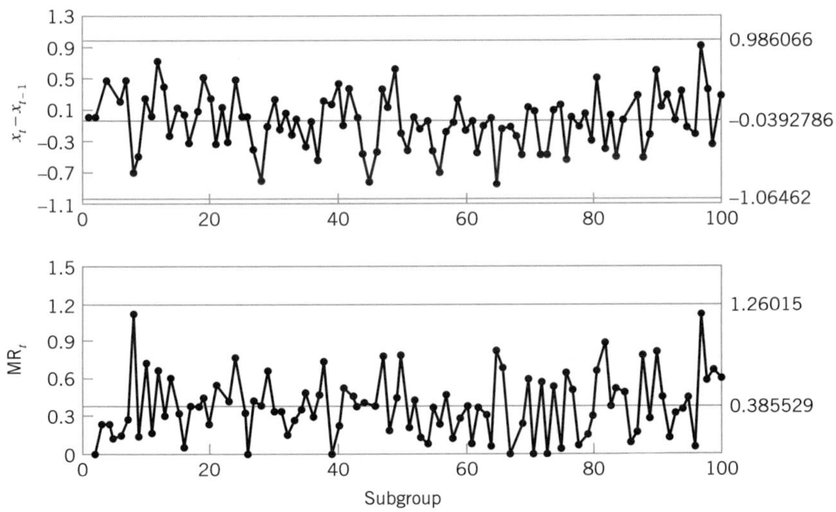


**그림 12.6** 촉매 공급률 수정량에 대한 개별 관측값과 이동범위 관리도

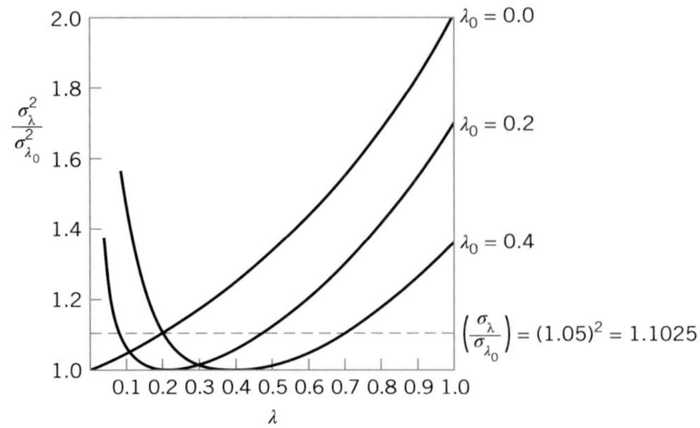


**그림 12.7**
λ의 참값이 $\lambda_0$일 때, 임의로 선택한 λ로 인해 수정된 공정분산의 증가 (Box(1991~1992)에서 발췌)

이전 예제에서 EWMA의 λ는 λ = 0.2를 사용하였다. 최적의 λ 값은 공정 잡음에 대한 예측오차의 제곱합을 최소화하도록 결정하는 것이다. 이 계산을 위해서 공정 잡음을 기록해야 하는데, 잡음은 수정과 함께 기록된 과거의 편차로부터 계산될 수 있다.

어떤 경우, 이와 같이 λ를 결정하기가 쉽지 않기 때문에 임의로 선정하기도 한다. 그림 12.7은 최적의 λ가 $\lambda_0$일 때, 임의로 선정한 λ의 영향을 보여 주고 있다. 수직축 ($\sigma^2_\lambda / \sigma^2_{\lambda_0}$)은 $\lambda_0$ 대신 임의의 λ를 선정함으로 출력의 분산이 얼마나 증가하는지 나타낸다.

그림 12.7에서 $\lambda_0$ = 0인 경우를 고려해 보자. EWMA에서 λ가 0이기 때문에, 이 경우에는 공정이 통계적 관리상태에 있으며 목표값 주변으로 표류하지 않는다. 따라서 식 12.6을 참고하면 공급률에 어떤 수정도 필요하지 않다. 그림 12.7은 이 경우 촉매 공급률에 대한 어떠한 수정도 출력의 분산을 증가시킨다는 것을 보여 준다. 최악의 경우는 λ = 1일 때 발생하는데, 출력 분산이 두 배가 된다. 물론 λ = 1인 것은 다른 사항을 고려하지 않고 수정으로 현재의 편차를 상쇄하도록 설정하는 것이다. 그러나 λ가 작은 값(λ ≤ 0.2)인 경우에는 분산을 크게 증가시키지 않는다. 반면에 만일 $\lambda_0$의 참값이 0이 아닐 경우, 아무런 수정을 수행하지 않을 경우 공정의 출력 분산이 많이 증가한다. 그림으로부터 λ를 0.2~0.4의 범위에서 선정하면, $\lambda_0$의 참값이 어떠한 값이더라도 $\lambda_0$를 정확하게 알고 있는 최소 분산의 경우에 비해 출력 분산이 5% 이상 증가하지 않는다. 따라서 λ를 0.2~0.4의 범위에서 선정하는 것이 실제 공정에 유용할 것으로 판단된다.

10.4절에서 자기상관된 데이터를 취급하는 하나의 방법으로 공학적 제어를 사용하여 자기상관을 제거하는 것이라고 소개한 바 있다. 이전 예제에서 이를 보일 수 있다.

그림 12.8은 그림 12.1의 조정되지 않은 분자량의 표본자기상관함수이다. 조정되지 않은 공정 관측값에 강한 자기상관이 존재한다는 것을 알 수 있다. 그림 12.9는 적분 제어로 수정한 후 목표값에 대한 출력 분자량 편차의 표본자기상관함수이다. 출력 편차에는 자기상관이 없는 것으로 판단된다.

공학적 제어는 항상 자기상관을 제거하기 위해 사용되지는 않는다. 예를 들어, 효율적인 제어를 수행할 만큼 공정 역학에 대한 이해가 충분하지 않을 수 있다. 또한 어떤 공학적 제어는 공정의 한 부분에서 다른 부분으로 **변동을 전이**(transfer variability)시킴에 주의해야 한다. 우리의 예에서 공학적 제어는 변동을 분자량에서 촉매 공급률로 전이시킨

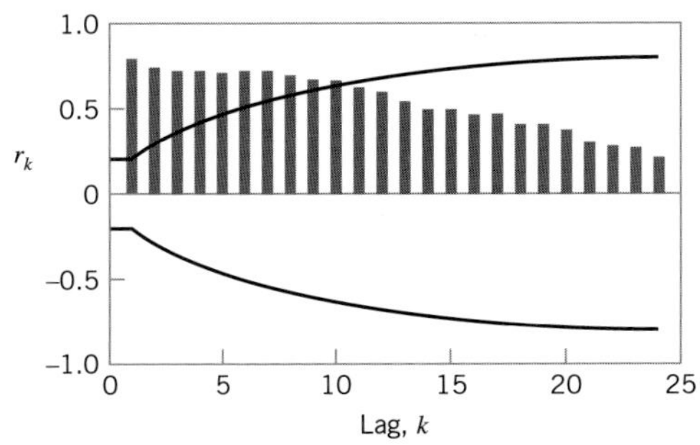


**그림 12.8** 그림 12.1의 조정되지 않은 분자량 관측값에 대한 표본자기상관함수

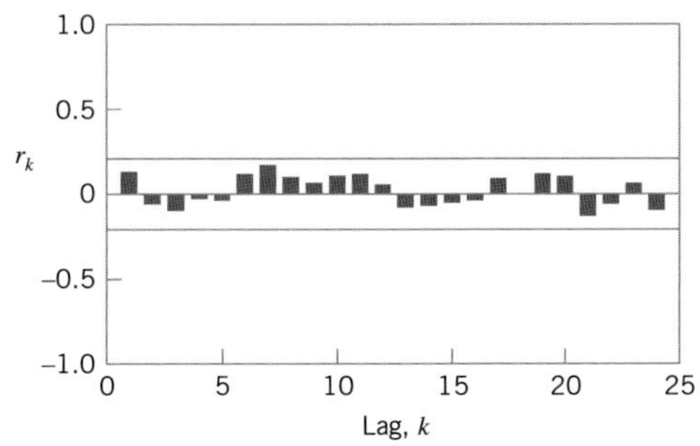


**그림 12.9** 적분 제어 후 분자량 변수에 대한 표본자기상관함수

다. 이를 그림 12.1, 12.3, 12.4에서 확인할 수 있는데, 출력 분자량에서 변동의 감소는 공급률의 변동을 증가시킴으로 달성할 수 있다. 따라서 공학적 제어가 항상 받아들일 만한 대안이 아닌 공정이 존재할 수 있다.

### 12.2.2 수정 도표

이전 절에 소개한 적분 제어에 기초한 피드백 수정 절차는 자동적으로 수정이 이루어지도록 할 수 있다. 일반적으로 이 절차는 조정 가능한 변수 $x$를 통하여 수정을 가하기 위해 센서 또는 측정 장치, 논리 장치 또는 컴퓨터, 작동기 등을 포함하고 있다. 이와 같이 수행되는 EPC 또는 피드백 수정을 **자동 공정관리**(automatic process control, APC)라고 한다.

많은 공정에서 피드백 수정을 수동으로 수행할 수 있다. 공정 운영자가 주기적으로 현재 출력 편차를 관측하고 식 12.6을 사용하여 수정량을 계산한다. 수정이 운영자에 의해 수동으로 진행될 때, **수동 수정 도표**(manual adjustment chart)를 작성하기 위해 그림 12.3의 변동은 매우 유용하다.

그림 12.10은 그림 12.3에 대응되는 수동 수정 도표이다. 수직축에 수정 눈금(adjustment scale)이라고 하는 두 번째 눈금이 있으며, 이 수정 눈금에서 수정의 한 단위는 분자량 눈금의 여섯 단위와 같음을 알 수 있다. 또한 목표값인 2,000보다 큰 분자량에 해당하는 수정 눈금은 음수이고, 2,000보다 작은 분자량에 해당하는 수정 눈금은 양수이다. 이것은 분자량 변수에 사용하는 수정식이

$$x_t - x_{t-1} = -\frac{1}{6}(y_t - 2{,}000)$$

또는

$$\text{촉매 공급률의 수정량} = -\frac{1}{6}\,(2{,}000\text{으로부터의 분자량 편차})$$

이기 때문이다. 즉, 2,000으로부터 분자량의 **여섯 단위** 변화가 촉매 공급률의 **한 단위** 변화에 대응된다는 것이다. 더구나 분자량이 목표값보다 **크다면** 분자량이 목표값에 근접하도록 촉매 공급률은 **감소**되어야 하고, 분자량이 목표값보다 **작다면** 촉매 공급률은 **증가**

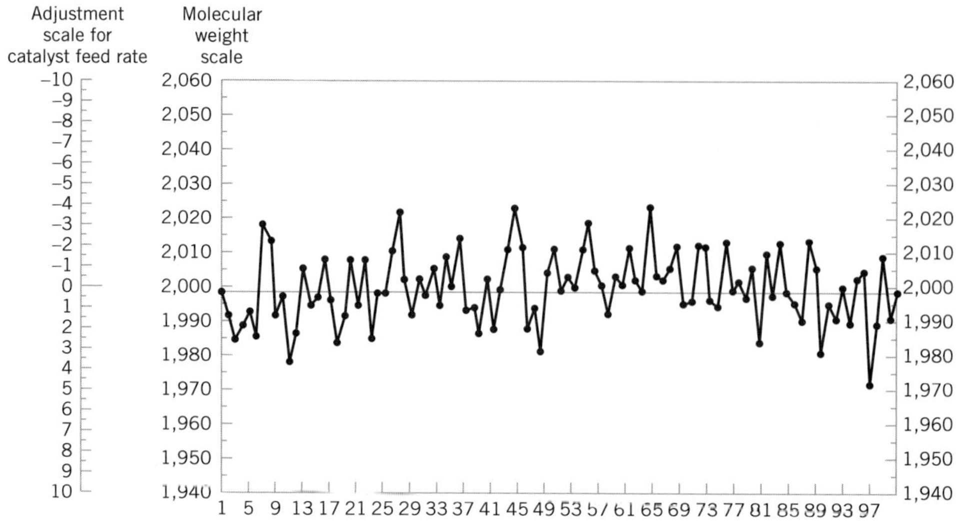


그림 12.10
분자량의 수정 도표

되어야 한다.

수정 도표는 운영자가 사용하기가 아주 쉽다. 예를 들어, 그림 12.10에서 분자량 $y_{13}$을 고려해 보자. $y_{13}$ = 2,006이 관측되어 이 도표에 타점되면, 운영자는 수정 눈금에서 해당되는 값이 −1임을 알 수 있다. 즉, 이 값은 운영자가 현재 촉매 공급률에서 변경시켜야 하는 양이므로, 촉매 공급률을 한 단위 감소시켜야 한다. 이제 다음 관측값은 $y_{14}$ = 1,997이다. 이 분자량에 해당하는 수정 눈금은 +0.5이기 때문에, 이제 촉매 공급률을 0.5 단위 증가시켜야 한다.

이것은 매우 간편하지만 효율적인 절차이다. 수동 수정 도표는 George Box와 G. M. Jenkins에 의해 처음 제안되었기 때문에, **Box-Jenkins 수정 도표**라고도 한다(Box, Jenkins와 Reinsel(1994), Box(1991), Box와 Luceño(1997)를 참조).

## 12.2.3 수정 도표의 변경

12.2.1과 12.2.2에서의 수정 절차는 적용하기가 매우 간단하지만, 매 관측값마다 공정을 수정해야 한다. 화학과 장치 산업에 피드백 수정을 적용할 때, 주된 비용은 목표값에서 벗어나는 것에 기인한 비용이고 수정에는 비용이 거의 들지 않기 때문에, 매번 수정하는 것은 심각한 문제가 되지 않는다. 그러나 수정을 수행하는 데 비용이나 편의성이 중요한 고려사항인 경우도 있다. 예를 들어, 개별 부품 제조업(discrete parts manufacturing)에서는 수정을 수행할 때 공정을 중단하는 경우도 있다. 결론적으로 수정의 빈도를 줄이도록 피드백 수정 절차를 변경하는 것에 관심이 있을 수 있다.

이에 대해 여러 가지 방법이 있지만, 가장 간단한 것은 12.2.2의 절차를 EWMA 예측값이 $\pm L$로 주어진 경계선을 벗어날 경우에만 수행하도록 변경한 **경계선 수정 도표**(bounded adjustment chart)이다. 경계선 $L$은 일반적으로 목표값에서 벗어나는 비용과 수정을 수행하는 비용을 고려하여 공학적 판단을 통해 결정한다. Box와 Luceno(1997)는 이러한 상황에 대해 상세하게 기술하였고, 특히 $L$을 결정하는 절차에 대해 논의하였다.

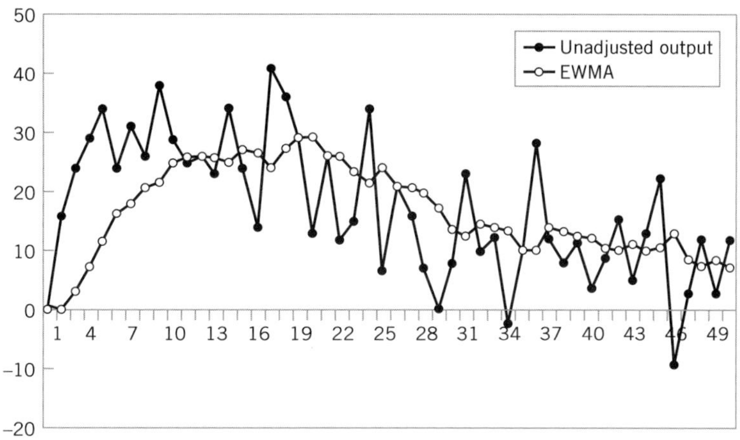


**그림 12.11**
표 12.1의 수정되지 않은 데이터와 $\lambda$ = 0.2인 EWMA

이제 표 12.1의 데이터를 사용하여 경계선 수정 도표를 소개하고자 한다. 표에서 2번째 열은 화학 공정에서 수정되지 않은 출력 특성치를 나타내는데, 이 변수 $y_t$의 목표값은 0이기 때문에 이 값은 목표값으로부터의 편차를 나타내고 있다. 그림 12.11은 이 출력 데이터를 $\lambda$ = 0.2를 사용한 EWMA 예측값과 함께 타점한 것인데, 이 변수는 희망하는 목표값에 근접하게 유지되지 않음을 알 수 있다. 이들 50개 관측값의 평균은 17.2이고, 목표값으로부터의 제곱편차의 합은 21,468이 된다. 또한 이들 관측값의 표준편차는 대략 11.6이 된다.

이 공정에 조정 가능한 변수가 있는데, 이 변수와 출력 변수의 관계식은

$$y_t - T = 0.8x_t$$

로 알려져 있다. 즉, 공정 취득은 $g$ = 0.8이다. 그림 12.11에서 EWMA는 임의로 선정한 $\lambda$ = 0.2를 사용하였는데, 절차가 상대적으로 이 값에 민감하지 않음을 12.2.1절에서 언급한 바 있다.

만일 $L$ = 10으로 설정했다고 가정하자. 즉, EWMA가 $L$ = 10 또는 $-L$ = −10을 벗어난 경우에만 공정 수정을 수행하는 것이다. 경제성과 수정의 용이성은 $L$을 설정할 때 중요한 요인이지만, 여기서는 조금 다른 방법으로 설정하였다. 수정되지 않은 공정의 표준편차가 대략 11.6으로 계산되었기 때문에, 그림 12.11에서 EWMA의 표준편차는 대략

$$\hat{\sigma}_{\text{EWMA}} = \sqrt{\frac{\lambda}{2-\lambda}}\,\hat{\sigma}_{\text{수정되지 않은 공정}} = \sqrt{\frac{0.2}{2-0.2}}\,11.6 = 3.87$$

로 계산된다. 따라서 $L$ = 10은 EWMA에 대해 폭이 약 $2.6\sigma_{\text{EWMA}}$인 관리한계를 사용한 것과 동일하다(9장에서 EWMA에 대해서는 종종 3시그마보다 조금 작은 관리한계를 사용한다고 소개한 바 있다).

EWMA를 계산한 결과는 표 12.1에 나타나 있다. EWMA는 0에서 시작하여 시점 4에서 처음 $L$ = 10을 벗어났다. 시점 4에서 출력 편차는 +29이기 때문에, 수정량은

$$x_t - x_{t-1} = -\frac{\lambda}{g}(y_t - T)$$

또는

표 12.1
그림 12.12의 경계선 수정 도표에 대한 화학 공정 데이터

| Observation | Original Process Output | Adjusted Process Output | EWMA | Adjustment | Cumulative Adjustment or Setpoint |
|---|---|---|---|---|---|
| 1 | 0 | 0 | 0 | | 0 |
| 2 | 16 | 16 | 3.200 | | 0 |
| 3 | 24 | 24 | 7.360 | | 0 |
| 4 | 29 | 29 | 11.688 | −7.250 | −7.250 |
| 5 | 34 | 26.750 | 5.350 | | −7.250 |
| 6 | 24 | 16.750 | 7.630 | | −7.250 |
| 7 | 31 | 23.750 | 10.854 | −5.938 | −13.188 |
| 8 | 26 | 12.812 | 2.562 | | −13.188 |
| 9 | 38 | 24.812 | 7.013 | | −13.188 |
| 10 | 29 | 15.812 | 8.773 | | −13.188 |
| 11 | 25 | 11.812 | 9.381 | | −13.188 |
| 12 | 26 | 12.812 | 10.067 | −3.203 | −16.391 |
| 13 | 23 | 6.609 | 1.322 | | −16.391 |
| 14 | 34 | 17.609 | 4.579 | | −16.391 |
| 15 | 24 | 7.609 | 5.185 | | −16.391 |
| 16 | 14 | −2.391 | 3.670 | | −16.391 |
| 17 | 41 | 24.609 | 7.858 | | −16.391 |
| 18 | 36 | 19.609 | 10.208 | −4.904 | −21.293 |
| 19 | 29 | 7.707 | 1.541 | | −21.293 |
| 20 | 13 | −8.293 | −0.425 | | −21.293 |
| 21 | 26 | 4.707 | 0.601 | | −21.293 |
| 22 | 12 | −9.293 | −1.378 | | −21.293 |
| 23 | 15 | −6.293 | −2.361 | | −21.293 |
| 24 | 34 | 12.707 | 0.653 | | −21.293 |
| 25 | 7 | −14.293 | −2.336 | | −21.293 |
| 26 | 20 | −1.293 | −2.128 | | −21.293 |
| 27 | 16 | −5.293 | −2.761 | | −21.293 |
| 28 | 7 | −14.293 | −5.067 | | −21.293 |
| 29 | 0 | −21.293 | −8.312 | | −21.293 |
| 30 | 8 | −13.293 | −9.308 | | −21.293 |
| 31 | 23 | 1.707 | −7.105 | | −21.293 |
| 32 | 10 | −11.293 | −7.943 | | −21.293 |
| 33 | 12 | −9.293 | −8.213 | | −21.293 |
| 34 | −2 | −23.293 | −11.229 | 5.823 | −15.470 |
| 35 | 10 | −5.470 | −1.094 | | −15.470 |
| 36 | 28 | 12.530 | 1.631 | | −15.470 |
| 37 | 12 | −3.470 | 0.611 | | −15.470 |
| 38 | 8 | −7.470 | −1.005 | | −15.470 |
| 39 | 11 | −4.470 | −1.698 | | −15.470 |
| 40 | 4 | −11.470 | −3.653 | | −15.470 |
| 41 | 9 | −6.470 | −4.216 | | −15.470 |
| 42 | 15 | −0.470 | −3.467 | | −15.470 |
| 43 | 5 | −10.470 | −4.867 | | −15.470 |
| 44 | 13 | −2.470 | −4.388 | | −15.470 |
| 45 | 22 | 6.530 | −2.204 | | −15.470 |
| 46 | −9 | −24.470 | −6.657 | | −15.470 |
| 47 | 3 | −12.470 | −7.820 | | −15.470 |
| 48 | 12 | −3.470 | −6.950 | | −15.470 |
| 49 | 3 | −12.470 | −8.054 | | −15.470 |
| 50 | 12 | −3.470 | −7.137 | | −15.470 |

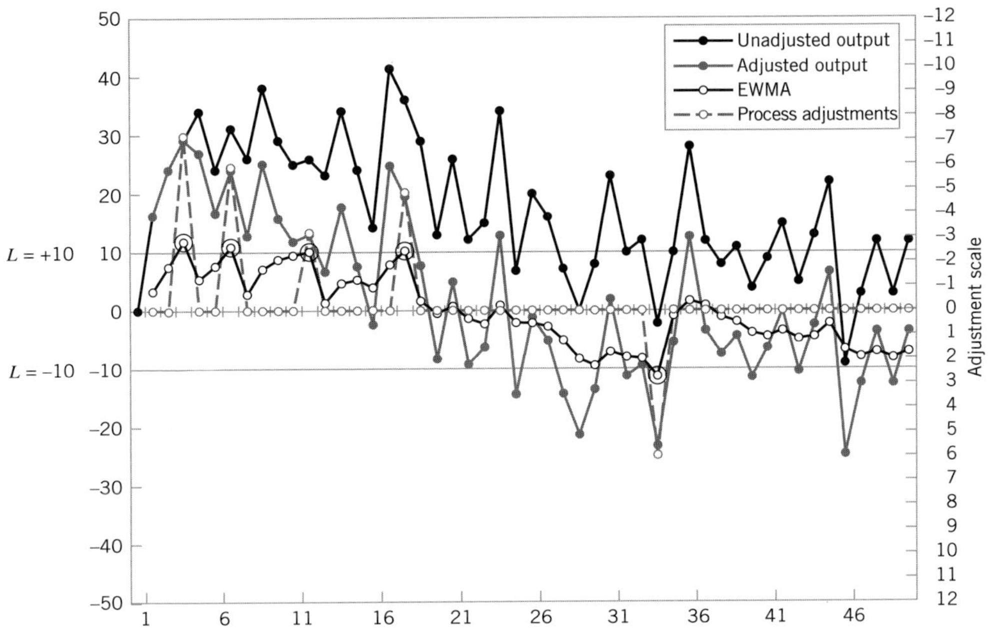


**그림 12.12**
수정되지 않은 출력, 수정된 출력, EWMA, 실제 공정 수정량을 나타내는 경계선 수정 도표. 동그라미 표시된 EWMA는 수정이 수행된 점을 나타낸다.

$$x_4 - x_3 = -\frac{0.2}{0.8}(y_4 - 0) = -\frac{1}{4}(29) = -7.250$$

의 적분 제어식을 통하여 계산할 수 있다. 즉, 시점 3에서 설정한 조정가능 변수를 −7.250 단위 변경하는 것이다. 이 수정은 다음 시점에 5만큼 영향을 주게 된다. 시점 4의 끝에서 EWMA를 0으로 재설정하고 예측을 다시 시작한다. 다음 수정은 시점 7에서 발생하며, 여기서 −5.938 단위를 변경하게 된다. 표의 마지막 열은 모든 수정의 누적 효과를 나타내고 있다.

50개의 관측값에 대해 단지 5번의 수정이 수행된 것을 알 수 있다. 그림 12.12는 수정되지 않은 출력 변수, 수정된 출력 변수, EWMA 예측값, 실제 공정 수정량에 대한 플롯이다. 목표값에 대한 수정된 출력 변수의 변동은 크게 감소되었는데, 제곱편차의 합은 9,780이고 평균 편차는 1.76이다. 이것은 공정에 5번의 수정을 통하여 출력 편차의 50% 이상을 감소시킨 수치이다.

경계선 수정계획은 종종 매 시점마다 수정을 수행하는 것에 대한 좋은 대체 절차가 된다. 물론 매번 수정을 하는 절차와 비교하면 성능이 조금 떨어지지만, 그 차이는 일반적으로 크지 않다.

실제 공정에서 많이 사용되는 또 다른 수정 도표로는 **통합적 수정 도표**(rounded adjustment chart)가 있다. 이 절차는 운영자가 수정을 쉽게 수행할 수 있도록 하는 것으로, 수정량을 4개 또는 5개 영역으로 나누어 설정하는 것이다. 각 영역마다 수행이 쉬운 수정량을 정하는데, 예를 들면 조정가능 변수를 1단위, 2단위 등으로 변화시키도록 정하는 것이다. 종종 가운데 영역은 아무런 수정을 수행하지 않는 영역으로 설정하기도 한다. 이 경우 수정은 매 시점마다 수행하지 않아도 된다. 이 도표에 대한 좀 더 상세한 내용은 Box와 Luceno(1997)를 참조할 수 있다.

### 12.2.4 다른 종류의 피드백 제어

우리는 공정 수정의 규칙으로

$$g(x_t - x_{t-1}) = -\lambda e_t \tag{12.8}$$

인 피드백 제어를 고려하였다. 여기서 $e_t$는 목표값으로부터의 출력 편차이고, λ는 EWMA의 모수이다. 이 식을 계속 더할 경우

$$x_t = -\frac{\lambda}{g}\sum_{i=1}^{t} e_i \tag{12.9}$$

를 얻을 수 있는데, 여기서 $x_t$는 시점 $t$에서 조정이 가능한 변수의 설정값을 나타낸다. 즉, 이것은 적분 제어 수정 규칙이 된다.

이제 공정의 합리적인 수정을 위해 최근 두 오차인 $e_t$와 $e_{t-1}$을 고려할 필요가 있다고 가정해 보자. 수정식을 2개의 상수 $c_1$과 $c_2$를 사용하여

$$g(x_t - x_{t-1}) = c_1 e_t + c_2 e_{t-1} \tag{12.10}$$

과 같이 표현할 수 있다고 하자. 이 식을 더할 경우 설정값은

$$x_t = k_P e_t + k_I \sum_{i=1}^{t} e_i \tag{12.11}$$

가 되는데, 여기서 $k_P = -(c_2/g)$이고 $k_t = (c_1 + c_2)/g$이다. 이 설정값 제어식에는 익숙한 적분 제어(integral control)뿐만 아니라 비례 제어(proportional control)도 포함하고 이다. 2개의 상수 $k_P$와 $k_I$는 각각 비례와 적분 제어 모수를 나타낸다. 이 식을 이산형 **비례 적분 제어**(proportional integral control, PI control)라고 한다.

이제 수정이 마지막 3개의 오차에 의존한다고 가정해 보자. 즉,

$$g(x_t - x_{t-1}) = c_1 e_t + c_2 e_{t-1} + c_3 e_{t-2} \tag{12.12}$$

로 표현할 수 있다고 가정하자. 이것을 더할 경우 다음과 같은 이산형 **비례 적분 미분 제어**(proportional integral derivative control, PID control) 식을 얻을 수 있다.

$$x_t = k_P e_t + k_I \sum_{i=1}^{t} e_i + k_D(e_t - e_{t-1}) \tag{12.13}$$

이 모형은 실제 공정, 특히 화학과 장치 산업에서 많이 사용된다. **PI** 제어는 **PID** 제어의 3개항 중에 2개가 사용되는 경우이다. $k$들 또는 $c$들의 상수를 선택하는 것을 일반적으로 제어를 **조율**(tuning)한다고 한다.

## 12.3 SPC와 EPC의 병행

**공정 수정과 공정 모니터링**에는 심각한 혼동이 있을 수 있다. 공정 수정 또는 규제는 산포를 감소시키는 중요한 역할을 하는데, 이때 관리도는 목표값 주변의 산포를 감소시키는 가장 좋은 방법은 아니다. 화학과 장치 산업에서는 12.2.1절에 소개한 적분 제어 규칙과 같은 절차가 이 목적을 위해 매우 효율적일 수 있다.

일반적으로 공학적 관리 이론은 (1) 공정의 다음 관측값을 예측할 수 있다, (2) 공정 출력에 영향을 주기 위한 조정 가능한 변수들이 있다, (3) 이와 같이 조정 가능한 변수의 영향을 알기 때문에 수정의 양을 결정할 수 있다는 3가지 아이디어에 기초하고 있다. 따라서 시점 $t+1$에서 공정 출력이 목표값이 되도록 시점 $t$에서 조정가능 변수를 수정할 수 있다. 이를 위해 공정의 동적 특성뿐만 아니라 출력 또는 조정된 변수와 조정가능 변수 간의 관계에 대한 올바른 이해가 필요하다. 또한 조정가능 변수를 쉽게 변경할 수 있는 것이 필수적이다. 만일 수정에 소요되는 비용이 거의 무시될 만한 수준이라면, 매시점마다 수정을 수행하여 공정 산출의 변동을 최소화할 수 있다. 이것은 공정 수정은 공정이 이상상태에 있다는 명백한 통계적 정황이 있는 경우에만 수행한다는 SPC의 경우와 대립되는 사실이다. 여기서 통계적 정황이란 일반적으로 관리도의 관리한계 밖에 점이 타점되는 것을 말한다.

피드백 관리 절차가 관리도에 비해 더 효율적인 공정이 많이 있다. 예를 들어, 자동차가 오른쪽 차선의 중앙을 계속 주행(또는 오른쪽 차선 중앙 주변의 변동을 최소화)하는 것을 목표로 자동차를 운전하는 공정을 고려해 보자. 앞의 도로를 살피면서 비용 수반 없이 매시점마다 공정 수정(핸들의 위치 조정)을 수행할 수 있다. 결론적으로 운전자가 출력 변수(자동차의 위치)와 조정가능 변수(핸들)의 관계를 알고 있다면, 통계적 관리도보다 자동차의 위치 조정을 위한 피드백 관리 절차를 사용할 것이다(Shewhart 관리도를 사용하여 자동차를 운전하는 것은 흥미로운 아이디어이지만, 저자는 이 실험을 위해 자동차에 탑승하는 것을 희망하지 않는다).

다른 측면으로, EPC는 공정에 영향을 주는 이상원인을 규명하려는 시도를 하지 않는다. 이상원인의 제거는 공정의 많은 향상을 가져올 수 있다. 모든 EPC는 공정의 변동에 반응하지만, 이상원인을 제거하는 시도는 하지 않는다. 결론적으로 피드백 관리가 사용되는 공정에서 **통계적 공정 모니터링**(관리는 공학적 절차에서 많이 사용하기 때문에 모니터링이란 용어를 사용했음)을 위해 관리도가 함께 사용된다면 놀라운 향상이 있을 수 있다. 몇몇 연구자들은 **알고리즘적 SPC**(algorithmic SPC)를 적용하여 EPC와 SPC가 함께 사용되는 시스템을 연구한 바 있는데, Vander Weil 등(1992)을 참조할 수 있다.

관리도는 관리 오차(조정된 변수와 목표값의 차이) 또는 조정가능 변수에 대한 수정량에 대해 적용할 수 있다. 두 가지 기본적인 절차의 병행 또한 가능하다. 예를 들어, 관리 오차와 조정량(또는 출력 특성치와 조정가능 변수)은 다변량 관리도를 사용하여 함께 모니터링할 수 있다. 이들 관리도에서 관리한계를 벗어나는 점들은 관리 오차가 크거나 조정가능 변수에 큰 변화를 수행한 시점을 나타낸다. 이들 시점은 이상원인을 규명할 수 있는 좋은 정보를 제공하게 된다. Montgomery 등(1994)은 이런 시스템의 효율에 대해 논의하

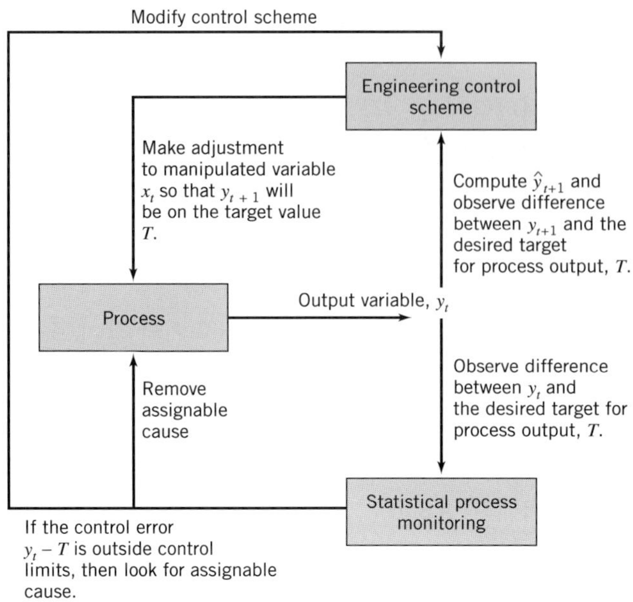


**그림 12.13**
공학적 공정관리와 통계적 공정 모니터링

였으며, 다른 유용한 참고문헌으로는 Del Castillo(2002)가 있다. 그림 12.13은 EPC와 통계적 공정 모니터링의 병행이 어떻게 진행되는지를 나타내고 있다.

### 예 12.2 SPC와 EPC의 병행

그림 12.14는 시점 $t$ = 60부터 이상원인이 공정에 영향을 주는 것을 제외하고는 예 12.1의 그림 12.1에 있는 분자량 관측값을 나타낸다. 이 이상원인의 영향은 분자량을 25단위 증가시키는 것인데 이것은 공정의 변동 또한 증가시키기 때문에, 분자량의 표본평균과 표준편차는 $\bar{x}$ = 2,019와 $s$ = 30.4가 된다(이상원인이 없는 경우에는 $\bar{x}$ = 2,008와 $s$ = 19.4이다). 그림 12.15는 예 12.1에 적용한 적분 제어에 의해 촉매 공급률을 수정한 후의 분자량을 나타낸다. 그림 12.16은 공급률에 대한 설정값을 나타낸다. 수정 후 $\bar{x}$ = 1,992와 $s$ = 15.4가 되어 공정 성능이 향상된 것으로 보이지만, 이상원인이 없을 때 수정 후 $\bar{x}$ = 2,001와 $s$ = 10.35인 것과 비교하면 이상원인으로 산포가 증가한 것으로 판단된다.

그림 12.17은 적분 제어 수정 후 목표값 $T$ = 2,000으로부터의 출력 분자량 편차에 적용한 개별 관측값과 이동범위 관리도를 나타낸다. $t$ = 80에서 이상원인이 존재한다는 이상상태 신호를 주는 것을 알 수 있다. 출력 편차에 EWMA 또는 CUSUM 관리도를 적용할 경우 일반적으로 좀 더 빠르게 이상원인을 탐지할 수 있다. 그림 12.18은 $\lambda$ = 0.1을 사용한 EWMA 관리도를 나타내는데, $t$ = 70에서 이상원인에 대한 신호를 주고 있다.

만일 $t$ = 70에서 이상원인을 탐지하고 이를 제거했다고 가정해 보자. 그림 12.19는 출력 분자량을 나타내고 있다. 표본평균과 표준편차는 $\bar{x}$ = 1,998과 $s$ = 10.8이고, 따라서 이상원인이 존재하는 경우 적분 제어 후의 출력 편차에 관리도를 적용하는 것은 공정의 성능을 향상시킨다는 것을 알 수 있다.

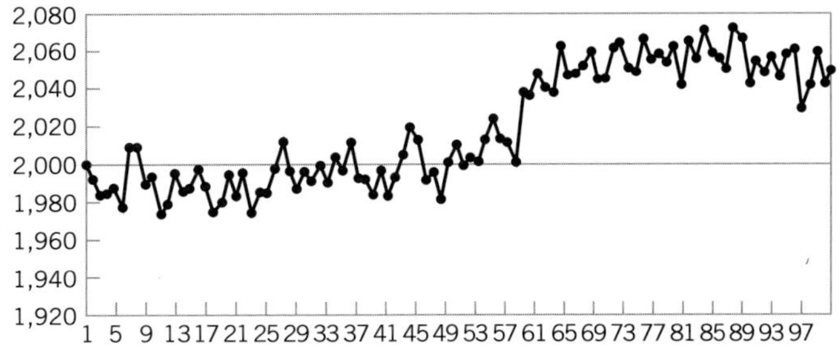

**그림 12.14** $t = 60$에서 크기 25의 이상원인이 발생한 분자량

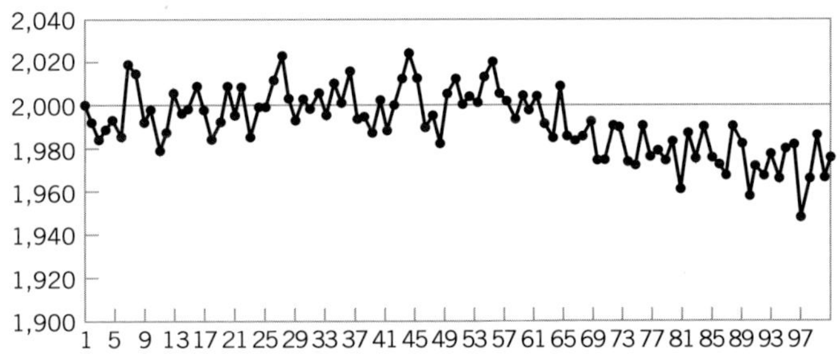

**그림 12.15** 촉매 공급률에 적분 제어 수정 후 분자량

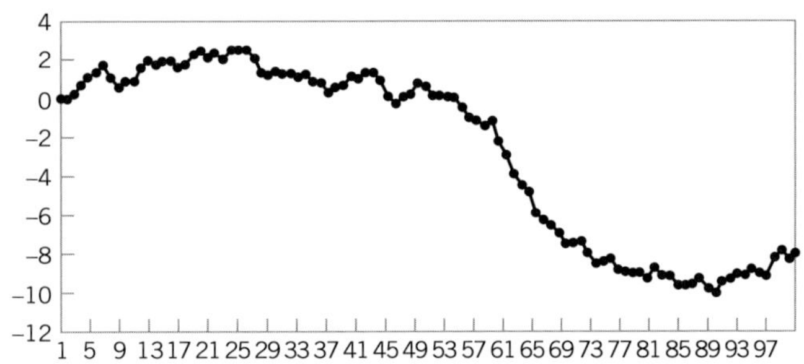

**그림 12.16** 예 12.2에서 촉매 공급률에 대한 설정값

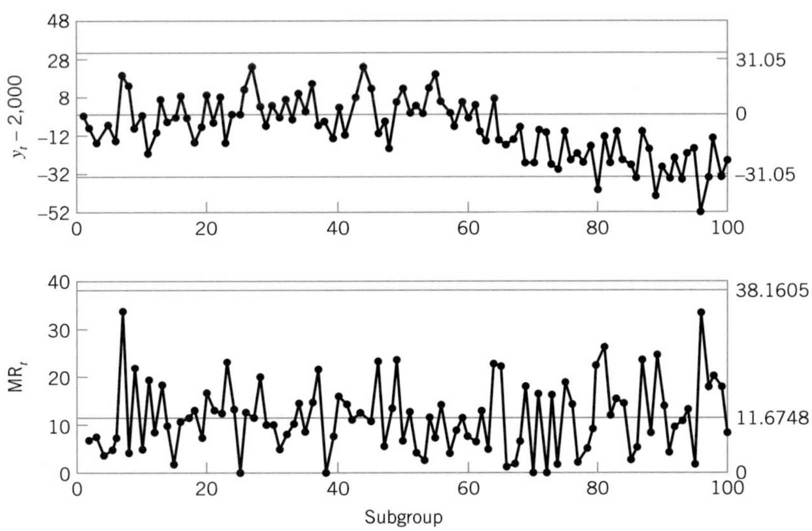


**그림 12.17** 예 12.2의 출력 편차에 적용한 개별 관측값과 이동범위 관리도

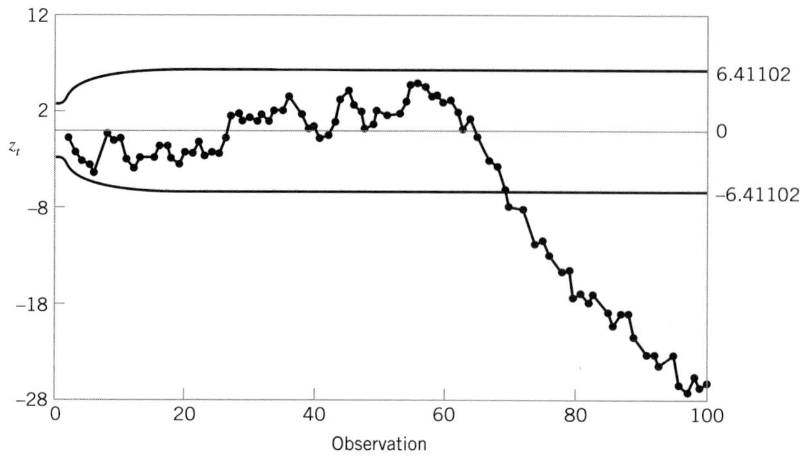


**그림 12.18** 예 12.2의 출력 편차에 적용한 $\lambda = 0.1$인 EWMA 관리도

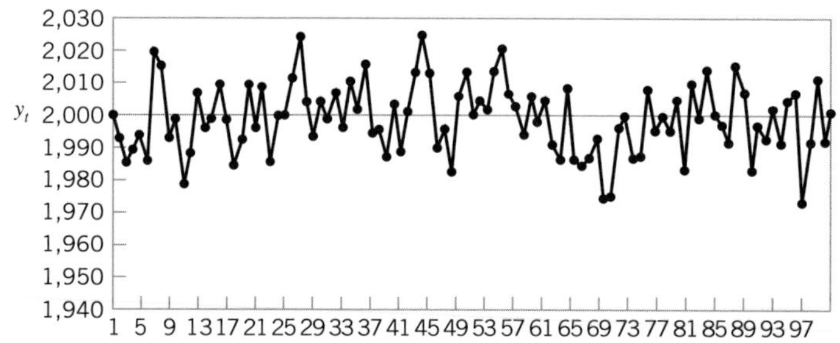


**그림 12.19** $t = 70$에서 이상원인이 제거되고 촉매 공급률에 대한 수정 후 분자량

## 연습문제

**12.1** $y_t$는 관측값이고 $z_t$는 EWMA일 때, 다음 관계식이 성립함을 보여라.

(a) $z_t - z_{t-1} = \lambda(y_t - z_{t-1})$

(b) $e_t - (1 - \lambda)e_{t-1} = y_t - y_{t-1}$

**12.2** 표 12.1의 데이터를 고려하자. $\lambda = 0.3$과 $L = 10$을 사용하여 경계선 수정 도표를 작성하고, 이 도표의 성능을 그림 12.12의 경우와 비교하라.

**12.3** 표 12.1의 데이터를 고려하자. $\lambda = 0.4$와 $L = 10$을 사용하여 경계선 수정 도표를 작성하고, 이 도표의 성능을 그림 12.12의 경우와 비교하라.

**12.4** 표 12E.1의 관측값을 고려하자. 이 공정의 목표값은 200이다.

(a) 이 공정에 대한 적분 제어를 설계하라. 이때 조정가능 변수에 대한 취득은 $g = 1.2$이고, EWMA 예측 절차에서 $\lambda = 0.2$가 한 시점 이후의 적절한 예측값을 제공한다고 가정한다.

(b) 적분 제어를 사용함으로 목표값 주변 변동을 어느 정도 감소시킬 수 있는가?

(c) $\lambda = 0.4$를 사용하여 문제 (a)와 (b)를 다시 수행하고, 변동의 감소에 대해 $\lambda = 0.2$인 경우와 비교하라.

표 12E.1 연습문제 12.4의 데이터

| Observation, $t$ | $y_t$ | Observation, $t$ | $y_t$ |
|---|---|---|---|
| 1 | 215.8 | 26 | 171.9 |
| 2 | 195.8 | 27 | 170.4 |
| 3 | 191.3 | 28 | 169.4 |
| 4 | 185.3 | 29 | 170.9 |
| 5 | 216.0 | 30 | 157.2 |
| 6 | 176.9 | 31 | 172.4 |
| 7 | 176.0 | 32 | 160.7 |
| 8 | 162.6 | 33 | 145.6 |
| 9 | 187.5 | 34 | 159.9 |
| 10 | 180.5 | 35 | 148.6 |
| 11 | 174.5 | 36 | 151.1 |
| 12 | 151.6 | 37 | 162.1 |
| 13 | 174.3 | 38 | 160.0 |
| 14 | 166.5 | 39 | 132.9 |
| 15 | 157.3 | 40 | 152.8 |
| 16 | 166.6 | 41 | 143.7 |
| 17 | 160.6 | 42 | 152.3 |
| 18 | 155.6 | 43 | 111.3 |
| 19 | 152.5 | 44 | 143.6 |
| 20 | 164.9 | 45 | 129.9 |
| 21 | 159.0 | 46 | 122.9 |
| 22 | 174.2 | 47 | 126.2 |
| 23 | 143.6 | 48 | 133.2 |
| 24 | 163.1 | 49 | 145.0 |
| 25 | 189.7 | 50 | 129.5 |

**12.5** 경계선 수정 도표를 작성하기 위해 연습문제 12.4의 데이터를 이용하자. 이때 $\lambda = 0.2$와 $L = 12$를 사용한다. 연습문제 12.4의 적분 제어 수정 절차와 비교하여, 경계선 수정 도표의 성능을 논의하라.

**12.6** $\lambda = 0.4$와 $L = 15$를 사용하여 연습문제 12.5를 다시 수행하고, 결과에 어떤 차이가 있는지 논의하라.

**12.7** 일부 통계적 품질관리 전문가가 통계적 공정관리(statistical process control)를 통계적 공정 모니터링(statistical process monitoring)으로 언급하는 것을 선호하는지 그 이유를 설명하라.

# 5부

# 실험계획을 이용한 공정설계와 향상

품질과 생산성 향상은 제조현장에서 하나의 구성 요소가 될 때 가장 효과적이다. 특히, 개발 주기(새 제품이 설계되고, 기존의 제품설계가 개선되고, 제조공정이 최적화되는)의 초기 단계에서 공식적인 실험계획의 소개는 전반적 제품성공에 핵심적인 역할을 한다. 이 원칙은 많은 다른 산업(전자공학, 반도체, 항공학, 자동차, 의료기기, 식품과 약학, 화학과 공정 산업 등)에서 구축되었다. DMAIC 공정에 있어 실험계획은 주로 개선 단계에서 핵심적 역할을 한다. 통계적 실험계획은 6시그마의 가장 중요한 도구로 인식되고 6시그마 설계(DFSS)의 핵심 부분이다. 견고한 통계적 실험계획법의 사용은 제품을 제조하기 쉽게 하고, 높은 신뢰성이 있게 하고, 현장 수행능력을 강화하게 한다. 실험계획은 공정 개발과 향상 활동도 크게 높일 수 있게 한다. 실험계획과 그 사용법은 이 부의 주된 초점이다. 13장에서는 요인설계와 부분요인설계법이 두 수준 설계에서 특히 강조되어 소개된다-즉, $2^k$ 요인설계와 그 부분 실시법. 이 설계방법은 가장 중요한 변수를 결정하는 과정에서 변수를 걸러내는 데 특히 유용하다. 14장은 공정과 시스템 최적화에 유용한 방법인 반응표면 분석법을 소개한다. 이 장에서는 공정 로버스트 연구(통상적 공정운영에서 조정하기 힘든 변수에 의해 출력값에 전달되는 효과를 최소화함으로써 공정이나 제품 수행능력의 변동을 감소시키려는 노력)도 함께 소개한다. 마지막으로, 실험계획에 기초한 공정탐지 방법인 진화적공정에 대한 소개도 한다.

5부에서는 실험계획으로부터 얻어지는 데이터를 분석하는 기본방법으로 분산분석을 사용한다. 이 부에서 설명되는 모든 내용은 온전한 실험계획 과목을 대체하지는 못한다. 공정향상에서 실험계획을 적용하기를 원하는 사람들은 추가적인 지식이 필요하지만,여기서는 이 효과적인 도구의 많은 응용 중에서 일부를 설명하고 있다. 많은 산업에서 통계적 실험계획의 효과적인 사용은 높은 수율, 감소된 변동, 단축된 개발 기간, 향상된 제품과 만족하는 고객을 유발하는 핵심 역할을 하게 된다.

# 13장

# 공정설계와 향상을 위한 요인 및 부분요인실험

## 요약 및 학습 목표

공정설계와 향상에 대한 대부분의 실험은 여러 가지 변수를 포함하고 있다. 요인실험계획법과 그 유사방법들은 이러한 경우에 사용된다. 이 장에서는 요인설계와 공정과 품질 향상에 대한 응용을 소개하고 있다. 실험계획은 DMAIC 과정에서 널리 사용되고 특히 개선 단계에서 매우 중요하다. 또한 실험계획은 6시그마의 설계(DFSS)에 선도적 역할을 하고 있다. 우리는 모든 요인들이 두 수준을 가지는 실험계획에 집중하고 이 설계의 부분실시법이 산업체의 실험에서 얼마나 효율적으로 사용되는가를 보이고자 한다. 중요한 주제는 요인 실험계획의 분석과 결과의 해석에서 그래프적인 방법의 사용이다. 교호작용 그래프와 반응표면플롯은 결과의 해석에 매우 유용함을 보여 준다.

이 장을 학습하고 나면, 다음 내용들을 수행할 수 있어야 한다.

1. 실험계획이 어떻게 제품 설계를 개선하고 공정수행능력을 향상시키는가를 설명한다.
2. 실험계획이 어떻게 새로운 제품과 공정을 개발하는 데 소요되는 주기 시간을 감소시킬 수 있는가를 설명한다.
3. 요인의 주효과와 교호작용효과가 어떻게 추정되는가를 이해한다.
4. 요인설계의 개념을 이해한다.
5. 분산분석이 요인설계에서 데이터를 분석하는 데 어떻게 사용되는가를 이해한다.
6. 잔차들이 요인설계에서 모형적합성을 검토하는 데 어떻게 사용되는가를 이해한다.
7. $2^k$ 요인설계에서 계획을 어떻게 사용하는가를 이해한다.
8. 등고선플롯과 반응표면플롯을 어떻게 작성하고 해석하는가를 이해한다.
9. $2^k$ 요인설계에서 곡면형태를 검정하기 위해 어떻게 중심점을 추가하고 순수실험오차를 추정하는가를 이해한다.
10. 요인설계에서 장애요인(nuisance factor)의 효과를 제거하는 데 블록 원칙이 어떻게 사용되는가를 이해한다.
11. $2^{k-p}$ 부분요인설계에서 계획을 어떻게 사용하는가를 이해한다.

## 13.1 실험계획은 무엇인가?

1장에서 언급한 바와 같이, 실험계획은 어떤 공정의 입력변수들에 의도적인 변화를 주어 출력 반응에 어떤 변화가 발생하는지 관측하고 식별할 수 있도록 시행하는 검사나 연속된 검사를 의미한다. 그림 13.1에 나타난 공정에서는 입력재료를 출력제품으로 변환시키는 기계, 방법, 사람의 조합으로 시각화되어 있다. 이 출력제품은 한 개 이상의 관측 품질특성치 또는 반응값을 가지고 있다. 공정변수 중 일부 $x_1, x_2, \cdots, x_p$는 **조정가능변수**(controllable variable)이고, 나머지 $z_1, z_2, \cdots, z_q$는 **조정불능변수**(uncontrollable variable)이다(단, 검사의 목적으로는 조정될 수 있다). 이 조정불능변수를 종종 **잡음요인**(noise factor)이라고 한다. 실험의 목적은 다음의 내용을 포함한다.

1. 반응변수 $y$에 가장 영향력이 있는 변수를 결정한다.
2. 반응값 $y$를 명목값(nominal requirement)에 가깝게 하는 영향력 있는 $x$의 값을 설정한다.
3. 반응값 $y$의 분산을 작게 하는 영향력 있는 $x$의 값을 설정한다.
4. 조정불능변수 $z$의 영향력이 최소화되는 영향력 있는 $x$의 값을 설정한다.

따라서 실험계획법은 공정수행 또는 외부변동요인에 **강건**(robust)하거나 **둔감**(insensitive)한 공정을 만들기 위한 공정 개발이나 공정 문제해결에 사용될 수 있다.

공정향상과 최적화에 매우 강력한 두 가지 도구인 통계적 공정관리법과 실험계획은 서로 밀접하게 연관되어 있다. 예를 들어, 공정이 관리상태에 있으나 빈약한 능력을 가지고 있으면 변동을 줄이기 위해서는 공정능력을 향상시켜야 한다. 실험계획은 통계적 공정관리보다 이 부분에서 더 효율적인 방법을 제공한다. 근본적으로 통계적 공정관리는 수동적인 통계적 방법이다. 여기에서는 공정을 관찰하고 유용한 변화를 유도하는 정보를 기다린다. 그러나 공정이 관리상태에 있으면 **수동적** 관찰은 유용한 정보를 생산하지 못한다. 반면에, 실험계획은 적극적인 통계적 방법이다. 여기서는 공정이나 시스템에 입력요인에 변화를 주어 출력요인에 대한 변화를 관찰하는 연속적인 검사를 수행하고 공정향상을 유도하는 정보를 생산한다.

실험계획은 또한 통계적 공정관리를 수립하는 데 매우 유용하다. 예를 들어 관리도가 공정이 이상상태에 있고, 공정에는 많은 조정가능 입력변수가 있다고 하자. 어느 입력변수가 중요한 변수이지 모른다면 공정을 관리상태로 돌리는 것은 매우 힘들다. 실험계획은

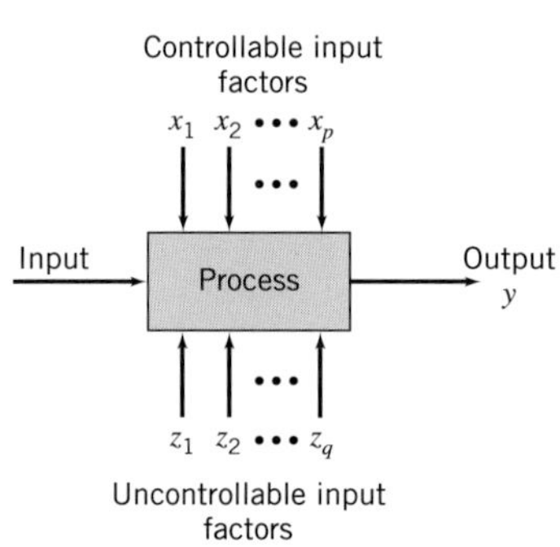


그림 13.1
공정의 일반적 모형

이러한 영향력 있는 공정변수를 식별하는 데 사용될 수 있다.

실험계획은 제조공정을 향상시키는 데 아주 중요한 공학적 도구이다. 이것은 또한 새 공정의 개발에도 광범위하게 사용된다. 공정개발의 초기에 이러한 기술을 사용하면 아래와 같은 결과를 얻을 수 있다.

1. 향상된 수율
2. 감소된 변동과 명목값에 근사한 일치성
3. 감소된 개발시간
4. 감소된 총비용

실험계획은 **신제품**이 개발되고 기존제품은 향상되어야 하는 **공학적 설계** 활동에 주된 역할을 할 수 있다. 실험계획은 6시그마(DFSS) 활동을 위한 설계에 널리 이용된다. 공학적 설계에서 통계적 실험계획은 다음 활동에 적용될 수 있다.

1. 기본 설계 형태의 평가와 비교
2. 대체 재료의 평가
3. 수행능력에 영향을 줄 수 있는 주된 설계모수의 결정

이러한 분야에서 실험계획을 사용하면 향상된 제조능력, 향상된 현장에서의 성과와 신뢰도, 낮은 제조비용, 단축된 제품 개발 시간 등을 유발할 수 있다.

최근에 들어서 실험계획은 전자상거래를 포함한 거래(transaction)와 서비스 사업에서 광범위하게 응용되어 왔다. 응용 분야로는 웹페이지(web page) 설계, 소비자 선호의 검정, 서비스 시스템의 설계와 개선 등이 포함된다. 때로는 서비스 시스템의 컴퓨터 모의실험 모형이 개발되고 이 개발된 모형에 의한 실험이 진행되기도 한다.

## 13.2 공정과 제품 향상에서 실험계획의 예

이 절에서는 공정과 제품 향상에 실험계획을 사용하는 몇 가지 예를 설명한다. 그 다음 절에서는 데이터를 분석하는 데 사용되는 통계적 방법을 설명하고 이와 같은 실험에서 결론 내리는 방법을 보여 준다.

### 예 13.1 공정의 특성화

엔지니어가 인쇄회로기판에 전자부품을 납땜하는 공정에 통계적 공정관리 기법(SPC)을 적용하였다. $u$ 관리도와 파레토 분석을 통해 납땜 공정의 흐름에 대한 통계적 관리체계를 수립하고 납땜 조인트의 불량개수를 기판당 1% 정도로 감소시켰다. 그러나 일반적인 기판에는 2,000개의 조인트가 있으므로 1% 정도의 불량이라고 해도 재작업하기에는 너무 많은 불량이 발생한다. 엔지니어는 불량수준을 더 감소시키고자 한다. 그러나 공정이 관리상태에 있으므로 어떤 기계적 조정이 필요한지 명확하지 않다.

납땜 공정에는 몇 가지 조정될 수 있는 변수가 있다.

1. 납땜 온도
2. 예열 온도
3. 컨베이어 속도
4. 유동(flux) 형태
5. 유동 비중
6. 납땜 깊이
7. 컨베이어 각도

이와 같은 조정가능변수 이외에도 통상제조과정에서는 쉽게 조정될 수 없는 몇 가지 변수가 있다. 이 변수들은 검사를 목적으로 조정될 수 있다.

1. 인쇄회로기판의 두께
2. 기판에 사용되는 부품의 형태
3. 기판에서 부품의 배치
4. 작업자
5. 생산속도

이러한 상황에서 엔지니어는 납땜 기계를 특성화하고자 한다. 즉, 조정가능요인과 조정불능요인 중 어느 것이든지 인쇄회로기판의 결점 발생에 영향을 주는 요인을 결정하기를 원한다. 이 작업을 수행하기 위해 요인효과의 크기와 방향을 추정할 수 있도록 실험을 계획하게 된다. 즉, 각 요인이 변할 때 반응변수(단위당 결점)는 얼마나 변하는가, 여러 요인들을 동시에 변화시킬 때 개별 요인을 조절할 때와는 다른 결과를 발생시키는가 등에 대해서 실험을 하게 된다. 이 실험에 필요한 것은 요인실험(factorial experiment)이다. 때로 이런 종류의 실험을 **선별실험**(screening experiment)라고 한다.
이러한 선별실험 또는 특성화 실험에서 얻은 정보는 주된 공정요인을 식별하고 요인들에 대한 조정의 방향을 결정하여 단위당 결점수를 더 줄일 수 있도록 한다. 이 실험은 통상 제조과정에서 어떤 요인이 더 세심하게 관리되어야 하는지에 대한 정보를 알려주어 높은 결점 수준과 잘못된 공정수행을 예방할 수 있게 한다. 따라서 이 실험에서 얻은 한 가지 결과는, 공정출력에 대한 $u$관리도에 추가하여 한 개 이상의 공정변수(납땜 온도 등)에 대한 관리도를 적용할 필요가 있다는 점이다. 시간이 흘러 공정이 충분히 향상되었다면, 대부분의 공정관리계획에서 공정출력값에 관리도를 적용하는 대신 공정입력변수를 관리하는 것이 가능하게 된다.

## 예 13.2 공정 최적화

실험을 특성화함에 있어서는 어떤 공정변수가 반응값에 영향을 주는지 결정하는 데 주로 관심이 있다. 당연하게도 이 다음 단계는 **최적화**하는 것이다. 즉 최상의 반응값을 발생시킬 수 있는 주요인의 범위를 결정하는 것이다. 예를 들어 반응값이 수율이면 최대수율의 범위를 조사하게 되고, 반응값이 핵심 제품치수의 변동이면 최소분산의 범위를 조사하게 된다.

어떤 화학공정에서 수율을 개선시키는 것에 관심이 있다고 가정하자. 과거의 특성화 실험으로부터 수율에 영향을 주는 가장 중요한 두 가지 공정변수는 온도와 반응시간으로 알려져 있다. 현재의 공정에서는 온도가 화씨 155도, 반응시간은 1.7시간이다. 그림 13.2에는 시간과 온도의 값에 따른 수율이 나타나 있다. 이 그림에서 동일한 수율을 나타내는 선은 **반응 등고선**이며, 등고선은 60%, 70%, 80%, 90%, 95% 수율을 보여 준다.

최적의 값을 판단하기 위해서는 시간과 온도가 동시에 변하는 시험을 실행해야 한다. 이런 형태의 실험을 **요인실험**(factorial experiment)이라고 한다. 시간과 온도가 각각 두 수준에서 실시된 요인실험의 예는 그림 13.2에 나타나 있다. 정사각형의 네 모서리에서 관측된 반응값은, 수율을 증가시키기 위해서 온도는 증가하고 시간은 감소하는 방향으로 이동해야 한다는 것을 의미한다. 몇 개의 추가적인 실험이 이 방향으로 시행되면 최대수율의 범위로 충분히 이동할 수 있다. 일단 최대수율의 범위에 들어가면 최적의 공정 조건에 대한 정밀한 값을 추정하기 위해 더 정교한 실험이 수행되어야 한다. 이런 형태의 실험을 반응표면실험(response surface experiment)이라고 한다.

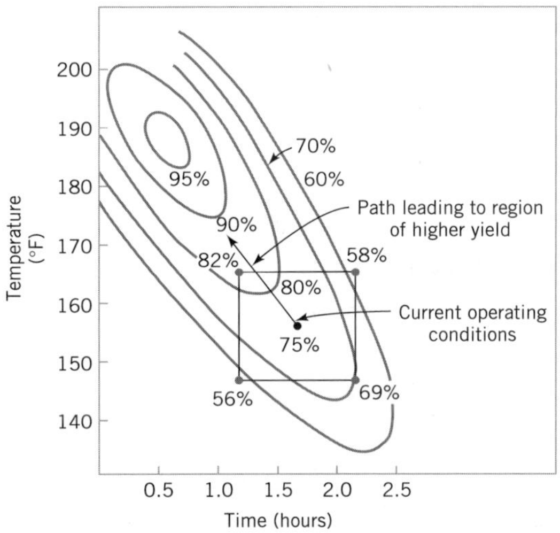


**그림 13.2** 최적실험을 설명하는 반응시간과 반응온도에 따른 수율의 등고선플롯

### 예 13.3 제품설계의 예

실험계획은 제품설계공정에 자주 이용된다. 엔지니어 그룹이 자동차 문의 경첩(hinge)을 설계하는 예를 들어보자. 관심이 있는 품질특성치는 저지력(check effort), 즉 자동차가 언덕에 주차되어 있을 때 문이 밀려서 닫히는 것을 방지하는 걸쇠(latch)의 버팀력(holding ability)이다. 저지장치는 스프링과 롤러로 구성되어 있다. 문이 열릴 때 롤러는 호형(arc)으로 이동하여 스프링을 압박한다. 문을 닫기 위해서는 스프링이 강제로 풀려야 하는데 이때 저지력이 발생하게 된다. 엔지니어들은 저지력이 다음 요인들의 함수라고 생각한다.

1. 롤러의 이동 거리
2. 스프링 길이
3. 피봇(pivot)에서 스프링까지의 수평거리
4. 보강(reinforcement) 스프링의 길이
5. 주 스프링의 길이

엔지니어들은 이 모든 요인들이 일정범위까지 변할 수 있는 경첩 구조의 시제품을 만들었다. 이 다섯 가지 요인의 적절한 수준이 식별되면 요인수준의 다양한 조합에 대한 실험이 설계되고 시제품 경첩이 검사된다. 이 실험은 어느 요인이 걸쇠 저지력에 가장 영향력이 큰지에 대한 정보를 제공하게 되는데, 이 정보를 사용하여 설계를 향상시킬 수 있다.

### 예 13.4 시스템과 부품의 허용한계 설정

그림 13.3에 나타난 Wheatstone 브릿지(bridge)는 알려지지 않은 저항 $Y$를 측정하는 데 사용되는 도구이다. 조절 저항(adjustable resistance) $B$는 전류측정기(ammeter)를 통해 특정 전류가 확보될 때까지 조작되는데, 알려지지 않은 저항은 다음과 같이 계산된다.

$$Y = \frac{BD}{C} - \frac{X^2}{C^2E}[A(D+C)+D(B+C)][B(C+D)+F(B+C)] \tag{13.1}$$

엔지니어는 총체적인 게이지(gauge) 능력이 양호한 상태가 되도록 회로를 설계하려고 한다. 즉, 측정오차의 표준편차를 작게 하고자 한다. 엔지니어는 게이지 능력에 관한 한 설계모수는 $A = 20\ \Omega$, $C = 2\ \Omega$, $D = 50\ \Omega$, $E = 1.5\ \Omega$, $F = 2\ \Omega$로 선택하는 것이 최적이라고 판단하였지만, 여전히 총 측정오차가 너무 높게 나타나고 있다. 그 이유는 회로부품에 적용된 공차 때문일 가능성이 있다. 공차들은 각 저항 $A$, $B$, $C$, $D$, $F$에서 61%이고, 전원장치에서 65%이다. 이 공차한계들은 적절한 요인수준을 정의하는 데 사용된다. 또한 어느 회로부품이 가장 핵심부품인지, 적정 게이지 능력을 발휘하기 위해서는 공차한계가 얼마나 강화되어야 하는지를 결정하는 실험에 사용된다. 이 실험으로부터의 정보는 핵심 공차를 최소한으로 강화시키는 설계규격을 도출하여 원하는 측정능력에 일치하게 한다. 결과적으로 제조하기 쉬운 저비용 설계가 가능하게 된다.

이 실험에서는 실제로 제품을 제조할 필요는 없다. 왜냐하면 그림 13.1을 통해 회로의 반응값을 계산할 수 있기 때문이다. 이 실험의 실제 반응값은 $Y$의 표준편차가 된다. 그러나 회로로부터 $Y$에 전달되는 변동에 대한 공식은 8.8.2절의 방법을 사용하여 구할 수 있다. 따라서 전체 실험은 Wheatstone 브릿지의 컴퓨터 모형을 사용하여 수행될 수 있다.

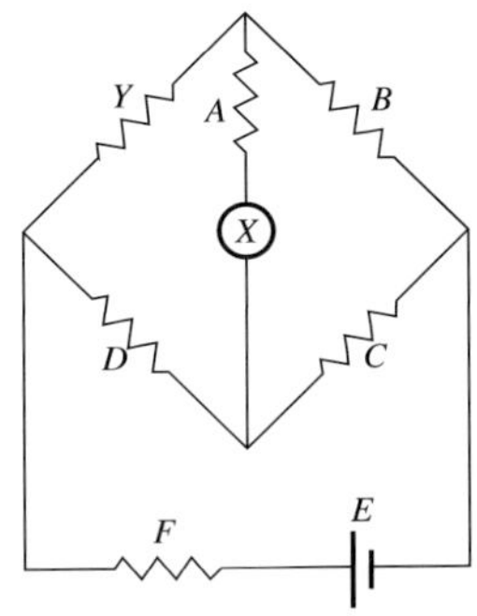


**그림 13.3** Wheatstone 브릿지

## 13.3 실험계획의 가이드라인

실험계획은 공정을 향상시키는 강력한 접근 방법이다. 이 방법을 사용하기 위해서는 실험에 연관된 모든 사람들이 사전에 실험의 목적, 연구 요인, 실험 방법, 데이터 분석에 대한 최소한의 이해와 명확한 개념을 가져야 한다. 이를 위해 추천되는 절차는 그림 13.4에 설명되어 있다. 이제 각 관점에 대해 간단히 설명한다.

1. **문제의 인식과 서술** 실제로 공식적인 실험계획을 요구하는 문제가 존재함을 인식하는 것은 종종 어려운 일이다. 따라서 분명하고도 일반적으로 받아들여지는 문제의 서술을 개발하는 것은 쉬운 일이 아니다. 그러나 문제와 실험의 특수한 목적에 대한 모든 개념을 개발하는 것은 절대적으로 필요하다. 통상적으로 모든 관련 당사자, 엔지니어링, 품질, 마케팅, 소비자, 관리자, 운영자(자주 무시되지만 깊은 통찰력을 가진)로부터 조언을 구하는 것이 중요하다. 분명한 문제의 서술과 실험의 목적은 문제에 대한 더 나은 이해와 궁극적 해결책에 실질적인 기여를 한다.

2. **요인과 수준의 선택** 실험자는 실험에서 달라지는 요인들과, 요인들이 달라지는 범위, 요인들이 취하는 특정한 수준들을 선택해야 한다. 이를 위해서는 공정에 대한 지식이 필요하다. 공정 지식은 일반적으로 실제 경험과 이론적 이해의 조합이다. 중요한 모든 요인들을 조사해야 하며, 특히 실험의 초기단계이거나 공정이 성숙하지 못한 경우에는 과거 경험에 의해 지나치게 영향을 받는 것을 피해야 한다. 공정의 목적이 요인 선별이나 공정 특성화이면 요인수준의 수를 적게 하는 것이 가장 좋다(두 수준이 가장 자주 사용된다). 그림 13.4를 보면 2, 3단계가 동시에 일어나거나, 일부 응용에서 3단계가 먼저 일어나기도 한다.

사전실험계획
1. 문제의 인식과 서술
2. 요인과 수준의 선택
3. 반응변수의 선택
(2, 3: 때로는 동시에 시행되거나 순서를 거꾸로 함.)
4. 실험계획의 선택
5. 실험의 실행
6. 데이터 분석
7. 결론과 추천

**그림 13.4**
실험계획의 절차

3. **반응변수의 선택** 반응변수를 선택하는 데 있어 실험자는 이 변수가 연구하는 공정에 유용한 정보를 제공하는지 확신을 가져야 한다. 대부분의 경우에 측정특성치의 평균 또는 표준편차(또는 둘 다)는 반응변수가 된다. 다중 반응값은 드물지 않다. 게이지 능력 또한 중요한 요인이다. 게이지 능력이 빈약하면 실험에서는 상대적으로 큰 요인효과만 탐지되어 추가적인 반복이 필요하게 된다.

4. **실험계획의 선택** 처음 3단계가 올바르게 진행되면 비교적 쉽게 이 단계를 수행할 수 있다. 실험의 설계는 표본크기(반복값의 수)를 고려하고 실험순서를 선택하고, 블록(block)이나 확률화 제약이 포함되는지를 판단해야 한다. 이 장과 14장에서는 실험계획의 중요한 형태에 대해 설명한다.

5. **실험의 실행** 실험을 하는 데 있어 모든 것이 계획대로 진행되는지 신중히 모니터링해야 한다. 이 단계에서 실험절차의 오류는 실험을 유효성을 파괴하곤 한다. 따라서 선행계획이 성공에 꼭 필요하다고 할 수 있다. 또한 복잡한 제조환경에서 실험계획을 수행하는 경우 조직적이고 계획적인 관점을 과소평가하기 쉽다.

6. **데이터 분석** 통계적 방법은 결과와 결론이 판단보다는 목적이 되도록 데이터를 분석하는 데 사용되어야 한다. 만일 실험이 올바르게 설계되고, 설계에 따라 진행되었다면 요구되는 통계적 방법의 형태가 정교하지 않아도 된다. 많은 통계 패키지가 데이터 분석에 사용될 수 있고, 단순한 도형적 방법들이 데이터를 해석하는 데 중요한 역할을 한다. 잔차분석과 모형의 유효성 검토 또한 중요하다.

7. **결론과 추천** 데이터가 분석되고 나면 실험 결과에 대해 실질적 결론을 도출해야 하고 행동 과정을 추천해야 한다. 도형적 방법은 이 단계에서 다른 사람들에게 결과를 설명하는 데 유용하다. 실험의 결과를 유효화하기 위해 추가 실험과 확인 검사가 시행되어야 한다.

단계 1에서 3은 종종 **사전실험계획**(pre-experimental planning)이라고 한다. 실험이 성공적이기 위해서는 이 단계들이 가능한 한 제대로 적용되어야 한다.

이러한 과정을 통해서 실험은 공정을 배우는 데 있어 중요한 부분이라는 것을 명심할 필요가 있다. 여기에서 우리는 시스템에 대한 잠재적인 가설을 설정하고, 이 가설을 규명하기 위해 실험을 수행하고, 결과를 토대로 새로운 가설을 수립하는 등을 하게 된다. 이것은 실험이 **반복적**(iterative)이라는 것을 뜻한다. 어떤 연구의 시작 단계에서부터 거대하고 복합적인 실험을 설계하는 것은 주된 실수이다. 성공적인 실험은 주요 요인들, 요인의 가능 범위, 사용 수준의 적정 수, 이 변수들의 적절한 측정 단위에 대한 지식을 요구한다. 일반적으로 이 질문에 대한 완전한 답을 알지 못하지만, 실험이 진행되면서 배우게 된다. 실험의 프로그램이 진행되면서 어떤 변수는 버리고 어떤 변수는 추가하여 요인의 가능 범위를 변경시키고 새로운 반응변수를 추가하게 된다. 궁극적으로 실험은 **축차적**(sequentially)으로 실행되며 일반적으로 첫 실험에서 가용 자원의 25% 이상은 사용하지 않는 것이 원칙이다. 이것은 실험의 최종 목적을 달성하는 데 충분한 자원을 사용할 수 있게 한다.

## 13.4 요인실험

실험에서 관심이 있는 요인이 여러 개 있을 때 **요인실험**(factorial experiment)이 사용된다. 이 설계에서는 요인들이 동시에 변화한다. 특히, 요인실험이라는 것은 실험의 개개의 반복값에서 요인의 모든 가능한 수준 조합이 연구되는 것을 말한다. 만일 두 요인 $A$와 $B$에 각각 $a$와 $b$인 수준수가 있다면, 개개의 반복값은 $ab$개의 모든 가능한 수준조합을 의미한다.

요인의 효과는 요인수준의 변화 때문에 발생하는 반응값의 변화로 정의된다. 이것은 주효과(main effect)라고 하는데 연구에서 주된 효과를 의미하기 때문이다. 그림 13.5에 있는 데이터를 생각해 보자. 요인설계에서 두 요인 모두 두 수준이 '−'와 '+'로 표현된다. 이러한 두 수준을 '하'와 '상'이라고 한다. 요인 $A$의 주효과는 $A$의 '상' 수준에서의 평균반응값과 '하' 수준에서의 평균반응값의 차이다. 즉,

$$A = \bar{y}_{A^+} - \bar{y}_{A^-} = \frac{30+40}{2} - \frac{10+20}{2} = 20$$

요인 $A$의 수준을 '하'에서 '상'으로 바꾸면 평균반응값이 20단위가 증가한다. 유사하게 요인 $B$의 주효과는

$$B = \bar{y}_{B^+} - \bar{y}_{B^-} = \frac{20+40}{2} - \frac{10+30}{2} = 10$$

어떤 실험에서는 한 요인의 수준 간의 반응값의 차는 다른 요인의 모든 수준에서 동일하지 않다. 이런 현상은 요인 간의 **교호작용**(interaction)이다. 예를 들어 그림 13.6의 데이터를 사용해서 요인 $B$의 '하' 수준에서 요인 $A$의 효과는

$$A = 30 - 10 = 20$$

그리고 요인 $B$의 '상' 수준에서 $A$의 효과는

$$A = 0 - 20 = -20$$

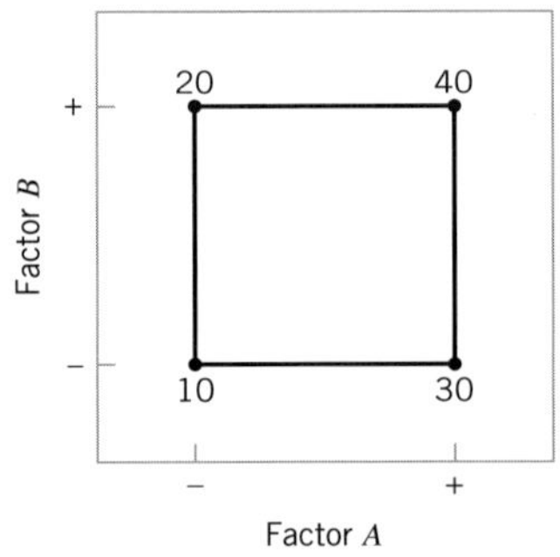


**그림 13.5** 두 요인 요인실험

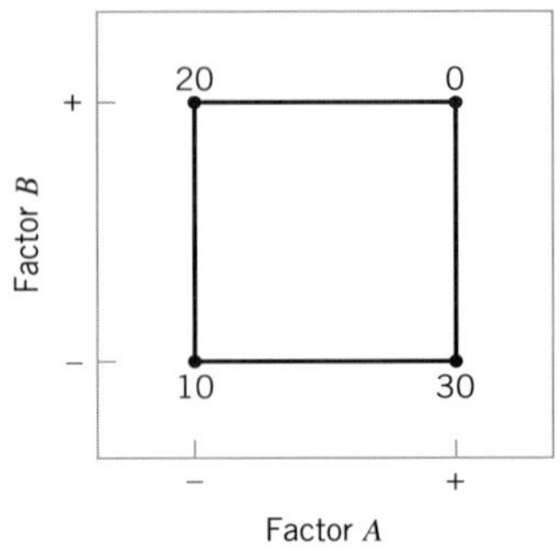


**그림 13.6** 교호작용 요인실험

요인 $A$의 효과가 요인 $B$의 선택된 수준에 따라 다르므로 요인 $A$와 $B$ 간에 교호작용이 있다.

만일 교호작용이 크면 해당 주효과는 의미가 별로 없게 된다. 예를 들어 그림 13.6의 데이터를 사용해서 요인 $A$의 주효과는

$$A = \frac{30+0}{2} - \frac{10+20}{2} = 0$$

이 되고 요인 $A$의 주효과는 없다고 판단하게 된다. 그러나 요인 $A$의 효과를 요인 $B$의 다른 수준에서 검토하면 그렇지 않다는 것을 알게 된다. 요인 $A$의 효과는 요인 $B$의 수준에 영향을 받게 된다. 따라서 교호작용 $AB$를 인식하는 것은 주효과를 인식하는 것보다 더 유용하다. 유의한 교호작용은 주효과의 유의성을 가리게 된다(mask).

교호작용의 개념은 도형으로 설명된다. 그림 13.7에서는 그림 13.5의 데이터를 사용하여 요인 $B$의 두 수준 값을 요인 $A$의 수준에 대비하여 점으로 표현하고 있다. 이 그림에서 두 선 $B^-$와 $B^+$는 거의 평행인 것을 알 수 있는데, 이는 요인 $A$와 $B$가 상호작용하지 않는다는 것을 의미한다. 그림 13.8은 그림 13.6에 있는 데이터를 플롯한 것이다. 그림 13.8에서 두 선 $B^-$와 $B^+$가 평행하지 않으므로 요인 $A$와 $B$의 교호작용이 존재한다는 것을 의미한다. 이런 도형적 표현은 실험의 결과를 표현하는 데 있어 종종 유용하다.

실제 현장에서는 사용되는 요인실험의 다른 대안은 (불행하게도) 요인들을 동시에 변화시키지 않고 한 번에 한 요인만을 변화시키는 것이다. 한 번에 한 요인(one-factor-at-a-time) 절차를 설명하기 위해 예 13.2에서 설명한 최적실험을 생각해 보자. 엔지니어는 수율을 최대화하는 온도와 시간의 최적값을 찾고자 한다. 온도를 155°F(현재의 작업온도)에

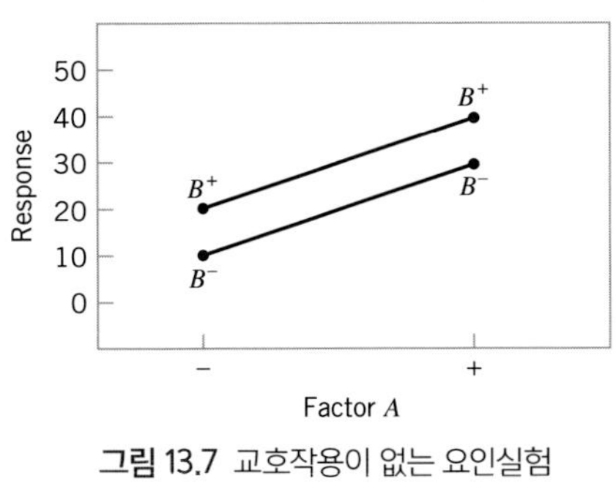


**그림 13.7** 교호작용이 없는 요인실험

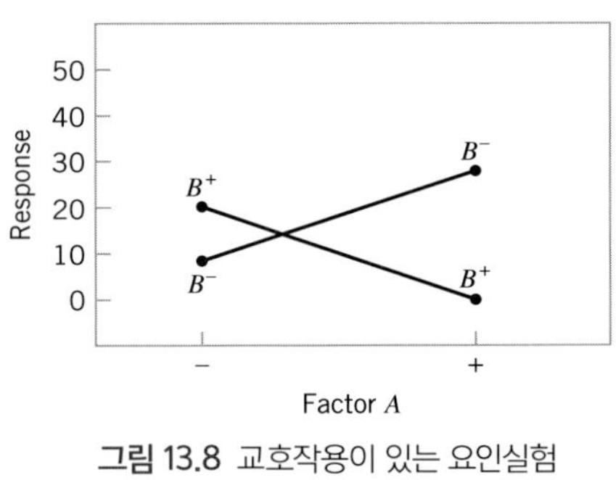


**그림 13.8** 교호작용이 있는 요인실험

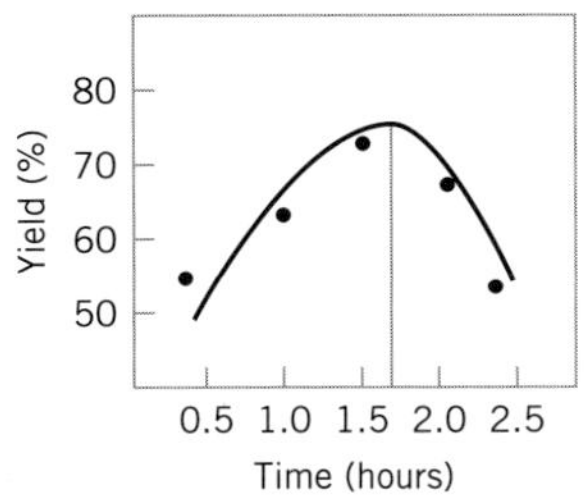


그림 13.9 온도가 155°F일 때 반응시간과 수율

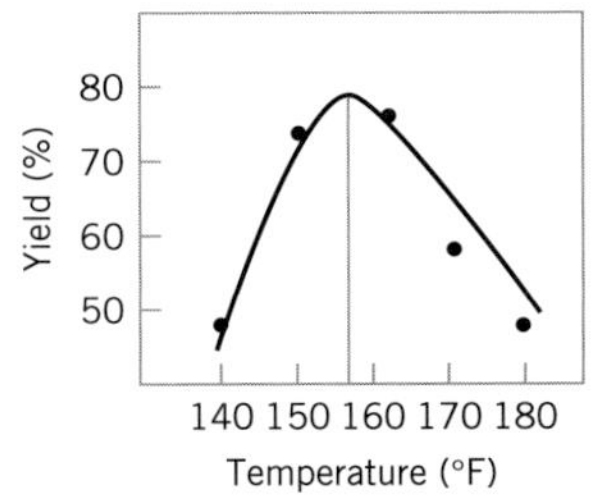


그림 13.10 반응시간이 1.7 h일 때 온도와 수율

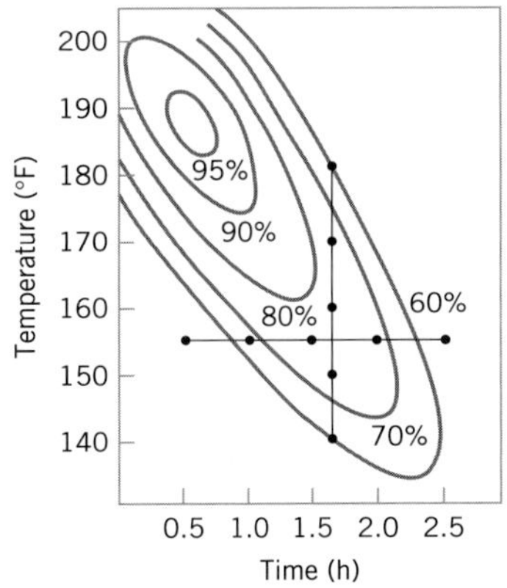


그림 13.11 반한 번에 한 요인 방법을 사용한 최적실험

고정시키고 시간을 서로 다른 5가지 수준(0.5 h, 1.0 h, 1.5 h, 2.0 h, 2.5 h)에서 실험을 한다면, 이 실험 결과는 그림 13.9에 표시되어 있다. 이 그림에서 최대 수율은 반응시간이 1.7 h일 때 얻어지는 것으로 나타난다. 이제 온도를 최적화하기 위해 시간을 1.7 h에 고정시키고 온도를 서로 다른 5가지 수준(140°F, 150°F, 160°F, 170°F, 180°F)에서 실험을 한다면, 그 결과는 그림 13.10에 나타나 있다. 이 그림에서 최대 수율은 온도 155°F에서 얻어진다. 따라서 155°F와 1.7 h가 공정의 최적 수준이 되고 그때의 수율은 약 75%가 된다고 판단하게 된다.

그림 13.11은 온도와 시간의 함수로서 수율의 등고선을 표현하였고 한 번에 한 요인실험의 결과를 등고선상에 표시하였다. 최적의 참값이 훨씬 더 적은 시간(0.5 h)과 더 높은 온도(188°F)에서 발생하고 수율이 20점이나 더 크게 나타나므로, 한 번에 한 요인실험이 크게 실패하였음을 알 수 있다. 더 짧은 반응시간을 발견하지 못한 실패는 생산량, 제조계획, 제조비용, 총생산성에 심각한 영향을 주기 때문에 특별히 중요하다.

한 번에 한 요인실험은 온도와 시간 간의 교호작용을 발견하지 못했기 때문에 실패하였다. 요인실험만이 교호작용을 발견할 수 있는 유일한 방법이다. 뿐만 아니라, 한 번에 한 요인 방법은 올바른 결과를 생산한다는 보장이 없고 요인실험보다 더 많은 실험이 필요하기 때문에 비효율적이다. 최적의 범위를 지정할 수 있는 정보를 보여 주는 그림 13.2의 실험은 요인실험의 단순한 한 가지 예이다.

### 13.4.1 예

항공기의 초벌 페인트(primer paint)는 담그기(dipping)와 분무(spraying) 두 가지 방법에 의해 알루미늄 표면에 칠해진다. 초벌 페인트의 목적은 페인트 접착력을 개선하는 것이다. 어떤 부분에 두 방법 중 하나를 사용하여 초벌 페인트를 한다. DMAIC 방법을 사용한 연구팀은 세 가지 초벌재료로 두 가지 방법을 사용하여 페인트칠을 할 수 있다고 확인하였다. 세 가지 시료에 6가지 초벌재료와 적용 방법의 조합을 통해 페인트칠이 된 다음 마무리 페인트가 칠해지고 접착력이 측정되었다. 이 실험에서는 18개의 페인트칠이 랜덤한 순서로 반복되었다. 그 결과는 표 13.1에 있다. 각 칸에서 동그라미 숫자는 칸의 합계를 나타낸다. 이 실험의 목적은 초벌 페인트와 적용 방법의 어떤 조합이 가장 큰 접착력을 생성하는가를 찾는 것이다. 적어도 한 초벌 페인트 종류가 적용 방법과 관계없이 큰 접착력을 가지는 것으로 나타나는 것이 바람직하며, 이것은 제조공정에 어느 정도의 융통성을 제공하게 된다.

### 13.4.2 통계적 분석

4장에서 설명한 분산분석은 2요인 요인분석에 적용된다. 이 두 가지 요인을 $A$와 $B$라고 하고 수준의 수를 각각 $a$와 $b$라고 하자. 만일 실험이 $n$번 반복되면 데이터의 구조는 표 13.2와 같이 표시된다. 일반적으로 $ij$번째 칸의 $k$번째 관측값은 $y_{ijk}$로 표현한다. 데이터를 수집하는 데 있어 $abn$개의 관측값은 랜덤한 순서로 얻어진다. 따라서 4장에서 배운 단일 요인실험처럼 2요인 요인설계는 **완전확률화설계**이다. 두 요인 모두 고정효과(fixed effect)이다.

2요인 요인실험에서 관측값은 아래 모형으로 표현된다.

$$y_{ijk} = \mu + \tau_i + \beta_j + (\tau\beta)_{ij} + \varepsilon_{ijk} \quad \begin{cases} i = 1, 2, \ldots, a \\ j = 1, 2, \ldots, b \\ k = 1, 2, \ldots, n \end{cases} \tag{13.2}$$

단, $\mu$는 총평균효과, $\tau_i$는 요인 $A$의 $i$번째 효과, $\beta_j$는 요인 $B$의 $j$번째 효과, $(\tau\beta)_{ij}$는 요인 $A$와 $B$의 교호작용효과, $\varepsilon_{ijk}$는 NID$(0, \sigma^2)$ 확률오차항이다. 여기서 세 가지 가설(요인 $A$의 효과

표 13.1
접착력 데이터

| Primer Type | Application Method: Dipping | | Application Method: Spraying | | $y_{i..}$ |
|---|---|---|---|---|---|
| 1 | 4.0, 4.5, 4.3 | (12.8) | 5.4, 4.9, 5.6 | (15.9) | 28.7 |
| 2 | 5.6, 4.9, 5.4 | (15.9) | 5.8, 6.1, 6.3 | (18.2) | 34.1 |
| 3 | 3.8, 3.7, 4.0 | (11.5) | 5.5, 5.0, 5.0 | (15.5) | 27.0 |
| $y_{.j.}$ | 40.2 | | 49.6 | | $89.8 = y_{...}$ |

표 13.2
2요인 요인설계의 데이터

| | | Factor $B$: 1 | 2 | ⋯ | $b$ |
|---|---|---|---|---|---|
| | 1 | $y_{111}, y_{112}, \ldots, y_{11n}$ | $y_{121}, y_{122}, \ldots, y_{12n}$ | ⋯ | $y_{1b1}, y_{1b2}, \ldots, y_{1bn}$ |
| Factor $A$ | 2 | $y_{211}, y_{212}, \ldots, y_{21n}$ | $y_{221}, y_{222}, \ldots, y_{22n}$ | ⋯ | $y_{2b1}, y_{2b2}, \ldots, y_{2bn}$ |
| | ⋮ | ⋮ | ⋮ | ⋮ | ⋮ |
| | $a$ | $y_{a11}, y_{a12}, \ldots, y_{a1n}$ | $y_{a21}, y_{a22}, \ldots, y_{a2n}$ | ⋯ | $y_{ab1}, y_{ab2}, \ldots, y_{abn}$ |

| Source of Variation | Sum of Squares | Degrees of Freedom | Mean Square | $F_0$ |
|---|---|---|---|---|
| $A$ | $SS_A$ | $a-1$ | $MS_A = \frac{SS_A}{a-1}$ | $F_0 = \frac{MS_A}{MS_E}$ |
| $B$ | $SS_B$ | $b-1$ | $MS_B = \frac{SS_B}{b-1}$ | $F_0 = \frac{MS_B}{MS_E}$ |
| Interaction | $SS_{AB}$ | $(a-1)(b-1)$ | $MS_{AB} = \frac{SS_{AB}}{(a-1)(b-1)}$ | $F_0 = \frac{MS_{AB}}{MS_E}$ |
| Error | $SS_E$ | $ab(n-1)$ | $MS_E = \frac{SS_E}{ab(n-1)}$ | |
| Total | $SS_T$ | $abn-1$ | | |

표 13.3
2요인 요인설계의 분산분석표, 고정효과모형

가 유의하지 않다, 요인 $B$의 효과가 유의하지 않다, 요인 $A$와 $B$의 교호작용효과가 유의하지 않다)을 검정하는 데 관심이 있게 된다.

이제 $y_{i..}$은 요인 $A$의 $i$번째 수준에 대한 총관측값을 나타내고, $y_{.j.}$은 요인 $B$의 $j$번째 수준에 대한 총관측값을 나타내고, $y_{ij.}$은 표 13.2의 $ij$번째 칸의 총관측값을 나타내고, 그리고 $y_{...}$은 총관측값을 나타낸다고 하자.

또한 $\bar{y}_{i..}, \bar{y}_{.j.}, \bar{y}_{ij.}, \bar{y}_{...}$는 해당되는 행, 열, 칸, 전체의 평균이라고 하자. 즉,

$$\begin{aligned}
y_{i..} &= \sum_{j=1}^{b}\sum_{k=1}^{n} y_{ijk} & \bar{y}_{i..} &= \frac{y_{i..}}{bn} & i &= 1,2,\ldots,a \\
y_{.j.} &= \sum_{i=1}^{a}\sum_{k=1}^{n} y_{ijk} & \bar{y}_{.j.} &= \frac{y_{.j.}}{an} & j &= 1,2,\ldots,b \\
y_{ij.} &= \sum_{k=1}^{n} y_{ijk} & \bar{y}_{ij.} &= \frac{y_{ij.}}{n} & i &= 1,2,\ldots,a \quad j = 1,2,\ldots,b \\
y_{...} &= \sum_{i=1}^{a}\sum_{j=1}^{b}\sum_{k=1}^{n} y_{ijk} & \bar{y}_{...} &= \frac{y_{...}}{abn}
\end{aligned} \tag{13.3}$$

분산분석은 총제곱합(total corrected sum of squares)

$$SS_T = \sum_{i=1}^{a}\sum_{j=1}^{b}\sum_{k=1}^{n}\left(y_{ijk} - \bar{y}_{...}\right)^2$$

을 다음과 같이 분해하는 것이다.

$$\begin{aligned}
\sum_{i=1}^{a}\sum_{j=1}^{b}\sum_{k=1}^{n}\left(y_{ijk} - \bar{y}_{...}\right)^2 &= bn\sum_{i=1}^{a}\left(\bar{y}_{i..} - \bar{y}_{...}\right)^2 + an\sum_{j=1}^{b}\left(\bar{y}_{.j.} - \bar{y}_{...}\right)^2 \\
&\quad + n\sum_{i=1}^{a}\sum_{j=1}^{b}\left(\bar{y}_{ij.} - \bar{y}_{i..} - \bar{y}_{.j.} + \bar{y}_{...}\right)^2 \\
&\quad + \sum_{i=1}^{a}\sum_{j=1}^{b}\sum_{k=1}^{n}\left(y_{ijk} - \bar{y}_{ij.}\right)^2
\end{aligned}$$

이것을 기호로 표시하면

$$SS_T = SS_A + SS_B + SS_{AB} + SS_E \tag{13.4}$$

이 되고, 이에 해당하는 자유도의 분해는

$$abn-1=(a-1)+(b-1)+(a-1)(b-1)+ab(n-1) \quad (13.5)$$

가 된다. 이러한 분해는 표 13.3과 같은 분산분석표에 일반적으로 요약되어 있다.

행 요인의 효과, 열 요인의 효과, 그리고 교호작용효과의 유무를 검정하기 위해 해당하는 평균제곱(mean square)을 평균제곱오차(mean square error)로 나눈다. 각각의 비는 요인효과가 없는 귀무가설이 사실일 때 $F$분포를 따르게 되는데, 이때 분자의 자유도는 분자평균제곱의 자유도와 같고, 분모의 자유도는 $ab(n-1)$이다. 계산된 $F$통계량이 적절한 수준의 $F$분포 분위수보다 크거나, 유의확률이 지정된 유의수준보다 작으면 해당 귀무가설을 기각한다.

제곱합에 대한 계산식은 다음과 같다.

$$SS_T=\sum_{i=1}^{a}\sum_{j=1}^{b}\sum_{k=1}^{n}y_{ijk}^2-\frac{y_{...}^2}{abn} \quad (13.6)$$

**주효과**

$$SS_A=\sum_{i=1}^{a}\frac{y_{i..}^2}{bn}-\frac{y_{...}^2}{abn} \quad (13.7)$$

$$SS_B=\sum_{j=1}^{b}\frac{y_{.j.}^2}{an}-\frac{y_{...}^2}{abn} \quad (13.8)$$

**교호작용**

$$SS_{AB}=\sum_{i=1}^{a}\sum_{j=1}^{b}\frac{y_{ij.}^2}{n}-\frac{y_{...}^2}{abn}-SS_A-SS_B \quad (13.9)$$

**오차**

$$SS_E=SS_T-SS_A-SS_B-SS_{AB} \quad (13.10)$$

**예 13.5 항공기 초벌 페인트 문제**

13.4.1절에서 언급한 항공기 초벌 페인트 실험을 분석하기 위하여 위에서 설명한 ANOVA를 사용해 보자.

**풀이**

필요한 제곱합은 다음과 같이 계산된다.

$$SS_T=\sum_{i=1}^{a}\sum_{j=1}^{b}\sum_{k=1}^{n}y_{ijk}^2-\frac{y_{...}^2}{abn}$$
$$=(4.0)^2+(4.5)^2+\cdots+(5.0)^2-\frac{(89.8)^2}{18}=10.72$$

$$SS_{\text{primers}}=\sum_{i=1}^{a}\frac{y_{i..}^2}{bn}-\frac{y_{...}^2}{abn}$$
$$=\frac{(28.7)^2+(34.1)^2+(27.0)^2}{6}-\frac{(89.8)^2}{18}=4.58$$

$$SS_{\text{methods}}=\sum_{j=1}^{b}\frac{y_{.j.}^2}{an}-\frac{y_{...}^2}{abn}$$
$$=\frac{(40.2)^2+(49.6)^2}{9}-\frac{(89.8)^2}{18}=4.91$$

$$SS_{\text{interaction}} = \sum_{i=1}^{a}\sum_{j=1}^{b}\frac{y_{ij.}^2}{n} - \frac{y_{...}^2}{abn} - SS_{\text{primers}} - SS_{\text{methods}}$$

$$= \frac{(12.8)^2 + (15.9)^2 + (11.5)^2 + (15.9)^2 + (18.2)^2 + (15.5)^2}{3}$$

$$- \frac{(89.8)^2}{18} - 4.58 - 4.91 = 0.24$$

$$SS_E = SS_T - SS_{\text{primers}} - SS_{\text{methods}} - SS_{\text{interaction}}$$

$$= 10.72 - 4.58 - 4.91 - 0.24 = 0.99$$

ANOVA 결과는 표 13.4에 요약되어 있다. 주효과의 유의확률은 둘 다 모두 작아서 사용되는 초벌 페인트의 종류와 적용 방법이 접착력에 유의하게 영향을 미친다는 것을 나타낸다. 교호작용에 대한 유의확률은 비교적 커서 초벌 페인트와 적용 방법 사이에는 교호작용효과가 없다고 판단한다. 표 13.5는 미니탭을 사용한 분산분석 결과이다. 미니탭에서는 유의확률($P$)이 0.001보다 작으면 0.000으로 표시된다.

초벌 페인트의 수준에 따른 접착력의 평균 $\{\bar{y}_{ij.}\}$는 그림 13.12에 표시되어 있다. 이 교호작용 그림은 미니탭의 결과이다. 두 가지 선의 평행성을 보면 교호작용이 없음을 알 수 있다. 뿐만 아니라 큰 반응값은 큰 접착력을 나타내므로 분무(spraying)가 탁월한 방법이고 초벌 페인트는 2번째 형태가 가장 효과적이다. 따라서 최대 접착력을 생성하는 공정을 위해서 초벌 페인트 2와 분무 방법을 사용하게 된다.

### 표 13.4 예 13.5의 분산분석표

| Source of Variation | Sum of Squares | Degrees of Freedom | Mean Square | $F_0$ | $P$-value |
|---|---|---|---|---|---|
| Primer types | 4.58 | 2 | 2.290 | 27.93 | $1.93 \times 10^{-4}$ |
| Application methods | 4.91 | 1 | 4.910 | 59.88 | $5.28 \times 10^{-6}$ |
| Interaction | 0.24 | 2 | 0.120 | 1.46 | 0.269 |
| Error | 0.99 | 12 | 0.082 | | |
| Total | 10.72 | 17 | | | |

### 표 13.5 예 13.5의 미니탭 분산분석 결과

```
Two-way ANOVA: Force versus Primer, Method
Analysis of Variance for Force
Source        DF        SS        MS        F        P
Primer         2    4.5811    2.2906    27.86    0.000
Method         1    4.9089    4.9089    59.70    0.000
Interaction    2    0.2411    0.1206     1.47    0.269
Error         12    0.9867    0.0822
Total         17   10.7178

                         Individual 95% CI
Primer         Mean      ------+---------+---------+---------+--------
1              4.78                (----*----)
2              5.68                                              (----*----)
3              4.50        (----*----)
                         ------+---------+---------+---------+--------
                            4.50      5.00      5.50      6.00

                         Individual 95% CI
Method         Mean      ---------+---------+---------+---------+-----
Dip            4.467      (-----*-----)
Spray          5.511                          (-----*-----)
                         ---------+---------+---------+---------+-----
                              4.550     4.900     5.250     5.600
```

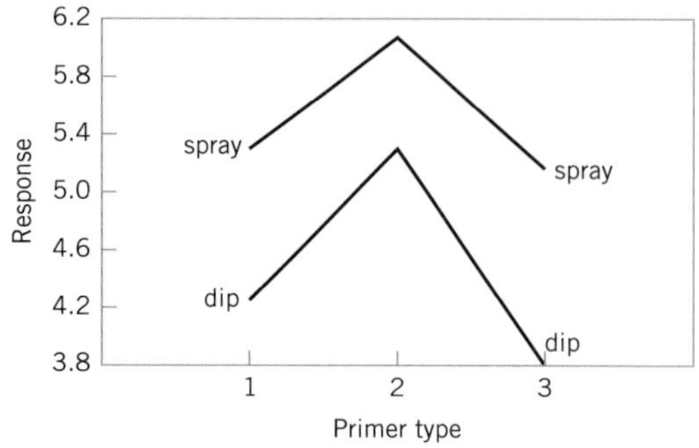


**그림 13.12** 예 13.5에서 초벌 페인트 종류와 접착력 평균의 그래프

### 13.4.3 잔차분석

4장에서 다룬 단요인실험에서처럼 요인실험에서 잔차는 모형적합도를 평가하는 데 중요한 역할을 한다. 2요인 요인설계의 잔차는

$$\begin{aligned} e_{ijk} &= y_{ijk} - \hat{y}_{ijk} \\ &= y_{ijk} - \bar{y}_{ij.} \end{aligned}$$

이다. 즉, 잔차는 단순히 관측값과 해당 칸의 평균값 간의 차를 의미한다.

표 13.6은 예 13.5의 항공기 초벌 페인트 데이터에 대한 잔차이다. 이 잔차에 대한 정규확률플롯은 그림 13.13에 나타나 있다. 이 플롯에서 꼬리 부분이 점들의 중심을 통과하는 직선상에 정확히 나타나지 않아 정규성의 가정에 약간의 문제가 있음을 보여 주지만, 정규성에서의 이탈이 심각하지는 않다. 그림 13.14와 13.15는 초벌 페인트 종류와 적용 방법에 대한 잔차를 그리고 있다. 초벌 페인트 3은 다른 두 가지 페인트보다 접착력에서 약간

표 13.6
항공기 초벌 페인트 실험의 잔차

| **Primer Type** | **Application Method** | |
|---|---|---|
| | Dipping | Spraying |
| 1 | −0.26, 0.23, 0.03 | 0.10, −0.40, 0.30 |
| 2 | 0.30, −0.40, 0.10 | −0.26, 0.03, 0.23 |
| 3 | −0.03, −0.13, 0.16 | 0.34, −0.17, −0.17 |

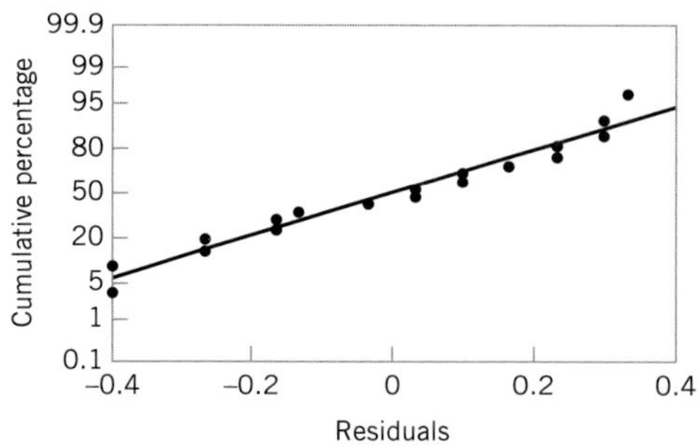


**그림 13.13** 예 13.5에서 잔차의 정규확률플롯

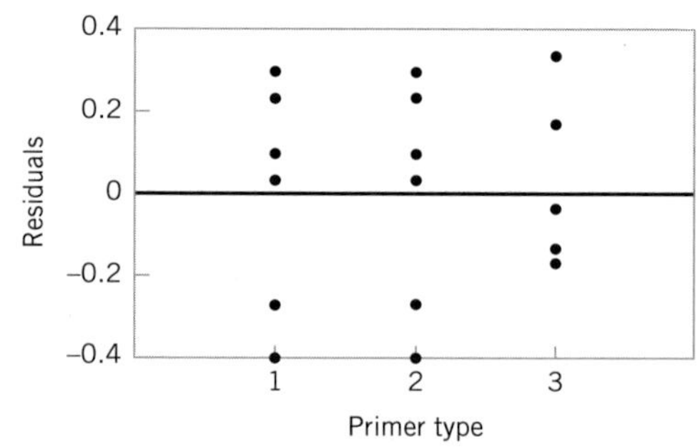


**그림 13.14** 초벌 페인트 종류에 대한 잔차의 그림

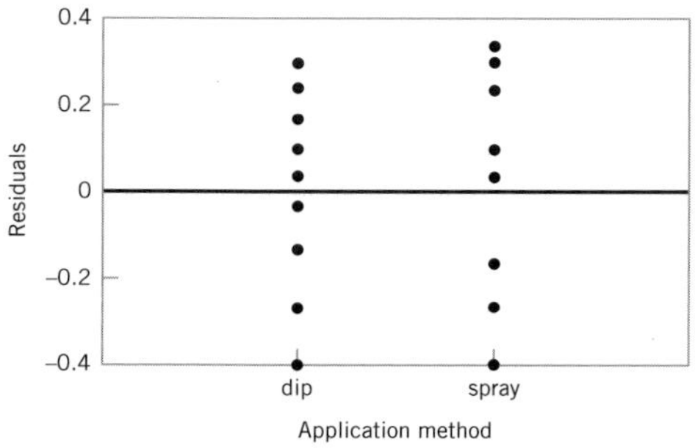


**그림 13.15** 적용 방법에 대한 잔차의 그림

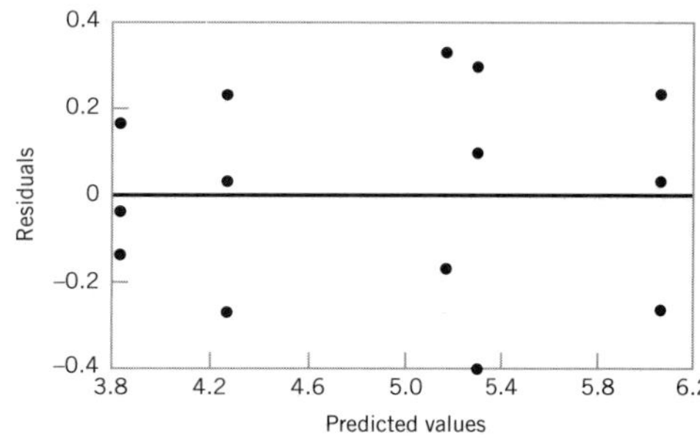


**그림 13.16** 적합값에 대한 잔차의 그림

작은 변동을 보이고 있다. 그림 13.16에서 적합값에 대한 잔차의 그림은 어떤 비정상적이거나 진단적인 패턴을 보이지 않고 있다.

## 13.5 $2^k$ 요인설계

어떤 특정한 형태의 요인설계는 공정 개발과 향상에 매우 유용하다. 이들 중 하나는 요인의 수가 $k$이고 각 수준의 수가 2인 요인설계이다. 실험에서 하나의 완전한 반복(replicate)은 $2^k$개의 설계점(run)을 가지므로 이 배치는 **$2^k$ 요인설계**라고 한다. 이 설계에 대한 분석은 매우 단순하고, 많은 다른 설계의 기초가 된다.

### 13.5.1 $2^k$ 설계

$2^k$ 설계의 가장 단순한 형태는 $2^2$이다. 즉, 두 요인 $A$와 $B$가 있고 각각 두 수준을 가진다. 일반적으로 이 두 수준을 '하' 또는 '−' 그리고 '상' 또는 '+'라고 생각한다. $2^2$ 설계의 구조는 그림 13.17$a$에 나타나 있다. 이 설계는 기하학적으로 $2^2 = 4$개의 설계점이 정사각형의 모서리를 형성한다. 그림 13.17$b$는 이 4개의 설계점을 표의 형태로 나타내고 **설계행렬**(design matrix)이라고 한다. 설계행렬의 각 설계점은 정사각형의 모서리에 위치하고 각 행의 −와 + 부호는 변수 $A$와 $B$의 수준의 배치를 나타낸다.

또 다른 표현이 이 설계점을 나타내는 데 사용된다. 일반적으로 하나의 설계점은 영문

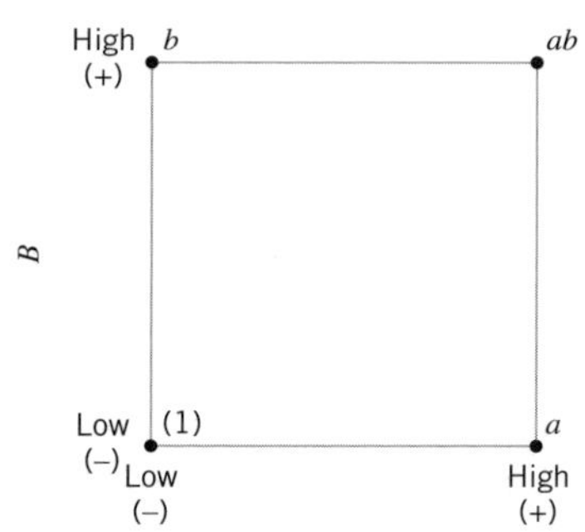


($a$) Design geometry

| $A$ | $B$ |
|---|---|
| − | − |
| + | − |
| − | + |
| + | + |

($b$) Test matrix

**그림 13.17**
$2^2$ 요인설계

표 13.7
$2^2$ 설계의 부호효과

| Run | | Factorial Effect | | | |
|---|---|---|---|---|---|
| | | *I* | *A* | *B* | *AB* |
| 1 | (1) | + | − | − | + |
| 2 | *a* | + | + | − | − |
| 3 | *b* | + | − | + | − |
| 4 | *ab* | + | + | + | + |

소문자로 표현한다. 어떤 영문자가 표시되면 그 문자에 해당하는 요인의 수준은 '상'을 나타내고 만일 문자가 나타나지 않으면 나타나지 않은 문자에 해당하는 요인의 수준은 '하'를 나타낸다. 예를 들어, 설계점 $a$는 요인 $A$가 '상'이고 요인 $B$가 '하'일 때의 설계점을 의미한다. 두 요인의 수준이 모두 '하'인 경우는 (1)로 표현한다. 이 표현은 $2^k$ 설계 전체를 통해 사용된다. 예를 들면, $2^4$ 설계에서의 관측값 중 요인 $A$와 $C$는 '상'이고 요인 $B$와 $D$는 '하'인 설계점은 $ac$로 표현한다.

$2^2$ 설계에서 관심이 있는 효과는 주효과 $A$, $B$와 교호작용효과 $AB$이다. 기호 (1), $a$, $b$, $ab$가 앞에서 설명한 설계점뿐만 아니라 이 설계점(design point)에서 취한 $n$개의 관측값의 합계도 나타낸다고 하자. 요인들의 효과는 이 관측값의 합계를 사용하면 쉽게 알 수 있다. 요인 $A$의 주효과를 추정하는 것은 요인 $A$가 '상'인 정사각형의 오른쪽 관측값의 평균에서 요인 $A$가 '하'인 정사각형의 왼쪽 관측값의 평균을 빼면 된다. 즉,

$$\begin{aligned} A &= \bar{y}_{A^+} - \bar{y}_{A^-} \\ &= \frac{a+ab}{2n} - \frac{b+(1)}{2n} \\ &= \frac{1}{2n}[a+ab-b-(1)] \end{aligned} \tag{13.11}$$

이와 유사하게 주효과 $B$는 요인 $B$가 '상'인 정사각형의 위쪽 관측값의 평균에서 요인 $B$가 '하'인 정사각형의 아래쪽 관측값의 평균을 빼면 된다. 즉,

$$\begin{aligned} B &= \bar{y}_{B^+} - \bar{y}_{B^-} \\ &= \frac{b+ab}{2n} - \frac{a+(1)}{2n} \\ &= \frac{1}{2n}[b+ab-a-(1)] \end{aligned} \tag{13.12}$$

마지막으로 교호작용효과 $AB$는 그림 13.17에서 대각선의 평균 차이를 이용하여 추정한다. 즉,

$$\begin{aligned} AB &= \frac{ab+(1)}{2n} - \frac{a+b}{2n} \\ &= \frac{1}{2n}[ab+(1)-a-b] \end{aligned} \tag{13.13}$$

식 13.11, 13.12, 13.13에서 대괄호 안에 있는 표현은 **대조**(contrast)라고 한다. 예를 들어,

대조 $A$는

$$\text{Contrast}_A = a + ab - b - (1)$$

이다. 이 식에서 대조계수는 항상 +1 또는 −1이다. 표 13.17에 있는 '+'와 '−' 부호들의 표는 어이 표의 열 제목은 주효과 $A$, $B$, 교호작용 $AB$, 전체를 나타내는 $I$이다. 행 제목은 설계점이다. 행 $AB$에 있는 부호들은 행 $A$와 $B$에 있는 부호들의 곱이 되는 것에 주목하라. 이 표로부터 대조를 생성하기 위해서 표 13.7의 열의 부호를 행에 표현된 설계점과 곱한 다음 더하면 된다.

효과 $A$, $B$, $AB$의 제곱합은 다음 식을 사용하여 구한다.

$$SS = \frac{(\text{contrast})^2}{n\sum(\text{contrast coefficients})^2} \tag{13.14}$$

그러므로 효과 $A$, $B$, $AB$의 제곱합은 다음과 같다.

$$\begin{aligned} SS_A &= \frac{[a + ab - b - (1)]^2}{4n} \\ SS_B &= \frac{[b + ab - a - (1)]^2}{4n} \\ SS_{AB} &= \frac{[ab + (1) - a - b]^2}{4n} \end{aligned} \tag{13.15}$$

분산분석은 총제곱합 $SS_T$(자유도 $4n - 1$)을 통상적인 방법으로 구하고 빼기를 해서 오차제곱합 $SS_E$(자유도 $4(n - 1)$)을 구하여 완료한다.

### 예 13.6 라우터 실험

라우터(router)는 인쇄회로기판에서 레지스트레이션(registration) 노치(notch)를 자르는 데 사용된다. 이 노치의 평균크기는 만족할 만한 수준에 있고 공정은 관리상태이지만(그림 13.18의 $\bar{x}$와 $R$ 관리도 참조), 공정에 너무 큰 변동이 존재한다. 이 과도한 변동은 기판 조립에 문제를 발생시킨다. 부품은 자동장비를 사용하여 기판에 삽입되는데 노치크기의 변동은 부적절한 기판 조립을 유발하게 된다. 결과적으로 자동장비가 제대로 작동하지 못하게 된다. 이 공장을 어떻게 하면 개선시킬 수 있는가?

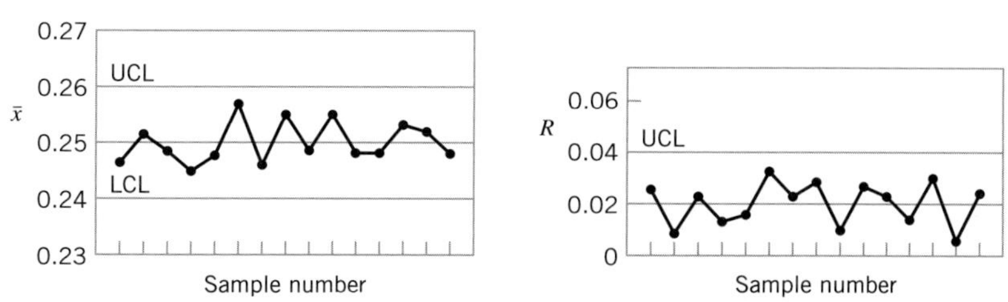


**그림 13.18** 노치크기에 대한 $\bar{x}$와 $R$ 관리도

**풀이**

공정이 통계적 관리상태에 있기 때문에, 품질향상팀은 이 프로젝트에 공정을 연구하기 위해 실험계획법을 사용하기로 결정하였다. 이 팀은 2가지 요인, 비트(bit) 크기($A$)와 속도($B$)를 고려하였다. 비트크기($A$)는 1/16인치와 1/8인치의 2수준을, 속도($B$)는 40 rpm과 80 rpm의 2수준을 설정하여 $2^2$ 설계를 고려하였다. 노치크기의 변동은 직접 측정하기 어려워 간접적으로 측정하기로 하였다. 16개의 검사 기판에 ($X$, $Y$, $Z$) 좌표축으로의 진동이 측정될 수 있도록 가속도계가 장치되었다. 이 세 축으로의 진동 결과 벡터가 반응변수로 사용되었다. 검사기판을 자를 때 표면의 변동은 노치크기의 변동에 직접적으로 관련이 있으므로, 변동수준을 줄이면 노치크기의 변동도 같이 줄어들게 된다.

이 실험의 4개의 설계점 각각에 4개의 기판이 검사되었고 그 결과는 표 13.8에 나타나 있다.

식 13.11, 13.12, 13.13을 사용하여 요인효과를 다음과 같이 계산한다.

$$A = \frac{1}{2n}[a + ab - b - (1)]$$
$$= \frac{1}{2(4)}[96.1 + 161.1 - 59.7 - 64.4] = \frac{133.1}{8} = 16.64$$
$$B = \frac{1}{2n}[b + ab - a - (1)]$$
$$= \frac{1}{2(4)}[59.7 + 161.1 - 96.1 - 64.4] = \frac{60.3}{8} = 7.54$$
$$AB = \frac{1}{2n}[ab + (1) - a - b]$$
$$= \frac{1}{2(4)}[161.1 + 64.4 - 96.1 - 59.7] = \frac{69.7}{8} = 8.71$$

모든 효과추정치가 크게 나타난 것을 알 수 있다. 예를 들어 요인 $A$의 수준을 '하'에서 '상'으로(비트 크기를 1/16인치에서 1/8인치로) 바꾸면 평균 진동 수준은 16.64 cps만큼 증가한다.

이 효과들의 크기는 표 13.9에 요약된 분산분석으로 확인된다. 이 표에서 주효과와 교호작용효과에 대한 제곱합은 식 13.15를 사용하여 계산된 것이다. 요인효과의 크기와 방향을 검토하여 얻어진 결론을 분산분석에서 확인할 수 있는데, 두 주효과가 모두 중요하고 두 변수간의 교호작용도 존재한다는 것이다.

**표 13.8** 라우터 실험 데이터

| Run | | Factors *A* | *B* | Vibration | | | | Total |
|---|---|---|---|---|---|---|---|---|
| 1 | (1) | − | − | 18.2 | 18.9 | 12.9 | 14.4 | 64.4 |
| 2 | *a* | + | − | 27.2 | 24.0 | 22.4 | 22.5 | 96.1 |
| 3 | *b* | − | + | 15.9 | 14.5 | 15.1 | 14.2 | 59.7 |
| 4 | *ab* | + | + | 41.0 | 43.9 | 36.3 | 39.9 | 161.1 |

**표 13.9** 라우터 실험에 대한 분산분석 결과

| Source of Variation | Sum of Squares | Degrees of Freedom | Mean Square | $F_0$ | *P*-value |
|---|---|---|---|---|---|
| Bit size (*A*) | 1,107.226 | 1 | 1,107.226 | 185.25 | $1.17 \times 10^{-8}$ |
| Speed (*B*) | 227.256 | 1 | 227.256 | 38.03 | $4.82 \times 10^{-5}$ |
| *AB* | 303.631 | 1 | 303.631 | 50.80 | $1.20 \times 10^{-5}$ |
| Error | 71.723 | 12 | 5.977 | | |
| Total | 1,709.836 | 15 | | | |

**회귀모형과 잔차분석** 데이터에 회귀모형을 적합시켜 $2^k$ 설계에서 잔차를 계산하는 것은 용이하다. 라우터 예에서 회귀모형은

$$y = \beta_0 + \beta_1 x_1 + \beta_2 x_2 + \beta_{12} x_1 x_2 + \varepsilon$$

이다. 단, 요인 $A$와 $B$는 코드화된 변수 $x_1$과 $x_2$로 나타내고 교호작용 $AB$는 모형에서의 곱, $x_1x_2$로 나타낸다. 각 요인의 '하'와 '상' 수준은 각각 $x_j = -1$과 $x_j = +1$의 값으로 부여한다. 계수 $\beta_0$, $\beta_1$, $\beta_2$, $\beta_{12}$들은 회귀계수라고 하고 $\varepsilon$은 분산분석모형에서 오차항과 유사한 확률오차항이다.

적합된 회귀모형은

$$\hat{y} = 23.83 + \left(\frac{16.64}{2}\right)x_1 + \left(\frac{7.54}{2}\right)x_2 + \left(\frac{8.71}{2}\right)x_1x_2$$

이 된다. 단, 절편의 추정치 $\hat{\beta}_0$는 모든 16개 관측값의 총평균($\bar{y}$)이고 다른 회귀계수의 추정치 $\hat{\beta}_j$는 해당 요인의 효과추정치의 절반이다. [각 회귀계수의 추정치는 효과추정치의 절반인데, 회귀계수는 $x_j$의 단위변화에 대한 $y$의 평균의 효과를 측정하는 것이고, 효과추정치는 두 단위 변화(−1에서 +1)에 기초한 것이기 때문이다].

이 모형은 실험에 포함된 4점을 포함해서 실험의 영역 내에 있는 어떤 점에 대해서도 진동수준의 예측값을 얻는 데 사용될 수 있다. 예를 들어 작은 비트($x_1 = -1$)와 낮은 속도($x_2 = -1$)인 점을 고려해 보자. 예측 진동 모형은 다음과 같다.

$$\hat{y} = 23.83 + \left(\frac{16.64}{2}\right)(-1) + \left(\frac{7.54}{2}\right)(-1) + \left(\frac{8.71}{2}\right)(-1)(-1) = 16.1$$

설계점에 있는 관측값에 해당하는 4개의 잔차는 실제값과 예측값의 차로 다음과 같이 구한다.

$$e_1 = 18.2 - 16.1 = 2.1 \quad e_3 = 12.9 - 16.1 = -3.2$$
$$e_2 = 18.9 - 16.1 = 2.8 \quad e_4 = 14.4 - 16.1 = -1.7$$

다른 3개의 설계점에서의 잔차도 유사하게 계산된다.

그림 13.19와 13.20은 각각 정규확률플롯과 적합값에 대한 잔차의 플롯이다. 정규확률플롯은 만족스럽고, 적합값($\hat{y}$)에 대한 잔차의 플롯은 비록 적합 진동수준이 최소일 때는 분산이 적은 징후가 있지만 역시 만족스럽다고 할 수 있다.

**예 13.6의 실질적 해석** 두 요인 $A$(비트크기)와 $B$(속도)가 양의 큰 효과를 가지고 있으므로 두 요인을 모두 '하' 수준에서 작업하면 진동수준을 줄일 수 있다. 그러나 비트크기와 속도가 '하' 수준이면 생산성이 감당할 수 없을 만큼 낮아지게 된다. 이때 교호작용 $AB$가 이 잠재적 딜레마를 해결할 수 있다. 그림 13.21은 교호작용효과 $AB$를 그린 것이다. 양의 큰 속도에 의한 효과는 주로 비트크기가 '상' 수준일 때에 발생함을 알 수 있다. 작은 비트를 사용하면 속도의 수준이 둘 중 어느 것일지라도 작은 진동수준을 발생시킴을 알 수 있다. 따라서 속도는 '상' 수준을 비트크기는 '하' 수준을 선택하면 생산성이 만족스러워질 것이다.

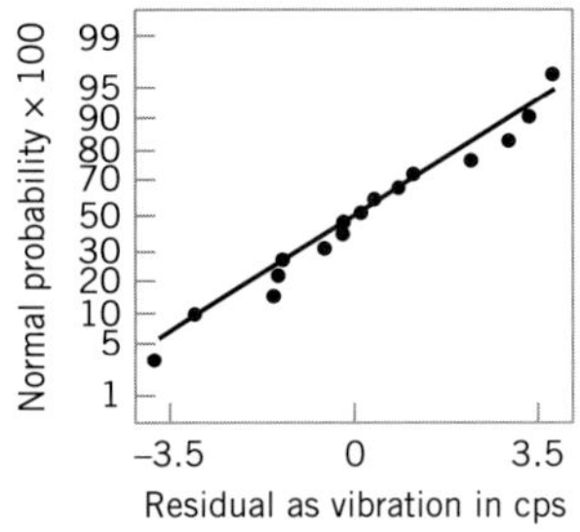


그림 13.19 정규확률플롯

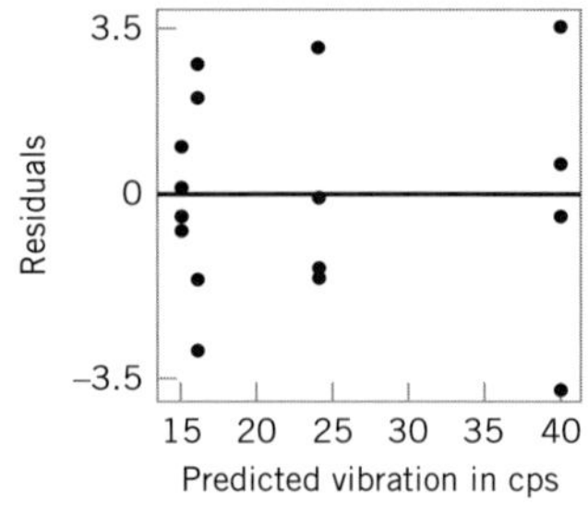


그림 13.20 잔차의 플롯

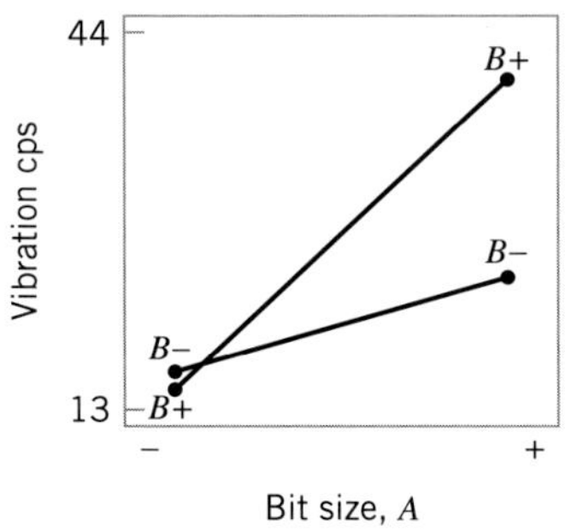


그림 13.21 *AB* 교호작용 플롯

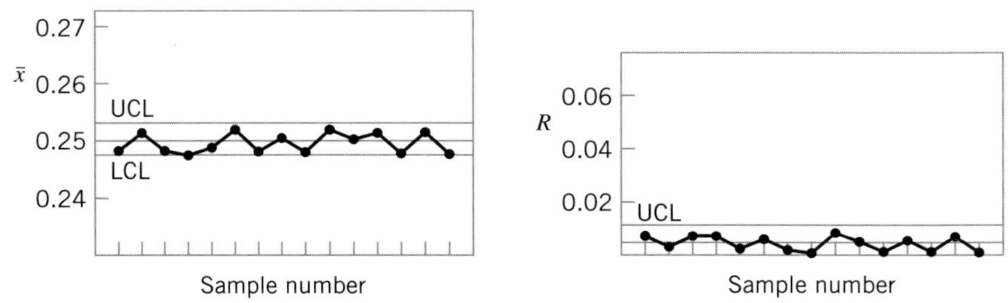


그림 13.22 실험 후 라우터 공정에 대한 $\bar{x}$와 $R$ 관리도

실제 제조과정에서 이 작업조건을 사용했을 때 레지스트레이션 노치의 변동이 극적으로 줄어드는 결과를 가져왔다. 공정은 그림 13.22의 관리도가 나타내는 것처럼 여전히 통계적 관리상태에 머물렀고 감소된 변동은 자동 투입 공정의 성능을 현격히 향상시켰다.

**표 13.10**
요인설계의 분석 절차

| | |
|---|---|
| 1. 요인 효과 수정 | 4. 잔차분석 |
| 2. 사전 모형 수정 | 5. 모형수정, 필요시 |
| 3. 요인 효과의 유의성 검성 | 6. 결과 해석 |

**요인실험의 분석** 표 13.10은 요인실험을 분석하는 데 사용되는 연속적 단계를 보이고 있다. 이 단계들은 예 13.6의 라우터 실험의 분석에 사용되었다. 실험이 수행되고 난 다음에 첫 활동은 요인(비트크기, 속도, 2요인 교호작용)의 효과를 추정하는 것임을 상기하자. 이 분석에서 최초의 모형은 교호작용이 있는 2요인 요인설계이다. 일반적으로 반복값이 있는 요인설계에서는 거의 대부분 최초의 모형처럼 완전요인모형(full factorial model)을 사용한다. 여기서 요인효과의 유의성은 분산분석을 사용하여 검정한다. 잔차분석이 만족스럽고 두 주요인과 교호작용효과가 유의하기 때문에 이 모형을 더 개선시킬 필요는 없다. 따라서 2요인 교호작용 그래프를 사용하여 그 결과를 완전요인모형에 관하여 해석할 수 있다. 때때로 모형을 개선하는 것은 최종 모형에서 유의하지 않은 항을 제거하거나, 잔차분석에서 지적되는 다른 조치를 취하는 것이다.

여러 통계 패키지 프로그램은 2요인 요인설계에 대한 특별한 루틴(routine)을 가지고 있다. 대부분은 여기서 설명한 절차와 유사한 분석과정을 거친다.

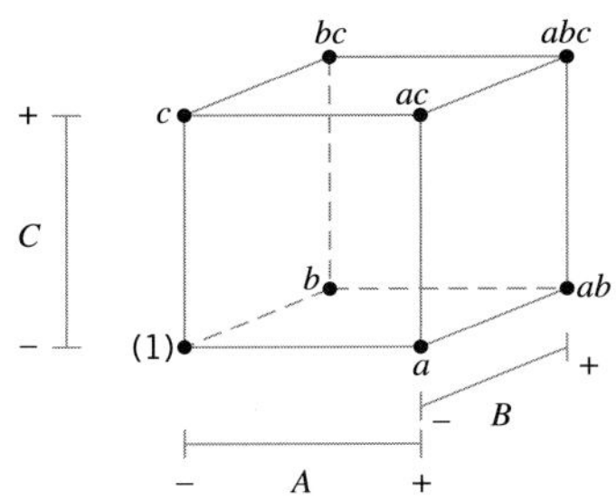


(a) Design geometry

| A | B | C |
|---|---|---|
| − | − | − |
| + | − | − |
| − | + | − |
| + | + | − |
| − | − | + |
| + | − | + |
| − | + | + |
| + | + | + |

(b) Test matrix

**그림 13.23**
$2^3$ 요인설계

## 13.5.2 $k \geq 3$ 요인 $2^k$ 설계

앞 절에서 설명한 요인수가 $k = 2$이고 각 수준이 2인 요인설계는 2요인 이상으로 쉽게 확장될 수 있다. 예를 들어 요인수가 $k = 3$이고 각 수준수가 2인 경우를 생각해 보자. 이 설계는 $2^3$ 설계이고 8개의 요인수준 조합을 가진다. 기하적으로 이 설계는 그림 13.23$a$에 나타난 것처럼 육면체 모양이다. 그림 13.23$b$는 **설계행렬**(test or design matrix)이다. 이 설계에서는 세 가지 주효과($A$, $B$, $C$), 세 가지 2요인 교호작용($AB$, $AC$, $BC$), 3요인 교호작용($ABC$)을 추정할 수 있다. 따라서 완전요인모형은 아래와 같이 문자로 표현한다.

$$y = \mu + A + B + C + AB + AC + BC + ABC + \varepsilon$$

단, $\mu$는 총평균, $\varepsilon$은 NID(0, $\sigma^2$)을 가정하는 오차항, 대문자는 주효과와 요인 간의 교호작용을 나타낸다.

주효과는 쉽게 추정할 수 있다. 소문자 표현, (1), $a$, $b$, $ab$, $c$, $ac$, $bc$, $abc$들은 8개의 설계점 각각에서 모든 $n$개의 반복값의 합을 나타냄을 상기하자. 그림 13.23을 참고하면, 주효과 A는 육면체의 오른쪽에 있는 A의 수준이 '상'인 4개의 설계점에 해당하는 관측값의 평균에서 육면체의 왼쪽에 있는 A의 수준이 '하'인 4개의 설계점에 해당하는 관측값의 평균을 뺀 값으로 추정한다. 이것은

$$A = \bar{y}_{A^+} - \bar{y}_{A^-} = \frac{1}{4n}[a + ab + ac + abc - b - c - bc - (1)] \tag{13.16}$$

유사한 방법으로, 요인 $B$의 효과는 육면체의 뒤쪽 4개 설계점과 앞쪽 4개 설계점의 평균차를 계산한다. 즉,

$$B = \bar{y}_{B^+} - \bar{y}_{B^-} = \frac{1}{4n}[b + ab + bc + abc - a - c - ac - (1)] \tag{13.17}$$

요인 $C$의 효과는 육면체의 위쪽 4개 설계점과 아래쪽 4개 설계점의 평균차를 계산한다. 즉,

$$C = \bar{y}_{C^+} - \bar{y}_{C^-} = \frac{1}{4n}[c + ac + bc + abc - a - b - ab - (1)] \tag{13.18}$$

그림 13.24의 제일 윗줄은 세 요인의 주효과가 어떻게 계산되는가를 보여 주고 있다.

이제 2요인 교호작용 $AB$에 대해 알아보자. 요인 $C$가 '하' 수준일 때 $AB$는 단순히 두 가지 $B$ 수준에서 $A$ 효과의 평균차이다. 즉,

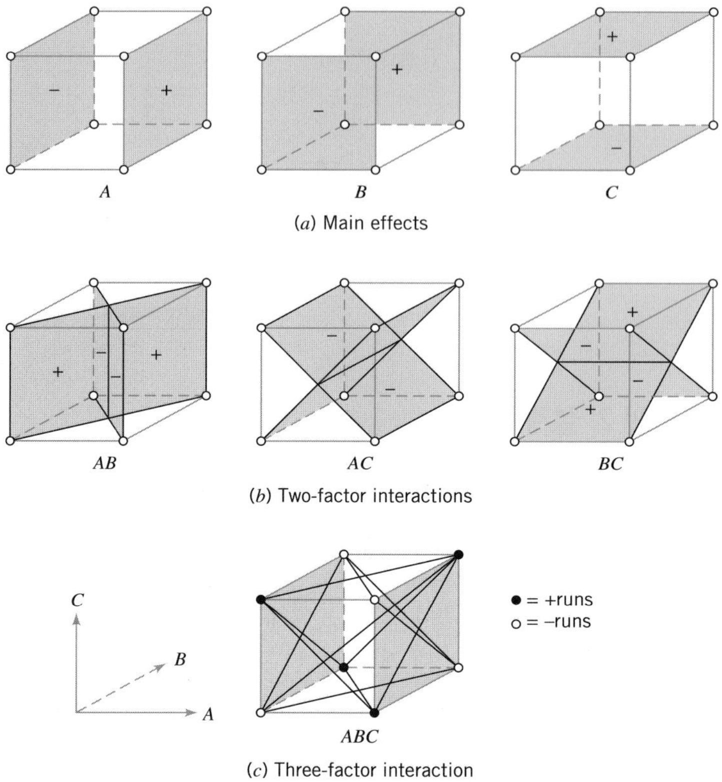


**그림 13.24** $2^3$ 설계에서 주효과와 교호작용에 해당하는 대조의 기하적 표현

$$AB(C\text{ low}) = \frac{1}{2n}[ab - b] - \frac{1}{2n}[a - (1)]$$

유사하게, 요인 $C$가 '상' 수준일 때 교호작용 $AB$는

$$AB(C\text{ high}) = \frac{1}{2n}[abc - bc] - \frac{1}{2n}[ac - c]$$

이제 교호작용 $AB$는 이 두 가지 차의 평균, 즉

$$AB = \frac{1}{4n}[ab + (1) + abc + c - b - a - bc - ac] \tag{13.19}$$

$AB$ 교호작용은 단순히 육면체의 두 가지 대각평면에서의 평균차이다(그림 13.24의 중간 줄에서 왼쪽 육면체를 참고하라).

유사한 방법을 통해 그림 13.24의 중간줄에서 교호작용 $AC$와 $BC$는 다음과 같이 추정됨을 알 수 있다.

$$AC = \frac{1}{4n}[ac + (1) + abc + b - a - c - ab - bc] \tag{13.20}$$

$$BC = \frac{1}{4n}[bc + (1) + abc + a - b - c - ab - ac] \tag{13.21}$$

이제 $ABC$ 교호작용은 $C$의 두 가지 수준에서 $AB$ 교호작용의 평균차이다. 따라서

$$ABC = \frac{1}{4n}\{[abc - bc] - [ac - c] - [ab - b] + [a - (1)]\}$$

즉,

$$ABC = \frac{1}{4n}[abc - bc - ac + c - ab + b + a - (1)] \tag{13.22}$$

이 효과는 그림 13.24의 아래 줄에 나타나 있다.

식 13.16에서 13.22까지 대괄호 안의 내용은 8개 요인수준 조합에 대한 대조이다. 이 대조는 표 13.11에 있는 $2^3$ 설계의 +, − 부호 표에서 얻어진다. 주효과($A$, $B$, $C$ 열)의 부호는 '상' 수준은 +와 '하' 수준은 −와 연관시켜 얻어진다. 주효과의 부호가 결정되면, 나머지 열의 부호는 해당 열의 부호를 행별로 곱하여 얻어진다. 예를 들면, 열 $AB$의 부호는 열 $A$와 열 $B$의 부호의 행 별 곱이다.

표 13.11은 다음과 같은 여러가지 특성을 가진다.

1. 항등(identity)인 열 $I$를 제외하고 각 열은 동일한 수의 +와 − 부호를 가진다.
2. 두 열의 곱의 합은 항상 0이다. 즉, 표에 있는 열은 직교이다(orthogonal).
3. 열 $I$에 어떤 다른 열을 곱해도 변하지 않는다. 즉, $I$는 항등요소(identical element)이다.
4. 어떤 두 열의 곱은 표의 다른 열을 나타낸다. 예를 들어 $A \times B = AB$이고, 자기자신을 곱하면 항등열이 되는 성질을 이용하면 $AB \times ABC = A^2B^2C = C$이다.

어떤 주효과나 교호작용효과의 추정치는 먼저 표의 첫 열에 있는 요인수준의 조합과 해당되는 주효과 또는 교호작용의 부호를 곱한 다음 더해서 대조를 형성한다. 그 다음 그 대조를 실험의 총 관측값의 수의 절반을 나누어 계산한다. 이를 수식으로 표현하면 다음과 같다.

$$\text{Effect} = \frac{\text{Contrast}}{n2^{k-1}} \tag{13.23}$$

효과의 제곱합은

$$SS = \frac{(\text{Contrast})^2}{n2^k} \tag{13.24}$$

이다.

**표 13.11**
$2^3$ 설계에서 효과의 부호

| Treatment Combination | Factorial Effect | | | | | | | |
|---|---|---|---|---|---|---|---|---|
| | *I* | *A* | *B* | *AB* | *C* | *AC* | *BC* | *ABC* |
| (1) | + | − | − | + | − | + | + | − |
| *a* | + | + | − | − | − | − | + | + |
| *b* | + | − | + | − | − | + | − | + |
| *ab* | + | + | + | + | − | − | − | − |
| *c* | + | − | − | + | + | − | − | + |
| *ac* | + | + | − | − | + | + | − | − |
| *bc* | + | − | + | − | + | − | + | − |
| *abc* | + | + | + | + | + | + | + | + |

## 예 13.7　$2^3$ 요인설계

어떤 금속부품의 표면마감을 검사하기 위해 실험이 진행되었다. 이 실험은 $2^3$ 요인설계이고 요인은 공급율(A), 절단 깊이(B), 각도(C)이며 $n = 2$번씩 반복되었다. 표 13.12는 이 실험에서 관측된 표면마감 데이터이며 실험의 설계점은 그림 13.25에 그려져 있다. 이 실험의 데이터를 분석하고 해석하라.

**표 13.12** 예 13.7의 표면마감 데이터

| Run | | Design Factors | | | Surface Finish | Totals |
|---|---|---|---|---|---|---|
| | | *A* | *B* | *C* | | |
| 1 | (1) | −1 | −1 | −1 | 9, 7 | 16 |
| 2 | *a* | 1 | −1 | −1 | 10, 12 | 22 |
| 3 | *b* | −1 | 1 | −1 | 9, 11 | 20 |
| 4 | *ab* | 1 | 1 | −1 | 12, 15 | 27 |
| 5 | *c* | −1 | −1 | 1 | 11, 10 | 21 |
| 6 | *ac* | 1 | −1 | 1 | 10, 13 | 23 |
| 7 | *bc* | −1 | 1 | 1 | 10, 8 | 18 |
| 8 | *abc* | 1 | 1 | 1 | 16, 14 | 30 |

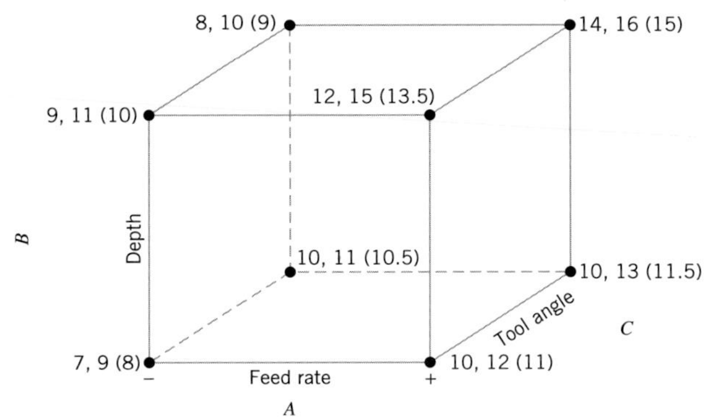


**그림 13.25** 예 13.7의 표면마감 실험을 위한 $2^3$ 설계(괄호 안의 수는 각 설계점에서의 평균반응값)

**풀이**

주효과는 식 13.16을 사용하여 추정한다. 예를 들면, 주효과 A는

$$A = \frac{1}{4n}[a + ab + ac + abc - b - c - bc - (1)]$$
$$= \frac{1}{4(2)}[22 + 27 + 23 + 30 - 20 - 21 - 18 - 16]$$
$$= \frac{1}{8}[27] = 3.375$$

이고 A의 제곱합은 식 13.24를 사용한다.

$$SS_A = \frac{(\text{Contrast}_A)^2}{n2^k}$$
$$= \frac{(27)^2}{2(8)} = 45.5625$$

다른 효과의 추정값과 제곱합도 쉽게 계산할 수 있으며, 그 결과는 다음과 같다.

$$\begin{aligned} B &= 1.625 & SS_B &= 10.5625 \\ C &= 0.875 & SS_C &= 3.0625 \\ AB &= 1.375 & SS_{AB} &= 7.5625 \\ AC &= 0.125 & SS_{AC} &= 0.0625 \\ BC &= -0.625 & SS_{BC} &= 1.5625 \\ ABC &= 1.125 & SS_{ABC} &= 5.0625 \end{aligned}$$

효과의 크기를 비교해 보면 공급율(요인 A)이 가장 두드러지고 그 다음이 절단깊이(B), 교호작용 AB 순이다. 완전요인모형에 대한 분산분석표는 표 13.13에 있다. 유의확률에 기초하면 공급률이 매우 유의함을 알 수 있다. 많은 컴퓨터 프로그램이 $2^k$ 설계를 분석한다. 표 13.14는 미니탭 결과이다. 처음에 보면 두 표가 서로 다른 것 같지만 실제로는 동일한 정보를 제공하고 있다. 표 13.14의 아래 쪽에 나타난 분산분석표는 모형의 항에서 중요한 그룹(주효과, 2요인 교호작용, 3요인 교호작용)에 대한 $F$값을 보여 준다. 모형항의 각 그룹에 대한 평균제곱은 각 모형요소의 제곱합을 그에 해당하는 자유도로 나누어 얻어진다.

모형에서 각 개별 항의 유의성은 $t$검정을 통해 검사된다. 이 $t$검정은 표 13.14의 윗부분에 나타나 있다. 회귀계수 추정치(Coef)가 완전요인모형의 각 변수에 대해 주어진 것을 참조할 필요가 있다. 이 값들은 실제로 완전요인모형에 있는 변수들에 관한 표면마감을 예측하는 데 사용되는 회귀모형에 있는 계수들의 추정치이다. 개개의 $t$값은

$$t_0 = \frac{\hat{\beta}}{s.e.\left(\hat{\beta}\right)}$$

으로 계산된다. 단, $\hat{\beta}$은 회귀계수의 추정치, $s.e.(\hat{\beta})$은 회귀계수의 표준오차의 추정치이다. $2^k$ 요인설계에서 회귀계수의 표준오차의 추정치는

$$s.e.\left(\hat{\beta}\right) = \sqrt{\frac{\hat{\sigma}^2}{n2^k}}$$

이다. 분산분석에서 $\hat{\sigma}^2$ 추정치로서 오차 또는 잔차 제곱합을 사용한다. 이 예에서는 표 13.14에 나타난 것처럼

**표 13.13 표면마감 실험의 분산분석**

| Source of Variation | Sum of Squares | Degrees of Freedom | Mean Square | $F_0$ | $P$-value |
|---|---|---|---|---|---|
| $A$ | 45.5625 | 1 | 45.5625 | 18.69 | $2.54 \times 10^{-3}$ |
| $B$ | 10.5625 | 1 | 10.5625 | 4.33 | 0.07 |
| $C$ | 3.0625 | 1 | 3.0625 | 1.26 | 0.29 |
| $AB$ | 7.5625 | 1 | 7.5625 | 3.10 | 0.12 |
| $AC$ | 0.0625 | 1 | 0.0625 | 0.03 | 0.88 |
| $BC$ | 1.5625 | 1 | 1.5625 | 0.64 | 0.45 |
| $ABC$ | 5.0625 | 1 | 5.0625 | 2.08 | 0.19 |
| Error | 19.5000 | 8 | 2.4375 | | |
| Total | 92.9375 | 15 | | | |

표 13.14 표면마감 실험

Factorial Design

Full Factorial Design

| | | | |
|---|---|---|---|
| Factors: | 3 | Base Design: | 3, 8 |
| Runs: | 16 | Replicates: | 2 |
| Blocks: | none | Center pts (total): | 0 |

All terms are free from aliasing

Fractional Factorial Fit: Finish versus A, B, C

Estimated Effects and Coefficients for Finish (coded units)

| Term | Effect | Coef | SE Coef | T | P |
|---|---|---|---|---|---|
| Constant | | 11.0625 | 0.3903 | 28.34 | 0.000 |
| A | 3.3750 | 1.6875 | 0.3903 | 4.32 | 0.003 |
| B | 1.6250 | 0.8125 | 0.3903 | 2.08 | 0.071 |
| C | 0.8750 | 0.4375 | 0.3903 | 1.12 | 0.295 |
| A*B | 1.3750 | 0.6875 | 0.3903 | 1.76 | 0.116 |
| A*C | 0.1250 | 0.0625 | 0.3903 | 0.16 | 0.877 |
| B*C | −0.6250 | −0.3125 | 0.3903 | −0.80 | 0.446 |
| A*B*C | 1.1250 | 0.5625 | 0.3903 | 1.44 | 0.188 |

Analysis of Variance for Finish (coded units)

| Source | DF | Seq SS | Adj SS | Adj MS | F | P |
|---|---|---|---|---|---|---|
| Main Effects | 3 | 59.187 | 59.187 | 19.729 | 8.09 | 0.008 |
| 2-Way Interactions | 3 | 9.187 | 9.187 | 3.062 | 1.26 | 0.352 |
| 3-Way Interactions | 1 | 5.062 | 5.062 | 5.062 | 2.08 | 0.188 |
| Residual Error | 8 | 19.500 | 19.500 | 2.437 | | |
| Pure Error | 8 | 19.500 | 19.500 | 2.438 | | |
| Total | 15 | 92.937 | | | | |

$$s.e.\left(\hat{\beta}\right)=\sqrt{\frac{2.4375}{2\left(2^3\right)}}=0.390312$$

이다. 회귀계수 추정값을 그것의 표준오차의 추정값으로 나누면 이것은 해당하는 회귀계수가 0인지 검정하는 $t$값을 계산하게 된다.

표 13.14에 있는 $t$검정은 표 13.13에 있는 분산분석 $F$검정과 동치이다. 두 표에서 유의확률이 소수점 둘째 자리까지 동일하기 때문에 이미 이에 대해 짐작할 수 있었을 것이다. 뿐만 아니라, 표 13.14의 $t$값의 제곱은 표 13.13의 $F$값과 동일하다는 것을 주목할 필요가 있다.

일반적으로, 자유도가 $v$인 $t$확률변수의 제곱은 분자의 자유도가 1, 분모의 자유도가 $v$인 $F$확률변수가 된다. 이것은 표면 마감 실험의 데이터에 대한 분산분석을 수행하는 두 절차의 동치성을 설명하게 된다.

분산분석 결과에 의하면, 모든 요인을 포함하는 완전요인모형은 불필요하고 적은 수의 요인만을 포함하는 감소된 모형이 적절하다. 주효과 $A$와 $B$는 상대적으로 작은 유의확률($<0.10$)을 가지고 교호작용 $AB$는 다음으로 중요한 효과(유의확률 $= 0.12$)이다. 이 과정을 나타내는 데 사용하는 회귀모형은

$$y=\beta_0+\beta_1x_1+\beta_2x_2+\beta_{12}x_1x_2+\varepsilon$$

이 된다. 단, $x_1$은 요인 $A$를, $x_2$는 요인 $B$를, $x_1x_2$는 교호작용 $AB$를 나타낸다. 회귀계수 $\hat{\beta}_1$, $\hat{\beta}_2$, $\hat{\beta}_{12}$는 해당 효과의 추정치의 절반이고 $\hat{\beta}_0$는 총평균이다. 따라서 표면 마감에 대한 추정식은 다음과 같다.

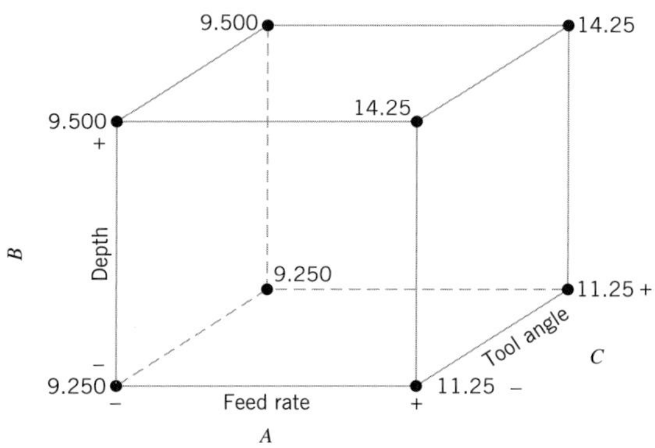


**그림 13.26** 예 13.7 원래의 실험계획의 각 설계점에서의 표면마감의 예측값

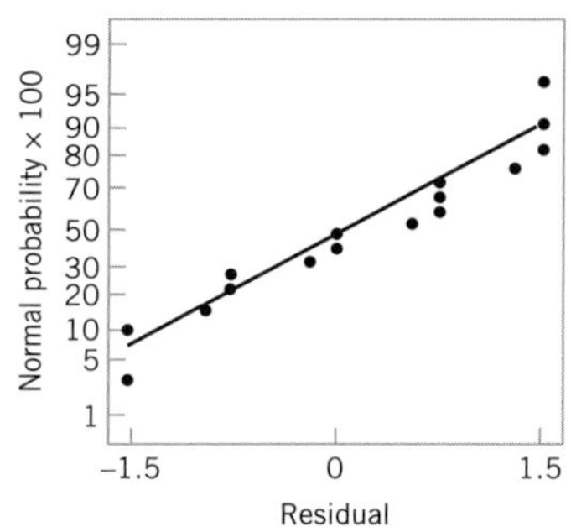


**그림 13.27** 예 13.7 잔차의 정규확률플롯

$$\hat{y} = 11.0625 + \left(\frac{3.375}{2}\right)x_1 + \left(\frac{1.625}{2}\right)x_2 + \left(\frac{1.375}{2}\right)x_1x_2$$
$$= 11.0625 + 1.6875x_1 + 0.8125x_2 + 0.6875x_1x_2$$

회귀계수 추정값 $\hat{\beta}_0, \hat{\beta}_1, \hat{\beta}_2, \hat{\beta}_{12}$는 표 13.14의 회귀계수(Coef)열에서 직접 읽을 수 있다.

이 회귀모형은 애초에 실험 영역 내에 있는 어떤 값에 대해서도 표면마감을 예측하는 데 사용될 수 있다. 예를 들면, 모든 세 요인이 '하' 수준에 있는 점을 생각해 보자. 이 점에서는 $x_1 = x_2 = -1$이 되고 해당 예측값은

$$\hat{y} = 11.0625 + 1.6875(-1) + 0.8125(-1) + 0.6875(-1)(-1) = 9.25$$

이 된다. 그림 13.26은 애초의 실험계획의 각 설계점에서의 예측값을 보여 주고 있다.

잔차는 각 설계점에서 표면마감의 관측값과 예측값의 차로 구해진다. 모든 세 설계점 $A$, $B$, $C$의 수준이 '하'인 점에서는 표면마감의 관측값은 9와 7이고 따라서 잔차는 $9 - 9.25 = -0.25$와 $7 - 0.95 = -2.25$이다.

잔차의 정규확률플롯은 그림 13.27에 그려져 있다. 잔차들이 근사적으로 직선 주위에 나타나기 때문에 데이터에서 심각한 비정규성을 의심하지 않는다. 이상치의 징후도 보이지 않는다. 잔차를 예측값에 대해 또는 각 요인의 값에 대해 플롯하는 것도 도움이 된다. 이 플롯들은 어떤 잠재적인 모형의 문제점도 보이지 않는다.

마지막으로, 이 실험의 결과에 대한 실질적인 해석을 하고자 한다. 두 주효과 $A$와 $B$가 유의하기 때문에 그리고 표면마감 반응값이 작은 것이 바람직하기 때문에 두 요인 $A$(공급비율)와 $B$(절단깊이)는 '하' 수준에서 운영되어야 한다. 그러나 모형은 교호작용을 포함하고 있어 결론을 내리는 데 교호작용의 효과가 고려되어야 한다. 이것은 예 13.6(그림 13.21 참조)과 같이 교호작용플롯을 통해 검사할 수 있다. 다른 방법으로는 그림 13.26과 같이 예측 반응값의 육면체 플롯이 모형 해석을 위해 사용될 수 있다. 이 그림에서 요인 $A$와 $B$가 '하' 수준에 있을 때 표면마감의 예측값이 가장 작게 나타나는 것을 보여 준다.

**회귀모형에 대한 견해** 앞의 두 예에서 실험의 결과를 요약하기 위해 회귀모형이 사용되었다. 일반적으로 **회귀모형**은 다음과 같은 형태를 가진다.

$$y = \beta_0 + \beta_1 x_1 + \beta_2 x_2 + \cdots \beta_k x_k + \varepsilon \tag{13.25}$$

단, $y$는 반응값, $x$는 회귀변수, $\beta$는 회귀계수, $\varepsilon$은 NID(0, $\sigma^2$)인 오차항이다. 앞의 예에서 $k$ = 2 요인이 있고 교호작용을 가지므로 적합되는 특정 회귀모형은

$$y = \beta_0 + \beta_1 x_1 + \beta_2 x_2 + \beta_{12} x_1 x_2 + \varepsilon$$

이 된다. 이 모형의 회귀계수들은 **최소제곱법**(method of least squares)을 사용하여 추정된다. 즉, $\hat{\beta}$들은 오차제곱합을 최소화하기 위해 선택된다. 최소제곱회귀에 대한 소개는 4장을 참조하라. 그러나 $2^k$ 설계와 같은 특수한 경우에는 $\beta$들의 최소제곱추정치를 구하기가 매우 용이하다. 회귀계수 $\beta$의 최소제곱추정치는 항상 해당 요인효과의 추정치의 절반이다. 이미 예 13.6과 13.7에서 회귀모형을 구하기 위해 이 방법이 사용되었음을 상기하자. 그렇지만 이 방법은 $2^k$ 설계에만 국한된 것이고 $x$ 값들은 설계요인의 범위가 $-1 \le x \le +1$이 되도록 코드화된 변수들이라는 것을 기억해야 한다.

실험계획의 결과를 모형으로 표현하는 것은 실험을 해석하는 데 도움이 된다는 측면에서 매우 유용하다. 예 13.7에서 공급율과 절단깊이를 적절히 선택하기 위해 모형으로 예측된 육면체 플롯(그림 13.26)을 사용하였다. 더 일반적인 도형적 표현도 도움이 된다. 예를 들면, 표면마감을 공급율($x_1$)과 절단깊이($x_2$)에 관한 모형으로 교호작용 없이 표현해 보자.

$$\hat{y} = 11.0625 + 1.6875 x_1 + 0.8125 x_2$$

이 모형은 애초의 모형에서 단순히 교호작용을 제거하여 얻어진 것이다. 이것은 실험계획에 사용된 변수들이 $2^k$ 설계처럼 **직교**일 때만 가능하다. 그림 13.28은 두 공정변수 $x_1$과 $x_2$에 대해 표면마감($y$)의 예측값을 그린 것이다. 그림 13.28*a*는 회귀모형에 의해 생성되는 예측 반응값들의 평면을 보여주는 3차원 표현이다. 이런 형태의 그림을 **반응표면플롯**(response surface plot)이라고 하고, 이 그림을 그리는 데 사용된 회귀모형은 **일차반응 회귀모형**(first-order response surface model)이라고 한다. 그림 13.28*b*은 3차 반응표면플롯의 아래로 내려다 본 2차 **등고선플롯**으로서 $x_1 - x_2$ 평면에서 동일한 표면마감(반응값) 점을 선으로 연결하였다. 동일한 반응값의 연결선은 반응표면이 일차이기 때문에 직선이다. 즉 이 모형이 주효과 $x_1$과 $x_2$만을 포함하기 때문이다.

예 13.7에서는 실제로 일차모형에 교호작용이 같이 적합되었다.

$$\hat{y} = 11.0625 + 1.6875 x_1 + 0.8125 x_2 + 0.6875 x_1 x_2$$

그림 13.29*a*는 이 모형에 대한 3차원 반응표면플롯이고 그림 13.29*b*는 등고선플롯이다. 모형에 교호작용을 추가하는 것은 반응모형에 **굴곡**을 소개하는 것과 같다. 실제로 평면이 교호작용효과에 의해 휘어져 있다.

반응표면을 검사하는 것은 실험의 결과해석을 아주 용이하게 한다. 예를 들어 그림

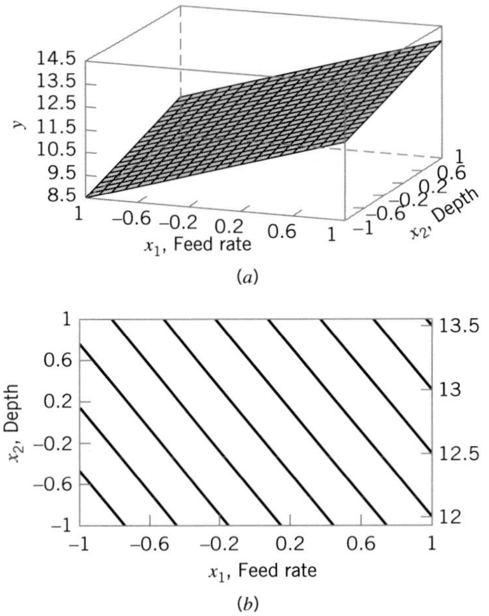


**그림 13.28** (a) $\hat{y} = 11.0625 + 1.6875x_1 + 0.8125x_2$에 대한 반응표면플롯. (b) 등고선플롯

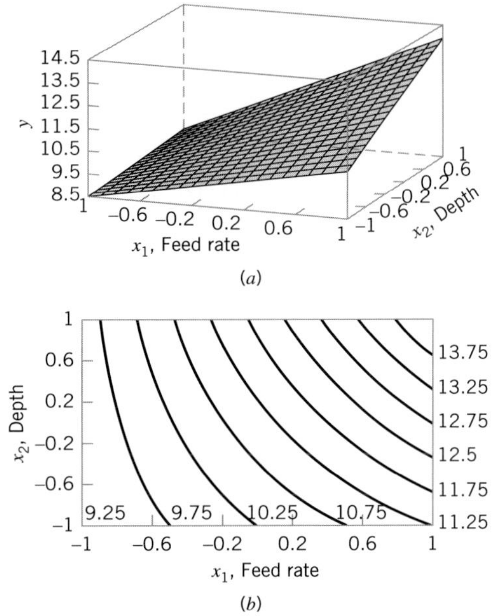


**그림 13.29** (a) $\hat{y} = 11.0625 + 1.6875x_1 + 0.8125x_2 + 0.6875x_1x_2$에 대한 반응표면플롯. (b) 등고선플롯

13.29에서 표면마감 반응값을 최소화하고자 하면 $x_1$과 $x_2$를 '하' 수준에 두면 된다. 그림 13.26에 있는 육각형 플롯의 검사에서 동일한 결론을 얻었다. 그러나 특정한 표면마감 값, 10.25를 얻어야 한다고 가정하자. 그림 13.29*b*는 공정이 등고선 $\hat{y} = 10.25$에서 작동을 허용하는 $x_1$과 $x_2$의 조합이 많이 있다는 것을 보여 준다. 예측 반응값을 $\hat{y} = 10.25$ 또는 근처에 있게 하는 $x_1$과 $x_2$의 조건하에서 $x_1$을 최대화하는 작업조건을 선택할 수 있다. 이것은 공급율을 최대로 하여 생산비율을 최대로 하면서 표면마감 목적을 만족시킬 수 있기 때문이다.

반응표면모형은 여러 분야에서 사용될 수 있다. 14장에서는 반응표면분석과 이것이 공정향상과 최적화에 어떻게 사용될 수 있는지에 대해 개략적으로 설명한다. 그러나 반응표면분석이 이 단순한 예에서조차 얼마나 유용하게 사용되는지 알아야 한다. 이것은 **모든 실험계획의 목적은 공정의 양적모형의 설정에 있다는 것**을 모든 실험자가 알아야 하는 이유와 같다.

**$2^k$ 설계의 사영** 모든 $2^k$ 설계에서 원래의 변수 중 하나 또는 그 이상의 변수가 제외되면 더 적은 수의 변수를 가진 또 다른 2요인 요인설계로 축소 또는 사영(projection)된다. 일반적으로 이 사영을 통해 남아 있는 요인에 대한 추가적인 판단을 할 수 있다. 예를 들면, 표면마감실험을 고려해 보자. 요인 $C$와 그것의 교호작용은 무시할 만하기 때문에 설계에서 요인 $C$를 제거할 수 있다. 이 결과는 그림 13.25에서 육각형을 $A$–$B$ 평면으로 찌그러뜨리는 것이 되는데 새로운 설계에서 각각 4개의 설계점은 4개의 반복값을 가지게 된다. 일반적으로 $h$개의 요인을 제거하여 $r = k - h$개의 요인이 남으면, $n$개의 반복값을 가진 $2^k$ 설계는 $n2^h$개의 반복값을 가진 $2^r$ 설계로 사영된다.

**효과의 유의성을 판단하는 다른 방법들** 분산분석은 어느 효과가 0이 아닌지를 판단하는 공식적인 방법이지만 두 가지 다른 유용한 방법이 있다. 첫 번째 방법은, 효과의 표준오차를 계산하여 효과의 크기와 비교하는 것이다. 두 번째 방법은 효과의 중요성을 평가하기 위해 정규확률플롯을 사용한다.

$2^k$ 설계에서 효과추정치의 표준오차는

$$s.e.\ (\text{Effect}) = \sqrt{\frac{\hat{\sigma}^2}{n2^{k-2}}} \tag{13.26}$$

이다. 단, $\hat{\sigma}^2$는 실험오차분산 $\sigma^2$의 추정치이다. 일반적으로 분산분석에서 오차(잔차)평균제곱(MSE)을 $\sigma^2$의 추정치 $\hat{\sigma}^2$으로 사용한다.

표면마감실험에서 설명하면, $MS_E = \hat{\sigma}^2 = 2.4375$이고 각 효과의 표준오차는

$$\begin{aligned} s.e.\ (\text{Effect}) &= \sqrt{\frac{\hat{\sigma}^2}{n2^{k-2}}} \\ &= \sqrt{\frac{2.4375}{(2)2^{3-2}}} \\ &= 0.78 \end{aligned}$$

로 계산된다. 따라서 효과추정치에 대한 2배의 표준편차 한계는 다음과 같다.

$$\begin{aligned} A&:\ 3.375 \pm 1.56 \\ B&:\ 1.625 \pm 1.56 \\ C&:\ 0.875 \pm 1.56 \\ AB&:\ 1.375 \pm 1.56 \\ AC&:\ 0.125 \pm 1.56 \\ BC&:\ -0.625 \pm 1.56 \\ ABC&:\ 1.125 \pm 1.56 \end{aligned}$$

이 구간들은 근사적 95% 신뢰구간이다. 이 신뢰구간들에서 두 주효과 $A$와 $B$는 중요하지만 다른 효과는 중요하지 않다는 것을 알 수 있다. 왜냐하면 $A$와 $B$를 제외한 모든 효과에 대한 신뢰구간이 0을 포함하기 때문이다. 이 결과는 예 13.7에서 발견된 것과 유사하다.

정규확률플롯은 효과의 유의성을 판단하기 위해 사용될 수 있다. 이것은 다음 절에서 설명한다.

### 13.5.3 $2^k$ 설계에서의 단일 반복값

요인설계에서 요인의 수가 늘어날수록 추정되어야 하는 효과의 수도 같이 늘어난다. 예를 들어, $2^4$ 설계에는 4개의 주효과와 6개의 2요인 교호작용, 4개의 3요인 교호작용, 1개의 4요인 교호작용이 있다. 또한 $2^6$ 설계에는 6개의 주효과와 15개의 2요인 교호작용, 20개의 3요인 교호작용, 15개의 4요인 교호작용, 6개의 5요인 교호작용, 그리고 1개의 6요인 교호작용이 있다. 대부분의 설계에서는 효과의 희박성 원칙(sparsity of effect principle)

이 적용된다. 즉, 시스템은 일반적으로 주효과와 낮은 차수의 교호작용에 의해 지배된다. 3요인과 그 이상 차수의 교호작용은 일반적으로 무시된다. 그러므로 요인의 수가 어느 정도 크면, 즉 $k \geq 4$ 또는 5일 때 통상적 방법은 $2^k$ 설계에서 단일 반복값만을 취한 다음 고차의 교호작용들을 합쳐서 오차의 추정치로 사용하는 것이다.

### 예 13.8 플라스마(plasma) 식각(etching)

학회지 *Solid State Technology*에 게재된 논문("Orthogonal Design for Process Optimization and Its Application in Plasma Etching", May 1987, pp 127–132)에는 식각 공정을 개발하는 데 요인설계의 사용을 설명하고 있다. 이 공정은 $C_2F_6$를 반응가스로 사용한다. 이 실험에서는 가스의 유입속도($C_2F_6$ flow), 음극에 적용되는 힘(power), 반응기내의 압력(pressure), 양극과 음극 간의 간격(gap) 등을 다르게 할 수 있다. 몇 가지 반응 변수들이 이 공정에서 관심이 있지만 여기서는 실리콘 질소화물에 대한 식각율(etch rate)에만 집중한다. 4개의 공정변수를 가진 식각 공정의 성과를 특성화하기 위한 적절한 실험을 수행한다.

**풀이**

이 논문의 저자는 이 공정을 연구하기 위해 $2^4$ 설계에서 단일 반복값을 사용하였다. 3요인 또는 4요인 교호작용이 유의하기는 어려우므로 이 교호작용들은 합쳐서 오차의 추정치로 사용한다. 실험에 사용된 요인의 수준은 다음의 표와 같다.

| Design Factor Level | Gap *A* (cm) | Pressure *B* (m Torr) | $C_2F_6$ Flow *C* (SCCM) | Power *D* (W) |
|---|---|---|---|---|
| Low (−) | 0.80 | 450 | 125 | 275 |
| High (+) | 1.20 | 550 | 200 | 325 |

표 13.15는 $2^4$ 설계에서 16개의 설계점에 대한 데이터를 보여 준다. 이 설계는 그림 13.30에 도형적으로 나타나 있다. 표 13.16은 $2^4$ 설계에 대한 '+'와 '−' 부호의 표이다. 이 표의 열에 있는 부호들은 요인효과를 추정하는 데 사용된다. 설명하자면, 요인 A의 간격(gap)의 효과는

$$
\begin{aligned}
A &= \frac{1}{8}[a + ab + ac + abc + ad + abd + acd + abcd - (1) - b \\
&\quad -c - d - bc - bd - cd - bcd] \\
&= \frac{1}{8}[669 + 650 + 642 + 635 + 749 + 868 + 860 + 729 - 550 \\
&\quad -604 - 633 - 601 - 1{,}037 - 1{,}052 - 1{,}075 - 1{,}063] \\
&= -101.625
\end{aligned}
$$

이다.

따라서 양극과 음극 간의 간격이 0.80 cm에서 1.20 cm로 커지는 효과는 식각율을 101.625 Å/minute 감소시키게 된다. 모든 효과의 추정치는 다음과 같이 계산된다.

**표 13.15** 플라스마 식각실험에 대한 $2^4$ 설계

| Run | *A* (Gap) | *B* (Pressure) | *C* ($C_2F_6$ flow) | *D* (Power) | Etch Rate (Å/min) |
|---|---|---|---|---|---|
| 1 | −1 | −1 | −1 | −1 | 550 |
| 2 | 1 | −1 | −1 | −1 | 669 |
| 3 | −1 | 1 | −1 | −1 | 604 |
| 4 | 1 | 1 | −1 | −1 | 650 |
| 5 | −1 | −1 | 1 | −1 | 633 |
| 6 | 1 | −1 | 1 | −1 | 642 |
| 7 | −1 | 1 | 1 | −1 | 601 |
| 8 | 1 | 1 | 1 | −1 | 635 |
| 9 | −1 | −1 | −1 | 1 | 1,037 |
| 10 | 1 | −1 | −1 | 1 | 749 |
| 11 | −1 | 1 | −1 | 1 | 1,052 |
| 12 | 1 | 1 | −1 | 1 | 868 |
| 13 | −1 | −1 | 1 | 1 | 1,075 |
| 14 | 1 | −1 | 1 | 1 | 860 |
| 15 | −1 | 1 | 1 | 1 | 1,063 |
| 16 | 1 | 1 | 1 | 1 | 729 |

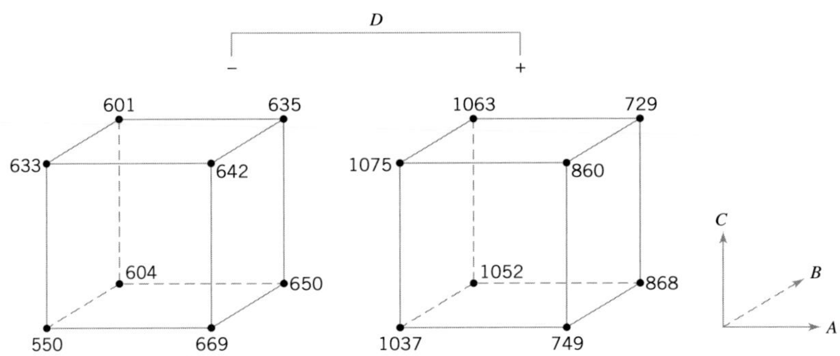


**그림 13.30** 예 13.8의 $2^4$ 설계. 식각율 값은 육면체의 모서리에 표시되어 있다.

**표 13.16** $2^4$ 설계에서 대조상수표

| Run | | *A* | *B* | *AB* | *C* | *AC* | *BC* | *ABC* | *D* | *AD* | *BD* | *ABD* | *CD* | *ACD* | *BCD* | *ABCD* |
|---|---|---|---|---|---|---|---|---|---|---|---|---|---|---|---|---|
| 1 | (1) | − | − | + | − | + | + | − | − | + | + | − | + | − | − | + |
| 2 | *a* | + | − | − | − | − | + | + | − | − | + | + | + | + | − | − |
| 3 | *b* | − | + | − | − | + | − | + | − | + | − | + | + | − | + | − |
| 4 | *ab* | + | + | + | − | − | − | − | − | − | − | − | + | + | + | + |
| 5 | *c* | − | − | + | + | − | − | + | − | + | + | − | − | + | + | − |
| 6 | *ac* | + | − | − | + | + | − | − | − | − | + | + | − | − | + | + |
| 7 | *bc* | − | + | − | + | − | + | − | − | + | − | + | − | + | − | + |
| 8 | *abc* | + | + | + | + | + | + | + | − | − | − | − | − | − | − | − |
| 9 | *d* | − | − | + | − | + | + | − | + | − | − | + | − | + | + | − |
| 10 | *ad* | + | − | − | − | − | + | + | + | + | − | − | − | − | + | + |
| 11 | *bd* | − | + | − | − | + | − | + | + | − | + | − | − | + | − | + |
| 12 | *abd* | + | + | + | − | − | − | − | + | + | + | + | − | − | − | − |
| 13 | *cd* | − | − | + | + | − | − | + | + | − | − | + | + | − | − | + |
| 14 | *acd* | + | − | − | + | + | − | − | + | + | − | − | + | + | − | − |
| 15 | *bcd* | − | + | − | + | − | + | − | + | − | + | − | + | − | + | − |
| 16 | *abcd* | + | + | + | + | + | + | + | + | + | + | + | + | + | + | + |

표 13.17 플라스마 식각실험에 대한 분산분석

| Source of Variation | Sum of Squares | Degrees of Freedom | Mean Square | $F_0$ |
|---|---|---|---|---|
| $A$ | 41,310.563 | 1 | 41,310.563 | 20.28 |
| $B$ | 10.563 | 1 | 10.563 | < 1 |
| $C$ | 217.563 | 1 | 217.563 | < 1 |
| $D$ | 374,850.063 | 1 | 374,850.063 | 183.99 |
| $AB$ | 248.063 | 1 | 248.063 | < 1 |
| $AC$ | 2,475.063 | 1 | 2,475.063 | 1.21 |
| $AD$ | 94,402.563 | 1 | 99,402.563 | 46.34 |
| $BC$ | 7,700.063 | 1 | 7,700.063 | 3.78 |
| $BD$ | 1.563 | 1 | 1.563 | < 1 |
| $CD$ | 18.063 | 1 | 18.063 | < 1 |
| Error | 10,186.815 | 5 | 2,037.363 | |
| Total | 531,420.938 | 15 | | |

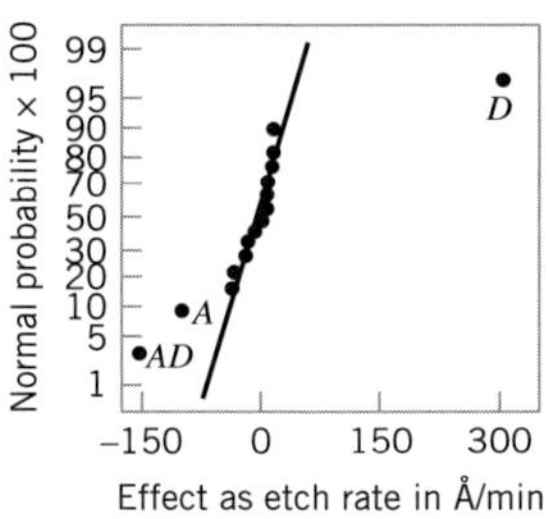


그림 13.31 예 13.8 효과의 정규확률플롯

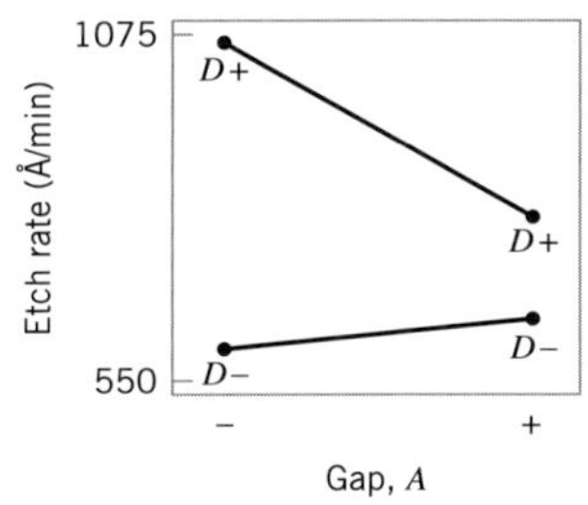


그림 13.32 플라스마 식각실험에서 교호작용 $AD$

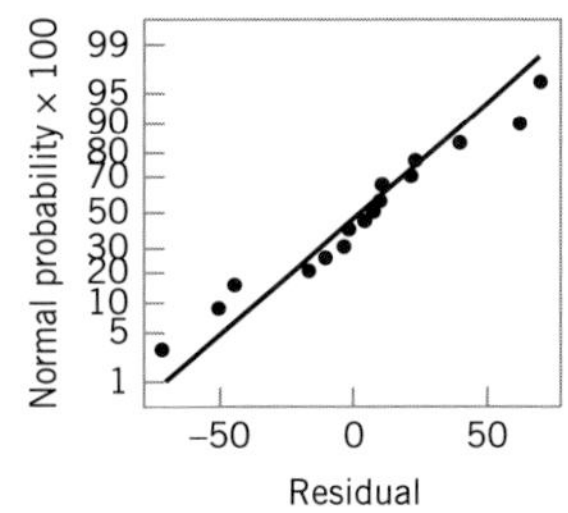


그림 13.33 예 13.8 잔차의 정규확률플롯

$$
\begin{array}{rlrl}
A = & -101.625 & AD = & -153.625 \\
B = & -1.625 & BD = & -0.625 \\
AB = & -7.875 & ABD = & 4.125 \\
C = & 7.375 & CD = & -2.125 \\
AC = & -24.875 & ACD = & 5.625 \\
BC = & -43.875 & BCD = & -25.375 \\
ABC = & -15.625 & ABCD = & -40.125 \\
D = & 306.125 & &
\end{array}
$$

$2^k$ 설계에서 요인의 유의성을 판단하는 데 매우 도움이 되는 방법은 효과추정치를 사용하여 **정규확률플롯**을 작성하는 것이다. 어떤 효과도 유의하지 않다면, 추정치는 평균이 0인 정규분포에서 얻은 확률표본처럼 나타나고 그려진 점들은 근사적으로 직선을 따라 놓이게 될 것이다. 이때 직선의 주위에 나타나지 않는 효과들은 유의한 요인을 의미한다.

플라스마 식각실험에서 효과추정치에 대한 정규확률플롯은 그림 13.31에 나타나 있다. 주효과 $A$, $D$, 교호작용 $AD$가 다른 점들을 지나는 직선으로부터 멀리 떨어져 있으므로 유의하다는 것을 알 수 있다. 표 13.17에 요약된 분산분석표에서도 이러한 내용을 확인할 수 있다. 분산분석에서 3요인과 4요인 교호작용을 합쳐서 오차 평균제곱을 형성함을 주목할 필요가 있다. 만일 정규확률플롯에서 이 교호작용들 중 어떤 것도 중요하다고 나타나면 그것들은 오차항에 포함되어서는 안 된다.

요인 $A$의 효과는 $A = -101.625$이므로 간격이 증가하면 식각율을 감소시키는 효과가 있다. 그러나 $D = 306.125$이므로 힘을 증가시키면 식각율은 증가한다. 그림 13.32는 교호작용 $AD$에 대한 그림이다. '하' 수준의 힘에서 간격의 효과는 작지만 '상' 수준의 힘에서 간격을 증가시키면 식각율을 극적으로 감소시킨다. 즉, 높은 식각율은 '상'

수준의 힘과 '하' 수준의 간격에서 얻을 수 있다.

이 실험에서 회귀모형은 다음과 같이 얻어진다.

$$\hat{y} = 776.0625 - \left(\frac{101.625}{2}\right)x_1 + \left(\frac{306.125}{2}\right)x_4 - \left(\frac{153.625}{2}\right)x_1x_4$$

예를 들면, 두 요인의 수준이 모두 '하'일 때는 이 모형으로부터 예측값은

$$\begin{aligned}\hat{y} &= 776.0625 - \left(\frac{101.625}{2}\right)(-1) + \left(\frac{306.125}{2}\right)(-1)\\ &\quad - \left(\frac{153.625}{2}\right)(-1)(-1)\\ &= 597\end{aligned}$$

이 되고, 이 설계점에서 4개의 잔차는

$$\begin{aligned}e_1 &= 550 - 597 = -47\\ e_2 &= 604 - 597 = 7\\ e_3 &= 633 - 597 = 36\\ e_4 &= 601 - 597 = 4\end{aligned}$$

이 된다. 다른 3개의 설계점(($A$ '상', $D$ '하'), ($A$ '하', $D$ '상'), ($A$ '상', $D$ '상'))에서의 잔차도 유사하게 계산된다. 잔차에 대한 정규확률플롯은 그림 13.33에 나타나 있고 만족스러운 결과를 보여준다.

### 13.5.4 $2^k$ 설계에서 중심점의 추가

2요인 요인설계의 사용에서 잠재적인 관심은 요인효과의 선형성의 가정에 있다. 물론, 완벽한 선형성은 불필요하지만, 선형성의 가정이 근사적으로만 성립하여도 $2^k$ 시스템은 잘 적용될 수 있다. 실제로, 교호작용이 주효과 모형에 추가될 때 반응표면모형에서 곡면형태가 나타나는 것을 이미 보았다. $2^k$ 모형은 주효과와 교호작용효과를 지원하기 때문에 곡면형태에 대한 고려는 이미 이 계획에 포함되어 있다고 할 수 있다.

어떤 시스템이나 공정에서는 적절한 모형을 얻기 위해 **2차원 효과**(second-order effect)를 포함시키는 것이 필요할 수 있다. 요인의 수가 $k = 2$인 경우를 생각해 보자. 2차원 효과를 포함한 모형은 다음과 같다.

$$y = \beta_0 + \beta_1 x_1 + \beta_2 x_2 + \beta_{12} x_1 x_2 + \beta_{11} x_1^2 + \beta_{22} x_2^2 + \varepsilon \qquad (13.27)$$

단, $\beta_{11}$과 $\beta_{22}$는 순 제곱항의 효과를 측정한다. 식 13.27은 **2차 반응표면모형**이다. 제곱항이 있는 모형을 적합하기 위해서는 모든 요인이 적어도 3수준에서 관측되어야 하기 때문에 이 모형은 $2^2$ 설계를 사용해서 적합할 수 없다. 그러나 식 13.27에서 순 제곱항이 필요한가를 결정할 수 있는 것은 중요하다.

순 제곱항이 필요한가를 결정할 수 있다는 의미에서 순 제곱항이 있는 경우에 대비할 수 있는 방법으로 $2^k$ 요인설계에 하나의 설계점을 추가하는 방법이 있다. 뿐만 아니라 이 점에서 반복값을 얻으면 독립적인 실험오차를 얻을 수 있다. 이 방법은 $2^k$ 설계에 **중심점**(center point)을 추가하는 것이다. 이 중심점은 점 $x_i = 0(i = 1, 2, ..., k)$에 $n_C$개의 반복값을 측정하는 것이다. 설계점들의 중심위치에 반복값이 있는 설계점을 추가하는 중요한

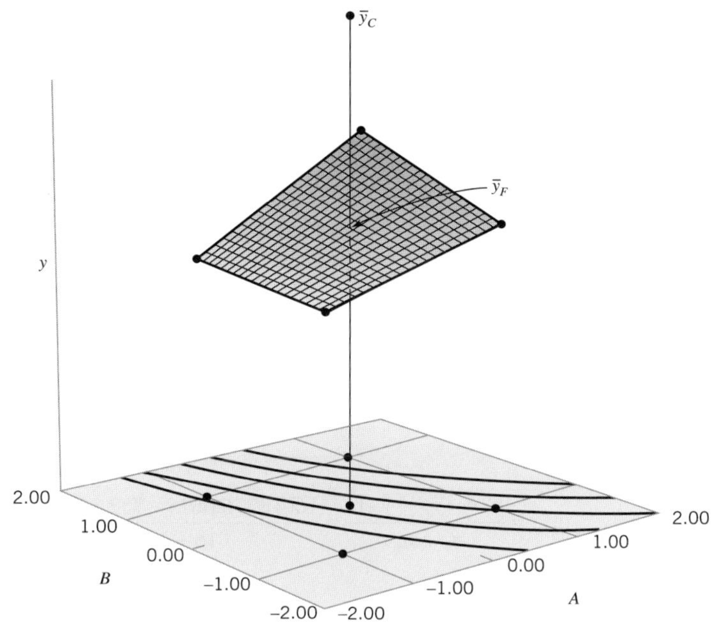


**그림 13.34**
$2^2$ 설계에서 중심점

이유는 $2^k$ 설계의 기존의 효과추정치에 영향을 주지 않기 때문이다. 여기서 $k$개의 요인은 **양적**인 변수로 가정한다. 그렇지 않으면 요인의 중심값 또는 수준이 존재하지 않기 때문이다.

이 방법을 설명하기 위해 $2^2$ 설계에서 4개의 요인점(factorial point) (−, −), (+, −), (−, +), (+, +)에 각각 하나씩 관측값이 있고 중심점 (0, 0)에 $n_C$개의 관측값이 있는 경우를 고려해 보자. 그림 13.34에 이 경우가 나타나 있다. 이때 $\bar{y}_F$를 4요인점에 있는 4개의 관측값의 평균이라고 하고, $\bar{y}_C$를 중심점에 있는 $n_C$개의 반복값의 평균이라고 하자. 만일 두 값의 차 $\bar{y}_F - \bar{y}_C$가 작으면 중심점은 4개의 요인점으로 형성된 평면의 위 또는 근처에 있다고 할 수 있어 곡면형태가 없다고 판단한다. 반면에 $\bar{y}_F - \bar{y}_C$가 크면 곡면형태가 존재한다. 순 제곱 곡면형태에 대한 자유도 +인 제곱합은 다음 식으로 주어진다.

$$SS_{\text{pure quadratic}} = \frac{n_F n_C (\bar{y}_F - \bar{y}_C)^2}{n_F + n_C} \tag{13.28}$$

단, $n_F$는 설계에서 요인점의 수이다. 이 크기는 곡면형태를 검정하기 위해 오차평균제곱과 비교된다. 구체적으로 $2^k$ 설계의 중심에 점들이 추가되면 다음 모형을 고려할 수 있다.

$$y = \beta_0 + \sum_{j=1}^{k} \beta_j x_j + \sum_{i<j}\sum \beta_{ij} x_i x_j + \sum_{j=1}^{k} \beta_{jj} x_j^2 + \varepsilon$$

단, $\beta_{jj}$는 순 제곱효과이다. 곡면형태에 대한 검정은 가설

$$H_0: \sum_{j=1}^{k} \beta_{jj} = 0$$

$$H_1: \sum_{j=1}^{k} \beta_{jj} \neq 0$$

을 검정하는 것이 된다. 뿐만 아니라, 설계에서 요인점에 반복이 없으면 $n_C$개의 중심점을 사용하여 자유도 $n_C - 1$인 오차추정치를 구하는 데 사용한다.

### 예 13.9 $2^k$ 설계에서 중심점의 추가

표 13.18은 예 13.8의 반복이 없는 원래의 $2^4$ 설계에 $n_C = 4$개의 중심점을 추가한 수정된 데이터이다. 이 데이터를 분석하고 결론을 유도하라.

**풀이**

이 중심점의 평균은 $\bar{y}_C = 752.75$이고 16개의 요인점에 대한 평균은 $\bar{y}_F = 776.0625$이다. 식 13.28로부터 곡면제곱합은

$$SS_{\text{pure quadratic}} = \frac{n_F n_C (\bar{y}_F - \bar{y}_C)^2}{n_F + n_C} = \frac{16(4)(776.0625 - 752.75)^2}{16+4}$$
$$= 1,739.1$$

이다. 또한 실험오차의 추정치는 4개의 중심점의 표본분산을 계산하여 다음과 같이 얻는다.

$$\hat{\sigma}^2 = \frac{\sum_{i=17}^{20} (y_i - 752.75)^2}{3} = \frac{3,122.7}{3} = 1,040.92$$

이 오차의 추정치는 자유도 $n_C - 1 = 4 - 1 = 3$을 가진다.

순 제곱항의 제곱합과 오차의 추정치는 이 실험계획에 대한 분산분석에 혼합되어 사용된다. 여전히 요인효과의 정규확률플롯은 중요한 요인을 식별하는 데 사용된다. 이 플롯의 작성은 중심점의 추가에 영향을 받지 않아서, 여전히 $A$(Gap), $D$(Power), 교호작용 $AD$가 중요한 효과로 식별된다.

표 13.19는 이 실험의 분산분석에 대한 미니탭의 결과이다. 이 분석에서 모든 4개의 주효과와 모든 6개의 2요인 교호작용이 모형에 포함되었다(예 13.8에서와 동일함. 표 13.17 참조). 표 13.19에서 식 13.28의 순 제곱항의 제곱합은 'Curvature'로 표기되고, $n_c = 4$개의 중심점으로 계산된 오차의 추정치는 'Pure Error'로 표기되어 있다. 이 표에서 'Lack of Fit' 제곱합은 실제로는 3요인과 4요인 교호작용에 대한 제곱합의 합을 나타내고 있다. 적합결여(lack-of-fit)에 대한 $F$검정은

$$F_0 = \frac{MS_{\text{lack of fit}}}{MS_{\text{pure error}}} = \frac{2,037}{1,041} = 1.96$$

이고 유의하지 않아, 고차(3차 또는 4차)의 교호작용이 필요하지 않다는 것을 보여 준다. 이 프로그램은 순 오차(pure error)와 적합결여 제곱합을 더하여 자유도가 8인 잔차제곱합을 형성한다. 이 잔차제곱합은 순 제곱곡면을 검정하기 위해 검정통계량을 다음과 같이 계산한다.

$$F_0 = \frac{MS_{\text{curvature}}}{MS_{\text{residual}}} = \frac{1,739}{1,664} = 1.05$$

이 $F$값에 대한 표 13.19에 있는 유의확률에서 순 제곱곡면은 입증되지 않음을 알 수 있다.

표 13.19의 위 부분은 각 모형의 효과에 대한 회귀계수, $t$값, 유의확률을 나타내고 있다. 여기서도 주효과 $A$와 $D$, 교호작용 $AD$가 3개의 가장 큰 효과임이 분명하게 나타나 있다.

표 13.18 플라스마 식각실험의 $2^4$ 설계

| Run | A (Gap) | B (Pressure) | C ($C_2F_6$ flow) | D (Power) | Etch Rate (Å/min) |
|---|---|---|---|---|---|
| 1 | −1 | −1 | −1 | −1 | 550 |
| 2 | 1 | −1 | −1 | −1 | 669 |
| 3 | −1 | 1 | −1 | −1 | 604 |
| 4 | 1 | 1 | −1 | −1 | 650 |
| 5 | −1 | −1 | 1 | −1 | 633 |
| 6 | 1 | −1 | 1 | −1 | 642 |
| 7 | −1 | 1 | 1 | −1 | 601 |
| 8 | 1 | 1 | 1 | −1 | 635 |
| 9 | −1 | −1 | −1 | 1 | 1,037 |
| 10 | 1 | −1 | −1 | 1 | 749 |
| 11 | −1 | 1 | −1 | 1 | 1,052 |
| 12 | 1 | 1 | −1 | 1 | 868 |
| 13 | −1 | −1 | 1 | 1 | 1,075 |
| 14 | 1 | −1 | 1 | 1 | 860 |
| 15 | −1 | 1 | 1 | 1 | 1,063 |
| 16 | 1 | 1 | 1 | 1 | 729 |
| 17 | 0 | 0 | 0 | 0 | 706 |
| 18 | 0 | 0 | 0 | 0 | 764 |
| 19 | 0 | 0 | 0 | 0 | 780 |
| 20 | 0 | 0 | 0 | 0 | 761 |

표 13.19 예 13.9에서 미니탭을 이용하여 작성한 분산분석 결과

Estimated Effects and Coefficients for Etch Rate (coded units)

| Term | Effect | Coef | SE Coef | T | P |
|---|---|---|---|---|---|
| Constant | | 776.06 | 10.20 | 76.11 | 0.000 |
| A | −101.62 | −50.81 | 10.20 | −4.98 | 0.001 |
| B | −1.63 | −0.81 | 10.20 | −0.08 | 0.938 |
| C | 7.37 | 3.69 | 10.20 | 0.36 | 0.727 |
| D | 306.12 | 153.06 | 10.20 | 15.01 | 0.000 |
| A*B | −7.88 | −3.94 | 10.20 | −0.39 | 0.709 |
| A*C | −24.88 | −12.44 | 10.20 | −1.22 | 0.257 |
| A*D | −153.63 | −76.81 | 10.20 | −7.53 | 0.000 |
| B*C | −43.87 | −21.94 | 10.20 | −2.15 | 0.064 |
| B*D | −0.63 | −0.31 | 10.20 | −0.03 | 0.976 |
| C*D | −2.13 | −1.06 | 10.20 | −0.10 | 0.920 |
| Ct Pt | | −23.31 | 22.80 | −1.02 | 0.337 |

Analysis of Variance for Etch (coded units)

| Source | DF | Seq SS | Adj SS | Adj MS | F | P |
|---|---|---|---|---|---|---|
| Main Effects | 4 | 416,389 | 416,389 | 104,097 | 62.57 | 0.000 |
| 2-Way Interactions | 6 | 104,845 | 104,845 | 17,474 | 10.50 | 0.002 |
| Curvature | 1 | 1,739 | 1,739 | 1,739 | 1.05 | 0.337 |
| Residual Error | 8 | 13,310 | 13,310 | 1,664 | | |
| Lack of Fit | 5 | 10,187 | 10,187 | 2,037 | 1.96 | 0.308 |
| Pure Error | 3 | 3,123 | 3,123 | 1,041 | | |
| Total | 19 | 536,283 | | | | |

### 13.5.5 $2^k$ 설계에서 블록화와 교락

$2^k$ 요인설계에서 일정하고도 동질의 조건하에서 모든 관측값을 얻는 것이 불가능할 때가 종종 있다. 예를 들면, 모든 검사를 한 번에 수행하거나 동일한 배치(batch) 내의 재료를 사용하는 것이 불가능할 수 있다. 이런 문제가 발생하면, **블록화**(blocking)는 이질적 조건에 의해 발생하는 원하지 않는 변동을 제거하는 탁월한 방법이 된다. 설계에 반복이 있고 블록이 충분한 크기라면, 한 가지 방법은 한 **블록**(동질의 조건)에 한 세트의 반복값을 관측하는 것이다. 예를 들어 반복값이 2인 $2^3$설계에서 각 관측값을 얻는 데에 한 시간씩이 소요된다고 가정하자. 첫 번째 반복값 8개의 관측값을 하루에 얻고, 두 번째 반복값 8개의 관측값을 다음 날에 얻는다면, 2일간의 공정 작업에서 어떤 시간적 효과나 차이도 제거된다. 따라서 이 설계에서는 2일이 2개의 블록이 되고 2일 동안 두 세트의 반응값들의 차이는 블록효과가 된다.

요인설계의 완전한 반복은 동질의 조건하에서 실행할 수 없는 경우가 종종 있다. **교락**(confounding)은 요인실험을 블록으로 실행하는 방법인데, 이때 블록의 수는 하나의 완전한 반복값의 수보다 적다. 이 기술은 어떤 교호작용이 서로 구분되지 않거나 또는 블록과 교락이 발생한다. $2^k$ 요인설계가 $2^p$개의 블록($p < k$)에서 발생하는 교락에 대해 설명한다.

$2^2$ 설계를 고려해 보자. $2^2 = 4$개의 관측값이 각각 4시간의 실험실 분석이 필요하여, 이 실험을 완수하는 데 2일이 필요하다. 이때 날짜는 블록으로 간주되어 하루에 2개씩의 실험이 배당되어야 한다.

그림 13.35에 있는 $2^2$ 설계를 보자. 블록 1에는 설계점 (1)과 $ab$가 배당되고 블록 2에는 $a$와 $b$가 있다. 주효과 $A$와 $B$를 추정하는 대조는

$$\text{Contrast}_A = ab + a - b - (1)$$
$$\text{Contrast}_B = ab + b - a - (1)$$

이다. 이 대조들은 블록에 의해 영향을 받지 않는다. 왜냐하면, 각 대조에는 각 블록으로부터 하나의 '+'와 하나의 '−'가 있기 때문이다. 즉, 블록 1과 블록 2의 어떤 차이도 서로 상쇄된다. 교호작용 AB에 대한 대조는

$$\text{Contrast}_{AB} = ab + (1) - a - b$$

이다. 블록 1에는 2개의 설계점 $ab$와 (1)이 '+' 부호이고 블록 2에는 2개의 설계점 $a$와 $b$가

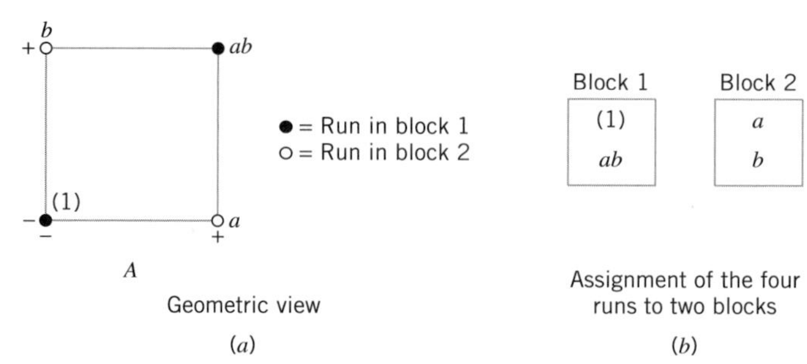


그림 13.35
두 개 블록인 $2^2$ 설계

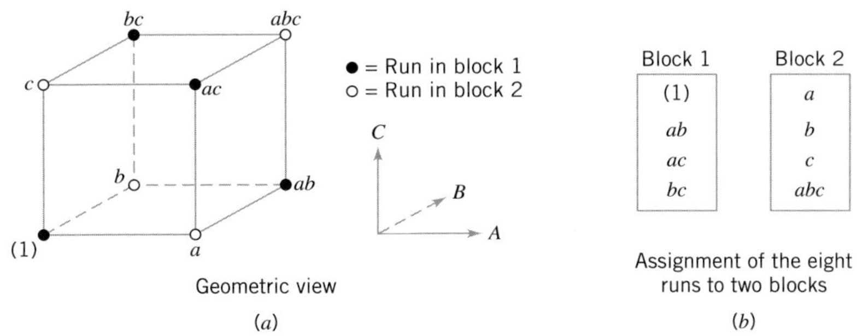


**그림 13.36**
교락된 $ABC$와 두 개 블록인 $2^3$ 설계

'–'부호이므로 블록 효과와 교호작용효과는 동일하다. 즉, 교호작용 $AB$는 블록과 교락되어 있다.

이것에 대한 이유는 표 13.7에 있는 설계에 대한 '+', '–' 부호표에서 명확하게 알 수 있다. 이 표에서 $AB$에 '+' 부호가 있는 모든 설계점이 블록 1에 배당되고, '–' 부호가 있는 모든 설계점이 블록 2에 배당됨을 알 수 있다.

이 구조는 어떤 $2^k$ 설계도 2개의 블록에 교락시킬 수 있다. 두 번째 예로서 2개의 블록이 있는 $2^3$ 설계를 보자. 이제 3요인 교호작용 $ABC$를 블록과 교락시켜 보자. 표 13.11에 있는 부호표로부터, $ABC$의 '2' 설계점은 블록 1에, '+' 설계점은 블록 2에 배당한다. 이 결과는 그림 13.36에 나타나 있다.

블록을 형성하는 데 일반적인 지침은 주효과와 낮은 차수의 교호작용이 블록과 교락되지 않도록 (즉, 가능하면 높은 차수의 교호작용이 블록과 교락되도록) 블록에 설계점을 배당하는 것이다.

## 13.6 $2^k$ 설계의 부분실시

$2^k$ 설계에서 요인 수가 증가할수록 설계점의 수는 급격히 증가한다. 예를 들면 $2^5$ 설계에는 32개의 설계점이 필요하다. 이 설계에서 주효과에는 5개의 자유도만, 그리고 2요인 교호작용에는 10개의 자유도만 해당된다. 그러므로 일정 이상 높은 차수의 교호작용이 무시될 수 있다면 완전한 $2^k$ 설계점보다 적은 부분요인설계(fractional factorial design)로 주

**표 13.20**
$2^3$ 요인설계에서 +와 – 부호

| | Factorial Effect | | | | | | | |
|---|---|---|---|---|---|---|---|---|
| **Run** | ***I*** | ***A*** | ***B*** | ***C*** | ***AB*** | ***AC*** | ***BC*** | ***ABC*** |
| a | + | + | − | − | − | − | + | + |
| b | + | − | + | − | − | + | − | + |
| c | + | − | − | + | + | − | − | + |
| abc | + | + | + | + | + | + | + | + |
| ab | + | + | + | − | + | − | − | − |
| ac | + | + | − | + | − | + | − | − |
| bc | + | − | + | + | − | − | + | − |
| (1) | + | − | − | − | + | + | + | − |

효과와 낮은 차수의 교호작용에 관한 정보를 얻을 수 있다. 이 절에서는 $2^k$ 설계의 부분실시에 대해 설명한다.

### 13.6.1 $2^k$ 설계의 1/2 실시

$2^k$ 설계의 1/2 실시는 $2^{k-1}$개의 설계점을 포함하고 있으며 $2^{k-1}$ 부분요인설계라고 한다. 예로서 $2^{3-1}$ 설계는 $2^3$ 설계의 1/2 부분실시이다. 표 13.20은 $2^3$ 완전요인설계에 대한 부호표이다. 이 설계에서 1/2 부분으로 $a, b, c, abc$ 4개의 설계점을 선택한다고 하자. 이 설계점들은 표 13.20의 위쪽 절반에 해당하고 그림 13.37$a$에 도형적으로 나타나 있다.

$2^{3-1}$ 설계는 $ABC$ 효과에서 부호가 '+'인 설계점만으로 구성되어 있다. 따라서 $ABC$는 이 특정한 부분에 대한 **생성자**(generator)라고 한다. 뿐만 아니라 항등원소 $I$도 이 4개의 설계점에서 '+'이므로

$$I = ABC$$

를 이 설계의 **정의관계**(defining relation)라고 한다.

$2^{3-1}$ 설계의 설계점에서 주효과는 자유도가 3이다. 표 13.20에서 다음과 같이 대조를 사용하여 주효과에 대한 추정치를 구한다.

$$A = \frac{1}{2}[a - b - c + abc]$$
$$B = \frac{1}{2}[-a + b - c + abc]$$
$$C = \frac{1}{2}[-a - b + c + abc]$$

2요인 교호작용의 효과도 다음과 같이 대조를 사용하여 구한다.

$$BC = \frac{1}{2}[a - b - c + abc]$$
$$AC = \frac{1}{2}[-a + b - c + abc]$$
$$AB = \frac{1}{2}[-a - b + c + abc]$$

위 식에서 $A$의 대조와 $BC$의 대조가 동일하고, $B$와 $AC$, 그리고 $C$와 $AB$의 대조가 동일

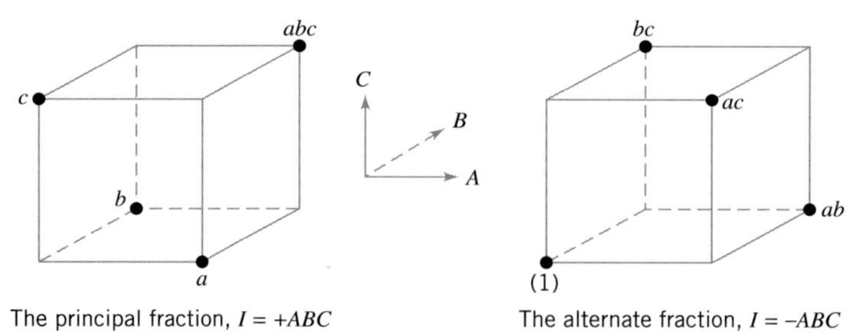


**그림 13.37**
$2^3$ 설계의 1/2 부분실시

함을 알 수 있다. 이러한 경우에는 $A$와 $BC$의 추정치를 $[A]$, $B$와 $AC$의 추정치를 $[B]$, $C$와 $AB$의 추정치를 $[C]$로 표기한다. 이것은 하나의 대조가 두 효과의 추정치를 동시에 나타내기 때문에 $[A]$는 $A + BC$를 추정하고, $[B]$는 $B + AC$를, $[C]$는 $C + AB$를 추정함을 알 수 있다. 이와 같이 둘 또는 그 이상의 효과가 하나의 대조에 의해 추정되는 관계를 **별명**(alias)이라고 한다. $2^{3-1}$ 설계에서 $A$와 $BC$는 별명이고, $B$와 $AC$, $C$와 $AB$도 별명이다. 별명은 부분반복의 직접적인 결과이다.

별명관계가 발생하면 별명에 포함된 효과들끼리 교락이 발생하여 각 효과에 대한 추정량을 구하지 못하게 된다. 부분실시에서는 별명관계를 피할 수 없으나, 대안으로 주효과와 낮은 차수의 교호작용이 높은 차수의 교호작용(아마도 무시할 만한)과 별명관계를 가질 수 있게 부분요인설계를 선택하는 것은 가능하다.

$2^{3-1}$ 부분요인설계에서 별명구조는 정의관계 $I = ABC$를 사용하여 파악할 수 있다. 어떤 효과에 대해서도 정의관계를 곱하면 그 효과의 별명이 발생한다. 예를 들면,

$$A = A \cdot ABC = A^2BC = BC$$

단, $A \cdot I = A$이고 $A^2 = I$이다. 효과 $B$와 $C$에 대한 별명은 각각

$$B = B \cdot ABC = AB^2C = AC$$

와

$$C = C \cdot ABC = ABC^2 = AB$$

이다.

이제 다른 1/2 부분을 선택하는 경우를 생각해 보자. 즉, 표 13.20에서 $ABC$열의 '−' 부호를 가진 설계점들이 선택된 경우이다. 이 설계는 그림 13.37*b*에 나타나 있다. 이 설계의 결정관계는 $I = -ABC$이다. 별명은 $A = -BC$, $B = -AC$, $C = -AB$이다. 따라서 주효과 $A$, $B$, $C$는 실제로는 $A - BC$, $B - AC$, $C - AB$를 추정하게 된다. 실제로는 2개의 1/2 부분실시 중 어느 부분을 선택하느냐는 문제가 되지 않는다. 결정관계에서 '+' 부호를 가지는 부분을 **주부분**(principal fraction), 다른 부분을 **부부분**(alternate fraction)이라고 한다.

효과를 추정하기 위해 부분요인설계를 연속적으로 사용하기도 한다. 예를 들어, $2^{3-1}$ 설계에서 주부분이 실행되었다고 가정하자. 그러면 이 설계에서 다음과 같은 효과추정치를 얻는다.

$$\begin{aligned}[A] &= A + BC \\ [B] &= B + AC \\ [C] &= C + AB\end{aligned}$$

이때 2요인 교호작용이 무시될 수 있다면 위의 식들은 3개의 주효과 $A$, $B$, $C$의 추정치가 된다. 그러나 2요인 교호작용이 무시될 만한지 알 수 없다면 $2^{3-1}$ 부분요인설계에서 부부분을 추가적으로 실행한다. 부부분에서는 다음과 같은 효과추정치를 얻는다.

$$[A]' = A - BC$$
$$[B]' = B - AC$$
$$[C]' = C - AC$$

이제 2개의 1/2 부분실시에서 얻은 추정치를 종합하여 다음과 같은 결과를 얻는다.

| **Effect, $i$** | $\frac{1}{2}([i] + [i]')$ | $\frac{1}{2}([i] - [i]')$ |
|---|---|---|
| $i = A$ | $\frac{1}{2}(A + BC + A - BC) = A$ | $\frac{1}{2}[A + BC - (A - BC)] = BC$ |
| $i = B$ | $\frac{1}{2}(B + AC + B - AC) = B$ | $\frac{1}{2}[B + AC - (B - AC)] = AC$ |
| $i = C$ | $\frac{1}{2}(C + AB + C - AB) = C$ | $\frac{1}{2}[C + AB - (C - AB)] = AB$ |

즉, 2개의 연속된 부분요인설계를 종합하여 주효과와 2요인 교호작용효과를 분리시킬 수 있게 된다. 이러한 특성은 실험관련 문제에서 부분요인설계를 매우 유용하게 만든다. 이는 작고 효과적인 실험을 순차적으로 수행할 수 있고, 연속적인 여러 가지 실험 정보를 종합할 수 있으며 실험을 진행하면서 얻어지는 공정에 대한 지식을 이용할 수 있기 때문이다.

하나의 $2^{k-1}$ 부분요인설계는 $(k - 1)$개의 요인에 대한 완전요인설계의 처리조합을 적은 다음 $k$번째 요인은 가장 높은 차수의 교호작용 $\pm ABC \cdots (K - 1)$의 부호로 대체하여 구성할 수 있다. 그러므로 $2^{3-1}$ 부분요인설계는 먼저 $2^2$ 완전요인설계를 적고 요인 $C$는 $\pm AB$에 일치시킨다. 따라서 주부분을 생성하기 위해서 $C = +AB$를 사용하여 다음과 같이 생성한다.

| **Full $2^2$** | | **$2^{3-1}, I = ABC$** | | |
|---|---|---|---|---|
| ***A*** | ***B*** | ***A*** | ***B*** | ***C = AB*** |
| − | − | − | − | + |
| + | − | + | − | − |
| − | + | − | + | − |
| + | + | + | + | + |

부부분을 생성하기 위해서는 마지막 열을 $C = -AB$로 일치시킨다.

## 예 13.10 플라스마 식각실험의 1/2 부분실시

1/2 부분실시의 사용을 설명하기 위해 예 13.8에서 설명한 플라스마 식각실험을 고려해 보자. 이 실험에서 4개의 요인, 즉 간격($A$), 압력($B$), $C_2F_6$ 유입속도($C$), 힘($D$)을 조사하기 위해 $I = ABCD$인 $2^{4-1}$ 부분요인설계를 사용한다고 하자.

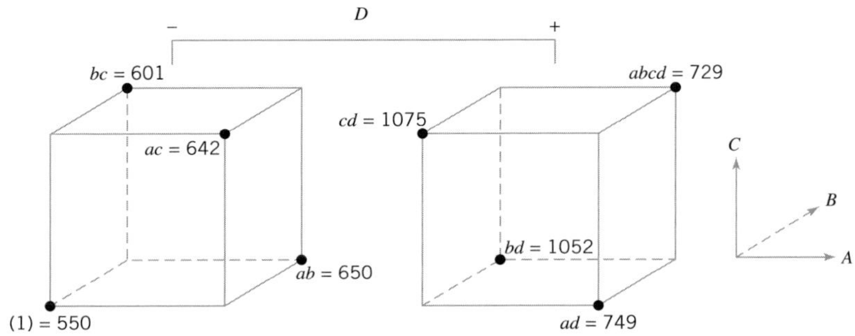


그림 13.38 예 13.10의 $2^{4-1}$ 설계

### 풀이

이 설계는 먼저 요인 $A$, $B$, $C$에 대해 $2^3$ 설계를 구성하고 그 다음 $D = ABC$로 설정한다. 이 설계와 식각율의 결과는 표 13.21에 나타나 있고 그림 13.38에서 도형으로 표현하였다.

이 설계에서 주효과는 3요인 교호작용과 별명관계이므로 각 요인의 별명관계는 다음과 같다.

$$A \cdot I = A \cdot ABCD$$
$$A = A^2BCD$$
$$A = BCD$$

유사한 과정을 통해

$$B = ACD$$
$$C = ABD$$
$$D = ABC$$

가 됨을 알 수 있다. 2요인 교호작용도 서로 별명관계에 있으므로 다음과 같은 별명관계를 알 수 있다. 예를 들어

$$AB \cdot I = AB \cdot ABCD$$
$$AB = A^2B^2CD$$
$$AB = CD$$

$AB$의 별명은 $CD$이다.

$$AC = BD$$
$$AD = BC$$

주효과와 해당하는 별명들의 추정치는 표 13.21의 4개 부호열을 사용하여 계산하는 식으로 구할 수 있다. 예를 들어 열 $A$로부터

$$[A] = A + BCD = \frac{1}{4}(-550 + 749 - 1{,}052 + 650 - 1{,}075 + 642 - 601 + 729)$$
$$= -127.00$$

표 13.21 정의관계 $I = ABCD$를 사용한 $2^{4-1}$ 설계

| Run | | *A* | *B* | *C* | *D* = *ABC* | Etch Rate |
|---|---|---|---|---|---|---|
| 1 | (1) | − | − | − | − | 550 |
| 2 | *ad* | + | − | − | + | 749 |
| 3 | *bd* | − | + | − | + | 1,052 |
| 4 | *ab* | + | + | − | − | 650 |
| 5 | *cd* | − | − | + | + | 1,075 |
| 6 | *ac* | + | − | + | − | 642 |
| 7 | *bc* | − | + | + | − | 601 |
| 8 | *abcd* | + | + | + | + | 729 |

다른 열을 사용하여

$$[B] = B + ACD = 4.00$$
$$[C] = C + ABD = 11.50$$
$$[D] = D + ABC = 290.5$$

위의 값에서 $[A]$와 $[D]$가 확연히 큰 것을 알 수 있고 3요인 교호작용이 무시할 만하다고 판단되면 주효과 $A$와 $D$가 식각율에 유의한 영향을 미친다고 판단한다.

교호작용($AB$, $AC$, $AD$)는 해당되는 2개의 열($A$와 $B$, $A$와 $C$, $A$와 $D$)을 곱하여 열 $AB$, $AC$, $AD$를 만들어서 표에 추가하여 추정한다. 교호작용 열 $AB$의 부호는 +, −, −, +, +, −, −, +이므로 추정치는

$$[AB] = AB + CD = \frac{1}{4}(550 - 749 - 1{,}052 + 650 + 1{,}075 - 642 - 601 + 729) = -10.00$$

또한, 열 $AC$와 $AD$로부터

$$[AC] = AC + BD = -25.50$$
$$[AD] = AD + BC = -197.50$$

추정치 $[AD]$가 가장 크게 나타난다. 이 결과에 대한 가장 간편한 해석은 이것이 교호작용 $AD$라고 판단하는 것이다. 비록 $[AD]$에는 $AD$ 이외에 $BC$도 포함되지만 $B$와 $C$의 두 효과는 유의하지 않기 때문에 $AD$에 의한 효과로 판단한다. 따라서 $2^{4-1}$ 설계에서 얻은 결과는 예 13.8의 완전요인설계의 결과와 일치하게 된다.

**정규확률플롯과 잔차** 정규확률플롯은 부분요인설계에서 효과의 유의성을 평가하는 데 있어서 많은 효과가 추정될 때에 매우 유용하다. 잔차는 앞에서 설명한 회귀모형 방법에 의한 부분요인설계를 사용하여 구할 수 있다. 이 잔차들은 사용하는 모형의 타당성을 평가하거나 실험상황의 추가적인 파악을 위해서 예측값이나 요인의 수준에 대하여 플롯한다.

**$2^{k-1}$ 설계의 사영** 만일 $2^k$ 설계의 1/2로부터 하나 또는 그 이상의 요인이 제거되면, 이 설계는 완전요인에 사영된다. 예를 들면, 그림 13.39는 $2^{3-1}$ 설계를 나타내고 있다. 이 설계는 3개의 원요인 중 어떤 2개의 요인에 대한 완전요인설계로 사영됨을 주목해야 한다. 따라서 3개의 요인 중 최대 2개가 중요할 것이라고 판단되면 $2^{3-1}$ 설계는 유의한 요인을 식별하는 데 아

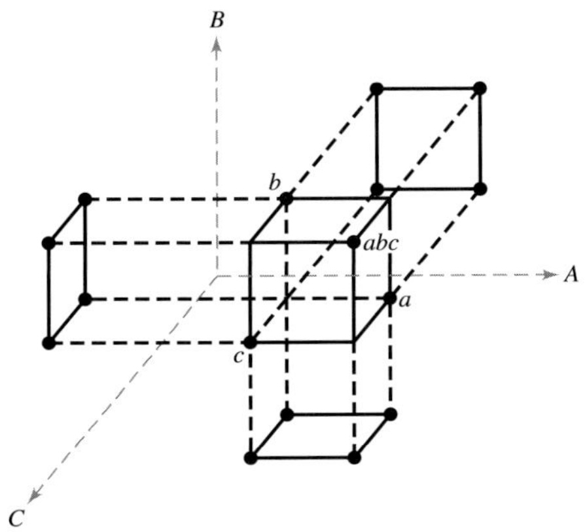


**그림 13.39** 세 가지 $2^2$ 설계에 대한 $2^{3-1}$ 설계의 사영

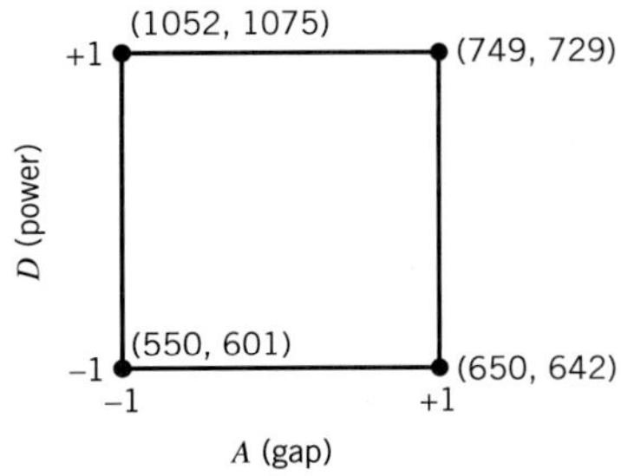


**그림 13.40** 플라스마 식각실험에서 요인 $B$, $C$를 제거한 후의 $2^2$ 설계

주 적절한 설계가 된다. 많은 요인으로부터 상대적으로 적은 수의 유의한 요인을 식별하고자 하는 실험은 **선별실험**(screening experiment)이라고 한다. 이 사영특성은 무시할 만한 요인을 제거할 수 있게 하고 남아 있는 요인에게는 강력한 실험을 제공하기 때문에 선별실험에 아주 유용하다.

예 13.10의 플라스마 식각실험에 사용된 $2^{4-1}$ 설계에서 4개의 요인 중 2개($B$, $C$)를 제거하였다. 이 2개의 요인이 제거되면, 표 13.21에서 남아 있는 열은 요인 $A$와 $D$가 2개의 반복값을 가지는 $2^2$ 요인설계를 형성하게 된다. 이 설계는 그림 13.40에 나타나 있다.

**설계 해상도** 설계 해상도(resolution)의 개념은 부분요인설계에 의해 생성되는 별명 패턴을 분류하는 데 유용하게 사용할 수 있다. 설계 해상도 III, IV, V는 특히 중요하다. 이들에 대한 정의와 예는 다음과 같다.

1. **해상도 I 설계**: 이 설계에서는 어떤 주효과도 다른 주효과와는 별명관계가 없지만, 2요인 교호작용과는 별명관계이고, 2요인 교호작용끼리도 별명관계이다. 정의관계 $I = ABC$인 $2^{3-1}$ 설계는 해상도 III이다. 이 설계에 해상도를 표현하는 방법은 $2_{\text{III}}^{3-1}$으로 표현한다.
2. **해상도 IV 설계**: 이 설계에서는 어떤 주효과도 다른 주효과나 2요인 교호작용과 별명관계가 없지만, 2요인 교호작용끼리는 별명관계가 있다. 예 13.10의 정의관계 $I = ABCD$인 $2^{4-1}$ 설계는 해상도 IV($2_{\text{IV}}^{4-1}$)이다.
3. **해상도 V 설계**: 이 설계에서는 어떤 주효과나 2요인 교호작용이 어떤 다른 주효과나 2요인 교호작용과 별명관계가 없지만, 2요인 교호작용은 3요인 교호작용과 별명관계에 있게 된다. 정의관계 I + ABCDE인 $2^{5-1}$ 설계는 해상도 $V$($2_{\text{V}}^{5-1}$)이다.

해상도 III과 IV 설계는 요인 선별실험에서 특히 중요하다. 해상도 IV 설계는 주효과에 대한 좋은 정보를 제공하고 또한 2요인 교호작용에 대한 정보를 제공하기도 한다.

## 13.6.2 더 작은 부분실시: $2^{k-p}$ 부분요인설계

실험에서 요구되는 설계점의 수를 줄이는 데 $2^{k-1}$ 설계가 유용하더라도 더 작은 부분실시가 거의 대등한 수준의 유익한 정보를 오히려 더 경제적으로 제공한다는 것을 종종 발견한다. 일반적으로, $2^k$ 설계는 $1/2^p$ 부분실시가 될 때 이를 $2^{k-p}$ 부분요인설계라고 한다. 즉, 1/4 부분실시는 $2^{k-2}$ 부분요인설계, 1/8 부분실시는 $2^{k-3}$ 설계, 1/16 부분실시는 $2^{k-4}$ 설계 등이다.

1/4 부분실시를 설명하기 위해 6개의 요인을 가지고 있는 실험을 생각해 보자. 엔지니어는 기본적으로 주효과에 관심이 있지만 2요인 교호작용에 대해서도 정보를 얻고자 한다. 이 문제에서 $2^{6-1}$ 설계는 32개의 설계점을 필요로 하고 효과의 추정에 31개의 자유도를 가진다. 주효과의 수는 6이고 15개의 2요인 교호작용이 있기 때문에 1/2 부분실시는 (너무 많은 설계점이 필요하여) 비효율적이다. 이제 1/4 부분실시, 즉 $2^{6-2}$ 설계를 고려해 보자. 이 설계는 16개의 설계점을 가지고 있으므로 15개의 자유도는 모든 6개의 주효과의 추정과 함께 몇 개의 2요인 교호작용을 검토할 수 있다. 이 설계를 생성하기 위해 요인 $A$, $B$, $C$, $D$에 대해 $2^4$ 설계를 적은 다음, 요인 $E$와 $F$에 대해 2개의 열을 추가한다. 표 13.22를 참고하라. 새로운 열을 표현하기 위해 2개의 설계 생성자 $I = ABCE$와 $I = BCDF$를 선택한다. 즉, 열 $E$는 $E = ABC$에 의해, 열 $F$는 $F = BCD$에 의해 생성된다. 여기서 열 $ABCE$와 $BCDF$는 항등열이 된다. 그러나 $2^k$에 대한 "+"와 "−" 부호표에 있는 어떤 2개의 열의 곱도 다른 한 열에 해당한다. 따라서 열 $ABCE$와 열 $BCDF$의 곱, 즉 $ABCE(BCDF) = AB^2C^2DEF = ADEF$도 항등열이 됨을 알 수 있다. 결론적으로 $2^{6-2}$ 설계의 **완전한 결정관계**는

$$I = ABCD = BCDF = ADEF$$

이 된다. 어떤 효과의 별명관계를 발견하기 위해서는 각 효과에 해당하는 단어를 위의 결

표 13.22 생성자 $I = ABCD$와 $I = BCDF$를 사용한 $2^{6-2}$ 설계의 구조

| Run | $A$ | $B$ | $C$ | $D$ | $E = ABC$ | $F = BCD$ |
|---|---|---|---|---|---|---|
| 1 | − | − | − | − | − | − |
| 2 | + | − | − | − | + | − |
| 3 | − | + | − | − | + | + |
| 4 | + | + | − | − | − | + |
| 5 | − | − | + | − | + | + |
| 6 | + | − | + | − | − | + |
| 7 | − | + | + | − | − | − |
| 8 | + | + | + | − | + | − |
| 9 | − | − | − | + | − | + |
| 10 | + | − | − | + | + | + |
| 11 | − | + | − | + | + | − |
| 12 | + | + | − | + | − | − |
| 13 | − | − | + | + | + | − |
| 14 | + | − | + | + | − | − |
| 15 | − | + | + | + | − | + |
| 16 | + | + | + | + | + | + |

표 13.23 선택된 $2^{k-p}$ 부분요인설계 (from Design and Analysis of Experiments, 10th ed., by D. C. Montgomery, John Wiley, 2020)

| Number of Factors, $k$ | Fraction | Number of Runs | Design Generators | Number of Factors, $k$ | Fraction | Number of Runs | Design Generators |
|---|---|---|---|---|---|---|---|
| 3 | $2^{3-1}_{III}$ | 4 | $C = \pm AB$ | | | | $J = \pm BCEFG$ |
| 4 | $2^{4-1}_{IV}$ | 8 | $D = \pm ABC$ | | $2^{9-3}_{IV}$ | 64 | $G = \pm ABCD$ |
| 5 | $2^{5-1}_{V}$ | 16 | $E = \pm ABCD$ | | | | $H = \pm ACEF$ |
| | $2^{5-2}_{III}$ | 8 | $D = \pm AB$ | | | | $J = \pm CDEF$ |
| | | | $E = \pm AC$ | | $2^{9-4}_{IV}$ | 32 | $F = \pm BCDE$ |
| 6 | $2^{6-1}_{VI}$ | 32 | $F = \pm ABCDE$ | | | | $G = \pm ACDE$ |
| | $2^{6-2}_{IV}$ | 16 | $E = \pm ABC$ | | | | $H = \pm ABDE$ |
| | | | $F = \pm BCD$ | | | | $J = \pm ABCE$ |
| | $2^{6-3}_{III}$ | 8 | $D = \pm AB$ | | $2^{9-5}_{III}$ | 16 | $E = \pm ABC$ |
| | | | $E = \pm AC$ | | | | $F = \pm BCD$ |
| | | | $F = \pm BC$ | | | | $G = \pm ACD$ |
| 7 | $2^{7-1}_{VIII}$ | 64 | $G = \pm ABCDEF$ | | | | $H = \pm ABD$ |
| | $2^{7-2}_{IV}$ | 32 | $F = \pm ABCD$ | | | | $J = \pm ABCD$ |
| | | | $G = \pm ABDE$ | 10 | $2^{10-3}_{V}$ | 128 | $H = \pm ABCG$ |
| | $2^{7-3}_{IV}$ | 16 | $E = \pm ABC$ | | | | $J = \pm BCDE$ |
| | | | $F = \pm BCD$ | | | | $K = \pm ACDF$ |
| | | | $G = \pm ACD$ | | $2^{10-4}_{IV}$ | 64 | $G = \pm BCDF$ |
| | $2^{7-4}_{III}$ | 8 | $D = \pm AB$ | | | | $H = \pm ACDF$ |
| | | | $E = \pm AC$ | | | | $J = \pm ABDE$ |
| | | | $F = \pm BC$ | | | | $K = \pm ABCE$ |
| | | | $G = \pm ABC$ | | $2^{10-5}_{IV}$ | 32 | $F = \pm ABCD$ |
| 8 | $2^{8-2}_{V}$ | 64 | $G = \pm ABCD$ | | | | $G = \pm ABCE$ |
| | | | $H = \pm ABEF$ | | | | $H = \pm ABDE$ |
| | $2^{8-3}_{IV}$ | 32 | $F = \pm ABC$ | | | | $J = \pm ACDE$ |
| | | | $G = \pm ABD$ | | | | $K = \pm BCDE$ |
| | | | $H = \pm BCDE$ | | $2^{10-6}_{III}$ | 16 | $E = \pm ABC$ |
| | $2^{8-4}_{IV}$ | 16 | $E = \pm BCD$ | | | | $F = \pm BCD$ |
| | | | $F = \pm ACD$ | | | | $G = \pm ACD$ |
| | | | $G = \pm ABC$ | | | | $H = \pm ABD$ |
| | | | $H = \pm ABD$ | | | | $J = \pm ABCD$ |
| 9 | $2^{9-2}_{VI}$ | 128 | $H = \pm ACDFG$ | | | | $K = \pm AB$ |

정관계에 곱하면 된다. 이 설계에서 완전한 별명관계의 목록은 다음과 같다.

$$
\begin{aligned}
A &= BCE = DEF = ABCDF & AB &= CE = ACDF = BDEF \\
B &= ACE = CDF = ABDEF & AC &= BE = ABDF = CDEF \\
C &= ABE = BDF = ACDEF & AD &= EF = BCDE = ABCF \\
D &= BCF = AEF = ABCDE & AE &= BC = DF = ABCDEF \\
E &= ABC = ADF = BCDEF & AF &= DE = BCEF = ABCD \\
F &= BCD = ADE = ABCEF & BD &= CF = ACDE = ABEF \\
ABD &= CDE = ACF = BEF & BF &= CD = ACEF = ABDE \\
ACD &= BDE = ABF = CEF & &
\end{aligned}
$$

이 설계는 해상도 $IV$ 설계이다. 즉, 주효과가 3요인 또는 그 이상의 교호작용과 별명관계이고, 2요인 교호작용은 서로 별명관계에 있다. 이 설계는 주효과에 대해 좋은 정보를 제공하고 2요인 교호작용에 대해서도 적절한 개념을 제공한다.

**설계 생성자의 선택** 앞의 예에서는 $2^{6-2}$ 부분요인설계를 생성하기 위해 생성자로 $I = ABCD$와 $I = BCDF$가 선택되었다. 그러나 이것은 임의로 선택하는 것이 아니다. 어떤 생성자는 다른 것들에 비해 훨씬 더 매력적인 별명관계를 형성하기 때문이다. 연구하고자 하는 요인의 수와 설계점의 수가 주어져 있을 때 이 설계가 가장 높은 가능한 해를 가질 수 있도록 생성자를 선택하게 된다. 표 13.23에는 요인의 수가 $p \le 10$인 $2^{k-p}$ 설계에서 가장 효율적인 설계를 위한 생성자가 표시되어 있다.

### 예13.11 $2^{7-3}$ 부분요인설계

분사-몰딩(injection-molding) 공정에서 제조된 부품은 과도한 수축이 발생하여 후속단계의 조립작업에 문제점을 발생시킨다. 품질향상팀은 이 분사-몰딩 공정에서 수축이 감소할 수 있도록 연구하기 위해 실험계획법을 사용하기로 하였다. 이 팀은 7개의 요인, 몰드 온도(A), 나사 속도(B), 보유 시간(C), 주기 시간(D), 수분 함유량(E), 통로 크기(F), 보유 압력(G)에 대해 연구하려고 한다. 각 요인은 2개의 수준을 사용하고 주목적은 각 요인이 수축에 어떻게 영향을 미치는가, 또는 각 요인들이 어떻게 서로 상관하는가를 연구하는 것이다. 이 내용에 대해 16개의 설계점을 가진 적절한 부분요인설계를 실시하라.

**풀이**

이 연구에 적절한 설계는 표 13.23에 있는 $2_{\text{IV}}^{7-3}$ 설계이고 생성자는 $A = ABCE$, $I = BCDF$, $I = ACDG$이다. 이 설계는 표 13.24에 있고 별명관계는 표 13.25에 있다. 표 13.24의 마지막 열은 관측된 수축량의 10배를 표시하였다.

이 실험으로부터 효과추정치에 대한 정규확률플롯은 그림 13.41에 있다. 유일하게 큰 효과는 $A = 13.8750$(몰드 온도), $B = 35.6250$(나사 속도), 교호작용 $AB$($AB = 11.8750$)뿐이다. 표 13.25에 있는 별명관계를 비추어 볼 때 잠정적으로 이와 같은 결론을 수용하는 것이 타당하다. 그림 13.42에 있는 교호작용 $AB$ 플롯을 보면 나사 속도가 '하' 수준일 때는 공정이 온도에 매우 둔감하지만, 나사 속도가 '상' 수준일 때는 매우 민감하다는 것을 알 수 있다. 온도의 수준에 관계없이 비틀기 속도를 '하' 수준에 놓으면 공정의 평균 수축량은 10% 정도에 머물게 된다.

최초 분석에 근거하여 이 팀은 몰드 온도와 나사 속도를 '하' 수준에 설정하기로 결정하였다. 이 조건은 평균 부품 수축을 10% 정도로 감소시키게 될 것이다. 그러나 부품 간의 수축량의 변동은 여전히 잠재적인 문제이다. 실제로, 평균 수축은 도구의 적절한 조정으로 거의 0에 가깝게 감소시킬 수 있다. 그러나 생산과정을 통한 부품 간 수축의 변동은 평균 수축을 0에 가깝게 할지라도 여전히 조립에 문제를 야기한다. 이 문제를 해결할 수 있는 한 가지 방법은 공정변수 중 어떤 것이 부품 수축의 변동에 영향을 미치는가를 알아보는 것이다.

**표 13.24 분사-몰딩 실험의 $2^{7-3}_{IV}$ 설계**

| Run | *A* | *B* | *C* | *D* | *E*(= *ABC*) | *F*(= *BCD*) | *G*(= *ACD*) | Observed Shrinkage (×10) |
|---|---|---|---|---|---|---|---|---|
| 1 | − | − | − | − | − | − | − | 6 |
| 2 | + | − | − | − | + | − | + | 10 |
| 3 | − | + | − | − | + | + | − | 32 |
| 4 | + | + | − | − | − | + | + | 60 |
| 5 | − | − | + | − | + | + | + | 4 |
| 6 | + | − | + | − | − | + | − | 15 |
| 7 | − | + | + | − | − | − | + | 26 |
| 8 | + | + | + | − | + | − | − | 60 |
| 9 | − | − | − | + | − | + | + | 8 |
| 10 | + | − | − | + | + | + | − | 12 |
| 11 | − | + | − | + | + | − | + | 34 |
| 12 | + | + | − | + | − | − | − | 60 |
| 13 | − | − | + | + | + | − | − | 16 |
| 14 | + | − | + | + | − | − | + | 5 |
| 15 | − | + | + | + | − | + | − | 37 |
| 16 | + | + | + | + | + | + | + | 52 |

**표 13.25 예 13.11에서 쓰이는 $2^{7-3}_{IV}$ 설계의 별명관계**

| | |
|---|---|
| $A = BCE = DEF = CDG = BFG$ | $AB = CE = FG$ |
| $B = ACE = CDF = DEG = AFG$ | $AC = BE = DG$ |
| $C = ABE = BDF = ADG = EFG$ | $AD = EF = CF$ |
| $D = BCF = AEF = ACG = BEG$ | $AE = BC = DF$ |
| $E = ABC = ADF = BDG = CFG$ | $AF = DE = BG$ |
| $F = BCD = ADE = ABG = CEG$ | $AG = CD = BF$ |
| $G = ACD = BDE = ABF = CEF$ | $BD = CF = EG$ |

$ABD = CDE = ACF = BEF = BCG = AEG = DFG$

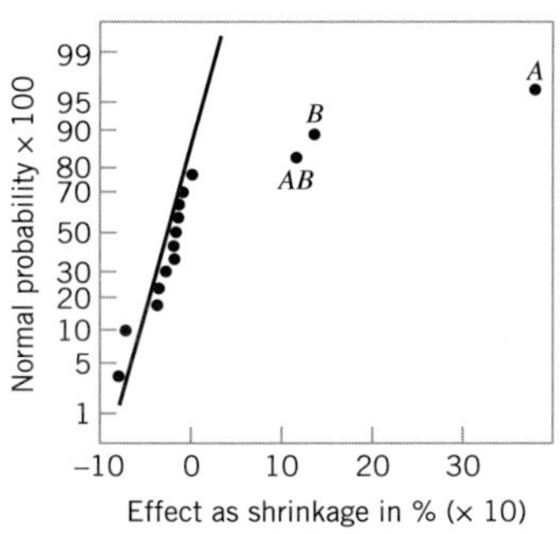


**그림 13.41** 효과의 정규확률플롯

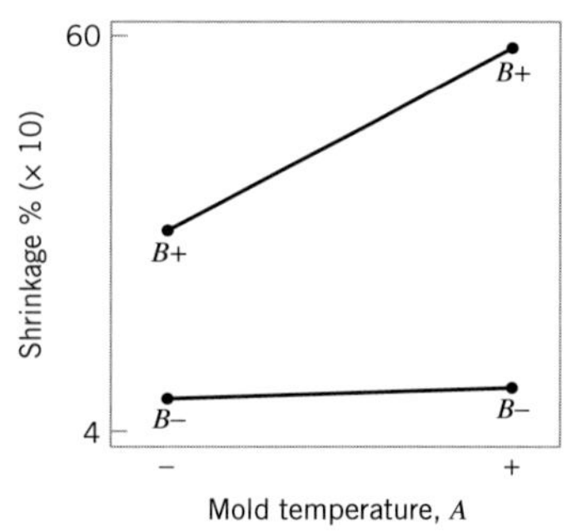


**그림 13.42** *AB* 또는 몰드 온도-나사 속도의 교호작용플롯

그림 13.43은 잔차의 정규확률플롯이다. 이 플롯은 만족스럽게 나타났다. 그 다음은 각 변수에 대한 잔차 플롯이다. 이 플롯들 중에서 요인 *C*(보유시간)에 대한 잔차의 플롯은 그림 13.44에 나타나 있다. 이 플롯에서 보유시간이 짧은 경우가 긴 경우보다 훨씬 적은 잔차의 변동을 보이고 있다. 여기서 잔차는 예측 수축량에 대한 모형을 적합시킨 다음에 얻어진다.

$$\hat{y} = 27.3125 + 6.9375x_1 + 17.8125x_2 + 5.9375x_1x_2$$

단, $x_1$, $x_2$, $x_1x_2$는 요인 *A*, *B*, *AB*를 코드화한 변수이다. 잔차는

$$e = y - \hat{y}$$

으로 계산된다. 잔차를 계산하는 데 사용되는 회귀모형은 데이터로부터 요인 *A*, *B*, *AB*의 위치(location) 효과가 제거된 것이다. 따라서 잔차는 설명되지 않은 변동성에 관한 정보만을 가지고 있다. 그림 13.44는 보유시간이 짧을 때 부품 수축의 변동이 작아지는 특성이 있음을 보여주고 있다. 이 분석에서는 위치효과에 대한 모형이 적절하고 요인 공간상에서 공정평균이 잘 적합된다는 가정을 하고 있다.

그림 13.45는 이 실험에서 요인 *A*, *B*, *C*로 구성된 육면체상에 사양된 데이터를 보여주고 있다. 평균 관측 수축량과 범위(range)가 육면체의 모서리에 표시되어 있다. 이 그림을 분석해 보면, 나사 속도(*B*)의 '하' 수준에서 공정을 진행하는 것이 평균 부품 수축량을 감소시키는 열쇠라는 것을 알 수 있다. 만일 *B*가 '하' 수준이면, 온도(*A*)와 보유시간(*C*)의 어떤 조합에서도 평균수축량은 작게 나타난다. 그러나 각 모서리에 수축량의 범위를 검토해 보면 부품 간 변동을 작게 유지하려면 보유시간(*C*)를 '하' 수준으로 설정하는 것이 유일한 선택이라는 것을 알 수 있다.

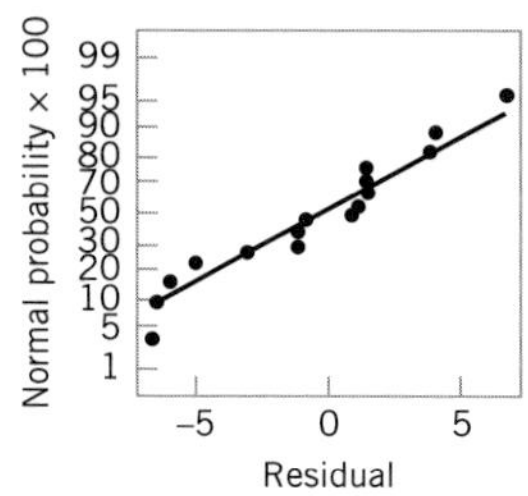


**그림 13.43** 잔차의 정규확률플롯

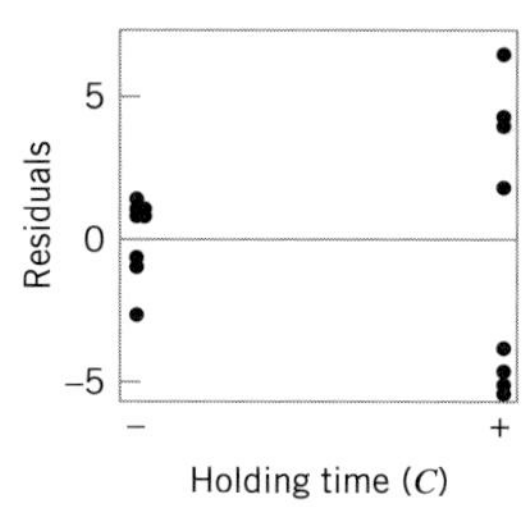


**그림 13.44** 보유시간에 따른 잔차

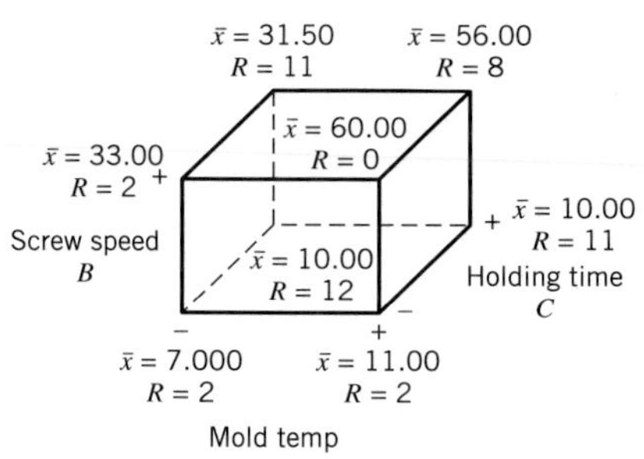


**그림 13.45** 요인 A, B, C에서 수축량의 평균과 범위

## 연습문제

**13.1** 표아래 표는 요인실험에서 2요인 ANOVA를 시행한 컴퓨터 프로그램의 결과이다.

| Source | SS | DF | MS | F | P |
|---|---|---|---|---|---|
| A | 0.322 | 1 | | | |
| B | 80.554 | | 40.2771 | | |
| Interaction | | | | | |
| Error | 108.327 | 12 | | | |
| Total | 231.551 | 17 | | | |

(a) ANOVA 표의 공란을 채워라. 이때 유의수준 값을 사용할 수 있다.

(b) 요인 $B$의 수준은 얼마인가?

(c) 실험의 반복수는 얼마인가?

(d) 이 실험으로 어떠한 결론을 내릴 수 있는가?

**13.2** 어떤 산업 품질관리 분야의 논문에서는 텔레비전 튜브의 밝기에 대한 유리의 종류와 인광물질 유형간의 영향을 조사하기 위한 실험을 언급하였다. 측정된 응답은 특정한 밝기 수준을 얻기 위해 필요한 전류(단위: microamps)이다. 이 데이터는 다음 표 13E.1과 같으며, 이를 통해 데이터를 분석하고 결론을 도출하라.

**표 13E.1** 문제 13.2의 데이터

| Glass Type | Phosphor Type | | |
|---|---|---|---|
| | 1 | 2 | 3 |
| 1 | 280 | 300 | 290 |
| | 290 | 310 | 285 |
| | 285 | 295 | 290 |
| 2 | 230 | 260 | 220 |
| | 235 | 240 | 225 |
| | 240 | 235 | 230 |

**13.3** 다음 네 가지 요소가 탄산음료의 맛에 영향을 줄 수 있다. ($A$) 단맛의 종류, ($B$) 시럽의 농도, ($C$) 탄산염의 수준, ($D$) 온도. 각 요인은 두 수준에서 실행되어 $2^4$ 설계를 생성한다. 설계를 시행할 때마다, 20명의 참가자로 구성되어 있는 실험패널에게 음료의 표본이 주어진다. 각각의 참가자들은 음료에 대해 1부터 10까지의 점수를 할당한다. 총점수는 반응변수이며, 실험의 목표는 점수를 최대화시키는 공식을 찾는 것이다. 이 설계에서 두 번의 반복이 시행된 결과가 다음 표 13E.2와 같다. 데이터를 분석하고 결론을 도출하라.

표 13E.2 문제 13.3에서의 맛 평가 실험

| Treatment Combination | Replicate I | Replicate II |
|---|---|---|
| (1) | 188 | 195 |
| *a* | 172 | 180 |
| *b* | 179 | 187 |
| *ab* | 185 | 178 |
| *c* | 175 | 180 |
| *ac* | 183 | 178 |
| *bc* | 190 | 180 |
| *abc* | 175 | 168 |
| *d* | 200 | 193 |
| *ad* | 170 | 178 |
| *bd* | 189 | 181 |
| *abd* | 183 | 188 |
| *cd* | 201 | 188 |
| *acd* | 181 | 173 |
| *bcd* | 189 | 182 |
| *abcd* | 178 | 182 |

**13.4** 문제 13.3을 고려하라. 요인 $A$, $B$, $C$, $D$의 수준에 대한 잔차플롯을 그리고, 잔차의 정규확률플롯을 그려라. 또한, 이 플롯들에 대하여 해석하라.

**13.5** 문제 13.3에서 실험 효과의 표준오차를 찾아라. 표준오차를 참고하여 어떤 요인이 유의한지 판단하라.

**13.6** 문제 13.3에서 반복 $I$에서의 데이터만 사용 가능하다고 가정하자. 데이터를 분석하고 적절한 결론을 내려라.

**13.7** 중합체의 분자량에 대한 네 요인의 효과를 실험하기 위해 $2^4$ 요인실험이 실행되었다. 실험의 데이터는 다음과 같다. (값은 10 단위로 나뉘어 코딩되었음.)

$$
\begin{array}{rr}
(1) = 88 & d = 86 \\
a = 80 & ad = 81 \\
b = 89 & bd = 85 \\
ab = 87 & abd = 86 \\
c = 86 & cd = 85 \\
ac = 81 & acd = 79 \\
bc = 82 & bcd = 84 \\
abc = 80 & abcd = 81
\end{array}
$$

(a) 효과의 정규확률플롯을 작성하라. 어떤 효과의 영향이 큰가?

(b) 적절한 모형을 작성하라. 이 모형을 적합시키고 유효한 영향을 검정하라.

(c) 잔차의 정규확률플롯과 $y$의 예측값과 잔차에 대한 플롯을 그리고, 이를 통해 이 모형의 잔차를 분석하라.

**13.8** 실리콘 웨이퍼의 저항력에 대한 네 가지 요인의 효과를 실험하기 위해 $2^{4-1}$ 설계가 사용되었다. 이 실험의 데이터는 아래 표 13E.3와 같다.

(a) 요인효과를 추정하라. 정규확률 척도에서 효과의 추정치를 그려라.

(b) 이 과정에 대한 잠정적 모형을 표현하라. 모형을 적합시키고 곡률을 검정하라.

(c) 저항력의 예측값에 대한 (*b*) 모형의 잔차플롯을 그려라. 이 도표에서 모형의 부적합성에 대한 근거를 찾을 수 있는가?

(d) 잔차의 정규확률플롯을 그려라. 정규가정의 유효성에 대한 어떤 의심의 여지가 존재하는가?

표 13E.3 문제 13.10의 저항력 실험

| Run | *A* | *B* | *C* | *D* | Resistivity |
|---|---|---|---|---|---|
| 1 | − | − | − | − | 33.2 |
| 2 | + | − | − | + | 4.6 |
| 3 | − | + | − | + | 31.2 |
| 4 | + | + | − | − | 9.6 |
| 5 | − | − | + | + | 40.6 |
| 6 | + | − | + | − | 162.4 |
| 7 | − | + | + | − | 39.4 |
| 8 | + | + | + | + | 158.6 |
| 9 | 0 | 0 | 0 | 0 | 63.4 |
| 10 | 0 | 0 | 0 | 0 | 62.6 |
| 11 | 0 | 0 | 0 | 0 | 58.7 |
| 12 | 0 | 0 | 0 | 0 | 60.9 |

**13.9** 어떤 엔지니어가 기계의 가공된 부품의 표면 거칠기에 대한 네 가지 요인의 효과를 연구하기 위해 실험을 시행하였다. 요인은 $A$ = 공구각(12, 15), $B$ = 절삭유 점도(300, 400), $C$ = 이동속도(10, 15 in/min), $D$ = 절삭 유체 냉각기 사용유무(no, yes)이다. 실험의 결과는 표 13E.4와 같다(요인은 $+1$, $-1$의 수준으로 코딩되어 있다).

(a) 요인효과를 추정하라. 정규확률플롯에서 효과의 추정치를 그리고, 잠정적 모형을 선택하라.

(b) (a)에서 확인된 모형을 적합시키고, 잔차를 분석하라. 모형의 부적합성에 대한 근거를 찾을 수 있는가?

(c) 반응변수로서 $1/y$를 사용하고 (a)와 (b)의 과정을 반복하라. 변환이 유용하다는 어떠한 근거를 찾을 수 있는가?

(d) 표면 거칠기에 대해 최적의 예측값을 제공할 수 있다고 생각되는 코딩된 변수의 측면에서 모형을 적합시켜라. 또한, 이 예측을 자연 변수를 사용한 모형으로 변환시켜라.

표 13E.4 문제 13.9의 표면 거칠기 실험

| Run | *A* | *B* | *C* | *D* | Surface Roughness |
|---|---|---|---|---|---|
| 1 | − | − | − | − | 0.00340 |
| 2 | + | − | − | − | 0.00362 |
| 3 | − | + | − | − | 0.00301 |
| 4 | + | + | − | − | 0.00182 |
| 5 | − | − | + | − | 0.00280 |
| 6 | + | − | + | − | 0.00290 |
| 7 | − | + | + | − | 0.00252 |
| 8 | + | + | + | − | 0.00160 |
| 9 | − | − | − | + | 0.00336 |
| 10 | + | − | − | + | 0.00344 |
| 11 | − | + | − | + | 0.00308 |
| 12 | + | + | − | + | 0.00184 |
| 13 | − | − | + | + | 0.00269 |
| 14 | + | − | + | + | 0.00284 |
| 15 | − | + | + | + | 0.00253 |
| 16 | + | + | + | + | 0.00163 |

**13.10** 어떤 품질 향상에 대한 논문은 분말 생성공정을 개선하기 위한 요인실험에 대하여 설명한다. 이 제품은 실리콘 웨이퍼에서부터 탄성 멤브레인 스위치까지, 다양한 제품을 제조하기 위해 사용된다. 분말밀도($g/cm^2$)와 표면면적($cm^2/g$)은 이 제품의 주요 특성이다. 실험은 다음의 세 가지 요인을 포함한다: 반응온도, 암모늄 비율, 교반율. 이 요인들은 각각 두 수준을 갖고 있으며, 설계는 두 번 반복되었다. 이 설계는 표 13E.5와 같다.

(a) 밀도의 반응값을 분석하라. 유의한 교호작용 효과가 있는가? 반응변수에 대한 유의한 요인의 효과에 대하여 적절한 결론을 도출하라.

(b) 적절한 잔차플롯을 그리고 모형의 적합성에 대하여 답하라.

(c) 밀도에 대한 반응값의 실제적 해석을 돕기 위해 적절한 도표를 그려라.

(d) 표면면적 반응값을 분석하라. 유의한 교호작용이 있는가? 반응값에 대한 유의한 요인의 효과에 대하여 적절한 결론을 도출하라.

(e) 적절한 잔차플롯을 그리고 모형의 적합성에 대하여 답하라.

(f) 반응표면값의 실제적 해석을 돕기 위해 적절한 도표를 그려라.

표 13E.5 문제 13.10의 은 분말 실험

| Ammonium (%) | Stir Rate (RPM) | Temperature (°C) | Density | Surface Area |
|---|---|---|---|---|
| 2 | 100 | 8 | 14.68 | 0.40 |
| 2 | 100 | 8 | 15.18 | 0.43 |
| 30 | 100 | 8 | 15.12 | 0.42 |
| 30 | 100 | 8 | 17.48 | 0.41 |
| 2 | 150 | 8 | 7.54 | 0.69 |
| 2 | 150 | 8 | 6.66 | 0.67 |
| 30 | 150 | 8 | 12.46 | 0.52 |
| 30 | 150 | 8 | 12.62 | 0.36 |
| 2 | 100 | 40 | 10.95 | 0.58 |
| 2 | 100 | 40 | 17.68 | 0.43 |
| 30 | 100 | 40 | 12.65 | 0.57 |
| 30 | 100 | 40 | 15.96 | 0.54 |
| 2 | 150 | 40 | 8.03 | 0.68 |
| 2 | 150 | 40 | 8.84 | 0.75 |
| 30 | 150 | 40 | 14.96 | 0.41 |
| 30 | 150 | 40 | 14.96 | 0.41 |

**13.11 연습문제 13.10의 계속** 표면면적에 대한 규격은 0.3에서 0.6 $cm^2/g$이고 그 밀도는 14 $g/cm^3$ 보다 작아야 한다고 가정하자. 이러한 요구를 만족하는 제품을 생산하기 위한 요인들의 조건을 구하라.

# 14장

# 실험계획을 이용한 공정 최적화

## 요약 및 학습 목표

13장에서는 요인설계와 부분요인설계에 대해 집중하였다. 이러한 설계들은 공정수행능력에 영향을 주는 주된 요인을 식별하는 것, 즉 **요인의 선별**(factor screening)에 매우 유용하다. 때때로 이것을 **공정 특성화**(process characterization)라고 한다. 일단 공정변수의 적절한 부분집합이 식별되면 다음 단계는 일반적으로 **공정 최적화**(process optimization) 또는 최적의 공정수행능력을 나타낼 수 있는 공정변수들의 운영조건을 발견하는 것이다. 이 장에서는 실험계획이 공정 최적화에 어떻게 사용되는지 간단 명료하게 설명한다.

이 장에서 논의하고 설명하게 될 **반응표면방법**은 공정 최적화를 위해 1950년대 초에 개발된 방법으로서 초기에는 화학 산업과 공정 산업에 적용되었다. 이것은 아마도 실험계획에 기초한 가장 널리 사용되고 성공적인 최적화 기술이라고 할 수 있다. 그런 다음 실험계획이 **공정 로버스트 연구**에 어떻게 사용되는가를 설명한다. 이것은 공정 엔지니어들이 조정가능요인을 다른 조정이 어려운 요인에 의해 반응값에 전달되는 변동을 최소화할 수 있는 수준으로 설정하여 공정출력값의 변동을 감소시키려는 노력이다. **진화적 공정**(evolutionary operation)의 예도 설명하는데 이것은 13장의 요인설계 개념을 공정 온라인(on-line)에 적용하여 최적수행능력을 유지하려는 시도이다.

이 장을 학습하고 나면, 다음 내용들을 수행할 수 있어야 한다.

1. 반응표면방법을 어떻게 공정 최적화에 사용하는가를 이해한다.
2. 최대경사법을 어떻게 적용하는가를 이해한다.
3. 2차 반응표면모형을 어떻게 분석하는가를 이해한다.
4. 공정 최적운용조건을 어떻게 결정하는가를 이해한다.
5. 중심합성설계를 사용하여 어떻게 실험을 구성하고 실시하는가를 이해한다.
6. 조정가능요인과 잡음요인의 차를 이해한다.
7. 공정 로버스트 연구에서 혼합배열설계의 장점을 이해한다.

8. 공정 로버스트 연구를 수행하는 데 있어 반응모형방법을 어떻게 사용하는가를 이해한다.
9. 최적운영조건의 근처에서 운영되는 공정을 유지하기 위해 진화적 공정을 어떻게 사용하는가를 이해한다.

## 14.1 반응표면분석과 설계

**반응표면분석**(response surface methodology, RSM)은 모형 설정과 분석에 유용한 수학적 통계적 기술의 집합으로서, 관심 반응이 여러 변수에 의해 영향을 받는 응용분야에서 적용될 수 있으며 목적은 이 반응을 **최적화**하는 데 있다. 일반적인 반응표면분석 방법은 1950년대에 개발되었고 화학산업에 최초로 적용되어 괄목할 만한 성공을 거두었다. 지난 20여 년간 최초의 화학공정을 넘어 다양한 산업분야, 즉 반도체, 전자 제조, 기계화, 금속절단, 융합공정 등 많은 분야에서 응용되었다. 많은 통계 소프트웨어 패키지들이 RSM을 표준기능으로 하는 실험계획과 최적화 기술을 포함하고 있다. 최근의 반응표면분석의 포괄적 설명은 Myers, Montgomery와 Anderson-Cook(2009)을 참조하기 바란다.

반응표면분석의 일반적 개념을 위해, 화학 엔지니어가 공정의 수율($y$)을 최대화하는 반응온도($x_1$)와 반응시간($x_2$)의 수준을 찾기를 원한다고 가정하자. 공정수율은 온도와 시간 수준의 함수, 즉

$$y = f(x_1, x_2) + \varepsilon$$

단, $\varepsilon$은 반응값 $y$에서 관측되는 잡음이나 오차를 나타낸다. 반응값의 평균을 $E(y) = f(x_1, x_2)$로 나타내면, 다음의 식

$$E(y) = f(x_1, x_2)$$

은 **반응표면**(response surface)이라고 한다. 반응표면의 개념은 13장에서 요인설계에서 발생하는 모형에서 생성되는 반응표면의 예를 상기하기 바란다.

반응표면은 그림 14.1과 같이 $E(y)$가 $x_1$과 $x_2$의 수준값에 대해 도형적으로 그려질 수 있다. 반응은 3차원 공간에 표면 플롯으로 표현되어 있다. 반응표면의 형태를 시각화하기 위해 반응표면은 종종 그림 14.2처럼 등고선으로 플롯된다. **등고선플롯**에서 동일한 반응값의 선들이 $x_1$, $x_2$ 평면에 그려진다. 각 등고선은 반응표면의 특정 높이에 해당한다. 등고선플롯은 반응표면의 형태와 높이의 변화를 유발하는 $x_1$, $x_2$의 수준을 연구하는 데 도움이 된다.

대부분의 반응표면방법 문제에서 반응값과 독립변수들 간의 관계는 그 형태가 알려지지 않는다. 따라서 반응표면방법의 첫 단계는 반응값과 독립변수들 간의 관계를 적절히 근사할 수 있는 식을 찾는 것이다. 일반적으로, 독립변수들의 일정 공간에서 낮은 차수의 다항식이 사용된다. 만약 반응이 독립변수들의 선형식으로 잘 적합되면 근사식은 다음의 **1차 모형**이다.

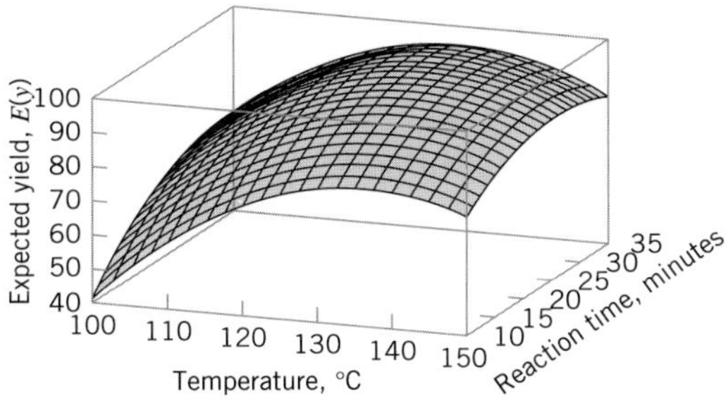


**그림 14.1** 반응온도와 반응시간의 함수로서의 평균수율을 보여 주는 3차원 반응표면

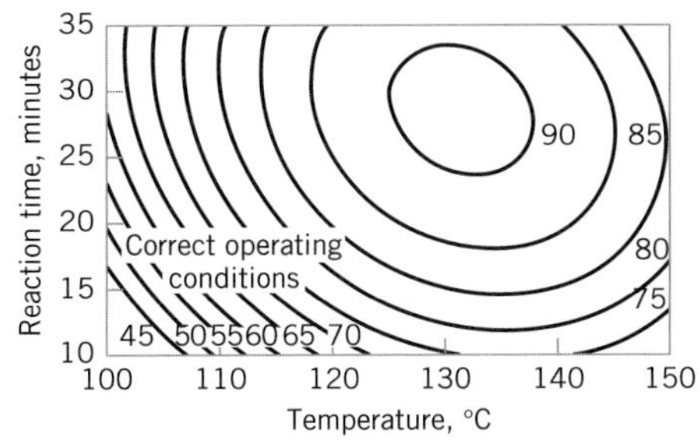


**그림 14.2** 그림 14.1의 수율반응표면에 대한 등고선 플롯

$$y = \beta_0 + \beta_1 x_1 + \beta_2 x_2 + \cdots \beta_k x_k + \varepsilon \tag{14.1}$$

만약 시스템에 곡선형태가 존재하면 더 높은 차수의 다항식이 사용되는데, 다음과 같은 **2차 모형**을 예로 들 수 있다.

$$y = \beta_0 + \sum_{i=1}^{k} \beta_i x_i + \sum_{i=1}^{k} \beta_{ii} x_i^2 + \sum\sum_{i<j=2}^{k} \beta_{ij} x_i x_j + \varepsilon \tag{14.2}$$

많은 반응표면방법 문제는 이러한 근사적 다항식을 사용한다. 물론 다항모형식이 독립변수들의 전체 공간에서 참 함수관계에 대한 타당한 근사식은 아니지만, 상대적으로 좁은 범위에서는 제법 잘 적용될 수 있다.

4장에서 설명한 최소제곱법은 이러한 근사다항식의 모수를 추정하는 데 사용된다. 즉, 식 14.1과 14.2에 있는 $\beta$들의 추정값들이 모형 오차의 제곱합을 최소화하는 모수값이 된다. 그 다음은 적합된 표면에 대해 반응표면분석을 하게 된다. 만약 적합된 표면이 참 반응표면의 적절한 근사가 되면, 적합된 표면에 대한 분석은 실제 시스템에 대한 분석과 근사적으로 동등하게 될 것이다.

반응표면방법은 **축차적 절차**(sequential procedure)이다. 종종, 그림 14.2의 현재 운영조건처럼 최적에서 멀리 떨어진 반응표면의 점에 있어서, 시스템에는 곡선 형태가 거의 없고 1차 모형이 적절한 경우가 많다. 우리의 목적은 실험자를 신속하고도 효과적으로 최적점의 주변으로 인도하는 것이다. 일단 최적 지역이 발견되면 2차 모형 같은 더 정교한 모형을 사용하여 최적점을 찾을 수 있는 분석을 하게 된다. 그림 14.2에 의하면 반응표면분석은 '언덕을 올라가는' 것처럼 생각된다. 그 언덕의 꼭대기는 최대 반응점을 나타내고 있다. 만약 참 최적값이 최소 반응값이라면 이것은 '계곡을 내려가는' 문제가 된다. 반응표면방법의 궁극적 목표는 시스템의 최적 운영조건을 결정하거나 또는 운영규격이 만족되는 요인의 공간을 결정하는 것이다.

반응표면방법에서 '최적'이란 표현은 특별한 의미를 가지고 있다. 언덕을 오르는 절차는 단지 좁은 지역에 한정되는 부분최적에 접근하는 것을 보장한다는 의미이다.

### 14.1.1 최대경사법

시스템의 최적 운영조건에 대한 최초 추정값은 대부분 실제 최적값으로부터 멀리 떨어져 있다. 그러한 경우에 실험의 목적은 실험자로 하여금 최적점의 부근으로 신속하게 이동하는 것이다. 우리는 단순하고도 경제적으로 효율적인 실험절차를 사용한다. 최적점으로부터 멀리 떨어져 있는 경우 독립변수 $x$들의 좁은 지역에서 참 표면에 대한 적절한 근사로서 1차 모형을 가정한다.

**최대경사법**(The method of steepest ascent)은 반응값이 가장 크게 증가하는 최대경사로를 따라 축차적으로 움직이는 절차이다. 물론, 최솟값이 필요할 때는 이러한 절차를 **최소경사법**이라고 한다. 적합되는 1차 모형은

$$\hat{y} = \hat{\beta}_0 + \sum_{i=1}^{k} \hat{\beta}_i x_i \tag{14.3}$$

이 되고 1차 반응표면인 $\hat{y}$의 등고선은 그림 14.3과 같은 평행한 직선의 연속이 된다. 최대경사의 방향은 $\hat{y}$이 가장 급격히 증가하는 방향이다. 이 방향은 적합된 반응표면 등고선에 수직이다. 관심지역의 중심을 통과하고 적합된 반응표면 등고선에 수직인 직선을 **최대경사로**로 선택한다. 따라서 경로를 따른 단계는 회귀계수 $\{\hat{\beta}_i\}$의 크기에 비례한다. 실험자는 공정 지식이나 다른 실질적인 고려사항에 기초하여 이 경로에 따른 실제 이동거리를 계산한다.

더 이상 반응값의 증가가 없거나 또는 원하는 반응값에 도달할 때까지 실험이 계속된다. 그러면 새로운 1차 모형이 적합되고 새로운 최대경사의 경로가 결정된다. 필요하면 실험자가 최적점의 부근에 와 있다는 느낌이 올 때까지 그 방향으로 추가적인 실험이 실행된다.

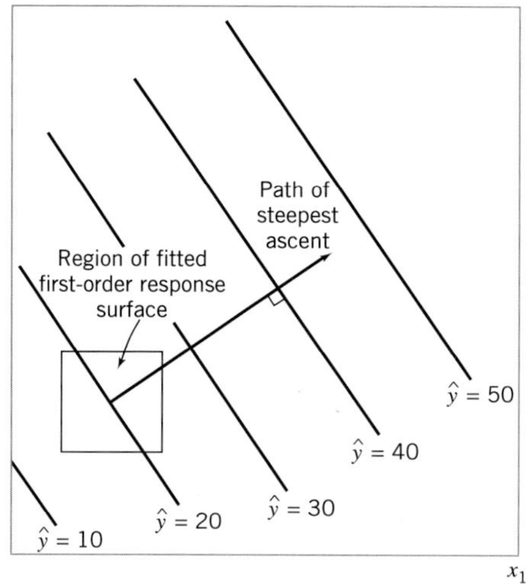


그림 14.3
1차 반응표면과 최대경사도

## 예 14.1 최대경사의 예

예 13.8에서는 플라스마 식각공정의 적용에서 식각율에 대한 4개의 요인의 효과를 탐지하는 과정이 예를 들어 설명되었다. 여기서 4개의 요인 중 2개의 요인(간격($x_1$)과 힘($x_4$))이 식각율에 유의한 영향을 미친다는 것을 알았다. 이 예에서 이 두 주효과만을 사용한 모형을 사용하여 다음의 식을 식각율에 대한 예측식으로 얻었다.

$$\hat{y} = 776.0625 - 50.8125x_1 + 153.0625x_4$$

그림 14.4는 실험의 최초범위(간격 0.8~1.2 cm, 힘 275~325 W)에 대한 이 모형의 등고선 플롯이다. 실험의 최초범위에서 최대 식각율은 근사적으로 980 Å/m으로 얻어지는 것을 알 수 있다. 엔지니어들은 이 실험을 식각율이 1,100~1,150 Å/m이 되도록 진행하고자 한다. 식각율을 증가시키기 위해 실험의 최초범위에서 이동하는 최대경사법을 사용하라.

**풀이**

그림 14.4나 적합된 모형을 통해 설계 중앙점($x_1 = 0, x_4 = 0$)에서 최대경사 경로를 따라 이동하기 위해서는, $x_4$ 방향으로 153.0625 단위마다 $x_1$ 방향으로 −50.8125 단위씩 이동하게 된다. 따라서 최대경사 경로는 점 ($x_1 = 0, x_4 = 0$)을 통과하면서 기울기는 153.0625/(−50.8125) ≃ −3이 된다. 예 13.8에서 원래 요인의 값이 '하' 수준에서 −1, '상' 수준에서 +1로 변환되어 있음을 고려하면 간격($x_1$) 1은 (1.2 − 0.8)/2 = 0.2(cm)에 해당하고, 힘($x_4$) 1은 (325 − 275)/2 = 25(W)에 해당함을 알 수 있다. 이제 엔지니어는 기본 이동 크기로 power = 25 W을 사용하기로 하였다. 요인 power = 25 W는 변환된 변수 $x_1$에서 $\Delta x_1 = 1$에 해당한다. 따라서 최대경사로를 따른 단계는 $\Delta x_4 = 1$, $\Delta x_1 = \Delta x_4/(-3) = -0.33$이 된다. 변환된 변수 $x_1$에서 변화 $\Delta x_1 = -0.33$의 원 요인의 값은 gap = −0.067에 해당한다. 따라서 엔지니어는 힘을 25 W 증가시키고 간격을 0.067 cm 감소시키는 최대경사로를 따라 움직이게 된다. 식각율에 대한 실제 관측값들은 각 실험점에서 공정을 수행하여 얻어진다.

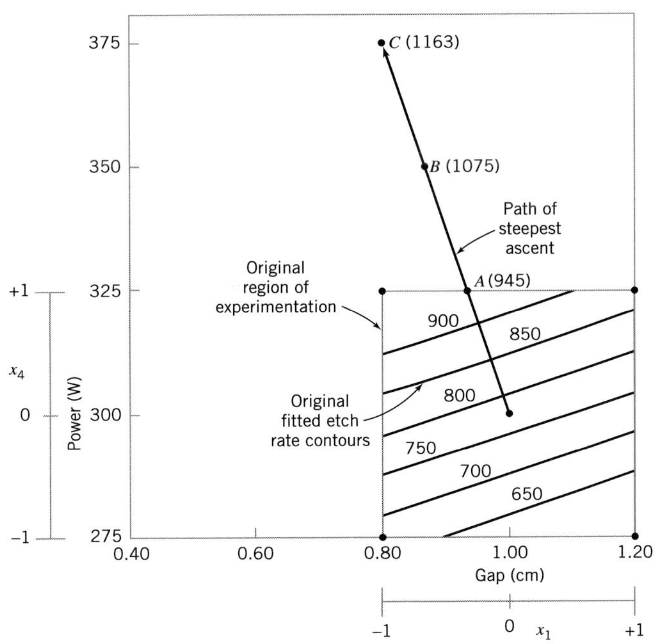


**그림 14.4** 예 14.1의 최대경사 실험

그림 14.4는 최대경사로에 따른 3가지 실험점을 보여주고 이 점에서 공정에서 실제 관측된 식각율을 표시하였다. 실험점 $A$, $B$, $C$에서 관측된 식각율은 꾸준히 증가함을 보이고 있다. 실험점 $C$에서 관측식각율은 1,163 Å/m이다. 따라서 최대경사절차는 관측식각율이 1,163 Å/m인 power = 375 W, gap = 0.8 cm 근처에서 종료한다. 이 범위는 공정에서 원하는 운영조건에 매우 근접한다.

### 14.1.2 2차 모형 반응표면의 분석

실험조건이 최적조건에 가까이 있을 때에는 일반적으로 2차 모형이 참 반응표면에 있는 곡선형태를 근사시키는 데 사용된다. 적합된 2차 모형은 다음과 같다.

$$\hat{y} = \hat{\beta}_0 + \sum_{i=1}^{k} \hat{\beta}_i x_i + \sum_{i=1}^{k} \hat{\beta}_{ii} x_i^2 + \sum_{i<j}\sum^{k} \hat{\beta}_{ij} x_i x_j$$

단, $\hat{\beta}$은 $\beta$의 최소제곱추정값이다. 다음 예에서는 적합된 2차 모형으로 어떻게 공정에 대한 최적 운영조건을 찾고 반응함수의 형태를 설명하는가를 보여 준다.

**예 14.2** **예 14.1의 연속**

예 14.1에서 설명한 플라스마 식각공정에 최대경사법을 적용한 결과, 식각율이 1,100~1,150 Å/m 사이인 목표값 근처가 되도록 하는 독립변수의 지역이 gap = 0.8 cm, power = 375 W임을 발견하였다. 이제 실험자는 2차 반응표면모형을 적용하는 실험을 진행하여 이 지역을 더 자세히 알아보기로 하였다. 표 14.1과 그림 14.5는 중심점이 gap = 0.8 cm, power = 375 W에서 4개의 반복값을 가지고 4개의 축점(axial runs)을 가진 $2^2$ 요인설계를 보여 주고 있다. 이러한 계획을 **중심합성설계**(central composite design)라고 하고, 이는 실제로 2차 모형을 적합시키는 데 널리 사용된다.

이 연구에서 2개의 반응변수, 식각율(etch rate)과 식각균일성(etch uniformity)이 측정되었다. 식각율의 단위는 Å/m이고 균일성은 특정 평균 두께로 식각된 후의 웨이퍼 표면에 적용된 물질 층의 두께의 표준편차이다. 이 공정에 대한 최적의 운영조건을 결정하라.

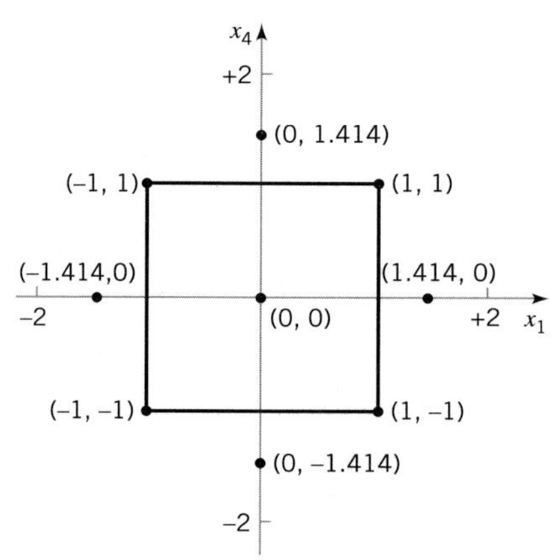


**그림 14.5** 코드화된 변수를 사용한 중심합성설계

표 14.1 중심합성설계

| Observation | Gap (cm) | Power (W) | Coded $x_1$ | Variables $x_4$ | Etch Rate $y_1$(Å/m) | Uniformity $y_2$(Å/m) |
|---|---|---|---|---|---|---|
| 1 | 0.600 | 350.0 | −1.000 | −1.000 | 1,054.0 | 79.6 |
| 2 | 1.000 | 350.0 | 1.000 | −1.000 | 936.0 | 81.3 |
| 3 | 0.600 | 400.0 | −1.000 | 1.000 | 1,179.0 | 78.5 |
| 4 | 1.000 | 400.0 | 1.000 | 1.000 | 1,417.0 | 97.7 |
| 5 | 0.517 | 375.0 | −1.414 | 0.000 | 1,049.0 | 76.4 |
| 6 | 1.083 | 375.0 | 1.414 | 0.000 | 1,287.0 | 88.1 |
| 7 | 0.800 | 339.6 | 0.000 | −1.414 | 927.0 | 78.5 |
| 8 | 0.800 | 410.4 | 0.000 | 1.414 | 1,345.0 | 92.3 |
| 9 | 0.800 | 375.0 | 0.000 | 0.000 | 1,151.0 | 90.1 |
| 10 | 0.800 | 375.0 | 0.000 | 0.000 | 1,150.0 | 88.3 |
| 11 | 0.800 | 375.0 | 0.000 | 0.000 | 1,177.0 | 88.6 |
| 12 | 0.800 | 375.0 | 0.000 | 0.000 | 1,196.0 | 90.1 |

**풀이**

이 실험에서 얻어진 데이터를 분석하기 위해 미니탭을 사용하였으며 그 결과는 표 14.2이다.
식각율 반응값에 적합시킨 2차 모형은 다음과 같다.

$$\hat{y}_1 = 1{,}168.50 + 57.07x_1 + 149.64x_4 - 1.62x_1^2 - 17.63x_4^2 + 89.00x_1x_4$$

그러나 표 14.2에 있는 $t$-검정통계량으로부터 2차항 $x_1^2$과 $x_4^2$이 유의하지 않다는 것을 알 수 있다. 따라서 실험자는 식각율에 대한 모형을 교호작용이 있는 1차 모형으로 적합하기로 하였다.

$$\hat{y}_1 = 1{,}155.7 + 57.1x_1 + 149.7x_4 + 89x_1x_4$$

그림 14.6은 이 모형으로부터 동일한 식각율의 등고선 그림이다. 이 그림에서 원하는 범위 1,100~1,150 Å/m의 식각율을 발생시키는 $x_1$(gap)과 $x_4$(power)의 많은 조합이 있다는 사실을 알 수 있다.
균일성에 대한 2차 모형은

$$\hat{y}_2 = 89.275 + 4.681x_1 + 4.352x_4 - 3.400x_1^2 - 1.825x_4^2 + 4.375x_1x_4$$

이다. 표 14.2에는 각 모형의 항에 대한 $t$ 통계량이 주어져 있다. 모든 항이 유의하기 때문에 균일성에 대해서는 2차 모형을 사용하기로 하였다. 그림 14.7은 균일성에 대한 반응표면의 등고선플롯이다.

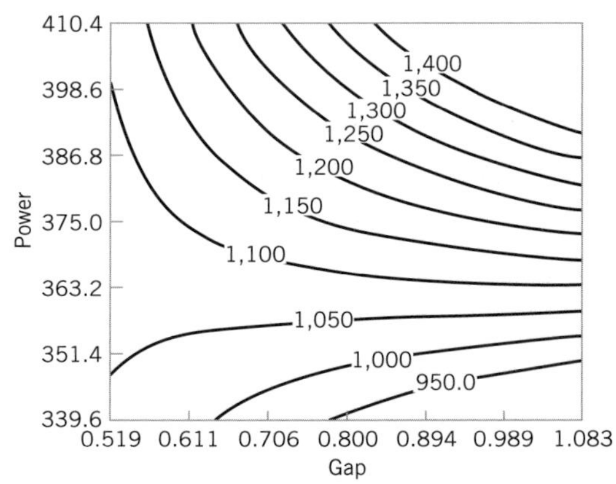


**그림 14.6** 예측식각율의 등고선

대부분의 반응표면 문제에서처럼, 이 문제에서도 2개의 반응값에서 서로 상반되는 목표를 가지게 된다. 한 가지 목표는 식각율을 수용범위 $1,100 \le y_1 \le 1,150$에 있도록 하는 것이고, 다른 한 가지는 균일성을 동시에 가지도록 하는 것이다. 특히 균일성은 $y_2 = 80$을 초과하지 않도록 하는 것이다. 그렇지 않으면 많은 웨이퍼들이 다음 공정 단계에서 불량이 되게 된다. 소수의 독립변수만 있을 때에는 이런 문제를 푸는 쉬운 방법은 반응표면들을 중첩시켜 최적점을 찾는 것이다. 그림 14.8은 $\hat{y}_1 = 100$, $\hat{y}_1 = 150$, $\hat{y}_2 = 80$이 나타난 두 반응값을 중첩시킨 그림이다. 음영 지역은 간격과 힘의 조합에 대하여 불가능한 지역을 나타내고 있다. 이 그림에서는 간격과 힘의 일부 조합에 대한 점들이 만족할 만한 공정수행능력을 보여 주고 있다.

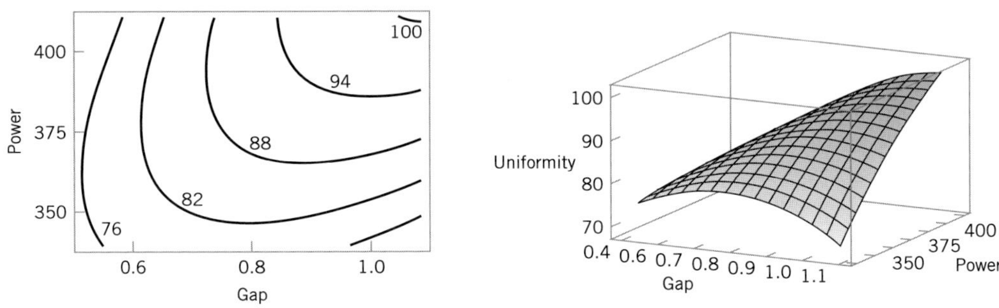


(*a*) Contour plot　　(*b*) Three-dimensional response surface

**그림 14.7** 균일성 반응표면의 등고선플롯

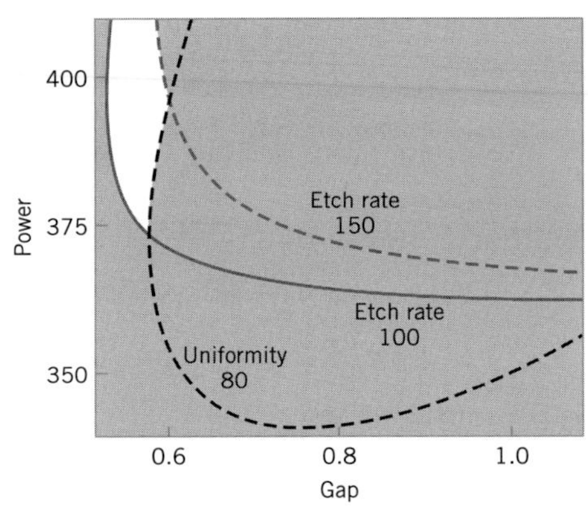


**그림 14.8** 최적지역(음영 없는 지역)을 보여 주는 식각율과 균일성의 중첩된 반응표면

## 표 14.2 중심합성설계에 대한 미니탭분석

Response Surface Regression: Etch Rate versus A, B

The analysis was done using coded units.

Estimated Regression Coefficients for Etch Rate

| Term | Coef | SE Coef | T | P |
|---|---|---|---|---|
| Constant | 1,168.50 | 17.59 | 66.417 | 0.000 |
| A | 57.07 | 12.44 | 4.588 | 0.004 |
| B | 149.64 | 12.44 | 12.029 | 0.000 |
| A*A | −1.62 | 13.91 | −0.117 | 0.911 |
| B*B | −17.63 | 13.91 | −1.267 | 0.252 |
| A*B | 89.00 | 17.59 | 5.059 | 0.002 |

S = 35.19　　R − Sq = 97.0%　　R − Sq(adj) = 94.5%

Analysis of Variance for Etch Rate

| Source | DF | Seq SS | Adj SS | Adj MS | F | P |
|---|---|---|---|---|---|---|
| Regression | 5 | 238,898 | 238,898 | 47,780 | 38.59 | 0.000 |
| Linear | 2 | 205,202 | 205,202 | 102,601 | 82.87 | 0.000 |
| Square | 2 | 2,012 | 2,012 | 1,006 | 0.81 | 0.487 |
| Interaction | 1 | 31,684 | 31,684 | 31,684 | 25.59 | 0.002 |
| Residual Error | 6 | 7,429 | 7,429 | 1,238 | | |
| Lack-of-Fit | 3 | 5,952 | 5,952 | 1,984 | 4.03 | 0.141 |
| Pure Error | 3 | 1,477 | 1,477 | 492 | | |
| Total | 11 | 246,327 | | | | |

Response Surface Regression: Uniformity versus A, B

The analysis was done using coded units.

Estimated Regression Coefficients for Uniformity

| Term | Coef | SE Coef | T | P |
|---|---|---|---|---|
| Constant | 89.275 | 0.5688 | 156.963 | 0.000 |
| A | 4.681 | 0.4022 | 11.639 | 0.000 |
| B | 4.352 | 0.4022 | 10.821 | 0.000 |
| A*A | −3.400 | 0.4496 | −7.561 | 0.000 |
| B*B | −1.825 | 0.4496 | −4.059 | 0.007 |
| A*B | 4.375 | 0.5688 | 7.692 | 0.000 |

S = 1.138    R − Sq = 98.4%    R − Sq(adj) = 97.1%

Analysis of Variance for Uniformity

| Source | DF | Seq SS | Adj SS | Adj MS | F | P |
|---|---|---|---|---|---|---|
| Regression | 5 | 486.085 | 486.085 | 97.217 | 75.13 | 0.000 |
| Linear | 2 | 326.799 | 326.799 | 163.399 | 126.28 | 0.000 |
| Square | 2 | 82.724 | 82.724 | 41.362 | 31.97 | 0.001 |
| Interaction | 1 | 76.563 | 76.563 | 76.563 | 59.17 | 0.000 |
| Residual Error | 6 | 7.764 | 7.764 | 1.294 | | |
| Lack-of-Fit | 3 | 4.996 | 4.996 | 1.665 | 1.81 | 0.320 |
| Pure Error | 3 | 2.768 | 2.768 | 0.923 | | |
| Total | 11 | 493.849 | | | | |

예 14.2에서는 2차 반응표면모형을 적합시키는 데 **중심합성설계**(central composite design, CCD)의 사용을 보여 주었다. 이 설계는 널리 이용되는데, 이 설계에 요구되는 실험점의 수에 비해 상대적으로 효율적이기 때문이다. 일반적으로 $k$개의 요인이 있는 CCD에서는 $2^k$개의 설계점, $2k$개의 축점, 적어도 하나의 중심점(일반적으로는 3~5개)이 필요하다. 요인의 수가 $k = 2$와 $k = 3$인 경우는 그림 14.9에 나타나 있다.

중심합성설계는 그림 14.9에 있는 축점 $\alpha$를 적절히 선택하여 **회전설계**(rotatable design)로 만들 수 있다. 만일 설계가 회전가능이면 예측값 $\hat{y}$의 표준편차는 중심점에서 동일한 거리에 있는 모든 점들에서 일정하다. 회전가능성을 만족시키기 위해서는 $\alpha = (F)^{1/4}$을 사용한다. 이때 $F$는 설계의 요인설계점의 수, 일반적으로 $F = 2^k$이다. 요인의 수가 $k = 2$인 경우에는 예 14.2에서 사용된 것처럼 $\alpha = (2^2)^{1/4} = 1.414$이다. 그림 14.10은 균일성 반응값에 대해 사용된 2차 모형 예측값의 표준편차에 대한 등고선플롯과 표면플롯이다. 등고선은 동일 중심을 가진 원으로 나타나 있는데, 이것은 균일성 반응값이 설계의 중심점에서 같은 거리에 있는 모든 점에 대해서 동일한 정밀성으로 예측된다는 것을 의미한다. 뿐만 아니라, 중심점으로부터 거리가 멀어질수록 반응예측값의 정밀도가 떨어진다는 것을 알 수 있다.

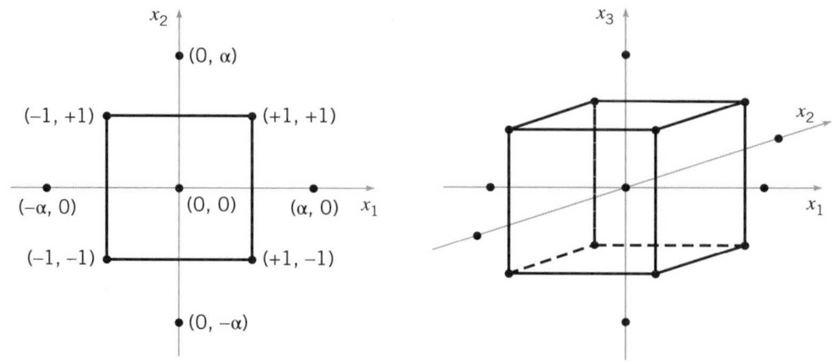


그림 14.9
$k = 2$, $k = 3$인 경우의 중심합성설계

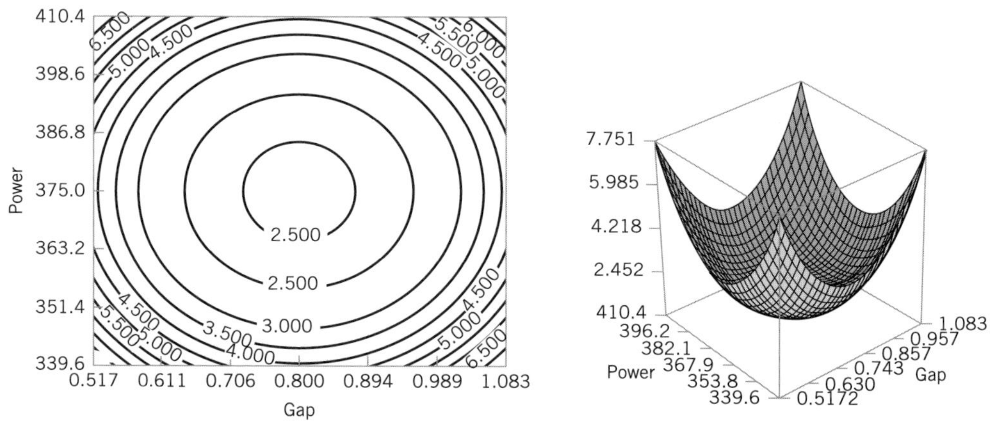


(a) Contours of constant standard deviation of $\hat{y}_2$

(b) Surface plot

그림 14.10
예측된 균일성($y_2$)의 표준편차 플롯

중심합성설계는 2차 반응표면모형을 적합시키는 데 가장 널리 사용되는 설계이다.

## 14.2 공정 로버스트 연구

### 14.2.1 배경

13장과 14장에서 공정설계, 개발과 향상에서 통계적 실험계획에 대한 중요성을 강조하였다. 지난 30여 년간, 엔지니어들과 과학자들은 실험계획 사용의 장점을 더 많이 인식하였고, 그 결과 많은 응용분야가 발생하였다. 이 중 가장 중요한 한 분야는 공정 로버스트 연구이다. 이 분야는 다음과 같은 내용에 초점을 둔다.

1. 제조된 제품은 몇 개의 공정 변수(예를 들면, 온도), 환경요인적 변수(예를 들면, 상대습도), 또는 원자재의 특성 등이 정밀하게 조절되지 못하는 경우에도 원하는 목표 규격에 가능한 한 가깝게 되도록 공정을 설계하는 것이다.
2. 주된 제품 특성이 원하는 목표값에 가능한 한 가까워지게 하고 이 목표값 주변의 변동을 최소화하는 공정 운영조건을 결정하는 것이다. 이러한 유형의 문제에 대한 예는 자주 발생하는데, 예를 들면 반도체 제조과정에서 웨이퍼의 산화물(oxide) 두께를 목

표 평균 두께에 가능한 한 가깝게 함과 동시에 웨이퍼 전반에 걸쳐 두께의 분산(균일성의 측도)을 가능한 한 작게 하고자 하는 경우이다.

1980년대 초반에 일본의 엔지니어 Genichi Taguchi는 이러한 유형의 문제를 해결하는 한 가지 방법을 제시하였는데, 이를 **로버스트 모수 설계**(robust parameter design, RPD)라고 하였다(Taguchi, Wu(1980), Taguchi(1986) 참조). 그의 방법은 먼저 공정변수를 **조정변수**(control variable, 또는 **조정가능변수**(controllable variable)와 **잡음 변수**(noise variable), 또는 **조정불능변수**(uncontrollable variable) 중 하나로 분류하는 것에 기초하고 있다. 그 다음은 조정불능변수에 의해 반응값에 전달되는 변동을 최소화하도록 조정가능변수의 수준을 설정하는 것이다. 비록 잡음요인이 전체 시스템에서는 조정이 불가능하더라도 실험목적하에서는 조정이 가능하다고 가정한다. 실험계획의 일반적 관점에서 조정가능변수와 조정불능변수의 시각적 표현은 그림 13.1을 참조하기 바란다.

Taguchi는 로버스트 모수설계의 일환으로 이미 구축된 방법에서 새로운 통계적 방법과 변동을 소개하였다. 그는 고도의 부분화된 요인설계법과 직교설계에서 얻어지는 형태의 부분실시법도 사용하였다. 그의 방법은 상당한 토론과 논쟁을 불러일으켰다. 그 논쟁의 일부는 Taguchi의 방법이 애초에 서양에서 컨설턴트들에 의해 주로 주장되었던 것이라는 점이고 또한 저변에 있는 통계적 방법이 동료들에 의해 적절한 검정을 받지 못했다는 점이다. 1980년대 후반에 매우 자세하고 포괄적인 검정의 결과에 의하면 Taguchi의 공학적 개념과 RPD의 총체적 목적은 잘 수립되어 있지만, 실험 전략과 데이터 분석의 방법에는 상당한 문제점이 있는 것으로 나타났다. 이 문제에 대한 자세한 내용은 Box, Bisgaard와 Fung(1988), Hunter(1985,1987), Montgomery(1999), Myers, Montgomery와 Anderson-Cook(2009), Pignatiello와 Ramberg(1991)를 참조하기 바란다. 이러한 우려의 많은 부분이 1992년 5월판 Technometrics(Nair(1992))에서 광범위한 패널 토론을 통해 요약되어 있다.

Taguchi의 방법은 조정가능요인에 대한 직교설계를 잡음요인에 대한 직교설계와 교차시켜 사용하는 것으로서 로버스트 모수 설계의 문제를 해결하고 있다. 표 14.3은 Byrne, Taguchi(1987)에 의해, 지정된 탈착력(pull-off force)을 전달하는 나일론 튜브에 탄성 접속기(elastometric connector)를 조립하는 방법의 개발에 연관된 예를 나타내고 있다. 이 실험에는 각각 3수준을 가진 4개의 조정가능요인($A$ = interface, $B$ = connector wall thickness, $C$ = insertion depth, $D$ = percent adhesive)이 있고, 각각 2수준을 가진 3개의 잡음 또는 조정불능 요인($E$ = conditioning time, $F$ = conditioning temperature, $G$ = conditioning relative humidity)이 있다. 표 14.3의 패널 (a)는 조정가능요인에 대한 설계를 나타내고 있다. 이 실험은 3요인 부분요인설계, 즉 $3^{4-2}$ 설계이다. Taguchi는 이를 **내측배열설계**(inner array design)라고 하였다. 표 14.3의 패널 (b)는 잡음 요인에 대한 $2^3$ 설계이고 이를 **외측배열설계**(outer array design)라고 한다. 내측배열에 있는 각각의 실험점은 외측배열에 있는 모든 처리조합에 대해 실행되어 72개의 관측값의 탈착력이 표에 나타나 있다. 이런 형태의 설계를 **교차배열설계**(crossed array design)라고 한다.

Taguchi의 추천에 의하면, 교차배열설계로부터 얻어진 데이터를 사용하여 2개의 통계

표 14.3
내측배열과 외측배열이 있는 Taguchi의 모수설계

| | | | | | (b) Outer Array | | | | | | | |
|---|---|---|---|---|---|---|---|---|---|---|---|---|
| | | | | *E* | −1 | −1 | −1 | −1 | 1 | 1 | 1 | 1 |
| | | | | *F* | −1 | −1 | 1 | 1 | −1 | −1 | 1 | 1 |
| | | | | *G* | −1 | 1 | −1 | 1 | −1 | 1 | −1 | 1 |
| | (a) Inner Array | | | | | | | | | | | |
| **Run** | ***A*** | ***B*** | ***C*** | ***D*** | | | | | | | | |
| 1 | −1 | −1 | −1 | −1 | 15.6 | 9.5 | 16.9 | 19.9 | 19.6 | 19.6 | 20.0 | 19.1 |
| 2 | −1 | 0 | 0 | 0 | 15.0 | 16.2 | 19.4 | 19.2 | 19.7 | 19.8 | 24.2 | 21.9 |
| 3 | −1 | 1 | 1 | 1 | 16.3 | 16.7 | 19.1 | 15.6 | 22.6 | 18.2 | 23.3 | 20.4 |
| 4 | 0 | −1 | 0 | 1 | 18.3 | 17.4 | 18.9 | 18.6 | 21.0 | 18.9 | 23.2 | 24.7 |
| 5 | 0 | 0 | 1 | −1 | 19.7 | 18.6 | 19.4 | 25.1 | 25.6 | 21.4 | 27.5 | 25.3 |
| 6 | 0 | 1 | −1 | 0 | 16.2 | 16.3 | 20.0 | 19.8 | 14.7 | 19.6 | 22.5 | 24.7 |
| 7 | 1 | −1 | 1 | 0 | 16.4 | 19.1 | 18.4 | 23.6 | 16.8 | 18.6 | 24.3 | 21.6 |
| 8 | 1 | 0 | −1 | 1 | 14.2 | 15.6 | 15.1 | 16.8 | 17.8 | 19.6 | 23.2 | 24.2 |
| 9 | 1 | 1 | 0 | −1 | 16.1 | 19.9 | 19.3 | 17.3 | 23.1 | 22.7 | 22.6 | 28.6 |

량을 계산한다. 이 2개의 통계량은 내측배열에 있는 각각의 관측값에 해당하는 외측배열의 모든 값의 평균, 그리고 평균과 분산에 대한 정보를 종합하도록 고안된 요약 통계량, 즉 **신호대잡음 비**(signal-to-noise ratio)이다. 이때 신호대잡음 비는 그 값의 최댓값이 잡음요인에 전달되는 변동을 최소화하도록 의도적으로 정의된 것이다. 그러면 이 분석은 조정가능요인의 어떤 조합이 다음 2가지 사항을 만족하는지를 결정하는 것이다.

(1) 목표값에 가장 근접하는 평균
(2) 최대의 신호대잡음 비

표 14.3을 검토해 보면 Taguchi 설계전략에 대한 문제점을 알 수 있다(즉, 교차배열방법은 매우 큰 실험을 하게 된다). 이 예에서는 단지 7개의 요인이 있지만 설계는 72개의 실험점을 가지게 된다. 뿐만 아니라 내측배열설계는 $3^{4-2}$ 해상도 III 설계이다(이 설계에 대해서는 Montgomery(2018), 9장 참조). 따라서 실험수가 큼에도 불구하고 조정가능요인 간의 교호작용에 대한 정보를 얻지 못하게 된다. 실제로, 주효과에 대한 정보마저도 잠재적으로 오염되어 있는데, 이는 주효과들이 2요인 교호작용과 심각한 별명관계에 있기 때문이다. Taguchi의 신호대잡음 비도 역시 문제가 있는 것으로 나타났다(신호대잡음 비를 최대화하는 것이 변동을 최소화하지 않는다는 점이다).

교차배열설계에 대한 중요한 점은 조정가능요인과 잡음요인의 교호작용에 대한 정보를 제공하는 것이다. 이러한 교호작용은 로버스트 모수 설계 문제를 해결하는 데 결정적 역할을 한다. 예를 들어, 그림 14.11에서 $x$는 조정가능요인, $z$는 잡음요인인 2요인 교호작용 그래프를 고려해 보자. 그림 14.11$a$에는 $x \times z$ 교호작용이 존재하지 않는다. 그러므로 변수 $z$에 의해 반응값에 전달되는 변동에 영향을 미치는 조정가능요인 $x$의 수준설정이 없다. 그러나 그림 14.11$b$에서는 강한 $x \times z$ 교호작용이 있다. 만일 $x$가 수준 '하'에 있다면 $x$가 수준 '상'에 있을 때보다 반응값에 훨씬 적은 변동이 있게 된다. 따라서 적어도 하나의 조정가능요인 × 잡음요인 교호작용이 없다면 로버스트 설계 문제도 없게 된다. 다음 절에서

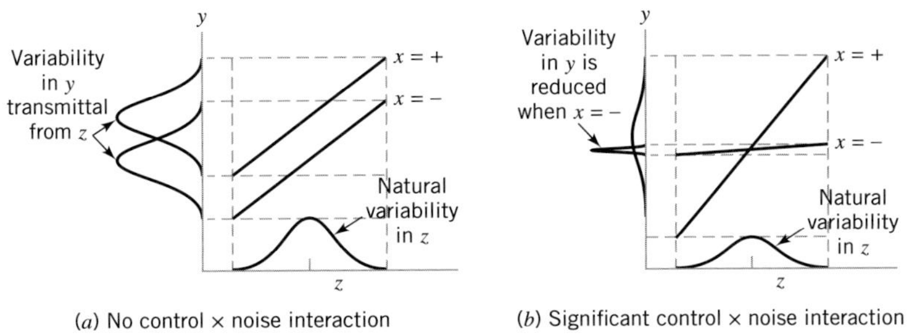


**그림 14.11** 로버스트 설계에서 조정가능요인과 잡음요인의 교호작용의 역할

설명하겠지만, 이 교호작용을 식별하고 모형화하는 것은 공정 로버스트를 연구하는 데 더 효율적이고 효과적으로 접근하는 주된 역할을 하게 된다.

## 14.2.2 공정 로버스트 연구에 대한 반응표면방법

앞 절에서 언급한 것처럼, 조정가능요인과 잡음요인 사이의 교호작용은 공정 로버스트 연구의 핵심이다. 그러므로 조정가능요인, 잡음요인, 그들의 교호작용을 포함하는 반응모형을 사용하는 것이 타당하다. 이를 설명하기 위해 2개의 조정가능요인, $x_1$, $x_2$와 1개의 잡음 요인 $z_1$이 있다고 하자. 조정가능요인과 잡음요인 모두 통상적인 코드화된 변수라고 하자. 즉, 중심값이 0이고 ±1에서 상, 하의 값이 있다. 그러면 조정가능요인을 포함한 1차 모형은 다음과 같은 모형이 된다.

$$y = \beta_0 + \beta_1 x_1 + \beta_2 x_2 + \beta_{12} x_1 x_2 + \gamma_1 z_1 + \delta_{11} x_1 z_1 + \delta_{21} x_2 z_1 + \varepsilon \qquad (14.4)$$

이 모형은 2개의 조정가능요인의 주효과, 잡음요인의 주효과, 조정가능요인과 잡음요인의 교호작용을 포함하고 있다. 조정가능요인과 잡음요인을 포함하는 이런 형태의 모형을 **반응모형**(response model)이라고 한다. 회귀계수 $\delta_{11}$, $\delta_{21}$가 모두 0이 되면 로버스트 설계 문제가 성립되지 않는다.

반응모형 방법의 주된 장점은 조정가능요인과 잡음요인 모두가 하나의 실험계획에서 지정할 수 있다는 점이다. 즉, Taguchi의 내측배열과 외측배열의 구조를 사용하지 않아도 된다는 것이다. 조정가능요인과 잡음요인 모두를 동시에 포함하는 설계를 **혼합배열설계**(combined array design)라고 한다.

앞에서 설명한 바와 같이, 잡음요인은 비록 실험의 목적상 조정이 가능하다고 하더라도 확률변수라고 가정한다. 특별히, 잡음요인은 코드화된 단위로 표현한다. 즉, 평균은 0이고, 분산은 $\sigma_z^2$이며, 잡음요인이 여러 개 있으면 그들의 공분산은 0이라고 가정한다. 이러한 가정하에서 평균 반응값에 대한 모형은 단순히 식 14.4에서 $y$의 기댓값을 취하면 된다. 이 모형은 다음과 같다.

$$E_z(y) = \beta_0 + \beta_1 x_1 + \beta_2 x_2 + \beta_{12} x_1 x_2$$

단, 기댓값 부호 $E$의 첨자 $z$는 식 14.4에서 두 확률변수 $z_1$과 $\varepsilon$에 대한 기댓값을 나타내기 위함이다. 반응값 $y$의 분산에 대한 모형을 나타내기 위해 식 14.4를 다시 다음과 같이 표현한다.

$$y = \beta_0 + \beta_1 x_1 + \beta_2 x_2 + \beta_{12} x_1 x_2 + (\gamma_1 + \delta_{11} x_1 + \delta_{22} x_2) z_1 + \varepsilon$$

이제 $y$의 분산은 이 표현에 대해 분산을 계산하면 다음과 같이 표현된다.

$$V_z(y) = \sigma_z^2 (\gamma_1 + \delta_{11} x_1 + \delta_{22} x_2)^2 + \sigma^2$$

분산 표현 $V$의 첨자 $z$는 식 14.4에서 두 확률변수 $z_1$과 $\varepsilon$에 대한 분산을 나타내기 위함이다.

이제 우리는 반응변수의 평균과 분산에 대한 단순한 모형을 도출하였다. 다음을 상기하자.

1. 평균과 분산은 **조정가능요인**만 포함한다. 이것은 평균의 목표값을 달성하고 잡음요인에 의해 발생되는 변동을 최소화하기 위해 잠재적으로 조정가능요인을 설정할 수 있다는 것을 의미한다.
2. 분산모형은 조정가능요인만을 포함하지만, 조정가능요인과 잡음요인 간의 교호작용 회귀계수를 포함하고 있다. 이것이 잡음요인이 어떻게 반응값에 영향을 미치는가를 설명한다.
3. 분산모형은 조정가능요인의 **제곱항**으로 나타난다.
4. 분산모형($\sigma^2$을 제외한)은 잡음요인의 방향에서 적합된 반응모형의 **기울기**의 제곱이다.

이 모형을 운영상 사용하기 위해서는

1. 실험을 실시하고 식 14.4에 있는 것처럼 적절한 반응모형을 적합시킨다.
2. 평균과 분산 모형에 있는 알려지지 않은 회귀계수를 그들의 반응모형으로부터 최소제곱 추정치로 대체한다. 분산모형에 있는 $\sigma^2$을 반응모형을 적합시킬 때 얻어지는 잔차제곱평균으로 대체한다.
3. 평균과 분산모형을 동시에 최적화한다. 이것은 종종 그래프를 통해 이루어진다. 다른 최적화 방법에 대해서는 Myers, Montgomery와 Anderson-Cook(2009)를 참조하라.

이 결과를 일반화하는 것은 매우 용이하다. 이제 $k$개의 조정가능요인, $\mathbf{x}' = [x_1, x_2, \cdots, x_k]$와 $r$개의 잡음요인, $\mathbf{z}' = [z_1, z_2, \ldots, z_r]$이 있다고 가정하자. 이러한 변수들을 포함한 일반적 반응모형을 다음과 같이 표현한다.

$$y(\mathbf{x}, \mathbf{z}) = f(\mathbf{x}) + h(\mathbf{x}, \mathbf{z}) + \varepsilon \tag{14.5}$$

단, $f(\mathbf{x})$는 조정가능요인만을 포함하는 모형의 일부이고, $h(\mathbf{x}, \mathbf{z})$는 잡음요인의 주효과와 조정가능요인과 잡음요인 간의 교호작용을 포함하는 항이다. 함수 $h(\mathbf{x}, \mathbf{z})$는 전형적으로 다음과 같이 표현된다.

$$h(\mathbf{x}, \mathbf{z}) = \sum_{i=1}^{r} \gamma_i z_i + \sum_{i=1}^{k} \sum_{j=1}^{r} \delta_{ij} x_i z_j$$

함수 $f(\mathbf{x})$의 구조는 실험자가 적절하다고 생각하는 조정가능요인의 모형의 형태에 의존한다. 논리적 구조는 교호작용을 포함하는 1차모형과 2차모형이다. 잡음모형이 평균 0, 분산 $\sigma_z^2$, 공분산 0을 가진다고 가정하면, 잡음요인과 확률오차 $\varepsilon$은 공분산 0을 가지게 된다. 그러면 반응값에 대한 평균모형은 단순히

$$E_z[y(\mathbf{x}, \mathbf{z})] = f(\mathbf{x}) \tag{14.6}$$

가 된다. 분산모형을 찾기 위해서는 8.7.2절에 있는 오차의 전달(transmission of error) 방법을 사용한다. 이것은 먼저 식 14.5를 $\mathbf{z} = 0$를 중심으로 1차 Taylor 연쇄로 확장한다.

$$y(\mathbf{x},\mathbf{z}) \cong f(\mathbf{x}) + \sum_{i=1}^{r} \frac{\partial h(\mathbf{x},\mathbf{z})}{\partial z_i}(z_i - 0) + R + \varepsilon$$

단, $R$은 나머지를 의미한다. 이제 나머지를 무시하고 이 마지막 표현에 분산공식을 적용하면, 반응값의 분산은 다음과 같다.

$$V_z[y(\mathbf{x},\mathbf{z})] = \sigma_z^2 \sum_{i=1}^{r} \left( \frac{\partial h(\mathbf{x},\mathbf{z})}{\partial z_i} \right)^2 + \sigma^2 \tag{14.7}$$

Myers, Montgomery와 Anderson-Cook(2009)는 식 14.7에 대한 약간 다른 더 일반적인 형태를 제공한다. 이는 식 14.5의 반응모형에 조건부 분산공식을 직접 적용하여 얻는다.

### 예 14.3 로버스트 설계

공정 로버스트 연구에 대해 설명하기 위해 어떤 실험을 고려해 보자. 이 실험에는 4개의 요인이 있고 그들이 화학제품의 여과율(filtration rate)에 미치는 효과를 탐지하기 위해 $2^4$ 요인설계를 실시하고 있다. 요인 $A$, 온도는 전체 공정범위에서는 조정이 어려우나, 실험(시험 플랜트에서 시행된)의 범위에서는 조정이 가능하다. 나머지 3개의 요인(압력($B$), 농도($C$), 교반율($C$))

**표 14.4** 시험 플랜트의 여과율 실험

| Run Number | Factor A | B | C | D | Run Label | Filtration Rate (gal/h) |
|---|---|---|---|---|---|---|
| 1 | − | − | − | − | (1) | 45 |
| 2 | + | − | − | − | *a* | 71 |
| 3 | − | + | − | − | *b* | 48 |
| 4 | + | + | − | − | *ab* | 65 |
| 5 | − | − | + | − | *c* | 68 |
| 6 | + | − | + | − | *ac* | 60 |
| 7 | − | + | + | − | *bc* | 80 |
| 8 | + | + | + | − | *abc* | 65 |
| 9 | − | − | − | + | *d* | 43 |
| 10 | + | − | − | + | *ad* | 100 |
| 11 | − | + | − | + | *bd* | 45 |
| 12 | + | + | − | + | *abd* | 104 |
| 13 | − | − | + | + | *cd* | 75 |
| 14 | + | − | + | + | *acd* | 86 |
| 15 | − | + | + | + | *bcd* | 70 |
| 16 | + | + | + | + | *abcd* | 96 |

들은 조정이 용이하다. 따라서 잡음 요인 $z_1$은 온도이고, 조정가능요인 $x_1$, $x_2$, $x_3$는 압력, 농도, 교반율이 된다. 실험자는 표 14.4와 같이 반복이 없는 $2^4$ 설계를 수행하였다. 조정가능요인과 잡음요인이 동일한 설계에 포함되어 있으므로 이 실험에서 사용된 $2^4$ 요인설계는 **혼합배열설계**의 예가 된다. 이제 여과율을 최대화하고 잡음요인 온도가 전달하는 변동을 최소화하는 운영조건을 결정하고자 한다.

**풀이**

13장의 $2^4$ 요인설계 분석에서의 방법을 사용하면, 반응 모형은 다음과 같이 적합된다.

$$\begin{aligned}\hat{y}(\mathbf{x}, z_1) &= 70.06 + \left(\frac{21.625}{2}\right)z_1 + \left(\frac{9.875}{2}\right)x_2 + \left(\frac{14.625}{2}\right)x_3 \\ &\quad - \left(\frac{18.125}{2}\right)x_2 z_1 + \left(\frac{16.625}{2}\right)x_3 z_1 \\ &= 70.06 + 10.81z_1 + 4.94x_2 + 7.31x_3 - 9.06x_2 z_1 + 8.31x_3 z_1\end{aligned}$$

식 14.6과 14.7을 사용하여 평균과 분산의 모형을 다음과 같이 얻는다.

$$E_z\left[y(\mathbf{x}, z_1)\right] = 70.06 + 4.94x_2 + 7.31x_3$$

$$\begin{aligned}V_z\left[y(\mathbf{x}, z_1)\right] &= \sigma_z^2(10.81 - 9.06x_2 + 8.31x_3)^2 + \sigma^2 \\ &= \sigma_z^2\big(116.91 + 82.08x_2^2 + 69.06x_3^2 - 195.88x_2 \\ &\quad + 179.66x_3 - 150.58x_2x_3\big) + \sigma^2\end{aligned}$$

이제 잡음요인 온도의 '하' 수준과 '상' 수준은 평균값의 양쪽 1표준편차 지점에서 설정되었다고 가정하면 $\sigma_z^2 = 1$이 되고, 반응값을 적합시킬 때 얻은 잔차평균제곱인 $\hat{\sigma} = 19.51$을 사용한다. 따라서 분산모형은

$$\begin{aligned}V_z\left[y(\mathbf{x}, z_1)\right] &= 136.42 - 195.88x_2 + 179.66x_3 - 150.58x_2x_3 \\ &\quad + 82.08x_2^2 + 69.06x_3^2\end{aligned}$$

으로 얻어진다. 그림 14.12는 평균모형을 등고선플롯으로 표현한 것이다. 이 그림을 그리기 위해서는 잡음요인(온도)을 0에 고정시키고 유의하지 않은 조정가능요인도 0으로 고정시켰다. 평균 여과율은 농도와 교반율 두 변수가 동시에 증가할 때 증가한다. 분산 $V_z[y(\mathbf{x}, \mathbf{z})]$의 제곱근은 그림 14.13에 그려져 있다. 여기서는 등고선 플롯과 3차원 반응값이 함께 그려져 있다. 이 플롯도 역시 잡음요인(온도)을 0에 고정시키고 유의하지 않은 조정가능요인도 0으로 고정시켜 만든 것이다.

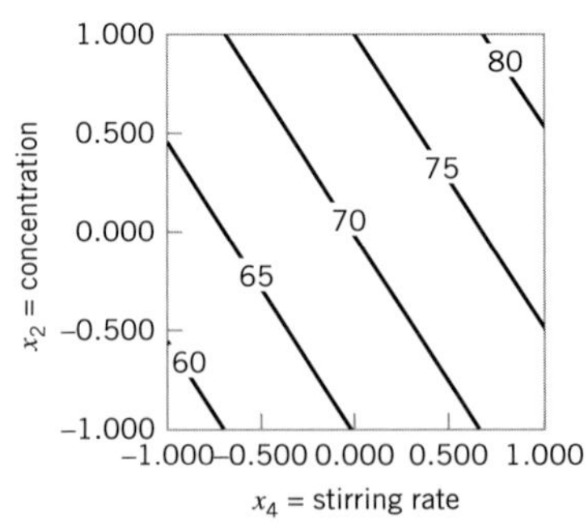


**그림 14.12** 평균 여과율의 등고선($z_1$ = 온도 = 0).

평균 여과율을 75이상으로 유지하면서 이 값에 대한 변동을 최소화하고자 한다고 가정하자. 그림 14.14는 유의한 조정가능요인인 농도와 섞기 비율의 함수로 표현된 평균 여과율과 $V_z[y(\mathbf{x}, \mathbf{z})]$의 제곱근에 대한 등고선 플롯을 중첩시킨 것이다. 이 플롯에서 원하는 목적을 달성하기 위해서는 농도는 수준 '상'에 두고 섞기 비율은 가운데 수준에 아주 가깝게 해야 됨을 알 수 있다.

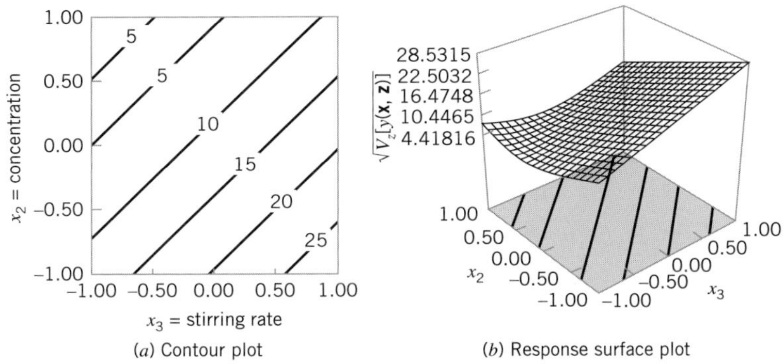


**그림 14.13** $\sqrt{V_z[y(\mathbf{x}, \mathbf{z})]}$의 등고선플롯과 반응표면($z_1$ = 온도 = 0).

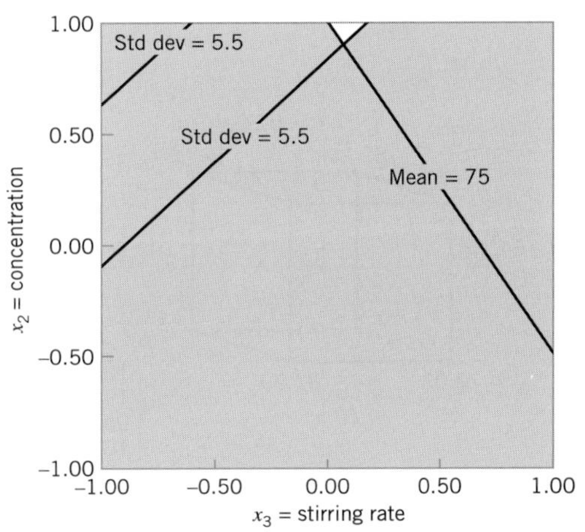


**그림 14.14** 여과율에 대한 평균과 표준편차의 중첩플롯($z_1$ = 온도 = 0).

예 14.3은 조정가능요인 $f(\mathbf{x})$의 모형으로서 교호작용이 있는 1차 모형을 사용하는 방법에 대해 설명하였다. 다음의 예 14.4에서는 2차 모형을 설명할 것이다.

## 예 14.4 로버스트 제조

반도체 제조 플랜트에서 2개의 조정가능요인 $x_1$, $x_2$와 1개의 잡음요인 $z$가 있는 경우에 대해 공정 로버스트 연구가 수행되었다. 표 14.5는 수행된 실험 결과를 보여 주고 그림 14.15는 이 설계의 도형적 표현을 나타내고 있다. 이 실험은 $z$ 방향으로 축점이 제외된 수정된 중심합성설계이다. 이 모형에 포함된 잡음요인에는 제곱항($z^2$)이 없기 때문에 이 설계점을 제외시키는 것이 가능하다. 목적은 평균반응을 90~100 사이가 되게 하여 잡음요인에 의해 전달되는 변동을 최소화하는 것이다.

**표 14.5** 공정 로버스트 연구를 위한 수정된 중심합성설계

| Run | $x_1$ | $x_2$ | $z$ | $y$ |
|---|---|---|---|---|
| 1 | −1.00 | −1.00 | −1.00 | 73.93 |
| 2 | 1.00 | −1.00 | −1.00 | 81.99 |
| 3 | −1.00 | 1.00 | −1.00 | 77.03 |
| 4 | 1.00 | 1.00 | −1.00 | 99.29 |
| 5 | −1.00 | −1.00 | 1.00 | 70.21 |
| 6 | 1.00 | −1.00 | 1.00 | 97.72 |
| 7 | −1.00 | 1.00 | 1.00 | 83.20 |
| 8 | 1.00 | 1.00 | 1.00 | 125.50 |
| 9 | −1.68 | 0.00 | 0.00 | 64.75 |
| 10 | 1.68 | 0.00 | 0.00 | 102.90 |
| 11 | 0.00 | −1.68 | 0.00 | 70.20 |
| 12 | 0.00 | 1.68 | 0.00 | 100.30 |
| 13 | 0.00 | 0.00 | 0.00 | 100.50 |
| 14 | 0.00 | 0.00 | 0.00 | 100.00 |
| 15 | 0.00 | 0.00 | 0.00 | 98.86 |
| 16 | 0.00 | 0.00 | 0.00 | 103.90 |

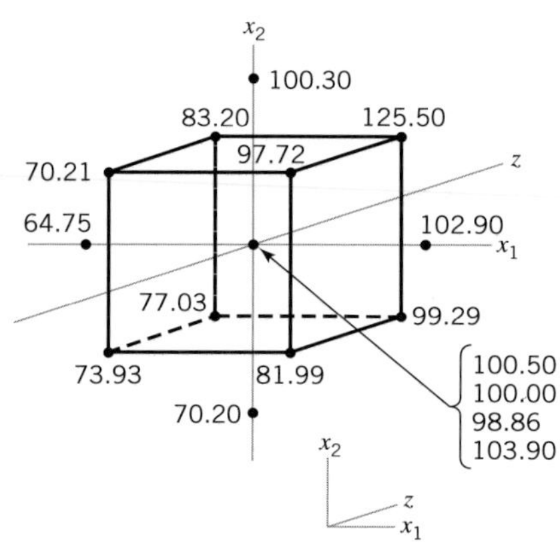


**그림 14.15** 수정된 중심합성설계

**풀이**

식 14.15를 사용하여 이 공정 로버스트 연구를 위한 반응 모형으로 다음과 같은 모형을 사용한다.

$$\begin{aligned} y(\mathbf{x},\mathbf{z}) &= f(\mathbf{x}) + h(\mathbf{x},\mathbf{z}) + \varepsilon \\ &= \beta_0 + \beta_1 x_1 + \beta_2 x_2 + \beta_{11} x_1^2 + \beta_{22} x_2^2 + \beta_{12} x_1 x_2 + \gamma_1 z \\ &\quad + \delta_{11} x_1 z + \delta_{21} x_2 z + \varepsilon \end{aligned}$$

이 식에 대한 최소제곱 적합식은 다음과 같다.

$$\begin{aligned} \hat{y}(\mathbf{x},\mathbf{z}) = 100.63 + 12.04x_1 + 8.19x_2 - 6.11x_1^2 - 5.61x_2^2 \\ + 3.62x_1x_2 + 5.55z + 4.94x_1z + 2.55x_2z \end{aligned}$$

그러므로 식 14.6으로부터, 평균모형은 다음과 같다.

$$E_z[y(\mathbf{x},\mathbf{z})] = 100.63 + 12.04x_1 + 8.19x_2 - 6.11x_1^2 - 5.61x_2^2 + 3.62x_1x_2$$

식 14.7을 사용하면, 분산모형은 다음과 같이 표현한다.

다음과 같이 표현한다.

$$V_z[y(\mathbf{x},\mathbf{z})] = \sigma_z^2\left(\frac{\partial h(\mathbf{x},\mathbf{z})}{\partial z}\right)^2 + \sigma^2$$
$$= \sigma_z^2(5.55 + 4.94x_1 + 2.55x_2)^2 + \sigma^2$$

예 14.3과 같이 $\sigma_z^2 = 1$을 가정하고, 적합된 반응모형에서 잔차평균제곱이 $MS_E = 3.73$이므로 $\hat{\sigma}^2 = 3.73$을 사용한다. 그러므로 분산모형은 다음과 같다.

$$V_z[y(\mathbf{x},\mathbf{z})] = (5.55 + 4.94x_1 + 2.55x_2)^2 + 3.73$$

그림 14.16과 14.17은 평균모형과 표준편차 $\sqrt{V_z[y(\mathbf{x}, \mathbf{z})]}$에 대한 반응표면 등고선 그림을 나타내고 있다. 이 공정 로버스트 연구에서 실험의 목적은 분산이 작으면서 평균 반응값이 90~100 사이인 운영조건을 찾는 것이다. 그림 14.18은 평균모형에서 90~100 사이인 등고선플롯과 표준편차가 4인 등고선플롯을 중첩시킨 것이다. 이 플롯에서 음영 처리되지 않은 부분은 평균반응값이 만족되고 표준편차가 4를 초과하지 않는 요구조건을 만족하는 $x_1$과 $x_2$의 운영조건을 나타내고 있다.

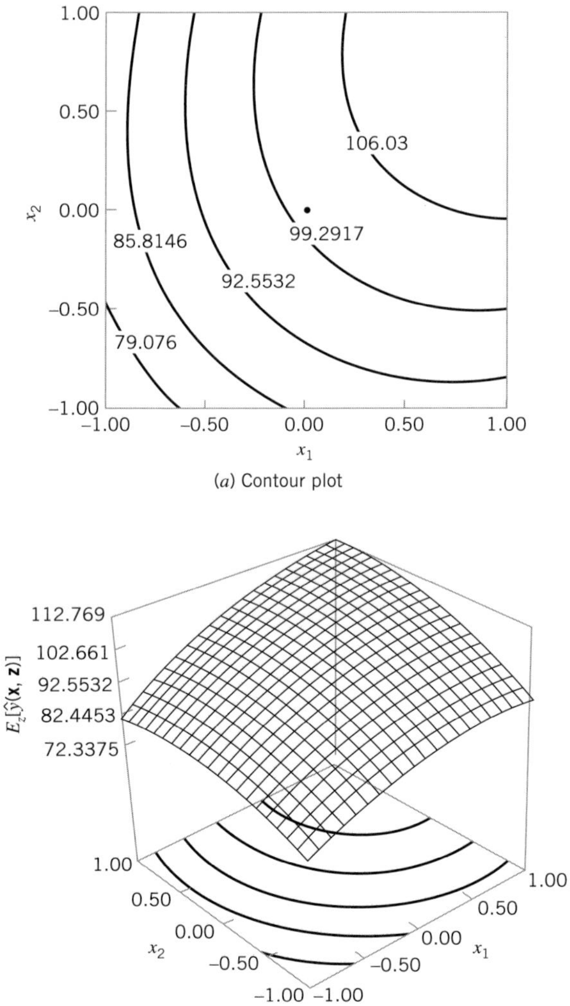


(a) Contour plot

(b) Response surface plot

**그림 14.16** 평균모형의 플롯

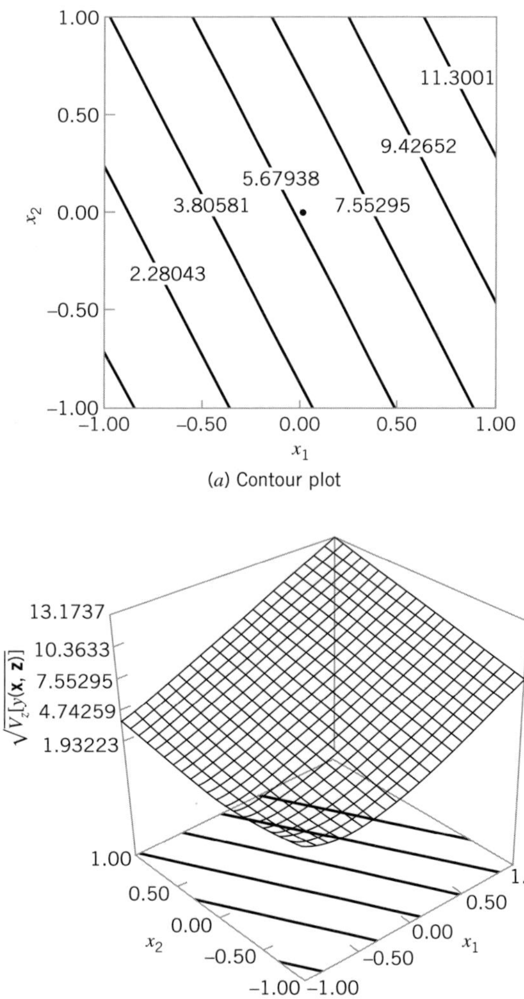


(a) Contour plot

(b) Response surface plot

**그림 14.17** 반응값의 표준편차 $\sqrt{V_z[y(\mathbf{x}, \mathbf{z})]}$의 플롯

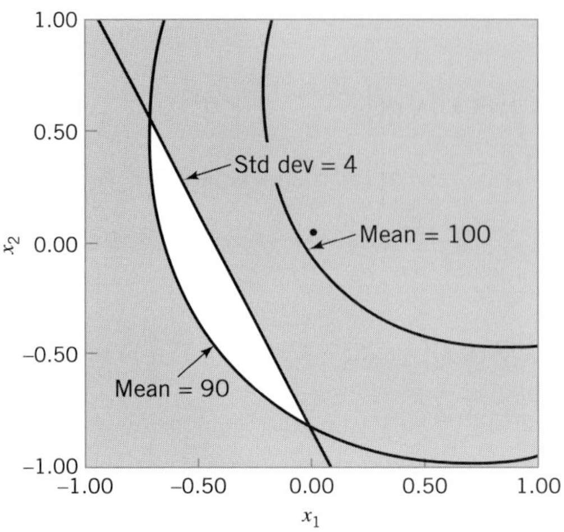


**그림 14.18** 평균과 표준편차 등고선의 중첩

## 14.3 진화적 공정

대부분의 공정 모니터링 기술은 하나 또는 여러 개의 출력 품질특성치를 측정한 다음, 이 품질특성치가 만족스러우면 공정에 대한 조정을 하지 않는다. 하지만 하나 또는 여러 개의 조정가능 공정변수와 관측된 **품질특성치**(또는 **반응변수**)가 강한 상관관계를 가지는 경우에는 종종 다른 공정 모니터링 방법이 적용될 수 있다. 예를 들어 화학 엔지니어가 공정의 수율을 최대로 하고자 하는 경우를 생각해 보자. 수율은 2개의 조정가능 공정변수(온도($x_1$)와 시간($x_2$))의 함수, 즉

$$y = f(x_1, x_2) + \varepsilon$$

로 표현된다고 하자. 단, $\varepsilon$은 확률오차이다. 화학 엔지니어는 수율을 최대로 하고 다른 모든 품질 특성치를 일정 수준으로 유지할 수 있는 온도($x_1$)와 시간($x_2$)의 수준 또는 운영조건을 발견하였다. 이 공정 최적화는 반응표면방법을 사용하여 이루어졌다. 그러나 이 공정이 이 수준을 사용하여 계속해서 운영된다면 궁극적으로는 입력 원자재, 환경의 변화, 운영자 등과 같은 요인에서 변화가 발생하여 최적수준에서 벗어나게 될 것이다.

이와 같이 최적공정조건으로 이동하거나 또는 유동성 편차를 조정할 수 있는 공정의 연속적인 운영과 탐지를 위해서는 또 다른 새로운 방법이 필요하다. 이 방법은 생산에 지장을 줄 정도로 갑작스럽거나 큰 운영조건의 변화를 요구해서는 안 된다. **진화적 공정**(evolutionary operation, EVOP) 방법은 그런 운영 절차로서 Box(1957)에 의해 제안되었다. 이 방법은 품질이나 제조공정 관계자로부터 최소한의 도움만 받으면서 운영자가 수행할 수 있는 통상적인 공정운영방법이다. EVOP는 통상적으로 오프라인 방법으로 고려되는 실험계획의 원칙을 사용한다. 즉, EVOP는 실험계획의 온라인 적용이라고 할 수 있다.

EVOP는 공정운영조건에 작은 변화를 구조적으로 부여하는 것으로 구성되어 있다. 이 절차는 각 공정변수가 '상'과 '하'의 수준을 부여받도록 되어 있다. 변수들에 대한 변화는

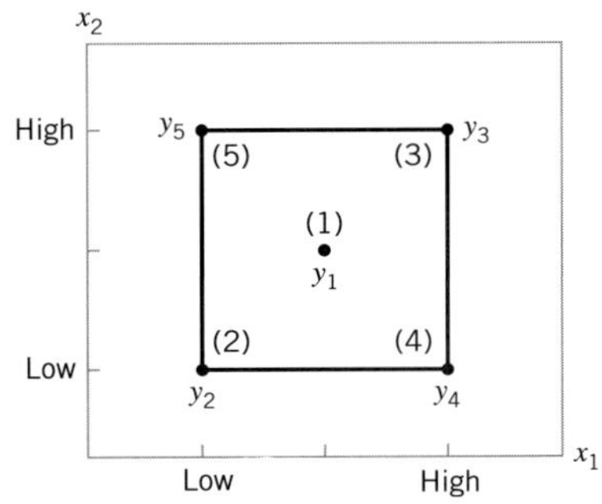


**그림 14.19**
$2^2$ 요인설계

제품의 품질은 심각한 변화가 발생하지 않도록 충분히 작은 것으로 가정하지만, 공정수행능력에서 잠재적 향상은 궁극적으로 발견될 수 있을 만큼 충분히 큰 것으로 가정한다.

그림 14.19에서는 2개의 변수가 4개의 '상'과 '하'의 수준 조합을 가지고 있다. 이 점들의 배열은 13장에서 설명한 $2^2$ 요인설계점이다. 설계의 중심에도 1개의 설계점이 있다. 전형적으로, 최적운영조건에 대한 현재 시점의 추정값을 중심으로 $2^2$ 설계가 된다.

$2^2$ 설계의 설계점들은 1, 2, 3, 4, 5로 숫자가 부여된다. 그리고 이 점들에 해당하는 종속변수 또는 반응값의 관측값을 $y_1$, $y_2$, $y_3$, $y_4$, $y_5$라고 한다. 이 설계에서 각 점마다 하나씩의 관측값이 모두 얻어졌을 때, 하나의 **EVOP 순환**이 이루어졌다고 한다. 요인의 주효과는 그 요인의 '하' 수준에서 '상' 수준으로 변화할 때 반응값의 평균 변화로 정의되어 있음을 기억하자. 따라서 $x_1$의 주효과는 그림 14.19에서 설계의 오른쪽의 반응값들과 왼쪽의 반응값들의 평균차를 의미한다. 즉,

$$\begin{aligned} x_1\text{effect} &= \frac{1}{2}\left[(y_3+y_4)-(y_2+y_5)\right] \\ &= \frac{1}{2}\left[y_3+y_4-y_2-y_5\right] \end{aligned} \tag{14.8}$$

이와 유사하게 $x_2$의 주효과는 그림 14.19에서 설계의 위쪽 반응값들과 아래쪽 반응값들의 평균차를 의미한다. 즉,

$$\begin{aligned} x_2\text{effect} &= \frac{1}{2}\left[(y_3+y_5)-(y_2+y_4)\right] \\ &= \frac{1}{2}\left[y_3+y_5-y_2-y_4\right] \end{aligned} \tag{14.9}$$

만일 $x_1$의 수준 '하'에서 '상'으로의 변화가 $x_2$의 두 수준에서 다른 효과를 나타내면 $x_1$과 $x_2$ 사이에 교호작용이 있다는 것을 의미한다. 교호작용효과는

$$x_1 \times x_2\text{interaction} = \frac{1}{2}\left[y_2+y_3-y_4-y_5\right] \tag{14.10}$$

로 표현되거나 그림 14.19에서 대각선 합들 간의 평균차를 의미한다. 순환이 $n$번 반복되면, 이 5개의 설계점 각각에는 $n$개의 관측값이 생기게 된다. 이제 $x_1$, $x_2$와 교호작용의 효과는 식 14.8, 14.9, 14.10에 있는 각 점 $y_i$를 각 점에 있는 $n$개의 관측값의 평균 $\bar{y}_i$로 대체하여 계산된다.

몇 개의 순환이 되고 난 다음에는 하나 또는 그 이상의 변수 또는 교호작용이 반응값 $y$에 유의한 효과를 가진 것으로 나타날 수 있다. 이러한 현상이 발생하면 공정 출력값을 향상시키기 위해 기초 운영조건을 바꾸는 결정을 내려야 한다. 향상된 조건이 발견되면, **EVOP 국면**은 완성된다.

공정변수와 교호작용의 유의성을 검정하기 위해서는 실험오차의 추정이 필요하다. 이것은 순환 데이터를 통해 계산된다. 요인설계의 중심점의 반응값과 $2^k$개의 요인설계점의 반응값을 비교하여 반응함수에의 곡면성을 점검할 수 있다. 즉, 공정이 실제로 최댓값에 중심을 두고 있다면 중심점에서의 반응값은 $2^k$개의 요인설계점의 반응값보다 유의하게 더 커야 한다.

이론적으로 EVOP는 임의의 공정변수의 수에 대해 적용할 수 있으나 실제로는 2개 또는 3개만의 변수가 일반적으로 동시에 고려된다. 예 14.5는 2개의 변수에 대한 절차를 보여주고 있다. Box와 Draper(1969)는 3개의 변수에 대해서 필요한 서식과 작업계획서를 제시하고 주된 관점을 논의하였다. EVOP 계산은 요인설계를 위한 통계 패키지에서 쉽게 수행될 수 있다.

### 예 14.5 변수 EVOP

수율이 온도($x_1$)와 압력($x_2$)의 함수가 되는 화학공정을 고려해 보자. 현재의 운영 조건은 $x_1$ = 250°F, $x_2$ = 145 psi이다. EVOP 절차는 그림 14.20에 있는 중심점이 있는 $2^2$ 설계를 사용한다. 하나의 순환은 (1, 2, 3, 4, 5)의 순서로 각 설계점에서 관측값을 얻으면 끝나게 된다. 첫 순환에서의 수율은 그림 14.20에 나타나 있다. EVOP 절차를 설정하라.

**풀이**

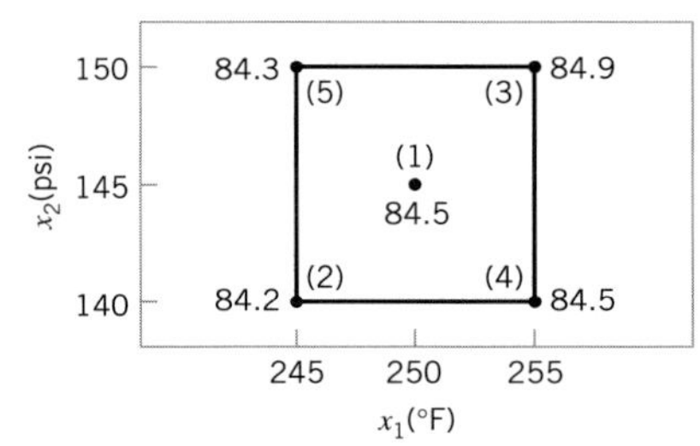


**그림 14.20** $2^2$ 설계

첫 번째 순환에서의 수율은 표 14.6에 나타나 있다. 첫 번째 순환이 끝난 다음에는 표준편차에 대한 추정값은 계산되지 않는다. 온도와 압력의 주효과와 교호작용의 계산은 표 14.6의 아래 반쪽에 계산되어 있다.

이제 두 번째 순환이 실시되고 수율 데이터는 표 14.7에 있는 것처럼 또 다른 EVOP 계산표에 입력되어 있다. 두 번째 순환이 끝나면 실험오차가 계산될 수 있고 효과의 추정값들이 근사적으로 95%(2배의 표준편차) 한계와 비교되었다. 여기서 범위(range)는 열(iv)에 있는 차(difference)의 범위를 나타내고, 따라서 범위는 +1.0 − (−1.0) = −2.0이다. 표 14.7에서 어떤 효과도 한계를 초과하지 않기 때문에 참 효과는 아마도 0이 되어 운영 조건에 변화를 고려할 필요가 없다.

세 번째 순환의 결과는 표 14.8이다. 압력의 효과가 이제 한계를 초과하고 온도의 효과는 한계와 일치한다. 이제 운영 조건의 변화가 정당화된다.

이 결과를 고려하면 설계점 (3) 주변에서 새로운 EVOP를 시작하는 것이 타당해 보인다. 따라서 $x_1$ = 255°F, $x_2$ = 150 psi가 두 번째 국면에서 $2^2$ 설계의 중심점이 된다.

EVOP의 주된 관점은 공정 운영자나 감독자에게 생성된 정보를 제공하는 것이다. 이것은 EVOP 게시판에 두드러지게 표시함으로써 달성된다. 세 번째 순환이 끝난 후 이 예에 대한 정보게시판은 표 14.9에 나타나 있다.

### 표 14.6 EVOP 계산표, $n$ = 1

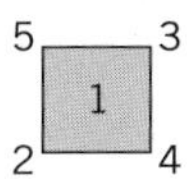


**Cycle: $n$ = 1**
**Response: Yield**

**Phase 1**
**Date: 6-14-07**

| | **Calculation of Averages** | | | | | **Calculation of Standard Deviation** |
|---|---|---|---|---|---|---|
| Operating Conditions | (1) | (2) | (3) | (4) | (5) | |
| (i) Previous cycle sum | | | | | | Previous sum $S$ = |
| (ii) Previous cycle average | | | | | | Previous average $S$ = |
| (iii) New observations | 84.5 | 84.2 | 84.9 | 84.5 | 84.3 | New $S$ = range × $f_{5,n}$ = |
| (iv) Differences [(ii) − (iii)] | | | | | | Range of (iv) = |
| (v) New sums [(i) + (iii)] | 84.5 | 84.2 | 84.9 | 84.5 | 84.3 | New sum $S$ = |
| (vi) New averages [$\bar{y}_i$ = (v)/$n$] | 84.5 | 84.2 | 84.9 | 84.5 | 84.3 | New average $S = \dfrac{\text{New sum } S}{n-1}$ |

| **Calculation of Effects** | **Calculation of Error Limits** |
|---|---|
| Temperature effect $= \frac{1}{2}(\bar{y}_3 + \bar{y}_4 - \bar{y}_2 - \bar{y}_5) = 0.45$ | For new average $\frac{2}{\sqrt{n}}S =$ |
| Pressure effect $= \frac{1}{2}(\bar{y}_3 + \bar{y}_5 - \bar{y}_2 - \bar{y}_4) = 0.25$ | For new effects $\frac{2}{\sqrt{n}}S =$ |
| $T \times P$ interaction effect $= \frac{1}{2}(\bar{y}_2 + \bar{y}_3 - \bar{y}_4 - \bar{y}_5) = 0.15$ | |
| Change-in-mean effect $= \frac{1}{5}(\bar{y}_2 + \bar{y}_3 + \bar{y}_4 + \bar{y}_5 - 4\bar{y}_1) = -0.02$ | For change in mean $\frac{1.78}{\sqrt{n}}S =$ |

### 표 14.7 EVOP 계산표, $n$ = 2

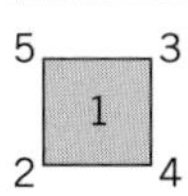


**Cycle: $n$ = 2**
**Response: Yield**

**Phase 1**
**Date: 6-14-07**

| | **Calculation of Averages** | | | | | **Calculation of Standard Deviation** |
|---|---|---|---|---|---|---|
| Operating Conditions | (1) | (2) | (3) | (4) | (5) | |
| (i) Previous cycle sum | 84.5 | 84.2 | 84.9 | 84.5 | 84.3 | Previous sum $S$ = |
| (ii) Previous cycle average | 84.5 | 84.2 | 84.9 | 84.5 | 84.3 | Previous average $S$ = |
| (iii) New observations | 84.9 | 84.6 | 85.9 | 83.5 | 84.0 | New $S$ = range × $f_{5,n}$ = 0.60 |
| (iv) Differences [(ii) − (iii)] | −0.4 | −0.4 | −1.0 | +1.0 | 0.3 | Range of (iv) = 2.0 |
| (v) New sums [(i) + (iii)] | 169.4 | 168.8 | 170.8 | 168.0 | 168.3 | New sum $S$ = 0.60 |
| (vi) New averages [$\bar{y}_i$ = (v)/$n$] | 84.70 | 84.40 | 85.40 | 84.00 | 84.15 | New average $S = \dfrac{\text{New sum } S}{n-1} = 0.60$ |

| | |
|---|---|
| Temperature effect $= \frac{1}{2}(\bar{y}_3 + \bar{y}_4 - \bar{y}_2 - \bar{y}_5) = 0.43$ | For new average $\frac{2}{\sqrt{n}}S = 0.85$ |
| Pressure effect $= \frac{1}{2}(\bar{y}_3 + \bar{y}_5 - \bar{y}_2 - \bar{y}_4) = 0.58$ | For new effects $\frac{2}{\sqrt{n}}S = 0.85$ |
| $T \times P$ interaction effect $= \frac{1}{2}(\bar{y}_2 + \bar{y}_3 - \bar{y}_4 - \bar{y}_5) = 0.83$ | |
| Change-in-mean effect $= \frac{1}{5}(\bar{y}_2 + \bar{y}_3 + \bar{y}_4 + \bar{y}_5 - 4\bar{y}_1) = -0.17$ | For change in mean $\frac{1.78}{\sqrt{n}}S = 0.76$ |

**표 14.8** EVOP 계산표, $n$ = 3

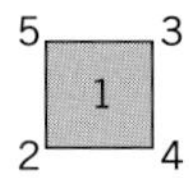


| | Cycle: $n = 3$ Response: Yield | | | | | Phase 1 Date: 6-14-07 |
|---|---|---|---|---|---|---|
| | **Calculation of Averages** | | | | | **Calculation of Standard Deviation** |
| Operating Conditions | (1) | (2) | (3) | (4) | (5) | |
| (i) Previous cycle sum | 169.4 | 168.8 | 170.8 | 168.0 | 168.3 | Previous sum $S$ = 0.60 |
| (ii) Previous cycle average | 84.70 | 84.40 | 85.40 | 84.00 | 84.15 | Previous average $S$ = 0.60 |
| (iii) New observations | 85.0 | 84.0 | 86.6 | 84.9 | 85.2 | New $S$ = range $\times f_{5,n}$ = 0.56 |
| (iv) Differences [(ii) − (iii)] | −0.30 | +0.40 | −1.20 | −0.90 | −1.50 | Range of (iv) = 1.60 |
| (v) New sums [(i) + (iii)] | 254.4 | 252.8 | 257.4 | 252.9 | 253.5 | New sum $S$ = 1.16 |
| (vi) New averages [$\bar{y}$ = (v)/$n$] | 84.80 | 84.27 | 85.80 | 84.30 | 84.50 | New average $S = \dfrac{\text{New sum } S}{n-1} = 0.58$ |

| **Calculation of Effects** | **Calculation of Error Limits** |
|---|---|
| Temperature effect $= \frac{1}{2}(\bar{y}_3 + \bar{y}_4 - \bar{y}_2 - \bar{y}_5) = 0.67$ | For new average $\frac{2}{\sqrt{n}}S = 0.67$ |
| Pressure effect $= \frac{1}{2}(\bar{y}_3 + \bar{y}_5 - \bar{y}_2 - \bar{y}_4) = 0.87$ | For new effects $\frac{2}{\sqrt{n}}S = 0.67$ |
| $T \times P$ interaction effect $= \frac{1}{2}(\bar{y}_2 + \bar{y}_3 - \bar{y}_4 - \bar{y}_5) = 0.64$ | |
| Change-in-mean effect $= \frac{1}{5}(\bar{y}_2 + \bar{y}_3 + \bar{y}_4 + \bar{y}_5 - 4\bar{y}_1) = -0.07$ | For change in mean $\frac{1.78}{\sqrt{n}}S = 0.60$ |

**표 14.9** EVOP 정보게시판–순환 3

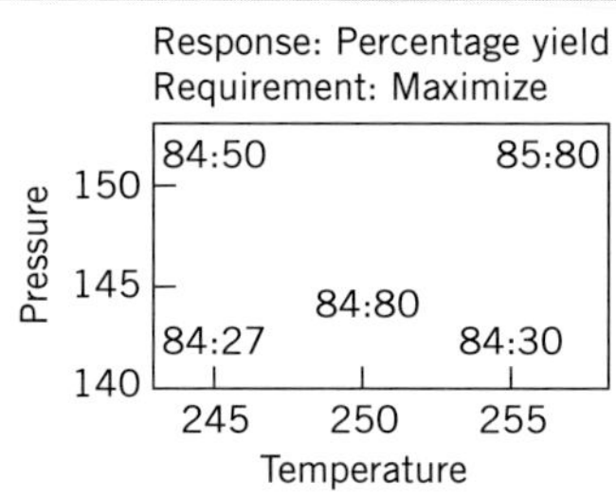


| **Effects with 95% Error Limits** | | **Error Limits for Averages: ±0.67** |
|---|---|---|
| Temperature | 0.67 | ±0.67 |
| Pressure | 0.87 | ±0.67 |
| $T \times P$ | 0.64 | ±0.67 |
| Change in mean | 0.07 | ±0.60 |

Standard deviation: 0.58

예 14.5의 EVOP 계산표의 작성에 대해 표 14.8을 사용하여 좀 더 자세히 설명해 보기로 하자. 표 14.8의 'Calculation of Average'에서 (i)항과 (ii)항은 표 14.7의 (v)항과 (vi)항의 값들이고, (iii)항은 새로운 관측값을 의미한다. (iv)항은 (ii)항−(iii)항의 값이고, (v)항은 (i)항1 (iii)항의 값들이다. (vi)항은 (v)항의 값을 계산표 번호 $n$=3(즉, 각 설계점에서의 관측값의 수)으로 나눈 값들이다. 이제 'Calculation of Standard Deviation'에서 'Previous sum S'와 'Previous average S'는 표 14.7에서 'New sum S'와 'New average S'이다. 'Range of (iv)'는 왼쪽 (iv)항의 5개 값의 범위, 즉 1.6이 되고 'New S'는 1.6 × $f_{s,n}$(= 0.35) = 0.56이 된다. 여기

**표 14.10** $f_{s,n}$의 값

| $n$ = | 2 | 3 | 4 | 5 | 6 | 7 | 8 | 9 | 10 |
|---|---|---|---|---|---|---|---|---|---|
| $k$ = 5 | 0.30 | 0.35 | 0.37 | 0.38 | 0.39 | 0.40 | 0.40 | 0.40 | 0.41 |
| 9 | 0.24 | 0.27 | 0.29 | 0.30 | 0.31 | 0.31 | 0.31 | 0.32 | 0.32 |
| 10 | 0.23 | 0.26 | 0.28 | 0.29 | 0.30 | 0.30 | 0.30 | 0.31 | 0.31 |

서 $f_{s,n}$ 값은 표 14.10에 계산되어 있다. 'New sum S'는 'Previous average S' + 'New S' = 0.6 + 0.56 = 1.16이 된다. 'New average S'는 'New sum S'/(3 − 1) = 1.16/2 = 0.58이 된다.

이제 아래쪽의 'Calculation of Effects'에서 계산에 사용되는 $\bar{y}_1, \bar{y}_2, \bar{y}_3, \bar{y}_4, \bar{y}_5$는 표 위쪽에서 계산한 (vi)항의 값을 사용하고, 'Calculation of Error Limits'에서 S는 표 위쪽에서 계산한 'New average S'를 사용한다. 즉, $(2/\sqrt{3})(0.58) = 0.67$, $(1.78/\sqrt{3})(0.58) = 0.60$이 된다.

표 14.9의 아래쪽에는 각 효과, 그에 대한 추정값과 오차한계('Error Limits for Averages')가 계산되어 있다. 'Error Limits for Averages'에서 2개의 주효과와 교호작용은 표 14.8의 'For new effects' = 0.67이 사용되었고 마지막 'Change in mean'에서는 표 14.8의 'For change in mean'의 0.60이 사용되었다. 이 표에서 'Temperature'와 'Pressure'의 값들이 'Error Limits for Averages'에서 해당하는 값들보다 크거나 같으므로 각 변수의 수준 '상'과 '하' 간에 반응값에 차이가 있다고 판단하여 운영조건에 변화를 줄 필요성이 있음을 알 수 있다. 그러나 'Change in mean'의 값은 'Error Limits for Averages'에서 해당하는 값보다 작으므로 곡면 효과가 있다고 보지 않는다.

EVOP 계산표에서 대부분의 수치들은 $2^k$ 요인설계의 분석에서 직접 나오는 수치이다. 예를 들면, $(1/2)(\bar{y}_1, \bar{y}_2, \bar{y}_3, \bar{y}_4)$과 같이 어떤 효과의 분산도

$$V\left[\frac{1}{2}(\bar{y}_3+\bar{y}_5-\bar{y}_2-\bar{y}_4)\right]=\frac{1}{4}\left(\sigma^2_{\bar{y}_3}+\sigma^2_{\bar{y}_5}+\sigma^2_{\bar{y}_2}+\sigma^2_{\bar{y}_4}\right)$$
$$=\frac{1}{4}\left(4\sigma^2_{\bar{y}}\right)=\frac{\sigma^2}{n}$$

과 같이 계산된다. 단, $\sigma^2$은 관측값($y$)의 분산이다. 따라서 어떤 효과에 대한 2배의 표준편차(근사적으로 95%에 해당하는)의 오차한계도 $\pm 2\sigma/\sqrt{n}$가 된다. 평균변화(change in mean, CIM)의 분산은 다음 식과 같다.

$$V(\text{CIM})=V\left[\frac{1}{5}(\bar{y}_2+\bar{y}_3+\bar{y}_4+\bar{y}_5-4\bar{y}_1)\right]$$
$$=\frac{1}{25}\left(4\sigma^2_{\bar{y}}+16\sigma^2_{\bar{y}}\right)=\frac{20}{25}\frac{\sigma^2}{n}$$

따라서 CIM에 대한 2배의 표준오차한계는 $\pm 2\sigma\sqrt{(20/25)n}$ 5 $\pm 1.78\sigma/\sqrt{n}$이다. $2^k$ 요인설계에 대한 더 많은 정보는 Montgomery(2009)의 13장을 참고하기 바란다.

표준편차 $\sigma$는 범위를 사용하는 방법에 의해 추정된다. 이제 $y_i(n)$을 $n$번째 순환의 $i$번째 설계점에서 관측값이라고 하고, $\bar{y}_i(n)$을 $n$번째 순환이 끝난 후 $y_i(n)$의 평균이라고 하자.

EVOP 계산표에서 열(iv)의 수치들은 차, 즉 $y_i(n) - \bar{y}_i(n-1)$이다. 이 차들의 분산은 $V[y_i(n) - \bar{y}_i(n-1)] \equiv \sigma^2[n/(n-1)]$이다. 이 차들의 범위($R_D$)는 차들의 분포의 추정값과 $\hat{\sigma}_D = R_D/d_2$에 의해 연관되어 있다. 이제 $R_D/d_2 = \hat{\sigma}\sqrt{n/(n-1)}$이고 따라서 다음의 식

$$\hat{\sigma} = \sqrt{\frac{(n-1)}{n}}\frac{R_D}{d_2} = \left(f_{k,n}\right)R_D \equiv S$$

은 관측값의 표준편차를 추정하는 데 사용된다. 단, $k$는 실험계획에서 사용된 설계점의 수를 나타낸다. 중심점이 하나인 $2^2$ 설계에서는 $k = 5$이고 중심점이 하나인 $2^3$ 설계에서는 $k = 9$이다. 위 식에서 $f_{k,n} = (1/d_2)\sqrt{(n-1)/n}$은 표 14.10에 나타나 있다.

## 연습문제

**14.1** 중심합성설계법이 2차 반응표면모형을 적합시키는 $3^k$ 요인설계보다 항상 선호되는 이유는 무엇인지 설명하라.

**14.2** 때때로 실험자는 축의 거리가 $a = \sqrt{k}$인 구형 중심합성설계를 사용하는 것을 선호한다. 단, $k$는 설계 요인의 수이다. 구형설계(spherical design)가 회전설계(rotatable design)와 유사한가? 구형설계가 회전가능한 경우가 있는가?

**14.3** 어떤 논문에서 고무의 점도와 두 변수 실리카(silica) 필터(단위: 백), 오일(oil) 필터(단위: 백)의 관계에 대한 연구를 수행하였다. 이 실험으로부터 얻은 데이터는 아래 표 14E.1와 같다. 두 코드화된 변수는 다음과 같다.

$$x_1 = \frac{\text{silica} - 60}{15} \qquad x_2 = \frac{\text{oil} - 21}{1.5}$$

(a) 이 연구에서 어떤 유형의 실험계획이 사용되었는가? 이 설계는 회전가능한가?

(b) 최소제곱법을 이용하여 응답에 2차 모형을 적합시켜라. 점도를 최대화시키는 $x_1$, $x_2$ 변수는 무엇인가?

표 14E.1 문제 14.3의 점도 실험

| Coded Levels | | |
|---|---|---|
| $x_1$ | $x_2$ | $y$ |
| −1 | −1 | 13.71 |
| 1 | −1 | 14.15 |
| −1 | 1 | 12.87 |
| 1 | 1 | 13.53 |
| −1.4 | 0 | 12.99 |
| 1.4 | 0 | 13.89 |
| 0 | −1.4 | 14.16 |
| 0 | 1.4 | 12.90 |
| 0 | 0 | 13.75 |
| 0 | 0 | 13.66 |
| 0 | 0 | 13.86 |
| 0 | 0 | 13.63 |
| 0 | 0 | 13.74 |

**14.4** 어떤 논문에서는 1 파운드 용량 커피의 포장을 개선하기 위해 중심합성설계를 사용하는 것을 언급하였다. 목표는 커피봉지의 상단을 손상시키지 않고도 이를 쉽게 열 수 있도록 하는 밀폐봉지를 만드는 것이다. 실험은 3개의 요인($x_1$ = 플라스틱 점도(300~400 centipoise), $x_2$ = 클램프 압력(170~190 psi), $x_3$ = 판 간격(−3, +3 mm))과 2개의 반응변수 $y_1$ = 찢어짐 정도(구멍), $y_2$ = 누출이다. 이 설계는 표 14E.2를 통해 확인할 수 있다. 반응변수 구멍은 0부터 9까지의 단위로 측정되었고(0 : 매우 양호, 9 : 매우 불량), 변수 누출은 실패 비율이다. 각 실험에서 반응변수의 측정을 위해 20개 봉지의 표본을 사용하였다.

(a) 반응변수 구멍에 대해 2차 모형을 세워라.

(b) 반응변수 누출에 대해 2차 모형을 세워라.

(c) 두 개 모형의 잔차를 분석하라. 변수변환이 필요한 응답변수가 있는가? 만일 있다면, 변환한 값을 이용하여 재적합시켜라.

(d) 두 반응변수를 이용하여 반응표면플롯과 등고선 플롯을 그려라. 적합된 표면에 대하여 해석하라.

(e) 누출을 최소화하고 구멍을 0.75 미만으로 유지하는 공정을 작동시키기 위해 어떤 조건을 추천할 수 있는가?

표 14E.2 문제 14.4의 커피 포장 실험

| Run | Viscosity | Pressure | Plate Gap | Tear | Leakage |
|---|---|---|---|---|---|
| Center | 350 | 180 | 0 | 0 | 0.15 |
| Axial | 350 | 170 | 0 | 0 | 0.5 |
| Factorial | 319 | 186 | 1.8 | 0.45 | 0.15 |
| Factorial | 380 | 174 | 1.8 | 0.85 | 0.05 |
| Center | 350 | 180 | 0 | 0.35 | 0.15 |
| Axial | 300 | 180 | 0 | 0.3 | 0.45 |
| Axial | 400 | 180 | 0 | 0.7 | 0.25 |
| Axial | 350 | 190 | 0 | 1.9 | 0 |
| Center | 350 | 180 | 0 | 0.25 | 0.05 |
| Factorial | 319 | 186 | −1.8 | 0.1 | 0.35 |
| Factorial | 380 | 186 | −1.8 | 0.15 | 0.4 |
| Axial | 350 | 180 | 3 | 3.9 | 0 |
| Factorial | 380 | 174 | −1.8 | 0 | 0.45 |
| Center | 350 | 180 | 0 | 0.55 | 0.2 |
| Axial | 350 | 180 | −3 | 0 | 1 |
| Factorial | 319 | 174 | −1.8 | 0.05 | 0.2 |
| Factorial | 319 | 174 | 1.8 | 0.4 | 0.25 |
| Factorial | 380 | 186 | 1.8 | 4.3 | 0.05 |
| Center | 350 | 180 | 0 | 0 | 0 |

**14.5** 어떤 연구자는 비행 시간의 최대화를 목적으로 하는, 종이 헬리콥터의 비행실험을 논문에 기술하였다. 이때 데이터는 표 14E.3과 같으며 중심합성설계가 사용되었다. 헬리콥터 비행에 사용된 규격은 다음과 같다. $x_1$ = 날개 면적($in^2$): $-1 = 11.80$, $+1 = 13.00$; $x_2$ = 날개 길이 대비 폭의 너비 비율: $-1 = 2.25$, $1 = 2.78$; $x_3$ = 바닥 폭(in): $-1 = 1.00$, $+1 = 1.50$; $x_4$ = 바닥 길이(in): $-1 = 1.50$, $+1 = 2.50$. 각 설계점에서 헬리콥더는 4회 비행하며, 비행시간의 평균과 표준편차가 기록되었다.

(a) 비행시간의 평균 반응변수로부터 2차 모형을 적합시켜라.

(b) 비행시간의 표준편차 반응변수로부터 2차 모형을 적합시켜라.

(c) (a)와 (b)의 두 모형의 잔차를 분석하라. 반응변수의 변환이 필요한가? 만일 그렇다면, 적절한 모형을 적합시켜라.

(d) 비행시간을 최대화시키는 설계를 제안하라.

(e) 비행시간을 최대화하는 동시에 비행시간의 표준편차를 최소화하는 설계를 제안하라.

표 14E.3 종이 헬리콥터 실험

| Std Order | Runt Order | Wing Area | Wing Ratio | Base Width | Base Length | Avg. Flight Time | Std. Dev Flight Time |
|---|---|---|---|---|---|---|---|
| 1 | 9 | −1 | −1 | −1 | −1 | 3.67 | 0.052 |
| 2 | 21 | 1 | −1 | −1 | −1 | 3.69 | 0.052 |
| 3 | 14 | −1 | 1 | −1 | −1 | 3.74 | 0.055 |
| 4 | 4 | 1 | 1 | −1 | −1 | 3.7 | 0.062 |
| 5 | 2 | −1 | −1 | 1 | −1 | 3.72 | 0.052 |
| 6 | 19 | 1 | −1 | 1 | −1 | 3.55 | 0.065 |
| 7 | 22 | −1 | 1 | 1 | −1 | 3.97 | 0.052 |
| 8 | 25 | 1 | 1 | 1 | −1 | 3.77 | 0.098 |
| 9 | 27 | −1 | −1 | −1 | −1 | 3.5 | 0.079 |
| 10 | 13 | 1 | −1 | −1 | 1 | 3.73 | 0.072 |
| 11 | 20 | −1 | 1 | −1 | 1 | 3.58 | 0.083 |
| 12 | 6 | 1 | 1 | −1 | 1 | 3.63 | 0.132 |
| 13 | 12 | −1 | −1 | 1 | 1 | 3.44 | 0.058 |
| 14 | 17 | 1 | −1 | 1 | 1 | 3.55 | 0.049 |
| 15 | 26 | −1 | 1 | 1 | 1 | 3.7 | 0.081 |
| 16 | 1 | 1 | 1 | 1 | 1 | 3.62 | 0.051 |
| 17 | 8 | −2 | 0 | 0 | 0 | 3.61 | 0.129 |
| 18 | 15 | 2 | 0 | 0 | 0 | 3.64 | 0.085 |
| 19 | 7 | 0 | −2 | 0 | 0 | 3.55 | 0.1 |
| 20 | 5 | 0 | 2 | 0 | 0 | 3.73 | 0.063 |
| 21 | 29 | 0 | 0 | −2 | 0 | 3.61 | 0.051 |
| 22 | 28 | 0 | 0 | 2 | 0 | 3.6 | 0.095 |
| 23 | 16 | 0 | 0 | 0 | −2 | 3.8 | 0.049 |
| 24 | 18 | 0 | 0 | 0 | 2 | 3.6 | 0.055 |
| 25 | 24 | 0 | 0 | 0 | 0 | 3.77 | 0.032 |
| 26 | 10 | 0 | 0 | 0 | 0 | 3.75 | 0.055 |
| 27 | 23 | 0 | 0 | 0 | 0 | 3.7 | 0.072 |
| 28 | 11 | 0 | 0 | 0 | 0 | 3.68 | 0.055 |
| 29 | 3 | 0 | 0 | 0 | 0 | 3.69 | 0.078 |
| 30 | 30 | 0 | 0 | 0 | 0 | 3.66 | 0.058 |

**14.6** 어떤 논문에서는 트렌스글루타미나제(MTGase)의 새로운 미생물 공급원으로 사용되는 세포의 매질을 개선시키기 위한 실험을 시행하였다. MTGase는 식품 가공에 사용될 수 있다. 이 논문은 실험의 두 가지 단계, 즉 부분요인설계에서 변수선별과 최적화 과정을 기술한다. 설계는 4요인 중심합성설계이다. 단, $x_1 = KH_2PO_4$, $x_2 = MgSO_4 \cdot 7H_2O$, $x_3 =$ 대두 꽃, $x_4 =$ 펩톤이다. 반응변수는 MTGase의 활성도이며, 이는 최대화시켜야 한다. 표 14E.4에 이 설계와 반응변수의 데이터가 포함되어 있다.

(a) MTGase 활성도 반응변수에 2차 모형을 적합시켜라.

(b) 이 모형으로부터 잔차를 분석하라.

(c) MTGase 활성도를 최대화시키는 조건을 제시하라.

표 14E.4 문제 14.6의 MTGase 최적화 실험

| Standard Order | $x_1$ | $x_2$ | $x_3$ | $x_4$ | MTGase Activity |
|---|---|---|---|---|---|
| 1 | –1 | –1 | –1 | –1 | 0.87 |
| 2 | 1 | –1 | –1 | –1 | 0.74 |
| 3 | –1 | 1 | –1 | –1 | 0.51 |
| 4 | 1 | 1 | –1 | –1 | 0.99 |
| 5 | –1 | –1 | 1 | –1 | 0.67 |
| 6 | 1 | –1 | 1 | –1 | 0.72 |
| 7 | –1 | 1 | 1 | –1 | 0.81 |
| 8 | 1 | 1 | 1 | –1 | 1.01 |
| 9 | –1 | –1 | –1 | 1 | 1.33 |
| 10 | 1 | –1 | –1 | 1 | 0.7 |
| 11 | –1 | 1 | –1 | 1 | 0.82 |
| 12 | 1 | 1 | –1 | 1 | 0.78 |
| 13 | –1 | –1 | 1 | 1 | 0.36 |
| 14 | 1 | –1 | 1 | 1 | 0.23 |
| 15 | –1 | 1 | 1 | 1 | 0.21 |
| 16 | 1 | 1 | 1 | 1 | 0.44 |
| 17 | –2 | 0 | 0 | 0 | 0.56 |
| 18 | 2 | 0 | 0 | 0 | 0.49 |
| 19 | 0 | –2 | 0 | 0 | 0.57 |
| 20 | 0 | 2 | 0 | 0 | 0.81 |
| 21 | 0 | 0 | –2 | 0 | 0.9 |
| 22 | 0 | 0 | 2 | 0 | 0.65 |
| 23 | 0 | 0 | 0 | –2 | 0.91 |
| 24 | 0 | 0 | 0 | 2 | 0.49 |
| 25 | 0 | 0 | 0 | 0 | 1.43 |
| 26 | 0 | 0 | 0 | 0 | 1.17 |
| 27 | 0 | 0 | 0 | 0 | 1.5 |

**14.7** 방정식 14.5의 반응모형을 고려하라. 이 반응모형에서 우리가 잡음요인에서의 완전한 2차 모형을 허용하여 다음 관계가 성립한다고 가정하자.

$$h(\mathbf{x},\mathbf{z}) = \sum_{i=1}^{r}\gamma_i z_i + \sum_{i=1}^{k}\sum_{j=1}^{r}\delta_{ij}x_i z_j + \sum_{i<j=2}\sum^{r}\lambda_{ij}z_i z_j + \sum_{i=1}^{r}\theta_i z_i^2$$

이것은 분산 모형에 어떤 영향을 미치는가?

# 부록

1. Summary of Common Probability Distributions Often Used in Statistical Quality Control
2. Cumulative Standard Normal Distribution
3. Percentage Points of the $\chi^2$ Distribution
4. Percentage Points of the $t$ Distribution
5. Percentage Points of the $F$ Distribution
6. Factors for Constructing Variables Control Charts
7. Factors for Two-Sided Normal Tolerance Limits
8. Factors for One-Sided Normal Tolerance Limits

### ▶ 1. Summary of Common Probability Distributions Often Used in Statistical Quality Control

| Name | Probability Distribution | Mean | Variance |
|---|---|---|---|
| **Discrete** | | | |
| Uniform | $\frac{1}{b-a}, a \le b$ | $\frac{(b+a)}{2}$ | $\frac{(b-a+1)^2-1}{12}$ |
| Binomial | $\binom{n}{x} p^x(1-p)^{n-x}, x=0,1,\ldots,n,$ $0 \le p \le 1$ | $np$ | $np(1-p)$ |
| Negative Binomial | $\binom{x-1}{r-1} p^r(1-p)^{x-r},$ $x=r,r+1,r+2,\ldots$ | $\frac{r}{p}$ | $\frac{r(1-p)}{p^2}$ |
| Geometric | $(1-p)^{x-1}p,\ x=1,2,\ldots,0 \le p \le 1$ | $\frac{1}{p}$ | $\frac{(1-p)}{p^2}$ |
| Hypergeometric | $\frac{\binom{D}{x}\binom{N-D}{n-x}}{\binom{N}{n}},$ $x=0,1,\ldots,\min(D,n), D \le N, n \le N$ | $np$, where $p=\frac{D}{N}$ | $np(1-p)\left(\frac{N-n}{N-1}\right)$ |
| Poisson | $\frac{e^{-\lambda}\lambda^x}{x!}, x=0,1,2,\ldots,\lambda>0$ | $\lambda$ | $\lambda$ |
| **Continuous** | | | |
| Uniform | $\frac{1}{b-a}, a \le x \le b$ | $\frac{(b+a)}{2}$ | $\frac{(b-a)^2}{12}$ |
| Normal | $\frac{1}{\sqrt{2\pi}\sigma} e^{-\frac{1}{2}\left(\frac{x-\mu}{\sigma}\right)^2},$ $-\infty < x < \infty, -\infty < \mu < \infty, \sigma > 0$ | $\mu$ | $\sigma^2$ |
| Exponential | $\lambda e^{-\lambda x}, x \ge 0 \quad \lambda > 0$ | $1/\lambda$ | $1/\lambda^2$ |
| Gamma | $\frac{\lambda x^{r-1} e^{-\lambda x}}{\Gamma(r)}, x>0, r>0, \lambda>0$ | $r/\lambda$ | $r/\lambda^2$ |
| Erlang | $\frac{\lambda^r x^{r-1} e^{-\lambda x}}{(r-1)!}, x>0, r=1,2,\ldots$ | $r/\lambda$ | $r/\lambda^2$ |
| Weibull | $\frac{\beta}{\theta}\left(\frac{x}{\theta}\right)^{\beta-1} e^{-(x/\theta)^\beta},$ $x>0, \beta>0, \theta>0$ | $\theta\Gamma\left(1+\frac{1}{\beta}\right)$ | $\theta^2\Gamma\left(1+\frac{2}{\beta}\right) - \theta^2\left[\Gamma\left(1+\frac{1}{\beta}\right)\right]^2$ |

## ▶ 2. Cumulative Standard Normal Distribution

$$\Phi(z) = \int_{-\infty}^{z} \frac{1}{\sqrt{2\pi}} e^{-u^2/2} du$$

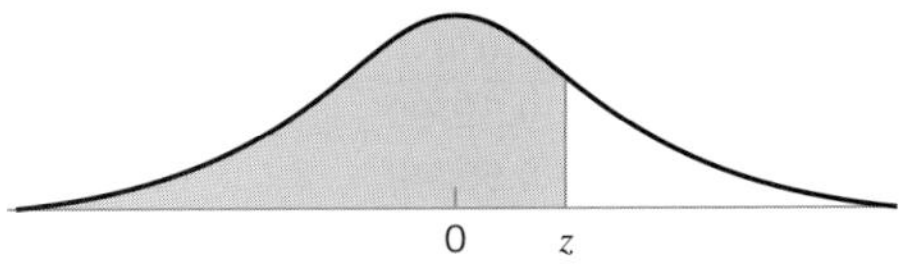


| z | 0.00 | 0.01 | 0.02 | 0.03 | 0.04 | z |
|---|---|---|---|---|---|---|
| 0.0 | 0.50000 | 0.50399 | 0.50798 | 0.51197 | 0.51595 | 0.0 |
| 0.1 | 0.53983 | 0.54379 | 0.54776 | 0.55172 | 0.55567 | 0.1 |
| 0.2 | 0.57926 | 0.58317 | 0.58706 | 0.59095 | 0.59483 | 0.2 |
| 0.3 | 0.61791 | 0.62172 | 0.62551 | 0.62930 | 0.63307 | 0.3 |
| 0.4 | 0.65542 | 0.65910 | 0.62276 | 0.66640 | 0.67003 | 0.4 |
| 0.5 | 0.69146 | 0.69497 | 0.69847 | 0.70194 | 0.70540 | 0.5 |
| 0.6 | 0.72575 | 0.72907 | 0.73237 | 0.73565 | 0.73891 | 0.6 |
| 0.7 | 0.75803 | 0.76115 | 0.76424 | 0.76730 | 0.77035 | 0.7 |
| 0.8 | 0.78814 | 0.79103 | 0.79389 | 0.79673 | 0.79954 | 0.8 |
| 0.9 | 0.81594 | 0.81859 | 0.82121 | 0.82381 | 0.82639 | 0.9 |
| 1.0 | 0.84134 | 0.84375 | 0.84613 | 0.84849 | 0.85083 | 1.0 |
| 1.1 | 0.86433 | 0.86650 | 0.86864 | 0.87076 | 0.87285 | 1.1 |
| 1.2 | 0.88493 | 0.88686 | 0.88877 | 0.89065 | 0.89251 | 1.2 |
| 1.3 | 0.90320 | 0.90490 | 0.90658 | 0.90824 | 0.90988 | 1.3 |
| 1.4 | 0.91924 | 0.92073 | 0.92219 | 0.92364 | 0.92506 | 1.4 |
| 1.5 | 0.93319 | 0.93448 | 0.93574 | 0.93699 | 0.93822 | 1.5 |
| 1.6 | 0.94520 | 0.94630 | 0.94738 | 0.94845 | 0.94950 | 1.6 |
| 1.7 | 0.95543 | 0.95637 | 0.95728 | 0.95818 | 0.95907 | 1.7 |
| 1.8 | 0.96407 | 0.96485 | 0.96562 | 0.96637 | 0.96711 | 1.8 |
| 1.9 | 0.97128 | 0.97193 | 0.97257 | 0.97320 | 0.97381 | 1.9 |
| 2.0 | 0.97725 | 0.97778 | 0.97831 | 0.97882 | 0.97932 | 2.0 |
| 2.1 | 0.98214 | 0.98257 | 0.98300 | 0.98341 | 0.98382 | 2.1 |
| 2.2 | 0.98610 | 0.98645 | 0.98679 | 0.98713 | 0.98745 | 2.2 |
| 2.3 | 0.98928 | 0.98956 | 0.98983 | 0.99010 | 0.99036 | 2.3 |
| 2.4 | 0.99180 | 0.99202 | 0.99224 | 0.99245 | 0.99266 | 2.4 |
| 2.5 | 0.99379 | 0.99396 | 0.99413 | 0.99430 | 0.99446 | 2.5 |
| 2.6 | 0.99534 | 0.99547 | 0.99560 | 0.99573 | 0.99585 | 2.6 |
| 2.7 | 0.99653 | 0.99664 | 0.99674 | 0.99683 | 0.99693 | 2.7 |
| 2.8 | 0.99744 | 0.99752 | 0.99760 | 0.99767 | 0.99774 | 2.8 |
| 2.9 | 0.99813 | 0.99819 | 0.99825 | 0.99831 | 0.99836 | 2.9 |
| 3.0 | 0.99865 | 0.99869 | 0.99874 | 0.99878 | 0.99882 | 3.0 |
| 3.1 | 0.99903 | 0.99906 | 0.99910 | 0.99913 | 0.99916 | 3.1 |
| 3.2 | 0.99931 | 0.99934 | 0.99936 | 0.99938 | 0.99940 | 3.2 |
| 3.3 | 0.99952 | 0.99953 | 0.99955 | 0.99957 | 0.99958 | 3.3 |
| 3.4 | 0.99966 | 0.99968 | 0.99969 | 0.99970 | 0.99971 | 3.4 |
| 3.5 | 0.99977 | 0.99978 | 0.99978 | 0.99979 | 0.99980 | 3.5 |
| 3.6 | 0.99984 | 0.99985 | 0.99985 | 0.99986 | 0.99986 | 3.6 |
| 3.7 | 0.99989 | 0.99990 | 0.99990 | 0.99990 | 0.99991 | 3.7 |
| 3.8 | 0.99993 | 0.99993 | 0.99993 | 0.99994 | 0.99994 | 3.8 |
| 3.9 | 0.99995 | 0.99995 | 0.99996 | 0.99996 | 0.99996 | 3.9 |

*(continued)*

▶ 2. Cumulative Standard Normal Distribution(*continued*)

$$\Phi(z) = \int_{-\infty}^{z} \frac{1}{\sqrt{2\pi}} e^{-u^2/2} du$$

| z | 0.05 | 0.06 | 0.07 | 0.08 | 0.09 | z |
|---|---|---|---|---|---|---|
| 0.0 | 0.51994 | 0.52392 | 0.52790 | 0.53188 | 0.53586 | 0.0 |
| 0.1 | 0.55962 | 0.56356 | 0.56749 | 0.57142 | 0.57534 | 0.1 |
| 0.2 | 0.59871 | 0.60257 | 0.60642 | 0.61026 | 0.61409 | 0.2 |
| 0.3 | 0.63683 | 0.64058 | 0.64431 | 0.64803 | 0.65173 | 0.3 |
| 0.4 | 0.67364 | 0.67724 | 0.68082 | 0.68438 | 0.68793 | 0.4 |
| 0.5 | 0.70884 | 0.71226 | 0.71566 | 0.71904 | 0.72240 | 0.5 |
| 0.6 | 0.74215 | 0.74537 | 0.74857 | 0.75175 | 0.75490 | 0.6 |
| 0.7 | 0.77337 | 0.77637 | 0.77935 | 0.78230 | 0.78523 | 0.7 |
| 0.8 | 0.80234 | 0.80510 | 0.80785 | 0.81057 | 0.81327 | 0.8 |
| 0.9 | 0.82894 | 0.83147 | 0.83397 | 0.83646 | 0.83891 | 0.9 |
| 1.0 | 0.85314 | 0.85543 | 0.85769 | 0.85993 | 0.86214 | 1.0 |
| 1.1 | 0.87493 | 0.87697 | 0.87900 | 0.88100 | 0.88297 | 1.1 |
| 1.2 | 0.89435 | 0.89616 | 0.89796 | 0.89973 | 0.90147 | 1.2 |
| 1.3 | 0.91149 | 0.91308 | 0.91465 | 0.91621 | 0.91773 | 1.3 |
| 1.4 | 0.92647 | 0.92785 | 0.92922 | 0.93056 | 0.93189 | 1.4 |
| 1.5 | 0.93943 | 0.94062 | 0.94179 | 0.94295 | 0.94408 | 1.5 |
| 1.6 | 0.95053 | 0.95154 | 0.95254 | 0.95352 | 0.95448 | 1.6 |
| 1.7 | 0.95994 | 0.96080 | 0.96164 | 0.96246 | 0.96327 | 1.7 |
| 1.8 | 0.96784 | 0.96856 | 0.96926 | 0.96995 | 0.97062 | 1.8 |
| 1.9 | 0.97441 | 0.97500 | 0.97558 | 0.97615 | 0.97670 | 1.9 |
| 2.0 | 0.97982 | 0.98030 | 0.98077 | 0.98124 | 0.98169 | 2.0 |
| 2.1 | 0.98422 | 0.98461 | 0.98500 | 0.98537 | 0.98574 | 2.1 |
| 2.2 | 0.98778 | 0.98809 | 0.98840 | 0.98870 | 0.98899 | 2.2 |
| 2.3 | 0.99061 | 0.99086 | 0.99111 | 0.99134 | 0.99158 | 2.3 |
| 2.4 | 0.99286 | 0.99305 | 0.99324 | 0.99343 | 0.99361 | 2.4 |
| 2.5 | 0.99461 | 0.99477 | 0.99492 | 0.99506 | 0.99520 | 2.5 |
| 2.6 | 0.99598 | 0.99609 | 0.99621 | 0.99632 | 0.99643 | 2.6 |
| 2.7 | 0.99702 | 0.99711 | 0.99720 | 0.99728 | 0.99736 | 2.7 |
| 2.8 | 0.99781 | 0.99788 | 0.99795 | 0.99801 | 0.99807 | 2.8 |
| 2.9 | 0.99841 | 0.99846 | 0.99851 | 0.99856 | 0.99861 | 2.9 |
| 3.0 | 0.99886 | 0.99889 | 0.99893 | 0.99897 | 0.99900 | 3.0 |
| 3.1 | 0.99918 | 0.99921 | 0.99924 | 0.99926 | 0.99929 | 3.1 |
| 3.2 | 0.99942 | 0.99944 | 0.99946 | 0.99948 | 0.99950 | 3.2 |
| 3.3 | 0.99960 | 0.99961 | 0.99962 | 0.99964 | 0.99965 | 3.3 |
| 3.4 | 0.99972 | 0.99973 | 0.99974 | 0.99975 | 0.99976 | 3.4 |
| 3.5 | 0.99981 | 0.99981 | 0.99982 | 0.99983 | 0.99983 | 3.5 |
| 3.6 | 0.99987 | 0.99987 | 0.99988 | 0.99988 | 0.99989 | 3.6 |
| 3.7 | 0.99991 | 0.99992 | 0.99992 | 0.99992 | 0.99992 | 3.7 |
| 3.8 | 0.99994 | 0.99994 | 0.99995 | 0.99995 | 0.99995 | 3.8 |
| 3.9 | 0.99996 | 0.99996 | 0.99996 | 0.99997 | 0.99997 | 3.9 |

## ▶ 3. Percentage Points of the $\chi^2$ Distribution

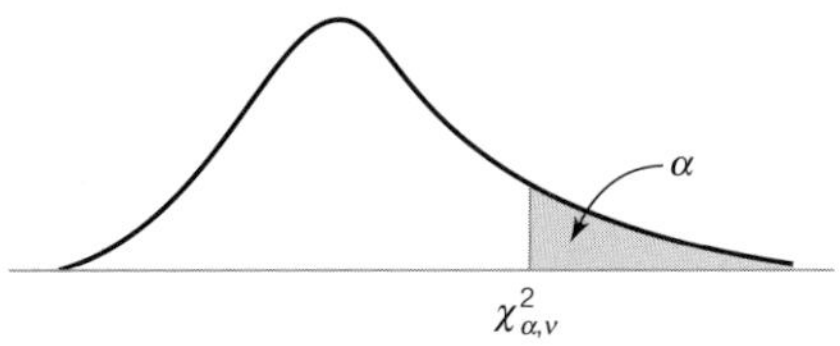


| $v$ | $\alpha$ 0.995 | 0.990 | 0.975 | 0.950 | 0.500 | 0.050 | 0.025 | 0.010 | 0.005 |
|---|---|---|---|---|---|---|---|---|---|
| 1 | 0.00+ | 0.00+ | 0.00+ | 0.00+ | 0.45 | 3.84 | 5.02 | 6.63 | 7.88 |
| 2 | 0.01 | 0.02 | 0.05 | 0.10 | 1.39 | 5.99 | 7.38 | 9.21 | 10.60 |
| 3 | 0.07 | 0.11 | 0.22 | 0.35 | 2.37 | 7.81 | 9.35 | 11.34 | 12.84 |
| 4 | 0.21 | 0.30 | 0.48 | 0.71 | 3.36 | 9.49 | 11.14 | 13.28 | 14.86 |
| 5 | 0.41 | 0.55 | 0.83 | 1.15 | 4.35 | 11.07 | 12.38 | 15.09 | 16.75 |
| 6 | 0.68 | 0.87 | 1.24 | 1.64 | 5.35 | 12.59 | 14.45 | 16.81 | 18.55 |
| 7 | 0.99 | 1.24 | 1.69 | 2.17 | 6.35 | 14.07 | 16.01 | 18.48 | 20.28 |
| 8 | 1.34 | 1.65 | 2.18 | 2.73 | 7.34 | 15.51 | 17.53 | 20.09 | 21.96 |
| 9 | 1.73 | 2.09 | 2.70 | 3.33 | 8.34 | 16.92 | 19.02 | 21.67 | 23.59 |
| 10 | 2.16 | 2.56 | 3.25 | 3.94 | 9.34 | 18.31 | 20.48 | 23.21 | 25.19 |
| 11 | 2.60 | 3.05 | 3.82 | 4.57 | 10.34 | 19.68 | 21.92 | 24.72 | 26.76 |
| 12 | 3.07 | 3.57 | 4.40 | 5.23 | 11.34 | 21.03 | 23.34 | 26.22 | 28.30 |
| 13 | 3.57 | 4.11 | 5.01 | 5.89 | 12.34 | 22.36 | 24.74 | 27.69 | 29.82 |
| 14 | 4.07 | 4.66 | 5.63 | 6.57 | 13.34 | 23.68 | 26.12 | 29.14 | 31.32 |
| 15 | 4.60 | 5.23 | 6.27 | 7.26 | 14.34 | 25.00 | 27.49 | 30.58 | 32.80 |
| 16 | 5.14 | 5.81 | 6.91 | 7.96 | 15.34 | 26.30 | 28.85 | 32.00 | 34.27 |
| 17 | 5.70 | 6.41 | 7.56 | 8.67 | 16.34 | 27.59 | 30.19 | 33.41 | 35.72 |
| 18 | 6.26 | 7.01 | 8.23 | 9.39 | 17.34 | 28.87 | 31.53 | 34.81 | 37.16 |
| 19 | 6.884 | 7.63 | 8.91 | 10.12 | 18.34 | 30.14 | 32.85 | 36.19 | 38.58 |
| 20 | 7.43 | 8.26 | 9.59 | 10.85 | 19.34 | 31.41 | 34.17 | 37.57 | 40.00 |
| 25 | 10.52 | 11.52 | 13.12 | 14.61 | 24.34 | 37.65 | 40.65 | 44.31 | 46.93 |
| 30 | 13.79 | 14.95 | 16.79 | 18.49 | 29.34 | 43.77 | 46.98 | 50.89 | 53.67 |
| 40 | 20.71 | 22.16 | 24.43 | 26.51 | 39.34 | 55.76 | 59.34 | 63.69 | 66.77 |
| 50 | 27.99 | 29.71 | 32.36 | 34.76 | 49.33 | 67.50 | 71.42 | 76.15 | 79.49 |

$v$ = degrees of freedom

## ▶ 4. Percentage Points of the *t* Distribution

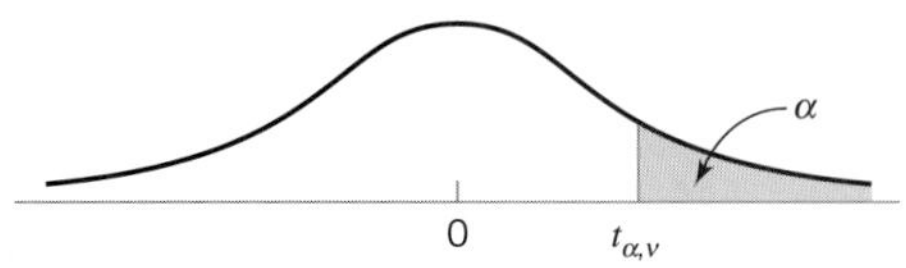


| | | | | | α | | | | | |
|---|---|---|---|---|---|---|---|---|---|---|
| $v$ | **0.40** | **0.25** | **0.10** | **0.05** | **0.025** | **0.01** | **0.005** | **0.0025** | **0.001** | **0.0005** |
| 1 | 0.325 | 1.000 | 3.078 | 6.314 | 12.706 | 31.821 | 63.657 | 127.32 | 318.31 | 636.62 |
| 2 | 0.289 | 0.816 | 1.886 | 2.920 | 4.303 | 6.965 | 9.925 | 14.089 | 23.326 | 31.598 |
| 3 | 0.277 | 0.765 | 1.638 | 2.353 | 3.182 | 4.541 | 5.841 | 7.453 | 10.213 | 12.924 |
| 4 | 0.271 | 0.741 | 1.533 | 2.132 | 2.776 | 3.747 | 4.604 | 5.598 | 7.173 | 8.610 |
| 5 | 0.267 | 0.727 | 1.476 | 2.015 | 2.571 | 3.365 | 4.032 | 4.773 | 5.893 | 6.869 |
| 6 | 0.265 | 0.727 | 1.440 | 1.943 | 2.447 | 3.143 | 3.707 | 4.317 | 5.208 | 5.959 |
| 7 | 0.263 | 0.711 | 1.415 | 1.895 | 2.365 | 2.998 | 3.49 | 4.019 | 4.785 | 5.408 |
| 8 | 0.262 | 0.706 | 1.397 | 1.860 | 2.306 | 2.896 | 3.355 | 3.833 | 4.501 | 5.041 |
| 9 | 0.261 | 0.703 | 1.383 | 1.833 | 2.262 | 2.821 | 3.250 | 3.690 | 4.297 | 4.781 |
| 10 | 0.260 | 0.700 | 1.372 | 1.812 | 2.228 | 2.764 | 3.169 | 3.581 | 4.144 | 4.587 |
| 11 | 0.260 | 0.697 | 1.363 | 1.796 | 2.20 | 2.718 | 3.106 | 3.497 | 4.025 | 4.437 |
| 12 | 0.259 | 0.695 | 1.356 | 1.782 | 2.179 | 2.681 | 3.055 | 3.428 | 3.930 | 4.318 |
| 13 | 0.259 | 0.694 | 1.350 | 1.771 | 2.160 | 2.650 | 3.012 | 3.372 | 3.852 | 4.221 |
| 14 | 0.258 | 0.692 | 1.345 | 1.761 | 2.145 | 2.624 | 2.977 | 3.326 | 3.787 | 4.140 |
| 15 | 0.258 | 0.691 | 1.341 | 1.753 | 2.131 | 2.602 | 2.947 | 3.286 | 3.733 | 4.073 |
| 16 | 0.258 | 0.690 | 1.337 | 1.746 | 2.120 | 2.583 | 2.921 | 3.252 | 3.686 | 4.015 |
| 17 | 0.257 | 0.689 | 1.333 | 1.740 | 2.110 | 2.567 | 2.898 | 3.222 | 3.646 | 3.965 |
| 18 | 0.257 | 0.688 | 1.330 | 1.734 | 2.101 | 2.552 | 2.878 | 3.197 | 3.610 | 3.992 |
| 19 | 0.257 | 0.688 | 1.328 | 1.729 | 2.093 | 2.539 | 2.861 | 3.174 | 3.579 | 3.883 |
| 20 | 0.257 | 0.687 | 1.325 | 1.725 | 2.086 | 2.528 | 2.845 | 3.153 | 3.552 | 3.850 |
| 21 | 0.257 | 0.686 | 1.323 | 1.721 | 2.080 | 2.518 | 2.831 | 3.135 | 3.527 | 3.819 |
| 22 | 0.256 | 0.686 | 1.321 | 1.717 | 2.074 | 2.508 | 2.819 | 3.119 | 3.505 | 3.792 |
| 23 | 0.256 | 0.685 | 1.319 | 1.714 | 2.069 | 2.500 | 2.807 | 3.104 | 3.485 | 3.767 |
| 24 | 0.256 | 0.685 | 1.318 | 1.711 | 2.064 | 2.492 | 2.797 | 3.091 | 3.467 | 3.745 |
| 25 | 0.256 | 0.684 | 1.316 | 1.708 | 2.060 | 2.485 | 2.787 | 3.078 | 3.450 | 3.725 |
| 26 | 0.256 | 0.684 | 1.315 | 1.706 | 2.056 | 2.479 | 2.779 | 3.067 | 3.435 | 3.707 |
| 27 | 0.256 | 0.684 | 1.314 | 1.703 | 2.052 | 2.473 | 2.771 | 3.057 | 3.421 | 3.690 |
| 28 | 0.256 | 0.683 | 1.313 | 1.701 | 2.048 | 2.467 | 2.763 | 3.047 | 3.408 | 3.674 |
| 29 | 0.256 | 0.683 | 1.311 | 1.699 | 2.045 | 2.462 | 2.756 | 3.038 | 3.396 | 3.659 |
| 30 | 0.256 | 0.683 | 1.310 | 1.697 | 2.042 | 2.457 | 2.750 | 3.030 | 3.385 | 3.646 |
| 40 | 0.255 | 0.681 | 1.303 | 1.684 | 2.021 | 2.423 | 2.704 | 2.971 | 3.307 | 3.551 |

$v$ = degrees of freedom

## ▶ 5. Percentage Points of the $F$ Distribution

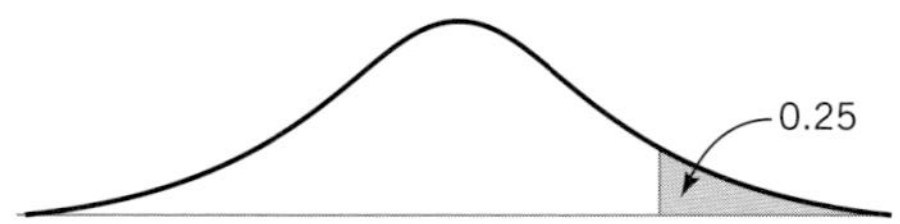


$F_{0.25, v_1, v_2}$

| $v_2$ \ $v_1$ | Degrees of freedom for the numerator ($v_1$) | | | | | | | | | | | | | | | | |
|---|---|---|---|---|---|---|---|---|---|---|---|---|---|---|---|---|---|
| | 1 | 2 | 3 | 4 | 5 | 6 | 7 | 8 | 9 | 10 | 12 | 15 | 20 | 24 | 30 | 40 | 60 |
| 1 | 5.83 | 7.50 | 8.20 | 8.58 | 8.82 | 8.98 | 9.10 | 9.19 | 9.26 | 9.32 | 9.41 | 9.49 | 9.58 | 9.63 | 9.67 | 9.71 | 9.76 |
| 2 | 2.57 | 3.00 | 3.15 | 3.23 | 3.28 | 3.31 | 3.34 | 3.35 | 3.37 | 3.38 | 3.39 | 3.41 | 3.43 | 3.43 | 3.44 | 3.45 | 3.46 |
| 3 | 2.02 | 2.28 | 2.36 | 2.39 | 2.41 | 2.42 | 2.43 | 2.44 | 2.44 | 2.44 | 2.45 | 2.46 | 2.46 | 2.47 | 2.47 | 2.47 | 2.47 |
| 4 | 1.81 | 2.00 | 2.05 | 2.06 | 2.07 | 2.08 | 2.08 | 2.08 | 2.08 | 2.08 | 2.08 | 2.08 | 2.08 | 2.08 | 2.08 | 2.08 | 2.08 |
| 5 | 1.69 | 1.85 | 1.88 | 1.89 | 1.89 | 1.89 | 1.89 | 1.89 | 1.89 | 1.89 | 1.89 | 1.89 | 1.88 | 1.88 | 1.88 | 1.88 | 1.87 |
| 6 | 1.62 | 1.76 | 1.78 | 1.79 | 1.79 | 1.78 | 1.78 | 1.78 | 1.77 | 1.77 | 1.77 | 1.76 | 1.76 | 1.75 | 1.75 | 1.75 | 1.74 |
| 7 | 1.57 | 1.70 | 1.72 | 1.72 | 1.71 | 1.71 | 1.70 | 1.70 | 1.70 | 1.69 | 1.68 | 1.68 | 1.67 | 1.67 | 1.66 | 1.66 | 1.65 |
| 8 | 1.54 | 1.66 | 1.67 | 1.66 | 1.66 | 1.65 | 1.64 | 1.64 | 1.63 | 1.63 | 1.62 | 1.62 | 1.61 | 1.60 | 1.60 | 1.59 | 1.59 |
| 9 | 1.51 | 1.62 | 1.63 | 1.63 | 1.62 | 1.61 | 1.60 | 1.60 | 1.59 | 1.59 | 1.58 | 1.57 | 1.56 | 1.56 | 1.55 | 1.54 | 1.54 |
| 10 | 1.49 | 1.60 | 1.60 | 1.59 | 1.59 | 1.58 | 1.57 | 1.56 | 1.56 | 1.55 | 1.54 | 1.53 | 1.52 | 1.52 | 1.51 | 1.51 | 1.50 |
| 11 | 1.47 | 1.58 | 1.58 | 1.57 | 1.56 | 1.55 | 1.54 | 1.53 | 1.53 | 1.52 | 1.51 | 1.50 | 1.49 | 1.49 | 1.48 | 1.47 | 1.47 |
| 12 | 1.46 | 1.56 | 1.56 | 1.55 | 1.54 | 1.53 | 1.52 | 1.51 | 1.51 | 1.50 | 1.49 | 1.48 | 1.47 | 1.46 | 1.45 | 1.45 | 1.44 |
| 13 | 1.45 | 1.55 | 1.55 | 1.53 | 1.52 | 1.51 | 1.50 | 1.49 | 1.49 | 1.48 | 1.47 | 1.46 | 1.45 | 1.44 | 1.43 | 1.42 | 1.42 |
| 14 | 1.44 | 1.53 | 1.53 | 1.52 | 1.51 | 1.50 | 1.49 | 1.48 | 1.47 | 1.46 | 1.45 | 1.44 | 1.43 | 1.42 | 1.41 | 1.41 | 1.40 |
| 15 | 1.43 | 1.52 | 1.52 | 1.51 | 1.49 | 1.48 | 1.47 | 1.46 | 1.46 | 1.45 | 1.44 | 1.43 | 1.41 | 1.41 | 1.40 | 1.39 | 1.38 |
| 16 | 1.42 | 1.51 | 1.51 | 1.50 | 1.48 | 1.47 | 1.46 | 1.45 | 1.44 | 1.44 | 1.43 | 1.41 | 1.40 | 1.39 | 1.38 | 1.37 | 1.36 |
| 17 | 1.42 | 1.51 | 1.50 | 1.49 | 1.47 | 1.46 | 1.45 | 1.44 | 1.43 | 1.43 | 1.41 | 1.40 | 1.39 | 1.38 | 1.37 | 1.36 | 1.35 |
| 18 | 1.41 | 1.50 | 1.49 | 1.48 | 1.46 | 1.45 | 1.44 | 1.43 | 1.42 | 1.42 | 1.40 | 1.39 | 1.38 | 1.37 | 1.36 | 1.35 | 1.34 |
| 19 | 1.41 | 1.49 | 1.49 | 1.47 | 1.46 | 1.44 | 1.43 | 1.42 | 1.41 | 1.41 | 1.40 | 1.38 | 1.37 | 1.36 | 1.35 | 1.34 | 1.33 |
| 20 | 1.40 | 1.49 | 1.48 | 1.47 | 1.45 | 1.44 | 1.43 | 1.42 | 1.41 | 1.40 | 1.39 | 1.37 | 1.36 | 1.35 | 1.34 | 1.33 | 1.32 |
| 21 | 1.40 | 1.48 | 1.48 | 1.46 | 1.44 | 1.43 | 1.42 | 1.41 | 1.40 | 1.39 | 1.38 | 1.37 | 1.35 | 1.34 | 1.33 | 1.32 | 1.31 |
| 22 | 1.40 | 1.48 | 1.47 | 1.45 | 1.44 | 1.42 | 1.41 | 1.40 | 1.39 | 1.39 | 1.37 | 1.36 | 1.34 | 1.33 | 1.32 | 1.31 | 1.30 |
| 23 | 1.39 | 1.47 | 1.47 | 1.45 | 1.43 | 1.42 | 1.41 | 1.40 | 1.39 | 1.38 | 1.37 | 1.35 | 1.34 | 1.33 | 1.32 | 1.31 | 1.30 |
| 24 | 1.39 | 1.47 | 1.46 | 1.44 | 1.43 | 1.41 | 1.40 | 1.39 | 1.38 | 1.38 | 1.36 | 1.35 | 1.33 | 1.32 | 1.31 | 1.30 | 1.29 |
| 25 | 1.39 | 1.47 | 1.46 | 1.44 | 1.42 | 1.41 | 1.40 | 1.39 | 1.38 | 1.37 | 1.36 | 1.34 | 1.33 | 1.32 | 1.31 | 1.29 | 1.28 |
| 26 | 1.38 | 1.46 | 1.45 | 1.44 | 1.42 | 1.41 | 1.39 | 1.38 | 1.37 | 1.37 | 1.35 | 1.34 | 1.32 | 1.31 | 1.30 | 1.29 | 1.28 |
| 27 | 1.38 | 1.46 | 1.45 | 1.43 | 1.42 | 1.40 | 1.39 | 1.38 | 1.37 | 1.36 | 1.35 | 1.33 | 1.32 | 1.31 | 1.30 | 1.28 | 1.27 |
| 28 | 1.38 | 1.46 | 1.45 | 1.43 | 1.41 | 1.40 | 1.39 | 1.38 | 1.37 | 1.36 | 1.34 | 1.33 | 1.31 | 1.30 | 1.29 | 1.28 | 1.27 |
| 29 | 1.38 | 1.45 | 1.45 | 1.43 | 1.41 | 1.40 | 1.38 | 1.37 | 1.36 | 1.35 | 1.34 | 1.32 | 1.31 | 1.30 | 1.29 | 1.27 | 1.26 |
| 30 | 1.38 | 1.45 | 1.44 | 1.42 | 1.41 | 1.39 | 1.38 | 1.37 | 1.36 | 1.35 | 1.34 | 1.32 | 1.30 | 1.29 | 1.28 | 1.27 | 1.26 |
| 40 | 1.36 | 1.44 | 1.42 | 1.40 | 1.39 | 1.37 | 1.36 | 1.35 | 1.34 | 1.33 | 1.31 | 1.30 | 1.28 | 1.26 | 1.25 | 1.24 | 1.22 |
| 60 | 1.35 | 1.42 | 1.41 | 1.38 | 1.37 | 1.35 | 1.33 | 1.32 | 1.31 | 1.30 | 1.29 | 1.27 | 1.25 | 1.24 | 1.22 | 1.21 | 1.19 |

Degrees of freedom for the denominator ($v_2$)

*Note:* $F_{0.75, v_1, v_2} = 1/F_{0.25, v_2, v_1}$.

*(continued)*

▶ 5. Percentage Points of the *F* Distribution(*continued*)

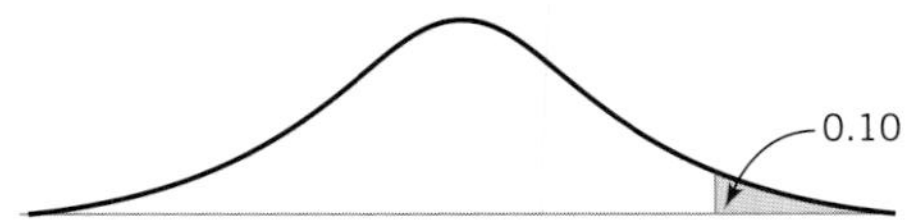


$F_{0.10,\,v_1,\,v_2}$

| $v_2$ \ $v_1$ | Degrees of freedom for the numerator ($n_1$) | | | | | | | | | | | | | | | | |
|---|---|---|---|---|---|---|---|---|---|---|---|---|---|---|---|---|---|
| | 1 | 2 | 3 | 4 | 5 | 6 | 7 | 8 | 9 | 10 | 12 | 15 | 20 | 24 | 30 | 40 | 60 |
| 1 | 39.86 | 49.50 | 53.59 | 55.83 | 57.24 | 58.20 | 58.91 | 59.44 | 59.86 | 60.19 | 60.71 | 61.22 | 61.74 | 62.00 | 62.26 | 62.53 | 62.79 |
| 2 | 8.53 | 9.00 | 9.16 | 9.24 | 9.29 | 9.33 | 9.35 | 9.37 | 9.38 | 9.39 | 9.41 | 9.42 | 9.44 | 9.45 | 9.46 | 9.47 | 9.47 |
| 3 | 5.54 | 5.46 | 5.39 | 5.34 | 5.31 | 5.28 | 5.27 | 5.25 | 5.24 | 5.23 | 5.22 | 5.20 | 5.18 | 5.18 | 5.17 | 5.16 | 5.15 |
| 4 | 4.54 | 4.32 | 4.19 | 4.11 | 4.05 | 4.01 | 3.98 | 3.95 | 3.94 | 3.92 | 3.90 | 3.87 | 3.84 | 3.83 | 3.82 | 3.80 | 3.79 |
| 5 | 4.06 | 3.78 | 3.62 | 3.52 | 3.45 | 3.40 | 3.37 | 3.34 | 3.32 | 3.30 | 3.27 | 3.24 | 3.21 | 3.19 | 3.17 | 3.16 | 3.14 |
| 6 | 3.78 | 3.46 | 3.29 | 3.18 | 3.11 | 3.05 | 3.01 | 2.98 | 2.96 | 2.94 | 2.90 | 2.87 | 2.84 | 2.82 | 2.80 | 2.78 | 2.76 |
| 7 | 3.59 | 3.26 | 3.07 | 2.96 | 2.88 | 2.83 | 2.78 | 2.75 | 2.72 | 2.70 | 2.67 | 2.63 | 2.59 | 2.58 | 2.56 | 2.54 | 2.51 |
| 8 | 3.46 | 3.11 | 2.92 | 2.81 | 2.73 | 2.67 | 2.62 | 2.59 | 2.56 | 2.54 | 2.50 | 2.46 | 2.42 | 2.40 | 2.38 | 2.36 | 2.34 |
| 9 | 3.36 | 3.01 | 2.81 | 2.69 | 2.61 | 2.55 | 2.51 | 2.47 | 2.44 | 2.42 | 2.38 | 2.34 | 2.30 | 2.28 | 2.25 | 2.23 | 2.21 |
| 10 | 3.29 | 2.92 | 2.73 | 2.61 | 2.52 | 2.46 | 2.41 | 2.38 | 2.35 | 2.32 | 2.28 | 2.24 | 2.20 | 2.18 | 2.16 | 2.13 | 2.11 |
| 11 | 3.23 | 2.86 | 2.66 | 2.54 | 2.45 | 2.39 | 2.34 | 2.30 | 2.27 | 2.25 | 2.21 | 2.17 | 2.12 | 2.10 | 2.08 | 2.05 | 2.03 |
| 12 | 3.18 | 2.81 | 2.61 | 2.48 | 2.39 | 2.33 | 2.28 | 2.24 | 2.21 | 2.19 | 2.15 | 2.10 | 2.06 | 2.04 | 2.01 | 1.99 | 1.96 |
| 13 | 3.14 | 2.76 | 2.56 | 2.43 | 2.35 | 2.28 | 2.23 | 2.20 | 2.16 | 2.14 | 2.10 | 2.05 | 2.01 | 1.98 | 1.96 | 1.93 | 1.90 |
| 14 | 3.10 | 2.73 | 2.52 | 2.39 | 2.31 | 2.24 | 2.19 | 2.15 | 2.12 | 2.10 | 2.05 | 2.01 | 1.96 | 1.94 | 1.91 | 1.89 | 1.86 |
| 15 | 3.07 | 2.70 | 2.49 | 2.36 | 2.27 | 2.21 | 2.16 | 2.12 | 2.09 | 2.06 | 2.02 | 1.97 | 1.92 | 1.90 | 1.87 | 1.85 | 1.82 |
| 16 | 3.05 | 2.67 | 2.46 | 2.33 | 2.24 | 2.18 | 2.13 | 2.09 | 2.06 | 2.03 | 1.99 | 1.94 | 1.89 | 1.86 | 1.84 | 1.81 | 1.78 |
| 17 | 3.03 | 2.64 | 2.44 | 2.31 | 2.22 | 2.15 | 2.10 | 2.06 | 2.03 | 2.00 | 1.96 | 1.91 | 1.86 | 1.84 | 1.81 | 1.78 | 1.75 |
| 18 | 3.01 | 2.62 | 2.42 | 2.29 | 2.20 | 2.13 | 2.08 | 2.04 | 2.00 | 1.98 | 1.93 | 1.89 | 1.84 | 1.81 | 1.78 | 1.75 | 1.72 |
| 19 | 2.99 | 2.61 | 2.40 | 2.27 | 2.18 | 2.11 | 2.06 | 2.02 | 1.98 | 1.96 | 1.91 | 1.86 | 1.81 | 1.79 | 1.76 | 1.73 | 1.70 |
| 20 | 2.97 | 2.59 | 2.38 | 2.25 | 2.16 | 2.09 | 2.04 | 2.00 | 1.96 | 1.94 | 1.89 | 1.84 | 1.79 | 1.77 | 1.74 | 1.71 | 1.68 |
| 21 | 2.96 | 2.57 | 2.36 | 2.23 | 2.14 | 2.08 | 2.02 | 1.98 | 1.95 | 1.92 | 1.87 | 1.83 | 1.78 | 1.75 | 1.72 | 1.69 | 1.66 |
| 22 | 2.95 | 2.56 | 2.35 | 2.22 | 2.13 | 2.06 | 2.01 | 1.97 | 1.93 | 1.90 | 1.86 | 1.81 | 1.76 | 1.73 | 1.70 | 1.67 | 1.64 |
| 23 | 2.94 | 2.55 | 2.34 | 2.21 | 2.11 | 2.05 | 1.99 | 1.95 | 1.92 | 1.89 | 1.84 | 1.80 | 1.74 | 1.72 | 1.69 | 1.66 | 1.62 |
| 24 | 2.93 | 2.54 | 2.33 | 2.19 | 2.10 | 2.04 | 1.98 | 1.94 | 1.91 | 1.88 | 1.83 | 1.78 | 1.73 | 1.70 | 1.67 | 1.64 | 1.61 |
| 25 | 2.92 | 2.53 | 2.32 | 2.18 | 2.09 | 2.02 | 1.97 | 1.93 | 1.89 | 1.87 | 1.82 | 1.77 | 1.72 | 1.69 | 1.66 | 1.63 | 1.59 |
| 26 | 2.91 | 2.52 | 2.31 | 2.17 | 2.08 | 2.01 | 1.96 | 1.92 | 1.88 | 1.86 | 1.81 | 1.76 | 1.71 | 1.68 | 1.65 | 1.61 | 1.58 |
| 27 | 2.90 | 2.51 | 2.30 | 2.17 | 2.07 | 2.00 | 1.95 | 1.91 | 1.87 | 1.85 | 1.80 | 1.75 | 1.70 | 1.67 | 1.64 | 1.60 | 1.57 |
| 28 | 2.89 | 2.50 | 2.29 | 2.16 | 2.06 | 2.00 | 1.94 | 1.90 | 1.87 | 1.84 | 1.79 | 1.74 | 1.69 | 1.66 | 1.63 | 1.59 | 1.56 |
| 29 | 2.89 | 2.50 | 2.28 | 2.15 | 2.06 | 1.99 | 1.93 | 1.89 | 1.86 | 1.83 | 1.78 | 1.73 | 1.68 | 1.65 | 1.62 | 1.58 | 1.55 |
| 30 | 2.88 | 2.49 | 2.28 | 2.14 | 2.03 | 1.98 | 1.93 | 1.88 | 1.85 | 1.82 | 1.77 | 1.72 | 1.67 | 1.64 | 1.61 | 1.57 | 1.54 |
| 40 | 2.84 | 2.44 | 2.23 | 2.09 | 2.00 | 1.93 | 1.87 | 1.83 | 1.79 | 1.76 | 1.71 | 1.66 | 1.61 | 1.57 | 1.54 | 1.51 | 1.47 |
| 60 | 2.79 | 2.39 | 2.18 | 2.04 | 1.95 | 1.87 | 1.82 | 1.77 | 1.74 | 1.71 | 1.66 | 1.60 | 1.54 | 1.51 | 1.48 | 1.44 | 1.40 |

Degrees of freedom for the denominator ($v_2$)

*Note:* $F_{0.90,\,v_1,\,v_2} = 1/F_{0.10,\,v_2,\,v_1}$.

▶ 5. Percentage Points of the *F* Distribution(*continued*)

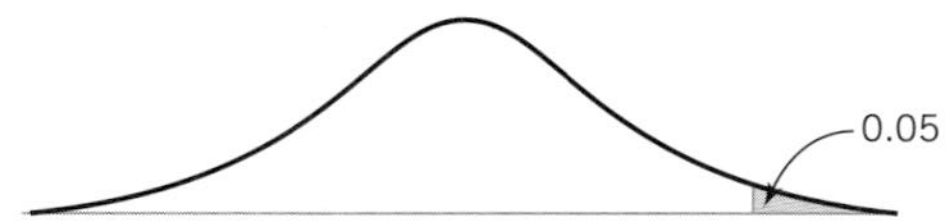


$F_{0.05,\, v_1,\, v_2}$

| $v_2$ \ $v_1$ | 1 | 2 | 3 | 4 | 5 | 6 | 7 | 8 | 9 | 10 | 12 | 15 | 20 | 24 | 30 | 40 | 60 |
|---|---|---|---|---|---|---|---|---|---|---|---|---|---|---|---|---|---|
| 1 | 161.40 | 199.50 | 215.70 | 224.60 | 230.20 | 234.00 | 236.80 | 238.90 | 240.50 | 241.90 | 243.90 | 245.90 | 248.00 | 249.10 | 250.10 | 251.10 | 252.20 |
| 2 | 18.51 | 19.00 | 19.16 | 19.25 | 19.30 | 19.33 | 19.35 | 19.37 | 19.38 | 19.40 | 19.41 | 19.43 | 19.45 | 19.45 | 19.46 | 19.47 | 19.48 |
| 3 | 10.13 | 9.55 | 9.28 | 9.12 | 9.01 | 8.94 | 8.89 | 8.85 | 8.81 | 8.79 | 8.74 | 8.70 | 8.66 | 8.64 | 8.62 | 8.59 | 8.57 |
| 4 | 7.71 | 6.94 | 6.59 | 6.39 | 6.26 | 6.16 | 6.09 | 6.04 | 6.00 | 5.96 | 5.91 | 5.86 | 5.80 | 5.77 | 5.75 | 5.72 | 5.69 |
| 5 | 6.61 | 5.79 | 5.41 | 5.19 | 5.05 | 4.95 | 4.88 | 4.82 | 4.77 | 4.74 | 4.68 | 4.62 | 4.56 | 4.53 | 4.50 | 4.46 | 4.43 |
| 6 | 5.99 | 5.14 | 4.76 | 4.53 | 4.39 | 4.28 | 4.21 | 4.15 | 4.10 | 4.06 | 4.00 | 3.94 | 3.87 | 3.84 | 3.81 | 3.77 | 3.74 |
| 7 | 5.59 | 4.74 | 4.35 | 4.12 | 3.97 | 3.87 | 3.79 | 3.73 | 3.68 | 3.64 | 3.57 | 3.51 | 3.44 | 3.41 | 3.38 | 3.34 | 3.30 |
| 8 | 5.32 | 4.46 | 4.07 | 3.84 | 3.69 | 3.58 | 3.50 | 3.44 | 3.39 | 3.35 | 3.28 | 3.22 | 3.15 | 3.12 | 3.08 | 3.04 | 3.01 |
| 9 | 5.12 | 4.26 | 3.86 | 3.63 | 3.48 | 3.37 | 3.29 | 3.23 | 3.18 | 3.14 | 3.07 | 3.01 | 2.94 | 2.90 | 2.86 | 2.83 | 2.79 |
| 10 | 4.96 | 4.10 | 3.71 | 3.48 | 3.33 | 3.22 | 3.14 | 3.07 | 3.02 | 2.98 | 2.91 | 2.85 | 2.77 | 2.74 | 2.70 | 2.66 | 2.62 |
| 11 | 4.84 | 3.98 | 3.59 | 3.36 | 3.20 | 3.09 | 3.01 | 2.95 | 2.90 | 2.85 | 2.79 | 2.72 | 2.65 | 2.61 | 2.57 | 2.53 | 2.49 |
| 12 | 4.75 | 3.89 | 3.49 | 3.26 | 3.11 | 3.00 | 2.91 | 2.85 | 2.80 | 2.75 | 2.69 | 2.62 | 2.54 | 2.51 | 2.47 | 2.43 | 2.38 |
| 13 | 4.67 | 3.81 | 3.41 | 3.18 | 3.03 | 2.92 | 2.83 | 2.77 | 2.71 | 2.67 | 2.60 | 2.53 | 2.46 | 2.42 | 2.38 | 2.34 | 2.30 |
| 14 | 4.60 | 3.74 | 3.34 | 3.11 | 2.96 | 2.85 | 2.76 | 2.70 | 2.65 | 2.60 | 2.53 | 2.46 | 2.39 | 2.35 | 2.31 | 2.27 | 2.22 |
| 15 | 4.54 | 3.68 | 3.29 | 3.06 | 2.90 | 2.79 | 2.71 | 2.64 | 2.59 | 2.54 | 2.48 | 2.40 | 2.33 | 2.29 | 2.25 | 2.20 | 2.16 |
| 16 | 4.49 | 3.63 | 3.24 | 3.01 | 2.85 | 2.74 | 2.66 | 2.59 | 2.54 | 2.49 | 2.42 | 2.35 | 2.28 | 2.24 | 2.19 | 2.15 | 2.11 |
| 17 | 4.45 | 3.59 | 3.20 | 2.96 | 2.81 | 2.70 | 2.61 | 2.55 | 2.49 | 2.45 | 2.38 | 2.31 | 2.23 | 2.19 | 2.15 | 2.10 | 2.06 |
| 18 | 4.41 | 3.55 | 3.16 | 2.93 | 2.77 | 2.66 | 2.58 | 2.51 | 2.46 | 2.41 | 2.34 | 2.27 | 2.19 | 2.15 | 2.11 | 2.06 | 2.02 |
| 19 | 4.38 | 3.52 | 3.13 | 2.90 | 2.74 | 2.63 | 2.54 | 2.48 | 2.42 | 2.38 | 2.31 | 2.23 | 2.16 | 2.11 | 2.07 | 2.03 | 1.98 |
| 20 | 4.35 | 3.49 | 3.10 | 2.87 | 2.71 | 2.60 | 2.51 | 2.45 | 2.39 | 2.35 | 2.28 | 2.20 | 2.12 | 2.08 | 2.04 | 1.99 | 1.95 |
| 21 | 4.32 | 3.47 | 3.07 | 2.84 | 2.68 | 2.57 | 2.49 | 2.42 | 2.37 | 2.32 | 2.25 | 2.18 | 2.10 | 2.05 | 2.01 | 1.96 | 1.92 |
| 22 | 4.30 | 3.44 | 3.05 | 2.82 | 2.66 | 2.55 | 2.46 | 2.40 | 2.34 | 2.30 | 2.23 | 2.15 | 2.07 | 2.03 | 1.98 | 1.94 | 1.89 |
| 23 | 4.28 | 3.42 | 3.03 | 2.80 | 2.64 | 2.53 | 2.44 | 2.37 | 2.32 | 2.27 | 2.20 | 2.13 | 2.05 | 2.01 | 1.96 | 1.91 | 1.86 |
| 24 | 4.26 | 3.40 | 3.01 | 2.78 | 2.62 | 2.51 | 2.42 | 2.36 | 2.30 | 2.25 | 2.18 | 2.11 | 2.03 | 1.98 | 1.94 | 1.89 | 1.84 |
| 25 | 4.24 | 3.39 | 2.99 | 2.76 | 2.60 | 2.49 | 2.40 | 2.34 | 2.28 | 2.24 | 2.16 | 2.09 | 2.01 | 1.96 | 1.92 | 1.87 | 1.82 |
| 26 | 4.23 | 3.37 | 2.98 | 2.74 | 2.59 | 2.47 | 2.39 | 2.32 | 2.27 | 2.22 | 2.15 | 2.07 | 1.99 | 1.95 | 1.90 | 1.85 | 1.80 |
| 27 | 4.21 | 3.35 | 2.96 | 2.73 | 2.57 | 2.46 | 2.37 | 2.31 | 2.25 | 2.20 | 2.13 | 2.06 | 1.97 | 1.93 | 1.88 | 1.84 | 1.79 |
| 28 | 4.20 | 3.34 | 2.95 | 2.71 | 2.56 | 2.45 | 2.36 | 2.29 | 2.24 | 2.19 | 2.12 | 2.04 | 1.96 | 1.91 | 1.87 | 1.82 | 1.77 |
| 29 | 4.18 | 3.33 | 2.93 | 2.70 | 2.55 | 2.43 | 2.35 | 2.28 | 2.22 | 2.18 | 2.10 | 2.03 | 1.94 | 1.90 | 1.85 | 1.81 | 1.75 |
| 30 | 4.17 | 3.32 | 2.92 | 2.69 | 2.53 | 2.42 | 2.33 | 2.27 | 2.21 | 2.16 | 2.09 | 2.01 | 1.93 | 1.89 | 1.84 | 1.79 | 1.74 |
| 40 | 4.08 | 3.23 | 2.84 | 2.61 | 2.45 | 2.34 | 2.25 | 2.18 | 2.12 | 2.08 | 2.00 | 1.92 | 1.84 | 1.79 | 1.74 | 1.69 | 1.64 |
| 60 | 4.00 | 3.15 | 2.76 | 2.53 | 2.37 | 2.25 | 2.17 | 2.10 | 2.04 | 1.99 | 1.92 | 1.84 | 1.75 | 1.70 | 1.65 | 1.59 | 1.53 |

Degrees of freedom for the numerator ($v_1$); Degrees of freedom for the denominator ($v_2$).

*Note:* $F_{0.95,\, v_1,\, v_2} = 1/F_{0.05,\, v_2,\, v_1}$.

*(continued)*

▶ 5. Percentage Points of the *F* Distribution(*continued*)

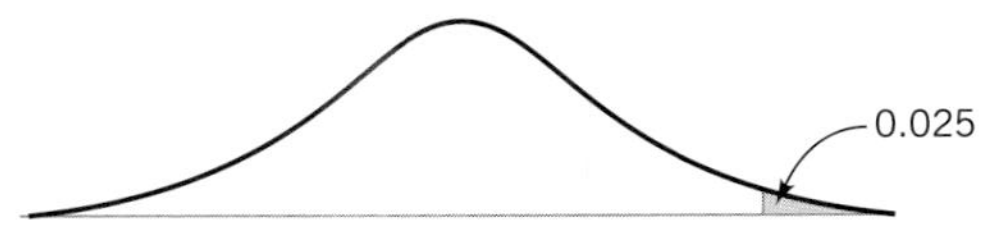


$F_{0.025, v_1, v_2}$

Degrees of freedom for the numerator ($v_1$); Degrees of freedom for the denominator ($v_2$)

| $v_2$ \ $v_1$ | 1 | 2 | 3 | 4 | 5 | 6 | 7 | 8 | 9 | 10 | 12 | 15 | 20 | 24 | 30 | 40 | 60 |
|---|---|---|---|---|---|---|---|---|---|---|---|---|---|---|---|---|---|
| 1 | 647.80 | 799.50 | 864.20 | 899.60 | 921.80 | 937.10 | 948.20 | 956.70 | 963.30 | 968.60 | 976.70 | 984.90 | 993.10 | 997.20 | 1001.00 | 1006.00 | 1010.00 |
| 2 | 38.51 | 39.00 | 39.17 | 39.25 | 39.30 | 39.33 | 39.36 | 39.37 | 39.39 | 39.40 | 39.41 | 39.43 | 39.45 | 39.46 | 39.46 | 39.47 | 39.48 |
| 3 | 17.44 | 16.04 | 15.44 | 15.10 | 14.88 | 14.73 | 14.62 | 14.54 | 14.47 | 14.42 | 14.34 | 14.25 | 14.17 | 14.12 | 14.08 | 14.04 | 13.99 |
| 4 | 12.22 | 10.65 | 9.98 | 9.60 | 9.36 | 9.20 | 9.07 | 8.98 | 8.90 | 8.84 | 8.75 | 8.66 | 8.56 | 8.51 | 8.46 | 8.41 | 8.36 |
| 5 | 10.01 | 8.43 | 7.76 | 7.39 | 7.15 | 6.98 | 6.85 | 6.76 | 6.68 | 6.62 | 6.52 | 6.43 | 6.33 | 6.28 | 6.23 | 6.18 | 6.12 |
| 6 | 8.81 | 7.26 | 6.60 | 6.23 | 5.99 | 5.82 | 5.70 | 5.60 | 5.52 | 5.46 | 5.37 | 5.27 | 5.17 | 5.12 | 5.07 | 5.01 | 4.96 |
| 7 | 8.07 | 6.54 | 5.89 | 5.52 | 5.29 | 5.12 | 4.99 | 4.90 | 4.82 | 4.76 | 4.67 | 4.57 | 4.47 | 4.42 | 4.36 | 4.31 | 4.25 |
| 8 | 7.57 | 6.06 | 5.42 | 5.05 | 4.82 | 4.65 | 4.53 | 4.43 | 4.36 | 4.30 | 4.20 | 4.10 | 4.00 | 3.95 | 3.89 | 3.84 | 3.78 |
| 9 | 7.21 | 5.71 | 5.08 | 4.72 | 4.48 | 4.32 | 4.20 | 4.10 | 4.03 | 3.96 | 3.87 | 3.77 | 3.67 | 3.61 | 3.56 | 3.51 | 3.45 |
| 10 | 6.94 | 5.46 | 4.83 | 4.47 | 4.24 | 4.07 | 3.95 | 3.85 | 3.78 | 3.72 | 3.62 | 3.52 | 3.42 | 3.37 | 3.31 | 3.26 | 3.20 |
| 11 | 6.72 | 5.26 | 4.63 | 4.28 | 4.04 | 3.88 | 3.76 | 3.66 | 3.59 | 3.53 | 3.43 | 3.33 | 3.23 | 3.17 | 3.12 | 3.06 | 3.00 |
| 12 | 6.55 | 5.10 | 4.47 | 4.12 | 3.89 | 3.73 | 3.61 | 3.51 | 3.44 | 3.37 | 3.28 | 3.18 | 3.07 | 3.02 | 2.96 | 2.91 | 2.85 |
| 13 | 6.41 | 4.97 | 4.35 | 4.00 | 3.77 | 3.60 | 3.48 | 3.39 | 3.31 | 3.25 | 3.15 | 3.05 | 2.95 | 2.89 | 2.84 | 2.78 | 2.72 |
| 14 | 6.30 | 4.86 | 4.24 | 3.89 | 3.66 | 3.50 | 3.38 | 3.29 | 3.21 | 3.15 | 3.05 | 2.95 | 2.84 | 2.79 | 2.73 | 2.67 | 2.61 |
| 15 | 6.20 | 4.77 | 4.15 | 3.80 | 3.58 | 3.41 | 3.29 | 3.20 | 3.12 | 3.06 | 2.96 | 2.86 | 2.76 | 2.70 | 2.64 | 2.59 | 2.52 |
| 16 | 6.12 | 4.69 | 4.08 | 3.73 | 3.50 | 3.34 | 3.22 | 3.12 | 3.05 | 2.99 | 2.89 | 2.79 | 2.68 | 2.63 | 2.57 | 2.51 | 2.45 |
| 17 | 6.04 | 4.62 | 4.01 | 3.66 | 3.44 | 3.28 | 3.16 | 3.06 | 2.98 | 2.92 | 2.82 | 2.72 | 2.62 | 2.56 | 2.50 | 2.44 | 2.38 |
| 18 | 5.98 | 4.56 | 3.95 | 3.61 | 3.38 | 3.22 | 3.10 | 3.01 | 2.93 | 2.87 | 2.77 | 2.67 | 2.56 | 2.50 | 2.44 | 2.38 | 2.32 |
| 19 | 5.92 | 4.51 | 3.90 | 3.56 | 3.33 | 3.17 | 3.05 | 2.96 | 2.88 | 2.82 | 2.72 | 2.62 | 2.51 | 2.45 | 2.39 | 2.33 | 2.27 |
| 20 | 5.87 | 4.46 | 3.86 | 3.51 | 3.29 | 3.13 | 3.01 | 2.91 | 2.84 | 2.77 | 2.68 | 2.57 | 2.46 | 2.41 | 2.35 | 2.29 | 2.22 |
| 21 | 5.83 | 4.42 | 3.82 | 3.48 | 3.25 | 3.09 | 2.97 | 2.87 | 2.80 | 2.73 | 2.64 | 2.53 | 2.42 | 2.37 | 2.31 | 2.25 | 2.18 |
| 22 | 5.79 | 4.38 | 3.78 | 3.44 | 3.22 | 3.05 | 2.93 | 2.84 | 2.76 | 2.70 | 2.60 | 2.50 | 2.39 | 2.33 | 2.27 | 2.21 | 2.14 |
| 23 | 5.75 | 4.35 | 3.75 | 3.41 | 3.18 | 3.02 | 2.90 | 2.81 | 2.73 | 2.67 | 2.57 | 2.47 | 2.36 | 2.30 | 2.24 | 2.18 | 2.11 |
| 24 | 5.72 | 4.32 | 3.72 | 3.38 | 3.15 | 2.99 | 2.87 | 2.78 | 2.70 | 2.64 | 2.54 | 2.44 | 2.33 | 2.27 | 2.21 | 2.15 | 2.08 |
| 25 | 5.69 | 4.29 | 3.69 | 3.35 | 3.13 | 2.97 | 2.85 | 2.75 | 2.68 | 2.61 | 2.51 | 2.41 | 2.30 | 2.24 | 2.18 | 2.12 | 2.05 |
| 26 | 5.66 | 4.27 | 3.67 | 3.33 | 3.10 | 2.94 | 2.82 | 2.73 | 2.65 | 2.59 | 2.49 | 2.39 | 2.28 | 2.22 | 2.16 | 2.09 | 2.03 |
| 27 | 5.63 | 4.24 | 3.65 | 3.31 | 3.08 | 2.92 | 2.80 | 2.71 | 2.63 | 2.57 | 2.47 | 2.36 | 2.25 | 2.19 | 2.13 | 2.07 | 2.00 |
| 28 | 5.61 | 4.22 | 3.63 | 3.29 | 3.06 | 2.90 | 2.78 | 2.69 | 2.61 | 2.55 | 2.45 | 2.34 | 2.23 | 2.17 | 2.11 | 2.05 | 1.98 |
| 29 | 5.59 | 4.20 | 3.61 | 3.27 | 3.04 | 2.88 | 2.76 | 2.67 | 2.59 | 2.53 | 2.43 | 2.32 | 2.21 | 2.15 | 2.09 | 2.03 | 1.96 |
| 30 | 5.57 | 4.18 | 3.59 | 3.25 | 3.03 | 2.87 | 2.75 | 2.65 | 2.57 | 2.51 | 2.41 | 2.31 | 2.20 | 2.14 | 2.07 | 2.01 | 1.94 |
| 40 | 5.42 | 4.05 | 3.46 | 3.13 | 2.90 | 2.74 | 2.62 | 2.53 | 2.45 | 2.39 | 2.29 | 2.18 | 2.07 | 2.01 | 1.94 | 1.88 | 1.80 |
| 60 | 5.29 | 3.93 | 3.34 | 3.01 | 2.79 | 2.63 | 2.51 | 2.41 | 2.33 | 2.27 | 2.17 | 2.06 | 1.94 | 1.88 | 1.82 | 1.74 | 1.67 |

*Note:* $F_{0.975, v_1, v_2} = 1/F_{0.025, v_2, v_1}$.

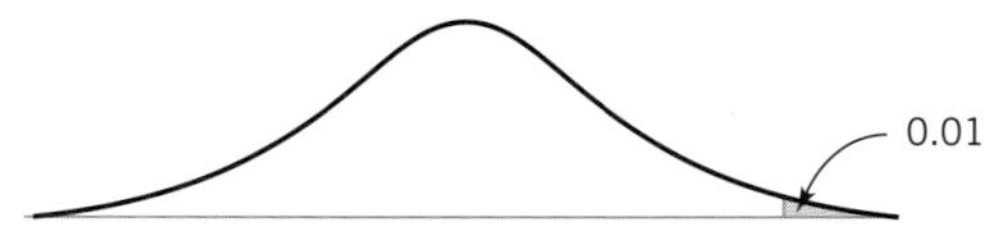


$F_{0.01, v_1, v_2}$

| $v_2$ \ $v_1$ | 1 | 2 | 3 | 4 | 5 | 6 | 7 | 8 | 9 | 10 | 12 | 15 | 20 | 24 | 30 | 40 | 60 |
|---|---|---|---|---|---|---|---|---|---|---|---|---|---|---|---|---|---|
| 1 | 4052.00 | 4999.50 | 5403.00 | 5625.00 | 5764.00 | 5859.00 | 5928.00 | 5982.00 | 6022.00 | 6056.00 | 6106.00 | 6157.00 | 6209.00 | 6235.00 | 6261.00 | 6287.00 | 6313.00 |
| 2 | 98.50 | 99.00 | 99.17 | 99.25 | 99.30 | 99.33 | 99.36 | 99.37 | 99.39 | 99.40 | 99.42 | 99.43 | 99.45 | 99.46 | 99.47 | 99.47 | 99.48 |
| 3 | 34.12 | 30.82 | 29.46 | 28.71 | 28.24 | 27.91 | 27.67 | 27.49 | 27.35 | 27.23 | 27.05 | 26.87 | 26.69 | 26.00 | 26.50 | 26.41 | 26.32 |
| 4 | 21.20 | 18.00 | 16.69 | 15.98 | 15.52 | 15.21 | 14.98 | 14.80 | 14.66 | 14.55 | 14.37 | 14.20 | 14.02 | 13.93 | 13.84 | 13.75 | 13.65 |
| 5 | 16.26 | 13.27 | 12.06 | 11.39 | 10.97 | 10.67 | 10.46 | 10.29 | 10.16 | 10.05 | 9.89 | 9.72 | 9.55 | 9.47 | 9.38 | 9.29 | 9.20 |
| 6 | 13.75 | 10.92 | 9.78 | 9.15 | 8.75 | 8.47 | 8.26 | 8.10 | 7.98 | 7.87 | 7.72 | 7.56 | 7.40 | 7.31 | 7.23 | 7.14 | 7.06 |
| 7 | 12.25 | 9.55 | 8.45 | 7.85 | 7.46 | 7.19 | 6.99 | 6.84 | 6.72 | 6.62 | 6.47 | 6.31 | 6.16 | 6.07 | 5.99 | 5.91 | 5.82 |
| 8 | 11.26 | 8.65 | 7.59 | 7.01 | 6.63 | 6.37 | 6.18 | 6.03 | 5.91 | 5.81 | 5.67 | 5.52 | 5.36 | 5.28 | 5.20 | 5.12 | 5.03 |
| 9 | 10.56 | 8.02 | 6.99 | 6.42 | 6.06 | 5.80 | 5.61 | 5.47 | 5.35 | 5.26 | 5.11 | 4.96 | 4.81 | 4.73 | 4.65 | 4.57 | 4.48 |
| 10 | 10.04 | 7.56 | 6.55 | 5.99 | 5.64 | 5.39 | 5.20 | 5.06 | 4.94 | 4.85 | 4.71 | 4.56 | 4.41 | 4.33 | 4.25 | 4.17 | 4.08 |
| 11 | 9.65 | 7.21 | 6.22 | 5.67 | 5.32 | 5.07 | 4.89 | 4.74 | 4.63 | 4.54 | 4.40 | 4.25 | 4.10 | 4.02 | 3.94 | 3.86 | 3.78 |
| 12 | 9.33 | 6.93 | 5.95 | 5.41 | 5.06 | 4.82 | 4.64 | 4.50 | 4.39 | 4.30 | 4.16 | 4.01 | 3.86 | 3.78 | 3.70 | 3.62 | 3.54 |
| 13 | 9.07 | 6.70 | 5.74 | 5.21 | 4.86 | 4.62 | 4.44 | 4.30 | 4.19 | 4.10 | 3.96 | 3.82 | 3.66 | 3.59 | 3.51 | 3.43 | 3.34 |
| 14 | 8.86 | 6.51 | 5.56 | 5.04 | 4.69 | 4.46 | 4.28 | 4.14 | 4.03 | 3.94 | 3.80 | 3.66 | 3.51 | 3.43 | 3.35 | 3.27 | 3.18 |
| 15 | 8.68 | 6.36 | 5.42 | 4.89 | 4.36 | 4.32 | 4.14 | 4.00 | 3.89 | 3.80 | 3.67 | 3.52 | 3.37 | 3.29 | 3.21 | 3.13 | 3.05 |
| 16 | 8.53 | 6.23 | 5.29 | 4.77 | 4.44 | 4.20 | 4.03 | 3.89 | 3.78 | 3.69 | 3.55 | 3.41 | 3.26 | 3.18 | 3.10 | 3.02 | 2.93 |
| 17 | 8.40 | 6.11 | 5.18 | 4.67 | 4.34 | 4.10 | 3.93 | 3.79 | 3.68 | 3.59 | 3.46 | 3.31 | 3.16 | 3.08 | 3.00 | 2.92 | 2.83 |
| 18 | 8.29 | 6.01 | 5.09 | 4.58 | 4.25 | 4.01 | 3.84 | 3.71 | 3.60 | 3.51 | 3.37 | 3.23 | 3.08 | 3.00 | 2.92 | 2.84 | 2.75 |
| 19 | 8.18 | 5.93 | 5.01 | 4.50 | 4.17 | 3.94 | 3.77 | 3.63 | 3.52 | 3.43 | 3.30 | 3.15 | 3.00 | 2.92 | 2.84 | 2.76 | 2.67 |
| 20 | 8.10 | 5.85 | 4.94 | 4.43 | 4.10 | 3.87 | 3.70 | 3.56 | 3.46 | 3.37 | 3.23 | 3.09 | 2.94 | 2.86 | 2.78 | 2.69 | 2.61 |
| 21 | 8.02 | 5.78 | 4.87 | 4.37 | 4.04 | 3.81 | 3.64 | 3.51 | 3.40 | 3.31 | 3.17 | 3.03 | 2.88 | 2.80 | 2.72 | 2.64 | 2.55 |
| 22 | 7.95 | 5.72 | 4.82 | 4.31 | 3.99 | 3.76 | 3.59 | 3.45 | 3.35 | 3.26 | 3.12 | 2.98 | 2.83 | 2.75 | 2.67 | 2.58 | 2.50 |
| 23 | 7.88 | 5.66 | 4.76 | 4.26 | 3.94 | 3.71 | 3.54 | 3.41 | 3.30 | 3.21 | 3.07 | 2.93 | 2.78 | 2.70 | 2.62 | 2.54 | 2.45 |
| 24 | 7.82 | 5.61 | 4.72 | 4.22 | 3.90 | 3.67 | 3.50 | 3.36 | 3.26 | 3.17 | 3.03 | 2.89 | 2.74 | 2.66 | 2.58 | 2.49 | 2.40 |
| 25 | 7.77 | 5.57 | 4.68 | 4.18 | 3.85 | 3.63 | 3.46 | 3.32 | 3.22 | 3.13 | 2.99 | 2.85 | 2.70 | 2.62 | 2.54 | 2.45 | 2.36 |
| 26 | 7.72 | 5.53 | 4.64 | 4.14 | 3.82 | 3.59 | 3.42 | 3.29 | 3.18 | 3.09 | 2.96 | 2.81 | 2.66 | 2.58 | 2.50 | 2.42 | 2.33 |
| 27 | 7.68 | 5.49 | 4.60 | 4.11 | 3.78 | 3.56 | 3.39 | 3.26 | 3.15 | 3.06 | 2.93 | 2.78 | 2.63 | 2.55 | 2.47 | 2.38 | 2.29 |
| 28 | 7.64 | 5.45 | 4.57 | 4.07 | 3.75 | 3.53 | 3.36 | 3.23 | 3.12 | 3.03 | 2.90 | 2.75 | 2.60 | 2.52 | 2.44 | 2.35 | 2.26 |
| 29 | 7.60 | 5.42 | 4.54 | 4.04 | 3.73 | 3.50 | 3.33 | 3.20 | 3.09 | 3.00 | 2.87 | 2.73 | 2.57 | 2.49 | 2.41 | 2.33 | 2.23 |
| 30 | 7.56 | 5.39 | 4.51 | 4.02 | 3.70 | 3.47 | 3.30 | 3.17 | 3.07 | 2.98 | 2.84 | 2.70 | 2.55 | 2.47 | 2.39 | 2.30 | 2.21 |
| 40 | 7.31 | 5.18 | 4.31 | 3.83 | 3.51 | 3.29 | 3.12 | 2.99 | 2.89 | 2.80 | 2.66 | 2.52 | 2.37 | 2.29 | 2.20 | 2.11 | 2.02 |
| 60 | 7.08 | 4.98 | 4.13 | 3.65 | 3.34 | 3.12 | 2.95 | 2.82 | 2.72 | 2.63 | 2.50 | 2.35 | 2.20 | 2.12 | 2.03 | 1.94 | 1.84 |

Degrees of freedom for the numerator ($v_1$). Degrees of freedom for the denominator ($v_2$).

*Note:* $F_{0.99, v_1, v_2} = 1/F_{0.01, v_2, v_1}$.

## ▶ 6. Factors for Constructing Variables Control Charts

| Observations in Sample, $n$ | Chart for Averages: Factors for Control Limits | | | Chart for Averages: Factors for Center Line | | Chart for Standard Deviations: Factors for Control Limits | | | | Chart for Ranges: Factors for Center Line | | Chart for Ranges: Factors for Control Limits | | | | |
|---|---|---|---|---|---|---|---|---|---|---|---|---|---|---|---|---|
| | $A$ | $A_2$ | $A_3$ | $c_4$ | $1/c_4$ | $B_3$ | $B_4$ | $B_5$ | $B_6$ | $d_2$ | $1/d_2$ | $d_3$ | $D_1$ | $D_2$ | $D_3$ | $D_4$ |
| 2 | 2.121 | 1.880 | 2.659 | 0.7979 | 1.2533 | 0 | 3.267 | 0 | 2.606 | 1.128 | 0.8865 | 0.853 | 0 | 3.686 | 0 | 3.267 |
| 3 | 1.732 | 1.023 | 1.954 | 0.8862 | 1.1284 | 0 | 2.568 | 0 | 2.276 | 1.693 | 0.5907 | 0.888 | 0 | 4.358 | 0 | 2.574 |
| 4 | 1.500 | 0.729 | 1.628 | 0.9213 | 1.0854 | 0 | 2.266 | 0 | 2.088 | 2.059 | 0.4857 | 0.880 | 0 | 4.698 | 0 | 2.282 |
| 5 | 1.342 | 0.577 | 1.427 | 0.9400 | 1.0638 | 0 | 2.089 | 0 | 1.964 | 2.326 | 0.4299 | 0.864 | 0 | 4.918 | 0 | 2.114 |
| 6 | 1.225 | 0.483 | 1.287 | 0.9515 | 1.0510 | 0.030 | 1.970 | 0.029 | 1.874 | 2.534 | 0.3946 | 0.848 | 0 | 5.078 | 0 | 2.004 |
| 7 | 1.134 | 0.419 | 1.182 | 0.9594 | 1.0423 | 0.118 | 1.882 | 0.113 | 1.806 | 2.704 | 0.3698 | 0.833 | 0.204 | 5.204 | 0.076 | 1.924 |
| 8 | 1.061 | 0.373 | 1.099 | 0.9650 | 1.0363 | 0.185 | 1.815 | 0.179 | 1.751 | 2.847 | 0.3512 | 0.820 | 0.388 | 5.306 | 0.136 | 1.864 |
| 9 | 1.000 | 0.337 | 1.032 | 0.9693 | 1.0317 | 0.239 | 1.761 | 0.232 | 1.707 | 2.970 | 0.3367 | 0.808 | 0.547 | 5.393 | 0.184 | 1.816 |
| 10 | 0.949 | 0.308 | 0.975 | 0.9727 | 1.0281 | 0.284 | 1.716 | 0.276 | 1.669 | 3.078 | 0.3249 | 0.797 | 0.687 | 5.469 | 0.223 | 1.777 |
| 11 | 0.905 | 0.285 | 0.927 | 0.9754 | 1.0252 | 0.321 | 1.679 | 0.313 | 1.637 | 3.173 | 0.3152 | 0.787 | 0.811 | 5.535 | 0.256 | 1.744 |
| 12 | 0.866 | 0.266 | 0.886 | 0.9776 | 1.0229 | 0.354 | 1.646 | 0.346 | 1.610 | 3.258 | 0.3069 | 0.778 | 0.922 | 5.594 | 0.283 | 1.717 |
| 13 | 0.832 | 0.249 | 0.850 | 0.9794 | 1.0210 | 0.382 | 1.618 | 0.374 | 1.585 | 3.336 | 0.2998 | 0.770 | 1.025 | 5.647 | 0.307 | 1.693 |
| 14 | 0.802 | 0.235 | 0.817 | 0.9810 | 1.0194 | 0.406 | 1.594 | 0.399 | 1.563 | 3.407 | 0.2935 | 0.763 | 1.118 | 5.696 | 0.328 | 1.672 |
| 15 | 0.775 | 0.223 | 0.789 | 0.9823 | 1.0180 | 0.428 | 1.572 | 0.421 | 1.544 | 3.472 | 0.2880 | 0.756 | 1.203 | 5.741 | 0.347 | 1.653 |
| 16 | 0.750 | 0.212 | 0.763 | 0.9835 | 1.0168 | 0.448 | 1.552 | 0.440 | 1.526 | 3.532 | 0.2831 | 0.750 | 1.282 | 5.782 | 0.363 | 1.637 |
| 17 | 0.728 | 0.203 | 0.739 | 0.9845 | 1.0157 | 0.466 | 1.534 | 0.458 | 1.511 | 3.588 | 0.2787 | 0.744 | 1.356 | 5.820 | 0.378 | 1.622 |
| 18 | 0.707 | 0.194 | 0.718 | 0.9854 | 1.0148 | 0.482 | 1.518 | 0.475 | 1.496 | 3.640 | 0.2747 | 0.739 | 1.424 | 5.856 | 0.391 | 1.608 |
| 19 | 0.688 | 0.187 | 0.698 | 0.9862 | 1.0140 | 0.497 | 1.503 | 0.490 | 1.483 | 3.689 | 0.2711 | 0.734 | 1.487 | 5.891 | 0.403 | 1.597 |
| 20 | 0.671 | 0.180 | 0.680 | 0.9869 | 1.0133 | 0.510 | 1.490 | 0.504 | 1.470 | 3.735 | 0.2677 | 0.729 | 1.549 | 5.921 | 0.415 | 1.585 |
| 21 | 0.655 | 0.173 | 0.663 | 0.9876 | 1.0126 | 0.523 | 1.477 | 0.516 | 1.459 | 3.778 | 0.2647 | 0.724 | 1.605 | 5.951 | 0.425 | 1.575 |
| 22 | 0.640 | 0.167 | 0.647 | 0.9882 | 1.0119 | 0.534 | 1.466 | 0.528 | 1.448 | 3.819 | 0.2618 | 0.720 | 1.659 | 5.979 | 0.434 | 1.566 |
| 23 | 0.626 | 0.162 | 0.633 | 0.9887 | 1.0114 | 0.545 | 1.455 | 0.539 | 1.438 | 3.858 | 0.2592 | 0.716 | 1.710 | 6.006 | 0.443 | 1.557 |
| 24 | 0.612 | 0.157 | 0.619 | 0.9892 | 1.0109 | 0.555 | 1.445 | 0.549 | 1.429 | 3.895 | 0.2567 | 0.712 | 1.759 | 6.031 | 0.451 | 1.548 |
| 25 | 0.600 | 0.153 | 0.606 | 0.9896 | 1.0105 | 0.565 | 1.435 | 0.559 | 1.420 | 3.931 | 0.2544 | 0.708 | 1.806 | 6.056 | 0.459 | 1.541 |

For $n > 25$.

$$A = \frac{3}{\sqrt{n}} \quad A_3 = \frac{3}{c_4\sqrt{n}} \quad c_4 \cong \frac{4(n-1)}{4n-3}$$

$$B_3 = 1 - \frac{3}{c_4\sqrt{2(n-1)}} \quad B_4 = 1 + \frac{3}{c_4\sqrt{2(n-1)}}$$

$$B_5 = c_4 - \frac{3}{\sqrt{2(n-1)}} \quad B_6 = c_4 + \frac{3}{\sqrt{2(n-1)}}$$

▶ 7. Factors for Two-Sided Normal Tolerance Limits

| | 90% Confidence That Percentage of Population Between Limits Is | | | 95% Confidence That Percentage of Population Between Limits Is | | | 99% Confidence That Percentage of Population Between Limits Is | | |
|---|---|---|---|---|---|---|---|---|---|
| *n* | 90% | 95% | 99% | 90% | 95% | 99% | 90% | 95% | 99% |
| 2 | 15.98 | 18.80 | 24.17 | 32.02 | 37.67 | 48.43 | 160.2 | 188.5 | 242.3 |
| 3 | 5.847 | 6.919 | 8.974 | 8.380 | 9.916 | 12.86 | 18.93 | 22.40 | 29.06 |
| 4 | 4.166 | 4.943 | 6.440 | 5.369 | 6.370 | 8.299 | 9.398 | 11.15 | 14.53 |
| 5 | 3.494 | 4.152 | 5.423 | 4.275 | 5.079 | 6.634 | 6.612 | 7.855 | 10.26 |
| 6 | 3.131 | 3.723 | 4.870 | 3.712 | 4.414 | 5.775 | 5.337 | 6.345 | 8.301 |
| 7 | 2.902 | 3.452 | 4.521 | 3.369 | 4.007 | 5.248 | 4.613 | 5.448 | 7.187 |
| 8 | 2.743 | 3.264 | 4.278 | 3.136 | 3.732 | 4.891 | 4.147 | 4.936 | 6.468 |
| 9 | 2.626 | 3.125 | 4.098 | 2.967 | 3.532 | 4.631 | 3.822 | 4.550 | 5.966 |
| 10 | 2.535 | 3.018 | 3.959 | 2.829 | 3.379 | 4.433 | 3.582 | 4.265 | 5.594 |
| 11 | 2.463 | 2.933 | 3.849 | 2.737 | 3.259 | 4.277 | 3.397 | 4.045 | 5.308 |
| 12 | 2.404 | 2.863 | 3.758 | 2.655 | 3.162 | 4.150 | 3.250 | 3.870 | 5.079 |
| 13 | 2.355 | 2.805 | 3.682 | 2.587 | 3.081 | 4.044 | 3.130 | 3.727 | 4.893 |
| 14 | 2.314 | 2.756 | 3.618 | 2.529 | 3.012 | 3.955 | 3.029 | 3.608 | 4.737 |
| 15 | 2.278 | 2.713 | 3.562 | 2.480 | 2.954 | 3.878 | 2.945 | 3.507 | 4.605 |
| 16 | 2.246 | 2.676 | 3.514 | 2.437 | 2.903 | 3.812 | 2.872 | 3.421 | 4.492 |
| 17 | 2.219 | 2.643 | 3.471 | 2.400 | 2.858 | 3.754 | 2.808 | 3.345 | 4.393 |
| 18 | 2.194 | 2.614 | 3.433 | 2.366 | 2.819 | 3.702 | 2.753 | 3.279 | 4.307 |
| 19 | 2.172 | 2.588 | 3.399 | 2.337 | 2.784 | 3.656 | 2.703 | 3.221 | 4.230 |
| 20 | 2.152 | 2.564 | 3.368 | 2.310 | 2.752 | 3.615 | 2.659 | 3.168 | 4.161 |
| 21 | 2.135 | 2.543 | 3.340 | 2.286 | 2.723 | 3.577 | 2.620 | 3.121 | 4.100 |
| 22 | 2.118 | 2.524 | 3.315 | 2.264 | 2.697 | 3.543 | 2.584 | 3.078 | 4.044 |
| 23 | 2.103 | 2.506 | 3.292 | 2.244 | 2.673 | 3.512 | 2.551 | 3.040 | 3.993 |
| 24 | 2.089 | 2.489 | 3.270 | 2.225 | 2.651 | 3.483 | 2.522 | 3.004 | 3.947 |
| 25 | 2.077 | 2.474 | 3.251 | 2.208 | 2.631 | 3.457 | 2.494 | 2.972 | 3.904 |
| 26 | 2.065 | 2.460 | 3.232 | 2.193 | 2.612 | 3.432 | 2.469 | 2.941 | 3.865 |
| 27 | 2.054 | 2.447 | 3.215 | 2.178 | 2.595 | 3.409 | 2.446 | 2.914 | 3.828 |
| 28 | 2.044 | 2.435 | 3.199 | 2.164 | 2.579 | 3.388 | 2.424 | 2.888 | 3.794 |
| 29 | 2.034 | 2.424 | 3.184 | 2.152 | 2.554 | 3.368 | 2.404 | 2.864 | 3.763 |
| 30 | 2.025 | 2.413 | 3.170 | 2.140 | 2.549 | 3.350 | 2.385 | 2.841 | 3.733 |
| 35 | 1.988 | 2.368 | 3.112 | 2.090 | 2.490 | 3.272 | 2.306 | 2.748 | 3.611 |
| 40 | 1.959 | 2.334 | 3.066 | 2.052 | 2.445 | 3.213 | 2.247 | 2.677 | 3.518 |
| 50 | 1.916 | 2.284 | 3.001 | 1.996 | 2.379 | 3.126 | 2.162 | 2.576 | 3.385 |
| 60 | 1.887 | 2.248 | 2.955 | 1.958 | 2.333 | 3.066 | 2.103 | 2.506 | 3.293 |
| 80 | 1.848 | 2.202 | 2.894 | 1.907 | 2.272 | 2.986 | 2.026 | 2.414 | 3.173 |
| 100 | 1.822 | 2.172 | 2.854 | 1.874 | 2.233 | 2.934 | 1.977 | 2.355 | 3.096 |
| 200 | 1.764 | 2.102 | 2.762 | 1.798 | 2.143 | 2.816 | 1.865 | 2.222 | 2.921 |
| 500 | 1.717 | 2.046 | 2.689 | 1.737 | 2.070 | 2.721 | 1.777 | 2.117 | 2.783 |
| 1000 | 1.695 | 2.019 | 2.654 | 1.709 | 2.036 | 2.676 | 1.736 | 2.068 | 2.718 |
| ∞ | 1.645 | 1.960 | 2.576 | 1.645 | 1.960 | 2.576 | 1.645 | 1.960 | 2.576 |

▶ 8. Factors for One-Sided Normal Tolerance Limits

| | 90% Confidence That Percentage of Population Below (Above) Limits Is | | | 95% Confidence That Percentage of Population Below (Above) Limits Is | | | 99% Confidence That Percentage of Population Below (Above) Limits Is | | |
|---|---|---|---|---|---|---|---|---|---|
| *n* | 90% | 95% | 99% | 90% | 95% | 99% | 90% | 95% | 99% |
| 3 | 4.258 | 5.310 | 7.340 | 6.158 | 7.655 | 10.552 | | | |
| 4 | 3.187 | 3.957 | 5.437 | 4.163 | 5.145 | 7.042 | | | |
| 5 | 2.742 | 3.400 | 4.666 | 3.407 | 4.202 | 5.741 | | | |
| 6 | 2.494 | 3.091 | 4.242 | 3.006 | 3.707 | 5.062 | 4.408 | 5.409 | 7.334 |
| 7 | 2.333 | 2.894 | 3.972 | 2.755 | 3.399 | 4.641 | 3.856 | 4.730 | 6.411 |
| 8 | 2.219 | 2.755 | 3.783 | 2.582 | 3.188 | 4.353 | 3.496 | 4.287 | 5.811 |
| 9 | 2.133 | 2.649 | 3.641 | 2.454 | 3.031 | 4.143 | 3.242 | 3.971 | 5.389 |
| 10 | 2.065 | 2.568 | 3.532 | 2.355 | 2.911 | 3.981 | 3.048 | 3.739 | 5.075 |
| 11 | 2.012 | 2.503 | 3.444 | 2.275 | 2.815 | 3.852 | 2.897 | 3.557 | 4.828 |
| 12 | 1.966 | 2.448 | 3.371 | 2.210 | 2.736 | 3.747 | 2.773 | 3.410 | 4.633 |
| 13 | 1.928 | 2.403 | 3.310 | 2.155 | 2.670 | 3.659 | 2.677 | 3.290 | 4.472 |
| 14 | 1.895 | 2.363 | 3.257 | 2.108 | 2.614 | 3.585 | 2.592 | 3.189 | 4.336 |
| 15 | 1.866 | 2.329 | 3.212 | 2.068 | 2.566 | 3.520 | 2.521 | 3.102 | 4.224 |
| 16 | 1.842 | 2.299 | 3.172 | 2.032 | 2.523 | 3.463 | 2.458 | 3.028 | 4.124 |
| 17 | 1.820 | 2.272 | 3.136 | 2.001 | 2.486 | 3.415 | 2.405 | 2.962 | 4.038 |
| 18 | 1.800 | 2.249 | 3.106 | 1.974 | 2.453 | 3.370 | 2.357 | 2.906 | 3.961 |
| 19 | 1.781 | 2.228 | 3.078 | 1.949 | 2.423 | 3.331 | 2.315 | 2.855 | 3.893 |
| 20 | 1.765 | 2.208 | 3.052 | 1.926 | 2.396 | 3.295 | 2.275 | 2.807 | 3.832 |
| 21 | 1.750 | 2.190 | 3.028 | 1.905 | 2.371 | 3.262 | 2.241 | 2.768 | 3.776 |
| 22 | 1.736 | 2.174 | 3.007 | 1.887 | 2.350 | 3.233 | 2.208 | 2.729 | 3.727 |
| 23 | 1.724 | 2.159 | 2.987 | 1.869 | 2.329 | 3.206 | 2.179 | 2.693 | 3.680 |
| 24 | 1.712 | 2.145 | 2.969 | 1.853 | 2.309 | 3.181 | 2.154 | 2.663 | 3.638 |
| 25 | 1.702 | 2.132 | 2.952 | 1.838 | 2.292 | 3.158 | 2.129 | 2.632 | 3.601 |
| 30 | 1.657 | 2.080 | 2.884 | 1.778 | 2.220 | 3.064 | 2.029 | 2.516 | 3.446 |
| 35 | 1.623 | 2.041 | 2.833 | 1.732 | 2.166 | 2.994 | 1.957 | 2.431 | 3.334 |
| 40 | 1.598 | 2.010 | 2.793 | 1.697 | 2.126 | 2.941 | 1.902 | 2.365 | 3.250 |
| 45 | 1.577 | 1.986 | 2.762 | 1.669 | 2.092 | 2.897 | 1.857 | 2.313 | 3.181 |
| 50 | 1.560 | 1.965 | 2.735 | 1.646 | 2.065 | 2.863 | 1.821 | 2.296 | 3.124 |

# 찾아보기

## ㄱ

## ㄴ



## ㄷ



## ㄹ



## ㅁ



## ㅂ

## ㅅ

## ㅇ



## ㅈ

## ㅊ

## ㅋ



## ㅌ



## ㅍ



## ㅎ

## 기타

## 역자 소개

**박창순**

서울대학교 통계학과 학사
서울대학교 통계학과 석사
미국 Virginia Tech 통계학 박사
현) 중앙대학교 응용통계학과 명예교수
현) 한국뉴욕주립대학교 Department of Applied Mathematics & Statistics 연구교수

**이재헌**

중앙대학교 응용통계학과 학사
중앙대학교 통계학과 석사
KAIST 응용수학과 박사
현) 중앙대학교 응용통계학과 교수

# 통계적 품질관리 제8판

**Introduction to Statistical Quality Control, 8th Edition, Asia Edition | Abridged Version**

저 자 Douglas C. Montgomery
역 자 박창순 · 이재헌
발행인 김지영
발행처 자유아카데미
주 소 경기도 파주시 회동길 37-42 파주출판도시
전 화 031-955-1321
팩 스 031-955-1322
홈페이지 www.freeaca.com
전자우편 main@freeaca.com (대표)
editor@freeaca.com (편집)
crm@freeaca.com (영업)
등 록 제406-2003-017호, 1980. 7. 12
제8판1쇄 2022년 2월 1일 발행

역자와의 협의하에 인지생략

Printed in Korea
ISBN 979-11-5808-306-9 93310

**Guide to Univariate Process Monitoring and Control**

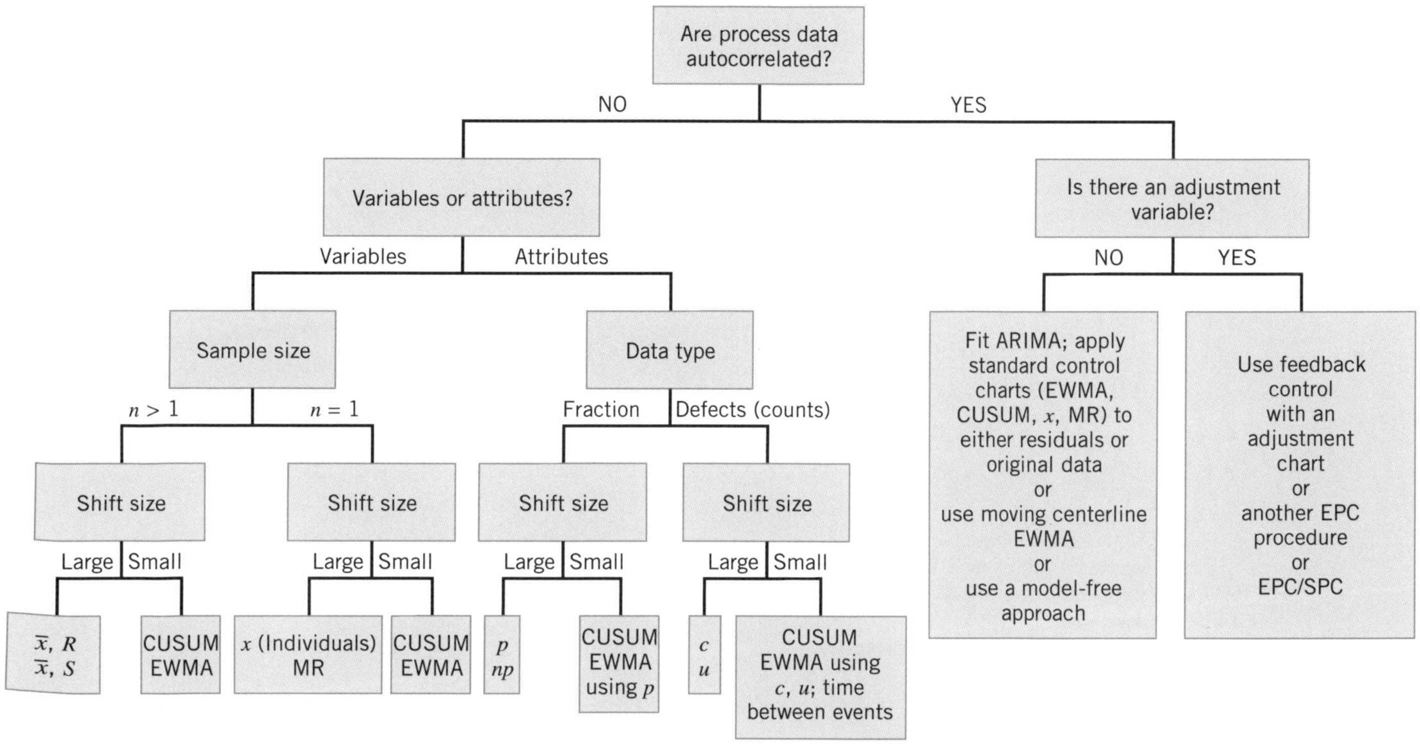


**The DMAIC Process**

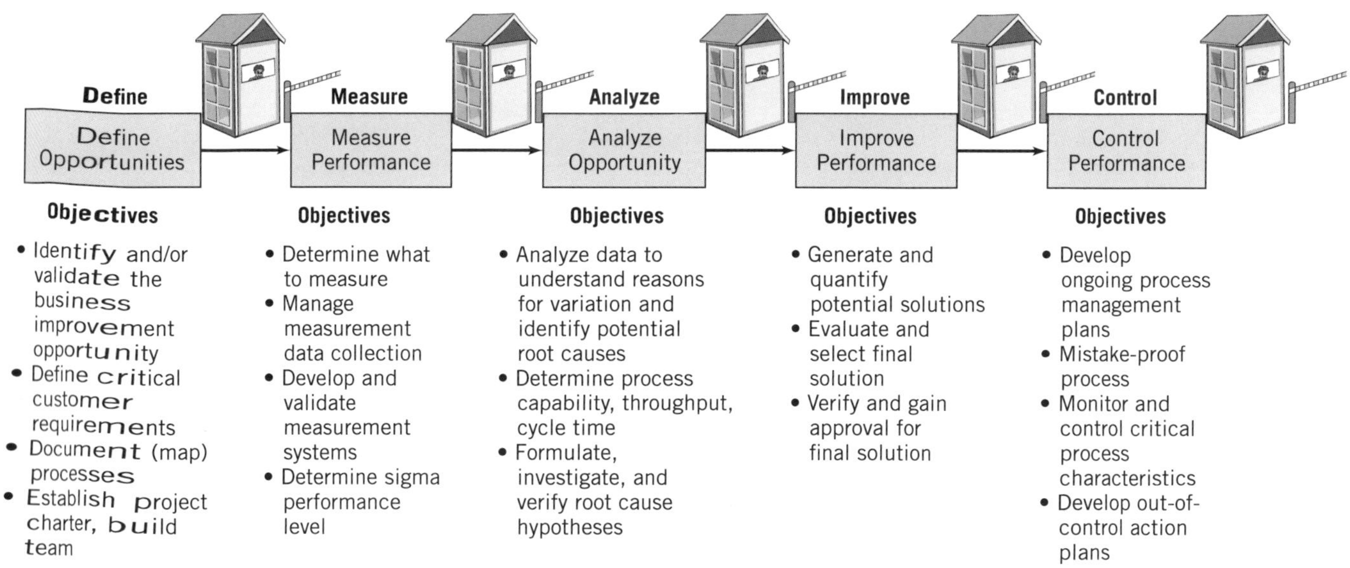

# Quality Improvement Tools

## Process Flow Diagram

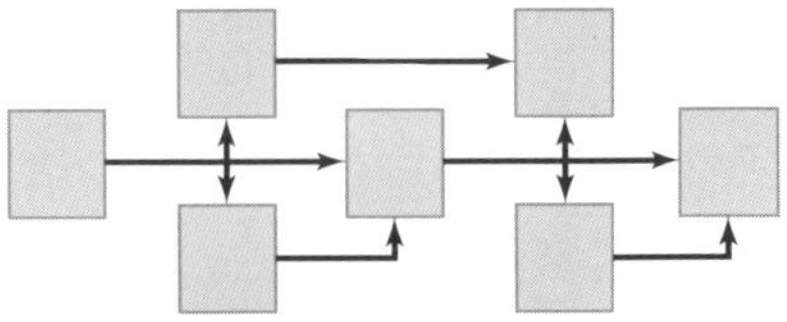

- Expresses detailed knowledge of the process
- Identifies process flow and interaction among the process steps
- Identifies potential control points

## Cause-and-Effect (Fishbone) Diagram

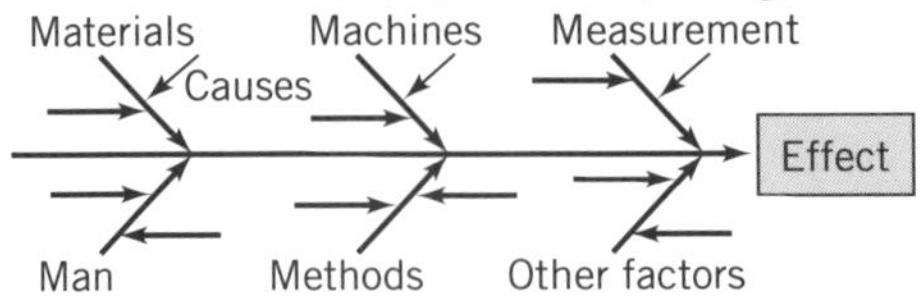


- All contributing factors and their relationships are displayed
- Identifies problem areas where data can be collected and analyzed

## Control Chart

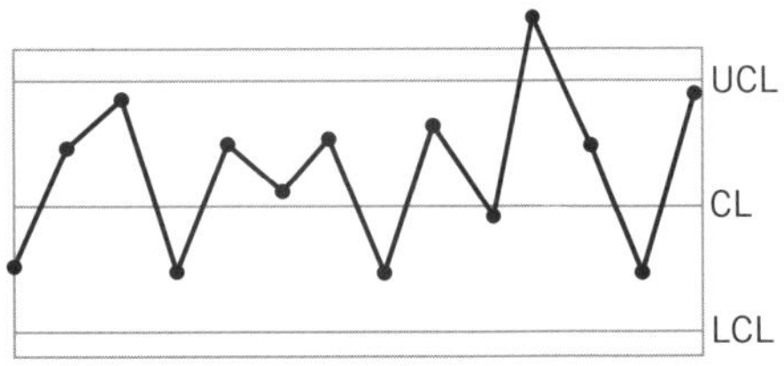


- Helps reduce variability
- Monitors performance over time
- Allows process corrections to prevent rejections
- Trends and out-of-control conditions are immediately detected

## Check Sheet

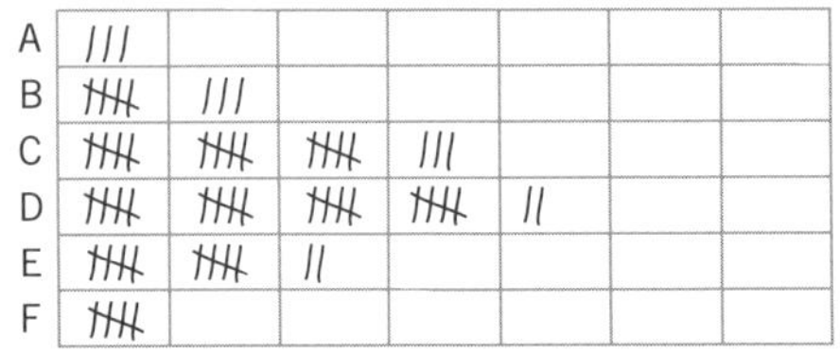


- Simplifies data collection and analysis
- Spots problem areas by frequency of location, type, or cause

## Pareto Diagram

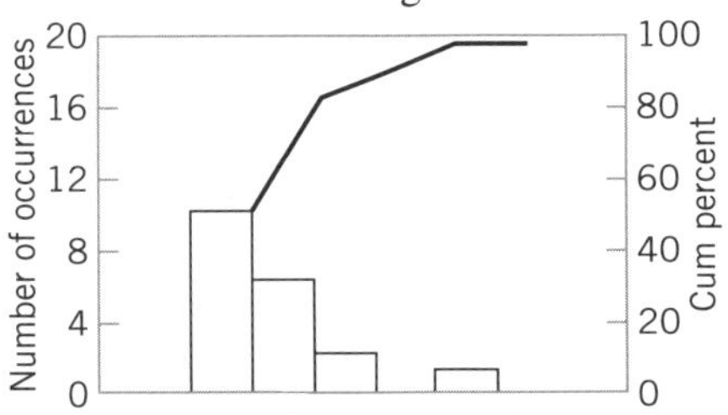


- Identifies most significant problems to be worked first
- Historically 80% of the problems are due to 20% of the factors
- Shows the vital few

## Scatter Plot

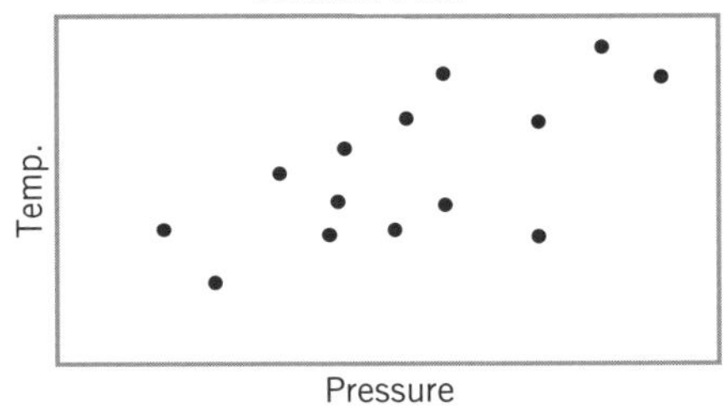


- Identifies the relationship between two variables
- A positive, negative, or no relationship can be easily detected

## Design of Experiments (DOX)

- Useful in process development and troubleshooting
- Identifies magnitude and direction of important process variable effects
- Greatly reduces the number of runs required with a process experiment
- Identifies interaction among process variables
- Useful in engineering design and development
- Focuses on optimizing system performance

## Histogram

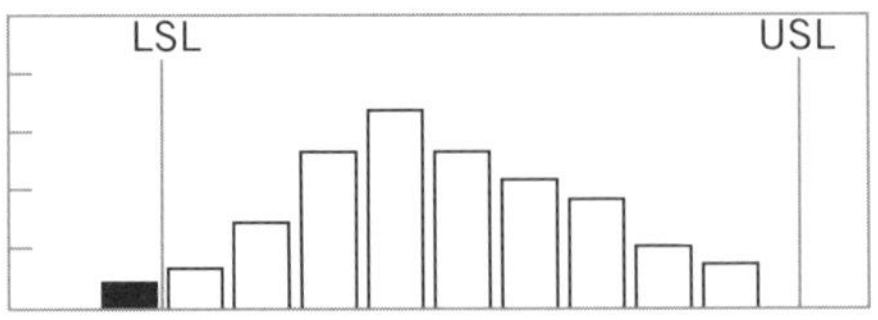


- The shape shows the nature of the distribution of the data
- The central tendency (average) and variability are easily seen
- Specification limits can be used to display the capability of the process